言語学翻訳叢書

13

否定の博物誌

ローレンス R. ホーン　著

河上誓作 監訳　濱本秀樹　吉村あき子　加藤泰彦 訳

A Natural History of Negation

Laurence R. Horn

ひつじ書房

A Natural History of Negation

by Laurence R. Horn

Japanese translation (The third version of *NHN*) with Horn's Postscript
translated by Hideki Hamamoto, Akiko Yoshimura and Yasuhiko Kato
under the supervision of Seisaku Kawakami

Japanese translation published by arrangement with CSLI Publications through
The English Agency (Japan) Ltd.

目　次

第3版（日本語版）への終章　707

訳者まえがき

　本書は、Laurence R. Horn（1989）*A Natural History of Negation*（Chicago University Press）（以下 *NHN*1）とその第 2 版、Horn（2001, CSLI Publications）（*NHN*2）を翻訳し、それに Horn 博士による「第 3 版（日本語版）への終章」を新たに加え、*A Natural History of Negation* の第 3 版（日本語版、*NHN*3）として出版されるものである。

　原著者 Laurence R. Horn 博士（Yale University, Professor Emeritus）は、「否定」研究の第一人者である。原著 Horn（1989）は、博士の否定研究の集大成と見なせる 600 頁を超す大著で、自然言語の「否定」に関して世界各地で行われてきた先行研究を、アリストテレスの哲学的研究から西洋と東洋の否定の見方、現代の意味論的語用論的研究に至るまで詳細に検討し、否定のさまざまな側面について、グライス派語用論の視点から鋭い洞察に富んだ独自の分析を提示したものである。

　具体的なトピックとしては、矛盾否定と反対否定、前提と排中律、多値論理と否定、否定の有標性と心理、尺度含意と語彙化のギャップ、語用論的労力の分業、接辞否定繰り上げ、短絡含意、メタ言語否定、否定の形式と機能、否定の作用域などが含まれる。否定の意味に関する論考では必ず参照される「否定研究のバイブル」としての地位は、初版から 30 年近く経った今も変わらない。

　思い返せば、第 1 回 Horn 読書会を始めたのは、原著初版出版から約 3 年後の 1992 年 5 月のことであった。このとてつもなく博学な大著を何とか読破しようと、当時大阪大学博士後期課程 2 回生の濱本秀樹と吉村あき子が企画。参加したのは、岡田禎之、早瀬尚子、堀田優子、中村浩一郎、和泉綏香である。要旨発表は、すでに吉村が 1、2 章の手書き粗訳を作っていたこともあって、主に濱本と吉村が交代で担当し、参加者全員で解釈や内容について議論するという方針で、同年度内読破を目指して 1 回 30 頁、月 2 回開催のペースで進め、何とか年度内に読書会は終了した。

　翌年の 1993 年には、濱本がひつじ書房から翻訳出版の話を取り付け、河上誓作がまとめ役になり、訳者濱本秀樹・吉村あき子で、本書の企画が動き出した。しかしその後、このメンバーに次々と困難が降りかかる。おりしも大学改革の大荒波

が押し寄せ、その中枢を担ったり、学会事務局の役に就いたり、親の介護や出産・育児、自身の入院等もあって、本企画の進行は何度も頓挫した。さらに、河上が学長職に就くに至って、新たに加藤泰彦に参加を要請、2007 年に現体制が出来あがり、出版へ向けて本格的に再始動した。本企画始動から 14 年後のことである。

　この間、2001 年 5 月前半には Horn 博士を迎えて上智大学で一週間にわたりセミナーとシンポジウムが行われ、同月 26 日には第 67 回待兼山ことばの会（大阪大学）に Horn 博士を招いて講演会を行い、翻訳の打ち合わせも行った。ちょうどこの後、Horn（2001）（*NHN*2）が出版されたが、それから 12 年後の 2013 年、ようやく本書第 3 版（日本語版、*NHN*3）が出版の軌道に乗り、着実に動き出したのであるが、完成までにはさらに 5 年の歳月を要した次第である。翻訳の遅れにより、多大なご迷惑をおかけしたひつじ書房編集長の松本功氏に心からお詫び申し上げるとともに、その寛容の精神のおかげで企画が消えることもなく、出版の日を迎えることができたことを深く感謝申し上げたい。

　本書の出版が大幅に遅れたことは残念であったが、逆にそれが功を奏した部分もある。本書の出版にあたり、Horn 博士から新たに「第 3 版（日本語版）への終章」を付け加えていただいたが、ここには、第 2 版出版以降 2011 年までに発表された否定研究の成果が盛り込まれ、新たな文献が付け加えられたのである。なお、文献はすべて巻末にまとめ、第 1 版、第 2 版、第 3 版の順序で掲載した。

　本書の分担は、濱本が序論、第 1 章、第 2 章、第 6 章、第 7 章の翻訳と人名のカタカナ表記リスト作成を、吉村が第 3 章、第 4 章、第 5 章の翻訳を担当した。翻訳過程で少しでも迷いや疑念のあるところは、Horn 博士に連絡を取って、その意図された意味を確認しながら作業を続けた。可能な限りの正確さを心がけたつもりである。必要な章には訳者注を章末に加えた。加藤は初版の補遺 1、2 と第 2 版の序、第 3 版（本書日本語版）への終章の翻訳を担当し、河上は謝辞と表記法解説の翻訳と文献表を含む全ての最終原稿の検討・確認を行った。

　原著が、比類のない自然言語に見られる「否定現象」の包括的研究書であることは疑いない。しかし、原著者の博学さと比較検討の視野の広さ（そして博士独特のことば遊び）は、われわれ一般読者には時に難解に思えることがある。この日本語版の出版が、日本の読者の「否定」研究遂行の一助になれば幸いである。

　最後になったが、翻訳の初期において、哲学用語に関して大阪大学大学院文学研究科教授入江幸男氏にご教示いただいた。また、ひつじ書房編集部の海老澤絵莉氏には複雑で根気のいる編集作業を最後まで実に丁寧に務めていただいた。ここに心から御礼申し上げたい。

2018 年 5 月 30 日　訳者一同

表記法解説

本書では次のような印刷上の表記法に従う。

スモールキャピタルは、本文で明確、明示的に定義された初出の重要語を示す。

下線は、その部分が強調され、目立っていることを示す。

ボールド体は学術上の省略形を示し、参照の都合に応じてサンセリフ体とセリフ体に区別される。

本書で採用されている標準的、非標準的表記法は、次の通りである。

小文字ボールド体の($\mathbf{p}, \mathbf{q}$)は命題変数を表す。

大文字ボールド体の($\mathbf{P}; \mathbf{P_i}, \mathbf{P_j}, ...$)は述語変数を表す。

ギリシア文字(α, β)は項変数を、(φ, ψ)は述語変数を表す。

$\mathbf{p} \wedge \mathbf{q}$ は '$\mathbf{p}$ and $\mathbf{q}$' を表す。

$\mathbf{p} \vee \mathbf{q}$ は '$\mathbf{p}$ or $\mathbf{q}$'（包含的選言）を表す。

$\mathbf{p}$ w $\mathbf{q}$ は '$\mathbf{p}$ or $\mathbf{q}$ but not both' を表す（排他的選言。これを論理的演算子とすることは第 4 章で否定する）。

$\mathbf{p} \rightarrow \mathbf{q}$ は 'if $\mathbf{p}$ then $\mathbf{q}$'（実質的仮定）を表す。

$\mathbf{p} \leftrightarrow \mathbf{q}$ は '$\mathbf{p}$ if and only if $\mathbf{q}$'（実質的等価、あるいは双条件演算子）を表す。

$\forall$ x Φ は 'for all x, Φ'（普遍数量詞）を表す。

$\exists$ x Φ は 'for some [at least one] x, Φ'（存在数量詞）を表す。

$\Box \Phi$ は 'necessarily Φ' あるいは 'Φ is necessary' を表す。

$\Diamond \Phi$ は 'possibly Φ' あるいは 'Φ is possible' を表す。

$\vdash \mathbf{p}$（フレーゲ主張記号）は '$\mathbf{p}$ is asserted' を表す。

$\mathbf{p} \Vdash \mathbf{q}$ は '$\mathbf{p}$ (logically or semantically) entails $\mathbf{q}$' を表す。

$\mathbf{p}$ --> $\mathbf{q}$ は '[the utterance of] $\mathbf{p}$ conversationally implicates $\mathbf{q}$.' または '$\mathbf{q}$ follows not logically but pragmatically from $\mathbf{p}$' を表す。

否定に関しては、~$\mathbf{p}$ は内的／外的パラメータ（第 2 章を参照）やアリストテレスの

述語否認（第1章を参照）の区別のない標準的矛盾命題否定を示すのに用いる。

¬p と − p はその区別が妥当なとき、それぞれ内部（反対）否定、外部（矛盾）否定を示すのに用いる（2.4節参照）。

モンタギューの議論から引用されているときは（第7章）、これらの表記法は破棄され、モンタギューの表記法を採用する。（同様に、**GPSG** の内容が引用されているときは、その表記法に従う。）

文の判定記号については

* は形式上の非文法性を示す。

? は限界領域にあることを示す。

\# は語用論的に変則であることを示す。

方言例の認容可能性は % で示される。

$\mathbf{X}^*(\mathbf{Y})\mathbf{Z}$ は、**XYZ** の連鎖は文法的であるが、**XZ** の連鎖は非文法的であることを示し、他方 $\mathbf{X}(^*\mathbf{Y})\mathbf{Z}$ はその逆を示す。

$\{\mathbf{A}/\mathbf{B}\}$ は $\{\begin{smallmatrix}\mathbf{A}\\\mathbf{B}\end{smallmatrix}\}$ の水平表記として用い、'**A** or **B**' を表す。他の非標準的または半標準的な言語学的表記については（例えば、ˋ と ˇ はそれぞれ下降、下降・上昇の音調を表し、$\langle \mathbf{P}_i, \mathbf{P}_j, \dots, \mathbf{P}_n \rangle$ は量的な尺度を表すなど）必要に応じて導入され、定義される。

謝辞

　ジョージ・レイコフはかつて（Davidson and Harman 1972 : 651 において 'Studies in the Semantics of Negation（L. Horn, 準備中の博士論文）' と呼んだ論文を引用した。ここで言及された論文は、1972 年には完成しなかったが、その後もずっと準備を続け、本書の形で出来あがったのである。本書の内容の由来や論題について考えてみると、私が恩義を受けていない人たちのすべてに否定的謝辞を述べる方がずっと容易であろうし、ずっと公平であろうと思う。しかし、私はそうするつもりはない。むしろ私は、いただいたコメント、批判、協力、支援が特に目立っていた人たちの名前だけを記載するにとどめたいと思う—Barbara Abbott、Jay Atlas、Samuel Bayer、Herb Clark、Benoît de Cornulier、Robin Cooper、Warren Cowgill、Alice Davison、David Dowty、Donka Farkas、Georgia Green、Robin Horn、Polly Jacobson、Ruth Kempson、Steve Levinson、Jim McCawley、Jerry Morgan、Barbara Partee、Jerry Sadock である。もっとも私は、他の人たちの支援がなくてもよかったなどと言うつもりはない。これらの同僚たちは名前を挙げた人も挙げなかった人も、本書の長所への賛辞の多くを受けるに値する人たちであり、本書の短所の責めを負うものでは決してない。ましてや彼らのポイントの捉え方が私自身の捉え方と必ずしも一致するとは限らないのだから。本書のタイトルは Haj Ross と彼が名祖である（しかし歴史とは関係のない）1972 年 MIT 否定セミナーに負うものである。

　本書の出版を可能にしてくれた研究支援は、人文科学国家基金（Grant F73–313）、言語の普遍的特性研究プロジェクト、ウィスコンシン大学大学院、特に、イェール大学モース・フェローシップ基金である。

　妻の Judy と子供たちの David と Meryl は、それとは分かりにくいが、極めて重要な支援の手を差し伸べてくれて、私に、ほこりまみれの学術書やマイクロソフト・ワードや地下室のマックと共に過ごすための数え切れない時間を提供してくれた。本書は私の両親、Maxine と Bob Horn の想い出に捧げられるものである。二人がいなければ、この本は生まれなかった。

　私は、§1.2 で、Harold Arlen と Johnny Mercer による *Ac-cent-tchu-ate the Positive*

　私は、Faber and Faber Ltd. の許可を得て、Philip Larkin の *The Whitsun Weddings* から "Talking in Bed" の最後の 4½ 行を §5.1.3 に再録した。

　第 5 章の一部は、L. R. Horn and S. Bayer, "Short-Circuited Implicature"（*Linguistics and Philosophy* 7, no.4 (1984)：397–414。© 1984 D. Reidel Publishing Co.）として初出し、許可を得て再録したものである。

　第 6 章 は、*Language* 61 (March 1985)：121–74 に 初 出 し た "Metalinguistic Negation and Pragmatic Ambiguity" に修正・加筆したもので、許可を得て再録したものである。

序論

　　今日、世界が最も必要としているものは、否定的美徳—人のことを構わない、おこりっぽくない、短気でない、いらいらしない、執念深くない—である。肯定的理想は、呪いに変わりつつある。なぜなら、それは誰かが殺されたり、不具にされたり、拘禁されたりすることなしにはめったに達成されることはないからである。　　　　　　　　　　　　　　　　　　　（E. M. Forster, 1941）

　人間のすべてのコミュニケーションの体系は、否定の表示を含んでいる。それに対し、いかなる動物のコミュニケーション体系も否定を含んでいるものはない。そしてその結果、動物たちは真理値を付与したり、嘘をついたり、アイロニーを発したりする手段を持たないし、偽の言明や矛盾言明をうまく取り扱うこともできない（Altmann 1967: 353–55 参照）。人間の言語ではその表示が主にデジタル的性質を持ち、動物のコミュニケーションでは純粋にアナログ的性質を持つ（Sebeok 1962）という違いは、否定と対立（対当）が人間の言語の本質的部分となっているということに原因があるのかもしれない。もし我々が「話をする動物」と定義されるなら、我々は、まさにその事実から、「否定する動物」でもあるのである。なぜならスピノザやヘーゲルが主張しているように、どのような言語的決定も直接的、間接的に否定を含まざるを得ないからである。

　対立の概念と否定語や否定言明におけるその表現の研究は、プラトンやアリストテレスの時代から今日に至るまで、言語学者、論理学者、哲学者、そして言語哲学者たちの強い関心を集めてきた。自然言語と形式言語における否定の研究は、アリストテレス、ラッセル、フレーゲ、ベルグソン、イェスペルセン、ウィットゲンシュタイン、ストローソン、サールというような様々な思想家たちを巻き込み、彼らの最も重要な言語学的発見のいくつかが（そして多分、最も重大な言語学的誤りのいくつかも）この分野でなされている。

　この分野でなされている否定に関して1つ興味をそそるコントラストを考えてみよう。命題論理では否定は単純な一項連結子であり（～pは、pが真でないなら、その時に限り真である）、その関与する推論法則（例えば、二重否定の法則であれ

ば、〜〜pからpを推論するというもの、逆も同じ）もまた単純である。ところが
日常言語における否定言明の形と機能はとても単純で透明などといったものではな
い。特に論理学では明確に定義できる肯定命題と否定命題との間の絶対的対称性
も、言語構造と言語使用においてそれに相当する対称性には反映されていない。過
去、23世紀もの期間にわたる否定の思索的、理論的、経験的研究の多くは、肯定
の言明と比べて、相対的に有標で複雑な否定言明の性質に焦点をあててきた。

　否定はいまだに、言語理論、心理言語学、言語哲学、心理哲学、思想史等の諸学
の発展の道筋で交差点ともいうべき位置を占めている。否定は古典論理の定項の中
で、一項の真理関数的連結子としての独特の位置を占めているばかりでなく、ほか
の論理演算子、特に量化子、法演算子との複雑で体系的な相互作用を持っているた
めに、意味論者と語用論者にとってはどうしても研究しなければならないものなの
である。語彙的編入（impossible, can't, prevent）においても、その複雑な振る舞いは、
語形成に関与する制約の性質についての重要なデータを提供している。心理学者、
心理言語学者は、否定の語彙項目の心理的、言語的構造と最終的には意味表示その
ものの心的実在について特定の結論を得るために、言語習得のデータと、明示的な
本来の否定［訳者注：潜在否定ではなく］の処理において観察される反応の遅れ
（delayed response lantency）に基づいて、経験的証拠を提示してきた。哲学者と言語
学者は、否定文の多義性なるもの（The number 2 is not red; The king of France is not
bald などが持つ二様の解釈可能性）について特定の見解を持ち、そこから論理的前
提や真理値ギャップの存在、意味論における無意味性や多義性の範囲について結論
を引き出してきた。

　以上であげたことは本書で私が検証しようとしている問題の一部である。言語と
思想の古典的、伝統的そして現代的研究の中での否定の位置づけについて、歴史的
な展望を提示することに加えて、形式的理論における最近の発展がどのように否定
言明の分析に適用されているか、また否定に関する研究の成果が意味論と語用論の
最近の研究にどのように影響を与えているか（与えるべきか）についても明らかにす
るつもりである。なぜ否定は言語学者と言語哲学者にとって、タンタロスにとって
の果物のようなものであるのかをみてみよう。それは枝で魅惑的に揺れており、心
をそそられて手で触れられそうでもある。ところが手を伸ばすともう少しのところ
で届かない、また捉えたと思った瞬間取り逃がしてしまう、そういう存在なのであ
る。

　さて、「否定の歴史」は第1章においてアリストテレス派の否定の理論とその発
展、及び、それに続く2300年の注解作業を通じての理論の継承を素描することか
ら始まる。第1章において導入される主要な問題は、本書での後に続く研究の中
で拡張される。矛盾と反対の区別、否定言明の作用域の多義性とされているものと

その存在論的意味に対する関わり方（Socrates is not well はソクラテスの存在を伴立（entail）するかどうか？）、広い作用域を持つ否定を（アリストテレスと同じように）叙述の一形態として取り扱うのが適切か、あるいは（ストア派がそうしたように）一項の外部的命題連結子として取り扱う方が適切かの議論、矛盾律と排中律の定義と適用範囲に関する問題、一般的ないしは量化された否定表現の意味論、小反対対当の性質（Some men are white/ Some men are not white, It is possible to go/ It is possible not to go）をめぐる議論、それに否定と肯定の非対称性の特徴などが、第1章で取りあげられることになろう。

　今あげた中で最後の問題—否定と肯定との非対称性の特徴に関するもの—は否定をめぐる古典から現在までの論争の重要問題の1つなので、1.2節という独立の節を設けることにする。そこでは存在論と論理学から完全に否定を排除しようとする試みや、矛盾否定を先行的に理解されより基本的だといわれる概念（例えば、偽性または反対関係）に還元してしまおうとする試みなどもみることにする。否定の歴史的展望は、1.3節で、インドと西洋の精神史の中で、どこに否定が位置づけられているのかを概観することで終了する。

　第2章では、第1章で取り上げた問題の内1つをさらに詳しく検討する。それは、意味論的前提（SEMANTIC PRESUPPOSITION）に関するものである。文の意味のある部分が、否定のもとでも不変であるという特性を持ち、もし文のその意味部分が発話の文脈において満たされないならば、文（あるいはそれが表現する言明）が真でも偽でもないことになってしまうという環境に関する問題である。前提性の地位について3つの候補をあげて検討する。すなわち、未来の偶発的な事態に関する（肯定、否定の）言明（2.1節）、指示対象を持たないという意味で空の主語を持つ（肯定、否定の）単称言明（2.2節）、それから（肯定、否定の）範疇誤りまたは選択制限違反（2.3節）の3つである。

　前提の不成立は二値原理と排中律の2つとも、あるいはどちらか一方の喪失を引き起こし、真理値ギャップを生み出すか、あるいは第三の非古典的真理値の付与を要請するという主張は、否定に対して体系的な意味論的多義性が措定された時にのみ支持できるように思われる。そのような説明では、前提保持的内部否定あるいは選択否定（INTERNAL or CHOICE negation）は、前提取り消し的外部否定あるいは除外否定（EXTERNAL or EXCLUSION negation）と対照をなしている。私は、先ず2.4節で、さらに第6章において、否定の多義性を記述し表示する様々な方式について議論したいと思っている。最後の2.5節では、真理値ギャップは起こらないが、それにもかかわらず、否定が前提理論的多義性を保持するような前提現象についての最近の研究動向に簡単に触れる。第2章で議論する点は、最後の2つの章においても再び取り上げることになる。そこでは前提的証拠と、いわゆる否定の多義性の適

切な取り扱いとのかかわりについて再考するつもりである。

　第 3 章は第 1 章で議論し残したことを取り上げる。1.2 節で私は年代順に否定の存在論的疑義、認識論的無価値性、肯定文に対する否定文の言語的劣位等の諸問題を探求した学者たちの足跡をたどった。第 3 章ではそれを受け（豊かな哲学的伝統からは完全に独立している場合も多いが）、言語習得（3.1 節に要約）、言語処理（3.2 節で説明）に関する心理言語学上の証拠によって提示され、擁護されている先述の諸問題に関する考え方を概観することにしたい。

　第 3 章の始めにおいて概略を述べることになるが、肯定と否定の対立関係では、否定言明は有標の（MARKED）方のメンバーであるという見方は自然科学的観察と実験的データによって裏づけされることになる。データの方は、クラーク（H. Clark）やウェイソン（P. C. Wason）、それに彼らの同僚たちによる一貫した、相互に関連のある研究成果によって与えられている。これらの研究は次のような標準的な否定の見方に確証を与えるようである。つまり、否定の言明は肯定の言明に比べ意味を確かめるのが難しいこと、否定によって出てくる困難は対応する肯定の想定の文脈における不適切性と直接結び付くこと、明示的否定は内在的否定あるいは潜在的否定よりも言語処理に手間がかかることなどが確認されてきているのである。

　しかし、否定と肯定の間のこの非対称性は、言語の形式理論の中でどこに位置づけられるべきなのだろうか。そして否定の言明と、（哲学的非対称主義者と心理言語学的非対称主義者の両者によって）その基底にあるとされる「肯定の（前提）想定」との間の関係をどのように表示すべきであろうか。　第 3 章の最後の節では、Grice（1975）で提案され、Horn（1984b）で改訂された「非論理的推論」という語用論的理論の枠組みで、これまでの研究の結果が再評価され、解釈されることになる。一旦否定の「前提性」が適切に言語使用の語用論の中で説明されたならば、対称主義者と非対称主義者の互いに異なった目標を正しく理解し、さらに否定研究での長年の懸案ともなっていた論理学者と機能主義者との間の論争に、一時的にせよ休戦を提案できるかもしれない。

　本書の最初の 3 つの章は、否定的事実・否定言明・否定命題と、言語と思考の思索的かつ形式的理論におけるそれらの表示によってもたらされる意味論的、心理学的問いかけに答える形をとっている。次に続く 3 つの章では、否定の語用論から直接生じる問題に目を向ける。それは発話文脈によって影響されるような否定（と肯定）の言明文の機能と用法である。第 3 章で結論づけた否定と含意（implicature）の関係についての問題が、続く 3 章では様々な外観を装って戻ってくる。また Horn（1984b）で定義され、3.3 節で要約が示される含意の二元的分類もこれらの章で議論されることになる。

　第 4 章は、私の 1972 年の学位論文 *On the Semantic Properties of Logical Operators in English* の中核的議論と、1973 年の "Greek Grice" という論文の改訂版である。焦点は (1) の例における尺度演算子や述語 *p* に適用できると思われる一面読み (less than *p*) と両面読み (exactly *p*) の間の関係についてである。次の例では尺度に関する表現に下線を施してある。

（**1**）　Chris has <u>three</u> children.　　　　［vs. <u>more than three</u>］
　　　　（クリスは子供が 3 人いる）　　　（3 人以上）
　　　　<u>Some</u> of my friends are linguists.　［vs. <u>most</u> or <u>all</u>］
　　　　（友達の何人かが言語学者だ）　　（大抵、すべて）
　　　　It's <u>possible</u> that it will rain today.　［vs. <u>likely</u> or <u>certain</u>］
　　　　（今日雨が降る可能性がある）　　（ありそう、たしかだ）
　　　　Serkin's performance was <u>good</u>.　　［vs. <u>excellent</u>］
　　　　（セルキンの演技は良かった）　　（素晴らしい）
　　　　Kim is <u>happy</u>.　　　　　　　　［vs. <u>ecstatic</u>］
　　　　（キムは幸せだ）　　　　　　　（有頂天）

　これらの文とその否定文の分析で生じてくる中心的問題は、次の 3 点である。

(i)　　　尺度叙述において生じる 'less than *n*' 読みと 'exactly *n*' 読みの間の関係はどのようなものであるのか？（これらは語彙的に多義的な演算子の 2 つの異なる読みなのか、あるいは何か一般的な、独立的に根拠を持つ語用論的メカニズムによって一方の読みから他方が派生するのか？）

(ii)　　イェスペルセン (Jespersen 1917) が指摘したように、なぜ尺度述語が否定文中に現れると通常 'less than *n*' 読みになるのか？
　　　　Chris doesn't have three children.　　（='less than three'）
　　　　（クリスは 3 人子供がいない）　　（（3 人以下））
　　　　It is not possible that it will rain today.　（='less than possible', i.e., impossible）
　　　　（今日雨が降りそうではない）　　（可能以下、つまり、不可能）
　　　　Kim is not happy.　　　　　　　（='less than happy', i.e., unhappy,
　　　　　　　　　　　　　　　　　　　neutral, or indifferent）
　　　　（キムは幸せではない）　　　　（幸せ以下、つまり、不幸、どうとも言えない、どうでもよい）

(iii)　　'less than *n*' 読みに限定されない尺度否定の有標の例をどのように分析すれ

ばよいのか（Jespersen 1917 参照）？　例えば、次のような例である。

Chris doesn't have <u>three</u> children, he has <u>four</u>.

（クリスは 3 人子供がいるのではない、4 人だ）

It's not <u>possible</u> that it will rain today, it's downright <u>certain</u>.

（今日雨がふるのが可能なんかではない、全く確かなのだ）

Kim is not <u>happy</u>—she's <u>ecstatic</u>.

（キムは幸せなんかじゃない、幸せの絶頂なのだ）

　（i）で問題になっている関係は、「量の格律」を利用することによって生じる「一般化された会話の含意」（Grice 1975）の関係であることを第 4 章で述べる。（ii）でとりあげた尺度否定の 'less than *n*' 読みは普通の矛盾否定となると考えられる。しかし他の考え得る分析も議論され、さらに量化子と法演算子、そして関連する尺度演算子の間に成立する論理的、語用論的関係を記述するために新しい表記規約が導入される。これは Horn（1972）、Ducrot（1973）、Fauconnier（1975a, 1975b）やその他の著作で主張されている「量のスケール」と「語用論的スケール」を古典的な対当の方形（Square of Opposition、第 1 章を参照）に重ねあわせるものである。20 世紀以前の論理学者や、イェスペルセンとサピアのような言語学者によって示された尺度語の初期の説明がここで取り上げられ、評価を受け、さらにここで提唱されるグライスのモデルと比較される。またここでの問題に関連して、現代の取り扱いの一例として、バーワイズ・クーパー（Barwise and Cooper 1981）の「一般化量化子理論」と、そこから得られる結論についても見てみることにする。先の（iii）としてまとめた問題点については第 6 章までおいておくことにする。

　第 4 章で特に注意して扱われる論点をまとめてみると、以下の 2 点に要約される。

（i）　　全称量化表現と否定との間の複雑な作用域の関係。例をあげると、All the boys didn't leave の多義性、つまり 'all ... not ...'（すべての ... が ... でない）か 'not all ...'（すべて ... ということではない）の 2 通りに解釈できるという問題。これは 4.3 節と第 7 章の最後の節でも吟味される。

（ii）　　古典的「対当の方形」の **O** 頂点（南東角）に対応する論理的複合表現の語彙化、あるいはしばしばその直接的表示でさえあるもの、を阻止する要因の性質と限界について。この制約はそもそも私の博士論文（Horn 1972: 第 4 章）で提案されたものである。これは not all, not always, not everybody, not （logically）necessary などを表すものが「一語に語彙化」されていない反面、**E** 頂点（北東角）に対応する複合表現は no(ne)（='all ... not'）, never（='always ...

not'), nobody (='everybody ... not'), impossible (='not [logically] possible') のように語彙化されているということから例証される。これは 4.5 節で議論される。

　第 5 章は、シアトルでの 1985 年 12 月の LSA 会議と、その翌年の春のブラウン大学とイェール大学での講演で提示したものの縮約版である。ここでは自然言語における否定と尺度述語の語用論の別の側面に目を向けることにする。すなわち、ある定義可能な範囲の尺度述語の否定によって引き起こされるより強い、あるいはより特定化した解釈への推論という側面である。1 世紀ほど前に観念論的哲学者のボーザンケト (Bosanquet 1888) は、「形式的な否定の本質は反対関係に矛盾関係の性質を帯びさせることである」と述べた。(black/not black、odd/even というような) 矛盾関係にある語は中間にくる名辞を排除するが、反対関係では原則としてそのようなことはない。私のシャツは黒でも白でもないことは有り得ることである。しかし反対関係でも、文脈によって反対の間のギャップを埋めてしまい、通常は矛盾関係に見られる選言的性質をうちたてることが有り得る。その場合、中間項は排除されるというよりも、語用論的に吸収され、**p or q** は **p or not-p** のようになる。この「中間的名辞の吸収」を引き起こす 1 つの文脈的要因は、「白か黒か」をはっきりさせ遠心的に分極化をすすめようとする傾向の存在である (「私に賛成しない者は私に反対だ」、「もし君が解決の側でないのなら、君は問題の側だ」)。この分極化の傾向が尺度述語に適用されると、否定の普遍的な形態・統語論的側面における 3 つの基本的過程を生み出す源として働く。この過程は今まで十分には議論されていないが、これは 1 つには同一の機能的力学が背後に作用していることに気づかなかったからである。次にこの 3 つの過程を列挙しておく。

　(a) 生産性が制限された接辞否定 (un-**X**, iN-**X**, dis-**X**) の単純語基 **X** は尺度的 (段階的) であり、通常は肯定の意味を持つ。また語基 **X** は尺度上、極端な値を持つものは選ばれない。そして派生されたものはその語基の矛盾ではなく、反対 (反義語) の意味を持つように解釈される。

(例)　*unhappy* vs. **unecstatic, *unsad, *unmiserable*
　　　dislike vs. **dislove, *dishate*

　(また *un-American* [vs. *non-American*], *irrational* [vs. *nonrational*], *uneven* [≠ 'odd'] 等のような接辞否定語は尺度的、反対的値を持つことに注意してほしい。)
　(b) 二階述語の一見矛盾否定と思われるものでも、関連する尺度上の中間点よりやや上に来る弱い肯定の値をとる場合にのみ、反対主張と理解される (**not F** =

xx

F ...**not**...)「否定辞繰り上げ（Neg-Raising: NR）読み」をとることがある。

（例）　*I don't believe that **p*** ［= I believe that 〜 **p**］
　　　　　（*know, doubt, disbelieve* では NR は生じない）
　　　　*It's not likely that **p*** ［= it's likely that 〜 **p**］
　　　　　（(*im*)*possible, certain* では NR は生じない）
　　　　*I don't advise you to **VP*** ［= I advise you not to **VP**］
　　　　　（*insist, forbid* では NR は生じない）

　（c）編入されていない一見矛盾否定にみえる尺度述語は、元の値が肯定的で相対的に弱い場合にのみ、より強い反対的解釈になる。

（例）　*He's not happy*［反対読み］vs. *He's not {ecstatic/ sad/ miserable}*［矛盾読み］
　　　　I don't like you［反対読み］vs. *I don't {love/ dislike/ hate} you*［矛盾読み］
　　　　It's not right［反対読み］vs. *It's not {perfect/ wrong/ sinful}*［矛盾読み］

　　上述の 3 つのプロセスの相互関係には 1 つの繰り返し言われる仮定が関わっている。それは語用論的なものであって、*p*∨*q* を認可するような環境で ***not-p*** を主張することは *q* を含意（implicate）することである、というものである。このようにして、形式では矛盾否定である ***not-P*** が、暗に反対の主張を伝えることになる。しかしそれは否定の焦点である ***P*** が、相対的に弱い肯定の尺度述語であり、対照関係にあるものの中で無標の語である場合に限られる。上の（a）、（b）、（c）の 3 つの構造が異なるのは、この語用論的な強化のプロセスがどの程度慣習化しているか、またその慣習化の性質がどう違うのかという点にある。（c）の例では、この推論プロセスは一般的で例外がない。（b）の場合、このプロセスは部分的に固定され、短絡化含意（SHORT-CIRCUITED IMPLICATURE）として NR 読みを認可する。さらに（a）では特異な個別の語彙として、完全に慣習化されている。
　　接辞否定の意味的、語用論的、形態論的特性は 5.1 節で議論される。この節の最初の所で、英語の半生産的（semiproductive）接頭辞 *un-* と、非生産的（nonproductive）接頭辞 *iN-* について議論する。その他の否定接頭辞は 5.1.2 節で考察するが、そこで Zimmer（1964）に沿って、否定接辞の通言語的（cross-linguistic）意味研究を概観することにする。5.1.3 節ではいわゆる論理的二重否定、特に英語における *not un-* 構文の使用に対する動機付けを検討する。5.2 節は私が前に書いた論文（Horn 1978b）を改訂し短縮したものである。そこでは「否定辞繰り上げ現象」を部分的に慣習化された語用論的強化プロセス（上記［b］参照）の一例として捉えなおして

みたいと思う。最後に 5.3 節では、上述の (c) の一見単純な例の考察が、実は否定の強化プロセス現象とそれを規定している慣習化のパラメータについての包括的説明につながってくる、という議論をするつもりである。

　接辞否定、いわゆる否定辞繰り上げ現象、単純否定の緩叙法的 (litotic) 理解というような文脈で、意味的矛盾を「実質上の」反対に強化しようとする婉曲的動機付けは、R に基づく含意 (R-based implicature) の性質の特徴である。第 4 章の核心をなす上限規定的 (upper-bounding) 尺度の推論と、第 5 章に示される強化の推論は、Q と R に基づく推論の 2 つの弁証法的に対立するパターンの古典的例である。この区別のいくつかの帰結については 5.3 節と第 6 章で示されるが、第 6 章ではそれがメタ言語否定の分布に影響を与えるという点で考察される。

　4 章、5 章に続く否定に関する語用論的議論の最後に来る第 6 章では、尺度否定（上記 (iii) 参照）の有標の解釈を、否定のメタ言語的 (METALINGUISTIC) 使用の一般的現象の一例として記述する。第 2 章でも述べるつもりだが、有標の、または「外部」否定は、一般的には直接的、真理関数的、前提保持的な通常否定、つまり「内部」否定に追加される意味的演算子として扱われてきた。しかしそれとは別に、意味論的前提の存在とともに否定の多義性を想定することを拒み、外部否定と内部否定を一まとめにして命題に関する一体化した一般的真理条件演算子として取り扱うことを選んだ学者もいる。

　さてこの第 6 章では、Horn (1985) の議論を改訂し、拡大したものを検討する。6.1 節でも要約するように、これら 2 つのアプローチはどちらも自然言語における 2 種類の否定間の相違点と類似点を明確に捉えていない。有標の否定は論理的否定の場合に知られているような真理表を持つ真理条件的一項連結子に還元できないし、異なる論理演算子として定義することもできない。むしろそれは（命題に対してではなく）その要因が何であれ先行する発話の内容や形式に対する反対を表明するためのメタ言語的装置として働いている。その要因には、慣習的含意や会話の含意 (implicature)、文法的並びに音声的形式、あるいは発話の使用域 (register) なども含まれる。

　6.2 節では多値論理学者と単一否定主義論者 (monoguist) により考慮された前提取り消し外部否定という議論では説明できないデータを提示し、否定は意味論的にではなく、語用論的に (PRAGMATICALLY) 多義であるという見解を擁護する。この見解では、否定のメタ言語的使用は、その真理条件的意味の性質によって動機を与えられてはいるが、反対表明のシグナルとして捉えられるのである。他の論理演算子はそれら自身の類似の拡張されたメタ言語的機能を持っていることが示される。6.3 節では 4 章の Q に基づく尺度含意 (scalar implicata) と、5 章の R に基づく強化的含意 (strengthening implicata) とメタ言語否定との相互作用を考えてみることにす

る。その結果、この相互作用における非対称性が記述され、その理由が検証される。この章の残りの部分は次の議論にあてられる。すなわち、メタ言語否定の音韻的、形態統語論的、および分布上の関連事象の検証、問題となる現象を説明（言い逃れ）しようとする最近の研究の吟味、さらに否定の 2 つの用法の通言語的実現である。

　第 7 章は結論の章である。1.1.1 項での述語否認と名辞否定に関するアリストテレスの理論の検討以降、それに続く議論で見えて来たものをこの章で集めてみることにする。自然言語における否定の形態、機能、意味について、相互に関係する問題を順次取り扱う。先ず 7.1 節では、表層の文における否定の共時的特徴と時間の経過の中での否定の発展に影響を与える様々なパラメータの検討から始めたい。ここではイェスペルセンのサイクル（JESPERSEN'S CYCLE）として知られているプロセスの動機づけを探求する。これは動詞の前に置かれた否定が動詞の後ろに来る不定的要素または最小量を示す表現によって強化されねばならない程、徐々に力が弱まり、ついにはその要素に否定の地位を譲り渡してしまうという循環である。元の否定はしおれていき、消え去ってしまう。一方、新しい、動詞の後にある否定は、逆に、直接的に、あるいは（英語の場合のように）間接的に左方に引っ張られ、再び動詞の前の位置にくる。そしてこの循環が再度始まるように状況が設定される。この否定辞の左方ドリフト（偏流）はイェスペルセンによって確認され、また本書の中で検証されるもう 1 つの機能的原則、つまり私の言う「否定先行原則（NEG FIRST）」を表しているのである。これは、機能的理由により否定の形態素はそれが焦点を当てる要素に先行する傾向を持つという仮説である。（また 5.1 節で、この同じ原則を接尾辞否定より接頭辞に否定要素が来ることが多いという類型論的優先性を説明するために利用する。）

　ここで検討される否定の類型の通言語的研究（Dahl 1979; Payne 1985 参照）の著しい成果は、統語的外部否定が極めてまれであるということの発見である。つまり、古典的命題論理学が一項文連結子のあるべき位置として教える位置に否定の形態素がないということなのである。私は 7.2 節で古典名辞論理学を再興し、拡張することでこのギャップを説明しようと思う。ここで古典名辞論理学とは、アリストテレスとその門人たちによって創設されたが（1.1 節参照）、ストア派によって否定され、さらにフレーゲ以降は近代形式論理学の主張者により再び否定された叙述理論のことである。私の拡大版名辞論理学でも、並列されていない文は規範的な主語－述語（範疇）構造を持ち、アリストテレスと、さらに（私の思うには）モンタギューの両者の精神において、論理的形式と文法形式の一致を認めるものとなっている。

　『オルガノン』とモンタギューの英語の両方が持っていない、繰り返し的な標準命題論理学の外部文否定は拡大名辞論理学からも一貫して外されている。文否定の

明白な例は否定演算子のメタ言語的用法（第6章参照）を含むが、一方、助動詞や定型動詞に関連する一般の矛盾否定は叙述の様式（MODE OF PREDICATION）、すなわち主語と述語に対する共義的な操作である。広い作用域を持つ記述的否定というこの分析は、否定を完全に形成された命題に作用する一項「連結子」とみる近代の伝統と対立するものである。さらに私の拡大名辞論理学はフレッド・ソマーズの研究にある、より急進的な新アリストテレス派の提案とも対立するものである。

　最後の節である7.3節では、否定が前提と量化表現の作用域との間に起こす問題のいくつかを再検討する。私の方式は単文内における否定と一般化量化子の作用域解釈のすべてを予測できる。またこれには一見不可能な、作用域上の可能性のケースをも含む。私はさらに、存在量化子の後にくる否定（some...not）の、（実際には）存在しない広作用域（NEG-Q）解釈と、全称量化子の後にくる否定（all...not）の、容易に利用され得る広作用域解釈との非対称性について、機能論的説明を提示する。量化子と前提（第1章、第2章参照）について明示的否定が示す明らかな作用域は、統語形式や論理形式からのみ予測されるのではなく、主に発話の文脈と、他の無標の表現の利用可能性によって語用論的に決定されることを議論するつもりである。

　私は本書において、自然言語の否定の研究が、言語理論と言語の哲学における論理形式の性格や含意と前提の性質、さらに意味論と語用論の境界に関する研究によって、どのように影響され、また逆にそれらの研究にどのように影響を与えてきたかを述べたいと思う。もう少し広く言うと、私の研究は過去2500年にわたる否定とその関連領域における重要な研究の多くを総括し、自然言語の否定の役割に関する最新の展望を提供することを目標としている。私の研究が、未来の現像所（＝研究の場）で現像（＝開発）される写真（＝構想）のネガ（＝原図）として役立ってくれることを切に念じている。

第 2 版への序文

　1989 年に『否定の博物誌』の初版が刊行されて以来、自然言語における否定の文法、意味論、語用論、心理言語学に関して大きな関心の高まりがあった。R 原理による「この後にある、したがってこの故にある」(post hoc propter hoc) を含意するものではないが (Horn 2000b 参照)、『否定の博物誌』(*NHN*) の刊行に続く 10 年の間に、否定と極性の諸特性をテーマとした以下のような学会やワークショップが開催された[1]。

　1991 年 4 月、シカゴ、シカゴ言語学会：否定に関するパラセッション (at CLS 27)；ドブリン (Dobrin) 他編の会議録 (1991) 所収。

　1991 年 5 月、コルセンドンク (Corsendonk、ベルギー)：自然言語における否定の ESPRIT (対話と談話) ワークショップ (主に、意味論、語用論、計算理論の諸側面)。

　1992 年 11 月、パリ第 10 大学 - ナンテール校 (フランス)：否定のコロキアム (文法、意味論、修辞学、心理学)；アタル (Attal) 編の会議録 (1994) 所収。

　1993 年 4 月、ボストン大学：西アフリカのクワ (Kwa) 諸語の否定に関するワークショップ。[訳者注：*Niger-Congo Syntax and Semantics 6* (1995) 所収]

　1994 年 6 月、フローニンゲン大学 (オランダ)：否定と極性に関する PIONIER コロキアム (形式意味論が主体で、語用論と統語論もある)。

　1994 年 9 月、ライプツィヒ大学 (ドイツ)：否定に関する会議 (大部分は哲学的、論理学的志向)；ワンシング (Wansing) 編の会議録 (1996) 所収。

　1995 年 5 月、オタワ大学 (カナダ)：否定の会議―統語論と意味論 (主に原理とパラメータ理論／ミニマリスト統語論と形式意味論)；フォゲット (Forget) 他編の会議録 (1997) 所収。

　1996 年 8 月、フローニンゲン大学 (オランダ)：否定への展望。ホークセマ (Hoeksema) 他編の会議録 (2001) 所収。

　1997 年 8 月、クラクフ (Kraków、ポーランド)：肯定・否定の非対称性と推論に関する会議 (主に、否定の社会的心理について)。

1997 年 11 月、東京都立大学（東京、日本）、日本英語学会：現代言語理論における否定極性についてのワークショップ（ミニマリスト、HPSG、および論理学・意味論のアプローチ）。

1998 年 10 月、サルフォード大学（ヨーロッパ研究センター）、否定についての会議：統語論、意味論、語用論。*Transactions of the Philological Society* 98: 1（2000）に部分的な会議録を所収。

1999 年 10 月、ポズナン（ポーランド）：第 32 回ポズナン言語学会におけるスラブ語の否定の統語論、意味論に関するワークショップ。

　この間、これらの学会やワークショップの会議録の他に、3 つの主要論文集が刊行された。ヘーゲマン（編）（Haegeman, ed. 1993/ 94）、ギャビー・ワンシング（編）（Gabbay and Wansing, eds. 1999）、ホーン・加藤（編）（Horn and Kato, eds. 2000）である。さらに、米国言語学会や SALT（Semantics and Linguistic Theory、意味論と言語理論）の年次大会においても、否定と極性についての公式・非公式の場が企画された。否定ファンにとっては、ブルチ他（Brütsch et al., 1990）やサイフェルト・ウェルテ（Seifert and Welte 1987）により編集された見事な文献目録や、口語および筆記英語における否定のさまざまな現れ方についてのトッティ（Tottie 1991）の実証的研究による貴重な記述的結果も注目される。

　この関心の高まりの 1 つの理由は、現代の統語理論の発展において文否定が中心的な役割を果たしたことにある。*NHN* でみたように、否定の生成文法的モデルにおける中心的な論争点は、文否定の抽象的マーカーが、（Klima 1964 のように）文頭に、ないしは（Lasnik 1975 のように）補文標識（Comp）の位置に現れる共義的（syncategorematic）な演算子であるのか、（生成意味論のように）上位の述語なのか、あるいは（GPSG のように）助動詞ないしは述語の中に端を発するのか、という点であった。チョムスキー（Chomsky）の原理とパラメータ・モデルにおいては、ポロック（Pollock 1989）が後に大きな影響を与える分離・拡張 IP 仮説を提唱した。そこでは否定、一致、時制などの機能要素が完全な句範疇を投射する主要部として分析される（このアイデアを実行した初期のものとして Ouhalla 1990, Laka 1990 も参照）。この分析においては、否定は機能範疇 NegP の主要部 Neg^0 として表示される。そして否定極性、否定呼応、移動、作用域のさまざまな特異性、さらには語順の類型やイェスペルセンのサイクル、つまり否定辞の弱化と強化の連続した変化に関連する通時的な諸過程（*NHN* の 7.1 節参照）が扱われてきた。

　過去 10 年間の否定の統語論研究において画期的なものには、ザヌッティーニ（Zanuttini 1991, 1997）やヘーゲマン（Haegeman 1995）が含まれる。これらの研究では、否定規準、つまり否定演算子と主要部 Neg^0 の間の指定部・主要部関係によ

る否定認可の適格性制約が精密化された (Haegeman and Zanuttini 1991)。ザヌッティーニはまた、いくつかのロマンス諸語や英語、ドイツ語における動詞の後の「より重い」否定要素が XP 付加詞として現れるという可能性を重視し、そのことにより従来観察されてきた否定構造における通言語的な多様性のいくつかに説明を与えている。文否定の表現型へのこれらの究明により、最近の統語理論の発展が促進され、統語論・意味論のインターフェイスの特性や、普遍文法におけるパラメータの変動特性へのその帰結について、知見がもたらされてきた。

　ヘーゲマンやザヌッティーニの研究がそれぞれ部分的に西フラマン語やロマンス語比較における否定の性格から洞察を得たのと同じように、この時期における他の多くの重要な理論志向の刊行論文も個別言語の否定構造の詳細な記述から情報を得てきた。ここには以下のようなものが含まれる。アメリカ手話言語(ASL, Copley 1996)、ベルベル語 (Chaker and Caubet 1996)、中国語 (Ernst 1995)、英語 (Baker 1991, Ernst 1992, Potsdam 1997)、フランス語 (Rowlett 1998, Larrivée 2000)、ギリシア語 (Giannakidou 1997, 1998))、イタリア語 (Acquaviva 1997)、ハンガリー語 (Puskás 1998)、日本語 (Kato 2000)、ロマンス語比較 (Déprez 2000)、ロシア語 (Brown 1999)、セルボ－クロアチア語 (Progovac 1994) など。ラデュソー (Ladusaw 1992, 1994, 1996a, b) は、ラカ (Laka)、ザヌッティーニ (Zanuttini) らの統語分析と、否定、極性、一致の形式意味論的な諸特性との間の相互関係に関する洞察に満ちた研究である。

　上で概観した原理とパラメータ及びミニマリストのアプローチに加えて、キム (Kim 2000) は競合的制約に基づいた理論枠 (HPSG) によって否定を扱い、またドゥロスト (Drozd 1993) は同理論を幼児言語の否定の文法に適用している。一方、ペイン・チサリック (Payne and Chisarik 2000) はハンガリー語の否定と焦点の最適性理論による説明を推し進めている。実際、通言語的にみられる焦点と否定の作用域との相互作用は多くの統語的、意味論的枠組みにおいて極めて実り豊かな研究領域であった。ホペルマン・シュニツァー (編) (Hoepelman and Schnitzer, eds. 1991) 所収の諸論文とともに、とりわけムフウィーン (Mufwene 1993)、ヤー (Yeh 1995)、ハジコーバ (Hajičová 1996)、ビュリング (Büring 1997)、ローバウ (Rohrbaugh 1997)、ストロイク (Stroik 1997)、ハーバーガー (Herburger 2000) を参照されたい。

　否定の統語論、意味論に関して過去 10 年の間に英語以外の言語で書かれたもので、そして決して言い訳はできないが *NHN* の執筆において言及されなかった 3 つの重要かつ包括的な研究をあげなければならない。太田 (1980)、ボスケ (Bosque 1980) それにジェイコブス (Jacobs 1982; 1991 も参照) である。

　90 年代における否定の研究のもう 1 つの流れは、否定極性という聖杯の探求である (*NHN* の 5.3.1、6.4.2、6.5.1 の各項、及び 7 章を参照)。否定自体の研究と同

様に、90年代における極性現象の研究も広範な諸言語から得られた通言語的な結果によって豊かなものとなった。例えば、古典アルメニア語(Klein 1997)、カタロニア語(Vallduví 1994)、中国語(Lin 1996)、オランダ語(van der Wouden 1996b)、フランス語(Muller 1991)、ギリシア語(Giannakidou 1997とそれ以降のもの)、アイルランド英語(Duffield 1993)、ヒンディー語(Lahiri 1998)、ハンガリー語(Tóth 1999)、イタリア語(Tovena 1998)、コリア語(C. Lee 1996)、日本語(Aoyagi and Ishii 1994, Kawashima and Kitahara 1992, Kato 1994, Kuno 1995)、モロッコ・アラビア語(Benmamoun 1997)、セルボ−クロアチア語(Progovac 1994)、そして南アジア諸語(Bhatia 1995)である。

　ラデュソー(Ladusaw 1996a: 326ff.)が述べているように(ただし、反対の見解について von Klopp 1998を参照)、極性研究のもっとも根本的な問題は、否定文脈のクラスの性格とそのメンバーを特定することである。この「認可子問題」に対してラデュソーや他の形式意味論者たちが過去20年にわたって追求してきた答えは、尺度叙述と尺度反転の性質、および一般量化子の形式理論における単調性の特性に関する先行研究者たちの洞察に基づくものである(NHN 4.4節参照)。ラデュソーは、否定極性項目(NPIs)を認可する環境の集合を下方伴立(downward entailment)という意味論的概念で捉えた。これは集合からその下位集合への、一般的なことから個別的なものへの、推論を認可する特性であり、これによりクリマ(Klima)がNPIの認可環境へその都度与えた[+affective]という素性の実質が明らかになったのである。肯定極性項目の方は、統語論的にも意味論的な扱いにおいてもはるかに少ない関心しかひいていない(ただし、Progovac 1994, Israel 1996を参照)、しかし通常はNPIを誘発するのと同じ演算子によって[逆に]阻止されると考えられている。

　90年代の否定の形式的統語論の研究をあげてきたが、これらはNPIの分布やそこに課される制限に対して構造的な説明を与えるものであった(その概観については Uribe-Echevarria 1994も参照)。それに先行した統語論的(より正確には、統語・語用論的)な極性の分析にはラインバーガー(Linebarger)によるものがある。彼女は自らの分析の含意に関する部分が十分に制限されていないことに起因する諸問題を扱うべく改訂を行ってきた(Linebarger 1991、Yoshimura 1999による批判も参照のこと)。プロゴバック(Progovac, 1993, 1994)は束縛理論の一般化に基づく独自の構造的説明を推し進めている。その批判的検討としてホーン・Y. S. リー(Horn and Y. S. Lee 1995)を参照。一方、他の人々は、ラデュソーの理論に対してラインバーガーたちがあげた反論や反例を扱うべく、下方伴立文脈の理論を精密化し拡張してきた。クリフカ(Krifka 1991, 1995)、カドモン・ランドマン(Kadmon and Landman 1993)、ダウティー(Dowty 1994)、ホーン(Horn 1996, 2001)、フォン・フィンテル(von Fintel 1999)、そして否定極性のグローニンゲン学派とでも呼ぶべき人々

である（例えば、Zwarts 1991, 1998, Kas 1993, Sánchez Valencía 1994, Jackson 1994, Hoeksema 1994, Rullmann 1996, van der Wouden 1996b, Giannakidou 1997）；さらにホークセマ（Hoeksema 1995, 2001）、フォゲット他（Forget et al. 1997）、ホーン・加藤（Horn and Kato 2000）等により編集された特集号ないしは論文集を参照されたい。

　極性の形式意味論において、相補い合う 2 つの展開がある。(i) 単調性の概念をプール代数による相互定義的な認可条件に精密化し、NPI の分布と相関させようとするもの（Kas 1993, van der Wouden 1996b, Atlas 1997, Vasishth 1998 など）。もう 1 つは (ii) non-veridicality（非現実性）の概念を意味的認可特性の中核とすべく精密化するもの（Zwarts 1995, Giannakidou 1997, 1998, 1999, Hoeksema 1998, Tóth 1999, Pereltsvaig 2000 など参照）。否定極性の本質に関わるより大局的な論争の中で、1 つのめざましい局面が現れてきた。それは「任意選択（free choice）」項目の適正な扱いと、NPI と任意選択の any の両方を不定項目として扱う統一的な分析の可能性についてのものである。カドモン・ランドマン（Kadmon and Landman 1993）、Y. S. リー・ホーン（Y. S. Lee and Horn 1994）、C. リー（C. Lee 1996）、クエア（Quer 1998）、ギアナキドウ（Giannakidou 1998, 2001）、ホーン（Horn 2000a）などを参照。そして任意選択項目を普遍量化子とする異なった見解については、ダヤル（Dayal 1998）とサボ（Sæbø 2001）を参照。

　極性とそれに関連する否定の諸特性の意味論に関するもっとも包括的なまとめはファン・デル・ワウデン（van der Wouden 1996b）である。一方、ハスペルマス（Haspelmath 1997）による不定項目の百科事典的な記述的類型論は、否定と極性現象の類型論とかなり重なり合っている（否定と極性研究の現状についての簡潔な優れた解説として Ladusaw 1996a も参照）。否定極性と否定呼応の関係が、Ladusaw（1992, 1996b）、van der Wouden and Zwarts（1993）、Dowty（1994）、Przepiórkowski（1999）、Przepiórkowski and Kupsc（1999）、Giannakidou（2000）で論じられている。さらに極性に関する類型論的、理論的展望として吉本（Yoshimoto 1995）、吉村（Yoshimura 1992, 1994, 1999）、さらにフォゲット他（編）（Forget el al., eds.1997）、ホーン・加藤（編）（Horn and Kato, eds. 2000）に収められた諸論文がある。最後に、イスラエル（Israel 1996, 2011）は否定極性と肯定極性への創意にみちた基礎的研究である。そこではラデュソーの下方伴立の洞察とラインバーガー（Linebarger）の語用論的推論とが著者自身による語彙意味論と尺度モデルへの構文文法的アプローチに結びつけられる。トベナ（Tovena）、フォン・クロップ（von Klopp）、ギアナキドウ（Ginnakidou）、そしてサボ（Sæbø）にとってと同様に、イスラエル（Israel）にとっては、認可される側の感受性の問題—つまり、ある表現のどのような語彙・意味論的特性によって、それ自身が極性項目であることが決定されるのかという問題—

は、認可子側の問題と少なくとも同じぐらい中心的な問題である。そして実際、両者は分かちがたく結びついているのである。

　では次に、*NHN* において探求された諸テーマに、より直接的に結びついたその後の発展をとりあげよう。各章ごとに進めるが、ところどころでかなり恣意的なとりあげ方になるかもしれない。というのも、各章の主題はつねにはっきりと分離し得るものではないからだ。

　否定の論理とその［研究の］歴史的な発展は、1.1 節でとりあげ、また 7.2 節で概観した拡大名辞論理学（Extended Term Logic）で再びとりあげられたが、これはワンシング（編）(Wansing, ed. 1996)、ギャビー・ワンシング（編）(Gabbay and Wansing, eds. 1999) に収められた諸論文の中心的なテーマでもある。特に後者に収められたものは、厳密に形式的なものである。歴史的な面については、ペレティエ (Pelletier 1990) によるパルメニデス (Parmenides) とその影響についての最終的論考とパシィッティ (Pacitti 1991) による（やや個性的だとしても）包括的な研究を参照のこと。非存在、および否定的存在と虚構文脈の問題は、チャクラバーティ (Chakrabarti 1997)、エヴェレット・ホフウェーバ（編）(Everett and Hofweber, eds. 2000) 所収論文の焦点である。スペインのピーター (Peter of Spain [Petrus Hispanus]) による否定論考の新版 (Spruyt, ed. 1989) も中世の状況を明らかにするのに役立つだろう。

　1.1.3 節で、対当の方形に写像される一般的陳述形式に結びついた存在仮定 (existential import) をめぐる諸問題へのアプローチを概観した。ホーン (Horn 1997) ではこれらの論点をより体系的な方法で扱うことを試みている。そこでは、ブレンターノ・マルティー・黒田 (Brentano-Marty-Kuroda) による断言的 (thetic) と定言的 (categorical) 判断の区別 (*NHN* の 7.3.4 節参照) を援用し、量化された文と不定の文の両方について、弱い、存在仮定を伴わない読みと強いまたは前提を伴う読みの違いを説明した。ラデュソー (Ladusaw 1994, 1996b) はこの同じ区別をとりあげ、異なった、しかし関連する結論に達している。さらに 90 年代における他の多くの研究が、この従来十分に認識されていなかった判断形式の二分法を論じている。

　日本語の談話資料をもちいて、山田 (Yamada 2000) は、1.2 節で述べた否定の非対称主義的見解への経験的な証左をあげている。1.3 節で簡単にとりあげた否定と文学及び精神分析の理論をめぐるより広い相互関係は、最近の出版物 (Budick and Iser 1989, Fischlin 1994) の主なテーマであり、また不可解にも *NHN* において見過ごしたのだが、ヘーゲル (Hegel) やフロイト (Freud) から統語論や言語獲得への関心までを含む極めて野心的な研究 (Ver Eecke 1984) の論点でもある。私の張った網目を逃れたもう 1 つの包括的な研究は、ロイド (Lloyd) の古代哲学における極性についての百科事典的研究である。これはロイド (Lloyd 1992) として再刊されている。

ルスロフ (Ruthrof 1997) は、その「フレーゲからフロイトおよびそれ以降の否定」という 32 ページの節で、*NHN* の 1.2–1.3 節 (とそれ以降の章への言及) で扱った基盤を批判的に検討し、対称性をめぐる論争、言語と意識における否定の役割、意味論と語用論の分業について、独自の反形式主義的「形而下的」展望を示している。

　ここで、ある高速道路の交通標識の行く末について述べてもよいかもしれない。それはニューヨーク州のホワイトプレインズ (White Plains) へ向かう東回りウエストチェスター縦断高速道路(I-287)の 6 番出口への標識である。

> White Plains
> No White Plains

この標識は、矛盾律への大胆な反駁として長年立っていたが、勢力のある新アリストテレス陣営が高速道路委員会をつついたことはあきらかで、ついに取り払われた。

　否定と前提の論理(*NHN*、2 章)については、バートン‐ロバーツ(Burton-Roberts 1989a, b)、アトラス(Atlas 1989、3 章)、フォン・フィンテル(von Fintel 1999)を参照。2.5 節の中心的な話題であった慣習的含意はこの間うまく扱われてこなかったが、ついにバック (Bach 1999) によって死を宣告された。もっともその姿をみかけた(Elvisesque sightings)という報告は周期的にあるが。

　否定の言語獲得(*NHN* 3.1 節)に関する最近の重要な研究には、ドゥロスト (Drozd 1993, 1995)、コスターとファン・デル・ワル(Koster and van der Wal 1995)、ファン・デル・ワル (van der Wal 1995, 1996) がある。モクシィー・サンフォード (Moxey and Sanford 1993) は否定的(そして肯定的)量化文の言語処理について新たなアプローチを示した。否定、特に多重否定のよく知られた処理上の困難さを適正に扱ったものとして、ホーン (Horn 1995) を参照。(Q 原理と R 原理による含意の区別とそれらから導かれる語用論的分業からなる) 推論の二元モデルは *NHN* の 3.3.1 項とそれにつづく章でしめされたが、さらにホーン (Horn 1991, 1993) で精密化された。これと関連した枠組みの 1 つが、レヴィンソン (Levinson 2000) による一般化された会話の含意に関する画期的な研究において明らかにされた。

　Q 原理による尺度含意は、*NHN* の 4 章の核心をなす。そこではまた命題内容の根本的な特定不足とそこへの語用論的な侵入についての関連性理論による議論にも触れた。90 年代には、新グライス学派、後期グライス学派およびその中間層の間で活発なやり取りがあった。1 つの論点は尺度叙述と語用論的に決定される意味の事例に対する適正な扱いに関するものである。発話されたこと (what is said)

への「表意(explicature)」に基づく関連性理論的アプローチの種々の試みについては、カーストン(Carston 1988, 1995)、ルカナッティ(Récanati 1989, 1993)を参照。古典的なグライスの線にそった修正版については、ホーン(Horn 1992)とレヴィンソン(Levinson 2000)、また非字義性(non-literality)は主に発話されたことには含まれない意味の非明示的な部分からなるという説得力のある代案については、バック(Bach 1994, 2001)を参照。その非明示的な部分とは、関連性理論の表意(explicature)ともまたその後に計算されるグライス流語用論の含意(implic*a*ture)とも異なる準含意(implic*i*ture)である。

尺度含意研究の歴史的な発端については、4.1 と 4.2 節で触れたが、ホーン(Horn 1990a)においてより詳しく検討されている。否定の博物誌の従兄弟ともいえる離接についてのすばらしい論考がジェニングス(Jennings 1994)にある。またモダリティと否定、尺度性との関係はファン・デル・アゥウェラ(van der Auwera 1996)とデ・ハーン(de Haan 1997)の中心テーマとなっている。量化子と否定の作用域についての諸問題は、*NHN* の 4.3 節で論じられたが(7.3 節で再論)、ビュリング(Büring 1997)は形式意味論、統語論、イントネーションの観点から洞察に満ちた検討を加えている。一方、尺度構造と語彙意味論と否定との相互作用は 4.4 節で論じたが、ルンドクウィスト・ジャーベラ(Lundquist and Jarvella 1994)、イスラエル(Israel 1996)、シュウェンター(Schwenter 1999)で再び取り上げられた。ハーバーガー(Herburger 2000)は否定の作用域と焦点及び量化との相互作用について新デビッドソン的な事象構造による説明を示している。4.4 節における議論のもう 1 つのトピックは、only の意味論、特に only a という形式の名詞句が単調減少であるかないかという問題である。この問題に関する応酬の嵐が、90 年代の *Journal of Semantics* のページを覆った。アトラス(Atlas 1991, 1993, 1996)は only a を非単調的で本質的に合接の(conjunctive)ものと分析し、ホーン(Horn 1992, 1996)は only 句の否定的、したがって非対称的な特性(例えば、NPI 認可子としての特性)を強調した。この論争は、20 世紀後半を(いや、実際にはこれらの歴史的な論考が明らかにしたように、13 世紀を)飾ったのと同じように、21 世紀に花を添えるものとなろう。

対当の方形が示す機能的非対称—特に O 頂点の値(not all, not necessary)が語彙化できない、ないしはいやがること—は、*NHN* の 4.5 節では、(2 つの小反対の項点がお互いに Q 含意するという)グライス流の語用論と、否定の有標性(それにより I 項点の語彙化が優先される)との組み合わせに還元された。 ホーン(Horn 1990a)も参照。その後、この非対称性の説明への対抗案がいくつか提案されている。ホークセマ(Hoeksema 1999)とファン・デル・ワウデン(van der Wouden 1996b: 100, fn.47)における論考と文献を参照。意外なことではないが、私にはこれらの代案が決定的なものとは思われない。これらの代案が、量化子の問題から 4.5

節で論じた語彙化現象の全体へ一般化できるとは思われないからである。

　第 5 章では、R 原理による強化、つまり矛盾否定の文という形をとりながら、反対否定の意味を隠しもっている傾向をめぐる 3 つの側面を論じた。形態論と語用論のインターフェイスに関わる諸問題は、5.1.2 項において un- 動詞形成への制約を通して論究されたが、ホーン（Horn 1988）ではより注意深い検討がなされている。そこでは、余剰的な反転動詞（reversative verbs）（例えば unthaw（溶かす）、unloosen（ほどく）、debone（骨を抜く）、dissever（分ける））の認可における Q および R 原理の相互作用が検討された。同じ二元モデルは、ホーン（Horn 1991）において *NHN* 5.1.3 項ですでにみたように、「論理的二重否定」(not impossible, not unhappy) への意味論的、文体的動機付けに適用された。これら 2 つの構文は、語用論的分業の他の事例とともにホーン（Horn 1993）で再検討されている。

　いわゆる否定辞繰り上げの現象は、5.2 節と 5.3.1 項で R 原理による短絡含意の見出しで論じられたが、ナイツ（Nuyts 1990）、バブリッツ（Bublitz 1992）、ホーン（Horn 1998a）、トベナ（Tovena 2001）において再検討されている。緩叙法（litotes）は、5.3 節の中心的テーマであり（Horn 1991 において再考された）、ホフマン（Hoffmann 1987）およびファン・デル・ワウデン（van der Wouden 1996a, b）により通時的、語用論的、論理的観点から洞察豊かな再検討を受けた。第 5 章での R 原理に基づいた否定的強化のさまざまな適用は、ホーン（Horn 2000b）において、条件文補完（conditional perfection）、つまり「もし p ならば q」という条件文を、あたかも「もし p ならば、そして p のときのみ、q」という双方向の条件文であるかのように扱おうとする（論理的誤りではあるが）自然な傾向、に関連づけられている。

　メタ言語否定（MN）についての考察は *NHN* の 6 章で論じられ（それは 1985 年の *Language* 掲載論文を修正、拡張したものだが）、多くの活発な論争を誘発してきた。メタ言語否定を意味論的前提の新ストローソン的理論に組み込もうとしたバートン－ロバーツ（Burton-Roberts 1989a, b）（ただし、*NHN* 7.3.2 項と共に Seuren 1990, Horn 1990b による応答を参照）、フーレン（Foolen 1991）、ファン・デル・サント（van der Sandt 1991）による批判、そして特にマコウレー（McCawley 1991）におけるメタ言語否定と対照否定に関する鋭い見解、メタ言語否定を反響（echoic）否定とする関連性理論のアプローチ（Carston 1996, Chapman 1996, Yoshimura 1998）、前提の取り消しに関して再燃した論争（Burton-Roberts 1997, 1999 対 Carston 1998, 1999）、そして意味論の動的モデルにおいてメタ言語否定が否定の論理に対して持つ含意の最近の分析（Geurts 1998, Seuren 2000）などである。さらに、メタ言語否定についてのかなり多くの通言語的研究がある。例えば、中国語におけるメタ言語否定についてのビック（Biq 1989）、ヤー（Yeh 1995）、ウィブル・チェン（Wible and Chen 2000）、またコリア語についてのチョイ（Choi 2000, 4 章）である。

　二重処理（ないしは遡及的適応）をもたらすいくつかの手段の１つとしてのメタ言語否定の位置づけについてはホーン（Horn 1992）で述べたが、さらに［テレビ番組の］Saturday Night Live の反語的、遡及的 NOT を（その現象をめぐる Linguist List におけるそれより少し前の詳しい議論に続いて）参考文献に加えた。同論文に記録したように、より体系的にはシャイドローワー・ライター（Sheidlower and Lighter 1993）に詳しいが、このおそらくは新たな用法は（NHN の７章で定義し、例をあげた Neg-First 原理を見事に破っているが）、実際には、19 世紀の名残ではないとしても、20 世紀の初頭まで遡るものである。

　否定の記述的類型論は、NHN の 7.1 節で簡単に概観したが、その後本田（Honda 1996）の博士論文、ドライアー（Dryer 1989）とクロフト（Croft 1991）の２つの重要な論文、さらにいくつかの貴重な論文集によって補充された。カレルとファン・デン・ベルク（編）（Kahrel and van den Berg, eds. 1994）、ベルニーニ・ラマット（Bernini and Ramat 1996）（同書については Horn 1998b も参照）、そしてホフトホーフェン・モーゼル（編）（Hovdhauven and Mosel, eds. 1999）である。もう１つの論文集であるティーケン - ボーム・ファン・オスタデ他（編）（Tieken-Boom van Ostade et al., eds. 1999）は、特に英語史における否定呼応と語順の通時的側面に焦点をあてており、そのうちの数編はイェスペルセンのサイクルの影響を論じている（Frisch 1997, Ingham 2000 も参照）。ホーン（Horn 2001）では同サイクルをやや簡単に取り上げたが、そこでは大胆にも、将来英語の全目的的否定辞は squat という形をとると予見した。最後に、7.2 節で支持された否定を叙述の一様式とする新アリストテレス的な分析は、モーザー（Moser 1992）とラデュソー（Ladusaw 1994, 1996b）において、洞察のある展開をみせている。

　1989 年初頭の『否定の博物誌』の出版のすぐ後に、やや近づきやすい必携書が刊行された。*Negaholics: How to Overcome Your Negativity and Turn Your Life Around*（『否定依存症—いかにして否定性を克服し、人生を反転させるか』）である。この本でシェリー・カーター－スコット（Chérie Carter-Scott）は、否定過多症に苦しんでいる人々に診断書と治療法を示している。つまり「否定的な考え、ことば、行動に関わるときにいつも経験する生理的、化学的高揚感」（Carter-Scott 1989: 8）である。いまでは明らかなように、我々が考えている以上に 90 年代初頭には全体的に否定依存症が多かったのだ。これは、ホーン（Horn 1989）の初版が、そこに処方された 7 章の骨の折れる治療計画を乗り越えなければならないにもかかわらず、6 年で売り切れたことからもわかる。依存症の仲間を代表して、CSLI 出版が NHN の再出版を決め、我々の中でも最も「重い否定依存症」の人でさえ「我々の中にある否定的な鬼から［我々自身の］毒を除く」（Carter-Scott 1989: 6）ことが可能になったこ

とをうれしく思う。

　すでに見てきたように、世紀末は自然言語の否定にとってとてもよい時期であった。（ここでは「ヒト」の自然言語について述べている。というのは、他の面では雄弁なボノボのカンジ（Kanzi）は—彼よりも才能において劣る普通のチンパンジー仲間はいうに及ばず—否定を扱うことができないことが、サベージ–ランボー他（Savage-Rumbaugh et al. 1998）が認めているように、証明されているからだ。）NHN の初版発売のちょうど 1 年後の 1990 年 4 月 23 日に、予言者エリザベス・クレア（Elizabeth Clare）、通称 Guru Ma は、神の宣託として、弟子たちにその日に始まる「12 年間の厳しい否定的な業」への準備をさせた。その期間は黙示録の 4 人の騎士の歓迎せざる訪問により、おそらく核戦争という形で、頂点を迎える（Egan 1990）。ユニバーサル（Universal）教会とトライアンファント（Triumphant）教会の指導者は彼女の 750 人の弟子を連れて、「地上のノアの箱船」と彼女が呼ぶモンタナ州のパラダイス・バレーの巨大な地下施設に行くことによって、この脅威に立ち向かおうとした。しかし、来たるべき 12 年間のきびしい否定的業に対する私自身の思いは、はるかに明るいものだった。いまから振り返ると、我々は実際この 12 年の期間から比較的傷を受けずに抜け出したことをうれしく思う。そして否定的業の未来は同じく肯定的なものであると信じている。

　どのような再版も、原著に紛れ込んだタイプミスやもっと言い訳しがたい数々のエラーを認めずには完全なものにはならないだろう。正誤表は—これはかなり完全なものであることを願うが—この序文への補遺 A として載せる。その後に NHN の書評と書評論文および紹介記事のリストを補遺 B としておく。［訳者注：B のみ訳出した］

　この NHN の再版を、研究者であり、美食家で無類の多才な人（polymaven nonpareil）であった故ジェームズ・D・マコーレー（James D. McCawley）の思い出に捧げる。

注

1　本序文の草稿について、アナスタシア・ギアナキドウ（Anastasia Giannakidou）、加藤泰彦、吉村あき子の諸氏から助言を得たことをここに記する。

補遺
NHN の第 1 版への書評・書評論文・新刊紹介

Mathematical Reviews, 89K, 1989（Pierre Kerszberg による新刊紹介）

Canadian Philosophical Reviews, 10.5, 1990（Brendan Gillon による書評）

Philosophical Psychology 3: 318-21, 1990（John Snapper による書評）

Lingua 85: 253-61, 1991（Eva Hajičová による書評論文）

English Linguistics 8: 190-208, 1991（日本、Yasuhiko Kato による書評論文）

Journal of Symbolic Logic 56: 1104-5, 1991（Jon Barwise による書評）

Philosophy and Rhetoric 24: 164-68, 1991（Glen Helman による書評）

Word 42: 179-82, 1991（米国、Barbara Abbott による書評）

Germanistik 32: 627-8, 1991（ドイツ、Ewald Lang による新刊紹介）

Journal of Pragmatics 16: 269-87, 1991（オランダ、Alexixs Kalokerinos による書評）

Notes on Linguistics, No.57: 47-57, May 1992（James K. Watters による書評）

Le français moderne 94: 103-27, May 1992（フランス、Pierre Attal による批判的論評）

第1章　古典論理学における否定と対当

否定 (not) の関係は人間精神に知られている最も単純で基本的な関係の一つである。論理学の研究において、これ以上に重要で実り多いものは知られていない。
(Royce 1917: 265)

否定の定義可能性、その論理的地位、機能、意味、適用領域…そして否定の判断の解釈について、いかなる同意も存在していない。　(Heinemann 1944: 135)

　否定の探求の足跡をたどることに関わっている言語学者、哲学者、そして心理学者たちが探求の歴史そのものに興味をもつのは当然であるにしても、一般の人々にとってもその記録は無知による危険に陥らないための教訓として見直しておくだけの価値がある。それでは第一歩を踏み出すことにしよう。西洋でも東洋でも、その論理学の伝統において否定は真理表の中で中心的な位置を占めてきた。しかしながら、各々の伝統において否定は、論理外の世界 (extralogical domains) からのスパイではないにしても、真理表での「うさんくさい訪問者」として考えられてきたようである。

　この最初の章では、2300 年の昔、アリストテレス派とストア派が争っていた時にそうだったように、現在でもいまだに重要性を失わない否定の論戦の主要論点のことから述べることにしよう。古代ギリシアのエレア派の哲学者とインドの初期仏教徒にとって、否定概念の最初の探求は形而上学と存在論における非存在 (nonbeing) の地位に結びついていた。言語的な否定の研究はプラトンの『ソフィスト』に始まると言ってよい。この対話での「客人 (the Stranger)」は否定 (not-p) を他性 (otherness: p から区別されるもの) と同一視しようとしている。その客人を通し、プラトンは我々の歴史で繰り返し登場する 2 つのテーマを導入している。すなわち、否定は他性や相違性という (想定上の) 肯定的概念によって定義することができ、従って削除できるという主張と、否定の言明は肯定言明より特定性や情報性で劣るので価値が低いという主張である。

　否定の研究が純粋な存在論の領域から離れ、言語と論理の領域に入るのはアリストテレスの研究によるものである。彼の否定の理論は『カテゴリー論』、『命題論』、『分析論前書』、『形而上学』に分散されて展開されているが、これらは私の全研究の骨格を形づくっている。1.1.1項で述べる反対と矛盾の対立は（第3章で見るように）、否定の心理言語学における中心的な問題である。また、それは第5章で反対と矛盾の語用論の検討の焦点となる。否定言明と肯定言明の間の心理学的、存在論的、言語学的非対称性、すなわち『オルガノン』の中で異なった観点からさまざまに規定され、想定され、否定されもした非対称性は、1.2節と第3章の中心的問題である。『カテゴリー論』と『命題論』においてアリストテレスによって探求された空の単称否定言明と否定の多義性といわれるものについての関連性（1.1.1項参照）は「前提」の研究の重要な問題となっている（第2章参照）。また、それと関連して、『分析論前書』において取り上げられている広い作用域をとる述語否認と、狭い作用域を持つ述語名辞否定の間の対照は、第6章、第7章で私が否定の多義性について議論するきっかけを与えている。possible、some などのような弱い尺度表現の分析（第4章参照）の場合のように私がアリストテレス的基盤から最も離れるときでさえ、私が離れているのはアリストテレスの指示の下にあるといえるのである。

　アリストテレスは当然その学派の第一人者であるとして、彼の後継者にも（そう認められていないかもしれないが）ラッセル、イェスペルセン、モンタギューなどのそうそうたるメンバーがいる。このことはこの章、及び後続の章で漸次明らかになってくる。さて、この私の「博物誌」で最も歴史記述的であるこの第1章の話の筋運びは、年代別でもありテーマ別でもある。アリストテレスが『オルガノン』で述べたように、論点をまず述べたい。項、命題の間に成立するさまざまな種類の対当（opposition）、否定を反対ではなく矛盾と同じとみる見方、肯定と否定の叙述の関係、古典的（しかしポスト・アリストテレス的）対当の方形（Square of Opposition）に写像される否定の量化と様相表現の分析などである。私は1.1.1項を対当に関する2つの中心的原理、すなわち矛盾律（LC = the LAW OF CONTRADICTION）と排中律（LEM = the LAW OF EXCLUDED MIDDLE）の形式的性質と理論的地位の探求で終わるつもりである。

　1.1.2項では競合する否定の形式的概念を1つ導入する。アリストテレスの名辞論理では主語と述語の結合の規則である述定［訳者注：述語づけ］の一様態として、広い作用域を持つ命題レベルの否定を使うが、ストア派の哲学者たちは否定を命題に対する一項演算子としてみる現代フレーゲ流の見解を先取りするような考え方をする。また、命題論理の最初の説明と同様に二重否定律の最初の（西洋的）形式化はストア派のおかげといってもいい（ただし、第7章で述べることだが、これは論理的エレガンスと単純さのために自然言語を裏切った最初の第一歩でもあった）。

　最初の部分で言及する 2 つのポイント—つまり肯定言明と否定言明のうちどのような
ものが存在の仮定（EXISTENTIAL IMPORT：対応する存在命題の推論を認可すること）を組み込んでいるのか、どちらの基準が命題や述定の肯定、否定という地位を決定するのか—は各々 1.1.3 項と 1.1.4 項で詳しく議論される。1.1 節は否定研究に対するアリストテレスの遺産の貢献を歴史的に概観することで終わることになる。そこにはアリストテレスとその後継者によって設定された反対に関するさまざまな概念の輪郭の描写、アリストテレスによる否定の 2 つの読みの役割の再検討（これが最後ではないが）が含まれる。

　肯定文、肯定言明や肯定的事実とそれに対応する否定的なものとの間の非対称性を否定についての中核的事実と考える強力な一群の学者たちがいる。哲学者としてはプラトン、ベーコン、カント、ヘーゲル、ベルグソン、ストローソン、言語学者としてアポステル、リーチ、デュクロ、ギボン、そして心理学者としてウェイソン、H. クラークなどがこの陣営の主要メンバーである。否定言明は、これら非対称主義者にとってその対応する肯定言明より根源的（primitive）ではなく、情報的、客観的でもなく、信心深さや価値においても劣るものと考えられている。しかし一方で、フレーゲ、ギーチ、エアーなどという等しく強力な学者たちで構成される陣営にとってはこの否定の非対称性などは存在しないのである。またアリストテレス、ラッセルなどを含む他の学者たちはこれら 2 つの陣営の間で迷っているようである。1.2 節において私はこの両陣営の争いを報告することにする。もっとも、ここでとりあげる問題は後に続く議論に大いに関係してくる。特に第 3 章では、心理言語学の分野での進展を報告し、併せて、この争いに対する語用論的な解決を述べてみたい。

　非対称主義者の陣営が使う伝統的な喩えは、否定判断のパラドックスである。つまり、もし肯定の言明が肯定的事実に言及し対応するとするなら、否定の言明は一体何に言及し何に対応するのか、というものである。明らかに「否定的事実に対応する」のではない。「否定的事実」というものは悪名高くかつ神秘的な獣である「ユニコーン」とほとんど同じようなものである。年代順記述の最初の部分、1.2.1 項では否定的事実というものを追放し、否定そのものを全く排除してしまおうとするさまざまな試みについて順を追って詳しく話すことにしよう。ここで少しだけ述べると、否定を他性や相違性として説明し、消し去ろうとするプラトン派の動き、明らかな文レベルの否定を述語に吸収しようとする計画、否定を偽性に置き換えてしまおうとする試みなどである。否定の征服をもくろむこれらの各派は各々現代を代表する理論であると誇っているが、結局それらは議論が循環的で一貫していないか、あるいは不適切である。

　より慎重な非対称主義的見解が 1.2.2 項で詳しく議論される。ここでは、否定に

ついてさまざまな見解が述べられる。否定言明は、誤りやすさの印であり、有限な精神のための必要悪(ベーコン、カント、新ヘーゲル主義者たち)、誤りをしりぞけるための装置(カント、ギボン)、語用論的に仕方のないもの(モリス、ラッセル)、主観的な態度ないしは様相(ベルグソン、ラッセル、アポステル)、否定の発話行為(ストローソン、サール、ギボン)である、など。これら非対称主義者の見解の1つの共通点は、すべての否定の言明は対応する肯定を前提にしているが、その逆ではないということである(もっとも、どちらが肯定かはいつもはっきりしているわけではないが)。否定は結果的に二階の肯定(second-order affirmation)ということになる。これはつまり、否定言明とは肯定言明について語るものであるが、肯定言明は直接的に世界について語るものである、と考えるということである。この議論の支持者としては、8世紀のインドの論理学者であるシャンカラ、ヘーゲルとその後継者たち、ラッセル(いつもというわけではないが)、特に卓越してベルグソンが挙げられる。現在ではガルシア、ギボンが提唱者とみてよい。

　一方我々は、対称主義者側からの有効な反撃が加えられるのも目撃することができる。否定の判断作用や否定の発話行為などないと主張するフレーゲの議論(この議論は後にギーチとゲイルによって強化される)、否定は偽と同一視できる二階の概念であるという見解に対するクワインとオースティンによる拒絶、否定は、対応する肯定を前提するとしても、すべての肯定命題は、等しく対応する否定の存在を前提するというウィトゲンシュタインの観察、否定言明の認識論的無価値さ、固有の複雑さ、前提性という考え方に対するフレーゲ、エアー、ギーチらの補完的な批判的意見、などがそうである。

　少なくとも非対称主義者の間には「否定は肯定よりも基礎的ではない」という明らかなコンセンサスがあるにもかかわらず、この区別がどのような形で表明されているのかについては明らかになっていない。また、否定が一方的に肯定を「前提」するとしても、一体どのような前提の概念のもとでなのだろうか。これらの問題は、この節では未解決のままにしておいて、再度第3章で考えることにしよう。

　私の「博物誌」は1.3節でより広い、思索的な領域に入る。そこでは精神史における否定の位置を考える。私の探求は東洋から始まる。インドの仏教徒やニヤーヤ学派(Nyāya logicians)は矛盾律、排中律、二重否定律を(これらの法則の信奉者そして批判者によってそれぞれ主張されるように)「強情さ」や「啓蒙の精神」の発動によって締め出すのではなく、これらの法則の有効性を十分尊重し、対当と否定の総合的理論の中にそれらを組み込むことに意を用いたことを我々は知ることができる。彼らの学問の進展は、その多用性、複雑性、そして、ときおりみせる不可解さにもかかわらず、西洋の論理学の発展と軌を一にするものである。非対称性をめぐる論争が東洋でも観察されることは、先の議論を読まれた読者にはもう驚くにあた

らないだろう。

　アリストテレス論理学の第一原理である矛盾律（LC）も、よくいわれるように ヘーゲルによって否認されたのではない。1.3.2 項で見ることだが、矛盾律の想定 は動的な二重否定律の概念化とともに、ヘーゲル弁証法を押し進める第一ステップ だったのである。また、この同じ 1.3.2 項で、人間の（そして超人間的）意識におけ る否定の役割について、マルクス主義的、フロイト主義的、解釈的、文学的議論に も（短いので恐縮であるが）触れることにする。しかし、非対称主義者によって始め られた還元手法でもそうであるが、否定言明の問題に対する最終的な解決はここに もないのである。

　私の否定の諸分析の解説は、同じ観察、同じ一般化、そしてしばしば同じ誤りの 再発見の連続であるため幾分がっかりする向きもあるかもしれないが、それでも十 分有益だと思う（そうあって欲しいと思っている）。他の言語的（言語外的）領域にお けるのと同様に歴史から学ばない者は同じ間違いを犯すのである。

　第 1 章で述べる言語の哲学及び心の哲学における否定とその役割の歴史的展望 は、読者諸賢に千変万化する否定の議論の主役と脇役陣（つまり他の論理演算子）を 紹介することを目的としている。本章は従って、私の「否定の物語」をたどる際の 案内となるだろう。この物語は、自然言語の論理における否定の性質解明への哲学 的、心理学的、言語学的手がかりが潜んでいる複雑なパズル箱を少しずつ開けなが ら進んで行くのである。

1.1　否定とアリストテレスの遺産

　　あらぬものがある、というこの考えは決して広まることはあるまい。
　　むしろ君はこの探求の道からは考えを閉め出したまえ。
　　　　　　　（パルメニデス、プラトン『ソフィスト』258D による引用）

　デルフォイの神託のように難解なこの言葉によって—もっとも短縮形の「非存 在はあらじ」でより知られているが—パルメニデスは 2500 年にもわたって未解決 で、そして実際解決不可能であるかもしれない論争に宣戦を布告したのである。こ の論争とは事物の世界での「非存在」と言語世界の「否定」をめぐるものである。

　プラトンは彼の反論（『ソフィスト』254C–259B）において自分の代弁者「客人」 にパルメニデスの言明に対し、「存在しない物はそれにもかかわらず存在する」と 返答させている。

　　我々が「あらぬもの」という時には、我々は、あるものとは反対の何かのこと

を言っているのではなく、ただ異なる何かのことを言っているだけなのだ。

（『ソフィスト』257B）

否定は一般的に対当あるいは反対とは解釈されない。我々が「大きく・ない (not great, *mē mega*)」という時、中間の大きさである物も小さい物も選び出すのではなく、大きいということ (the great) とは違う何かに言及しているのである。それ故に「客人」は次のように結論する。

> 否定が反対のものを意味する、と言われるが、我々はそれに同意せず、ただこれだけのことのみ同意すべきである、つまり［否定辞］*ou* と *mē* は、それが冠せられる語とは別の何か、あるいはその否定辞の後に続く事柄とは別の何かを示しているのだ、ということである。　　　　　　　　（『ソフィスト』257B–C）

「美しくあらぬもの (*mē kalon*)」とは単に「美しいもの」以外の何かであって、「美しいもの」で定義されるものと同じように存在の一部である。「大であらぬもの」、「正しくあらぬもの」なども同様である (257D–258B)。

　もし not-X という形式を持つ表現が他性 (otherness) や相違性 (difference) と同じであるなら、純粋な非存在が存在するかどうかの問題は片が付くことになる (258E)。そうなれば、くだんの客人はパルメニデスの悪夢（あるいはクワインの懸念）を追放することができるはずである。ところが、パルメニデスが目をそむけ、プラトンの客人がたくみに避けた、その「非存在のお化け」は、そう簡単に追い出すことはできない。プラトンの議論は結局、その問題を解決することに対するパルメニデスの禁止命令より訴えるものがあるわけではないのである。これから私が取り上げる議論の１つは古典に源をもち、東洋 (1.3.1 項で検討するインドの伝統)、西洋 (1.3.2 項で議論するヘーゲル派の伝統) の形而上学に及ぶ非存在の捉え方と否定的事実と事象の存在論についてである。しかし、そこでも私の関心の中心にあるのはアリストテレスの偉大な姿である。

1.1.1　アリストテレスの足跡

> 哲学ではしばしばあることなのだが、我々は、自分たちが開いていこうとした探求の小道に、既にアリストテレスの足跡があることを突然発見するのである。

（Vendler 1967: 194）

アリストテレスは否定の研究を存在論の領域から論理学と言語学の領域へと移し変

えたのであった (Wood 1933, Matilal 1968, Englebretsen 1981a, 1981b 参照)。『カテ ゴリー論』や『命題論』、『分析論前書』、及び『形而上学』などに描かれた否定と 対当の構想は、今もって生き生きと我々に訴えかけてくる。アリストテレスの論争 相手であるストア派からアリストテレスの後継者であるペリパトス派まで、また、 スコラ時代の注釈者であるアラブ人、ユダヤ人、キリスト教徒の注釈者から現在の 解釈者、擁護者、批判者にいたるまで、ありとあらゆる学派の論理学者、哲学者、 言語学者は彼に非常に大きい恩恵を受けている（もっとも多くの場合そう認識さ れていないが）。『オルガノン』で最初に取り上げられた諸問題—否定の「矛盾対 当 対 反対対当」、量化表現と様相表現に対する否定の効果、空の主語を持つ文（と 範疇誤り文）の否定命題の真理条件、排中律とその未来偶然性命題への適用—は、 アリストテレスが議論した当時と変わらず、現在でも中心的論題であり、論争の的 になっている。これらの問題の探求は、過去 2300 年に及ぶ哲学論争の中で、多く の光明と少なからぬ熱気を生み出してきたのである。

　アリストテレスの否定理論は項の対の対当関係の体系にその根幹を求めること ができる。4 種類の対当が『カテゴリー論』で区別されている（『カテゴリー論』 11b17 参照）。

（**1**）　相互関係（2 つの相互に関係するものの間で）　例：2 倍 対 半分

　　　反対（2 つの反対なものの間で）　例：良いもの 対 悪いもの

　　　欠如（欠如と所持）　例：盲目 対 晴眼

　　　矛盾（肯定と否定）　例：彼は着席している 対 彼は着席していない

ある概念の対が一体これらの対当のどれにあてはまるのか、の判断基準が 11b23ff. であげられている。

　相互関係、今日でいう「逆関係」には、指示関係の相互依存性が必要である。こ れは、B が A の半分である時、そしてその時にのみ A は B の 2 倍になるというこ とである。一方、欠如と所持は同一のものについて言われるのである。

　　ある機能や性質を持つものについて、それらが欠如していると我々が言うの は、それらが本来備わっているはずの時に、それらが存在しないちょうどその 場合においてである。我々が「歯なし」と言うのは、歯を持たないもののこと ではない、「盲目」も視力を持たないもののことではない、むしろ本来持つこ とになっている時に持たないもののことである。（『カテゴリー論』12a28–33）

この理解によれば、生まれたての猫の眼がみえないのは、椅子が「盲目」でないの

と全く同様に「盲目」ではないし、赤ん坊も「歯なし」にはあてはまらない[1]。

　反対する 2 つのものは同時には適用され得ない—あるものが同時に「良いもの」であり「悪いもの」であることはできないし、「黒いもの」かつ同時に「白いもの」でもあり得ない—ことは後で明らかにされるが、アリストテレスはこの性質を、「反対」がその 1 つの種類となる「対当」という類概念から自動的にでてくるものと捉えているようである。彼は少し前の方の説明（『カテゴリー論』12a1–25）で、ボエティウスに従って言うところの「間接反対関係（MEDIATE contrary）」と「直接反対関係（IMMEDIATE contrary）」の区別を詳しく議論している。

　　　反対なものとは、対象の中に当然生じるもの、あるいはその対象を叙述するものの中で、その対象が必ずそのうちの一方を持つが、しかしそれらの中間はないものである。例えば、病気と健康とは当然動物の身体に生じ、そしてそのどちらかが動物の身体に生じなければならない[2]。　　　（『カテゴリー論』12a1–7）

　病気と健康は、従って、直接反対関係にたつことになる。これは偶数と奇数でも同じことである。すべての整数は偶数か奇数でなければならないし、どちらでもというわけにはいかないからである。しかし、他のタイプの反対は「中間のもの」を許すように思われる。例えば、「白 対 黒」ではこれらの語が自然に適用されるもの、つまり色を持つものや人間の体にしても「白でも黒でもない」ことは可能であるし、「良い 対 悪い」でも、「良い、悪いといえるものであればすべてのものが良いか悪いかのどちらであらねばならないというのは正しくない」（前掲書 12a17）[3]。間接反対関係で中間にくるものが名前を持つ場合がある。例えば、白と黒の間にくる灰色や蒼白色やその他の色があり得る。また、中間にくるものの名前がない場合もある。あるいは、「両端のもののそれぞれの否定によってその中間のものを定義しなければならない。『良い』でも『悪い』でもないものとか、『正しい』でも『不正』でもないものというようにである」（前掲書 12a 20–25）[4]。

矛盾対当について

　矛盾関係—「肯定と否定という点で相互に対立する言明」—を他の対当関係から区別するものは 2 つの基準である。まず第一に、相互関係、反対、欠如とは異なり、矛盾は言明または命題に限定される。アリストテレスによると、名辞は決して矛盾関係にはならない。第二に、この場合にのみ一方が真で、他方が偽にならなければならない（前掲書 13b2–3）。

　名辞間の対当関係では真偽が関与しないのは自明である。言明（主語–述語の結合）のみが真か偽となり得るのである（前掲書 13b3–12）。しかし、2 つの陳述が反

対や欠如対当になることもあり得る。しかし重要なのは、これらの場合には、対当関係にたつ 2 つのものは同時に偽となり得ることである。もっとも、矛盾対当の場合と同様に、同時に真となることはできない。

　現在の読者にとってアリストテレスの説明で最も特徴的なのは、彼の例の取り上げ方である。「この男は白人／黒人だ」、「ソクラテスは良い／悪い人間だ」というような、問題なく理解できる間接反対関係の例ではなく、直接反対関係を含む文の対がでてくる。「ソクラテスは病気だ／ソクラテスは健康だ」などである。アリストテレスが主張するのは、たとえすべての人間が病気か健康かのどちらかであるとしても、この対の一方が偽であるからといって、もう一方が真にならねばならないとはいえない、という点である。

　　　何故ならソクラテスが存在するのならば、一方は真で、他方は偽であるだろう。しかし存在しないのならその両方とも偽であるだろう。何故なら「ソクラテスは病気である」も、「ソクラテスは健康である」もソクラテス自身が存在しないのなら真ではないからである。　　　　　　　　　（『カテゴリー論』13b17–19）

　反対関係での議論が欠如や所持に関連する言明の対にも拡張される。例えば、「ソクラテスは盲目である／彼は視力がある」について、もしソクラテスが存在しないならばこの 2 つの言明は同時に偽であるし、また「彼が本来まだ視力を持つはずのない時」（前掲書 13b20–26）[5]、つまり（アリストテレスの不適切な解剖学的見解に従うと）ソクラテスが赤ん坊の時にも、この対は両方とも偽となる。

　反対関係と欠如から矛盾に移ると事情が変わってくる。

　　　しかし、肯定と否定においては、主体が存在する場合にも存在しない場合にも常に一方は偽で、他方は真であるだろう。何故なら「ソクラテスは病気である」と「ソクラテスは病気ではない」とは、彼が存在する場合には、それらのいずれか一方が真、あるいは偽であるということは明らかであるが、また存在しない場合にも同様であるからである。何故なら「彼は病気である」は、彼が存在しない場合には偽であるが、しかし「彼は病気ではない」は真であるからである。　　　　　　　　　（『カテゴリー論』13b26–32）

　　　従って、矛盾、すなわち肯定と否定として対立する言明のみにおいて、それらのいずれか一方は常に真、あるいは偽であるというルールが成立する。

　　　　　　　　　　　　　　　　　　　　　　　　　　（『カテゴリー論』13b35）

　図式的に示せば、アリストテレスの真理条件は次のようになる。

（2）　　　　　　　　　　　　　　ソクラテスが存在す　　ソクラテスが存在し
　　　　　　　　　　　　　　　　るとすると　　　　　　ないとすると
　　　a. ソクラテスは病気である　　　**真　偽**　　　　　　　**偽**
　　　b. ソクラテスは健康である　　　**偽　真**　　　　　　　**偽**
　　　c. ソクラテスは病気でない　　　**偽　真**　　　　　　　**真**

　この分析は満場一致の賛成を得たわけではない。ボエティウス（5世紀の人）らのような古代の注釈者も、（2a）と（2b）を矛盾関係と理解していたし、後で見るように、論理学者は長らく（2c）のような主語が指示するものを持たない否定命題に真理条件を付与することに関して論争してきた（最近の著名な学者としてはフレーゲ、ラッセル、ストローソンをあげることができる。2.2節参照）。アリストテレス自身もこの正しさについて完全に確信していたわけではなかったことを示す証拠がある（Ackrill 1963: 111）。『命題論』の21a26–28で、「ホメロスは詩人である」から「ホメロスはいる」とはならないことが議論されている。これは、前者では「ある」は付帯的にホメロスについて使われているだけであるから、としている。しかし、アリストテレスは、上記の2つの文は叙述関係の性質の違いで区別できる、と答えてもよかったのである（実際はそうしなかったが）。英語では、この違いは、「ホメロスは詩人である」を現在形で言うことに抵抗がないのに対し、「ホメロスは病気（盲目）である」とは言いにくいという差になって現れてくる。

　ある文の一対の肯定と否定のメンバーが「真と偽を分かちあう」という性質は、中世の学者たちが述べたように、『カテゴリー論』において矛盾対当の示差的特徴となっている。しかし、矛盾の決め手となる基準は構造上のもののようである。つまり、（2a）–（2c）や「彼は着席している／彼は着席していない」の対で分かるように、これらは否定辞以外は同一の形態をしている。アリストテレス流に言うと、1つの場合には、述語は主語について肯定され（AFFIRMED）、もう1つの場合には同じ主語について否認される（DENIED）ということになる。

　『命題論』ではこの基準は最初は明示的に、後の方では厳しく制限的に規定されている。

　　肯定はあるものについてあることを肯定する主張であり、否認はあるものについてあることを否定する主張である。…明らかにすべての肯定には否認が、またすべての否認には肯定が対立する。このような対立する肯定と否認の命題を矛盾対立命題と呼ぼう。同じ主語と述語を持つこれらの肯定命題と否定命題は

矛盾関係にあるといわれる[6]。　　　　　　　　　　（『命題論』17a25–35）

　しかし、この基準は上でみたような単称表現の場合にはうまくあてはまっても、量化表現つまり、「量的普遍性」を示すもの（すべての人間、一人も…ない）や、そうでない表現（ある人間、すべての人間というわけではない）の場合には有用性を失ってしまう[7]。このことについてのアリストテレスの判断はつぎのようなものである。

　　肯定が否認と「矛盾的に」対立すると私が言うのは、主語は同一として、肯定が普遍的性質を持つのに対し否認がそうでない場合である。例えば、肯定の「すべての人間は白い」はその否認である「すべての人間が白いというのではない」とは矛盾的に対立する。同様に「誰ひとり人間は白くない」という命題は「ある人間は白い」という命題とも矛盾的に対立する。しかし私が反対的に対立するというのは「すべての人間は白い」と「誰ひとり白くない」のように肯定もその否認も普遍的な性格を持つ場合である。　　（『命題論』17b16–23）

　結果は「対当の方形」として知られる論理的図形で表示される。（これは実際には（アリストテレスの）800 年後に注釈者のアプレイウスとボエティウスによって使われるようになったものである。Kneale and Kneale 1962; Sullivan 1967 参照。）

（3）
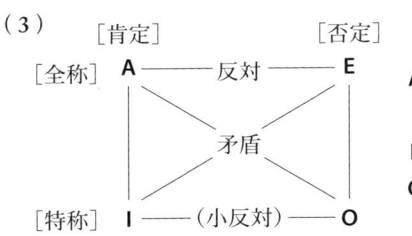

A：すべての人間は白い
I：ある人間（たち）は白い
E：誰ひとり人間は白くない
O：すべての人間が白くあるわけではない
　　ある人間たちは白くない

水平の軸は質（QUALITY）の区別を表し、縦の軸は量（QUANTITY）の区別を表す。頂点の名称はラテン語の動詞で「私は肯定する」の意味の **affirmo** と、「私は否定する」の意味の **nego** の母音から来ている。
　アリストテレスが対当の意味的定義に移行していることに注目されたい。**A/O**、**I/E** の対は矛盾対当になっている。何故なら、いかなる状況でもこれらの対の一方は真で他方は偽となるからである。同様に、**A/E** の対は、下にあげる真理条件を満たす反対対当をなしている。

この種の対命題において 2 つの命題が同時に真ではあることはできないことは見てとれる。しかしこれらの反対命題の矛盾対当は同一のものについて時には同時に真であり得る。例えば、「すべての人間が白くあるのではない」と「ある人間は白い」のように。 （『命題論』17b23–25）

さて最後に述べた対立、つまり反対対当の命題と矛盾関係にある命題間の対当、つまり I と O との対当は全く特殊な対当である。これは『分析論前書』では次のように説明されている。

語法の上で 4 組の対当が可能である。すなわち「全称肯定 A」対「全称否定 E」、「全称肯定 A」対「特称否定 O」、「特称肯定 I」対「全称否定 E」、「特称肯定 I」対「特称否定 O」。しかし、実際には 3 組しかない。「特称肯定」は語法上でのみ「特称否定」に対立するだけである。対当の中で「全称」のもの同士、例えば「いかなる知識も良い」対「いかなる知識も良くない」を「反対」（CONTRARIES）と呼び、その他を「矛盾」（CONTRADICTORIES）と呼ぶ。 （『分析論前書』63b21–30）[8]

これと同じ真理条件的基準が、アリストテレスが様相命題で矛盾や反対を考える際にも援用された（『命題論』12、13 章と『分析論前書』32b4ff.）。様相表現間の論理関係の問題は慎重に取り扱われている。（アリストテレス が『命題論』21a37 で「この問題は困難なしとは言えない」と述べている通りである。）しかし、様相命題の矛盾命題とは様相演算子を否定するのではなく、動詞を否定することによって作られるという当初の作業仮説は、その結果生じてくる「矛盾文」が実際には両立可能になってしまうことから捨てられてしまう。次の例を見てみよう。

（4）　あることが可能である／あらぬことが可能である
　　　（It may be vs. It may［not be］）
（5）　X が切られることが可能である／X が切られないことが可能である
　　　（It is possible for X to be cut vs. It is possible for X not to be cut）

すべて切られることの可能なもの、あるいは歩くことの可能なものは、切られぬことが、あるいは歩かぬことが可能である。…しかし矛盾する命題は同一の主語に関してともに真であることは不可能である。だから、先の「あらぬことが可能である」は「あることが可能である」の矛盾ではないことになる。 （『命題論』21b10–18）

　むしろ中世の注釈者（例えば Oesterle 1962 の 2 巻 10 章に収録されているカエタヌス）の言によれば、様相命題（「あることが可能である」のような）の矛盾は、動詞に否定を加える（「あらぬことが可能である」）のではなく、様相表現に否定を加えること（「あることが可能ではない」）で形成される。その結果はカエタヌス（Oesterle 1962: 207）や他の中世の注釈者たちが指摘するように、上記(3)でみた通常の「対当の方形」の上に様相対当を重ね併せた「様相対当の方形」として示すことができる。

（6）　**p** が必然　　　　　　　　　　**p** が不可能 ＝ **p** でないが必然

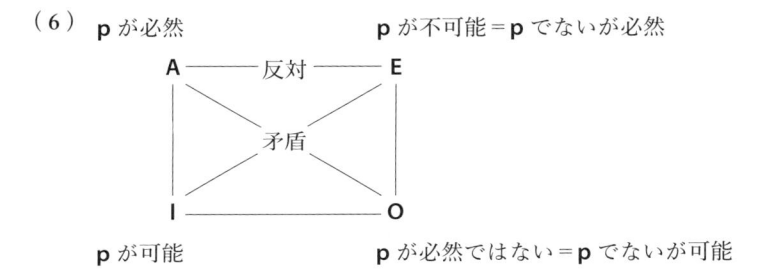

　　　　p が可能　　　　　　　　　　**p** が必然ではない ＝ **p** でないが可能

　単称命題、量化命題、様相命題に関するアリストテレスの矛盾と反対の取り扱いは、かなりはっきりしているのだが、それでもやっかいな問題が残る。まず、全称（必然）叙述と対応する特称（可能）叙述との間に成立する関係はどのようなものかというものである。つまり、**A** と **I** の間（あるいは **E** と **O** の間）にどのような対当が成立するといえばいいのかということである。第二に、反対対当の 2 命題に対する矛盾対当の命題、つまり **I/O** の関係に成立する関係は何かということである。これら **I** と **O** の頂点は文字通り反対の下にあるので小反対対当（SUBCONTRARIETY：SUB は下の意味）と呼ばれている。

　最初の問題に対して、アリストテレス は慎重に沈黙を守っている（特に様相表現のつかない主張命題（ASSERTORIC, nonmodal proposition）について）。彼のこの沈黙の理由については 1.1.3 項で戻って来ることにしよう。いずれにせよ、彼は『命題論』22b12 において「あることが必然であるものはあることが可能である」と述べている。これは **A** と **I** の頂点の間の関係は、少なくとも様相表現に関する限り、論理的伴立（logical entailment）であるということである。（この関係は「方形」の中世の注釈者によって大小対当（SUBALTERNATION）と呼ばれている。）しかし、この主張は「切られ得るもの」、「歩けるもの」は何であれ「切られない」、「歩かない」ことが可能であるとする先に見た観察と衝突してしまう。この今述べた観察は **O** タイプの様相命題を **I** タイプの様相命題から推論し、また逆方向に推論することも認可するアリストテレスの相補換位則（COMPLEMENTARY CONVERSION）を生み出す

ものである（『分析論前書』第1巻第32章参照）。同様の考え方により、Iタイプと O タイプの特称命題、つまり、「いくらかの A は B である」と「いくらかの A は B ではない」（＝「すべての A が B というわけではない」）はアリストテレス にとっ ては単に「語法上の対立」をなしているにすぎないと理解されていたのである（『分 析論前書』63b27–28 参照）。

　様相論理学上の難しさの根源は現在の形式的語用論の発展を待って初めて明らか になる。『命題論』(22b12) の「必然であるものは可能でもある」という文に基づい て考えると、アリストテレスは「可能」を「不可能」と単純矛盾関係にたつと解釈 していたようでもある。これは「一面読みの可能」(ONE-SIDED POSSIBILTY) と我々 が呼ぶものである。しかしまた、『分析論前書』によると、より狭い、いわゆる「二 面読み」(TWO-SIDED reading) を選んでいたようでもあるのだ[9]。

> 私が「あってもよい」とか「あってもよいこと」と言うのは、「それがあるの は必然でないけれども、それが現にあると措定されても、その結果なにひとつ の不可能なことも生じはしないであろうこと」との意味である。…そこで「あっ てもよいこと」は必然ではない。　　　　　　　　　　　　　　（『分析論前書』32a18–28）

　アリストテレスはここでは明らかに「二面読み」に傾斜しているようである（他 に『命題論』22b20 で「あることがあり得るなら、それはなくてもいい」と述べて いる）。しかし同じ『分析論前書』32a20 で、彼は必然であることを多義的に「可 能である」というように述べることがあると発言している。この「一面読み」はこ こでは拒絶されているものの、『命題論』の 12 章と 13 章での様相命題の三段論法 で本質的役割を果たしている[10]。従って、アリストテレスにとってあることが可能 であるということには、(7) が示すように 2 つの状況があり得るということになる （詳しくは Hintikka 1960, Horn 1972, 1973 参照）。

（7）

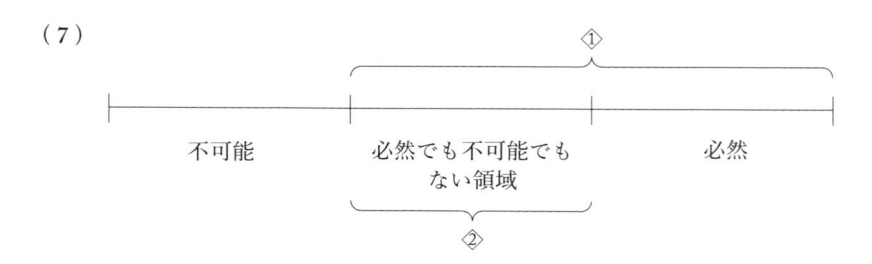

　もし不可能と必然が間接反対関係にあるなら、これはアリストテレスが想定して

いるのだが、「二面読みの可能」②は中間にくるものとなる。一方「一面読みの可能」①は不可能とは真の矛盾関係にくるものである。しかし、アリストテレスの可能の多義性をめぐる議論は組織的構成をとっておらず、致命的な欠点を持つものである。特に「必然」が「可能」を含意(entail)することと(『命題論』22b11)、「可能」が「〜でないことが可能(＝必然ではない)」と換位されることが本当は両立しないはずなのだが、アリストテレスの体系ではこのことを無視してしまっている。これは次の(8)でみるような大混乱を生じる源になっている[11]。

（8）　(i)　□ **Fa** → ◇ **Fa**　『命題論』22b11,『分析論前書』32a20
　　　(ii)　◇ **Fa** → ◇〜 **Fa**　『命題論』21b12, 21b35, 22b20,『分析論前書』32a29
　　　(iii)　∴□ **Fa** → ◇〜 **Fa**　（切断により）
　　　（同じことだが「必然ではない」＝「〜でないことが可能」とすると□ **Fa** →
　　　〜□ **Fa** となってしまう）

　このように必然的に真であるものはどのようなことでも（「ソクラテスはソクラテスである」、「2 ＋ 2 ＝ 4」）真でないことが可能であることになる。これはつまり、「必然的に真であるものは必然的に真であるわけではない」ことになる。まさに様相論理学者にとって悪夢のような話である。しかし、アリストテレス自身は彼の論理のこの帰結について気づかなかったわけではなかった。「『あることが必然であること』が『あることが必然でない』という帰結になるがこれは不合理である(『命題論』22b16)」、「従って『あることが必然である』ものが『あらぬことが可能である』ということになるだろう。ただし、これは偽である (『命題論』22b34)」。不幸なことにこの泥沼から彼がすくいあげられたものは次のような観察であった。「『必然であるもの』に『あることが可能なもの』が随伴する、けれどもそのすべての意味においてではない」(23a17–18)。問題は解決されたのではなくそのまま放置されたのである。
　しかしながらこの要約の曖昧性の中にもこの難問に対するアリストテレス風の解決案の萌芽が隠れているのである (Ackrill 1963: 152)。前述の (8i) の伴立(entailment)は「一面読みの可能」にのみ適用され、この場合には((7) が示唆しているように)相補換位則に見合う「二面読み」は生じない。一方、換位則(8ii)は「二面読みの可能」の場合に限定される。次の式を見られたい。

（9）　(i)　□ **Fa** → ① **Fa**
　　　(ii)　② **Fa** → ②〜 **Fa**

ここからは不都合な推論は生じない。

　「一面読みの可能」（①Fa）だけが(6)の方形の南西角のI頂点の位置に来るのであり、「二面読みの可能」（②Fa）はIとO頂点の結合を表すのである。紀元前2世紀のペリパトス派の一人テオプラストスは「二面読みの可能」と共に相補換位則を放棄し、ポスト・アリストテレス派の様相論理学の原型を造りだした。彼は「偶然性（CONTINGENCY）」という二義的な様相概念を定式化することで現在の慣行の先駆けとなっている。

(10)　p は偶然である $=_{\mathrm{df}}\Diamond\,\mathbf{p}\,\wedge\,\Diamond\sim\mathbf{p}$ ［ここで$\Diamond$はアリストテレスの①に対応する］

このようにテオプラストスと彼の後継者にとっては「可能であるもの」は厳密に「不可能ではないもの」であり、「必然」は「可能」を伴立（entail）するが、相補換位は成立しないことになる。

アリストテレスの2つの否定

　矛盾と反対、それに現在我々が小反対と呼んでいる概念を説明する時、アリストテレスは現代の我々には親しみ深い命題（PROPOSITION）論理ではなくて名辞（TERM）論理に基づく枠組みを採用している。名辞論理においては、すべての言明は定言的で、あること（述語（the PREDICATE））がそれについて肯定されたり、否認されたりするもの（主語（the SUBJECT））で構成されている（Sommers 1970, Englebretsen 1981a, 1981b 参照）。

　主語と述語は（否定と連言、選言などの）内部的結合を許しているので複合的であり得る。しかし、外部の演算子を想定していない。19世紀、20世紀初頭の論理学の中核にあった否定判断、仮言判断、選言判断、それに現在の（ポスト・フレーゲ派）記号論理学の一項、二項の命題連結子は、アリストテレスと彼のペルパトス派の名辞論理学には存在しない。しかしながら、「内部否定（INTERNAL NEGATION）」対「外部否定（EXTERNAL NEGATION）」という現在の二分法はアリストテレス自身に起源を持つのである。

　この明らかなパラドックスに対する解決は、哲学者の武器庫にある最古の武器の1つ、すなわち「作用域の違い」を利用することである。述語否認「AはBではない」は、アリストテレスにおいて矛盾否定の適切な意味論—対応する肯定命題「AはBである」が偽である時、そしてその時にのみ真となる—を持つことを我々は既に見た。存在しない主語の述語を否定することが結果として真の命題を生じさせるのは、この理由によってなのである（例　ソクラテスは病気ではない、フランス

王は禿ではない)。アリストテレスは 2000 年後のラッセル同様、この種の言明は、主語が指示対象を持てない場合、いつでも真と判断されるわけではないことに気がついていた。このような状況では、否定の属性(例えば、「病気ではない」)を存在しない主語(「ソクラテス」)に帰せしめている感じがする。そして、否定の属性は肯定の属性と同様、存在しない主語には帰せしめられないと思われるのである。

　この問題に関するラッセルの解決法は 2.2 節で議論することになる。アリストテレスの分析は、繋辞文(copular sentence)では、述語(例えば「病気である」)は述語名辞(「病気」)と繋辞(copula)とで出来ているという前提から始まる。我々が見たように、主語は述語全体によって肯定されたり否定されたりするのだが、後者の場合には矛盾否定になる(「ソクラテスは病気ではない」)。しかし、通常の述語否認とはまた別に、アリストテレスは名辞否定(TERM NEGATION)の存在を認めている。それによると、否定的述語(not-ill「病気ではないもの」あるいは「不病気」とでも訳されるもの)が主語について肯定される。

　主語、述語名辞に加えて、不定の(INFINITE or INDEFINITE)名辞を考えに加えねばならない。それらは否定語と否定される名辞とで成り立っている。例えば、「不人間(not-man)」、「不病気」、「不回復する(not-recovers)」などである。このアプローチは名辞否定を含む偽の命題(例えば(11b))と、密接に関係する述語否認を含む真の命題(11a)とを区別する手段を与えてくれる。

(11) a. Socrates is not ill. (i.e., Socrates [is not] ill)
　　　　(ソクラテスは病気ではない)
　　　b. Socrates is not-ill. (i.e., Socrates is [not ill])
　　　　(ソクラテスは病気ではないもの[不病気]である)

　ここで次のことを念頭に入れて置いて欲しい。アリストテレスや彼のギリシア語、ラテン語で記述する注釈者たちにとって、「否定的な項を肯定すること」と「肯定的な項(または述語)を否認すること」の区別はハイフンや括弧[　]で示されるのではなく、語順で示されたという点である。つまり、語順である以上、統語的作用域によって区別されたということである。従って、上で引用した対比は[12]、古代の人々には文字通りの形態に即して、次の(11'a, b)の違いとして認識されていたことになる[13]。

(11')a. Socrates ill not is. (通常の語順。もしソクラテスが存在しないのなら**真**)
　　　b. Socrates not ill is. (有標の語順。もしソクラテスが存在しないのなら**偽**)

　述語否認と名辞否定の両方を考えると、4つの可能な言明タイプを持つことになる。動詞の「である(is)」は「正しい(just)」という項に付けられるかあるいは「不正な(not-just)」という項に付けられる。そして2つの否定命題は同じように作られる（『命題論』19b24–25）。この4つのタイプに基づいてアリストテレスは肯定と否定に関する一般化された対当の方形を定義している。それは次のように示される（『命題論』19b18–30、また McCall 1967a: 121, Englebretsen 1976: 535 参照）。

(12)

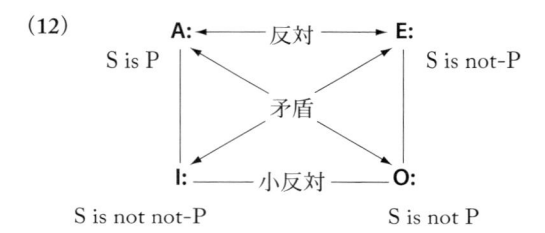

　上の図でも分かるように、命題は一般の述語否認によって矛盾対当を形成するが、一方肯定の叙述と、それに対応する不定叙述［S is not-P のタイプ］とは矛盾ではなく反対関係を形成する。なぜならこれらは主語が指示対象を持てない場合や、述語によって適切に叙述できるものでない場合、同時に偽であり得るからである（2.3 節参照）[14]。

　S is not-P タイプの叙述とはどのようなものなのであろうか？　そして対応する述語否認 S is not P との関係はどのようになっているのか？　その理解の鍵ともいえる文は次のように始まる（『分析論前書』第1巻46: 51b36–52a17）。

　　［命題を］構成したり破棄する場合、「これではない（not to be this）」と「これではないものである（to be not-this）」、例えば「白くない（not to be white）」と「白くはないもの［不白］である（to be not-white）」のようなものが同一の意味を表示するのか、それとも異なる意味を表示するのか、いずれと解するかによって差異が生じる。なぜならこれらは同一の意味を表示していないし、また「白くある（to be white）」の否定は、「白くはないもの［不白］である（to be not-white）」ではなくて「白くない（not to be white）」なのだからである。

　　　　　　　　　　　　　　　　　　　　　　　　（『分析論前書』51b5–10）

アリストテレスにとっては(13'a)と(13'b)は(13a)と(13b)と同じ関係にあることになる。

(13) a.　It is white. (それは白である)

　　b.　It is not-white. (それは白くはないもの[不白]である)

(13') a.　He {can/ is able to} walk. (彼は歩くことが可能である)

　　b.　He {can/ is able to} not-walk. (彼は歩かないことが可能である)

しかし (13'b) は明らかに (13'a) の矛盾否定ではない。なぜなら「同じ人間が歩き、歩かないことが可能」は事実なのだから、「歩けることと歩けないことが同時に同じ人物に帰属する」ことになる。ところが矛盾否定の定義は「相互に対立する肯定と否認とは、同時に同じものに帰属してはならない」となっているからである。上の 2 組の対の間の対応関係からアリストテレス は (13a, b) は、(13'a, b) と同じように、矛盾対当ではないと結論する[15]。さらに不定の否定項、例えば「平等ではないもの (not-equal)」は、直ちに欠如形の「不平等 (unequal)」に対応するが、それは述語否認の「平等ではない (not equal)」に還元されることはない。なぜなら「すべてのものが平等である (equal) か不平等である (unequal) かというのではなく、すべてのものが平等である (equal) か平等でない (not equal) かである」からである[16]。

　次の議論は否定の作用域に直接基づいている。

> 「白くはない木材である (a not-white log)」と「白い木材ではない (not a white log)」という表現とは互いの真を含意しない。なぜなら前者の場合には、白くはない木材であっても、木材に違いないが、後者の場合には白い木材でないものは必ずしも木材である必要はないからである。　(『分析論前書』51b28–32)

ソクラテスは明らかに「白い木材」ではない。しかし、彼は「白くない木材」でもない。

　結論として、「良くないものである (it is not-good)」が「良くある (it is good)」の否定でないことは明白である (前掲書 51b32)。しかし、それでは「良くないもの (not-good)」は一体何と考えればよいのか。すべての平叙言明文は肯定言明か否定言明である以上、「もしそれが否定でないとすると、それはある意味では肯定でなければならない。」しかしすべての肯定は対応する否定があるはずである。そうすると、「良くないものである」の否定は「良くないものではない (it is not not-good)」となるだろう (前掲書 51b33–36)。これが先にあげた方形図 (12) でみる全体の構図なのである。述語否認 (「良いものではない」、「ソクラテスは病気ではない」) はアリストテレスの体系では否定できないが、否定された名辞を持つ述語 (「良くないもの[不良]である (is not-good)」、「病気ではないもの[不病気]である (is not-ill)」) はそれ自身で肯定的だけでなく否定的にも主語を叙述できる。しかし否定の

否認は単純に肯定に還元されるわけではない。

　形式 A is not-B と形式 A is not B とは「お互いの真であることを含意しない」（前掲書 51b29）が、前者は後者を含意（imply）する。

> もし「それは白くはないもの［不白］である」ということが真なら、「それは白くない」ということもまた真である。なぜならあるものが「白くあり」、かつ同時に「白くないもの［不白］である」ことは不可能なのであり、肯定（「白である」）がなじまないのであればその否認（「白くない」）が適合することになるからである。
> 　　　　　　　　　　　　　　　　　　　　　　　　　　（『分析論前書』51b42–52a4）

しかし、我々が見た通り、その逆は成り立たない。つまり A は B でも not-B でもないことがあり得るのである。B と not-B の両方ともがある主語に対して適用できないということがあってよいが、1 つの主語に同時に適用することはできない。このように一方向的な論理伴立（logical entailment）の関係が一般化された方形図（12）の E と O 頂点間に成立するが、これを大小関係（SUBALTERN relation）という。

　ここにその要約を示したアリストテレスの「対当の体系」は『分析論前書』第 1 巻の 46 章に記述されている。この体系の構想は洞察に富み、議論にも一貫性がある。イェスペルセンのネクサス否定（NEXAL negation. 例 *not happy*）と特殊否定（SPECIAL negation. 例 *unhappy*）の区別や、フォン・ライト他（Von Wright et al.）の弱（矛盾）否定（WEAK (contradictiory) negation）と強（反対）否定（STRONG (contrary) negation）の区別、さらにクリマ（Klima）の文否定（SENTENTIAL negation）と構成素否定（CONSTITUENT negation）という範疇を意味論的に利用したジャッケンドフ（Jackendoff）の否定の区別にアリストテレスの影響を意味論的に認めることができるのである。どの場合にも、その作用域が命題そのものより狭い否定のマーカーは、アリストテレスが観察したように、「ある意味では肯定」であり、単純否定や命題レベルの否定とは異なるものとなっている。

　しかし、ここで論理の一貫性を危うくする問題が生じる。次の 2 つの会話の例を見られたい（『命題論』20a16–30）。

(14)　(i)　ソクラテスは賢者であるか？
　　　　(ii)　あらぬ。
　　　　(iii) それではソクラテスは賢者ならぬもの［不賢者］である。
(14')　(i)　すべての人間は賢者であるか？
　　　　(ii)　あらぬ。
　　　　(iii) それではすべての人間は賢者ならぬもの［不賢者］である。

(**14'iii**) の結論は明らかに成立しない。ここで可能な正しい推論は、より弱い意味を持つ「すべての人間が賢者というわけではない」というものである。そうすると、先の (**14'iii**) は (「すべての人間は賢い」という全称命題の) 反対命題であるのに対し、これは矛盾命題ということになる (前掲書 20a30)。そこまではよい。しかし、そうすると先の (**14**) の会話では結論 (**14iii**) が正しく導かれる (前掲書 20a25–27) のはどうしたことなのだろうか？　『分析論前書』第 1 巻 46 章、『命題論』19b18–30 の議論に照らすと、A is not-B 構造を持つ命題は A is B 型命題の矛盾ではなく、反対対当を構成するはずである。特に、もしソクラテスが存在しないのならどのように (**14iii**) は (**14i,ii**) によって保証されるのだろうか (『カテゴリー論』13b17–19 参照)。あるいはアリストテレスの意味論にそって考えると、もしソクラテスが新生児で、賢いとも賢くないともいえない場合はどうなるのだろうか。

　この問題に対する最善の答えはおそらくトンプソン (Thompson 1953: 256,n.8) のものであろう。「我々はこの場合、当該の質問 (「**14i**」) はもしソクラテスが存在しないのなら尋ねられることはないと理解しなければならない」と述べている。あるいは、おそらく (そしてこれはトンプソンの解釈と相いれないものではないが) アリストテレスは単に当面の議論に夢中になるあまり (**14**) の問題点を見失っただけなのかもしれない。確かに単称固有表現 (例えば、ソクラテス) と一般的な量化表現 (例えば、すべての人間) とには明瞭な対照が見て取れるのだから[17]。

LC と LEM：矛盾と反対の形式的定義に向けて

　アリストテレスの対当の論理学を支える 2 つの基本概念は、矛盾律 (LAW OF CONTRADICTION: LC) と排中律 (LAW OF EXCLUDED MIDDLE: LEM) として今日知られている原則である[18]。これらは基本的であり、論証不可能な公理と考えられている。「すべての人間がそこから何事かを証明する共通の原理 (『形而上学』996b18–30)」の 2 つの例として、アリストテレス は LC (「同時にありかつあらぬことは不可能である」) と LEM (「すべての場合に我々は肯定するか否定するかのどちらかでなければならない」) を与えたのである。「最も確かな原理」と言われる LC とは、すなわち「同一のものが同時に同一の対象に同一の観点で帰属し、かつ帰属しないことはできない」(『形而上学』1005b19–23) という規則である[19]。重要な点は LC は矛盾と反対の両対当に適用されるということである。

　　矛盾した判断が同じものについて同時に真であることは不可能であるので、反対のものが同時に同じものに属し得ないということも明らかである[20]。

(『形而上学』1011b17–19)

　LCの論証不可能な公理としての地位、あるいはさらに有効な法則としての地位について異議を申し立てた人が何人かいる。これら挑戦者に対し、アリストテレスは最も厳しい非難の言葉を用意している。頑固にLCの証明を求める人は「教育がないが故にそうする」のである。なぜなら「すべてを証明することは不可能」であり無限の退行を生じるだけであるから、少なくともいくつかの原理あるいは公理は他の命題から引き出されたというよりむしろ原始的なものと理解されるべきである。そしてLCの他にどのような原理がこの地位に値するだろうか（前掲書　1006a6–12）[21]。

　ソフィストやピタゴラス派の人々、そして「多くの自然科学者でさえ」1つのものが同時に同じ点について「あり」かつ「あらぬ」ことが可能であると主張していることをアリストテレスは知っていた[22]。しかし、そのような立場は「もし我々の論敵が何かを言いさえすれば」自然崩壊してしまうとアリストテレスは言う。論敵が口を開いて何事かを主張すればこれは直ちにLCを認めたことになってしまうからである。もしこの論敵が口を開かなければ？　このような人間と議論をしようとすることは滑稽である。なぜなら沈黙でもって応答しようとするかぎりでは彼はもの言わぬ野菜も同然であるからである（前掲書 1006a1–15）。

　同じような議論が『形而上学』第4巻の後の部分でもでてくる。矛盾対当、すなわち「肯定が真である場合にはその否定は偽であり、否定が真である場合にはその肯定は偽である」という基本的原則を拒絶する一方で、「すべての者が等しく偽を語るとともに真を語る」ということを信じている人もいるかもしれない。しかし、そのような人間はいかに彼の魂が高潔で寛大さに満ちていたとしても、「話すことも何かを言い表すこともできない」ことになる。「もし彼がいかなることについても意見を持たないのであれば、彼は植物と異なる所があるだろうか」（『形而上学』1008a35–b12）とここでも述べている[23]。

　矛盾対当は（LCだけではなく）LCとLEMの両者によって規定される。肯定が偽の場合には否定が真になり、否定が偽の場合には肯定が真になる。言い換えれば、対応する肯定と否定とはLCにより同時に真ではあり得ず、LEMによって両方とも偽でもあり得ない。「2つの矛盾の間にはいかなるものもあり得ないが、ある1つの主語について、1つのことが肯定されるか否定されるかのどちらかでなければならない」（前掲書1011b23–24、及び1057a35 参照）。このように、一般的にいかなる2つの矛盾に対しても「2つの内の1つは真でなければならず、他方は偽でなければならない」（『命題論』18a31）、あるいは未来についての偶然性命題の場合を無視すれば少なくともそう言えるということになる（2.1 節参照）。もちろんLCは矛盾と反対の対当の両方にあてはまるが、LEMは矛盾対当にのみあてはまるのである。「いかなるものも2つの矛盾関係にたつものの間に存在することはあ

り得ないが、反対関係にたつものの間になんらかのものが存在することはあり得る」(『形而上学』1055b2)。

　LEM は、LC ほどではないかもしれないが、アリストテレスの第一の原則と言っていいだろう。ヘラクレイトスの「すべてのものが『あり』かつ『あらぬ』ということはあらゆるものを真にするように思える」という反 LC の立場と同じように、アナクサゴラスの「矛盾の間に中間物が存在することはすべてを偽にする」(『形而上学』1012a25–29)という反 LEM の立場もある。

　本節を終える前に、アリストテレスの否定を規定しているこの 2 つの論証不可能な原則が現在の表記ではどのように表されるのか見ておくことにしよう。LC と LEM の標準的な表記は、『プリンキピア』(Whitehead and Russell 1910, Russell 1940: 259 参照)にもあるように、各々次の(**15a**)、(**15b**)のように表される。

(**15**) a.　$\sim(\mathbf{p} \wedge \sim \mathbf{p})$ $[\text{LC}_{\text{prop}}]$　　　b.　$\mathbf{p} \vee \sim \mathbf{p}$ $[\text{LEM}_{\text{prop}}]$

これらの原理の意味論的表記はルカシェビッツ (Lukasiewicz 1922) によって与えられている。

(**15'**) a.　2 つの矛盾する文は共に真とはならない $[\text{LC}_{\text{prop/sem}}]$
　　　b.　2 つの矛盾する文は共に偽とはならない $[\text{LEM}_{\text{prop/sem}}]$

　しかし、レッシャー (Rescher 1969: 149) やギーチ (Geach [1972] 1980: 74–75) が各々指摘しているように、命題否定の「洗練された」概念を使っているこれらの定式 (Geach [1972]1980: 75) は (**16**) に示されている量化記号付きの(名辞論理的な)定式よりも、これらの原理の伝統的概念に沿うものでも忠実なものでもない[24]。

(**16**) a.　$\sim \exists \mathbf{x}(\mathbf{Px} \wedge \sim \mathbf{Px})$ $[\text{LC}_{\text{term}}]$　　(あるいは $\forall \mathbf{x} \sim(\mathbf{Px} \wedge \sim \mathbf{Px})$)
　　　b.　$\forall \mathbf{x}(\mathbf{Px} \vee \sim \mathbf{Px})$ $[\text{LEM}_{\text{term}}]$

　この定式では、LC は「いかなる言明もその否定と共に同時に真ではあり得ない」という(命題論理的)原理としては解釈されていない。これは(名辞論理的)法則として「**P** でありかつ **P** でないものは存在しない」と読まれるのである。同様に LEM も「すべての言明は真であるか、あるいは真の(真理値を持つ)否定を持つ」というように解釈されるのではなく、すべてのものは **P** であるか **P** でないか(非 **P** ではない点注意)のどちらかである」と読まれるのである。いかなる対象 **x** について、**x** は「赤い」か「赤くない」かどちらかになる(注意して欲しいのは、**x** は「赤いもの」

でも「非赤（not-red）なもの」でないことがあり得るということである。例えば、x
はユニコーンや素数であってもいいのである）。

　(16) の定式では、**P** は述語定項としてではなく述語変項として働いていることに
注意して欲しい。バーンズ（Barnes 1969）とリア（Lear 1980）に従って、LC と LEM
を二階述語論理の言明ととれば、これを改善することができる。彼らは下にあげる
(16') をそれぞれ伝統的な矛盾律と排中律の表記とした。

(16')a.　$(\forall P)(\forall x) \sim (Px \wedge \sim Px)$　　　b. $(\forall P)(\forall x)(Px \vee \sim Px)$

　『形而上学』1006b33–34 にでているアリストテレスによる LC の例示の内の少な
くとも 1 つのものは、ダンシー（Dancy 1975: 162）により次のように翻訳されてい
る。「同一物について同一時に、それは人間でありかつ人間ではないということが
真であることは可能ではない」と。これはより複雑な形式化を必要とする。可能
性と真理値の演算子、それに時間についての量化を認めることが必要となるだろ
う[25]。しかし、どのような定式化を選ぼうとも、名辞論理に基づく述語否認の操作
を、命題否定の一項真理関数連結子に翻訳することは、アリストテレスの見解の忠
実な表現とはならないことは認識しておかねばならない。

1.1.2　ストア派の「対当」についての考え方

　アリストテレスの否定の分析は、既に見たように LC と LEM で規定される矛盾
対当と、LEM ではなく LC にのみ規定される反対対当の区別を中核に置いている。
述語全体が否定される述語否認は矛盾否定を生起する。一方、否定動詞が主語を肯
定的に叙述する述語名辞否定では反対肯定を生み出す。つまり彼の体系では厳密な
意味で命題否定的な外部（EXTERNAL）否定は存在せず、2 つの統語論的、意味論的
に異なる内部（INTERNAL）否定が区別されるだけということになる。

　命題否定はストア派に始まるのである。アリストテレスとペリパトス派の弟子た
ちは名辞論理を採用し、名辞変数（term variables）を使用したので、主語と述語から
なる定言文の世界から出ることはなかった。ライバルのストア派は最初の命題論理
を開発し、論理定項と命題変項を現在の形式論理学のスタイルで使い始めた。ま
た、彼らは条件文（＝仮言文：if **p** then **q**）や選言文（**p** or **q**）も使い始めた。現在のフ
レーゲ流の論理推論法はアリストテレスの三段論法にではなく、ストア派の三段論
法に遡るというべきで、フレーゲ派の推論法はストア派から受け継いだ中世の帰結
理論を経て推論の規則として規定されたのである（Lukasiewicz 1934; Mates 1953 参
照）。

　ストア派の真理関数的命題演算子のリストの中には、標準的二項連結子の他に、

一項否定連結子がはっきりと認められる[26]。ストア派はディオゲネス・ラエルティオスによって伝えられた記述（Mates 1953: 31ff.; Sullivan 1967: 41–42）によれば、異なる 3 つの否定を区別していたのであるが、そのいずれもがアリストテレスの述語否認とは正確に対応するものではなかったのである。

(17) a.　否認（DENIAL, arnētikon）：「否定小辞」と述語で構成される。
　　　　　（例）No one is walking.
　　　b.　欠如（PRIVATION, sterētikon）：述語を反対にすることで原始命題から作られる。
　　　　　（例）This man is unkind.
　　　　　（これはアリストテレスの述語名辞否定に対応する。）
　　　c.　否定（NEGATION, apophatikon）：oukhi（= not）という接頭辞を原始命題や複合命題に付けることで作られる否定命題。
　　　　　（例）Not: it is day.

　矛盾否定としては、ストア派の apophatikon が名辞論理の述語否認の一種の表記上の変異形と考えてもよいかもしれない。しかし、ここに重要な違いが存在するのである。アリストテレスは「非―人間は　正しから―ぬ　である　のではない（Not man is not not-just）」（『命題論』19b36）というような、実際にはおこりそうもない多重否定の例について考察しているが、各命題は唯 1 つの述語否認を含むものと考えられている（上の例では、否定された主語名辞と、否定された述語が並置されている）。この理由は明らかである。つまり、各命題は唯 1 つの述語を含むからである。アリストテレスによれば、矛盾否定はそれ自身の出力には適用できないような仕方で、本質的に<u>共義的に</u>（syncategorematically）導入される、と考えられている。
　一方、ストア派の否定は外部演算子であり、よく知られているようにそれは繰り返し適用可能である。2 つの否定は相殺され肯定に戻るが、否定は欠如を取り消すことはできない。これは『オルガノン』で、述語否認が述語名辞否定を取り消すことがないのに等しい（「ソクラテスは正しい」は「ソクラテスは　正しから―ぬ　である　のではない」を論理的に伴立するが、その逆の伴立は成り立たないことに注意）。真の二重否定は、常に「否定の否定」であって、対応する単純肯定命題を断定する（Duplex negatio affirmat）。ストア派のアフロディシアスのアレクサンドロスによれば、「昼である　のではない　のではない（Not: not: it is day）」と「昼である（It is day）」とは、単に話し方の違いでしかないと言う（Mates 1953: 126）。このように二重否定律（LAW OF DOUBLE NEGATION, LDN）はアリストテレスの名辞論理においてではなく、ストア派の命題論理において生まれたのである[27]。

　また、西洋論理学での取り扱いそのものではないにしても、否定の作用域について最初に議論したのはストア派の功績である。もちろん考え方そのものは、既にアリストテレスの議論の中にも認められるのは既にみたとおりである（Kneale and Kneale 1962: 147）。セクストゥス・エンピリコスは、ある命題が別の命題の矛盾否定となるには、否定要素がその命題の前に置かれるだけでは充分ではないということを認識していた。2つの命題が矛盾関係を構成するためには、次の条件が満足されなくてはならない。すなわち、否定要素が当該の命題に<u>前置され</u>、しかもその否定要素は命題全体に作用域をもつ（つまり統率（GOVERNS-kyrieuei）する）ことが必要である。従って、it is day and it is light の否定は、not: it is day and it is light であり、it is day and it is not light ではない。後者では、「否定は命題の内部にあるので命題全体をカバーする作用域を持っていないからである」（Mates 1953: 95 に引用された *Adv.Math.*8, 89ff. 参照）。

　しかしながら、ストア派の命題否定を構成する oukhi（あるいは ouk）＋ S という形式は実際のところ理論的作り話であったかもしれない。メイツ（Mates 1953: 31）は、この否定の形式は英語よりもギリシア語においてより自然であるという。しかし、次の引用で見るように、ギーチ（Geach［1972］1980: 75）はメイツとは異なる見解を述べている。

　　　アリストテレスが興味を持っていた否定は述語否定であって、命題否定は普通の英語でと同様、普通のギリシア語においても不自然であり、従って、彼はその明確な概念に到達していなかった。ストア派はそのような形式にたどりついたが、そうすることで標準ギリシア語の用法を破ってしまっているのだ。彼らの文頭にくる οὐχί は、英語において 'Not: the sun is shining' が奇妙であると同じように（ギリシア語でも）奇妙なのである。

残念なことに、メイツとストア派、あるいはギーチとペリパトス派のどちらが正しいのかは、古典ギリシア語の話者がいない今となっては不明のままである。

　中世の修道院から現在の大学の回廊にいたるまで、アリストテレスの名辞論理と定言的三段論法と、それに対するストア派の命題論理と仮言的三段論法のどちらが相対的に優位であるかについて論争が吹き荒れてきた。ある現在の哲学者はいとも簡単に次のような結論を下した。「我々は今日、命題論理は名辞論理より論理的に優位にあることを知っている」（Lukasiewicz 1934: 79）。「ストア派の哲学者によって発見され、スコラ哲学者によって継承され、フレーゲによって公理化された（Lukasiewicz 1934: 87）」ところの命題の二値論理は、ルカシェビッツが指摘するように、この分野を席巻したかのように見える。しかしながら、いまだその軍門に下ら

ぬ者たちがいる。ソマーズとエングルブレッツェンの研究は名辞論理の勇ましい防
戦ぶりを示している。この問題についての私自身の見解は第 7 章で述べることにす
る。

　現在の記号論理学における標準的な否定の概念は、実質的にストア派の
apophatikon（命題否定）の取り扱いの直接的拡張であり、アリストテレスの述語否
認と名辞否定はストア派の否認演算子（arnetikon）と欠如演算子（sterētikon）と共に、
パルメニデスの言う「禁断の非存在王国」に追放されてしまったのである。外部命
題否定が自然言語に見られる否定のさまざまな装いを取り扱うのにはたして十分で
あるのか、またあえて問えば、必然であるのかということは、この章と後続の章で
検討しなければならない問題である。

1.1.3　存在仮定と対当の方形

　1.1.1 項で見た対当の方形の探求でもう 1 つ残っていた問題は全称命題と特称命
題との関係である。つまり下図（3）として再度ここに示した方形で言えば、**A** と **I**、
E と **O** の関係ということである。

（3）

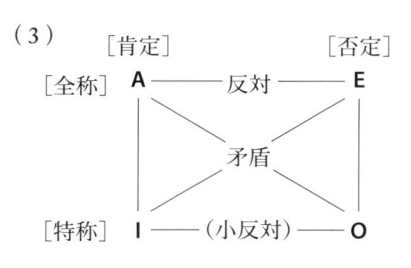

　対応する様相表現の対当については、アリストテレスは（少なくともある時には）
必然性と可能性の間に伴立関係を設定した（（6）参照）。しかし、それと平行的な「す
べての S は P である」から「ある S は P である」への伴立関係は『オルガノン』
において述べられていないのである。この大小関係（SUBALTERN relation）は、アプ
レイウスによって、彼の *Peri Hermenias* において初めて言及され（紀元前 2 世紀）、
後にボエティウスによって議論の対象にのぼり（5 世紀）、さらに後の注釈者によっ
ても取り上げられている（Sullivan 1967 参照）。

　この明らかなアリストテレスの見落としは「存在仮定」（EXISTENTIAL IMPORT）
として知られるようになってきた問題に関係があるかもしれない。主語名辞が指示
対象を持たない場合、**A**、**I**、**E**、**O** に対する真理条件はどのようなものになるのだ
ろうか。ある命題が「存在仮定」を持つのは、それがその主語名辞に基づく存在的

命題を伴立する時に限られるのである。もしユニコーンが存在しないなら、「すべてのユニコーンは馬である」は「あるユニコーンは馬である」を伴立するのだろうか。またソクラテスが存在しないのであれば、彼がはげであるということは真と言っていいのだろうか。このような問題について答える少なくとも 4 つの方法がある。

(18) (i) 存在仮定は命題の「質」によって決定される。肯定命題（**A** と **I**）は存在を含意(entail)するが、否定命題（**E** と **O**）はしない。

(ii) 存在仮定は命題の「量」によって決定される。全称命題（**A** と **E**）は存在仮定を持たないが、特称命題（**I** と **O**）は持つ。

(iii) 存在仮定は **A**、**E**、**I**、**O** の命題に関する「前提」に対応するものである。

(iv) 存在仮定の問題は対当の方形とは無関係である。

それでは次に上記の各見解を簡単に解説していくことにしよう。

質的アプローチ(**18i**)は、トンプソン(Thompson 1953: 257)やサリヴァン(Sullivan 1967: 42)が指摘するようにアリストテレスの見解にその源を持つ。ソクラテスの存在は、彼に関するいかなる単称命題(例えば、「ソクラテスは病気である」)の真理値に対しても必要条件である一方、彼が存在しないことは、対応する(矛盾)否定命題(「ソクラテスは病気ではない」)の真理値にとって十分条件である。この観察を、「主語名辞によって指示されるものの存在がその主語についての肯定命題が真であるための必要条件である」とする一般化に拡張するのは当然といえる。(そして主語の非存在は対応する否定命題が真であるための十分条件ということになる。)この理由づけにより、「すべてのユニコーンは馬である」と「あるユニコーンは馬である」は［訳者注：主語が存在しないので］偽となる。またそれぞれの矛盾命題「すべてのユニコーンは馬であるわけではない」と「すべてのユニコーンは馬ではない」とは真となる。この立場を採用することにより、アプレイウスは、今では標準となった対当の方形の大小関係(subaltern relation：**A → I** と **E → O**)を導き出すことができたのである。しかしながらこれで問題がすべて解決したわけではないのである。アプレイウスは(この件については彼と同調したストア派も)、スコラ哲学の時代から現在にまで続く否定的存在(**X** は存在しない)の地位についての活発な論争を始めたにすぎない、いやより正確には、彼はパルメニデスとプラトンから論争を引き継いだのである。

否定命題(**E** と **O**)に与えられた言語形式は、存在仮定に対してとられた判断と結びついている。しかし、哲学者たちがいつもこの一貫性を守ってきたわけでもない。『命題論』(23a28ff.)の最終章のアリストテレスの(彼自身は混乱していなかっ

たのであろうが、少なくとも人を混乱させてしまうような）議論は、なぜ「すべての人間は正しい（Every man is just）」の反対が、「すべての人間は不正である（Every man is unjust）」ではなく、「いかなる人間も正しくはない（No man is just）」なのか、という理由を与えているが、これも存在仮定に基づく考察に動機付けられていたのだろう（Thompson 1953: 258）。アプレイウスは肯定命題にしか存在仮定を認めなかったが、それにもかかわらず、否定は（nullus や non omnis のような編入形ではなく）述語において表現されるべきものと考えていた。彼の方形は次の (19) のように表される[28]。

(19)

A：

omnis voluptas bonum （est）
= all pleasure is good
A: 全ての快楽は良い

E：

omnis voluptas non est bonum
= all pleasure is not good
E: すべての快楽は良くない

I：

quaedam voluptas bonum （est）
= some pleasure is good
I: ある快楽は良い

O：

quaedam volputas non est bonum
= some pleasure is not good
O: ある快楽は良くない

　アプレイウスは、しかしながら、「量化表現の否定則」と今日呼んでいる等式に十分気がついていた。ストア派に従い、アプレイウスは、否定辞を命題の前に置くことはその命題を矛盾否定に変換すると主張した。ストア派は奇妙なことだが彼らの統語的な外部否定の規則を量化式にまで一般化しようとはしなかった。彼らの（現存している）文献では、全称肯定には言及していない（Mates 1953 : 32）。アプレイウスはこの欠点を克服している。彼は〜 **A ↔ O** という等式を支持しているので、Non omnis voluptas bonum（すべての快楽は良いというのではない）は、論理的に全称肯定の矛盾命題、つまり　Quaedam voluptas non est bonum（ある快楽は良くない）に等しいと理解することができたのである（Sullivan 1967: 71, 148–49）[29]。

　ボエティウスの対当の方形を次に見てみよう。彼の論理体系一般、特に方形の体系についての議論は、アプレイウスからの（言及はないが）直接的借り物であったように思えるのである。あるいは（今は失われてしまった）ポスト・アリストテレス派共通の基盤から、（3 世紀遅れで）彼自身が独立して開発したものであったかもし

れないが（詳細は Sullivan 参照）。彼は形の上で(**19**)とそっくりの方形を作り上げたが、一点だけ違うのは、**E** 命題が Nulla voluptas bonum est (= No pleasure is good) という編入的否定を使って表現されていることである。

　否定、作用域、存在仮定の相互関係についての最初の詳しい考察は、アベラール (Abelard) の 12 世紀初めに書かれた *Dialectica* (Abelard 1956: 177–78) に書かれている。I 命題である Quidam homo est iustus (= Some man is just「ある人間は正しい」) の矛盾否定は、Quidam homo non est iustus ではなく、Non quidam homo est iustus であると気づいた彼は「いかなる命題についてもその適切なる否定は命題全体の前に否定を置くことである」というストア派の基本原理 (Kneale and Kneale 1962: 210、下線は著者) を独自に再発見したことになる。彼は自分の観察をこの原理の線で一般化しようとする。そこで Socrates est homo（ソクラテスは人間である）などという単称命題についても、その否定はギリシア語としてよほど自然な Socrates non est homo ではなくて Non Socrates est homo でなければならないとする。

　次にアベラールの命題否定の統一的取り扱いが生みだした矛盾命題の対を見てみよう。

(**20**)　*omnis homo est albus*　　: *non omnis homo est albus*
　　　　（every man is white）

　　　　quidam homo est albus　　: *non quidam homo est albus*
　　　　（some man is white）

　　　　Socrates est albus　　　: *non Socrates est albus*

　　　　homo est albus　　　　: *non homo est albus*
　　　　（(a) man is white）

　ここでは自然さを犠牲にして一貫性が達成されている。同じ考え方が存在仮定についてもとられている。omnis が存在を意味的に含む、つまり表現形式 Omnis A est B が少なくとも 1 つの A が存在することを伴立するから、Omnis homo est homo 等という表現でも、もし人間が存在しないのなら偽となるのである。従って、アベラールには、適切な **O** 表現としての Non omnis A est B と、対応する特称否定 Quidam A non est B を真理条件的に厳密に区別する必要があったのである。主語名辞 A の指示する対象が存在しない場合、前者は真であり、後者は偽となるのである。これはアベラールが新ストア派的（あるいは前フレーゲ的）な文否定のアプローチをとっているからであり、その立場ではいかなる命題 **p** の矛盾否定も定義上 non-**p** となる (Abelard 1956: 183)。

　アリストテレスの立場では、「すべての人間が白いわけではない（Not every man

is white)」は、「すべての人間が白い (Every man is white)」の正当な矛盾否定と理解されている（『命題論』24b6）が、これが「ある人間は白くない（不白である）(Some man is not white)」と同等であるとは考えられないというような記述はない。アプレイウスやボエティウスの立場では、これら 2 つの形式は表記上の変異形であると明確に理解されていた。アベラールの考え方は、その議論の一貫性にもかかわらず、真剣に理解されるには余りに直感に反していたため、中世の（また現代の）論理学者は例外なく、non omnis (=not all) と quidam non (=some not) とを区別する彼の方式を採用しなかった。

　後期ストア派の学者の中で 14 世紀の人、ビュリダン (Buridan) はアプレイウスの存在仮定についての質的見解を最も忠実に反映している。ビュリダンが彼の見解をとるようになった動機は矛盾の真理条件的関係である。

> 矛盾は、一方が肯定で他方が否定であり、一方が真、他方が偽であることを必然とするものである。肯定が真であるために要求されるものは何でも、否定が偽であるために要求される。同様に、肯定が偽であるために十分なものは何でも、矛盾否定が真であるために十分である。　　　　　(Buridan 1966: 2 章 11)

Moody (1953: 39) に従って、次の 2 つの同値関係式をビュリダンによるものと考えることにする。

(21)　$\mathbf{T}(\mathbf{p}) \leftrightarrow \mathbf{F}(\sim \mathbf{p})$
　　　$\mathbf{T}(\sim \mathbf{p}) \leftrightarrow \mathbf{F}(\mathbf{p})$

　ビュリダンの存在仮定についての出発点は本質的にアプレイウスのそれと同じである。「主語あるいは述語が何も表すことのない肯定命題はすべて偽である」と彼は言う。全称肯定もこの一般的原則に含まれる (Buridan 1966: 72 中の第 1 章 15)。石を指さしながら「この人間は物質である」という者は偽を述べている。なぜなら主語の「この人間」は指し示すものがないからである。

　ムーディ (Moody 1953: 51) は、ビュリダンと彼の同時代人は、「[$\forall \mathbf{x}(\mathbf{Fx} \rightarrow \mathbf{Gx})$で表される] 全称肯定が偽になる 2 つの条件が存在する」という原則を常に使用していると指摘している。この 2 つの条件とは、（現在の表記法で）$\sim \exists \mathbf{x}\mathbf{Fx}$ か $\exists \mathbf{x}(\mathbf{Fx} \wedge \sim \mathbf{Gx})$ で表されるものである。「すべてのユニコーンは馬である」は、ユニコーンの非存在で偽になり、また馬ではなく猫のユニコーンが一匹いれば偽となる。これらは特称否定の真であるための十分条件ともなる。$\mathbf{O}$ タイプの文が真であるのは、これらの条件の内 1 つが成立すればよいが、そのような文は伴立的 (entailing)

な Some F is not a G 型よりも、非伴立的な Not every F is a G 型 により正確に対応する。Fにあたるものがない場合に、後者は自動的に真になるが、前者は偽になる。（単称表現については、ビュリダンとその同調者の矛盾否定は肯定の繋辞（copula）に not を加えることで形成された。これはアリストテレス流であり、ストア派やアベラールのような外部命題否定ではない。）

　肯定文にだけ存在仮定を与えるという原則に従うと、ビュリダンと仲間たちの方形は現在の表記法で書くと次のようになる（Moody 1953: 51–52）。

(22)

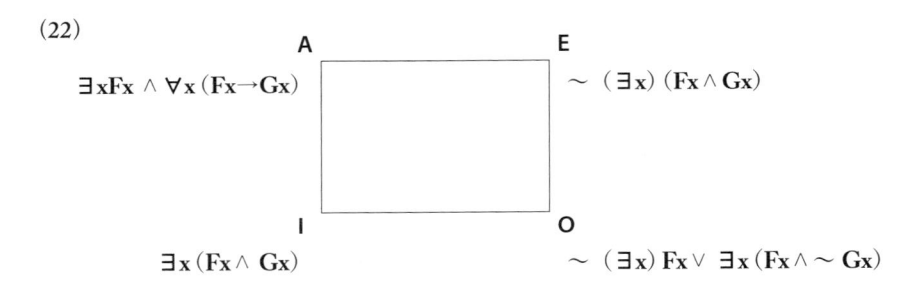

アリストテレスの立場では、単称命題はそれが肯定であれば（S is (not-) P）存在仮定の意味を持ち、もしそれが否定であれば（S is not (not-) P）存在仮定を持たない。アプレイウス、ボエティウス、アベラール、それにビュリダンの立場では、どのような命題でもそれが肯定でありさえすれば存在仮定を持つのである。だから**A**、**I** 命題では、主語名辞を満足する対象が存在すれば真になり得るが、**E** と **O** 命題ではそうではない。存在仮定についての質的見解は古代や中世の学者の間で受け入れられた立場であったが、最近ではブレンターノ（Vandamme 1972: 83）、パース（Peirce 1933: 440）それにトンプソン（Thompson 1953, 1954）等によって支持されている。

　しかしながら現代形成論理学の発展に伴い、質的アプローチは急速に後退している。述語論理計算では、特称言明—Some F{is/is not}G— ははっきりと存在的に取り扱われるが、一方、全称文は存在仮定が組み込まれていない（もっとも存在命題は別個の連言として付加できる。これは (22) で、ビュリダンの見解の表示としてムーディがしたのと同じやり方である）。結論として出てくるのは、(18ii) として分類した「存在仮定についての量的見解」である。つまり、特称命題は存在仮定を持ち、全称命題は持たないとする考え方である。

　古典的命題形式の標準的な一階量化論理への直接的翻訳は次のようになる。

(23) A： すべての F は G である（All Fs are G）　　　　　　$\forall x\,(Fx \rightarrow Gx)$

　　I： ある F は G である（Some Fs are G）　　　　　　　$\exists x\,(Fx \wedge Gx)$

　　　　（= 少なくとも 1 つの F は G である（at least one F is G））

　　E： いかなる F も G ではない（No Fs are G）　　　　　$\forall x \sim (Fx \wedge Gx)$

　　　　あるいは　　　　　　　　　　　　　　　　　　　　$\sim \exists x\,(Fx \wedge Gx)$

　　O： ある F は G ではない（Some Fs are not G）　　　　$\exists x\,(Fx \wedge \sim Gx)$

　　　　あるいは

　　　　すべての F が G というわけではない（Not every F is G）　　$\sim \forall x\,(Fx \rightarrow Gx)$

　ここで主語と述語との間に役割上の区別がなされていないことに気がつかれるだろう。F と G とは単に 2 つの異なる述語名辞になってしまっている。我々の議論にもっと関連することは、全称肯定（All Fs are G）は、もし F が存在しないなら空虚に真となるという点である。これは全称否定 E についてもそうなる。後者の方は問題とはならない。少なくとも E 命題が編入型（No unicorns are equine）で与えられている場合には。ところが前者の場合、述語計算は適切な自然言語の意味のモデルであるという提案に対する反例として批評家たちの眼には映るようである。「すべてのユニコーンは馬である」を本当に真にしていいのだろうか。ユニコーンが存在しないということだけで真でいいのだろうか。さらに古典的対当の方形は、量的アプローチにおいては、修正されるか放棄されなければならなくなる。なぜなら、(23A) の論理形式を持つ命題は対応する (23I) の形式を持つ命題を伴立できなくなるからである。これは、もし F が存在しないなら前者は真となるが後者は偽となるということから生じてくる。

　あと 2 つのアプローチは、「すべての鬼は悪い」というような文が、鬼が存在しないというだけで、(18i) の解釈では偽となり、(18ii) の下では空虚に真となるというような説明の不適切さに焦点をあてている。ストローソン（Strawson 1952: 163–79）とハート（Hart 1951）は、存在仮定を伴立ではなく、「前提」（presupposition）と捉えることで方形の伝統的解釈を救おうとした。ストローソンとハートは (18iii) の立場の主要な提唱者である。彼らは現在の質的解釈の信奉者が、存在仮定を組み込むことによって対当の方形（特に A ⊨ I という大小関係の伴立（subaltern entailment））を維持しようとするアイデアに反対する。質的アプローチをとる立場では、「すべて人間は白い」というような単純な全称文にも（(22) のように）存在の連言を付加し、全称文が存在を伴立するように細工するのであった。

　前提主義者の議論の誤りのもとは「論理学者の思い込み」であって、その思い込みの源は、後に見るようにアリストテレスである。この思い込みとは、「すべての使用に際して、有意味の［平叙］文は真か偽かでなければならない」（Hart 1951:

204–5)というものである。つまり、ある文が有意味である（あるいは有意味でない）とは、特定の使用に際して、真あるいは偽となる言明を表現できる（あるいはできない）ということである。しかし、もしその前提が満たされないならば、言明の真、偽の問題は単に生じないと彼らは考える。この議論は「スミスは妻を殴るのを止めた（Smith has stopped beating his wife）」にあてはまる。また、通常の使用での「すべての鬼は悪い（All ogres are wicked）」にもあてはまる。「A 形式は特別な指示のない限り、存在の形式の真であることを（伴立ではなく）『前提』し、『強く示唆』する」（Hart 1951: 207）。「主語クラスの要素の存在は、『前提』されているのである」（Strawson 1952: 176）。

　ハートの立場では A 形式の命題には存在仮定を認めないことになり、そのため次のオックスフォード派の有名な例の場合のようになる。

(24)　All Smith's children are girls—but he has none.
　　　（すべてのスミスの子供は女の子である—しかし彼には子供はいない）

これは(18i)のような理論では生じたであろう論理矛盾も、(18ii)のような最小主義的アプローチで生じたであろう自動的な真の判定も導かない。むしろ(24)の後半部分はもとの主張を取り消し、主張点が定まらないようにしてしまうのである。これは「取り消された前提」の典型的な診断法である。

　この方式によると、我々はどうしても方形の修正に行き着いてしまう。もっと正確に言うと、適用領域の制限に行き着くということである。我々は、もはやアリストテレスと共に、いかなる一対の矛盾（A/O, I/E）についても 1 つは必ず真となるとは言えず、もし他方が真であれば、もう一方は偽である（あるいはこの逆）としか言えないのである。「主語クラスの要素の存在、非存在は、これらの形式の言明の真、偽を決定するのではなくて、真、偽の問題が生じるかどうかという、それに先行する問題を決定するだけである」（Hart 1951: 209）。

　トンプソン（Thompson 1953）が (18i) についてそうであったように、ハートは、自分の見解がアリストテレスや、（日常言語を使用する）一般の人々の理解と同じであると考えた。「存在の問題は方形の作用範囲の外にあり、このような線にそって方形を考えた人々はこれらの形式の普通の使い方を正確に把握していたのである」（Hart 1951: 209）。

　この引用した最後の見解を見ると、前提主義者であるストローソンとハートの存在についての捉え方は、(18iv)で要約したネルソン（Nelson）の不可知論的見方へと自然と流れてゆくように感じられる。しかし、前提主義者たちはネルソンの見方を否認していたのである。一方ネルソンは、対当の方形は存在仮定の問題からは分離

できるし、そうしなければならないと考えていた。大小関係 (subalternation: **A** ⊨ **I**、
E ⊨ **O** という伴立の関係) や反対関係、矛盾関係の法則は、意味論的にはその適用は
自由でよいが、神話学や宗教学、数学、動物学などという「談話の適切さが要求さ
れる領域」においては慎重に検討されなければならないという。また、全称表現は
存在仮定を持つとも、欠くとも主張することはできず、中立であるということにな
る。従って、いかなる **A** 形式の命題、例えば「すべての鬼は悪い」について、対
応する **I** 形式の命題 (この場合は「ある鬼は悪い」) を伴立することになる。これは
存在について (鬼はいるのかどうか) の問いには触れる必要がないからであり、存在
仮定の問いは対当の方形から完全に無関係になっているからである。ネルソンは彼
が反論したトンプソンがしたのと同様に、日常言語だけでなくアリストテレスも彼
の味方であると主張した。アリストテレス自身は、単称文とは対照的に、一般的言
明についての存在仮定の話題には直接言及していない。従って、ネルソンの主張の
方が (彼同様に、アリストテレスを自分の都合で担ぎだした) 他の競合者と比べ、師
の思想からの飛躍が少ないという点では、少なくともその歴史に関する見方は正し
かったと言えるのかもしれない[30]。

　1 つ明らかなことがある。「X 教授」が存在仮定についてどのような批判的意見
を持つのかを観察すれば、彼の議論が存在、否定、量化、そして対当の方形にどの
ようにかかわるのかというようなことより、教授がどのような論理的、哲学的世
界観 (Weltanschauung) を持っているのかを我々に教えてくれるというこである。対
当の方形は、従って、矛盾や反対、小反対、伴立について我々の思考を整理する道
具としての役割のほかに、言語哲学者の性向を調べる「リトマス試験紙」の役割も
はたしているのである。ただし、その検査結果はしばしば読みとりにくいのではあ
るが。ここで引き出せる第二の教訓は、いわばアリストテレスの亡霊と日常言語の
用法の精神とに関係している。つまりこの両者とも、自称賛同者が考えるよりも、
もっと捉え難いものなのだ、ということである。

1.1.4　否定命題とは何か

　25 世紀にわたる否定命題の性質をめぐる論争には、さまざまな問題が含まれる。
否定と肯定との間の関係はどのようであるか、否定命題の正統なる形式はどのよう
なものか、それからどのような存在の (そして他の) 推論が引き出されるのか、どの
くらいの数の異なる否定形式が許されるのか、などというものである。しかし、こ
の長期にわたる論争は最も基本的であるはずの問題にさえ決着をつけていないので
ある。それは、否定命題とは何か、またどのようにして我々はそれを見分けるのか
ということである。

　アリストテレスにはこのような問題は生じなかった。アリストテレスの採用して

いた論理体系は名辞論理であった。私の『オルガノン』の解釈で「否定命題」と呼んで使用している概念は、実はアリストテレスのというより、私自身の議論上の便宜のため使用しているのである。すでに見たように、アリストテレスの体系で最も否定命題に近いのは述語否認であって、そこでは述語（それ自身、否定項目である「不定」の not-**P** や「欠如」の un-**P** を含んでいてもよい）が主語 **S** について否定されているというものであった。緩めの解釈をすると、アリストテレスでは次の(**25a**) は否定命題と考えられるのであり、(**25b**) はそうではないと判断されるのである。

(25) a.　(Not-)**S** is not ({not-/un-})**P**
　　 b.　(Not-)**S** is ({not-/un-})**P**

この区別はしかし、量化表現には自動的に一般化できない。すでに見たように、量化表現が関与すると、矛盾と反対の関係は意味論的に取り扱われねばならないからである[31]。

　否定命題のクラスの確定が主要な目標となったのはストア派であった。1.1.2 項で触れたように、ストア派の論理はフレーゲと同様にその性質上、命題的であった。これが二重否定律の体系化につながってゆく。ストア派の立場では、否認（または否定）命題とは単純に否定小辞(ouk か oukhi)で始まる命題であった。従って、アリストテレスとは違い、(**26a, b**)のような命題は否定(apophatika)ではあり得ず、(**26c**)もそうではないことになる。

(26) a.　Pleasure is not good.（快楽は良くない）
　　 b.　Some pleasure is not good.（ある快楽は良くない）
　　 c.　It is light and it is not good.（明るく、そして良くない）

ストア派でも、アリストテレスやペリパトス派と同じく、すべての命題は肯定か否定かのどちらかであったから、(**26**)の命題はすべて肯定ということになる。

　アプレイウスはこれを自分の議論の出発点とし、そこから否定（ABDICATIVA）命題と肯定主張（DEDICATIVA）命題とを区別した。彼は、否定をテーマにする研究者が繰り返しモチーフにするものに最初に気づいた人間であろう。つまり、肯定命題は論理的に否定の対応文と等価であり得るというものである。これは下に一例が示されている。

(27) a.　It is not the case that some pleasure is not good.

（ある快楽が良くないというのではない）

b. Every pleasure is good.

（すべての快楽が良い）

　より制限的なストア派やアプレイウス、それにアベラールのアプローチは、古典、中世の時期に、より緩やかな考え方に取って代わられた。その考え方では、否認や矛盾否定は (26a) のように述部の中に not を持つものとされた。この方式は、初期の注釈者の中で、ポルピュリオス (Porphyry) やボエティウス、さらにアル・ファラビ (al-Fārābi) によって、暗黙の内に、あるいは明示的に支持されていた。

　ミル (Mill [1843]1919: 87) では、アリストテレスに従って、肯定命題とは主語について述語が肯定されているものであり、否定命題とは主語について述語が否定されているものであるとしている（『命題論』17a25 参照）。単称表現 (Caesar is/ is not dead) では、繋辞は is（「肯定の印」）か is not（「否定の印」）となる。このようにミルは、2 つの矛盾関係にたつものは主語 (Caesar) と述語 (dead) を共有するというアリストテレスの原則を守ろうとしたのである。しかし、彼は、述語についてはアリストテレスと異なる使い方をしている[32]。

　ミルの立場はホッブズ (Hobbes) の立場とも違っている。ホッブズでは繋辞は is だけであり、否定の印である not だけが述語に付加されると捉えられていた。ホッブズ派の見解では、本質的に 2 つのアリストテレスの否定を 1 つにまとめたようなものであり、否定命題とは述語が否定名になっているものと考えている。この考え方の方向は、ミルにとっては単にごまかしであり、事実からの逃避としか受けとめられなかった。「ある事実とその事実の不存在を区別することが基本的なのである。ものを組み立てる事と、ものをばらばらのままにして置く事とは、どのような言葉のトリックを使おうとも別々の操作なのである」(Mill [1843]1919: 87)。

　我々のこの世紀になって初めて、哲学者たちは、否定命題や、（カント以降の）「否定判断」の形態をめぐる議論の背後にある普遍的仮説について問題意識を持ち始めたのである。それは次のような問いかけであった。本当のところ内実の一貫した否定命題というクラスはあるのだろうか、否定判断それ自身というものもあるのだろうか。フレーゲ (Frege 1919: 125) はこれらの問いに考えをめぐらし、否定的な答えを出した。「人は肯定判断とか、否定判断とかについて語る。カントでさえそうである。私の用語では、これは肯定思想と否定思想の区別ということになるだろう。しかし、論理については、そのような区別は全く必要ではない。…私の知る限り、いかなる論理法則もその文言がこれらの用語を使用することを必要としたり、あるいは望ましいものとするようなことはないのである」。

　そしてまたどのような判断、思想、命題を否定と考えていいのか、肯定として

いいのかを決定する事も容易ではないし、おそらくは可能でもない。カント（Kant
［1787］1964:B97/A72）は、「魂は死を免れない（mortal）のではない」は、明らか
に否定判断であるが、その対応する接辞表現を持つ文「魂は不死的（nonmortal,
nichtsterblich）である」は、論理形式が関係する限りでは肯定判断であるとする。
これはオーソドックスなアリストテレスの路線に沿っている。しかし、ここでフ
レーゲは次の(28)にあげるような問題を考えてみるように我々に提案する。

(28) a. Christ is immortal.（キリストは不死である）
   b. Christ lives forever.（キリストは永遠に生きる）
   c. Christ is not immortal.（キリストは不死ではない）
   d. Christ is mortal.（キリストは死を免れない）
   e. Christ does not live forever.（キリストは永遠に生きるのではない）

フレーゲはさらに、「ここにある例の内どれが肯定の思想でどれが否定の思想か」
という分かりきった疑問に、その場しのぎでない一貫した答をだすよう、我々に問
いかける。

　パース（Peirce）によれば（同様の質問に対する彼の答から推定してのことだが）
少なくとも古典的、伝統的モデルの範囲では、(28a, b, d)の判断は肯定となり、
(28c, e)は否定となると言う。しかし、この説明では「量は表現の様態のみを問題
にしている」（Peirce 1933: 440, §4.552）ので、フレーゲの質問をはぐらかしている。

　文の述部の否定は、フレーゲにとっては否定判断を作り出すための必要条件でも
十分条件でもなかった。「否定はその思想をはっきりと否定的に変えることをしな
いでも文中のどこでも起こり得る」（1919: 125）。「否定判断」という概念が、単に
哲学的文脈の中に非合法的に紛れ込んできた（否定文と同定し得る）言語的概念で
はないにせよ、その概念の使用は（(28)の例のようにはっきりした診断法がない以
上）、よく言っても時期尚早であるか、悪く言うと焦点の定まらないものである。
そしてそれは「際限のない論争を引き起こし、その論争は最大限の微妙な要素を含
むが、本質的には不毛なものである」（Frege 1919: 125–26）。

　ロイス（Royce 1917）は、違った論旨をたどりながらも同じ結論に到達している。
彼は、矛盾否定の対称性「p と not-p の内、1つが真でなければならない」と、二
重否定律「すべての命題はそれ自身の否定の否定である」を引き合いに出して、否
定命題（あるいは肯定命題）という一貫した類概念(class)はあり得ないと主張する。
すべての否認はそれ自体によって肯定でもあり、またその逆も言える。なぜなら
「肯定するということは、肯定しようとすることが何であれ、その矛盾を否認する
ことである」（Royce 1917: 265–66）からである。

　エアー（Ayer［1952］1963）はこの問題についてより深く考えている。彼はまず相対的に単純な課題である「〜の否定という関係（NEGATION-OF relation）」を定義する問題と、（たとえ不可能でないにしても）より困難な、何が言明を否定にするのかを明らかにする問題とを分けて考えている。最初の件に関して、「ある言明 S の否定となる T とは、S に一方が真なら他方が偽になるという仕方で関連している言明のことである、とすることは通常の使用の正しい見方であると思われる」（Ayer［1952］1963: 42）。彼はここで過去の哲学者の声を反映させるとともに、現在の言語学者の先駆けともなっている（例えば、Jackendoff 1969）。この基準によると、接辞否定（un-, iN-, -less）は（真の）否定を作り出さないことになる。この結論に到達することで、エアーは、かつて満場の支持を得ていた考え方（正確には、ほぼ満場一致であったというべきだろう。後の 1.2.2 項に引用した Frege 1919 参照）に賛意を示した事になる。この考え方は、欠如的言明（privative statement）— A is un-B — は、性質上肯定であるとするペリパトス派やストア派、さらに接辞否定は少なくともほとんどの場合（5.1 節参照）、反対肯定、つまり「極性化（polarization）」（Vandamme 1972: 69）を引き起こすのであって、真の矛盾を生成するのではないとする多数の学者たち（Sigwart 1895: 138, Strawson 1952: 7, Zimmer 1964, H.Clark 1974）に支持された見解であったのである。

　しかし、命題あるいは言明 T がいつ他の命題あるいは言明 S の矛盾否定となるかということを知ったとしても、それだけから、T あるいは S が、それ自身、否定的であるのかないのかは、分かる術がない。これはちょうど、ある男 B が別の男 A より背が高いということを知っても、それから A や B 自身が背が高いかどうか分からないのと同じことである。エアーはこの点に気がついていた。これは関係的知識と絶対的知識との区別に関するものであり、彼はこの問題を解決するために、種々の統語的基準を実験してみた。その結果、彼はフレーゲの指摘した「異なった形式が同一の言明を表現できる」という主旨の議論を再発見するにいたる。彼は(**29**)のような対を例にあげている。

(**29**) a.　Everest is the highest mountain in the world.
　　　　　（エヴェレストは世界で一番高い山である）
　　　b.　There is no mountain in the world higher than Everest.
　　　　　（エヴェレストより高い山は世界中にない）

　反論や否認という時に限って、「否定」という特別の陳述の種類を使うのには心理的な根拠があるのだろうか。しかし、どんな言明でもそのように使おうと思えば使えるのである（Ayer［1952］1963: 38）。そうすると、結局、肯定言明と否定言明の

区別は方式の違いだけということになってしまう。「ある言明は、ある対象がある属性の相補的属性を持っているというのではなく、その属性を欠いているということを述べているならば否定言明である。また、ある言明は、ある属性の相補的属性が普遍的に具現されていると述べるのではなく、その属性が具現されていないと述べるならば否定言明である」(Ayer［1952］1963: 61)。しかしながらこの基準や、否定言明とは常に矛盾関係の対のうち特定性(specificity)の程度の劣るものの方であるというエアーの考え方からくる識別法が、本当に万全のものであるのかは、はっきりしないのである[33]。

　フレーゲ(Frege 1919)、ロイス(Royce 1917)、エアー(Ayer 1952)などの議論から導かれる教訓は、否定命題に関する諸論文はストローソンなどが指摘するように、言明(statement)と文(sentence)の混乱が認められるということである。キッシン(Kissin 1969: 5)は、否定のあるなしによって区別されるが、意味的には等価の文の対を、既に見たアプレイウス(**27a, b**)、フレーゲ(**28c, d, e**)、エアー(**29a, b**)による類似の文例に追加した。

(30) a.　He's staying.（彼はいる）
　　　b.　He's not leaving.（彼は立ち去らない）

キッシン(Kissin)は、伝統的な否定性の基準—否定辞の存在、特定の統語的位置での否定辞の存在など—は文に適用されるのであって、言明や命題にではないと指摘する[34]。キッシンには否定言明、否定命題などというものはないのである。彼の解釈では、断定(AFFIRMATION(AFFIRMATIVE))とは人が文を用いて行うものに言及し、それに対立するものは否認(DENIAL)である。否定(NEGATION(NEGATIVE))は文の属性であって、それに対応して非否定(NONNEGATION(NONNEGATIVE))なる概念を提案した。これら2組の用語の対について区別はしてみたものの、彼自身、自分の論文において後者の組にのみ議論を限定したため、より一般的で、かつ、より哲学的に有力な前者の組を全く無視してしまうことになった。

　否定命題の地位について最後に付け加える価値があることはウィットゲンシュタインの警句である。彼はオックスフォード運動風(Tractarian fashion)の独特の謎めいた言い回しで、我々が表記法によって、〜(つまり not のこと)が命題を否定に変える力を持っていると信じ込まないようにと警告する。

　　　〜p において、否定しているのは〜ではない。p を否定するのは、むしろこの表記法のすべての記号に共通するものなのである。すなわち、それは 〜p、〜〜〜p、〜p ∨ 〜p、〜p・〜p などの(無限に続く)構造を規定する規則な

のである。そして、この共通の要因は否定を反照（spiegelt）しているのである。

（Wittgenstein 1922: §5.512）

　1.2 節でも考察するが、否定命題のクラスを定義する明確な基準がないという事実があったにもかかわらず、何世紀にもわたる哲学者たちは、否定命題の真の性質について議論することを控えてきたわけではなかった。また、アリストテレスやロイス、ウィットゲンシュタインによって規定された（また他の学者によっては批判された）、肯定命題と否定命題の一対一対応という考え方があったにせよ、そのことは彼らの同時代人（あるいは時には彼ら自身）が、否定というものは肯定とは非対称的であり、ある意味では肯定より劣位にあるのだという考え方を取ることを妨げはしなかったのである。

1.1.5　否定とアリストテレスの遺産：回顧と展望

　ところで、ものの対立する仕方に矛盾と欠如と反対と相対関係とがあるとすると、そしてこれらのうちで第一の対立は矛盾であり、矛盾にはなんらの中間のものも存しないが、反対のものの間には中間のものが存し得るとすると、矛盾と反対とが同じでないことは明らかである。

（アリストテレス『形而上学』1055b1–4）

矛盾は確かに第一の対立である。偉大な 10 世紀のアラビアの注釈者のアヴィセンナ（イヴン・シナとしても知られている。Madkour 1934: 178–84 参照）によると、2つの矛盾関係にたつものは真と偽とに分けられる。実際アヴィセンナや他の学者によって推し進められたアラビアの伝統では、tanâqoḍ という 1 つの語がアリストテレスの矛盾概念（antiphasis）と同時に対立概念（antithesis）をも表していた。もっとも矛盾と反対の区別は完全に守られていた。

　アリストテレスは、一貫して否定（否認）を矛盾と同一のものと捉えた最初の人であると言われてきたが、プラトンの否定は基本的に「反対のものの肯定」であるという見方（特に Kissin 1969）は実証されていない。既に述べたように、「否定は純粋の非存在や対立に還元できない」というプラトンの客人（the Stranger）の証明（『ソフィスト』257B）は、mē mega（文字通りは、「大きくない」、「偉大ではない」）は反対の肯定とは読めないという事実に依存しているのである。なぜなら、「大きくないもの」は、それ故に「小さいもの」であることが必然とはならないからである。プラトンは（ただし客人の口を通してであるが）、否定は反対（enantion）ではなく、他性（heteron）であるとはっきり述べている。プラトン派の否定は「相違性」（DIFFERENCE）という特質を持つものであり、反対とも矛盾とも異なるものであ

る。この方式は、完全に循環的ではないにせよ（1.2 節参照）、アリストテレスやその弟子たちが記述しようとした否定語、叙述、命題を扱うのには不幸にして充分ではないのである。この点についてより詳しい議論は Gale（1976）を参照されたい。

反対さん、反対さん。黒と白の反対さん、一体貴方の意味はどうなるの？

　ある語や命題がどのくらいの数の反対を持つことができるのか。広い意味では、すべての両立不可能な語と命題はアリストテレスの定義のもとで相互に反対となる。黒と白は反対語である。それらは同時に同じものの中に備わることはできないからである（Oesterle 1962: 234 の カエタヌス（Cajetan）の lesson 13 参照）。しかし、それでは白は区別できるすべての色の数だけ反対を持つことになるのだろうか。いかなるものも、白でかつ赤、白でかつ緑、白でかつ紫ではあり得ない。この解釈では、「過剰」と「不十分」とは、「まあまあの量」に反対対立するし、お互いどうしも反対関係にあることになる（『命題論』11 章、14 章）。こう見ると、反対は「会員制クラブ」ではないことになる。

　さらに、もしいかなる 2 つの相互に両立しない命題も、結果的に反対関係にあるとするならば、いかなる A 形式の言明にも、少なくとも 2 つの反対の言明があることになる。それは対応する E 形式と O 形式（矛盾）の言明である。例えば、「すべての犬には蚤がいる」は、その矛盾である「すべての犬に蚤がいるわけではない」（＝「蚤のいない犬がいる」）とは両立しないし、反対の「犬には蚤がいない」とも両立しない。アリストテレスは、矛盾は単なる反対よりも（真に）「もっと反対的である」という見方に賛成しているようにみえる（『命題論』14 章、及び Oesterle 1962: 254 のカエタヌスの注釈 lesson 13 参照）。

　矛盾は矛盾律（LC）と排中律（LEM）を充足し、反対は矛盾律を満たさねばならないという説明によれば、いかなる 2 つの矛盾も、それ自体で反対でもある。それではストローソンの相反性（INCONSISTENCY）という関係に基づくこれらの語の定義を比較してほしい。

> 2 つの言明について、それらが矛盾であるということは、それらが互いに相反し（つまり矛盾律を守っているということ）、さらにいかなる言明も、それらの両方共と相反することはない（つまり排中律を守っているということ）ということに等しい。2 つの言明についてそれらが反対であるとは、それらが互いに相反し、それら両者に相反する言明が存在する可能性を留保しておくことである。
> 　　　　　　　　　　　　　　　　　　　　　　　　　　　　（Strawson 1952: 16）

今引用したところより少し先（p.25）で、ストローソンは「2 つの言明は、その両者が共に真であることが論理的に不可能である時、反対関係にある。小反対は両者が共に偽であることが論理的に不可能である場合である」と述べている。しかしそれでは矛盾関係にあるどのような文（例　すべての男は狂信的差別主義者である／すべての男が狂信的差別主義者というわけではない、ソクラテスは病気である／ソクラテスは病気ではない）でも、真と偽とをそれらが分担するなら、自動的に反対で、かつ小反対でもあることになる。

　もし上の結論がアリストテレスやカエタヌス、ストローソン（あるいは Englebretsen 1976: 536）などにとってそうであったよりも、我々にとってもっと厄介であるように感じられるのなら、いっそのこと反対言明の対を矛盾関係ではないものに限定してしまってもよい。矛盾は第一の対当として置いておき、反対対当を「それ以外のもの」にしてもかまわないのである[35]。

　名辞や命題は、用語の弱い意味（両立しない 2 つの名辞や命題は反対関係にあるものと認める立場）において、1 つ以上の反対関係を持ってもよいとされているが、アリストテレスは多くの場合、これとは異なる反対の「より強い意味付け」を採用しているように思える。これを、私は「極性反対（POLAR contraiety）」と呼ぶことにする。

　　相互に違いのあるものの、その違いには大きい、小さいという程度がある。
　　従って最大の差異性もある。そしてこれを私は「反対性」と呼ぶ。
　　　　　　　　　　　　　　　　　　　　　　　（『形而上学』1055a4–6）

　　反対性とは完全な違いである…事実このようであるから、1 つのものに対しては 1 つより多くの反対のものはあり得ないということは明白である。というのは、1 つの終極よりもさらにより先の終極というようなものはあり得ず、また1 つの間隔には 2 つより多くの終極はあり得ないからである。
　　　　　　　　　　　　　　　　　　　　　　　（前掲書 1055a17–28）

　　反対なものとは、同じ類のものについて、一番遠く隔たっているもののことである。　　　　　　　　　　　　　　　　　　　　　　（『命題論』23b23）

　ある間隔の終局点としての極性反対のイメージは私の目的には特に重要である（尺度性と反義語については本書第 4 章、5 章を参照）。アリストテレスは同じ比喩を他でも使っている。

　　人間はすべての反対なものの定義も空間の比喩から導きだしたようである。何故なら、同じ類のうちにあるもののうちで相互に最も大きく隔たっているものを、反対なものと人間は定義しているからである。(『カテゴリー論』6a15–19)

　アリストテレスは極性反対を連続したものの両端点として捉えている。下図でいうと　**A** と **C** にあたる。

(31)　**A**　**B**₁　**B**₂　...　**B**ₙ　**C**

$$\longleftrightarrow$$

A から **C** へ(あるいは **C** から **A** へ)とたどるうちに通過する **B**₁ ... **B**ₙ の各点は中間にくる語を表す。従って白からその極性反対の黒へ動くとすると、まず最初に灰色の中間層を通らねばならない(『形而上学』1057a24)。

　聖トマス (Oesterle 1962: 90　lesson 11) は次のように指摘している。定義によって同じものに同時に備わっていることのできないいかなる極性反対(例えば、白と黒)についても、その矛盾(白くない、黒くない)は同時に同じものの属性であり得る(例えば、青白いとか黄色い場合)。このように、反対にあるものの矛盾は中間語を規定する。同じことは命題レベルでもあてはまる。特称肯定 I と特称否定 O はそれぞれ「反対間の中間値」として機能する。

　アリストテレスも、『命題論』を「反対命題とはそれらに対立するものどもを含む命題である」(24b1) と述べて終えたのも同じことを心に抱いていたからであろう。アクリル (Ackrill) はそのように訳し、また次の注釈を付記した。「A と E を両極に置き、I と O をそれらの間にくるように考えることは当然である」(Ackrill 1963: 155)。他の翻訳者や注釈者はこの尺度的解釈を省略しているが、この考え方は上で見た「空間の比喩」とその本質においては同じとみてよい。

　ここに概略を述べた極性否定という反対性の強い概念と、単に非両立性に基づく反対性の弱い概念の区別は中世や近世のアリストテレスの注釈者にはよく了解されていた。しかし、関連する用語はさまざまな名称が付けられていた。カエタヌス (Oesterle 1962: 237 lesson 13) は「黒と白」のような絶対 (ABSOLUTE) 反対 (＝極性反対) と、「黒と赤」のような転化 (REDUCTIVE) 反対 (＝単純反対) とに区別した。ミル (Mill 1867: 516–21) はハミルトンの過度に一般化された反対性の適用を批判し、語や命題は 1 つしか反対なるものを持てないとした。この「終極的対立」が真の反対 (CONTRARIA) であり、そうでないものを区別 (DISPARATA) と呼んだ。ジクヴァルト (Sigwart 1895: 137) では、連続している語の中で最も離れたものが正当な反対であるとされた。だからすべて反対は極性反対ということになる。また「赤と

黄」のように相互に排他的なものは離接（DISJUNCT）と呼ばれた。

　どのような語でも最大で1つの直接的、論理的反対（例、白に対する非白）を持てるように、いかなる語も同じく最大で1つの極性反対（白に対する黒）を持つことができるのである。そして無数の単純反対があり得る（白に対して他のすべての色、赤、緑、青。さらに単純反対の定義次第で、非白、黒もそれに含まれる）[36]。1つの語の極性反対と直接反対の唯一性は一般には一致しない。下に「白と黒」の可能な尺度を1つあげる。

(32)

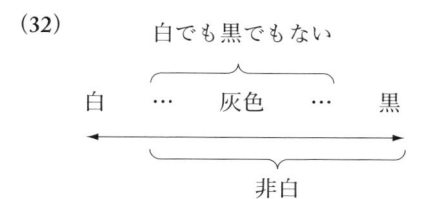

よく見れば分かるように、白と黒は極性反対ではあるが直接反対ではない。なぜなら灰色や、あるいはアリストテレスの色の理論に従えば、すべての色彩が白と黒の間に来るからである。白の直接反対は非白（あるいは不白）であり、一般的にどのような語の直接反対も述語名辞否定の操作によって定義される（1.1.1項参照）。直接反対の場合、述語名辞否定に相当する語彙項目が存在することもある。例えば、「奇数」は非偶数であり、「偶数」は非奇数である。また「健康」は非病気であり、「病気」は非（＝不）健康である。

　3つの反対性の概念を、バーンズ（Barnes 1969）の定式を採用してもっと形式的に定義することにする。彼にならい、述語の領域（述語 P の領域とは P か not-P であり得る物の集合のことで、ソマーズ（Sommers 1965, 1970, 1982）の述語の範囲という概念と同じもの）を R と表記することにする。また、$C_i(F, G)$ で「G は F に反対 i である」か、あるいは「F と G は反対関係 i にある述語である」ということを表すとする。そうすると次の定義を得る。

(33)　(i)　$C_1(F, G) =_{df} [RF = RG \land (\forall x) \Box \sim (Fx \land Gx)]$

　　　(ii)　$C_2(F, G) =_{df} [RF = RG \land (\forall x) \Box \sim (Fx \land Gx) \land (\forall y) (y = RF \rightarrow \Box (Fy \lor Gy))]$

　　　(iii)　$C_3(F, G) =_{df} [RF = RG \land (\forall x) \Box \sim (Fx \land Gx) \land$
　　　　　　$(\forall H) ((RH = RF \land H \neq F \land H \neq G) \rightarrow (H \text{ is between } F \text{ and } G))]$

C_1 は単純反対関係（バーンズのいう非両立性（INCOMPATIBILITY））、C_2 は直接反対関係（バーンズの反対述語（CONTRARY PREDICATES））、C_3 は極性反対関係を示す。**(33iii)** では尺度上の「中間性（betweenness）」という概念が必要となるが定義は与えられていない。さらに、バーンズはそうしなかったが、**(33ii)** の変数 y は実在のものだけを範囲にとると考えなくてはならない。なぜなら主語が述語の領域にあっても実在物のクラスにないなら、直接反対にある文は両方とも成立しなくなるということを見越しておかねばならないからである（主語が存在しないとすると「ソクラテスは病気／健康である」、「最大の素数は偶数／奇数である」は、それぞれ両方とも成立しない）。

　これらの定義から生じる名辞間の対立の体系は次のように図式化できる[37]。

(34)

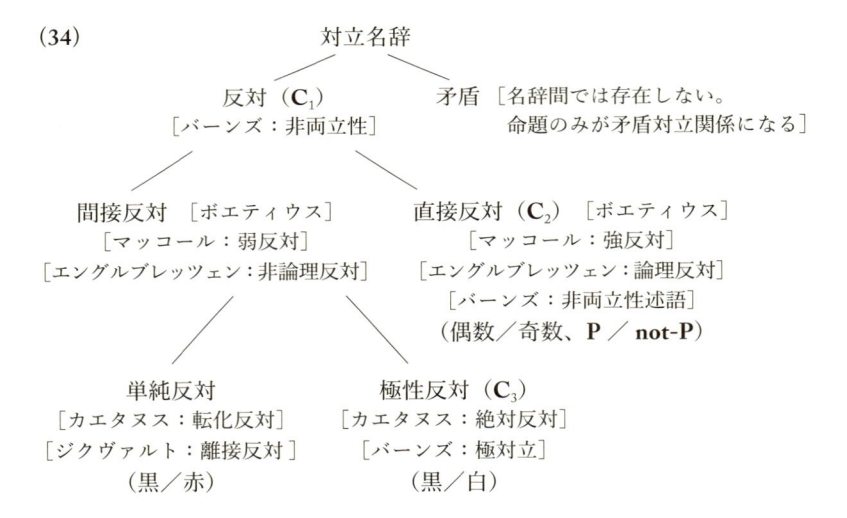

　対応する命題の反対関係も同様に定義できる。特に、もし 2 つの名辞 **F** と **G** が C_i を満足するなら、2 つの命題 **a** is **F** と **a** is **G** も C_i を満足する。さらに、聖トマスの直観（これはアリストテレスの直観であったかもしれない）である All S is P と No S is P は、（単純反対、直接反対ではなく）極性反対を示すことも保証する必要がある。しかし、ちょうどいかなる述語名辞 **P** にも正確に 1 つの直接反対述語名辞（**not-P** かそれの相当語）があるように、すべての命題 1 つ 1 つについて正確に 1 つの直接反対命題があるというのは本当だろうか。（量化主語付きの命題を含む）一般的命題を視野に入れるとこの問いに対する答えは否でありそうである。これについては本節の後の方で検討することにしよう。さて、命題についての反対性を定義する問題に戻る前に、アリストテレスの 2 つの否定（述語否認（predicate denial）と

名辞否定（term negation））の背景と、それらのその後の解釈の変遷について述べて
おく必要がある。

2 つの否定再訪

　論理否定についてのポスト・アリストテレス派の議論の多くが『分析論前書』で
述べられていた述語否認（叙述関係全体を作用域にとる矛盾否定操作）と述語名辞否
定（反対性を作り出す操作で、それにより不定的名辞を形成する）の間の区別に向け
られていたように解釈できる。

　アヴィセンナは、形態論的、統語的、意味的基準を使って、否定判断（NEGATIVE
JUDGMENT）「A は B ではない（A is not B）」を不定判断（INDEFINITE JUDGMENT）
「A は非 B である（A is not-B）」と区別しようとした（Madkour1934: 169）。前者は、
アラビア語において小辞 laysa で表現され、マドクールの訳では 'A n'[est] pas B' と
なる。また、後者はアラビア語では ghayr で、これは 'A [est] non B' となるがしば
しば述語名辞に編入される（例えば、Zayd ghayr baçir 'Zayd is nonclairvoyant'「ザ
イッドは非千里眼者だ」）。3 つの部分からなる（繋辞）文では、否定の位置は否定の
タイプにより異なる。否定判断では繋辞の前、不定判断（アリストテレスにより記
述された通りのもの）の場合は繋辞と動詞の間に置かれる。2 つの部分からなる（非
繋辞）文では、統語構造上の違いは現れないが意味的区別は残る。なぜならアヴィ
センナやアリストテレスでは、不定判断は主語が存在する場合にのみ真になるが、
否定判断の場合では、もし主語名辞の指示対称が存在しないのなら自動的に真とな
るからである。

　ギリシア語と同じくラテン語でも、真の否定（ストア派では命題に影響を与える
もの、アリストテレス学派では主語–述語連結に影響を与えるもの）と不定否定（不
定名辞）の形態論的区別は存在しない。しかし、中世の注釈者はそれでもこの区別
を尊重しようとした。例えば、バーレー（Burleigh）では、「否定の non は否定的に
も、不定的にもとれるのである。否定的にとる場合には、それは常に命題構造を否
定する。しかし不定的に理解される場合には命題中の名詞的要素、つまり主語や述
語を否定する」と述べている（Henry 1972: 79–80）[38]。

　中世のユダヤ論理学の否定に関する立場はスピノザの『エチカ』（Spinoza 1934:
134–35）に要約されているが、これはかなり複雑なものである。特定（PARTICULAR）
否定（スピノザのいう欠如（PRIVATIO））は偶然的事実（例えば、「バラームは見な
い」）を表現し、絶対（ABSOLUTE）否定（スピノザのいう否定（NEGATIO））は、より
一般的な真の否定命題（例えば、「壁は見ない」）を表している。「欠如は…ある物に
ついて我々がその性質に帰属すると思う何かを否認することであり、否定はある
物についてその性質に帰属しないことにより、ある何かを否認することである」

48

(Spinoza 1934: 134–35)。

　スピノザが 1674 年の手紙の 1 つに、有名な声明 'Determinatio est negatio'（「規定は否定なり」）を書き留めた時、彼が言及していたのは否定（negatio）の持つ制限された概念であった。これは、すべての記述は必然的に制限とか除外を含意するものであることを示している。スピノザの否定と欠如の捉え方はアリストテレス（1.1.1項）やストア派（1.1.2 項）のそれと同一視することはできないことに注意しておかねばならない。

　ライプニッツ（Leibniz 1966: 18, Castañeda 1976: 483–84, Englebretsen 1981a: 13–15）は、否定記号が叙述の様態を表す x non est P という否認否定と、否定名辞が主語を肯定的に叙述する x est non P という欠如的、名辞否定の 2 つを認めている。見かけの命題否定は、真を否定するものとしてではなく、偽の叙述として説明されている。「B が命題とすると、not-B は、B が偽であるというのと同じである」（Leibniz 1966: 58）。また文頭の否定が直後につく量化子と構成素をなすということもない。

> 「すべてでない（not every）」や「いくらかでない（not some）」というものは命題において適切に生じないだろう。なぜならば、それらは「すべて（every）」「いくらか（some）」という記号によって影響を受ける命題を否定するのみであって、「非—すべて（not-every）」とか「非—いくらか（not-some）」とかいうような新しい記号を作るのではないからである。従って、もし私が「否、ある人間は動物である」［Non, quidam homo est animal］というとすると、これは「ある人間が動物であるというのは偽である」というに等しい。（Leibniz 1966: 185）

このように反対否定は否定述語に対応しているが、矛盾否定は 2 つの基本形を持つことになる。述語否認と見かけの命題否定（偽の主張と同じこと）である。私自身の新ライプニッツ的立場は後の章において同様の筋運びで展開されることになる。

近代の論理学における反対性の没落（と台頭？）

　ライプニッツはアリストテレスの影響下にあり、文の統語論的、意味論的分析の重要な要素として主語–述語の分割を維持しているのに対し、ライバルのストア派、アベラール派の伝統が近代の公理的命題論理学の誕生と共に急速にその勢いを増していった。フレーゲ（Frege 1919）は、主語–述語の分割を自然言語の不安定な領域から違法に持ち込まれたものであり、関数–項分析に置き代えられなくてはならないと主張する。述語否認は矛盾否定の表示という点で外部命題演算子に道を譲り、反対否定（名辞否定）は抹消されてしまった。フレーゲは「すべての思想

(thought) には矛盾的思想が存在する」という点でアリストテレスに従っている。しかし、表層の統語構造が示すものとは異なり、ある文全体は 1 つの構成素に接辞や小辞の否定要素を付加することにより（矛盾的に）否定できると考えている。だから、(35b) を言うことは (35a) を言うことと同じであり、「我々はその男が有名であるという思想の偽であることを示している」と述べている (Frege 1919: 131)。

(35) a. The man is not celebrated. （その男は有名ではない）
　　 b. The man is uncelebrated. （その男は非有名（無名）である）

　しかしながら、フレーゲには反対することになるが、アリストテレスの欠如的、述語名辞否定が、このような形で矛盾命題否定と同一化できるということは決して自明というわけではないのだ。「その男が不幸せだ」ということは、その男が幸せであるという思想の偽を単に示していることになるだろうか。哲学者ではアリストテレス、ジクヴァルト、ストローソン、ドランジュなど、また言語学者ではスウィート、イェスペルセン、クリマ、ツィマー、ジャッケンドフなどがこの主張に反対する統語論的、意味論的証拠を提示している。この証拠については後の章でまた戻って来ることにしよう。
　同じ反対の声はマドクールに対してもあげることができる。彼は (Madkour 1934: 170) アヴィセンナの否定判断と不定判断との間の区別（後にカントや他の学者に取り入れられることになった。1.2 節と 2.4 節参照）を撤廃しようとし、下の (36a, b) が同一の思想を伝えていることを根拠にあげている。

(36) a. The tree is not dry.　　　　　　　（木は乾燥していない）
　　 b. The tree is not-dry (=non-dry).　　（木は非乾燥である）

確かにこの 2 文は（ストア派、アベラール、フレーゲ流に）外部演算子を用いるならば、Not: the tree is dry あるいは It-is-not-the-case-that the tree is dry と表示できる。マドクールは不定判断（A is not-B 型）は言語上の虚構にすぎないと言う。これは部分的には正しいかもしれない。しかし、同じ指摘は外部命題演算子そのものにも向けることができよう（第 6 章、第 7 章参照）[39]。フレーゲやマドクールの議論が一見有効のように見えるのは彼らの巧みな例の選択によるのである。有名でない (not celebrated)／非有名な (uncelebrated)、乾燥していない (not dry)／非乾燥の (not-dry)、有限でない (not finite)／無限の (infinite) などはすべて間接反対ではなく、直接反対関係を構成する欠如あるいは名辞否定を含んでいるのである。直接反対であるから、もちろん、排除されない中間値は関与しないことになる。たとえこの彼ら

の策略を許すとしても、我々は「存在しない人間は有名でも無名でもない」[40]、「正義は乾燥でも非乾燥でもなく、ユニコーンは偶数でも奇数でもない」[41] という根拠に基づいて、直接反対関係と矛盾関係を区別するアリストテレスの見解を支持する方につくことができるのである。

　アリストテレスの2つの様態の内部否定を持つ主語–述語の区別に基づいた名辞論理と、フレーゲの全目的型の外部否定を持つ関数–項の区別に基づく命題論理は、それら自身が相互に排他的な矛盾関係ではなく、むしろ連続した概念上で反対する立場を表現しているようである。19世紀後半において、ブレンターノやマルティーは、主語–述語を区別する考え方に合致した定言判断（CATEGORICAL judgment）が、判断の実質の承認か拒絶かを問題にする措定判断（THETIC judgment）から区別されるような命題の理論を開発した（Kuroda 1972）。定言判断には2つの独立した行為が要求される。まず主語が認識され、それから述語がその主語について肯定されるか否定されるかする。措定判断では1つの行為のみが関与するが、それは存在を示すもの（「神が存在する（God exists）」、「... が存在する（There is/are...）」）か、非人称的なもの（「雪が降っている（It's snowing）」）である。この措定判断では、表層では主語–述語という形態をとるが、論理式では常に主語がないように表される。従って、否定の定言判断はアリストテレス的にみえ、否定の措定判断はフレーゲ的にみえる。黒田（Kuroda 1972）は日本語は定言判断を「―は」で、措定判断を「―が」で区別するという。また、バビィ（Babby 1980）は、定言–措定の区別はロシア語で否定文格付与の異なるパターンと関連していることを示す証拠を多数提示している。黒田の分析については7.3節で取り上げることにする。

　さて本題に戻ろう。今やフレーゲのモデルが隆盛を極めていることは疑いようもないのである。一階述語計算の否定の統語構成は p を命題とすると単に $\sim p$ となる。この否定の意味論も同様に簡単なものである。前提現象を無視すると（第2章参照）、$\sim p$ は p が偽の時、そしてその時にのみ真となるのである[42]。しかしながらソマーズ、エングルブレッツェンなどの主語–述語論理の熱心な擁護や、ストローソン（Strawson 1952）やギーチ（Geach 1970, 1972）などの伝統論理学と現代論理学との公平な解釈をよく考慮してみれば、ルカシェビッツによってなされた、アリストテレスの名辞論理学とその体系では定義可能な反対的、名辞否定へのレクイエムは、いささか手回しが良すぎたというべきだろう。実際、（ルカシェビッツの足跡である）多値論理の理論枠でマッコール（1967a）、レッシャー（1969）は名辞論理と命題論理の結合的思想を利用する反対性の取り扱いを考案している。また、2.4節に要約を示すことになるフォン・ライト（Von Wright 1959）のシステムも視界に入れるべきだろう。

　私見では、アリストテレスの名辞論理とストア派（あるいは現代）の命題論理とを

区別する重要な要因は「両者とも矛盾関係について認識しているが、前者のみが反対関係について考慮している」(McCall 1967a: 121) ということである。マッコールはこの隙間を埋めようとして命題に作用する非真理関数的反対性演算子 **R** を考案した。**Rp** の偽は **p** の真からいえるが、**p** が偽であることからは **Rp** の真も偽もいえないと彼は考えた[43]。反対否定は矛盾否定よりも強いという事実（これは反対否定が矛盾否定を論理的に伴立するがその逆は成立しないことで分かる）は、簡単に公理 **CRpNp** で表現することができる。ここで **N** はポーランド表記の通常の矛盾命題演算子である。

　しかし、ギーチはそのような立場は成立不可能であるという。「矛盾否定は命題全体に作用しているかまたは述語に作用していると解されるが、一方、反対否定は述語類にかかる演算子であって命題全体にかかるのではない」(Geach 1972: 73)。量化表現を含む命題の場合には、反対否定は関数とみなすことはできない。「いかなる命題でも 2 つの（等価ではない）矛盾否定を持つことはできないので、ある命題の唯一の矛盾を考えることはできる。しかし、命題は、対等の方形の意味において、2 つ以上の反対否定を持つことができる」(Geach 1972: 71–72)。

　そうしてギーチは二重に量化された (37) のような例と、それの反対対当の 2 つの候補 (37'a, b) を考えてみるようにと提案する。

(37)　　　Every cat detests every dog. (すべての猫はすべての犬を嫌う)
(37')a.　No cat detests every dog. (いかなる猫もすべての犬を嫌わない)
　　　b.　There is no dog every cat detests. (すべての猫が嫌う犬はいない)

2 つの命題 (37'a, b) はそれぞれ論理的に (37) と両立不可能である。従って、(37) の反対を表していることになる。しかし、それらは論理的に相互に等しいわけではない。この節の前の方で私が使った表現で言うと、ギーチの議論はいくつかの命題では直接反対がないという立場を支持していることになる。命題に作用する反対演算子は必ず元の命題の(唯一の)反対を作るというのではなく、せいぜい単に 1 つの反対を作ることがあるということになるだろう[44]。

　ギーチの命題の反対性についての判断は、現在の最も熱烈な名辞論理の提唱者であるジョージ・エングルブレッツェン (George Englebretsen) によって、ギーチの議論とは独立的に、確認されている。彼は、強反対性演算子である R は実際には述語についての演算子であって、文や命題について作用するのではないということを見逃している、としてマッコールを非難している。

　　2 つの命題の間の反対性は、述語間の反対性 (非両立性) からくるものである。

　2 つの命題は、もしそれらの述語が反対的であるという以外は正確に同じであ
る場合、そしてその場合にのみ反対的なのである。…反対の論理は<u>分析された</u>
<u>命題の論理</u>、つまり名辞論理でなければならない。

（Englebretsen 1974: 614）

　しかし、ギーチのマッコールへの反論——命題的反対性演算子は量化表現に適用
されると全くうまく行かないということ——は、より一層効果的にエングルブレッ
ツェンの場合にあてはまってしまう。彼の定義では、「何かが赤い（Something is
red)」と「何かが非赤である（Something is not-red)」とは反対関係にあるものと
誤って予測してしまう。実際にはこれらは小反対関係にある。なぜならこれら 2 つ
の文は同時に偽ではあり得ないが同時に真ではあり得るからである。さらに彼の定
義では古典的な「すべては赤い（Everything is red)」と「いかなるものも赤くない
（Nothing is red)」を除外してしまう。

　とにかく、ギーチやエングルブレッツェンが議論したように、反対否定というも
のは名辞論理の枠組みでの方がしっくりくるのである。また第 7 章で論ずる予定で
あるが、矛盾否定でさえも、自然言語では表層においてそうであるように、名辞論
理学に基づくモデルが必要になるかもしれない。フレーゲは主語–述語の区別を放
棄し、否定を命題結合子 1 つに一本化して 20 世紀の数理論理学を特徴づけた。こ
のことにより多くのことが明確になり、論理の表現力も増したことは疑いをいれな
い。しかし、同時にこの試みにより多くのものが失われ、あるいは埋没してしまっ
たことも事実なのである。これが事実であることは、ラッセルがアリストテレスの
双子の亡霊ともいうべき述語否認と名辞否定を穏やかな眠りにつかせようとする一
方で、単称否定命題（The king of France is not bald）の明らかな多義性を何とか認め
ようとして支払わねばならなかった代価を検証する際に（第 2 章）明らかになるだろ
う（Henry 1972, Sommers 1970, 1982, Englebretsen 1976, 1981a, 1981b 参照）。

　また、現在の哲学者や言語学者はもう 1 つの古代の亡霊を静めることにも成功し
ていない。それは肯定言明に対する否定言明の（推定上の）劣性という問題である。
我々は次にその議論に向かうことにする。

1.2　否定判断のパラドックス：否定とその不一致

　君は肯定を引き立て、否定を削り落とし、肯定にしがみつき、どっちつかずさ
んとは決してつきあわないように。　　　　　　　　　（Arlen and Mercer 1944）

否定は論理連結子の中で、最も基本的で、最もよく論じられ、そして最も歴史の古

いものと言えるだろう。しかし、それは最も悪名高いものでもある。パルメニデスからラッセルに至る論理学者は、論理的否定を完全に追放し、それをとるに足らないものとして棚上げし、また、それを二級の地位におとしめようと努めてきた。否定的な事実、判断、命題をめぐる攻撃側と防御側の間の戦いにおいて、幾分入り組んではいるが戦線の模様を読み取ることができる。「肯定と否定との間の非対称性」と通常言われるものについて、次の主張を見ていただきたい。

(38) a.　肯定は論理的により重要で、否定は二次的である。
  b.　肯定は存在論的により重要で、否定は二次的である。
  c.　肯定は認識論的により重要で、否定は二次的である。
  d.　肯定は心理学的により重要で、否定は二次的である
  e.　肯定は基本的でかつ単純であり、否定は複雑である。
  f.　肯定は本質的であり、否定は削除可能なものである。
  g.　肯定は客観的であり、否定は主観的である。
  h.　肯定文は世界についての事実を記述し、否定文はその肯定文についての事実を記述する。
  i.　情報という点では肯定文はより多くの価値を持ち、否定文は(ないとは言えないとしても)より少ない価値しか持たない。

穏健な非対称主義者は、これらの主張をいろいろ部分的に組み合わせた立場を支持し、強硬派の非対称主義者(パルメニデス、ベルグソン、ギボン)は、これらすべての見解が正しいと主張する。

(38)にあげた 9 つの見解を評価するにあたって、関連する質問のリストをあげておかねばならない。

(39) 否定判断とは何であろうか。
   どのような意味において否定は肯定を前提にするのであろうか。
   いつ否定は偽と等価になるのだろうか。
   否定の発話行為というものは存在するのだろうか。
   否定は発話者の否認、拒絶に還元されるのだろうか。

(38)の見解についてもそうだが、これらの質問に対する答えも一致することはまれである。

 非対称主義者の陣営における指導者、改宗者、従者、追随者としては、パルメニデス、プラトン、アリストテレス(時に応じて)、聖トマス・アクィナス、カント、

ゲーテ、ヘーゲル、ベルグソン、新ヘーゲル派の観念論者、ラッセル（大体におい
て）、ストローソン、テニエール、ギボン、それからさまざまな心理言語学者たち
が含まれる。また、一方の対称主義者の陣営では、アリストテレス（時に応じて）、
フレーゲ、ロイス、ラッセル、（恐らくは）ウィットゲンシュタイン、エアー、それ
にギーチがいる。ここで否定の歴史の中で重要人物であるアリストテレスとラッセ
ル（時々）が両陣営にまたがって名前があげられていることに気づかれるだろう。も
う少し補足すると、ラッセルは対称主義のハト派から非対称主義のタカ派に変わ
り、おそらくはそれから幾分元に戻ったと思えるのである。

　私はここで両陣営が相まみえる前線の戦況を伝えることにしよう。両陣営の目
的、戦術を記述し、相互の犠牲を数え、そして後の章においてではあるが、両陣営
共に顔のたつ形で矛を収めることのできる和平案を提示したい。ここでも再びアリ
ストテレスから始めることにする。

　論理的問題の紛争では、両当事者はまずアリストテレスに先例を求め、ともに自
己の見解を正当化しようとするのが常のやり方である。アリストテレスはデルフォ
イの神託のように述べている。「命題で第一級のものは単純肯定であり、次に単純
否定である」（『命題論』17a8）。しかし、「第一級」とはどのようにそうであるのか。
論理的に、あるいは認識論的にだろうか。あるいは「最初に言及されるべきもの」
という意味なのだろうか。

　上記の引用文についてアクリル（Ackrill 1963: 127）は、否定（ここでは述語否認）
は否定標識を追加して初めて実現されるのであるから、肯定がまず「第一」になる
と述べている。つまり「否定は肯定に何かを付け加えることにおいて、肯定を前提
とする」ということである。しかし、これはあくまで推測上の解釈であり、他の見
方もあり得る。アリストテレス自身は、他の所で、否定に対する肯定の優先性は論
理的、存在論的なものではなく認識論的なものであると考えているということを、
暗に示しているように思えるのである。

　　　肯定命題は否定命題よりも先にくるものであり、いっそうよく知られ得るもの
　　　である（なぜならば、あることはあらぬことよりも先にくるのと同じように、
　　　肯定は否定を説明するからである）。　　　　　　　　　（『分析論後書』86b33–36）

　　　当の事物が何ものかを知っている者の方がそれが何ものかではないことを知っ
　　　ている者よりも、よりよく知っていると言われる。　　（『形而上学』996b14–16）

恐らく彼の見解は、単に肯定的事実についての知識は否定的事実についての知識よ
りも重要であるというものであり、否認されるものは、まず前もって肯定主張がな

されておられねばならないとか、肯定的事実は否定的なものより、より本当であるか、あるいは基本的であるというような主張をしているのではないだろう。

　対称主義者と非対称主義者の間の分裂は急速に進んだ。初期の注釈者であるアレクサンドロスは肯定を否定よりも決定的に優先するものと考えていた。なぜなら否定することは「肯定を取り除き破壊する」からである。しかし、その一方でネオ・プラトン派（フレーゲ的立場の元祖）のポルピュリオスは、肯定と否定は等しく真と偽に関して命題であるのであるから、それらに意味のある非対称性などないと主張している（Bosley 1975: 7）。

　非対称主義陣営での初期の代表者といえば聖トマスであろう。彼は『命題論』の解釈において、肯定の優越性に関して言語学的、心理学的そして存在論的根拠を区別している。

> 肯定の発話は次の 3 つの理由で否定に優越する。音声について、肯定発話は否定発話より優先する。これは否定発話は肯定に否定辞を加えねばならないことから、肯定の発話のほうが否定より単純であることによる。思考について、肯定発話は知性による合成を表し、分割を表す否定発話より優先する。ものについて、肯定発話は「あること」を表すのに対し、否定発話は「あらぬこと」を表す。当然、ものを保持することはその欠如に優先するのである。
>
> 　　　　　　　　（Saint Thomas Aquinas, book 1, lesson 13 in Oesterle 1962: 64）

　アクィナスはこのように上記の (38a,b,d,e) を承認した。一方、アリストテレス自身は単に (38c) と、そして恐らくは (38i) を支持したにすぎない。しかしアリストテレスは否定語に関して言えば明らかに非対称主義的であった。不定の名詞や動詞、例えば「非 – 人間 (not-man)」、「非 – 白 (not-white)」、「非 – 回復する (not recovers)」などは、疑いを呼ぶものとして本当の名詞や動詞とははっきり区別される（『命題論』16a30, 16b14, 19b8–11）。しかし、述語否認については、今風に言えば肯定に対しては有標であるとするもので、あまりはっきりと差を設けてはいない。

　アリストテレスが肯定と否定の間に一対一対応を指摘しているのは重要な点である。「すべての肯定は対応する否定を持つ」（『分析論前書』51b35）。この観察は他の所でエコーのように繰り返されてきた。

> 肯定され得るすべてのものは否定もされ得る。　　　（Bosanquet 1888: 294）

> すべての思想には矛盾思想が存在する。　　　　　　　（Frege 1919: 131）

すべての肯定文に対応する 1 つの否定文が存在し、その逆も成立する。

（Kraak 1966: 89）

これらはアリストテレスを対称主義的に理解しているのである。非対称主義者であれば、「すべての否定文は対応する肯定文を持つ」というような反対方向からの主張をアリストテレスはしていないと反撃することであろう。

　この一対一対応は、クラーク（Kraak 1966）に反することになるが、命題にだけ適用され、（少なくとも文字通りでは）文には適用されないということには注意を要する。遂行的発話は直接的に否定できないことが指摘されているからである（Zimmer［1964: 87］, Kissin［1969: 77］, R.Lakoff［1969: 144］）。次の例を見られたい。

(40)　I (*do not) now turn to the examination of...
　　　　（私は今、…の検討に本気でとりかかる／ * とりかからない）
　　　　I (*do not) hereby inform you that...
　　　　（ここにおいて、私は君に…ということを伝える／ * 伝えない）

同じように I guess it'll rain（雨が降るだろうと思う）という疑似遂行文は挿入的意味、用法を持つ。しかし、否定の場合、そのような意味、用法は guess を越えての否定辞繰り上げを認めない話者にとっては存在しなくなってしまう（Horn 1978b, Horn and Bayer 1984, 本書 5.3 節参照）。また、広い作用域を持つ (40'a) のような量化子と副詞は、統語的に明瞭な形態での矛盾否定を排除してしまう。さらに、(40'b) のような否定の作用域に現れることのできない肯定極性項目（POSITIVE (or AFFIRMATIVE) POLARITY ITEM）を伴う文でも、当然、矛盾否定を作ることはできない。

(40')a.　Many years ago I lived there.
　　　　　（何年も前に私はそこに住んでいた）
　　　　　Even an idiot can solve that problem.
　　　　　（馬鹿者でさえその問題が解ける）（even と否定については 2.5 節参照）
　　　　　{Some/ Several}of my friends showed up.
　　　　　（友人の何人かが現れた）
　　　b.　I would (*n't) rather be in Montpelier.
　　　　　（私はモンペリエに居たい／ * 居たくない）
　　　　　She's (*not) {pretty tall/ far taller than he is}.
　　　　　（彼女はかなり背が 高い／ * 高くない、彼よりはるかに背が 高い／ * 高く

　　　　ない）　　　　　［訳者注：日本語訳は参考であり、文法性判断はしていない］

　また、逆方向から見ると否定極性項目（NEGATIVE POLARITY ITEM）を伴う文のことを考慮しなければならない。否定極性項目とは否定（あるいは意味的に関連する演算子）の作用域でしか適切に現れることができない表現のことである。下の(41)を見られたい。

(41)　He {isn't/ *is} eating any meat tonight.
　　　（彼は今夜どんな肉も食べない／*食べる）
　　　I {can't/ *can} ever seem to make any progress.
　　　（私はこれまでに進歩したように思えない／*思える）
　　　She {hasn't/ *has} been to Casablanca yet.
　　　（彼女はまだカサブランカに行ったことがない／*ある）

（肯定、否定極性項目についてより詳しいことは Baker 1970, Fauconnier 1975a, 1975b, Horn 1978a:§2, Ladusaw 1979, Linebarger 1981, 1987 を参照。）
　このようにいくつかの肯定文には直接に対応する否定文がないし、また、その逆にいくつかの否定文には対応する肯定文がないのである。さらに他の一群の文、He's hardly a linguist; Few students came to the party などは分析の基準に従い肯定とも否定ともとれ、しかも対応する肯定、否定形がないのである（Jespersen 1917, Klima 1964, Jackendoff 1969 参照）。

否定判断のパラドックス
　もし肯定言明あるいは判断（例　その猫はマットの上にいる）が世界のある肯定的事実についてである（肯定的事実に対応する、言及する）ならば、否定言明や判断は一体何についてなされているのだろうか。どのような否定的事実に（もし存在するとして）、それは対応し、言及しているのだろうか。まず第一に（あるいは二次的にも）否定的事実などというものが存在するのだろうか。これらの疑問が我々を否定判断（NEGATIVE JUDGMENT）のパラドックスに導いてゆく。

　　　否定判断とは「そうではないもの」を宣言する。そうすると、これはどのように「そうあるもの」として、それを表現できるのか。　　　（Joseph 1916: 171）

　　　パラドックスは次の点にある。すなわち、否定においては肯定的知識の働きは無知によって遂行されているように思えるという点である。

(Bosanquet 1888: 277)

> ［否定判断］はもしその「あらず」に対応するものが現実に存在しないのなら
> 真ではあり得ない。そしてもしその「あらず」に対応する何かが存在するな
> ら、その判断は否定ではあり得ない。 （Raju 1941: 585）

> 我々は非存在の事実を、存在しないもの自身の点から以外には特定できない。
> そうすると、存在するものがこの事実には関与し、その構成要素となっている
> ように思えるのである。そうであれば、そのものは存在しないことの条件とし
> て存在しなければならないことになってしまう。非存在は論理的に不可能とな
> るが、これは明らかに馬鹿げている。 （Toms 1972: 7）

このパラドックスはパルメニデスによって述べられ、アポステル（Apostel 1972a:
211）によって簡潔に示された「存在しないものがいかに存在し得るのか？」とい
う存在論的疑問を呼び起こしてしまう。

　今まで試みられたこのパラドックスの解決案はいずれも、否定的事実というもの
を忘れ去ってしまおうとする（1.2.1 項）か、それを論理的で、かつ／あるいは存在
論的なゲットーに押し込めようとする（1.2.2 項）ものであった。否定判断や否定言
明は、従って、間接的、主観的で、誤解を与えてしまうような意味しかないか、あ
るいは一切何の意味も持たないものとみなされてきたのである。最近では、非対称
主義的見解は有標性理論の枠組みで議論されるようになってきた。また、言語心理
学的な証拠は、否定に対する肯定の優位を支持する初期の哲学的見解を裏づけるよ
うな展開になってきている（第 3 章参照）。本節の残りでは、1.2 節において私は否
定判断のパラドックスをいわば道具として利用し、対称、非対称論争についての自
分の見解をかためてみようと思う。そうすることの方が、パラドックスそのものを
解決しようとするよりも、否定に対する見解のさまざまな変容を追いかけやすいと
思うからである。

1.2.1　否定の排除

　　世界は「あらぬ」という語を使わなくても記述できる。 　（Russell 1948: 520）

「除外」と「相違」としての否定

　パルメニデスは言う。「否定文は物事がどのようになっているのかを述べること
ができないのであり、従って、必然的に非決定なものである」（Wheeler 1983: 289
参照）。また彼のこの立場を擁護しようとしたのはメガラ学派であった。彼らの見

解は、否定というものをたいしたことはないと軽視した(西洋での)最初のものであろう。否定の事態とか属性などというものは存在しない。非–赤は、非–オデュッセウスが個体ではないのと同様に属性ではない。ここでアリストテレスにとっても不定、つまり否定の名辞は、それとしては適切な名辞ではなかったことが想起されるだろう。偽は真ではないものであるから、偽性というものも存在しない。これらの考え方でこり固まったパルメニデスがすべての否定の思想を追放しようとしたのも驚くに当たらないのだ。

　既に我々の知人の一人となったあのプラトンの『ソフィスト』の「客人」が、否定を排除してしまうという同じ目的に至る異なった手段を提案している。彼は、パルメニデスの「非存在の泥沼」を回避するためには、否定が非存在や、反対、矛盾などを表すのではなく、単に「他性(OTHERNESS)」や「差異性(DIFFERENCE)」を表すと理解すればよいと述べている。

　プラトンの企みの問題点はそれが不適切か、あるいは循環的であるように思える点である。もし差異性というものが肯定的存在とするなら、論理的否定、言語的否定の使用のすべての場合を説明しきれない。また差異性が本質的に否定的であるなら、否定を排除したのではなく、単に名札をつけかえただけにすぎないからである[45]。

(42)　My hat is not red.

上記の文を述べる際に、私は単に私の(ある色の)帽子が「赤」以外の、何か違うものであると述べているのであれば、私は次のどちらかを言っていることになるだろう。すなわち、(i)それのすべての属性が赤であることと同一ではない(帽子が「つば広帽」である、これは「赤である」とは違うが帽子は赤である)、(ii)赤とは両立しない緑、青などの色である(帽子が深紅や緋色である場合、これらの色は赤と同一とは言えないのは確かだが、この場合でも(42)を真とはできないだろう)。(ii)の非両立性は、他性や差異性よりも否定関係として、はっきりしているようだ。

　このようにプラトンの客人は(後で出て来るラッセルの「非同一性」支持者と同じように)「A は B ではない」という想定上の否定事実を、「A は B 以外である、B とは異なる、B と同じでない」というように対応する肯定事実に解釈するのである。しかし、トムズ(Toms 1972: 8)は「あいにくそのような理論が純粋に否定の理論であるためには、否定事実の代わりをする事実が、相いれない肯定事実を存在から取り除かねばならないことになる」と批判する。もしそのような肯定事実がないのなら、我々はパルメニデスの悪夢の世界に引き戻され、地獄のより深い所に追い落とされるだろう。「非存在のパラドックスを払い落とすどころか、否定の標準的

理論(つまり、ここで引用したものと、この後探求する後継理論)はパラドックスが否定の全領域に拡大する結果をもたらすことになる」(Toms 1972: 8)。簡略的に言えば、否定の「他性」基準は、色々な外見を持っていても、矛盾律(1.1.1 項)を満足する関係を提示できるか提示できないかのどちらかであり、提示できるのであれば議論は循環的になり、できないのなら不適切になるということである。

　否定の他性と非両立性が遭遇する問題(つまり、そのような分析を還元的、消去的に捉えることの問題)は、何が否定判断や否定命題であるのかを決めることの難しさに気づいていた人々(1.1.4 項)によって、長らく認識されてきた(Bradley 1883)。しかし、欠点のある分析にしては、他性理論は驚くべき復元力を持つのである。特に 1.2.2 項で扱う次のような議論においてそうである。それは「いくつかの否定判断(「肯定的根拠」を持つ有意味否定)は他性の主張に還元できる。その他の否定(非有意味な否定)は考慮するにあたらない」というような見解である。

否定事実

　いわゆる否定事実の性質とその存在そのものをめぐる論争は、激しいが決着のつかないままもめ続けてきた。デモス(Demos 1917: 189)の否定事実の存在に反対する議論はおそらく最も巧みなものであろう。悪魔払いの祈祷のような調子で「否定事実なるものは経験の中で出会うことなし…否定の性質のいかなる知識も肯定の知覚から出るものなり」と述べている。彼は「否定事実などに出会ったことなどない」と自分に証言してくれる「知的な知人たち」の判断をよりどころにしている。我々は彼の実験の仕方そのものに反論することもできる(特に肯定の衣服をまとった否定という狼について充分警告したすぐ後に調書が来るのであるから)。しかしいずれにせよ、否定事実の存在に対し、賛成、反対の有無を言わさぬ強力な証拠というのは考えにくいのは事実である。

　ラッセルは明らかに、彼の初期の否定排除についての懐疑(これは充分根拠のあるものであったが)を捨て、その否定排除という大義のための熱心な闘士になったのである。彼の『論理的原子論の哲学』(*Philosophy of Logical Atomism*)(1918: 211)の時代には、彼は自分でも認める「否定事実についての嫌悪感」を果敢に克服したばかりでなく、さらにそれを守るために進んで闘おうという気になっていたのである。彼はハーバード大学で、「否定事実は確かに存在する」という議論を展開し、「ほとんど騒動といえるもの」を引き起こした後、さらに一層その存在を考えるようになったと述懐している。しかし彼はデモス(Demos 1917)の否定事実の存在論についての批判を真剣にとらえ、それについて思慮に富む反撃を加えている(Russell 1918: 211–14)。

> もし私が「この部屋にはカバはいない」というなら、その言明文を解釈する方
> 法が存在し、同時にそれに従って対応する事実が存在するというのは全く明ら
> かである。そしてその事実は、この部屋の各部分がカバでない何かによって占
> められているというようなものではなく、…否定事実を事実として捉える方が
> より簡単であり、…そうでないなら命題に一体何が対応しているのか述べるこ
> とが難しくなるだろう。　　　　　　　　　　　　　　　（Russell 1918: 213–14）

そしてある命題が肯定か否定かを見極める正式のテストというものが存在しない以
上（これは後にラッセルが無視することになる論点だが）、否定を消し去ろうとする
いかなる試みも無為に終わるだろう（前掲書、p.215）、とも述べている。

　ところが 30 年後のラッセルは、否定を消し去るためにはいかなる努力も惜しま
ず、いかなる手段でも用いようとしているように思えるのである。彼はプラトン流
に否定を差異性と同一とみなすことから始めている。

> 私が…「これは青ではない」と言う時、私は「これは青とは異なる色である」
> ということを意味していると解釈してくれてよいだろう。ここで「異なる」と
> は「不同一」とでも言えるような肯定関係である。私が「これは青ではない」
> と言う時、主観側では「これは青である」ということの思考が働き、ついで拒
> 絶がくるのであり、一方、客観側では青とは異なる何らかの色が存在するとい
> うことなのである[46]。　　　　　　　　　　　　　　　　（Russell 1948: 122）

　しかし、たとえ我々が 'This is not blue' などの否定文が真である十分条件は、主
語句（ここでは this）の指示対象が「青」でないことばかりではなく、他のどのよう
な色でもあり得ない場合（例えば、正義、2 の平方根）もあるというアリストテレス
派の反対意見を無視したとしても、ラッセルの「不同一」関係の肯定的性質を支
持する証拠はどうも強力なものとは言い難いのである。'This is red' が 'This is not
blue' の主張の根拠となり得るのは、'red' と 'blue' で表現される属性が両立できな
い、つまり「どのようなものについても、もしそれが赤なら、それは青ではない」
という事実によるものなのである。

　ラッセルが次に採用するのは、かつて自分が拒絶した（1918: 221）はずの Demos
(1917) の戦術そのものである。つまり、否定は「真の不信」の概念により削除し
得るというものである。この説明によれば、'This is not blue' は定義により 'This is
blue' によって表現されるものについての「不信」を表すということになる（1948:
124–26）。しかし、彼の主張の鍵ともいえる「不信は信念と同じく肯定の状態であ
る」という考え方は支持できるものではない。これは否定の主観的理論への明らか

な飛躍である。肯定と否定の命題は、共にたとえ信じる人や信じない人がいなくても真であり得るのであるから。

　世界は 'not' という語がなくても記述できるというラッセルの見方は、ごく些細な点ではあるが正しい所もある。なぜなら、我々はフランス語やキクユ語も使えるし、英語のさまざまな迂言的な言い方でも記述できるからである。しかし、否定というものを一切使わないで世界が記述できるというのは疑わしい。これは詳細のはっきりしない「衝動とその抑制」とかいう理論を使っても (1948: 520ff.)、議論を知覚の報告という領域に限定しても (Russell 1940 参照) 解決されない。

　ラッセルがかつて持っていたような否定事実についての嫌悪感と、彼が一時的にせよ採用したプラトン流の「否定の肯定的差異説」はそれぞれ今日でも影響を与えている。1つの影響はカッツの分析 (Katz 1964; 1972: 157–71) の中に見いだされる。彼は否定を、初期のアリストテレスの反対関係から導いた「反意語的原始要素 (ANTONYMY primitive)」という観点から扱おうとしている。パットン (Patton 1968: 230) はこれについて次のように指摘する。「カッツの理論のような否定のド・モルガン理論の取り扱いは、否定を意味論的原始要素と認めることの拒否から出てきたように思える」。カッツに従って、次の (43b) と (43a) を反意語的に関連づけられた等価なものと考えるとしよう。

(43) a.　My cook is not a woman. (私の料理人は女性ではない)
　　 b.　My cook is a man. (私の料理人は男性だ)

しかし、パットンが問題とするのは、次の (43') の肯定対応文とは一体どのようなものになるのかという点である。

(43')　The dog is not beside the man. (その犬はその男のそばにいない)

(ここで注意しておきたいのは、(43a) と (43b) に何らかの意味的等価性があるという点より、2つで1つの組を作らないような語句を扱う場合、問題が大きくなってしまうということである。)

　アポステル (Apostel 1972a: 209) は「否定事実や非存在物などない」と言う。我々は非存在への言及を、欠如を示す肯定言明文に翻訳することができる。'There is no noise' は否定の見解を表すのではなく、「静けさ」という肯定的見解を示している。これは 'There is no money in my wallet (財布に金がない)' が私の財布の状態について肯定的情報を表しているのと同様である。しかし、この翻訳手法は他の例に拡張しようとすると不適切で循環論法的であり、馬鹿げた方法のように見える。例え

ば 'There is no spaghetti left（スパゲッティが残っていない）' では、肯定的見解とは 'spaghettilessness（スパゲッティ欠如性）' の存在なのだろうか？　さらに 'There are no unicorns（ユニコーンはいない）' や 'There is no even prime > 2（2 より大きい偶数の素数はない）' などはどうなるのか。確かにアポステルの例である 'The dress I see is not black（私の見るドレスは黒ではない）' であればさほど困難を伴わず否定を消し去ることができようが、'I did't eat an apple（私はリンゴを食べていない）' では否定はどうするのだろうか？　そしてたとえ我々が否定事実をうまく肯定的に説明できたとしても、非平叙文の否定は容易に消し去ることはできないだろう。神でさえ（仮定の上では否定事実は存在し得ないのだが）否定によることなしに、ある種の命令文（「汝殺すなかれ」、「この木から食べるべからず」）を宣べるのは難しいとお考えになるだろう。

　ゲイル（Gale 1976）は、否定事実と否定的出来事（negative event）に賛否を唱える両陣営を注意深く眺め、公平な意見を述べている。彼の結論は、否定事実は認められねばならないが、否定的出来事の方はそうあってはならぬというものである。しかし、否定的出来事が存在論的にいかに招かれざる客であるとしても、それを論理的表示ではないにせよ、言語的意味論の中にその存在を認めることには有利な点があるのである。ストックウェル、シャクター、パーティー（Stockwell, Schachter, Partee 1973 ［SSP] 250–51）は、G. レイコフの初期の観察（G. Lakoff 1965: appendix F）を一般化し、次のように述べている。「大まかに言って、出来事の否定がそれ自身で 1 つの出来事である場合がある。例えば、not paying taxes（税金を支払わないこと）、not getting up early（早起きしないこと）、not going to church（教会に行かないこと）などである。（意味的にみて、ここでの「出来事」とは習慣的行動、期待されている行動様式の打破のことのようである）」。そのような否定的「出来事」は理由、頻度、位置を示す副詞類によって修飾され得る。しかし、道具副詞類（instrumentals）を取ることはできない（SSP 251）。

(44) a. I don't beat my wife because I love her.（G. Lakoff 1965:F-6–3）
　　　　（私は愛しているので妻を殴らない）

　　 b. He often hasn't paid taxes.（SSP, ch.5, (49b)）
　　　　（彼はしばしば税金を払わなかった）

　　 c. I don't get up early at home.（SSP, ch.5, (53a)）
　　　　（家では私は早起きしない）

　　 d. I don't cut my salami with a hacksaw.（≠ It's with a hacksaw that I don't cut my salami.）
　　　　（私は「金のこ」でサラミを切らない。「私がサラミを切らないのは金のこ

でだ」という意味ではない)

そのような「否定的出来事が存在しない」という主張に対して、明らかな例外があることが説明できないとしても、少なくともそれら反例を他のところで説明しなければならない。

　面白いことに、副詞類の分布は否定的出来事の存在に対する反論ともなるのである。トマソンとスタルネイカー（Thomason and Stalnaker 1973: 218–19）の観察によると、slowly のような IV 句（**VP**）副詞は、出来事（event）と行為（action）とを修飾するが、状態（state）を修飾できないという。下の（**45a, b**）を見られたい。

(45) a.　John slowly walks.（John walks slowly.）
　　　　（ジョンは歩くのはゆっくりだ）

　　b.　*John is slowly tall.
　　　　（ジョンはゆっくり背が高い）

　　c.　*John slowly does not walk.
　　　　（ジョンは歩かないのはゆっくりだ）

　　d.　John does not walk slowly.［容認可能だが(45a)の否定ではない］
　　　　（ジョンはゆっくりと歩かない）

（**45c**）の非文法性（あるいは意味的逸脱）によって示されるとおり、出来事の否定対応文は否定状態である。トマソンとスタルネイカーの説明では、（**45c**）をブロックするのは「slowly が指示対象とする関数は出来事と行為についてのみ定義される」という原則である。not-walking は walking とは異なり、出来事を構成しない。述語副詞だけがこのような制約を受けるのである。トマソンとスタルネイカーの基準によれば、（**44a-c**）の副詞類は文副詞であるが、（**44d**）の道具副詞類は slowly と同類の述語副詞であり、これは出来事、行為を修飾し、前述の制約を受けるのである。

　同じような議論は 1969 年代後半の生成意味論のサークルの中でもみられた。until Sunday や for a week などの副詞類は否定の文脈にあらわれ、状態や継続的プロセスの修飾要素として働くが、瞬時的出来事とは共起しない。

(46)　John $\left\{\begin{array}{l} \text{*got here} \\ \text{didn't get here} \\ \text{is here} \\ \text{stayed} \\ \text{didn't stay} \end{array}\right\}$ {until Sunday/ for a week}.

もし否定が行為を状態やプロセスに変えるのであれば、「否定極性表現」と言われている until 句や for 句はより一般的な現象、すなわち（間隔に関連した）期間副詞類（durative adverbials）の特別な場合となる。

　否定的出来事が存在するかどうかの問題は、何を出来事と考えるかということに同意がない状況では、自然言語の証拠をもって直接的に答えることはできない。トマソンとスタルネイカーの否定述語は状態のみを指示するという議論も、次のような例を見れば説得力が薄れてしまう。

(**47**)　What happened next was that the consulate {held up/denied/didn't give us} our visa (for six months).
　　　　（次に起こったことは、領事館は我々の査証を 6 カ月間与えなかったということだ）

この例では、分布的根拠（下線部が診断要素）と意味的直観を考慮すると、否定述語は出来事を示すのに（形態論的にみて）肯定形と機能的には等価であると結論せざるを得ない。

　否定的出来事の存在についての最終決着がどのようなものであれ、否定事実の方は確かに存在すると言えそうに思える。詩人の筆のみならず、存在論者の筆も「ありもせぬ空なる無にそれぞれの存在の場と名前を授け」（『夏の夜の夢』第五幕第一場 7 参照）ねばならないのだから。

否定の排除：他の方策

　もしプラトンの否定を肯定的な差異と捉える方策が、すべての表面上の否定の例を排除してしまえないのならば、ほかにどのような方法があり得るのだろうか。1 つの方式は既にみたところのホッブズ（Hobbes）の矛盾否定を述語に編入（incorporation）してしまうものである。これはしかし、ミル（Mill 1.1.4 項参照）とブラッドリー（Bradley 1883）によって適切に批判されている。この方式はジョゼフ（Joseph 1916: 172）にも捨て去られている。彼は、否定（A is not B）が述語に編入する（A is not-B）ことで削除できるのは　not-B が肯定の場合であって、しかもこのことが起こるのはすべての他の方法が不可能な場合に限られると述べている。Fido is not male は Fido is not-male に分析でき、後者は、結局、Fido is female となる。しかし、Fido is not a dog は同じようなやり方では肯定文に還元することはできない[47]。（前述の 1.1.4 項に要約したカッツの還元手法についてのパットンの批判も同様の論拠に基づいていた。）

　否定事実の排斥者であるデモスでさえ、X is not white（X は白ではない）のような

命題は本当は X is not-white（X は非–白である）であると定義することにより、否定を単純に述語の中に吸収してしまうことはできないと述べている。なぜなら、否定要素は文法的述語についてと「ほとんど同じくらい」文法的主語にも関連を持つからであると言う。確かに、無神論者なら神はいないからという理由で God will not provide（神は与えたまわじ）と主張するかもしれない。（この論点はデモスに始まるのではなく、もちろんアリストテレスにさかのぼるものである。）さらに、「～の右側にある（is to the right of）」や、「先行する（precedes）」などの関係は、標準的論理分析では文法的述語を与えないため、次の(48)の否定が否定する対象となる述語がない（文を作るため主語と結合する対象がない）ことになる（Demos 1917: 190）。

(48)　X is not to the right of Y.

　　　X does not precede Y.

デモスは、この特定の矛盾否定と反対否定の結び付けには反対したが、後で見るように、他の場合については結局賛成する側に回っている。（A is not B を A is not-B に変える議論に対するもう 1 つ別の批判については Wood 1933: 418–19 を参照のこと。）

　否定を根絶しようとするもっと頻繁に出てくる方策は、否定をまず偽（falsity）と同じと捉え、それから否定を偽に「還元する」というものである。ここで問題となるのは、このような「還元」手法が可能だとしても、そこから何らかの成果が収められるのかということである。しかし、まず第一に「否定を偽と同一視する」ことに反対する強力な根拠があり、その還元手法における役割など考慮するまでもないほどなのである。

　否定と偽とを同じものとみなしたり、混同したりするのは驚くにあたらない。アリストテレスは「『ある』を真の意味で、また『あらぬ』を偽の意味で」議論している（『形而上学』1027b18）。アリストテレスは、また否定辞付き繋辞を偽と結び付け、肯定繋辞を真と結び付けているようである。「『あること』、『ある』は、何かが真であることを意味し、『あらぬこと』は真ではなく偽であることを意味するのである…例えば『ソクラテスは楽才がある』の『ある』は、ソクラテスが楽才があるのは真であることを意味している。そして『ソクラテスは非 - 白である』においても同様である。しかし、『対角線は辺と同じ長さではない』の『ではない』は、対角線が辺と同じ長さであることは偽であるということを表している」（『形而上学』1017a31ff.）。

　アリストテレスの二値論理の枠組みでの真の対応理論では、真と偽とは矛盾関係の 2 つの項として相互に関連している。しかし、矛盾否定は偽には還元できない。

なぜなら否定（述語否認）と偽とは違うものに関連するのであり、違うレベルで作用するからである。「偽はそうではないというものについての言明であるか、そうであるのではないについての言明である。真はそうであるものについての言明であるか、そうではないではないものについての言明である」（『形而上学』1011b25–27、『命題論』18b2–4 参照）。このようにアリストテレスは、ウッドによる「偽としての否定一派」に彼を組み入れようとする試み（Wood 1933: 422）に抵抗している。

　既にみたように、ライプニッツは「名辞の真を否定するのではなく、名辞が偽であることを叙述することによって」（Castañeda 1976: 484）命題否定を除外しようとしたのであった。「もしBが命題とすると、not-B は B が偽であるのと同じである」（Leibniz 1966: 58）。しかし、矛盾述語否認（A non est B）と反対欠如（A est non B）はこの同等の扱いに直接影響を受けないのである。

　否定（特に論理否定）と偽を同等とみる見方は 19 世紀後半、あるいは 20 世紀初期の観念論者の常套手段であった。

> 'A is not B' ということは、単に 'A is B' ということを否定するか、あるいは 'A is B' が偽であると主張するのと同じである。　　　　　　　　（Bradley 1883: 118）

> 'A is not B' とは「A is B が偽であり、それが信じられてはならぬことを意味する。」…直接的にまたじかに、否定は、既に試みられたかまたは下された肯定判断に関する判断である。　　　　　　　　　　　　　　（Sigwart 1895: 122）

> a is not b = (a is b) が偽であること。　　　　　　　　　（Baldwin 1928: 147）

> 純粋の否定判断 'A is not B' はあらゆる場合に「'A is B' が偽である」というのと同等である…「雪は黒くない」というのは「雪は黒いというのは間違った判断である」の短縮言明である。　　　　　　　　　　　　（Wood 1933: 421）

　ジクヴァルトとウッドの引用から明らかなように、矛盾否定を偽と同一視する見方は、否定を第一階の肯定文についての第二階のコメントと見る観点や、否定を肯定よりも主観的とする捉え方としばしば軌を一にするのである。これらの主張については次節でより詳しく検討することにするが、ここでもう一度関連するラッセルの発言を引用しておくことにする。彼にとってすべての否定は偽のなんらかの主張の短縮形である。しかし、少なくともいくつかの肯定文も第二階的であるという。「『これはチーズでない』と言う時、『これはチーズである、という言明文は偽である』という意味なのである…これはちょうど『はい、これはチーズです』という文

が『これはチーズです、という言明文が真である』を意味しているのと同じことである」(Russell 1940: 74)。「2つの語、false と not を持つのは不必要である。なぜなら、もし p が命題とすると、『p は偽である』と『非 p (not-p)』とは厳密に同義的であるからだ」(Russell 1940: 81)。

　後に対称主義者の陣営で出会うことになっているエアーも、この立場の1つの変異形を提案している。「偽というものは論理的に余分なものであるが、真もまたそうである。これら両者は断定または否認の印なのだ」(Ayer 1936: 17)。そうすると、我々は否定としての偽、断定としての真を持つのであって、その逆ではないことになる。

　現代論理学(と言語学)の伝統では、否定と偽を同一とみる傾向はフレーゲに由来する。彼は、すべての否定は命題にかかるもので、適切な位置に置かれた it is not true that ... に置き換えることができる (Prior 1967, Seuren 1969: 159 参照)、と主張する。多値論理では、矛盾対立を示さず、矛盾律には従うが排中律には従わない(第2章参照)否定の一形式がある(内部否定、強否定の区別はある)。そのような方式では、少なくともいくつかの否定は偽の主張には還元され得ない。同様に、命題の否定とその命題が偽であるという言明との間には発話内的区別が存在する。これは not-p ('p̄ is valid') を p is not valid (p は有効ではない)と区別するハイネマンのやり方でも同様である (Heinemann 1944: 143)。しかし、古典的二値論理においても否定と偽との同一扱いを拒絶する充分な根拠が存在する。フレーゲ (Frege 1919)、オースティン (Austin 1950)、クワイン (Quine 1951)、ギーチ (Geach [1972] 1980) などの多様な哲学者たちが、not と false を同一視することは言語とメタ言語の混同から生じていると考えている。

　次にあげるのはオースティンの対称主義者宣言である。これはエアーを代表とする「真である」と「偽である」とは論理的に余分であるとする見解に答えたものである。

　　この見解の重要なポイントは、否定と偽を混同してしまっている点である。それに従えば、「彼は家にいない」ということは「彼が家にいることは偽である」ということと同じになってしまう。…あまりに多くの哲学者が、否定を説明し、そして除外しようとする際に、否定というものは単に(ある第一階の肯定文が偽であるという効力を持つから)第二階の肯定にすぎない、と主張する。しかし、それでいて偽を説明しようとする場合には、ある言明が偽であるとは、その(矛盾)否定を主張していることなのだ述べている。…肯定と否定とは正確に同じレベルにあり、いかなる言語もこれら両者の規定を欠くものはないし、肯定も否定も世界に直接言及するのであって、世界についての言明につい

て言及するのではない。　　　　　　　　　　　（Austin［1950］1970: 128–29）

　クワイン（Quine 1951: 27–28）はまた、言明文について語るのに用いられる述語「偽である」と「真である」を、言明を作るために用いられる結合子「〜」から区別しようとしている。下例の **(49a)** は言明 Jones is ill についての言明であるが、**(49b)** の Jones is not ill の方は Jones についての言明である。

(49)　a.　‘Jones is ill’ is false.[48]

　　　 b.　〜 Jones is ill.

　クワインは「〜」と偽の混同をラッセルとホワイトヘッドのせいにしている（そればかりか「⊃」と含意（implication）の並行した混同も彼らのせいにしている）。しかし、根底にある誤解は（その修正もそうだが）*Principia*（『数学原理』）より前にさかのぼるし、それ以降も生き延びているのである。ストア派は慎重にクワインと同様の区別をしている。すなわち、命題の否定とその命題が偽であるという（メタ言語的）言明の間の区別である。これら 2 つの操作は、ストア派の三段論法での説明では異なる役割を担っている（Mates 1953: 64–65）。

　オースティン、クワインと同様に、ギーチ（Geach［1972］1980: 76）も「言明の否定とは言明が偽であるとする言明のことである。従って、否定は元の言明についての言明であるから論理的に二次的なものである」とする「広まっている誤解」に強く反対している。ギーチはこの方法の間違いは非平叙文をみれば直ちに分かると言う。「『ドアを開けるな！（Do not open the door!）』は、『ドアをあけろ！（Open the door!）』と同じレベルの命令であって、決して『貴方がドアを開けるという言明文を偽にせしめよ！（Let the statement that you open the door be false!）』という意味ではないのであるから」と解説している。

　我々は、否定がそれを亡きものにしようとする幾多の試みを生き抜けてきたことを目の当たりにした。それらの試みとは、肯定的差異としての否定、非両立性としての否定、不同一性としての否定、不信としての否定、否定的述語の肯定としての否定、偽としての否定であった。そのしぶとさは命題計算におけるラスプーチン（Rasputin）と呼んでもいいほどである。おそらく、否定除去に関する最後の意見は多面性を持つラッセルに聞くのがよいだろう。

　「形而上学者の悪夢」（Russell 1954）の中にラッセルの古くからの友人のアンドレ・バンブロウスキという人物が出てくる。彼は今は現存しない、無名の中部ヨーロッパのある大学の元教授である。彼は地獄の悪夢を詳しく語っている。その夢の中で彼はサタンに謁見を許されるのであるが、ゲーテの「常に否定する霊（der

Geist der stets verneint）」という記述から、それがサタンであることはすぐに彼に分かるのである[49]。ラッセルのパラドックスで不幸にもつまずいてしまった後（「これ以降、私は決して 'not' という語を使わないぞ」とバンブロウスキ教授は宣言する。なぜなら彼は悪魔の形而上学者に嘲りを受けたからである）、教授はサタンと彼が庇護する否定を、単に「悪しき言語上の習性」であると非難し、それを永遠に放棄することを誓うのである[50]。「この卵が新鮮ではない」なら、彼は「生まれてから卵内部で化学変化が起こった」と言うだろうし、「その本を見つけられない」なら、「私が見つけた本はその本以外のものである」、また「汝殺すなかれ」であれば、「汝生命を慈しむべし」と置き換えるのである。これが効を奏して地獄の濁った空気は無に溶けてしまい、サタンは消え失せるのである。バンブロウスキ−ラッセル教授に従うと、その悪夢の教訓は「'not' を避けるべし。さすれば悪の帝国はついえ去らん」である。（あるいは、暇になった 'not' は、どこかで悪さをしているのかもしれない）。

1.2.2　肯定の強調

> あのね、たった 1 つの肯定の方が、たくさんの否定より価値があるんだよ。
>
> （Matthew Prior、Fleetwood Shepherd への書簡 1689）

否定文というものが、合法的に論理的伝達から完全追放できないとしても、それは、いわばバスの後部座席に押し込められた客のように、二階の言明、つまり二等クラスの文としての扱いを受けるだろう。否定に対する肯定の存在論的優位の提唱者にはプラトンも含まれる。「すべてのイデアについて、そうであるものが多数あるが、しかし、そうでないものは無数にあるのである」（『ソフィスト』256E）。さらに、観念論学派の中で影響力のある非対称主義者の声を聞いてみよう。「どんな主語についても、たかだか有限の数の述語のみが肯定的に叙述できるにすぎない。しかし、否定では無数の述語が叙述できるのである」（Sigwart 1895: 119）。

非存在物というのは個別的に取り出せないのだから、すべての肯定事実と出来事は「その背中に無数の『否定の蚤』を飼っているようなものである」（Gale 1976: 2）。我々は知ろうと思えば、我々が出会う爆弾の炸裂回数や森林火災が 7 回なのか、それとも 77 回なのか知ることができる。しかし、決して「非炸裂」や「非森林火災」の数を知ることはできないのだ。

既に見たように、アリストテレスは否定に対する肯定の優位を論理や存在論ではなく、主に（上で素描したような非対称主義に通ずる）認識論的観点から捉えている。アリストテレスの見解では、「否定は既出の肯定の拒絶ではない。否定は想起される脈絡の拒絶である（また、肯定は想起される脈絡の受容である）」（W.D. Ross

1923: 28; cf.『形而上学』1017a31–35）となる。しかし、中世初期から注釈者たちはアヴィセンナのもっと強い解釈に賛同してきたようである。それは、否定はそれが向けられる肯定を前提とするものであり、そのような肯定なしでは理解できないとするものである（Madkour 1934: 167）。

　否定と肯定の、前提がらみの非対称性の問題は後で議論するとして、初期の非対称主義者の別の思考の流れを見てみたい。それは否定判断、否定言明というものを、完全な無知から完全な知識に至る長い道程の「不幸にも必要とされる中間駅」とみなす考え方である。この見解によれば、否定は我々不完全な人間には許容された有用な道具であるが、完全な理性をそなえた者には許されないことになるのである。

　この思想はベーコンによって最初に、そして最も雄弁に『ノヴム・オルガヌム』（*Novum Organum*）（2 巻、警句 15）の中で述べられている。

> 沈思の最初の閃きにおいて、直ちに形相を肯定的に把握できるのは、ただ神（形相の創造主）とおそらく天使や霊的存在に限られるのである。人にはそのようなことは不可能であり、ただ、まず否定により道をたどり、すべての除外を経て、肯定において結論することが許されるのみである。
>
> （Bacon［1620］1853: 474）

同様にカントは「否定判断は格別の尊敬を受けるわけがない」と述べ、次のように続けている。

> 否定判断は、それどころか絶えず拡張にいそしんでいる認識欲を妬む敵とさえ見なされているのである。... しかし、我々の認識の内容に関しては ...、<u>誤謬を防ぐということ</u>だけが、否定判断に特有な仕事になるのである。
>
> （Kant［1787］1964: 574, A709/B737）

このベーコン–カント流の否定の見方、すなわち、否定を誤謬の防止あるいは予防のための必要な虚構、道具であるとする見方は、認識論的に完全な状態では弱いものであるとしても、今世紀の思想界にも影響を及ぼしている。

> ［否定においては］人は実在の、もしくは可能な話し相手の思い違いをつついて用心させる。... 否定の本質は教育的で、また、社会的である。否定は矯正し、あるいはむしろ告知する。その際、告知され矯正される人は、一種の人格分裂により、もちろん話者自身でもあり得る。
>
> （Bergson 1911: 289）

真理の完全な把握や経験においては、いかなる否定判断も留まることはない。... 否定の目的は除外である。... 完全な知識の中にはその痕跡さえ残らない。
(Mabbott 1929: 73)

否定は誤謬と無知に感染する。...「このバラは赤くない」という文は（必然的に）赤以外のある特定の色のバラに、赤を誤って帰属せしめる誤謬と部分的無知の判断を含む。否定判断が起こるのは知的フラストレーションの生じる場合である。... 否定判断は、従って、語用論的に見た場合、過去の過ちの覚書であり、将来における同様の試みに対する警告として作用する。　　　(Wood 1933: 421)

否定は有限の精神にとって必要不可欠なものである。　(Heinemann 1944: 152)

ウッド（Ledger Wood）をして、否定とは一過性の必要悪である、と考えさせるに至った語用論的論考は、現代の哲学者や言語学者にも主張されている。彼らの多くはモリス、パース、カルナップによって考案された三分法、すなわち統語論・意味論・語用論という枠組みを継承する研究者たちである。この一派は、語用論という術語と学問分野を現代の語彙に加えたと評価されている人、すなわちモリスに始まる。

'not' という語は主に実用的な重要性を持つものである。それは他のものが一体何であるのかを明らかにすることなしに、具体的に言及されているもの以外の何か他のものを示すことができるからである。... この語の実用的重要性は明らかではあるが、理論的に必要というのではない。また、存在する「否定事実」が否定に対応して引合いに出される必要もないのだ。　　　(Morris 1938: 28)

ラッセルの見方にも近いこの彼の見解は、最近ではアポステルの主張の中にも見いだされる。「世界は否定を使わなくとも完全に記述できるが、語用論的に有用な記述にはなり得ない」(Apostel 1972a: 209)。

　語用論が幅をきかす、抜け出しがたい泥沼でもがく不完全な生き物である人間は、肯定的事実を強調し、肯定にしがみつこうとするのだが、それでも否定が完全に除去されるのは、神と精霊が純粋統語論と純粋意味論により交感する天空の高みにおいてだけでしかない。

　この否定の語用論的見方では、否定文は対応する肯定文によってだけ性格付けされるのではない（第3章参照）。否定の形態素は、それにより文というものが取り返しのつかない汚れにまみれることになる「カインの印（a mark of Cain）」を表現し

ているのである。この「否定の汚れ」（Wood 1933: 419 参照）は、否定を特に無知と誤謬に、あるいは一般的に主観性と結び付けるという結果を産み出してしまう。

　否定判断と否定文は本来的に主観的であるという論点に関して、最も強い主張がベルグソン（Bergson 1911: 285ff.）によって述べられている。

> 肯定は純粋知性の行為に違いないとして、否定には知性外の要素が入りこむ。... 否定は起こり得べき肯定を前にして精神のとる態度にすぎぬ。
>
> （Bergson 1911: 287–88）

> 形式論理の観点からながめるならば、肯定と否定は実際互いに対称的な 2 つの行為であり、肯定は主体と属性の間に一致の関係を立て、否定はそこに不一致の関係を立てていることは確かである。しかし、この対称性は表面的であって、相似性もうわべのものであることを見ないわけにはいかない[51]。
>
> （同 p.292）

　予測を欠いた「受動的知性」にとって、肯定判断はそれでも肯定できようが、否定判断は不可能となるだろう。なぜなら、肯定されていないものを否認することはあり得ないからである。否定は、本質的に「本来の、あるいは可能な予想の期待外れ」を伴う。ここで我々は再び、否定判断は、実は、二階の肯定であるという（後にラッセルなどによって繰り返される）主張にたどり着くのである。「その机は黒である」という時、これは確かに机について語っている。しかし、「その机は白ではない」は「その机は白である」という可能な判断についての判断である。「『その机は白ではない』は、あなたはその机を白と信じるかもしれないし、白と信じていたか、あるいは私はそれを白と信じるところであった、という意味合いを含むのである。... 肯定命題は対象についての判断を表し、否定命題は判断についての判断を表すのである」（Bergson 1911: 288）。

　このベルグソンの主観性テーゼにジョゼフ（Joseph 1916: 172）も賛意を示している。彼は、もし意識主体が存在しないとしても「その壁は緑である」は真であり得えようが、「その壁は青ではない」は真ではあり得ない。なぜなら、後者は誰かがその壁を青であると想像しているか、あるいは信じている場合にのみ発せられるからである、と述べている。しかし、この見解は 1.2.1 項でとりあげた還元主義者のテーゼの場合と同様に支持できないものである。ベルグソンやジョゼフはすべての否定命題、「2 + 2 ≠ 5」、「水は元素ではない」、「月はグリーンチーズでできていない」なども判断する知性の存在を含意すると予想することになるだろうが、これは直観に反する極論である。たとえ誰も周りにいて観察していなくとも、2 たす 2 は

5 ではないし、水も元素ではないだろう。つまりこれらの否定事実を表す超時間的（時間に束縛されない）命題は当然真であるべきなのだ。マティラル（Matilal 1968: 90）が述べたように、主観主義のテーゼは命題としての言明つまり文タイプと、発話としての言明すなわち文トークンとの間の混乱を反映しているのである。オースティン、クワインやギーチによる偽としての否定と第二階の肯定としての否定に向けられた批判（1.2.1 項に引用した）は、すべてベルグソンの理論の批判ともなる。さらなる主観主義的立場へのコメントは Gale（1976: 55–61）を参照されたい。

　さて、主観主義の最近の復活ともいえるものは、否定は（常に、必然的に）発話行為であり、発話者による否認に還元されるという見解である。この見解の論理的帰結は当然、「もし話し手がいないならば、否定もない」ということになってしまう（1.2.3 項参照）。これに関連した見方はアポステル（Apostel 1972a: 277）もはっきり述べている。「否定はモダリティであるから、この意味でそれは主語の（原文のまま）否定対象に対する命題態度を表すものである。」[52]。

　否定をモダリティとみなすこのような見方からいかなる洞察が得られようとも、必要な区別をぼかしてしまうことから生じる損失を償えるとはとても思えないのである。真の命題態度である信念、知識、希望、恐れ、後悔、望み、許可、義務などは、ある命題についての態度や関連というような心理状態を持つ意識主体を当然含むだろう。また、話し手による否認はこの意味で命題態度を構成する。しかし、述語否認や命題否定、そして矛盾対立の意味を持つ同様の演算子については命題態度とは無関係である[53]。

否定は肯定を前提とするか？

　私がこれまで考えてきた、また、これから考えて行くさまざまな非対称主義的見解の背後にいつも見え隠れするのは、すべての否定言明（判断、命題）は肯定を「前提とする（PRESUPPOSE）」がその逆ではない、とする意見である。これは 8 世紀のシャンカラ（Śaṅkara）から今世紀のギボン（Givón）に連なる考え方である。この考え方は、「前提」という術語のもとに包摂される諸現象に関連して、さらに多数の下位区分に分かれる[54]。またこの見解に立つ著者たちが、ある否定に対しどのような肯定を前提としているのかが、必ずしもはっきりしているわけではない。しかし、ここでは古いものから順に前提的非対称の理論を検討してみることにする。

　否定は必然的に肯定を前提とするという原則の最も初期の主張者は、8 世紀のインドの観念論的哲学者であり論理学者でもあったシャンカラである（Raju 1954: 703）。彼はすべての否定は肯定的基盤を持つか、そうでなければ無意味否定であると考えた。しかし、「そのペンは赤ではない」というような有意味否定の肯定的基盤（POSITIVE BASIS）は対応する「そのペンは赤である」ではなく、「そのペンは

黒（どんな色でもよい）である」という弁別的事実である。我々は A is not B という文の肯定的基盤、すなわち A is C（ここでは C と B とは両立不可能である点注意）と、A is B という肯定対応文（POSITIVE COUNTERPART）とを区別しなければならない。（この意見と、存在と非存在とは同一レベルにはないという意見において、シャンカラはパルメニデス–プラトンの伝統に合致している。）

　シャンカラに見られる有意味否定、無意味否定の区別は、西洋においても独自の発展を遂げている。それは少なくともスピノザにまで遡る。1.1.5 項で既にみたように、彼は欠如、すなわち特定否定（privatio）と絶対否定（negatio）とに否定を二分している。

　スピノザの唱える命題「規定は否定なり（Determinatio est negatio）」は、ヘーゲルでは逆方向に捉えられている。ヘーゲルは、すべての有意味否定を規定、あるいは制限と解釈しているからである。彼のいう有意味否定は「肯定的根拠（POSITIVE GROUND）」を基にして生じる。この肯定的根拠はシャンカラのいう「基盤」(base) に対応するとみてよい。ヘーゲルは、「そのバラは赤くない」というような「純粋否定判断」は同じ意味的クラスに属する別の述語（この例では別の色）がその主語にあてはまるというように考えている。「そのバラが赤くないということは、なお色を持っているということを含んでいる」（『論理学』173 節、Hegel 1892: 306）。「もしそのバラが赤くないのであれば、それは他の 1 つの色を持っている」(Hegel [1812–16]1929: 275)。そのような単純否定判断は全般的否定を構成しない。なぜなら、主語と述語の関係であるその判断は依然として「本質的に肯定」であり、主語は否定に影響を受けていないからである、と述べている。

　一方、「そのバラは象ではない」、「理解は机ではない」というような「無限判断」あるいは「否定無限判断」は「正しくはあるが馬鹿らしいもの」であり、そもそも判断であり得ない。なぜなら、そこでは主語と述語に関連が認められないからであると主張する(Hegel [1812–16]1929: 277ff)。

　ここでヘーゲルが以下の用語について完全に 180 度の転回をしている点に注意してほしい。つまり、彼の「単純否定判断」を、アリストテレスの「述語名辞否定」や、中世の用語でいう「無限否定（negatio infinitans）」（これは制限的否定であり述語クラスの他の要素が主語にあてはまるということが前提となっている）と同一のものと見なしていること、さらに、彼の「無限判断」を、アリストテレスの「述語否認」や、中世の「否定的否定（negatio negans）」（これは制限のない否定で主語と述語との結びつきを否定するもの）とに関連付けていること、である。この伝統の用語とヘーゲルの用語のくい違いを心にとどめておいていただきたい。私が以下で否定判断や無限判断の議論を進めてゆく際に混乱を生じないためである。

　とにかく、19 世紀後半と 20 世紀初頭の観念論者たちは、ヘーゲルの否定（ある

いは他の問題)についての考え方を継承した。ジクヴァルト(Sigwart 1895: 126)は、「規定は否定なり」という命題を次のように解釈した。「像(figure)はそれをとりまく空間ではないという意味において規定される。従って、制限を設けるものとしての否定、すなわち無限性の否定の手助けによってのみ初めて像は思考されるのである」。彼はアリストテレスには反対することになるが、肯定は論理的に否定に先行するとして次のように述べている。「否定の対象となるのは完成した判断か、あるいは試みられた判断のどちらかである。そしてこのため、否定判断を我々は肯定判断と同様に根源的で、同格的な要素とはみなせないのである。…否定判断は肯定の試行、あるいは少なくとも肯定の思想を前提とするのである」(Sigwart 1895: 119)。

ジクヴァルトは後の方(前掲 p.122)でこの前提についての考え方を強化し、次のように述べている。「直接的にまたじかに、否定は、既に試みられたかあるいは下された肯定判断についての判断である」。ここで我々は再び、否定を二階の肯定とみる見方に立ち戻るのである。(他の場所で彼はカントの否定を誤謬の排斥の手段とみなす見方や、ベルグソンの主観性のテーゼを支持している。)

ジクヴァルトの見解では、非対称主義のもとでのみ「2つの否定は肯定をなす」という二重否定律が成立するとしている。「すべての否定は先行する総合を前提とし、否定の対象はこの総合を無効であると宣することである」と主張することにより、我々がアリストテレスの論理を(彼の理論は肯定と否定を並行的に捉えている点において難点があるので)改善し、二重否定律を導き出すことができると言う(Sigwart 1895: 148)。二重否定律は矛盾律から排中律への重要な飛び石になっているので、二重否定律の導出可能性は否定に対する非対称主義テーゼの大きな論拠になり得るのである。もっともこれはジクヴァルトの見解が正しい場合の話である。一方、古典的な命題論理の枠組みで研究してきた対称主義者たち、すなわち、ストア派、フレーゲ、クワインらは、二重否定律を定理としてではなく公理として規定する傾向がある。彼らはこの方式によって、難なく二重否定律を否定の理論の礎石として据えているのである。

ブラッドリー(Bradley 1883)は、優先性の問題については中間的立場を取っている。一方で、彼はジクヴァルトの「肯定と否認とは異なるレベルにある」という見解に同意する。また、シャンカラ–ヘーゲル的有意味否定の影響も受けている。「すべての否定は根拠を要する。この根拠は肯定的なものである」(Bradley 1883: 112)。「この世のいかなるものも肯定的知識の効力なしでは否認され得ない。…我々はまた、肯定することなしでは否認できないのである」(p.120)。「我々は肯定的根拠があって初めて否定判断を信じることができる」(p.200)。しかし、これらの主張の一方で、彼は、否定は肯定に還元され得ないし、肯定から導出もできないと述べ、否定は肯定判断を前提とするというジクヴァルトの主張を退けている。「我々

は、否定は既存の判断の否認であるとは決して言ってはならない。なぜなら、判断というものは … 信念を含むものであるからである。我々は一度信じたに違いないものを否定するなどということはないからである」(p.110)。

　非対称主義陣営の観念論者の中で、幾分おとなしい戦士として、もう一人、ボーザンケット(Bosanquet [1888] 1911, 1895)をあげることができる。彼は、否定判断が前提を持つのかどうかということよりも、何を前提とするのかが本当の問題であると考えていた。「すべての否定は肯定を前提とする。故に A is not B は A is B という肯定を前提とする」という考え方(これを彼はジクヴァルトの見解としている)に対しては次のように宣言する[55]。「そのような考え方はとんでもないものと私は思う。何か否定する前に、肯定を見つけなければならないとは信じがたい」(Bosanquet 1895: 132; また [1888] 1911: 277 参照)。しかし、よくみると、事情はもっと複雑になる。「否定はそのような肯定判断の否認ではない。それは従って、否定されるものの肯定を前提にしていない。…一方、否定は確かにある種の肯定を前提としているのである」(Bosanquet [1888] 1911: 280)。ボーザンケットは、ここではブラッドリーの「示唆的肯定関係」という概念(Bradley 1883: 166)に言及し、彼の「まずもって否定は肯定より現実から幾分遠いものである」という見方を支持している。しかし一方で、肯定は認識論的に否定に先行しているとしても、「肯定と否定は両刃の剣のようなもので、各々相互に関連している」とも述べている(Bosanquet [1888]1911: 281)。

　ボーザンケットは、「肯定を前提とする否定のすべて、しかもそれだけが有意味否定である」と考えていたようである (Heinemann 1944)。A is not B という形をとるどのような有意味否定判断も、A is not B but C という形か、あるいは A is X, which excludes B (A は X であり、それは B を除外するという意味、例えば「赤ではないある(未確定の)色」というような場合にあたる)という形に分析されると述べている。「そのライオンは象ではない」、「美徳は方形ではない」などの無意味否定の場合は、否定の範囲を限定しないので真の反対を設定できないとも述べている(Bosanquet [1888]1911: 281–89, 1895: 130)。我々はここでまたしても、スピノザの privatio (欠如) と negatio (否定)、つまり特定否定と絶対否定との対置に出くわすのである。

　ボーザンケットは、否定の肯定的根拠(これはシャンカラの肯定基盤にあたる)と、肯定的帰結(positive CONSEQUENT)とを区別している。肯定的根拠とは、ある種の反対関係であり、この真が否定命題の真を決定する。また、肯定的帰結とは、否定から論理的に出て来る未確定命題であると考えている。従って、下の例では(50a)の肯定的根拠は(50b)であり、(50a)の肯定的帰結は(50c)となる([1888]1911: 289)。

(50) a. This surface is not black. (この表面は黒ではない)
　　 b. This surface is (e.g.) green. (この表面は(例えば)緑である)
　　 c. There is a color x, x ≠ black, such that this surface is x.
　　　　(色 x があり、x は黒ではなく、この表面が x であるようなもの)

否定とその肯定的根拠との関係は反対のそれであるが、否定とその肯定的帰結との関係は(本質上)矛盾対立的である点に注意されたい。ボーザンケトの洞察に富む、この矛盾関係と反対関係についての見解は第5章で見ることになるが、そこにおいては矛盾の衣装をまとった反対関係を考察する道具としてこの考え方を用いるつもりである。

　　ジョゼフ(Joseph 1916: 172)はボーザンケトの路線を引き継いでいる。「我々は否定判断をものの真の制限を表現しているとみるべきである、しかし、否定判断は肯定に依拠し、前提としていることも認めねばならない。…否定の背景として常に肯定的性格が存在している。雪が熱くないのはそれが冷たいからである」。ここではプラトンの、否定を差異あるいは他性とみる見解が採用されているのであるが、それはコミュニケーションの場で有意味の否定言明が果たす機能の説明となっているだけであり、否定そのものを論理の世界、つまり思考の表現から排除する手段としては使われていないのである。

　　上述の議論に関連してはいるが、幾分風変わりな方式がデモス(Demos 1917)によって検討されている。すべての否定は「命題の全内容に特性付けをする」とし、従って、「X は死んではいない(X is not dead)」は、**not(X is dead)** と分析される。しかしここでの not の意味は、矛盾関係的ではなく反対関係の観点から与えられている。従って(Demos 1917: 190)、次のような等式を得ることになる。

(51)　John is not at home = not(John is at home) = an opposite of(John is at home)
　　　is true
　　　ジョンが家にいない＝反対(ジョンは家にいる)＝(ジョンは家にいる)の反対が真

もし私がジョンは家にいないと信じているのなら、私はジョンは家にいるという命題の反対的なものを信じている。否定の主張とは、従って、「指示において常に肯定である」ということになる。しかし、それらは多義的にあるいは未確定的に肯定的背景を指示するので、「内容的には肯定的ではない」ということになると述べている(Demos 1917: 193)。

　　従って、**not-p** は、「**p** の反対となるある命題が真である」と解読される。ここで

p は「真であるその命題に記述的に言及する」とされる。否定命題 **not-p** が **p** の
真の反対である命題 **q** を表すという主張は、拡大モンタギュー文法（Karttunen and
Peters 1976）での疑問文の分析を思い起こさせるところがある。そこでは、すべて
の疑問文は、その疑問文の真で、かつ完全な答えの集合を指示対象とする、と主張
されていたからである。しかし、否定はどの反対を指示するのであろうか。もし
ジョンが家にいないとすると、彼が家にいないこととつながるような無数の肯定命
題が存在し、その各々が「ジョンが家にいる」に対して反対関係を構成するからで
ある[56]。

　デモスは非対称主義の戦いのいくつかにおいて、ベルグソンと観念論者たちの側
に荷担している。彼は、否定命題と肯定命題は共に肯定的事実に言及していると
し、「否定命題は、肯定的事実への指示は間接的であり、肯定命題では直接的であ
る。この視点から、否定命題は指示対象への指示、あるいは記述の記述と定義でき
るだろう」（Demos 1917: 194）と述べている。しかし、ベルグソンや主観主義者には
反対し、「否定命題は客観的存在であり、それに対する心的態度に依存したりはし
ない」と述べている（p.195）。

　この時期あたりにパースと彼の同僚たちによって書かれた「否定」と「否定的」
という 2 つの百科辞典の記載項目は、その時点での行き届いた説明を与えている
が、これは単に観念論者の有意味否定についての諸条件を要約したものにとどまら
ず、本質的にギボン（Givón 1978, 1979）の見解の先駆けになっている。

　　ある否定言明がなんらかの価値を持つためには、当該否定言明が正確にその否
　　認となるような肯定言明が真であったことを示唆する理由が存在していなけれ
　　ばならない。その理由とは、肯定言明の内容が、既に会話の相手によって我々
　　に承認されるように提起されていたとか、我々の蓄積されたまたは意図された
　　知識の一部であったとか、あるいは、肯定言明の内容を承認する充分な根拠と
　　なるとその時点で判断するものを心に思い浮かべていたとかである。…否定は
　　思想の二次的機能であり、それは肯定判断の存在を前提としている。
　　　　　　　　　　　　　　　　　　　　　　　　　　（Baldwin 1928: 146–48）

　肯定に優位性を置くかどうかの論争で次の舞台となったのは、1929 年のアリス
トテレス学会報に載録されている否定に関するシンポジウムであった。最初の発言
者はマボットで、彼はヘーゲルやボーザンケトに従い、（**52a**）にあげるような有意
味否定を、（**52b, c**）のような「不可能な思考」や、（**53**）のような「疑似判断」から
区別することを主張した[57]。

(52) a. Some politicians are not honest. (幾人かの政治家は正直ではない)
  b. Some politicians are not $\sqrt{3}$. (幾人かの政治家は$\sqrt{3}$ではない)
  c. Some politicians are not of. (幾人かの政治家は〜のではない)

(53) a. Virtue is not square. (美徳は方形ではない)
  b. The soul is not an elephant. (魂は象ではない)
  c. The soul is not a fire-shovel. (魂は十能ではない)

　主語が対応する述語の「可能な候補」ではなく、否定が候補者を削減し、場を狭めるという働きをしない時、それは「トルコ絨毯風判断(TURKEY-CARPET JUDGMENT)」になる。なぜそう呼ばれるのかというと、そのような判断は真の否定判断((52a)のようなもの)に対して、東洋の絨毯が絵画に対して持つのと同様の関係を持つからである(Mabbott 1929: 68ff.)。[訳者注：普通の絵画は、何を示しているかが明瞭であるのに対し、トルコ絨毯は、絵柄が何を表現しているかよく分からないことから、マボットが(53)のような否定文の意味の不明瞭さをそう呼んだのである。]
　後に残るのは真の排除否定(ELIMINATIVE negation)の場合である。これは否定された述語を述語の選言的集合に位置づけるものと解釈される。例えば、「私の帽子は赤くない＝私の帽子は、黄色、あるいは青、あるいは…」というように理解される。「疑念、無知、誤謬」を含まない他の有意味否定の場合、上でみたような潜在的な選言的述語の集合は含まない。具体的な例は「これは生活賃金ではない」、「我々はその野原を横切れない」とかである。マボットはこれらを「目的論的否定(TELEOLOGICAL negation)」と名付けているが、同時に「傷あり商品」として処理してしまっている(Mabbott 1929: 72–76)。
　プライス(Price 1929)は、マボットの否定に対する主観主義的方式や「否定は肯定的示唆を前提とする」という見解を拒絶している。肯定的示唆についてプライスは、これが否定を区別する特徴にはなり得ないと言う。なぜなら、肯定文でも肯定的示唆を前提とできるからである。さらに彼は、「魂は十能(fire-shovel)ではない」は充分意味がわかるし、実際、真であるとも主張している。
　ライル(Ryle)は、このシンポジウムでは、マボットの極端な非対称主義的方針と、プライスの対称主義的な考えの中間の位置に身を置いている。マボットの、知識に基づき肯定し、無知や誤謬から否認する、という主張と彼の否定的事実を認めない考え方に反対を表明する(「否定でさえも規定である」Ryle 1929: 96)。しかし一方では、マボットの「選言集合での排除」という否定の捉え方には賛成している[58]。「私が『スミス夫人の帽子は緑ではない』と言う時に、私は『そうではなく

て他の色だ』と等しく述べることができる。『そうではなくて他の色だ』という部分は常にそこにあるのだが、そのまま字句どおり言われたり、時には声の調子や、あるいは単に文脈から示される場合もある」（Ryle 1929: 85）。

「そうではなくて…」という部分のない場合、「否定文は省略文である」が、一般的にみて文脈から解釈可能である。ライルはこの分析において、見かけ上欠けている段階を次のように解釈している。「私が『その帽子は緑ではない（そうではなく他の色だ）』と言う時には、（言いたててはいないが）その帽子には色が付いているということを前提にしているのである」。述語は文脈から設定される集合に属し、その述語の集合の、ある他の要素が当該主語にあてはまるのである。このようにして、プラトンの客人やその後の「他性理論」の主張者と同様に、ライルも「否定文の表すものの完全な解釈は必然的に他性の主張の形式をとる。…ここで他性は、『他のもの』が要素として帰属する特定の選言的集合に言及することにより、特定化され、決定される」と主張する（Ryle 1929: 89）。この考え方によれば、「美徳は方形ではない」などというマボットの言うトルコ絨毯風判断のおかしさは、その後に「そうではなくて別の図形だ」と続けられないことで説明がつくことになる。

現在の選言集合分析の提唱者はアポステル（Apostel 1972b: 396–97）である。彼は、「この石は赤くない」というような否定文は 2 つのタイプの意味的拡張を持つと考えている。「論理的否定はすべての選択肢を持つ選言的集合を指示する。一方、言語的、心理的否定は、否定された文に、ある意味で「近い」位置にあるいくつかの選択肢を意味する（原文のまま）」。この考え方によれば not **q** は、「**q** と両立できないが、その近辺にあるもの」と理解されるのである。

しかし、このような議論は、帽子や石の色というような充分吟味された例に適用された場合は、合理的で納得のいくものであるが、分析が「設定される選言的集合」が決めにくい述語にまで拡張されると急速に説得力を失う。「スーはピザを食べなかった」という否定文は、本当に彼女が他の何かを食べたということを表す、あるいは前提とするのだろうか。また、「赤でない」によって引き起こされる選言的集合は「ない」の意味の産物か、あるいは「赤」の意味の産物なのだろうか。「ジョンはメアリーを愛していない」では、彼は他の誰かを愛していることを前提にしているのだろうか。明瞭に閉じた述語の集合が再構成できない場合、ライルの選言集合分析は、彼自身も認めているように（Ryle 1929: 88ff.）、焦点要素に強勢のくる対比否定はうまく説明できる。しかし、より中立的な場合には、納得のいかないものになってしまうのである。

マボットやライルなどの叙述的な文についての分析と、否定の存在文（Gale 1972: 473–74）に関する同様の方式による分析のもう 1 つの難点は、彼らが適切な選言集合の取り扱いは容易であり、少なくともそれは有限であると仮定しているらしいこ

とである。しかし、彼らの分析方法では、次の(**54b, c**)は言うに及ばず、(**54a**)のケースでも取り扱いに困難を伴う。

(54) a. There are no unicorns.（ユニコーンは存在しない）

    b. My favorite real number is not π.（私の好きな実数は π ではない）

    c. The largest complex number is not 3i + 4.（最大の複素数は 3i + 4 ではない）

マボットならこれらの取り扱いにくいものは「目的論的否定」という名のゴミ箱に放り投げてしまうだろう。しかしそれでは、そのことにより、どのような洞察が得られたのかは分からずじまいである。

　ウッド(Wood 1933)の混合的非対称主義理論では、プラトン、スピノザ、ヘーゲルに通じる「他性としての否定」は、次の(**55**)の「疑似否定文」のように誤った同一性の主張を拒絶するような等価文(equationals)の場合にのみ適用される。

(55) a. Black is not white.（黒は白ではない）

    b. 2 is not 3.（2 は 3 ではない）

    c. Mr. A is not Mr. B.（A 氏は B 氏ではない）

一方、次の(**56**)のような叙述文は「純粋な否定判断」であるという。

(56) a. Snow is not black.（雪は黒くない）

    b. 2 plus 2 does not equal 5.（2 たす 2 は 5 に等しくない）

    c. Mr. A is not in the room.（A 氏は部屋にいない）

これらの文は二階の肯定と分析され、「仮装した肯定判断」(Wood 1933: 421)であるという。ヘーゲル、ジクヴァルト、マボットの否定的同一性についての私の先の議論を考慮するならば、(**55**)のような例で占められた疑似否定に、類似の文をすべてひとからげにまとめてしまうことは、性急に過ぎるようである。なぜなら、否定的同一性や等価文の集合は同質的ではないように思えるからである。

　ラッセルは、否定事実について最初は蔑視し、それから擁護する側にまわり、さらに真の不信としての否定と、偽としての否定という観点からそれを追放しようとしたのであった。彼は、バンブロウスキの、否定を完全に締め出し、悪魔を苦しめようとする運動の共同指揮者でもあった(1.2.1 項)。ラッセルは、彼の『意味と真理の研究』において、彼自身が以前に述べた、しかも充分納得できる「無河馬性(河馬がいないということ：hippoless-ness)」の議論を無視し、否定を、肯定判断を前

提とし、そこから生じる第二次的なものと分析しようとして、「知覚」からその証拠を出そうとしている。

> 2 つの言明、「(貯蔵庫の中に)バターがある」と「チーズがない」は等しく認識可能な体験に基づいているようであるが、実際は異なるレベルに位置するのである。バターを見るという確定的行為が一方にはあるが、チーズを見ない、チーズの不存在を見るなどと描写できるような行為は存在していない。貯蔵庫のすべてのものに目をやり、「これはチーズではない」と各々の場合に判断したのに相違ない。「これはチーズではない」と判断するためには、貴方は既に心の中に「チーズ」という語を思い浮かべていなければならないのだ。
>
> （Russell 1940: 73）

「これはチーズではない」が言明についての言明であり、「これはチーズである」という言明は偽であるという言明と等価である、と解されるのはこの理由からである (1940: 74 及び 1.2.1 項を参照)。一般的に言って、「肯定基本命題は、知覚による認識結果から生じるが、否定命題は認識結果とそれに加え、先行する命題態度によって引き起こされる」(1940: 163)。

　この見解によると、すべての否定はメタ言語的ということになる。これは『意味と真理の研究』の他の所で述べられている見解を支持するものである。「『ない』という語は文に付随する時に有意味になる。従って、言語を前提にしている。結果として、もし **p** を一次言語の文とすると、not-**p** は二次的言語の文である」(Russell 1940: 64)。しかし、この見方では、もうおなじみになったベルグソンの主張に舞い戻ってしまう。そしてそれはフレーゲ、オースティン、クワイン、ギーチなどによって弱点をつかれていたのだった (§1.2.1 参照)。ラッセルの上にあげた指摘は、直接的な認識を報告する限られたクラスの文にあてはまるだけである。ゲイル (Gale 1976: 60) が指摘するように、否定事実と否定的出来事の認識についてあてはまることが、必然的に、それらの存在についてもあてはまるわけではない。そしてここで問題になっているのは後者の方である。認識の報告での議論を肯定命題、否定命題の全領域に一般化することの危うさについて、ラッセルは「我々は『偽』と『ない』を同義的に扱っても問題はない」(1940: 81) と主張するが、これも自信ありげな割には空虚に響くのである。

　この節で見てきたように、「すべての否定は肯定を前提とする」という主張は 2 つの意味合いに解釈されてきた。弱い意味では、すべての有意味矛盾否定は何らかの反対的関係にたつ命題(肯定的基盤)に、その真であることの性質を依拠しているとする。「この帽子は赤くない」が、当該の帽子が、ある他の(恐らくは分からない)

色であるということを前提とするというのは、この意味においてである。より強い意味においては、not-p という形のすべての否定命題（A is not B）は、対応する肯定命題 p（つまり A is B）を「肯定帰結」として前提とすると理解する。しかし、この後者の主張は、シャンカラやアヴィセンナの時代でもそうであったように、今日でも「前提」という語が何を意味するのかを了解しているということに、最終的には依存しているのである。

ジクヴァルトの主張では、命題 p はそれが否認できる前に肯定されておらねばならなかった。ボーザンケトは、そのようなことはとんでもないことだと考えていた。テニエール（Tesnière, L.）は、少なくとも、否定はそれに先立つ思考の肯定作業がなされねばならないという主張において、ジクヴァルトの側に立っていただろう。「すべての否定はある肯定から発する。…ある文の内容を否定する前に、精神は、まず最初に、後で否認するために肯定しておかねばならぬ」（Tesnière 1959: 225）。

前提主義者のテーゼは、既に引用したパースなどによる百科事典の項目での説明（Baldwin 1928: 147）において最も明確に示されている。彼らの考え方は、最近の心理言語学の分野（第3章でのウェイソン（Wason）の「適正な否認の文脈」の議論を参照）や語用論の研究者による否定の捉え方に反映されている。例えば、デュクロ（Ducrot 1973: 119）は、次の（57）で、

(57)　Pierre n'est pas le cousin de Marie.（ピエールはマリーの従兄弟ではない）

もし誰もピエールがマリーの従兄弟であると、（57）に先だって主張していないのであれば奇妙に聞こえると指摘している。そのような文脈なしで、（57）が発話されると次のような言い返しが予想される。

(57')　Qui a jamais prétendu cela ?　（=Whoever claimed she was?）
　　　（誰がそうだと言ったんだい？）

同様にギボン（Givón 1978: 79–81; 1979: 103–4）は、（58）が談話開始の発話であれば、奇妙に聞こえると述べている。

(58)　Oh, my wife's not pregnant.（ああ、私の妻は妊娠していない）

(58)が奇妙なのは聞き手が次のようなことを想定していると期待できない時である。つまり、「妻が妊娠しているという見込みがあるということ、その話題が議論

<u>されている</u>ということ、さらにそれが<u>可能性として考慮されていた</u>ということなど」である［下線は原文のまま］。もし聞き手がこの想定をなし得ないのであれば、この聞き手は次のように言うだろうとギボンは指摘する（Givón 1979: 103）。

(58')　Wait a minute—was she supposed to be pregnant?
　　　　（待ってくれよ。奥さんは妊娠していると思われていたのかい？）
　　　　Hold it—I didn't know she was supposed to be pregnant.
　　　　（おい待てよ。僕は奥さんが妊娠していると思われているなんて知らなかったよ）

この(58)や、デュクロの(57)に対応する肯定の文ではそのような制限はない。

　ギボンは「肯定と否定は客観的でかつ文法的な対称性を持つ」という議論に対するガルシア（García 1975）の語用論的反論を引用している。「否定文は、拒絶されているが暗黙の肯定の立場から意味を伝達する。…現実のコミュニケーションという点では…、否定文は、先験的に、肯定よりはるかに価値の低いものである（García 1975: 8–9; Givón 1979: 111–12 から引用）。彼は、この主張を「前提性」という語に翻訳しようとした。しかし、否定文は肯定文よりも「もっと前提的である」、あるいは「前提的にもっと豊かである」ことを示そうとするギボンの試み（Givón 1979: 108 その他）は、彼の「前提」という術語の曖昧さにより、結局、失敗してしまう。彼は「厳密に論理的観点から、話し手は、〜 p を主張する際に p を前提としている（Givón 1978: 70; 1979: 92）」と述べている。しかしもっともなことだが、これはギボン自身にも「馬鹿げた結論である」と思えた。結局、彼は、形式論理は駄目であり、少なくとも自然言語の否定の振る舞いを記述するには全くふさわしくないと考えるようになった。

　ギボンのこの結論が正しいかどうかは別として、彼はほとんど自説擁護のための論拠を述べていない。これは前提についてのいかなる形式論理も（ギボンが引用した Keenan (1971) と Herzberger (1971) の理論を含め）、「〜 p は論理的に p を前提とする、つまり後者の真は前者が真か偽かであるための必要条件である」ということを認めていないからである。ストローソン派も、〜 p の真偽を問う問題が生じるためには p は真でなければならないということを進んで認めようとはしないだろう。スタルネイカーや、カルトゥーネン流の語用論的前提の概念（例えば、Stalnaker 1974 参照）もここではあまりうまく機能しない。p は、〜 p の発話の適切な必要条件となるとは言いがたいのである。しかし、別の種類の語用論的概念は確かに関与しているように思える。

　否定文というものは、「常に対応する肯定命題が真であることについて、聞き手

が信念を持っているということを、話し手が信じているという文脈」で使用されるというギボンの主張（1979: 108）は、前提性のテーゼに関する彼の元来の考え方をよく反映している。しかし、この主張は、このままでは強すぎて全面的に支持できるものではない。これは後に弱められ（もっともこの弱化は認識されていないが）、漠然としているかもしれないが擁護できる見解になった。それは「一般的に、否定は、対応する肯定が既に議論された文脈であるか、あるいは話し手が、対応する肯定［原文のまま］に対する聞き手の先入観、信念、熟知を想定できるような文脈で発話される」（1979: 139）というものである。しかし、ここでのギボンの前提の概念は、彼が明示的に引用した論理的、意味論的、あるいは形式語用論的な捉え方、つまりスタルネイカー–トマソン–カルトゥーネン型のアプローチというより、むしろプラーグ学派の「既知あるいは旧情報（GIVEN or OLD INFORMATION）」という概念（Firbas 1964, 1966; Kuno 1972; Prince 1981）により近い[59]。

発話行為としての否定

　ギボンは、否定は肯定より「より前提的」であり、否定文はその本質上「聞き手の信念の否認」（1979: 112）であると考えていた。この否定の原則は、彼の一般的な「否定発話行為（NEGATIVE SPEECH ACT）」の記述に組み込まれている。この「否定の発話行為」について語ることができるという考え方は、もう少し子細に検討してみる価値がある。

　ギボンの否定を発話行為とみなす見方は、古い非対称主義者の意見を反映している。「否定の叙述文は、対応する肯定文とは異なる発話行為を構成する。肯定文は、背景として聞き手の『無知』を想定し、そこに新情報を提供するために用いられる。否定文は、背景として聞き手の『誤謬』を想定し、この間違った信念を訂正するために用いられる」（Givón 1979: 139）。カントの議論と同じく、否定文は誤謬を避けるために機能し、ベルグソンの主張と同じく、否定文は決定的に主観的である。

　ストローソン（Strawson 1952: 7）は、否定を、彼が言うところの「除外機能」を明示化するための手段であると考えている。つまり、「先行の主張を否認したり、可能な誤った印象を訂正したり、予想され、恐れられ、暗示され、あるいは望まれていたものと現実との対比を表現したいと思う時に」用いられる手段という意味である。また、「『ない』の標準的で主要な使い方は、自分自身や他人の発言の示唆するところを否認したり、訂正したり、取り消したりすることである」とも述べている[60]。ストローソンやギボンが考えていただろう等式は、アポステルによって明示的に示されている（Apostel 1972a: 273）。

(59)　　He is not poor = I deny that he is poor.[61]

（彼は貧しくない＝彼が貧しいということを私は否認する）

しかし、否定の発話行為という特別の発話行為があり、否定は常に、あるいは一般的に話者の否認と同じであるという考え方には無理がある。実際、否定は（偽に還元できないのと同じく）否認に還元することはできないと最初に指摘したのはフレーゲである。しかし、確かに、断定と否認という 2 つの概念、あるいは行為には真理条件的関係が存在する。それは「文 **p** がまちがいなく断定されてよい時、対応する否定文 not-**p** も、まちがいなく否認されてよい。また、その逆も成立する」（Frege 1919: 129）というものである[62]。

フレーゲの考えでは、我々はその中にたまたま 'not' を含む内容部分と、通常の判断、あるいは断定の融合したものを持っているだけであるから、否定そのものは「キメラのような奇怪なもの」と見えていたようである。断定はフレーゲの表記では├ A となる。縦棒は判断（JUDGMENT）、横棒は内容（CONTENT）を示す。内容部分は断定を受けない場合には「単なる概念（ideas）の複合」を表し、これは否定を含んでも含まなくてもよい（Frege 1919: 130ff.）。否定は確かに断定を受けない文脈に現れることができるとフレーゲは指摘する。断定を受けない文脈とは、条件文の前件などである。例えば、下の(60)の文の否定節に直接あてはまるような話者の否認というものは存在しない。

(60) a. If Paris is not the capital of France, my itinerary is in trouble.
　　　　（もしパリがフランスの首都でないなら、私の旅程は困ったことになる）

　　 b. Either he isn't going to the opera tonight or he's going to miss the first act.
　　　　（彼は今晩オペラを見に行かないか、あるいは第一幕を見逃すかどっちかだ）

同様に、我々は否定命題を心に思い浮かべたり、報告したりできる。例えば、フェルマーの最終定理は真ではないという否定命題を、その肯定命題を拒絶しないでも心で考えたり、他人に報告できるのである。

発話行為理論の中では、サールはフレーゲが否定した立場を守ろうとしている。彼の見解（Searle 1969: 32）では、「発話内否定（ILLOCUTIONARY NEGATION）」である ～ **F** (**p**) は「命題否定（PROPOSITIONAL NEGATION）」の **F** (～ **p**) と対立していると捉えている。ここで、**F** は発話内の力を示し、**p** は命題内容である。**F** を「約束」という発話行為、**Pr** としよう。そうすると ～ **Pr** (**p**) は、例えば「私は来ることを約束しない」、つまり「約束行為の拒否」と読むことができる。**Pr** (～ **p**) は、例えば、「来ないことを約束する」となり、これは「否定的内容の約束行為」を示す。

　ギボンやストローソンとは異なり、サールの方式はすべての否定を否認的発話行為に還元するものではないとすると、それでは発話内否定というものが本当に成立するのか、もしそうであるならどのような性格を持つのかということが問題となる。これらの問題は議論の錯綜を生み出した。スローマン（Sloman 1969: 58ff.）の主張では、〜$\mathbf{F(p)}$ に対応する行為を遂行する者は、$\mathbf{F(p)}$ とは関連はあるものの異なる発話行為を遂行しているという。なぜなら、〜$\mathbf{F(p)}$ の対応行為とは $\mathbf{F}$ に関連する「かかわり」が一時的にせよ拒絶されているからである。ヘア（Hare 1970: 12）は、断定を含むほとんどすべての発話行為は2つの方式で否定されるとする。2つの方式とは、「外部的」（サールの発話内否定）と「内部的」（命題否定）である。これが平叙文に適用されると、例えば、「その猫はマットの上にいる」は、「その猫はマットの上にいない」という内部否定と、「その猫はマットの上にいると私は言わない、その猫はマットの上にいないかもしれない」という外部否定を作り得る。フレーゲの表記を使うなら、前者は $\vdash(\sim \mathbf{p})$、そして後者は（フレーゲには抵触するが）〜$\vdash(\mathbf{p})$ となる。

　ガーナー（Garner 1970）はヘアに反し、「発話行為の外部否定という考えそのものがおかしい」と批判する。例えば「この橋の開通を宣言する」、「諸君に歓迎の意を表する」などの外部否定とはどのようなものになるのか。仮に外部否定を考えることができるとして、それは発話行為に対してではなく、文にのみかかるものである。スローマンに反して、「拒絶」は確かに発話行為を構成するとしても、「約束の拒絶」は「走ることの拒絶」が走るという行為の修正ではないと同様、約束行為の修正や変形ではない（Garner 1970: 110）。

　パットン（Patton 1968: 231）は、命題内容に対して否定を外部的に見るという点でフレーゲと反対の立場にたち、「発話内否定」の提唱者の側に位置する。「否定文は疑問文や命令文と同様、その源にある文（source）とは内容において異なるのではなく、同一の内容を含む言語的措置の違いという点で意味的に異なるのである」と述べている。

　アポステル（Apostel 1972a）もこれに関連する立場を取っている。否定と肯定の命題は、フレーゲ流に内容において異なるとする。ところがどちらの命題のタイプも、話者によって断定、否認することができる。非対称性はこの後者の区別において生じる。つまり否認する場合は断定を否認し、かつ否認を断定するが、断定をする場合には事実として何も否認することはない。従って、（命題的属性としての）肯定と否定は対称的であるが、（発話行為の属性としての）肯定と否認は対称的ではない。

　「言語的措置」として否定を見る全く異なる対称主義的見解がトムズ（Toms 1972）によって示されている。彼の見解では、否定は肯定の『源』に操作を施して

出てくるようなものではなく、否定と肯定の両命題は、それ自身としては肯定でも否定でもない基本存在に別々の操作を加えてできるとする。肯定の「ユニコーンがいる」と否定の「ユニコーンはいない」は、共通の基礎から派生してはいるが、否定が肯定から直接的に出てくるのではない。「否定事実は反対の肯定事実に関係するのではなく、肯定及び否定事実とは区別される普遍要素に関係するのである」(Toms 1972: 12)。我々はこのような考え方の起源をヘーゲルの弁証法に求めることができる (Hegel [1812–16]1929: 66 参照)。そこでは＋Aでも−Aでもない、対立の両極とは異なる第三の項Aの存在が強く示唆されている。

対称主義者の反撃

　本節は幾分長くなりすぎたようである。本節の締めくくりとして、今世紀になって「肯定を前提とする否定」、「話者の否認としての否定」というような非対称主義的立場に向けられた対称主義からの反論をまとめて述べることにする。フレーゲが否定言明を否認や拒絶の発話行為と翻訳しなおすことに強力に反対したことは既に触れた。彼はまた、「否定的思考は肯定的思考より有益性において劣る」というような見解にも執拗な攻撃を加えた。アリストテレスでさえもフレーゲが攻撃対象とした認識論的非対称主義の立場を取っていたと解されるかもしれない。

　このフレーゲの先導に従って、論理実証主義者たちは観念論者の橋頭保に攻撃をかけた。『論理哲学論考』時代のウィトゲンシュタインには、前提性は両刃の剣のようなものであった。「肯定命題は必然的に否定命題の存在を前提にし、その逆もまた成立する」(Wittgenstein 1922: §5.5151)。パースや新ヘーゲル学派は、否定というものは常に「それとなく暗示された」判断、「試みられた」判断に対して向けられるものであるという見解を示し、否定の推定的談話前提性という考え方を支持していた。同様に、ストローソン、デュクロ、ギボンは「否定的発話行為」の適切さに要請される文脈という観点から、この否定の捉え方を支持していた。ところがエアーはこのよく均整のとれた疑似プラーグ学派的な否定の取り扱いにも異議を唱え、自分の立場を明確にした。

　エアーの主張(Ayer [1952]1963: 39)はそのまま引用するだけの価値がある。

> 誰かが雨が降っていないと主張したとして、我々はここから雨が降っているということをその話し手がそれ以前に想像していたとか、あるいは他の誰かがそうほのめかしていたとかを推論する充分な資格を持つわけではない。これは誰かが雨が降っていると主張しても、そこから我々が、その話し手がそれ以前に雨が降っていないと想像していたとか、他の誰かがそうほのめかしていたと推論できないのと全く同じである。否定の表現形態が非常にしばしば先行する示

唆を否認するために用いられるのは本当であり、これが最も普通の否定の使い方であるかもしれない。しかしながら、この事実の関心はどのようなものであれ、それは言明の異なるタイプの間の適切な区別の理由とはなり得ない。

エアーはさらに認識論的な非対称主義者たちの「否定は価値が少ない」、あるいは「否定は価値がない」という主張に挑み続ける。「『地中海は青い』という言明が地中海の記述であると同様に『大西洋は青くない』という言明はどうして大西洋の記述であると言えないのだろうか」。彼はフレーゲとは違い、否定文は情報的には肯定文より劣るということを認めている。彼は同時に（スピノザの例の一文と同じくらいよく引用される文で）次のようにも述べている。「ある記述が相対的に情報価値が低いと言うことは、それが全く記述になっていないと言うこととは違うのだ」（Ayer［1952］1963: 47）[63]。

肯定と否定とは「両刃の剣であって、どちらも他方を含んでいる」という認識にボーザンケトが導かれたように（Bosanquet［1888］1911: 281）、エアーは「そうではないものについて語ること自体、それがそうであると語る1つの方法なのである。反対に、そうであるものについて語ることは、それ自体そうでないものについて語ることなのである」と述べている（Ayer［1952］1963: 48）。否定は規定（determination）であるが、しかし同時に肯定もそうなのである。

キッシンは対称主義、非対称主義のどちらにもきっちりあてはまらず、どちらかというと穏やかな対称主義者といえるだろう。彼はフレーゲやギーチに反し、すべての否定言明が「否定の断定あるいは主張」に還元できるわけではないと主張する（Kissin 1969）。彼によれば、命題 p の否認や拒絶は単に $\vdash(\sim p)$ では表現できず、ルカシェビッツの意見と同様に、「否認ないし拒絶を示すために断定ないし主張を示す記号と同一のレベルに設定された独自の記号、$\dashv$ が必要である」と言う。彼の論点は、否認や拒絶は断定ないし主張と同じ地位を持つ行為であり、断定や主張に還元できないというものである（Kissin 1969: 147）。

上の主張と同時に、キッシンは「言明は否定文を直接的に使って作られているならば、そしてその場合に限り、否認ないし拒絶である」とする強い非対称主義にも反対する。彼の見解では、せいぜい我々が言えることは、「人が否定文を直接的に使っている場合、典型的あるいは標準的に彼がなしている行為は、あるものの否認ないし拒絶である」（Kissin 1969: 149 下線は著者）ということになる。この弱い対称主義的見方はキッシンが次のことを認識したことでより力を得る。それは、ある所与の否定文（あるいは肯定文）は文脈や話し手の意図などによってさまざまに使うことができるということである。例えば、「彼はとどまる」と「彼は立ち去らない」とは同じ否認を作り出す平行的文例であり、また、「テーブルの上に何もない」と

いう否定文は、断定を否認するか、あるいは(否定的)事実を断定するために用いられると指摘する。要するに、キッシンはヘア (Hare 1970) と並び、否定言明のあるものは「発話内否定」を表すが、決してすべての否定がそういうわけではないと主張しているのである。

　「命題内容についての内部的否定」という純粋なフレーゲ的路線はギーチ (Geach [1972]1980: 260) によって継承されている。彼は、「論理は、断定記号に対極的に対立するのではなく、そして否定されていることの拒絶を表すのではない否定記号の使用を要請している。そして、命題が否定される時には、これは命題の否定を断定していると理解してよい」と述べている。彼はルカシェビッツの提案する、否定に記号 ⊣ をあてはめる方式を「無益な複雑化」として退け、フレーゲの断定記号と命題否定をもってこと足れりとする。これはフレーゲの警句「これ以上のものはすべて悪なり」(Frege 1919: 125)を反映しているのである。

　既にみたように、否定言明を否認の発話行為(あるいは精神的行為)とみなす方式は、必然的に次のような主張に到達する。すなわち、(61a) と (61b) は論理的に同等で、かつ(あるいは)情報伝達に関して互換性があるというものである。

(61) a.　not-**p**　(It is not the case that **p**.) (**p** でない(**p** ということではない))

　　 b.　I deny that **p**. (**p** ということを私は否認する)

アポステル (Apostel 1972a: 273) は、例えば「彼は貧しくない」と「彼が貧しいということを私は否認する」との同等性を示しているが、他の学者たち(ベルグソン、ギボン)も同じ見解を支持していたようである。しかし、ゲイル (Gale 1970: 201ff.; 1976: 59) はこれに対し効果的な反撃を加えている。エアーが述べたように、否定によって述べられた言明は、誰かによってなされたはずであるとか、あるいはなされたと心に描かれていたはずであるとするのは明らかに真ではない。さらに肯定言明も、(ラッセルでさえ認めたように)他の人の断定を否認するように使われるのであるから、(61a) と (61b) が一般的に同等であるとは認め難いのである。もしそのような同等性が存在するのなら、どのような命題 **p** についても、排中律 **p** ∨ 〜 **p** を使うと、(62b) も (62a) 同様、必然的に真となるはずである。

(62) a.　Either it is not the case that **p** or [it is not the case that it is not the case that] **p**.
　　　　(**p** ということではないか、あるいは **p** である [＝ **p** ということではないということではない])

　　 b.　Either I deny that **p** or I deny that $\begin{cases} \text{I deny that } \mathbf{p}. \\ \text{not-}\mathbf{p}. \end{cases}$

$$（\mathbf{p} \text{ということを私は否認するか、あるいは} \begin{cases} \mathbf{p} \text{ということを否認すること} \\ \mathbf{p} \text{でないこと} \end{cases}$$
$$\text{を否認する）}$$

ところがゲイルが指摘するように、(62a) は必然的に真が成立するが (62b) は成立しない。また、$\mathbf{p}$ が偽であることが (61a) からは出てくるが (61b) からは出てこない。なぜなら、真の言明であっても否認することは全くかまわないからである。このゲイルの分かりやすい意見に加え、私も一言補足しておく。(61b) の遂行的性質は［遂行性を明示する］標準的関連語 hereby によっても明らかであるが、(61a) ではそうならない。つまり (61a) は明らかに本質的に非遂行的なのである。

(62')a. *Hereby not-$\mathbf{p}$. (*It is hereby not the case that $\mathbf{p}$.)
　　　　（*ここにおいて $\mathbf{p}$ でない、*$\mathbf{p}$ ということはここにおいてない）
　　b. I hereby deny that $\mathbf{p}$. （ここにおいて $\mathbf{p}$ ということを私は否認する）

　対称主義陣営からの最終的攻撃は、彼らの現在の中心ともいえるピーター・ギーチによって実行された。彼は否定を偽とみる立場に攻撃を加えた後、肯定優位主義者の見解に攻撃の目標を定めた。そして彼の第一撃は今、上で引用したもので始まった。ギーチの意見は基本的に、否定言明や否定文ではなく否定述語に関するものであるが、彼の論点は適切である。

　　字句の上で述語の否定は確かに述語自身よりも複雑ではある。これは not が付加されるからである。これが人々に否定述語の理解は肯定述語の理解以上のなにものかを含む、つまり否定の理解というものがあると考えさせてきたのである。…しかし、「男性でない」という表現の理解は、「男性」という表現の理解とせいぜい同じような複雑さでしかない。それらの表現は分割不可能な一体となったものである。…もちろん実際、(肯定)述語もその否定(述語)よりも規定的ではない。一方は他方と同じ正確さで規定されているのである。
　　　　　　　　　　　　　　　　　　　　　　　　　　（Geach 1972: 78–79）

ギーチは否定述語の対称性の議論をすすめるために、「男性」、「男性でない」という対を選んだが、彼はこれを非常に周到に選んでいる。これは観念論者が（選言集合の範囲での除外という）非対称主義的路線を擁護するために実に都合のよい「Xが黒ではない」というような色の述語を準備したのと同じ周到さである。
　とにかく、ギーチは前提性のテーゼにも同様に攻撃をかけている。「我々は次の見解を強く拒絶しなければならない。その見解とは、否定述語は肯定述語によって

裏付けされていなければならず、我々が **P** を否定できるのは、**P** と両立しない肯定形のある述語 **Q** を述べることができる場合のみである、というものである」。

　ギーチが上の引用でも認めているように、否定が肯定を前提とする（が、その反対ではない）という非対称主義的考え方において、（しばしば暗黙の内に認められている）議論は論理的、言語構造的な考察に基づいている。通常、肯定命題はある論理定項の記号（～とその仲間）を付け加えられて否定命題になるのであるし、一般的に、自然言語の肯定文は、否定辞や否定形態素を付け加えることで否定文になるのである。このことから多くの人は（聖トマスもそうだったのだが）肯定あるいは断定は、否定よりも論理的、存在論的により基本的であると考えたのである。私はこの否定の非対称論争に少し後で戻ることにする。特に、否定言明の相対的な形態的複雑さから、いわゆる否定の論理的、あるいは心理的複雑さへの飛躍の問題については第 3 章でより詳しく検討することにする。しかし、とりあえず次節ではこの問題をより広い哲学的、心理学的、文化的視点から捉えてみることにする。

1.3　否定　西・東

> 「世界」と呼ばれ得るいかなるものも、矛盾命題のすべての対のうち一方、あるいは他方がそれにあてはまる、つまり、それについて真となるようなものであり、かつそれについて成立するすべての命題が相互に整合している、そのようなものでなければならない。　　　　　　　　　　（C. I. Lewis 1946: 56）

> 私は自己矛盾したことを言っているかって？
> そうか、よろしい、それでは私は自己矛盾したことを言っているのだ。
> （私は大きく、私の中に多くのものがいる。）　　（Walt Whitman「私自身の歌」）

1.3.1　矛盾律と「東洋の精神」

　アリストテレス論理学の基本原理とは、矛盾律（LC）、排中律（LEM）、同一律であり、これは伝統的に「敬虔な受容」の対象となってきた。ヘーゲル派の哲学はしばしばこの受容に異議を唱えたものとして引き合いに出されてきた（Burtt 1955: 211）。一方古典インド哲学は、これらの法則を放棄した（Staal 1962: 52）として非難され（あるいは逆に評価され）てきた。「東洋の精神はこれらの原理に隷属することが致命的であると（中略）知っていた」（Burtt 1955: 202）。

　矛盾律と排中律の束縛からのがれる第一の道具は、歴史的に「四句」（catuṣkoti）というもので、これは「テトラレンマ（TETRALEMMA）」（Robinson 1956）とも「四句否定原理」（PRINCIPLE OF FOUR- CORNERED（or FOURFOLD）NEGATION;

L4CN）（Raju 1954: Burt 1955）とも言われる。この原理は仏陀以前の論理学者サンジャヤ（Sanjaya 紀元前 6 世紀以降）に起源を求めることができるが、仏陀とその弟子たちによって（少なくともある目的のために）素早く吸収されたようだ。「四句」とは、ある存在 P、あるいはある集合 P と関連するどのような主語 S でも残らず記述するとされる 4 つの命題のことである。

(63) a. **S** is **P**.　（**S** は **P** である）

　　 b. **S** is not-**P**.　（**S** は非 **P** である）

　　 c. **S** is both **P** and not-**P**.　（**S** は **P** であり、かつ非 **P** でもある）

　　 d. **S** is neither **P** nor not-**P**.　（**S** は **P** でもなく非 **P** でもない）

　そこからどんな物の評価についても 4 つの可能な質問が存在することになる。「それは善であるか？」、「それは不善であるか？」、「それは善でありかつ不善であるか？」、「それは善でもなく不善でもないか？」　四句否定原理とは、(63) にあげたこれら 4 つの命題すべてを拒絶するもので、可能な評価に関する 4 つの質問のすべてに否定的答えを与えるものである。従って、この原理によれば、次の(64)にあげた 4 つの命題はすべて否定されなければならない（Burtt 1955: 203）。

(64) a. Nirvana is (some form of) being.（涅槃は（ある種の）存在である）

　　 b. Nirvana is (some form of) nonbeing.（涅槃は（ある種の）非存在である）

　　 c. Nirvana is both being and nonbeing.（涅槃は存在であり、かつ非存在である）

　　 d. Nirvana is neither being nor nonbeing.（涅槃は存在でも非存在でもない）

同様に、仏教者にとって、実在性というものは「存在」でも、「非存在」でもなく、「存在であり、かつ非存在である」のでもなく、「存在でも非存在でもない」のでもない（Raju 1954: 702）。

　ここで我々が考えているのは、いわば「聖人」かどうかを試す形而上的選択問題のようなものである。抽象化して考えれば、次の(65)のようになる。

(65) a. **S** is **P**　（**S** は **P** である）

　　 b. **S** is not-**P**　（**S** は非 **P** である）

　　 c. both (a) and (b)　（(a)かつ(b)である）

　　 d. neither (a) nor (b)　（(a)でも(b)でもない）

この問いかけでの鍵は、優秀な候補者であれば、(e)「以上のいずれでもない」を

選択するだろうと想定している点である（もっと正確に言うならば、その候補者は彼の答案用紙を出すこと自体を拒むというところであろう）。

　四句否定原理の意義を見定める上で問題となるのは、上の 4 つの命題の各々が何を一体述べているのかを理解し、決定するという点である。明らかに古代インドの論理学では矛盾否定と反対否定とを区別していなかった。それでは (63) の各命題をどのように表記し、またそれら 4 命題の連結否定をどのように表現すればよいのだろうか。1 つの可能性は (63) の 4 つの命題はすべて、矛盾否定を基に構成されていると見る見方である（Robinson 1956: 303）。これによる表記は (66) に示されている。

(66) a. **Pa**

　　 b. **-Pa**

　　 c. **Pa** ∧ **-Pa**

　　 d. **-Pa** ∧ **- (-Pa)**

この解釈では、第三命題は矛盾律の直接的拒否ということになる。第四命題は同様に排中律の拒否である ［訳者注：(66d) は **- (Pa** ∨ **-Pa)** から導ける］。四句否定原理に従って、これら 4 つのすべての命題の連結否定を想定すると、次の (66') のようになるだろう。

(66') **-Pa** ∧ **- (-Pa)** ∧ **- (Pa** ∧ **-Pa)** ∧ **- (-Pa** ∧ **- (-Pa))**

　インド哲学の文献で主語名辞に広い範囲のものを認めていることを考えると、もう 1 つ別の読みの方がもっと忠実な解釈かもしれない。これによれば、最後の 3 つの命題に現れる **not-P** という形式はアリストテレスの反対否定（述語名辞否定）にあたる。（上の「涅槃」の例や類似の例をみれば、(63b) は (63a) の矛盾とはみなされないことがわかる。）そうすると我々は (67) のような表示を得るが、ここでは **P̄** は **P** の強い反対関係にある（1.1.5 項参照）。

(67) a. **Pa**

　　 b. **P̄a**

　　 c. **Pa** ∧ **P̄a**

　　 d. **-Pa** ∧ **-P̄a**

(67d) は排中律の拒否にならないが、これは例えば、「ソクラテスは健康でもないし不健康でもない」、「2 は赤でもないし非赤でもない」は排中律違反にならないと

アリストテレスが主張するのと同じである。なぜなら、相関的な否認の項になっている (67a) と (67b) は矛盾ではなく反対関係にあるからである。(第三命題は矛盾律を拒否しなければ設定できない。なぜなら、矛盾律は矛盾関係のみならず反対関係にも働くからである。)

　四句否定によるこれら 4 つの命題すべての連結否定は (67') として表現されている。

(67')　$-Pa \wedge -\bar{P}a \wedge - (Pa \wedge \bar{P}a) \wedge - (-Pa \wedge -\bar{P}a)$

しかしながら、ここで再び西洋の(そして後で見るように東洋の)論理学の基本的道標が霧の中で見えなくなるのである。　もし S が P でなく、かつ not-P でもないのなら、当然 P かつ not-P などではないことになる(これは矛盾律からもそうなる)。しかしそうすると、P でも not-P でもないことがどうして言えないのだろうか。いま我々は P でも not-P でもないと言ったところではないのか？　四句の否定原理を受け入れると、同時に排中律も矛盾律も認めないことになってしまいそうである。なぜなら 2 つの矛盾関係、つまり ($-Pa \wedge -\bar{P}a$) と $- (-Pa \wedge -\bar{P}a)$ が同時に否認され、承認されてもいるからである。

　この四句の否定の体系を受け入れるということは、「論理的に一貫した厳密な思考を軽視することになるのではないか」とか、「論理というものを愚弄することにつながらないだろうか」という懸念(Burtt 1955: 205)も表明されている。これに対する答えは、「そうとも言えるし、そうでもなさそう」というところだろう。アリストテレスが矛盾律を認めない人々のことを「野菜」と軽蔑したように、仏教者もサンジャヤと彼の弟子たちを「鰻のようにぬらりくらりした議論をする人々」と皮肉っている。彼らはサンジャヤたちを「賛成、反対のどちらにも立場を決めず、どんな意見でも批判はするが、だからといって自分たちの見解は持たない。だから彼らと議論することは難しい」と述べている(Raju 1954: 695)。確かにサンジャヤは、アリストテレスが懐疑論者の止むを得ぬ最後の逃げ場と述べた永い沈黙に陥ることがしばしばあったのである。

　しかし、知られているように、仏教の伝統でもこの四句否定の原理を少なくとも一回は適用しているのである。それは涅槃や実在をめぐる超越的な命題に関するものである。『阿含経』中部経典 63 (*Majjima-Nikāya*, Sūtta 63) において、「徳性の涵養につながらない質問」という表題のところに、マルンキャプッタという人の話が出て来る。彼は、仏陀が「聖人は死後も存在する、存在しない、死後存在し、かつ存在しない、死後存在するのでも存在しないのでもない」という議論のすべてが成立しない、と述べている点に異議を唱えた(Warren 1896: 117–22)。仏陀の説くと

ころは、確かに四句否定の原理の明らかな適用例である。マルンキャプッタは、このパラドックスを聖なる人［仏陀］が説明しないかぎり、自分は修行を放棄すると仏陀に迫る。仏陀は、限りある人生ではそのような問題の解明には足りないのだと論している。

　他の所で聖なる人［仏陀］は別の弟子に、聖人は死後も存在するかどうかの議論に陥ることを戒めている。仏陀は、このような議論は「密林、荒れ野、操り人形の芝居、苦しみ、足かせであり、悲惨、破滅、絶望、苦悩と隣り合わせのものであり、決して安らぎ、知識、智恵、そして涅槃に向かうものではない」と警告している（『阿含経』中部経典 72、Warren 1896: 124 の引用）。これは排中律を廃止しようとする強硬な意見などでは決してない。そうすると「聖人は輪廻する、輪廻しない、輪廻するしかつ輪廻しない、輪廻するでもしないのでもない」とは言えないということなのだろう。では一体何が言えるのだろうか？

　考えてみる価値があることは、四句の否定とは、可能性の 4 項交替や選言を否定する命題であるとか、4 つの否定の論理的に等価な連言（(66') (67') のような）などではなく、4 つの見方のどれが真であるかということにこだわりを持たないようにしようとする賢人の表現であるのかもしれないということだ。仏陀は p、$-p$、$-(p \wedge -p)$、$-p \wedge -(-p)$ のどれが適切なのかを「解明する」ことから自らを遠ざけたのではないだろうか。「なぜなら、そのような議論は何も益するものがないからである。」これらの命題のいかなるものも成立しないということは、決してそれらが偽（あるいは矛盾）であると主張するのではないのである。バート（Burtt 1955: 203）らが述べたように、古代インド哲学における論理学では、いかにして正しい知識が獲得されるかということに関心が向けられ、命題は「認識行為」と見なされていたのである。四句のどの選択枝も、既知のこと、知られ得ることに根拠を置いているのではなく、従って、断定したり、説明したりできるような性質のものではないということなのである[64]。

　さて四句否定原理の創始者とも目されるサンジャヤが、実はインド哲学の偉大なる懐疑論者として知られていることは驚くにあたらない。彼はギリシア哲学の懐疑学派の祖ピュロンにも比較され得るだろう。ピュロンは「いかなる対象についての知識も、単に定かではないだけでなく、そのような知識について定かではないこと自体もまた定かでないのだ」（Raju 1954: 695）と述べることを好んだ。真の懐疑論者たちにはムーアのパラドックスも、認識論パラドックス（Hintikka 1962 参照）も恐るに足らないようである。

　東洋の精神が矛盾律と排中律を放棄し、先の四句否定の原理を採用したという見方は（西洋の精神には）興味をそそるところがあった。バートは矛盾に対するインドの好みについて社会学的説明を与えた。彼によれば、（不可解でないにせよ）寛容で

知的に洗練された東洋人にとっては、アリストテレスに排中律、矛盾律をとらしめた危険というのは既に克服されている、という。西洋の論理学者は教義上の枝葉末節や希望的観測とかいうものと闘わねばならないが、東洋の論理学者は、「私も大丈夫、貴方も大丈夫」というような鷹揚な態度をとれるのである。最近の西洋の改革派であるコルツィプスキ（Korzybski）やハヤカワ（Hayakawa）、そして彼らの一般意味論の弟子たち[65]、さらにハジ・ロス（Haj Ross）と彼の「象理論的言語学」も同じようなポーズをとっているような印象を与える[66]。

　ところで、矛盾律を放棄することが問題とならないように見える少なくとも２つの観点が存在することにも注意しておこう。１つは既に言及した認識論的考察であるが、その他に、解釈の文脈（事情）が、論理的原理の適用を決定する際に重要な役割を演じているということからの観点がある。もし解釈において事情が一定していないのであれば、話はすべて違って来る。アリストテレス自身はこのことをよく認識していた。彼は、「ソフィストたち」（その数は今も増え続けているようだが）に対する議論で、彼が「慣習的資格」と呼んだ条件を伴って矛盾律を規定している。それはすなわち、「同じ者が同時に、そしてまた同じ事情のもとで、同じものに属し、かつ属さないということは不可能である（なお、その他の条件を用語上の不備を防ぐために付加する必要があれば付加してもよい）」というものである（『形而上学』1005b20–29、Dancy 1975: 156 版による）。

　ジャイナ教でも、S is P と S is not-P が観点が異なれば両方とも真であり得ると述べる際には、同様の「補足」を付記している（Raju 1954: 698–701; Burtt 1955: 204–5）。ジャイナ教の「条件的真」や「観点に相対的な真」という考え方によれば、先に述べた四句の否定原理（63a-d）も、矛盾律に違反することなく肯定され、否認もされ得るのである。同じ理由から、我々は「私は幸せである、かつ（それでも）幸せではない」、「そうであり、かつそうでない」、「諾かつ否」とか言ってよいことになる（Strawson 1952: 7 に、「君は楽しかったかい？」、「まあ、そうだったし、そうでもなかった」という会話例が紹介されている）。アリストテレスや、彼が対立したソフィストたちの著作を読んで分かる限りでは、このような解釈の可能性は、矛盾律の古典的規定で述べている「評価の事情が一定に保たれていない場合」のことであることが分かる。

　このように考えて行くと、有名な「非合理主義」論理学者である竜樹（ナーガールジュナ、２世紀頃）が、一方で四句否定原理を進んで認めていながら（Robinson 1956: 303）、明確に、また暗示的に矛盾律（そして排中律）を支持しているのも驚くにあたらないのである。「ある実体とその実体の否定は、１つのまとまりの中に生じることはあり得ない。もしそうなら、人は永遠に生きられ、かつ同時に寿命がある（非 - 永遠）ことになるが、これは許されない」（Robinson 1956: 295）。以上で分か

るように、A と not-A の両立を許さない、いわゆる矛盾律は経験論的、論理的レベルでの基本原則であり、超越的、直観的領域では、矛盾律は効力停止状態にあるということになる (Sharma 1970: 126)。パーニニ学派のパリブハーサー (*paribhāṣā*) というメタ言語的規則は、命題の矛盾律の一形態、すなわち -($\mathbf{p} \wedge -\mathbf{p}$) を設定している (Staal 1962: 56)。

　2 世紀頃のニヤーヤ学派の主流では、矛盾律と排中律は(密接に関連した二重否定律も含めて)断続的に取り入れられたり、また捨てられたりした。スリダーラ (Sridhāra) は議論の中ではっきりとこれらの原理について述べている (Randle 1930: 212)。そして 10 世紀までに、矛盾律はインド論理学と文法の中に広く受け入れられている (Staal 1962: 58)。ウダヤナ (Udayana) の矛盾律の規定(10 世紀)は非常にアリストテレス的である。彼は「2 つのものが対立する場合には、同一の類のなかで両者が共に生起することはない」と述べている (Staal 1962: 68)。

　シャルマ (Sharma 1970: 59) は、この 3000 年のインド形而上学における二重否定の中心的役割を深く探求している。涅槃、あるいは解脱とは苦の完全な除去であり、否定の否定なのである。もし暴力(ヒンサー：hiṃsā)が「愛、同情、平安の欠如」であるなら、アヒンサー (ahiṃsā)、すなわちウパニシャッド(紀元前 700 年以降)からガンジーへと受け継がれた宗教的、社会的実践を伴う積極的非暴力主義は、「この欠如が欠如する」という意味で「二重の否定」と言えるのである。

　初期仏教論理学では、すべての名辞や命題は否定の否定として定義可能であるとされていた。ダルマキールティ (Dharmakīrti) が述べたように「肯定することは否定の否認である」(Sharma 1970: 60, 111)。後期ニヤーヤ学派の著作では、二重否定律は公式に重要なものとされている。その法則は「ある壷の無いことの無いこととは、壷のあることと同一である」というように例示される (Ingalls 1951: 68)。同様に三重の「無いこと(＝欠如)」は　(単純に)「無いこと」に等しいとされている。

　このアプローチはシャンカラ (Śaṅkara 1600 年頃)と彼の同調者の反対にもかかわらず勢力を広めていった (Raju 1954)。二重否定律の簡略化された定式が、名前の知られていない初期の文法的注釈にも現れている (Staal 1962: 65 に引用されたもの)。それは「2 つの否定要素があれば元の意味になる」というものである[67]。

　否定の分析は、インド論理学の諸学派の発展において中心的役割を果たした。一般的なアプローチは、西洋の諸学派の中の、穏健な非対称主義者の見解に近いものである。まず第一に否定は根本的なものであり、その本質的機能は状態変化の過程を規定するものであるとしても、決して棚上げし、無視してしまうことのできないものであるとしていることである。ゴータマ (Gautama：ニヤーヤ学派の開祖)が『ニヤーヤ・スートラ』(2 世紀)で指摘しているように、「『生じる』という概念は、『いまだしからず』(発生前の非存在)と『もはやあらず』(発生後の非存在)という両

概念無くしては考えることはできない」（Randle 1930: 330での引用）と述べている。

　ニヤーヤとヴァイシェーシカ学派の伝統では、アブハーバ（ABHĀVA）と呼ばれる「欠如」あるいは「非存在」という否定的属性は、「存在」［訳者注：これはブハーバ（bhāva）と呼ばれる］そのものと同じに実体的なものである。肯定も否定も「主張」においては直接的に表出され、また「推論」においては間接的に表出されると考えていたようである（Matilal 1968: 90ff.）。このフレーゲの先駆にも思えるニヤーヤ学派の原理では、否定要素は客観的実体の一部であった。従って、言語的否定は心理的否認行為には還元されなかったのである（Matilal 1968: 93）。

　しかしながら、ニヤーヤとヴァイシェーシカ学派の論理学では、この「非存在（abhāva）」に2種類あることを認めていた。この区別は「そのライオンは象ではない」、「その壺は青ではない」の対比に認められるもので、最初の例での非存在は「相互的欠如（MUTUAL ABSENCE）」と呼ばれ、**x ≠ y** という同一性否定に他ならない。また2つ目の例は「関係的欠如（RELATIONAL（or ATTRIBUTIVE）ABSENCE）」と呼ばれ、これは **-Fa** で表現される。

　西洋の古典的二分法である矛盾／反対否定、名辞／命題否定と同様なものは、インド論理学の諸学派に見いだすことができない。しかし、後にスピノザ、カント、ヘーゲル及び観念論者たちによって広められた有意味／無意味否定の区別の先取りをするような議論がここには見られる。すなわち、否定はそれが肯定の対応物（PRATIYOGIN）をもつ場合にのみ実体的である。相互的欠如は（プラトン風に）差異とか他性に還元され得るが、一方関係的欠如の方は、観念論者の有意味否定と同じく、必然的に「思い込みと（それがはずれたことによる）欲求不満、予想と（それがはずれたことによる）失望」を伴う（Raju 1941: 600）。

　西暦500年頃、仏教論理学はニヤーヤとヴァイシェーシカ学派の関係的否定へ接近したとシャルマ（Sharma 1970: 118）は述べている。これを読んでも我々は別段驚くこともない。この関係的否定とは、「その本はテーブルの上にない」という判断は「その本はテーブルの上にある」という判断を前提にしているというものであり、すべての欠如（非存在）はそれに先行する予想上の存在を前提としているということである（Sharma 1970: 23）。我々はここに至って再び、すべての判断は等しく実体があるが、他の判断よりも一層実体的である判断も存在するという捉え方に戻ってきたのである。

　確かに、否定判断はどのように可能なのか、あるものが当該の対象ではないとどのように知ることができるのか、否定に対する肯定的背景とは何か、というような否定判断のパラドックスによって呼び覚まされる諸問題は、西洋においてそうであったように（1.2節）、インドの論理学諸派においても同様の論争を引き起こしている。（否定に関する東洋と西洋の捉え方の比較の的を射た要約は、Matilal 1968、

特にその第 11 章を参照されたい。）

　ゴータマの『ニヤーヤ・スートラ』第二編 2.8 は、「非存在の対象」の実在性について、次のように興味深い見解を述べている。「あるものが印を付けられたとする。そうすると印を付けられていないものは、その印の存在しないことで特色を与えられる」(Chattopadhyaya and Gangopadhyaya 1968: 110)。ヴァーツヤーヤナ（『カーマ・スートラ』の著者と同名であるが別人物）は、（[『ニヤーヤ・スートラ』の注釈書]『バーシャ』(*Bhāṣya*, 紀元 300 年頃の中で) 上の見解をより具体的に述べている。ある印の付いていない布を取りにやらされた人は、印がついている布との対比によって目標の布を見分けられる。つまり、無印の布はかえって目印を持つことになり、印のある布との対比が生まれ、そのため認識可能対象であるプラメーヤ (PRAMEYA) となる (Chattopadhyaya and Gangopadhyaya 1968: 110; Matilal 1968: 106; Randle 1930: 329–30 参照)。

　この意見は、反対の真の性質についてヴァーツヤーヤナが考えていたことを反映している。すなわち「そうでないものとは、そうであるものを捉える手段である」(Randle 1930: 331 に引用)。同じ点がダルマキールティ (Dharmakīrti) によっても強調されている。「他を排除しないような肯定はあり得ない。また、肯定され得ないようなものの否定も存在しない」(Sharma 1970: 112)。このような見解は、スピノザの「規定とは否定である」や、ボーザンケトの「両刃の関係にある否定と肯定」という考え方とそうかけ離れているわけではない。

　我々がここで見てきた仏教論理学派とニヤーヤとヴァイシェーシカ派の論理学者（及び文法学者）は西洋の同時代の論理学者と同じように、日常の平叙文について主に考察している。もう 1 つの伝統は、ヴェーダ祭事の規定の解釈原理を発展させることに焦点を合わせたもので、これはミーマーンサー (Mīmāṃsā) 学派にみられる特色である (17 世紀のアーパデーヴァ (Āpadeva) のテキストの §§ 320–363 及び Edgerton 1929 参照)[68]。

　ミーマーンサー学派の否定の理論に対する最も重要な貢献は、モダリティ文脈での否定の作用域の区別を設定した点にある。例えば、ここに 1 つの「ヴェーダ禁令」として、「カランジャ（ガーリックの一種）を食べるべからず」という一文を取り上げよう。これは通常、ニシェーダ否定 (NIṢEDHA：禁止、プラティシェーダ (PRATIṢEDHA) ともいう) の例として分析される。「A は B をなすべからず」という構造では、話し手が、「A が B をすること」を抑制、あるいは禁止しているのである。この場合の否定は動詞の語幹に結合する (=‘He shall not-eat kalañja’) のでも、目的語と結合する (=‘He shall eat non-kalañja’) のでもなく、「願望法語尾」に結合されるのである［動詞は動詞語幹と動詞語尾に分解され、法要素は動詞語尾に現れる］(Edgerton 1929: § 320- § 324)。

　このニシェーダ読みが不適切あるいは不可能な文脈では、ミーマーンサー学派のいうパリュダーサ（PARYUDĀSA：除外）という第二の解釈が現れる（Edgerton 1929: §330ff.）。この場合には、何かをすることに対しての「禁令」ではなく、祭儀行為を命じる「儀軌」となる。但し、これは「あることをしないようにせよ」と肯定的に命令しているのである。例えば、「その者の誓願は…なり」では、「誓願（ヴラタ，vrata）」は肯定的になされるべきものに対応するから、「…」に来るものは、たとえ否定であっても、それは動詞の語幹の方に結合されねばならない。「朝の太陽を見ないようにすべし」という儀軌では、[[見ること - ない] ようにせよ] と分析されるのである。また、他の場合にはパリュダーサ否定は動詞の語幹ではなく名詞的要素に結合することもある。しかし、ニシェーダ否定は常に動詞の語尾に付くのである。

　ヴェーダ祭事の「願望法」への初期の適用から、禁止や除外の概念は次第に「直接法」にも適用できるように一般化された。プラティシェーダ（pratiṣedha）は「禁止」から否定そのものに拡張されて使われるようになった。プラサジャ・プラティシェーダ（prasajya-pratiṣedha：直接的、あるいは単純否定）は、否定が本質的で、肯定要素が二義的である場合にはどのような否定表現にも言及できた。一方、パリュダーサ否定は、肯定要素が本質的で否定が二義的であるか、単にほのめかされている程度の場合には、狭い作用域の否定演算子として機能したのである（Renou 1957: 202, 230; Staal 1962: 58; Matilal 1968: 157; Sharma 1970: 112–14）。

　スタール（Staal 1962: 57ff.）は、ミーマーンサー学派の記述の中に矛盾律が言及されていないことから、祭儀行為の命令文には、矛盾律は適用されないと論証しようとしている。しかし残念ながら、彼の議論は首尾一貫していない訳ではないとしても、彼の特異な論理表記によって、有効なものに成り得ていない。「見ないようにすべし」という儀軌では狭い作用域のパリュダーサ否定の読みになり、「その者の誓願は…なり」に組み込まれる。スタールは、これに $\mathbf{N}[\sim \mathbf{F}(\mathbf{x})]$ という表示を与えた。ここで $\mathbf{N}$ は（論理的？義務的？）必然性演算子である。そこまではよしとしておこう。そうすると、ニシェーダ否定の方は禁令であるから、「食べるべからず」のようなものは $\sim \mathbf{N}[\mathbf{F}(\mathbf{x})]$ に翻訳されることになる。ところがこの表記では誤って、ニシェーダ否定、つまり肯定命令の「禁止」が、その肯定命令の矛盾対当になるように解されてしまう。その結果、「食べるべからず」、「戸は施錠するべからず」ではなしに、「食べる必要はない」、「戸は施錠する必要はない」という意味に等しくなってしまうのである。

　スタールは、彼の規則体系では、$\sim \mathbf{N}$ は「禁止作用子」と分析されるべきであると不承不承認めている（Staal 1962: 58）。しかしここで問題が生じる。それはいかなる様相論理、義務論理の体系においても、必然性演算子や義務演算子の作用域の

外に否定演算子を置くことで「禁止」の読みを得るような解釈は今までに提案され
たことがないということである[69]。問題をさらに混乱させることは、もう 1 つの(名
辞句)パリュダーサ否定の読みの存在である。これについてスタールは、どういう
意味なのか $\mathbf{N}[\mathbf{F}(\sim \mathbf{x})]$ という定式を与えている。

　スタールの議論にもかかわらず、ニシェーダ否定とパリュダーサ否定は各々ある
命令の矛盾対立、反対対立にはならない。実際、ニシェーダ否定とパリュダーサ否
定は、ある命令の 2 つの異なる反対否定を表すのである。ミーマーンサーの 2 つの
否定に最も近い英語の表現は、次の疑似分裂文において明確に区別される **Aux** 否
定と **VP** 否定ということになろう(あるいはアリストテレスの術語で言えば、述語
否認と述語名辞否定に対応する)。

(68) a.
What A $\left\{\begin{array}{l}\text{must not (mustn't) do} \\ \text{should not (shouldn't) do} \\ \text{ought not do}\end{array}\right\}$ is B.　　（ニシェーダ否定に対応）

　　　　（A がしてはならないこと(すべきでないこと)は B だ)

b.
What A $\left\{\begin{array}{l}\text{must do} \\ \text{should do} \\ \text{ought to do}\end{array}\right\}$ is not B.　　（パリュダーサ否定に対応）

　　　　（A がすべきことは B しないことだ)

(68a, b) の明瞭な意味の違いにもかかわらず、否定要素はどちらの場合でも様相演
算子の作用域の内側に収められている。またどちらも、What A must do is B(A が
しなければならないことは B である)の(矛盾)否定になっていないことに注意され
たい。

　この微妙な違いを形式義務論理でどのように扱うかは今のところ定説がない。し
かし、フォン・ライトの 2 種の否定を使う義務論理の体系(Von Wright 1959: 27ff.)
が考える良い足がかりを与えてくれるだろう。彼の体系では、**O** (-A):「not-A を
することは義務である」は **O**($\sim \mathbf{A}$):「**A** しないことが義務である」、あるいは「**A**
することは禁じられている」と区別される。この理論の可能性について、ここでは
これ以上議論しないことにするが、2.4 節で幾分違う観点から彼の否定理論に戻る
ことになるだろう。

　ミーマーンサー学派は、非平叙文での演算子の作用域の問題以外に、言明または
命令の解釈の決定に果たす文脈の重要性についても、現在の言語学者に語るところ
がある。例えば次のような文を見られたい。

(69)　Not in the atomosphere, not in the sky shall he build the sacrificial fireplace.
　　　（大気中や、大空には供物の炉を設けるべからず）

これは禁止を表しているとは思えない。なぜなら禁止というものは呼びかけられた者がそうしそうな行為を差し止めるものであって、この例のように、祭壇を空中に造ろうとは誰も考えないからである（Edgerton 1929: §342）。同様に禁令である「殺すなかれ」は、自発的にそのような行為を避ける人間に適用されるのではなく、そのような行為に駆られてしまう者に向けられているのである。ミーマーンサー学派の禁止についての一般的解釈は次のようなものである。すなわち、「為されることと考えられていたもの、それが為されてはならないこと」（Edgerton 1929: §344）。

　この考察は、否定文の談話の前提性を提唱するデュクロやギボンの見解（「妻は妊娠していない」という文をめぐる議論を思いだしていただきたい）の線に沿うようであるが、ミーマーンサー学派は決して非対称主義者に組するものではない。彼らは肯定の命令文でも同様の制約が働くことを指摘している。「我々は、もし相手が我々の仲介なしでもそうする気になっているのなら、そうするように命令するようなことはしない」（前掲書 §344）。ここで関与しているのは、サールのいう命令的発話行為についての予備的条件である。その命令に関する予備的条件とは、「話し手 S、聞き手 H の両者について、通常の事態の成り行きでは H は自発的に A をするということが明白でない場合に限り、S は H に A することを適切に命令できる」（Searle 1969: 59–60, 66）というものである。この不適切な行為を避けるための条件は、明らかにグライスの「関係の格律」（Grice 1975）に関連しており、さらにサールが指摘するように（Searle 1969; Searle 1965: 235 も参照）、究極的にはジップ（Zipf 1949）の「最小労力の原則（Principle of Least Effort）」から派生するものと考えられる（関連した議論については Horn 1984b 参照）。

　グライス的とも言える語用論的推論の捉え方のもう 1 つの例は、パタンジャリ（Patañjali）の文法的注釈書の中に現れている。「どの食べ物が食するのに適するかについての制限的条件（ニヤマ，niyama）によって、どの食べ物が食するに適さないかという禁止（プラティシェーダ）が暗示される。…また逆に、食するに適さないという禁止によって、食するに適する物の制限的条件が暗示される」（Chatterji 訳 Staal 1962: 64 に引用）。これによれば、もし我々が家畜の豚が食するに不適であると言われたとすると、野生の豚なら食べてよいのだろうと推論できるし、また、この逆もあり得るというわけである。同様にパタンジャリは、正しい文法形式を直接的に教えたり（この場合、別の形式は間違いであるということは暗示される）、あるいは（どれが間違った形式で改めるべきかを教えることで）間接的に教えることもできると述べている。

　パタンジャリはここで、いわゆる「誘発推論（invited inference）」の語用論的原則、特に「条件文補完（conditional perfection）」の規則について述べているように思われる（Geis and Zwicky 1971）。推論が順調に出て来るためには、発話の文脈が予想したように展開すると仮定しなければならない。しかし、他の宗教的伝統がそうしてきたように、その推論を禁止するような方向に文脈が進んで行ったとしても、それは論理的矛盾にはならない。これは、例えば「家畜の豚は食するには不適当であるが、野生の豚もやはりそうである」というように文脈が展開した場合のことである。（「もし芝生を刈ってくれるなら君に 10 ドルあげるよ、…でも刈ってくれなくても 10 ドルあげるよ」という例（Geis and Zwicky 1971）と比較されたい。）

　否定に関する東洋の思考の特徴を巡る我々の旅は、最後に、中国にもちょっと立ち寄ってみることにしよう。『墨子』（Mohist canons, 紀元前 3 世紀）中に、矛盾律と排中律に関する記述が認められる。矛盾否定に関する議論が、「正体不明の物」についての論争という形で展開される。これには 2 つの論議が対比される。最初の論議は次のようである。一人が、ある物について、それは牛であると言い、もう一人がそうではないと言う。この場合、彼らの主張の両方が成立するわけではない。彼らの両方が正しいわけでないとすると、必然的に彼らの主張の内の 1 つは間違いということになる。この議論は、もう 1 つの論議、A が「それは牛である」に対して、もう一方の B が「それは犬である」という場合とは異なる。これは反対対立の場合であり、両方とも間違いということがあり得るからである（Graham 1959: 91）。ここで『墨子』の主張を現在流に言うと、矛盾律は 2 つの論議にあてはまるが、排中律は最初のものだけにあてはまる、ということになる。

　二重否定律は同じ書物の中で、「嘘つきのパラドックス」の洗練された例示の中でそれとなく述べられている。すなわち、すべての主張が間違いであると主張する者は間違いである、なぜなら彼自身の主張が間違いであるから。しかし、すべての主張が受け入れられるわけではない。すべての否認を否認する者は間違いである、なぜなら彼は自分自身の否認をも否認しなければならないからである（Graham 1959: 95）。

　さて、私は非対称主義者たちを多少慰めて本節を終わることにする。思想家、王夫之（Wang Fu-Chin, 17 世紀）は否定判断のパラドックスに取り組んでいる。彼は道教の「無」の考え方に反対し、明らかな否定命題というものは、本当は肯定的な別の命題について述べているのだというとらえ方に賛成している。彼の締めくくりの言葉は、パルメニデスのさまよえる魂にいくらかの慰安を与えるだろう。

　　「存在しない」と人が言う場合、彼は他の誰かが「存在する」と言ったのを受けて否定を表明しているのである。彼は他の者が言ったことを取り上げ、そん

なものはないと言っているのだ。…もし君が「亀には毛がはえていない」と言うとすると、君は犬（にはある何か）について語っているのであって、亀（にはない何か）について語っているのではないのだ。…話し手は、話をうまく進めようと思えば、前もって何かを設定して置かねばならない。さて、もし話し手が、「無（＝非存在）」を我々に設定したとしたら、彼は、東西南北、過去未来、生者亡者、天上天下至るところを捜しまわって、結局「無」の尻尾にも触れることはできないだろう。 （Graham 1959: 103-4 に引用）

　否定の使用を巡る旅は、我々を再び西洋に連れ戻すことになる。それでは、次にその西洋の社会、政治理論、神学、精神分析の世界に赴くことにしよう。

1.3.2　否定と西洋の精神についての短簡
　伝統的論理学は矛盾律を基にしている。それによれば「**A** は非 -**A** ではない」ことになる。ところがヘーゲルの『論理学』体系は、この原理の存立の拒否に基づいているのである。 （Friedrich 1953: xl）

弁証法では本質的要素であるとしばしば考えられているヘーゲルの「矛盾律の拒否」は、古代インドの賢人たちの矛盾律の放棄がそうだったように、時おり主張される事柄にすぎない。次にあげるのはヘーゲルと矛盾律についてのマックタガット（McTaggart 1922: 8-9）の見解である。

　　ヘーゲルの論理学は、矛盾律への挑戦にあるという見方ができるかもしれない。…もし矛盾律が拒絶されると議論が不可能になる。…ヘーゲル自身も指摘しているように、矛盾律の関与なしでは、何かを主張することさえ不可能になってしまう。なぜなら、すべての肯定的主張はそれが定義できる限りにおいて、つまり［他との関係で］否定的である限り、意味を持つからである。例えば、「すべての人間は死すべき運命である」という文が「不死の人間が何人かいる」を除外しないならば、それは意味が無いことになる。…もし弁証法がそれでも矛盾律を排除するのなら、すべての議論、主張を無意味化することになり、馬鹿げたことになってしまう。
　　しかしながら、実際は弁証法は矛盾律を排斥していないのである。解決の与えられない矛盾があれば、他の誰の場合とも同じく、ヘーゲルにとっても誤りのサインとなるのである。定立と反定立との関係が、総合からすべての意味を引き出すのである。…「矛盾は問題の終わりではなく、それ自身を消滅させるのである」 （Enz.Sec.119, lect.note）

ヘーゲルの弁証法は単に矛盾律を排斥しようとするようなものではなく、その原理の中に弁証法の動機を見つけようとするものである[70]。

　2 つの矛盾関係にあるもの **p** と not-**p** が相殺する場合、ヘーゲルの体系では、その結果は「抽象的同一性」ではない。2 つの矛盾対立は「根拠(Ground)へと落ちる」のである。その「根拠」とは「同一性と差異性との止揚された」ものを含む場である (Hegel 1892: 223; Kaufmann1965: 192 参照)。ここでの中心となる概念は「止揚(SUPERSEDING, AUFHEBUNG)」である。肯定の定立と否定の反定立の衝突は、見かけの矛盾をより高い段階において消滅させ、内容的に豊かな統一を生成する。これが「止揚される(aufgehoben)」である。ヘーゲルが曖昧性を楽しみながら巧みに使ったこの用語を、意味を汲んで訳そうとすると「超越される」、「置き代わられる」「昇華される」などになるかもしれない。但し、いずれも不完全な訳出ではあろう。

　　「止揚」は哲学での最も重要な概念の 1 つである。…自身を昇華するものは無になるのではない。「止揚」は二重の意味を持つ。1 つは「保存」であり、同時に「廃棄」を意味する。…「止揚」されるものは、保存されると同時にそれの持っていた直接性を失う(ちょうど保存用果実の場合のように)のである。しかし、その理由によって完全に消滅するのではない。…あるものが止揚されるのは、それがその対立物と統一された限りにおいてである[71]。

　　　　　　　　　(ヘーゲル『論理学』、Kaufmann 1965 の翻訳による : 192–93)

　1.2.2 項で見たように、ヘーゲルの見解では、すべての意味のある否定は肯定の基盤に生じる。しかし、すべて有限なものは、それ自身の否定を含むものでもある(スピノザの「規定は否定である」に対応)。否定の力は「精神と理性の根本的要素」であり、「『肯定』が自由の発展に障害となったならば、それを排除することによって、潜在的可能性に応じて既存の事態を掌握し変えてゆくもの」でもある(Marcuse 1954: 433–34)。この否定の否定が思想の前進運動を生み出し、それが歴史的発展を作り上げるのである。

　否定はマルキシズムの世界の語彙でも中心的意義を持つ。否定と矛盾律で駆動されたヘーゲルの弁証法は、マルクスと共産主義者たちによって採用され、思想に取り込まれていった。マルクス自身は、資本主義社会の否定性は私的所有、つまりは「労働の疎外」にあると考えた。この否定性の否定は、「疎外される労働」の克服、私的所有制の廃止につながったのである(『資本論』第 1 巻 24 章 7 節、Bottomore 1983: 352 に引用、Marcuse 1954: 282 も参照)。

　ヘーゲルの弁証法の場合と同じく、共産主義者たちの論理でも、二重否定は常に「止揚」として性格づけられている。つまりストア派以来の命題論理における二重

否定律がそうだったように、対立を消し去るというのではなく、元々矛盾関係にあるものが同時に保存され、高められると考えるのである。エンゲルスは、この二重否定の動態的概念を「自然、歴史、思想の展開の一般法則であり、動物界、植物界、地質学、数学、歴史、そして哲学においても有効な法則」と考えたのである（Engels『反デューリング論』第1部13章、Bottomore: 1983に引用）。

　同様に、レーニンにおいても、否定は「肯定を保持しながら、結合の契機、発展の契機として」（『大論理学』1919, p.226, Bottomore 1983に引用）。理解されねばならないものであった。私がここで結論として述べられることは、ゲーテには気の毒なことながら、我々を高みに引き上げてくれる霊体（the spirit that zieht uns hinan）として考えられていた「永遠に女性的なもの」（Ewig-Weibliche）が、否定の力学にとって代わられてしまったということである[72]。

　矛盾律、及び形式論理のすべての法則に対する、後のヘーゲル派や新マルクス主義者たちの反射的な短絡的拒否反応は、恐らく彼らが古典的な歴史的説明に侮蔑感を抱いていたことが原因だろう。ダンシー（Dancy 1975: 24）が指摘したように、弁証法やマルクスの理論には、形式論理の公理系を（これらの法則が本来の領域で適用される場合には）拒絶するというところは認められない。同様に、キルケゴール（Kierkegaard）の、矛盾律を明らかに破ったと思われる例である「キリストは人間であり、かつ人間ではない」も、アリストテレスの法則に対する挑戦ではなく、彼が主張の中に組み込んでいる「慣例的な性格付け」を述べているものであろう（先に1.3.1項で触れたアリストテレスとジャイナ教徒についての議論を想起されたい）。ここでの話は、「同じ時、同じ点でないならば、スーパーマンはクラーク・ケントであり、かつそうではない」という主張と同じように、キリストは、ある点では人間であるが、またある点では人間ではないと述べているだけなのである。

　私は既に、（非常に簡単ではあるが、）仏教とヒンズー教の「否定の神学」における否定の中心的役割について触れた。西洋では、トーマス・ア・ケンピスのような神秘主義者が、神を「世俗世界の否定」と考えた（Royce 1917: 264）。神の介在という概念は、非対称主義の論争にも介入し、一定の役割を果たしている。肯定の否定に対する優越性を信じる者にとっては、神だけが否定判断を避けることができるからである（1.2.2項で引用したベーコンの一節を想起されたい）。しかし、いかに無限の精神の持ち主であろうとも、有限の知恵しか持ち合わせのない者たちを教え導くためには、否定を用いねばならないようである。十戒の「汝…するなかれ」という形式にそれは明らかであろう。その否定を伴う点について、ロイス（Royce 1917: 270）は、「十戒は、多かれ少なかれ、邪悪で、反抗的で、わがままな傾向を既に持つ人々に対し向けられているように思える。これらの戒めが雷鳴のようにとどろき、彼らは畏怖の念から戒めに服するようになるのである」と述

べている。ロイスは旧約聖書の十戒の神の否定的響きと、もっと明るく肯定的響きを持つ「山上の垂訓」のイエスの言葉とを対比した。彼は、垂訓中や共観福音書全体に認められる修辞的特徴として、「X でなく Y である」というパターンの繰り返しに注目している。

(70)　地上に富を積んではならない。そこでは、虫が食ったり、さびついたりする…
　　　富は、天に積みなさい…。
　　　人を裁いてはならない。神の裁きを受けないためである。
　　　言っておくが、悪人に手向かってはならない。もし、誰かがあなたの右の頬
　　　を殴るなら、左の頬をも向けてやりなさい。
　　　私が来たのは地上に平和をもたらすためだ、と思ってはならない。平和では
　　　なく、争いをもたらすために来たのだ。

　ヤハウェとキリストが、ヴェーダの立法者と同様に、放っておけば違う方向に行ってしまいそうな人々に、否定命令の形で命じているのは驚くにあたらない。ミーマーンサー学派が認めていたように、平和主義者に非暴力を教えても無意味なのである。いずれにせよ、否定表現が有標的であることが、上からの導きを伝えるのにふさわしい趣をそれに与えている。さらに、肯定、否定の言語的二極性が、他の対立的組み合わせを可能にするのである。「否定がないならば、価値について明確さが損なわれ、また天国と地獄、善と悪についての知識もあり得ないであろう」(Royce 1917: 270)。
　しかし、2 つのものの対立的組み合わせ、すなわち双対性がいまだ現れていないような精神の深層というものは存在しないのだろうか。実は、精神分析の理論 (Freud 1910, 1925; Buelens 1972 参照) ではそのように考えられているのである。すなわち、夢に現れたり、神経症に反映されることのある初期の幼児の段階においては、*not* は存在しないとされるのである。「"No" は夢に関する限り存在しない。夢の中のいかなる物も、その反対の物を表すことができるのである」(Freud 1910: 155)。分析を受けている者が、自分のみた夢について「それは私の母では<u>ない</u>」と言うならば、分析者は、直ちに、「だからそれは彼の母<u>なのだ</u>」と解釈できるのである。「我々の解釈においては、僭越ではあるが、否定をとりはらい、連想の主題のみを取り出すことを行うのである」(Freud 1925: 235)。この精神の深みでは、矛盾律は存在しないと言える。なぜなら、矛盾それ自体が存在しないからである。つまり、〜 p は p を<u>前提としている</u>(ギボンの論理でもそうであろうように) だけでなく、p を<u>主張さえしている</u>からである。
　この精神分析の理論では、意識主体が抑圧された題材の意識の表層への浸透を認

110

める手段として否定を使っている、と見るのである。「抑圧されたイメージや考えの内容となっているものは、それが否定的に表現されるならば意識に昇ることができる。否定は何が抑圧されているのかに気づく一方法なのである」(Freud 1925: 235–36)。このように捉えられた否定は、発話の客観的内容（または主観的内容）の一部ではあり得ないのである。むしろ、このような見解は、肯定とは異なる「否定判断」の存在を主張する点ではカントや観念論者に並び、フレーゲとは対立する。精神分析家の仕事は「否定を征服」することであり、それには否定を覆うベールをひきはがし、抑圧された題材をその下から明らかにすることが必要となる。「否定判断は抑圧に代わる知的代替物である。"no" は抑圧の存在を示す印であり、その源の証明書のようなものである。これはちょうど、"Made in Germany"（ドイツ製）というマークと同じようなものである」。但し、この否定の証明書に押されているマークは、"Made in the Ego"（自我製）となっている。

　別のレベルでは、判断の極性はフロイトの本能的力動の極性に対応している。「肯定は、［自我が、物をそれ自身の中に取り込もうとすることに対応し］統合の代理としてエロスに帰属する。一方、否定は［欲しない物を拒絶する自我に対応し］破壊本能に帰属する」(Freud 1925: 239)。

　「夢の仕事」［訳者注：夢の潜在内容を表明内容に変える過程］は否定を無視する傾向があるが、これに関連する言語的事実が、「原始語の全く相反する意味」の中に見いだされるとフロイトは言う (Freud 1910)。彼は文献学者のカール・アーベルの著作 (Carl Abel 1882) から、古代エジプト語のような「原始的言語」は、特にその「最も古く」、最も根底的層において、同時に 2 つの全く反対の概念を表す語（例えば「強い」と「弱い」、「明るい」と「暗い」）を多数含んでいるという説を採用した[73]。この主張の裏付けのために、アーベルとフロイトがインド－ヨーロッパ系の言語から引き出してきた例は次のようなものである。ラテン語の clamare（泣く）対 clam（静かに）、siccus（乾いた）対 succus（ジュース）、古英語の bat（良い）対近代英語の bad（悪い）、また、英語の cleave が「加わる」と「離れる」の意味があること、ドイツ語の stimme（口のきけない）対 Stimme（声）など。これらのあまりつじつまの合うとは言えない語源学的例に加えて、フロイトは「音逆転」というものも根拠にあげている。これはドイツ語の Topf（壷）対英語の pot（壷）、Ruhe（休息）対 hurry（急ぐ）、英語の care（用心）対 wreck（難破）などである。

　フロイトの考えでは、この（彼の想定した）現象が、夢の仕事と子供の遊びを関連づけ、否定や矛盾を伴う現実が頭をもたげる前の桃源境ともいうべき子供時代の様子を垣間見せてくれるというのである。言うまでもないが、この発想を弁護してくれるような言語学的議論は誰からも出されていない。このフロイトの思いつきは、言語の起源を性行為から発する律動的発話の伝達から説明する彼の大胆な理論と同

様、説得力のあるものではない。但し、後者の理論の方が前者より面白味があるのは確かである（Freud 1924: 175）。

　哲学的な進歩に最も貢献した相反的意味を持つ語が、いかなる意味合いにおいても決して「原始的」とは言えないということは重要な点である。その語とはヘーゲルの aufheben、すなわち「止揚する」である（前述の議論を参照されたい）。フロイトと同じくヘーゲルも、「言語の二重使用、つまりある１つの語に肯定と否定の意味を与えることは偶然ではない」（Hegel 1892: 180）と考えていた。この aufhebenという語の２つ（あるいは３つ？）の意味の合流は、確かに「思索の喜び」を与えるかもしれない（Kaufmann 1965: 192）。しかし、ヘーゲルにせよフロイトにせよ、彼らが原始語（Urworte）のリストに「止揚する」や「止揚」という語を加えることに賛成するかどうかは疑わしいのである。

　ヘーゲルの否定は、新しい高められた真理を生み出す道具であり、フロイトの否定は真実を覆い隠す道具（逆に言うと、分析家が真実を見いだす道具）であった。いずれの場合にも、否定は二義的で、元の肯定あるいは肯定主張に付加されるものであった。私が今まで言及してきた否定の道徳規範的、心理学的、歴史的、社会学的見解はすべて、根本にある肯定に対しての有標的反応として否定を見ているのである。ミーマーンサーのヴェーダの注解からロイスの聖書の釈義、ヘーゲルとマルクスの否定弁証法からフロイトの自我による否定を用いての検閲の理論など、いずれもがこの見解を取っているのであり、アリストテレス、オースティン、フレーゲ、クワイン、ギーチ、ゲイルなどによって主張された肯定と否定の抽象的、論理的対称性は、非対称性が当然のものとされる談話世界では道を譲るしかないのである。

　クリック（Kurrik 1979）も否定の基本的非対称性について議論しているが、彼はチョムスキー理論の否定の形態と機能にフロイトの影響を認めている（彼はおそらく『文法の構造』（Chomsky 1957）の否定を念頭において議論しているのであろうが、その初期の理論では核文と意味を変える随意変形を設定していた）。

> 単純否定変形は言っていることを取り消す１つの方法である。否定は、それが打ち消そうとする肯定言明を含まねばならないのであるから追加的であるといえよう。否定は主張に自己を重ねていく。…否定は常にじれったく、挑発的で、多義であり、さらにそれが打ち消そうとするまさにその思考や対象をほのめかし、示唆したりする肯定的記述力でもあるのだ。否定は存在にくびきでつながった欠如であり、存在を想起させる欠如なのである。　（Kurrik 1979: 207）

　クリックは、否定の文法的役割と心理的効果に、削除と比べて大きな違いがあると考えている。「否定は、欠如を『創出』しようとするがうまくいかず、できるの

はどうにかそれを示すことぐらいである。一方、削除の方は欠如を『創出』する」と述べている。従って、彼の考え方によれば、抑圧に対応するのは削除であり、否定は、（フロイトと同様）抑圧された題材に「口当たりのよいころも」をつけるための方策にすぎないということになる。「意識は、ある対象を否定し、かつ覚えておくか、あるいは抑圧し、抑圧したものにとりつかれるかのどちらかしかできないようである」とも述べている（Kurrik 1979: 208）。

　しかし、心理的抑圧と文法的削除とを結び付けてみるこの見解は、どうしようもないくらい素朴な文法理論でしか可能ではない。クリックの議論（Kurrik 1979: 231）では、削除は必然的に復元不可能と考えられているが、これはどのような統語論の系譜においても認められていない。クリックのフロイト、ヘーゲル、マルクスとチョムスキーをごた混ぜにし、そこに少量のニーチェ、キルケゴール、ドストエフスキー、ベケット等の「否定弁証法」を付け足した理論は、否定それ自身と同様、じれったく、挑発的で、しかも多義的である。

　クリックは、ここで「統語論的錯誤」（Geach [1972] 1980: 78–79）とも言うべきものの一例を示している。それは、否定文のより大きい文法的複合から、否定思考のより大きい複合（限界）への議論である。訴えかけるものを持っている以上、この特別の錯誤がなぜ魅力的なのかを考えてみる価値があるように思える。この問題には第3章で立ち返ることにしよう。

　私はこの章の議論をアリストテレスの否定理論の中心的テーマの紹介から始めた。そしてそれらのテーマは、私の研究で繰り返して登場する中心的主題でもある。アリストテレスとストア派の第一の原理である矛盾律と排中律については、第2章の多値論理と真理値ギャップを前提とする論理の話において再度言及することになろう。第2章では取り上げる問題の範囲を拡げ、「存在仮定」、「種類の前提不適合性」、「否定の作用域」などについても議論する。否定の非対称性の問題は、第3章において再度取り上げる。否定言明は有標性と（無理やり）結び付けて考えられ、否定判断も余剰的、主観的で二義的な地位しか持たないと考えられたりする。これらの問題も心理学的証拠と照らし合わせて再吟味することにしよう。そこで私が提案する非対称性をめぐる紛争に対する語用論的休戦案は、否定の劣性は認識論上の問題であって、存在論や論理上の問題ではないというアリストテレスの見解を述べ直すというものである。

　第4章では「対当の方形」に戻り、小反対関係に焦点を合わせて議論する。量に基づく会話の含意という観点から、方形上のI頂点とO頂点の対立する小反対関係間の転換を説明し、同時にAからI、EからOへの大小関係の推論についての古典的な意味論的説明を維持する。これにより、アリストテレスとその後継者たちの洞察を捉えつつ、2つの推論関係の存在を認識していながら、それらを理論的に区別

できないという分析上の落とし穴を回避する。アリストテレスの 2 つの基本的な対当の様態である矛盾対当、反対対当の間の関係は、第 5 章の中心的話題である。その章では、形式的には矛盾否定と考えられるものが（独立した動機を持つ語用論的強化規則によって）反対対当的に作用すると理解される一連のケースを検証する。

　最後に、第 6、第 7 章において本章で提起された諸問題が再度考察される。諸問題とは次に列挙するものである。否定は多義的であるのか。もしそうならその多義性はどこに存在するのか。また適切な言語モデルはどの解釈を、どのように他から区別するのか。自然言語における否定のすべての表現は論理演算子であるとみなせるのか。その場合どのような作用域と特性を持つのか。意味論的矛盾否定の性質とは何か。標準的論理学では一項の命題結合子とされる広い作用域を持つ文否定を、述定の一形態として規定しようとする時、アリストテレスの名辞論理学から議論を援用する根拠はまだ残っているのだろうか、などである。

　以上の問題に対する答えを求めることは、アリストテレスの理論の範囲を遥かに越えてさまようことになる。しかしながら、もしそれらの問題がアリストテレスによって初めて持ち出されていなければ、また彼に引き続くアヴィセンナ、スピノザ、フレーゲ、ラッセル、ルカシェヴィッツ、イェスペルセン、ギーチ、グライス、モンタギュー、それからこの章で出会った、あるいは後の章で出会うはずの否定の密林の他の案内人たちの探求がなかったならば、問題自身が今ある形に整えられていたかどうかは疑わしいのである。

注

1　当然あるべきものがない、というように欠如を理解することについては『形而上学』（1022b23–1023a8）でも議論されている。アリストテレスは欠如という概念に、偶然にそのものが取り除かれたり、力づくでそのものを取り去る場合も含め得ると気づいた。そこで彼は盲目の人の視力喪失の場合（この人に関しての欠如態）のみならず、もぐらが視力を持てなくなる場合（種としての欠如態）も意味に含めるため、議論の領域を拡大している。結局、アリストテレスはギリシア語で *a-* という接頭語を持つ語の数だけ多様な欠如の様態があるというように妥協しているのである（1022b23）。

2　この場合と、盲目と晴眼というような欠如／肯定対立との微妙な違いに気づいていただきたい。病気も同様に、アリストテレスの自然性基準では健康の欠如と捉えられないのだろうか。老人が病気であるのは、彼に歯がないのと同じく、自然と言えるのだろうか。

3　『形而上学』のもっと簡潔な言葉では、「いくつかの場合には、（良いとも悪いとも言えない人間がいるように、）何かが間にあることがある。しかし他の場合には、（数は奇数

か偶数でなければならないように、)間に何もない」(『形而上学』1055b23)としている。直接反対関係と間接反対関係については 1.1.5 項でもっと詳しく考えることにしよう。

4　反対関係の間にくる、本来、名前で呼ぶことのできる中間領域を、あえて否定を使って表す例は色々ある。あるジャーナリストは、アパルトヘイトという入り組んだシステムで、「有色人種」の置かれた状況を次のように書いている。「南アフリカの法律では人種は否定によって定義される。黒でなく、白でないというように」(*New York Times*, 4 April 1985)。

5　『形而上学』(1023a7)の、排除できない中間領域の議論の中で、アリストテレスは欠如と反対対当を同じように扱っている。「すべての人が良いか悪いか［反対対当］、正当か不当か［肯定／欠如］、どちらかであるというのは本当ではない。中間領域もあり得るからである。」この部分での欠如の領域は非常に広く解されていて、(『カテゴリー論』ではなく『形而上学』における) アリストテレスは、欠如対当とは単に、その要素が *a*-という接頭辞を持つ反対対当と考えているようである。つまり、「基本的な反対関係とは、ある要因の所有か欠如かである」(『形而上学』1055a34)。

6　アクリルのこの定義の解釈は、次のようなアリストテレスの宣言を含むものである。「私が、命題が対立するというのは、それらが同一のものについて同一のことを肯定し、否定するその場合なのである。」

7　矛盾対当についてのアリストテレスの統語的アプローチの一端は、彼のかなり混乱した不定性の議論の中にも認められる。次の例を見られたい。

(i)　(A) man is white.
(ii)　(A) man is not white.

自分で認めているように (17b29–30)、それらは両方とも真であり得るにもかかわらず、彼は (i) と (ii) を矛盾関係にあると言う。アクリル (Ackrill 1963: 129–30) が指摘するように、これはアリストテレスの矛盾についての基準に (実際どのような対立についての基準にも) 違反するばかりか、明確な矛盾関係の場合とは異なり、(i) と (ii) では同じものについて同じことを肯定、否定しているのでもない。なぜなら、それらの主語は (ギリシア語では無冠詞名詞で構成され、不定の解釈をされるので)、形式上ではないにせよ、指示に関して異なるからである。実際の所、(i) と (ii) は反対関係でも矛盾関係でもなく、(後で説明される) 小反対関係にあたるだろう。アクリルと共に、「アリストテレスがそもそも不定性を持ち出したのが悪かった」とため息の１つもつくところか。

8　聖トマス・アクィナスは否定の方形に関して、アクリルが不定性について述べた (注7参照) と同様の意見を特称命題について述べている。特称肯定と特称否定は厳密には対立をなさない。なぜなら、対立とは同じ主語についてのものだからである (Oesterle 1962: 90, lesson 11)。「いく人かの人は禿である」と「いく人かの人は禿ではない」は異なる主語についてのものであるから、正しい言葉の用い方としては対立していないと

聖トマスは考えているのである。

9　(7) の尺度で①を「一面読みの可能性」と呼ぶのは、(それが不可能を除外するため) 下方にのみ境界を設けているからである。②を「二面読みの可能性」と呼ぶのは、それが下方、上方の両方について境界を持つからであり、「必然でも不可能でもない」と定義されるからである。第 4 章にもこの点についての議論がでてくる。

10　ここでいう「多義性」とは「可能」についてであって、「必然」についてではない。

11　「『あることが可能である』と『あらぬことが可能である』は相互に伴立する」(『命題論』21b35、また『分析論前書』32a29ff. を参照のこと)。

12　この語順の区別は非繋辞文では中立化している。アリストテレスは、実際に「非 - 回復する (回復せ - ぬ)」、「非 - すわる (すわら - ぬ)」などの読みが不定形動詞として存在すると述べている (Ackrill 1963: 120–21 参照)。

13　ラテン語の素養を持つスコラ哲学者は、((11'a) のような) S non est P は *NEGATIO NEGANS* と呼ぶ。また ((11'b) のような) S est non P は *NEGATIO INFINITANS* と呼ばれる。後者から不定 (INFINITE NEGATION) という名称がでてくる。ヘンリー - (Henry 1972: 37) は、命題的 (PROPOSITIONAL) 対　名詞的 (NOMINAL) 否定という名称をつけているが、これでは別の区別を想起してしまう。

14　『命題論』19b24 で、アリストテレスは否定的、あるいは不定的な not-P という項は対応する欠如形に類似した働きをすると述べている。「X は正しから - ぬ　である」は、単純な否定である「X は正しい　であらぬ」よりもむしろ「X は不正である」に近いという。これは「X は正しから - ぬ」と「X は不正である」は、両方とも、一方的に「X は正しい　であらぬ」を伴立するという特徴があるからである。「石は正しい　であらぬ、しかし、石は正しから - ぬ (あるいは「不正である」) でもない」。 しかしながら一方でアリストテレスは「人間は不正である」は一方向的に「人間は正しから - ぬ」を伴立すると考えているようでもある。なぜなら、前者ではなく後者の「正しから - ぬ」は、正しいのでもなく不正でもない中間領域にくる場合でも真になるからである (Ackrill 1963: 143–44 参照)。

15　これらの対のどれもが、ここでのアリストテレスの主張点である矛盾対当を表していないが、(13) の命題は反対関係にある (それらは同時に真ではあり得ないが、同時に偽ではあり得るから)。また、(13') についてはそれらは小反対関係にある (それらは同時に偽ではあり得ないが、同時に真ではあり得るから)。

16　等／不等は、排除されない中間領域を許す間接反対関係ではない。しかし、アリストテレスが他の所で述べているように (『形而上学』1055b10)、「すべての対象は等しいか等しくないかのいずれかであるが、しかし、必ずしもすべてのものが相等であるか不等であるかのいずれかであるというわけではない。そうであるのは、等しさを受容し得るもの、つまり数や量に関する対象の場合だけであり、いかなる対象もそうであるわけではない」という指摘に注意されたい。

17　前にも観察したことだが、同様の首尾一貫していない議論が『命題論』21a25–27 にも出てくる。そこでは (i) から (ii) への推論が否定されている。

(i) ホメロスは詩人である。

(ii) ホメロスはいる。

しかし、もし我々が『カテゴリー論』や『命題論』に述べられているように、(2a)や(i)のような単称命題はその主語の存在を伴立し、その主語が空の場合には偽となるという議論に従えば、上の推論は有効なはずである。このくいちがいは、Thompson(1953: 254–55)、Ackrill(1963: 110–11)、Dancy(1975: 153–55)などで論じられてはいるが、充分な解決が与えられているわけではない。Dancy(1975)の議論では、アリストテレスの著作の比重が『カテゴリー論』の方にかけられ、その結果、単称名辞には存在の仮定があるものと考えられている(1.1.3 項参照)。

18 「矛盾律」は本当のところ、Dancy(1975)やLear(1980)がそうしたように、「非矛盾律」と呼ばれるべきであろう。しかし、私は多少論理的には劣るけれども、より広範に使われている「矛盾律」という名称を使うことにする。

19 ルカシェビッツ(Lukasiewicz([1910]1971)は次の点を指摘している。すなわち、アリストテレスはこの矛盾律の存在論的規定に付け加えて、『形而上学』第4巻で、「すべての基本原理の中で最も確かなものは、矛盾命題は同時に真ではないというものである」(『形而上学』1011b13–14)という「論理的規定」と、「いかなる者も、同一のものが同時にそうであったり、なかったりできると信じることはできない」(『形而上学』1005b23–24)という「心理学的規定」の両方をあげているという。

20 この原理の1つの応用が『カテゴリー論』14a10–13 に、「『ソクラテスは病気である』は『ソクラテスは健康である』という事実の反対であり、かつ、2つの反対関係にある条件は1つの同一の個体に同時にあてはまることはあり得ない。これらの反対関係は同時に存在できなかったのである。もし『ソクラテスが健康であった』が事実であったなら、『ソクラテスが病気であった』は事実ではあり得ない。」と述べられている(『命題論』24b8–10 の議論も参照のこと)。

21 矛盾律は基本的で、論証のできない「第一原理」であるという見方は、アリストテレス論理学の後代の最も偉大な解説者、ライプニッツによって追認されている。彼は、矛盾律をもう1つのアリストテレスの公理(axiomata)である同一性原理の変異形とみなしていたようである。「理性の真のうち、第一のものは矛盾律である、あるいは同じことであるが、同一性原理である」(Leibniz, Russell[1900]1937 に引用されたもの)。「経験と同一性公理(axiom of identity)、あるいは同じことであるが、矛盾公理以外、いかなるものも第一原理と解されてはならない。同一性公理、あるいは矛盾公理こそが根源的である。なぜなら、もしそうでないなら、真と偽との間に違いが存在しなくなるからであり、もしそうであり、そうでないということに違いがないとなれば、すべての思索は直ちに停止せざるを得ないからである」(Leibniz 1916: 13–14)。ライプニッツによれば、人間はすべて(未開人でも)矛盾律を「生得的知識」として持っており、いかなる瞬間においてもそれを援用しているのだという(同、p.77)。

22 面白いことに、最近矛盾律を拒否したり少なくとも懐疑的であったとされる者の中に

は、量子力学の研究者が含まれるという(Dancy 1975: 5, 9, 23)。

23　アリストテレスの矛盾律の非論証性の熱烈な擁護(及び、この非論証性にもかかわらず矛盾律を論証しようとする彼の努力)は、上で引用したライプニッツの文章にも示されているように、この論題についての標準的見方を形成している。しかし、『形而上学』第 4 巻での議論の詳細については、いくつか疑問が投げかけられている(論争の批判的評価については、Lukasiewicz [1910]1971、Barnes 1969、Dancy 1975 を参照のこと)。ルカシェビッツは、矛盾律は『形而上学』で述べられているような「第一の地位」を持っているわけではないということを示そうとしている。彼は、矛盾律の価値は論理的というより倫理的であり、誤謬と虚偽に対する武器として働き、とりわけ、刑事裁判で自己の無実を証明しようとする被告に有用な道具となると述べている(Lukasiewicz [1910]1971: 508)。このような穏健な矛盾律の支持も、懐疑論者、新ソフィスト、その他異なった主張を持つ者たちからは拒否されよう。1.3 節で矛盾律の良心的拒否者の意見をもっと詳しく聞くことになろう。

24　下の Royce (1917: 267) の主張と比較せよ。

いかなるものも **X** かつ **Not X** ではない
あらゆるものは **X** あるいは **Not X** のどちらかである

レッシャーとギーチは(15)や(15')よりも(16)の方が優れているとしたが、これは、現代的多値論理での矛盾律、排中律の地位に関する彼らの評価を反映している。第 2 章でみるように、その必要性についてレッシャーは中立的であり、ギーチは共感していない。私は後の章、特に第 6、第 7 章で、命題否定は述語否認と比べて本質性で劣り、より複雑でもあるが、自然言語の適切な論理表示には実際上存在しないということを述べる。

25　さらに、「キリストは人間であり、かつ(同時に、おそらく同一の点において)人間でない」という見方を擁護するキルケゴール(Dancy 1975 の引用)のような一群の学者にも注意を払わねばならないだろう。しかし、この命題は、もし矛盾律(非超越主義の局面で)が有効であるなら、重大なパラドックスを構成するだけである。テルトゥリアヌスのモットーである「不合理なるゆえにわれは信ず」には、キルケゴールも同調しているようである。但し、上記の主張は、「ある法則の違反が論理的不合理を引き起こすことになる場合にのみその法則を信じることができる」というように解釈すべきなのだが。

26　実際、後代のストア派の中には包含的選言を認める者もいるが、基本的なストア派の選言演算子は排除的(exclusive)である。これについては Lukasiewicz 1934: 72ff、Mates1953: 33, 51–52、さらに本書 4.3 節を参考にされたい。

27　これは少なくとも西洋での場合である。二重否定律(LDN)の初期の定式化は 1.3.1 項で見るように，インドと中国の論理学において認められる。ストア派の命題論理的特性と彼らによる LDN の発見との関連については，ウィトゲンシュタインによる観

察が要点をついている。「否定命題を否定できるということは、否定されていたものがすでに命題であることを示している」(Wittgenstein [1922]1961:『論理哲学論考』4.0641)。

28 ラテン語の omnis A non est B (すべての A は B ではない) では、カーデン (Carden 1970) や他の学者たちのいう NEG-V 読み、つまり否定の作用域が全称量化子の内側にある解釈しか持ち得なかったのである。これを他の言語における多義性と比較してみればよい (All pleasure is not good; Chaque plaisir n'est pas bon)。この構文については4.3節で再びとりあげる。

29 ～A ↔ O という式で私が意味するのは、A 形式叙述の (矛盾的) 否定は O 形式叙述に等しいということである。(法的ではなく) 量化子付きの表現の場合には、次のような表記法がこの同値言明を示すのに用いられた。-SaP = SoP (Moody 1953)、～xAy = xOy (Strawson 1952)、ここで SaP とは「すべての S は P である」と読まれ、xAy は「すべての x は y である」と読まれる。私は、より簡単で、より一般的な表記法を採用することにする。それは量化表現でも法表現でも区別なしで使え、第 4 章でみることになるが、認識様態と義務的用法の命題の平行的な対立関係にも適用できる。

30 アリストテレスの形式に「存在」を持ち込まない解釈を考える方式が Vandamme (1972: 51–57) 中に述べられている。

31 アリストテレスの否定命題の正体を見極めようとしても、それは試験的なものに終わるであろう。アクリル (Ackrill 1963: 120) が「アリストテレスの文法的分析、論理的分析の区別の失敗」と呼んだもののせいである。私は第 7 章でこの「失敗」を正当化しようとしないまでも説明してみることにする。

32 ギリシア語と英語の構造の違いを考えれば、これは当然である。我々は *Caesar not is dead を述語否認の表層における適正な実現とは考えないが、アリストテレスが示したように、ギリシア語では述語否認はこのような構造になる。

33 アキシン (Axinn 1964) が指摘したように、エアーの明確性 (specificity) という概念は、「常に定的でおそらく有限、あるいは可算的な要素を談話領域に前提とする」ものであり、また、この条件が充足される時でさえ、エアーの基準は誤った予想を与えるものである。次の(i)、(ii)を(iii)、(iv)と比較してみられたい。

(i) 今日の日付は月の 5 日目の前である。
(ii) 今日の日付は月の 5 日目の前ではない。
(iii) 今日の日付は月の 25 日目の前である。
(iv) 今日の日付は月の 25 日目の前ではない。

アキシン (Axinn 1964: 75) はまた、ある言明が (心理学的に) 肯定か否定かを決めるには「語用論的方向付け」が働く、と述べている。例えば、「その男は無帽 (bareheaded) である」というのは、我々がヘアスタイルに興味があるのか、帽子のスタイルに興味があるのかによって肯定とも否定ともなる。

34 キッシンは、エアーの例はうまく選ばれていないと指摘する。これはもしエヴェレストが山でなかったなら(29a)は偽になり、(29b)は真になるからであるという。

35 しかしながら、サンフォード(Sanford 1968: 96)は、必然的真と偽が方形に加えられる時、論理的一貫性の欠如を避けるために、矛盾関係が反対関係(そして小反対関係)でもあるということが認められねばならないと主張する。

36 より正確には、各々の名辞はそれが描き出す尺度について唯一の極性反対を持つのである。アリストテレスが観察したように(『トピカ』106a10ff.)、sharp という語はその各意義が(英語と同様ギリシア語においても)異なる極性反対を決定するという事実に基づいて同音異義的に解釈される。sharp vs. flat は音楽の楽譜について、sharp vs. dull は刃物の刃についてというように。(しかしながら、『トピカ』1 巻 15 にある曖昧な語義の決定基準に従うと、明らかな必然性を越えて意義の多様性に導かれてしまうと現在の読者には思えるだろう、ということも認めねばならない。)

37 反対性あるいは非両立性の定義をしたのであるから、直接反対(C_2)と極性反対(C_3)は、より広い概念である反対(C_1)をも満足することになる。すなわち、

$$C_2(F, G) \rightarrow C_1(F, G) \qquad C_3(F, G) \rightarrow C_1(F, G)$$

完全にするためには、単純反対(カエタヌスの転化反対)は否定的に次のように定義できるだろう。

$$C_4(F, G) =_{df} C_1(F, G) \wedge \sim C_2(F, G) \wedge \sim C_3(F, G)$$

しかし、以下の議論ではこの表記を使うことはしない。

38 既に述べたように、これら 2 つの否定の中世での標準的呼称は、それぞれ、negatio negans と negatio infinitans である。13 世紀の偉大な論理学者であるシャーウッドのウィリアム(William of Sherwood)は、前者を「類の外の否定」、後者を「類の内側の否定」と呼んでいる。彼は、後者の否定は「話し手は自分の談話を確定的事柄に制限して考えることがある」という原則のもとで的確に理解されるということに気づいていた(Kretzmann 1968: 95)。これは現代の「制限的談話領域」の先駆的考え方である。

39 述語名辞否定は人工的なものであるとする考え方は Collinson(1937: 89)にもみられる。彼は「non-tall, non-fact のような論理学者には親しい形式に逃れることもできる」と述べている。

40 フレーゲはラッセルとは違い、この点についてアリストテレスの立場にたつことを選んでいない。彼の考えでは、主語が空の時にはいかなる主張もなし得ないのである。(Frege 1892、これは 2.2 節でも議論される)。

41 もし我々が un-x、non-x(not-x)という形態の述語を矛盾否定とは別なものと考え、かつ同時に、反対否定の存在に反対するフレーゲやマドクールの(今では標準的見解とみなされている)偏見を受け入れるなら、そのような述語を原始要素として考えざる

を得なくなる。この方式はフレーゲの流儀とは異なり、(35b)の形態を取る文が、実際は肯定文である(例 The man is obscure「その男は無名である」)ということを正しく予測する。但し、それは(35a)と(35b)の関係を帳消しにしてしまう。述語名辞否定についての第三の方式としては、フォン・ライト(Von Wright 1959)の方式があるが、これについては 2.4 節で戻ることにしよう。

42　このフレーゲ流の見解は、(Bach [1968]、McCawley [1972]で代表される)生成意味論にも反映されている。そこでは、すべての否定を偽の意味論を持つ文演算子としている(Englebretsen 1981a: 24 を比較参照されたい)。一方、解釈意味論者(例えば Jackendoff 1969, 1972)による構成素否定の異なる取り扱いは、アリストテレス的方式の流れをくんでいるとみてよい。この議論については第 7 章で詳しく論じる予定である。

43　(34)の図にも示されているが、マッコールは実際には弱反対、強反対に別々の演算子を用いている。

44　マッコール派の 1 つの可能な反論は、(37)の文の潜在的多義性を利用することであろう。これは、ギーチ自身によって、同じ本の別のところ([1972]1980: 11–12)で述べられている。シャーウッドのウィリアムによって初めて認識されたことだが(Kretzmann 1968 参照)、(37)はどの NP— every cat、every dog — が命題の最初の位置にくるかで、2 つの異なる分析を持つのである。この曖昧性除去のテクニックは、モンタギュー文法において異なる量化表現が 「量化子投入」 される順序に従って意味が区別されるという考え方の先駆をなすものである(Montague 1974 参照)。ギーチに従って、これら 2 つの分析を区別するために丸括弧表記を使うことにする。

(i)　Every cat (detests every dog)
　　　[asserts of every cat that it detests every dog]
　　　(すべての猫について、それはすべての犬を嫌う)
(ii)　(Every cat detests) every dog
　　　[asserts of every dog that every cat detests it]
　　　(すべての犬について、すべての猫はそれを嫌う)

(37)の文の場合には、真理条件的差異を伴わない区別となっている。しかし、同種の密接に関連した例である(iii)では、

(iii) Every cat detests every dog except Lassie.
　　　(すべての猫について、それはラッシー以外のすべての犬を嫌う)
　　　(すべての犬について、ラッシー以外のすべての猫はそれを嫌う)

ウィリアムが指摘したように、2 つの分析は異なる真理条件を決定することになる。もしこの方式を採用すれば、反対性は命題そのものについて規定されるのではなく、

分析樹付き命題 1 つずつについて規定されるということになる。そうすると、(37) の
反対関係の 2 つの候補 (37'a)、(37'b) は各々異なる分析を受けた命題、つまり (i) と (ii)
の強反対であるといえることになる。

45　これについて、Gale (1976: 6ff.) の詳細な、分かりやすい議論を参照されたい。以下の
議論は彼の著作に多くを負っている（他性の循環性と否定の非両立性分析については
Gale 1972: 469ff. を参照のこと）。他性の他の問題点については Wood (1933) と Toms
(1972) に詳しい。

46　否定を、想定された肯定の拒絶とみる見方は、1.2.2 項と第 3 章で議論される。

47　ロス (W. D. Ross 1923: 29) は、「A is not B というのは、本当は A is not-B である」と
して否定を肯定に還元しようとする試みは、アリストテレス自身ではなく、ポスト・
アリストテレス学派の論理学者たちによってなされた 2 つの誤りのうちの 1 つである
と述べている。もう 1 つの誤りとは、アヴィセンナやヘーゲル、その他の人々が肯定、
否定判断に伴う「不定判断」を承認したことであるという。アリストテレスによれば、
既にみたように、A is not-B とは、単に否定的ないしは不定的述語項を含む肯定文で
ある。

48　オースティンとクワインによって指摘された「言語とメタ言語の混乱」が、特に観念
論についての反形式主義者の著作に多く認められることは驚くにあたらない。上にあ
げたさまざまな引用文において、使用 (use) と言及 (mention) が混乱しており、クワイ
ンが批判するように、特に「引用の使用」に際し混乱が露呈していることに注意され
たい。しかしながら、その他のことでは、微妙な形式的区別に敏感な現在の多くの言
語学者や言語哲学者によっても、否定と偽は相互に置き換え可能なものと考えられて
いるのである。

49　もしすべての決定が否定であるなら、ロイスが指摘するように (Royce 1917: 266)、
ゲーテの記述はメフィストフェレスだけを選び出すのではなく、何かを主張する人な
ら誰でも選び出すことになる。

50　この達観が彼の友人の示唆に富む見解として結実する。すなわち、先に引用した 「世
界は『あらぬ』という語を使わなくても記述できる」という見解である (Russell 1948:
520)。しかし、バンブロウスキ教授の肯定で否定を置き換えようとする試み (Russell
1954: 31) は、充分同義的であるとは言いがたいことに注意されたい。この点がどの程
度まで彼の友人と仲間によって認識されていたのかは定かではない。

51　ベルグソンによる肯定と否定の形式上の対称性と実際上の、ないしは「現実の」非対
称性の対比は、García (1975) や Givón (1979: 111–12) においてもほとんど同じように
表現されている。彼らの見解については本節の後の方でみることにする。

52　この文で「主語」と書かれているのは「発話者」の間違いであるか、あるいはなにか
非言語的意味合いを持っているのかもしれない。いずれにせよ、「雪は黒くない」と
いうような文では、その文法主語になんらかの命題態度を求めることができないのは
確かである。

53　アポステルの還元主義的計画には、否定を非両立性という点で規定することも入って

いた。これは、2つの命題について、もし同時に主張することが不可能であるなら非両立とするものである。しかしそうすると、「不可能」が基本的様相演算子となる必要がでてくるが、これは明らかに望ましいものではない。

54　この多様性については部分的に第2章で示される。この混乱を引き起こしたフレーゲ (Frege 1892) の役割を考えれば、「前提」という用語は無数の「意味 (Sinns)」を包括するものと言えるかもしれない。

55　実際、このボーザンケトの意見は Sigwart 1895: 122 にのみ当てはまるものであり、それより3ページ前の、より慎重なジクヴァルトの見解であれば、ボーザンケトの結論に反するものではなかっただろう。

56　他の問題点もこの分析に関して生じて来る。(i) の (ii) への分析で、はたしてデモスは満足するだろうか。

(i)　God will not provide.　　（神は与え賜わじ）
(ii)　**not** (God will provide) = a contrary of (God will provide) is true.
　　　　　　　（「神は与え賜う」の反対が真である）

このような分析は、デモスがアリストテレスの非指示的単称名辞の考え方に賛同していることから来ている。この分析では、(i) の真は無神論者の談話領域において成立することになる。

57　ジクヴァルト (Sigwart 1895: 123) によれば、いくつかの否定文の本質が「懸念される混乱を排除する」のに役立つ真正の否定という場合がある。彼のあげている例は、「猿は人間ではない」、「赤は青ではない」、「自由は放埓ではない」である。マボットの (53) の例と彼の分析は、ヘーゲルの「バラは象ではない」、「理解は机ではない」の方により近いようである。しかしジクヴァルトの例とマボットやヘーゲルの例とには重大な違いがあるようである。後者では「範疇間の間違い」が関与しているが、ジクヴァルトの方は「正しい範疇内での間違った選択」に関連しているのである。

58　「選言集合での削除」という用語はゲイル (Gale 1976: 12–15) による。彼はこの方式についての批評を書いたが、後でみるように、それにはいまだに支持者がいる。

59　ギボンの否定の分析は、正体の分からない彼固有の「内部否定（あるいは主張の内部否定）」という概念のため分かりにくくなっている。彼によれば、「内部否定」とは否定が述語句、すなわち主張部分にのみ適用され (1979: 115)、(i) の否定は (ii) になるという。

(i)　Someone loves Mary.
(ii)　Someone doesn't love Mary. (p.113)

これはアリストテレス以来の確立された伝統に反対するものである（本書 1.1.1 項参照）。

60　同じような主旨で、イェスペルセン（Jespersen 1917: 4–5）は、「否定文の主な使い方は否認したり、対照点を指摘するものである」と述べている。しかし、ここでイェスペルセン、ストローソン、ギボンたちは、否定文の「使用」や「主な使用」を記述しようとする際、（イェスペルセンがはっきり認めていたように）否定にはその主な使用とは区別されるある意味があり、（それがどのように表示されるにせよ）否認や訂正、対照とは考えられないという可能性を認めていることに注意しなければならない。この疑問は再度第 6 章で考察することにする。

61　この等式のより微妙な形態が *New English Grammar*（Sweet 1900）に出ている。そこには次の 3 つの否定文があげられ、比較されている。

(i)　He's not a fool.
(ii)　He is not a fool.
(iii)　He isn't a fool.

(i) の否定はそれに続く名詞と関連づけられ、(ii) では名詞か繋辞のどちらかに関連づけられる。ところが、(iii) では縮約された否定は「論理的に文全体を修飾し」、文を "I deny that he is a fool" と等価にするという（Sweet 1900: 126）。そのような対比についての私の見解は 7.3 節に述べることにする。

62　同じことが Quine（1952: 1）にも述べられている。「言明を否認することは、その言明の否定とか矛盾とかいわれる別のもう 1 つの言明を肯定することである」。

63　エアーはさらに、対応する肯定記述よりも情報価値が高い否定記述もあることを付け加えることができただろう。Nobody came to my party（誰も私のパーティに来なかった）を Somebody came to my party（私のパーティに来た人がいる）と比較されたい。さらに、John is not currently breathing（ジョンは今息をしていない）と John is currently breathing（ジョンは今息をしている）とも比較されたい。この点については 3.3 節で論じる。

64　この提案は、本質的にアリストテレスの未来偶然性について私が採用した論理（Horn 1981a）と同質である。『命題論』第 9 章において真理値ギャップと考えられているものは、「主張性ギャップ」と再分析されるとするものである（ファラビ流の読みについての要約は 2.1 節、また真理値と主張性については第 6 章参照のこと）。

65　Korzybski（1933）、Hayakawa（1949）参照。

66　「象理論」とは盲人と象についてのインドの寓話から来ている。もちろん我々言語学者全員が盲人で、全体としては素晴らしい輝きに満ちているはずの言語学の研究対象が、さまざまに捉えられる象なのである（これは、別名「統語論の料理コンテスト」とも言われた 1978 年の現在統語論に関するミルウォーキー学会（Milwaukee Conference of Current Approaches to Syntax）におけるハジ・ロスの未公刊論文で述べられた見解）。実のところ、問題となっている理論は次のように考えるのが一番いいかもしれない。すなわち、それらは「僕も OK、君も OK、あいつが最高というわけ

でもないんだから」というスローガンに同調するような理論ということである。ここで「あいつ」とはアリストテレス、ラッセル、チョムスキーなどといった典型的な真偽二元論的、二分的な形式を追求する思想家のことである。

67　新ニヤーヤ学派の論理学者たちは、二重否定律について幾分躊躇しながら賛意を表明している。この「躊躇」については、Ingalls (1951: 68–72)、Staal (1962: 65–66) において議論されている。後者ではこの躊躇を、2つの否定はサンスクリット及び他の言語においては相殺するために用いられるのではなく、むしろ強意的に用いられることの認識に起因するものと説明している（これについては Jespersen 1917 その他で詳細に述べられたデルブリュック（Delbrück）の「相補否定（Ergänzungsnegation）」の考え方を検討されたい。また、その現在の評価については Horn 1978a: §3 を参照のこと）。しかし、この議論は支持できるものではない。そのように考える理由が見あたらないからである。古代ギリシア、ポーランド、フランスの論理学者たちは、自分たちの言語の表層構造上の知見を基にして、二重否定律に疑いを持っているとは思えないからである。

68　西洋において、平叙文に考察を限定する伝統は『命題論』のアリストテレスに遡る。彼は、平叙文で直接法のものだけが命題であり、従って、それについて真偽を述べることができると述べている。また、非平叙文は論理学の対象ではなく、修辞学の対象であると主張している。

69　この関数は「合成的ではない」と理解する必要がある。スタール（Staal 1962: 62）にとっては、$(\sim \mathbf{N})[\mathbf{F}(\mathbf{x})]$ と $\sim(\mathbf{N}[\mathbf{F}(\mathbf{x})])$ は是非とも区別されねばならない表現であるが、もし合成的であるとするならば、この2つの表現はどうしても1つのものになってしまうからである。ところが、もし $\sim \mathbf{N}\cdots$ という表現が $\mathbf{N}\cdots$ の否定でないとするなら、一体それは何を示すのかが不明である。

70　カウフマン（Kaufmann 1965: 192）もまたヘーゲルの弁証法は矛盾律を足蹴にするようなものではないと述べている。

71　別の所でヘーゲル（Hegel 1892: 180 (§96)）は、止揚の意味の二重性について次のように説明している。「止揚：(1) 無効にする、破棄する：法律、規則等では無効になるの意味、(2) 保つ、保存する：この意味においては次のように言う場合に用いる：何かを上手にとっておく」。止揚のこの曖昧性は、「理解についての二者択一的レベルを越えた我々の言語の思索的精神」を表しているという。

72　否定は現在の（新）マルクス主義者の思想においても重大な意義を持ち続けている。マルクーゼ（Marcuse 1968）は彼の批判論文集を「否定」と名付けている。彼はその中で矛盾と否定とに、精神史における中心的役割を与えている。彼は、「現在のポスト・ホロコースト（恐らくはプレ・ホロコースト）時代において、矛盾思想は現状に対してさらに否定的、また、さらにユートピア的にならねばならない」と述べている（『否定弁証法』Adorno (1973) も参照のこと）。

73　アーベルは言語起源についての彼の論文（Abel 1882: 225）で、次のように議論を展開している。「高度に文明化の進んだヨーロッパの諸言語において反義的（疑似）異綴同音

異義語が存在することは、原始の言語における知性の曇りの名残である」と。さらに彼は、言語発達の初期の段階にある言語は、現在知られている言語に比べ、より感覚的ではあるが知的解釈性、抽象性が劣ると述べ、このことは「人類の幼年時代に我々を連れ戻してくれる古代エジプト語の中に認められる豊富な同義語の存在」によって縮図的に示されると述べている (p.237)。フロイトはこのアーベルの議論をもう一歩進めたにすぎない。彼は、この人類の歴史における心理言語学的反映といわれる幾分疑わしいものと、各個人の歴史において二元性をいまだ認識しない段階とを重ね合わせて見ているのである。

第2章　否定、前提、排中律

　先に否定を分類したが、対当(opposition)について少し考えてみれば、直ちに2つの異なる範疇に分けられることをみた。それらは、すなわち、矛盾(CONTRADICTORY)対当と反対(CONTRARY)対当である。これら2つの範疇は、アリストテレスの矛盾律(LC)と排中律(LEM)との関係で区別される。矛盾対当はLCとLEMの両方を満たすものとして定義される。つまり、2つの矛盾文は、共に真でも、共に偽でもあり得ない。一方、反対対当はLCを満たすものとして定義される。反対関係にある文(語句)は、同時に成立することはないが、同時に成立しなくてもよいのである。

　これも既にみたことだが、一見して矛盾関係にあるとみえる2つの表現が、実際には反対関係であることがある。それは肯定の文(「ソクラテスは賢い」)と、それに対応する否定文にみえるものとが、次のような場合に両方とも偽となり得るからである。その場合とは、主語が指示対象に(それが存在しないので)言及できず、かつ、その否定がアリストテレスの述語名辞否定でいう「狭い作用域をとる反対関係演算子」(「ソクラテスは非‐賢い」)である時である。この場合、明らかにLEMは成立しない。見かけは矛盾否定のようでありながら、実際はLEMに違反し、反対関係になるいま1つの例として「範疇誤り(category mistake)」がある。この場合には、主語は確かに存在するが、述語が「自然に」主語を叙述するとはいえない(「2は赤である、2は非‐赤である」)ケースである。

　この章でみてゆくことだが、「空主語」、「範疇誤り」の問題は、アリストテレスが初めて取り上げて以来、かれこれ23世紀の間、驚くほど多様な分析がなされてきた。これらの分析の典型的なものは、アリストテレスの2つの基本的主張のうち、どちらか1つ、あるいは両方ともを放棄しようとした。2つの主張とは、すなわち、「否定は多義なものである」、「狭い作用域の否定(内部否定)は、矛盾否定とは異なるけれども、それでも二値論理である」というものである。多様な分析のうち、ある1つの理論群において、すべての命題は真か偽になるとする二値原理(これは、概念的に異なるにもかかわらず、しばしばLEMと混同される)が放棄されることになった。これは、ある命題 p が論理的、あるいは意味論的にある命題 q を前提とする時、q が成立しない文脈では p の真偽の問題は生じないとする見方を

採用したことによる。**p** によって前提とされるものは、いかなるものであれ、**p** の否定（あるいは少なくとも **p** の１つの否定）においても前提とされるからである。

さて、我々は「空主語」の場合でもなく、「範疇誤り」の場合でもないが、LEMと二値原理が成立しないと（アリストテレスを含むかどうかは別として、一群の学者によって）考えられてきた、いま１つ別の現象を探求することから議論を始めたいと思う。

2.1　未来偶然性：海戦と小ぜりあい

すべての命題は、真か偽のどちらかなのだろうか？　もし仮にそうだとしても、LEM の効力が棚上げされることで、命題 **p** と、見かけは矛盾関係にある〜**p** が、ある状況で両方とも偽となるようなことがあり得るのだろうか？　また、すべての命題が真、偽のどちらかにならなくてもよいのなら、この二値以外のいかなる値が付与されることになるのだろうか？　ここでは再びアリストテレスの足跡をたどりながら、これらの疑問を考えていくことにしよう。それはいまだに議論がつきない未来偶然性の命題に足を踏み入れることである。

アリストテレスは、真理条件的論理学というものは文についてではなく、命題についてのものと考え、次のように述べている。

> すべての文は意味をもつ…しかしながら、すべての文が命題というわけではない。真か偽かを持つものだけが命題である。従って、祈祷文は文ではあっても真でも偽でもない。それゆえ命題以外の他のタイプの文から離れよう。命題こそが我々の探求に関係を持つものであり、他のものは修辞学や詩文の研究に属するものであるからだ。　　　　　　　　　　　　　　　（『命題論』17a1–8）

このように、平叙文のみが真、偽になり得るものであり、従って、命題となり得るものである。アリストテレスが平叙文でないものをあわてて隠した覆いは、ここ数十年の間にほつれてきた。しかしすべての命題（あるいは平叙文）が本当に真か偽かになるのだろうか？　長く悪名高い『命題論』の９章でアリストテレスは、一般にいかなる状況においても矛盾命題の対のうち１つは真で、もう１つは偽でなければならないという仮説から始め、次のようにいう。

> というのは、もしすべての肯定、否定命題が真か偽のどちらかであるとすると、どのような述語もその文の主語に属するか、属さないかのどちらかでなければならない。その結果、ある性格を持つ出来事が起こるだろうと１人が肯定

的に述べ、別の 1 人がそれを否定するならば、一方の陳述は事実に対応するだろうが、もう一方の陳述はそうではないことになろう。　　（『命題論』18a33）

アリストテレスはここで、LEM（いかなる命題 **p** についても、**p** か、その矛盾命題 **~p** のどちらかが真であるというテーゼ）を、いわゆる二値原理（Law of Bivalence: LBV、いかなる命題 **p** についても、**p** が真であるか、**p** が偽であるかどちらかであるというテーゼ）から導き出そうとしているのである。後ほど、この LEM と LBV の区別に戻ってくることにしよう。

　ここまでは良しとしても、未来に関連する叙述に話を移すと、「事情が変わってくる」のである。一見すると明らかに矛盾関係にたつと思える未来偶然性陳述、例えば、(1)と(2)を取り上げてみよう(19a30)。

(1)　There will be a sea battle tomorrow.（明日、海戦があるだろう）
(2)　There will not be a sea battle tomorrow.（明日、海戦はないだろう）

明らかに(1)と(2)とは両方とも真ではあり得ない。LC は未来偶然性に対しても他のいかなる矛盾関係にたつ文の場合と同様に厳格に働くのである。ところが、LEM はどうだろうか。(1)と(2)は同時に偽ではあり得ないのだろうか。この点が原典が明確さを欠くところであり、また、ここがまさに『命題論』の解釈が哲学上の癌のように増殖をし、捉えどころがなくなる所なのである。その難解さは、アリストテレスが結論を下し、自己の見解を（一見）要約しようとする次のキーとなる一文において頂点に達する。

　海戦は明日起こるか、起こらないかのどちらかでなければならない。しかし、それが明日起こるという必然性はないし、起こらないという必然性もない。それでも海戦が明日起こるか起こらないかのどちらかであることは必然である…そのような関係にたつ 2 つの命題 [(1)と(2)] のうち 1 つは真、もう 1 つは偽であらねばならない。しかし、確定的にこれが真、あれが偽などと言えない。未決のまま残して置くしかないのである。一方が他方より真らしいとは言えても、現実的に真、現実的に偽とは言えない。従って、肯定、否定について一方が真、他方が偽となることが必然とは言えないことは明白である。現実的にではなく潜在的に存るものの場合、存在するものについては成立する規則（すなわち LEM）が有効に働かないのである。この問題については、むしろ、既に示したようになる(19a30-b4)。

　既に何が示されたのかは残念ながら不明なのである。またこの不明点は今以上に明らかになることもない。というのは、さまざまな出典に記述上の違いがあったり、ギリシア語の原典に体系的な曖昧さがあり、また明らかにここで必要となる、作用域の多義性を除く形式的な道具立てがないからである。

　ルカシェビッツ（Lukasiewicz 1922, 1930, 1934）は、このアリストテレスの第9章の議論を、決定論（もし**p**が明日真なら、**p**は明日必然的に真であって、その事実を変更することはできない）を排除するのみならず、私が言うところのLBV、二値原理の否定であるとみている。LBVとは、全ての命題は真か偽かどちらかであるとするものである。（ルカシェビッツの解釈によれば）、アリストテレスは次のように言っていることになる、（**(1)(2)**のような）「真でも偽でもなく未確定の命題があり、それらは今日においては、真でも偽でもない」（Lukasiewicz 1922: 36–37、ここで私はレッシャー（Rescher 1963）にならい、第9章の「LBV違反」解釈をボエティウス流（BOETHIAN）解釈ということにする。この名称はアリストテレスの信奉者で、5世紀の注解者であったボエティウスにちなんだものである）。ルカシェビッツは、上のような未来偶然命題に2つの古典的（アリストテレス的）値である真、偽とは区別して、第三の真理値 **I**（Indeterminate（未決））を与えた。

　しかし、この分析は過去についての検証不可能な、ないしは反証不可能な陳述（例えば、「アリストテレスは死んだ日に朝食をとらなかった」）、つまり、いわゆる<u>過去の偶然性（不可知性）</u>に関する陳述に対しては魅力の乏しいものとなる。さらに、現在の不可知性の問題についても訴える力を持たない。このことはルカシェビッツには無視されているが、中世の哲学者たちにはよく知られた問題であった。彼らのよく使う例として、「星の数は奇数（偶数）である」がある。最近の例ではクワイン（Quine 1981: 91）が使ったものがある。彼は「頑固な二値論理の支持者」であり、その立場に忠実な者として、「決定不可能性の問題を引き受ける」という仕事を進んで引き受け、次のように言う。「我々（二値論理の支持者）は、1903年卒業式の夜明けに、ハーバードの校庭の草の数は奇数であった、という文は真か偽かどちらかであると宣言する」と。いずれにせよ、同時代人を、哲学的論理を認識論に感染させるものだと非難するその当の本人であるルカシェビッツ（Lukasiewicz 1934: 84）が、2つの真理と1つの未確定値との混成システムを提唱することに何の不都合も感じないということは不思議なことである[1]。

　アリストテレスが、LEMとLBVの両方とも、あるいはどちらかを排除し、未来偶然性を「真理値の不確定状態の地位」にとどめようとした（Rescher 1963: 43）、という見解はボエティウスやルカシェビッツに限られるものではない。同様の見方はこの見解の擁護者であるエピクロス派には普通のものだったし、反対を唱えたストア派の中にもみられた。ストア派のクリュシッポス（Chrysippus）はLEM

と LBV の不可侵性を特に重要なものと考えていた。そこでこれらの法則を拒むシステムのことを、ルカシェビッツにならい一般意味論の場合の中傷のように「非アリストテレス的」というのではなく、より正確に「非クリュシッポス的」というのである（Korzybski 1933; Hayakawa 1949 参照）。アリストテレスが LBV から決定論とみえるものを引き出したことはストア派の面々を困らすことはなかった。彼らは心からの運命論者だったのだ（この点、及び関連した問題については、Lukasiewicz 1930 に注釈として付けられているルカシェビッツによる有益な LBV の歴史の解説を参照のこと）。

　アンモニアスやボエティウスからリンスキー、プライアにいたるまでの多くの学者たちは、アリストテレスは非クリュシッポス的な立場にうまくあてはまると考えた。それは、すべての命題は未来偶然性（あるいは過去不可知性、現在非決定性？）に関するものでない限り、真か偽かになるとするものであった。しかしながら、アリストテレスの第 9 章について異なる解釈がニールたち（Kneale and Kneale 1962: 214）やレッシャー（Rescher 1963）で唱えられており、彼らと同様の見方も長い歴史を持っているのである。次に取り上げるのはニールたちの著作で紹介されているアベラール（Abelard; *Dialectica*, 210–22）の見解である。

　　いかなる「未来偶然性」命題も決定論的に真、または決定論的に偽とはなり得ない、…しかし、そのような命題が真、あるいは偽となり得ないというのではない。その反対に、そのような命題でもその帰結がその述べるところに一致するならば真となるのである。たとえこのことが我々の知る所とならない場合でもそうなのである。

この解釈の伝統はアル・ファラビ（al-Fārābi、約 900 年頃）に起源があり、明らかにアヴェロエス、トマス・アクィナス（Oesterle 1962, lectures 13–15 参照）、ドゥンス・スコトゥス、オッカム（Rescher 1969: 45）らに支持されている。レッシャーが述べているように、これらの回教徒やキリスト教徒の注解者たちは、アリストテレスの「真」と神の啓示の「真」との仲介をするという仕事を受け持っていた。後者の真は自由意志と神の先験性とを含んでいた[2]。

　アリストテレスがどのように自分の議論を現在の様相論理の中に取りいれようとするかは知る由もないが、レッシャーはアル・ファラビ流の（FARABIAN）解釈を強く支持している。この解釈は他の研究者、例えばアンスコム（Anscombe 1956）やストラング（Strang 1960）などにも支持されている。この解釈では、未来偶然性の持つ例外的な性質は、真理値の地位そのものに影響を与えるのではなく、必然的真、必然的偽に影響を与えると考えるのである（Ackrill 1963: 140–41 参照）。従っ

て、この観点にたてば、((3a) のように定義される) LBV や ((3b) で示される) 同族の LEM が成り立つかどうかは全く問題にならない[3]。

（ 3 ）a. $\mathbf{T}(\mathbf{p}) \vee \mathbf{F}(\mathbf{p})$　　　（すべての命題は真か偽であらねばならない）
　　　b. $\mathbf{T}(\mathbf{p}) \vee \mathbf{T}(\sim \mathbf{p})$　　　（ある命題とその矛盾命題について、どちらかが真であらねばならない）

むしろ、未来偶然性で排除されるものは（p は未来偶然性を持つものとする）、(4) で示されているような、「真（偽）から必然的真（必然的偽）への移行」である。

（ 4 ）a. $\mathbf{T}(\mathbf{p}) \rightarrow \Box \mathbf{T}(\mathbf{p})$　　　（あるいは $\mathbf{T}(\mathbf{p}) \rightarrow \Box \mathbf{p}$?）
　　　b. $\mathbf{F}(\mathbf{p}) \rightarrow \Box \mathbf{F}(\mathbf{p})$　　　（あるいは $\mathbf{F}(\mathbf{p}) \rightarrow \Box \sim \mathbf{p}$?）

　同様に、上に引用した『命題論』19a30–b4 のなかで、アリストテレスは (5) で示される選言を無条件に受け入れることを拒絶しているが、一方、(6) のような必然性命題には賛成している。

（ 5 ）　$\Box \mathbf{p} \vee \Box \sim \mathbf{p}$
（ 6 ）　$\Box (\mathbf{p} \vee \sim \mathbf{p})$

　アリストテレスは、「矛盾する未来偶然命題は同時に偽であり得る（あるいは同時に真ではない）」とする見方に反対する旨を力説して、次のように述べている。「肯定、否定どちらもが真ではないということ、例えば、あることが起こるかもしれない、起こらないかもしれないの両方を偽とすることは、弁護することの全くできない立場をとることになる (18b17–19)」。もし、アリストテレスに、この章で出てくる余りぱっとしない人たちの一人の代表としてではなく、彼自身の肉声で語ってもらうことができるとするなら、彼は次のように主張することだろう。つまり、(1) か (2) のどちらかが今日の時点で真ではあるが、どちらが真であるのかは決定論的に真というのではなく、（予知できない以上）真であることが知られ得ないのだ、と。こう考えると、アリストテレスが未来偶然性に第三の真理値を与えた（あるいはそもそも真理値を与えなかった）ボエティウス流の解釈は間違いということになるだろう。もちろん、レッシャー (Rescher 1963: 51) が指摘するように（またあるいは創造的誤読を勧める脱構築理論が示唆するように）、この間違いがあるからといってボエティウス流の解釈は哲学的興味の対象から外れるわけではない。
　アル・ファラビ派の見方からすれば、自分たちの非二値論的考え方をアリスト

テレスに帰そうとする非古典的論理学者たち（例えばルカシェビッツ（Lukasiewicz 1930, 1934））はアリストテレスに対し、公正な態度を取っているとは言いがたい。同様に、ストア派の二値論理の後継者であるクワインも、「**p** あるいは **q** が真である」は「**p** が真であるか、あるいは **q** が真である」（Quine 1953a: 65）の不十分な条件でしかないという論点を、「アリストテレスのファンタジー」として退けてしまったという点で、アル・ファラビ派からみればアリストテレスに対し不公平であることになる。アル・ファラビ派がアリストテレスに帰そうとしたのは空想的議論などではなく、「**p** あるいは **q** が必然である」は「**p** が必然であるか、あるいは **q** が必然である」に対し、不十分な条件であるとする議論である[4]。

　未来偶然性に関する論争におけるスコラ派の貢献については、ミカールスキー（Michalsky 1937: 285–301）とボードリー（Baudry 1950）の著作に述べられている。レッシャー（Rescher 1963: 51–54）は、この「海戦」、すなわち未来偶然性の議論に関して、ストア派の決定論についてのキケロの擁護から、1960 年代初期の一連の論理学的、歴史的分析まで包括的な注解付きの文献目録を載せている。アクリルの著作（Ackrill 1963: 132–42）にも、この論点に関する文献や問題点について有益な議論が寄せられているが、例の第 9 章の関連する部分の翻訳は、上に引いたエッジヒル（Edghill）によるオックスフォード版とは大きく異なっている。翻訳がその訳者に引きずられるということはあるにしても、エッジヒルのアル・ファラビ派びいきは明白である。アル・ファラビ流の解釈については、6.2 節で述べる予定である。

2.2　空の単称名辞：ソクラテスからフランス王まで

　　排中律によると「A は B である」か「A は B ではない」のどちらかが真ということになる。そうすると、「現フランス国王ははげだ」か「現フランス国王ははげではない」のどちらかが真でなければならないことになる。しかし、はげとはげでない者をより分け、リストを作ったとしても、くだんのフランス国王はリストのどこにも現れない。総合を好むヘーゲル派なら、王様はかつらを被っていると結論することだろう。　　　　　　　　　　　　（Russell 1905: 485）

　既に第 1 章で見たことだが、指示対象のない、空の単称名辞が関与する論理についての初期の論争は、存在しないフランス君主のはげではなく、実際にはいなかったかもしれないソクラテスの病気についてであった。未来偶然性に関して、アリストテレスが真理値ギャップを支持したかどうかは、彼の著作をボエティウス流に読むか、アル・ファラビ流に読むか次第なのだが、この空の単称名辞を持つ文につい

ては、彼の二値論的立場は明確である。思い出して欲しいのだが（1.1.1 項参照）、もしソクラテスが存在しているのなら、彼についての肯定文、例えば(7a)、(7b)は真か偽かどちらかということになる。もちろん、相互に反対関係にある肯定文であるから、同時に真ということはあり得ない。

(7) a. Socrates is sick. (ソクラテスは病気である)
     b. Socrates is well. (ソクラテスは健康である)
(8) a. Socrates is not sick. (ソクラテスは病気ではない)
     b. Socrates is not well. (ソクラテスは健康ではない)
(9) a. Socrates is not-sick. (ソクラテスは非病気である)
     b. Socrates is not-well. (ソクラテスは不健康である)

ソクラテスが存在しないのなら、(7a)、(7b)のような肯定文は自動的に偽ということになる。その場合、対応する矛盾否定の文、(8a)、(8b)は自動的に真となる。これらの「述語否認」と(9a)、(9b)のような「述語名辞否定」は混同してはならない。「述語名辞否定」は、実際には（否定辞 not-sick、not-well はソクラテスを肯定的に叙述する）肯定文なのであるから、空の主語という場合には((7)と同じく)偽ということになる。このように、肯定述語か否定述語を持つ肯定文は、主語の存在を伴立するが、否定文(述語否認)は伴立しない。指示対象の存在しない単称名辞の問題に対するこの「質的」アプローチに反対する立場にたつボエティウスや他の哲学者たちにとって、(7a)、(7b)は反対関係になるのではなく、矛盾関係にあるということになる(関連する議論について、1.1.3 項 参照)。

　ブラッドリー(Bradley 1883: 119ff.)は、アリストテレス流の矛盾否定の視点から出発して、後々まで問題となるあの「王様」を論争に巻き込んだ張本人と言えるだろう。

    ソクラテスは、彼が健康であることにより、あるいはそもそもソクラテスなる人物が存在しないことにより、「病気ではない」かもしれない…「ユートピアの王様(The King of Utopia)は火曜日に死んだのではない」が矛盾否定されているのは間違いない。しかしながら、その否認文は多義的なままである。その根拠は、ユートピアというような場所がない、ユートピアには王様がいない、彼はいまだに生きている、あるいは彼が死んだにせよ、それは月曜日であった、などということが考えられるからである。

このように、単称名辞が指示対象を持たない場合、述語否認文とその否認文がとも

に真となる。しかし、同じ肯定的知識（つまり、ユートピアの王の非存在、というような）が、（一見）矛盾関係になる一組の命題の両方の真偽判定の根拠になるというのは、何かが明らかに間違っているように思える。

ブラッドリーの仲間の新ヘーゲル学派の観念論者ジクヴァルトは、示唆に富むが当時まだ生まれたばかりの「前提」の概念に基づいたアプローチを支持し、空の単称名辞を持つ文について、アリストテレスの真理関数的で、伴立に基盤を持つ分析を排除しようとした。ここでジクヴァルトの原始ストローソン派の趣のある結論をみておくことにしよう。「一般的に言って『A は B ではない』という判断は、『A は B である』という判断において A の存在が前提とされる場合には、すべての場合に A の存在を前提とするのである…『ソクラテスは病気ではない』は、まずもってソクラテスの存在を前提にしているのは明らかである。なぜなら、彼の存在を前提にしてはじめて、彼が病気であることについて疑問が生じ得るのである（Sigwart 1895: 122)」。しかしアリストテレスの否定と肯定の間の非対称性は維持されているが、それは伴立（entailment）ではなく、前提（presupposition）の非対称性に置き換えられている。「否定は、単にソクラテスが病気であることが偽であると宣言しているのであるから、それに含まれる前提は、ソクラテスが病気であるという肯定的判断の場合よりも確定的ではない。なぜなら、ソクラテスが死んでいるという理由からでも否定され得るのだから（Sigwart 1895: 124)」。ジクヴァルトにとって、「火は燃えない」という一見して分かる矛盾文も、火が存在しないということだけで、指示対象非存在の場合の真となり得るのである。

別のところでジクヴァルト（Sigwart 1895: 152）は、(7a) と (7b)（あるいは (9a) と考えてもいい）を「反対関係」とし、(7a) と (8a) の関係を「矛盾関係」とするアリストテレスの見解に反対し、日常言語の言葉使いの観点から議論を展開している。彼が指摘するには、(8a) は普通「ソクラテスは存在するが病気である」ということを表すという。さらに、もし「ソクラテスは病気ですか？」という質問に、「はい」、「いいえ」で答えたならば、我々の普通の話し方からすると、質問が可能になるための前提を受け入れていることになる。また死んでしまった人について「彼は病気ではありません」と言うなら、これは言葉を多義に使ってしまったという罪を負うことになろう、とも述べている。しかし、厳密にはアリストテレスは正しいということになる。「形式的には、その命題 [8a] は、もしソクラテスが生きていないとすると議論できない」とアリストテレスは述べているのだから。ジクヴァルトの「ある文脈において、ある命題は真であるかもしれないが、不適切で誤解を生んでしまう」という結論は、後の語用論的な前提についての諸議論と軌を一にするものである（Stalnaker 1974、Bergmann 1977、Gazdar 1979a、Karttunen and Peters 1979 参照）。

ボーザンケト（Bosanquet［1888］1911: 287–88）は、空の主語を持つ否定的判断に関して、同じような議論を展開している。次のような対(**10a, b**)があるとすると、

(**10**) a.　The house on the marsh is burnt down.（沼地の家が焼け落ちている）

　　　 b.　The house on the marsh is not burnt down.（沼地の家が焼け落ちていない）

もし「沼地の家」など存在しないのなら、実際は「そのような家が焼け落ちるなどということはない」のだが、(**10b**)は真となると考えねばならないという。その場合、(**10a**)は『オルガノン』で述べられていると同様に偽となる。ボーザンケトは主語にあたるものが存在しない場合、(**10a**)のような主張は「偽というよりむしろ無意味」であり、また、その否定である(**10b**)は「家が存在し、かつ、存在することを前提とするか断言する場合にのみ意味がある」という彼に対する反対意見に強く同情する（うそかほんとか）と告白している。しかしながら、意味がない判断は明らかに真ではないと彼は結論する。（ボーザンケトは暗黙のうちに "not true（真ではない）" を、「偽」と同一視しているようである。これはラッセルには支持されようが、今世紀の論理前提主義者には支持され得ない考え方である。この点は後に議論される。）

　単称名辞の前提的説明を形式意味論的モデルに最初に持ち込んだのはフレーゲ（Frege 1892）[5]である。彼の意義（sense）と指示関係（reference）に関する古典的論文において、(**11a**)とその矛盾命題(**11b**)の両方において、Kepler という名前が、何らかの指示対象を持つことを前提とする（voraussetzen）と述べている。

(**11**) a.　Kepler died in misery.（ケプラーは惨めに死んだ）

　　　 b.　Kepler did not die in misery.（ケプラーは惨めに死んだのではない）

この「前提性」は名前だけではなく迂言的記述にも関係する。従って、(**12**)も(**11**)の前提的性質を持つことになる。

(**12**)　　Whoever discovered the elliptic form of the planetary orbits {died/didn't die} in misery.

　　　　 （惑星の楕円軌道を発見した人は誰であれ、惨めに死んだ／死んだのではない）

　単称名辞に関連する存在の前提は、意義（sense）と指示関係（reference）の区別や、意味論における合成性の原理、あるいはまた文の指示対象は真理値であるとする、直観には反するが重要な結論を導くためのエレガントな議論を構築する際に使われ

る。フレーゲに従い、意味（特に意義と指示関係の両方を指す）は合成的であらねば
ならないとしておこう。これは、ある表現の意義（あるいは指示関係）は、それを構
成する部分の意義（あるいは指示関係）の関数であるとするものである。そうする
と、ある文が命題を意義として持つとして、その文が x を指示する（つまり、指示
対象として x をとる）という時の x とはいったい何であろうか？　フレーゲは、こ
の問いに関して、文の構成部分の指示対象がつかみどころのない正体のないもので
あれば、文全体の指示対象である x もつかみどころのない正体のないものになると
して、次のような例をあげた。

(13)　Odysseus landed at Ithaca.（オデッセウスはイタカに上陸した）

上の (13) は、（フレーゲの (11) についての議論を所与のものとすると、）Odysseus
という名前が指示対象を持つ場合にのみ真か偽であり得る。そこで、x はその文
の真理値であると結論することに「追い込まれる」。また、他のすべての平叙文
と同じく、(13) も 2 つの真理値のうちの 1 つ、つまり真か偽を指示対象としてと
るか、あるいは全く指示対象を持たないかどちらかということになる（Frege 1892:
62–63）」。もし文の構成部分の内のどれかの前提が成立しない（例えば、Odysseus
が指示対象を持たない）とすると、全体の前提も成り立たないことになり、ひい
ては、文の指示対象もないということになる。さらに、内包的文脈や不透明文脈
（Frege 1892: 66ff.）などによってもたらされる複雑さを無視するならば、同一の指
示対象を持つ語の置き換え（例えば、オデッセウスの代わりに「ペネロペの夫」か
「ポリュペモスの殺害者」とする）は、その表現が現れる文の指示関係（つまり真理
値）に影響を与えない。
　単数主語（名前、記述を問わず）を持つすべての文（肯定、否定を問わず）は、その
主語について（おそらくは唯一の）指示対象の存在を前提にする。しかし、この前提
は当該の表現の内容の一部ではない。それゆえ (11a) のような文では Kepler の存在
を伴立するのではなく、また、(11a) の否定は前提を保持する (11b) ではなく、（ド・
モルガンの法則から導きだせるように）(14) に示す選言文となる。

(14)　Kepler did not die in misery, or the name *Kepler* has no reference.
　　　（ケプラーは惨めに死んだのではない、あるいはケプラーという名前は指示
　　　対称がない）

同様に、これに対応する (12) に示された迂言的文の場合は、その否定は前提から解
放されたもっとぎこちない選言文 (14') になる。

(14') Either whoever discovered the elliptic form of the planetary orbits did not die in misery or there was nobody who discovered the elliptic form of the planetary orbits.

（惑星の楕円軌道を発見した人は誰であれ惨めに死んだのではない、あるいは惑星の楕円軌道を発見した人などいない）

フレーゲ（Frege 1892: 68–70）は、この選択を明らかにばかげたこととみているようである。しかしながら、彼のその件に関する言及は、面白いことに、(14) と (14') のような選言文と正確に対応する真理条件を持つ、後の「前提取り消し外部否定演算子」の前触れとなっているのである。

　内部否定、外部否定という二分法は、アリストテレスの 2 つの否定に由来するのであるが（1.1 節と第 7 章参照）、ラッセルの著作（Russell 1905: 490ff.）にも現代的装いを施されて現れている。この節を始めるにあたり私が掲げておいた問題点の解決を求め、ラッセルは論理の表示から「フランス国王」のような記述を追放しようとした。この追放作戦が実行されると、(15) や (16) のような文は、その表面的な構造にもかかわらず、もはや主語 - 述語の形態ではないと分析される。

(15)　The king of France is bald.（フランス国王ははげである）

(16)　The king of France is not bald.（フランス国王ははげではない）

(15)は、フランス国王という属性をもつ唯一の物が存在し、かつ、その存在物ははげである、という（偽の）命題と解釈される。これは次の (15') で示されるように存在量化子に束縛される連言文となる。

(15')　$\exists x (Kx \wedge \forall y (Ky \rightarrow y = x) \wedge Bx)$

　しかし、対応する否定文(16)については 2 つの異なる解釈がある。もし the king of France（フランス国王）という定記述が「第一出現（PRIMARY occurrence）」を持てば、フランス国王である唯一の物が存在し、かつそれははげではないという（偽の）命題になる。これは(16')となる。

(16')　$\exists x (Kx \wedge \forall y (Ky \rightarrow y = x) \wedge \sim Bx)$

ラッセルによれば、男性のフランス君主が存在しない（あるいはあり余っている）ならば、(16')は「単純な偽」ということになる。しかし、ラッセルは(16)のもう 1

つ別の読みが可能であるという。その読みとは、「フランス国王であり、かつはげ
である唯一のものが存在する、というのは偽である(あるいは真ではない)」という
命題に対応するものである。この場合、(16'')の論理式で示されるように、その記
述は否定のスコープ内に「第二出現(SECONDARY occurrence)」を持つことになる。

$$(16'')\quad \sim \exists\, x\,(Kx \wedge \forall\, y\,(Ky \to y = x) \wedge Bx)$$

これはフランスが共和制である場合には真の命題ということになる。この読みは適
切な音調(intonation contour)と矯正(rectification)が伴えば、より解釈されやすい。

(16!)　The king of France isn't bald—there isn't any king of France!

このラッセル派の外部否定に関連する問題は 6 章でも取り上げることになろう。
　論理形式(16')の否定は基本命題に対して内部的であり、(16'')では外部的であ
る。そこからこれらの否定のスコープを内部、外部と呼ぶようになり、やがてラッ
セルの第一出現、第二出現という用語に代わって使われるようになった。(16'')は
(16')と違い、(17)を伴立できないことに注意してほしい。

(17)　There is a king of France.

確かに、(17)の偽は(16'')の真を保証する。
　ここでのラッセルの貢献は(彼の定記述理論を使った後の著作をも含めて)、アリ
ストテレスの否定の真理条件理論を形式的に再構成してみせた点にある。彼は、矛
盾的述語否認((16'') = The king of France [is not] bald)と反対的述語名辞否定((16')
= The king of France is not-bald)とを、否定のスコープの違いとして区別した。ラッ
セルがこの方式の先例を見過ごしてしまったのは偶然であろう。もっとも彼はアリ
ストテレスのことを論理学者としては軽くみていたことを考えると、見過ごしたこ
ともありそうなことだとは思えるのだが。とにかく、ラッセルが自分の分析例を(ア
リストテレスやフレーゲがしたように)固有名に基づくのではなく、記述に基づい
て説明したことは偶然ではない。
　ごく普通のアリストテレスやフレーゲ流の否定(例えば(8a)、(11b))に対し、
ラッセルは、彼が「論理的に不適切な」名辞と名付けた(Socrates や Kepler という
ような)固有名をそのまま使うのではなく、仮装的な定記述(…というような x)と
して扱うのである。すなわち、このような固有名を簡単な記述に書き改め、最後に
でてきた記述を上で示したように存在量化子付きの連言の形に書き直すという操作

である。

　クリプキ (Kripke 1972) はこのような名前を仮装的な定記述とみる見方 (あるいは同類の考え方) に反対しているが、彼の説得力のある議論に同意すると、固有名 (ないしは定記述) を含む否定文の多義性について、ラッセル流の考え方を残すための唯一の方法は、そのような名前を述語に変えてしまうことである。クワイン (Quine 1948: 7–12) はこの方式を強く支持している。彼によると「ペガサスは翼がある (Pegasus is winged)」は、「ペガサス化するものが翼を持つ (The thing which pegasizes is winged)」と分析される。このアプローチによると、アリストテレスの (8a) は、(内部否定を持つ「第一」解釈に基づき、)「ソクラテスであるものが唯一存在し、この存在は病気ではない」ことを主張していることになる。

　クワインは、実体のない述語を用いて名前を記述に変え、その結果、名前を排除するこの方式を、存在論的スラム一掃作戦の有力な道具として提唱する。「我々はペガサスの存在を前提にせずとも、存在しないものを我々の存在論の中に入れることを認めずとも、ペガサスの存在を否定できるのだ」という。しかし、我々の社会が認識してきたように、スラムの一掃には常に代価が伴うのである。このケースでは最も明らかな主語 - 述語文でさえ、そのままでは扱えなくなってしまう。さらに、正面玄関からペガサスが存在論の中に侵入することは防いだとしても、結局「ペガサス化」という述語が裏口から忍び込むことを許すようではたいして自慢もできないだろう。

　命題論理と名辞論理の相対的な長所 (この問題に関する再考については 7.2 節参照) については色々考えられるにしても、否定の多義主義者は後者のアプローチを支持することは明らかである[6]。ヘンリー (Henry 1972: 74) は 2 つの否定を容認するラッセル流の記述の理論の問題点を次のように要約している。

　　初めから明らかに望ましい区別が、記述の「第一、第二出現」という誤解をまねく装いのもとに、回りくどく、その場しのぎのやり方で導入されている。またすべての名前は、この急ごしらえの区別を利用することができるようにと仮装的な定記述として構成されねばならないことになる。

しかし、アリストテレス流名辞論理による述語名辞否定は、ラッセルの内部否定とは異なり、真理関数的にその矛盾対応文と区別することができる。このやり方なら、固有名が普通には存在しない特別の述語を使って記述に変化を遂げる間、スコープを使う分析家に待ってもらう必要もない。

　指示対象を持たない単数主語を持つ否定文の地位についての意見を述べる者、特に二値の命題論理の枠組みのなかで考察している者は、ラッセルのいう多義性の双

子の一方を見過ごすか無視していることが多い。例えばウッド (Wood 1933: 421) は、(16)を単に「フランス国王ははげであるは偽である」と解釈する。そのような説明では、否定は必然的に外部的であり、存在とのかかわり合い（フレーゲ流の前提やラッセル流の伴立）は推論できない。一方、コリンソン (Collinson 1937: 89) は主語を否定のスコープの外に置き、肯定文のみならず否定文でも主語の存在を伴立するようにした。「我々が主語が赤いと主張するか、否定するかする時、主語は無傷で存在しなければならない」という。（ここでウッドは哲学者として意見を述べ、コリンソンは言語学者として意見を述べていることは重要であろう。アリストテレスやラッセルは同時に哲学者でも言語学者でもあったが、そこから彼らの洞察が生まれるとともに、分析に一貫性を欠くことになったのかもしれない。）

　他方、ライヘンバッハはラッセル流の考えをそのまま受け入れ、その説には次のような利点があると主張する。すなわち、「現フランス国王は 40 才である」というような文は無意味と考える必要はなく、ただ単に偽なのであり、さらに、スコープの外に否定を加えることで真とすることができる点であるという (Reichenbach 1947: 263)。

　ラッセルやライヘンバッハ、そしてもちろんアリストテレスもそうしたように、(15)のような文を「単に」偽とするやり方は、後にストローソン (Strawson 1950, 1952) や彼のオックスフォードの同僚たちと歴史的な摩擦を起こすことになる。ストローソンは、(15)が有意味であるという点についてはラッセルやライヘンバッハに同意する[7]。しかし、彼にとって有意味、無意味は文の属性であって、指示関係（つまり真理値）は文がその伝達のために使用される言明の属性なのである。

　ストローソンによるラッセルの記述理論に対する反論も、フレーゲの分析やコリンソンの上述の引用と同じく、否定は通常、不可避的に主語を無傷のままに残して置くという想定の上に築かれた議論である。ラッセルは、(16) の文は、彼のいう第一の読み、つまり内部否定(16')において、フランス王の非存在から偽になるという。ところがフレーゲには、類例の (11b) 文は　ケプラーという人物が存在しなかったなら、いかなる主張もしていないことになる。ストローソンによると、(16) の文を発話する者は（唯一の）フランス国王の存在を認めていることになる。しかし、ラッセルとは違い、(16) 文の発話者は対応する存在文 (17) を主張しているのでも、伴立しているのでもなく、むしろ(16) は、その対応する肯定文(15) とともに、(17)を「前提」としているのである、とストローソンは考える。もし、この前提が満たされないなら、(15) も (16) も真とも偽とも判断できないのである。陳述とはこれらの状況のもとでなされるものであり、フレーゲとは異なり、真理値の問題は「起きない」とストローソンは考える。

　ストローソンは、(16)のような否定単数陳述を本質的に多義性のないものと捉え

る点においてフレーゲに同調しており、その結果、ラッセルやアリストテレスに反対している。しかしながら、彼は(18)の会話文で示されるような非前提的否定の存在をも認めているのである。

(18) A : Does he care about it? (彼はそれを気にするかい)

　　　B : He neither cares nor doesn't care; he's dead.

　　　　 (彼は気にするも気にしないもない。死んでいるのだから)

ここでBの答えが「除外されない中間領域」を想定しているという事実は、「彼は気にする」「彼は気にしない」の間に反対関係的性質を認めたことになる (Strawson 1952: 18)。(ここで思いだしていただきたいのは、反対対当が両極のどちらとも合致しない第三の命題の存在を許すのであって、矛盾対当はそうではないということである。) この例では、存在が許された第三の命題とは「彼が死んでいる」ということになる。この例が現れる文章においても、また影響力の大きかった彼の論文 (Strawson 1950) においても、主語が来世に行ってしまうことは、その主語に関する文を直ちに偽にするのではなく (アリストテレスやラッセルならそうしただろうが)、真と偽の問題に影響され得ないことになると彼は考えている (もっとも主語の「復活」を考えなければの話だが)。

　ある文が有意味ではあっても、主語名辞の指示関係がうまく成立しないことにより、真でも偽でもないとすると、このことはアリストテレスやラッセルの古典的な二値論理から外れて、第三の真理値を与えるということになるのだろうか？　真理条件のブラックホールともいうべきギャップ (GAP) が、本来なら真理値が与えられるべきところに口を開けているのだろうか？　空の主語名辞を持つ文の場合 (おそらく未来偶然性を持つ文の場合も同様に)、真偽の問題が生じないものとすると、やはり無意味、あるいは非文法的な文として片付けられることになるのだろうか？

　ストローソン自身は、いかなる論理の体系にせよ、日常言語における真偽や意味について彼の直観をうまく取り扱えないのではないかという疑念を持っていたらしいが、今述べたいくつかの問いについては、おそらくは無視したことだろう。2.4節でみることだが、彼のこの疑念にもかかわらず、他の哲学者や言語学者の多くはルカシェビッツ流の多値論理を採用することをためらわなかった。これにより、(15)、(16) の例でみたような空の主語名辞に関してさまざまな前提的分析を展開しようとしたのだ。ストローソンの "On Referrirng" の発表後、30年間に、三値論理 (あるいはそれ以上の多値論理) が急速に広がった。そのような多値論理においては、真理値ギャップが存在し、非古典的真理値が想定されていた。有意味な平叙文でも、文脈によっては古典的なTとFのどちらも与えられないことがあり得るの

である。皮肉なことに、これらの新ストローソン派の前提に関する形式的説明は、否定に関しては多義性を想定している。これはアリストテレスやラッセルの提唱した立場であって、ストローソン自身はそれに対して、はっきりと賛意を示していたわけではなかったのである。

2.3　範疇誤り：無意味の意味

アリストテレスは『オルガノン』において、(**19a, b**)や(**20a, b**)のような明らかに矛盾とみえる一対の言明が、実際には矛盾関係ではなく、直接反対関係にあると考えられる 2 つの理由を繰り返し述べている。

(**19**) a.　α is healthy.（α は健康だ）　(**19'**) a.　α is not healthy.（α は健康ではない）
     b.　α is sick.　（α は病気だ）　 b.　α is not sick.　（α は病気ではない）
(**20**) a.　α is even.　（α は偶数だ）　(**20'**) a.　α is not even.　（α は偶数ではない）
     b.　α is odd.　（α は奇数だ）　 b.　α is not odd.　（α は奇数ではない）

まず第一の理由は、α が存在しない場合で、この場合は既にみたように、その対の文は 2 つとも偽となる。しかし、α が存在するとしても、主語の種類によって(a)(b) 2 つの文の述語が自然には適用できない場合もあり得る。例えば、α が数字だとしよう。そうすると (**19a**)(**19b**) とも偽となるだろう。そして各々の矛盾文である (**19'a**)(**19'b**) は共に真となる。また、α がソクラテスであるとすると、(**20a**)と (**20b**) は（述語名辞の適切な読みにおいて）共に偽であろうし、(**20'a**)(**20'b**) は共に真となろう。述語名辞否定の場合も同様である。つまり、もし α が存在しないなら、α は **P** でも not-**P** でもない。あるいは、もし述語 **P** が（not-**P** でも同じことだが）α を叙述できないような性質を表すなら（これは、もし α が述語 **P** や述語 not-**P** で叙述され得ないような種類のものならば、と言っても同じことだが）、α は **P** でも not-**P** でもないということになる。

ある属性が、本来それを叙述することが不可能な主語について否定されているような否定命題については、本書でも前に触れたことがある。1.2 節で、「無意味否定（INSIGNIFICANT negation）」の概念をスピノザの "The wall does not see" の否定の例にまで遡ってみた。次の (**21**)(**22**) は観念論者にとっては無意味否定の例となるだろう（Sigwart 1895, Bosanquet [1888] 1911, Mabbott 1929 参照）。

(**21**)　Virtue is not square.（美徳は四角形ではない）
(**22**)　The soul is not a fire shovel.（魂は十能ではない）

これらはいわゆるマボットのトルコ絨毯風判断（Turkey-carpet judgment）であり、無意味な否定である。理由として、ヘーゲルが述べたように、これらは「場を狭め」ないからであるとしている（Mabbott 1929: 68）。さらに、プライス（Price 1929）もこの判断を「完全に道理にかなっていて、まったく正しい」としていることを思い出すことができる。

　ではこうした無意味否定はどのような論理的地位を占めているのだろうか。この問題に関して最近の文献を眺めると、ユーイング（Ewing 1937: 359–64）とプライア（Prior 1954）がプライスの見解を擁護していることが分かる。特にユーイングは真の無意味性を認めている。それらは、"Cambridge is between York"（ケンブリッジはヨークの間にある）のような不完全で、おそらく非文法的な文、その構成要素が意味的に定義されていない「チンプンカンプン文」の類、さらには "Are of fond not dogs cats"（であるを好きなない犬猫）のような語順のおかしいサラダ文などである。しかし、ユーイングは (21)(22) のような主語と述語のタイプのくい違い状態になったもの、つまり範疇誤り（category mistakes、CMs）文を彼の言う真の無意味性の中に分類しない[8]。(23) のような文を例に取ると、これは「無意味な語の羅列」などではなく、ある命題を示していることが分かる。それは (23) には、この文が伴立する命題（例えば (24a)）が存在し、また、この文を伴立する命題 (24b) も存在するからである。

(23)　　　Quadratic equations do not go to race-meetings.
　　　　　（二次方程式は競馬大会に出かけない）
(24) a.　Quadratic equations do not watch the Newmarket horse-races.
　　　　　（二次方程式はニューマーケット競馬を見ない）
　　 b.　Quadratic equations do not move in space.
　　　　　（二次方程式は空間を移動しない）

さらに、(23) が命題でないとすると、どうして我々は二次方程式が競馬に行かないと分かるのだろうか。ユーイングはここでおそらく出てくるであろう反対意見に答えている。「もし私が［22］や［23］のような主張を頻繁にするなら、しかるべき所に収容されてしまう恐れも当然あり得るだろうし、私が言っていることが真であるなら、なにゆえ私が正気を逸しているとみなされるのかという疑問も起こるだろう。答えはこうである。正気を逸していると認定されるためには、偽や無意味なことを言う必要はない。ただ真であることを不適切な文脈で言えば充分なのである」（Ewing 1937: 360–61）。

　以上の主旨は充分理解されるだろう。(22) や (23) というような文は無意味では

なくて真であり、対応する肯定文は、これも無意味ではなくて偽であるというのがユーイングの結論である。しかし彼の結論を認めるにしても、これら範疇誤り文の奇妙さを、(25)のような文の持つ奇妙さ、すなわち明らかに真実である命題を無関係な文脈で主張することから生じる奇妙さと同一視する彼の提案(p.361)には従わなくてもいいのである。

(25) a.　2 plus 2 equals 4.
　　　　（2 たす 2 は 4：全く無関係な状況で発話された場合）

　　 b.　I did not commit more than six murders yesterday.
　　　　（私は昨日は 6 件以上の殺人を犯していない：1 人も人を殺していない場合）

　　 c.　I worked an hour yesterday.
　　　　（昨日 1 時間働いた：8 時間働いた場合）

　　 d.　He has not stopped beating his wife.
　　　　（彼は妻を殴るのをやめなかった：殴り始めていない場合）

否定の範疇誤り文(NCMs)も、(25)の例のように真であるが語用論的に逸脱しているとしてもよいのかもしれない（第 4 章参照）。しかしそうすると、否定の範疇誤り文はユーイングも分離できなかったもう 1 つの問題点を持つことになる。

　プライア (Prior 1954: 159–60) は、否定の範疇誤り文についてユーイングの主張を支持しようとして、(21)の例に関して 1 つの証明を提案している。その要旨は、美徳が四角形でないと言うことにおいて、私の左目が四角形でないと言うのとちょうど同じように、私は美徳（あるいは私の左目）が他の形をしていると言っているのではない（これにはプラトンのいうエレア派なら反対するだろう。［エレア派の一元論では存在する物はすべて球状のものだから］）。どちらの場合にも否定は、問題となっている物が方形性に必須の特性を欠いているという理由だけで真となる、というものである。

　否定の範疇誤り文は有意味であるばかりでなく真でもある（対応する肯定文は単に偽である）というアリストテレス、プライス、ユーイング、プライアなどの立場はクワイン (Quine 1953b: 449) によっても支持されている。彼は「述語は、範疇という点でその述語が叙述できるものと同質的なものについてのみ有意味に否定され得るという哲学者間に繰り返し議論されている考え方」について嘆いている。

　また別の所でも、彼 (Quine 1960: 229) はそれぞれカルナップとラッセルを出どころとする (26a) や (26b) のような肯定の範疇誤り文の古典的例に対して、「単に偽とするのではなく、無意味と宣言しようとする哲学者の関心」について述べている。

(26) a. This stone is now thinking about Vienna.
 （この石はいまウィーンのことを考えている）
 b. Quadruplicity drinks procrastination.
 （4倍は遅延を飲む）

彼はこのような見方は見当違いであり、それは「馬鹿げた文に対する自然におきて
くる嫌悪感によるもの」にすぎないと主張する。議論の余地なく真ではない文の集
合において、いかなる分類もしないほうがよいとして、「気にしないという寛容性
が理論の簡潔性の源である。目下の問題ではそうすることは二重に役立つ。範疇の
安定と尊重という点で、我々の手間を省いてくれるからである」と述べている。

　ここで、攻撃の対象となっている（あるいは少なくとも批判の対象とされ
ている）哲学者たちにはストローソンも含まれている。彼の「非両立性領域
(incompatibility-ranges)」の定義 (1952: 6) は、否定の範疇誤り文は真でも偽でもな
いという考えを前提にしているからである。ストローソンにとって、「緑色の物」
というような類概念は、外延（緑である物の集合の類）と除外類（EXCLUSION：緑で
ない物の集合の類、アリストテレスの用語では非緑 (not-green) である物の集合の
類、サクランボ、カラスはこれに含まれるが、素数や七大罪はこれに入らない）を
持つ。外延と除外類が合わさって、ある類概念の論議領域 (universe of discourse) を
決定すると考えるのである。「緑であるとも、緑でないとも言うことが文字どおり
意味をなさない」時、それらの物は常軌を逸し、論議領域の域外にあり、真理値
ギャップに区分されると彼は考える。

　しかしながら、ストローソンは否定範疇誤り文と肯定範疇誤り文を無意味とはし
ない。むしろ、2.2節で見たフランス国王文の場合と同様、真か偽かという問題が
生じないと考えているのである。それでは範疇誤り文を無意味とする分析に反対す
るクワインや他の学者は、ストローソンではないなら一体誰を批判したらよいのだ
ろうか。この点に関して、次のことは言っておかねばならない。つまり、最も明確
に真・偽・無意味の三分法を提唱し、タイプ理論を適用することで、範疇誤りを―
それが肯定でも否定であっても―第三の無意味のグループに配置したのはラッセル
(Russell 1908) であったということだ。これによれば、「A は B である／B でない」
という表現は、もし A が述語 B で定義される適切なタイプに所属しないのなら、
無意味ということになる。主語と述語との間の範疇衝突を説明する便利な道具とし
てのラッセル流のタイプ理論、あるいはこれに類似したタイプと範疇の理論に対
し、クワインと同様、懐疑的評価を下すことはさほど難しいことではない。適切な
タイプ理論は、実際上、述語の数だけ範疇を必要とするということを示すのに、何
もドゥワイト・ボリンジャーやジム・マコーレーのような外科医的な鋭い分析力は

必要でないのである。

　しかしながら、ラッセル流の範疇誤りの説明を明らかに擁護しているのはパップである。彼はプラトン的見解を採用し、「日常会話では『x は青い』という形式の文を偽として拒絶することは、x は青以外の別の色であると主張するに等しい」（Pap 1960: 41）と主張する。従って、次の (**27a, b**) のような否定の範疇誤り文では、他の色であるという主張（2 の平方根は、緑／赤／黄色などである）をしているわけではないのだから、実際の所は、（真ではなくて）無意味というべきだろう、という。

(**27**) a.　The square root of 2 is not blue.（2 の平方根は青ではない）

　　　 b.　The theory of relativity is not blue.（相対性理論は青ではない）

従って、パップはプラトンの対話篇において「客人」により確立された他性的否定（negation-as-otherness）の正当な後継者といえる。この他性的否定という概念は、スピノザとヘーゲル、そして観念論者たちによって「有意味否定 対 無意味否定」という概念構成に発展し、さらにマボットによって有意味否定を暗黙の肯定選言文とみなす再解釈を受けたのであった。この概念の変遷の概要は 1.2.2 項をみられたい。

　パップの否定の範疇誤り文は真ではないとする議論は、異論の多い次のような仮説に依存している。すなわち、「無意味文の否定はそれ自体、無意味である。ここで『無意味性』とは『真でも偽でもない』ということである」というものである。矛盾律と排中律により、いかなる命題（範疇誤りやそうでないのも含めて）もその否定を含めてすべて、（非）二値的である。もし「相対性理論は青である」が無意味であるなら、すなわち、パップ流にいうと真でも偽でもないなら、その否定である (**27b**) も無意味である。**not-**(**S is P**) と表示された否定は、**S is non-P** と通常は制限的に解釈されることになり、ここで **non-P** は、マボットによれば「P と同じ族に属する他のすべての述語と選言的である」と理解される。x が親切であることを否定することは、x が不親切であることを肯定することになる[9]。

　パップ（Pap 1960: 48）は述語族（PREDICATE FAMILY）、つまり「述語の集合であって、その集合のある要素が真あるいは偽となるようないかなる対象に対しても、その述語集合の唯一の要素のみが真となるような集合」という概念を設定し、その考え方を、ストローソン流の前提主義分析の観点からラッセルのタイプ理論による範疇誤りの分析を組み立て直す作業に取り入れた。パップは範疇誤りにおける前提の不成立（ソクラテスは素数である／素数でない）の効果は、通常の指示関係（スイスの王様はパイプ喫煙者だ／パイプ喫煙者ではない）における場合や、状態変化動詞（ミラー氏は妻を殴るのをやめた／やめなかった）の場合とは異なることを認識して

148

いた。彼は自分の証拠に基づいて、最初の場合は無意味であるが他の場合は明らかにそうではないと考えていた。パップは、この違いを前者においては前提の不成立の必然的性質に、また後者2例では前提の不成立の偶然的性質に結び付けて考えている。しかし、話はこれですべてというわけではない。次の (**28a, b**) の対比でみられるように、両者共に前提の不成立に関して必然的事例を含んでいる。

(28) a.　The largest prime number is odd (divisible by 3, prime, ...)
　　　　　（最大の素数は奇数である（3 で割り切れる、素数…））
　　　b.　The largest prime number is blue (happy, unfair, ...)
　　　　　（最大の素数は青である（幸福である、不公平である…））

これらの問題についての解決がどのようなものであれ、パップの制限的なタイプ内的否定の前提的取り扱いは否定の範疇誤り文の全体像を描き出すものではない。ストローソンと異なり、パップは躊躇しながらも非制限的(タイプ交差的)否定の存在を認めている。この場合、**not-(S is P)** は **S is non-P** とはとれず、範疇誤りに対する警告の発話(つまり、S は P が叙述できるような種類にあてはまらない)として働いている。「火は赤ではない、ソクラテスは素数ではない」というような否定の範疇誤り文が真と言っていいのは、このような否定の特殊な用法に限られるとしている (1960: 53–54)。
　　ドランジュ (Drange 1966: 21) は、パップの日常言語を無意味性分析の主張に組み込む方針に反発している。彼は、哲学者ではない普通の人なら(27)のような否定の範疇誤り文を見た時、その人がたまたま、ドランジュの用語でいう「抑制的」思考者であるか「非抑制的」思考者であるかによって、無意味とも、真とも解釈することがあることを認めている。本質的に抑制的な思考をする者とは論議領域を制限的にとらえるタイプの人間である (Strawson 1952: 112 上記引用参照)。一方、非抑制的な思考をする者は論議領域を制限しない。しかし、抑制的な思考をする者が行う (**29a**) から (**29b**) への移行は根拠がない。これはユーイングやプライアも認めている。

(29) a.　X is not blue. (x は青ではない)
　　　b.　X is some color other than blue. (x は青以外の他の色である)

「普通の生活で、正直に話そうとする人間であれば、あるものが青以外の何か別の色を持っていると考える時にはじめて、それは青くないと言うのである」ということが正しいとしよう。しかし、そうだとしてもこのことから、(**29b**) が成立しない

のなら（**29a**）は無意味であるというパップの見方を支持することにはならないのである。

　ドランジュは自分自身の見方を次のように言う。肯定の範疇誤り文は無意味であるが、それは必然的に真でも偽でもないというのではない、と。ストローソンと同様、またパップには反することになるが、ドランジュは、無意味性を「真理値を欠くこと（truth-valuelessness）」と同一視する見方を退けている。これは、ある文が無意味であるのは、それが真でなく、経験論的に偽でもない場合に限られるという見方である。彼によれば、肯定の範疇誤り文は先験的に偽であり、従って、無意味である。この非対称的扱いは、無意味文の否定はそれ自身では有意味であるという奇妙な結果をもたらす。この結果を擁護してドランジュは次のように言う（1966: 23）。「『ソクラテスはある色である』ということは全く意味をなさない。しかし、『ソクラテスは色ではない（しかし人間である）』は完全に正しい意味を持つ」。ドランジュは、そのような否定の範疇誤り文は外国人や子供にものを教えるのに適切に使われると言う（「おやまあ、トラックをソクラテス（色）に塗ることなどできませんよ」）。

　ユーイングやプライアにならってドランジュは、否定の範疇誤り文は（必然的に）真の陳述であることの証明を行っている。彼の（**27b**）の証明（1966: 24）は、簡略化すると、次のように示すことができる（Lambert 1968: 83 参照）。

(**27'**)　The theory of relativity is an abstract object. （相対性理論は抽象物である）
　　　　<u>No abstract object is blue.</u> （いかなる抽象物も青ではない）
　　　　∴ The theory of relativity is not blue. （故に相対性理論は青ではない）

　たとえドランジュの非抑制的否定が(無)意味性を保てないとしても、確かにそれは(非)文法性を保っているのである。それは「いかなる文もその否定が文法的であるなら文法的である（前掲 : 50）」からである。（**27a, b**）と類似の文が文法的（事実、真でもある）である以上、それらの肯定文も、また、カルナップやラッセルたちのあげた古典的例(**26**)も（無意味であるが）文法的である。このようにしてドランジュは、（**30**）を文法的であるが、意味的には変則的（anomalous）であるとするチョムスキー（Chomsky 1957）と肩を並べることになる。

(**30**)　Colorless green ideas sleep furiously. （無色の緑の考えはすごい勢いで眠る）

しかし、彼は（**30**）を選択制限により統語的に排除するチョムスキーのやり方（Chomsky 1965）には反対している。

　平叙文 S の否定を「S であることはない (it is not the case that S)」という標準的形式で置き換えた結果と同一視するドランジュの見方は、(31) の否定を文法的であるとする不運な予測を生み出してしまう。

(31)　*It is not the case that here comes the bus.
　　　　（さあバスがやって来た、のではない）
　　　　*It is not the case that I now pronounce you husband and wife.
　　　　（私は今あなた方を夫と妻と宣言する、のではない）
　　　　*It is not the case that I hereby sentence you to death.
　　　　（ここにおいて死刑を宣告する、のではない）

これはもちろん、すべての肯定文には対応する否定文があるというアリストテレスの、そしてその後時代を経て繰り返されてきた見解に関連して私が既に述べたのと同じ問題点である (1.2.1 項参照)。ドランジュからの反応がない状況では、彼の否定についての(非)文法性保持原則は効力のないものと言わざるを得ない。
　注意深い読者にはおわかりのことと思うが、クワイン、ストローソン、ドランジュを巻き込んだ否定の範疇誤り文についての真偽性、文法性、有意味性に関する議論は、次のような前提を共有しているのである。すなわち、言語というものには否定の唯一の形態を受け入れる余裕しかなく、その唯一の否定の形態とは、本質的にはストア派の矛盾命題演算子 (apophatikon) か、それのフレーゲ流の対応物、つまり "it is not the case **NP VPs**" あるいは "**NP** {does/ is}not **VP**" という形で表現される否定である、という考え方である。キッシン (Kissin 1969) はラッセルの内部否定と外部否定との多義性を受け入れ、下の (32a) と (32b) の文法性判断において区別することを表明している。

(32) a. *These stones do not have cancer.
　　　　（これらの石は癌になっていない：文法性判断はキッシンによる）
　　　b. It is not the case that these stones have cancer.
　　　　（これらの石は癌になっているのではない）

キッシンの説明では、肯定の範疇誤り文とその内部否定は非文法的であることになるが、一方、外部否定 (32b) は肯定文の非文法性を受け継がないことになる。しかし非文法性をそのまま受け継ぐ他の外部否定 (*It is not the case that Bill arrived of Lucy a potato) を排除する必要があるのだから、彼のアプローチはもっと洗練する必要があるだろう。

　既に見たことだが、ドランジュの理論では肯定の範疇誤り文（無意味と偽）と否定の範疇誤り文（有意味と真）との間に、非対称性を設定している。そうすると、私が否定の範疇誤り文と呼んできたものは、実はドランジュにとっては範疇誤りでもなんでもないことになる。だから、彼のタイプ交差文についての作業仮説的定義、すなわち「本来、あるタイプのものだけがそれに関連付け可能な属性を、それとは異なるタイプのものに結び付けようとする文（Drange 1966: 93）」も、属性をものに結び付けることが、「肯定形で」なされるような場合に限られるように改訂されねばならない。

　(33a-c) の文は、ある属性がソクラテスのものであるということを述べているというより、それを否定するために使われている。ここで、ドランジュはこれら 3 つの形式を本質的には同じと見ている。

(33) a.　Socrates is not a person.（ソクラテスは人間ではない）

　　 b.　Socrates is a nonperson.（ソクラテスは非人間である）

　　 c.　Socrates is something other than a person.
　　　　 （ソクラテスは人間以外の何かである）

「属性の帰属」と「属性の否定」を区別することにより、ドランジュは **S is not P** 形式の文のみならず、この形式の文に相当するいかなる文をも範疇誤りの分類から排除しようと目論んでいるようである。しかし、彼に反対することになるが、(33) の文が同質であることは決して自明のことではない。アリストテレスにとっては、もしソクラテスが存在しないとすると (33a) のみが真となることを思いだして欲しい。さらに、二重否定律を所与のものとすると、範疇誤り文の二重否定は、肯定の「属性の帰属性」を持つことになる (Drange 1966: 96–97, n.5)。だから「$\sqrt{2}$ は青ではない（非青である）」と主張することは意味があるが、その肯定文「$\sqrt{2}$ は青である」と、否定文「$\sqrt{2}$ は非青ではない」は無意味になる。これはかなり疑わしい結論である。結局、ドランジュの属性の帰属性と否定の概念は循環論的であるか、あるいは首尾一貫しないものと言わざるを得ないだろう。（肯定命題、否定命題を区別する形式的規準の使用に関連する問題点については 1.1.4 項参照。）

　もっと広く受け入れられているドランジュの見解は、日常言語の否定接辞付き述語（例えば、is un + **Adj**）は、属性を否定するよりもむしろ肯定的に叙述するという議論である。次の例を見られたい。

(34) a.　The number 4 is tolerant of carelessness.
　　　　 （数字 4 は不注意に寛容である）

    b. The number 4 is not tolerant of carelessness.
      （数字 4 は不注意に寛容ではない）

    c. The number 4 is intolerant of carelessness.
      （数字 4 は不注意に不寛容である）

この例では (34c) は「確かに (34b) より多くのことを述べている。」そして実際、それは (34a) と同じく、また、(34b) とは異なり、「肯定の内容を持っている」といえる。通常の否定や、語頭に non- のくる「論理学者がよく使う述語」(例えば nonblue など）の振る舞いとは対照的に、un- と iN- の接辞はタイプ交差の（改訂版の）定義に適合する。すなわち (34a) と (34c) は無意味となり、(34b) はそうならない。

    ドランジュの、述語を肯定と否定に大きく下位区分する方式の持つ問題点がこの議論にも影響してくる。ルートリー (Routley 1969: 368) が指摘したように、dislikes dancing（ダンスが嫌い）、is unmagnetized（引き寄せる魅力のない）、is irregular（不規則な）などの述語は、ドランジュが is intolerant（不寛容である）に認めたような肯定的内容を示さない。接辞否定の意味解釈が、より矛盾寄りに解釈されればされるほど、それはさらに一層否定範疇誤り文の典型例の振る舞いに近づいて行くことになる。

    ドランジュの議論のもう 1 つの弱点は、彼が次のことを気づかなかったことにある。それは、(34b) には (34c) とは違い 2 つの異なった解釈があり、この内の 1 つの解釈は接辞を持つ形式と全く同じであるという点である。6.4 節でもっと詳しくみるが、(34b) の多義性は (34c) では中和されている。この指摘はアリストテレスに起源を持つようであるが、ツィマー (Zimmer 1964: 23ff.) でも言及されている。彼は、(35a) は範疇誤りと見るかどうかは意見が分かれるが、(35b) は範疇誤りとしか解釈され得ないと述べている。

(35) a. Triangles are not intelligent.（三角形は知的ではない）
    b.#Triangles are unintelligent.（三角形は非知的である）

バーグマン (Bergmann 1977: 65) も、下の例の (36b) は (36a) が真ではないという事実から当然でてくるが、(36c) はそうならないという同様の観察を報告している。

(36) a.#The theory of relativity is interested in classical music.
      （相対性理論はクラシック音楽に興味を持っている）
    b. It is not the case that the theory of relativity is interested in classical music.

（相対性理論はクラシック音楽に興味を持っているのではない）
c.#The theory of relativity is uninterested in classical music
（相対性理論はクラシック音楽に無関心だ）

(36b) は (36a) の外部否定であり、(36c) は (36a) の内部否定である。ツィマーが予測する通り、(36a) の通常の否定形である次の (36') は (36b)、(36c) の 2 通りに解釈できる。

(36')　The theory of relativity is not interested in classical music.

同様の区別が空の主語の場合にも当てはまる（Zimmer 1964: 23）。

(37)　The present king of France is {not intelligent/ #unintelligent}—there isn't any.
（現フランス国王は {知的ではない／# 愚かである} だっていないのだから）

ツィマーによれば、un-、iN-、そしておそらく non- という形をとる接辞否定は矛盾否定ではなく反対関係を作り出すものであり、通常の否定辞による否定は矛盾読みと反対読みの両方可能である。ドランジュも un-、iN- の付く述語は反対性を生み出し、not と non- は矛盾否定を導くという。否定辞と接辞否定との意味的違い、non- 型と幾分生産性の劣る（つまりより語彙化のすすんだ）否定接頭辞との意味的違いについては第 5 章、第 6 章で議論する予定である。
　既にみてきたように、ラッセルやパップ、また彼らの観念論の先駆者たちは、私がルートリー（Routley 1966）にならい有意味性理論（SIGNIFICANCE THEORY）と呼んでいるものに類似した考え方を採用している。この考え方では、ある文関数について、項位置 x の有意味性の範囲（つまり x と置き換え可能な表現の集合のことで、例えば x is blue で x に来ることのできるものの集合）は、その項位置の文法的な範囲の真部分集合であるということになる。その一方、ユーイング、プライア、クワインなどは非タイプ理論（NO-TYPE THEORY）を採用した。この考え方では、すべての文法的な文は、その事実そのものによって（ipso facto）有意味であるとする。ストローソンは、範疇誤り文は有意味であるが、必然的に非二値的であるという捉え方をするが、これら 2 つの理論間の裂け目に落ち込んでいると言えよう。ドランジュについて言えば、彼が提唱する一種の雑種化計画により、否定文について彼は非タイプ理論の陣営に属しており、肯定文については有意味性理論の陣営に属するようである。
　1960 年代後半に、この両陣営の論争はオーストラリア戦線にまで拡大した。そ

こでの論客たちは、有意味性理論派はルートリー（Routley 1966, 1969）、非タイプ理論派はランバート（Lambert 1968）に各々率いられていた。ここで我々に特に関係が深いのは、この論争の中で否定（とその多義性）が演じてきた役割である。ルートリーは、(38a) のような範疇誤り文を単に偽とするクワインの非タイプ理論を切り崩そうとして議論を始めている（Routley 1966）。

(38) a.　The number 7 dislikes dancing.（数字の 7 は踊ることが嫌いだ）

　　　b.　The number 7 doesn't dislike dancing.（数字の 7 は踊ることが嫌いではない）

もし (38a) が偽とすると、当然、排中律（LEM）によって (38b) は真となる。しかし、ルートリーにとって（パップにしても同様だが）、(38b) は全く真ではないし、実際無意味なのである。従って、非タイプ理論派は排中律を放棄するか、あるいは否定の多義性を受け入れるしかないことになる（その場合、(38b) を排中律を保持しない (non-LEM-preserving) 内部否定と分析しなければならない）。

　ランバート（Lambert 1968）はこれに対し、(38b) が真であってなぜ悪いのかと反論する（この見方には、いわば非常勤の有意味性論者であるドランジュも加勢することだろう）。ファン・フラーセン（van Fraassen 1966）にならい、ランバートは、排中律は（少なくともいくつかの）真でも偽でもない文にも適用できるとし、2 つの否定を設定する立場を独立した動機を持つとして弁護している。そして（プライアやドランジュのやり方で、(27') 参照）気にさわる命題の真であることを強引に証明しようとしている[10]。

(39)　The number 7 is an abstract object.（数字の 7 は抽象物である）

　　　No abstract object dislikes dancing.（抽象物はダンスを嫌いではない）

　　　∴ The number 7 doesn't dislike dancing.（故に数字の 7 はダンスを嫌いではない）

　ルートリー（Routley 1969: 368ff.）はこれに納得せず、ランバートの証明の中には no と not（n't）に対応する否定の演算子の意味解釈において、重大な言い逃れがあることを見つけだした。（2 番目の）小前提はおそらく次のように読むのだろう。すなわち、「抽象的なものとは、ダンスを嫌うと言い得るようなもののタイプであることを否定している」というようにである。そうだとすると、この小前提は、ポスト古典的な非制限的否定の扱いをしているのであり、〜 p（あるいは、「p は偽である」を表す $F(p)$）という形式ではなく、「p は真実でない」を表す〜 $T(p)$ と表現されねばならない。そこから (39) で得られる唯一の結論は、(38a) は真ではないが、それが偽であるか無意味であるかの可能性は留保したままにしておくというも

のである。このようにして、我々はルートリーの「否定の多様性」についての中心的主張(1969: 372)にたどり着く。

　　事実、言語は 1 種類以上の否定を含み得るし、実際そうなのである…適切な文の意味論理では、次の 3 つの否定が区別される。すなわち、「ということは真ではない」と読まれる非制限否定 '⌐'('～**T**')、制限的否定の '～'、それと「ということは偽である」と読まれる偽性連結子 '**F**'('**T**～')である。

　ルートリーの基本的否定演算子である「制限的」否定(パップの「制限的」否定とドランジュの「抑制的」否定を思いだして欲しい)は矛盾対立を生み出さず、排中律に従わない。また、偽と同等であるわけでもない。しかし、矛盾(広い作用域を持ち、非制限的)と偽の演算子の両方は、真理連結子 **T** と制限否定の組み合わせで定義できる。形式的意味論理についてはこのぐらいにしておいて、自然言語の問題に移ろう。ルートリーはこの件に関して次のように言う。「これらの異なる種類の否定が自然言語でも起こるのかどうかは、はっきり示されているわけではない。しかしながら、それらは確かにある特定の英語の個人語では認められるのである。例えば、論理の訓練を受けた者や、パップのような哲学者の話す個人語ではそうなのである」。ありがたいことに、ルートリーは普通の人でも訓練次第で正しい区別ができるようになると我々に保証してくれているのである。

　もっとも「もし君の言語についての私の論理記述が気にくわないなら、私が教えて君の言語を変えてあげよう」というような議論の進め方には、ばかげた所があるが、このような議論は決してルートリーに始まり、そして頂点に達するものでもない。また、既にみたように、他の学者の議論にも幾分おかしな所がないわけでもない。ドランジュのあの混在型の理論を思い出して欲しい。それは、ある偽の文は無意味であるが有意味の否定を持つ(しかし二重否定なら無意味文)、そして否定の叙述は常に有意味(否定が non- を除く接辞の形で現れた場合を除外すると)であった。このジレンマについては後ほど戻り、それから抜けでる方策についても考えてみることにする。

　恐らく普通の人の日常言語を考えようとするパップ、ドランジュ、ルートリーに答えようとして、スタインバーグ(Steinberg 1970)は、範疇誤り文に対する話し手の反応を測定しようとする心理言語学的実験を行った。一群の文とそれらに対する評価の選択群—総合的(偶然的に真か偽となる)、分析的(意味の性質からして真)、矛盾的(意味の性質からして偽)、冗長的、あるいは戯文的(amphigorous)—を与えられると、被験者はほとんどの場合にどの評価を与えるかについて高い一致を示した。ところが、The A is/ is not a B という形式の文の判断については、驚くべきこ

とではないかもしれないが、否定範疇誤り文の判断に最大の不一致が現れた。(40)のような肯定のタイプ交差文ではほとんど全員一致で戯文的(無意味)と判断が下されたが、対応する否定文(41)では回答者の意見が割れてしまった。

(40) The chair is a person.(その椅子は人間だ)
　　　The sheep is a man.(その羊は男だ)
(41) The chair is not a person.(その椅子は人間ではない)
　　　The sheep is not a man.(その羊は男ではない)

何人かの被験者(察するにパップ派で抑制的思考の人)は否定文についても肯定文と同じく戯文的と判断したが、一方で非抑制的な思考者は冗長的または分析的と考え、従って、真と判断した。

　スタインバーグの研究結果に満足する前に、ドランジュ派ならこの実験が決定的なものではないことに注意しなければならないだろう。範疇誤りの最近の論争では、中心となっているのは通常の叙述文であるが、この実験では(A is B 型の)同定陳述文への反応のみに焦点があてられているのである。

　もちろん、哲学上の文献でいう範疇誤りは、言語学者には *Aspects* での「選択制限違反(SELECTIONAL VIOLATION)」という名称で知られている。古典的例としては、先の(30)以外に、(42)のものが知られている(Chomsky 1965: 149)。

(42) Golf plays John.(ゴルフはジョンをする)
　　　The boy may frighten sincerity.(その少年は誠実さを驚かすかもしれない)

Aspects のモデル(Chomsky 1965: 148–60)では試験的に選択制限を使っており、その違反は本質的に語彙項目の統語的特性(典型的には動詞の認容する主語と目的語を規定するというように)に関連させているが、マコーレー(MaCawley 1968)とジャッケンドフ(Jackendoff 1972)は、かなり異なる方向から問題に近づいており、制限は意味論的であるという点で一致している。範疇規則違反(*I potatoed the of)や、厳密下位範疇化規則違反(*I slept the armadillo、*John found sad)とは違って、選択制限違反は非文をもたらすのではなく、意味的変則性を作り出す。マコーレーは、選択制限の単なる逸脱は複文では適格な構成要素となり得ること、特に不透明文脈に現れた場合はそうであることを指摘している。つまり(43b)は(43a)とは異なり、文法的で有意味であり、かつ伝聞が正確なら真でもある。

(43) a. *I dreamed that my toothbrush slept Mary an armadillo.

    b. I dreamed that my toothbrush was pregnant.
       （私は歯ブラシが妊娠しているという夢をみた）

　さらに選択制限は述語と名詞句（**NPs**）との関係であり、述語と個々の語彙項目（名詞）との関係ではない。

(44) a. My {sister/ # brother} is pregnant. (私の　{妹は／＃弟は}　妊娠している）
      b. My {buxom neighbor/ # virile neighbor} is pregnant.
        （私の　{まるぼちゃで可愛い隣人は／＃男盛りの隣人は}　妊娠している）

　(44)のような対照で、マコーレーが強調していることは、選択制限で重要なことは、どの名詞が、述語と選択関係を持つ名詞句の主要部になっているかではなくて、当該の名詞句が何を示すかということである。また、これもマコーレーが述べていることだが、文法的性の区分のある言語では、選択を決める際に関係してくるのは恒常的に自然性別（例えば、指示対象の性別）であって、所与の名詞に任意に関連づけられた性素性ではない。さらに、哲学者が範疇誤りに関して前から気づいていたことだが、選択制限は比喩的、詩的文脈では自由に違反し得るのであり、本当の統語的制限であれば、そんなにやすやすと違反を許さないのではないかという点である。
　選択制限を指示関係の問題として扱うという議論を考えると、生成意味論者が選択規則（とその違反）をより一般的な前提（とその不充足）の理論に含めて考えようとしたのも当然である。本質的に、すべての文はその選択制限が充足されることを前提にしている。レイコフ（G. Lakoff 1971）の見解では、ある文の適格性は、選択制限を含めた前提の充足の点にのみ関連して述べることができる。"My pet amæba believes that I'm a lousy cook" というような文が、文法的に適格かどうかを知るためには、まず私の「信じること（belief）」がどのようなものかを知り、ついで動詞「信じる（believe）」の可能な主語についての選択規則が破られているかどうかを知らねばならない。
　さて、実際にある任意の文 **S** が与えられた時、我々は **(45)** の３つの質問に同じように答えがちなのは確かだ。

(45)   Is **S** syntactically well-formed (grammatical)?
       （文 **S** は統語的に適格（文法的）か）
      Is **S** meaningful (significant)?
       （文 **S** は有意味（有意義）か）

Is **S** (or better, Is this token of **S**) true-or-false (bivalent)?
（文 **S**（あるいはより正確には **S** のこの具体的使用）は真か偽（二値的）か）

これらの質問の相互依存性は疑いようもない。文法的文のみが意義があり、（ドランジュには反するが）意義を持つ文のみが二値的な陳述として使われる。しかし、この注意書きもレイコフには効力を持たないように、問題は同一ではなく、同じ答えになる必要はないのである。述語と主語の不適合、つまり、範疇誤り、タイプ交差、選択制限違反、類別不正の例を前提の不成立という一般的見出しに含めてしまうことは、結局、もう分かっていること、あるいは信じていること以上に新しい知恵を授けてくれるわけではない。また、この方策は次の問題にも答えてくれない。つまり、否定範疇誤り文が文法的であるのか、ないのか（キッシンとレイコフ 対 ドランジュとルートリーを参照）、また、有意味なのか無意味なのか（ラッセル、パップ及びルートリー 対 ストローソンと非タイプ派）、真なのか偽なのか（ドランジュとランバート 対 プライアとルートリー）、多義なのか、そうでないのか（パップとランバート 対 プライアと ストローソン）という問題である。さらにその方策は、これから我々が見ることではあるが、範疇誤りの逸脱現象は、否定、肯定を含めて真理条件意味論の範囲内にあるのか、あるいは非真理条件意味論、または語用論の範囲内なのか、という問いにも答えていないのである。

2.4 前提論理と非前提論理における外部否定： 古いジレンマに対する新しい解決法

2.4.1 多値論理における否定

いかなる自然言語の文の論理分析も、表層構造では違いがみえなくなっている 2 種類の否定を認めなければならないという論題は、（既にみたように）アリストテレス自身と同じくらい古いものである。古典的名辞論理に基づく、反対関係（A is not–B）を生み出す狭い作用域の述語名辞否定と、矛盾関係（A is not B、A is–not B）を生み出す（相対的に）広い作用域を持つ述語否認という 2 つの否定の対立は、そのままラッセルの「狭作用域内部否定」（第一出現の主語項）と「広作用域外部否定」（第二出現の主語項）という多義性につながるのは既に 2.2 節で見たとおりである。

命題論理で思考するラッセルにとって、否定の多義性は、記述―と名称と―を（スコラ派の用語でいう）「説明のいるもの（EXPONIBLES）」として取り扱うことを要求する。その「説明のいるもの」とは、見かけは単純な表現であるが、その中に隠された連言を表に出すためにときほぐす必要のあるもののことである。しかし重要なのは、ラッセルは、二値論理の規定によりすべての有意味文は真か偽であるという

見解をアリストテレスと共有していた（Russell 1957）ことである。

　アリストテレスとラッセルにとって、空の主語名辞を持つ文は、（もし肯定であるか内部否定であれば）有意味でかつ偽の命題となり、（もし外部否定であれば）有意味で真となる。排中律は外部否定（つまり述語否認）の場合には例外なく成立し、すべての有意味の直接法の文は真であるか、あるいは真の否認（真の矛盾または外部否定）である命題を表す。

　アリストテレスの未来偶然性の分析は多くの問題を未解決のまま残してしまったが、（それを二値論理法則違反であるとする）ボエティウスのアリストテレス解釈を支持する証拠は強力なものではない。範疇誤りについて、アリストテレスにとってはクワインと同様に真か偽かどちらかであり、ラッセルにとっては非二値的であるが、無意味でもあった。つまりアリストテレスもラッセルも真理値ギャップを認めたわけではなかったのである。

　1 つの別の伝統がストア派に始まり、最近のケンプソン（Kempson 1975）、ボウアとライカン（Boër & Lycan 1976）、ギャズダー（Gazdar 1979a）などという論理的前提に反対する人々の間に広まって来ている。この考え方では、アリストテレスやラッセルは真理値ギャップや第三の値、非二値的真理値を相手にしなかった点では正しいのだが、単純な否定文に意味的多義性を設定したのは間違いであると主張する。この派によれば、むしろ否定は意味論的に恒常的な真理関数演算子であり、その働きはいかなる命題 **p** をもその矛盾命題 〜 **p** にするというものである。この単一否定論者（monoguist）の議論には第 6 章で立ち戻ることにしよう。

　フレーゲ（Frege 1892）、ストローソン（Strawson 1950, 1952）で追い求められてきた前提主義のアプローチから第三の論点が抽出できる。それは統語的には適格文であるが、ある文脈や事態においては断定をなすのに使えない文（フレーゲ）があり、また真か偽である言明を作れない文（ストローソン）もある、そしてそのような文の持つ真理値ギャップは肯定文、否定文ともに影響するという指摘である（2.2 節参照）。しかし、これらの意見では (46) で例示されるように、否定は前提を排除するように使うこともできるというよく知られた観察を取り扱うことができない。

(46)　Kepler didn't die in misery, because he never existed.
　　　（ケプラーは悲惨な状況で死んだのではない。もともといなかったのだから）
　　　The king of France isn't bald—there <u>isn't</u> any king of France.（=(16!)）
　　　（フランス王ははげではない。フランス王なんていないのだから）
　　　The number 7 doesn't dislike dancing, because numbers have no feelings.
　　　（数字の 7 はダンスが嫌いではない。数字には感情などないのだから）

上のような例が受容可能であることに気付いた前提主義者の当然取るべき方向は、アリストテレスからラッセルへと続く非前提主義者たちによって独立して考えられてきた否定の内在的な多義性を認め、真理値ギャップを保持することだった。ストローソンは実際にこのステップを秘かに取ったようである（Strawson 1952: 18, 1964: 95）が、言葉がどうも少なくて分かりにくい。この三番目の方策は、修正されると、第四番目の選択肢にそのまま直結する。それは現代の多値論理の世界である。

　既に観察したように、ルカシェビッツは、未来偶然性について未確定主義者の議論（これをボエティウスはアリストテレスの取っている立場であるとしている）を記述しようとして、哲学者の道具箱に「第三の値」を導入したのであった。彼は自分の三値論理、つまり「未来偶然的出来事（あるいは過去の不可知的出来事）を記述する文は、現在において真でも偽でもない」は、二値原理を排除するが排中律を保持するものであるという（Lukasiewicz 1922: 36）。これはつまり、命題は真でも偽でもないことがあり得るが、すべての命題は真であるか真の（外部）否定を持つということになる[11]。

　ルカシェビッツ、ボシュヴァ（Bochvar 1938）、クリーネ（Kleene 1938, 1952）、スマイリー（Smiley 1960）、ヘルツベルガー（Herzberger 1970, 1971）などによって展開された形式化のプログラムは、多値論理における真理値の合成性の問題、すなわち複合表現の真理値は、構成要素の真理値によってどのように決定されるのか、という中心的論点に対しさまざまな解決策を示してきた。

　古典的な二値命題論理であれば合成性の問題は解決済みであった。ある命題 p と q が与えられるとすると、それらの真理関数は次の (47) の通常の真理表に従って計算される。

(47)

p	q	$\sim p$	$p \wedge q$	$p \vee q$	$p \rightarrow q$	$p \leftrightarrow q$
T	T	F	T	T	T	T
T	F	F	F	T	F	F
F	T	T	F	T	T	F
F	F	T	F	F	T	T

標準的な真理表の採用を巡るどのような論争でも連結子は（言語的外観において）真理関数であるという仮定を取ってきた。そこでは次のようなことが特に問題となった。$p \rightarrow q$ の真理表は正確に自然言語の if p then q（もし p なら、q）の意味を反映しているのだろうか。p or q（p あるいは q）は常に包括的（inclusive：上の表の $p \vee q$）

に解釈すべきなのか。あるいは時には除外的（exclusive：**p** と **q** が共に真のとき偽になる）に解釈すべきなのか。連結子を含む文の適切な使用に関する非真理関数的制約はどのようなものであろうか。さらに、これらの制約の論理的意義は何かという点である（これらの問題に関しては Grice 1967、1975、Cohen 1971、Barrett and Stenner 1971、Walker 1975、Gazdar and Pullum 1976、Gazdar 1979a 及び本書第 4、第 6 章を参照）。しかしながら、これらの表の特定の値の割り当てについてはそれ自身であまり問題とはならなかった。

　一方、多値論理では、1 つあるいは 2 つの構成素の（二値的）真理値が欠けている場合、複合文の真理値をどのように与えるかについて、ほとんど合意がなかった（1.2 節で紹介した「どっちつかずさん（Mr.In-Between）」にかかわるなという警告（Arlen and Mercer 1944）を思い出していただきたい）。とりわけ、ルカシェビッツのシステムの投射規則への広範な不安感のせいで、他の投射表の開発へ向かう者がでた。これはボシュヴァ（Bochvar 1938）に始まる。しかしながらルカシェビッツとボシュヴァは前提保持的内部否定と、前提取り消し的外部否定を区別することには同意していた[12]。ある肯定命題が真あるいは偽という古典的真理値を持っていない場合、その命題の内部否定も古典的真理値を持たないことになる。それに対して外部否定は常に真か偽である。以上のことは (48) に示されているが、そこで **N** は中性値（非二値的、ナンセンス、真でも偽でもない）を表している。

(48)

p	内部否定 ¬**p**	外部否定 ⁻**p**
T	F	F
F	T	T
N	N	T

多値論理の枠組みでは、「真」と「偽」とは矛盾関係にあるのではなく、間接反対関係にあると捉えられねばならない。命題は、それが偽であるとしても（偽であるだけでは）、真にはならない。

　ボシュヴァの洞察は、(48) の否定の二分法を二価連結子を含む場合に一般化しようとするものであった。各々の適用において、（真理値ギャップを導く）前提保持的な内部連結子と、二値的な外部連結子を区別することを提案している。ボシュヴァによって与えられた内部連結子の真理表は、非二値的値を「伝染力のある」ものと考えようとする彼の意向を反映している。つまり、もし 1 つの構成素が真でも偽でもないなら、それを含む表現全体も真でも偽でもなくなるのである。連言と選言に

ついては、次の(49)、(50)のような表になる。

(49)

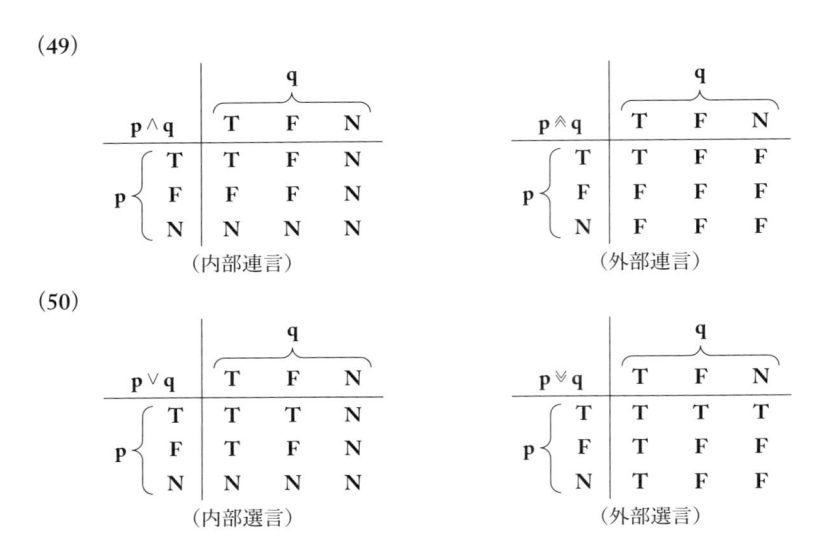

<table>
<tr><td></td><td colspan="4">q</td><td></td><td colspan="4">q</td></tr>
<tr><td>p∧q</td><td>T</td><td>F</td><td>N</td><td></td><td>p⋏q</td><td>T</td><td>F</td><td>N</td></tr>
<tr><td>T</td><td>T</td><td>F</td><td>N</td><td></td><td>T</td><td>T</td><td>F</td><td>F</td></tr>
<tr><td>p F</td><td>F</td><td>F</td><td>N</td><td></td><td>p F</td><td>F</td><td>F</td><td>F</td></tr>
<tr><td>N</td><td>N</td><td>N</td><td>N</td><td></td><td>N</td><td>F</td><td>F</td><td>F</td></tr>
<tr><td></td><td colspan="3">(内部連言)</td><td></td><td></td><td colspan="3">(外部連言)</td></tr>
</table>

(50)

<table>
<tr><td></td><td colspan="4">q</td><td></td><td colspan="4">q</td></tr>
<tr><td>p∨q</td><td>T</td><td>F</td><td>N</td><td></td><td>p⋎q</td><td>T</td><td>F</td><td>N</td></tr>
<tr><td>T</td><td>T</td><td>T</td><td>N</td><td></td><td>T</td><td>T</td><td>T</td><td>T</td></tr>
<tr><td>p F</td><td>T</td><td>F</td><td>N</td><td></td><td>p F</td><td>T</td><td>F</td><td>F</td></tr>
<tr><td>N</td><td>N</td><td>N</td><td>N</td><td></td><td>N</td><td>T</td><td>F</td><td>F</td></tr>
<tr><td></td><td colspan="3">(内部選言)</td><td></td><td></td><td colspan="3">(外部選言)</td></tr>
</table>

　また、フレーゲの水平的演算子を元にしたボシュヴァの一項真理連結子、つまり断定演算子 $t(p)$［命題 p は真であると読む］を使うと、外部否定 -p を((51)のように)定義できる。さらに他の外部連結子((52)のものを含めて)を対応する内部連結子と真理演算子で定義できる(このテーマに関する多様な提案については Smiley 1960、Rescher 1969、Herzberger 1970、Donnellan 1970、Bergmann 1977 を参照)。

(51)　　$-p =_{df} \neg \ t(p)$
(52)　　$p⋏q =_{df} t(p) \wedge t(q)$
　　　　$p⋎q =_{df} t(p) \vee t(q)$

非二値的値を排除する働きを持つのは、この真理連結子であり、ヘルツベルガーとバーグマンはこれを「ボシュヴァ–フレーゲ水平型」と呼んだ。我々の目的に直接関係するのは否定を定義した次の表(53)である。

(53)

p	$t(p)$	$\neg \, t(p)$	$\neg \, p$	$t(\neg \, p)$
T	T	F	F	F

F	F	T	T	T
N	F	T	N	F

この表の第三列は (48) の外部否定 (-p) の列と同じになっていることに注意された
い。直観的にみて、もし命題が真でも偽でもないなら、明らかにそれは真ではない
ということは同意できるだろう。また第五列が示すように内部否定の真に基づく偽
性連結子を定義することができる。それは $\mathbf{f}(\mathbf{p}) =_{df} \mathbf{t}(\neg\ \mathbf{p})$ である（ルートリーからの
引用参照）。

　この方式を単なる気のきいたしかけ以上にしているのは、よく言われるように
（少なくともある種の話し手にとっては）、(15) の外部否定の意味に対応する最も近
い英文は (16) の形ではなく、むしろ (54a, b) の方であるという点である。

(15)　The king of France is bald.

(16)　The king of France is not bald.

(54) a.　It is not true that the king of France is bald.

　　 b.　It is not the case that the king of France is bald.

この直観に基づき、(54a, b) が形式 $\neg\ \mathbf{t}$〔(15)〕の直接的な英語の翻訳であると結
論してもよさそうである。この否定に対する見方によれば、自然言語の否定は (48)
で示された 2 つの否定の読みの語彙的な多義なのではなく、論理構造上の位置に
よる作用域上の多義であるということになる。（これは幾分異なるかたちではある
が、アリストテレスとラッセル派の二値論理の枠組みにおいても観察される。）'it is
not {true/ the case} that ...' という形式が論理的外部否定を表示するという見解につ
いては第 6 章でより詳しく検討する予定である。

　いずれにせよ、一貫していて直観的にも賛成できるような三値論理の意味解釈を
工夫しようとするどのような試みも数々の問題に直面しなければならないのであ
る。「ルカシェビッツの三値論理から奇妙なことが起きてくる」と嘆くのはヘルツ
バーガー (Herzberger 1970: 32) である。その「奇妙なこと」の 1 つで有用なのはレッ
シャー (Rescher 1969: 160ff.) によって提案された四値論理である。彼によるとこの
方が（三値論理より）より妥当性が高いらしい。しかし、私はここでの考察を多値論
理内での否定の表示と、アリストテレスの古典論理法則との相互関係についてにと
どめておくことにしたい。

　多値論理では種々雑多な否定に類する (negation-like) 演算子が出てくるが、一体
そのような演算子がどんな場合に本当に「否定」であるのか、先験的にはっきりし
ているわけではない。レッシャーは「演算子 $\mathbf{N}$ は、$\mathbf{p}$ と $\mathbf{Np}$ が同時に真、あるい

は同時に偽となることが決してないならば、そしてその時に限り「否定の1つの様態」といえる」としている。もちろん、（ルカシェビッツ、ボシュヴァ、クリーネの枠組みの内部否定の場合のように）**p** も **Np** も真ではない場合、または両方ともが偽ではない場合もこれにあてはまる。(48)で定義された連結子 ⌐ と ‐ はこのレッシャーの基準にあてはまることに注意されたい。そして、**T** と **F** の2つの値のみが関与する古典的二値論理では、これら2つの演算子は同じ値を持つという点で正常（NORMAL）でもある（(47)参照）。

　古典的法則の矛盾律(LC)、排中律(LEM)、二値原理(LBV)は、多値論理の世界ではどのような扱いになるのであろうか。レッシャーが述べたように、すべてはこれらの法則がどのように定式化されるかにかかっているのである。まず矛盾律についてみてみることにする。矛盾律が「**p∧Np**」は論理的に偽と規定されるのなら、ボシュヴァ的体系の外部否定(-p)にはこれがあてはまる。「**p∧-p**」は自己矛盾であるし、「**-(p∧-p)**」はトートロジーであるからである。しかし、内部否定はこの矛盾律の規定に従わない。**p** が非二値的な時、「**p∧⌐p**」も「**⌐(p∧⌐p)**」もどちらも非二値的になってしまうからである。

　しかし、多値論理でも古典的二値論理と同じように、「**p∧Np**」は内部否定、外部否定いずれについても真とはならない。クレスウェル(Cresswell 1973: 41)が述べたように、「**p∧Np**」が真になるのは、**N** が真の否定でないか、∧ が本当の連言でない場合、あるいはこれらの両方ともの場合に限られるのである。言葉を変えれば、「**p∧Np**」は本当の矛盾でない時にのみ真となり、矛盾律の正しさを証明することになる。

　同様に標準的な排中律は、いかなる命題も真か真の否定かのどちらかであると規定される。しかし、「**p∨Np**」は古典的真理値を持つ時にだけ真となり得る。排中律はボシュヴァの内部否定では成立しない（しかし、もちろん新古典的外部否定では成立する）。レッシャーが指摘した通り、排中律(LEM)とは、すべての命題は真か偽かどちらかである（つまり、LBV と同じように）と主張しているのだと解すれば、いかに誇り高い多値論理でも、もしそれが古典的二値論理のシステムに収斂しないのなら、排中律を受け入れられないことになる(van Fraassen 1969: 69 参照)。しかし、より弱い原則である「**p** と **Np** のうち、少なくとも1つが真であらねばならない」は多値論理でも保持される（もちろんボシュヴァが言うように、保持される必要があるわけではないが）。

　多値論理においては、古典論理とは異なり、LEM（「**p∨Np**」と解釈される）は、LBV（すべての命題は、真か偽かどちらかである、あるいは、**p** と **Np** のうち1つが真で他方が偽とする規定と解釈される）とは同一ではない。このことは **p** と **t(p)** が同一ではないことを想起すれば極めてはっきりとしてくる（(53)の最初の2列を

見比べて欲しい）。多値論理の話者にとって it is true that **p** は **p** に還元できない。このことのために、ニールたち（Kneale and Kneale 1962: 46–48）は、「二値原理を否定する一方で、LEM の成立を主張するアリストテレスの誤り」を示そうと試みたが、**p** と not-**p** が、それぞれ it is true that **p** と it is false that **p** に「明らかに相当する」とする根拠のない仮定を彼らが取っていたので、失敗してしまった。もしニールたちの『命題論』第 9 章のボエティウス流の解釈が正しいものであるなら（これは決して自明のこととはいえないが）、アリストテレスは、**p**（例えば、There will be a sea battle tomorrow（明日海戦があるだろう））の偽が、it is true that **p** の偽から推論できないような三値論理を仮定していなければならないことになる（関連した議論については van Fraassen 1969: 493 を参照）。

　さまざまな多値論理のシステムが、古典的法則に対して色々なアプローチをとってきた。ブラウアー（Brouwer 1908）とハイティング（Heyting 1971）の直観主義的論理では、矛盾律 (LC) は保持されているものの、排中律 (LEM) は放棄されている。外部連結子を持つボシュヴァのモデルでは、古典的二値システムを包括的システムの真部分集合として取り込んでいる。(49) と (50) で例示されたように、命題 **p** が外部連結子のみを含む場合、真理値ギャップは生じない。**p** の値にかかわらず、「**p**∧-**p**」は偽になり、「**p**∨-**p**」は真になる。そのような場合、古典的原理は保存される。しかし、内部否定を考えると排中律、矛盾律の両方ともうまくいかなくなるという事実が、多値論理の潜在的ファンの意欲をそぐようである。

　二値論理の提唱者は、多値論理において古典的法則が成立しないことを多値論理を不条理なものとする方向での踏み段と考えている。ラッセルは、まず二重否定律 (LDN) の不可侵性を議論し、「排中律が成立しない時には二重否定律も成立しない」と述べている（1940: 271、また同様の見解については Sigwart 1895: 148 参照）。その観察は正しいだろうが、2 種類の否定を持つ論理に対して（二値的、多値的どちらでも）ほとんど何も言うところを持たず、多値論理への反論になっていない。明示的にも暗示的にも、広い作用域か外部否定の場合にのみ、排中律が作用すれば二重否定律も適用されるとするのは、二値論理でも多値論理でも同じことだからである。ラッセル自身、フランスが共和制である時には、フランス王ははげでも非はげ（not-bald）でもない（つまり、(15') も (16') もどちらも偽）としていることに注意して欲しい。

　同様の議論でギーチ（Geach［1972］1980: 80–81）は、「排中律への例外は矛盾律への例外ともなる場合にのみ認められる」と、より一般受けしないことを認めつつ主張している。ギーチが矛盾律から排中律を引き出そうとすることは、内部否定と外部否定とを同じと見なすことに基づいている。多値論理が、排中律に言及しないで矛盾律を受け入れるという見方を擁護することは可能であり、これは本書の補遺

I に紹介されている。

　実際のところ、ファン・フラーセンの超評価（supervaluation）理論が示すように、真理値ギャップを許す非古典的モデルも、もし二値原理とともに連結子の真理関数的性質を放棄すれば、矛盾律、排中律、さらに二重否定律をも含むことができる（詳細は van Fraassen 1966、1968、1969 参照）。

　多値論理においては、ストローソンの前提の概念を、（内部）否定の概念と、意味論的伴立関係（SEMANTIC ENTAILMENT: Smiley 1960）あるいは必然化（NECESSITATION: van Fraassen 1968）とさまざまな名称で呼ばれる推論規則とで定義することができる。ファン・フラーセン（van Fraassen 1968: 138）は、次の（55）のように定義している。

(55)　(i)　A が B を必然化（necessitate）するのは、A が真になる場合（A が真になる状況または可能世界）においてはいつでも B もまた真になる時、そしてその場合に限られる。
　　　(ii)　A が B を前提する（presuppose）のは次の(a)(b)の条件が成立する時、そしてその場合のみである：
　　　　　(a)　A が B を必然化し、かつ
　　　　　(b)　（not-A）も B を必然化する

同様にスマイリー（Smiley 1960: 131）では、

(56)　A は B を前提する $=_{df}$ A⊩B かつ（∼ A）⊩B

ここで‘⊩’は「意味論的に伴立する」と読まれ、（55i）と同じように定義される。スマイリーが指摘するように、論理の整合した多値論理の中に取り込まれた論理的前提の定義は、次のような標準的な設定を行っている。「どのような命題もその（内部）否定と同じ前提の集合を持つ。**p** の前提は、**p** が真、あるいは偽であるための必要条件である…」という設定である。この定義から重要な帰結が出てくる。それは、多値論理における必然化、つまり意味論的伴立は、古典論理の質量含意や伴立（entailment）とは異なり、対偶が成立しないことである。「A⊩B ということから（∼ B）⊩（∼ A）とはならない。（なぜなら、A が（二値的な）真理値を持たないことは、A⊩B とは両立可能であるが、（∼ B）⊩（∼ A）とは両立不可能であるからである」）（Smiley 1960: 129、van Fraassen 1969: 81 参照）。

　同様に、古典的なモーダスポネンス（Modus ponens）法則はうまく成立するが（A⊩B と A から B を推論できる）、モーダストレンス（Modus tollens）は成立しな

い（A ⊩ B と〜 B から、A が真ではないことだけは結論できるが、〜 A が真であることは引き出せない）。 A を前提を持つ文としよう（例えば、(15) The king of France is bald）。そして、B をその前提のうちの 1 つとする（例えば、(17) There is a king of France）。そうすると、A と〜 A は B を必然化し、意味論的に伴立し、結局、B を前提とすることになる。しかし、我々が〜 B〔訳者注：前提の不成立、つまりフランス王が存在しないということ〕から推論できることは、A、そして同様に、〜 A が真ではないということだけである。

　2 種の否定を認める多値論理において、今までの議論で出てきた‘〜’はもちろん前提保存的内部連結子である‘¬’と読まれねばならない。内部否定は前提を保存し、真理値ギャップも保持する。外部否定はすべての目立つ前提をキャンセルする装置として働くが、「特定の断定を取り去ろうとするより、むしろ存在そのものを消し去ろうとする者（Smiley 1960: 131）」によって使われることになる。

　ルカシェビッツは、彼の多値論理の原型を、未来偶然性の問題を念頭において開発したと思われる（2.1 節参照）。ところが、他の非古典的論理の主張者たち、つまりボシュヴァ、スマイリー、ヘルツベルガー、ファン・フラーセンらが（フレーゲやストローソンに従って）空の単称名辞、指示対象を持たない名前、記述から派生してくる（推定上の）真理値ギャップの問題（2.2 節参照）に注意を集中しているのは幾分奇妙なことのように思える。バーグマン（Bergmann 1977, 1981）は、彼女独自の多値論理を類別不適合（sortal incorrectness）、つまり「範疇あるいはタイプの誤りを持つ文」の分析に適用している（2.3 節参照）。既にみたように、指示関係の不成立の場合と同様、範疇誤りにおいても「否定は類別不適合な言明に適用されると、2 通りの意義を区別しうる」のである（Bergmann 1977: 61）。これらはパップやルートリーが区別していた制限的否定と非制限的否定であって、ボシュヴァの内部否定、外部否定の区別に対応するものであった。外部否定はバーグマン（Bergmann 1977: 76）が言うように、タイプに基づく前提という点に関して、「類別的に不透明」（sortally opaque）である。

　バーグマン（Bergmann 1981）は前提の直観的概念の「編成」を提案している。彼女の提案は、範疇誤りのみならず、指示対象を持たない主語名辞と叙実的述語（Kiparsky and Kiparsky 1971 参照）をもカバーするものである。彼女の二次元的形式言語では、意味論的前提は認められているが、真理値ギャップは認められていない。各々の文は、2 つの互に別個の二値的値を持つ。1 つ（真理値にあたる）はそれが表現するものについて、もう 1 つは保証値（SECURITY value）であり、それが前提とするものにあてられる。このようにすると、都合 4 つの各々違う値を与えることができる。これは、真／偽、保証／非保証（security/ insecurity）が独立して評価されるからである。命題 p の内部否定は、対応する外部否定が真で、かつ、p が（変

則的でなく）保証される時に真となる。（このバーグマンの二次元的論理については第6章で再度簡単に触れることになる。）

　さまざまな多値論理システムにおいて形式的に定義された「前提」は、オックスフォード分析哲学学派に関連する直観的な「前提」の概念と、どのくらいまで適合するのだろうか？　意味論的前提と真理値ギャップの現代の主要な支持者であるストローソンが、標準的な（ボシュヴァ流の）多値論理、超評価理論モデル、あるいはそれらの混合した形式的理論を、日常の英語の真理値や意味についての彼の直観を捉える手段として採用するかどうかは未決の論点である。特に彼の形式論理一般への懐疑から考えるとそう言わざるを得ない。彼によれば「アリストテレスやラッセルの規則も（おそらくは想像するにボシュヴァ、ファン・フラーセンや バーグマン派の規則も）日常言語の表現に正確な論理を与えていない。なぜなら、日常言語には正確な論理がないから（Strawson 1950: 344）」である。

　ケンプソン（Kempson 1975: 86）は、この「前提主義者宣言」の結論部分の文の皮肉に注目している。その部分には、確定記述（the exact logic ...）が含まれるが、それは明らかに存在前提を引き出してきてはいないからである。しかしながら、この明らかな一貫性の欠如は、ストローソンの後の論文（Strawson 1964: 95ff.）で採用された修正主義的立場とは整合するのである。そこでは、真理値ギャップは指示対象を持たない単称名辞が、（典型的には表層の主語か、話題（topic）位置という）指示関係位置に来た時にだけ発生するとしているからである。

　ストローソンは次の（57）と（58）の例をあげ、もし国王がいない場合に、（57a, b）に真理値を付与することについては「吐き気を感じる」が、（58a, b）では、もっと確信を持って各々、偽、真と決定することができるという。

(57) a. The king of France visited the exhibition.
　　　　（フランス国王がその博覧会を訪れた）

　　 b. The king of France didn't visit the exhibition.
　　　　（フランス国王はその博覧会を訪れなかった）

(58) a. The exhibition was visited by the king of France.
　　　　（その博覧会はフランス国王によって訪れられた）

　　 b. The exhibition wasn't visited by the king of France.
　　　　（その博覧会はフランス国王によって訪れられなかった）

この見解では、存在の前提はある物が存在しない時に、文がそれに「ついて」（ABOUT）述べていると思わせる形になっている時に誘発されることになる。（57a, b）の例はフランス国王についての文であり、共和制の時これらの文の発話は

真理値ギャップに結びつく。一方、(58a, b) は博覧会についての文であるから、フランス国王がいない時この文が発せられても、後者の場合は、「存在の前提が満たされないことからくる引っかかり」は述語の中に何の害もなく吸収されてしまうのである。

　古典的な真理値ギャップ誘発例の (15) でさえも偽でよい、とストローソンは妥協する。しかし、それは次の条件付きでである。その陳述がフランス国王の記述（例　王様は王室つき理容師が必要ですか？　いいえ。フランス国王ははげです）ではなく、頭髪のない存在物の集合についての陳述として（例　どんなはげで著名な人がいますか？　そうですね、フランス国王ははげですね、のように）使われているという場合である。この後者の場合、ストレスと音調が示すように、主語は文の topic としては機能していない。（前提と topic についての議論は：Kuroda 1977: 84–85、McCawley 1979、J. D. Fodor 1979、Horn 1986 を参照。この問題については 7.3 節で再度議論する予定である。）

　ストローソン（Strawson 1964）のもう 1 つの目新しい指摘は次のような点である。私自身が（Kuroda 1977 に従い）偏見なしに、正に「前提的現象」と呼ぶであろう問題の説明において、真理値ギャップの必要性に関して、賛成、反対の決定的な論拠がないという彼の主張である。確かに多くの議論を、ラッセルの二値論理（Russell 1905, 1957）、ストローソンの非形式的な真理値ギャップの説明（Strawson 1950, 1952）、さらにこの節で私が引用したさまざまな非古典的な形式システムなどに賛成する場合にも、あるいは反対する場合にも、並びたてることができる。しかしながら、いずれの議論に対しても有効な（正しいとは言えないかもしれないが）反論が可能なのである。ダール（Dahl 1981: 197）が指摘したように、ストローソンの後期の研究で守られているより慎重な見解は、Strawson 1950 に反駁することには関心を持っていた反前提者たち（例えば Wilson 1975, Kempson 1975）によって全く顧みられていない。そしてストローソンの理論的寛容さはさらに進み、彼のなすがままにしておく鷹揚な態度（Strawson 1964）は、レッシャーの「（無限大ではないにせよ）千の論理の花も咲け」的複数主義に発展して行くのである。レッシャー（Rescher 1969: 235）は言う。「普遍的、一般的に『正しい』大工道具について問うことができないと同様に、普遍的、一般的に『正しい』論理とは何かを問うことはできない。理にかなった選択の領域があり、その領域は機能的に根拠づけられた規則的原理に境界づけられている。しかし、その領域内においては、各選択肢が、純粋に概念的観点からみて、同じように共存できるのだ」と。

2.4.2　弱い否定と強い否定

　さまざまな様相を描いて開花した真理値ギャップの論理は、歴史的にみると、ア

リストテレスによる未来の海戦についての説明のルカシエビッツによるボエティウス流解釈に根拠を持つのであった。既に述べたことだが、このボエティウス流解釈が最も妥当なアリストテレスの『命題論』第9章の理解であるという必然性はない（ましてや唯一の読みなどということもない）。また、議論が空の主語名辞や範疇誤りのケースまで拡大している『オルガノン』の他の箇所でアリストテレスが採用している明確な二値的方式に、このボエティウス流解釈が一般化されて行くのでもない。多値論理による大混乱をもたらすような革新も、アリストテレスによる洞察に富む性格付けを与えられた諸現象について充分な取り扱いができないのなら、不必要なのかもしれない。

フォン・ライト（Von Wright 1959）による半古典的（semiclassical）命題論理—そこでは2つの否定が区別されるが真理値ギャップは生じない—は、それ故にアリストテレスの意図によりかなったものに思える。この体系では強否定（STRONG negation: ¬ **p**）は、否認であると同時に肯定であり、アリストテレスの述語名辞否定と同じく、排中律は命題とその反対対当になる強否定の間では成立しない。対応する項論理叙述 S is P と S is not-P のように、主語が存在しない時や、存在していても述語がその主語を自然に叙述できない場合、**p** と ¬ **p** は両方とも偽となる。一方、弱否定（WEAK negation : -**p**）は、矛盾関係の演算子で、これは述語否定に対応し、it is not true that **p**（**p** ということは真ではない）という命題に相当する。

フォン・ライト（Von Wright 1959: 6–7）は、アリストテレスの、白くない物（things that are not white）と非白の物（things that are not-white）の区別に着目し、この区別の方がラッセルの有意味と無意味の陳述の区別より、自然言語の論理には適切であると判断していた。フォン・ライトの拡大命題論理（EPL）によれば、アリストテレスの（59a, c）は単に偽で、（59b）は真であるという判断を取り入れるように考えられている。これはこれらの文が無意味であるとするラッセルの議論には反駁する。

(59) a. The number 7 is white.　　　　［**p**］
　　 b. The number 7 is not white.　　［-**p**］（Von Wright の表記では ［~ **p**］）
　　 c. The number 7 is not-white.　　［¬ **p**］

ラッセルではなく、アリストテレスとフォン・ライトの方式に基づくと、述語が主語を叙述するのに不適切な否定文とは、その主語が（外部的要因で）指示対象がない（the king of France）か、（内在的要因で）指示できない（the largest prime number, the round square）ような否定文ということになる。各々の場合、文はその否定が弱、あるいは強に読まれるかに従い、（自動的に）真か偽が決まることになる。

弱否定の論理は、ボシュヴァの外部連結子の論理と同じように、古典的命題論理

の法則に従う。-**p** は「**p** は偽」と読まれるよりむしろ「**p** は真ではない」と読む(Von Wright 1959: 5ff.)。ここで、古典的原則の拡大命題論理での取り扱いを下に示すことにしよう。

(60)　LC　　:−(**p**∧−**p**)　　どのような命題についても、真であり、かつ同時に真でないことは真ではない

　　　LEM　:(**p**∨ −**p**)　　どのような命題でも真か真でないかどちらかである

　　　LDN　:**p** ↔ −−**p**　　**p** であることが真でないことが真でないならば、そしてそのときに限り **p** である

[訳者注:以上が弱否定の場合であるが] 強否定の特徴づけには異なる原則が必要となる。先ず 4 つの公理を示そう。

(61)　(A1)　¬ (**p**∧-**p**)

　　　(A2)　¬ **p** → -**p**

　　　(A3)　¬ (**p**∨**q**) ↔ ¬ **p**∧¬ **q**

　　　(A4)　¬ ¬ **p** → **p**

フォン・ライトは EPL の性質を探求した。ポイントは、**p** と -**p** は矛盾関係になるが、**p** と¬ **p** は反対関係になる(彼は「強矛盾関係」と誤解を招く呼び方をしている)ということである。強否定でも矛盾律(LC)は成立する(-(**p** ∧¬ **p**)は定理として立証できる)。しかし、強否定では排中律は成立しない。**p**∨¬ **p** は偽になることもあるからである。このことは(59a)と(59c)の選言命題を考えてみられたい。同様に二重否定律も強否定では一方向でしか成立しない。これは (A4) で規定されている。**p** から¬ ¬ **p** は導けないのである。さらに、(A3)は双条件文であるが、ド・モルガンの他の法則は一方向でしか働かない。

(62)　¬ (**p**∧**q**) ⇆ ¬ **p**∨¬ **q**

　フォン・ライトは EPL の 2 種の否定体系 (dual negation system)をさらに様相論理の言語にも導入しようとした(1959: 17ff.)。その様相論理システムでは、¬ **p** は「**p** は不可能」、−¬ **p** は「**p** は可能(不可能ではない)」、¬ -**p** は「**p** は必然(…でないことが不可能)」となり、さらに進めて義務論理にも適用した。簡単に見ておくと、「ある行為が禁止されている」は [**O**(-A)] と表記され、これは「ある行為をすることが肯定的に不許可である」ことを意味し(記号では [¬ **P**(A)] となる)、「単に許

可されていない」(これは ［-$\mathbf{P}$($\mathbf{A}$)］ であり、［$\mathbf{O}$(￢ $\mathbf{A}$)］ と同じことになる)を意味するものではない」(Von Wright 1959: 27)。従って $\mathbf{O}$(-$\mathbf{A}$)は -$\mathbf{P}$($\mathbf{A}$)を伴立するが、逆は成立しない(Von Wright 1951 とは反する結論)。

このように、これら 2 つの否定は弱い許可と強い許可、弱い禁止と強い禁止との区別を生み出すが、許可、禁止いずれの場合にも、弱い形式は反対関係の相手の欠如を示すだけであり、強い形式は行為について、規則の肯定的陳述になっている。これは 'to be not-A' (非 A であること)が 'not to be A' (A でないこと)と区別されている(アリストテレス 『分析論前書』 ch.46、本書では 1.1.1 節の議論参照)ことと同じことである。また、'to do not-A' (A でないことをする)も 'not to do A' (A をしない)から区別されている。

このような区別は、幾分微妙ではあるが、この形式的な区別が自然言語の表層に現れているという証拠がある。クロイシンハ (Kruisinga 1931: §688)は、彼の古典的文法論において、「許可が与えれていない、与えられない」ことを示すより弱い表現である may not と、「当該の行為を禁止する事実、規則、環境が存在する」ことを示すより強い表現である must not を区別している。車掌がタバコを吸っている客を最初の駅で注意する表現としては、'You may not smoke here, sir' (「ここでタバコをお吸いになっては困ります」)が適当であろうが、2 番目の駅でまだ吸っている時には警告の意味合いを強めて、'You must not smoke here, sir' (「ここでタバコは吸わないで下さい」)となり、さらに 3 番目の駅では 'You shan't smoke here, sir' (「ここでタバコを吸わないように」)と険しい顔で歯を食いしばりながら言うことだろう。 今日の幾分野蛮な社会情勢では銃を持って身構えているかもしれない。1.3.2 項で言及したように、この弱い禁止、強い禁止の区別はミーマンサー(Mīmāṃsā)において、2 つの否定命令の形態、ニシェーダ(niṣedha)とパリュダーサ(paryudāsa)を区別するのにも役立つ。

フォン・ライトの方式が、ギャップを設定しない真理条件論理で、弱否定(矛盾関係的)演算子と強否定(反対関係的)演算子を設定する唯一のものというわけではない。直観主義者(Intuitionist)の第一否定は実質上の強否定であり、これは「適法(de jure)の偽性」演算子である。ハイティング(Heyting 1971: 18)は、また、より弱い「事実上の(de facto)偽性」演算子の存在を数学的ではない談話に導入している。「厳密に言うと、数学における not と、数学的ではない日常言語で表現される not とは区別しなければならない。数学的言語では多義性は生じない。not は常に厳密な意味を持つ。」not-p の 「厳密な意味」 とは、p が真だとすると、矛盾が生じるということである(Heyting 1971: 102)」。

フォン・ライトの強否定と同様に、直観主義者の数学的文脈で使われる否定も排中律と両立可能ではない。実際、排中律の排斥は数学の再構築においての直観

主義者の根本的方針であったので、ブラウアーはその方針に対してどうしても何らかの倫理的正当化を捜さねばならないと感じていたようである。「間違った理論は、たとえそれを反駁するような矛盾によって抑制してしまうことができない場合でも、それでも間違いは間違いである。これはちょうど、犯罪的な方策が、たとえ裁判所がそれを抑制できなくても、それでもなお犯罪的であるのと同じことである（Brouwer 1923: 336）」。そのような訴えかけが幾分かの同情を集めるのを見て、ブラウアーの論争相手のヒルベルトは次のように嘆いた。「一人の人間の示唆が、どんなにそれが激しさと創意に満ちていたにせよ、（数学者の共同体において、排中律と関連する ε - 公理 を排斥するような）最もありそうでなく、常軌を逸した効果を持つことができるとは」と。ヒルベルトには排中律を捨て去ることは、数学という科学すべてを放棄するに等しいものであった。「数学者の手から排中律を奪い取ることは天文学者から望遠鏡を取り上げ、ボクサーから彼の拳を取り去ることに匹敵する（Hilbert 1927: 476）」。

　直観主義者の全体的プログラムにどのような利点があるにせよ、彼らの厳密で「適法な」排中律違反の否定はフォン・ライトの強否定とは異なるものであることに注意していただきたい。特に、直観主義者は $\mathbf{A} \to \bar{\bar{\mathbf{A}}}$（つまり、$\mathbf{p} \to \neg \neg \mathbf{p}$）を認める一方、その逆は認めておらず、拡大命題論理（EPL）での設定と全く反対のパターンになっている（前の (61) の (A4) と比較して欲しい）。2 つのシステムについて、この違いやその他の違いを考え、フォン・ライトは、ブラウアー、ハイティングらの直観主義の試みは古典と非古典との「不幸な混成物」にすぎないともっともな述べ方をしている（Von Wright 1959: 27–30）。

　マッコール（McCall 1967a）により提起された理論では、強反対関係演算子 $\mathbf{R}$ が通常の矛盾否定演算子 $\mathbf{N}$ と区別されている。この理論はフォン・ライトの EPL と相似的であるが、明らかに独立して開発されたものである。重要な法則である $\mathbf{CRpNp}$ は、実は Von Wright の (A2)、$\neg \ \mathbf{p} \to \mathbf{-p}$ のポーランド表記である。もちろん、根本の観察はアリストテレス『分析論前書』52a1 の 'it is not-white' は一方向的に 'it is not white' を伴立するという議論からきている。フォン・ライトが主張する反対関係的強否定と様相論理の不可能様相（impossibility）との類似性は、マッコール（McCall 1967a : 124ff.）でも独立的に論じられている。（私は先に、マッコールの反対関係の形式化を名辞に基づくのではなく命題に基づく方法で試みることが、ギーチ（Geach［1972］1980）やエングルブレッツェン（Englebretsen 1974）の同意を得られなかったことを述べた。自動的に、同じ反対がフォン・ライトの同じ目標に対する初期の研究にも当てはまる。）

　2 種の否定を持ちながらも二値的という半古典的ともいうべき新フォン・ライト派として黒田（Kuroda 1977）をあげることにする。彼は本来的否定（PROPER

negation：真理値の逆転で定義される）と、否認否定（DENIAL negation：yes-no 疑問文に対する可能な答えによって定義される）の区別を行っている。黒田は否認否定に言及することで意味論的前提を特徴づけている。彼の理論は、前提の不成立が真理値ギャップを誘発するという多値論理の立場を否定している点で、先に(55)と(56)で定義を紹介したファン・フラーセンやスマイリーの理論と異なっている。黒田の「前提」は特殊な性格を与えられ選ばれた伴立関係の一種であり、Wilson and Sperber(1979)で、後に綿密に議論される理論の先駆けをなしていた。黒田は、(16)のような否定文は多義ではなく、対応する肯定文(15)と同じように、主語名辞の指示対象の唯一的存在を含意するというストローソンの直観を受け継いでいる。普通我々は次の(63)を(伴立なしの)本来的否定と読むだろうが、この読みは「考案された」ものである（議論の詳細は、Kuroda 1977：§5 参照）。

(63)　It is {not true/not the case/false} that the king of France is bald. (cf. (54a, b))
　　　（フランス国王がはげというのは　真ではない／事実ではない／偽である）

通常の助動詞の否定は対応する肯定文の標準的否認否定になるが、ちょうど量化された **NPs** を持つ文が明らかにしているように、統語的形態は否認否定の存在の必要条件でも十分条件でもない。

　否定文の統語論と意味論がかみ合わないことは、カッツのかなり異なった2種の否定を持つ体系（Katz 1972: 329）の中にも現れている。　彼は、文 **S** と **S'** でそのどちらかが主節 **VP** に not を持ち、他方が持っていないという点だけで異なっていれば、**S'** は **S** の「否定（NEGATION）」と定義した。このように「否定」は純粋に統語的関係であり、論理的関係である「否認（DENIAL）」と区別された。「否認」は文 **S** と **S'** が両立不可能ならば、**S'** は **S** の「否認」である。カッツの否認関係は黒田のそれと同様に、反対関係の一形態である。しかし、カッツにとっては、どのような2つの（弱い）対立も相互の否認である。例えば、That's red vs. That's blue（それは赤い　対　それは青い）、That's alive vs. That's a rock　（それは生きている　対　それは岩だ）などのように。これによると、文の否認は否定である必要がないし、また否定は必ずしも否認ではないことになる。

　EPL の影響は L. カールソン（L. Carlson 1983: 220ff.）にもみられる。彼は odd（奇妙な）というような感情叙実述語（emotive factive：Kiparsky and Kiparsky 1971 参照）に基づくいかなる文も、「否認（DENIAL）」と「拒絶（REJECTION）、または定言的否認（categorical denial）」とに分けねばならないと主張した。「否認文」は元の文が偽の時にのみ真となる。一方「拒絶文」は元の文が真ではない（not true）時にのみ真となる。　ここで not true ≠ false となっている点（Carlson 1983: 220–21）に注意さ

れたい。黒田と同じように、カールソンでも文の前提は（その否認の前提も）対応する yes-no 疑問文からもたらされるものに基づいている。(**64a, b**)は両方とも he won（彼の勝ち）を前提としている。なぜなら、対応する疑問文である(**64c**)によってそのように想定されているからである。

(**64**) a.　It is odd that he won.（彼が勝ったなんて奇妙だ）
　　　 b.　It is not odd that he won.（彼が勝ったのは奇妙ではない）
　　　 c.　Is it odd that he won?（彼が勝ったのは奇妙かい？）

（ここで注意していただきたいのは、黒田、カッツ、カールソンらによって使用されている反対関係を表す「否認（denial）」という用語は、アリストテレスの翻訳で使われている矛盾関係を表す「述語否認」とは対応しないということである。）
　ところで、カールソンが例にあげた次の(**65**)は、叙実性（より一般的には意味論的前提）というのは（Boër and Lycan［1976］で議論されたように）神話に過ぎないということを示していないだろうか。

(**65**)　It is not odd that he won, for he did not win.
　　　（彼が勝ったというのは奇妙なんかじゃない、勝たなかったんだから）

カールソンの(**65**)の分析は前にでてきたストローソンの(**18**)の議論や、パップの「非制限的否定」の性格付けを思い起こさせる[13]。カールソンは、(**65**)は「幾分落ち着きの悪い感じ」がすると述べている。彼の意見では、(**65**)は否定が範疇誤りを指摘するように使われている(**66**)の場合に匹敵すると言う。

(**66**)　Friday is not in bed, it is a date.
　　　（金曜日は寝床にいるのではない、それは日付だ）

このように、(**65**)は(**64b**)の否定文のような素直な読みになっていないで、定言的否認の「有標の読み」になっている。
　二重否定律（LDN）は 2 つの完全に異なる否定の種類には適用できない。「通常の否定文に現れる定言的否定は両方の否定を消しさることにはならない」（Carlson 1983: 221）。フォン・ライトの表記法では -¬ **p** ↛ **p** ということになる。従って、(**65'**)の接合した定言的否定がでている文は、一貫性を欠く結果にはならない。

(**65'**)　It is neither odd nor not odd that he won; for he did not win.

（彼が勝ったのは奇妙でも奇妙でないわけでもない、彼は勝たなかったのだから）

ストローソンの類似の例でも同様である。He neither cares nor doesn't care; he's dead（彼が気にするも気にしないもない、彼は死んでいるのだから）のように。

しかし、カールソンによる(65)や(65')の「叙実性の欠如」の問題を(66)の範疇誤りに還元してしまおうとする試みが、（フォン・ライトや 黒田流の）ギャップを考えない二値論理のシステムか、（ルカシェビッツやボシュヴァがいう）多値論理的真理関数的システムか、（ファン・フラーセンの主張する）非真理条件的で二値、ギャップ、超価値を設定するシステムか、あるいは（バーグマンのいう）二次元的ギャップなしのシステムか、はたまたまったくどれとも違うシステムで実行されることになるのかは、はっきり示されたことがない。

私は今まで暗黙のうちに、フォン・ライトのシステムのように2種の否定を持つ命題論理を、（弱い命題否定に相当する）矛盾的述語否認（contradictory predicate denial）と（強い命題否定に相当する）反対的述語名辞否定（contrary predicate-term negation）を区別するアリストテレスの名辞論理（term logic）と同型になっているものと仮定してきた。アリストテレスの形式では、2通りの叙述「様式」または「方法」がある。どのような述語（肯定、否定）でも主語について肯定叙述するか、否定叙述するかである（Sommers 1970: 5 及び本書第1章参照）。命題論理の枠組みでは、外部または弱否定が、1つの文または命題 p をとり、それを -p とする言表的（de dicto）で単一の真理関数的連結子となる。しかし内部または強否定は非真理関数的文演算子であって、Von Wright（1959）や McCall（1967a）によって付与された意味的属性を持つか、あるいは事象的（de re）演算子として述語 **P** をとり、**not-P**、**non-P**、**P** と表現されるようなものに変える働きをする（R. Clark1974 参照）。従って、ソマーズ（Sommers 1963, 1965, 1970）やエングルブレッツェン（Englebretsen 1976, 1981a, 1981b）のような新名辞論理主義者が、アリストテレスの名辞論理には外部否定は含まれておらず、2種類の内部否定を持つのみであると主張したことは、文字通りには正確であるが誤解をまねきやすい。実際、述語否認と述語名辞否定とは共に統語的にみれば、命題に対して内部的なのである。（後者ではなく）前者はフォン・ライトなどの現代の命題論理学における外部または弱否定に意味論的に対応するものである。述語否認は、主語と主語―述語結合より広い作用域を持ち、それにより、空の主語の述語や、述語が叙述できない主語などを否認できるのである。

名辞論理（term logic）のリバイバルをはかるソマーズとエングルブレッツェンは、主語–述語の区別の重要性を認識しているという点では、アリストテレスや

ライプニッツに与し、そしてストア派、アベラール、フレーゲ、ラッセルの標準的教義に反対したという意味では、ある程度までストローソンに与しようとしている。「主語と述語は両方とも否定名辞を含むことができるが、述語だけが否定され、あるいは肯定されることができる（Englebretsen 1981a: 46）」。また、ソマーズ（Sommers 1965: 273ff.）の 2 種の否定を持つ論理においても、否認（denial）は否定（negation）と区別されるが、その区別はフォン・ライトの EPL の名辞論理（term logic）の解釈に従ったものである。2 種類の「否定の姉妹」のうち、否定（NEGATION）（-S）は弱い方であり、（言表的に）文全体 S に適用されて排中律に従う。従って 、**S** ∨ -**S** は公理である。否認（DENIAL）（**S'**）は強い方で、述語名辞に直接的（de re）に適用され、文には間接的にのみ働きかける。これは対応する EPL や多値論理における、強い内部連結子と同様、排除されない中間領域を許すのは反対関係演算子である。二重否定律は、このシステムでは双条件的になっており、2 つの否定（negation）（ソマーズの形式では - (-**S**) = **S**）ではもちろんのこと、フォン・ライトの強否定とは違い、否認（denial）においても成立する（**S''**= **S**）ように規定されている。ただし、これら 2 種類の混ざったものでは二重否定律が成立しない。否定は否認を取り消さないのである（-**S'** ≠ **S**）。

　S も **S'** も真ではない時（または両方とも偽の時）、範疇誤りが起きている。下の（**67a**）とその否定（**67b**）では、どちらかが真であらねばならない。実際、（**67b**）が真になる。

(67)　a.　The equator is clean.（赤道は清潔だ）

　　　b.　Not（The equator is clean）.（[赤道は清潔だ] ない）

　　　c.　The equator is {not-clean/ unclean}.（赤道は非 – 清潔／不潔だ）

しかし、（**67a**）と（**67c**）の両方とも真ではない。そして、後者は前者の否認（denial）になっている。だから、（**67a, c**）は範疇誤りになる。このソマーズの説明で不明なことは、空主語文がどのように扱われるのかということである。思いだしていただきたいのだが、もしアリストテレスとラッセル流の二値的で、かつ 2 種の否定を設定するシステムであれば、The king of France is bald とその否認である The king of France is not-bald は ［空主語を持つので］両方とも偽になり、そこでは範疇誤りは関係してこない。

　名辞論理のもう 1 つのモデルは、空の主語を持つ文と範疇誤り文との間に明示的な真理条件的区別を行うものである。エングルブレッツェン（Englebretsen 1976: 538）は、ソマーズ（Sommers 1963）に従い、ある所与の文について、それに悪い影響を与える欠陥に段階的評価を与える、相互に関連する 4 つの「正しさの規準」を

詳しく検討している。

(68)

欠陥のレベル	診断	違反する法則	例
Level 3	経験的に偽	物理的法則	Bill is now both inside and outside this room. （ビルは今部屋の内側と外側にいる）
Level 2	一貫性欠如	論理法則	All men are mortal and not mortal. （すべての人間は死ぬ、かつ死なない）
Level 1	範疇誤り	意味規則	2 is red. （2 は赤である）
Level 0	非文法的	文法規則	Of slept she up.

この図式では、「あるレベルで正しくないものは、それより下のすべてのレベルでは正しくなり、それより上のレベルでは正しいとも正しくないともいえない(Sommers 1963: 348)」。故に、範疇誤りは、それが明らかに矛盾的なものでも (His anger was triangular and not triangular)、論理的に一貫性欠如になるのでもないし、経験的に偽であるわけでもない。しかしながら、それは先験的に偽ではあるかもしれない。これは Drange (1966) と Sommers (1965) においてもそうなるであろう（上記参照）。

　エングルブレッツェンの説明によると、空主語の場合は単に経験的に偽の場合であり、また、経験的に偽となる否認（＝述語名辞否定）を持つ。この点については、アリストテレスの精神に（もちろんラッセルの精神にも）合致するものである。さてエングルブレッツェンの革新的なところは、否定範疇誤り文を、方形の **O**：述語否定読み (2 is not red) と、方形の **E**：述語名辞否定読み (2 is not-red) の両方で偽と判断していることである。しかし、この規定に対する支持は得られないだろう。なぜならそれは 2 種の否定を持つ論理の標準的扱いとは根本的に違うからである。標準的な扱いとは言っても、**O** 読みは真とするにしても、**E** 読みはその評価をする者の流派によって違ってくる。彼がアリストテレス派か、ドランジュ派か、ボシュヴァ派か、バーグマン派か、はたまたラッセル派なのかによって、それぞれ「単に偽」、「先験的に偽」、「真でも偽でもない」、「偽であり非保証」、「無意味」となることだろう。

　かなり違ったアプローチが Englebretsen (1981a) には展開されている。そこでは二値原理が明確に否認されており、真理値ギャップは認められている。範疇誤りは真でも偽でもない。これはストローソン流である。また、空の主語の問題は、本質的にはラッセル流に扱われている。しかし、ここで目新しいことが 1 つある。それは否定にエングルブレッツェン流の新しい読みを与えようとする

試みである。述語否認（predicate denial：真理関数的矛盾演算子）と述語名辞否定（predicate-term negation：非真理関数的反対関係演算子）とに加えて、彼はメタ言語的（METALINGUISTIC）演算子としての否定（it is untrue that ... と注釈）を認めるのである。これは伴立関係のみならず前提にも影響をもたらすものである。さて、これら 3 つの別個の否定の解釈が本当に承認されねばならないのかどうか、また、果たしてエングルブレッツェンが否定のメタ言語的使用をうまく性格付けできるのかどうかの問題は、第 6 章で取り上げることにしたい。

　ここまでふらふらになりながら、多値論理と非古典的（もっと正確には非フレーゲ的）論理体系の森の中にわけいってきたが、その行程で何度も 2 種類の否定の区別に遭遇してきた。ところが、この区別はさまざまな装いをして我々の前に現れたので、幾分混乱をきたしてしまった。しかし、この多様な装いに、あるパターンがあることも見えてきた。もし我々が 1.2 節に要約した中世の文献、あるいは観念論者の文献に認められるような二分法を採用するならば、それは次の (69) のような図表になるだろう。

(69)

	A 欄	B 欄
Aristotle	述語否認 (predicate denial) [S is not P]	述語名辞否定 (predicate term negation) [S is not-P]
Avicenna, Burleigh, William of Sherwood	否定判断 (negative judgment) negatio negans [S non est P]	無限判断 (in (de) finite judgment) negatio infinitans [S est non P]
Spinoza	否定 (negatio)	欠如 (privatio)
Śaṅkara, Hegel	無意味／裸否定 (insignificant/ bare negation)	有意味否定 (significant negation)
Hegel [1812–16] 1929	(否定的)無限判断 ((negatively) infinite judgment)	(単純)否定判断 ((simply) negative judgment)
Sigwart 1895, Bosanquet [1888] 1911	肯定基盤なし否定判断 (negative judgments without positive ground)	肯定基盤付き否定判断 (negative judgments with positive ground)
Russell 1905	記述の第二出現的否定 (広い作用域を持つ～) (negation with secondary occurrence of description) [wide scope ～]	記述の第一出現的否定 (狭い作用域を持つ～) (negation with primary occurrence of description) [narrow scope ～]

Mabbott 1929	トルコ絨毯風判断；目的論的否定 （Turkey-carpet judgments; teleological negation）	排除否定（eliminative negation）
Bochvar 1938	外部否定（external negation）	内部否定（internal negation）
Von Wright 1959	弱否定（weak negation）$[\sim \mathbf{p}]$	強否定（strong negation）$[\neg \mathbf{p}]$
Smiley 1960	第二否定（secondary negation） $[\sim \mathbf{p}]$	第一否定（primary negation） $[\sim \mathbf{p}]$
Pap 1960	非制限的否定（unlimited negation）	制限的否定（limited negation）
Sommers 1965	否定（negation）$[-\mathbf{S}]$	否認（denial）$[\mathbf{S'}]$
Drange 1966	非自己抑制的思考者の否定 （uninhibited thinkers' negation）	自己抑制的思考者の否定 （inhibited thinkers' negation）
Routley 1966, 1969	非制限的否定（unlimited nega- tion）$[\neg \mathbf{p}, \sim \mathbf{T}(\mathbf{p})]$	制限的否定（restricted negation）$[\sim \mathbf{p}]$
McCall 1967a	否定（negation）$[\mathbf{Np}]$	反対（contrariety）$[\mathbf{Rp}]$
van Fraassen 1969	除外否定（exclusion negation）	選択否定（choice negation）
Keenan 1969	外部否定（external negation） $[\mathbf{S}]$	内部否定（internal negation） $[\sim \mathbf{S}]$
Herzberger 1970	相補（complementation）$[\mathbf{P}]$	選択否定（choice negation）$[\sim \mathbf{P}]$
Heyting 1971	事実上の偽性（falsity de facto）	適法の偽性（falsity de jure）
Henry 1972 ［Burleigh, Anselm らの注釈］	命題否定（propositional negation） $[\sim(\Phi(\mathbf{x}))]$	名詞否定$[N(\mathbf{a})]$
R. Clark 1974	言表的（外部）否定（de dicto （external）negation）$[-\mathbf{Pa}]$	事象的（内部）否定（de re （internal） negation）$[\mathbf{Pa}]$
Kuroda 1977	本来的否定（proper negation）	否認否定（denial negation）$[\mathbf{S}]$
Bergmann 1977	外部否定（external negation） $[-\mathbf{A}]$	内部否定（internal negation） $[\sim \mathbf{A}]$
Bergmann 1981	外部否定（external negation） $[\neg \mathbf{A}]$	内部否定（internal negation） $[\sim \mathbf{A}]$
Englebretsen 1981a	述語否認（predicate denial） $[\mathbf{S}$ is not $\mathbf{P}]$	述語名辞否定（predicate term negation）$[\mathbf{S}$ is non$\mathbf{P}$, $\mathbf{S}$ is not-$\mathbf{P}]$
L. Carlson 1983	拒絶、定言的否認（rejection, categorical denial）	否認（denial）

　ここで確かに言えることは、上記の各対における区別が色々な所で重要であるということである。この区別に関連する重要な要因をあげてみることにしよう。Ａ欄とＢ欄の否定の解釈は演算子が意味論的動機付けを持っているか、統語論的動機付けを持っているかに影響を受ける。さらに、演算子が、名辞論理に基づいて作用する

のか、命題論理に基づいて作用するのか、二値論理か多値論理か、定義者の関心が
言語学的か、心理学的か、形而上学的か、それとも純粋に論理学的かなどによって
も影響を受ける。ある理論においては、否定の演算子のうち1つはもう1つの方
によって定義されている（例 A欄の否定がB欄の否定と一項真理連結子で規定さ
れる）。また、別のシステムでは、両方の否定が論理的原始要素とされている。い
くつかの方式（特に言語学志向であるか、古典論理に基盤を置く方式）では、A欄の
否定を存在論的に先行するものと捉える。また、別の方式（特に、心理学志向であ
るか、多値論理であり、かつ（あるいは）真理値ギャップに基盤を置く方式）では、
B欄を存在論的に先行するものと考えている。さらに、別の体系では2つの否定を
全く同じ位置に置くものもある。これら多様な体系全体を通して、いくつかの一般
化が可能なように思われる。もちろん、「何十層もの努力が積み重ねられてきたの
だな」というような分かりきった感想以外にである。より明確に観察される一貫し
た規則性が、次の(70)にまとめてある。ここでは、これまでの実際の言語使用にか
かわらず、'‒'と'¬'をメタ記号として、各々、A欄とB欄の否定を示すものとする。

(70) a. A欄の否定は命題演算子、あるいは叙述モード（主語と述語の結合の仕方
に影響する）と考えられている。B欄の否定は、命題関数的に定式化され
ているが、基本的に述語上か、述語内の操作と考えられている。

b. A欄の否定はB欄の否定より弱い。これは¬pが一方向的に‒pを含意
(entail)することから分かる。

c. A欄の否定はそれが否定する命題の真理関数である（‒pはpが真でない
時、その時にのみ真になり、pが真の時、その時にのみ偽になる）。B欄
の否定は一般的に真理関数的ではない（¬pはpが真の時に偽となる。し
かしそれ以外の場合は真、偽、真でも偽でもないとなり得る）。

d. A欄の否定は論理的矛盾関係である（pと‒pは一方が真なら他方は偽にな
るという点で矛盾関係にある）。B欄の否定は論理的反対関係である（pと
¬pは第1章での用語を用いれば「強い」、「絶対的」対立を構成する。こ
れらは相互に排他的であるが、相互に完全に相補的（exhaustive）である必
要はない）。

e. A欄の否定は矛盾律(LC)と排中律(LEM)に従う。B欄の否定は通常は（適
切な形式化のもとで）矛盾律には従うが、排中律には従わない。

f. 真理値ギャップを持つシステムでは、A欄の否定は常に二値原理（‒pが常
に真か偽かどちらか）に従う。B欄の否定はA欄の否定と同一化しなけれ
ば二値原理に従うことはない。

g. 意味論的前提を許すモデルにおいて、意味論的前提は、典型的には、A欄

の否定により阻止されるか、取り消される。B欄の否定は前提を保持する（¬ p は p が前提とすることはすべて前提として持つが、-p はそうではない）。

h. A欄の否定は絶対的、非制限的意味合いにおいて理解されるが、B欄の否定はしばしば制限的論議領域の仮定のもとで理解される。

これらの原則は相互に独立しているわけでも、全体としてすべてをつくしているわけでもない。（少なくとも）2つの否定演算子を区別するという本質的属性を共有している論理体系が、他の点では違っていようとも、典型的な主張としてとりあげていることを例示したまでのことである。

　実際、(70a–h) の一般化の多くは、2種の否定分析をより広範囲の形式的枠組みの中に取り込んでいるポスト・ラッセル派のシステムに関係している。これらの一般化は、初期の非形式的なアプローチには直接的にはあてはまらないだろう。しかし、私の意図するところは、作用域について違いを持った2つの否定演算子にあたるものを想定したシステムの間に見られる「平行性」を指摘することにあったのである。このリストで名前のあげられていない者にクリーネがいる。彼の強連結子、弱連結子の図式 (Kleene 1938, 1952) は否定にまで拡張され得ただろうし、実際、後に他の人々によって拡張されている（しかし結果はフォン・ライトのラベル付けと正反対になっているが）。また、カッツも名前が抜けている。彼の「否認」は典型的なB欄型演算子であり、A、Bどちらの欄にも位置しにくい統語的概念である「否定」に対立している。

　更に、あと2組のよく知られた否定の対が抜けている。イェスペルセン (Jespersen 1917) のネクサス否定 (NEXAL negation) と特殊否定 (SPECIAL negation)、また、クリマ (Klima 1964) の文否定 (SENTENCE negation) と構成素否定 (CONSTITUENT negation) を、なぜA欄、B欄の項目に加えないのだろうか。後の章でみるように、言語学の文献を通じこれらの2組の対を詳しく分析してみると、イェスペルセンとクリマの否定概念は、どちらも統語論的考察に基を置いており、(69) の意味論的に規定された演算子とは全く違うことが分かるからである。

　論理的、意味論的前提とこれら前提が充足されない時に起きる真理値ギャップを受け入れる理論は、ほとんど不可避的に自然言語の否定は多義であるという結論に達する。前提は典型的には内部（B欄）否定で定義される。ところで、前提の作用域の外に置かれる外部（A欄）否定を認めない前提主義者たち（特に Frege 1892 と Strawson 1950）は、先に (16!) (65)、そして (66) に掲げておいたような明らかな反例を突きつけられても自信ありげに振る舞うことだろう。実際、フレーゲ、ストローソンともに、口に出しては言わないまでも、否定の外部的前提取り消し用法を

認めているのであるが、ただ否定文の別個の読みとして扱っていないのである。この点については (14)、(18) とそれに伴う 2.2 節の議論を思い起こしていただきたい。(第 6、第 7 章で外部否定を完全に認めてしまうことに対するフレーゲとストローソンの各々独立したためらいは、実は欠点というより長所であることを議論するつもりである。)

　このように、否定の秩序だった多義性—つまり A 欄と B 欄との選択—は意味論的前提と真理値ギャップを認めるすべての理論にはっきり現れている。しかし（アリストテレス、ラッセル、フォン・ライトたちが示したように）否定の多義性はそういう理論だけに限定されたものではない。もし否定が意味論的に多義であるように扱われないならば、トマソン（Thomason 1973）が指摘したように、「前提という意味論的概念が守られるか定かではない」のである。

　後の章で、2 種の否定を持つシステムと、それによって支えられる前提の意味論的説明が本当にうまく行くのかということを議論する予定である。しかしここで、否定の多義主義論者と前提主義者の理論から離れる前に、多義主義論者の否定の取り扱いと、前提現象の非意味論的(少なくとも非真理条件的)分析とを結び付けようとする影響力のある 1 つのアプローチに少し触れておくことにしよう。

2.5　慣習的含意と矛盾否定

　カルトゥーネン（Lauri Karttunen）とピーターズ（Stanley Peters）は、一連の単独及び共同の著作を通じて、グライスの慣習的含意の概念をモンタギューによる英語の真理条件的形式意味論と統語論とに結び付けようとしてきた。彼らの議論は Karttunen and Peters 1979（以降 K & P）に結集している。モンタギューと同じく、彼らの理論も内包論理と古典的な二値論理という特質を持っている。彼らの枠組みでは、(71a) は (72) を伴立し、この伴立関係は双方向的なので、真理条件的には同じということになる。

(71) a.　John managed to solve the problem.
　　　　（ジョンはどうにかその問題を解いた）

　　 b.　John didn't manage to solve the problem.
　　　　（ジョンはどうにもその問題が解けなかった）

　　 c.　It was difficult for John to solve the problem.
　　　　（ジョンがその問題を解くのは難しかった）

(72)　　　John solved the problem.
　　　　（ジョンはその問題を解いた）

しかしながら、(71a) は (72) と「真理条件ではない部分」において違う点がある。それは manage to が慣習的含意（CONVENTIONAL IMPLICATURE）として、(71a) 及びその通常の否定 (71b) に添加しているものであり、両方とも (71c) で示されるような慣習的含意を示唆するのである。(71a, b) に関連する慣習的含意は、これらの文の意味の一部であり、グライス（Grice 1967, 1975）の会話の含意（conversational implicature）の概念とは区別されるべきものである。

　慣習的含意と会話の含意の基本的相違点が (73) に列挙されている。また、Grice 1967, 1975, 1978; Walker 1975; Sadock 1978; Gazdar 1979a; Karttunen and Peters 1979; Hirschberg 1985 を参照されたい。

(73)

慣習的含意	会話の含意
a. (共通)両者とも真理条件（TRUTH CONDITIONS）には影響しないが、表現の適切性（APPROPRIATENESS）に制約を加える。	
b. 予測不可能（UNPREDICTABLE）、意味の恣意的部分；その語彙項目ごとに学習されねばならない。	言われたこと、言われ方に自然に（NATURAL）付随する。定義上非慣習的（NONCONVENTIONAL）。
c. 取り消し不可能（NONCANCELABLE）。発話の全ての文脈で適用する。	取り消し可能（CANCELABLE）。（言語的文脈により）明示的に、あるいは（言語外的文脈で）暗示的に取り消し可能。
d. 分離可能（DETACHABLE）。2 つの同義語が異なる慣習的含意を持つこともある。	内容の原則（質、量、関係）により生じた場合、分離不可能（NONDETACHABLE）。様態の原則で生じた場合、分離可能（DETACHABLE）。
e. どのような手続きでも計算不可能（NOT CALCULABLE）。規定されねばならない。	協調の原理、会話の諸原則により計算可能（CALCULABLE）。
f. 語用論的前提（話し手が共有基盤として設定する異論の生じない命題）に近い。Karttunnen 1974 と Stalnaker 1974 参照。	概念的に Mill (1867) の「共通会話の言外の意味（後述）（sous-entendu of common conversation）」と Ducrot (1972) の談話、修辞上の概念としての「言外の意味（sous-entendu）」に関連している。
g. 部分的な含意（implicata）から計算的により大きな表現の含意を導き出すことを可能にする明確に規定された投射的特性（PROJECTION PROPERTIES）の集合を持つ（K&P）。	投射特性は不明確。会話の含意は「不確定であり得る」（Grice）から。但し含意の確定については Gazdar 1979a、1979b、Hirschberg 1985 を参照すること。

表 (73) が示すように、慣習的含意も会話の含意も、ある所与の場所と時間におい
て、ある所与の発話で、ある所与の話し手によって意味され、伝えられたものの一
部であり、その当該発話において、話し手によって実際に言われたり、字句通りに
表現されたものではない。一般的なグライス派の枠組みではこれらの概念は (74) の
ように図式化される。

(74)

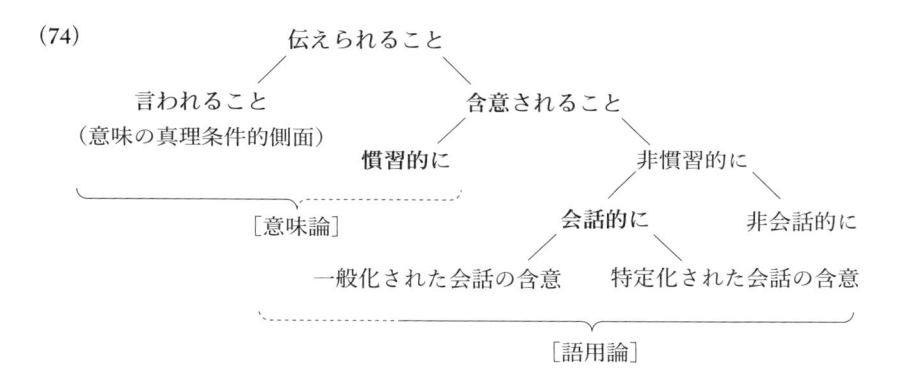

会話の含意の概念とその否定への関係は本書の後の数章、特に第 4 章で議論の中心
となる。

　元々のグライスの慣習的含意も、K & P によるその (再) 規定のどちらも問題な
しとはいえないことに注意しなければならない。特に、(73c, g) の特性は両立不可
能な性質のものである (この点について、特に Wilson 1975; Gazdar 1979a, 1979b;
Soames 1979; Horn 1979, 1981a を参照)。さらに、グライスの理論全体が、言われ
たことと、含意されたことの区別という基本的な問題も含め、関連性理論の最近
の研究 (Relevance theory: Carston 1985a, 1985b; Kempson 1986; Sperber and Wilson
1986 参照) により、異議を突きつけられている。ここでは、慣習的含意と否定の相
互作用に関心を向けることにし、より一般的な含意の性質と振る舞いに関する問題
には触れないでおくことにする。

　(73) と (74) で示された図式で慣習的含意がはたしている役割の重要さは明らか
である。それは表現の意味の一部としてであり、その字句通りの意味 (真理値と達
成に影響する意味の側面) の一部としてではない。慣習的含意は (上の図式のよう
に) 意味論と語用論の中に同時に存在するように位置づけられる。これらの仮説の
もとでは、(71a, b) の真理条件はそれの慣習的含意 (71c) が偽であっても影響をうけ
ない。また、肯定の (71a) は (72) が真ならば、そしてその時に限り真となる。否定
の (71b) の方は (72) が偽ならば、そしてその時に限り真となる。しかし、(71c) は

(71a)と(71b)の両方が正常で適切な発話であるための適切性条件となっている。

　ところで、(71b)が常に(71c)を含意し、もし(71c)が発話の文脈のなかで想定できない場合には常に不適切になるというのは本当にそうだろうか。ここでも、今ではお馴染みになった否定の多義性が別の新たな装いで再浮上してくるのである。K＆Pは、実際の所、(71c)が含意もされず、背景として当然視もされないで、逆に否定され、打ち消される意味の部分を表示しているのにもかかわらず、(71b)が適切に発話される場合があることを認めている。この時、否定は「その作用域におさめる文の含意を阻止してしまうようである」(K＆P, p.46)。

　この場合の(71b)の読みを、K＆Pは矛盾否定（CONTRADICTION negation）と名付けているが、これは2.4節の多値論理の議論でお馴染みの外部否定演算子と関連付けられる。この読みは、(75)で示されるように、適切な音調（Liberman and Sag 1974; Ladd 1980 参照）と、後続表現を与えられると、より明確に理解される（(16!)も参照）。

(75)　　John didn't manage to solve the problem—it was quite easy for him.
　　　　（ジョンはその問題をどうにか解いたのではない。それは彼には全く易しかったのだ）

K＆Pはこの有標の否定の意味を、慣習的に含意されるものを含むように、否定に広い作用域を与えることで形式的に表現している。それが(76b)である。一方通常の否定の読みの場合は、(76a)に示されるように、含意が通常の否定の作用域の外側に位置している。

(76) a. Φの通常の否定　　：$\langle \neg\ \Phi^e; \Phi^i \rangle$
　　 b. Φの矛盾否定　　　：$\langle \neg\ [\Phi^e \wedge \Phi^i]\ ;\ [\Phi^i \vee \neg\ \Phi^i] \rangle$

　　　　（ここでΦ^eは Φ の真理条件的意味を表し、Φ^iはその慣習的含意を表す。各順序対はそれぞれ、その特定形式の「外延的表現」と「含意的表現」を表す。）

　考察の対象である例をこの形式に置きなおしてみると、(71a)の通常の否定は下の(77a)で示された連言式となると考えてよい。ここで結合の最初の要素は含意(implicate)されたものであり、後の要素は伴立(entail)されたものである。(75)のような矛盾否定は(77b)の否定された連言式になる。

(77) a.　It was difficult for John to **VP** ∧ ～(John **VP**'d)

　　 b.　～(It was difficult for John to **VP** ∧ John **VP**'d)

K & P が指摘しているように (p.47)、(76b) で定義され、(77b) で例示された矛盾否定は、「(対立的音調がない場合) 話し手が何に反対しているのかについてそれ自身では非特定的」である。伴立 (72) も含意 (71c) も、この有標の否定演算子の作用域内であることに注意されたい。

　カルトゥーネンの初期の研究 (Karttunen 1974) の言葉を借りれば、通常の否定は前提 (ここでいう慣習含意) を素通りしてしまう「穴 (HOLE)」になっているが、矛盾否定はそれを閉じこめる「栓 (PLUG)」になっているのでる。(この矛盾否定の「栓的性質」は、(76b) にこの読みに対するトートロジー的含意の付与として表現されている。この問題や他の論点で K & P の先駆となった Ducrot 1972 の分析については、第 6 章で議論する予定である。)

　以上の K & P のアプローチは、ラッセルの 1 つの命題に対して異なる作用域を持つ 2 種の否定を想定する分析と似ている所がある。(16') と (77a) では連言の一連言肢 (conjunct) が否定され、(16'') と (77b) では連言全体が否定されている。ここで極めて重大な問題点は、特別な取り扱いのために選択されるのが、適切な連言の一連言肢 (各々、存在命題と、「困難さ」を含意するもの) であることを特別な規定なしにどのように保証するのかということである。この問題の解決のために、ラッセルより後で、K & P よりは前に、2 つの方法が提案されている。グライス (Grice 1967, 1981) の半透明角括弧表記 (translucent bracketing) と、カッツ (Katz 1972: 167–78) の前提されている要素を包み込む「重丸括弧 (heavy parentheses) 表記」である。(カッツは K & P とは違い、意味論的前提を受け入れているが、グライスはこの点については決めかねているようである。)

　K & P が自分たちの理論が有効であると判断した前提現象には、この章の最初の方で議論した伝統的な哲学的論争の論点、つまり［空の］単称名辞、範疇誤り、未来偶然性などは含まれておらず、(71) で出てきた「小さな」語彙項目である manage to や、even、too などが含まれている。同様に、グライスの慣習含意の標準典拠も、文の非真理条件的意味に関与すると思われる副詞や接続詞 (例：but、therefore) の類を含んでいる。

　グライスの議論の一例を紹介する。次の (78)、(79) は単純な連言と同じ真理条件を与えられる。

(78)　Mr. X is a politician but he is honest.

(79)　Henry is an Englishman; he is, therefore, brave.

文(78)は、Mr. X が政治家で、かつ正直者ならば、そしてその時に限り真となる。文(79)は Henry が勇敢なイギリス人ならば、そしてその時に限り真となる。but や therefore が意味的貢献をする部分は慣習含意であり、but の場合は「期待との対照」、therefore の場合は「因果的結合関係（causal connection）」に関係している。もし(78)や(79)の発話の際にこれらの条件が満たされない場合、発話は不適切になるが、表現される命題（つまり単純な連言）は各連言肢が真である限り真である[14]。

　同様のことだが、K & P の理論では(80)は（(71a)と同じように）、(72)と同じ真理条件を持つ（つまり同じ外延表現を与えられる）。

(80)　Even John solved the problem.（ジョンでさえその問題を解いた）

(72)　John solved the problem.（ジョンはその問題を解いた）

ここで(80)が(72)とは違うのは、(80)が次の慣習含意を持つことである。つまり、他の人もその問題を解いた、そしてジョンが（文脈で指示される集合のなかで）最も解決できそうでなかった人物であるということである（詳しくは K & P, p.23–32 を参照）。

　K & P は、もっと図式的に、(81)のような名詞句に焦点をあてる even を持つ文を、(81')で示すように分析している。

(81)　Even BILL likes Mary.（ビルでさえメアリーを好きである）

(81')　**Focus**（**even**）: 'Bill'
　　　Scope（**even**）: 'x likes Mary'
　　　存在の含意: Bill の他に x likes Mary が成立する考慮対象 x が存在する。
　　　尺度的含意: Bill 以外のすべての考慮対象 x について、x likes Mary の見込み（likelihood）が Bill likes Mary の見込みよりも大きい。

既に述べたように、(81)は真理条件的には even のない 陳述、すなわち Bill likes Mary と全く同じになる。

　even についての K & P のアプローチについては賛成、反対色々述べることができる。しかし、ここでは even と否定の相互作用に注意を集中することにする[15]。最初の問題は even によって導出される含意は強すぎて（外部的、栓的）「矛盾」否定

でも取り消せないという点である。従って(82)の例は多くの話者にとって奇妙に感じられようが、これは manage が現れる場合の典型的な栓的矛盾否定と対応するはずである((75)参照)[16]。

(82) a.#It's not the case that <u>even</u> Bill likes Mary—he likes her, but {he's the only one who does/ that's to be expected}.

（ビルでさえメアリーが好きというのではない。彼は彼女が好きだが、{彼が彼女を好きな唯一の人間なんだ／それは期待される通りだ}）

b.#Susan didn't solve <u>even</u> the last problem—she solved it, but {it was the only one she solved/ it was certain she'd solve that one}.

（スーザンはその最後の問題でさえ解かなかった。彼女はそれを解いたが、{それが彼女が解いた唯一の問題だった／彼女がそれを解けるということははっきりしていたのだ}）

　上記の例で含意が否定により取り消しできないことは、問題となっている含意が、否定を使わずに取り消しできるという事実と照らしあわせると、重大な意味を持つと思われる。［この否定を使わない取り消しには］次のような検証済みの例がある。

(83) a. Living in such glass houses, even a President—perhaps particularly a President—should hesitate to throw campaign stones. (Tom Wicker's column, *New York Times*, 12 September 1980)

（そんなガラス張りの家に住んでいたら、大統領でさえ—恐らく特に大統領だから—選挙戦用の石を投げるのをためらうだろう）

b. Heterosexuality, like motherhood, needs to be recognized and studied as a political institution—even, or especially, by those individuals who feel they are ... the precursors of a new social relation between the sexes. (Adrienne Rich, "Compulsory Heterosexuality and Lesbian Experience," *Signs* 5 [1980])

（異性愛は母性愛と同じく政治的な慣例の１つとして承認され研究されるべきだが、それは、男女の間の新しい社会関係の先駆者…であると思っている個人によってさえ、いや、なおさら特に、そうされる必要があるのだ）

c. —Surely even the Japanese understand quid pro quo.

—On the contrary, they've made an art of it. (Conversation reported by Bob Ladd.)

（—確かに日本人でさえ報償ということを理解するんだ。

—その反対に、彼らはそれを芸術にしてしまったんだよ）

d. Nobody can invent a new prayer from the heart five days a week. Not even a Congressman. Even especially [*sic*] a Congressman. (Arthur Miller, on prayer in public schools, *New York Times*, 12 March 1984)

（一週間に5日も心から新しいお祈りを創りだすなんて誰もできない。国会議員でさえも。国会議員さえ、特に［原文のまま］）

ここで (81') の含意をとりはずす手段として特に好まれるのは、even … {particularly/ especially} という切り出し文句で、しばしば訂正あるいは中途調整のための独立した no を伴うことがある (DuBois 1974 と本書第6章参照)。

(84) a. This has not always been the view even of grammarians, or perhaps, more correctly, particularly of grammarians.

（Fromkin and Rodman, *Introduction to Linguistics*, p.10, 全ての言語と方言の推定上の同等性について）

（文法家でさえ常にこの見解をとっていたわけではない。おそらく、より正しく言えば、文法家がとりわけ、この見解ではなかったのだ）

b. There was always something sad about him, even—no, especially—in his smile. (Ruth Prawer Jhabvala, *In Search of Love and Beauty*)

（彼には常にどこか悲しげなところがあった。微笑みにさえ、いや微笑みの中には特に）

c. Even Mark Langston—no, especially Mark Langston—is impressed with what Dwight Gooden has done this season.

（1984年9月14日付け New York Times 誌の記事の書き出し。1984年の2人のルーキーの三振について）

（マーク・ラングトンでさえ、いや特に彼だからこそ、ドゥワイト・グーデンが今シーズンに成し遂げたことに感銘をうけたのだ）

次に、デヴィッド・ルイス（David Lewis 1979: 339）が彼の想像上のやり取り（85）の中で例示した万能のメタ言語的含意取り消し装置がある。

(85)　—Even George Lakoff could win.
　　　—Whadda ya mean, 'even George'?
　　　（—ジョージ・レイコフでさえ勝てるだろう）
　　　（—「ジョージでさえ」とはどういう意味？）

　ではなぜ（82）のようなもっと簡単な含意の取り消しが実際上うまく行かないのだろうか。前提とか慣習含意を否定することは、（しばしば）非真理条件的意味の当該の部分を断定に変えることでもある点に注意が必要である。先の（75）や、次にあげる（86）でみるように、意味構成部分の通常の断定と前提との関係が、メタ言語的否定の使用により逆転するのである（Horn 1985 及び本書第 6 章参照）。

(86)　He hasn't stopped beating his wife, he never started.
　　　I'm not here again, I'm still here.
　　　（彼は自分の妻を殴るのをやめたのではない、殴り始めてもいないのだから）
　　　（私はここに再びいるのではない、まだここにいるのだ）

even と、それに関連する副詞類とが持つ「期待に反する」意味の側面は否定の焦点になり得ない。次の（87）の例における副詞類の振る舞いに注目してほしい。

(87)　He didn't resign 　　　┌ because he had tenure.　　　┐（終身在職権を持っていたので）
　　　（彼は辞職しなかった）　│ # although he had tenure. │（終身在職権を持っていたけれど）
　　　　　　　　　　　　　　　└ # despite having tenure.　┘（終身在職権を持っているにもかかわらず）

また「期待に反する」意味を持つ節は肯定の断定でも焦点にくることがない。

(88)　It was {because/ only because/ #although/ *even though}he had tenure that he resigned.
　　　（彼が辞職したのは彼が終身在職権を持っていた {から／というだけで／#けれど／*にもかかわらず} なのだ）

　しかし、最終的原因が何であるにせよ、上の「期待に反する」節の事実が話のすべてではあり得ない。というのも (82) が示すように、広い作用域の矛盾否定が (81)の尺度的含意を取り消しできないように、存在の含意を取り消しできないのだから。これに関連して次の (89) の奇妙さを観察していただきたい。そこでは too による存在の含意 (つまり、ビルにはメアリー以外にも好きな人がいる) が取り消されていない。

(89)　# Bill doesn't like Mary too—she's the <u>only one</u> he likes.
　　　（ビルはメアリーもまた好きなのではない、彼女は彼が好きな唯一の人なのだ）

ここでもまた存在の含意を取り除く他のメタ言語的装置の方がうまく行く (Whaddaya mean, he likes Mary <u>too</u>?!　彼はメアリーも好きって、どういう意味 ?!)。too の非真理条件的意味論は K & P の pp.32–43 で議論されているが、Horn 1972: §1.12 でも too と even とに関与する存在の含意の非影響性について試験的、予備的考察を加えている。

　K & P のモデルや他の研究者のモデルにとって、even を伴う文とその解釈についてのさらに基本的な問題点は、(81) のような文の否定のように、前提あるいは含意を保持しつつ、伴立を否認するような普通の否定があり得ないということである。(90) の例を見られたい。

(90) a.　Even Bill likes Mary.（ビルでさえメアリーが好きだ）
　　 b.　Even Bill doesn't like Mary.（ビルでさえメアリーが好きではない）
　　 c.　Not even Bill likes Mary.（ビルでさえメアリーが好きではない）

K & P の分析は、正しく (90b) の even が述語否定より広い作用域をとることを予測している。この文は、ビルがメアリーを好きではないことを主張し、ビルの他にメアリーを好きではない者がおり、ビルは文脈が規定するメアリーを好きではない者の集合の中でもっともありそうでないメンバーであることを含意する、という点で (90a) と違っている。しかし、このことを説明できる方法はない。また、(90c) も (90a) の通常の (穴型) 否定でも、その (栓型) 矛盾否定でもないという事実を説明できる直接的で合成的なアプローチもないのである。(90c) は、実際には統語構造では全く違う (90b) と同じ真理条件的意味と含意を持たねばならないのである[17]。

　実のところ、(90a) には否定がない。Kuroda (1977: 70–71) も同様に、(91a) について前提を維持しながら伴立を否定するような「否認」がないことを指摘している。彼は、(91b) は、疑問文 Does John even love <u>Mary</u>? の可能な答えとなることが

できるが、肯定文 (**91a**) と対になる否定の対応文としては読めないという。

(91) a.　John even loves <u>Mary</u>.
　　 b.　John does not even love <u>Mary</u>.

(**91b**) も (**90c**) の場合と同じように、even は否定に関して広い作用域を与えられねばならず、その意味はおおよそ、「メアリーでさえ、ジョンは愛していない」になる。

　私の初期の even の取り扱いはそれを「否定辞繰り上げ述語」とみなし、(**90b**) と (**90c**) の両方が派生することを説明するというものであったが、その考え方の動機づけになったのが上で観察した (even と否定の) 独特のパターンなのである (この議論については Horn 1969: 105; 1971: 128–32 を参照のこと)。たとえ今我々が即座にそのような試みを拒絶したとしても、(**90b, c**) の意味論的同等性をうまく説明できなくてはならないという課題はやはり残ってしまう[18]。カルトゥーネンとピーターズの前提現象理論の持ち味というのはその反証可能性である。これはこの理論の形式的明確さからくるものである。特にその反証可能性は、モンタギュー文法的形式に組み込まれた規則対規則の仮説と適格性条件によって可能な解釈が強く制限されることに多くを負っている。但し、even を含む否定文の統語論 – 意味論の対応関係では、この理論は反証可能なばかりではなく反証されてしまっている。

　第 6 章で K & P の含意と矛盾否定の理論を、他の 2 種の否定を設定する枠組みや二値論理、多値論理、さらに否定の多義性が拒絶されている理論との関係で位置づけることにする。この慣習含意 (または語用論的前提) の投射的特性の説明において、K & P のライバルはギャズダー (Gazdar 1979a, 1979b) の理論ということになる。ギャズダーは否定については過激な単一主義者 (monoguist) の陣営に属する。後に議論することだが、彼の理論も K & P の理論も、いや実際、悔い改めない (古典的、多値論的) 多義主義者たち (ambiguists) の理論のいずれもが、自然言語の否定の統一性と多様性の全体像を我々にしっかりと捉えさせてはくれないのだ。

　第 1 章で、私はかなり詳しく 2 種類の否定を認めるある特定の理論を検討した。すなわち、アリストテレスの理論である。本章では否定と矛盾律、排中律という (アリストテレスの) 古典法則との関係を検討した。我々は (管理は少々悪いかもしれないが) 絵のように美しい論理の街道をたどりつつ、求めるものを追いかけてきたわけだが、そこで分かったことは「(たとえフランス王の御加護があっても) 否定に王道なし」ということである。

　私はまた、長らく研究されてきたが、いまだに議論の絶えないさまざまな構文を取り上げ、そこでの否定の振る舞いに注意を向けた。これらは、未来偶然性陳述 (2.1 節)、指示対象を持たない主語を持つ単称表現 (2.2 節)、範疇誤り文 (2.3 節)

などであるが、ある人々にとっては、これらは、二値原理、つまり、すべての命題は真か偽かでなければならないとする原理の弔いの鐘のように聞こえたのである。私はこれらの文についてのさまざまな分析を探訪し、提示されたデータを扱うためにはアリストテレスの2種類の否定を持つ二値論理を修正する可能性を考察した。しかし、観察した中でのどのようなものも、基本的なアリストテレスの前提を放棄することを我々に迫るものではないことも分かった。2.4節でみたことだが、多値論理の複雑な形式化を押し進めるよりも、中核的問題に対するアリストテレス自身の方法(ラッセルの研究にしばしば言及なしに反映されてはいる)を洗練する方が実りが多いように思える。そのような1つのアプローチとしてフォン・ライトの研究(Von Wright 1959)がある。これは、名辞論理での反対関係を命題論理へ翻訳することを含んでいるが、これがいささか落ち着きが悪いのは、もともと名辞論理の概念は命題論理では座りが悪いためだろう。最後の2つの節では、否定の多義性をめぐって色々な理論を訪ねたが、これは語彙的、あるいは、論理形式での演算子の作用域の違いで読みに違いが生じるということに関連するのであった。否定のさまざまな理論の探訪は2.5節のKarttunen and Peters (1979)に至ったが、それは慣習含意と非真理条件的意味論の理論であり、そこでは否定は常に矛盾関係というわけではないが、論理は常に二値的であった。

「否定は多義である」という論点は、本書の最初の2つの章で検討してきた理論のいくつかにおいて採用され、あるいは擁護されているが、本書の最後の2つの章でも再度注意を向けることになろう。しかしその大問題に向かう前に、他の論争点も取り上げねばならない。その最初のものは、いわゆる「否定の有標性(markedness of negation)」と、1.2節でその来歴を述べた「非対称性戦争(asymmetry wars)」との係わりに関してである。それでは次章ではその問題に取り組むことにしよう。

注

1　ルカシェビッツの三値論理への深い思い入れは、彼の1918年のポーランドと世界中での政治的、知的自由を懇請する文面にもうかがい知ることができる。「人間の創造的活動のために古典的二値論理に組み込まれた論理の強制に対して、精神の戦いを宣言する」と彼は言う。「客観的可能性」を表すものという性格を付与された中間的値を持つこの三値論理は「人間精神の解放のための観念上の戦い」の道を照らすもの、と彼は考えていたのである(Lukasiewicz 1970: 84)。

2　レッシャーが別の所(Rescher 1963: 55)で指摘していることだが、ボエティウス流の解釈は、アル・ファラビやトマス・アクィナスの立場の人々には不快である(もし未来

偶然性陳述が、真でも偽でもないのなら、一体どのように神の予見性が存在し得るのか？）ばかりではなく、哲学的に具合いの悪い所がある。(i)や(ii)のような命題に、異なる真理値を与えることは特に強要できるものではない。

(i)　明日雨が降るだろう(4 月 12 日に言われた)
(ii)　昨日雨が降った(4 月 14 日に言われた)

2 つの陳述が示された日に発話されたとすると、これらは正確に同一の事実、つまり 4 月 13 日に雨が降ったということを主張している。

3　私は説明の都合上、アリストテレスの名辞論理表示の改訂版ともいえるレッシャーの方式を採用することにする。命題 **p** と叙述関係を示す **F(a)** の区別は、ここでの私の議論には無関係であるからである。

4　1.3 節で既にみた西洋の論理学とインド論理学との類似性を考えると、未来偶然性の問題が、東洋でも問題となっていることは驚くにあたらない。8 世紀のシャンカラ (Śankara)は「選択」(vikalpa)についての彼の注釈の中で、あの「海戦」の話を思い出させるようなことを言っている。それは、結果が前もって決定されておらず、2 つの可能性がそのまま残されている場合の、次の(i)、(ii)の 2 つのヴェーダの勧告文の両立可能性に関するものである。

(i)　atirātra の供犠において、彼は sodaṣin 杯をとる
(ii)　atirātra の供犠において、彼は sodaṣin 杯をとらない

スタール (Staal 1962: 61–62)によると、シャンカラの見解は、「矛盾律は、これから確立されるものの領域界(*sādhya*)では成立する必要がなく、既に確立した領域界(*siddha*)では成立しなければならない。」とするものである。これは「海戦」に対するアリストテレスのボエティウス流の解釈に通ずるものである。

5　フレーゲは否定的意味においても、「現代の前提の父」であるとみなすことができる。Frege 1892 とその後の著作を注意深く読むと、*Voraussetzung*(前提)の名のもとに、少なくとも 3 つの異なる関係が束ねられている。それは、文は前提を持つことができる、文の使用(断定)は前提を含むことができる、話者は前提を作り出すことができる、というものである (Atlas 1975; Levinson 1983: 170 参照)。この致命的な多義性が 75 年後にも生成意味論の伝統のなかでの前提の取り扱いに悪影響を及ぼしたのである。(キパルスキーたち (Kiparsky and Kiparsky 1971)のように、)生成意味論では「x は y を前提とする」という形式の x には、文、文の集合、命題、発話行為、話し手、発話、さらに動詞が来てもよいのであり、y には文、命題それに真理値が来てよいのである。

6　ここで言及され、さらに後の章でも触れることになるが、「多義主義者(AMBIGUIST)と単一主義者(MONOGUIST)の理論上の対立」という言い方は、実は Wertheimer (1972)からの借用である。彼はこの表現を法性の意味論での対立理論を描写するのに用いて

196

いる。

7 ストローソンの意見は、実は (15) について向けられたものではなく、類似する The king of France is wise という文についてのものだったのである。ラッセル、ライヘンバッハ、さらにストローソンは、存在しない君主の「はげ頭」や「年齢」それに「知恵」について文を作っている。我々は初期の例のいくつかに出てくる病気、死、破壊という病的なものについては詮索しないでおく。

8 ユーイングにとっては、命令、祈願、感嘆を表す表現は定義により無意味となる。これは文の意味とは命題であり、非平叙文は「命題を主張しない」からである。これらの文が無意味であるとする結論は、その前提が正しい限りにおいて有効ではあるが、最近の非平叙文の意味の研究 (例えば Lewis 1979) では、その前提も疑わしくなってきている。

9 パップのここでの考え方はあまりに制限的である、という批判ができるだろう。つまり、「x が親切である」という表現を考える場合、たとえ x が、「親切」という規準で測ることができるタイプのものであるとしても、「x が親切である」を否定することは、「x が不親切である」ことを直ちに肯定するものでもない。パップは、私の初期の用語でいうと、「間接反対関係」を「直接反対関係」と取り違えているようである。

10 これは、部分的には用語使用上の混乱である。ルートリー (Routley 1969: 375–76) は次のように主張する。つまり、真理値ギャップを持つ文の存在によって破られる規則は、「全ての命題は真か偽である」という LEM (私は、これを LBV と定義している)の意味論版であって、ルカシェビッツ、ファン・フラーセンそれにランバートなどによって仮定されている統語的な LEM (つまり全ての命題 p について、$p \lor \sim p$) は、$\sim p$ に矛盾否定としての適切な定義を与えるなら、真でも偽でもない文と両立可能である、というものである。私は次の節で、非古典論理の枠組みでの LEM と LBV の区別化の問題に戻るつもりである。

11 私は、当分の間、ルカシェビッツ流の三値論理 (そこでは古典的値である T と F だけが、所与の陳述に付与可能な値の全てではない) を、古典的二値しか持たず、しかも発話の文脈によっては、有意味な文がこれら二値のいずれをも付与されない体系であるフレーゲやストローソンの理論の、「1 つの記述上の変異形態」とみなすことにする。(クリーネ (Kleene 1952: 344) の数学的論理学の伝統では、文は真か偽か、それとも定義不能とされている。この真理関数の部分関数的見方は、例のケプラーや king of France を巡っての、フレーゲやストローソンの直観をうまく捉える形式的手段であると言えよう。) 真理値ギャップを許容する論理は、実際のところ、関連するとはいえ、概念的に三値論理 (多値論理) とは異なるものである。真理値ギャップと非古典的真理値との区別は、ファン・フラーセンの形式的システム等には重要となる。ちなみに、彼のシステムでは前者は受け入れるが、後者は拒絶している。

12 パリの通りの名前もよく変わるが、それ以上に名前が変わるのが「内部否定」と「外部否定」である。この「命名の泉」から湧きでた理解が難しいものを眺めて見よう。各々「内部」、「外部」の順になっている。PRIMARY vs. SECONDARY negation (Smiley

1960)、WEAK vs. STRONG negation (after Kleene 1938, 1952)、STRONG vs. WEAK negation（Von Wright1959; Zimmer 1964; Keenan 1969)、CHOICE vs. EXCLUSION negation（van Fraassen 1969)、CHOICE NEGATION vs. COMPLEMENTATION (Herzberger 1970)など。これから先は(70)をご覧あれ。この節では私はボシュヴァの用語を守っていくつもりである。それはラッセル（Russell 1905）の作用域の多義性と、多値論理の作用域の多義性との関連を、(51)の定義を利用することで捉えている。私が作用域ないしは語彙的な面で 2 つの否定を区別する論理体系（真理値ギャップや非古典的値のあるなしにかかわらず）を扱う時には、内部否定を表すのには‘¬ p’、外部否定には‘-p’を採用することにする。これらはどちらも、フレーゲの論理学以降の標準的な単一の否定演算子‘∼ p’とは正確には対応しない。

13　相互に重要な関連があるにもかかわらず、カールソンはストローソン、パップ、黒田に言及していないし、また黒田とカールソンはフォン・ライトの名をあげていない。偏見をまじえずに言うと、これは「偉大な精神は同じように考える」という金言の通り、ということだろう。

14　グライスは 2 つの含意（implicature）を導入した初期の論文で、but で誘発される非真理条件的慣習含意を、Smith has left off beating his wife（スミスは妻をなぐるのを止めた）や類似の例文に関連付けられる意味論的前提から切り離して考えようとした（Grice 1961:§3）。少なくともその論文での議論のために、グライスはストローソン流に、前提の不成立（含意の不成立ではなく）を真理値ギャップの十分条件として受け入れた。前提と慣習含意との区別は Grice 1981 で再検討されている。また Levinson 1983 も参照のこと。

15　初期の考察については Fraser 1971、Horn 1971、Stalnaker 1974 を参照。また、even やその他関連する小辞（particles）についての K & P の理論への批判は Horn 1979、Langendoen 1981 参照。さらに、even、too、only、but のような慣習含意を持つ小辞を、全て古典的前提現象、つまり定記述、叙実性、範疇誤りなどの場合と同じように考えようとする K & P の方針に対する批判に関しては、Levinson 1983 を読まれたい。最近の　even についての議論では、Kay (1987) を参照されたい。これは初期の諸説の洞察を総合しながらも、even 文と関連構文の評価に充分明確に定義されたスカラーモデルを提案している。

16　少なくとも一人の話者、アンディ・ロジャーズ（Andy Rogers）はこれら (82) の文を受け入れることは、ほとんど、あるいは全く問題がないと言う。

17　(90c) の特異な意味が、K & P の even の分析に対する Langendoen (1981: 217) の懸念の 1 つを無効にする。ランゲンドンは、議論はしていないが、明らかに (90c) は (90a) の否定（少なくとも 1 つの否定）と考えていたようだ。もちろん、それはあり得ない。

18　この否定辞繰り上げ分析に対する懐疑には次のようなことがあげられる。(1) どのような基準に照らしても even は述語ではないという事実、(2) 否定辞繰り上げ、あるいは否定辞移送は統語的規則ではない（あるいは意味論的規則でさえない）という最近の標準的な見解。これについては、Horn 1978b、Horn and Bayer 1984 及び本書第 5 章

参照。(3)次の(i)、(ii)のような文を取り扱うために、否定辞繰り上げ分析に必要となる理論的困難。

(i) Not all the boys even <u>kissed</u> the maiden.
(全ての少年ではないが、その少女にキスさえしないものがいた)

(ii) None of the boys even <u>kissed</u> the maiden.
(どの少年もその少女にキスさえしなかった)

(i)、(ii) で、even が否定量化子より広い作用域を取るということから、Horn (1971: 130–31) は、これらの表層の文は、各々基底の文 (i') と (ii') から派生した、とまじめに主張したのだ。

(i') Some of the boys didn't even (even didn't) <u>kiss</u> the maiden.

(ii') All the boys didn't even (even didn't) <u>kiss</u> the maiden.
(*all ... not* の NEG-V 読み)

この議論では量化子否定の述語計算規則を文法に取り込む必要がある。しかし、そのような提案が、他のどこかで (Horn 1972: §3.1)、ド・モルガンの法則を英語の統語論に導入する提案を公言した研究者から出されたことは驚くにあたらない。そのような提案は、それにふさわしい喝采を受けたのである。

第3章　有標性と否定の心理

　音声に関していうと、肯定の音声化は否定の音声化よりも先に存在する。なぜなら否定は肯定に否定辞を加えたものであり、この点で肯定の音声化の方がより単純だからである。　　　　　　　　　　　(Oesterle 1962: 64『アリストテレス『命題論』
に対する聖トマス・アクィナスの注釈』)

　言語的に肯定が無標で否定が有標であるという事実は、この研究及び先行研究において得られた、否定は肯定よりも心理的に複雑であるという結果と、完全に一致している。　　　　　　　　　　　　　　(Just and Carpenter 1971: 248–49)

　既にみたように、否定には形態統語論的なマークがあり、肯定には何のマークもないことと、否定よりも肯定の方が優位であるという主張とを関連づけようとした聖トマス・アクィナスの試みは、非対称主義者が1000年にわたって繰り返し主張してきたことである(1.2節)。しかしこれも既にみたように、この相関関係は従来問題にされてきたものであり、なかでも最も直接的に異議を唱えたのはギーチ(Geach［1972］1980: 78–79)である。しかし、ギーチは、肯定述語と否定述語の相対的な複雑さに言及するにとどまっている[訳者注1]。そして、2つの否定を持つ体系(第2章参照)の提唱者は、否定述語と肯定述語は、その形態統語論的非対称性にもかかわらず、存在論的にはどちらかがより複雑であるということはないが、内在的に否定命題は、肯定命題よりも複雑であると主張するだろう。
　肯定(文)の優位性を主張するトマス派の議論を追放し得る者にもう一人いるとすれば、それはソマーズ(Sommers 1970: 6)だろう。彼は、否定名辞が必然的に中立の(あるいは肯定の)名辞から派生されると考える「唯名論的誤り(‘nominalistic error’)」に対して鋭い非難を浴びせている[訳者注2]。ソマーズによれば、unwise(賢明でない)という語が存在するのに、それと対称的な*plus-wise(賢明である)という語がないことは、不幸な「偶然」であるという。ソマーズのアプローチは、名辞は反対の意味を持つものとのペアで与えられるという「古典的」な伝統に従うものであ

る。そして、そのペアのどちらのメンバーを肯定とし、どちらを否定と理解するか
は恣意的なのである。しかし、ギーチについて論じたときに述べたように、この考
え方は、[non-N や not-N の形式を持つ] 名辞否定が（例えば male（雄）対 non-male
（非雄）あるいは female（雌）、odd（奇数）対 not-odd（奇数でない）あるいは even（偶
数）といったように）肯定的に表現でき、しかもこれら 2 つの反対名辞だけからなる
集合を扱う場合に最も説得力がある。中間値を持つ反対語、特に極を表す反対語
のペアに目を向けると、その議論は力を失ってしまう（1.1.5 項参照）。例えば white
（白）には単一の語彙表現があるのに、not-white（白でない）にはないというのは本
当に偶然なのだろうか。wise（賢明な）や happy（幸福な）の表現が単純であるのに、
それらの直接的あるいは論理的反対はそうでないというのも偶然なのだろうか[1]。

　近代言語学においては、形式的（形態統語論的）非対称性と機能的（意味的）非対称
性の間にみられる体系的な相関関係を「偶然的」であるとする評決は、再審でくつ
がえされることになるだろう。あらゆる学派の普遍主義学者たち—例えば、（ヤコ
ブソンやファーバスなどの）プラーグ学派、（グリーンバーグなどの）経験的比較言
語学者、（チョムスキーやビッカートンなどの）生成文法学者、（ハリデーや久野な
どの）新機能主義者、（グライスなどの）語用論者、（ボリンジャーやギボンなどの）
カリフォルニア学派—は、（普遍文法（UG）として知られる）生得的な言語メカニズ
ムや合理的コミュニケーションへの強い要求、また情報のまとまりなどを統率す
る、より深くより一般的な原理を求めることによって、自然言語にみられる表層の
規則性を説明しようと努力してきた。このようなアプローチにとって、ギーチやソ
マーズが訴えた偶然性は、独立の興味を欠いた空虚な仮説にすぎない。

　トマス派の前提は、否定と肯定をはるかに超えた領域にわたる、あるパターンを
例証している。言語における「有標の対立（MARKED OPPOSITION）」という概念
は、ソシュールやバリーの初期の研究に基づいて、プラーグ学派のヤコブソンや
トゥルーベッツコイらが発展させたものである（Jakobson 1939 参照）。有標性は、
形式的非対称性と、機能的ないしは意味的非対称性との相関関係にかかわる。形
式的に言うと、鍵となる概念は、ヤコブソンのゼロ標識（SIGNE-ZERO）の概念であ
る。すなわち、対立するペアの一方のメンバーは、（明示的に印をつけられ）文字ど
おり有標（MARKED）であるのに対して、他方は（明示的な印がないことによって印
づけされ）無標（UNMARKED）である[2]。意味的に言うと、有標の範疇はある特性 **P**
の存在によって特徴づけられるが、一方それに対応する無標の範疇は、**P** の存在や
欠如について必然的に意味することは何もないが、（排他的にというわけではない
が）**P** の欠如を示すために用いられることが多い（Jakobson 1939）。

　対立が最も明らかな場合においては、形式的基準と意味的基準は一致する。例え
ば接尾辞のあるなしを考える場合、lion は lioness に関して形式的に無標であり、

この接尾辞［-ess］は「ある特性 A（+female）が存在することを述べている」といえる。一方それに対応する無標の範疇は、その特性を持っていないと理解されてもいいし、そうでなくてもいい（すなわち lion は雄のライオンを指すこともできるし、性別に関係なく単にライオンという種を指すこともできる）。同様に、人間の世界においても、woman（女性）は形式的にも機能的にも有標の man（人）として扱われている。ボーダン（Bodine 1975）、ミラー・スウィフト（Miller and Swift 1976）、そしてマーティナが 'he/man language' と呼んだものの歴史や及ぶ範囲、重要性についてはマーティナ（Martyna 1983）を参照のこと。

ヤコブソンやグリーンバーグ（Greenberg 1966）にとっては、二項対立の関係にあるもののうち、無標の語は、（lion 対 lioness に見られるように無形の形をとり）形式的に複雑でなく、形態的により不規則で、分布的には制限をうけにくく（テクストにはより頻繁に現れ）、（How tall is Chris?（クリスの身長はどのくらいですか）と How short is Chris?（クリスはどれくらい背が低いのですか）の違いにみられるように）意味的にはより中立的であり、統語的には他より区別されやすく、統合や中立化を受けにくく、後天的一致を支配する傾向にあるもののことを指すのである。

さて、形式的な基準によると、肯定／否定の対立において有標なのは、明らかに否定である（Greenberg 1966: 26）。世界の言語を、非常に注意深くかつ広範に調査した結果、グリーンバーグ（p.50）は、「否定は常に明示的な表現を持つが、肯定は通常、特定の表現を持たない」と結論する。ベトナム語では、肯定の範疇が形式的にマークされることがあるが、このマーカーは（否定のマーカーとは異なって）義務的ではない。むしろ肯定の範疇が、（John is happy と John is not happy の対立にみられる not のような）不変化詞や、（John is happy と John is unhappy の対立にみられる un- のような）接辞などの特定の否定マーカーを持たないことによって示されることの方が、はるかによくみられるパターンなのである[3]。

グリーンバーグ（Greenberg 1966: 25）が述べているように、この形式的なパターンは、数学的記号表現や論理記号といった厳密な領域の中にさえ反映されている。例えば、否定的な（マイナスの）数は、そのように（例えば -5 のように）示さなければならない。一方肯定的な（プラスの）数は、（5 と +5 のどちらでもよいというように）明示的な印がなくてもよい。（極性的な区別が中立化される）絶対値は、|-5| ではなく |5| というように無標の肯定形で与えられる。また、真／偽（true/ false）の二分法のうち本質的に肯定の要素が、その範疇全体の名前となる。つまり、（偽値ではなく）真理値であり、（偽性条件ではなく）真理条件となる。

しかし否定は、形式的にだけではなく意味的にもマークされる[4]。グリーンバーグ（Greenberg 1966: 50）は、「肯定に対立するものとしての否定が有標の性格を持つ証拠」として、自然言語における多様な統語的パターンを示している。そのような

パターンの1つとして、動詞の範疇が肯定文でははっきりと区別されているが、否定節では他のものと結合してくずれてしまう、という傾向がある。例えば、シラク語の現在と未来を表す屈折語尾は、否定のもとでは融合されてしまう。ただ、古代ギリシア語は、直接法と仮定法が肯定文では一緒になってしまうが、否定文ではそれらが区別されていることが多いという点において、グリーンバーグの一般化に対する反例を示しているように思われる (Mirambel 1946 参照)。しかし、それに関する証拠は、大きくグリーンバーグに優勢になる方向に傾いている。例えば、バーティア (Bhatia 1977: §3.1.2.2) が示すところによると、インドの言語では (インド–アーリア語でもドラヴィダ語でも)、肯定文では維持される動詞の区別が、否定文では特徴的に中立化される。

 そのような無標の肯定値に向かう中立化の広範なリストは、ギボン (Givón 1978、1979) によって提供されている。彼は、否定が形式的・前提的に有標であることと否定節が分布的に制限されることとを結び付けようとしている。ギボンによれば、否定は—他の有標的な構造と同じように—それに対応する無標構造 (すなわち肯定) よりも、「その中に埋め込まれる要素や構造の分布が制限され」、そして「それ自体を他の構造や文脈に埋め込むことも制限される」(1978: 91)。否定 [自体] の分布が制限されることと、否定のもとに埋め込まれる要素の分布が制限されることに対するギボンの証拠は、英語の副詞と法助動詞の作用域から、バンツー諸語の動詞の焦点やテンス・アスペクト構造のパターンにまで及んでいる (1978: 81–87、92–101)。彼が挙げている英語にみられる対比には、以下のようなものがある (1978: 95–96)。

(1) a. When John {comes/ ?doesn't come}, I'll leave.
    (ジョンが {来たときに／?来なかったときに} 私は出発します)

b. When did John {arrive/ ?not arrive}?
    (ジョンはいつ {到着しましたか／?到着しませんでしたか})

c. How did he {do it/ ?not do it}?
    (彼はどのようにそれを {しましたか／?しませんでしたか})

d. With what {did he?/ didn't he} cut the meat?
    (彼は何でその肉を {切りましたか／?切りませんでしたか})

e. I had the doctor {examine/ ?not examine} Mary.
    (私はその医者にメアリーを診察 {してもらった／?しないでもらった})

f. I {want to/ ?want not to/ don't want to} work.
    (私は {働きたい／?働かないことを欲する／働きたくない})

g. She was as fast as he {was/ ?was not}.

（彼女は ｛彼と／？彼がそうでないのと｝ 同じくらい速かった）

h.　And then {came/ ?didn't come} John.

（そしてそれからジョンが ｛やって来た／？やって来なかった｝）

i.　There {stood/ ?didn't stand} a man in front of the mirror.

（その鏡の前に男が ｛立っていた／？立っていなかった｝）

ギボンのデータ、議論、それに結論のいくつかの側面は、反論される可能性があるが、その本質的な点は議論の余地がない。すなわち、肯定形が適格だと判断される広範な環境において、それに対応する否定の構造は通言語的に排除されている。（埋め込まれた非定形節において明示的な否定を避けるという普遍的な「共謀（"conspiracy"）」については、Horn 1978a: §5 で論じた。）

　逆の主張、すなわち否定構造に現れる統語的連鎖は、肯定構造に現れる表現よりも制限されるという主張は、（Givón 1978: 96–97 も認めているように）否定極性項目（NEGATIVE POLARITY ITEM）という大きくて十分に生産的な語彙のクラスが多くの言語に存在する、という事実にぶつかる。これらは、その表現を統御する明示的な否定か編入された否定（あるいは（疑問文や条件文のような）喚情的（affective）な要素）を含む環境にしか現れないものである。肯定極性項目（Positive Polarity Item）も存在することは存在するが、その数、生産性そして力の強さは、否定極性項目ほど強くはない。これはおそらく、肯定極性項目の引き金となる要素が否定的にしか特定化できないから、すなわち否定辞や喚情的な要素がないということによってしか特定化することができないからだろう[5]。

　これに関連する問題として、（short と tall、bad と good（Givón 1978: 104–5）のような）反対関係にある形容詞のペアのうち、有標で本来否定的なメンバーの方がその分布において制限されているという点を、以下でさらに詳しく論じる。しかし、ここで次の事は述べておく価値があるだろう。すなわち、対立関係にある要素のペアのうち、有標のメンバーの方が、その無標のメンバーよりも多くの情報を伝えるのが普通であるとみなされている（例えば How short is she? は、How tall is she? よりも情報量が多い。というのは、前者は、彼女は背が低いと話者が信じていることを伝えているが、後者は中立だからである）。ところが一方、（My hat is not red と My hat is red に見られるように）肯定／否定という非対称的関係においては有標のメンバーである否定の方が、無標の肯定よりも談話に与える情報が少ないことは、プラトンからギボンに至る解説者たちも認めている通りである。

　さらに、述語や命題あるいは文における肯定／否定の対立は、有標の対立の基本的特性を直接反映しているわけでもない。つまり上記のヤコブソンからの引用にある特性、もしくはグリーンバーグの議論（1966: 25）にある「人間の思考に広く見ら

れる傾向、すなわち対立する範疇のメンバーの一方を無標として理解し、それが全範疇を表すかまたは有標の範疇に対する反対の範疇を表す」とする傾向である。すなわち肯定文や肯定の述語は普通、全範疇の無標（肯定）と有標（否定）に関して中立的であるように用いられることはないということである。Pat is a man（パットは人である）は、Pat is a man（パットは男である）と Pat is not a man（パットは男ではない）との間で中立的ではあり得ない。それは、（ホモサピエンスを表す）man が、「男」と「人」との間で中立的であるのとは異なっているし、lion が（雄の）lion と雌の lioness の両方を含み、|5| は、＋5 だけでなく -5 をも表すのに用いられるということとは異なっている[訳者注3]。（しかし、Is Pat a man? のような中立的で非誘導的な yes-no 疑問文が、常にその対立の肯定のメンバーから形成されることをついでに述べておいてもいいだろう（Bolinger 1957 参照）。）

　いずれにしても、否定と肯定の対立に適用される有標性の概念にかかわるこれらの問題がうまく扱われ得ると仮定しても、問題は残る。すなわち、否定が形式的・機能的に有標であることは、否定陳述の文法と論理に対して何を意味するのだろうか、ということである。キッシン（Kissin 1969: 28）は、次のような強い見解を正しいとしている。「否定の文法が主張すべき基本的な事実は、否定文が、否定文でない文が含んでいない明示的要素を含んでいるということである…しかし、否定でない文において、発音されるべき非否定的要素はない。」キッシンは、明示的なマーキングにおけるこの非対称性を、否定の統語論と意味論を結びつけるものとみなしている。もっとも彼は、グリーンバーグによって記述された非対称性が、（例えば）英語の共時的な文法における否定の分析において、統語的・意味的非対称性として反映されなければならないということを、論証するというよりむしろ単に仮定しているのであるが。

　クリマ（Klima 1964）と同じように、否定文はそれに対応する否定ではないものに「寄生する」ものとして扱われるべきであるとするキッシンの主張は、反対に否定の方が基礎であるとする（価値のない）理論にも、どちらのタイプの文も等しく基本であるとする理論にも対立し、マーキングの非対称性をとらえる直接的な手段を与えている。しかし普遍文法がどのようにしてこのメタ理論的手段を要請するようになっているのかについては、何も語られていない。実際、もし互いに矛盾する要素からなるペア $\langle S_{pos}, S_{neg} \rangle$ の否定のメンバーを、その深層構造の特定の位置に明示的な要素を含んでいるという点で対応する肯定とは異なるものとして定義するのであれば、キッシンの論点はそれ自体循環的になるだろう。その場合、否定は、規定によって、その対立の有標の（あるいは寄生的）メンバーであることになる。

　おそらく一般に、有標の語に対する無標の語の優位性、特に否定に対する肯定の優位性を最も直接的に反映したものは、固定二項式（FIXED BINOMIALS, Malkiel

1959) や凍結語 (FREEZES, Cooper and Ross 1975) などと呼ばれてきたものに見られる、等位項 (や離接項) の線的順序である。凍結語というのは、「2 つの等位項の順序が普通の話し言葉において厳格に定まっているもの」である (Cooper and Ross 1975: 63)。例えば、cat and mouse とは言うが ?mouse and cat とはあまり言わない。同様に bigger and better と ?better and bigger、fore and aft (船首から船尾まで) と ?aft and fore などである。パーニニ (Pāṇini) 以来、言語学者は、凍結語内の順序に対する音韻的・意味的制約について研究してきた。そして、それぞれの要因の相対的な重要性に関する意見の一致はないとしても、さまざまな要因の役割については明らかな意見の一致があるように思われる。中心になる意味論的原理は、他の事情が同じであるとすれば、対立関係にあるもののうち無標の「より容易な」メンバーが、有標の「より難しい」メンバーに先行するということである (Clark, Carpenter and Just 1973)。例えば、big and small、this and that、man and woman といったように。特に、反対の意味を持つ語のペアのうち、肯定のメンバーは常にその否定のメンバーよりも先に来る。クーパー・ロス (Cooper and Ross 1975: 65 (13)) は次のような例をあげている。

（ 2 ）　positive or negative（肯定か否定）　　　　many or few（多少）
　　　　all or none（すべてか無か）　　　　　　　more or less（多かれ少なかれ）
　　　　plus or minus（プラスかマイナス）　　　　win or lose（勝つか負けるか）

2 番目の位置に追いやられた否定の語は、yes and no や (2) の最初の 2 つの例にみられるように明示的であるかもしれないが、(2) のそれ以外の例や (3) に見られるように、非明示的であるかあるいは「本来的な (固有の)」ものでもあり得る。

（ 3 ）　pro and con（良し悪し、賛否）
　　　　tall and short（高低）
　　　　good and bad（善悪）

(反対の意味を持つ形容詞ペアの有標のメンバーは本来否定であるという議論については、H. Clark 1974; Givón 1978 参照。) ペアの 2 つの要素を結ぶ連結詞は、文脈によって and や or が (plus or minus/ pluses and minuses や rich {and/ or} poor といったように) 用いられる。ある場合には、凍結語の最初の (肯定の) 語は、2 番目のものに対して、形式的にも意味的にも無標であり得る。そのような例は、クーパーとロスの「A or Neg-A」という範疇を成す。例えば happy or unhappy や like or dislike である。しかし、これら 2 つの基準が衝突し、自己指示のパラドックスを生み出し

ている例がある。

（4）　marked {and/ or} unmarked　（cf. ?unmarked {and/ or} marked）

ここでは、形式的なパラメータが勝利を収め、最初の等位項が（少なくとも字義的には）その対立の無標メンバーであることを示唆している^{訳者注4}。

　凍結語における一般的な無標／有標、肯定／否定のパターンに対するもう1つの反例は、中国語にみられる。しかし、それを述べるにはもう少し背景が必要であろう。オズグッドとその共同研究者たち（Boucher and Osgood 1969、Osgood and Richards 1973、Hoosain and Osgood 1975）は、無標の肯定と有標の否定の間の対立を、2つの宇宙原理である陰（YIN）と陽（YANG）の間の永遠の戦争にたとえている。肯定と否定は、「肯定と否定（THE POSITIVE AND THE NEGATIVE）」と名付けられ得るにすぎない2つの全域的力の間の極性」を認知的に反映したものにすぎないのである（Osgood and Richards 1973: 380、大文字は原典による）。

　この性格付けは、古代中国（4000年前）の易経（別名 the Book of Changes）と、孔子の注釈から得られたものである。儒者（そして道教信者、例えば Givón 1978: 109 参照）の形而上学において、宇宙は対立するペアから成る明らかに無限の2つの集合に分割される。

（5）　**陽（Yang）**　　　　　　　　　　**陰（Yin）**
　　　positive（肯定）　　　　　　　　negative（否定）
　　　light（明るい）　　　　　　　　　dark（暗い）
　　　heaven（天）　　　　　　　　　　earth（地）
　　　high（高い）　　　　　　　　　　low（低い）
　　　creative（active）（創造的（活動的））　　receptive（passive）（受容的（受動的））
　　　male（雄）　　　　　　　　　　　female（雌）
　　　gods（神）　　　　　　　　　　　ghosts（幽霊）
　　　large（大きい）　　　　　　　　　small（小さい）
　　　hard（固い）　　　　　　　　　　soft（柔らかい）

　オズグッドらは、これらの古代の対立語と、グリーンバーグ（Greenberg 1966）によって定義された形式的・機能的有標性との相関関係を強調し、二極的な認知的対立のうちどちらかのメンバーが否定接辞を付加されるのであれば、（例えば unhappy/ *unsad のように）肯定的価値を持つ（陽の）メンバーの方に付加されることのほうが圧倒的に多いと主張する（Zimmer 1964 と 5.1 節参照）。オズグッドとリ

チャーズは、認知的相互関係の研究において、被験者は 2 つの形容詞が両方とも陽か、両方とも陰である場合には、それらを and で結び付ける傾向がある（sweet and/ *but kind、ugly and/ *but cruel のように）のに対して、but は双方の類から成る 2 つの形容詞を結び付ける時に用いられる（sweet but/ *and cruel、ugly but/ *and brave のように）選択的連結詞であると論じている。

　しかし、問題はまだ残っている。「何が認知的極性——つまり物事の陽と陰を決定するのだろうか」（Osgood and Richards 1973: 409）。頻度（つまり、言語使用者が無標の陽の語に出会うことが多いということ）だけでは、この決定を下すには不十分である（Greenberg 1966: 100 参照）。ポリアンナ仮説（POLLYANNA HYPOTHESIS（Boucher and Osgood 1969; Leech 1983 も参照）は、人生の否定的側面よりむしろ肯定的側面に関するコミュニケーションに社会的適応性の価値を置いている（もう一度気持ちをこめて「肯定に重きを置き、否定を消し去ろう」）。しかし、これがすべてであるわけでもない。どういう意味で、（狭さではなく）広さが、（薄さではなく）厚さが、人生の肯定的な側面を表すのだろうか。オズグッドとリチャーズの系統学的見解（1973: 410）は、もはや説得力を持っていない。ギボン（Givón 1978: 103ff.）は全面的にこのアプローチに共感し、有標の語の知覚的際立ちに焦点を当てている。これは、wide と narrow や big と small のような場合には十分妥当であるように思われるが、happy と unhappy や believe と doubt、accept と refuse の場合にはあまり説得力があるようには思えない。

　陽であることと陰であることを決定する究極的な要因が何であろうと、オズグッドとリチャーズは、（潜在性や能動性ではなくて）評価付けが、二極の「異なる強化メカニズム」を反映する中心的パラメータであるとし、それによって陰よりも陽を、マイナスよりもプラスを好むという、普遍的でおそらく生得的な傾向があると自信を持って述べている。

> 大昔から、人は（弱さよりも）強さに、（受動性よりも）能動性に、（低さよりも）高さに、…（女性性よりも）男性性に対して、望ましい反応を促され強化されてきたように思われる。すなわち人は、信じることを疑うことよりも望ましい反応を強化するものとみなし、不確かさより確かさに、乏しさよりも豊かさに、否認するよりも断定する方に重きを置くようになったのである
>
> （Osgood and Richards 1973: 411）

　クロマニオン人が、しっぽをふっている剣歯虎や毛むくじゃらのマンモスに出会って、本当に、疑いや不信、恐れといった陽と反対の陰の性質よりも、信念や信頼、希望といった陽の性質を「反応強化的な」ものとしたかどうかということは、

先史時代の認知的・行動心理学者に任すのが最も良いであろう。しかし、1つの驚くべき経験的発見は、我々の先験的な予測と、オズグッドとリチャーズが実際に得た、その予測を反映する観察結果とは反対に、古代中国語における凍結語の実際の形態は、一定して「陰 and 陽」であったということである。（Osgood and Richards の論文においては、タイトルから最後の文までの間に、[陽 ... and ... 陰]の形式を持つ表現が文内に 20 以上見られるが、s[陰 ... and ... 陽]の形はない。）この理由が何であるかははっきりしない。もっとも、ヒュー・スティムソン（Hugh Stimson）の示唆によると、その凍結語の順序は、陽の存在論的優位性が陰の宇宙哲学的優位性によってくつがえされたという事実を反映しているのかもしれない。すなわち、物理的宇宙が無から創造されたように、陽は陰から創造されたのだという点において、陰は陽に先行するからである。

3.1　有標性と否定の獲得

　有標の範疇は、幼児が獲得するのに、より難しくより長い時間がかかる傾向があり、否定はこの予測をうらぎるものではない。確かに、我々が否定の獲得と呼ぶものが何によって構成されているかについていくらか疑問はある。同時に否定は、心理言語学に魅力的な研究対象を与えてきた。それはまさに否定が普遍性を持つものでありながら言語的に複雑であるからであり、（年齢が 18–24 ヵ月までという）初期に幼児が用いる表現の中に現れ、そして、否定が（少なくとも二値論理で、否定が 1 種類しかない命題的モデルにおいては）論理的に単純であると考えられるからである。否定の獲得に関する最近の研究（と、それほど最近でもない研究）においてなされた主な結果と考察をいくつか概観しよう。

　英語、フランス語、ロシア語、日本語の獲得から得られた証拠に基づいて、ベルージは、幼児が最も初期（ステージ 1）に発話する否定には、否定マーカーが文頭、あるいは（それより頻繁ではないが）文尾に現れると結論している（Klima and Bellugi 1966: 191–93; Bellugi 1967; McNeill and McNeill 1968 参照）。周辺に現れるステージ 1 の否定として引用された（no drop mitten、no the sun shining、wear mitten no のような）英語の例は、いくつかの異なった否定の機能を融合しているものである。獲得が進むにつれて、否定が持ついくつかの異なる機能と、否定辞の位置が次第に区別されるようになる。

　マクニール・マクニール（McNeill and McNeill 1968: 72–73）は、日本語を獲得しつつある幼児にとって、否定には 4 つの値があることを示している。

（6）　ない（助動詞）　動詞と形容詞に付加される＝偽性（FALSITY）

ない（形容詞）　動詞の力を持つ ＝ 非存在（NONEXISTENCE）
いや　「私は望まない（I do not want）」＝ 内的願望（INTERNAL DESIRE）
いいや　「今言われたことは間違いだった。別のことが正しい」
　　　　　＝ 伴立（ENTAILMENT）

マクニールとマクニールが主張しているのは、幼児の日本語に現れる否定辞の初期の用法は、「ここにない（not here）」という一般的な意味を含んでおり、後になってもっと抽象的な意味の「偽（false）」に発展するということ、そして否定は、まず内的状態と外部世界を含む関係を表し、それから（偽性の言明にみられるように）言語についての関係を表すように拡大されるということである。
　ブルーム（Bloom 1970: 7 章）が提示したさらに影響力のある類型には、本来備わった時間的順序付けを持つ、否定に関する 3 つの発展範疇が含まれている。それは次のようなものである。

（7）　非存在（NONEXISTENCE）＞ 拒絶（REJECTION）＞ 否認（DENIAL）
　　　（ここで＞は「獲得において先行する」ことを意味する）

ブルームの最初の 2 つの範疇は、マクニールとマクニールの非存在（nonexistence）と内的願望（internal desire）にそれぞれ対応するが、彼女の第三の範疇は、マクニールの伴立（entailment）と偽性（falsity）を合わせたものである。以下の特性、例、注釈は、ブルーム（Bloom 1970: 172–73）からのものである。

（8）　非存在（存在 対 非存在）
　　　no pocket（in Mommy's shirt）（（お母さんのシャツに）ポケットない）
　　　注：指示物の存在が予期されたコンテキストで、その指示物が顕在的ではない。
　　　拒絶（内的 対 外的）
　　　no dirty soap（i.e. 'I don't want ...'）（汚い石鹸いや）
　　　注：指示物が存在したか今にも起ころうとしていたが、幼児によって拒絶されたか反対された。
　　　否認（伴立 対 非伴立）
　　　no truck（自動車をもらった後で、*There's the truck*（「ほら、トラックだよ」）
　　　— *No truck*.（「これはトラックじゃない」））
　　　注：実際になされた、あるいは想定された叙述が事実ではなかった。

　ブルームの第一と第三の範疇は、どちらも期待された何かがないことを断定していると読むことができる。前者の例では、その期待は幼児の信念世界によって、後者では先行する言語文脈によって、作り上げられる。しかし、第二と第三の範疇は、両方とも存在する指示物についての（前者ではそれを拒絶し、後者ではその特徴づけを拒絶しているといった）コメントを含んでいる点において類似している。非存在が最初に表現されなければならない（そして実際表現されている）のは、この理由のためである、とブルーム（Bloom p. 219）は示唆している。つまり、「幼児は、情報を伝達するために統語的に非存在を表現する必要があったが、拒絶と否認の統語的表現はそれほど必要ではなかったのである。」

　拒絶は言葉で表現される必要はない。というのは、それは言葉にしなくても十分に示され得るからである。拒絶が言葉で表現される時には、単純な no という表現で事足りるが、非存在が言葉で表現される時には、もっと複雑な統語構造が必要となる。否認の機能は最後に獲得される。なぜなら、否認は記号的な指示物を伴う最も抽象的な関係を含むからである。対比的な否認（マクニールの伴立の範疇）は、「心に２つの命題を同時に持つこと」を含む。それは、ブルームの引用、'That's not mines, that's dolly's'（これはわたしのじゃない、お人形さんの）におけるように、さらに高次の複雑さを示している。

　ここに示された時間的順序づけがなぜ存在すべきかの理由について、ブルームが推定していることは明らかに間違っているというわけではないが、あまり説得力のあるものでもない。ある与えられた幼児の否定発話の例をどう分類するかを我々がいつも知っているというわけではないし、我々が行う分類が常にブルームの順序づけの仮説を支持することになるわけでもない。例えば、バウァマン（Bowerman 1973）は、フィンランド語の獲得を集中的に研究した結果、ブルームのモデルの中で解釈するのが難しいデータが多いことを発見している。我々が解釈できる範囲では、そのデータは否認がフィンランド語の否定において最も基本的な（最も早く最も多く例示される）範疇であることを示しているように思われるが、これは、(7)の分類的予測に反している。

　ブルームの拒絶という範疇は、哲学者たちが—少なくともパース以来—長い間に渡って、主観的（SUBJECTIVE）あるいは、前論理的（PRELOGICAL）否定とみなしてきたものに対応する。ハイネマン（Heinemann 1944: 138）は、この「前論理的用法の否定」を、「私は…を望まない（I do not wish (will, desire, etc.) that）」、あるいは「…ということに私は興味がない（It is not in my interest that）」と説明している。これは「論理的」否定が「…は真ではない（It is not true that）」として説明されるのにそっている。この見解に基づくと、拒絶の範疇は、非存在と否認両方に先行するはずである。しかし（少なくともブルームのデータにおいて）そうでないということは、概

念を持つことと、それを統語的に表現することの間の違いを反映しているのかもしれない（これは、先に引用された部分においてブルーム自身が立証した点である）。

　ブラトンに従って、否定を相違であると同定しようと、フロイト的モデルに従って、幼児が他性（お母さん≠私）を理解することが心的外傷を与える性質を持つということを強調しようと、我々は次のハイネマン（Heinemann 1944: 140）による区別に賛成したい気になるかもしれない。それは、否定が「分離し、除外し、拒絶し、または削除する」ことを意味し得る「低次の（前論理的）レベル」と、削除的機能だけが残っている「高次の（論理的）レベル」との間に区別があるというものである。しかし、否定は「拒絶、禁止、命令、願望（p.137）」に現れることができるから「否定の機能」は「論理の領域に限定され」得ない、というハイネマンの議論は、宣言文の論理に限定する場合にのみ有効であるにすぎない（そして限定する必要はないことを、フォン・ライト、レッシャー、ルイスらが示している）。義務論理や命令論理が考案されてきたのは、まさに、否定とそれに類似した作用を「非論理的」あるいは「前論理的」という名の下に一掃してしまうことを避けるためである[6]。

　拒絶の no の重要性と認知的複雑さは、ロイス（Royce 1917: 265）によって強調されている。彼は、「意識的な自発行為は、"not"の意味を理解する存在にのみ可能である」と述べている。幼児が拒絶を表すために用いる no/ not は、「必ずしも反抗的な拒絶を表すわけではなく、反対や気がのらないことを表現したり、年長者や友達の質問・提案が示唆する行動様式と、なんらかの否定的コントラストを示す好みや願望を表現するために用いられる基本的な道具」なのである。もちろん、この点において「2つの命題を同時に心に抱く」例であることになり、ブルームの拒絶と否認の範疇間の区別がぼやけ始めるのである。

　ラッセル（Russell 1948: 500ff）は、興味深いが必然的に推測的な、否定の「個体発生」の理論を提案している。それによると、論理的 not は、初期に「不快な感情」と関連して学習される、より基本的な no から派生する。この no は、幼児の拒絶のサインではなくて、「それに基づいて行動すると不利」であることを意味する親のサインである。「yes は、『この方向に喜びがあること』を意味し、no は『その方向に苦痛があること』を意味する。」その苦痛というのは、現実を通しての直接的な痛みか、あるいは社会的制裁を通じての間接的な苦痛のどちらかである。どのようにして我々は、驚告としてのこの no から、命題論理の not へたどりつくのだろうか。「not は『あなたが…という信念を拒絶するのは正しい（You do right to reject the belief that ...）』というようなものを意味する。そして『拒絶』は、主として嫌悪の瞬間を意味する。信念は、ある行為に向かう衝動であり、not という語は、この衝動を抑制するのである。」

　この説明はある程度の妥当性を持ち、実際、否定を「禁止する（inhibiting）」

作用として一般化する見解は、現代の心理学者に支持を得ているように思われる（Vandamme 1972: 59–64）。一方ラッセルは、議論の明らかな欠点を克服するために桁はずれに多くの飛躍をしなければならない。本当に not は—幼児の頃、大人になっても、あるいは他のどんなところでも—「あなたが…という信念を拒絶するのは正しい（You do right to reject the belief that ...）」を意味するのだろうか。（ちなみに、このアプローチが組み入れられるように思われる、新ベルグソン派の否定の主観主義者的見解に注意しよう。） 不信に関連する嫌悪（aversion）というものがもしあるとしたら、それは、親が用いる no によって部分的に条件付けられた痛さに対する幼児の嫌悪に、（個体発生的に、あるいは存在論的に）関連しているのだろうか。我々は、信念を「なんらかの行為に向かう衝動」とみなすラッセルの考え方を容易に受け入れられるだろうか。これらの疑問のどれか１つにでも否定的な答えを出すとするなら、それは否定の個体発生というラッセルの提案を支持できないと判断することになる。

　最近の発達心理言語学における経験的研究は、否定の統語論と意味論と共に、幼児が学ばなければならない否定の語用論的、談話的特性に焦点を当てている。ヴォルテルラ・アンティヌッチ（Volterra and Antinucci 1979）は、幼児の言語における否定の「語用論的研究」を、否定は必然的に二次的陳述であり、それに対応する肯定よりも情報量が少ない、という古典的非対称主義的主張に立脚させている。彼らは、この趣旨に賛成しているカントやベルグソン、ラッセル（1.2 節参照）を引用している。ヴォルテルラとアンティヌッチ（Volterra and Antinucci 1979: 283）の見解では、「否定の核心は、それに対応する（明示的あるいは非明示的な）肯定の陳述を否定すること」である。否定文を発話する際、話者は（常に？）「聴者が持っている、対応した肯定の前提を否認する」。「非明示的な肯定の陳述」を構成しているものを正確に定義したり、否定の事例をすべて（埋め込まれた否定も含めて: Frege 1919 参照）否認と前提取り消しの発話行為に同化したりする際の問題点については、すでに概観したのでここでは繰り返さない。

　ヴォルテルラとアンティヌッチは、幼児の（そして恐らくは大人の）言語に対する分類法を提示している。そこでは、４つのタイプの否定が区別され、それぞれ異なる種類の「前提」に対応している。

（9）

前提	効果
タイプ A：H が P をしている／しようとしているとS は信じている	命令：S は H に P をしてほしくない（＝否定命令）
タイプ B：H は P を信じているとS は信じている	断定：S は H に P を信じて欲しくない（＝否定情報または訂正）
タイプ C：H は S に A をしてほしがっているとS は信じている	断定：S は H に S が A すると信じて欲しくない（＝拒絶）^{訳者注5}
タイプ D：H は、S に P を確証（反証）してもらいたいと思っている、とS は信じている	断定：S は P を確証（反証）する（＝疑問に対する否定の答え）

　ヴォルテルラとアンティヌッチの長期的研究において、4 人のイタリア語と英語を話す幼児たちを観察した結果、否定の 4 つのタイプがすべて（15 ヵ月という）初期の段階から存在し、そして、その 4 つのタイプは、（36 ヵ月までの）幼児が自発的に発話する否定のすべての例を分類するのに十分であることが明らかになった。初期の例においては、（ヘーゲル他の「肯定の背景（positive ground）」にあたる）前提とされる情報は、現在進行している出来事や、直前に発話されたこととして、コンテキストの中に存在する（p. 290）。後に幼児は、「それを［その前提を］心の内で再構成」するに違いない。

　ヴォルテルラとアンティヌッチの分類は、（本質的に、意味論的というよりも語用論的な）異なる基準によって定義されるが、マクニール・マクニール（McNeill and McNeill 1968）やブルーム（Bloom 1970）の分類と重なるところがある。実際、先行研究の分類の方が、ヴォルテルラとアンティヌッチら自身のデータと、よりうまくいくように思われることがある。2 才のフランチェスコ（Francesco）が発話した次の例（pp. 292, 296）を考えよう。

（10）　Hai itto no c'è a panta!?　'Look, there is no bell.'（ほら、鐘がない）

ヴォルテルラとアンティヌッチの説明によると、「明らかに、フランチェスコがそれまで見たことのある鐘を持つ建物は教会の塔だけだった。そして、この病院の塔は、すべての塔が鐘を持つという規範に違反しているのである（p. 292）。」しかし、ヴォルテルラとアンティヌッチの解釈でも、この例を彼らの（「話者は、聴者に P を信じてほしくない」という）タイプ B の否定に分類するよりも、ブルームの（「予期された場所、文脈において指示物が顕在的ではない」という）非存在の範疇に分類する方が、うまく当てはまっているように思われる。ヴォルテルラとアンティ

ヌッチの否定の分析と分類は、発話行為理論の中で表現されているが、古典的な発話行為についての論文—Searle 1969—は、発話が実際に持っていたり意図されたりする発語媒介的効果の見地から、発話行為一般の定義、その中でも特に断定の定義をすることに対してわざわざ警告を与えている。(発語媒介的効果とは、発話状態において他の対話者に与える、あるいは与えるかもしれない効果のことである。)しかし、それがまさに、ヴォルテルラとアンティヌッチがここでしようとしていることである。

ケラー‒コーエン他 (Keller-Cohen et al. 1979) は、「先行する話者の発話における命題や前提の論理的否定あるいは拒絶」(p. 305) を表す談話否定 (DISCOURSE NEGATION) という、やや異なった概念の考察をしている。明示的な否定の形態素は、この範疇のメンバーであるための十分な基準ではないし (文脈 (10) にみられるフランチェスコの発話は、談話否定の例とはみなされないだろう)、また必要な基準でもない (ケラー‒コーエンやシャルマー、レムラーが述べているように、This truck is red という大人の発話に対して、頭を振って Blue と言って答える幼児は、談話否定を発しているとみなされる)。

確かに、It isn't red, it's blue (or It isn't red but blue) (それは赤ではない、青だ) と言う行為と、[上のような文脈において]、頭を振って Blue と言うことには、機能的な類似性がある。実際、例えばあなたの「あんた臭いわよ (You stink)」という発話の「命題や前提」を、「いや、そんなことないよ (No I don't)」と返事したり、「おまえもそうだろ (So do you)」で対応したり、「あんたの母さんだろ (Yo' mama!)」とあざ笑ったり、ばかにしたり、部屋を出て行ったり、あなたののどを絞めたりすることによって拒絶することはできるが、これらをすべて談話否定という一般的範疇に同化することによってどのような洞察が得られたのか定かでない。特に、上に挙げた行為をすべて含むが、次の Bill の発話を除外するような否定の範疇には—その範疇を我々が<u>何</u>と呼ぼうとも—どこか奇妙なところがある。

(11) Mary: John thinks it's gonna rain.
　　　　　　（ジョンは雨が降ると思っているよ）

　　　 Bill: {No/ Don't worry} it's not gonna rain.
　　　　　　（{いや／心配いらないよ} 雨なんて降りゃしないよ）

それにもかかわらず、上に定義された談話否定は初期に現れるという（驚くほどでもない）結果や、英語における談話否定は、no、[no＋{N、V、VP}] あるいは ［no＋肯定文］ といった標準的な形式の１つを取るという結論、そして「適切な ('happy')」談話否定は、「否定し、かつ新情報を導入するもの」(p. 320) であ

るという見解以上に、ケラー－コーエン、シャルマーとレムラーたちの研究には多くの有益な考察がある。この最後の範疇が、著者たちの「念入りに作られた（ELABORATED）」談話否定なのであり、これは明らかに、マクニールの<u>伴立否定</u>の範疇と、ブルームの<u>対照的否認</u>という下位範疇に対応する。しかし、そのような二種の機能を持つ否定は、少なくとも産出するものとして、その『念入りでない』対応物よりも複雑であるには違いないが、それらが常に「より適切である」かは明らかではない。Are you tired?（疲れた？）といった質問や、You're an idiot（おまえはばかだ）のような断定に対する No（あるいは No, I'm not）という単純な返答は、少なくとも、念入りに作られた、新情報を導入する他のいかなる答えにも劣らず自然で、適切で、十分なものであると言えよう。

ピー（Pea 1980a, b）は、否定の獲得に関する先行研究について詳しく再吟味している。マクニールやヴォルテルラとアンティヌッチの四範疇分析や、ブルームの三範疇分析よりも、より体系的な分類を否定の発話に関して行う一方、ピーは、さまざまな否定のタイプを収集するためにウィトゲンシュタインの「家族的類似性（family resemblance）」理論を採用している[訳者注6]。そして、ヴォルテルラとアンティヌッチが聴者の役割と聴者の「前提とされる」信念を強調していることは支持できず、それは、否定をたくみに用いる 2 才前の幼児が、他人が持っている特定の信念を推論できるという証拠がないからだ、と説得力ある主張をしている（1980b: 31）。

ピー（Pea 1980b）は、幼児の否定は、—典型的には言葉で表されない—拒絶（REJECTION）から消失（DISAPPEARANCE）、そして、真理関数的否定あるいは偽性（TRUSTH-FUNCTIONAL NAGATION or FALSITY）に発達していくという順序をたてている。発達過程に関する彼の研究の被験者となった6人の幼児は、一人一人異なっていたが—実現されない期待や自己規制を表現する—感情的な否定はみな、（ピーがメタ言語的とみなしている）真理関数的否定よりも先に現れた[7]。ピーはまた、［幼児が］拒絶を伝達する際、［言葉の表現よりも］身振りによる表現が先に発達することを明らかにしている。（1 才くらいの頃に）首を左右に振り、普通その 1 ヵ月から 9 ヵ月の後に言葉による否定が現れるが、これは常に拒絶を表しているとは限らない。

ピーは、親による禁止の no（あるいは don't）から論理的否定の not を引き出そうとする際に、ラッセル（1948）の考え方を繰り返している。幼児が身振りや話において、早期に拒絶の合図をすることは、1 才までの間の理解の中で否定が卓越した価値を持っていることを反映しているだろう。外的な禁止が、今度は内的な（自己）禁止や拒絶に発展する。もっとも、幼児の自己抑制の合図は、制止物として働かないかもしれないけれども[8]。

典型的には 2 才までに、他の人や自分自身によって前もって表現された命題を否定するために幼児が用いる否定（つまり、ケラー－コーエン、シャルマーとレムラー

の主張する談話否定）の用法は、十分に確立される。2才児は、最小のコントラストを示す「対句（antithetical phrases）」が特に好きである。ピー（Pea 1980a）に次の例がある。

(12) a. Not that boat hot, that boat hot.（2つの異なるボートを指して）
（あのボートが熱いんじゃなくて、あのボートが熱いの）

   b. That light. No, is vaccum cleaner.
（あれはライトで掃除機じゃない）

　幼児の言語に関するさまざまな研究において1つ不変であることは、否定的発話が、初期においてピーの言う「実現されない期待」と結びついている、すなわち習慣的な基準からの逸脱と結びついているということである。ピーが述べているように、その基準は局所的であったり、（ヴォルテルラとアンティヌッチの No bell の例のように）個人に特有のものであったり、あるいは一般的なものであったりするかもしれない。もちろん、同じ相関関係が大人の話し言葉の中にも存在する。どんなに優先的な個人特有の基準があったとしても、（談話を始める表現として）(13a) の文は (13b) の文よりも自然だと感じられ、(13c) は［(13b) よりも］さらに不自然であると感じられる。

(13) a. There's no beer in the fridge.（冷蔵庫にビールがない）
   b. There's no halvah in the friege.（冷蔵庫にハルバがない）[訳者注7]
   c. There's no corpse in the fridge.（冷蔵庫に死体がない）

ニクソン［元大統領］の発言として有名な I am not a crook（私は詐欺師ではない）は言うまでもなく、デュクロの Pierre n'est pas le cousin de Marie（ピエールはメアリーの従兄ではない）や、ギボンの My wife's not pregnant（私の妻は妊娠していない：1.2 節参照）は、本質的に同じことを主張する役割を果たす。そして、これに関係する「妥当な否認（plausible denial）」という概念は、これからみるように、否定文の相対的な複雑さに関する現代の心理言語学的研究において、重要な役割を果たしてきたのである。

3.2　有標性と否定の処理

　1960 年代と 1970 年代初期は、［言語学以外の］社会的そして政治的な側面で非常に大きく進展した時代であったが、言語学においてもこの時代は、否定文の心理

学に関する経験的考察を集中的に行ったことによっても特徴づけられる時代で、否定文が理解テストや確証テストを用いて測定された。これらの研究の中心的な発見は、クラーク（Clark 1974）に述べられているように、「否定は肯定よりも理解しにくい」ということである。すべての事情が等しければ、否定文は処理するのにより長い時間がかかり、確定した事態に関して、対応する肯定文よりも正確に思い出したり評価したりすることが難しい。しかし、すべての事情が常に等しいとは限らない。そして、文脈が異なるパラメータによって変化する時、現れる結果は問題点をより明らかにするものである。

　肯定の陳述と否定の陳述によって伝達される情報が同じ時でさえ、否定の陳述の方が、それに対応する肯定の陳述よりも、反応時間が長いのはなぜなのだろうか（Wason 1961 参照）。*Syntactic Structures* の直後の時代における心理言語学者たちの標準的な仮説は、否定文は—疑問文や受け身文そして他の非核文のタイプと同じように—その変形過程の相対的複雑さのために、産出したり理解したりするのが相対的に難しいということであった。否定辞を配置するという余分な規則が、おそらくより長い処理時間を必要とするのだろう。しかしこの示唆は、いわゆる複雑さの派生理論から生ずる他の予測と同じように、決して直接に確証されてはいない。

　さらに、長さ（つまり、否定文が対応する肯定文よりも典型的に長いという事実）が要因である、ということもはっきりしているわけではない。変形プロセスと長さの問題が両方ともコントロールされた時でさえ、否定文は明らかに肯定文よりも難しい（Fodor and Garrett 1966; Just and Carpenter 1971 参照）。フォーダー・ギャレット（Fodor and Garrett 1966: 148）が結論づけているように、「おそらく否定は、単にそれらが否定であるという理由のためだけに、肯定よりも複雑なのである」[9]。

　初期の心理学的研究は、概念への到達や問題解決において、肯定情報が否定情報にまさっていることを論証するのに焦点をあてたものであった（文献の要約については、Wason 1959; Cornish and Wason 1970; Jacobsson 1970: 18–19 参照）。ここで問題になるポイントは、プラトンとアリストテレスになじみ深いもので、肯定的に提示された情報は、否定的に提示された情報よりも内在的に価値がある、つまり最近の術語で言えば、より適応性がある（adaptive）ということである。「もしそれが、あるものが何であるかについてのいくつかの可能性を削除するのに役立つのでなければ、それが何ではないのかを知っても何の役にも立たない」のである（Wason 1959: 103）。

　初期の研究（Wason 1959, 1961）から生まれた、重要だが少々当惑する結果の 1 つは、確証における反応時間によって、文・状況の組み合わせの異なるタイプをランク付けしたことである。4 つのタイプの文が評価付けられ、それぞれの例が (14) に示されている。

(14)　**TA**（true affirmative）（真の肯定）　24 is an even number.（24 は偶数である）

　　　FA（false affirmative）（偽の肯定）　25 is an even number.（25 は偶数である）

　　　TN（true negative）（真の否定）　27 is not an even number.（27 は偶数でない）

　　　FN（false negative）（偽の否定）　26 is not an even number.（26は偶数ではない）

　肯定文が否定文よりも易しいことは驚くべきことではない。被験者が **TA** 文を真、**FA** 文を偽とラベル付けする時の方が、**TN** 文や **FN** 文の場合よりも速くより正確である。驚くべきことは、偽の肯定が真の肯定よりも確証するのに時間がかかる一方、すべての中で確証に最も長い時間を要するのは、偽の否定ではなくて真の否定であるという一貫した実験結果である（Wason 1961, 1965, 1972; Wason and Jones 1963; Clark 1974; Pea 1980a 参照）。このように、これらの研究から得られた反応の待ち時間のランキングは、（**15a**)ではなくて(**15b**)である。

(15) a.　**TA** ＜ **FA** ＜ **TN** ＜ **FN**

　　 b.　**TA** ＜ **FA** ＜ **FN** ＜ **TN**

どこから肯定と否定のこの非対称性は生じるのだろうか。

　１つの鍵は、確証タスクを行っている間に何をしていたのかについての、ウェイソンの被験者の内省に現れている。肯定は直接的に処理されるが、否定は次の２つの方法のいずれかで肯定に変換される傾向がある。否定は、心的処理の第一段階で「心理的に削除される」（そして、付与された真理値を反転させることによって後に復元される）か、あるいは、それが翻訳によって取り除かれるかのどちらかだ。すなわち、被験者は、（X is not even（X は偶数でない）といった）否定を、明示的に等しい（X is odd（X は奇数だ）のような）肯定に（しばしば意識的に）変換しているのである。

　実験によって否定を扱う（もっと正確に言うと、否定を扱わない）これらの２つのアプローチは、本質的にクラークの真理モデル（TRUE model）と変換モデル（CONVERSION model）にそれぞれ対応する。真理モデルとは、否定命題（A is not B）が、その肯定の対応物（A is B）が偽であるという命題として心的表示されるもので、その述語が何を含んでいようとも、真のないしは正しい結果を生み出すことが予測可能であるためにそう呼ばれる。この場合いかなる情報も、処理する際に失われたり損なわれることはない。一方、変換モデルが完璧な働きをするのは、クラークが矛盾ペアと呼ぶもの、例えばウェイソンの even（偶数）／ odd（奇数）の例のような、1.1.5 項でみた直接反対を表すものに対してのみである。中間値を含む（単純な、極性を表すような）反対の例では、変換モデルは「ごまかし（cheating）」を含

む。なぜなら、例えば A isn't above B（A は B の上ではない）は、B is below A（B は A の下だ）と等価ではないし、X isn't white（X は白ではない）は、X is black（X は黒だ）と同義ではないからである[10]。もちろん、文脈（すなわち実験の設定）が中間値を除外するようなものであれば、その結果 A は、B の上か下のどちらかでなければならないし、X が黒か白のどちらかでしかあり得ないのであれば、ごまかしは正当なものになる。第 5 章で、間接的反対を直接的反対にする際の文脈の効果というテーマにもどることにしよう。

　どちらの方法が採用されるにしても、否定の翻訳にはある程度の時間と労力がかかるという妥当な仮定が与えられれば、肯定陳述に比べて否定陳述の方が反応時間が長いということは、道理にかなっている。（同様に否定文の処理は肯定文の処理ほど正確ではないという発見も道理にかなっている。）しかし、ウェイソン・ジョーンズ（Wason and Jones 1963: 307）は、否定を処理する方が困難である理由として、1 つだけではなく、2 つの別個の要因を挙げている。そしてそのうち最初の方のみが翻訳時間あるいは変換時間を反映している。これらの要因とは、

(16) a.　否認が言語の中で果たす役割のために、否定陳述を肯定陳述に翻訳するのだと仮定される傾向、および、

　　　 b.　not という語の禁止的内包に特定的に結び付いている反応の抑制。

（強調筆者）

　(16b) の効果は、正確に定義するのは難しい。しかしウェイソンとジョーンズが指摘しているデータによると、被験者は、明示的な否定そのものよりも、否定の論理値を付与されてはいるが解釈できない無意味な音節に対してより速く反応する。2 つの初期の研究は、要因（b）の重要性を証明している。ウェイソン（Wason 1959: 105）は、次のように否定の感情的側面を強調している。「肯定の行為や状態を意味する語は、概して、その反対のものよりもより感じのいい賞賛に値するような内包を持っている。'Yes' は許可を与えるが、'No' は禁止するのである。」もちろん今問題にしている感情的内包は、形容詞の positive と negative それ自体の拡大用法[訳者注8]によって、雄弁に伝達される。

　否定に結び付いている「不愉快な快楽値」の重要性を支持して、ウェイソンは、反応時間の研究に参加した（イギリス人）被験者の内省を引用している。

　　「"not" は、何か中途半端な不安な気持ちを私に与えた。」
　　「私は、"not" が好きではない—それはいやな語だ。」

ウェイソンは、のどにつまった not とでも言えるようなものに怯えていることを告白した上記被験者たちに対して、否定は禁止効果を持っていると仮定している[11]。

　同様の考えで、エイファーマン（Eifermann 1961）は、ヘブライ語の否定辞には lo と eyǹo があり、分布と意味において英語の not に対応する前者の方が、述語の直前に現れ禁止を表現するためには用いられない後者よりも長い平均反応時間を必要とするという点において異なっていることを示している。エイファーマンの結論は、ウェイソンとジョーンズに支持されているが、（ラッセルとピーによって示唆されているように）幼少期に確立された否定が持つ禁止の値は、反応を「抑制」する効果を持っているということである。ヘブライ語の eyǹo は、非禁止的（nonprohibiting）であるため非抑制的（noninhibiting）でもある否定不変化詞なので、要因(a)によってのみ影響され、両方の要因によって影響される lo よりも解釈が「容易」である。

　また、要因(b)の推定的効果を支持するものは、（A is not present や B is not happy といった）あからさまに明示的な否定の例が、（A is absent や B is sad のような）非明示的な否定よりも確証時間が長くかかるという一貫した発見である（Wason 1972; Clark 1974; Fodor, Fodor and Garrett 1975 参照）。

　しかし、否定の心理学的複雑さに対する貢献において、要因(b)―すなわち、否定性の非明示的な感情内容―の果たす役割は、大部分が推測の問題にとどまり、多くの思索家が疑念を表している。ウェールズ・グリーヴ（Wales and Grieve 1969: 330）は、エイファーマンの研究における lo と eyǹo という 2 つの否定のうち、lo の方が eyǹo よりも複雑であることに別の説明を与えている。それは、lo が持つ禁止の文脈との関連よりもむしろ、lo の方が eyǹo より曖昧性が大きいことに焦点を当てたものであった。クラーク（Clark 1974）は、ウェイソンとその同僚たちが否定を処理する際に働いていると主張する「禁止的内包（prohibitive connotation）」という要因は、それを直接的に確証する有効な証拠がないため、いまだ証明されていない仮説にとどまっていると結論付けている。いずれにしても、この 20 年以上にわたる経験的研究において、心理言語学的注目を大いに集めてきたのは要因(a)である。

　もし否定が理解の流れをせき止めるダムのようなものとして振る舞うとするなら、一連の興味深いデータは、このダムの強さがその流れの特性によって変わることを示している。ウェイソンとクラークの研究から古典的な最小対立のペアを取り上げて考えてみよう。

(17) a.　The whale isn't a fish.

　　　b.　The whale isn't a bird.

もちろん、どちらの文も真であるが、後者はきわめて奇妙であり、（少なくともある）実験的な文脈においては、より多くの処理時間を必要とすることが分かる[12]。ここで我々が扱っているのは、長期にわたって（しばしば）観察されてきた否定発話の適切性とその肯定対応物の妥当性ないしはアクセス可能性との間の関連性、すなわち否定の陳述はそれに対応する肯定命題を（フレーゲ的な意味ではなくてプラーグ学派的な意味において、1.2.2 項参照）前提としている、と分析する 1000 年の伝統を経験的に反映するものである。

　従って、この関連性は決して新しいものではないが、「妥当な否認の文脈（CONTEXTS OF PLAUSIBLE DENIAL）」という題目のもとで、心理言語学の世界に注目に値するものとして推薦したのはウェイソンであった。非常に単純に述べると、否定文の機能は、「一般に、事実が期待の反対であることを強調することである」(1965: 7)。否定の陳述は、本来的に「先に存在する事態あるいは先に想定された事態を仮定し、それに依存するものである…。"It is not X"（それは X ではない）という文は、"X" であったかもしれないと想定する、あるいは誰かがそうだと考えたと想定する十分な理由がなくて発話されるということは、ありそうにない」(Cornish and Wason 1970: 113)。従って、5 is not even（5 は偶数ではない）は 5 is odd（5 は奇数である）よりも処理しにくく、確証に長い時間がかかるが、もし我々が 4 is even {and/ but} 5 is not even（4 は偶数 {そして／しかし} 5 は偶数ではない）(Greene 1970a: 18; Wason 1972: 28) のような「否認の文脈」をうちたてるならば、その困難さは和らげられる。存在論的ではないにせよ、心理学的に言えば、否定は、それが作用する肯定の文脈を要求する―あるいは少なくとも強く好む―ように思われる[13]。

　ウェイソン（Wason 1965）は、「妥当な否認」から引き出される当然の結果として「例外性の仮説（EXCEPTIONAL HYPOTHESIS）」を支持しようとしている。つまり、否定が最も自然なのは、類似の要素からなるクラス（つまり「地」(ground: Sigwart 1895、Givón 1978 参照)）に対して、それらと［なんらかの点で］異なるために際立つ要素（つまり「図」(figure)）に否定が結び付けられる時である。8 つの円が提示され、そのうち 1 つだけが青で(7 の円)残りが赤である場合を考えよう。

(18)

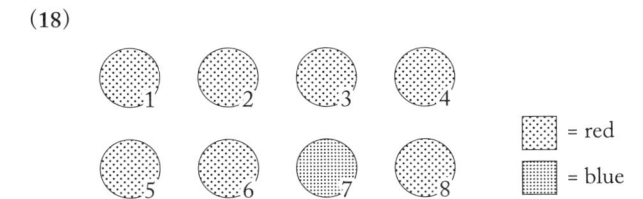

= red

= blue

被験者は、（Circle 4 is red（4 の円は赤）、Circle 7 is blue（7 の円は青）のような）肯定文や（Circle 7 is not red（7 の円は赤ではない）のような）例外的なケースに関する否定文の確証には困難は感じないが、（Circle 4 is not blue のような）例外的ではないものに関する否定文の確証には、はるかに困難を感じることがわかった。これらの結果は、例外性の仮説と妥当な否認という概念と整合する。すなわち、赤と青の円の割合が与えられれば、我々は（先験的に）7 の円は赤だと期待するのに対して、4 の円が青だと期待する理由はないからである[14]。

　例外性の仮説は、肯定と否定が論理的には対称であるのに対して、語用論的には異なっている点に焦点をあてる最近の人工知能に基づく経験的研究によって独立的に支持されている。シャノン（Shanon 1981: 42）は、すでになじみ深い次のような前提を出発点としている。すなわち「否定陳述を発話することにおいて、話者はある事態が成立しないということを述べるだけでなく、それが成立しないという事実について何か特別なことがあるということを述べているのである」。ミンスキー（Minsky）のフレーム指向的な人工知能へのアプローチでは、否定文は、否定された値が存在するフレームを呼び起こす。例えば、「A–G と I–Z は部屋にいない」という発話は、当の人物が消えてしまった、あるいは、いると期待されたか想定された時にのみ自然であるが、それに対応する H は部屋にいるという肯定陳述は、そのような背景的仮定がなくてもよい。そこから次のようなコントラストが、シャノンによって実験を通して確立された。

(19) a.—Why did you pick up the food by yourself?
　　　（どうして自分で食べ物を取ったの？）
　　　—Because I saw that there was no {waiter/ #airplane}.
　　　（{ウェイター／＃飛行機} がいなかったから）
　　b. We don't have any {furniture/ #diamonds}.
　　　（私たちは {家具／＃ダイヤモンド} を全然持っていません）
　　c. The ceiling has no {overhead light/ #carpeting}.
　　　（天井には {電灯／＃カーペット} がありません）

この章の始めと 1.2 節ですでに検討したウェイソン、デュクロ、ギボンそしてヴォルテルラとアンティヌッチに引用された、これと類似のコントラストの場合と同様、与えられた否定発話の妥当性は、その文脈においてそれに対応する肯定命題へのアクセス可能性に依存している。

　ウェイソンが最初に円を用いて行った研究の 10 年後、その発見は、ド・ヴィラーズ・フルースベルク（de Villiers and Flusberg 1975）が幼児用に作り替えた実験にお

いて確認された。7 台の車と 1 本のビンから成る刺激集合をあたえられると、2 才半〜4 才半の被験者たちは、より妥当な This is not a car（これは車ではない）よりも、妥当でない This is not a bottle（これはビンではない）という否定陳述を正確に処理する方がはるかに長い時間がかかり、それを処理するのにずっと多くの間違いをおかした。この研究とこれに関連する研究（1980a: 33）からピーが結論付けているように、「2 才半の幼児でさえ、否定に対する社会的、語用論的条件に気付いているのは明らかである」。ピー（Pea 1980a, b）には、否定に関する妥当性条件を幼児たちが認識していることを示す文献の有用なまとめがある[15]。

グリーン（Greene）は次のような証拠をあげている。つまり明示的であれ非明示的であれ、2 つの文を否定が関連付けている時—すなわち、否定がその談話文脈に現れている命題を否定するために用いられる時—の方が、肯定文のように文を事態に直接関係付ける時より、より容易に処理される。「値の変化を合図する」手段としての否定の本来の機能は、「陳述が反駁され、要請が拒絶され、誤った概念が訂正され、違いが指摘される時」（Greene 1970a: 17）に発揮される。

否定が、否認というその本来の機能を遂行するとき、被験者が否定を処理するのにほとんど困難を感じないというグリーンの結論は、ジョンソン–レアード・トリッジェル（Johnson-Laird and Tridgell 1972）の研究において支持されている。彼らが示しているのは、解釈タスク（すなわち、調和させるタスク）の場合、肯定の方が否定よりも容易であることは一貫しているが、対立関係を打ち立てるタスクの場合には否定が勝利を納めるということである。「陳述を否認することにおいて、否定は肯定よりも容易である…。否定が肯定を否定していることを理解するのは容易であるが、肯定が否定を否定していることを理解するのは、非常に困難である」（Johnson-Laird and Tridgell 1972: 90）。

コーニッシュ・ウェイソン（Cornish and Wason 1970: 109）は、想起タスクが、（否認の文脈の外では）肯定的情報の方が否定的情報よりもふつう優っていることを示しているだけでなく、否定の糸口を思い出すことが困難であることが、「その状況における否定の不適切性、つまり先行する期待が何もない状況において否定が不適切であること」に依存している、ということを論証している。従って、否定を際立たせる肯定の背景が直接にアクセス可能である時、否定文の理解に要する反応時間は相応して短くなる。

これに関連して、コーニッシュが行った否定の語用論的側面に関する研究は次のことを示している。部分的に赤く部分的に青い円が被験者に提示された時、(20)のような文に対する完成時間、あるいは評価時間は、その円が持つ赤い割合が小さい時に最大となり、より多くの赤［の部分］を含む円を見せられるにつれて、その時間はしだいに減少する。

(20)　The circle is not all red.

同様に (20) は、その円における赤の割合が増すにつれて、ますます、その円の記述として適切になる傾向がある。もっと一般的に言うと、「"X is not all y"（X はすべて y であるわけではない）という文は、X が y において増加するにつれてその適切性が増加する」(Cornish 1971: 510)。例えば、X（＝円）が<u>完全に</u> y（＝赤）である点に達すると、その円はすべて赤で、そのような文脈では、X is not all y（すなわち (20)）の不適切性は顕著になる[16]。コーニッシュの結論は、ウェイソンの妥当な否認の文脈を述べ直したものである。すなわち、「否定が前提に（一致したり、それを偽にしたりはせずに）近づけば近づくほど、その否定はますます適切になる」のである。

　妥当な否認の原則を、ウェイソンは、「not の標準的で第一の用法は、とりわけ反駁し訂正すること、すなわち、自分自身か他の人の示唆を取り消すことである」というストローソンの意見 (1952: 18、本書の 1.2.2 項参照) に結び付けている。この妥当な否認の原則からウェイソンは、先に述べられた当惑させる結果、つまり立証するのに必要とされた処理時間に基づいた **TA** < **FA** < **FN** < **TN** という複雑性の順序付けを次のように説明する[17]。「『偽の否定 (false negative)』は、真理を主張するものよりもむしろ、予想を訂正する否定に似ている…。真の否定は、自然言語の一般的用法に一致しない。というのは、真の否定は、真であると想定されることを否定するというよりむしろ、真理を主張するものだからである」(Wason 1972: 17, 35)。

　クラーク (Clark 1974) によって述べられているように、真の否定 (**TN**) の複雑さは、何人かの被験者が「真の否定に関する答えを出す時、一度真から偽へ変更し、それからもう一度元に戻すことを報告している」という内省報告からの証拠によって例証することができる。この点を反映して、ウェイソン (Wason 1972: 24) は、文査定の値の 4 つのタイプの新しい特徴付けを提示している。

(21)　**TA** = 'a fact'（事実）
　　　FA = 'a falsehood'（偽性）
　　　FN = 'denial of a fact'（事実の否認）
　　　TN = 'denial of a falsehood'（偽性の否認）

重要なのは、経験的な二重否定として現れるものは、真の否定陳述であって偽の否定陳述ではないということである。

3.2.1 否定の心理言語学における論争点と問題点

ここで要約された研究結果は、あるクラスの否定陳述の処理において明らかに働いている語用論的制約の性質と程度を示唆している一方、これらの研究のデザイン、また特にそれらに与えられたいくつかの解釈には、少し問題がある。

孤立した文と状況に基づいてなされた「妥当な否認」に関する研究の有効性に対して、ド・メイ (De Mey 1972: 149) が反論している。彼は、否定の処理時間と訂正機能の間の相関関係に異なった心理学的説明を与えている。

> 「自然な」否定は、話者や聞き手が注意を払っている物体か要素のみを含んでいる…。聞き手が考えていない思考や聞き手が持っていない考えを抑えるような指示を聞き手に与えることは、意味を成さない。否定陳述を肯定陳述に変換するのに必要とされる時間は、その陳述の文脈に注意を集中することに、すなわち「自然な」会話にはほとんど不必要である過程に、必要とされる時間と同じである。

「否定は、典型的に処理するのが難しい」というウェイソン派の基本的論題自体も、ウェールズ・グリーヴ (Wales and Grieve 1969: 327) によって反駁されている。彼らは、初期の研究におけるデータ解釈が、「否定は、[肯定] 陳述に対するある種の操作である、という概念に大きく依存している」ということを正しく指摘している。この見解は、(例えば This number is not even が The number is odd に自動的に等しくなる odd/ even のような)「互いに余すところなくそして排他的な」矛盾の場合にのみ当てはまり、(hot/ cold のような中間値を許す)非排他的な反対対当には自動的に拡大されない、と彼らは主張する。一方、ウェールズとグリーヴ (p.330) も、奇数 (odd) と偶数 (even) を持つ叙述に否定を適用するウェイソン (Wason 1961) のような研究の妥当性に問題があることを認識し、「それぞれの領域が論理的に余すところがないような反対語のペアのうちいずれかと共に否定辞を用いるのは、奇妙なこと (eccentric) である」と述べている。

しかしこの奇妙さは、ウェイソン (Wason 1965) が論じているように、(4 is even but 5 is not even のような) 否定辞が直接の否認として現れる文脈においては減少する[18]。さらに、ウェールズとグリーヴ自身が認めているように、open/ closed のような典型的な「段階的」反対語からなるいくつかの矛盾ペアは、他の場合よりも容易に否定を許す。例えば、The door is not open は、文脈がなくても 5 is not even ほど奇妙でないのは明らかである。

それに対する返答として、グリーン・ウェイソン (Greene and Wason 1970) は、ウェールズとグリーヴのデータ自体が、他の事情が同じであれば、否定が処理する

のにより長い時間がかかるということを確証していることを指摘し、ウェイソン（Wason 1965）とそれ以後の論文の立場を繰り返して、例外性が肯定の処理よりも否定文の処理により大きな要因と成っているのだと述べている。（上に引用した円の研究において、「例外的でない」肯定文の Circle 4 is red と「例外的である」肯定文の Circle 7 is blue の確証のしやすさは、(18) の文脈で等しい。相違は否定の下でのみ現れ、Circle 4 is not blue は Circle 7 is not red よりも一貫して処理が困難なのである。）しかし、矛盾対当と反対対当が異なる振る舞いをすることに関するウェールズとグリーヴの観察をグリーンとウェイソンは認めてはいないが、後の論文では考慮に入れられ、ウェイソンやクラーク、トラバッソらが率いる研究チームが異なる方法で定式化した 2 つの否定削除方法の間の区別に影響を与えている（Wason 1972: 25 参照）。

　ウェールズとグリーヴは、彼らが非難する研究者たちと同じ弱点を 1 つ持っている。彼らは、(22) のような否定文は、(22'a, b) の 2 つの意味で多義であるとする。

(22)　　The drink is not hot.（その飲み物は熱くない）
(22') a.　The drink is cold.（その飲み物は冷たい）
　　　b.　The drink is lukewarm.（その飲み物はなまぬるい）

(22) によって、これらのどちらが意図されているのかが我々には分からないので、その否定を単純な肯定の The drink is cold という結果になると理解することはできない[訳者注9]。というのは、(22'a) の否定は (22'b) の真と両立可能であり、逆もまた真であるからである（Wales and Grieve 1969: 327–28）。

　この議論は、多義性（ambiguity）と不明瞭性（vagueness、すなわち特定性の欠如）の区別と、それらを区別するのに役立つ基準に、正しい認識を与えていないことを反映している。(22) は、(22'a, b) に描写された 2 つの（Sadock の中立的な語を採用すると）解釈（UNDERSTANDINGS）の間で、またほかの解釈との間で、多義なのではなく、不明瞭（vague）（ないしは一般的（general）、非特定的（unspecified））なのである[19]。シューレン（Seuren 1967: 348–49）とケンプソン（Kempson 1977: 7 章と 8 章）は、その否定文は多義であると言うよりむしろ、その否定文が真である状況がさまざまであるという意味で、（一般的に）ぼんやりしている（general）のだ、という有効な説明を与えている。多義性の標準的な言語基準（Zwicky and Sadock 1975 参照）は、(22'a, b) に区別されている (22) の 2 つの解釈を満たさないことに注意しなければならない。例えば、(22"a) の場合には「交差読み」が可能であるのに対して、(22"b) の真の曖昧性の場合には不可能である。

(22'') a. My drink is not hot [since it's lukewarm] and neither is yours [since it's cold].

（私の飲み物は［ぬるいから］熱くない、そしてあなたのも［冷たいから］そうだ）

b.#My tostada is not hot [since it's lukewarm] and neither is yours [since you didn't get the salsa].

（# 私のトスターダは ［ぬるいから］ 熱くない、そして、［あなたはサルサをつけなかったから］ あなたのもそうだ^{訳者注 10}）

（このようなテストを空の主語を伴う否定の陳述に適用するのは、もっと困難である。この点には、第 6 章でまた触れる。）

　同じ評判は、ウェイソンの研究チームのメンバーにもあてはまる。X is not all y の多義性は、ウェールズとグリーヴの (22) の多義性と同じようなものであると、コーニッシュ（Cornish 1971: 510）は主張している。その推定される 2 つの読みは、X is predominantly y（X は主に y である）と X is not y at all（X は全然 y ではない）である。ここでも再び、そのような多義性が存在するという証拠はない。むしろ X is not all y は、コーニッシュによって記述されたこの 2 組の環境の場合や、（例えば X が半分 y であったり 2/3 だけ y であるような）他の環境においても真になるのである。X is not all y が真である時、これらの環境のうちのどれが成立するかについて単に特定されないだけなのである。これは、そのような否定が、どれか 1 つの文脈が成立することが知られているときにはより適切に発せられない、ということを言っているのではない。それは、コーニッシュが援用する妥当な否認の論題によって予測されるとおりである。

　このことは、我々が今検証しているいくつかの研究に反対するものとして持ち出す価値のある、もう 1 つの重要な点に至るものである。ウェイソン、クラークなどによって行われたような心理言語学的実験において、必然的ではないが典型的には、被験者は普通、彼らが直面するデータについて十分な情報が与えられる。例えば、ウェイソン（Wason 1965）とコーニッシュ（Cornish 1971）の円の研究においては、すべての円は、（ウェイソンの例のように）それぞれ全体が赤か青のどちらかであろうと、（コーニッシュのように）赤と青の混ざったものであろうと、そっくり全部が知覚できるのである。さらに、ウェイソンの単色の円はすべて、十分に知覚可能な集合で、被験者に提示されている。

　ウェイソンの被験者が、ほとんどの円が y であり、かつ y であることが知られている場合に、Circle X is not y のような否定文を扱う方を好むことは明らかであるし、X が（すべてではないが）大部分 y であり、かつそうであることが知られている

時、コーニッシュの被験者が、X is not all y のような否定の全称表現を好むことも同様に明らかである。しかし、現実の生活において、そのような認識的に完全な状況が常にそれほど思いやりをこめて与えられるとは限らない。例えば、コーニッシュの被験者である大学院生の一人を仮にオスカーと呼ぶことにすると、オスカーが実験室を出て、(**23**)のメッセージを手渡された時、何が起こるだろうか？

(**23**)　The students in your 10:30 Psych 101 section are not all Psych majors.
　　　　（あなたの 10:30 の心理学クラスのセクション 101 の学生がすべて心理学専攻であるわけではない）

オスカーが、［自分が担当しているセクションの学生のうち、］2 人の学生が［心理学］専攻学生で残りは専攻学生でないことを知っているような文脈で、このような誤解を招く可能性のある (**23**) を与えられたら、オスカーは、その事務官（あるいはそのメッセージを渡した人）はそのことを知らないのだと推論するかもしれない。しかしその事務官が、確認した非専攻学生のことについてしか知らないとしたら、あるいはそれしか気にかけていないとしたらどうだろうか。この状況は(**23**)を妥当でなくしてしまうだろうか。(**23**)が示唆していることは、学生のうち非専攻学生が 1 人だけであるとか、2 人であるということではなく、むしろ非専攻であることが分かっている学生は少数であるということである。

　このように、その状況は、グライスの会話の含意、特に量の格律から引き出される含意がかかわるような例の状況と、正に類似している（Horn 1972, 1973 と本書第 4 章参照）。例えば、「学生のうち何人かは専攻学生である」（あるいは、「その学生の内 10 人は専攻生である」）と言う時、私の知っている限りにおいて、彼らのすべてが専攻学生であるわけではない（あるいは専攻学生は 10 人以上ではない）ことを含意はするが、口に出して言ってはいない[20]。コーニッシュは、X is not all y から X is mostly y への推論の語用論的（文脈依存的）性質を認めているが、その尺度的性質には触れていない。尺度的性質というのは、その推論が、真理と関連性に一致した情報の中で話者が用いることができる最も強い情報を与えるとする会話的制約と、相関関係にあるという事実である（Grice 1961, 1975; Horn 1972; Gazdar 1979a 参照）。もし 3 の円が完全に青で、この情報があなたにとって関連性があることを私が知っていて、私が Circle 3 is not at all red (or ... is all blue) と直接言えるにもかかわらず、It's not all red のような［それよりも弱い］命題を発話することは、誤解を招くということである。

　関連性と量の相互作用が、どのようにして、他の尺度含意の例と同じようにコーニッシュの例に適用されるかを特に注意しよう。例えば、もしあなたの気にかけ

ていることが、完全に赤である円を見つけることだけであるならば、Circle 3 is not all red という情報は、それがほとんど赤であるということを示唆、含意あるいは（コーニッシュの用語では）前提せずに、議論から 3 の円を削除するだろう[訳者注11]。それは、発話文脈の中で関連性のあるものが、彼に少なくとも子供が 3 人いるかどうかということだけであれば、Max has three children が、多くて 3 人の子供がいるということを伝えないのと同じである。

　これらの研究に反対して挙げられ得るもう 1 つの批判は、実質的なものではなくてむしろ用語の問題である。主張されているように思われるいくつかの点は、実際主張されておらず（少なくとも支持されておらず）、問題は、ラベリングにおける真偽である。ウェイソンは、彼の動向調査の論文の「現実世界では否定は偽である（'In Real Life Negatives are False'）」という題名でこれを公言している。これは、「2 たす 2 は 5 ではない（2 plus 2 does not equal 5）」が（現実生活では）真として発話され得ないということ、すなわち、実際には現実生活の **TN** 陳述のクラスは空であることを主張しようとしているのだろうか。そんなことはない。そうではなくて、（一般人つまり哲学者を驚天させよう（épater les bourgeois, i.e., les philosophes）とするウェイソンの意図を割り引いた後で）主張されていることは、自然言語で一般に用いられている否定の陳述は、「それらが事態に関して単に真であるというよりむしろ、事態に関する偽の予測を訂正する」という（かなりありそうにない）意味で「真というよりもむしろふつうは偽である」ということである（Wason 1972: 32）。しかし、否定は偽であるという主張はまるで、否定は、自分や誰かが前から持っている陳述や信念を、偽であると反証したり否認したりするために用いられるという主張とは別の、（もっと強い）何かを言っているように聞こえるのは確かである。

　ウェイソンは、真の否定の現実生活における結果は、もちろん、嘘ではなくて、例えば、だれも列車が遅れると予期していなかった場合に言われた「その列車は今朝遅れなかった（The train wasn't late this morning）」のような空の陳述である、と主張し続ける。しかし、ウェイソンの時間厳守の列車（や先に議論したデュクロの従兄でないこと、ギボンの妊娠していない妻の例など）に適用されるこの空（VACUOUS）の意味は、**(24a, b)** のような文が空である（あるいは空に真である（vacuously true））と記述されてきた標準的な「空」の意味とは明らかに異なっている。

(24) a.　The train wasn't late this morning, {it didn't come at all/ there was no train}.
　　　　　（その列車は今朝遅れなかった、{全く来なかった／列車がなかった} のである）

　　　b.#The train wasn't {divisible by 3/ pregnant} this morning.
　　　　　（その列車は今朝 {3 で割り切れ／妊娠してい} なかった）

　これほど明白ではないが、同様に誤解を招くような用語の使い方をしているのは、クラークの便利な要約論文である。クラーク（Clark 1974: 1325）は、（例えば、better、more、faster、taller のような）無標で本来的に肯定の意味を持つ比較級形容詞に関する問題は、それに対応する（worse、less、slower、shorter のような）有標で非明示的な否定の対応物に関する問題よりも速くより正確に解決される、と結論付ける。しかし彼は、何らかの（不十分な）理由によって、後者のクラスを数量否定辞（QUANTIFIER NEGATIVES）とラベル付けすることを選んでいる。（over に対する）under や（above に対する）below、（ahead of に対する）behind、そして（in front of に対する）in back of のような有標で本来的に否定の前置詞も、（括弧内に示された）その肯定対応物よりも確証時間は長いだろうと予測され、これらも「数量否定辞」であることになる。

　クラーク・クラーク（Clark and Clark 1977: 452–57）は、その心理言語学のテキストにおいて、より慎重である。（unhappy/ happy のように）形態論的に有標であろうと（sad/ happy のように）そうでなかろうと、範疇が（forget/ remember、lose/ find のような）動詞であろうと、（out of/ into、from/ to のような）前置詞であろうと、（but/ and、useless/ if のような）接続詞であろうと、（short/ tall、low/ high のような）反対関係にある形容詞であろうと、（absent/ present、dead/alive のような）「矛盾関係にある」形容詞であろうと、処理時間がより長いことが本来的な（INHERENT）否定辞に結び付いている。

　［否定にかかる］余分な処理時間は、本来的な否定表現に結び付いた false (x) という「意味手続き」を発動することによって表示される（が説明はされない）。この false (x) という意味手続きは、明示的な (overt) 否定に結びついた not (x) という手続きと類似してはいるが［厳密には］異なるものである。明示的否定と本来的否定の間の類似性は、いわゆる矛盾関係にある語の場合に最もはっきり理解できる。そこでは、例えば、「absent は、not present という句が圧縮されて 1 つの語になったものにすぎない」（Clark and Clark 1977: 457）。この等価性は、ソクラテスとフランスの王は、ロナルド・レーガンの最初の就任式に出席していなかったが、欠席もしていなかった、という観察として表現できるアリストテレスの洞察をもっともらしく見せている。さらに、クラーク・クラーク（Clark and Clark 1977）が別のところで認めているように、not present と absent は、クリマ（Klima）の提案した（文）否定を区別する統語的基準に対して全く異なる機能の仕方をする。このように、not present の absent への「圧縮」は、意味的にも統語的にもストレートではない。（私は補遺 2 において、本来的否定に結び付く余分な処理時間が提起する問題に戻るつもりである。）

　もし否定が―少なくとも否定の 1 つのクラスが―（間違った考えや先行命題と

いった）なんらかの予想（preconception）を訂正（拒絶、否定）するために用いられる
のが通常であるとするならば、2 つの疑問が残ることになる。すなわち、(1) 誰が
拒絶される命題に対する責任を持つのか（あるいはその断定に関係しているのか）、
そして (2) 否定の陳述とそれが訂正する命題との間の関係はどのような理論的位置
づけにあるのか、ということである。第一の疑問に対して、その命題の責任を負う
のは聴者であると答えるのは容易であるが、間違った考えである。例えば、ウェイ
ソンは (1) の疑問に次のように答えている。「もし私が万一 The train wasn't late this
morning（今朝その列車は遅れなかった）と言えば、この陳述は、ある意味において
真の否定文であると考えられ得るが、しかしそれを発話するための理由を見落とし
ている。その文が行っているのは、私の聴者が抱いている（His train is always late（彼
の乗る列車はいつも遅れる）という）予想が偽であることを証明することである。そ
してこの意味において、その陳述は偽の否定文である」(Wason 1972: 32)。

　その陳述がなんらかの意味において、偽の否定文であるのかどうか、（そして、
例えば 92 is not an even number というウェイソンが先にあげた偽の否定文に同化可
能であるのかどうか）という問題は横において、今朝それは遅れなかった、と言う
ことができるためには、聴者が本当にその列車はいつも遅れると信じていなければ
ならないのだろうか。

　またはクラークによるこの論題の弁護を考えてみよう。それによると、私が「ヘ
レンは家にいない（Helen isn't at home)」と言うのが適切であるのは、「ヘレンが家
にいるとあなたが期待していたか、そう言ったか、あるいは、あなたがちょうど
言ったばかりのことがそう含意した、と私が思った」場合、そしてその時に限られ
る (Clark 1974: 1312)。この適切性の条件は、話者が「ふつう聞き手は否定されて
いることが真だと信じているか、信じている可能性が十分にあると想定している」
という前提から引き出される (p. 1313)。

　この共通の仮定に基づけば、ウェイソンとクラークは、(25) と (26) のような文
は決して適切に発話されたものとはいえないと予測するだろう。

(25)　{As you know/ You were right}, the train wasn't late this morning.
　　　（{ご存知のように／そのとおりです}、列車は今朝遅れませんでした）

(26)　{Just as you predicted/ You win the bet}, Helen isn't at home.
　　　（{あなたの予想どおり／君の勝ちだ}、ヘレンは家にいない）

しかしもちろん、これらの文に奇妙なところや逸脱したようなところは何もない。
もし、否定された命題を聴者が信じていなかったら、話者も信じていなかったに違
いない。次の例を考えてみよう。

(27) a. We were right: the train wasn't late this morning.

（私たちは正しかった：今朝列車は遅れなかったのである）

b. Just as we guessed, Helen isn't at home.

（私たちの予想どおり、ヘレンは家にいない）

ここで起こっているように思われることは、否定が対応する肯定の命題を否認すると理解される程度に応じて、その肯定命題が共通の背景（ground）又は談話モデルの中にありさえすればいい、ということである。それがどのようにしてそこに存在するようになったか、その源は、話者や聴者あるいは第三者の信念や主張からであるかもしれないし、言語共同体に共通の精神のような何かもっと曖昧な源からかもしれない。［その出所が何であれ、その命題が共通の背景に存在しさえすればいいのである。］（上の(17)の最小のペア The whale isn't a fish/ ?bird 参照。）

　了解されている命題の源が非特定的であることは、実際昔から認識されている。これは、（1.2.2 項から下線を加えて再掲した）証拠を簡単に概観するだけで明らかになる。

否定の判断は、肯定の<u>試み、あるいは思考</u>を前提にする。（Sigwart 1895: 119）

［否定において］我々は<u>現実に何かを述べた対話者やその可能性のある対話者</u>を非難する。　　　　　　　　　　　　　　　　　　　　　　　（Bergson 1911: 289）

…否定文の主な用法は、否認することとコントラストを指摘することで…

（Jespersen 1917: 4–5）

［その否定が］否認の対象とする肯定陳述が真であると想定する、なんらかの理由があったに違いない。その肯定陳述は、我々がそれを受け入れるように<u>対話者</u>によって提案されたか、我々が既に<u>確かなものとして持っている知識</u>やうわさとして知っている知識の一部であったか、その瞬間に、それを容認するのに十分な根拠だと見なせるものを我々が心の中に持ったかである。

（Baldwin 1928: 146）

「このバラは赤くない（This rose is not red）」は、間違って赤いという特性を持っているという<u>誤りやすく部分的に無知な心</u>に［関係している］…

（Wood 1933: 421）

　　'not' の標準的で第一の用法は、<u>自分自身か他人</u>の示唆を取り消すことである。

（Strawson 1952: 7）

この否定の「標準的で第一の用法」において決定的なことは、否定が、聴者か話者の信念や判断の 1 つを必ず取り消すことではないのは明らかである。決定的なのは、否定がなんらかの命題を修正する二次的な陳述であるということで、その修正される命題は、（誰でもいいが、誰かが先に行った断定によって）談話モデルの中に直接挿入された命題か、あるいは聴者が持っていそうな信念やその談話文脈に関連のある誰かの信念に関する道理にかなった推論によって、そのモデルの中に間接的に導入され得る命題である[21]。

　一次的な命題は、いかなる意味においても、道理にかなったものであったり妥当なものである必要がないことに注意しよう。(29)や(30)のような談話において、

(29) A : Pigs can fly.（豚は空を飛べる）
　　 B : No, you idiot, pig can't fly !
　　　　（馬鹿だな、そうじゃない。豚は空を飛べないよ！）
(30) A : The robin and the whale are my two favorite birds.
　　　　（コマドリと鯨が私の好きな鳥です）
　　 B : The whale isn't a bird.（鯨は鳥じゃないよ）

それらが否定している間違った概念が、先験的に不合理で予期できず、妥当性がないにもかかわらず、どちらの B の発話も、文脈において全く奇妙ではない（し、まして空ではない）[22]。

　このように、その談話文脈に、誰かによって直接書き入れられることがなくても、なんらかの期待があれば、所定の文脈で否認を動機付けるには十分であろう。このことは、ウェイソン（Wason 1965）の円の研究の、一般的なものに対する例外を表す否定辞において、特にはっきりと現れる。(18)の 7 の円が赤いという命題に妥当な反論をするために、その命題を誰も実際に言ったり信じたりする必要はない。要求されるのは、その肯定命題が、妥当あるいは自然な推量として何とかアクセス可能である、ということだけである。

　普通の談話における否定の処理と解釈について論じたこのセクションへの結論として、否定に関するもう 1 つの最終的な経験的研究を引用するのは意味があるだろう。話し言葉と書き言葉に現れる否定文の例を、それぞれ 50000 語の言語資料の中で調べた結果に基づいて、トッティ（Tottie 1982）は、否定は話し言葉に書き言葉の 2 倍の頻度で現れる、と結論している。彼女はこの差異を、私がこの章で展開し

た否定の分類を改訂して説明しようとしている。

　トッティは(**31**)のような全体的なスキーマを提示する。

(**31**)

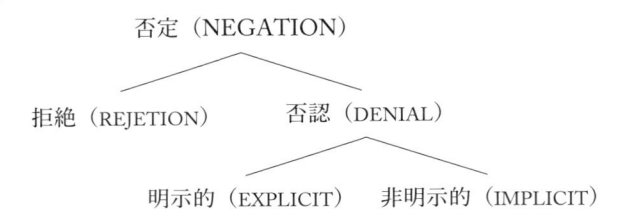

マクニールの内的願望（INTERNAL DESIRE）（または拒否）の範疇を包摂している
トッティの拒絶の範疇は、本質的にブルームのものに対応する。それは (**32a, b**) に
示されたように、話し言葉においては、基本的に否定の発話が後に続く独立した
No によって実現される。ブルームと同様トッティにとっても、否認は、(**32c, d**)
のように明示的であり得る。

(**32**) a.—Would you care for some scotch?（スコッチをいかがですか）

　　　　—No thanks, I don't drink.（いえ結構です。私はお酒を飲みませんから）

　　　　　　　　　　　　　　　　　　　　　　　（拒絶 REJETION）

　　　b.—Come and play ball with me.

　　　　（こっちにきて僕とボールゲームをしよう）

　　　　—No, I don't want to.（いいえ、したくありません）

　　　　　　　　　　　　（ことわり REFUSAL［subtype of Rejection］）

　　　c.—That dress must have been pretty expensive.

　　　　（そのドレスはかなり高かったに違いありません）

　　　　—It wasn't (expensive), in fact I bought it on sale.

　　　　（そんなことありません、実はバーゲンで買ったのですから）

　　　　　　　　　　　　　　　　　　　　　　　〉（否認 DENIALS）

　　　d.—What a hypocrite you are!

　　　　（あなたはなんて偽善者なんだ）

　　　　—I am not (a hypocrite)—I'm being perfectly honest with you.

　　　　（違います—私はあなたに対してまったく正直です）

ブルーム（とマクニール）の非存在（NONEXISTENCE）の範疇は、トッティによって

（正しく）否認（denial）の下位例とみなされている。例えば、There isn't any（more）soup（スープは（もう）ない）は、there is（more）soup（（もっと）スープがある）という命題を否認している。それはちょうど It isn't raining out（外は雨は降っていない）が、it's raining（雨が降っている）ことを否認しているのと同じである。

　しかし、すべての否認が (32c, d) のように明示的である（あるいは直接的に動機付けられている）わけではない。この章と第 1 章で私が行った歴史的概観において繰り返しみてきたように、与えられた文脈において否定が適切である場合、それは断定された命題ではなく、前提された命題を否認するものであり得る。もし、あなたが私に、ジョンの妻は教師だと言えば、私は、（例えば No, she's a doctor と言って）明示的にあなたの主張を否認するかもしれないし、トッティが述べているように、（例えば John isn't even married と言って）非明示的にあなたの主張を否認するかもしれない。トッティは、彼女の明示的否認（EXPLICIT DENIAL）をボリンジャーの外部否定（EXTERNAL NEGATION）と関連づけている。外部否定とは、「話者が、断定されたと想定される何かを否認する」ものである（Bolinger 1977: 44、ボリンジャーは、2.4 節で議論された論理的な意味で外部否定を扱っているのではないことに注意）。明示的否認は、談話の中で実際に発話される時には省略される傾向がある。なぜなら、その「肯定の背景（positive ground）」が、言語文脈において直接的に復元可能であるからである。一方、非明示的な否定においては、話者は「相手が考えているかもしれないと仮定していることに反駁している」と性格付けることができる。そのような場合に彼が否認している先行断定は、それ自体非明示的であり、「実際には主張されていないが、彼の対話者の心の中にあるものと」彼がみなしているものである。

　私が先にふれたケラー－コーエンの「談話否定」のように、拒絶と拒否は事実上、必然的に言語的でもなければ人間に限られたものでさえない。トッティは、犬が食物を拒否したり来るのを拒否したりすることができることを観察している。一方、否認は「とりわけ優れた否定の言語的範疇」（Tottie 1982: 96）を成している。ライオンズ（Lyons 1977: 777）は反対の意見を述べているが、すべての否定に先行する明示的な断定の拒絶として扱うというベルグソンの誤謬（だと我々がみなしているもの）をおかすことなしには、否認を拒絶に同化することはできない。書き言葉で否定文が非明示的な否認を表現するために用いられることがはるかに多いことに照らして、トッティは、この急進的な非対称主義的姿勢を適切に退けている。

　もし、拒絶と明示的否認が両方とも、（もちろん、会話文の描写や修辞的談話を除く）書き言葉における否定の解釈としてはありそうにないものであると仮定するなら、トッティが述べているように、否定辞が、書かれた言語資料よりも話し言葉によく現れることが説明できるように思われる。しかし、この章の初期の原稿の読

者が私に指摘してくれたように、［議論の］ゆるみを指摘するならば、我々は、なぜ書かれた言語資料においては、非明示的な否認をもっと見つけられないのかということをまだ説明できていない。トッティも私もこの点に対しての答えは推測の域を出ない。

　非明示的な否認を、なんらかの「実現されなかった期待」が（全体的あるいは局所的に）存在することを意味するものだとするトッティの叙述は、（既にみたように、その前身となる哲学的概念を持つ）ウェイソンの妥当な否認を思い起こさせる。1つの中心的な問題が触れられずに残っている。それは、この実現されなかった期待を表現する命題、すなわち、否定に対応する肯定とそれを否認するために用いられる否定陳述の間の関係がどのような性質のものであるのか、ということである。この問題は非常に基本的であるので、それ自身のセクションを1つ持つに値する。そのセクションでは、私が 1.2 節で最初に口をきったさらにもっと基本的な問題に戻ることにする。その基本的な問題とは、もし否定と肯定がなんらかの意味において（論理的にではないとしても）言語的に非対称的であるとするなら、自然言語の否定の形式と機能に関する一般理論の中で、どのようにしたらその非対称性をもっともよくとらえることができるのか、ということである。

3.3　有標性と非対称性の論題

　否定の心理言語学的研究の妥当性は、私がまだ触れていない1つの変項、つまりテスト文における否定要素の形態統語論的形式、によって影響される。クラーク（Clark 1974: 1312）は、ウェイソンの妥当な否認の文脈に相当するものを、明示的否認あるいは文否定（と彼が呼ぶもの）に対する条件として定義することによって、これを明らかにしている[23]。否定の領域において、クラークや彼と同時代の大部分の研究者によって採用される文否定は、クリマ（Klima 1964）が提案している診断法によって定義されるのが標準的である。クリマのテストは（33）のようなものである。（33）においては、それぞれ（a）の例だけが文否定（SENTENTIAL(S) negation）のテストにパスする。（b）の文は構成素否定（CONSTITUENT negation）を含むものである。

(33)　(i)　either（vs. too）付加
　　　　　a. Mary isn't happy and John isn't happy either.
　　　　　　（メアリーは幸せではなく、ジョンも幸せではない）
　　　　　b. Mary is unhappy and John is unhappy {*either/ too}.
　　　　　　（メアリーは不幸で、ジョンも不幸だ）

(ii) neither (vs. so) 付加

 a. Mary isn't happy and neither is John.

  （メアリーは幸せではなく、ジョンも幸せではない）

 b. Mary is unhappy and {*neither/ so} is John.

  （メアリーは不幸で、ジョンもそうだ）

(iii) 否定同格表現（例えば not even）付加

 a. The attacks weren't successful, not even the last one.

  （その一連の攻撃は成功しなかった、最後の攻撃でさえそうだった）

 b. *The attack were unsuccessful, not even the last one.

(iv) 肯定（vs. 否定）の確認的付加疑問

 a. It isn't possible to solve that problem, is it?

  （その問題を解決するのは可能ではないのですね）

 b. It is impossile to solve that problem, {# is it/ isn't it }?

  （その問題を解決するのは不可能ですよね）

同様に、(v) のペア（Klima 1964: 300）とそれを改定した古典的な (vi)（Jackendoff 1972: 364 に引用された Charles Bird から）にみられるように、主語–助動詞倒置を引き起こすのは、前置された副詞類が文否定を表すときだけである。

(v) a. Not even two years ago could you swim there.　　　（文否定）

  （2 年前でさえそこで泳げなかった）

 b. Not even two years ago you could swim there.　　　（構成素否定）

  （そこで泳げたのは 2 年前でさえない［もっと最近である］）

(vi) a. With no clothes is Sue attractive.　　　（文否定）

  （どんな衣服を身に付けていてもスーは魅力的ではない）

 b. With no clothes Sue is attractive.　　　（構成素否定）

  （スーは、衣服を付けていない時は魅力的だ）

さらに別の文否定の診断法が、クリマ以来提案されてきた。例えば、否定の後に否定挿入語句を加えることができるかどうかというものである（Ross 1973a; Culicover 1981 参照）。

(vii) a. It isn't possible, I don't think, to solve that problem.

  （その問題を解決するのは可能でないと思う）

 b. *It is impossible, I don't think, to solve that problem.

しかし、これらのテストはすべて、しばしば互いに矛盾する結果を示す点におい
て、重要な場合を決定するのには不十分であることが分かっている（これに関する
議論については Jackendoff 1969, 1972; Attal 1971; Ross 1973a 参照）。例えばロスは
(viii)と(ix)のようなコントラストを引き合いに出している。

(viii) He hardly damaged the car, $\left\{\begin{array}{l} \text{??did he ?} \\ \text{?and neither did you ?} \\ \text{not even by filling it with gravy.} \end{array}\right\}$

[判断はロスのものである]

（彼はめったにその車に損傷を与えなかった $\left\{\begin{array}{l} \text{??よね} \\ \text{?し、あなたも与えなかった} \\ \text{肉汁で一杯にすることに} \\ \text{よってさえしなかった} \end{array}\right\}$

(ix) a. Nobody saw John, did (*n't) they? （誰もジョンを見なかったよね）
　　b. John saw nobody, did *(n't) he? （ジョンは誰も見なかったよね）

ロスが引き合いに出している否定の強さを決定する変項には、否定要素の明示性の
程度と、編入否定を伴う名詞の文法関係が含まれる。否定要素の明示性の程度は、
not ＞（no や never のような）n で始まる形態素＞それ以外、として表される。編入
否定を伴う名詞の文法関係については、キーナン・コムリー（Keenan and Comrie
1977）が提案した、主語＞直接目的語＞間接目的語＞…という［アクセス可能性］
の階層性に基づいて、編入否定を伴う名詞がアクセスしやすければしやすいほど、
編入された否定の振る舞いは文否定的になる。

　クリマの文否定と構成素否定の区別は、長い研究の伝統にうまく合致し、古ボヘ
ミア語［チェコ語］の分析を行ったゲバウア（Gebauer 1885）によってなされた質否
定（QUALITATIVE negation）と量否定（QUANTITATIVE negation）の区別にその源を
発しているのは明らかである。質否定は、定形動詞を否定する形で実現され、文否
定という結果になる。一方、量否定は、何か別の（動詞でない）構成素に焦点を当て
るもので、文否定の意味になる場合もならない場合もある[24]。

　この二分法の有効性に対して、目立ったところではデルブリュック（Delbrück
1910: 36ff.）とイェスペルセン（Jespersen 1917: 69–71）が反論している（Coombs 1976
も参照）。しかし、イェスペルセン自身、ネクサス否定（NEXAL negation）と特殊否
定（SPECIAL negation）という同じような区別を採用している。ネクサス否定は、節
に基づくもので助動詞でマークされるが、特殊否定は節内に作用域を持ち、典型的
には、否定辞が（語彙的に編入されている場合もそうでない場合も）焦点を当てる要
素の直前に来るかその一部であることによってマークされる。イェスペルセンの

区別は、クリマの区別と直接に重なるわけではないが、両方とも定義と精神において決定的に統語的であり、従ってジャッケンドフ（Jackendoff 1969）やシューレン（Seuren 1969）が好んだ、文否定に対する意味的アプローチとは異なっている。

　古典的な例を 1 組取り上げると、（**34a**）はイェスペルセン（Jespersen 1917: 44）にとっては特殊（構成素）否定の例であり、（**34b**）のような助動詞否定はネクサス否定とみなされる。

(**34**) a. Not many of us wanted the war.

　　　　　（私たちの中で戦争を望んだ者は多くなかった）

　　　 b. Many of us didn't want the war.

　　　　　（私たちの多くは戦争を望まなかった）

しかし、ジャッケンドフにとっては、（**34a**）は（**34b**）よりも文否定の候補であるように思われる。というのは、前者だけが（**34'**）とパラフレーズできるからである訳者注 12。

(**34'**)　It is not so that many of us wanted the war.

　　　　　（私たちの多くが戦争を望んだ、というのではない）

クリマの診断法では、これら 2 つの否定文のどちらかが文否定であるかどうかを決めることはできない（Attal 1971; Ross 1973a 参照）。

　ジャッケンドフの文否定に対する意味的な基準は、本質的に矛盾否定の標準的な真理値の反転による基準に等しい。これは、英語に基づく位置と分布による診断法を用いた統語的基準よりも、境界線が明確である（less 'squishy', Ross 参照）だけではなく、より容易に普遍化可能である。しかし、それでもいくつかの奇妙な結果を導く。アタル（Attal 1971: 106）が指摘しているように、I don't want to leave（私は帰りたくない）は（フランス語の Je ne veux pas sortir と同じく）、I want to leave（私は帰りたい）（Je veux sortir）の矛盾ではなくて反対の（いわゆる否定辞繰り上げ）解釈を持つ（5.2 節参照）。I don't want to leave が It is not so that I want to leave（私が帰りたいというのは本当ではない）ではなくて、むしろ I want to not-leave（帰らないことを望む）に等しい場合、ジャッケンドフの基準はそれを文否定ではないとみなす。しかし、直観と統語的基盤の両方に基づくと、それはイェスペルセンとクリマの統語的な基準が予測するように、I don't have to leave（私は帰る必要はない）のような疑いもなく文否定であるものと地位を同じくする。

　同様に、You shouldn't go（あなたが行くべきではない）は文否定の統語テストに

パスするが、It is not so that you should leave（あなたが行くべきであるというわけではない）と（一般的に）パラフレーズされないという点において、ジャッケンドフの文否定としての資格はない。アタルの want の例のように、統語的文否定は、意味的には矛盾否定というよりも反対否定とみなされるかもしれない。（この現象に関連する例は、第5章参照。この現象は、統語的帰結を持つように意図されている文否定のどのような意味論的定義にとっても、潜在的な危険性を持つ。）

　一方、That's impossible（それは不可能だ）のような形態的否定は、その肯定 That's possible（それは可能だ）に矛盾するものなので（つまり That's impossible = It's not so that that's possible（それは不可能だ＝それは可能だというのではない）なので）、ジャッケンドフの文否定の基準にパスする。これは、That's impossible（それは不可能だ）と真の文否定である That isn't possible（それは可能ではない）の本質的な構造の違いを無視していることになる（(33iv, vii)参照）[25]。

　クリマとジャッケンドフの文否定に対するアプローチに関する問題点と彼らの研究が意味することが、クラーク（Kraak 1966: 101–3）、シューレン（Seuren 1967: 336–37）、アタル（Attal 1971）、ボールド（Bald 1971: 3–7）、ストックウェル・シャクター・パーティー（Stockwell, Schachter, and Partee 1973: 257ff）そしてカリカヴァー（Culicover 1981）で論じられている。文否定に関して定義をするもの（definiens）も定義をされるもの（definiendum）も共に解決されない問題を提示していることは明らかである。不幸にも、これらの問題に対する答えは、私が先のサブセクションで検討した否定の心理言語学についての研究の価値に、直接影響を与えるものなのである。

　実際、その点を研究した者の中でクラーク（Clark 1974）一人だけが認識していることは、否定の処理に関連する研究は、ほとんど完全に否定の文否定という下位類型に焦点が当てられていることである。たとえその概念が究極的に（統語的に、そして／あるいは意味的に）どのように定義されようとも。妥当な否認の文脈についての文献は、（文）否定とみなされる表現にとって否定的形態を持つことが必要条件でも十分条件でもないということを心に留めている場合にのみ、真に検討に値する。

　クラークによると、文否定に対するクリマの診断法は、実際は否認に対するテストであり、（no、nobody、not、never のような）明示的否定と、全部否定よりもむしろ部分否定を意味する（scarcely、hardly、few、seldom、little のような）明示的な否定数量詞に焦点を当てたものである。扱われていないのは、except（but not）（～を除いて）、without（not with）（～なしで）、そして、absent（not present）（欠席して）のような語の中に否定が隠された非明示的な否定辞のクラスである。

　クラークによって引用された研究において、（except や absent のような）非明示

的な否定辞は、対応する肯定よりも処理時間が長くかかるのだが、(but not や not present のような)それらと(推定的に)同義の明示的否定表現よりも容易に処理される点が重要である。非明示的な否定辞のもう 1 つのクラスとして、処理するのにより長い反応時間がかかることがさまざまな研究において一貫して示されているのは、無標の反対語を持つ有標の形容詞―原級も比較級も含む―グループである。例えば、small(er)((より)小さい)、short(er)((より)短い)、slow(er)((より)ゆっくり)などで、その反対語は big(ger)((より)大きい)、tall(er)((より)高い)、fast(er)((より)速く)である。

　明示的、非明示的否定の関連研究において、フォーダー・フォーダー・ギャレット(Fodor, Fodor, and Garrett 1975)(FFG)は、4 クラスの否定形態素を区別する。

(35)　クラス 1：明示的な否定の自由形態素、例えば not
　　　クラス 2：明示的な否定の束縛形態素(形態的否定辞)、例えば un-, iN-, never
　　　クラス 3：非明示的な否定形態素、例えば doubt, deny, fail
　　　クラス 4：純粋に定義的な否定辞(PDNs)、例えば kill(cause to become not alive)(殺す(生きていない状態になるようにする))、bachelor(man who has never married)(独身男性(結婚したことのない男性))

FFG が述べているように、クラス 1(とクラス 2 のいくつか)だけがクリマの文否定についての基準を満たす。しかし、クラス 2 とクラス 3 の否定辞はどちらも、({I doubt/ It's unlikely} he's ever eaten sea cucumber au gratin (彼はなまこのグラタンを食べたことが {ないんじゃないかと思う／ありそうにない})にみられるように)否定極性項目の引き金となるので、意味的否定性だけでなく統語的(あるいは分布的な)否定性をも示していると言えるかもしれない。一方、純粋に定義的な否定辞は、明示的否定形態素も編入された否定形態素も全く含んでいないし、文否定の診断法や否定極性項目の引き金にもならない。FFG が主張するところでは、その否定性は見せかけのもので、特定の理論(すなわち生成意味論)的人工物である。

　FFG(1975: 552)によって行われた反応時間の実験結果は次のようなものである。

(36) a.　クラス 2 とクラス 3 の否定辞は、明示的な形態素を持った同じ意味の表現よりも処理がやや容易である(この研究は Clark 1974 によっては引用されたが、FFG によっては触れられていない)。
　　 b.　形態論的否定辞と非明示的否定辞の間に重大な処理の違いはない。
　　 c.　クラス 4 の「否定辞」を含む項は非常に容易である。すなわち、純粋に定

　　義的な否定辞は、「その言語表示に否定的要素を含んでいるような振る舞いをしない」。

(36c) における発見は—生成意味論対解釈意味論の論争がすでに過去のものなので、今では驚くべきことであるようには思われないが（Newmeyer 1980 参照）—FFG の研究の重要な矛先を示している。一方彼らは、（クラス 2 の）形態的否定辞と（クラス 3 の）非明示的否定辞は、語彙分解するか単に規定することによって「何とかして文法によって否定語として分類されなければならない」ことを認めている。

　　残念なことに、ハーブ・クラークが私に指摘してくれたように、心理言語学的に複雑だと思われる定義的否定辞の候補は、kill（殺す）や bachelor（独身男性）のような例ではなく、small（小さい）、short（短い）、low（低い）、narrow（狭い）のような有標の尺度形容詞で、クラークらが説得力を持って論証しているように、これらのほうがより多くの処理時間を必要とする。否定に関する初期の研究のポイントは、これらの形容詞が（not big（大きくない）、not tall（高くない）のような）明示的否定同義語よりも実際容易に処理できるが、（FFG には失礼だが）（big や tall のような）その無標の反意語よりも明らかに処理しにくいということである。FFG は、空の効果（null effect）（経験的研究において立証するのが困難なことで悪名高い議論）から議論している上に、彼らが結果を引用している元の実験が文献としては直接報告されていないので、彼らの結果の妥当性を決定するのは困難である。いずれにしても、彼らの主要な結論である **(36a)** は、それ以前に報告されたクラーク（Clark 1974）の否定についての発見に一致している。

　　クラークが否認を（クリマの）文否定と同一視していること（Clark 1974: 1312ff.; Kissin 1969: 86 参照）は、真理値の反転という、矛盾対立の見地から定義された意味を持つアリストテレス的述語否認の概念であることを示唆している。論理的否認が言語学者の言う文否定と同じであるという主張は、見本にしている言語学者が（文否定を意味的なものではなく決定的に統語的構造だとみなしている）クリマでなく、（S' が S の否定であるのは、S' が it is not so that S とパラフレーズされる場合のみだと考える）シューレン（Seuren 1969）やジャッケンドフ（Jackendoff 1969）であるならばもっと説得力があるだろう。しかし、クラークが否認あるいは（ウェイソンの用語では）妥当な否認に対する語用論的基準の議論に移行する時、—彼が「否認は、可能であると前提されている何かが偽であると断定する文である」と主張する時と同様（Clark 1974: 1315）—我々は、多義概念の虚偽を感じる。ここでは否認とは、論理的操作でも統語的操作でもなく、明らかに発話行為であるからである。

　　しかし、私が先に述べたように、否定のすべての例を否認の発話行為であるとし

て扱うことができるわけではない。述語否認などの矛盾否定でさえそうである。特に、フレーゲが指摘しているように、埋め込まれた否定は何も主張しない。さらに、もし我々が否認の発話行為の核になるケースを構成するために、ケラー－コーエン、シャルマーとレムラーの「先行話者の発話における命題あるいは前提の拒絶」という「談話否定」の範疇を採用するとしても、否認のすべての例が矛盾あるいは文否定の例であり得るわけではない。なぜなら、談話否定は、ケラー－コーエン・シャルマー・レムラー (Keller-Cohen, Chalmer and Remler 1979) が指摘しているように、発話行為や明示的否定を全く含んでいなくてもよいからである (3.1 節参照)。

　我々は、しばしば引用されるが誤解されることの多いストローソンの定義に用いられている重要な表現に引き戻される。すなわち、ギボンの「否定の発話行為」、サールの「発語内否定」、ケラー－コーエンの「談話否定」そしてウェイソンの「妥当な否認」と同定され得るものは、否定そのものではなくて否定の「標準的で第一の用法」なのである。談話否認としての否定と、論理的否認としての否定との間の相関関係を見る最も分かりやすい方法は、「focal red（中心的な赤）」が red という範疇のプロトタイプであるという意味において、前者の概念が後者の機能的中核ないしはプロトタイプ（PROTOTYPE）を示しているというものである (Rosch 1977、ステレオタイプ（STEREOTYPE）については Putnam 1973 参照)[訳者注 13]。

　私は、以下でこの否定のプロトタイプという見解の弁護に戻るが、ここでは、先程クラークから引用した部分の別の側面に焦点を当てよう。すなわち、否認において偽であると断定される「もの」は、同時に「可能であると前提されるもの」であるという主張である。この前提はもちろん、（例えば A is not B という）否定とその（A is B という）肯定対応物の間の妥当性の関係をとらえようとするものである。しかし、クラークがここで試みに採用し、同じ関連においてギボン (Givón 1978, 1979) が強力に発展させた、前提（PRESUPPOSITION）という語は、本当にこの古代からの関係 (1.2 節参照) に対して適切なラベルなのだろうか。クラーク自身は、否定の例を (You should stop beating your wife（あなたは妻をぶつのをやめるべきだ）のような) 論理的前提のよく知られた例に同化させようとして、すぐにその 2 つの関係が直接一列に並ばないことを認めている。結局クラークは、John isn't present（ジョンは出席していない）は John is present（ジョンは出席している）という命題を前提にしている (presuppose) のではなく、想定している (suppose：賢明にも接頭辞の pre- を落としている) ものとして扱っている。そこで、先に引用された「その否定文の想定 (supposition) がその文脈において妥当であるならば、否定文は理解されやすい」という表現になるのである (Clark 1974: 1333 参照、強調は筆者)。

　否定文は、その肯定の想定を偽の演算子を含むフレームの中に埋め込んでいるも

のとして、心的に表示される、とクラークは結論付けている。Helen isn't at home(ヘレンは家にいない)は、(false (Helen at home))として表示される一方、それに対応する肯定は単純に(Helen at home)と表示される。否定の心的表示についてのこの論題は、1.2 節で概観された否定の非対称性の論題、特に、偽性としての否定と二次的断定としての否定の論題と同様の考え方であることが分かるだろう。

　(例えばHelen isn't present(ヘレンは出席していない)という)明示的否定が(Helen is present(ヘレンは出席している)という)肯定の想定を否認する一方、(例えばHelen is absent(ヘレンは欠席している)のような)非明示的な否定は、クラークの説明に基づくと、(Helen isn't present(ヘレンは出席していない)のような)否定の想定を断定する。しかし、この否定の想定は、それ自体心理的に複雑で、仮説に従えば、非明示的な否定は明示的否定を持つそのパラフレーズと比べてより多くの処理時間を必要とする、と(間違って)予測してしまう。クラークは、明示的否定の方が反応時間が長くかかるのは、明示的否定の複雑さというよりむしろそれらの抑制的な感情的連想のためであるというウェイソンの理論を退けたものの、その非対称性を説明する説得力ある代案を示せないままである。(もう1つの仮説については補遺 2 参照。)

　明示的否定辞がその肯定の対応物を前提とするのではなく想定するということは、正確には何を意味するのだろうか。この想定というのは、どのような意味論的、あるいは語用論的なものなのだろうか。1つの自然な、そして正しいと思われる推測、それは(Grice 1961, 1967, 1975 によって提案された)会話の含意の例、すなわち (37a) の発話と (37b) の命題との間に成り立つような関係の1つなのではないかというものである(Horn 1972, 1973 及び本書第 4 章参照)。

(37) a.　Chris has three children. (クリスには 3 人の子供がいる)

　　　b.　Chris has no more than three children. (クリスの子供は 3 人より多くない)

クラーク流の想定は、意味論的前提や語用論的前提、慣習的含意 (2.5 節参照)とは異なり、自由に取り消しすることができるという点で、会話の含意と同じである。

(38) a.#I don't still beat my wife, but in fact I never did.

　　　　(# 私はもう妻をぶっていないが、実際私はそうしたことがなかった)

　　　#Only I can do it, and in fact I can't.

　　　　(# 私だけがそれをすることができる、そして実際私はできない)

　　　#John managed to solve the problem, but in fact it was easy.

　　　　(# ジョンはどうにかその問題を解いたが、実際それは簡単だった)

#Even I can do it, but nobody else can.

（# 私でさえそれをすることができるが、他の誰もすることができない）

b. Chris has three children, and in fact has four.

（クリスには 3 人の子供がいる、そして実際は 4 人いるのである）

Susan was able to solve the problem, but she didn't solve it.

（スーザンはその問題を解くことができたが、解かなかった）

c. The whale isn't a bird, but then nobody ever thought it was.

（クジラは鳥ではない、しかしそうだと思った者は誰もいなかった）

Circle 7 isn't red, but whoever thought it was?

（7 の円は赤ではない、しかし一体だれがそうだと思ったのか）

（会話の含意の取り消し可能性については、Grice 1967, 1975; Horn 1972; Sadock 1978; Levinson 1983; Hirschberg 1985 参照。）

　（他の）会話の含意と同じように、この想定は文脈に非常に敏感で、行儀のよい前提や慣習的含意よりもはるかに自由に現れたり消えたりする（ことは今みたところである）。加えて、ホーン（Horn 1978c: 204）で述べたように、否定陳述とその肯定の対応物との間の関係には、会話の含意にはみられるが慣習的含意にはみられないもう 1 つの特徴がある。それは分離不可能性で、与えられた談話文脈の中で否認を伝達するどのような表現にも付随するものである。(**39a, b**) を比べよう。

(**39**) a.　I want to marry you.（僕は君と結婚したい）

b.　I'll be damned if I'll marry you.（私は断じてあなたと結婚しない）

たとえ彼らの間でこれまで結婚の話が出ていなかったとしても、(**39a**) は（少なくとも言語学的には）Mr. X が Ms. Y にするのに適切な陳述であるだろうし、実際、文脈が許せば（指輪を差し出したり、ひざまずいたりして）間接的なプロポーズとなるかもしれない。しかし、(**39b**) は、それが伝達する否定の力が強いために、結婚の問題が活発に話し合われているわけではないとしても、それが心に抱かれているような文脈に語用論的に制限される（それは、明示的否定の I won't marry you（あなたと結婚しません）や I don't want to marry you（あなたと結婚したくありません）と同じである）。

　しかし、否定に付随するその［クラークの］想定が会話の含意としての資格を持つためには、その想定が取り消し可能で分離不可能であるだけでなく、計算可能（CALCULABLE）でなければならない。すなわち、会話の格律のどれかによって、グライスの協調の原理から派生可能でなければならないのである。私は、ある記述

的装置を追加導入すれば、クラーク流の想定は会話の含意として派生できることを示唆しようと思う。

3.3.1 二元的推論モデルにおける否定の非情報性

私がこのセクション以降で仮定する非論理的推論のネオ・グライス的モデルは、ホーン（Horn 1984b）で示したものである。ホーン（Horn 1984b）自体、既にアトラス・レヴィンソン（Atlas and Levinson 1981）においてその形が予示されているもので、レヴィンソン（Levinson 1987a, b）において（やや別のラインにそって）さらに展開された。その本質的な（そして決して新しくはない）考えは、言語には二律背反的な2つの力の間に体系的相互作用があるというもので、これらはジョージ・キングズリー・ジップ（George Kingsley Zipf 1949: 20ff）によって同定された。「統一化の力」、すなわち話者の経済性は、ジップの最小労力の原則、つまり単純化ないしは最小化に向かう心理的動因と相互に関係する。それは、チェックされずに作用すれば、完全な同音異義、語彙的融通性という結果になり、話者が表現したいと思う「m個の異なる意味をすべて表す一単語からなる語彙」を生み出すだろう。「多様化の力」、すなわち聴者の経済性は、「それぞれの単語が1つの意味を持つm個の異なる単語の語彙」を保証するようにその目録を拡大するだろう。さらに一般的に言うと、話者の経済性は、メッセージの形式に上限を設定し、聴者の経済性はその情報内容に下限を設定するのである。

このような相互に制限し合う2つの鏡像的な力は、繰り返し言語学の文献において引き合いに出されている。ここでそのいくつかを引用しよう。

> 思考を表現する言語的手段をより経済的に用いるのか、より豊富に用いるのかは、その必要性によって決定される…。あらゆるところで我々は、理解されるのに必要なちょうどそれだけのものしか含んでいない表現様式が存在させられているのを発見する。用いられる言語的材料の量は、それぞれの場合において、状況、先行する会話、共通の心理状態を話者が相対的にどう見積もるかによって変化する。
> (Paul 1898: 351)

> どのように、そしてなぜ言語が変化するのかを理解するために、言語学者は2つの永久に存在する二律背反的要素を心に留めておかなければならない。まず第一は、コミュニケーションの要求、すなわち話者がメッセージを伝達する必要性で、第二は、最小労力の原則である。これは話者に、エネルギーの出力を、心理的にも肉体的にも彼の目的を達成するのに見合う最小限のものに制限させるものである。
> (Martinet 1962: 139)

話者は常に、彼の発話の表層の複雑さを最適に最小化しようとする一方、彼が
聴者に効果的に伝達する情報の量は最大にしようとする。
　　（Carroll and Tanenhaus［1975: 51］、彼らの MINIMAX PRINCIPLE の定義）

　言語の進化は、これらの 2 つの機能的原則間の力学的緊張から生じるとみなすこ
とができる。音韻の領域において、話者指向的な最小労力の原則は、感覚運動的弁
別可能性を最大化し、かつ休止状態からの動きを最小化する方向に向かう傾向があ
り、聴者指向的な力はこれと反対に、顕著さと知覚的弁別可能性を最大化する方向
に向かう傾向がある。言語的音声パターンの目標は、最小の調音コストで、最大の
知覚的利益を達成することだとみなすことができる[26]。
　語彙領域と意味領域において、話者の力は、区別の法則（the Law of Differentiation:
Paul 1898, Bréal 1900）や 同 義 性 先 取 り の 原 則（the principle of Preemption of
Synonymy: Clark and Clark 1979）もしくは同義性回避の原則（the Avoid Synonymy
principle: Kiparsky 1983; E. Clark 1987）と同定される。ここでの本質的な考え方は、
言語には、与えられた意味的スロットが 2 つの異なる語彙表現によって満たされ
ることを許さない傾向があるということである。より正確に言うと、語彙化された
項目は、正に同じ意味を持つだろうと思われる比較的語彙化されていない形式が
スロットを埋める前にそれを先取りする傾向があるのである。聴者の経済性は、
話者の原則に対応して、同音異義回避（Avoid Homonymy）とラベルづけしてもいい
ような原則として実現される。同音異義の衝突に関する原則の適切な定式化とそ
の予測力の例証については、ブルームフィールド（Bloomfield 1933）、ジップ（Zipf
1935）、メンナー（Menner 1936）、E. R. ウィリアムズ（E. R. Williams 1944）、ボリ
ンジャー（Bolinger 1961）参照。
　私はここで、2 つの拮抗するジップ的力が非論理的推論の研究プログラムにど
のように適用されるかに焦点を当てる。グライス（Grice 1967, 1975）は、対話の参
加者がどのようにして、言われたことから（その対話のある時点での話者の発話に
よって）意図されたことを計算できるのかということを示そうとしている。それを
統率する原則は、「あなたの会話上の貢献を、それが起こる段階で要求されるよう
なものにしなさい」という協調の原理（the Cooperative Principle: Grice 1975: 45）で
ある。この協調の原理はさらに 4 つの下位原則に分析される。すべての合理的なや
り取りに基づいていると推定される、一般的で恐らく普遍的な会話の格律である。

(**40**)　会話の格律　　　　　　　　　　　　　　　　　　　（Grice 1975: 45–46）
　　質（QUALITY）：あなたの貢献を真であるものにしようとしなさい。
　　　1.　偽であると信じることを言ってはいけない。

2. 証拠のないことを言ってはいけない。

量（QUANTITY）:

1. あなたの貢献を（その対話の現在の目的のために）要求されるほどの情報のあるものにしなさい。

2. あなたの貢献を要求される以上に情報のあるものにしてはいけない。

関係（RELATION）：関連性のあるものであれ。

様態（MANNER）：整然としていなさい。

1. 表現の漠然性を避けなさい。

2. あいまい性を避けなさい。

3. 簡潔でありなさい。（不必要な［原文のまま］冗長さを避けなさい）

4. 順序正しくあれ。

（恐らく、類似のラベル付けをされたカントの四範疇の反映であることを除いて）この4つの格律の分類にも、9個の異なる下位原則にも、先験的に特権的地位を持つものは存在しない。そして、ネオ・グライス派及びポスト・グライス派の語用論の多くは、さまざまな還元主義的努力に向けられてきた。もし、（Horn 1984b とこの領域の他の多くの研究と同じように、そして Sperber and Wilson 1986 に反して）質（あるいは Lewis 1969 が真理性の規約（Convention of Truthfulness）と呼んだもの）が第一のもので、本質的に何にも還元できないものであると仮定するなら、私は残りの格律と下位格律を煮つめて、詰まるところジップらが同定した2つの基本的な力に対応する2つの基本的な原理にすることができる。私は、**Q** を量（Quantity：すなわち量の格律1）を呼び起こすために、**R** を関係（Relation）を呼び起こすために用いる。また、私の原理とグライスの格律の間の正確な対応関係については論じない。

(41) **Q** 原理と **R** 原理の注意点（Horn 1984b を若干修正）

Q 原理（THE **Q** PRINCIPLE）（聴者指向的）	**R** 原理（THE **R** PRINCIPLE）（話者指向的）
あなたの貢献を十分な（SUFFICIENT）ものにしなさい：（質と **R** が両方与えられたら）できるだけ多くのことを言いなさい。	あなたの貢献を必要な（NECESSARY）ものにしなさい：（**Q** が与えられたら）言わなければならないことだけを言いなさい。
下限（LOWER-BOUNDING）原則は上限を与える含意を含み、グライスの量1と様態1、2の格律をまとめたものである。	上限（UPPER-BOUNDING）原則は下限を与える含意を含み、グライスの関係と量2、様態3、4の格律をまとめたものである。

　このような 2 つの基本的な語用論的原則の間の機能的な緊張関係は、広い領域にわたる言語現象を動機づけ支配している。例えば、共時的現象や通時的現象、語彙的現象や統語的現象、会話の含意や丁寧さを表す手段に関する現象から代名詞や空所の解釈に関する現象、語彙変化から間接発話行為に至る現象、さらに、いわゆる分裂能格言語における格付与の解釈から記録された会話的相互作用の分析に至る現象、明白な矛盾否定の語用論的強めの現象から「論理的」二重否定の弱めの効果に至る現象、といったように、非常に広い範囲にわたる言語現象である（Horn 1984b; Levinson 1987a, b そして以下の章参照）。

　重要なのは、私の二律背反的な 2 つの原則は、単に対立しているのではなく、互いが他方に訴えかけてそれを制限する弁証法的過程において、（古典的なヘーゲル的方法で）相互作用しているということである。グライスは、第一の **Q** に基づく格律を定義する際に、**R** 原理を組み入れざるを得なかった（「あなたの貢献を<u>要求されるほどの</u>情報のあるものにしなさい［下線筆者］」）。一方、量の第一格律も、同様に量の第二格律の定義の中に組み入れられている[27]。さらに、量の第二格律は、本質的に関係の格律を組み入れている。対話が起こったその段階に厳密には関連のない材料を含むことを除いて、貢献を要求されるよりも情報量の多いものにするのは何なのだろうか？

　Q 原理は、情報構造の見地から言うと、上限規定の含意を生み出すために利用される可能性のある（そして実際組織的に利用されている）下限規定の法則である。**Q** に基づく含意（**Q**-based implicature）は、本質的に否定的な性質を持ち、話者がより強いもしくはより情報のある形式を用いないことから、話者はより強い形式を採用する認識的地位にはいなかったのだという推論に至る。標準的典拠は、尺度含意である。例えば、話者が「... P_i ...」と言う時には、彼（女）が知っている限りにおいて「... at most P_i ...」であるということを含意する。すなわち、第 4 章で「より強い」という意味がもっと正確なものにされるが、その意味において、P_i よりも強いどんな P_j についても「... P_j ...」は真ではないということを含意するのである。このように「some ...」は「... not all」を、「... warm ...」は「... not hot ...」を、「I believe that S」は、S であることを知らないということを含意するのである[28]。

　R 原理は、下限規定の含意を生み出すために利用される可能性のある（そして実際組織的に利用されている）上限規定の法則である。例えば、P_i よりも強くかつ／または P_i の顕著な一部分を P_j で表すとすると、話者が「... P_i ...」と言う時「... P_j ...」を含意している、というものである。ここでの標準的典拠は、間接発話行為と／または婉曲法である。このような現象においては、話者がより弱い形式を用いた時、聴者は、より強いもしくはより情報のある特定の意味が意図されたのかもしれないと認識することによって、その弱い形式を補充する。ここでは、話者が言いたかっ

たかもしれないが、実際には言わなかったことに対して本質的な言及がなされていないので、R推論（R inference）は本質的に積極的な性格を持つ。第5章でもう少し詳しくみるが、Rに基づく含意に対する動機づけは（Q推論の場合とは違って）言語的なものではなく、典型的に社会的ないしは文化的なものである。

　この2つの推論のパターンは、図式的に次のように区別することができる。

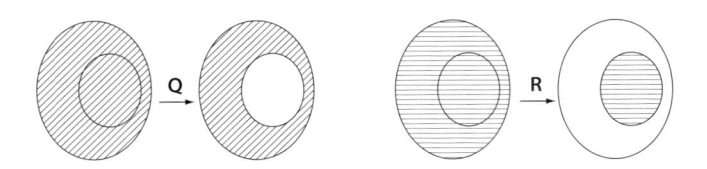

　Rに基づく含意のクラス（Atlas and Levinson 1981 の情報性あるいはI含意）は、異質のものを含んでいるように思われるかもしれない。しかし、それぞれの例においてR含意は、アトラスとレヴィンソンが最善の解釈を導く推論と呼ぶものを含んでおり、それは彼らが提案した情報性の原理（PRINCIPLE OF INFORMATIVENESS: Levinson 1983: 146–47）によって決定される。すなわち「あなたが世界について知っていることと整合するできるだけ多くのことを発話に読み込め」というものである。例には次のようなものがある。「p ならば q である（if p then q）」を「p ならばそしてその時に限り q である（if and only if p then q）」と解釈する「条件文補完」（Geis and Zwicky 1971）、「p そして q（p and q）」を「p そしてそれから q（p and then q）」そして「p 従って q（p and therefore q）」と解釈する強化（Grice 1975; Schmerling 1975; 本書の第6章参照）、「リーとキムはそのピアノを動かした（Lee and Kim moved the piano）」から「リーとキムはそのピアノを一緒に動かした（Lee and Kim moved the piano together）」への推論や、「クリスはそのケーキを食べた（Chris ate the cake）」から「クリスはそのケーキを全部食べた（Chris ate the whole cake）」への推論（Harnish 1976）、そして「私は新しい車を持っているがそのキャブレターは動かない（I have a new car but the carburetor is clogged）」から、動かないキャブレターは私の新しい車のものだという仮定への、フレームに基づく推論もしくは橋渡し推論である（Charniak 1972; Clark and Haviland 1977）。Rに基づく含意の他の例は、後の章で否定の旅をしていく過程で示されるだろう。

　非論理的推論（すなわち取り消し可能な、あるいは解除できる推論）のいかなるモデルにおいても同じであるが、2つの対立する原理と推論方法のうちのどちらが、与えられた談話文脈において優勢であるかを計算するアルゴリズムを生み出さなければならない。この問題はこれまで議論されてはきたが（Grice 1975; Harnish 1976; Altas and Levinson 1981; Horn 1984b 特に Levinson 1987a, b 参照）、まだ決定的な

解決を与えられてはいない。例えば、格律の衝突が、よく知られているように、不定名詞を伴う文脈で容易に起こる。I slept in a car yesterday（私は昨日車の中で寝た）という発話は、私が眠ったのは自分の車ではなかったという **Q** に基づく推論を認可する（なぜなら、そうでなければはっきりとそう言うべきだったからである）。一方、I broke a finger yesterday（私は昨日指を折った）という発話は、私が折ったのは自分の指だったという **R** に基づく推論を認可する（ただ、私がマフィアの殺し屋であることをあなたが知っていることを私が知っているような場合には、反対の **R** に基づく含意が引き出される）。量の原理を適用すると、与えられた文化の中で仮定されている慣例的な「非論争性の慣習（conventions of noncontroversiality）」に矛盾する傾向がある時、対抗する **R** 原理が優先される（Atlas and Levinson 1981）。

　もっと複雑な場合を考えよう。グライス（Grice 1975: 51–52）は、(**42**)のような A と B の間の対話を引用している。A は、もし行程からあまりはずれないのであれば C を訪れたいと思って旅程を立てているところである。

(**42**) A　:Where does C live ?

　　　　B　:Somewhere in the south of France.

ここでは、C が南フランスのどこに住んでいるのかを、A が正確に知る必要があったことは明らかであるように思われる。グライスの説明に従うと、B が明らかに量の格律に違反していることは、B が（証拠のないことを言うなという）質の格律に違反せずにより多くの情報を与えることができなかった場合にのみ、協調の原理の範囲内で説明可能である。このように B の返事は、C が南フランスのどこに住んでいるのかを B が知らないことを **Q** 含意（Q-implicate）する。

　しかし、量の格律より優先性を持つなんらかの原理的理由のために、B が協調の原理に従わないでいることも可能である。実際コリンソン（Collinson 1937: 47）は、第一次世界大戦の前線から送られた兵士の手紙の発信元が、フランスのある場所（Somewhere in France）という住所になっていたことを思い出し、グライスの例を前もって不気味に先取りしている。それは、著者が自分が書いている正確な場所を知らなかったからではなく、また、情報が受取人にとって何の関心もないものであったからでもなく、むしろ、彼のいる正確な場所を明らかにすることを禁止する軍隊の命令のためであったのだ。コリンソンはまた、「口にするのがふさわしいと思われないところ」に対して to go somewhere という形式の婉曲法が広く用いられていることにも触れている。同様に、情報提供の要求は、何かの一滴（a drop of something）、犬が何かをやらかした（the dog has done something）、誰かが今朝あなたの見舞いに来た（someone asked after you this morning）のような表現によって退け

られている（Collinson1937: 62）。5.3 節でみるように、これらの例の婉曲的ニュアンスは、特定の理解へ導く **R** に基づく推論を要求する。

　ジップ–グライス的な 2 つの力の対立は、単に格律の衝突という結果になるのではなく、私が語用論的労力の分業（DIVISION OF PRAGMATIC LABOR）と呼ぶもの（Horn 1984b: 22ff.）を通して、その衝突が解消されることになるかもしれない。この原理は、形態論における非該当条件（Elsewhere Condition）やマコーレー（McCawley 1978）において示唆された語彙語用論への研究プログラムから洞察を与えられたものである。つまり同一の意味を持つ 2 つの表現が与えられると、より短い、より語彙化された形式（もしくはどちらか一方の形式）が、**R** に基づく含意を通して無標で慣習的な意味、用法、あるいは状況に関連づけられるようになる傾向があり、有標でより複雑な、より冗長でより語彙化されていない表現は、有標のメッセージを **Q** 含意する傾向がある。これは、無標の形式が伝達しなかったであろうもの、あるいはできなかったであろうと思われるものである。図式化すると、

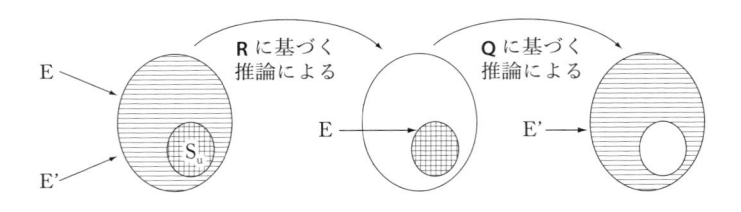

　例えば、（Can you pass the hot sauce?（あなたはホットソースを回すことができますか）のような）法助動詞の疑問文を用いることによって（Pass the hot sauce（ホットソースをまわしてください）のような）要請を **R** 含意する（R-implicate）ような場合、（Do you have the ability to pass the hot sauce?（あなたはホットソースをまわす能力を持っていますか）のような）それ以外の周辺的表現を用いると、文字どおりの疑問文の解釈だけが意図されているという **Q** に基づく推論を認可することになるだろう。あるいは、もし、私が（慣習化された）**R** に基づく型にはまった解釈を伴う My brother went to jail ではなくて、My brother went to the jail と言うことを選んだなら、あなたは、彼は投獄されたのではなく、誰かを訪ねるためにそこに行ったのだと推論するだろう。あるいは、マコーレー（McCawley 1978）から例を借りれば、私がもし、アマンダがその保安官を殺した、というのではなくて、彼女がその保安官を死なせた、とわざわざ言ったならば、あなたはおそらく、その原因は、kill に **R** 関連する慣習的（取りつぎのない、直接的）なものではなくて、ある意味で有標のものであると推論するだろう。例えば、「おそらくアマンダは、保安官が心臓が弱く、

病的に甲殻類を怖がることを知っていて、彼のベッドにプラスチックの海老をばらまいたのだ」というように。わたしは、補遺 2 で、語用論的労力の分業（Division of Pragmatic Labor）と、特にこのパターンに対して明らかに例外となるものを考察する。

　会話の含意のメカニズムのこの再分析で武装して、我々は、クラークの想定（あるいは、ウェイソンの否認の妥当性）すなわち、（文）否定を用いる時、その談話の枠組みの中にその否定に対応する肯定の事態を期待する、ないしはそれを妥当とする傾向があるということを、どのように説明できるだろうか。実際既に、会話の含意の理論の中でこの関係を作り上げる（ひどく大ざっぱな）提案が少なくとも 2 つある。

　ホーン（Horn 1978c: 203）は、否定に対する有標性の含意（MARKEDNESS IMPLICATURE）と呼ばれる我々の想定は、グライスの関係の格律（関連性のあるものであれ）を通して生じることを一応示唆している。「文を発話するには理由があるべきである。否定文に関しては、その理由は一般的に、それが含んでいる肯定の対応物を以前に考えたということである。」従って議論は次のように進んでいく。もしタルミー・ギボンが、彼の妻は妊娠していないと私に言うなら、私は、彼は格律に違反して協調の原理の義務を逃れていると結論づけるか、あるいは、それよりもありそうなことは、彼の発話は、彼の妻が妊娠しているはずであるということ、彼の妻の妊娠が今考慮されていることであるといったことが予期され、ありそうなことで妥当であるという会話の含意を生み出すことによって、当の格律を発動することが意図されていると結論づけるだろう。しかし、この説明で不明確なままであるのは、否定文を発話する理由がなぜ「一般的に、その肯定文の対応物を先に考えていたこと」であるのかということである。

　リーチ（Leech 1981: 431; Leech 1983: 100–102, 165ff も参照）は、有標な会話の含意にもう 1 つ別の異なる派生過程を示している。彼の出発点は、（1）グライスの量の第一下位格律（すなわち、私の **Q** 原理）と、（2）以下に示した、リーチの否定の非情報性の原理（PRINCIPLE OF NEGATIVE UNINFORMATIVENESS）である[29]。

> 否定命題は、肯定命題よりも一般的にはるかに情報量が少ない。この理由は単に世界における否定的事実の数の方が、肯定的事実よりもはるかに多いからである。次の文を考えてみよう。
>
> 　a. Bogota isn't the capital of Peru.（ボゴタはペルーの首都ではない）
>
> 　b. Bogota is the capital of Colombia.（ボゴタはコロンビアの首都である）

どちらの陳述も真であるが、現在の国連の加盟国が 132 であることを考慮すると、a は b より、131 倍情報量が少ない。従って、そのような否定命題を量の第一格律と調和させるためには、X の否定が、まさに要求されるような情報

　　量を持つ文脈を、我々は仮定しなければならない。

　そのような文脈は、あなたが（あるいは、その談話に関連のある他の誰かが）(a) の肯定想定——Bogota is the capital of Peru（ボゴタはペルーの首都だ）——が（おそらく）真であると信じていたか、そう述べたと私が仮定できるような文脈である。否定の非情報性の原理は、このように我々の要求を満たすために用いることができる。すなわち「語用論的観点から言うと、否定命題が、なぜなんらかの意味で『その文脈に存在する』肯定命題の否認であるのか、ということに説明を与えるために」(Leech 1983: 101) 用いることができるのである。

　不思議なことに、リーチは、否定の非情報性に対して心理言語学的な支持があることにも、哲学的文献の中で同じ概念が長々と述べられていることにも触れていない（もっとも彼のボゴタの例は、初期のウェイソン (Wason 1965) の青と赤の円の研究に直接言い換えられる）。リーチの原理と、その原理の基礎とみなされリーチがギボン (1978) に関連付けている肯定的事実と否定的事実の統計学的不均衡は、実際、プラトンの『ソフィスト』や（「それが何かであることを知っている者は、それが何かでないことを知っている者よりも、より高い程度に理解している」（『形而上学』996b14–16) と述べている）アリストテレスの『形而上学』から、ベーコン、カントを通って新ヘーゲル派、そしてエアーの特定性の論題（第 1 章参照）にいたる非対称主義者の正典（the asymmetricalist canon）の一部だったのである。

　情報量（の欠乏）と談話の有標性との間のつながりは、データベースを拡大することにより、もっと明確に現れる。グライスは、次のように述べている (1967: 講義 1: 17ff.)。

(43)　The man at the next table is not lighting his cigarette with a $20 bill.
　　　（隣のテーブルの男は 20 ドル紙幣で煙草に火をつけようとしていない）

(43) のような否定文は、オースティンとサールによって別のところで論じられたのだが、もし、指示されている人が普通使われるマッチを用いているのであれば、明らかにこの文は真であるが、それにもかかわらずなんらかの特別な文脈がなければ不適切である。グライスは、「断定された命題が偽であるといういくらかの見込みがあるべきか、あるいは、あると想定されるべきである」というサールの主張から少々修正した「断定可能性についての条件」を支持している。もし、(43) のような任意の真の発話において普通そうであるように、この条件が満たされないのであれば、その発話は役に立たず無意味である。

　しかし、この条件は Mīmāṃsā (1.3.1 項参照) 以来我々に親しみ深いものだが、

(43)のような文における否定の存在に直接ねらいを定めたものではあり得ない。実際グライスは、(44)のような例にみられるさまざまな真の肯定発話が通常不適切であることを説明するためにも同様の条件を用いている。(44)の最初の 3 つはグライス(Grice 1967)から取ったものである。

(44)　I went to the meeting of my own free will.
　　　（私は自ら進んでその会合に行った）
　　　I remember my own name.
　　　（私は自分の名前を覚えている）
　　　Your wife is faithful.
　　　（あなたの妻は誠実である）
　　　The 1988 presidential election will be held.
　　　（1988 年の大統領選挙は行われるだろう）
　　　The dean is breathing.
　　　（学部長が呼吸している）

肯定文がその対応する否定よりも情報量が少なくより役に立たないものである時、「前提的に豊か」であり特別な文脈がなければより奇妙であるのは、肯定文である（図と地の反転について、Givón 1978 参照）。

　普通否定に（統一的にではないが）結び付けられる追加的な想定は、**Q** に基づいて生成される。既に述べたように、**Q** 原理は、**R** と質の両方によって規制されている。もし、あなたがボゴタがペルーの首都かどうかに関心があるだけだと私が想定するなら、否定命題の私の発話（リーチの a）は、いかなる上限規定の含意も認可しない。一方あなたが、ボゴタがペルーの首都ではないことを知るだけでなく、それがどこの国の首都であるかを知ることに関連性がある、と私が仮定するような文脈においても、私はやはり a を発話するかもしれない。その時私が含意することは、（量の格律、すなわち、自分が信じていることか、証拠のあることだけを言いなさいという要求に一致する情報の中で）これ以上強くより情報のある命題を、私は言うことができないということである。クリスの子供が 3 人より多いかどうかということをあなたが気にしている、と私が仮定している文脈において、クリスには 3 人の子供がいると私が主張すれば、それは、私の知っている限りでは彼の子供は 3 人しかいないことを **Q** 含意するのとちょうど同じように、上記のような文脈において、ボゴタがペルーの首都ではないと私が言うことは、私の知っている限りではボゴタはコロンビアの首都ではない可能性がある、すなわち私はそうであるという事実を知らないということを含意する。私が十分な知識を持っており、その知識があ

なたの会話の目標に関連があることを私が信じている、とあなたが仮定できる時にのみ、このような陳述は不必要に弱いために役に立たず、誤解を生じさせるような不適当なものになるのである。

　否定陳述の有標性や想定（前提）的豊かさに関する **Q** 原理に基づく認識的／情報的説明においていまだ説明されていない１つの発見は、矛盾（すなわち直接反対）対当の場合に、肯定／否定の反応時間が圧倒的に異なるということである[30]。（リーチの首都の例やウェイソンの色の付いた円の例とは異なって）与えられた整数は、奇数か偶数のどちらかでなければならず、もはやどちらか一方である傾向があるというようなものではないと我々は仮定してよい。そこで **(45a)** と **(45b)** の文は、同じ情報を伝達し、同じ程度の知識を反映する。

(45) a. The number 5 is not even. (数字の 5 は偶数ではない)

　　　 b. The number 5 is odd. (数字の 5 は奇数である)

それではなぜ、先のセクションでみたように、脱文脈化した **(45a)** の方が、**(45b)** よりも、直観的にも実験的にも処理がより難しく動機付けが弱いのだろうか。**(45a)** を用いる場合、誰かが 5 は偶数だと信じていたか、そう言ったかもしれないということを含意する（あるいは、少なくとも議論中の他の整数についてそうであることを含意する（4 is even {and/ but} 5 is not even の議論を参照））が、**(45b)** にはそのような含意がないことを思い出そう。

　リーチ（Leech 1983: 101）は同じようなペアを考えている。

(46) a. Our cat is not male. (我々の猫は雄でない)

　　　 b. Our cat is female. (我々の猫は雌である)

この例において **(46a)** は、**(46b)** に情報的には等しいが、「やはり人に「有標」であるという印象を与え、誰か別の人が主張したことの否認として特別な解釈を要求しているという印象を与える」[31]。有標性に関する非対称という変わらぬ結果を説明するために、リーチは、上でみた心理言語学的研究によって確証された、否定処理の困難さに訴えている。しかし、これは我々を振り出しに戻らせる。まず、（実際そうであるのだが）否定文がより処理困難であるのはなぜなのか。説明されなければならないもの（explicandum）が説明を与えるもの（explicans）だと思われてきたのである。

　おそらく、それは、矛盾対立の関係にある肯定よりも、１つの形態素や１つの語の分だけ長い **(45a)** や **(46a)** のような否定文については部分的に事実だろう。しか

し、ここで再びこのトマス・アクィナス的相関関係を偶然として扱うのではなく、否定の形式的有標性を、それが持つ意味的側面から説明したいのである。

　私には、追求する価値のある可能性がもう 1 つあるように思われる。否定に伴う追加的含意は、実際プロトタイプ的状況から引き出される。そこでは、（例えば A is not B のような）否定陳述は、（A is B' where B' ≠ B のような）その肯定の基礎あるいは肯定の根拠よりも情報量が少ない。それは、「私の好きな数字は 5 ではない（My favorite number is not 5）」の場合のように、無限に情報量が少ないことも多い。しかし、会話の含意という純粋な語用論において生まれた否定の有標性は、部分的に慣習化され、すべての否定の陳述（もっと適切に言うと、すべての主節の述語否認）は、（**(45a)** や **(46a)** のように）肯定形と同じ情報を伝えるものでさえ、この含意によって影響される（affected, Wood 1933 では<u>感染される</u>（<u>infected</u>））傾向があるかもしれないのである。

　以上のことから、同じ会話の含意が、関係の格律から（Horn 1978c）、量の格律から（Leech 1981）、そして様態の格律から（Leech 1983）派生されるとしてさまざまに分析されるのは驚くべきことではない。実際、話者はできるだけ多くの情報を与えるべきであるという **Q** に基づく要求では、肯定の陳述が否定陳述よりも、（常にではないが）プロトタイプ的により多くの情報を伝達するが、この **Q** に基づく要求と、処理労力を増すようなものや対話者の関心には関係のないものを省くように話者に指示する **R** に基づく原理との相互関係の結果として、否定の有標性の地位は生じているのである。

　もし私の否定の有標性の説明が概して正しいものであるとするなら、1.2 節以来私が折に触れ探求し続けてきた非対称性の問題は、語用論のレベルで適用されることになる。否定命題は、必然的にではないが典型的に、肯定命題よりも情報量が少なく特定的ではない。しかしアポステル（Apostel 1972b）によって述べられたように、真の非対称性は、否定の肯定命題に対する関係にではなく、（話者の）否認が断定に対して持っている関係にある。

　ストローソンが強調しているように、否定文の「標準的で第一の<u>用法</u>」は、「訂正し、反駁することである」（強調筆者）。しかし、ウィトゲンシュタインやギボンには申し訳ないが、用法は意味ではない。［意味と真理性に主として関心を持った形式哲学者の］フレーゲ（Frege 1919）は、肯定の命題内容と否定の命題内容の間の論理的対称性に焦点を当て、否定を否認の発話行為と同定することを拒絶しているが、これは正しいと思われる。フレーゲが我々に教えているように、1 つには、埋め込まれた否定節は、何かを断定したり否認したりしていると分析され得ない。（ヘーゲルや新ヘーゲル派、ベルグソン、後期ウィトゲンシュタイン、ウェイソン、クラーク、ガルシア、ギボンそしてシャノンを含む）言語学者や心理学者、心理学

的指向性を持つ哲学者が、否定と断定（肯定）の用法における非対称性に焦点を当てる傾向があったことは十分に理解できる。実際、少なくとも一人の言語学者、レルヒァー（Lörcher 1900）にとっては、訂正や反駁に用いられない、従って、肯定の想定を持たないいかなる否定的判断も（古代サクソン語の否定辞に関する彼の論文のタイトルの言葉では）die unechte Negation すなわち、偽りのあるいは見せかけの否定の例証となるに違いない。

　肯定と否定の論理的対称性と機能的非対称性の相違は、ヨシア・ロイス（Josiah Royce 1917）によって、洞察力のある百科事典のエントリーにうまく記述されている。ロイスは、肯定命題と否定命題の間の推定上の一対一関係と、いかなる命題（あるいは行為）にとっても、その〈x, not-x〉ペアのどちらか1つのメンバーが真である（あるいは、実行された）と理解されなければならないということから記述を始めている。しかしそれでは、なぜ否定命題や否定述語は肯定と完全に合致するわけではない、というのが「常識」感覚なのだろうか。

　ロイス（Royce 1917: 269）は、（語用論的）非対称性に通じるのは、「not の関係」と他の関係との相互作用であると結論づけ、次のように述べている。「談話の限られた宇宙の中で、一方が他方の否定であるような関係にある2つのメンバーの内の一方は、他方が持つ価値に勝る値を持ち得る。」これらの「外在的な考慮」は、矛盾関係にある2つの要素の内の1つを、対立するペアの「肯定の、必要とされる、優れた方のメンバー」であるとみなすようにさせる。いくつかの場合には対立における2つのメンバーの間に、「値、品位、望ましさにおいて、定義可能な経験的に明白な区別」があるかもしれない。その結果、（例えば、素数と非素数、有理数と無理数、元素と非元素、勝利と敗北、受容と拒絶のように）一方は他方の「欠乏状態」と考えられるかもしれない場合がある。

　これはロイスによって述べられていることではないが、他の場合において、対立ペアの肯定で無標のメンバーは、知覚的に際立つ（salient な）方だろう。グリーンバーグやクラーク、ギボンらが述べたように、（例えば tall/ short（（背が）高い／低い）、big/ small（大きい／小さい）、wide/ narrow（広い／せまい）、high/ low（高い／低い）のような）形容詞の対立ペアのうち、機能的に無標のメンバーは、その有標の対応物よりも感情的に肯定的で容易に処理されるだけでなく、知覚されやすいことが多い（追加の例と議論については Givón 1987: 105 参照）。ロイスは、どの述語または命題が否定とみなされるかの決定における認識論的要因についても、エアー（Ayer 1952）のようには議論していない（が、エアーの特定性の基準についての問題は Axinn 1964 と Gale 1976: 21–32 参照）。しかし結局、ロイスとエアーは、急進的な非対称主義者とも、一途な論理的対称主義者のどちらとも袂を分かち、すべての命題は、否定命題も肯定命題も同様に、本質的には対等であるが、発話行為のあ

るもの(すなわち断定)は、他(すなわち否認)よりも語用論的、機能的により高い位置を持つ、というより複雑な立場に立つことになった。

　ベルグソン(Bergson 1911: 289)が否定は必然的に「教育的、社会的性質」を持っているのだと言う時、ウッド(Wood 1933: 421)が否定に「誤りと無知に感染している」という烙印を押す時、ウィトゲンシュタイン(Wittgenstein 1953: §447)が「ある命題の否定というのは、まるでその命題を否定するために、ある意味においてその命題を真にしなければならないようなものに思われる」と述べる時、(そして Givón 1978: 70 が〜 **p** は論理的に **p** を前提とすると理解することによってその感覚を合法化する時)、アポステル(Apostel 1972a: 277)が否定をモダリティあるいは命題態度であると分析する時、彼らは、語用論的荷車を意味論的馬の前に置く誘惑に負けているのである[32]。

　(Wason 1972 には申し訳ないが)否定文が本質上偽でないのは肯定文がそうでないのと同じであるが、プロトタイプ的に言うと、否定文は心理学的により困難でより多くの荷を負っており、認識論的にはより特定性がなく、従って価値がなく、感情的にはより抑制的で(あるいは少なくとも高くは評価されず)、そして、語用論的には任意の談話文脈の中で適切に用いることがより困難である。すべての否定が話者の否認であるわけではなく、すべての話者の否認が言語的否定であるわけでもないが、否定のプロトタイプ的用法(あるいは Volterra and Antinucci 1979: 203 に従って、否定の核)は、実際その談話文脈に関連のある誰かが、先に断定したか同意した、あるいは妥当であるとした、あるいは少なくとも述べた命題の否認としてのものである。

　このように、肯定は命題を談話モデルに導入するように機能することが可能であるだけでなく実際標準的にそうしているが、一方、否定は(イェスペルセンの言う)その「主要な用法」において、(エアーの言う)「最も普通の用法」において、(ストローソンの言う)「第一の標準的用法」において、(キッシンの言う)その「ストレートな用法」において、談話モデルに既に存在する命題に向けられる。さらに、第 6 章でみるように、我々は、否定陳述のこの機能のためにだけ正に特定化された、否定のメタ言語的な用法を英語や他の言語において分離することができる。しかしまた、これも後でみるように、否定のすべての例がこのように特徴化されるわけではないのである。

　1.3.2 項におけるフロイトの夢見る人にとっては、It is not my mother が実は It is my mother を意味するのだが、その夢見る人と同様、強力な非対称主義者の論題は、字義上では偽であるが心理的には真なのである。

注

1 人は wise でも unwise でもないことができるし、happy でも unhappy でもないことが可能であるので、これらの論理的反対語は、unwise と unhappy というよりむしろ、not-wise と not-happy である。以下の議論と 5.1 節参照。

2 ゼロ指標 (signe zero) の機能を最初に示唆したのは、有標と無標の聖職服について述べたヴァーツヤーヤナのスートラ (Vātsyāyana's sūtra A.D. 300) であっただろう (先の 1.3.1 項の議論参照)。

3 グリーンバーグのベトナム語の例に平行する接辞として、次のことに注意していいだろう。すなわち、言語は、(useful と useless のように) 語幹に対して肯定／否定の両方にマークするか、あるいはそれよりももっと頻繁に (please (喜ばせる)／ displease (不快にする)、fair (公平な)／ unfair (不公平な)、possisble (可能な)／ impossible (不可能な)、terminal (末端の)／ nonterminal (非末端の) などに見られるように) 否定だけにマークすることはある。しかし決して肯定にだけマークするということはない (Zimmer 1964 と 5.1 節参照)。

4 実際、いくつかの例においては、英語の「喚情的 (affective) な要素」や「内在的否定 (inherent negative)」にみられるように、否定性は意味的にのみマークされる。例えば、doubt (vs. believe)、deny (vs. assert)、lack (vs. have)、reluctant (vs. eager)、useless (vs. useful) や (short/ tall、bad/ good のような) 反意語的形容詞のペアである (他の例とその検討については、Klima 1964; Osgood and Richards 1973: 386 参照)。

5 極性、特に否定極性は、最近多くの研究の焦点になっている。バイセンス (Buyssens 1959) やクリマ (Klima 1964) からベイカー (Baker 1970)、ボーキン (Borkin 1971)、フォコニエ (Fauconnier 1975a, 1975b)、ホーン (Horn 1978a: §2, 1978b)、ラデュソー (Ladusaw 1979, 1980)、ラインバーガー (Linebarger 1981, 1987)、ホーン・ベイカー (Horn and Baker 1984, 5.3 節に再録) など参照。

6 第 6 章で、「非論理的」な発話レベルの否定の用法が、実際認識される必要があることを主張するが、そこで示されるメタ言語的な演算子は、すべての非宣言的環境にみられるわけでも、非宣言的環境だけにみられるわけでもない。

7 一連の否定の範疇は、法表現の獲得の順序に平行している。そこでは、より主観的な根源的読みと義務的読みが、より客観的な認識様態の値の前に獲得される。

8 フレイバーグ (Fraiberg 1959: 62–66) は、魔法のような no の最初の使用に関連する力と自律性について雄弁に書いている。no は、幼児が自分の言葉による否定か身振りによる否定が拒絶するまさにその禁止された行為をする時でさえ、しばしば発話される。よちよち歩きの幼児にとって、この否定は政治的な身振り (a political gesture) として、実際「独立の宣言 (declaration of independence)」とみなされるのである。

9 これは、見かけほど空の仮説ではない。ここで主張されていることは、否定表現と肯定表現の間の決定的な区別は、派生的構造や長さにみられる形式的な非対称性ではなく、意味の非対称性であるということである。

10 トラバッソとその同僚たちは (例えば、Trabasso, Rollins, and Shaughnessy 1971 にみら

れるように）独自に、否定の処理に対する同じようなモデルを開発した。すなわち、（クラークの真理モデル（true model）にあたる）反応変化（RESPONSE CHANGE）と（特に、述語が矛盾語か直接反対語である時にみられ、クラークの転換モデル（conversion model）にあたる）選択的再コード化（OPTIONAL RECODING）である（Wason 1972: 25 参照）。

11　肯定／否定二分法の感情的構成部分は、もちろん、これよりもはるかに長い歴史を持っている。既に述べたように、それらは―オズグッド・リチャーズ（Osgood and Richards 1973）によっても示されているように―易経の法典編纂まで 4000 年さかのぼることができる。

12　実際、ウェイソンが (17a) の方が反応時間が短いと結論づけている一方、ハーブ・クラークは、この結果はある特定の実験のしかたによる特性であると指摘している。他の研究において、容易に確証されるとされるのは、妥当性では劣るが真であることがより明白な (17b) の方である。

13　妥当な否認というウェイソンの概念は、我々は国家の安全を守り、またそれの再検討を約束するという大統領の部下たちの証言で最近よく知られるようになった同音異義の原則とは区別されなければならない。

14　同様の考え方をするもう 1 つの例は、エアー（Ayer 1952）に対するアクシン（Axinn 1964）の短い返答として哲学雑誌に出たものである。これはウェイソンの円の研究とほとんど同じような例を（思考実験としてだが）含んでいる。陳述の対立するペアの否定の方のメンバーを、「より特定的な」方であると同定するエアーの考え方は、「語用論的選択」を許すものとされなければならないとアクシンは指摘する。「もし談話の世界に、10 個の赤い物体と 1000 個の他の物体があるなら、「赤い」ものは、「赤くない」ものよりもより特定的である。しかし、もしその談話の世界に、10 個の赤い物体と 1 個の青い物体があれば、「赤い」のは「赤くない」のよりもより特定的ではない（Axinn 1964: 75）。このように、ウェイソンと彼の同僚たちが示したことは、文脈が否定の述語をその肯定の対応物に関してより特定的になるようにシフトしていくにつれて、自動的にその述語に基づく否定がより自然により処理しやすくなる、ということである。しかし、肯定と否定の非対称性は残る。なぜならば、（ウェイソンの例における「4 の円は赤い」のような）相対的に非特定的な肯定は、その自然さと心理言語学的単純さを保持しているからである。

15　実際には、少なくとも幼い子供たちの中に、他人がこれらの条件をよく知っていることをまったく知らないものもいることは述べる価値があるかもしれない。私の家族は次のようなことを覚えている。その時 3 才だった私の兄が、突然 There are no marbles in my milk（僕のミルクにビー玉が入っていない）と言った。彼の断定が額面どおりに理解されずに、大人の、妥当性要求の明白な違反からの推論によって、さらに調べられ（誤りを示唆され）た時、彼は本当に驚いたようだった。

16　X is not all y が真であるのに最も不適当になる文脈は、完全に青である円に対して (20) を評価する場合のように、X が完全に non-y であるようなものだろう。この事実と、（こ

こでの not all を almost not at all（ほとんど全く〜ない）というよりむしろ）almost but not quite all（ほとんどそうだがすべてではない）と読む一般的傾向は、第4章で論じる量化子の尺度的特性に関係している。

17　ウェイソンはさらに「否定の判断に特有の仕事は、誤りを拒絶することである」というカントの判断と、1.2.2項に引用された他のストローソン以前の非対称主義者による同様の観察にまでさかのぼったかもしれない。

18　さらに、エイファーマン（Eifermann 1961: 266）が指摘しているように、この非段階的な矛盾対当関係の原型であるこれら2つの語は、否定可能性に関して異なっているかもしれない。ヘブライ語において、字義的には not even（偶数でない）にあたる、lo-zuġi は、数を記述する際には odd に対する普通の表現である一方、（not odd に対応する）lo-pirdi は、even を表すには極端にありそうもない迂言法である。zuġi（even）は、pirdi（odd）に関して無標であり、それはおそらく（エイファーマンの示唆ではないが）整数の奇数性が偶数性に寄生的なものとして考えられるのが自然だからなのだろう。すなわち、偶数は2によって分割可能であり、{ x: x = 2n for some integer n } である一方、奇数は、2によって分割できないもので、その集合のメンバーは { x: x = 2n ± 1 } という集合のメンバーである。急に興味が冷めるが、エイファーマンは彼女の研究の中で、lo-zuġi と lo-pirdi という2つの表現に対する処理時間やエラーの率において、違いを見出していない。

19　アリストテレス派やラッセル派の人にとっては（2.2節参照）、（22）は、飲み物がまったくなくても真になり得る。

20　もっと正確に言うと、これは、中立的な文脈において私が含意することである。すなわち、もし私がそれを主張できる立場にいたとしたら、もっと強い命題が聴者の関心にとっては関連があっただろうと思われる文脈で、私が含意することである。量の格律の作用は、他の非会話的原則と共に、質や関係の格律の作用によって制約される。（Grice 1975; Harnish 1976; Levinson 1983; Horn 1984b と格律の衝突の議論に対する語用論の他の最近の研究参照、以下3.3節で触れる。）

21　ウェイソンもクラークも、否定に対応する肯定がどのようにして談話モデルの中に入るのかについての条件に対して、このゆるい定式化が必要であることは認めている（例えば Cornish and Wason 1970: 113）。

22　次の例を比べてみよう。

(i)　A：If I were you, I wouldn't go there tonight. But then, I'm not you; you'll have to make up your own mind.

　　　（A：もし私があなたなら、今晩そこへ行かないだろう。でも、私はあなたではないのだから、あなたは自分で決めなければならない）

(ii)　A：If I were you, I wouldn't marry him.

　　　B：But you're not me.

　　　（A：もし私があなただったら、彼とは結婚しないでしょう

　　B：でもあなたは私ではないわ）

（i）の A のつづきのセリフも（ii）の B の返事も、全体的に［対応する肯定が断定された
わけではないので］妥当な否認ではないが、それでもそれぞれの否定は、与えられた
文脈において、完全に適切である。

23　クラークの明示的否認は言語的範疇であり、「明示的否定」というラベルをはった方
がいいものであることは明らかである。一方、トッティの明示的否認は、談話のフレー
ムの中で明示的な肯定対応物を伴う否定文を指す語用論的に定義された範疇である。

24　デルブリュック（Delbrück 1910: 6）は（i）を近代ドイツ語の質否定の例として、（ii）（iii）
を量否定の例としてあげている。

　　（i）　Meine Gäste sind nicht gekommen.　'My guests have not come'.
　　　　（私の客は来ていない）
　　（ii）　Keiner meine Gäste ist gekommen.　'None of my guests has come'.
　　　　（私の客は誰も来ていない）
　　（iii）Ich sehe nirgend einen meiner Gäste.　'Nowhere do I see one of my guests'.
　　　　（何処にも私の客は一人も見当たらない）

25　このような文脈や他の文脈における診断法の役割は、7.3 節で再考するが、その時、
私自身の文否定の考え方を提示する。私の文否定はクリマやジャッケンドフのモデル
よりも、イェスペルセンのネクサス否定（そしてアリストテレスの述語否認）に、より
密接に対応するものである。

26　ジップの 2 つの力の音韻論や音声学の領域での現れ方は、マイケル・スタダット – ケ
ネディ、ビヨン・リンドブロム、そしてピーター・マクニレッジにより現在進行中の
研究計画において、研究されている。このパラグラフにおける特徴付けは、1987 年春
のエール大学で行われたスタダット – ケネディによる口頭発表を一部修正したもので
ある。

27　量の格律の初期のものは、**R** と質によって非明示的に制限が加えられている。すなわ
ち、「そうするための十分な理由がなければ、より強い陳述ではなくてより弱い陳述
をするべきではない」（Grice 1961: 132、強調筆者、この定式化については第 4 章で戻
る）。

28　ここで鍵になる特性は、（与えられた文脈における）一方向的伴立によって定義された
情報的な力である。P_i と P_j について、この 2 つの値を定義し得る単純な量的あるいは
語用論的尺度がなくても、P_j は P_i より強いかもしれない（Hirschberg 1985 参照）。こ
のように、すべての親指は指であるが逆は真ではないという意味において、親指は情
報的に指よりも強いとみなすことができる。そこで、我々は、I broke my finger のよ
うな文は（普通）、私が折った指は親指ではなかったことを **Q** 含意すると正しく予測す
る。（しかし、人間は 10 本の指を持っているとみなされ 8 本ではないので、親指は指

である。）

29　リーチ（Leech 1983）において、総数不均衡のこの原理は、否定の非情報性の下位格律（SUBMAXIM）と呼ばれる。しかし、それは（下位）格律という指示的な形式では決して与えられていない。そして、なぜそれがその地位にまで上げられるべきであるのかということも明白ではない。ついでに、リーチは、言語使用のいかなる原理（principle）にも（下位）格律の資格を与えるところまで、格律（maxim）を急増させることを是認しているように思われることを述べておくべきだろう。このアプローチと反対に作用するオッカム的考え方に加えて、スティーブ・レヴィンソンの未出版の研究に指摘されているように、このような条件に基づく格律の衝突を解決するアルゴリズムの展開は、実際手におえないものになる。

30　ここでは、バーンズ（Barnes 1969）とH・クラーク（H. Clark 1974）によって例証された現在標準的な実践に従う。そこでは odd/ even、healthy/ sick、possible/ impossible などのペアは、（アリストテレスに従った）直接反対としてよりはむしろ矛盾ペアとして定義される。ここと後の章において（特に5章において）、私は、対立する2つの語が、範疇誤りや主語が存在しないために主語に同時にあてはまらないような場合よりも、2つの語の間の対立が非排他的な中間値を許すかどうかということに、より直接的な関心がある（第1章、第2章参照）。

31　アリストテレスが我々に教えたように、（46a）が（46b）よりも情報的に弱いということには1つの意味がある。我々が猫を飼っているということは、後者から論理的に結論づけられ得るが、前者からは結論づけられない。もっともこの非対称性がこの場合に関連性があるかどうかは明らかではない。

32　あるいは、別の言い方をすれば、機能的しっぽに論理的犬を振らせようとしているのである。

訳者注

1　Horn（2001[2]: xxxiii）の Appendix A: Errata in the original edition of *A Natural History of Negation*（p.154, line 7 of first paragraph: of of → of）の訂正に基づく。

2　哲学・論理学において、「概念が、言語的表現をとる場合には、名辞（term）という。」（『哲学辞典』平凡社 : 1375）この慣用に従い、term に「名辞」を用いる。

3　Horn（2001[2]: xxxiii）の Appendix A（p.158, line 12: 5 stands for → |5| stands for）の訂正に基づく。

4　Horn（2001[2] : xxxiii）の Appendix A（p. 159, line 5 from bottom: *marked* → *unmarked*）の訂正に基づく。

5　Horn（2001[2]: xxxiii）の Appendix A（p.165,（9）: In Type C of table, under "Assertion", S will do P → S will do A）の訂正に基づく。

6　Laurence Horn 氏からの下記メール（2013.03.08）の訂正に基づく。

p.167, line 16（Chap.3）: 'While providing a more systematic taxonomy of negative utterances than the four-category analysis of the McNeills and the three-category analyses of Bloom and Volterra and Antinucci, Pea invokes ...' should be changed to '... than the four-category analyses of the McNeills and Volterra & Antinucci and the three-category analysis of Bloom, Pea ...'

7　ハルバ (halvah) は、すりつぶしたゴマやナッツをシロップで固めたトルコ・インドの菓子。

8　つまり positive が good を意味し、negative が bad を意味するように拡大された用法。

9　Horn (2001^2: xxxiii) の Appendix A (p.176, line 6 from bottom: hot → cold) の訂正に基づく。

10　トスターダ (tostada) は、トルティーヤ (tortilla, トウモロコシの粉で作るメキシコの薄いパンケーキ) を、パリパリに揚げたもの。サルサ (salsa) は、トウガラシ・トマト・タマネギ・薬味・塩で作るメキシコ料理のソース。

11　Horn (2001^2: xxxiii)　の Appendix A (p.178, line 13 from bottom: or (in Cornish's terms presupposing) → or (in Cornish's terms) presupposing) の訂正に基づく。

12　Horn (2001^2: xxxiii) の Appendix A (p.186, line 14 from bottom: latter → former) の訂正に基づく。

13　Horn (2001^2: xxxiii) の Appendix A (p.189, last line: catetory → category) の訂正に基づく。

第4章　否定と量化

Not は 'less than'、すなわち「not が修飾する語とゼロの間」を意味する。従って、not good（良くない）の意味する範囲に 'inferior（劣った）' は含まれるが 'excellent（優秀な）' は含まれない。このことは、否定された数詞が普通意味するものを考えるとき、特に明白になる。例えば、He does not read three books in a year（彼は1年で3冊の本を読まない）/ the hill is not two hundred feet high（その丘の高さは200フィートではない）/ his income is not £200 a year（彼の年収は200ポンドではない）など、このような表現はすべて、3より少ない…といった意味を表す。

しかし同じ表現が例外的に 'more than'（～より多く）を意味することもあるが、この場合 not に続く語だけ強く表現され、その表現全体の後により正確な指示がこなければならない。例えば、his income is not <u>two</u> hundred a year, but at least three hundred（彼の年収は200なのではなくて、少なくとも300だ）/ not <u>once</u>, but two or three times（1度ではなく、2、3度だ）といったような場合である。
　　　　　　　　　　　　　　　　　　　　　　　　　（Jespersen 1924: 325–26）

第3章で触れたように、自然言語の量に基づく（**Q**-based）会話の含意を説明する際、標準的に用いられるのは尺度述語の現象である。この章では、量の尺度の構造を詳細に調べ、否定との相互作用を吟味する。まずイェスペルセンが言及している事例から始めよう。

　イェスペルセンにとっては、普通、ネクサス（文）否定は矛盾対当（contradictory opposition）（John is coming/ John is not coming）を生み出し、特殊（構成素）否定は反対否定（John is happy/ John is unhappy）を生み出すものである。しかし、尺度や段階的な値を表す述語に適用されると、否定は特別な値を帯びるように思われる（Sapir 1944; Bolinger 1972; Horn 1972, 1973; Ducrot 1972, 1973; Fauconnier 1975a, 1975b, 1976; Gazdar 1979a; Hirschberg 1985 参照）。

　今引用した一節でイェスペルセンが最初に観察していることは、段階的述語 P の否定叙述は、主語は「P より下である」('less than P') という値を述べるものとして理解されるということである。真理条件的用語に翻訳すると、イェスペルセンの立場では、もしトルストイの傑作が excellent（優秀な）であるなら(1a)と(1b)の両方が偽と判断され、good（良い）も not good (inferior)（良くない（劣った））も排除してしまうことになる可能性がある。

（1）a.　*War and Peace* is a good book.（『戦争と平和』は良い本だ）
　　　b.　*War and Peace* is not a good book.（『戦争と平和』は良い本ではない）

同様に、主語が年間 4 冊かまたは 40 冊の本を読む場合、(2a, b)は両方とも真とならない可能性がある。

（2）a.　He reads three books in a year.（彼は 1 年で 3 冊の本を読む）
　　　b.　He does not read three books in a year.（彼は 1 年で 3 冊の本を読まない）

　もちろん、我々は反対対当（contrary opposition）の肯定／否定のペアをよく知っている。そして、中間値を許す反対関係のペアの中にはアリストテレスにさかのぼるものもある。

（3）a.　She is happy.（彼女は幸福だ）
　　　b.　She is unhappy.（彼女は不幸だ）
（4）a.　All men are just.（すべての人は公正だ）
　　　b.　No men are just.（誰も公正ではない）
（5）a.　I want to leave.（私は出発したい）
　　　b.　I don't want to leave.
　　　　　（私は出発したくない）（否定辞繰り上げの読み、3.3 節、5.2 節参照）

しかし、上のどの例においても排中律が成立しないのは、中間値が排除されないからである。つまり、その文脈において、対立する語にそれぞれ対応する 2 つの極の中間の部分を表す第三の表現が可能であることによって、中間値を許してしまうのである。しかし、(1)と(2)の対立においては、中間値ではないが除外された値［つまり(1)では excellent、(2)では 3 より大きい数］を扱っているように思われる。
　イェスペルセンやタスモフスキー - デリック（Tasmowski-De Ryck 1972: 172）ほかなどが主張しているように、尺度表現の否定は本当に矛盾対当も反対対当も生み

出さないのだろうか。肯定と否定の尺度叙述によって定義される対立の構造はどのようなものか。イェスペルセンからの引用文の第二段落で彼が言及している、例外的で言語学的に有標な否定の存在によって、どのような問題が提示されるのか、そして、そのような問題は自然言語の否定に関する統一的(あるいは非統一的)な理論においてどのように扱われるべきなのか。私はこの章でこれらの問題について考え始めるが、答えの探求は第 5 章と第 6 章にまで及ぶことになるだろう。

4.1 尺度叙述と小反対対当 I

否定が(イェスペルセンの引用にあった good や three, two hundred のような述語によって示されたように)尺度述語とどのように相互作用するかということについての研究は、すべて尺度叙述そのものの分析を前提としている。次の (6a) と (6b) が、矛盾関係なのか反対関係なのか、それともそのどちらでもないのかということは、どのような意味を (6a) と (6b) に付与するべきか—少なくともその真理条件—を決めるまでは、決定することはできない。

(6) a. **a** is good. (**a** は良い)
     b. **a** is not good. (**a** は良くない)

そこで、次のような 3 つの仮定を立てることから始めよう。

(7) A1 : **a** は単称名辞で、その指示対象が存在し、評価述語の適用領域内にある(すなわち、(6a) と (6b) は両方とも範疇誤りではなく、空でもない)。
   A2 : **a** を評価尺度に位置づける必要十分条件が分かっている (すなわち、**a** が excellent (優秀な) であるのはどういう時で、**a** が mediocre (並の) であるのはどういう時であるかということなどが分かっている)。
   A3 : どのような評価の文脈 (状況、事態) が成立しているかが分かっている (すなわち、実際の発話文脈において、**a** が excellent (優秀な) であるかそうでないか、mediocre (並の) であるかどうかなどということが分かっている)。

このような仮定を背景にして、(6a, b) が発話される文脈/状況を少なくとも 4 つ区別し、$(C_1–C_4)$、(A3) によって我々がどの文脈にいるのかについて合意に達することができる。

（ 8 ）C_1 : **a** は実際 excellent である。

C_2 : **a** は実際 good であるが excellent ではない。

C_3 : **a** は実際 mediocre である（'good' というほど良くないが 'bad' より良い）。

C_4 : **a** は実際 bad（'inferior'）である。

もし我々が C_2 にいるのであれば (6a) は真であり、C_3 や C_4 にいるのであれば (6a) は偽であるということは議論の余地がないと思われる。同様に、(6b) は、明らかに C_3 や C_4 では真であり、C_2 においては偽である[1]。しかし、この 2 つの陳述を C_1 の世界に持っていったらどうなるだろうか。(6a) は真か、偽か。真であるが誤解を招くようなものであるのか。真でも偽でもないのか。そして (6b) はどうか。これらの疑問に対する可能な解答の範囲を定めてみよう。

（ 9 ）a. C_1 において (6a) は偽で、(6b) は真である。

b. C_1 において (6a) (6b) は共に偽である。

b'. C_1 において、一般的な解釈では (6a) も (6b) も偽であるが、(6b) はもう 1 つの特別な読みを許し、その読みでは C_1 において (6b) は真である。

c. C_1 において、(6a) は真であり（あるいは真であるが誤解を招きやすく）、(6b) は偽である。

c'. C_1 において (6a) は真であるが誤解を招きやすく、(6b) は普通に理解された場合偽である。もし (6b) に適切なイントネーションが付与され、適切な談話文脈に置かれ、（イェスペルセンのいう）「より正確な指摘」が後に続いている場合、(6b) は真の命題を間接的に伝達していると理解されるかもしれない。この理解は否定演算子に関連するものであって、尺度述語そのものに関連するものではない。

d. (6a) は語彙的に多義である。つまり、読み (1) において good は「good だが excellent ではない」を意味し、(6a) は C_1 において偽である。一方、読み (2) において good は「少なくとも good」、「excellent ではないにしても good」を意味し、(6a) は C_1 において真になる。(6b) は同じように多義で、それに対応する（すなわち反対の）真理値を生む。

e. (6a) と (6b) は語彙的にも意味的にも多義ではないが、尺度述語の good の影響のためにそれぞれ論理的、命題的に多義となり、真の命題と偽の命題を表すことができる。

(9a) の立場は、good は一貫して excellent を除外するように読まれるのだが、説明の役には立っても歴史的には価値のない（と私は思う）提案である。(9b) の立場は、

洗練された (**9b'**) の形でイェスペルセン (Jespersen 1917, 1924) が採用している。つまり、(**6a, b**) が (普通は) 矛盾関係にあるとも反対関係にあるともみなされないというのはこの見解に基づいている。(**9c**) の立場は、ド・モルガン (De Morgan 1847) やミル (Mill 1867)、特にグライス (Grice 1961, 1975) が取る立場で、ホーン (Horn 1972, 1973) やフォコニエ (Fauconnier 1975a, 1975b)、ギャズダー (Gazdar 1979a, 1979b)、コルニュリエ (Cornulier 1984)、ヒアシュベルグ (Hirschberg 1985) らの考察により正当とされている。(**9c**) と密接な関係にある (**9c'**) は、ホーン (Horn 1984a, 1985) と本セクション以降 (特に第 6 章) で支持される。(**9d**) の立場は、レラー・レラー (Lehrer and Lehrer 1982) で主張されている見解で、以下で再考する。他の尺度演算子に関する同じような曖昧論者 (ambiguist) 的考え方は、アリストテレスが some については採用していないが、possible については採用しており、ハミルトン (Hamilton 1860) は some に、スミス (Smith 1970) とレープナー (Löbner 1985) が基数に、クライン (Klein 1980) およびアンスコンブル・デュクロ (Anscombre and Ducrot 1978) が同等比較構造 (as X as) について採用している。(**9d**) と同趣旨の見解は、ホーン (Horn 1984a) で、私がロンドン倹約学派 (the London School of Parsimony) と呼んでいる実践者たちの初期の論文でも支持されている (cf. Kempson 1979, 1980; Cormack1980; Burton-Roberts 1984)。ロンドン学派は以後 (**9e**) の立場に移行した。特にカーストン (Carston 1985a, 1985b) とケンプソン (Kempson 1986) を参照されたい。

　(**9b, b'**) を除くこれらすべてのアプローチに共通する 1 つの本質的な特性は、(**6a**) に真理条件的意味を—((**9a, c, c'**) では) その唯一の真理条件的意味となるもので、((**9d, e**) では) 唯一の真理条件的意味とはならないものだが—一旦付与すれば、(**6b**) を (普通) (**6a**) の矛盾関係にあるものを表すと理解できるということである。しかし、各立場間の相違はこの 1 つの類似点を越えて余りある。肯定／否定の尺度叙述に対するこれらの両立不可能なアプローチはすべて、一連の同じ直観を説明するために考え出されたものであるということは心に留めておかなければならない。すなわち、ある条件の下で (**6a**) は文脈 C_2 が成立することを伝達し、別の条件の下では、C_2 か C_1 のどちらかが成立することを伝達する。また、(**6b**) は、ある条件の下で C_2 と C_1 のどちらかが成立するということを否認し、別の条件の下で (**6b**)—あるいはそのもっと長い形式のもの—は、C_2 が成立することを単に否認する。しかし、このような直観は自然言語の意味論や語用論の理論の中でどのように調整され得るのだろうか。もし我々がこれらの直観を、(**6a, b**) やそれと同様の対立に関する、首尾一貫し、妥当で、自然で、最大限に簡潔な説明に組織立てようとするのであれば、我々が採用するべき真理 (ないしは充当) 条件や (慣習的あるいは会話の) 含意、(論理的あるいは語用論的) 前提とは何なのだろうか。この章では、(**9c'**) の立場に

よって示唆されるものを発展させることに注意を集中する一方で、その立場に対抗するさまざまな考え方にも触れていこうと思う^{訳者注1}。

4.1.1　陽気な陽気な小反対ちゃん、貴方の論理はどうなるの？

good と excellent の関係は、some と all、あるいは possible と necessary の関係と平行している。すなわち、個々のケースにおいて、そのペアの一方—弱い方の要素（good, some, possible）—は、その強い方の要素（excellent, all, necessary）と両立可能であると同時に両立不可能であるようにみえる。この平行性とその言語的相関物は以下で探求するが、これらを認識する際に確かに言えることは、尺度演算子に関する問題は歴史的に小反対（subcontrariety）の論理にその源を発しているということである。今度はこの点に目を向けよう。

　一般的な陳述に関して、アリストテレスは４つの基礎的な論理タイプを立てている。

(10)　**A**：All men are mortal.　　　（すべての人は死すべき運命にある）

　　　I：Some men are white.　　　（何人かの人は白人である）

　　　E：No men are omnipotent.　　（誰も全能の人はいない）

　　　O：Not all men are just.　　　（すべての人が公正であるわけではない）

　　　（Some men are not just.）　　（何人かの人は公正でない）

これらはいくつかの異なったタイプの対立によって相互に関係づけられる。もし、この４つの陳述タイプが同じ主語、同じ述語で実現されると、例えばあの古代人の標準的な例の{All/ Some/ No/ Not all} pleasure is good において、これらの対立は伝統的な四極構造(11)によって図示される。これはアプレイウスとボエティウスの説明に基づいている。（第１章参照。クラスは空ではなく、1.1.3 項で述べられたような複雑さを回避していると仮定する。）

(11)

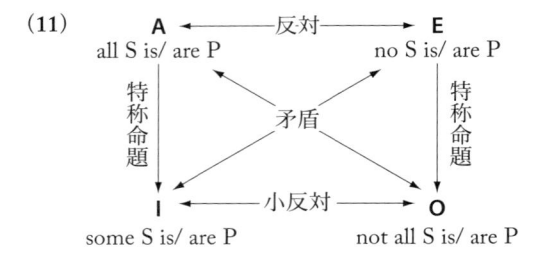

鍵になる用語は(12)のように理解される。詳細は 1.1 節参照。

(12) a. 対応する **A** と **E** の陳述は反対 (CONTRARIES) の関係にあり、同時に真で
　　　　はあり得ない(が、同時に偽にはなり得る)。

　　 b. 対応する **A** と **O**、**I** と **E** の陳述は矛盾 (CONTRADICTORIES) の関係にあり、
　　　　各ペアのメンバーは同時に真にも偽にもなり得ない。

　　 c. **I** の陳述はそれに対応する **A** の陳述の特称命題 (SUBALTERN) である (また
　　　　O は **E** の特称命題である)。特称命題はそれに対応する全称命題によって
　　　　伴立されるが、逆は成り立たない。

　　 d. 対応する **I** と **O** の陳述は小反対 (SUBCONTRARIES) の関係にあり、同時に
　　　　偽にはなり得ない(が、同時に真にはなり得る)。

　この章で扱う関係は (12d) の小反対関係である。先の議論でみたように、断定的小反対関係にあるもの—特称肯定(Some pleasure is good)と特称否定(Some pleasure is not good)—をアリストテレスは「言葉の上で対立しているにすぎない」('only verbally opposed')とみなしている(『分析論前書』(Pr. An.) 63b27)。しかし、この 2 つの陳述タイプは厳密に言えば対立してはいないのだが(なぜなら、ある文脈では共に真になることがあり、アリストテレスの言う真の対立とは異なって、矛盾律に従わないからである)、ジョゼフ (Joseph 1916: 229–30) が述べているように、古典的体系の中ではそれでも論理的に異なり、修辞的に対照的なものである[2]。重要なのは、**I** 陳述はその全称命題の **A** と両立可能であるが、その矛盾関係にある **E** とは両立不可能であり、**O** 陳述はその全称命題の **E** と両立可能であるが、その矛盾関係の **A** とは両立不可能であるということである。もっと具体的に言うと、all men are mortal(すべての人は死すべき運命にある)であるような文脈では Some men are mortal(何人かの人は死すべき運命にある)は真であり、no men are omnipotent(全能な人はいない)であるような文脈では Some men are not omnipotent (Not all men are omnipotent)(何人かの人は全能ではない(すべての人が全能であるわけではない))は真である。

　しかし、考察対象が法表現に変わるとその分析も異なる。既にみたように、アリストテレスは対当の方形の南西の頂点の特称肯定(**I** タイプ)にあたる法演算子 possible (endekhomenon, dunaton) は多義であるとしている。(尺度の片側が閉鎖されたという意味での)片面読みの可能性(少なくとも可能である)は Some S is P と同じように、その全称命題、すなわち必然性(necessity)と両立可能である。一方、(尺度の両側が閉鎖されたという意味での)両面読みの可能性(必然ではないが可能である、必然でも不可能でもない)は必然性と両立不可能であり、(相補変換によって)

その小反対にあたる **O** と論理的に等しい。

　現代用語に翻訳すると、アリストテレスは暗黙のうちに量の値（all, some, none）とその法性の対応物（necessary, possible, impossible）との間の非対称性を主張している。つまり、Some S is P（いくつかの S は P である）は多義ではなく、all S is in fact P（すべての S は実際 P）であるような文脈 C_1 において真であるが、S is possibly P（S may be P, It is possible for S to be P）（S は恐らく P だろう（S は P かもしれない、S が P であることは可能だ））は片面読みと両面読みの間で多義で、これらの読みは（S is necessarily P（S は必然的に P）であるような）文脈 C_1 において、片面読みは真であるが両面読みは偽であるとアリストテレスは主張しているのである。

　従って、アリストテレスは本質的に some には（**9c**）の立場を採用し、possible には（**9d**）の立場を採用している。しかし、この混合アプローチは、量の概念と法の概念の間の重要な論理的・言語学的平行性を無視している。その平行性の中心にある考え方は明確なもので、アリストテレス自身、一方では必然であることと常に真であること、他方では可能であることと時に真であることとの間に緊密な関係があることを認識していた（Hintikka 1973, Waterlow 1982 参照）。必然的真をすべての可能世界における真と最初に同定したのはライプニッツである。彼によれば、可能なことというのはいくつかの可能世界で真であることで、不可能なことというのはどの可能世界でも真ではないことである。この考え方は、ド・モルガン（以下参照）やラッセル、カルナップ、可能世界意味論の提唱者たち（von Wright 1951: 19 参照）によって取り上げられた。ある命題がいくつかの可能世界では成立するが、すべての可能世界で成立するわけではないのであれば、その命題は可能であるが必然ではない—両面読みが可能である—とさえ言えるだろう。この意味同定は、some と possible（そして、all と necessary）の間の類似性を示す広い範囲に及ぶ他の論理的言語学的特徴の出発点である。網羅的なリストではないが、ホーン（Horn 1972: §2.3）参照。アリストテレスの考え方では、possible を some と切り離して扱っているため、この平行性を把握できない。

　小反対の標準的な論理学的説明に基づくと、特称性（particularity）と可能性（possibility）は平行していて多義ではないものとして扱われているが、それはアリストテレスを相補変換の定式化（possible [**p**] ↔ possible [～**p**]）に導いた直観を無視して初めて可能になるものである。Some S {is/ are} P が（アリストテレス以来）少なくとも1つの S が P であれば真であるとみなされてきたのと丁度同じように、S may be P あるいは It is possible for S to be P は（初期の注釈者テオプラストス以来）少なくとも S が P であることが可能であれば真であるとみなされてきた。つまり some は all と、possible は necessary と共に成立することが可能で互いに矛盾しない（COMPOSSIBLE）のである。このように、どちらの演算子についても「片面」読み

が勝利を収めたのに対して、競争相手である「両面」読み (some but not all, possible but not necessary) は、話にのぼることがある時には、副次的な合成演算子の役割に追いやられてしまった。特に、一般的な断定陳述に対してはこのアプローチを取らざるを得ないことが分かり、1000 年もの間論理学者はアヴィセンナの指示に従った。すなわち、「もし "Some men are so-and-so" と言う場合、some others are not so-and-so である必要はない。命題が all についてのものであれば、それは some についてのものでもある (Avicenna 1971: 24)。」ということである。

　19 世紀中ごろ、エジンバラのウィリアム・ハミルトン卿が小反対の適切な取り扱いに関する議論を復活させた。不定の (INDEFINITE)（片面読みの）some を半確定の (SEMIDEFINITE)（両面読みの）some と区別して、ハミルトンは後者の方を基本と見なした。すなわち、「some は特別違ったように量化されなければ some only を意味する。これは推定 (presumption) によるものである (Hamilton 1860: 254)[3]。」特称のこの読みに基づくと、Some men are learned（何人かの人は学識がある）と Some men are not learned（何人かの人は学識がない）は、（アリストテレスの場合と同じように）それらの連言が矛盾を引き起こさないなら、共に成り立つことが可能であるだけでなく、論理的に区別できない。小反対の項目間にあると言われている対立は、「対称性を愛する故に、対当の方形のすべての頂点の間に対立が成立することを主張するために規定されたにすぎない」とハミルトン (Hamilton 1860: 261) は非難した。

　残念ながら、このエジンバラのアリストテレスは 2 つの some を振り回しているが、ギリシアのアリストテレスが主張した 2 つの possible の場合と同じように矛盾している。この矛盾が結果としてハミルトンの論理体系全体の矛盾となっており、それは彼の最大のライバルであるド・モルガンが素早く観察しているところである。some が not all (some not) を意味するというハミルトンの「推定」('presumption') の存在を（少なくとも「一般言語」('common language') においては）認めながらも、ド・モルガン (De Morgan 1847) はこの推論を論理外の領域のものとする標準的扱いを弁護している。

　　　普通の会話においては、一部分の肯定は残りの部分の否認を意味 (imply) するように意図される。従って、some of the apples are ripe（その林檎のいくつかは熟している）は、常に some are not ripe（いくつかは熟していない）を意味 (signify) するように意図される。　　　　　　　　　　　　　（De Morgan 1847: 4）

　　　論理学では some は one or more, it may be all を意味する。some are ... という人は the rest are not ... ということを意味している (mean) とは理解されない。い

つも複雑な特称命題を採用し、some are ... といって some are not ... を意味する一般言語（common language）においては、'Some men breathe'（何人かの人は呼吸する）のような文は偽と判断されるだろう。 (p.56)

一般言語（common language）は、論理学の研究において捨てられてしまった定性（definiteness）に関して、ある慣習的なアプローチを取る。'Some' は普通、全体に対してかなり小さな部分を意味し、より大きな部分は 'a good many' によって表現される。そして半分より少し多い部分は 'most' によって、さらに大きな部分は 'a great majority' か 'nearly all' によって表される。 (p.58)

先行研究（Horn 1972, 1973）において、私は小反対に関するポスト・アリストテレス派の運命を再考し、some や possible、それに関連する演算子は論理形式においては片面読み、すなわち下限規定のものであるが、上限規定の会話の含意の付加によって、伝達される意味においては両面読みになる可能性があるということを主張した。この含意を決定する原則はグライスの量の最初の下位格律で、私の言う**Q**原理である。すなわち、話者は聴者に可能な範囲において最も強い関連情報を与えなければならないというものである。

もし私が、all men are mortal（すべての人は死すべき運命にある）であることを知っていて、この情報があなたにとって関連性があるならば、（**13a**）は真の命題を表しているけれども、some are ... と（のみ）言うことにおいて私はあなたを誤解させることになる。

(**13**) a. Some men are mortal.（何人かの人は死すべき運命にある）
　　　b. It is possible that 2 + 2 = 4.（2 + 2 = 4 であり得る）

同様に（**13b**）は、アリストテレスおよびバートン–ロバーツ（Burton-Roberts 1984）に反して、片面読みの真の意味と両面読みの偽の意味との間で多義ではない。むしろこれもまた、その発話が何か偽のものを含意する真の陳述である。つまり、2+2=4 は、（私の知る限り）必ずしも真ではない（あるいは、私の知る限りでは、真なのだが…）という含意である。

話者がより強い命題が成立することを知っているのに（**13a, b**）のような相対的に弱い断定を用いると、誤解を招くような解釈を導くまさにその原則は、グライスの意味において、会話の含意を生み出すのにも利用され（EXPLOITED）得る。もし私があなたに晩餐のゲストの何人かが喫煙家であると言うならば、そしてゲストが皆喫煙家であるかどうかということがあなたにとって関連性があるならば、そして

個々のゲストについてその人が喫煙家であるかどうか知っていることを私が期待され得るのであれば、その時は、我々が共に量の格律を知っているということが、ゲストのすべてが喫煙家であるわけではないという推論を認可する。同様に、自分の本を 2001 年までに書き上げるかもしれないと私があなたに伝えることは、（私の知る限り）私は 2001 年までにそれを書き上げないかもしれないという非論理的な推論を生み出す。このように、片面読み提唱者が主張するように、S may be P は S is P が少なくとも可能であるということを実際意味するが、両面読み提唱者が指摘するように、それは S is P が可能であるにすぎない（すなわち、必然であるとか現実であるかは分からない）ということを伝えるために普通は用いられる。（ハミルトンには失礼だが）some も 'some only' や 'some but not all' を意味するのではない。もっとも、自然の談話ではこの両面読みあるいは半確定解釈を伝達するために用いられるかもしれない。実際一般的にはそのように用いられている。対当の方形における南西と南東の頂点の間の対称的推論は、このように、論理的あるいは意味論的原則としてではなく、文脈依存の一般化された会話の含意として有効なのである（詳細は、Grice 1975; Horn 1972, 1973 参照）。

　小反対についてのグライス的考え方は、（少なくとも）ミルにまでさかのぼる。

> もし私が誰かに 'I saw some of your children to-day'（私は今日あなたの子供の何人かに会った）と言えば、I did not see them all（全員に会ったわけではない）と推論することにおいてその人は正しい。それは言葉がそれを意味しているからではなくて、もし私が子供たち全員に会ったのであれば、普通私はそのように言うはずだからである。そして、私が会った子供たちがそれで全員であるのかどうかを私が知っていたにちがいないという前提がなければこのことは推論され得ないとしても、そうなのである。　　　　　　　　（Mill 1867: 501）

このグライス流の原型のような議論において、ミルは量に基づく推論に関する認識的追加条項を注意深く与えている。すなわち相対的に弱い述語を用いることは、話者の知る限りにおいて、真理値を変えることなく同じ尺度上の相対的に強い述語をその代わりに用いることができなかったのだということを示唆する（含意（implicate）する）。

　ミルの推論の根拠となる **Q** 原理は、最初ストローソンによって（その本質的な考えは「Mr. H. P. グライス」にあるとしているが）「言語行為の一般原則」として明確に形式化された。それは「より強い真実の主張を（明確さにおいて等しいかあるいはそれ以上で）することができる時に、（論理的に）弱い主張をするべきではない」（Strawson 1952: 178–79）というものである。グライス自身の「最初の試み」は

知覚の因果関係理論のプログラムで提供され(1961: 132)、それは「もしそうする
十分な理由がなければ、より強い主張をする代わりにより弱い主張をするべきでは
ない」というものである。6年後のウィリアム・ジェームズ レクチャーにおいて、
グライスはこの規則を量の格律の第一下位格律として再定式化した。すなわち「あ
なたの会話への貢献を(対話の現在の目的に対して)求められているだけの情報量を
持つようにせよ」(1975: 45)である。そして会話の文脈で非論理的推論を引き出す
一般的プログラムの中にそれを位置づけた。

　この独立的に動機づけられた言語的(そしてグライスが述べているように、非言
語的)やり取りの原則を与えられると、some から not all (some not)を推論するのに
特別な論理的処理は必要とされない。それは好ましいことである。なぜなら、この
推論にかかわる文脈依存性と認識的価値付与が、どんな場合であろうと論理的処
理の価値を損なってしまうだろうからである。しかし、この事実は、他の人たち
が、「そのもっとも不正確な形で、共通の会話の単なる言外に含まれた意味」を「論
理の中に持ち込む」ことを止められなかった。この件に関して、ミル(Mill 1867)
はそれを論理の中に持ち込もうとするハミルトンを非難している[4]。こうして黒田
(Kuroda 1977: 97–98)は(**14a**)の「日常読み」を仮定し、(**14a**)は(**14b**)を「伴立す
ると仮定」する。そしてその結果、(**14a, b**)は「論理的に等価」になるという。

(**14**) a.　Some animals are white. (ある種の/何匹かの動物は白い)
　　　 b.　Some animals are not white. (ある種の/何匹かの動物は白くない)

その日常読みにおいては、(**14a**)は No animals are white (どの動物も白くない)の矛
盾にはならない。それはもし all animals are white (すべての動物は白い)ならば共に
偽になるからだが、黒田はこのことを認識しても(**14a, b**)を論理的等価であるとす
ることを保持する。

　断定の小反対と法の小反対のペアについての類似の意味論的説明をモルパゴ–タ
リアブ(Morpurgo-Tagliabue 1981: 502)が提供している。

　　∃x, 'possible' は、ある程度まで 'all (x)'、'necessary' にどんどん近づいて行く
　　が、決してそこに到着することはない。それはアキレスと亀のようなもので
　　ある。(中略) 'not all' (O) と言って 'nobody' を意味したり、'not-nobody' (I)
　　と言って 'all' を意味したりすることは除外される。(中略) もし私が 'not all
　　people are clever' (すべての人が賢いわけではない) (O) と言えば、stupid (馬鹿
　　な)な人がいるということを意味する。

この some を not all とするハミルトン流の同一視は、以下で見るように、イェスペルセン（Jespersen 1917, 1924）やコリンソン（Collinson 1937）で繰り返されている。

　小反対関係に関する私の語用論的説明は、基数や good のような評価形容詞や段階的形容詞を含むすべての相対的に弱い尺度演算子に適用される（（**6a**）参照）。そのグライス流の説明は、それぞれの場合において同じように進行する。例として（**15a**）についての私の主張を取り上げよう。（**15b**）のような命題が（**15a**）の陳述の意味の一部でないとしたら、なぜ（**15a**）は普通（**15b**）を伝達するのだろうか。またなぜ（**15a**）は（**15c**）を排除するようにみえるのだろうか。

(15) a.　Pat has three children.（パットには 3 人の子供がいる）

　　b.　Pat has exactly three children.（パットの子供はちょうど 3 人だ）

　　c.　Pat has four children.（パットには 4 人の子供がいる）

（**15a**）から（**15b**）への議論は次のように進行する。

(16) i.　3 のような基数はその字義どおりの意味あるいは慣習的意味によって下限を与えられる。従って、（**15a**）はパットに少なくとも 3 人の子供がいる（ならばその時に限り真である）ことを意味する。

　 ii.　（**15a**）よりも強い（**15c**）のような陳述があり、後者は一方向的に前者を伴立するが、逆は成り立たない。（実際、そのようなより強い陳述は無限に多く存在する。）

　iii.　**Q** 原理が与えられ、パットに（少なくとも）4 人の子供がいること、かつその事実を知ることがあなたに関連性があることを私が知っているかあるいは信じている場合に、彼に 3 人子供がいると私があなたに言うのは誤解を招くものだろう。

　 iv.　あなたは、私が協調の原理と、**Q** 原理を含めそれを構成している格律を守っていると仮定している。同様に、私はこのことを知っており、また、私が知っていることをあなたは知っている。こうして、私がそうでないことを示さなければ、私は **Q** 原理を守っているとあなたは理解する。

　　v.　従って、私が（**15c**）のようなより強い命題を表現しなかったのは、それが真であると確かには知らないのだとあなたは推論する。

　 vi.　私の知る限りでは（**15c**）は偽である、つまり、パットの子供は 4 人より少ないとあなたは推論する。

　vii.　さらに、パットに子供が何人いるか私が知っているとあなたが仮定するなら、パットの子供は 4 人よりも少ないことを私は知っている（そしてそれ

をあなたに知らせている）と、あなたは推論することができる。このように、（(i) が与えられると）(15b) が真である、つまり、パットにはちょうど3人の子供がいると推論できるのである。

　このようなタイプの議論は、グライス（Grice 1975, 1978）やギャズダー（Gazdar 1979a）、レヴィンソン（Levinson 1983）、ヒアシュベルグ（Hirschberg 1985）などに見られるが、ギャズダーとレヴィンソンは尺度含意の説明において（私の考えでは、間違って）(v) と (vi) を同化してしまっている[5, 訳者注2]。

　(15a) の陳述に上限を与えて (15b) の伝達されるメッセージにすることは、ある原則によって仲介されていて、その原則の適用は文脈に依存しているので、（その含意（implicatum）を取り除く言語文脈あるいは言語外文脈で (15a) を発話することによって）その含意をブロックしたり、取り消したり、棚上げしたりすることができる。あるいはそれを強め（て、上限を単に含意する（implicate）のではなく、断定したり、伴立したりす）ることができる。含意（implicatum）を取り消したり強めたりする言語方策の例は、それぞれ (17) と (18) である。（詳細と例については Horn 1972: 第1章参照）

(17)　Pat has ⎰ at least three children.　　　　　（少なくとも3人の子供）
　　　　　　　 three children and possibly four.（3人の子供、ひょっとしたら4人）
　　　　　　　 three children and for all I know four.
　　　　　　　　　　　　（3人はいる、私の知っている限りでは4人だ）
　　　　　　　 three children if not four.　　　　（4人ではないとしても3人の子供）
　　　　　　　 three or more children.　　　　　　（3人以上の子供）
　　　　　　　 three or even four children.　　　　（3人の子供か4人でさえあるかも）
　　　　　　　 three, indeed four children.　　　　（3人、実際4人の子供）
　　　　　　⎱ not just three but (in fact) four children.
　　　　　　　　　　　　（3人ではなく（実際は）4人の子供）

(18)　Pat has ⎰ exactly three children.　　　　　（ちょうど3人の子供）
　　　　　　　 three and only three children.　　　（3人しかいない）
　　　　　　⎱ three children but not four.　　　　（3人いるが4人はいない）

　このような構文は、両面読みを主張するハミルトンと彼の論敵の片面読み主張者たちとの議論が始まった初期の頃に表面化した。ハミルトン自身は上限を与える「推定」（'presumption'）が文脈的、語用論的性質を持っていることを認識していたように思われるが、この事実の意味を理解していなかった。「我々は、some only が真

であるのか all が真であるのか知らないためにはっきりとどちらかだと言えない時には、some at least と言うことができるはずである」とハミルトンは言う（Hamilton 1860: 254）。もし some が 'some only' を含意するのではなくて意味するのであれば、some at least は矛盾していることになるだろう。さらに、過激な両面読み主張者は some but not all や some only, only some のような表現は、（(18) の例と共に）意味的に余剰的であると予測するだろうが、実際にはそうでないのは明らかである。

　ケインズは *Logic*（Keynes 1906）で、標準的な片面読みの some を擁護している。彼の証拠は、話者の知識が不完全な状況で、話者が知っているすべての S が P であるとしても、話者は、'all Ss are P' とは言えないし、ハミルトンの両面読みの (only) some を採用して、'some Ss are P' とも言えない。「唯一の解決策は、... all or some S's are P's と言うことである。これが事態を複雑にするのは明白である」とケインズは言う（Keynes 1906: 202–3）。もちろん、そのように認識が不完全な状態にいる話者は、まさにこの「明らかな複雑さ」に訴えることがよくある。例えば、Some or all of the dinner guests are nonsmokers（晩餐の招待客の内の何人かの人かあるいはすべての人がタバコを吸わない）や Some, if not all, men are irrational animals（すべてではないにしても何人かの人間は分別のない動物である）といったようにである。

　ケインズ（Keynes p.200）は、片面読みの立場を取っているが、多くの論理学者が「some の使用の回りにある落とし穴を認識していない」ことを認め、「明らかに some, but not all の意味を採用した多くの文が引用されている」と述べている。これに対しイェスペルセン（Jespersen 1924: 324）は、「常識の名において」次のような修辞疑問を用いて反論している。すなわち、「いったいどうして論理学者たちは普通の語を異常な意味で用いて、仲間の論理学者たちを転ばせるためにそのような落とし穴を掘るだろうか（そんなことをするはずがないではないか）」と。アリストテレスやハミルトン、そして落とし穴に落ちてケインズに非難された論理学者と同じように、イェスペルセンは、広い意味でその意味が（「厳密な」意味（meaning "proper"）である）論理形式の規則だけでなく、発話文脈の中で表現の使用を決定する語用論的規則によっても決定される可能性があることを認識していない。小反対変換（some ↔ some not/ not all, possible ↔ possible not/ not necessary）を、言外に含まれた意味つまり文脈依存の一般化された会話の含意に降格し、（all → some, necessary → possible という）特称推論の論理的地位を受け入れれば、日常言語での小反対の機能に関するアリストテレス派とハミルトン派の洞察を論理的矛盾から救うことができる。ミル – グライスのプログラムにおいて、(19) の断定の奇妙さは、

(19)　Some men are mortal.（何人かの人は死すべき運命にある）

It is possible that 2 + 2 = 4. (2 + 2 = 4 は可能だ)

There are seven planets. (7 つの惑星がある)

War and Peace is a good book. (『戦争と平和』は良い本だ)

good や some、possible、基数、そして他の弱い尺度の値を持つ表現の体系的な「多義性」("ambiguity") の例と同様に、厳密な意味論的説明ではなくてむしろ語用論的説明を受けることになろう。

　この説明は、論理的伴立によって定義される量尺度の精巧な概念と、そのような尺度から別個に定義される、量に基づく (**Q**-based) 精巧な含意を含む。そこで、詳細な説明に取り掛かる前に、否定と対当の方形の論理演算子との関係の歴史を簡単にみておくことにする。

4.2　否定と三極構造

　イェスペルセン (Jespersen 1917: 8 章 ; 1924: 324–25) は、論理演算子を、等価規則の集合によって定義される 3 つのグループに編成 (三分割 (TRIPARTITION)) し、まず量の値から考察を始めている (1917: 86)。

(21) **A** ： all　　　　　everything　everybody　always　　　everywhere

　　 B ： some/ a　　　something　somebody　sometimes　somewhere

　　 C ： none/ no　　 nothing　　nobody　　never　　　nowhere

そして後で (pp.92–93) その三分割を法範疇と義務的（義務と許可に基づく）範疇に拡大し、それをもとの値の「特殊例」としている。

(22) **A** ： necessity　　must/ need　command　　must

　　 B ： possibility　 can/ may　　permission　may

　　 C ： impossibility　cannot　　 prohibition　must not/ may not

この三分割の候補で、イェスペルセンによって扱われなかったものに、認識的形容詞（certain, possible, impossible）と義務的使役動詞（require, permit/ allow, forbid/ bar）がある。

　(21) と (22) のそれぞれの場合において、対立する値は (23) に（イェスペルセンの具体例と共に）示されている等価規則によって相互に定義可能である。

(23) i.　～**A** = **B**（*not all = some, something; not always = sometimes; not necessary = possible*）

ii.　～**C** = **B**（not for nothing =「十分効果的に」（'to good purpose'）；ラテン語の *non-nemo, non-nulli, non numquam*［lit. 'not nobody/ none/ never'］= 'somebody, some, sometimes'; *not impossible = possible*）

iii.　**A** ... ～ = **C**（*everybody was unkind* = 'nobody was kind'; *necessarily not = impossible*）［*all ... not* の構造は 4.3 節で議論される］

iv.　**C** ... ～ = **A**（*nobody was unkind* = 'everybody was kind'; ラテン語 *nemo non vidit*［lit., 'nobody doesn't see'］= 'everybody sees'; *impossible not = necessary*; *cannot but* = 'must'; ラテン語 *non potest non amare*［lit., 'can't not love'］= 'must love'）

これらの法則に基づいて、イェスペルセン（Jespersen 1917: 91–92）は次のような一般化を提案している。「絶対概念（**A** あるいは **C**）が、［否定よりも］先に述べられる時、その絶対的要素が優先され、結果はその反対概念となる（（23iii, iv）参照）。一方、もし not が最初に来るならば、それは絶対的要素を否定して、結果はそれぞれ中間値［**B**］になる（（**23i, ii**）参照）。」

　　標準的な述語計算の見地からみると、（23ii）に規定された **B** と **C** の相互定義可能性は二重否定の法則を反映している。形態論的に否定の形式を持つ **C**（例えば、nobody、impossible）を、対応する **B** の否定（例えば、not somebody、not possible）として分析したため、**B** 演算子の否定の否定～（～**B**）が **B** 演算子自身であるという自明の理が得られる[6]。さらに、**C** を～**B** に分解することは（**23iii, iv**）のイェスペルセンの 2 つの等価式（（24）に再録）を、（25）（26）にそれぞれ挙げた量化論理学や様相論理学の馴染み深い論理法則に還元することになる。

(24)　　**A** = ～**B** ... ～　　(25)　　$\forall x\, \Phi \leftrightarrow \sim \exists x \sim \Phi$　　(26)　　$\Box \Phi \leftrightarrow \sim \Diamond \sim \Phi$

　　　　B = ～**A** ... ～　　　　　　　$\exists x\, \Phi \leftrightarrow \sim \forall x \sim \Phi$　　　　　　$\Diamond \Phi \leftrightarrow \sim \Box \sim \Phi$

　　　　～**A** =　**B** ... ～　　　　　　$\sim \forall x\, \Phi \leftrightarrow\ \exists x \sim \Phi$　　　　$\sim \Box \Phi \leftrightarrow\ \Diamond \sim \Phi$

　　　　～**B** =　**A** ... ～　　　　　　$\sim \exists x\, \Phi \leftrightarrow\ \forall x \sim \Phi$　　　　$\sim \Diamond \Phi \leftrightarrow\ \Box \sim \Phi$

　　（Löbner 1985 に従って）任意の演算子 **P** について、～ **P** を外側否定（OUTER NEGATION）、**P** ～を内側否定（INNER NEGATION）と呼ぶことにしよう。すると、対応する 1 組の **A** 演算子と **B** 演算子の相互定義可能性は、（24）–（26）に示されているように、次のような原則になる。すなわち、そのような組のどちらのメンバーも他方の内側否定の外側否定として定義可能である。言い換えると、（イェスペル

センの拡大三分割のどの欄の **A**、**B** についても）一方の外側否定は他方の内側否定に一致するのである。

　このように相互定義可能な演算子 **A**、**B** は、双対（DUALS（そうつい））として知られているが、**A** を含む埋め込みのない単文が、それに対応する **B** を含む文を一方的に伴立するという点において異なっている。つまり、All Ss are P $\rightleftarrows$ Some Ss are P であり、Necessarily (**p**) $\rightleftarrows$ Possibly (**p**) である。このように、標準的な量化演算子や法演算子の説明においては、〈all, some〉は〈necessary, possible〉と同じく双対のペアである。しかし、イェスペルセンにとっては、そのような双対性は存在し得ない。

　ここでも鍵は小反対の分析にある。（空でない集合において）all が some を伴立し、necessary が possible を伴立するためには、特称の **B** の用語は片面的に定義されなければならない。これはイェスペルセンが明らかに取ろうとしない方法で、逆に彼は some を、他方の「中間値」**B** と共に、明らかに両面的に定義している。すなわち「それ（some）は、自然な話し言葉では一般的に［some but not all］を意味するが、論理学者にとってはその意味ではないことがある。論理学では、それ（some）は no (nothing) の肯定対応物であり、従って all の可能性を含んでいる」(1924: 324) と言う。そこから (23i) の「等価式」not all = something, not necessary = possible が成り立つのである。アリストテレスが（時々）possible を両面的に解釈し、ハミルトンが（いつも）some を両面的に解釈したのに対して、イェスペルセンはどちらの演算子も一貫して、常に両面読みをする範疇 **B** の例として扱っている[7]。

　イェスペルセンが両面読みの **B** を採用したことによる際だった結果の１つは、(23i) に定義されているように、その三分割そのものに本来的に備わっている。古典的な対当の方形（(11) 参照）においては、4 つの対立する頂点が (12) の法則によって定義されている。特に (12c) の特称の原則に注意してみると、ペアになる小反対（some/ some not, possible/ possible not）は、それぞれの全称（all/ none, necessary/ impossible）との関係を通して区別されたままである。しかし、イェスペルセンの両面読みにおける小反対は、それらを支える大小関係（伴立関係）がないので、結局 1 つにまとめられてしまう。後期アリストテレス派の四極構造の 4 つの頂点は、三分割の 3 つの点に重ね合わされる。それは頂点がすべて反対関係（contrariety）によって結ばれる三角形でなければならない。

(27)

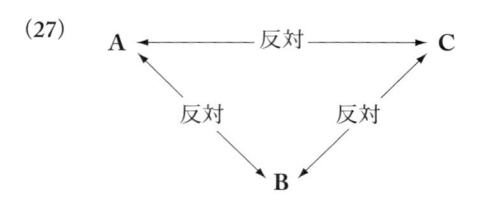

イェスペルセンの B にあたる対当の三角形の頂点は伝統的な四角形の I にも O にも対応せず、むしろその結合に対応する、ということが重要である。

　この点はド・モルガンによって明確に認識されている。三分法（TRICHOTOMY）は、完全な知識を持っている人には可能であるように見えるが、人間の不完全な認識的状態に基づく論理学においては、四極構造の中に精密に図示された（質と量の軸を伴う）古典的な 4 種の対立に劣るに違いないと、彼はイェスペルセンよりも 60 年も前に警告している。

　　1 つの程度（extent）がまた別の程度と関係づけられる方法には 3 つある。すなわち、完全な包含、部分的除外を伴う部分的包含、完全な除外の 3 つである。もし人間の知識がもっと明確なものだったら、この三分法が論理の形式を統括していただろう。しかし実際は、叙述が三分法ではなく、2 つの別々の二分法である理由を我々はよく知っている。must be（…でなければならない）、may be（…かもしれない）、cannot be（…ではあり得ない）は、必然、偶然、不可能という存在論の重要な区分である。このことは論理学者によって明確に理解されていた。しかし、この叙述の様式が A、E、I、O、の一般的な四形式ではなくて、A、（OI）、E、の三形式と符合するということは、それほど明確なことではなかった。すなわち、Every X is Y は必然の結果であり、Some Xs are Ys and some are not は偶然の結果、No X is Y は不可能の結果であるということは、それほど明確なことではなかったのである。　　　　　（De Morgan 1858: 121）

ド・モルガンが理解しているように、偶然と可能が両面読みされる場合、（ハミルトンやイェスペルセンの some のように）それは単純な演算子ではなく複雑な演算子になる。古典的な some に対応する可能の単純な概念は、論理形式に否定の構成物を持っていない。

　議論の余地があり、究極的には支持できない両面読みの原則（23i）は別にして、イェスペルセンの他の 3 つの等価式（23ii-iv）によって予測される演算子の相互定義可能性は、自然言語によって自由に利用されており、それは文献をすばやく概観するだけで十分証明される。ポット（Pott 1859: 359–60）はイェスペルセンと同じようなラテン語の例を挙げ— nonnulli = aliquot（〜**C** = **B**）vs. nulli non = omnes（**C** ... 〜 = **A**）— イェスペルセンの三分割を直接予見する表を提供している[8]。

　特に、法演算子の相互定義可能性は、イェスペルセンの一般化によって予測された作用域の区別だけでなく、二重否定の多様な迂言的な表現に反映されている。例えば、北京官話（Mandarin Chinese）では（Chao 1955）、否定は法演算子の前に置かれても（*bu idinq* 'not necessarily', *bu neng lai* 'not able to come'）、後に置かれても（*idinq bu* 'certainly not', *neng bu lai* 'able not to come')、前と後の両方にきても（*bu neng bu lai* 'cannot but come'）かまわない[9]。ヨルバ語（Yoruba）でも（Banjọ 1974）同じことが言えるが、外側否定と内側否定は形態論的に異なる。

(28') a. Ade lè korin.   'Ade may/ can sing' $[\Diamond \mathbf{p}]$
    （エイドは歌ってよい／歌うことができる）

     b. Ade kò lè korin.   'Ade cannot sing' $[\sim \Diamond \mathbf{p}]$
    （エイドは歌うことができない）

     c. Ade lè mà korin.   'Ade may [not sing]' $[\Diamond \sim \mathbf{p}] \leftrightarrow [\sim \Box \mathbf{p}]$
    （エイドは歌わなくてよい）

     d. Ade kò lé má korin.   'Ade can't not sing' $[\sim \Diamond \sim \mathbf{p}] \leftrightarrow [\Box \mathbf{p}]$
    （エイドは歌わなければならない）

'can't not' を 'must' の意味で用いる同様の例を、ハリーズ（Harries 1973）が挙げている。

(28') **German**: Hans kann *nicht*   'Hans can't not (must) hate the man.
     den Mann *nicht* hassen.   （ハンスはその男を憎まなければならない）

     Hungarian: John *nem* tudta   'John couldn't not (had to) love her'
     nem szeretni öt.   （ジョンは彼女を愛さなければならなかった）

     Latin: *Non* possum *non* amare.   'I can't not (must) love'
    （私は愛さなければならない）

     Russian: Ja *ne* mog *ne* dat'   'I couldn't not (had to) reward him'
     emu nagrádu.   （私は彼に報いなければならなかった）

法の双対の相互定義可能性を利用することで2つの演算子の一方（普通は **A**（必然）演算子）を排除している言語は、ヨルバ語だけではない。マダガスカル語（Malagasy）の 'must' にあたる標準的な表現は tsy maintsy (lit., 'not able not') であり、それに対応するバスク語（Basque）の表現は ezin bertze (lit., 'impossible not') である[10]。

　既にみたように、対当の方形に示された四極対立と三分割に反映された三極対照は量化、法、義務の体系の概念に適用される。しかし、それだけではない。スペインのピーター（Peter of Spain）は、二要素からなる領域にのみ用いられる数量詞の補充形式を含む等価式の中世版の表を提供している。ピーターの等価式（the *Summulae Logicales*, Tractatus 1; Mullally 1945: lxxi 参照）は、(29) のように、伝統的

な対当の方形に重なる。

(29)
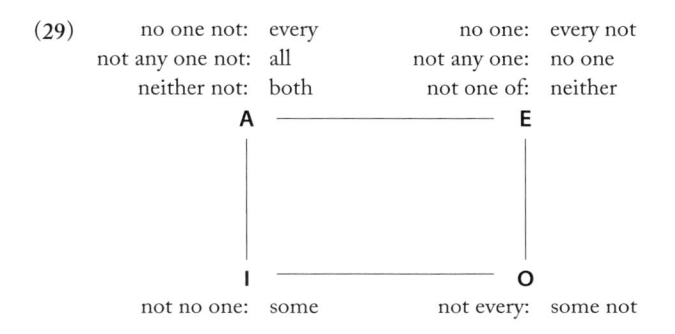

	no one not:	every		no one:	every not
	not any one not:	all		not any one:	no one
	neither not:	both		not one of:	neither

このような等価式は、二要素からなる領域に用いる数量表現の取り扱いを前提としていて、both と neither は反対関係の全称量化子であり、one（of the two）は前者（both）の特称で後者（neither）の矛盾である。コリンソン（Collinson 1937: 94）は 'both is the <u>all</u> of two'（両方は 2 つのすべてである）と述べている。三分割モデルにおいては、both と one（of the two）、neither はそれぞれイェスペルセンの **A**、**B**、**C** の範疇に入る。イェスペルセンによって親がなくなってしまった四極構造の 4 番目の頂点は、（一般領域の not every や not all に対応する）not both によって満たされるだろう。

　イェスペルセンの表をサピアが四分割したものにおいて、それが実際なされている。サピア（Sapir 1930: 21）は独特の洞察を持って、古典的四極構造とイェスペルセンの三極構造の中間的解決法を選択している。彼特有の小反対は、論理的に厳密な両面読みでも絶対的な片面読みでもない。

> 'Not everybody came' は 'some came' を意味するのではなく 'some did not come' を意味する（mean）。'some came' は含意される（implied）ものである。論理的には、否定された肯定の全称表現［not every］は全称の否定、すなわち対立または反対［none］を可能性として含むべきであるが、普通（ordinarily）はこの解釈は除外され、全称の否定（反対（contrary））は、対応する単数形（unitizer）や不特定選択を否定する［not {one/ any/ a} ...］ことによって表現される。

サピアは、（some = at least one とする）オーソドックスな論理的アプローチも、（some = not every とする）ハミルトン－イェスペルセン派の修正主義アプローチも採用せず、それらに代わって上記の概略のような含意に基づく理論を予示している。特に

288

彼が、（means に対立する）implied と修飾語の ordinarily を用いていることは、問題の含意（implication（or implicature））を認可する際に文脈が本質的な役割を果たしていることを示唆している。

　サピア自身の量化表現についてのプログラム（Sapir 1930: 22、**(30)** として再録）は、標準的な量化子や量化副詞だけでなく、二要素領域の演算子をも組み入れている。しかし、彼はその説明を法表現にまでは拡大していない。

(30)

Positive Totalizer	Negated Totalizer =	Partial	Negated Unitizer	Totalized Negative (contrary)
all the men	not all the men	some of the men	not one man not a man not any of the men	no men none of the men
all of it	not all of it	some of it	not {any/ one bit} of it	none of it
everybody, everyone	not everybody, not everyone	somebody, someone	not anybody, not (a) one	none, nobody
both of them	not both of them	one of (the two of) them	not either of (the two of) them	neither of them
always	not always	sometimes	not {ever/ at any time}	never, at no time

　サピアは第二と第三の欄（すなわち、2 つの小反対）を等号で結びつけているが、上の引用文から、この等号は論理的等価性を意図したものではなく、文脈を考慮して得られた談話的同一性を意図したものであることは明らかである。

　ポットやイェスペルセンと同様に、サピアは二重否定の異なる形式について次のような説明をしている。「否定された全称否定」（not none, *Lat.* nonnulli, non numquam）は、**(23ii)** において「部分」（'some', 'sometimes'）に還元される一方、「全称の二重否定」（There was none but was present, There was none who was not present）は **(23iv)** において相殺されて、「肯定の全称表現」（Everyone was present）となる[11]。

　サピアが等号で示したように、both と one of (the two of) は二要素からなる集合の双対演算子で、それはちょうど all と some (= at least one) of が 3 つ以上の多数要素からなる集合の双対であるのと同じである。しかし集合のメンバーは、量で表すというよりは個々に数え上げることができるものであり、それをするための標準的

な論理装置は本質的に二要素からなる。ここでの古典的定項はもちろん and と（包含的）or で、この 2 つも双対のペアである。これらの結合子に対する標準的な真理表が与えられると（2 章（51）参照）、この 2 つの結合子が否定を介して相互に定義可能で、and を含む埋め込まれていない表現は、一方的に or を含む対応表現を伴立することが分かる。この 2 つの結合子の相互定義可能性を規定する原則は、（31）の等価式で表され、

(31) a. $\sim(\mathbf{p} \wedge \mathbf{q}) \leftrightarrow \sim \mathbf{p} \vee \sim \mathbf{q}$
　　　b. $\sim(\mathbf{p} \vee \mathbf{q}) \leftrightarrow \sim \mathbf{p} \wedge \sim \mathbf{q}$

ド・モルガンの法則としてよく知られているが、その起源は、西洋の論理学においても東洋の論理学においても、この偉大な 19 世紀の形式論理学者よりも遥か昔にさかのぼる。

　ストア派にとっては、(either) ... or に対応する論理定項は選言肢の一方が真で他方が偽である場合にのみ「真」あるいは「適切」であるとみなされていた。そのために (32a, b) にそれぞれ示された、ストア派の第四と第五の証明不可能な三段論法が有効になる[12]。

(32)　a.　第四の証明不可能な三段論法　　b.　第五の証明不可能な三段論法

p or **q**	**p** or **q**
p	not-**p**
∴ not-**q**	∴ **q**

　彼らの排他的（「適切な（'proper'）」）選言と並んで、いくらかのストア派哲学者と中世初期の論理学者は包含的（「不適切な（'improper'）」）選言を認めていたが、これは普通「準選言」ないしは「疑似選言」として一段低くみなされていた。これら問題の演算子は、その仮定された真理条件を伴って (33) の最後の 2 つの欄に示されている。連言も表を埋めるためにそこに含まれている。

(33)

p	**q**	**p** $\wedge$ **q**	**p** $\vee$ **q**（包含的）	**p** $\veebar$ **q**（排他的）
T	T	T	T	F
T	F	F	T	T
F	T	F	T	T
F	F	F	F	F

スペインのピーターが述べたように、or の包含的定義の下では (32b) の三段論法は成立するが (32a) は成立せず、排他的 or ではどちらの三段論法も正しい。他方、追加 (ADDITION) ($\mathbf{p}$ から $\mathbf{p} \lor \mathbf{q}$ への推論) は包含的定義とだけ両立する。

13 世紀後期と 14 世紀初期までに、ザクセンのアルバート (Albert of Saxony) とオッカムのウィリアム (William of Ockham)、スペインのピーター (Peter of Spain)、さらに彼らの同僚たちの研究において、or の包含的読みの方が優勢になった。それと共に、(31) で見たいわゆるド・モルガンの法則という非常に簡潔な定式が成立したが、その等価式は包含的選言に対してのみ成立する。

肯定選言の矛盾は、その選言肢の矛盾の連言である。
(= (31b))、Moody 1953: 41 に引用された
ザクセンのアルバートの *Logica* 3、5 章から)

連言とその個々のメンバーの矛盾から成る選言は互いに矛盾する。
(= (31a, b))、Lukasiewicz 1934: 81 と Mullally 1945 に引用された
スペインのピーターの *Summulae Logicales* から)

実際、(31b) の初期のものは 10 世紀の注釈者であるアヴィセンナ (ibn-Sīnā (イヴン - シーナ)) の研究にみることができる。彼にとって、否定の選言判断は選言の項の結合否認に等しい (Madkour 1934: 168)。

それよりずっと前に、インド論理学のナヴィヤ - ニヤーヤ (Navya-Nyāya) 学派 (1.3.2 項参照) の専門家たちは、and と or は (ストア派と同様) 真理関数であるが、(ストア派と異なり) (33) の第三欄と第四欄の値をそれぞれ付与されるものとし、双対の相互定義可能性を開発して、or を次のように and と否定によって表した。

(34) $\mathbf{p} \lor \mathbf{q} =_{df} \sim (\sim \mathbf{p} \land \sim \mathbf{q})$

ド・モルガンの法則はそういうものとして明確に述べられてはいないが、論証において適用されている (Ingalls 1951: 63–64, 142; Sharma 1970: 70–71)。特に、ubhayābhavā (両方の否定 (the nagation of both)) として知られている否定の形式は (31b) に定式化された関係を前提としている。

その起源が何であれ、ド・モルガンの法則は量化子否定の法則の特殊例と見なすことができる。(31a, b) は (25) の最後の 2 つの等価式に直接対応するからである。ここで鍵になる原則は、全称量化命題はすべて本質的に (おそらく無限の) 連言と等しく、存在量化 (あるいは特称) 命題はすべて選言と等しいという (古くからの) 洞察

である（この論理的原則の言語的相関物については Horn 1972:§2.13 参照）。このように、and と（包含的）or が論理的双対であるという事実以上に、and:all::or:some の形式には直接の相関関係がある。この相関関係は both と neither に共通する機能に反映されている。この 2 つは、先に述べたように、二要素から成る集合に用いられる量化子で all と no（ne）の補充形であり、それぞれ and と or とペアを成して、相関接続詞として機能する。我々の拡大し続けている三分割に、今、(35) の 2 つの欄を加えることができる。

(35)**A**:　both（of them）　　（both）α and β
　　B:　one（of them）　　（either）α or β
　　C:　neither（of them）　（neither）α nor β

この平行性に照らしてみると、(33) の最も右側の欄に従って定義されたように、α or β but not both という排他的選言は some but not all というハミルトンとイェスペルセンの両面読みの特称命題とまさに同じ理論的地位を占めている。しかし、このことは常に認識されている訳ではない。例えばストローソン（Strawson 1952: 91）は、英語の *or* のモデルとして真理関数的な包含的選言を拒絶し、それと共に **p**∧**q** から **p**∨**q** への伴立も拒絶している。しかし、ギーチ（Geach 1972: 68）が指摘しているように、ストローソンは some を標準的な（片面読みの）存在量化子と同一視することや、それに対応する all から some への特称推論を受け入れることについては同様の疑念をまったく持っていない。

　クワイン（Quine 1952: 5）とギーチ自身を含む他の人たちは、それぞれ *vel* と *aut* とラベル付けされる真理関数的な包含的選言と排他的選言の両方を認識している[13]。「"**p** vel **q**" は、命題 "**p**" と "**q**" のどちらかが真であればそしてその時に限り真であり、"**p** aut **q**" は、その命題の一方が真で、他方が偽であるならばそしてその時に限り真である（日常言語の "or" の「適切な」("proper")意味に関する、ばかばかしいが永久に続くように思われる議論を避けるために、ラテン語の単語を結合子として用いる）」とギーチは述べている（Geach 1972: 15）。

　ギーチがこの用語を用いた動機は、ラテン語の接続詞の振る舞いを含めて、コリンソンによって次のように詳しく説明されている。「ラテン語は、aut という相互に排他的な選言と、vel という両方真であることを除外しない包含的選言を明らかに区別する。同じ区別をするのに、フィンランド語は tai と vai を用い、ウェールズ語は ynte と neu を用いる」（Collinson 1937: 95）。しかし、*p aut q* と *p vel q* がそれぞれ排他的な（**p** ∨̇ **q**）と包含的な（**p** ∨ **q**）の典型的な例を表すという主張は、クワインやギーチや他の論理学者らによって暗黙のうちに同意されているのだが、詳しく

調べて見ると支持できるものではない^{訳者注3}。その 2 つのラテン語の選言（及びその通言語的対応物と推定されるもの）を区別するのが何であれ、前者が一定して排他的で後者が包含的な真理関数的選言演算子ではないことを示す明確な証拠が、文献や辞書の引用や（フィンランド語と現代ウェールズ語の場合には）話者の直感的判断から得られるのである。実際この事実は次のようなコリンソンの言い回しの中に暗に示されている。すなわち p aut q が、p と q が相互に排他的である場合（Is he alive or dead? Kim or Chris will win the race）に用いられるということは、その問題の選言が実際包含的であるのか排他的であるのか言うことができない（あるいは気にしない）ということを認めることである。なぜなら (33) の真理表が示しているように p∨q と p⩔q という 2 つの真理関数を区別する状況とは、両方の選言肢が真になる時だからである、と述べている。

　この点は、バレットとステンナー（Barrett and Stenner 1971）によって強力に主張され、彼らは、「純粋に真理関数的な排他的 or」をユニコーンや人魚、ケンタウロスなどの神話的世界に追いやろうとしている。自然言語について、論理的に排他的な選言を仮定することに反対する議論は、ほかに、マコーレー（McCawley 1972, 1981）、ギャズダー・プラム（Gazdar and Pullum 1976）、ギャズダー（Gazdar 1977）、ペレティエ（Pelletier 1977）によってなされている。一方、多義だとする立場を弁護しているのはラング（Lang 1977）である。私はこの問題を第 6 章で扱う。

　もし or が some に論理的に対応するのであれば、p or q が、より強い表現（p and q）が成り立たないということ、少なくとも成立するかどうか分からないということを伝達するために標準的に用いられると期待するべきである。我々の論理的に包含的な p∨q（p or q or both, p and/ or q）は、（話者の知る限りでは）〜（p∧q）であることを会話的に含意し（しかし伴立はしない）、上限を持つ選言命題 'p or q but not both' を伝達する。これは、some が not all を含意して 'some but not all' を伝達するのと同じである。or が語彙的に多義でないのは、some や one が語彙的に多義でないのと同じである。皮肉なことに、上に引用されたギーチ自身による vel の真理関数的定義について言うと、one が 'at least one' を意味するという仮定に立っているのとまったく同じように、or は 'at least or' を意味するという仮定に立っている。one が普通、'no more than one'、'not two'、'not all' を含意するように、or を用いると普通 'not and' を含意する。

　このように、選言命題を排他的に理解する傾向は確かにある。ミルの言葉を用いれば、「私たちが A is either B or C と言うとき、両方ではあり得ないことを含意している」のだが、この含意は論理的推論ではない。「もし、特異な振る舞いをしたある男が、ならずものか馬鹿ものに違いない、と我々が言う場合、彼は両方ではあり得ないと主張しているのでは決してないし、そう主張するつもりでもない」と

ミルは言う（Mill 1867: 512）。20 世紀の某政治家たちが我々の心に浮かぶのと同様に、19 世紀の政治家たちがここでミルの心に浮かんだのかもしれない[14]。

　小反対とそれに関連する尺度演算子の形式的表示の問題に入る前に、(23)に挙げたイェスペルセンの第三の等価式と、それに対する明らかな反例について簡単に再考しよう。

4.3　輝くものすべて：全称量化子と否定の作用域

　イェスペルセンの第三等価式 (23iii) は、**A**〜表現（everybody ... not, both .... not, necessary ... not）と **C**（〜**B**）表現（nobody, neither, impossible）とを相互に関連づけている。しかし、明らかな全称否定（{all/ every} ... not）が、否定された全称表現（not {all/ every}）として読まれる傾向がある（「非論理的」として退けられることが多いにしても）、と彼は述べている（1917: 86ff.）。イェスペルセンの三分割で小反対が 1 つにまとめられてしまったら、**A**〜数量詞（all ... not）は対応する **B** 値（some）に等しくなってしまう。一方、対当の方形によって描かれた四極構造図では、**A** の内側否定の結果は予測される反対（**E**）ではなく、明らかに矛盾（**O**）である。どちらの場合も説明が必要である。

　問題の現象はずっと昔から広く知られている。(36)の諺に加えて、

(36)　All that glitters is not gold.（輝くものすべてが必ずしも金にあらず）

イェスペルセンはチョーサーにまでさかのぼる広範囲の例を引用し、否定が先行する全称量化子よりも広い作用域を取る例を示している。all ... not が not all と読まれなければならない例である。

(36')　All things are lawful unto me, but all things are not expedient.　　　（1 Cor. 6: 12）
　　　　（すべてのことが私に許されている、しかしすべてのことが益になるわけではない）
　　　　Every one cannot make music.　　　　　　　　　　　　　　　　（Walton）
　　　　（誰もが音楽を作れるわけではない）
　　　　Tout le monde n'est pas fait pour l'art.[訳者注 4]　　　　　　　（Rolland）
　　　　（誰もが芸術のために創造されているわけではない）
　　　　Thank heaven, all scholars are not like this.　　　　　　　　（Richardson）
　　　　（すべての学者がこのようであるわけではないことを神に感謝します）
　　　　All is not lost.　　　　　　　　　　　　　　　　　　　　　（Milton, Shelley）

(すべてがなくなったわけではない)

Each man kills the thing he loves/ Yet each man does not die. (Wilde)

(人は皆自分の愛するものを台無しにするが、それでも人は皆死ぬわけではない)

　イェスペルセンが指摘しているように、もし否定が述語の中に語彙的に編入されたら、全称量化子より広い作用域を取ることはできない。例えば all things are not expedient の〜 **A** 読み（すべてのことが益になるわけではない）は、否定が形容詞に編入された場合（all things are inexpedient（すべてのことが不利益だ））には消えてしまう。この観察は、ワーヘナー（Wagenaar 1930）によって、古スペイン語における all that glitters 現象の議論においてもなされている。一方コリンソン（Collinson 1937: 91）は、編入はまさに全称否認の曖昧さを取り除くために標準的に採用されているとつけ加えている。「例えば everyone did not smile (= 'No one smiled')に対して、Everyone refrained from smiling という表現形態を我々は持っているのである」と。

　フランス語においても同様に、tout（すべて）（tout le monde（皆）、chaque（それぞれ）、chacun（それぞれ）、n'importe qui（誰でも））+ ne ... pas の一般的解釈は、**A**〜ではなく〜**A** である（例えば、Grevisse 1969: 1164 ではディドロ（Diderot）の Chaque âge n'a pas son Homère（どの時代にもホメロスのような詩人がいるわけではない）という嘆きなどが引用されている）。その標準的な例は上の（36）と同じものである。

(36'') Tout ce qui reluit n'est pas or. (輝くものすべてが必ずしも金にあらず)

　これと同じ題名のトブラーの論文は（Tobler 1882a）、今では1世紀前のものになってしまったが、今でもこの構造について洞察に富んだ解説を我々に与えてくれる。トブラーにとっては、tout ... ne V pas, all ... not を 'not all' とする「非理論的」読みは完全に論理的な読みであり、（Nicht alles, was glänzt, ist Gold のみを許す）ドイツ語がその読みを排除するという理由で高く評価されるべきでないのと同様、フランス語や英語がそれを認めるという理由で軽蔑されるべきではない[15]。もし（36）－（36''）の否定を、金であるということが主語（all that glitters, tout ce qui reluit）について叙述できない、と言っていると解釈するのであれば、〜**A** 解釈はまさに我々が期待するべきものである。編入された否定（Everyone was not kind に対するものとしての Everyone was unkind）の狭い作用域を取る読み（**A**〜）についてのイェスペルセンとワーヘナーの観察が、トブラーの見解を証明していることに注意しよう。なぜなら、アリストテレスが強調したように、述語に編入された否定は述語否認ではないからである。

　しかし、編入されていない否定を伴う tout ... ne V pas 構文がすべて「非論理的な」
〜**A** 読みを付与されるわけではない。例えば、ラ・ブリュイエール（La Bruyère）が
a 'maxime usée et triviale que tout le monde sait, et que tout le monde ne pratique pas'
（すべての人が知っていても実践しない、使い古された陳腐な格言）について議論す
る時、その格言はすべての人によって無視されているのであって、単に何人かの人
によって無視されているのではないということを意味しているのは明らかである。
〜**A** か **A** 〜か（Carden 1970 の用語では NEG-Q か NEG-V か）という適切な読みを
決定する変数には、文脈と（英語の場合）音調が含まれる。前者（〜**A**）の場合、話者
が全称判断を拒絶しており、また後者（**A**〜）の場合、話者自身の否定判断を全称量
化しているのだとトブラーは言う。この区別は (37) と (37') に示された一連の対話
に表されている。

(37) A：Everybody came.（みんな来た）
　　 B：(No,) Everybody didn't come.（（いや、）みんなが来たわけではない）
(37') A：{Somebody/ The Schwartzes} didn't come.
　　　　（{ある人／シュワルツ家の人たち} は来なかった）
　　 B：(Yes, in fact) Everybody didn't come.
　　　　（（はい、実際）皆が来なかったのです）

(37) の応答者 B は、トブラーの用語では、全称量化子を否定するか拒絶している
としか理解されないのに対して、(37') の応答者 B は否定を全称量化している──
もっとも、トブラーに反して、B が強めることを選択したのは、B 自身の否定では
なくて、A の否定であるけれども。後者のタイプは実際可能ではあるが、英語にお
いてもフランス語においてもやや有標である。それは、トブラーが認識しているよ
うに、特称命題を否認することによって全称否定をしめす nobody came のような、
有標の度合いが低い表現方法が存在するからかもしれない。同様に、フランス語
でも Tout ne savent pas の **A** 〜 / NEG-V 読み（すべての人が知らない）の代わりに、
{Nul/ Aucun/ Personne} ne sait.（誰も知らない）の方が、有標性の度合いが低い。こ
の要因と、数量詞と否定の作用域の多義性に関する首尾一貫した説明において、こ
の問題がどのように位置づけられているかについては、7.3 節で論じる。
　フランス語では（*Pas tout ce qui reluit est or のように）類似の構文が用いられない
ので、〜**A**/ NEG-Q 読みが、[英語よりも] より確かな規範的地位を持っているよ
うに思われる。それでも、標準文法は、「tout の位置が不適切であること」（'mauvaise
placement de *tout*'）以上には何も意味あることを述べず、悪名高き「超文法的項
目」（'paragrammaticalism'）として、(36'') をけなし続ける（Le Bidois and Le Bidois

1968)。もし、トブラーが正しいのであれば、実際、tout—あるいは否定—の場所は不適切ではない。

All that glitters について、トブラーの説明でもイェスペルセンの説明でも論じられていない重要な問題がある。特称表現あるいは存在の主語（イェスペルセンのラベルを用いると、**A** ではなくて **B** を含むもの）に続くネクサス否定が、その主語の **B** 演算子よりも常に狭い作用域を付与されるのはなぜか。すなわち、なぜ、数量詞 Q が **A** 範疇のものである時のみ NEG-Q 読みが可能であるのか。なぜ、(38a) には、(38b) ではなくて (38c) に等しい解釈が（一見した限りでは）存在しないのか。

(38) a. Somebody didn't come.　　　　Something that glitters is not gold.
　　　（来ない人がいた）　　　　　　（輝くもので金でないものがある）
　　b. Not everybody came.　　　　　 Not everything that glitters is gold.
　　　（すべての人が来たわけではない）（輝くものすべてが金であるわけで
　　　　　　　　　　　　　　　　　　　はない）
　　c. Nobody came.（〜[somebody came]）Nothing that glitters is gold.
　　　（誰も来なかった）　　　　　　　（輝くものはすべて金ではない）

'**A** ... 〜 ' = ' 〜 **A**' が時々—実際には、普通—真であるのに、なぜ '**B** ... 〜 ' = ' 〜 **B**' は（一見した限り）真になることが決してないのだろうか。これらの問題は（きちんと処理されないとしても）第 7 章で再考される。

　生成文法の文献における all ... not の最近の取り扱いは、これらの基本的な意味論的問題について述べるのではなく、概して、どの話者にとってどの読みがどの言語的文脈で可能かといったような経験的問題に焦点を当てている。カーデン (Carden 1970, 1973) は 3 つの異なる方言の存在を仮定している。それは、NEG-V（この話者はその「論理的」読みだけを受け入れる）と NEG-Q（この話者は「非論理的な」読みだけを受け入れる）、AMB（この話者は (36) や (36')、これと類似する文に対して両方の読みを受け入れる「比較的一般的でないグループ」を含む）の 3 つである。彼の研究は、基本的なデータに対する被験者の文法性判断と、変形操作の加えられた文への彼らの反応との相互関係について調べたものだが、ヘリンジャー (Heringer 1970)、ストークス (Stokes 1974)、ラボフ (Labov 1975)、ボールティン (Baltin 1977) らによる批判を受けた。ラボフとボールティンは、カーデンによって証明された個人語の三方言分割は、実際にはその 2 つの可能な読みのうちどちらに当てはまる文脈を想起できるかという能力が異なっていることを示しているにすぎないと主張する。言語的パラメータと言語外的パラメータを適切に調整することによって、この議論では、すべての話者を AMB グループとみなすことができる。こ

の結論は既に見たように、NEG-Q 読みを要求する (37) と、NEG-V 読みを要求する (37') とを比較することによって支持される。先行する文脈がなくても、Everybody doesn't like something/ But nobody doesn't like Sara Lee（誰にでも嫌いなものがある／が、サラ・リーを嫌いな人はいない）という古典的な広告の同音反復のような枠組みでは、先験的にはアクセスしにくい NEG-V 読みが選択される。この同音反復では、最初の行を 'Not everybody likes something'（すべての人が何かを好きであるわけではない）と解釈することはできない[16]。

　驚くほどのことではないが、全称量化子によって引き起こされる A〜／〜A の多義性は、(39) のパラダイムの検査から明らかになるように、その補充形である both や、それに対応する二要素を連結する and についても現れる[17]。

(39) a. All of them didn't come.　　　　(all … not/ not all)
　　　（彼らが全員来なかった／彼らが全員来たわけではない）
　　b. Both of them didn't come.　　　　(both … not/ not both)
　　　（彼らは 2 人とも来なかった／彼らが 2 人とも来たわけではない）
　　c. (Both) Lee and Kim didn't come.　(both Lee and Kim … not/ not both Lee and Kim)
　　　（リーもキムも来なかった／リーとキムが 2 人とも来たわけではない）

それぞれの例において、特称、すなわち弱い尺度の双対（つまり B 範疇の演算子）は、否定が広い作用域を取る読みを許さない。

(40) a. Some of them didn't come.　　　(= some … not/ ≠ not some)
　　　（彼らの何人かは来なかった）
　　b. One of them didn't come.　　　　(= one … not/ ≠ not one)
　　　（彼らのうち一方は来なかった）
　　c. (Either) Lee or Kim didn't come.　(= Lee or Kim … not/ ≠ neither Lee nor Kim)
　　　（リーかキムのどちらかが来なかった）

　さらに、(39) の 3 つの例は同様に音調により曖昧さを除くことができる (Horn 1972: 94–96; Jackendoff 1972: §8.6)。A の語 (all, both, and) に高い強勢をおき、文尾を上がり調子にすると、NEG-Q/ 〜 A 読みになる。普通の強勢で文尾を下がり調子にすると、NEG-V/ A〜の解釈になる。特に NEG-Q 読みと NEG-V 読みの付与及び否定の作用域一般に対する音調の効果についての最も包括的で啓蒙的な研究は、

ラッド（Ladd 1980: 145–62）である。

　ラッドは、ジャッケンドフの下降–上昇の説明が示唆的ではあるが究極的には不十分であり、かつ／またはアド・ホックであることや、リーバーマン・サッグ（Liberman and Sag 1974）の理論が2つの異なるパターン（下降–上昇音調と、いわゆるティルド（TILDE）あるいは矛盾音調、これについては第6章で考察する）を1つにまとめてしまうことにおいて根本的な間違いを犯していることに気づいた。そこで彼は、ジャッケンドフの焦点と前提のプログラムを、下降–上昇パターンについての一般的で一貫した意味語用論的分析に発展させようとしている。

　ラッドが考察している例の中には(41)–(44)があり、下降–上昇音調は ˇ で、単調下降音調は ` によってそれぞれ示される^{訳者注5}。

(41) a. ˇAll the men didn't go.　　　　（NEG-Q, 'not all'）
　　　（すべての人が行ったわけではない）
　　 b. `All the men didn't go.　　　　（NEG-V, 'all ... not'）
　　　（すべての人が行かなかった）

(42)［Did you see anyone you haven't met?］
　　　　（今までに会ったことがない人に、あなたは会いましたか）
　　 a. I haven't met ˇone of them.　　　（there is one I haven't met）
　　　（彼らのうちの1人には会ったことがない）
　　 b. I haven't met `one of them.　　　（I haven't met any）
　　　（彼らのうちの誰にも会ったことがない）

(43) a. I don't want to talk to ˇanyone.　　（not to just anyone）
　　　（私は誰とでもいいから話をしたいわけではない）
　　 b. I don't want to talk to `anyone.　　（to no one）
　　　（私は誰とも話したくない）

(44) a. John doesn't drink because he's unˇhappy.
　　　（It's not because he's unhappy that he drinks）¹⁸
　　　（ジョンは、不幸だから酒を飲むのではない）
　　 b. John doesn't drink because he's un`happy.
　　　（It's because he's unhappy that he doesn't drink）
　　　（ジョンは、不幸だから酒を飲まない）

ラッドによると、それぞれの場合、焦点の要素におかれた下降–上昇音調（ˇ）は部分集合（SUBSET）あるいは下位語（HYPONYM）関係を表している。焦点をおかれた

要素は、文脈的にアクセス可能な集合の真部分集合もしくはそのような集合の要素を表す。このように、下降‐上昇が部分的否認を表すのに対して、単調下降音調（ˋ）は全体否認あるいは単純な否認を表す。ラッドの議論によると、これは(45)や(46)のような対話で特に明確に現れる。

(45) A：You have a VW, don't you?

　　　　（あなたはフォルクスワーゲンを持っているのでしたね）

　　 B：I've got an ˇOpel.　　　　　　　　　（Well, not exactly, but …）

　　　　（私が持っているのはオペルなんですよ）　（ええっと、厳密に言うと、

　　　　　　　　　　　　　　　　　　　　　　　　そうではなくて…）

(46) A：That new military base is going to be as big as Texas.

　　　　（あの新しい軍事基地はテキサスと同じくらいの大きさになるだろう）

　　 B：As big as ˇNew Jersey, maybe.　　　（Well, not quite）

　　　　（恐らく、ニュージャージーくらいにはね）（そうですねえ、完全にそう

　　　　　　　　　　　　　　　　　　　　　　　　いうわけではないとしても）

下降‐上昇を引き起こす応答は修飾語として機能する。それらは、「あなたの言ったことはまったく正しいというわけではないが、それに関連のある［しばしば伴立する］命題は実際真である」といったようなことを丁寧に伝達する。他方、単純下降は、直接の否認（I've got an ˋOpel）（私はオペルを持っています）あるいは上位関係の祈り（As big as ˋAlaska!）（アラスカくらい大きくなってくれたらね）と理解されるかもしれない。

　同様に、(41)‐(44)の否定の例において、下降‐上昇調は部分集合解釈の引き金になる。(41)—とそれに関連するbothとandの例（(39)参照）—において、下降‐上昇調に関連する部分集合関係は**A**範疇の演算子とは意味的に両立しない（つまりallは真部分集合を選び出すことができず、それはbothやandも同様である）。そして、その文は「Allは部分集合ではあり得ない、だからそれはnot allを意味するに違いない」(Ladd 1980: 161)のような暗黙の但し書きを伴って必然的に再処理される。ラッドは、部分集合読みが可能な例において音調が多義性を除く効果を持つことに対して、余りすっきりしたものではないが同様の説明を与えている。例えば(44)では、下降‐上昇調は、ジョンが酒を飲まないことのありそうな理由の中の１つに焦点を当てていると解釈される。下降音調はありそうな理由の集合を前提としない、だから狭い作用域を取る副詞と完全に両立できるのである。（この分析は、2.5節でみたように、広い作用域の読みがbecauseには付与されるが、sinceやalthough節には付与されないのはなぜか、という問題に、異なる説明を仮定してい

なければならない。)

　作用域の違いが˘の語彙的意味に基づく推論から生じるとするラッドの一般的なプログラムは有望であるが(しかし Ward and Hirschberg 1985 参照)、(**36**)、(**36'**)、(**41a**)が持つ NEG-Q 読みとそれに関係する文を、下降–上昇の意味に基づいて意識的に考えて見つけ出す過程の結果だとみなすことは直観に反するように思われる。これにはある程度の慣習性(conventionalization)が関係しているであろう[19]。かなり異なる音調パターンを自由に使える言語で、**A** ... 〜という統語形式と「非論理的な」〜**A** の意味論を組み合わせるのと同様の組み合わせの可能性が与えられれば、all-that-glitters 現象のどんな一般的説明も、下降–上昇音調の上がり下がりを越えて発展するに違いない。

4.4　尺度叙述と小反対対当 II

　　週に一度のセックスが女性の不妊を克服できるだろうか。
　　(CAN SEX ONCE A WEEK HELP FEMALE INFERTILITY?)
　　　　　　　　　　　　　　　　(Southfield, Michigan, *Northwest Newsday*)
　　それは誰も傷つけないだろう。
　　(It wouldn't hurt any.)　　　　　　　　　　　　(*New Yorker*, 27 September 1987)

　前の数節では、大小関係—all/ some, necessary (certain)/ possible, and/ or のような双対ペアの関係—を、尺度叙述というより一般的な現象の特例として取り上げた。ここで、この関係とその可能な表示の特性を探求することにしよう。

　ホーン (Horn 1972) において、量の尺度は伴立によって定義されている。すなわち、与えられた尺度上にある P_j と P_i において、P_j を含む陳述がそれに対応する P_i を含む陳述を一方向的に伴立するならばそしてその時に限り、その尺度において P_j は P_i より上位である。そのような尺度の例として、(**47**)を挙げることができる。そこで〈... , P_j, P_i, ...〉は、P_j > P_i ということ、すなわち、その尺度において P_j は P_i よりも上位である(よりも強い)ということを表す。

(**47**)　〈all, most, many, some〉　　　　〈always, usually, often, sometimes〉
　　　　〈and, or〉　　　　　　　　　　　〈... , 6, 5, 4, 3, 2, 1〉
　　　　〈must, should, may〉　　　　　　〈necessary, (logically) possible〉
　　　　〈certain, {probable/ likely}, possible〉　〈obligatory, permitted〉
　　　　〈boiling, hot, warm〉　　　　　　〈freezing, cold, cool, (lukewarm)〉
　　　　〈beautiful, pretty, attractive〉　　〈hideous, ugly, unattractive, plain〉

〈adore, love, like〉　　　　　　　〈loathe, hate, dislike〉

〈excellent, good, OK〉　　　　　　〈{terrible/ awful}, bad, mediocre〉

　量に基づく含意の生成を図式化する最初の試みにおいて (Horn 1972: ex. (2.69))、私は次のような規則を提案した。

(48)　n 個の要素からなる量の尺度、$\langle P_n, P_{n-1}, \dots, P_2, P_1 \rangle$ と、この尺度上にある要素 P_i を含む陳述 S を発話する話者が与えられるならば,

　　　(i) 聴者は、すべての $P_j > P_i$ ($j \neq n$) について、$\sim$ S (P_i / P_j) を推論することができる

　　　　　［ここで、Φ (P_i / P_j) は Φ の中に含まれている P_i の代わりに P_j を代用した結果を表す］

　　　(ii) 聴者は、$\sim$ S (P_i / P_n) を推論しなければならない

　　　(iii) もし、$P_k > P_j > P_i$ ならば、$\sim$ S (P_i / P_j) $\rightarrow \sim$ S (P_i / P_k)

　尺度含意の定義のこの最初の試みに対してさまざまな批判が出されたが、そのほとんどは妥当なものである。まず第一に、聴者が推論できることと推論しなければならないこととの違いは、—そうでなければ捉えられない直観が現実にあることによって支持される、と私は主張したいが—ホーン (Horn 1972) でもそれに続く研究においても、あまりよく解明されていない。従って、それが解明されるまでその区別は放棄してもいいように思われる (批判については Hirschberg 1985 参照)。

　第二に、ヒアシュベルグが指摘しているように、聴者が推論できたり推論しなければならないことという観点から含意を定義しようとするまさにその決定が、根本的に心得違いである。あるいは、少なくともグライスの精神に誠実ではない。彼は含意を非自然的な意味 (MEANING$_{nn}$) の一部として特徴付け、話者の意図の一側面として定義している。含意は、話者の意味の属性として直接的に定義されるのが最も良く、聴者がそれを推論する資格を与えられるものという観点からは、間接的に定義されるにすぎない。(ホーン (Horn 1972) の別のところで、(弱い尺度の) 叙述を発話する話者は、彼 (彼女) の知る限り、それよりも強い陳述はいかなるものも採用されなかっただろうということを含意している、とインフォーマルに述べている。4.2 節における議論で繰り返されたのはこのアプローチである。)

　第三の難点は、ホーン (Horn 1972) において認識され、フォコニエ (Fauconnier 1975a, 1975b) およびギャズダー (Gazdar 1979a: 3 章) でより体系的に形式化されているが、論理的あるいは意味論的伴立による量の尺度の定義は狭すぎるというものである。なぜなら、非論理的推論も尺度とそれに結びついた含意を生じさせるから

である。

第四は、ギャズダー（Gazdar 1979a: 56）が述べているように、弱い尺度の演算子（上の (48i) の $\mathbf{P}_i$）を含む文や陳述がすべて上限を与える含意を伝達するわけではないということである。例えば、私があなたに Paul ate some of the eggs（ポールはその卵のいくつかを食べた）と言ったら、あなたは（他の事情が同じであれば）he did not eat all of them（ポールはそれらをすべて食べたわけではない）という推論を引き出す資格を与えられている。しかし、It is not the case that Paul ate some of the eggs（ポールがその卵のいくつかを食べたというのは事実ではない）という陳述は [it is not the case that it is not the case that] he ate all of them（彼がその卵をすべて食べたというのは事実ではないというのは事実ではない）という含意を認可しない。ギャズダーが論じるところでは、問題は、含意のメカニズムが論理的に単純（SIMPLE）な位置にある尺度項目にのみ作用するということ、すなわち他の論理的機能語の作用域に埋め込まれていない位置にあるものにのみ作用するということである。ここでは、it is not the case that として具現化された文否定の中に埋め込まれているため機能しない。（これに関連した問題は、潜在的な含意が実際の含意として実現される条件を詳細に説明することである。（Gazdar 1979a; Levinson 1983; Hirschberg 1985 参照））

潜在的な量尺度の含意を生み出すためにギャズダー自身が定式化した関数 f_s が (48') である（同 1979a: 58–59）。彼の（ここでは編集されている）平明な説明は次のようなものである。

(48') $f_s(\Psi) = \{ \chi : \chi = \mathbf{K} \neg \Phi(\alpha_i) \}$

for all $\Phi(\alpha_i)$ such that for some quantitative scale $\mathbf{Q}$, $\alpha_i, \alpha_{i+1} \in \mathbf{Q}$,

(i) $\Psi = \mathbf{x} \frown \Phi(\alpha_{i+1}) \frown \mathbf{y}$ where $\mathbf{x}, \mathbf{y}$ are any expressions, possibly null

(ii) $[\Psi] \subseteq [\Phi(\alpha_{i+1})]$,

where $\Phi(\alpha_i)$ and $\Phi(\alpha_{i+1})$ are simple expression alternatives with respect to α_i and α_{i+1}.

これが意味していることは次のようなことである。文 Φ' が、「より弱い」尺度表現を含んでいること以外 Φ と同じで、Φ によって伴立され、Ψ に一致するかまたはその一部をなし、尺度表現が Φ や Φ' のなかで、いかなる論理的機能語の作用域にもないという制約を満たしているならば、そしてその時に限り話者は Φ が真ではないことを知っているということを、Ψ は（潜在的に）量尺度的に含意する。

　これは (**48**) より明示的であり正確でもあるが、ギャズダーの関数も特徴記述の問題に対する最終的解決を提示していない。ここで 2 つのことに注意する価値がある。まず第一に、既に (4.2 節で) 触れたが、(「話者は…が真でないことを知っている」ということを表すためにヒンティカが用いた 1962 年スタイルの省略形である) 認識的条件 **K**¬ は概して強すぎる。¬**K**（〜**K**）、すなわち「…ということを話者が知っているというのは真ではない」というより弱い結論、あるいはヒンティカの認識的可能演算子 **POSS**（**K** の双対）を用いて、**POSS**〜（話者の知る限り、…は真ではない）を引き出すほうが好ましい[20]。話者は関連するすべての情報を持っている、と聴者が仮定しているような文脈では、**POSS**〜 は **K**〜 に強められ得る。

　その上、私の元々の定式では（含意を認可しない位置から含意を発生させることにおいて）十分な制限がなされていなかったのに対して、ギャズダーの定式は制限が強すぎる。含意が認可されるためには、当該の尺度表現が論理的に埋め込まれていてはいけないわけではない。ある種の演算子に埋め込まれていなければよいのである。それはどのような演算子なのだろうか？　ヒアシュベルグ（Hirschberg 1985: 73）は次のように述べている。（**49a**）から（**49a'**）への移行は阻止されるので、ギャズダーに従いたいと思うかもしれないが、（**49b-d**）にみられるような同様の移行は妥当である。これらの例では、弱い尺度述語が、単純で埋め込まれていない生起の仕方をしていないのは（**49a**）と同じである。

(**49**)　a.　It is not the case that Paul ate some of the eggs.
　　　　　　（ポールがその卵をいくつか食べたというのは真ではない）
　　　　a'.　**POSS**〜（It is not the case that Paul ate all of the eggs）
　　　　　　（= **POSS**［Paul ate all the eggs］）
　　　　　　（話者の知る限り、ポールがその卵をみんな食べたというのが真ではない
　　　　　　　というのは真ではない＝話者の知る限りポールはその卵をみんな食べた）
　　　　b.　It is possible that Paul ate some of the eggs.
　　　　　　（ポールがその卵をいくつか食べた可能性がある）
　　　　b'.　**POSS**〜（It is possible that Paul ate all of the eggs）
　　　　　　（話者の知る限り、ポールがその卵をすべて食べたということが可能であ
　　　　　　　るということは真ではない）[訳者注6]
　　　　c.　Paul ate some of the eggs or Paul is a liar.
　　　　　　（ポールがその卵をいくつか食べたか、ポールが嘘つきかである）
　　　　c'.　**POSS**〜（Paul ate all of the eggs or Paul is a liar）
　　　　　　（話者の知る限り、ポールがその卵をみんな食べたか、ポールが嘘つきで
　　　　　　　あるというのは、真ではない）

    d.   Some people think Paul ate some of the eggs.

       （何人かの人はポールがその卵をいくつか食べたと思っている）

    d'. **POSS**～(Some people think Paul ate all of the eggs)

       （話者の知る限りでは、何人かの人々はポールがその卵をみんな食べたと
       思っている、というのは真ではない）

　ギャズダーの (**48'**) のような強すぎる制限の代わりに、ヒアシュベルグは彼女自身の制限を提案しているが、（制限なしの Horn 1972 ほどではないにしても）それはあまりにも弱すぎる。ヒアシュベルグにとっては、((**49a**) のような）明示的否定だけが含意発生を阻止することになっている。しかし、(**49b, b'**) において possible の代わりに impossible を用い、(**49d, d'**) において think の代わりに doubt を用いることによって論証されるように、明示的否定だけが含意を妨げるわけではない。むしろ一般の論理的機能語の集合を、否定とその他の尺度逆転演算子（Fauconnier 1976 参照）、すなわちラデュソー（Ladusaw 1979）の下方伴立演算子（downward-entailing operator）の集合に制限する必要があるように思われる。これらの要因（や Harnish［1976］と Hirschberg［1985］によって挙げられた他の要因）に照らして含意生成の定式化を再改訂するように試みるよりも、この現象に言語的に類似しているものに目を向けよう。

　ホーン（Horn 1972）において、量の尺度は、(**50**) のような統語的枠組みと相互に関係している。ここでは、全体を通して $P_j > P_i$ である。

(**50**) a. (at least) P_i, if not (downright) P_j　　b. P_i, {indeed/ in fact/ and what's more}P_j

      ((まったくの)P_j ではないとしても、　　　（P_i,｛実は／実際／そしてさらに｝P_j だ）

      (少なくとも)P_i)

      P_i, {or/ and possibly} even P_j　　　　not only P_i but P_j

      (P_i,｛あるいは／そしてひょっとしたら｝　（単に P_i であるのではなく P_j だ）

      P_j でさえある）

      P_j, or at least P_i

      (P_j、あるいは少なくとも P_i)

      not even P_i, {let alone/ much less} P_j

      (P_j は言うまでもなく、P_i でさえない）

(**50a**) の環境は SUSPENDERS（保留）である。話者は、その関連のある尺度上のより高い値が成立する可能性を明示的にオープンのままにし、実際の状況に対する知識が不完全であることを示唆している。(**50b**) の環境は、上限を与える含意を単に保

留しているのではなく、それを CANCEL（取り消し）あるいは BLOCK（阻止）し、実際にその尺度のより高い値が成立することが知られていると主張している[21]。

　それぞれの場合において、尺度述語の順序は、逆転されると必ず矛盾や意味的不合理を生じる。次のような例と比べてみよう。

(51) a.　at least some if not all　　　　　　　#at least all if not some
　　　　　at least possible if not necessary　#at least necessary if not possible
　　 b.　not only three but four　　　　　　　#not only four but three
　　　　　not only warm but (downright) hot　#not only hot but (downright) warm
　　 c.　Pat or Lee, indeed Pat <u>and</u> Lee　　#Pat and Lee, indeed Pat <u>or</u> Lee
　　　　　one of them, indeed <u>both</u> of them　#both of them, indeed <u>one</u> of them

　almost や barely、not quite などのような尺度に敏感な修飾語の分布と共にこれらの診断結果は、肯定と否定の数量詞や法表現、それに関係するような演算子は、関係はあるが別々の尺度に表示されなければならないという仮定を導く。some と not all、possible と unlikely のような演算子を含む単一の尺度はあり得ない。むしろ、肯定の演算子によって定義される 1 つの尺度と、否定の演算子によって定義される 1 つの尺度がある。このようにすることによってしか、(50) に示されたような尺度要素の分布を予測することはできない。例えば、肯定の数量詞の尺度上にある弱い要素と強い要素には some or even all (vs. #all or even some) のような連続が許される。同様に、否定の尺度上にある対応する値は、not all or even none (#none or even not all) を生み出す。しかし別々の尺度の値は、#some or even {none/ not all} や #not all or even {some/ all} のように、どちらの方向にも結合することはできない。伝統的な用語を用いると、尺度診断構文に現れる 2 つの値は、質ではなくて量において異なっていなければならない。同様に、認識的法表現は (51') のようになる (Horn 1978b: 194 参照)。

(51') a.　possible if not likely　　　　#likely if not possible
　　　　　likely if not certain　　　　#certain if not likely
　　　　　unlikely if not impossible　#impossible if not unlikely
　　　　　uncertain if not unlikely　　#unlikely if not uncertain
　　 b.#{possible/ likely/ certain} if not {uncertain/ unlikely/ impossible}
　　　　 #{uncertain/ unlikely/ impossible} if not {possible/ likely/ certain}

　このように、(47) の 〈certain, likely (probable), possible〉 という肯定の認識的尺度

と並んで、〈impossible, unlikely (improbable), uncertain〉というそれに平行する否定の認識的尺度を仮定することができる。同様に、量尺度についても肯定の〈all, most, many, some〉と平行に否定の〈none, few, not all〉を仮定できる。しかし、これらの平行する肯定と否定の尺度の関係は何なのか？　この平行性はどのように表示できるのだろうか？

　この尺度の構造は伝統的な対当の方形の上に直接重ねることができる。その時、強い尺度値と弱い尺度値の関係(それぞれ矢印の頭と尻尾で示されている)は、特称と全称の関係に対応する。

(52)

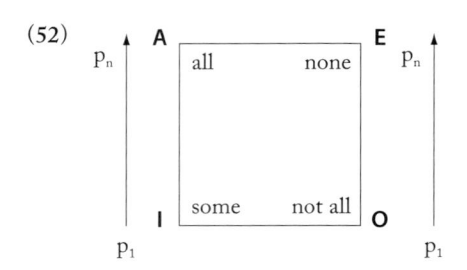

常にそうであるように、左右に対立する値(**A** と **E**、**I** と **O**)は質において異なり、上下に対立する値(**A** と **I**、**E** と **O**)は量において異なる。もっと一般的に言うと、量的に対立する2つの値は単一の尺度の異なる位置を占めるのに対して、質的に対立する値は対応する(平行の)尺度上の類似の位置(弱い、中間の、あるいは強い位置)を占める。

　一対の肯定と否定の尺度の間の対応という概念は、その四極構造を数値化することによって説明され得る。当該の肯定の尺度の値を0から +1 とし、対応する否定の尺度の値を0から -1 としよう。それぞれの演算子は、その下限に従ってランク付けされる(例えば、some は 'at least some' であるが、'at most some' を含意することを思い出そう)。従って、尺度演算子 **P** を含む単純命題は、**P** に付与される位置とそれより上のすべての位置で真になる。図示すると、数量決定子の場合に得られる結果は(大体)(53)のようになる。

(53)

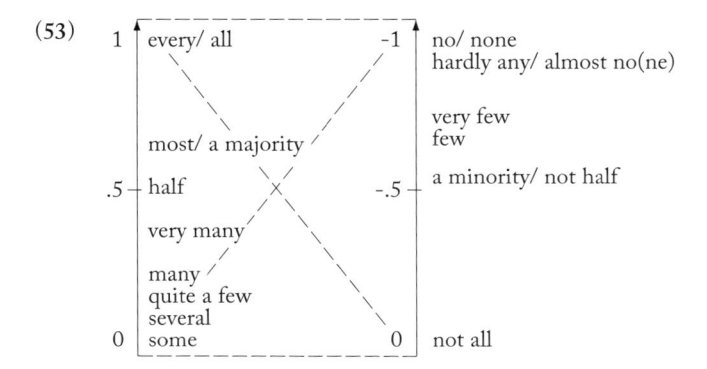

　双対 (all/ some; none/ not all) は、それぞれの尺度上の最も弱い値と最も強い値を示し、最も弱い値は ±0 のすぐ上に、最も強い値は ±1 に位置する。最も強い値だけが、次のように absolute (ly) とその同義語によって修飾される。例えば、Absolutely {all/ none/ #many/ #few} of them can make it（彼らのうち、絶対的に {全員が／誰も（ない）／# 多くが／# ほとんどが（ない）} 成し遂げることができる）、It's absolutely {certain/ impossible/ #possible/ #unlikely} that he'll win（彼が勝つことは、絶対的に {確か／不可能／# 可能／# ありそうにないこと} である）(Horn 1972: § 2.34)。

　さらに任意の肯定演算子 **P** について、その肯定の値とちょうど反対側にあるその内側否定 **P** ～の値の合計は常に 0 になる。この 2 つの演算子 **P** と **P** ～は、**P** の値が .5 よりも大きければ反対関係にあり、.5 と等しいかそれより小さければ小反対関係にある。ここでの重要なパラメータは、内側否定を持つ演算子の（and や but でマークされる）連言が論理的に一貫しているかどうかということである。例えば **P** と **P** ～が相対的に弱い（≦ .5）尺度値を持つ**(54a)**の一貫した陳述と、**P** と **P** ～が相対的に強い（> .5）尺度値を持つ**(54b)**の一貫していない陳述を比べてみよう。

(54) a.　Many of my friends are linguists and many of them aren't.
　　　　　（私の友人の多くは言語学者である、そして、そうでない友人も多い）
　　　　　Some of my friends are linguists and some of them aren't.
　　　　　（私の友人の何人かは言語学者で、何人かはそうでない）
　　　　　It's possible that she'll win and possible that she won't.
　　　　　（彼女が勝つ可能性がある、そして、勝たない可能性もある）
　　　　　It's fifty-fifty that she'll win and fifty-fifty that she won't.
　　　　　（彼女が勝つ見込みは五分五分で、勝たない見込みも五分五分だ）

b.#All of my friends are linguists and all of them aren't.

　（私の友人はすべて言語学者で、すべて言語学者ではない）

　#Most of my friends are linguists and most of them aren't.

　（私の友人の大部分は言語学者で、大部分はそうではない）

　#It's certain that she'll win and certain that she won't.

　（彼女が勝つのは確かだ、そして彼女が勝たないのは確かだ）

　#It's likely that she'll win and likely that she won't.

　（彼女は勝ちそうだ、そして、勝ちそうではない）

　レープナー（Löbner 1985）の用語を採用して、（(54a) のように）［P(p) ∧ P(〜p)］の連言が論理的に一貫しているならば、演算子 P は寛容（TOLERANT）であり、［P(p) ∧ P(〜p)］が（(54b) のように）論理的に矛盾するならば、不寛容（INTOLERANT）であると言うことにしよう。寛容な決定詞（some, many, half）はその尺度の中間点（.5）かそれ以下に位置し、その内側否定（すなわち、小反対）と両立可能である。不寛容な決定詞（most, almost all, all）は中間点より上に位置し、その内側否定（すなわち、反対）と両立不可能である。

　このモデルでは、さまざまな（小）反対ペアは垂直軸（つまり量の軸）に対して、相互に平行している。言い換えれば、この対立する値（P, P〜）は水平線で結ばれる。古典的定義に従って、私は矛盾（関係にあるもの）を量的にも質的にも互いに異なるものと理解する。従って、矛盾関係にある（P, 〜P）は (53) のモデルにおいて対角線によって結ばれる[22]。P と P〜の値の和が常にゼロであることに注意しよう。もう1つの直観的に有用な観察は、P と〜P（例えば、some(=|0.01|) と none(=|−1.00|)、または all(=|1.00|) と not all(=|−0.01|)）の値の絶対値の和が常に1よりわずかに大きいということである[訳者注7]。

　すべての肯定の数量表現 P が「少なくとも P」と解釈されるので、P の（下限の境界線より）上の区間を取り上げると、否定 not-P はこの区間にあるどの値も成り立たないということを表す。例えば、not many は 'less than many' を意味し、not half は 'less than half' を意味する。驚くことではないが、これらの等価性は英語だけについての事実ではない。バーティア（Bhatia 1977: 4章）は、not P = 'less than P' と同じ対応がヒンドゥー語（やアジア大陸の他のインド・アーリア語やドラヴィダ語）においても成り立つことを指摘している。彼は (55) のような例を引用している（1977: 59）。

(55)　Usne ādhī kitāb nahī̃ parhī　　　'He did not read half the books'

　　　he half book NEG read　　　　（i.e., he read {less/ *more} than half of them)

（彼はそれらの本の半分を読まなかった）

　双対（all/ some; none/ not all）の中間に位置する要素の相対的位置は、**(51)** の診断テストを適用することによって定めることができる[訳者注8]。従って most は、many if not most（大部分ではないにしても多く）／#most if not many（# 多くはないにしても大部分）；many or even most（多い、あるいは大部分でさえある）／#most or even many（# 大部分、あるいは多くさえある）のような例によって、肯定の尺度上で many よりも上位にある（よりも強い）。many が中間点より下にあり、most が上にあることは、**(54)** に例証された寛容度のテストを適用すると、Many Americans smoke and many don't（多くのアメリカ人はタバコを吸う、そして、吸わない人も多い）／#Most Americans smoke and most don't（# 大部分のアメリカ人はタバコを吸う、そして、大部分が吸わない）となることから確証される。

　同様に、数量頻度副詞の否定の尺度は、〈never, hardly ever, rarely/ seldom, not always〉という形式をとる。これは、hardly ever を seldom に変換する「低レベル規則」（'low-level rule'）が存在するというストックウェル・シャクター・パーティー（Stockwell, Schachter and Partee 1973: 292）の主張と相入れない。実際、次に示すように、数量副詞とそれに対応する決定詞の間には直接的な写像関係がある。always は all（at all times, on all occasions）に対応し、almost always は almost all に、usually は most に、often は many に、そして sometimes は some に対応する。否定の尺度では、never（at no time, on no occasions）は no（none）に写像され、hardly ever（almost never）は hardly any（almost none）に、rarely や seldom は few に、そして not always は not all に写像される。

　これまで言われてきた hardly ever = seldom という等式が間違っていることは、通常の尺度テストで示すことができる。

(56) a.　I've seldom—indeed, hardly ever—smoked cigars.
　　　　（私は、ほとんど、実際めったに、葉巻を吸ったことがない）
　　　　#I've hardly ever—indeed, seldom—smoked cigars.
　　　　（cf. *Few— indeed, hardly any—of my friends smoke cigars*（私の友人は、ほとんど、実際めったに誰も、葉巻を吸わない）vs. *#Hardly any—indeed, few—of my friends smoke cigars*）
　　b.　I've seldom been to the Midwest and hardly ever to Chicago.
　　　　（私は中西部にはほとんど、シカゴにはめったに行ったことがない）
　　　　#I've hardly ever been to the Midwest and seldom to Chicago.

　数量演算子と法演算子の尺度表示は、これらの値と、他の論理的であるわけではない広範な述語との相関関係を正しく予測する。それぞれの尺度上の強い値と弱い値として、all と some、always と sometimes、and と or、necessary と possible の位置を決定する基準と同じ基準が、⟨adore, love, like⟩、⟨beautiful, pretty, attractive⟩、⟨fascinating, interesting⟩、⟨boiling, hot, warm⟩、⟨excellent, good, OK⟩ のような述語の順序 n 組に等しく適用できる。このように、もし「私はあなたを愛している (I love you)」が、「私は (少なくとも) あなたが好きだ (I (at least) like you)」を伴立するのであれば、私があなたを愛していること (my loving you) が関連性のある文脈において私はあなたが好きだ (I like you) ということは、(他の事情が同じならば) 実は私はあなたを愛していない (I don't in fact love you) ということを **Q** 含意 (**Q**-implicate) する。これらは予想通り、(57) (58) のようなパターンになる[23]。

(57) 　He likes you, and he may even love you.
　　　　（彼はあなたが好きだ、そして愛してさえいるかもしれない）
　　　#He loves you, and he may even like you.［注 23 参照］
　　　　（# 彼はあなたを愛している、好きでさえあるかもしれない）
　　　He absolutely {adores/ ?loves/ #likes} you.
　　　　（彼は絶対的にあなた {を崇拝している／？を愛している／# が好きだ}）

(58) 　It's warm if not hot out today.
　　　　（今日外は、暑くはないにしても暖かい）
　　　#It's hot if not warm out today.
　　　　（# 今日外は、暖かくはないにしても暑い）
　　　#It's absolutely {boiling/ ??hot/ #warm} out today.
　　　　（# 今日外は、絶対的に {沸騰するくらい暑い／?? 暑い／# 暖かい}）

　論理定項の場合と同様に、(59) のような分布が与えられたとすると、おなじみの発見法を適用するには ⟨boiling, hot, warm⟩ 対 ⟨freezing, cold, cool, lukewarm⟩ のような反対の値について、別々ではあるが平行する尺度を作ることが要求される。

(59) 　It's cool if not {cold/ freezing/ #lukewarm/ #warm/ #hot/ #boiling}
　　　　（{寒く／凍えそうで／# なまぬるく／# 暖かく／# 暑く／# 沸騰するほどに暑く} はないにしても、涼しい）
　　　It's warm if not {hot/ boiling/ #lukewarm/ #cool/ #cold/ #freezing}
　　　　（{暑く／沸騰するほど暑く／# なまぬるく／# 涼しく／# 寒く／# 凍えるほど寒く} はないにしても暖かい）

尺度形容詞の比較級は、ペアにされた尺度の仮定を背景にしてしか理解されない。ちょうど not-P が「P の尺度の P より下」と理解されるように、P-er もまた「P の尺度の終点の方向に向かってもっと」と解釈され、「P により近く」と解釈されるのではない。このように、warmer と hotter はどちらも「〈…, hot, warm,…〉の尺度上でもっと高く」と読まれ、cooler と colder は、「〈…, cold, cool,…〉の尺度上でもっと高く」と読まれる。warmer が「より暑くなく（'less hot'）」「（正確に）暖かいというのにより近づいて（'closer to (exactly) warm'）」を指すことができるのは、尺度能力の微妙さをまだ十分に習得していない子供だけである。

　フォコニエ（Fauconnier 1975a, 1975b, 1976）とヒアシュベルグ（Hirschberg 1985）が強調しているように、尺度は、(47)のように当該の要素に基づいて定義可能な意味(伴立)関係によって普遍的に定義されるだけでなく、与えられた文脈によって、尺度の基準になる語用論的含意が確立されるような場合には、局所的に定義されることもある。量の尺度については、すべての語用論的モデルや文脈がその当該尺度を仮定するのに対して、他の述語の集合は、各モデルを通じてそれほど一貫しているわけではない。この点で、量の尺度は限定的なケースとみなされるかもしれない。この立場は、上で考察したタイプの論理的含意関係にはない表現のペアに確立された尺度が存在することによって正当化される。

　フォコニエの例から 1 つ借りると、ヘラクレス（Hercules）が非常に重い岩だけを持ち上げることができるような文脈や状況が存在する可能性は十分にあり、ここでは重い岩を彼が持ち上げることは、彼がより軽い岩を持ち上げられることを伴立しない。しかし、普通の語用論的含意では、(60b)は(60a)から引き出される。

(60) a. Hercules can lift a rock weighing **n** pounds.
　　　　（ヘラクレスは **n** ポンドの岩を持ち上げることができる）
　　 b. Hercules can lift a rock weighing **n−k** pounds.
　　　　（ヘラクレスは **n−k** ポンドの岩を持ち上げることができる（ここで、**n, k** > 0））

この含意が与えられたら、最上級(61)は「量化」された読みを受け、全称量化子や絶対尺度要素の発見法を用いた他の表現で書き換えられる。

(61)　Hercules can lift the heaviest rock.
　　　（ヘラクレスは最も重い岩を持ち上げることができる）
(61')　Hercules can lift {even/ absolutely} the heaviest rock.
　　　（ヘラクレスは {絶対的に} 最も重い岩 {でさえ} 持ち上げることができる）
　　　Hercules can lift any rock, {even the heaviest/ however heavy}.

（ヘラクレスはどんな岩でも持ち上げることができる、それがどんなに重くてもである）

同様に、ある冗談に笑う人は誰でもそれより面白い冗談に笑うだろうという仮定に基づくと、(62)の3例は語用論的に等しい。

(62) The funniest jokes don't make Alexander laugh.
（最も面白い冗談はアレクサンダーを笑わせない）
Even the funniest jokes don't make Alexander laugh.
（最も面白い冗談でさえアレクサンダーを笑わせない）
No jokes (however funny) make Alexander laugh.
（どんな冗談も（どんなに面白くても）アレクサンダーを笑わせない）

　フォコニエも述べているように、ある尺度上の要素の順序を逆転させるのは、否定や他の極性項目の引き金となる要素に特有の性質である。例えば、(63a) に定義された普通の（肯定の）尺度と並んで、(63b) の否定の尺度が得られる。基数の性質が与えられたとして、前者 ((63a) のような肯定の尺度) が最大の、あるいは絶対的な値を持っていないのに対して、後者（否定の尺度）は持っていることに注意しよう。

(63) a.　... → Odette has three children（オデットには3人の子供がいる）
　　　　　　→ Odette has two children（オデットには2人の子供がいる）
　　　　　　→ Odette has one child（オデットには1人の子供がいる）
　　 b.　Odette doesn't have a child（オデットには子供がいない）
　　　　　→ Odette doesn't have two children（オデットは2人の子供を持っていない）
　　　　　→ Odette doesn't have three children（オデットは3人の子供を持っていない）
　　　　　...

否定の下では、偉大な「最後の審判の日」のように（Mark 10: 31 参照）、最初のものは最後になり、最後のものは最初になるのである。
　フォコニエは意味論的にだけでなく語用論的に定義された場合についても、尺度という概念を一般化しようとしたが、この彼の考え方の重要性は、我々が p_i-if-not-p_j 構文とその類似構文の例を集め始めると明らかになる[24]。ホーン（Horn 1972:ex. (1.90)）にまとめられた引用に、さらにいくつか追加の例を加えて示そう。

(64)　Overt antifeminism, if not homosexuality, may be the result of such experience in the male.

> (同性愛ではないにしても、明示的な反フェミニズムは、男性における そのような経験の結果かもしれない)（*The Parenting Advisor* から、母親 から父親への性別認識転換の失敗について）

In the Netherlands the crowds [for the Pope] were small, the welcome lukewarm if not cold.

> (オランダでは［教皇のために集まった］群集は少なかった。歓迎は、 冷たくはないにしてもなまぬるいものであった)（*New York Times*, 19 May 1985）

Most photographers were inarticulate if not subhuman.

> (ほとんどの写真家は、人間として不適切ではないとしても口下手で あった)（Elliot Chaze の小説から）

The picture of Chiang Kai-Shek that emerges is one that rivals Mussolini, if not Hitler, as the very model of a modern major dictator.

> (台頭する蒋介石のイメージは、まさに近代の主要な独裁者のモデルと して、ヒトラーではないにしても、ムッソリーニに匹敵するものであ る)（Sterling Seagrave の *The Soong Dynasty* の書評から）

Of course, not all our teachers made *the* or even *a* difference in our lives.

> (私たちの先生がみんな、私たちの人生に大きな相違、あるいはわずか 1 つの相違をさえ生じさせたわけではない)（*New York Times* 特別記事； 斜体原文通り、下線筆者）[訳者注 9]

例えば、cold と lukewarm はここで（おそらくその字義どおりの気候学的意味から の拡大によって）意味論的に定義された尺度上に位置すると主張されるだろうが、 固有名詞について適用できるような意味論的な基準はおそらくないだろう。しか し、最後から 2 番目の例から、独裁者をランク付けするような尺度が実際存在し、 さらにこの尺度ではヒトラーがムッソリーニよりも明らかに上位にランク付けされ ているという含意を、我々は明らかに引き出すことができる[25]。

　これに対抗する尺度演算子の説明は、デュクロとその同僚たちによって提出 されている（Ducrot 1973; Anscombre and Ducrot 1976, 1978, 1983 参照）。この 見解に基づくと、尺度は本質的に（Horn 1972 の意味における）量的なものでも （Fauconnier 1975a, 1975b, 1976 の意味における）語用論的なものでもなく、議論的 な（argumentative）ものである。デュクロの議論的な段階（échelles argumentatives） は、私が記述した特性の多くを共有している。例えば、(1)その相対的強さに

よって要素を位置付けること（もっとも、伴立や語用論的含意によってというよりは、その議論的な力によって定義される強さによる）、**(2)** より弱い方の表現を用いることによって、話者の知る限り、より強い表現は適用されないという修辞的示唆（言外に含まれる意味（sous-entendu））（5.3.1 節でデュクロの総記の法則（Loi d'exhaustivité）について議論する）、**(3)** **(65)**（注解は筆者）の温度の尺度におけるように、反対を表す用語のペアになった尺度の動機付け、などである[26]。

(65) ↑ il fait glacial　'it's freezing'　　↑ il fait brûlant　'it's boiling'
　　　　　　　　　　（凍えそうに寒い）　　　　　　　　　　（沸騰するくらい暑い）
　　 il fait froid　　'it's cold'　　　 il fait chaud　　'it's hot'
　　　　　　　　　（寒い）　　　　　　　　　　　　（暑い）
　　 il fait frais　　'it's cool'　　　 il fait assez chaud　'it's warm'
　　　　　　　　　（涼しい）　　　　　　　　　　　　　（暖かい）

　さらに、フォコニエの場合と同じように、否定は尺度の逆転（renversement des échelles）を生み出し、肯定の尺度**(66a)**から否定の尺度をもたらす。

(66) a.　 il fait glacial　　　→　 il fait froid　　　→　 il fait frais
　　　　　（凍えそうに寒い）　　　　（寒い）　　　　　　　（涼しい）
　　　 b.　 il ne fait pas frais　→　 il ne fait pas froid　→　 il ne fait pas glacial
　　　　　（涼しくない）　　　　　　（寒くない）　　　　　（凍えそうに寒くはない）

2 つの表現が客観的には同じ実体を指し示すことはあり得るが、それらの主張する結論は異なる。例えば、The glass is half empty（コップは半分空だ）（→ we should fill it, or buy another（そのコップを一杯にするか、もう一杯買わなければならない））対 The glass is half full（コップは半分入っている）（→ we should, or can empty it（そのコップを空にするべきだ、あるいは空にできる））のように。この違い（Ducrot 1973: 236–37）は、尺度逆転要素の下で引き起こされる。すなわち、半分空ではないコップには、半分入っていないコップよりもたくさん入っている。ここでの not は（イェスペルセンと同じように）「…より少」（'less than'）に等しいからである。しかし、デュクロにとっては、（普通の）記述否定にかかわる 'less than' 解釈は、彼の引き下げの法則（Loi d'abaissement）によって、規定されなければならない。

　これは、フォコニエ（Fauconnier 1976）が指摘しているように、デュクロが言うところの「客観的に同等の目盛り付けに訴えることのできる（graduation objective homologue）」場合にしか、否定の効果を議論モデルによって予測することがで

きないためである。尺度叙述は、原則として客観的に測定可能なものではないので、非客観的尺度文脈での less than 解釈というアド・ホックな説明方法をデュクロは取らざるを得ない。非客観的尺度文脈というのは、This soup isn't good（is less than good）や、Your statue isn't beautiful（あなたの像は美しくない）、My story isn't interesting（私の話は面白くない）のようなもので、その効果は、客観的な It's not warm（It's less than warm）out（外は暖かくない）、It's not half（It's less than half）full（それは半分入っていない）の場合と同く現実的で一般的である。

　尺度現象とは独立的に、論理的伴立（logical entailment）や語用論的含意、**Q** に基づく含意に頼る必要があるので、デュクロやアンスコンブルの議論に基づいた尺度は、語用論的に一般化された量のモデルに依存するとは最大限みなせても、それに優先されるとはみなせない。（語用論的に一般化された量のモデルは、Sapir 1944; Horn 1972; Fauconnier 1975a, 1975b, 1976; Harnish 1976; Gazdar 1979a, 1979b; Atlas and Levinson 1981; Hirschberg 1985 参照。）[27]

　私が仮定してきた尺度モデルでは、普通の否定の 'less than' 読みがどのように説明されるか理解するのは容易である。尺度演算子 $\mathbf{P}_i$ を（適切に単純な形で）含む命題 $\mathbf{p}_i$ についてそれが真であるのは、演算子 $\mathbf{P}_i$ の代わりにそれよりも強い演算子 $\mathbf{P}_j$ を含み、それ以外は命題 $\mathbf{p}_i$ とまったく同じであるような任意の命題 $\mathbf{p}_j$ が真である時である。しかしその逆はもちろん成り立たない。従って(**67**)に示されているように、尺度項目が弱ければ弱いほど、それを含む真となる命題の条件は広くなる。

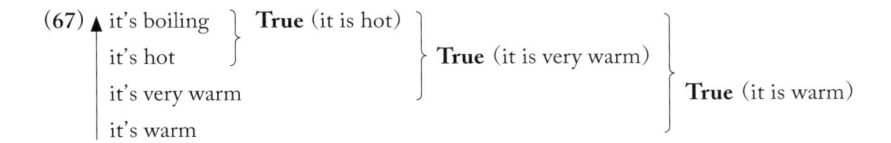

(**67**)
it's boiling / it's hot → **True**（it is hot）
it's very warm / it's warm → **True**（it is very warm）
→ **True**（it is warm）

尺度叙述の否定～$\mathbf{p}_i$ は、その矛盾 $\mathbf{p}_i$ が偽である場合に真になる。これは、その尺度上で $\mathbf{p}_i$ かそれよりも強い値を含むこのタイプのどの命題も真ではないという主張になる。ちょうど it is warm が少なくとも暖かい（少なくとも暖かければそしてその時に限り真である）を意味するように、その否定の it is not warm は「少なくとも暖かくはない（'it is not at least warm'）」すなわち「暖かい（というレベル）未満である（'it is less than warm'）」を意味する。同じように not pretty は 'less than pretty' と解釈され、not happy は 'less than happy' と解釈される。そしてこの章の最初の引用でイェスペルセンが指摘しているように、not good は 'less than good' であり、not three は 'less than three' と解釈されるのである。

　形式に依存する構成素否定は、その形式により尺度解釈を受けることもある

し、受けないこともある。ストックウェル、シャクターとパーティー (Stockwell, Schachter, and Partee 1973) は、not three hundred feet away (300 フィート離れていない) の not は 'less than' を意味するが、not quite three hundred feet away (完全に 300 フィート離れているわけではない) にはそのような解釈は付与されないと述べている。しかし、ここで not quite は明らかに構成素 (特殊) 否定である。not quite 300 が *less than quite 300 と等しくないのは、それが ?quite 300 の否定ではないからである (not quite X については、Bolinger 1972; Sadock 1981; Atlas 1984 参照)。イェスペルセン (Jespersen 1949: 435) は、no more than three (驚いたことに、たった 3) を not more than three (多くて 3) と区別し、(1917: 83) においても同様に no less than thirty (驚いたことに、きっかり 30) と not less than thirty (少なくとも 30) とを区別している[28]。

　not warm が原則として〈hot, warm〉の尺度上の warm より低い位置を指示するのであれば、それが、しばしば平行する〈cold, cool〉尺度上の温度を指し示すように思われるのはなぜなのだろうか。私たちは、この事実を次のことを認識することによって示すことができる。すなわち、warm/ cool、attractive/ unattractive、like/ dislike のようなペアになった反対関係にある段階的述語と、それらが定義するペアの尺度を扱う時は常に、それぞれの尺度の末端は反対関係にある値の間の除外された中間値を通って自動的にもう一方の尺度に延びているということである。図示すると、肯定・否定に用いられる温度尺度の拡大版は (68) のような形式になる。

(68)

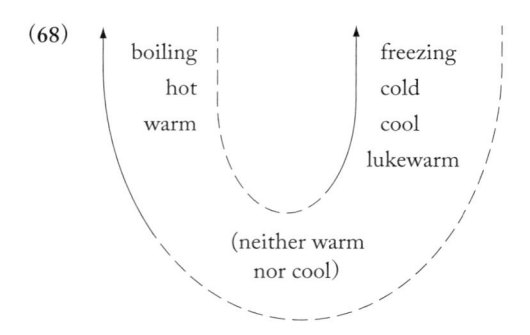

このように、not warm (less than warm) は暖かく (warm で) も涼しく (cool で) もない温度、さらに、cool の方へと拡大された warm 尺度上における cool かそれ以下の温度に適用されるだろう。not cold は freezing と cold の温度を除外するが、拡大尺度上の他のすべての値を指し得る。

　同様に、温度が〈hot, warm〉尺度上の値によって記述され得る場合、〈cold,

cool〉尺度上のどの値も適切に用いることはできない。涼しくない日は、(涼しくも暖かくもなく)穏やかであったり、暖かかったり、焼けるように暑かったりする。すなわち拡大〈... , cold, cool, ...〉尺度上の cool よりも下の値を示す。同様に、not good は拡大〈excellent, good, OK, ...〉尺度上の good より下のいかなる値も含む。従ってそこには中立(平均)や否定的(mediocre, bad, inferior, terrible)な値が含まれる。

　段階的(尺度)述語を最初に包括的に取り扱ったのは、サピア (Sapir 1944) である。サピアは形式的な表示を与えてはいないが、1 つの尺度を、2 つのラインをペアにした体系的に関連づけられたものとしてではなく、一本のラインに 2 つの異なる方向付けをしたものとして捉えているように思われる。私の数量尺度((53) 参照) も hot と cold のような反意語的述語のペアの尺度も((68) 参照)、サピアの統一的な二方向尺度に重ね合わせることができる。私はサピアの尺度をグラデーション (GRADATIONS) と呼ぶことにする。その 2 つのグラデーションを (69a, b) のように表示しよう。

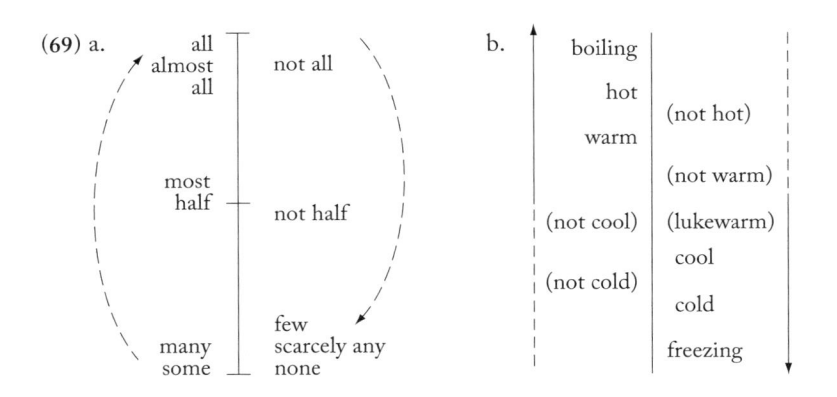

　この 2 つのグラデーションには重要な構造的違いがある。この違いは、上に述べた一方向的な尺度を 2 つペアにしたものにも等しく適用されるが、数量演算子(とそれに類するもの)は開放文(命題)や閉じた文(命題)に適用され、内側否定の見地から(小)反対を定義する(既に述べたように、**P**〜は **P** の(小)反対である)のに対して、hot/ cold, good/ bad, love/ hate のような単純な一次述語は内側否定も双対も持っていないという事実から生じる。このように、私が (53) の注釈付き四極構造の議論で採用し、必要な変更を加えれば (69a) のサピアのグラデーションにも適用できるような対当の方形に類似したものは、(69b) に表されている hot/ cold の例には直接対応させることができない[29]。

　部分詞のグラデーションの (69a) は、量化されている集合のメンバーの 100 パー

セントを表す（絶対的（absolutely））all とゼロパーセントを表す（絶対的（absolutely））no/ none という 2 つの絶対的終点を持っているが、温度のグラデーションには、我々が一般に認識しているように文字どおりの終点がない。私たちが it's absolutely boiling（freezing）out（外は、完全に煮立っている（凍っている））と言うときは、比喩的に話しているのである。

　診断法的証拠［P_i if not P_j、P_i or even P_j のような尺度診断構文を用いた証拠］（（50）、（51）参照）は、サピアのグラデーション分析に包摂することができる。但し、次のような注意が必要である。すなわち、2 つの任意の項目が（P_i if not P_j、P_i or even P_j などのような）関連する枠組みに現れることができるのは、その項目が同じ方向付けをされている場合（P_i と P_j が同じ矢印上にある場合）に限られ、さらに、もちろんその方向に関して P_j が P_i よりも強いか、あるいはより上の値を取る場合（P_j が P_i よりも矢印の矢頭に近い場合）である。同様にペアになった尺度の否定の値の配置についても、次のように動機付けることができる。Not only is it not warm, it's downright {cool/ cold/ freezing/ #warm/ #hot}（ただ暖かくないのではなく、率直に言って {涼しい／寒い／凍るように寒い／#暖かい／#暑い}）、Not only is it not cool, it's downright {warm/ hot/ #cool/ #cold/ #freezing}（ただ涼しくないのではなく、率直に言って {暖かい／暑い／#涼しい／#寒い／#凍るように寒い}）。

　サピアは、矢印の方向に対応する「記号法的筋感覚（notational kinesthesia）」［記号で表すことのできる運動感覚］を私たちはしばしば用いていると述べている。つまり、増加は「上向きの等級付け」によって記され、減少は「下向きの等級付け」によって記される。この点を十分考慮すると、私の尺度よりもサピアのグラデーションの方が心理学的に優れていることを主張することになるかもしれない。他方、（69b）のグラデーションは、warm と cool に関して、その方向付けが異なるにもかかわらず warm が心理学的に cool に近いとみなされるべきだということを示唆しているように思われる。しかしサピアが認めているように（1944: 133）、この予測された親密性は実際には成り立たない。いずれにしても、ここで強調しているように、私の一方向性の尺度を 2 つペアにしたもの（Ducrot 1972 参照）と、（私がここで示した）サピアが採用した統一的な二方向性のグラデーションとは、記号法的相違があるとしても極めて似ているものである。

　肯定と否定の数量表現のもっと厳密な定義は、バーワイズ・クーパー（Barwise and Cooper 1981; 以下 B&C）によって提案されている。これは、この章で私が提示した尺度モデルと両立可能であるが、かなり異なった着想である。このアプローチとその形式的枠組みにおいては、All men are mortal（すべての人は死すべき運命にある）のような文の数量詞（QUANTIFIER）は all men という NP 全体で、all は決定詞（DETERMINER）である。数量詞は統語的には NP であり、意味的には集合であ

る。我々の関心にとって重要な概念は単調性（MONOTONICITY）というもので、次のように定義される（B&C: 184ff）。

(70) a. 数量詞 **Q** において、任意の集合 x ∈ **Q** について **Q** が x のすべての上位集合を含んでいるなら、**Q** は単調増加（MONOTONE INCREASING, **mon↑**）である。

    b. 数量詞 **Q** において、任意の集合 x ∈ **Q** について **Q** が x のすべての部分集合を含んでいるなら、**Q** は単調減少（MONOTONE DECREASING, **mon↓**）である。

    c. 決定詞 **D** において、それが常に単調増加（減少）の数量詞を生じさせるならば、D は単調増加（減少）である。

　B&C は、数量詞が **mon↑** であるか、**mon↓** であるか、あるいはどちらでもないかを決定するために、（とりわけ）次のような言語的診断法を採用している。

(71)　**VP₁** と **VP₂** の 2 つの動詞句について、**VP₁** の外延が **VP₂** の外延の部分集合であるとしよう。その時次の(i)が成立するならば **NP** は **mon↑** であり、(ii)が成立するならば **NP** は **mon↓** である。
i. もし **NP VP₁** ならば、**NP VP₂** である。
ii. もし **NP VP₂** ならば、**NP VP₁** である。
もし、(i)も(ii)も成り立たないならば、**NP** は非単調(nonmonotone)である。

言い換えれば、**mon↑** 数量詞は真理値を変えないで述語が弱められることを許すのに対して、**mon↓** 数量詞は真理値を変えないで述語が強められるのを許す（Löbner 1985 参照）。**VP₁** が entered the race early（そのレースに早く参加した）で、**VP₂** が entered the race（そのレースに参加した）（前者の外延は後者の外延の真部分集合を構成している）である場合、次のような結果が得られる。

(72) a. Some men entered the race early.　⇄　Some men entered the race.
　　　（数人の人はそのレースに早く参加し　　　（数人の人はそのレースに参加
　　　た）　　　　　　　　　　　　　　　　　した）

　　 b. No men entered the race early.　⇄　No men entered the race.
　　　（誰もそのレースに早く参加しなかっ　　　（誰もそのレースに参加しな
　　　た）　　　　　　　　　　　　　　　　　かった）

    c. Exactly five men entered the race early. ⇄ Exactly five men entered the race.
     （ちょうど 5 人の人がそのレースに早   （ちょうど 5 人の人がそのレー
     く参加した）   スに参加した）

このように some men は **mon**↑ であり（それは同じような振る舞いをする he、Chris、the girl、many men、most women、all linguists、everybody、at least five frogs のような **NP** や数量詞についてもそうである）、no men は **mon**↓ で（nobody, at most five frogs と同様である）、そして exactly five men は（**72c**）の伴立関係がどちらの方向にも成立しないので、非単調である。

   B&C の基準でいうところの **mon**↑ である決定詞は肯定の尺度上に現れる演算子（all, most, many some,（at least）n, n or more）に対応し、**mon**↓ の決定詞は否定の尺度上に現れる演算子（no, not n, few, at most n, fewer than n）に対応する。非単調決定詞（特に exactly n）は、尺度演算子ではない。

   否定が尺度を逆転させるという主張（Horn 1972; Ducrot 1973; Fauconnier 1975a, 1975b, 1976）は、否定は単調性を逆転させるという規則（B&C: 186）に対応する。すなわち、もし **Q** が **mon**↑ ならば、～**Q** と **Q**～ は共に **mon**↓ である、そしてもし **Q** が **mon**↓ ならば、～**Q** と **Q**～ は共に **mon**↑ である。B&C の例において、One man ran は **mon**↑ 数量詞を含んでおり、その外側否定（Not one man ran）と内側否定（One man didn't run）は共に **mon**↓ 数量詞である。もし **Q** が **mon**↑ なら、その双対 **Q**(= ～[**Q**～] = [～**Q**]～)—例えば Not one man didn't run—も **mon**↑ である。

   mon↑ や **mon**↓ の数量詞や決定詞の振る舞いから現れてくる特に興味深い領域の 1 つは、接続可能性の問題に関わるものである（B&C: 193ff）。**CONJ** ∈ {and, or} の時 **Q₁ CONJ Q₂** のパターンが可能なのは、**Q₁**、**Q₂** 共に **mon**↑ か、共に **mon**↓ である時である。

(73)   a man and three women
       some students and every professor
       most men and any women
(74)   few violins and no violas
       no men and few women
       none of the dogs and hardly any of the cats

しかし、**Q₁** と **Q₂** がその単調性の特性において異なる時には普通の連言は、不可能である[30]。

(75)　*three men and no women

　　　*few women and those men

　　　*most of the dogs and none of the cats

B&C が指摘しているように、(76) の最小のペアが示す対照を考えると、このような混合連言を語用論的に排除することはできない。

(76)　John was invited and no woman was.

　　　（ジョンは招待されたが、女性は誰も招待されなかった）

　　　*John and no woman was invited.

このように、連言に示される結果は (50)、(51)、(51') の診断法と同じように、尺度、あるいはサピア流の方向付け、単調性のタイプを用いた分析の正しさを示している。(B&C の一般化された数量詞と対当の方形の関係については、Brown 1984 と Löbner 1985 参照。)

　バーワイズとクーパーの **mon**↑ 数量詞と **mon**↓ 数量詞、ホーンやデュクロ、フォコニエの肯定尺度演算子と否定尺度演算子、そしてサピアの上向きのグラデーションと下向きのグラデーションの間にあるもう 1 つの平行性を引き合いに出そう（上方伴立演算子と下方伴立演算子については Ladusaw 1979, 1980 も参照）。数量詞の中でも、a few α や only α のような表現にどのような説明を与えるべきだろうか。これらは、尺度的な（単調に増減する）値として動的に分析可能であるようにも、方向付けにおいて異なる 2 つの値の連言として静的に分析可能であるようにも思われる。もし a few が 'some but not many' に対応するのであればそれは非単調決定詞であるが、もし a few が（基数詞の場合と同じように、Q 含意によって引き起こされる上限を伴って）'at least a few' を単に意味するのであればそれは **mon**↑ である、と B&C は指摘している。しかし、一体どちらであるべきなのか。

　連言からの証拠（most women and a few men, no women {*and/ √but} a few men）と保留に関するテストからの証拠（a few if not {more/ *less}, a few or even {a lot/ *none}, *a few if any (vs. √few if any)）から、a few は—few とは違って—決して **mon**↓ ではあり得ないことと、（少なくともある場合は）**mon**↑ であり得ることが明らかである。しかし、a few にかかわる上限は、相対的に弱い肯定の尺度（**mon**↑）演算子を用いることによって普通含意される上限よりもはるかに強いように思われる。意外なことではないが、同じ疑問—そして当然同じ答え—がサピアの枠組みでも生じる。few をサピアは「より以上の何かから等級が下がる」('grading downward from something more')と特徴づけているが、それとは異なって、サピア（Sapir 1944:

134–35）は a few を「静的」で、方向性については「本質的に言質を与えない」とする一方、適切な（下降–上昇？）音調を伴って「上向き傾向」（'an upward trend'）を与えることもできると認めている。サピアの述べるところによると、quite a few は明らかに「上向き傾向」、すなわち肯定尺度あるいは **mon**↑ である。

　a few が **mon**↑ と非単調の間を不安そうにさまようようであるのに対して、only は **mon**↓ と非単調の間をさまようように思われる。ここでの事実はかなり複雑である。カルトゥーネンとピーターズと同じように、B&C も注意深く only 構造を避けるのは、おそらく意外なことではない（カルトゥーネンとピーターズは「only の場合は（even の場合よりも）複雑である、もっともその場合も焦点と作用域の区別を含んでいるけれども」(1979: 32) と述べるだけに止めている）。本質的な問題は、聖トマス、スペインのピーター、シャーウッドのウィリアム（Mullally 1945 と Kretzman 1968 参照）からギーチ（Geach 1962）、ホーン（Horn 1969, 1972, 1979）、レヴァグッド（Levergood 1984）に及ぶ only の初期の取り扱いで議論されたものである。only α は意味においては否定で、前提と含意によってのみ肯定なのか、それともそれは連言（only α= 'α and nothing {other/ more} than α'）を省略しているのか。前者では only α は **mon**↓ 数量詞とみなされ、後者では非単調とみなされて、それ自身典型的には連言に分析可能である（例えば exactly 5 = '[at least] 5 and at most 5'、some but not all など）。

　only α についての単調性の問題は、実際中世の聖トマス・アクィナス（Saint Thomas Aquinas）とシャーウッドのウィリアム（William of Sherwood）の研究において起こった。聖トマスは、solus 'only, alone' を NP に加えると、その NP を含む陳述にかかわる伴立に影響を及ぼすと述べている。彼は、「排他的な表現（例えば solus）はそれが結合する語を修正するので、その語について排他的に言えることは、その語の成員である個体について排他的に言うことができない。例えば、Man alone is a mortal rational animal（人だけが死すべき運命にある合理的な動物だ）という命題から、therefore Socrates alone is such（だからソクラテスだけがそのような動物だ）と結論することはできない」(*Summa Theologica*, Q31, art.3: Aquinas 1945: 311–12) と言う。solus を加えなければ、当該の伴立は、ソクラテスが人であるという隠された前提を受け入れればもちろん承認される。

　単調性テスト（(**71**) 参照）を適用することによってこの観察を広げたのはシャーウッドのウィリアムである。このテストは、7 世紀の後にバーワイズとクーパーによって形式化された。ウィリアムが指摘しているように（Kretzman 1968: 73 の *Syncategoremata* 11: 7）、(**77a**) の普通の単純な伴立は (**77b**) のように solus が主語に付加されると阻止される。

(77) a.　Socrates is running　　　　⊩　Socrates is moving
　　　　　（ソクラテスは走っている）　　（ソクラテスは動いている）

　　　b.　Only Socrates is running　　⊩　Only Socrates is moving^{訳者注 10}
　　　　　（ソクラテスだけが走っている）　（ソクラテスだけが動いている）

B&C の用語において、Socrates は **mon**↑ である一方、only Socrates はそうではない。決定されなければならないのは、反対の伴立すなわち (77') が成り立つかどうかである。

(77')　Only Socrates is moving　　　⊮²　Only Socrates is running
　　　　（ソクラテスだけが動いている）　　（ソクラテスだけが走っている）

もしこれが成り立つなら、only α は非単調ではなく **mon**↓ である。この問題は、法令などでもって無理やりに決めるのでない限り決定するのは困難である。スペインのピーター（彼の only についての連言分析は Mullally 1945: 106ff で議論されている）は聖トマスと同じく (77') が成り立たない方に投票するだろうが、シャーウッドのウィリアムは、ギーチ（Geach 1962: §108）と同じく、恐らくそれとは意見を異にしただろう。後者の立場の方が理論的に一貫していて、議論の余地はあるものの、自然言語の直観と分布的証拠に忠実であるように私には思われるが、ここではこの主張の弁護はしないでおく。

　ホーン（Horn 1969: 103–5）は、（混同されてはいないとしても）幾分紛らわしい単調性の初期の形の分類において、B&C と同じような伴立テストを用いて、a few α は 'M-CLASS'（本質的に **mon**↑）の数量詞で、only a few α は few α と同じように 'L-CLASS'（**mon**↓）のグループであると結論づけている[31]。この主張は (78) のような（前フェミニスト的な）例によって支持され、

(78) a.　**M** girls are both clever and seductive
　　　　　（**M** 女の子は賢くもあり魅惑的でもある）
　　　　　→ **M** girls are clever and **M** girls are seductive
　　　　　　（**M** 女の子は賢く、**M** 女の子は魅惑的である）
　　　　　　（ここで、**M** = {some, many, at least n , a few, ...}）
　　　b.　**L** girls are clever and **L** girls are seductive
　　　　　（**L** 女の子は賢く、**L** 女の子は魅惑的である）
　　　　　→ **L** girls are both clever and seductive
　　　　　　（**L** 女の子は賢くもあり魅惑的でもある）

（ここで、**L** = {no, at most n, few, only a few, …}）

「伴立関係は断定のみによって決定される」（Horn 1969: 105）という前提が与えられれば、only はその断定（あるいは論理形式）では否定であり、その前提（あるいは含意）では肯定である、という立場に一致する。

このように only は、単純な否定と同じように、―少なくとも時々は―尺度あるいは単調性を逆転させる（*seulement* の尺度逆転効果については Ducrot 1973: 237 参照）。only n CN（CN = 普通名詞）の形式の NP の場合、only n が **mon↓** 表現（= 'at most *n*'）として読まれるべきか、非単調接続詞（≅ 'exactly *n*, surprisingly'（驚くべきことに、ちょうど n））として読まれるべきかを決定するのに、文脈が役立つ。ウィリアムが述べているように（Kretzmann 1968: 95）only three は、Only three are running におけるように、それより大きい数だけを除外することも、あるいは Only three are hauling the boat（そのボートを引っ張っているのはたった 3 人だ）のように、それより大きい数も小さい数も除外することもできる。しかし協同作業としての行為が述語によって表現されないデフォルトな文脈では、only n は―at most n と同じように―**mon↓** である。すなわち、もし人が "only three" と言えば、人は "therefore not two" と推論することはできないが、"therefore not four or five" と推論することができる（Kretzmann 1968: 82）。

この章で、私は小反対とそれに関連した尺度演算子について詳しく考察している。それに基づくと、尺度演算子は意味表示や論理形式では多義ではないが、その演算子を含む与えられた発話トークンにミル – グライスの量の格律が適用されるかどうかに従って、二様に使用される可能性がある。このようにこれらの値―some, a, possible, warm, cool など―はそれぞれ、（関連する尺度あるいは方向付けの方向に関して）その字義的意味によって下限を与えられ、さらに含意によって上限を与えられる可能性もある。

この現象に関する最近の研究の中には、以上のような見解に異を唱えているものがいくつかある。これらについては、コーマック（Cormack 1980）；サドック（Sadock 1981）；バートン - ロバーツ（Burton-Roberts 1984）；サドック（Sadock 1984）；アトラス（Atlas 1984）；カーストン（Carston 1985a, 1985b）；ケンプソン（Kempson 1986）；スペルベル・ウィルソン（Sperber and Wilson 1986）などを参照されたい（Horn 1984a, 1985 も参照）。私が支持してきた論理言語学的規則と語用論的規則の仕事の分配は、特に基数詞について疑問視されている。1、2、3 やそれに無限に続く多くの値は、すべて（'at least n' と 'exactly n' の読みの間で）意味的にあるいは語彙的に多義であるというスミス（Smith 1970）が最初に提唱した立場を弁護しようとする人は、現在ではいないのではないかと思われる。ケンプソンとその同僚たちが支持してい

るのは、基数詞は意味論的には 1 つの意味しかないものだが、命題的にあるいは論理的に多義であるという立場である。この立場では、表現の意味解釈は、概して命題の復元に決定的には貢献できず、従って発話の意味だけでなく真理条件に対する貢献も中途半端であると考える(6.5 節参照)。他方、ハンス・カンプ(Hans Kamp)は、n + CN という形式の決定詞は exactly n + CN という形式の決定詞と真理条件的に同一であると示唆している。カンプの立場は、彼の談話表示理論の中で明らかにされているが、カドモン(Kadmon 1984)の攻撃を受けている。カドモンは、ホーン(Horn 1972)によく似た基数詞の意味論的・語用論的混合理論の談話表示理論版に有利な照応関係について、さらなる証拠を挙げている。この理論では 'exactly' 読みは 'at least' 読みから間接的に生成される。

　上限を与える含意のメカニズムの振る舞いが、基数詞に関する場合と他の尺度値(例えば数量決定詞、法表現、段階性を持つ反対関係を表す一次述語)に関する場合とでは異なっていることは否定できない。カドモンは、量に基づく含意が Myers has a kid(マイヤーには子供がいる)に対するよりも、Myers has three kids(マイヤーズには 3 人の子供がいる)—特に Myers has one kid(マイヤーズには子供が 1 人いる)—に対する方が強いということを指摘し、その違いについて正にグライス的説明を加えている[32]。彼女はまた、(200 Hondas are defective(200 台のホンダは欠陥車である)のような)四捨五入した数字は、(278 Hondas are defective(278 台のホンダは欠陥車である)のような)四捨五入されていない数字よりも、上限を持たない 'at least' 読みをされやすいということも述べている(1984: 30ff.; Horn 1972: 45 参照)[33]。

　サドック(Sadock 1984)は、2 + 2 = 3 や The square root of 9 is 2(9 の平方根は 2 である)のような数学的陳述の真理条件を与える際に、基数の最小主義理論に対して投げかけられる問題を論じている。この 2 例はそれぞれ、当該の基数詞の 'at least' 読みに基づくと真の読みを持つように思われる(2 + 2 is not only 3—it's 4!(2 +2 は単に 3 ではなく、4 だ))。サドックが指摘しているように、尺度の方向の文脈による逆転可能性において、基数詞は(some、many、none のような)「不正確な数量詞」('inexact quantifiers')や他の尺度表現とは異なっている。通常の数の尺度は簡単に逆転されるのに対して、「例えば some を "at most some" を含意するように用いることは、不可能であるように思われる」(Sadock 1984: 143)[34]。他の要因が関わっているいないにかかわらず、基数詞には組み込まれているが基数詞以外の決定詞は持たない正確性と、その結果それを適切に用いるために前提とされるより多くの知識や情報が、基数詞が引き起こす尺度含意を確かに強めているように思われる[35]。

　関連した問題をとり上げ、キャンベル(Campbell 1981: 97–99)は語用論的推論の中でも無意識的過程(CRYPTIC processes)と意識的過程(PHENIC processes)を区別している。(79) の B の応答のような文脈において量に関して派生される上限を与え

る含意は、

(79) A：How many children do you have?（あなたには子供が何人いますか）
　　 B：Two.（2 人です）

無意識的あるいは自動的で、A は「実際の認知労力」を必要としないし、また（B
は exactly two を意味しているのかそれとも at least two を意味しているのか、といっ
たような）思案をする必要もない。しかし(79')のような文脈では、

(79') A：Do you have two children?（あなたには子供が 2 人いますか）
　　（B：{No, I have three/ Yes, in fact I have three}）
　　　（{いいえ、3 人います／はい、実際、3 人います}）

聴者は、A は exactly two か at least two のどちらを意味したのだろうと意識的に考
え、量の格律が適切に発動される文脈ではそれを意識的に適用することによって、
おそらく前者の方向にその問題を解決するだろう。
　このように推論が適用されて、尺度演算子の多義性は事実上語用論的に取り
除かれるが、この推論には意識的な労力—すなわち慣習化や「短絡化（'short-
circuiting'）」(Morgan 1978)—が多かれ少なかれ必要である。語用論的推論メカニズ
ムが作用するときの直接性（あるいは無意識性）の度合いがさまざまであることは、
今や明らかである。この問題は、特に含意が「慣習的」（'conventional'）なものなの
か、その語「本来の」（'natural'）意味なのかという問題、及び語用論的規則一般の
問題という、より広い問題に結びついている。この問題は第 5 章で論じるが、まず
は否定、尺度含意、語彙化の交差点に位置している重要な言語学的陰謀を探求しよ
う。

4.5　O の物語：量と否定編入

　　私に O を帰してはいけない。（O me no O's）　　（Ben Jonson, *The Case Is Altered*）

　なぜある種の論理的四角形（「イェスペルセンの三分割」(4.2 節)のようなもの）は
頂点を 3 つしか持たないのだろう？　我々が先に検討した論理的幾何学では、イェ
スペルセンの A と C の範疇は、伝統的な対当の方形における A と E の頂点にそ
れぞれ写像される。B 範疇については頂点 I(some, possible)の語彙要素を持ってい
るが、その意味論は、2 つの小反対（I と O）の中立化ないしは結合を示唆しており

(some but not all, possible but not necessary)、(80)のように示される。

(80)

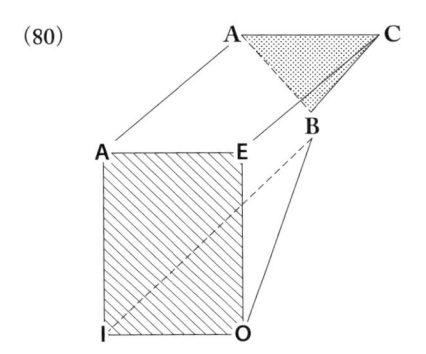

　その結果は、論理的に矛盾するもの、あるいは根本的に直観に反するものである。もし **B** の項が実際両面読みを持つのであれば、それに対応する **A** の要素よりもただ単に弱いのではなくて、**A** の要素と **B** の要素は互いに両立しないものになる。さらに、私が先に述べたように、**B** と **C** の範疇の項は、もし前者が両面読みの定義を与えられるのであれば、（イェスペルセンには失礼だが）真の矛盾ではない。すなわち、some but not all α **VP** と no α **VP** は同じ文脈で両方とも偽になり得るからである。しかし、イェスペルセンは、（彼以前のハミルトンと同じように）その論理的四角形の歪みを認識している点においては正しいと言える。

　もし我々が、イェスペルセンに従って **B** を基本的に肯定的なものとみなすならば、さらにイェスペルセンに反して **B** 範疇の要素が（この章できちんと割り付けしたように、意味によって下限を与えられ、含意によって上限を与えられる）片面読みの表示を与えられると想定するならば、伝統的な図形に論理的切断手術をした(81)のような三極構造ができる。

(81)

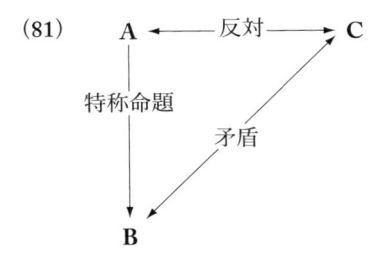

3 つ組の **A**、**B**、**C** の項はそれぞれ四極構造の **A**、**I**、**E** の頂点に直接写像される

が、完全に対称的であろうとすると、（無くなった）第4番目の頂点 O に写像される D の項が要求されるだろう。しかし、どの場合においても以下で見るように、この D の値は単一の語彙項目としては表現されない。パラダイムの項の1つに対応するのではなくて、期待される D（O）はパラダイムギャップにあたるのである。すなわち、我々は、all、some、no という語彙項目を持っているが、not all（some ... not）に対応するものは持っていない。everybody、somebody、nobody という語彙項目はあるが、not everybody（somebody ... not）に対応するものはない。always、sometimes、never という語彙項目はあるが、not always（sometimes ... not）に対応するものはないのである。

　頂点 O が他の3つの仲間とは異なって単一の語彙表示を許さないことは、聖トマスによって認識されていた。彼は、全称否定（E）の場合、「主語の下に含まれるもの全体にあたる全称主語からその述語が取り除かれるということを印すために、"no"［nullus］という単語が考案された［原文のまま］」と述べている[訳者注 11]。特称否定（O）の場合には、「特定の単語はないが、"not all"［non omnis］という表現を用いることができる。ちょうど "no" が "not any"［すなわち 'not some'］と同じことを意味するため、全称的に取り除くのと同じように、"not all" もそれが全称的肯定を除外するので、特称的に取り除くのである」（Oesterle 1962: 82–83 における Aquinas, *In Arist. De Int.*, lesson 10 参照）。

　ギリシア語、ラテン語、英語においては—例えば、no や none、nothing、nobody、nowhere、never のような—否定（mon↓）数量詞及び否定（mon↓）数量副詞が、全称否定を表現するために使用可能である（それらの語が「考案された」（'has been devised'）とみなしてもそうでなくても）。もっとも、イェスペルセン、サピア他が述べているように、同じ概念は nobody = not anybody = everybody ... not（NEG-V 読み）のようなさまざまなタイプの語彙的複合構造によっても同様に表現され得るけれども。しかし、特称否定（全称の否定）を表現するために使える否定数量詞は、否定形態を持つ持たないにかかわらず、一単語の語彙項目としては存在しないのである。

　この非対称性はインド・ヨーロッパ語族に限られたことではない。系統的にまったく関連のない世界中の言語に、all not（not some）や none に翻訳可能な混成語がしばしばみうけられる。例えば、マダガスカル語では *tsy* 'not' と *misy*［miš］が結合して、字義どおりでは 'not some' を意味する［tsiš］'no' という混成語を形成しているが、'not all' や 'some not' に対する同様の語彙化は存在しない。否定辞の編入された数量詞がまったく用いられない言語もあるが、E の形式は O の形式よりも簡潔に直接的に表現される傾向がある。日本語では、話題（Topic）の印となる wa を挿入することによって 'not all' を 'no' から区別している。

(82) a.　Minna ikanakatta yo.　　　　　'Nobody went'
　　 b.　Minna wa ikanakatta yo.^{訳者注12}　'Not everybody went'

　二要素に適用される数量詞(あるいは数量決定詞)の補充形と連結詞にも同じ非対称性がみられる。(83)に示されたイェスペルセン流の三分割の表において、語彙化された **A**、**B**、**C** と並んで、対応する **D** の列は語彙的に実現されない。

(83)

	普通数量詞 Ordinary Quantifiers	数量副詞 Quantificational Adverbs	二要素数量詞 Binary Quantifiers	相関接続詞 Correlative Conjunctions	二要素連結詞 Binary Connectives
A	all α, everybody	always	both (of them)	both … and	and
B	some α, somebody	sometimes	one (of them)	either … or	or
C	no α, nobody (= all ∼ / ∼ some)	never (= always ∼)	neither (of them) (= both ∼ / ∼ either)	neither … nor (= [both …and] ∼)	nor (= and ∼)
D	*nall α, neverybody (= some ∼ / ∼ all)	*nalways (= ∼ always)	*noth (of them) (= either ∼ / ∼ both)	*noth … nand (= [either … or] ∼)	*nand (= and ∼ / ∼ or)

　連言接続詞(both …)and が、論理的に、語用論的に、分布的に、音調的に、全称量化子の all に対応し、選言接続詞の (either …)or が、存在量化子あるいは特称の some に対応し、結合否定の (neither …) nor が、全称否定の no, none に対応することを私は主張した。これらは、対当の方形の 4 頂点の内の 3 つを埋めるが、第 4 番目の、南東の頂点 **O** は語彙的に空白のままである。一体なぜこのような非対称性が存在するのか？　失われた **O** には何が起こったのだろうか？

　この問題に対する 1 つの解決は、ホーン(Horn 1972: 4 章)に提案されている(同様の考えについては、Blanché 1969 も参照)。一般化された **Q** に基づく含意が存在するとすると、小反対(**I** あるいは **O** の値)のどちらか一方を用いると、他方を含意する傾向がある。ミルが述べているように(4.1 節参照)、もし私が(自然な文脈で)some are と言うと、あなたは some are not (= not all are)と推論する。そして逆の場合もそうである。このように、字義どおりに言われていることの見地からではなく、伝達されていることの見地からみると、2 つの小反対は情報的に交換可能である。それにもかかわらず、2 つの小反対が任意の談話文脈で(適切性を変えることなく)交換可能ではないということは (84) が示しているとおりであり、その 2 つの

小反対が、異なる尺度の互いに対応する（弱い）位置を占めているという事実を反映している。

(84) A : All of your friends showed up.　　　　A : None of your friends showed up.
　　　　（あなたの友人はすべて姿を現した　　　　　　（あなたの友人は誰も姿を現さな
　　　　ね）　　　　　　　　　　　　　　　　　　　　かったね）

B : No, ⌈some of them didn't.　　　　　B : No, ⌈some of them did.
　　　　（いいえ、何人かは来ません　　　　　　　　　（いいえ、何人かは来まし
　　　　　でした）　　　　　　　　　　　　　　　　　た）
　　　　not all of them did.　　　　　　　　　　　?# just some of them didn't
　　　　（すべて来たわけではありま
　　　　　せん）
　　　　{just/ only} some of them did.　　　　　　　?# (just) not all of them did.
　　　　（何人かが来ただけです）
　　　　?#some of them did.⌋

つまり、**A** 陳述の矛盾となるのは **O** であり、**E** 陳述の矛盾となるのは **I** である。しかし、もし話者 A が B の反論を受け入れるのであれば、(84) の 2 つの対話の終わりには同じ命題を仮定することになる、という事実は残される。すなわち、B の友人の何人かは姿を現し、何人かは姿を現さなかった、ということである（some of B's friends showed up and some did not）。

　もし、**I** と **O** の陳述が、文脈によって部分的にその選択が決定されるものの、結果として同じ情報を伝達する傾向があるなら、私がここで示した小反対の説明に合致する言語は、小反対関係にある 2 つのものに対して別々の語彙化を本質的に必要としない [36]。そして、我々がみる限りこれが真実なのである。通言語的に見ると、少なくとも 1 つの全称量化子、強い尺度の数量詞、あるいは決定詞が（**A** 位置に対応するように）語彙化され、また（**A** と **E** の位置を満たすように）両方語彙化されることもしばしばある。しかし、特称の弱い尺度を表すものは多くて 1 つ、それも必ず **A** の特称（**E** の矛盾）である。語彙化の非対称的パターンを英語によって表示すると次のようになり、これは例外ではなく典型的なものである。

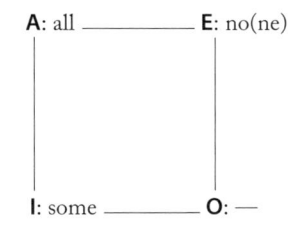

　否定の語彙編入にずっと強い制約を持つ言語には別のよく観察されるパターンがみられる［こちらの方を上記の非対称的パターン存在の証拠とすることの方が多い］。すなわち、どちらの否定の位置も（**E** も **O** も）語彙化されないのである。しかし、そこでも上記の一般化は堅実に保持されていて、**A** と **I** は語彙化され、**E** も語彙化されることが多いが、**O** は語彙化されない。そしてこれだけあれば十分である。私が完全な情報を持っていて（そしてそのことが他の人にも知られていて）、その知識があなたに関連がある（そしてそのように知られている）ような如何なる状況においても、all と（some not, not all を含意する）some, ないしは none の 3 つの値のうちどれか 1 つを含む命題を用いて、あなたにその情報を伝達することができる。(*nall = not all という意味と some という含意を持つ)第 4 の値は、（論理的にはそうではないが）機能的にはなくなってもかまわないものである。

　ちょうど同じパターンが 2 つの要素を結びつける連結詞にみられる。標準的に語彙化された 2 つの値は **A** と **I** の位置を占め、英語ではそれぞれ and と or で表示される。もし第三の位置が、典型的には否定辞編入によって表示されるとすれば、それは頂点 **E** に写像される。実際には、否定的接続詞を語彙化するには 2 つの異なる意味論的候補があり、どちらも歴史的に英語の nor に結びついている。イェスペルセン（Jespersen 1917: 108）は、古英語（と古代ノルウェー語の）nē を「前と後ろを見る」('looking before and after')否定句接続詞として引用している^{訳者注 13}。従って、『ベオウルフ』(*Beowulf*)にでてくる sūð nē nōrð は 'neither south nor north' を表す[37]。ドイツ語は（引き合いに出されるのはまれだが）その近代版を提供している。すなわち、in Wasser noch in Luft は 'neither in the water nor in the air' を意味する。厳密に言えば、真の **E** の値を持つ二要素連結詞はこのタイプだけである。

　nor の標準的（そして後には唯一のものになる）値は単なる 'and not' で、その結果、**p nor q** は p を断定する一方 q を否認する。そしてこの連結詞はさらに制限を持つようになり、明示的にあるいは暗黙の内に否定的な文脈に制限されるようになった。テニソン(Tennyson)は、まだ（'stood and did not speak' を意味するものとして）Ida stood nor spoke と書くことができたが（Jespersen 1917: 114 参照）、現在では、否定の形式あるいは否定の力をもつ節か文の後に続いて、（'but not' ではなく）

'and also not' や 'and not ... either' によって書き換え可能な非日常会話的連結詞として nor を用いることの方がはるかに典型的である。次の例を比べてみよう。

(85)　I {*could/ ˇcouldn't} do it then nor can I do it now.　　(Kruisinga 1931: §2395)
　　　（私はその時それをすることが {* できた／ˇ できなかった} し、今もできない）
　　　#He is rich nor (is he) handsome./ ˇHe is rather poor, nor is he exactly handsome.
　　　（# 彼は金持ちで、ハンサムでもない／ˇ 彼はかなり貧しくて、正確に言うとハンサムでもない）
　　　He was upset about it. Nor was she {totally thrilled/ #unhappy} herself.
　　　（彼はそれに腹を立てた。彼女は {完全にぞっとしたわけでは／# 嬉しくなくは} なかった）

文体的、機能的に制限を受けてはいるが、裸の *nor* は 'and not' という値を持って生き延びている。
　この（否定的接続を語彙化する）位置 E のもう 1 つの候補は、ディートリッヒ・ナポリ（Dieterich and Napoli 1982）によって主張されているように、比較に基づいた rather である。彼らは (86) のように、**y** が時制を持つ動詞を含む **x** rather than **y** について、ハリー（Harry）が車で通勤していたと誰かが以前に断定したか仮定したという慣習的含意（2.5 節参照）を伴なう '**x** and not **y**' という注釈をつけている[38]。

(86)　Harry walked to work rather than drove.
　　　（ハリーは車ではなくて歩いて仕事に行った）

ディートリッヒ・ナポリ（Dieterich and Napoli 1982: 163）の、rather than を「論理的連結詞 "and not" の代わりに使用可能な候補」とする分析は、交換不可能（noncommutative）な自然言語の連結詞はあり得ないとするギャズダー・プラム（Gazdar and Pullum 1976: 224）の主張の反例となる。例えば、(86) は明らかに Harry drove rather than walked to work（ハリーは歩いて仕事に行ったのではなくて、車で行った）と等しくはない。実際、同じことがテニソンの例の *nor* についても言える。もっと一般的に言うと、ギャズダーとプラムは、複合語の (neither ...) nor と not both を表す連結詞の地位に違いはないと思っているが、そのような違いは明らかに存在する。どの言語にも 'or not' や 'not both (and possibly neither)' に対応する、あの四極構造の南東の頂点を占める語彙的候補は見つけられないのである。
　パース、ニコーとシェファーの研究以来、命題論理の（否定を含む）すべての真理

関数連結詞は、1 つの基本的な真理関数から生成することができ、この真理関数には 2 つの等しく実行可能な候補があることが認められている。それは、複合否認（$\mathbf{p} \downarrow \mathbf{q}$ と表示し、「$\mathbf{p}$ でも $\mathbf{q}$ でもない（'neither $\mathbf{p}$ nor $\mathbf{q}$'）」と読む）と、シェファーストローク（あるいはニコーストローク）（$\mathbf{p} \mid \mathbf{q}$ と表示して、「$\mathbf{p}$ でありかつ $\mathbf{q}$ であることはない（'not both $\mathbf{p}$ and $\mathbf{q}$'）」と読む）である。この 2 つの連結詞に与えられる値は(87)のようになる。

(87)

p q	複合否認 $\mathbf{p} \downarrow \mathbf{q}$	シェファーストローク $\mathbf{p} \mid \mathbf{q}$
T T	F	F
T F	F	T
F T	F	T
F F	T	T

　この 2 つの連結詞のどちらを生成源として選ぶかによって、命題否定（〜 $\mathbf{p}$）は直接的に（$\mathbf{p} \downarrow \mathbf{p}$ あるいは $\mathbf{p} \mid \mathbf{p}$ として）定義され、二要素間の真理関数（and, or, if then, if and only if）は、等しく簡潔だが、もう少し直観にあった定義になる。例えば、$\mathbf{p} \downarrow \mathbf{q}$ は $\mathbf{p} \vee \mathbf{q}$ の矛盾で、$\mathbf{p} \mid \mathbf{q}$ は $\mathbf{p} \wedge \mathbf{q}$ の矛盾であることが分かるだろう。しかし、not $\mathbf{p}$ を 'neither $\mathbf{p}$ nor $\mathbf{p}$' や 'not both $\mathbf{p}$ and $\mathbf{p}$' の省略表現だと直観的にみなそうとしていることから明らかに分かるように、この解決法は、それがエレガントであるのと同じぐらい不自然である。

　シェファーストロークが概念的に原始要素ではないという議論（Gale 1976: 6）は、複合否認演算子についても同様に当てはまるが、この 2 つには本質的な違いがある。既にみたように、いくつかの言語は（少数派ではあるが）、複合否認の **E** の値に対して単一の語彙を与えている[39]。この目的のために、裸の ne, nor が英語では一旦採用されたが（Coombs 1976: 177 に引用された、『ベオウルフ』の nē lēof nē lāð 'neither dear nor loathsome' にさかのぼる）、今では neither ... nor という形式で、不連続相関語句が実質的に是非必要なもの（de rigueur）になっている。従って、テニソンのアイダ（Ida）は、言語的感性を攻撃しないように、裸の nor を服で覆って(88a)のようにしなければならない（韻律も意味も変えてしまうが、そのように進行しているのだから仕方がない）。

(88) a. Ida neither stood nor spoke.　（Ida both did not stand and did not speak）
　　　　（アイダは立ちもしなかったし、しゃべりもしなかった）

334

b. *Ida（noth）stood nand spoke.　'Ida did not both stand and speak';
（アイダは立ってかつしゃべることをしな
かった）
'Ida didn't stand or didn't speak（and possibly
did neither）'
（アイダは立たなかったか、しゃべらなかっ
た（そして、恐らくどちらもしなかった））

フランス語の ni ... ni ... の場合と同じように、**X ... X ...** という形式を取ることが多い **(88a)** タイプの相関語句はいくらでもある。しかし、英語も他のどの言語も、**(88b)** に示されたような **O** の値に対応する形式は、単一形式も相関形式も許さないのである。

　もっと一般的に言うと、**(89a)** のように **E** の語彙化された形式があるのに対して、**(89b)** に表示されたように **O** の語彙化された形式はない。

(89) a. Lee can't come ⎰ and Kim can't either.　（リーは来ることができない、
　　　　　　　　　　　　　　　　　　　　　　そしてキムも来ることができない）

　　　　　　　　　　　nor can Kim.
　　　　　　　　　　　and neither can Kim.
　　　　Neither Lee nor Kim can come.　（リーもキムも来ることができない）
　　b. Pat can't come ⎰ or（else）Sandy can't　（パットが来ることができないか、
　　　　　　　　　　　　　　　　　　　　　　　サンディが来ることができない）

　　　　　　　　　　　*nand can Sandy.
　　　　　　　　　　　*or noth can Sandy.
　　　*Noth Pat nand Sandy can come.　（*パットとサンディが両方とも来
　　　　　　　　　　　　　　　　　　　　　れるわけではない）

　この普遍的特性はホーン（Horn 1972:§4.23）とツウィッキー（Zwicky 1973: 477）がそれぞれ独立的に発見したようである。後者は、シェファーストロークが論理的に充分根拠があるにもかかわらず、「A nub B が "not both A and B" を意味するような特性を持った、接続詞の語根 nub を、いかなる言語も持っていないようである」と述べている。これまでの説明に基づくと、このギャップは、（文字どおりに表現しているのではないけれども）この意味を伝達する「接続詞の語根」（'conjunctive root'）すなわち or が存在しているためであることになる。

　すべての弱い尺度要素と同じように、選言は意味において下限を与えられ（包含

的で)、(文脈がそうしないように規定するか想定しなければ)一般的使用において
上限を与えられる(排他的である)。その結果、**p** or **q** は(**p** ∨ **q**)を意味し、(他の事
情が同じならば)(**p**|**q**)(= 〜［**p** ∧ **q**］)を含意する。そのため結局、この 2 つの結合
である排他的選言の(**p** ∨∨ **q**)を伝達することになる。日常言語は、小反対関係にあ
る 2 つのうちのどちらか一方だけがあれば何とか間に合わせることができる。そこ
で、数量詞の場合と同じように、肯定の(or)を手離さずに、否定の(noth, nand と
しても知られる nub)を(語彙目録から)削除する方を選んだのである。

　O 物語の次の話には、馴染み深い法表現が総出演している。法助動詞の場合、否
定辞編入によってできた語彙項目は、can't, couldn't, shouldn't, mustn't などのよう
な縮約の形式を取る。ここで、(**90**)の多義性を考えてみよう。

(**90**)　A priest could not marry.　(〜 ◇ あるいは ◇ 〜)
　　　　(僧侶は結婚することができなかった／僧侶は結婚しないことができた(許さ
　　　　れた))

前者(カトリック教会)の読みに基づくと、僧侶が結婚することは不可能である(許
されない)と、この陳述は主張している。後者(監督教会)の読みに基づくと、僧侶
が結婚しないことは可能である(許される)と主張していることになる。次のように
法表現の後に挿入された括弧の要素があると、後者の読みしか生じない。

(**90'**)　A priest could {always/ if he wishes/ of course} not marry.　(◇ 〜 のみ)
　　　　(僧侶は {常に／望めば／もちろん} 結婚しないことができた)

しかし、法助動詞と否定辞が縮約された形が用いられると、(**90**)は前者(カトリッ
ク教会)の読みにしかならない。

(**90''**) A priest couldn't marry.　(〜 ◇ のみ)
　　　　(僧侶は結婚できなかった)

同じ結果が、<u>can</u> についても成り立ち、can も「正書法的」縮約を許す。

(**91**) a.　You can not work hard and still pass.　(〜 ◇ あるいは ◇ 〜)
　　　　　　(あなたは、一生懸命勉強することができないが、それでも受かる／
　　　　　　あなたは、一生懸命勉強しないことが可能だ、それでも受かる)
　　　b.　You {cannot/ can't }work hard and still pass.　(〜 ◇のみ)

（あなたは、一生懸命勉強することができないが、それでも受かる）

法表現が論理的可能性を指すと理解されても、物理的可能性（能力）を指しても、許可を表すと理解されても、縮約形に編入可能なのは、外側否定だけである。

他の法表現はどうだろうか？ 〜◇と□〜は縮約されるが、◇〜と〜□は縮約されない、というのが結論のようである。can't と couldn't（〜◇）と並んで、次のような縮約が可能である。

(92) a. You mustn't go (you must [not go], □ 〜)
　　　　（あなたは行ってはいけない）
　　 b. You shouldn't go. (you should [not go], □ 〜)
　　　　（あなたは行くべきでない）

大抵のアメリカ人にとって、mightn't と mayn't は、実際には起こらない形式である。mightn't がもし現れるようなことがあったとしたら、might に付いている否定辞がその法表現よりも広い作用域を取る場合である。

(93)　He might go, {might he not/ mightn't he} ? 　（〜 ◇ [he go] ?）
　　　（彼は行くんだろう？）
　　　?* It mightn't rain today. 　（◇ 〜 [it rain]）

mayn't が起こるとしたら、その場合も外側否定を含んでいる（そして、認識的 may と広い作用域の否定が結びつくことは不可能なので、mayn't は義務的読みを持つことになる）。

(93') You mayn't go out. 　（〜 ◇のみ、あるいはむしろ〜 **Perm**）
　　　（あなたは出かけてはいけない）
　　　?* It mayn't rain today. 　（◇ 〜読みは容認不可能）

このようなすべての例において、**E** の値を表す法表現＋否定辞は語彙化されるが、**O** の値を表すものは語彙化されない傾向がある（より完全な議論については Horn 1972: § 4.1 参照）。

この傾向に対する 1 つの明白な反例は、needn't（= 〜 □、≠□ 〜）である。これは、need が否定極性項目としての地位を持つことによって部分的に説明される。すなわち、He need not（needn't）go 否定や（ある言語使用域では）Need he go? は用

いられるが、*He need go は用いられない。数量的 **O** の値は決して語彙化されない
が、法的 **O** の値は、結果として生じる形式が誤解される可能性がない場合には、
相対的に自由に語彙化されるように思われる。**E** 読みが可能な時はいつでも、事実
上潜在的な **O** 読みを先取りしてしまう。needn't の場合は、need の極性の地位が(否
定の作用域の外に □ をとる)**E** 解釈を不可能にするので、孤立した **O** が自由に縮約
を受けられるのである[40, 訳者注 14]。

　法体系における **E/O** 非対称性はほかに、形容詞と動詞の語彙目録においてもみ
られる。**E** の値を持つ impossible と共に、**O** の値を持つ unnecessary と uncertain が
あると思われるが、unnecessary と uncertain には違いがある。すなわち、ある状況
は論理的に不可能 (logically impossible) ではあり得るが、論理的に不必要 (logically
unnecessary) ではあり得ない。このように、unnecessary は義務的局面に限られてい
るように思われる。同様に、It is *impossible* that the Indians will win the pennant (イ
ンディアンズが優勝するのは不可能だ) は可能だが、It is *uncertain* (not certain) that
the Yankees will win (ヤンキースが勝つのは不確実だ) は不可能である。uncertain
は、主語繰り上げを許さないという点で、not certain に比べて統語的にも制限され
ている。つまり、The Yankees are {not certain/ *uncertain} to win (ヤンキースが勝つ
のは{確かではない／ * 不確実だ})である。

　他の (ラテン語やフランス語のような) 言語には、**E** 形容詞の同族語 (impossibile,
impossible) はあるが、**O** に対応する語彙 (*innecessarius, *innécessaire) はない。一般
に、〜□ を表す語彙を持つ言語は〜◇ を表す語彙も持っているが、逆は真ではな
い、ということが分かっている。さらに、もし結果として生じる両形式の一方が (英
語の iN- vs. un- のような接辞の生産性が欠けているため：5.1 節参照) 他方より十
分に語彙化され、その分布の可能性や、意味的可能性がより自由であるならば、そ
れは常に **E** 値の〜◇ であって、**O** 値の〜□ ではない[41]。

　また、否定の動詞派生形容詞 (deverbal adjectives) の存在にも **E/O** 非対称性が
反映されている。例えば、英語の unreadable, unsolvable の論理形式は un- [[**V**]
able] で、つまりは、〜◇ **V** (読まれることができない、解決されることができない)
である。英語や他の言語において語彙項目が可能や否定の接辞を編入する際、その
接辞よりも語彙項目の方が広い作用域を取ることはまれである。そして、(**94**) のト
ルコ語の動詞のように (Payne 1985: 227) 語彙項目の方が広い作用域を取る時には、
E の値はより不透明になり語彙化される傾向がある。

(**94**) a. gel-　emiy-ecek 　　　　'He will not be able to come',
　　　　 come- IMP-FUT 　　　　ここで、*emE* は不可能を表す非分解標識である。
　　 b. gel-　miy - ebil - ecek 　　'He will be able to not come',

come- NEG- POSS- FUT　　'He may not come'

　英語では、意味的複合形 CAUSE ～◇を語彙化している使役動詞が非常に多くあるのに対して、それに対応する論理形式 CAUSE ～□（CAUSE ◇～）の候補はわずか2つしか見つけることができない。

(95) a. 'make, cause to become not {possible/ legal/ moral}'
　　　　ban（禁じる）　　　　　forbid（禁じる）　　　proscribe（禁止する）
　　　　bar（妨げる）　　　　　inhibit（禁じる）　　　refuse（拒否する）
　　　　deter（やめさせる）　　interdict（禁止する）　veto（拒否する）
　　　　disallow（許可しない）　preclude（妨げる）　　withhold（引き留める）
　　　　enjoin（禁止する）　　　prevent（妨げる）
　　　　exclude（閉め出す）　　prohibit（禁じる）
　　 b. 'make, cause to become not {necessary/ obligatory}'
　　　　（{possible/ legal/ moral} not）
　　　　excuse（許す）　　　exempt（免じる）

　O 値よりも E 値を語彙化することが普遍的に優先されることは、（形態統語論の基準によって）O の形式を表示しているようにみえる広範な法的、数量的複合形が、実際には E の意味を与えられていることにも示される。ロシア語の nel'zja (impossible, forbidden) は、（今では古語の）語根 l'zja 'good, useful' の否定形から派生しているのだから、語源的根拠に基づいて、E ではなくて O の値を指すはずであるが、実際には、E の値を指すのである。
　同様に、英語の凍結副詞類である not at all は、フランス語の pas du tout と同じように、全称表現の否定という根源の意味から E 方向に強められたように思われる。（肯定の at all は、アイルランド方言で「まったく、完全に」（'wholly, altogether' [OED all, 9b]）という意味で生き延びている：Van Dongen 1918 参照）。その証拠は、古英語の方がはるかに明白である。古英語では、語彙項目の nalles, nealles は一見、*nall というような形式の数量詞の派生を阻止する制約の反例を示しているように思われるが、実際は 'no, not, not at all' という値だけを持つことが証明されており、決して 'not all' という意味を持っているのではない。（OE の数量表現にはほかに nœfre 'never', nœðor 'neither, nor', náht 'nothing', nán 'no one, none', náhwœr 'nowhere' などがあるが、いずれも不適切な O ではなく、合法な E の位置を占めている）
　O よりも E の方がより簡潔な表現を可能にすることは、これまでに十分に証明さ

れている **O ‥▸ E** への意味的ドリフト (semantic drift) によっても支持される。必然性
を表す述語と結合する外側否定は、しばしば内側否定読みを引き起こすように思わ
れる。すなわち、**A** の矛盾がその反対になるのである。この展開は、第 5 章で考察
するが、フランス語の構文 (96) において最も明確に見られる。

(96)　Il ne faut pas que tu meures.　'You must not die'　($\Box \sim \mathbf{p}$),
　　　（おまえは死ぬべきではない）　lit. 'It is not the case that you must die' ($\sim \Box \mathbf{p}$)

これが最初に体系的に研究されたのは、トブラー (Tobler 1882b) のこれと同じ名前
の論文においてである。falloir 'must', devoir 'must, should' とその通言語学的対応物
は、任意にせよ義務的にせよ、しばしば先行する否定辞をその作用域の中に取り込
んでしまう。(96) の場合、トブラーが論証しているように、14 世紀頃までは非論
理的 (unlogisch) **E** 読みが（予測される方の）**O** の意味と共存していたが、結局 **O** の意
味を完全に駆逐してしまった。
　O の形式を **E** の値を取るまで強める傾向は、一般的ないわゆる否定辞繰り上げの
現象の下に包摂されることが多い (Horn 1978b と以下の 5.2 節参照) が、このよう
な強めあるいはドリフトは、否定辞繰り上げ分析では問題となるもう 1 つのクラ
スの例にもみられる。統語的には（動詞あるいは拘束形態素のような）使役要素のス
コープ外にある否定辞が、意味的にはそのスコープ内にあるものと解釈され、'cause
not' や 'not let' という読みになるという現象が多くの言語においてみられる (Tobler
1882b; Spitzer 1927; Cornulier 1973 参照)。例えばコルニュリエが述べているよう
に、イタリア語の例 (97b) は、その基になる強い使役の (97a) の矛盾 ('Coffee doesn't
make me sleep' (コーヒーは私を眠らせるのではない)) ではなくて、反対 ('Coffee
doesn't let me sleep' (コーヒーは私が眠るのを許さない), 'The coffee is causing me
not to sleep' (そのコーヒーは、私を眠らないようにさせている)) として読まれるの
が普通である。

(97) a.　Il caffè mi fa dormire.　　'(The) coffee {makes/ is making} me sleep'
　　　　　　　　　　　　　　　　（コーヒーは私を眠らせる）
　　　b.　Il caffè non mi fa dormire.　（コーヒーは私を眠らせない）

　同様に、マクグローイン (McGloin 1982: 11) によると、日本語では、「否定の使
役文は、CAUSE-NOT (すなわち、not let) 読みを与える傾向が顕著である。多く
の場合、NOT-CAUSE (すなわち、not make) 読みは周辺的 (marginal) である。」彼
女はこの対照を、(98) の（周辺的な）多義性を引き合いに出すことによって例証して

いる。

(98) Watashi wa otooto ni hon-o yom- ase nakat- ta.
　　 I TOP *younger brother-* *my book*-ACC *read-* CAUSE- NEG- PAST
　　 'I {didn't let/ ?didn't make} my younger brother read the book'
　　（私は弟に本を読ませなかった）

　ホーン（Horn 1978a: §5.3）とホーン（Horn 1978b: 213–14）で議論されているように、聖書のヘブライ語、トルコ語、アムハラ語、チェコ語、ジャカルタ語は、強い使役の否定（lit., 'not make', 'not cause'）が 'not let', 'make not', 'prevent' を意味することがあり、そしてある場合にはそれを意味しなければならないような、複合語を生み出す言語である。英語でさえ、語彙化された否定の使役述語の中には、**O** ⇢ **E** ドリフトを受けるものがある。

(99) a. That approach didn't please me.　　('didn't cause me to become pleased'/
　　　（そのアプローチは、私を喜ば　　（私が喜ぶようにさせなかった）
　　　せなかった）

　　　　　　　　　　　　　　　　　　　'caused me to become not pleased')
　　　　　　　　　　　　　　　　　　　（私が喜ばないようにさせた）

　　b. That approach displeased me.　　(only = 'caused me to become not pleased')
　　　（そのアプローチは、私を不快　　（私が喜ばないようにさせた）
　　　にした）

　この通時的ドリフトに類する現象が、言語運用の仕方（performance）にも見られる。否定の処理に関する実験から次のような好奇心をそそる（そしてなぜなのか説明されない）結果が得られている。被験者が not both … and … という形式の接続詞を処理するのに困難を示し、それを both … not（neither … nor）であるかのように扱った人が多かったという発見である（Wason 1959; Wales and Grieve 1969 と先の3.2 節参照）。il ne faut pas という構文と使役否定によって示されたその通時的変化と同じように、この自発的変換のプロセスは **O** 範疇の不安定性を反映している。

　ここで（そして Horn 1972: 4 章で）仮定されている **E** / **O** 非対称性に対する一般的説明は、2 つの小反対が情報を一まとまりにする仕方には重要な違いがあるが、結果として同じ情報を伝達する傾向がある、という観察に基づいている。これは、(100) の表のように図示することができる。そこでは適切な数量的、法的、義務的値が、状況に対する話者の知識を背景に位置づけられている。**n** を話者の可能な認

識状態を示すものだとしよう。**n** は（完全な否定的確信、すなわち…〜…という知識を示す）0 から（完全な肯定的確信を示す）1 まで変化する。発話文脈は心的に調整可能な限り中立的である。尺度値に対応する単純な語彙項目をボールド体で示す。

(**100**)（adapted from Horn 1972:ex. (2.109)）

頂点 Vertex	数量詞 Quantifier	法 Modal	義務的値 Deontic Value	知識 Knowledge
A	**all** α	**necessary**	**obligatory**	$n=1$
I $\vee$ A	at least some α; some if not all α	at least possible; possible if not necessary	at least permitted; permitted if not obligatory	$1 \geq n > 0$
I	**some** α	**possible**	**permitted**	$1 > n > 0$
O	not all α; some α not	not necessary; possible not	not obligatory; permitted not	$1 > n > 0$
O $\vee$ E	not all α, if any	not necessary, if (even) possible	not obligatory, if (even) permitted	$1 > n \geq 0$
E	not any α; **no** α; **none**	**impossible**	not permitted; **forbidden**	$n = 0$

注目すべきは、小反対の対称的変換特性により、表の 3 列目と 4 列目に表示された情報が同じであることである。この 2 つの選択肢は、一方が主張することを他方が含意するので、論理的力においては異なっている。この 2 つはまた、既にみたように、どのような談話で生起した場合に適格であると認められるのかにおいても異なっている。しかしこれらは情報的に等価であるので、先に私が描いたような三極構造になる。そこでは、語彙形式に直接実現される必要があるのは小反対関係にある 2 つのうちの一方だけである。

　しかし、語彙化されるのはなぜいつも肯定の値なのだろう。(**100**) に示されたように I と O の値が対称的である場合、all、none、not all が語彙化され、some が語彙化されないような数量体系を、自然言語に見つけることができないのは、なぜなのだろう。なぜ 2 つの要素を連結する語が、(both) and、(neither) nor、not both の 3 つであることが決してないのだろうか。なぜ、obligatory、forbidden、possible not に基づく法体系が存在しないのだろう。

　自然言語の三極構造が生じるのは、伝統的四極構造において垂直方向に非対称的であることによる。つまり大小関係（all → some, none → not all）が一方通行であることと、小反対関係にあるもの（some, not all）が、反対関係にあるものとは異なって矛盾しない（論理的に両立可能である）ということのためである。四極構造では水

平的には対称的なので、小反対の一方を削除、ないしはそれを二次的な（語彙的に複雑な）地位のものに還元しようとする際、脇にのけられるのがどうしていつも否定の方であるのかを我々に説明してくれるものは何もない。

　何もないというのは、四極構造に象徴される純粋な対当の論理にも、あるいは私がここで論じてきたパラダイムギャップを認可する「量の格律」の中にもないということである[42]。もちろん鍵は（1.2 節と第 3 章で扱った）肯定の優位性である。そこで私は最終的に、肯定−否定の非対称性を語用論的に扱うことを支持した。自然言語の尺度演算子によって定義される三極構造が（102）ではなくて（101）の形を取るのは、否定陳述が有標であることと否定自体が形式的にマークされるためである。

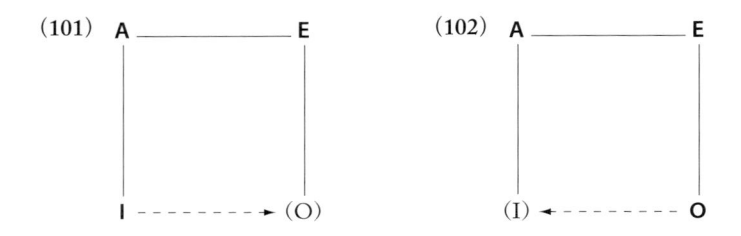

（101）　A ———————— E

（102）　A ———————— E

　既にみたように（Horn 1972:§4.2–4.3 参照）、強い尺度値を持つものは内側否定を編入するが、弱い尺度値を持つものは外側否定を編入する。中間の尺度値を持つ演算子はどうだろうか。考察した結果、その下限が尺度の中間値よりも上である演算子はどれも内側否定だけを編入し、その中間値ないしはそれ以下の演算子はすべて外側否定だけを編入することが分かった。レープナー（Löbner 1985）の言い方に従うと、**P**〜は、**P** が不寛容（INTOLERANT）の時のみ可能な語彙演算子であり、〜**P** は、**P** が寛容（TOLERANT）である時のみ可能な語彙演算子である。

　例えば、few という否定演算子がある。これは、寛容決定詞の外側否定（= 'not many'）ないしは、不寛容決定詞の内側否定（恐らく = 'a significant majority ... not ...'）と見なされ得る。同様に、否定（**mon**↓）数量副詞の rarely は（seldom や infrequently と同様に）'not often' や 'usually not' に等しい。一方 many ... not や often ... not によって表される複合表現は語彙化されない。

　P が寛容である場合にのみ〜**P** が不寛容となるので、語彙化された否定の数量詞や数量副詞はそれ自体常に不寛容であると予測でき、事実正にそのとおりである。

（103）　a.　He often goes to church {and/ but} he often doesn't go.
　　　　　　（彼はしばしば教会に行く {そして／しかし} 行かないこともしばしばある）

（sometimes, not always も同様）

b.#He rarely goes to church {and/ but} he rarely doesn't go.

（# 彼は滅多に教会に行かない、{そして／しかし} 行かないことも滅多
にない）

（never, always, usually も同様）

(104) a.　Many of my friends are linguists, {and/ but} many of them aren't.

（私の友達の多くは言語学者だ、{そして／しかし} そうでない友達も多い）

（some, not all も同様）

b.#Few of my friends are linguists, {and/ but} few of them aren't.

（# 私の友達に言語学者はほとんどいない、{そして／しかし} 言語学者
でないものもほとんどいない）

（none, all, most も同様）

　バーワイズ・クーパー（Barwise and Cooper 1981: 186）の単調性一致普遍特性
（MONOTONICITY CORRESPONDENCE UNIVERSAL）でも本質的に同じ予測ができ
る。彼らによると、「**mon**↑ 数量詞 **Q** を表す基数でない弱い決定詞を伴う単純な
NP があるならば、そしてその時に限り、**mon**↓ 数量詞〜**Q** を表す単純な ［NP］
が存在する。」基数でない弱い **mon**↑ 決定詞というのは、本論でいう寛容な肯定尺
度の値を持つもの（a, some, a few, many）であるから、B&C の提案した普遍特性は
'neither' や 'no'、'few'（not many）を認める一方、'not every' や 'not both'、'not all'、
'not most' などを単純な決定詞になれる値としてうまく排除できる。しかしその議
論は尺度演算子にかかわる語用論に基づいていないため、数量詞語彙化の制約に対
する B&C のアプローチはアド・ホックである。さらに悪いことには、それは法表
現や他の非数量詞的値に一般化できない。

　予測通り、(103) と (104) のパラダイムは法表現にも成立する。not probable と
not likely のような否定の認識的尺度を持つものは、'probable not' や 'likely not' を
意味するように理解される否定辞繰り上げ解釈を許し、実際そちらの方が好まれ
る。これは私の **O**⇢**E** ドリフトを例証するものである。しかし、語彙化されたも
のは、その内部形態とは関係なくこの強い方の読み方しかなされない。

(105) a.　It's {not probable/ not likely} that a fair coin will land heads.

（本物のコインは、表が上になって落ちることはありそうにない）

（曖昧；否定の外側（矛盾）読みで真）

b.　It's {improbable/ unlikely} that a fair coin will land heads.

（本物のコインは、表が上になって落ちないらしい）

344

（多くの話者にとって、曖昧なく内側（反対）否定；従って偽）

(106) a.　It's not likely that the Yankees will win and not likely that they'll lose.
　　　　　（ヤンキースは勝ちそうにも負けそうにも思われない）
　　　　　（「寛容」('tolerant')読みを許す）

　　　b.#It's unlikely that the Yankees will win and unlikely that they'll lose.
　　　　　（#ヤンキースは勝たないらしいし、負けないらしい）
　　　　　（「不非寛容」読みのみを許す、従って意味的に異常）

　このパターンは improbable と unlikely に類似した義務的尺度を持つものにも拡張される。undesirable と inadvisable は内側否定（{desirable/ advisable} ... not ... ）で曖昧なく解釈されるが、一方それらに対応する語彙化されていない not desirable と not advisable は曖昧である。認識的な例においても義務的な例においても、語彙化されない not α 形式の使用に影響を与え、「非論理的な」反対（内側）否定読みを「論理的な」矛盾（外側）否定読みよりも自然にする O ⇢ E ドリフトは、語彙化された iN ＋ α、un ＋ α の形式の字義的意味の一側面として化石化されている（fossilized）。このような化石化についてはさらなる例を第 5 章でみることになる。

　この章の冒頭では、否定が数詞やそれと関連する（段階的）概念と結びつくと 'less than' を意味するというイェスペルセンの主張を考察した。この意味は、否定がそのような文脈で矛盾でも反対でもない読みを持つという不可解な振る舞いをしているのではなくて、尺度演算子の性質の結果として生じるものであることを私は主張した。数量詞や数量決定詞、数量副詞、法表現、その他の尺度値を持つものは、その字義的意味によって下限を与えられ、（デフォルト的な文脈などで）量に基づく会話の含意によって上限を与えられる。含意関係は文脈依存的なので、それぞれの尺度値 P に対して 2 つの解釈（'at least P', 'exactly P'）を体系的に得るのであって、それぞれの演算子に意味論的多義性を仮定する必要はない。否定は、演算子によって与えられる字義的意味に反対の主張をする際、上限を与えられる前の値に適用されて、'not (at least) P' すなわち 'less than P' という値を生み出す。（この主張に対する明白な反例のように思われるが実はそうではない例が、第 6 章の焦点になる。）

　イェスペルセンの数量概念と法概念の三分割モデルは、上限の付与を語用論的規則ではなく論理的規則として組み込んでいて、アリストテレスの法論理学やハミルトンの数量論理学と同じように究極的な矛盾を持ってしまっている。しかし、これらの体系はそれぞれ、伝統的な対当の方形に（あるいは、論理演算子の意味論をもっと現代的で形式的に説明したものに）適切な語用論的修正を加える必要があることを示唆している。これまで見てきたように、この四極構造の 4 つの頂点がすべて自然言語の法則の下で等しいわけではない。肯定と否定の小反対関係にある I と O を

関係づける語用論的メカニズムは、これらの小反対関係にあるものの一方が語彙の具現化には余分であるという結果を導く。否定が機能的に有標であることにより、小反対関係にある二者のうち、余分で語彙化されないものは常に **O** の方であることになる。

注

1 実際は、これはここで主張されているほど明確なものではないかもしれない。第5章でみるように、(6b) を C_3 ではなく C_4 が成立することを伝達するために言う強い語用論的傾向が自然言語にはある。ここの議論では、この要因を無視することにする。

2 対当の方形を初めて幾何学的に示したアプレイウスにとって、**I** と **O** は subcontraria（小反対）ではなく subpares「（まったくではないが）ほぼ等しいもの（'nearly [but not quite] equals'）である」ということは意味深い。サリヴァン（Sullivan 1967: 64–67）参照。

3 ハミルトンは自分が主張する2つの some と、アリストテレスの2つの possible の平行性を明らかに見逃していた。実際、彼は法表現についてほとんど何も述べていない。

4 偶然にも、グライスの会話の含意はそれと平行するデュクロのシステム（Ducrot 1972, 1973）の sous-entendus（言外に含まれた意味）に直接重なる。MQ（量の格率）に相当するデュクロの法則は Loi d'exhaustivité（総記の法則）で、次のようなものである：'exige que le locuteur donne, sur le thème dont il parle, les renseignments les plus forts qu'il possède, et qui sont susceptible d'intéresser le destinataire' (1972: 134)（話し手が、話題に関して持っている情報の中で、最も強く、受け手の利益になるようなものを与えることを要求する）

5 すなわち私が異議を唱えているのは、〜K（**p**）（話者は **p** つまり (15c) が真であることを知らない）から K〜（**p**）（話者は **p** つまり (15c) が真ではないと知っている）への移行を定例化することに対してである。これはギャズダー（Gazdar 1979a）が言い始めてレヴィンソン（Levinson 1983: 135–36）が採用しているが、レヴィンソンが渋々認めているように、混乱を引き起こし一般性が失われてしまうもので、いずれにしても経験的な動機付けがないように思われる。（関連する議論として Soames 1982, Hirschberg 1985 も参照）

6 二重否定律とそれにかかわる問題については、5.1.3項で再考する。言語的二重否定の形態統語論的帰結、特に極性現象と法に対するその影響については、ベイカー（Baker 1970）；ストックウェル、シャクターとパーティー（Stockwell, Schachter, and Partee 1973: 257ff.）；ホーン（Horn 1978a: §3.1）で論じられている。

7 奇妙なことに、イェスペルセンは **B** と **B**〜が等価であることについて何も述べていない。もっとも、そのような等価性は彼のシステム内で派生可能であるのは明らかである。なぜなら両面読みの some（possible）は、それ自身の内側否定である両面読みの some（possible）... not と一致するからである。

8　ウィトゲンシュタインの段階性（Gradation）（1922:§4.464）は、認識的法演算子の尺度構造を記述するもので、私が主張している量の尺度は、数量詞とその類似概念を関係づける論理的語用論的原則を説明するものである。ポットは、この両方に先行するような段階性や尺度の概念を発展させている。（Horn1972; cf. Ducrot 1973; Fauconnier 1975a, 1975b, 1976; Gazdar 1979a; Levinson 1983; Hirschberg 1985）

9　同様に、広東語（Cantonese）では（Yau 1980: 26–27）、**B** 範疇の法演算子（である認識的可能性演算子の *wui* や、根源能力演算子の *hɔji*）が 2 つの否定に隣接されると、対応する **A** 範疇の法演算子の断定になる。

(i)　Kœy　wui　hœy.　　'It is possible that he will go'
　　　he　*poss.*　*go*　　（彼が行くことは可能だ）
(ii)　Kœy　m　wui　m　hœy.　'He will definitely go' (lit. 'It is not possible that he won't go')
　　　　　NEG　　NEG　　　（彼は確かに行く（彼が行かないことは可能ではない））
(iii)　Kœy　hɔji　hœy.　　'He can go'
　　　he　*able*　*go*　　（彼は行くことができる）
(iv)　Kœy　m　hɔji　m　hœy.　'He must go' (lit. 'He can't not go')
　　　　　　　　　　　　　（彼は行かなければならない（彼は行かないことはできない））

ヤウ（Yau）は、否定に隣接されて（must や have to のような）強い法演算子を生み出すことができる **B** 範疇の述語をほかにもいくつか挙げているが、逆のプロセスを取って、(26) の 2 番目の等価式を例証するような例はないように思われる。この非対称性は、決して広東語（Cantonese）に限られるものではなく、5 章でみるように機能的に動機付けされている。

10　法演算子、否定、作用域の複雑な相互作用は、とりわけリーチ（Leech 1969）；シューレン（Seuren 1969）；ボイド・ソーン（Boyd and Thorne 1969）で詳しく扱われている。双対（リーチは INVERSE OPPOSITES と呼んでいる）の特性の形式ばらない説明はリーチ（Leech 1969, 1974）参照。

11　サピアの学生でもあり協力者でもあったコリンソンは、後に、肯定と否定の「指示」（'indication'）について自分自身の取り扱い方を示した。彼の出発点（1937: 90–92）は、次のようにサピアと同様のものである。「私たちは、"some (certain) people would not like that"（何人かの（ある）人々は、それが好きではない）と言って、普通それを好きな人もいることを含意している。"Not-every" は理論上全否定を含み、"none or some but less than all"（none（ゼロ）か some だが all より少ない）を意味することが期待される。しかし現実には not-every は one or some but less than all（one か some だが all より少ない）を意味する。」小反対関係についてこのように適切に語用論的特徴付けをしているにもかかわらず、コリンソンはイェスペルセンに従って、これらの演算子が通常伝達する意味を字義的意味を構成するものとしている。このように彼は (pp.92–93) (i) のような (23i) タイプの等価式を提供し、

(i)　not everywhere　　　　'in some places only'
　　 not always　　　　　　'sometimes'
　　 not everyone　　　　　'someone', 'some people'
　　 not everything　　　　'some thing (s)'
　　 not all　　　　　　　'some', 'at least one'

さらにネオ・イェスペルセン派のチャート（pp. 108–9）を示して、全称表現（Totalizers（**A**））、不定表現（Indefinites（**B**））、否定表現（Negatives（**C**））の 3 分割を、ドイツ語やラテン語、ロマンス語、さらには多くの国際補助言語（International Auxiliary Language）にも適用している。この類のデータは、珍しいので(ii)に再録しておく。

(ii)

	Latino sino flexione	Occidental	Novial	Ido	Esperanto
A	omni	omni	omni	omna	ĉiu
B	aliquo	alcun	kelki	ula	iu, kelkiu
C	nullo	nul	nuli	nula	neniu

12　同様に、キケロが述べているように（*Topica* 56–57）、ストア派は not both から at least one への推論を語用論的なものではなく、論理的なものとして扱う傾向があった。これが、(ii)に示された問題なく妥当な推論の「第 6 様式」と共に、問題ある(i)の「第 7 様式」へ彼らを導いたのである。

(i)　Not both this and that　　(ii)　Not both this and that
　　 Not this _____　　　　　　 This _____
　　 Therefore, that　　　　　　　　 Therefore, not that

この議論については、メイツ（Mates 1953: 125）とルカシェヴィツ（Lukasiewicz 1934）参照。

13　別の所でクワイン（Quine 1951: 12）は「［p or q or both における］"or both" や "and/ or" のような表現は広く用いられている」という事実を、「or を排他的に解釈することを支持する根拠である。それというのも［包含的解釈をしてしまうと］、常に余剰的な意味を伝達するだろうからである」として引用している。しかし、包含的論理形式から Q 原理に基づく（**Q**-based）含意を通じて排他的解釈が導き出されるとするならば、このような形式が用いられることはまさしく我々の予測するところである。さらに、クワインが述べているように、自然言語における包含的意味は、それ自身 *p or q but not both* にみられる付加が不必要な余剰物ではないことによって支持される。もし前者の添え書き（or both）の方が後者（but not both）よりも「普及している」ならばそれは、or の上限（排他性）が一般化された会話の含意から生じるという事実のためであ

る。一般化された会話の含意というのは、定義によって（Grice 1961, 1975 参照）、明示的に取り消されていないデフォルト的或いは中立的文脈に適用される。（some if not all や some or all のような表現が「広範に使用」されていても、（ハミルトンのように）日常言語の some の標準的な意味表示が all を排除するような上限を与えるものでなければならないとクワインは結論付けていない、ということは注意する価値があるかもしれない。）

14 ここで（そして、Horn 1972: 97–99 で）与えられた 2 つの or の語用論的説明は、また、次のようなジョゼフの考察（1916: 187ff）に予示されている。すなわち、2 つの選択肢が互いに排他的であるかどうかは、文脈（「その場合の性質」）が決定する。もし、文脈が決定しないのであれば、'A or B or both' や 'A and/ or B' のような典型的な Q に基づく含意取り消しの枠組みにおけるように、「排他性を仮定しないように述べられていない限り、おそらく排他性を仮定した方が安全である」という（注 13 参照）。

15 オランダ語の Alle jongens lopen niet 'All the boys were［not walking］' が曖昧でないことについてはクラーク（Kraak 1966: 177）とシューレン（Seuren 1967: 358）を参照。

16 文脈による強制がなければ NEG-Q 読みが同様に顕著で、サラ・リー（Sarah Lee）の製品が知られていないフランス語では、（François Latraverse が述べているように）NEG-V 読みは、異なる例で強制される傾向がある：Tout ce que tu fais ne vaut pas de la merde.（おまえのやることはことごとく全くくだらない）

17 論理的には類似している A 範疇の法表現は、その後に否定がきた場合、必ず否定よりも広い作用域を取る。文 (i) と (ii) は、曖昧にはならず、NEG-M（〜A）ではなく、M-NEG（A〜）になる。

    (i) {Necessarily/ Certainly} John isn't a bachelor.
        ({必然的に／確かに}、ジョンは独身男性ではない)
    (ii) 2 + 2 {necessarily/ certainly} are not 5.　(2 + 2 は{必然的に／確かに}5 ではない。)

これらの例においては、数量詞や二要素連結詞を含むものとは異なって、A 演算子は主語に含まれていない。トブラーにとって—私が第 7 章で指示する分析にとっても—このことが非常に重要である。

18 I didn't go because I was afraid. の多義性については、イェスペルセン（Jespersen 1917: 47）参照。この 2 面構文は（比較的）最近かなりの注意を集めている。とりわけ、G. レイコフ（G. Lakoff 1965）；クラーク（Kraak 1966）；シューレン（Seuren 1967）；ストックウェル・シャクター・パーティー（Stockwell, Schachter, and Partee 1973）；スガル、ハジコーヴァとベネショーファ（Sgall, Hajičova, and Benešová 1973）；ラインバーガー（Linebarger 1987）参照。

19 この直観は、(36') の文で行った思考実験が証明しているように、下降‐上昇調が NEG-Q 読みを引き起こす十分条件ではあるが、必要条件ではないという事実によっても確認される。さらに、(39c) のような例の and に NEG-CONJ 読みを選択するとき、

下降–上昇音調を避けるのがさらに困難になるということにも注意しなければならない。もっとも、このような場合でさえ、Leslie and Kim didn't come, just Leslie did のような対比強勢によって、それは取り除かれるかもしれない。

20 認識的可能性に対するヒンティカの実際の表示法は **P** である。**P** を述語変項として先に使ってしまったため、ここでは、私は **POSS** で代用した。

21 これらの 2 つのタイプの枠組みの違いは、尺度ではなく、(Lehrer 1974: 29 と Lyons 1977: 289 に従って) 私がランク (RANKS) と名付ける部分順序集合を見る時、特に明らかに現れる。尺度内の要素とは異なって、ランクの値は相互に両立不可能である。例えば、ホーン (Horn 1972) とヒアシュベルグ (Hirschberg 1985) で論じられている (i) – (iii) のような正当なランクにおいて、

(i) 《general (大将)、major (少佐)、…、lieutenant (中尉)、sergeant (軍曹)、corporal (伍長)、private (兵卒)》
(ii) 《felony (重罪)、misdemeanor (軽犯罪)、tort (不法行為)》
(iii) 《win (一着)、place (二着)、show (三着)》［競馬などで］

軍曹は (なお確かに) 伍長ではないし、重罪は軽犯罪でもない。1 つのランクの要素が伴立 (entailment) で関連づけられているのではないという事実は、(50b) タイプの取り消しの枠組みを適用すると失敗することによって示される。

(i') He's not (#only) a corporal, he's a sergeant.
　　(彼は (# 単に) 伍長ではなくて、軍曹である)
(ii') #Smoking marijuana is a misdemeanor, in fact it's a felony.
　　(# マリファナを吸うことは軽犯罪だ、実際それは重罪である)

しかし、(50a) を保留することがここでは可能である。たとえ私の息子の内 2 人が軍曹で 1 人が中尉であるとしても、私の息子は皆少なくとも伍長であると言うことができるし、マリファナを吸うことは少なくとも軽犯罪である、と (その事実の部分的抑制力を伴って) 主張することができる。同様に、(iv) にあるようなポーカーの手のランクを考えてみよう。その上に、いくつかの重複する尺度を (とりわけ (v) を) 重ね合わせることができる。

(iv) 《ファイブカード (Five of a kind) (ワイルドカードゲームで)、ロイヤルフラッシュ (royal flush)、ストレートフラッシュ (straight flush)、フォーカード (four of a kind)、フルハウス (full house)、フラッシュ (flush)、ストレート (straight)、スリーカード (three of a kind)、ツーペア (two pairs)、ワンペア (one pair (two of a kind))》
(v) 〈ファイブカード (Five of a kind)、フォーカード (four of a kind)、スリーカード

350

(three of a kind)、ワンペア (two of a kind)〉

〈ロイヤルフラッシュ（royal flush）、ストレートフラッシュ (straight flush)、フラッシュ (flush)〉

〈ロイヤルフラッシュ（royal flush）、ストレートフラッシュ (straight flush)、ストレート (straight)〉

フルハウス (full house) はそれ自体フラッシュ (flush) ではない (#Not only is it a flush, it's a full house) (# それは単なるフラッシュではなくフルハウスだ) が、フラッシュ (flush) の上位にくる ((iv) 参照)。もし、あなたの賭けるパターンから、少なくともフラッシュ (flush) を持っていると演繹し、結果として実際にはあなたがフルハウス (full house) を持っていることが分かったとしても、この演繹は無効にはならない。

22 「拡大版対当の方形」と同様の構造は、マッコール (McCall 1967a: 123ff) によって利用されている。そこでは、同じように、(小) 反対が水平線で関連づけられ、矛盾が対角線で関連づけられている。マッコールは (i) のような英語の文の関係を描くために、拡大版の方形を用いている。

(i) John adores Mary
   （ジョンはメアリーを崇拝している）
   John loves Mary
   （ジョンはメアリーを愛している）
   John does not hate Mary
   （ジョンはメアリーを憎んでいない）

   John hates Mary
   （ジョンはメアリーを憎んでいる）
   John does not love Mary
   （ジョンはメアリーを愛していない）
   John does not adore Mary
   （ジョンはメアリーを崇拝していない）

23 主観的な領域に入ると、事態はもっと分かりにくいものになる。2、3 年前のカントリー／ポップソング（'You Really Got a Hold on Me'）は (i) の行で始まる。

(i) I don't like you, but I love you.

この文脈では、love（性愛）と like（友愛）が 1 つの尺度上におかれていることはあり得ず、予測はできない。実際、この歌手は—心変わりの後—（余剰音節で）I not only love you—I like you! と宣言するかもしれない。しかし、誰かが（さらに有力な理由で）ある種のパスタを好き (liking) であることなしに、大好き (love) であることができるというのは、あまりありそうにない。同様に人が、美しい (beautiful) が（ある視点からいうと）魅力的ではないと判断されることはあり得るかもしれないが、（少なくとも）暖かくなくて暑い日を想像するのはもっと難しい。((ii) や (iii) のような文については、6 章で調べることを指摘しておくべきだろう。

(ii) I don't (just) like you, I love you.

(iii) It's not <u>warm</u> out—It's (downright) <u>hot</u>!

そこで私は、このような例は実際尺度分析の反例とはならないと主張する。）

24　ヒアシュベルグ（Hirschberg 1985）は、尺度（と尺度含意）を含む文脈をさらに一般化し、彼女の定義の範囲の中に、集合／部分集合、集合／要素、実体／属性、さらに他のタイプのものも含ませている。本質的に、ヒアシュベルグにとっては、いかなる半順序集合（partially ordered set）（POSET）も、尺度を引き起こし、尺度含意を生み出すことになる。

25　lukewarm の場合は（同義語の tepid と同じように）、少なくとも比喩的な意味で用いられる場合には、〈hot, warm〉の尺度よりは〈cold, cool〉の尺度を考慮に入れているように思われる。関連の議論についてはホーン（Horn 1972: 48）、フランス語の tiède についての同様の分析についてはデュクロ（Ducrot 1972: 284–85）参照。しかし、実際の温度の違いが文字どおり関係する時には、（対話者の目標や願望を含む）文脈が重要な役割を果たす。

(i)　My beer is $\left\{\begin{array}{l}\text{lukewarm, if not downright \{warm/ \#cool\}.}\\ \text{more lukewarm [warmer] than yours.}\end{array}\right\}$

(ii)　My coffee is $\left\{\begin{array}{l}\text{lukewarm, if not downright \{cold/ \#hot\}.}\\ \text{more lukewarm [cooler] than yours.}\end{array}\right\}$

これらの語が字義どおりに用いられる時には、物質の温度にしか用いられず、天候を指示することはできない。外がなまぬるいことはあり得ないのである。

26　デュクロ（Ducrot 1972: 274–75）は、弱い尺度（小反対）の『多義性』を語用論的に扱うことから始めている。例えば、quelques（'some'）の 2 つの読み（片面読みの「少なくともいくらか（au moins quelques）」と、両面読みの「いくらかだけ（quelques seulement）」）のようなものである。この取り扱い方は、本質的にこれまで見てきたものと同じで、quelques は言語部門の表示で quelques au moins（at least some）（少なくともいくらか）を言い、総記の法則を与えられると、単なる quelques を用いた断定は、（例えば、tous（'all'）を用いた）より強い陳述を話者は用いることができなかったのだろう、という推論を認可する。このように修辞部門（le composant rhétorique）によって与えられる … quelques … の伝達される意味は、両面読みの 'only some', 'some but not all' である。しかし(i)のような文は、まるで some of Chomsky's books が 'not all' と言っているか意味しているかのように解釈される、とデュクロは述べている。

(i)　Some students have read some of Chomsky's books; others have read all of them.
（学生の中には、チョムスキーの本を幾冊か読んだものもいるし、全部読んだものもいる）

同様に、

(ii) Pierre a lu quelques livres de Chomsky. 'Pierre has read some of Chomsky's books'
（ピエールはチョムスキーの本を幾冊か読んだ）

は、ピエールが実際チョムスキーの本をすべて読んでいたら偽だと判断されるかもしれない。このようなデータに照らしてデュクロは、修辞部門の出力は真理条件に影響を与えるように、言語部門に送り返されなければならないと結論している。しかし、(ii) はピエールがチョムスキーの本をすべて読んだ場合にも真と判断されるだろうから、結局デュクロは、quelques やおそらく弱い尺度演算子と中間値の尺度演算子がすべて、言語的に多義であるという（ハミルトン派の）立場を追認することになる。そして、（量の格律か総記の法則（Loi d'exhaustivité）を備えた）語用論的分析が打ち立てられたのは、まさにその倹約的でない立場を避けるためだったのである。この問題は第6章で論じる。

27　アンスコンブル・デュクロ (Anscombre and Ducrot 1976, 1978, 1983) によって提出された、比較級と同等比較の議論に基づく説明批評の中で、コルニュリエ (Cornulier 1984) がフォコニエの重要点を補強した。奇妙なことに、John is as tall as Brian（ジョンはブライアンと同じくらい背が高い）のような同等比較の適切な取り扱いについての議論は、一方にアンスコンブルとデュクロ、他方にフォコニエとコルニュリエをおいて、大西洋の向こうとこちらの世界で、同時に平行的に激しく続いた (Klein 1980; Sadock 1981; Atlas 1984 参照)。例えば、John is as tall as Brian but Brian is not as tall as John（ジョンはブライアンと同じくらい背が高いが、ブライアンはジョンほど背が高くはない）のような例は、異なる言語についてではあるが、同じ判断的差異を伴って2つの論争に現れている。コルニュリエは、本質的に（ミル–グライス–ホーンの）最小主義的論題或いは非制限的論題を支持して、彼よりも前のフォコニエや彼よりも後のケンプソン (Kempson 1986) と同じように、尺度叙述の究極の説明が何であれ、語用論と論理形式の相互作用が、それ以前のネオ・グライス派の取り扱い (Horn 1972) において考察されたものよりも、もっと複雑で（もっと面白いもので）あることを示した。

28　この対照は、普通の not 否定に関連する無標の（従って尺度的な）読みに対するものとして、特殊でしばしば感情を表す意味を構成素否定(no ...)に付与するという一般的な傾向を反映している。例えば、クロイシンハ (Kruisinga 1931: §1248) は、The patient is {no/ not} better today（その患者は今日 ｛決して良くない／（昨日より）良くなっていない｝）のような枠組みで、「語修飾語」の no Xer と「文修飾語」の not Xer とを区別している。名詞を使った構造において同様の非対称性を示す最小のペアは、描写的な言い方にみられる。I'm {no/ not a} spring chicken（私は｛決して若僧ではない／若くない｝）や She's {no/ not an} angel（彼女は ｛決して天使のような人ではない／天使ではない｝）を比べてみよう。（更なる例証と、not (a) と no の概念的対照についての洞察に富んだ議論は Bolinger 1977; Welte 1978: 165–85 参照）

29　レーブナー（Löbner 1985）が指摘しているように、2 つの両立しない一次述語は皆、hot/ cold や cat/ dog のような非尺度述語でさえ、対当の方形のある形を生み出す。しかしそれは、常に双対と内部否定を欠いた形である。彼は(i)のような例を挙げている。

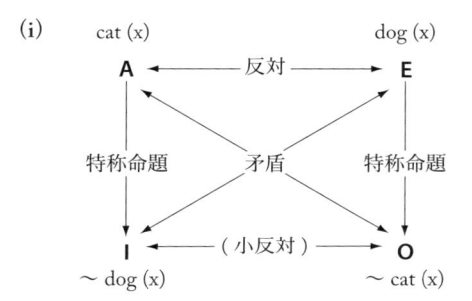

(i)

$$\begin{array}{ccc} & \text{cat}\,(x) & & \text{dog}\,(x) \\ & \mathbf{A} \xleftrightarrow{\ \ 反対\ \ } \mathbf{E} & \\ 特称命題 & 矛盾 & 特称命題 \\ & \mathbf{I} \xleftrightarrow{\ (小反対)\ } \mathbf{O} & \\ & \sim\text{dog}\,(x) & & \sim\text{cat}\,(x) \end{array}$$

I と O— ～dog と～cat—は小反対である。なぜなら、犬でも猫でもないもの(例えば、シマリス)はあり得るが、犬でありかつ猫であるものはあり得ないからである。この不完全な四極構造の反対関係にあるもの(A と E)は、標準的(二次演算子の)四極構造とは違って、質(肯定–否定極性)において異なっているのではない。実際 A と E の値のここでの配置は(cats と dogs の配置は)まったく恣意的なものである。

30　(73)–(75) で and に but を代用した結果が示すように、接続詞の but は、連結される 2 つの数量詞か決定詞が、単調性のタイプにおいて異質である時—そしてその時に限り—可能である傾向がある。B&C は、他の人たちと同じように、but はさまざまな点で and や or と同じクラスの真の接続詞だとはいえない、と述べている。とりわけ、but は繰り返すことができない。

31　実際には、ホーン（Horn 1969）の **M–** クラス数量詞は、**mon↑**集合全体の上に写像されるわけではなく、むしろその「永続的な」('persistent')下位集合の上に写像される。永続性の詳しい説明については、バーワイズ・クーパー（Barwise and Cooper 1981: 193）参照。(**M-** クラス数量詞と **L-** クラス数量詞は、さらに Horn 1972: §2.1 で議論されている。)

32　非単調数量詞の a single CN も比較してみよう。この表現では、上限を与える含意は単に強化されているのではなく慣習化されている。ヒアシュベルグ（Hirschberg 1985: 35)が述べているように、(i)は(たとえ誤解を招くようなものであるとしても)、(ii)よりもはるかに広いクラスの人々によって、真に発話され得るものである。

(i)　I have one leg.
(ii)　I have a single leg.

33　もし話者が、キム（Kim）は年間 \$33,726.97 稼いでいると具体的に述べれば、その話者はその値が正確であるということを(主張しているのではないとしても)含意してい

ると理解されるだろう。そのような数字が皆、文字どおりに重要でないのであれば、その値をそれほど正確に述べることがなぜ関連性があるだろうか？　他方、もし給料が、意味のある数字が2つしかない $34,000 として与えられるなら、上限を与える含意ははるかに弱く、容易に取り消しできるものである。概算の意味論と語用論は、さらにサドック（Sadock 1977）；ワッチェル（Wachtel 1980）；シャネル（Channell 1980）において議論されている。

34　ホーン（Horn 1972: §1.21）に述べられているように、否定が明示的に存在しない時でも、文脈が尺度の方向を逆転させるかもしれない。そこで引用されている例は、a bowler can shoot 200 if not 210 (#if not 190)（ボウラーは 210 点（#190 点）とまではいかないにしても、200 点のスコアを挙げることができる）と言える一方、a golfer can card a 70 if not 68 (#if not 72)（ゴルファーは、68 打（#72 打）とまではいかないにしても、70 打という記録は挙げることができる）というものである。文脈は、序数詞の場合にも同じように決定的な働きをする。a doctor may diagnose her patient as afflicted with second—if not third—(#first—) degree burns（医者は、患者を第三度（# 第一度）とは言わないまでも第二度の火傷だと診断するかもしれない）と言える一方、a prosecutor may portray the defendant as culpable of second—if not first—(#third—) degree murder（検察官は被告を、第一級（# 第三級）とは言わないまでも第二級の殺人に値すると述べるかもしれない）。ヒアシュベルグ（Hirschberg 1985: §5.1.4）参照。

35　ホーン（Horn 1972: §1.21）で議論され、本書 appendix 2 でも述べられているように、基数詞が語彙編入されると、その上限的含意を強めて、慣習的意味になる傾向がある（Horn 1978c; Hirschberg 1985: 93–94 も参照）。四角形は（少なくとも）3 つの（実際には 4 つの）辺を持っているが、3 辺からなる図形ではない。トリプル（3 塁打、すなわち 1 本でちょうど 3 つのベースを手に入れられるヒット）は、ツーベースヒット（2 塁打）でもないし、言い方を変えてダブル（double）でもない。もっとも、バッターのヒットの中で、（少なくとも）2 塁に行けるヒットのリストには入るかもしれないけれども。しかし、ウエイド・ボッグス（Wade Boggs）は、少なくともダブル、もしかしたらトリプルかホームランを打てそうな気がすると報告するかもしれない。上に引用された軍隊や法律、ポーカーの用語と同じように、語彙的に編入された基数詞は概してランク付けはされるが、尺度を構成しない。

36　言語は真に必要とする語彙項目だけを持つようになると想定するのは、明らかに単純化しすぎである。しかし、その方向に向かう機能的傾向があるのも同様に明らかである。それは、このセクションで述べられた O の物語にだけではなく、アロノフ（Aronoff 1976）、キパルスキー（Kiparsky 1983）ほかによって考察された阻止（'blocking'）効果にも反映されている。この効果では、与えられた（潜在的な）単語の意味、使用、存在そのものが、語彙目録のなかに存在する関連のある（より基本的な、或いは具体的な）エントリーの存在と範囲によって影響される。阻止効果の結果は 5 章で議論される。

37　実際、このような例を古ゲルマン方言に見つけることができる—クームズ（Coombs 1976: 176, 209）がベオウルフ（Beowulf）から (i) を引用し、古アイスランド語のエッダ

から(ii), (iii)を含む同様の例を引用している。

(i) Þæt ðǣr ǣnig mon / wordum　nē　worcum wǣre　ne　　brǣce
    that there any man　words　　nor deeds　　were　NEG　break
    'that no one there broke the treaty with words nor with deeds'

(ii) ... mat　þú　villat　　　　né　mannzcis　gamar
    food　you　want-NEG　nor of-anyone　joys
    'you don't want food nor anyone's joys'

(iii) hlyra_　　henni　borcr　né　barr
    shield-NEG　it　　　bark　nor foliage
    'bark nor foliage (do not) shield it'

一方、これらの引用のそれぞれにおいて、(古英語では動詞の前に置かれる ne、古アイスランド語では前接辞の -a(t) で(7.1 節参照))主動詞そのものが否定されている。同様に、イェスペルセンの例 (sūð nē nōrð) は、それ自身の否定を編入している主動詞 nǣre 'were not' を示している。このように、結合した句全体は、文否定によって統御され、つまりその作用域にあり、この構造を最初に思われたほど奇妙ではなくしている。

38　第 3 章で詳しく調べた否定の理論に基づくと、もちろん否定のすべての例がそのような含意あるいは示唆を伴う。その結果、**p** and not **q** と **p** rather than **q** の違いはなくなってしまうように思われるだろう。しかし、3.3.1 項でみた否定の私の説明が、ディートリッヒとナポリの rather than の扱いと結合されると、この 2 つの表現は「有標の含意」が慣習化されている程度において、やはり異なっていることになるだろう。

39　この点を明らかにする適例はラテン語にある。ラテン語には、否定辞と連結前接辞がそれぞれ第一音節と第二音節となって結合している 2 つの語形があった。重要なことは、その形式の、neque (lit. 'not-and') と neve (lit. 'not-or') のどちらも、'and not' 読みしか許さなかったことである。neque と等しい形式 (実際同語源なのだが) は、初期ゲルマン方言にもみられる。デルブリュック (Delbrück 1910) とクームズ (Coombs 1976) のゴート語の nih (⟨ni 'not' + -uh 'and') と古高地ドイツ語の noh の議論参照。

40　アメリカ人は need については「法」否定 (need not, needn't) よりも「語彙」否定 ({doesn't/ don't} need to) の方を好む傾向がある、とグリーンボーム (Greenbaum 1974) は述べている。さらに、グリーンボームは、mayn't や daren't、そして恐らくは mightn't をも除外するような「法表現の縮約形に対するアメリカ英語の反感」と彼がみなしているものについても述べている。しかし、この反感は、can't や couldn't、shoudn't、(義務的)mustn't に対しては向けられていないことは明らかである。これは、法概念の意味論と語用論を無視しているグリーンボームのアプローチでは、解決できないことである。(適切な意味論と語用論を装備しているアプローチなら、無事に港に帰り着くことができるということを示唆するつもりはない。法表現の縮約に関する領域は、もっと広い法助動詞の領域と同じく、共時的不規則性に充ちているこ

とは悪名高い。-n't は否定前接辞ではなく、屈折語尾であるとツウィッキー・プラム（Zwicky and Pullum 1983）が主張したのは、まさにこの不規則性ゆえにである。

41 朝鮮語では、'unnecessary' に当たる語（philyo-əp）や 'uncertain' に当たる語（pul-hwaksil-ha）は、E に対する語（halsu-əp 'unable', pul-kaniŋha 'impossible'）と同じように自由に語彙化される（Na 1981）。しかしこのような言語の存在は、この含意的普遍的特性の反例にはならない。

42 バーワイズとクーパーの一般量化子に関する論理の中では、肯定（**mon**↑）値は、実際その否定（**mon**↓）の対応物よりも、1つのレベルにおいて単純である。もっとも、これは単なる規定でしかないが。数量詞に対する反応時間の遅れは(i)のようなスキーマに一致するだろうと B&C は予測している。

(i) 単調増加 < 単調減少 < 非単調（**mon**↑ < **mon**↓ < nonmonotone）

（例えば、exactly **n** のような）非単調、非尺度値に関連する立証テストは、（at least **n** を確かめるものと、at most **n** を確かめるものの）2つの異なる過程の適用を含んでいる。だから、すべての中で最も複雑なものであることが分かるはずである。

訳者注

1 Horn（2001^2: xxxiii）の Appendix A: Errata in the original edition of *A Natural History of Negation* (p. 208, line 8: (9c) → (9c'))の訂正に基づく。

2 Horn（2001^2: xxxiii）の Appendix A (p. 214, line 6 from bottom: (vi) and (vii) → (v) and (vi))の訂正に基づく。

3 Horn（2001^2: xxxiii）の Appendix A (p. 225, line 12-13: exclusive ($p \vee q$) and inclusive ($p \veebar q$) disjunction → exclusive ($p \veebar q$) and inclusive ($p \vee q$) disjunction)の訂正に基づく。

4 Horn（2001^2: xxxiii）の Appendix A (p. 226, (36'): Tout le monde n'est past → ⋯ n'est pas)の訂正に基づく。

5 Horn（2001^2: xxxiii）の Appendix A (p. 230, line 9: the pairs in (41) → the pairs in (41) - (44))の訂正に基づく。

6 ＝話者の知る限り、ポールがその卵をすべて食べた可能性はない。

7 Horn（2001^2: xxxiii-xxxiv）の Appendix A (p. 238, line 10-12, replace the sentence:

While the sum of the values of P and P $\sim$ is always zero, the sum of the values of P and $\sim$ P (e.g., of 'some' and 'none', of 'all' and 'not all') is always just over $|1|$, the absolute value of 1.

with these two sentences:

Note that the sum of the value of P and P~ is always zero. Another intuitively useful observation is that the sum of the absolute values of the values for P and ~P (e.g. of 'some' (=|0.01|) and 'none' (=|-1.00|), or of 'all' (=|1.00|) and 'not all' (=|-0.01|), is always just greater than 1.[1]) の訂正に基づく。訂正文文尾の注 1 は、同ページ下に下記 clarificatory note として付加されている。

1.　clarificatory note (Horn 2001[2]: xxxiv)
この記述の動機は、刊行された定式化のもとでは働かないが、次のようなデータに関して一般化をすることであった。

P		~ P		(P+ ~ P)の和、すなわち 対角線の和
all	1.00	not all	-.01	1.00 + (-.01) = .99
some	.01	none	-1.00	.01 + (-1.00) = -.99
half	.50	not half	-.51	.50 + (-.51) = -.01
a majority of	.51	not a majority of	-.50	.51 + (-.50) = .01

ここで、.01 という値は、.00 より大きい任意の値を示す恣意的な方法の 1 つとして用いられている。従って、例えば some が .01（ゼロを超える任意の少ない数量の値）であるのと同じように、a majority of（～の大部分）は、半分を超える .01（任意の少ない値）であるので、.51 となる。この記述からは、次のような適切な結果が生じる。

all + not all:	|1.00|	+	|.01|	= |1.01|
some + none:	|.01|	+	|1.00|	= |1.01|
half + not half:	|.50|	+	|.51|	= |1.01|
a majority of + not a majority of:	|.51|	+	|.50|	= |1.01|

もちろん先の注釈に従うと、「1.01」というのは単に、「1 よりも大きい任意の小さい量／数であるような量／数」を示す。

8　Horn (2001[2]: xxxvi) の Appendix A (p. 238, line 25: the diagnostic tests (49) → in (51)) の訂正に基づく。

9　Horn (2001[2]: xxxvi) の Appendix A (p. 241, (64), last parenthesis: Op-Ed pieces → Op-Ed piece) の訂正に基づく。

10　Laurence Horn 氏からの下記メール (2013.03.08) の訂正に基づく。
p. 249 (Chap.4) (77b): '... , the diagonal line thougu the ⊩ seems not to have made it into the printed vision. The idea is (or should be) indeed that "only" modifying the subject removes the entailment. I should have added that to the Errata sheets.'

11　Horn (2001[2]: xxxvi) の Appendix A (p. 253, line 15 from bottom: the universal negative (A) → (E)) の訂正に基づく。

12 Horn (2001^2: xxxvi) の Appendix A (p. 254, (82): ikana katta → ikanakatta) の訂正に基づく。

13 Horn (2001^2: xxxvi) の Appendix A (p. 256, line 15: Old Norse nē) → Old Norse) nē) の訂正に基づく。

14 Horn (2001^2: xxxvi) の Appendix A (p. 260, line 17: with outer or wide-scope negation over □ → with □ outside the scope of negation) の訂正に基づく。

第5章　反対否定と矛盾否定の語用論

物はばらばらにくずれ、
その中心はもちこたえることができない。　　　　　　　　（W. B. イエイツ）

誰も助からない、さもなくば全員助かる。全か無か。
一人ならば、救済されることはない。
銃を取って戦うか、さもなくば鎖につながれたままだ。
誰も助からない、さもなくば全員助かる。全か無か。　　（B. ブレヒト）

　もしあなたが解決の一部でないなら、問題の一部である。　（E. クリーヴァ）

　プラトンの代弁者、客人（the Stranger）が『ソフィスト』の中で、not-great（大きくない）というのは、small（小さい）と同じではないし medium-sized（中間の大きさ）でもなく、その両方を含む、ということを指摘して以来、一般に否定が反対関係（contrariety）や反意性（antonymy）に還元できないことは、広く認識されている（1.1.1項参照）。アリストテレス（及び彼の信奉者）とストア派哲学者の両方に受け入れられているのは、普通の否定や述語否認（ストア派の命題否定（apophatikon））は意味論的には矛盾であるという考え方である。それと同時に、肯定には、それと反対関係にある表現形式が存在することがあり、それは肯定の形式をとる場合も否定の形式をとる場合もある（アリストテレスの述語名辞否定または欠如的対立、つまりストア派の欠如命題（sterētikon））。

　既にみたように、互いに相入れない2つの語はすべて、広い意味での反対関係にある。つまり、もし2つの文が同時に偽にはなり得るが、同時に真にはなり得ないならば、その2つの文は反対対当である。(1a)と(1b)は、xが黒でも白でもない可能性があるので反対関係である。

(1) a.　x is black.
　　　 b.　x is white.

(**1'**) a.   y is odd.

     b.   y is even.

しかしアリストテレスは、(**1'**) では中間値が排除されているが、反対対当であると考えている。y が整数を表すのであれば、(**1'a**) か (**1'b**) のどちらかが真であり、他方が偽になるだろう。しかし、y がたまたまソクラテスであれば、(**1'a, b**) は両方とも偽である。同様の考え方をすると、(**1"**) のような 2 つの文について、一方の文がその主語に関して肯定述語を持ち、他方が同じ主語に関してその否定述語を持つ時、2 者の関係は反対対当であって矛盾対当ではないことになる。

(**1"**) a.   z is bald.

     b.   z is nonbald. (あるいは z is not-bald)

なぜなら、もし z が、(数詞の 17 のように)はげであることが適用できないものであるような(従ってはげでないことも適用できないような)場合や、(現在のフランス王のように)z が現実には存在しないような場合、(**1"a**) と (**1"b**) はどちらも偽になるからである。

    この考え方に従うと、矛盾関係にある語は存在しないことになる。つまり、(**1'a**) と矛盾関係にあるのは、(**1'a**) が含んでいるのと全く同じ語と否定辞からなる述語否認 y is not odd でしかあり得ない。同様に、(**1'a**) の矛盾は (**1"b**) ではなくて、否認の z is not bald である。ここでは、z に関して、はげではないことが断定されているのではなく、はげであることが否認されている(この議論については、第 1、2 章参照)。以下の議論では、空の主語や範疇誤りのことには焦点を当てないので、この章では(第 3 章と同様)、反対を((**1**)のように)中間値を許す間接反対又は弱い反対に制限することにする[1]。強い反対又は直接反対は矛盾と同化されるだろう。すなわち、(**1'a, b**) と (**1"a, b**) は、アリストテレスの考え方とは異なって、矛盾対当をなすと理解され、その構成要素(odd(奇数)／ even(偶数)、bald(はげの)／ non-bald(はげでない))も矛盾関係にあるとみなされる。以上のことから、対当の樹形図(1.1.5 項、(**34**))を次のように修正する。

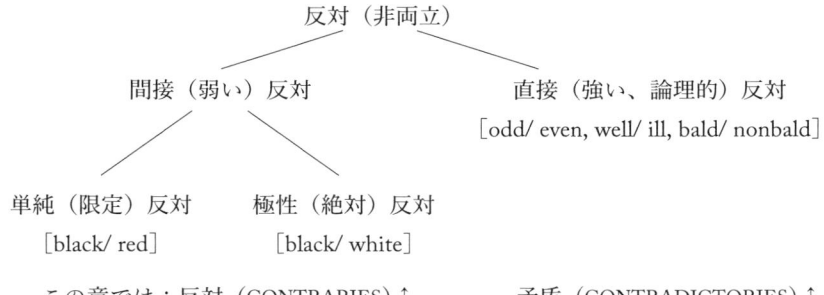

この章では：反対（CONTRARIES）↑　　　　矛盾（CONTRADICTORIES）↑

もっと図式的にいうと、我々は (2) と (3) の図に示された区別をしている。（第 1 章で定義された）法則を (2') と (3') に繰り返す。

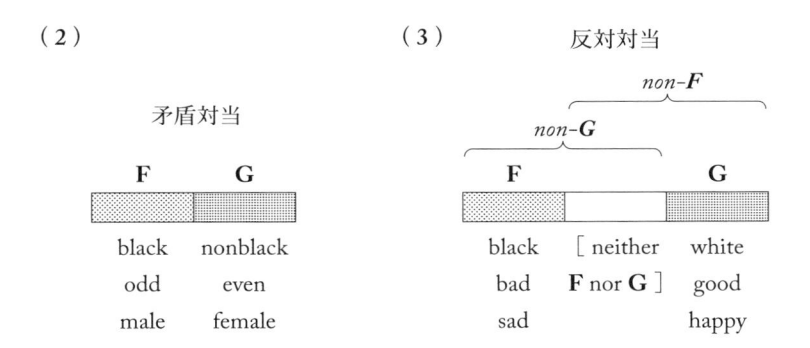

(2')　矛盾対当は矛盾律(**LC**)と排中律(**LEM**)に従う。すなわち、2 つの語 **F** と **G** が矛循関係にあるならば、
　　　　(ⅰ) 矛盾律によって、関連領域のいかなる α についても、$\sim(\mathbf{F}\alpha \wedge \mathbf{G}\alpha)$ である。
　　　　(ⅱ) 排中律によって、関連領域のいかなる α についても、$(\mathbf{F}\alpha \vee \mathbf{G}\alpha)$ である。
(3')　反対対当は矛盾律には従うが、排中律には従わない。

　black（黒）／nonblack（非黒）、odd（奇数）／even（偶数）、male（雄）／female（雌）のような矛盾関係にある語においては、関連する領域においてどちらにも入らない中間値を表す語は存在しない。例えば、黒でも非黒でもないシャツや、奇数でも偶数でもない整数は存在しない。間接反対は、その定義によって中間値を許すものであ

る。例えば、私のシャツは黒でも白でもないかもしれないし、私の友人は嬉しくも悲しくもないかもしれない。しかし、反対関係にある語の間にあるギャップが狭くなり、中間値が実質的に排除されるか飲み込まれて消えてしまうということが起こり得る。

　イエイツやブレヒト、クリーヴァからの引用で指摘や警告がなされているように、政治における分離主義政策や神学における分極化現象では、2つの極の間にあるすべてのものが、極を表す2つの語のどちらかに入るように強制される傾向がある。このような環境はあらゆるタイプの革命論者が再現しているが、そこではすべてのものが黒か白のどちらかであり、灰色はないのである[2]。一例をあげると、ヒトラーは、彼と同時代の人々に、「あらゆるものが黒（不純、邪悪、ユダヤ人）か白（純粋、善、非ユダヤ人）のどちらかであるという二値分類のスキーム」に従って動く者、として記述された（Richter 1944: 194））。しかし、イエス・キリストも2つに分類する方法を支持した。

（4）a.　He that is not with me is against me.

　　　　（私の味方でないものは、私に反対するものである）（マタイ 12: 30; ルカ 11: 23）

　　b.　He that is not against us is for us.

　　　　（我々に反対しないものは我々に賛成するものである）（マルコ 9: 40; ルカ 9: 50）

どちらの極が中間値を吸収するかは、その中間値が(4a)のように拒絶される部外者によって占められるか、(4b)のように同化される潜在的転向者によって占められるかによって異なっていることに注意しよう[3]。

　どうしてこのような極性を付与する傾向があるのだろうか。中間値を許す反対関係にある語が、どうして、中間値を排除する矛盾関係の語のように振る舞うのだろうか。サピアは、段階語を調べた彼の独創的研究（1944: 133）において、「心理的に排除される中間値」の存在を次のように示唆している。「（superior/ average/ inferior、good/ moderate/ bad、big/ medium/ small、warm/ lukewarm/ cool のような）3語からなる集合は、自分自身を維持するのが容易ではない。なぜなら、単純なコントラストを好む心理と『どちらでもない（"neither nor"）』という基準があることを強く主張する正しい知識とが矛盾するからである」。無関心の領域 (ZONE OF INDIFFERENCE) を占める標準または中間値の語が、「その性格として擬似学問的で、多くの人々が用いるタイプのものではない」のは、2つのうちのどちらか一方という単純なコントラストを心理的に好むこの傾向のためである。しかもその中間

語自体は、（?more average、?more lukewarm が示すように）典型的に非段階的である。また、サピアとアリストテレスが共に述べているように、無関心の領域が「X でも Y でもない（'neither X nor Y'）」のように、否定的に特徴づけられなければならないことが多いということも偶然ではない[4]。

　宇宙を知覚し分類する際、それをあれかこれ、黒か白、あるいは（Osgood and Richards 1973: 3 章に従うと）陰と陽といったいろいろな二者択一のペアに分類し、無関心の領域という擬似学問的で微妙な点を無視する方が、古代言語の使用者たちの生存競争に役立つため、極性化の傾向が生じたのだと推測する人もいるだろう。

　いずれにしても我々は、生産力のある文脈依存的プロセスを持っているように思われる。すなわち、両極にある反対語は互いに両立しないだけでなく、その 2 つの語ですべての領域を網羅しているとして扱われる。反対の布にくるまれた矛盾関係にある語として扱われるのである。p と q 以外のすべての値が捨てられてしまった時には、(5a)の選言が成立し、それは(5b)の排中律の 1 つの例として機能する。

（5）a.　$p \vee q$
　　　b.　$p \vee \sim p$

新ヘーゲル派のジクヴァルトが述べたように、排中律が有効なのは、意味的には反対関係にある語の間にこのような語用論的選言関係を確立する可能性があるからである。「我々の持つ知識と、主語と述語の特定の内容に基づいて、我々は、矛盾判断の［場合と同様に］両者が共に真になることはあり得ず、両方とも偽にもなり得ないような関係を持つ 2 つの肯定陳述を作ることができる。そしてこの場合、その選言の一方のメンバーを否認することによって、我々は不明瞭なところのない明確な断定を得るのである。」(Sigwart 1895: 155)

　$p \vee q$ という想定は、そのどちらかの選言肢の否定と一緒になると、もう一方の選言肢を結論として引き出す。この原則はストア派が「第五の証明不可能な三段論法（'fifth indemonstrable syllogism'）」(4.2 節、(32b))を確立して以来よく知られているもので、我々には否定肯定式（MODUS TOLLENDO PONENS（MTP））として伝わっている。

（6）　$p \vee q$
　　　　$\underline{\sim p}$
　　　　$\therefore q$

もちろん、最も重要なステップは、文脈の中で最初にその選言を確立することである。「もし、『それは…か…のどちらかである』という形式（例えば『彼は精神的に健康か心の病気かのどちらかである』や『その数字は奇数か偶数のどちらかである』）で始めることによって、すべての困難な問題を解決することができるならば、排除された中間値の原則は無敵の武器だろうに」（同書同頁）。反対関係の選言がなければ、排中律もない。排中律がなければ、否定肯定式もないのである。

　しかし、正確にはどのようなときに、この「分割し断定する（divide and assert）」という方策を意味的な反対語に拡張することができるのだろうか。そのような場合の１つのクラスについては既に触れた。それは、マニ教徒のニケア信条の分極化傾向の結果生じるものである。中央が成立しない時、２つの可能性しかない。すべてのものが善（good）か悪（evil）のどちらかであり、あるものが善ではないのであれば、それは一体他の何であり得るのか。しかし、悪が「非善」（'not good'）を含むように拡大されたら、非善は本質的に「悪」に還元される。このように、（善に対する非善のような）形式的な矛盾語は、関連する尺度の見地からいうと、強められ、反対語（悪）を主張することになる。これが、ジクヴァルトが「［例えば、善対悪や白対黒のような］述語の対立が、単純な否定に気づかれないままにに取って代わられると、［'x は善ではない' や 'y は白ではない' のような］否定の陳述は、文字どおりの意味以上のものを我々に告げているように思われる。すなわち、反対の述語を持つ命題が真であると述べているかのように理解されるのである」（Sigwart 1895: 195）と警告する際に考えていたことである。

　このような解釈はどれほど一般的なのだろうか。ジクヴァルトと同時代の理想主義者であるボーザンケトは、それは本質的に普遍的なことだと考え、「形式的な否定の本質は、反対を矛盾の性格で覆うことである」と述べている（Bosanquet [1888] 1911: 281）。「否定は常に反対語の間に成立する矛盾を含む」のであって、一方に単純な矛盾対当があり、他方に純粋の反対対当（contrariety）があるというようなものではないという自らの立場を支持する例として、ボーザンケトは「彼は善良である（He is good）」と「彼は善良ではない（He is not good）」の間に見られる外見上の「単純な矛盾」を引用している。ここで後者は、意味論的にいうと相対的に弱く、「情報量が少ない形式」で、実際何らかの意味が「補完される」ものである。「従って、『彼は善良ではない』から、我々は、『彼が善良であるというのは真ではない』以上の何かを推論することができるかもしれない」のである（p.293）。

　同様に、矛盾表現を「補完して解釈する」傾向を例証するものとして、ボーザンケトは「［I do not believe it］のような表現が習慣的に用いられる」ことを認識している。「これは、文法的には私の知的状態の一事実に言及しているのだが、実際には事実であるとして述べられていることを否定するものとして機能している

…。『私は否認する』を意味するギリシア語の οὔφημι［文字どおりの意味では『私は言わない（'I do not say'）』］や、我々がよく用いる『…とは思わない（'I don't think that'）』を比べてみよう。これらは実際には『私は…でないと思う（'I think that — not'）』と等価である」（Bosanquet［1888］1911: 319）。

このように、単純な一階の矛盾否定も、埋めこみ文を伴う二階の（置き換えられた、先取りして論じられた、あるいは搬送された）否定も、（少なくともいくつかの例においては）「補完的に解釈する（filling in）」過程によって理解されなければならない。ちょうど、それぞれの極を表す反対語の間の中間値が、文脈に依存する極性化の過程によって取り除かれたり、補完的に解釈されることがあるように、（善でない（not good）、信じない（not believe）のような）「単なる矛盾表現（'mere contradictory'）」も、（悪い（bad）、疑う（disbelieve）のような）それに対応する反対語を表すように補完的に解釈される場合がある。それぞれの場合において、反対の意味は矛盾の形式をまとっている。

ボーザンケトとジクヴァルトによって同定された基本原則は、現代の語用論の言葉でストレートに表現することができる。すなわち、**p∨q** という語用論的想定を認可する文脈において、**not-p** を断定することは **q** を含意（implicate）するのである。そこで、その適切な条件のもとでは、形式的には矛盾否定である **not-p** は、反対の断定 **q** を伝達することになるが、その適切な条件とは何だろう。（極を表す反対表現 **p** と **q** において）**p∨q** という想定が語用論的に保証されるのはどういうときか。この語用論的含意（それがそういうものであるとしての話だが）の性質はどのようなものか。そして、いつそれが強められ「制度化されて（"institutionalized"）」慣習的用法あるいは意味になるのだろうか。新ヘーゲル派によって（あるいは他の誰によっても）決して直接に述べられなかったこのような疑問を持って、本章での考察を始めることにする。

5.1　接辞否定

5.1.1　反対（contrariety）と評価的否定性：iN- と un- の場合

私は、矛盾の衣を着た反対否定をボーザンケトの 2 つの提案とは異なる第三の視点から取り上げる。否定の接辞付加は単なる矛盾解釈ではなく反対解釈を生じさせる傾向があることは、かなり前から認識されており、英語の接頭辞 un- と iN- をはじめ他の諸言語における類似の接頭辞については特にその傾向が強くみられる（特に unhappy（不幸な）、unwise（愚かな）、unfeeling（冷酷な）、speechless（言葉では表せないほどの）を引き合いに出している Sigwart［1895: 138］や最近では Kruisinga 1931: §1620; Zimmer 1964; Funk 1971 を参照）。次の引用は、その一般化に関する

イェスペルセンの陳述である。

> 一般に、接頭辞［un-］を付加すると、もとの語の単純な否定を意味する。すなわち、unworthy = 'not worthy'（価値のない）などである。このような場合、その2つの語［X, unX］は矛盾関係にある。しかし、この接頭辞は「反対」語、少なくともそれに近いものを生み出すことがよくある。例えば unjust（不正な）は一般に just（公正な）の反対を意味し、unwise は not wise（賢明でない）以上を意味し foolish（愚かな）に近い。unhappy は miserable（悲惨な）とそれほどかけ離れていない、など。　　　　　（Jespersen 1917: 144; Jespersen 1942: 466–67 参照）

　よく分かっていないのは、(1) いつ反対の読みが生じる傾向があるのか―どの語幹 (stem) のどの意味に対してか、そしてどの接辞がどのように適用される場合にか、ということと、(2) 同じ接頭辞が軽視的あるいは軽蔑的な（すなわち感情的に否定的な）内容に関連する派生形式を生み出す傾向があるというこれもよく観察される事実と、これらの読みがどのように相互に関連するのか、ということである。この後者の点については、イェスペルセン（Jespersen 1917: 144）によっても次のように認識されている。「同じ一般規則が、他の言語と同様に英語においてもあてはまる。un- や in- を持つ大部分の形容詞は軽蔑的な意味を持つ。unworthy（価値のない）、undue（不穏当な）、imperfect（不完全な）などの語はあるが、wicked（邪悪な）、foolish（愚かな）、terrible（恐ろしい）から同様の形容詞を作るのは不可能である。」

　イェスペルセンとツィマー（Zimmer 1964: 10ff.）は、イエリング（Jhering ［1883］1923）やヴント（Wundt 1886）、ノレーン（Noreen 1904）、ヴァン・ヒネケン（van Ginneken 1907）を含む否定接辞に関する初期の議論を多数概観し、その中でも特に、否定的な接辞が付加された形式の中でヴントが「気の進まない情動 (Unlustaffecte)」とラベル付けしているものと否定一般に焦点を当てている。これらの語彙研究が論証しているように、ドイツ語やスウェーデン語、フランス語、英語において、否定接辞を持った極めて多くの形容詞が、価値の低下を表し、軽視的で、外延や内包における評価が否定的である。クルーズ（Cruse 1980）に従って、評価／感情に肯定的なものと否定的なものに対して、それぞれ E-POS、E-NEG という簡潔な言い方を採用すると、このような傾向は(7)のように一般化できる[訳者注1]。

(7)　否定接辞　+　e-pos 基体(base)　→　e-neg 派生出力
　　　［un-, iN-］　　［happy, due］　　　［unhappy, undue］

これらの 19 世紀後半から 20 世紀初頭にかけての学者は、否定接辞の形式が否定的な評価の色合いを伝達するのは、さまざまな否定に複雑に結び付けられた感情的内容の特殊な場合にすぎないと考えており、それはラッセルの「反感の瞬間（'moment of aversion'）」やウェイソンの「禁止的（'prohibitive'）」要因に類似している。しかし、否定形式と否定的評価の間にみられるこのような相互関係は、部分的に生産的な否定接辞の場合の方がはるかに強い。

　例えば、英語には unhappy（不幸な）という語はあるが unsad という語はなく、unwise（愚かな）はあるが unfoolish という語は存在しない。同じような非対称的なペアを(8)の表に示した。

（8）　unciviliized（野蛮な）　　　　　*unboorish,*unbarbarian（粗野でない）
　　　unclean（汚れた）　　　　　　　*undirty（汚くない）
　　　unfriendly（友好的でない）　　　*unhostile, *unantagonistic（敵意のない）
　　　unhappy（不幸な）　　　　　　 *unsad（悲しくない）
　　　unhealthy, unwell（不健康な）　　*unsick, *unill（病気でない）
　　　uninteresting（面白くない）　　　*unboring, *undull（退屈でない）
　　　unjust, unfair（不正の）　　　　 *unwrongful（悪くない）
　　　unkind, uncivil（不親切な）　　　*unrude（無礼でない）
　　　unsympathetic（思いやりのない）　*unantipathetic（反感を持たない）
　　　untrue（真実でない）　　　　　　*unfalse（間違っていない）
　　　unwise（賢明でない）　　　　　　*unfoolish（愚かでない）
　　　infertile（肥沃でない）　　　　　*unbarren（不毛でない）

このような例においては、評価が肯定か中立的な語幹だけが、否定接辞を持つ形容詞の自然な基体になることができ、従って、否定的評価を持つ派生形容詞だけが出力として可能なのである。

　一方(9)に示したように、肯定評価の語幹に un- や iN- の接頭辞を付加した結果、否定的な評価を持つことになった形容詞は多く見つけられるが、派生形の方が肯定評価を持つような派生の元になる否定的評価を持つ語幹は存在しない。

（9）　impossible（不可能な）　　　inconsistent（一貫性のない）
　　　unfit（適さない）　　　　　　inappropriate（不適切な）
　　　irrelevant（関連性のない）　　unfortunate/unlucky（不運な）
　　　incoherent（首尾一貫しない）　unapt/inept（不適当な）
　　　unsound（健全でない）　　　　inconsequential（重要でない）

unbecoming（似合わない）　　　unsuitable（不適切な）

un- を持つ形容詞の中には、それに関係する肯定表現を持たない例が多く存在する。例えば、unabashed（ものおじしない）、unassuming（謙遜な）、unbending（確固たる）、uncouth（ぎこちない）、unflagging（衰えを見せない）、unheard-of（今まで聞いたことがない）、unkempt（もじゃもじゃの）、unparalleled（並ぶもののない）、unprecedented（先例のない）、unruly（規則に従わない）、unscathed（無傷の）、untouched（比類のない）、untoward（不適当な）などである。重要なのは、このような形式の大部分が（その多くが肯定的な評価を持つものだが）、以下で議論される un + V + 分詞 という生産的なパターンを示しているということである。このパターンを示さないものは、実際(8)と(9)の形容詞に見られるように、否定的な評価を持つという特性を持っている。

　クルーズ（Cruse 1980）が述べているように、肯定的な評価／感情を持つ形容詞の範疇は意味的に均質ではない。無標の性質と有標の性質の間に中間の値を許す（反対関係にある段階語の）反意語（ANTONYMS）の場合、（happy, wise, interesting, tall, big のような）無標の語は、さまざまな程度を表し得る属性または特性を示すが、その関連する尺度には文字どおりの終点は存在しない（#absolutely {happy/ sad/ tall/ short}）。中間値がない（矛盾関係にある）相補的段階語（GRADABLE COMPLEMENTARIES）の場合、（よく用いられる分布テスト（第3章参照）によって決定される）無標の語は、否定的で好ましくない特性を欠いていることを表し（clean と dirty、safe と dangerous を比べてみよう）、無標の語は尺度の終点を含んでいる（absolutely {clean/ #dirty, safe/ #dangerous}）。前者の中間値を許す反意語の場合、肯定的な評価／感情の語は、Q-POS（量的にも肯定的で、顕著な特性を示すもの）である。後者の中間値がない相補的段階語の場合、量的に顕著なのは否定的な評価／感情を持つ語である。「相補的段階語はすべて、汚さや危険のような何か望ましくない特性の程度を表すが、反意語は、長さや重さのような中立的な特性か、美しさや長所、知性といった好ましい特性の程度を示す」（Cruse 1980: 21）。しかし、unclean/ *undirty, unsafe/ *undangerous のようなペアや、unfaithful, dishonest, imperfect, impure のような、量的には顕著な特性を示さないが肯定評価の基体に否定の接頭辞が付けられたペアの相手のない形容詞の存在によって示されるように、形容詞に否定の接頭辞付加ができるかどうかを決定するのは量の極性（q- 極性）ではなく評価の極性（e- 極性）である。（反意性、有標性、段階形容詞の更なる議論については、Sapir 1944; Givón 1970; Ljung 1974; Lehrer 1974, 1985; Lyons 1977; Lehrer and Lehrer 1982 を参照。）

　(8)と(9)で示された非対称性は、どのように説明されるべきだろうか。ヴントの

否定の「気の進まない情動（Unlustaffecte）」や、すべての否定は不快さや禁止事項にしっかり結び付けられているという（先の章でしばしば見受けられた）広く受け入れられている立場によって単純に説明することはできない。そのような見解がどのように正当化されるとしても、それらは、否定接辞付加が形態論的に制限されていることと、普通の文否定や句否定の統語的可能性が制限されていないことを区別していない。つまり、She isn't sad, You're not foolish, That movie wasn't boring などが談話で起こることがどれほど有標であろうと、これらの文が文法的であることは否定できないのに対して、（*She's unsad, *You're unfoolish などのような）それに対応する形態論的否定が非文法的であることは、同様に明白なことである。

　これに関する本質的な考察が、ツィマー（Zimmer 1964）においてなされている。接辞付加過程が非生産的になればなるほど、その結果は基体の（矛盾ではなく）反対として解釈される傾向があり、肯定的な評価／感情を表す基体に付加するように強く制限されるようになる（そしてそれに応じて、派生された否定形容詞が結果として評価的に否定の意味を持つように制限される）。この相関関係は、比較的生産的な un- の下位規則に目を向ける時、特に明確になる。少なくとも *OED* 以来、un- は、動詞派生接尾辞の -able や分詞の -ed や -ing を持つ語幹に、かなり自由に付加されるということに人々は気付いている。実際これらの例に関して、同じスロットを占める語彙化された iN- 形が存在する場合には、un- を付加した形はほとんど認められないが、それ以外では、接頭辞 un- を事実上無制限に付加することができる[5]。しかし、これらと全く同じ文脈において、接辞付加規則は、矛盾関係にある派生形でかつ（**10a**）のような感情的に中立の派生形、（**10b**）のような感情的に肯定の派生形を生み出す。

(**10**) a.　imperceptible（感知できない）
　　　　irreducible（削減できない）
　　　　undecidable（確定できない）
　　　　uneat{able/ en}
　　　　　（食べられない／食べられていない）
　　　　unexpired（期限切れになっていない）
　　　　unprefix{able/ ed}
　　　　　（接頭辞付加できない／されない）
　　　　unxerox{able/ ed}
　　　　　（複写できない／されない）
　　　　un-cross-examined
　　　　　（厳しく追及されない）

　　　b.　unbeaten（負けたことのない）
　　　　unbigoted（偏見のない）
　　　　unblemished（汚点のない）
　　　　undaunted（ひるまない）
　　　　undefeated（負け知らずの）
　　　　undeterred（くじけない）
　　　　unharmed（無傷の）
　　　　unscathed（痛手を受けていない）
　　　　unsullied（損なわれていない）
　　　　untarnished（光沢を失っていない）
　　　　unblamable（非難の余地がない）
　　　　unconquerable（征服できない）

un-mouse-eaten
　（ネズミに食べられない）
untidewashed（潮に洗われない）

incorruptible（賄賂のきかない）
indomitable（不屈の）
unimpeachable（非の打ちどころのない）
unobjectionable（異論のない）
irreproachable（落ち度がない）
invulnerable（傷つくことのない）

　このように、「単純語の否定的内容は、共時的に生産的で頻繁に見受けられるなんらかのパターンに従って派生された形式の否定的内容とは異なる」（Zimmer 1964: 38）のである[6]。イェスペルセンが否定辞 un- が反対関係を表すものとして読まれる傾向を議論する際に、「-able (-ible) を持つ語と分詞」をはっきりと除いているのは、この理由のためである。彼は（Jespersen 1917: 144）、unabsorbable（吸収できない）、unadaptable（順応できない）、unabbreviated（省略されていない）、unadapted（適合しない）、unavailing（効果のない）、unbefitting（適していない）などの例を挙げている[7]。

　もし、un- と iN- の付加規則が、語幹のすぐ内側にあるものをのぞき見ることができさえすれば、これらの形成は、接頭辞付加は肯定の意味を持つ語幹と共にのみ生じる、という主張に対する反例にはならない。我々が必要とするのは、シーゲル（Siegel 1977）の「X が接辞である場合、Y が X に隣接するサイクルに唯一的に含まれなければ、X と Y を含む語形成規則は有り得ない」という隣接原則（ADJACENCY PRINCIPLE）である（関連する議論については、Zimmer 1964: 38 や Allen 1978 参照）。

　(7) に対応する制約は、今やもっと明確に与えることができる。すなわち、un-の基体（base）、つまり、un- 付加規則が適用される時に隣接するサイクルの中に唯一的に含まれるているものは、否定（そして特に接頭辞 -dis）を含んではならない、ということである[8]。シーゲルによるこの原則の定式化によって、(11a) のような un- の付加された肯定の評価／感情（e-pos）を表す容認されない語を、(11b) の容認可能な形態から区別することができる[訳者注2]。

(11)　a. *un[#dis[#courteous]]（* 失礼でない）、
　　　　　un[#dis[#honest]]（ 不正直でない）

　　b.　un[#[dispute#]ed]（論争されていない）、
　　　　　un[#[distinguish#]ed]（区別されていない）、
　　　　　un[#dis[#hearten]#]ed]（勇気を失っていない）

(11b) の語は、(10b) における同様の語形成と共に、シーゲルの制約に違反していない。つまり、un- が付加される時、その基体(-ed, -ing, -able)は否定ではない(もっとも、シーゲルの最後の例と (10b) の例のように、その基体を含む語幹は否定である可能性は十分あるが…)。

　しかし、これらの場合においては、何か別のことが起こっているように思われる。生産性だけでは、(10a, b) の場合、特に非生産的な接頭辞 iN- を含むものを説明できない。イェスペルセン (Jespersen 1917: 140) が指摘しているように、「in- を持つ語の大部分は最終的に固定化されてしまったもので、子供たちはそれをひとつのまとまったものとして学習しなければならないのに対して、接頭辞 un- に関しては出来心で新しい語を作る可能性が常にある。」iN- を伴う新しい語形成の例外的な例があるが(ツィマーは、1962 年 10 月のフルシチョフに対するケネディーの謝辞 'that you and I were aware that developments [in the Cuban missile crisis] were approaching a point where events could have become immanageable'(「[キューバ危機における] 事態が、処理しきれなくなってしまう可能性があるところまで近づきつつあったことを、あなたと私は気付いていた」)を引用している)、イェスペルセンの観察は本質的に正しく、対応する接辞付加規則の音韻論的形態論的特徴に関する iN- と un- の振る舞いの違いに反映されている (Siegel 1974; Allen 1978 参照)[9]。(10b) の肯定の評価／感情を表す in-**V**-able の形式のものが問題であることには変わりはない[訳者注3]。それは (10a) の感情的／評価的に中立の対応物が問題であるのと同じである。例えば、レベル I 語形成の inedible(食べられない)は、まさに uneatable と同じくらいに、その意味は矛盾を表すものである。

　(10b) の例を観察すると、その多くが、「負かす('defeat')」という一般的意味を持つ能動的他動詞の受動形を含んでいることがわかる。この意味クラスには 50 を優に越える動詞(例えば、beat(打つ)、conquer(征服する)、deter(止めさせる)、outdo(しのぐ)、overcome(打ち勝つ)、subdue(征服する)、vanquish(打ち破る)など(ロジェ『類語分類辞典』731.8–10 参照))があるのに対して、反対の関係を単純に語彙化するものは存在しない。すなわち、「〜に負ける('lose to')」を意味し、The Pats glarfed the Bears が「パッツはベアーズに負けた」「ベアーズがパッツを押しつぶした」を意味するような他動詞 *glarf は存在しない。

　ダウティ (Dowty 1982: 111–12) は、フィルモア (Fillmore 1968) の観察に従って、特定の動詞群の語彙的意味といわゆる「語彙化の方向('direction of lexicalization')」に、類似の相関関係があることを示している。ダウティの原則は(「深層能格」言語("deep ergative" languages)という体系的な例外の可能性もあるが(Dixon 1979 参照))、通言語的に妥当で、(12)のように示される。

(12)　(i)　もし、いかなる <x, y> ∈ R においても、x が y に対して何かを引き起こ
　　　　　すものであるならば、R は（build（建てる）、kill（殺す）、ignite（点火す
　　　　　る）、move（動かす）のように）語彙化される（が、その逆 R^{-1} は語彙化さ
　　　　　れない）訳者注4。

　　　(ii)　もし、いかなる <x, y> ∈ R においても、x が y について何か知覚したり
　　　　　y に対する感情や態度を持つ感覚のある存在ならば、R は（see（見る）、
　　　　　love（愛する）、believe（信じる）のように）語彙化される（が、その逆 R^{-1}
　　　　　は語彙化されない）。

　　(iii)　もし、いかなる <x, y> ∈ R においても、x が移動し y が移動しないなら
　　　　　ば、R は（enter（入る）、overtake（追いつく）、pierce（突き通す）、collide
　　　　　with（衝突する）のように）語彙化される（が、その逆 R^{-1} は語彙化されな
　　　　　い）。

私の原則に、ダウティスタイルとよく似た定式化を与えることができる。

(12')　もし、いかなる <x, y> ∈ R においても、x が y を打倒し勝利を得るならば、
　　　R は語彙化される（が、その逆 R^{-1} は語彙化されない）。

　この原則が、少なくとも英語において強いことを示す 1 つの例は、best（負かす）
という動詞が語彙目録に入った時—OED の初例は 1863 年—空白のスロット、す
なわち (12') における R^{-1} に対応する語彙のギャップを埋めなかったことである。
OED によれば（'**best**, v. colloq.' において）「その形式はその意味に一致しない。その
意味は既存の動詞 worst（負かす）とほぼ等し」く、worst の意味は（(12') に従って）
それより 200 年以上も前に十分に確立されたものである。worst と best が結果とし
て同義になるためには、その傾向は実際強くなければならない。（underwhelm（感
銘を与えない）という新語も、(12') の原則の反例にはなっていない。というのは、
それが「圧倒される（'to be overwhelmed by'）」を意味しないことは明らかであるか
らだ。）
　さらに、複雑な lose to（負ける）タイプの **V+Prep** 形式は、統語的あるいは意味的
単位として振る舞わないことに注意されたい（Chrissie was {spoken to/ ?said goodbye
to/ *lost to} by Martina（クリッシーはマルティナに {話しかけられた／? さよなら
を言われた／* 負けられた}）)。*unglarfed「勝ちのない（'winless'）」や *unglarfable「勝
つことができない（'incapable of winning'）」の否定の評価／感情の意味スロットを
埋めるべき接頭辞を持つ形容詞が存在しないと予測されるので、それに対応する肯
定の評価／感情のスロットは (10b) に示したように自由に埋められる。

　肯定の評価／感情を表す un- 語形成と否定の評価／感情を表す un- 語形成が対称的ではないことは、更に英語の歴史によっても確認される。潜在的には起こる可能性のあるたくさんの un-X 形の形容詞が現在用いられない。恐らく、同じ意味を持つ既に存在していてより語彙化された単純な反対語によって阻止されたか先取りされたのである。ただ、これは常に事実であるわけではない。ここで再び *OED*（un-^{1}, 7）を引用しよう。

　　語源がその言語本来のものである短くて単純な形容詞と共に用いられる un- の使用にはかなりの制約があり、そのような語の否定は、反対の意味を持つ別の単純な語によって与えられるのが自然である。より古い言語では自由に起こっている unbroad（幅の広くない）、undeep（深くない）、unwide（広くない）、unbold（大胆でない）、unglad（嬉しくない）、ingood（よくない）、unstrong（強くない）、unwhole（全体ではない）などの形式を採用する傾向は、今やほとんど、あるいは全くない。

これらの引用された例は、(8) や (9) の例のように、肯定の評価／感情を表す基体に接辞を付加した、否定の評価／感情を表す形式であることが分かるだろう。「より古い言語」において、unshallow（浅くない）、unnarrow（狭くない）、unsad（悲しくない）、unbad（悪くない）、unweak（弱くない）が起こったようには思われない（Zimmer 1964: 41 参照）。
　ツィマー（Zimmer 1964）において引き合いに出され、経験的に確認された、「明らかで単純な反意語を持つ形容詞において un- 形式の反意語派生が制限されること」は、もっと一般的な同義性回避の原則（Avoid Synonymy principle：「語彙規則の出力は既存の語彙項目と同意のものであってはならない」Kiparsky 1983）を例証している。この原則は (3.3.1 項でまとめた私の語用論的労力の分業（Division of Pragmatic Labor）の一例であるが）、unhappy や unintelligent のような派生形容詞の意味領域が、それに対応する sad や stupid のような派生形ではない単純語の意味領域とははっきりと異なるように（そして、特に意味がより弱くなるように）狭められることを予測する（Zimmer 1964; Lehrer 1985 参照）。否定の評価／感情を表す形容詞でも、派生形容詞と単純形容詞の間にはこのような強さの違いがあるにもかかわらず、unhappy と unintelligent はその基体である happy と intelligent の矛盾語ではなく反対語となっている。すなわち、happy でも sad でもない人は、不幸であるかもしれないが、不幸である必要はない。（ungood などが存在しないことに対する別の説明がマーシャン（Marchand［1960: 151］）によって与えられているが、un- 形式が一般にその語幹の反対語ではなくて矛盾語であると仮定しているため支持されな

い。)

欠性を示す名詞派生形容詞を作る接尾辞 -less は、形容詞派生的 un- と同様、部分的にそして多様に生産的で、しばしば合成性に従わない語彙化された形式を生み出す。この理由のために、N-less という形式を持つ否定形容詞と、それに関連する肯定の N-ful の形式を持つ派生語との間には、たとえ後者が実際に存在するとしても、必然的な意味の対応がない（careless（不注意な）/careful（注意深い）、helpless（無力な）/helpful（助けになる）、boundless（際限のない）/*boundful、reckless（向こう見ずな）/*reckful）。このように、un-N-ful 派生語を形成する方法はオープンである（すなわち、阻止されていない）が、再び同義性回避によって予測されるように、N-less 派生語がもし存在すれば、その意味と使用において un-N-ful 派生語とは等しくないだろう（uncareful（注意深くない）≠ careless（不注意な）、unhelpful（助けにならない）≠ helpless（無力な）、unrestful（落ち着かない）≠ restless（不安な）参照）。実際 14 世紀には、（既に存在している mindless（思慮のない、愚かな）と全く異なる）unmindful（無頓着な）や、（fruitless（成果のあがらない、不毛の）とは異なってはいるが、違いがそれ程はっきりしていない）unfruitful（実を結ばない、不毛な）のような形式が生まれている。（他の例や関連するコメントは Marchand 1960: 231, 261–63 と Funk 1971 によって与えられている。）

しかしながら、さらに、*OED* に引用され、マーシャン（Marchand 1960）や他の研究で取り上げられているのは、過剰な un-X-less 形式である。これは、17 世紀と 18 世紀の文献から集められたもので、(7) の原則（ともっと特定的には、ツィマー–シーゲル–アレンの、形式的に否定の基体に接頭辞 un- を付加することを禁止する原則）に違反している。しかし精密な調査をすると、すぐに (13) に示された un-X-less 形式は、これらの主張に対する実際の反例にはなっていないことが分かる。

(13)

unboundless（際限のない）	unguiltless（潔白な）
unnumberless（数え切れない）	unshameless（恥知らずの）
undauntless（ひるまない）	unhelpless（無力の）
unquestionless（問題のない）	unshapeless（定形のない）
uneffectless（効果のない）	unmatchless（無比の）
unremorseless（情け容赦ない）	untimeless（永遠の）
unfathomless（底の知れない）	unmerciless（無慈悲な）
unrestless（落ち着かない）	unwitless（知恵のない）

重要なのは、例えば unmatchless の意味は「無比の（'unmatched' や 'matchless'）」であって、（その形式が示唆する）「無比でない（'not matchless'）」ではない。

unmerciless は merciful に一致するのではなく、「無慈悲な (merciless あるいは unmerciful)」に一致する。このように、これらの例は、近代英語の irregardless (あるいはドイツ語の unzweifellos ('doubtless')) と同じく、(互いに相殺するのではない) 余剰的冗語的な二重否定を含むものとして解釈されなければならない (Horn 1978a: § 3.2 参照)。すなわち、肯定の評価／感情を表す (e-pos) 基体は、形態論的には奇妙であるが、意味論的には規則的な否定の評価／感情を表す (e-neg) 派生形容詞に変形されているのである。

　イェスペルセンやマーシャンなどの記述的形態論者によって述べられているように、un- と (特に) iN- 派生語は、それらが付加される語幹の感情的意味を否定する傾向がある一方、non- と (それより程度は低いが) un- という接頭辞は客観的あるいは記述的内容を否定する。(14) に引用された派生形式の最小ペアは、このコントラストを例証している。

(14)　immoral (道徳に反する)：nonmoral (道徳に関係のない)
　　　irrational (理性を失った)：nonrational (非合理的な)
　　　un-American (米国的でない)：non-American (非アメリカ (人) の)
　　　un-Christian (キリスト教徒にふさわしくない)：non-Christian (非キリスト (教、教徒) の)
　　　unnatural (不自然な)：nonnatural (自然作用でない)
　　　unprofessional (プロとしてふさわしくない、未熟な)：nonprofessional (職業と無関係の)
　　　unprofitable (利益のない、もうからない))：nonprofit (非営利的な)
　　　unremunerative (割に合わない)：nonremunerative (報酬のない)
　　　unrhythmical (リズミカルでない)：nonrhythmical (律動性のない)
　　　unscientific (非科学的な)：nonscientific (科学に基づかない)

それぞれの場合において、iN- や un- の形は軽蔑語的に理解され、対応する肯定の語幹と反対対当の関係にある一方、non- 派生語は単純で評価的には中立の矛盾語である[10]。アルジオ (Algeo 1971: 90) は、イェスペルセンとマーシャンの考え方を繰り返して、そのコントラストを次のように述べている。「イスラム教徒は non-Christian (非キリスト教徒) であり、キリスト教徒だけが振る舞いにおいて un-Christian (キリスト教徒にふさわしくない) であり得る。non-realistic (非現実主義的な) 小説は、その目標が世界の現実的な見解とは異なるものだが、unrealistic (非現実的な) 小説は、現実主義を目指したが、それを達成していないものでありがちである。」

　これと同じようなコントラストが、共時的には非生産的な接頭辞 iN- と半生産的な un- との間に成立する。イェスペルセン（Jespersen 1942: §26.3）は、inartistic（芸術の分からない、無趣味な）と unartistic（非芸術的な、芸術に関わらない）、immoral（道徳に反する）と unmoral（道徳と関係のない）との間の違い（「子供は道徳的（moral）でも道徳に反する（immoral）ものでもないのが自然で、単に道徳と無関係（unmoral）であるにすぎない」）に注意を喚起している。このような例において、イェスペルセン以後の人々は、非常に生産的な接頭辞 non- を伴い un- よりも中立的で矛盾を表す否定形容詞を見つけるだろう。すなわち、nonartistic（非芸術的な、芸術と無関係な）や nonmoral（あるいは amoral: 道徳と関係のない）である。

　(14') の例に見られるように、三方向のコントラストが見られることさえ時々ある。ここでは、左から右にいくにつれて派生形が次第により記述的になり、より矛盾を表すものになっている。

(14')　inhuman（不人情な、冷酷な）：unhuman（人間でない）：nonhuman（人間以外の）

　　　　irreligious（無信仰な、反宗教の）：unreligious（世俗的な）：nonreligious（宗教と無関係の）

　　　　impious（不敬虔な、邪悪な）：unpious（信仰心のない）：nonpious（信仰と無関係な）

　それぞれの場合において、反対読みが可能なのは、形容詞語幹が段階的（GRADABLE）または尺度的（SCALAR）な値とみなされ得る限りにおいてである（Sapir 1944; Horn 1972; Ducrot 1973 参照、本書第4章参照）。段階性の標準的なテストを適用すると、iN- と（普通）un- 形容詞は、X was {somewhat/ rahter/ extremely/ very/ awfully/ downright} ADJ という尺度枠に挿入することができるが、非尺度的 non- 形はその枠に現れることができないことが正しく予測される。

(15)　downright {un-American/ #non-American}
　　　（完全に {米国的でない／#非アメリカ人の}）
　　　very {un-Christian/ #non-Christian}
　　　（非常に {キリスト教徒にふさわしくない／#非キリスト教の}）
　　　extremely {unnatural/ #nonnatural}
　　　（極端に {不自然な／#自然作用でない}）
　　　somewhat {immoral/ #nonmoral}）
　　　（やや {不道徳な／#道徳に関係のない}）

awfully {irrational/ #nonrational}

（非常に {理性を失った／# 理性に無関係な}）

rather {unscientific/ #nonscientific}

（かなり {非科学的な／# 科学に基づかない}）

またこのために、二項関係の非段階語に接頭辞 un- を付加することは不可能であり（*unmale, *unfemale, *unodd）、他の派生形も尺度的な意味や尺度的な文脈に意味的に制限される。例えば、私のテーブルの表面は uneven（でこぼこ）であるかもしれないが、数字の 7 は uneven（でこぼこ）であり得ない。あなたの決定は unfair（不公平）かもしれないが、あなたの顔色はそうではない[11]。

評価的 vs. 記述的というパラメータを仮定すると、際立った語彙的ギャップがいくつか見つかる。unmaternal（母らしくない）、nonmaternal（母方でない）、unmotherly（母親らしくない）と並ぶ、*nonmotherly という形容詞はない。maternal（母方の／母にふさわしい）という語幹が記述的形容詞とも評価的形容詞とも解釈されるのに対して、motherly（母らしい）は評価的にしか解釈され得ないからである（Zimmer 1964: 33）。同様に、nonmale（男でない）という語はあるが、*nonmanly という語は存在しない（unmanly（男らしくない）／ *unmale を比較）。同じ考え方に従うと、*nondecent や *nonrespectable は成立しないことになる。

ファンク（Funk 1971）が指摘しているように、この現象のもう一方の側面は、iN-と（半生産的な）un- を持つ形容詞がもともと評価的に中立で意味的に矛盾の意味を持つものとして生じた場合でも、反対の、感情的な、典型的には軽蔑語的な意味や内包を生じさせる傾向があるということである。このプロセスについてのファンクの例には、inadequate（不十分な）、inappropriate（不適切な）、inconvenient（不便な）、incorrigible（矯正できないほど悪い）、infertile（不毛の）、irrelevant（的外れの）、uninteresting（面白くない）、unsatisfactory（満足のいかない）などがある。そして、失敗した喜劇だけが unfunny（面白くない）であって、成功した悲劇はそうではない。

しかし、専門的な語彙を含む例の中では、iN-（またはそれと等しく非生産的な a-）の形式を持つ反対語と non- を持つ矛盾語の間に予測される違いが、前者の軽蔑語的性格（あるいは段階性）と相互に関係していない場合がある。例えば、transitive（symmetric, reflexive）（推移的（対称的、反射的））でない二項関係は、必然的に nontransitive（nonsymmetric, nonreflexive）（無推移的（無対称的、無反射的））であるが、必ずしも intransitive（asymmetric, irreflexive）（非推移的（非対称的、非反射的））ではない[訳者注5]。しかし、関連する語のどれも尺度的でも軽蔑語的でもない（これらの述語の定義については、Lyons 1977: 154; Allwood, Andersson and Dahl 1977: 88–90 参照）。

そこで、要するに次のような相関関係があることになる。

(16)　iN- は、評価的な読みにおいては尺度述語とのみ結合する傾向がある。結果
　　　として生じる派生形は語彙化され、意味論的・音韻論的に不透明で、また
　　　反対的で一般に軽蔑語的（で否定の評価／感情を表す(e-neg)）意味や内包
　　　を付与される傾向があり、なんらかの期待される基準や確立された基準に
　　　対する反感を伴うことが多い。

　　　non- は、結合の仕方がもっと自由である（5.1.2 項参照）。結果として生じる
　　　派生形は概して語彙化されず、意味論的・音韻論的に透明で、（感情的ま
　　　たは評価的というよりむしろ）形式的かつ（または）記述的な意味の側面
　　　に関係する。

　　　un- は、与えられた基体とどれほど生産的にあるいは自由に結合するかに
　　　よって、これらの基準に関して iN- と non- の間に位置する。生産的でな
　　　くなればなくなるほど iN- に似て、生産的になればなるほど non- に似る。

　生産性と透明性の相関関係は、非常によく知られているのでここで詳しく説明す
る必要はないだろう。これらは語形成の伝統的研究においても、レベル順序付け生
成形態論のなかのシーゲル（Siegel ［1974］1979）、アロノフ（Aronoff 1976）、アレン
（Allen 1978）によっても、広く扱われている[訳者注6]。この相関関係の否定接辞への適
用については、特にシーゲルとアレンによって述べられている。従ってここで私
は、impious（不敬虔な）や infamous（悪名高い）のような非生産的語形成の音韻論的
不透明性を指摘し、その強勢の後退や母音弱化、鼻音同化が、nonpious（信仰に無
関係な）に明らかにみられる複合語のような強勢パターンと対照的であることを引
き合いに出せば十分である。この対照は正に意味論と関係があり、前者においては
意味的に不透明で（合成的ではなく）、後者においては透明（合成的）である[12]。例に
よって、un- の形式は中間の位置を占め、シーゲルやアレンのような 2 つのレベル
を仮定する体系にとっては幾らか問題を引き起こす。もし、iN- がレベルⅠの接頭
辞で、non- がレベルⅡであるならば、un- は 2 つのレベルの間（クラス Ⅰ½?）で宙
に浮き、あっちへ行ったりこっちへ行ったり、あるいは両方のレベルに当てはまっ
たりする必要があるように思われるが、これらの解決法は、どれも完全にうまくい
くわけではない[13]。

　最も問題なのはレベルの順序付けパラドックスで、これはアレン（Allen 1978）
やウィリアムズ（E. Williams 1981）、リーバー（Lieber 1981）、セルカーク（Selkirk
1982）、キパルスキー（Kiparsky 1982, 1983）、ペセツキー（Pesetsky 1985）によって
さまざまな方法で分析され扱われてきた。そのパラドックスは次のように再構成で

きる。第一に、un- の音韻的特性と、（レベル I の iN- とは違って）un- が実語 (full word) にしか付加されないという事実が与えられると、un- が中立的でレベル II の語境界 (#-boundary) に付く接辞であると仮定しなければならない[訳者注 7]。第二に、もともとシーゲル (Siegel 1974: 163) が提案しアロノフ (Aronoff 1976)、アレン (Allen 1978) 他の研究者によって採用された、レベル II の接辞はレベル I の接辞の外に現れてもよいが逆は真ではない、という順序付け形態論の核になる一般化を私は採用している。第三に、un- という否定接辞は本質的に範疇を変更しない形容詞的接頭辞である、というシーゲルとアレンの証拠を受け入れている。第四に、アロノフに従って、名詞化接辞の -ity をその音韻論的、形態論的、意味論的要求によって、レベル I の形式素境界 (+ -boundary) に適用される接尾辞として扱う。するとその結果、[iN- と -ity はどちらもレベル I の接辞なので] impartiality（公平）、inability（無力、できないこと）、instability（不安定）は容認可能であると［正しく］予測されるが、unclarity（明快さに欠けること）、ungrammaticality（非文法性）、unoriginality（独創性のないこと）、unreality（非現実性）、unworkability（実行不可能性）という un-X-ity 形式の語は、[レベル II の un- が付加された後でレベル I の -ity が付加されなければならず、順序付けに違反するため] 派生できないことになるはずである。しかし残念なことに、このような語は存在する。

　形容詞を生み出す un- が範疇保存的であることは明らかである。理論的枠を持っていないマーシャン (Marchand 1960: 152) でさえ、un-X-ity 形は「否定形容詞からの派生語として分析されなければならない」と主張している。否定接頭辞の un- が形容詞にのみ適用されるという一般化を保持しようとする強い体系的圧力がある。実際この圧力が、（uninhabited（無人の）、uncollected（取り乱した）、uncalled-for（不必要な）のような）「非受動的 ('unpassive')」分詞は本来動詞派生的ではなく形容詞派生的でなければならない、という立場の主要な動機付けになったのである (Siegel 1973; Hust 1977; Wasow 1977 参照)。マーシャンと OED のどちらも、そのような派生で生成することができない他のさまざまな名詞的 un- 形成があることを認めているのは事実である。例えば、unbelief（不信仰）、unbeliever（不信仰者）、uncandor（不誠実）、uncrime（犯罪でないこと）、unluck（不運）、unphilosophy（哲学的原理に従わないもの）、unpromise（見込みなし）、unreason（非理性、無分別）、unrest（不安）、unsuccess（不成功）、unvalue（低評価）などである。しかし、これらの名詞の大部分は、その場限りの形式、逆成、かつ（あるいは）—OED の微妙な言い方を用いれば—「真剣に意図されない」ものであるように思われる。例えば、アリスの unbirthday present（誕生日以外の日のプレゼント）や、（1 世紀後の）uncola、マコーレー (McCawley 1980) の unsyntax の理論などを参照。unintelligence（無知）、untruth（真実でないこと）、unwisdom（無分別）のような他の un- 名詞においては、

非生産的なレベルⅠの名詞化接尾辞の内部へ un- が付加されているのが明らかである。これらの形成は、究極的にはおそらく非文法性 (ungrammaticality) のパラドックスから逃れることができるメカニズムによって扱われることになるだろう。

しかし、それはどのようなメカニズムなのだろうか。ウィリアムズ (E. Williams 1981: §3) とリーバーは、「語彙意味論は原則的には生成形態論の構造的側面から自立している」(Lieber 1981: 70) という観察に基づいて解決法を探している。しかし、セルカークやキパルスキーが指摘しているように、これは間違った方向に導いてしまう。なぜなら、その問題は、意味論的合成性だけでなく形態論的合成性にも関係しているからである。レベルⅡの否定接頭辞を既に持っている形容詞にレベルⅠの接尾辞をどのように付加するのか。あるいは、(レベルⅠの出力とレベルⅡの入力において) もはや形容詞でない形式に形容詞派生的な否定接尾辞をどのように付加するのだろうか。

セルカークはその問題に対して、-ity が un- の外側に付加される場合、この un- はレベルⅠの接頭辞であってレベルⅡの接頭辞ではない、と答えている。すなわち、ちょうどアロノフ (Aronoff 1976: §6.2) が -able にはレベルⅠの +abl とレベルⅡの #abl の2つがあると述べたのと同じように、英語には2つの否定接頭辞 un- があると考えているわけである。un- (やこれと同じ特性を持つ他の接頭辞) に関するこの考え方で問題となるのは、同形の接頭辞が2つあるという気前のいい重複に加えて、キパルスキー (Kiparsky 1983: §5) が指摘しているように、セルカークのレベルⅠ接頭辞 un- は、レベルⅠ接辞 (または語根) に関係する音韻的手品を決してうまくやってのけられないことである。特にそれは unpopularity (不人気)、unreality (非現実性) のような形式において同化が起こらない (*umpopularity, *urreality) 点に現れる。(アロノフの +abl とは異なって) un- は、実語にだけでなく語根にも付加されない。要するに、(順序付けパラドックスそのものとは別に) un- がレベルⅠであることを示す証拠がほとんどなく、レベルⅠではないことを示す証拠の方が多くあるのである。

キパルスキー (Kiparsky 1982, 1983) は、ungrammatical のようなレベルⅡで構成された形式が、どうにかしてレベルⅠに戻り、-ity 接尾辞付加のようなレベルⅠの規則を受けられるようになるという分析を考えている。しかし、この考え方の問題は、レベルⅠの接辞ならばすべて un-X 形式の語に適用されるわけではないということである。キパルスキーが最終的に取った解決法は、un-X-ity という単語が形態論的再分析 (MORPHOLOGICAL REANALYSIS) を受けると仮定することであり、これは私にはいい出発点のように思われる。この考え方では、例えば名詞 [N [A grammatical]ity] は、キパルスキーの角括弧削除 (Bracketing Erasure: シーゲル - アレンの隣接条件 (Adjacency Condition) に相当する) にとって「有標の例外」であ

り、レベル II の接頭辞 un- は、形容詞要素にくっつくために $[_N[_A \text{grammatical}]\text{ity}]$ の内側の構造を効果的にのぞき見ることができると考えるのである。このとき、結果として派生された $[_N \text{un} [_N[_A \text{grammatical}]\text{ity}]]$ という形式は、$[_N[_A\text{un} [_A \text{grammatical}]]\text{ity}]$ として再分析される。

　この分析は本質的に、ungrammaticality をレベル I の名詞 grammaticality とレベル II の形容詞 ungrammatical という文句の付けようのない 2 つの形式の有標混合物として扱うものである。これは un-X-ity 形成が、それに対応する肯定の X-ity という名詞が可能である場合にのみ起こり得るということと、un-X-ity の許容性は、un- の問題というより -ity に関する問題であるため、(semigrammaticality(半文法性)、noncompositionality(非合成性)、extrametricality(余剰音節性)、bilaterality(左右相称性)に見られるような)他のレベル II の接頭辞が自動的に同じ再分析を引き起こすことを正しく予測する。再分析がなされていると考えられる他の例としては、three-demensional(三次元的)、set-theoretical(集合理論的)などのように、複合語がレベル I の接辞を編入し、その接辞が複合語全体を意味作用域に取るようなものがある(Levi 1978 参照)。

　もちろん、レベル I の接尾辞である -th, -ce, -dom は -ity よりもはるかに非生産的であるが、これらも(上で見たように)角括弧削除に対する例外としてマークされなければならず、やや困惑させる結果になる。キパルスキーのアプローチにとって問題になる他の例としては、unemployment(失業)、unfulfillment(不履行)、uninvolvement(巻き込まれないこと)などがある(Selkirk 1982: 130)。動詞派生名詞化接尾辞の -ment が、(アロノフが仮定しているように)レベル I だけのものであるとしても、(セルカークが主張しているように)レベル I とレベル II の両方のものであるとしても、ここで関連する混合体は、例えば、$[_A\text{un}[_A[_V\text{employ}]\text{ed}]]$ と $[_N[_V \text{employ}]\text{ment}]$ であり、そこでは括弧の削除や透明性以上の何かが仮定されなければならないように思われる。単純に否定辞 un- の形容詞に対する制限をゆるくすることもできるが、これらの形式は(uncola、uncrime、unsyntax,、unword のような)単純な un+N 形式が持つその場限り的で滑稽なニュアンスを持っていない。我々は、チョムスキーが、統語理論の最も初期の論文からなぜ常に非文法的であること(ungrammaticalness)という特性を論じてきたのかを正しく評価しようとしていることになる。

　順序付けパラドックスの最終的な解決がもしあるとしても、それが何であれ、un- が生産性と合成性において多様であり、この 2 つのパラメータにそった変化が強く互いに関係しているというツィマーの基本的な発見を否定することはとてもできない。語彙化された un- 形式が反対解釈と否定の評価／感情を表す (e-neg) 解釈の方に流されていく傾向がある一方、この接頭辞の形態音素的で超分節的な振る舞

382

いは、一様に、語レベルの、中立的な、レベルⅡの接辞のものである。しかし、これがどれほど深い事実であるのかははっきりしない。例えば、これに相当するフランス語の否定接頭辞の iN- は、英語の iN- と un- の両方の領域を実際占めるに違いないのだが、その音韻論的振る舞いは、その生産性と合成性に従ってレベルⅠとレベルⅡの間で変化する（Zimmer 1964: 50–51, Aronoff 1976: 125 参照）。

そこで、(16) の一般化は、今概略した事実とどのように妥協する運命にあろうとも、ゆるぎのない確かなものだと思われる。しかし、肯定の尺度値を持つものがすべて、十分に生産的ではない否定接辞の基体になり得るわけではない、ということを認識するのは重要である。ツィマーが述べているように、iN- と un- の形式は、最上級の意味を持つ基体、私の用語で言えば強い尺度の基体を受け入れない傾向がある。例えば、*undelicious, *unexcellent, *unsuperb のようなタイプの派生形容詞が英語にはないのである（Zimmer 1964: 44）。一般原則は (17) のように述べることができる。

(17)　比較的生産力のない否定接辞が付加される語幹は、無標 (UNMARKED) で弱い肯定 (WEAK POSITIVE) の尺度値を持つ傾向がある。

従って、unhappy という語は派生されるが、（強い肯定の ecstatic（有頂天の）から）*unecstatic や（弱い否定の sad（悲しい）から）*unsad、（強い否定の miserable（悲惨な）から）*unmiserable のような語は派生されないのである。動詞の接頭辞も同じように振る舞う。dislike（嫌い）という語はあるが、*dislove、*disadore、*dishate、そしてもちろん *disdislike といったような語は存在しない。それぞれの場合において、容認可能な派生形式には、無標の尺度値を表す語幹が組み入れられている。これは標準的なテストを適用することによって確認することができる。例えば、How happy is he? 対 How {ecstatic/ sad/ miserable} is he?、How much do you like me? 対 How much do you {love/ adore/ hate/ dislike} me? などである。5.2 節と 5.3 節において、これらと同じ無標の弱い肯定の尺度値が、形式的にはその作用域の外の矛盾否定であるものに対して、反対読みを引き起こす傾向のある文脈を詳しく調べることにする。

5.1.2　その他の接辞、その他の問題

否定の接頭辞 iN- や un- は、5.1.1 項では考えなかった他の非生産的な接辞（例えば、disadvantageous（不利な）、discourteous（無礼な）、dishonest（不正直な）、disreputable（評判の悪い）などの形容詞にみられる dis- や、breathless（息を切らした）、careless（不注意な）、faithless（不実な）、lifeless（生命のない）にみられる接尾

辞 -less)と共に、アリストテレス(1.1.1 項)とストア派(1.1.2 項)の欠性辞にあたる。もちろん、ahistorical(歴史に関心のない)、amoral(道徳と無関係な)、anesthetic(無感覚の)、anorexic(食欲のない)などにみられるギリシア語欠性辞直系の a(n)- も同様である。第 1 章でみたように、欠性辞は、アリストテレスが述語名辞否定と呼ぶ反対演算子の最も明白な例である。第 7 章で、単語内否定とその反対との関係の形式的特徴化に戻ることにしよう。

　否定の形容詞が、この章の意味における反対—つまり間接反対、あるいは弱い反対—と見なされるかどうかは、その語幹の意味と当該の基体にかかわる接辞パターンの生産性の程度に依存しているように思われる。ツィマー(Zimmer 1964: 87)が述べているように、非生成的な(語彙的にリストアップされた)形式は反対解釈を持つ傾向があり、(生産的な規則が適用された結果生じたものである)生成された形式は矛盾解釈を持つ傾向がある。直観的に言って、もし派生形式が、一般的で予測可能な統語的過程のようなものによって生産されるのであれば、その意味は同様に予測可能(で合成的)でなければならない。そうでなければ、話者と聴者はコミュニケーションができないだろう。否定の形容詞について言えば、一般にこの過程によって、反対の意味というよりは、むしろ矛盾的な意味が生じる。なぜなら、(弱い)反対は関数ではないからである(1.1.5 項参照)。

　他の否定接辞は全く異なる次元に関与しているように思われる。(ほとんど)形容詞語幹にしかつかない否定接辞 un- と並んで(*OED* の **un**-^{1}; Kruisinga 1931: §1620; Marchand 1960; Zimmer 1964; Siegel [1974] 1979; Allen 1978)、同音異語の(歴史的に異なる)逆転(REVERSATIVE)接頭辞 un-(*OED* の **un**-^{2}, イェスペルセンの欠性接辞(PRIVATIVE)un-)は、unbend(まっすぐ伸ばす)、uncage(篭から出す)、uncover(覆いを取る)、undo(元どおりに戻す)、unfasten(ゆるめる)、unfold(畳んだ物を開く)、unlock(鍵を開ける)のように、動詞または名詞から動詞を形成する。

　unbending(曲がらない)、uncoiled(巻かれていない)、unfoldable(折りたためない)、unlockable(錠がかからない)、unwrapped(解かれた、包んでいない)のような語彙項目は、動詞から形容詞を生成する接尾辞があるため、構造的に曖昧である。このような語はそれぞれ $[_{ADJ}un^1 [_{ADJ}[V] X]]$ の構造を持つか $[_{ADJ}[_V un^2 [V]] X]$ の構造を持つと理解される^{14}。強勢パターンが、結果として生じる同音異議語の曖昧さを取り除くかもしれないが(Jesperson 1917; Kruisinga 1931: §1623)、取り除かない可能性もある。論理的四極構造(4.5 節)の(南東)頂点 **O** の、意味的に複雑な語を語彙化しない傾向と一致して、un- が通常の否定接頭辞である un-**V**-able 形式の形容詞はみな、否定接辞が可能性を表す法接辞よりも広い作用域を取る **E** 値 $[_{ADJ}un [_{ADJ}[V]able]]$(**V** されることができない)として分析されるのが常である(Horn 1972: §4.13)。un- が逆転動詞接頭辞である $[_{ADJ}[_V un [V]]able]$ の構造において

のみ、法接尾辞が広い作用域を取ることが可能になる。

　否定接頭辞の un- と逆転接頭辞の un- は、歴史的にだけでなく共時的にも無関係なのだろうか。この疑問に対して、コヴィントン（Covington 1981: 34）が標準的な答えを与えている。すなわち、その 2 つの接頭辞は「もちろん別の物である（'of course distinct'）」というのである。しかし、実際これは本当なのだろうか。マーシャン（Marchand 1960: 153）は、古英語の時期には、（逆転接頭辞 un- の起源である）接頭辞 on(d)- は、「否定接頭辞の un と関係があると感じられるようになっていた（'had come to be felt connected with the negative prf *un*'）」と述べている（起源を同じくするドイツ語の ent- 参照）。それは、正書法的にそして恐らく音韻的に、否定接辞の un- と融合したのである。いわゆる逆転辞の un- が実際に逆転させるものが動詞の基体が表す行為ではなくてその行為の結果であるとすると、派生形式の 2 つの集合の関係も同様に、最初思われる以上に密接なものであるかもしれない。「not bound（縛られない）を意味する unbound と loosened（結び目をほどかれた）を意味する unbound を区別するものは、ほどかれている状態に先行する行為という追加的な考えにすぎず、その状態そのものは同じである」（Marchand 1960）。

　Word Formation の第二版（Marchand 1969: 205）において、マーシャンはこの関係をはっきりと示し、（深層）統語論でそれを捉えようとしている。

> 逆転タイプの **untie** は「動詞の行為の結果を元に戻す」という意味、より正確に言うと「その動詞の目的語がもはやそうされていないようにする」という意味を持っている。Tie a package は「その包みを縛られる状態にする」ことを意味し、untie a package は「その包みがもはや縛られていない状態にする」ことを意味する。その包みの「縛られている」という（受け身の）状態が、もとに戻される。…基底にある統語構造のレベルでの分析は、「縛られていない状態を引き起こす（'cause to be un-(=not)-tied'）」である。

ダウティ（Dowty 1979: 258）が引用し議論した、マーシャンの原初生成意味論的説明は、意味論的に関係がある dis- や de- などを含む動詞の接頭辞に対しても当然当てはまる（Marchand 1972; Dowty 1979: §5.7）。

　マーシャンを知らずに研究を進めたホーン（Horn 1978c）は、実際、dis- 動詞をレイコフ－マコーレーのようなやり方で分解している。dissuade を persuade not と分解する G. レイコフ（G. Lakoff 1969）に反論して、ハスト（Hust 1975）は、**(18)** の dis- 形式を、このアプローチに対する潜在的な反例として引き合いに出している。**(18)** は顕在的な補文構造を持たず、**(19)** に見られるようなパラフレーズができない。

(18) a.　I have disarmed the prisoners.（私はその囚人たちの兵器を取り上げた）

　　 b.　I have disassembled the mechanism.（私はその機械を分解した）

(19) a.　I have not armed the prisoners.（私はその囚人たちに武装させなかった）

　　　　　　　　　　　　　　　　　　　　　　　　　　　　　　　［≠ (18a)］

　　 b.　I have not assembled the mechanism.（私はその機械を組み立てなかった）

　　　　　　　　　　　　　　　　　　　　　　　　　　　　　　　［≠ (18b)］

しかしそのかわりに (18a, b) は、それぞれ (20a, b) に分解され得る。

(20) a.　I have caused the prisoners to come not to have arms.

　　　　 （私は、その囚人たちが武器を持たなくなるようにさせた）

　　 b.　I have caused the mechanism to come to be {not/ no longer} assembled.

　　　　 （私は、その機械が（もはや）組み立てられていない状態になるようにさせ
　　　　 た）

ここでは、否定は使役要素の内部にある。これらのパラフレーズにおいて、「その
起動的要素は、囚人たちが以前は武装していたり、その機械が組み立てられていた
という有標の含意を組み込んでいる」。そして否定が内側に位置していることは、
例えば、(19a) が私―あるいは誰か―が以前に囚人たちを武装させたことを伴立し
ないことを正しく予測する。(Horn 1978c: 205 参照。このような抽象的な内部否定
に関する洞察に富む議論については、Dowty 1979: 第 5 章参照。dis- 動詞に関する
更なる議論と否定に関する含意の有標性については補遺 2 参照)。

　私はここで、否定の（形容詞的）un-^{1} と、逆転あるいは欠性の（動詞的）un-^{2} との
間になんらかの関係があることを支持するような議論はできないし、後者の構造や
それに対抗する de- や dis- ―これらはすべて「先行する状態を元に戻すことを表
す」(Marchand 1972: 636) ために用いられる―の意味論的・語用論的複雑さを探求
するスペースを取ることもできない (Covington 1981; Horn and Covington 1987 参
照)。しかし、音韻的項目としての dis- は、形態論的に言うと、un- と同様に多形
態であるということを述べておく価値はあるかもしれない。

　まず第一に、dis- 形式を持つ動詞には、disbelieve（信じない／疑う）、dislike（嫌
う）、distrust（信じない／疑う）のように、行為や達成を表すのではなく状態を表
すものがある。また、接頭辞 dis- は、動詞形成に限られるわけではない。例えば
(disadvantageous（不利な）、discourteous（無礼な）、dishonest（不正直な）、disloyal
（不忠の）、disobedient（従順でない）、disreputable（評判の悪い）のように）、ロマン
ス語系の形容詞につく否定接頭辞として現れる。さらに、マーシャン（Marchand

1960: 112–13) が指摘しているように、接頭辞 dis- を伴う名詞には、意味論的に区別可能な 2 つのクラスがある。1 つは、(discomfort (不快)、disease (病気 [本来は「安楽の欠如 ('lack of ease')」])、disharmony (不調和)、disregard (無視)、disunity (分離) のように)「…がない、…を欠いている」ことを示すものとして欠性的に解釈されるものと、もう 1 つは、(dishonor (不名誉)、dislike (嫌悪)、disobedience (反抗)、disorder (混乱)、displeasure (不満) のように)「…の反対」として、逆転的にあるいは反対的に解釈されるものである。形容詞、動詞、名詞の 3 つの主要な範疇すべてと、それらの範疇の中でも異なる下位範疇において dis- 形式が現れることは、形容詞的 un- と動詞的 un-、(周辺的ではあるが) 名詞的 un- の間の共時的関係を定義することが妥当であることを示している。このように dis- と un- がどちらも融通のきくものであることは、形態論的規則に対する入力が単一の統語範疇によって特定され得るという統一基体仮説 (Unitary Base Hypothesis; Aronoff 1976) に異議を唱えるものである。

　限られた生産性しか持たない否定の接頭辞を持つ他の形式と同じように、dis- 派生は、範疇に関係なく、可能な時はいつでも (Jespersen 1917: 146 が認めているように) 間接反対解釈 (と欠性読みか否定の評価／感情を表す (e-neg) 読み) を受ける傾向がある。このことは、状態を表す dis- 動詞の場合に特にはっきりと見て取れる。例えば、誰か／何かを disbelieve する (疑う) ことは、誰か／何かを信じるということが単に成立していないことを意味するのではない。dislike したり (嫌ったり) distrust (疑ったり) することも、好きであるとか信じるということが単に成立していないことを意味するのではない。もっとも、ある状況のもとでは、このような dis- を伴う述語が単純な否定辞と等価に解釈できるような場合があることは指摘しておくべきだろう。

(21) a. I disbelieve your story.　　(21') a. I don't believe your story.
　　 b. I dislike chocolate oysters.　　　 b. I don't like chocolate oysters.
　　 c. I distrust such analyses.　　　　 c. I don't trust such analyses.
　　 d. I'm disinclined to accept that　　 d. I'm not inclined to accept that.

しかし、5.3 節で述べるように、ここでの問題は、(21) の複合否定辞 dis- が矛盾解釈を受けることではなく、(21') の (外見上は) 単純な否定辞の方が反対解釈を受けることである。

　矛盾否定を生み出すものと普遍的にみなされている否定接頭辞は、もちろん non- である。既にみてきたこの接頭辞の特徴は、non- が形態論的に不透明で非常に生産的であるという事実と、特にイェスペルセンが述べているように、in- や

un- のような接頭辞を付加できない語幹に適用できること（Jespersen 1917: 147）と
相互関係がある。第 2 章でみたように、S is non-P という形式の叙述は、S is not P
と同様に、S is P の弱い否定として解釈される傾向があり、その点で S is un-P と
は異なっているということが（とりわけ Zimmer 1964; Drange 1966 によって）主張
されている。S is P の弱い否定は、S が述語 P によって叙述され得る種類のもので
はない場合、内容の乏しい真になる。そのために、**(14)** に例示した un-American/
non-American のような種類の最小ペアが生じるのである。同様の点をファンク
（Funk 1971: 31）も主張し、接頭辞 non- が持つ普遍的な矛盾の意味（と言われてい
るもの）を、単なる 'that is not **Adj**' ではなく 'that is other than **Adj**' とする解釈に関
連付けている[15]。

　しかし、否定接頭辞の意味が典型的には中立で、客観的で、範疇外的であり、そ
の自由さが統語作用の自由さに近づくようなこの模範的な枠組みにおいてさえ、反
対の否定の評価／感情を表す (e-neg) 傾向が潜んでいる気配がある。まず第一に、
nonchalant（無関心な）、nondescript（特徴がない）、nonplussed（当惑した）などのよ
うに、接頭辞 non- を伴う語彙化された形容詞や名詞ではっきりとした共時的起源
をもたないものが相当数存在する[訳者注8]。他の non- を伴う派生語でも、肯定の源を
持ってはいるが、その矛盾否定を構成していないものもある。例えば、nonsporting
という形容詞を犬や犬の品種に適用すると、sporting dog（猟犬）でない犬ならどん
な犬にも当てはまるわけではない。例えば、テリアやハウンドは sporting dog でも
nonsporting dog でもない[訳者注9]。nonpaper は行政機関などで用いられる特殊な種類
の非公式文書である。nonconformist（優勢な文化や社会の基準を意識的に拒絶する
人）は、単に既存の信念や習慣に従う人（conforminst）ではないことを意味するので
はないし、nonviolence（非暴力（主義））は、単に暴力がないことを意味するのでは
ない。

　さらに、アルジオ（Algeo 1971）とバウアー（Bauer 1983: 279–85）が述べている「流
行の」non- の用法がある。これは名詞に付加される「軽蔑的な（PEJORATIVE）」
non- で、アルジオはこれを「表面的な形式は持っているがその価値は持っていな
い」ものだと述べている。例えば、nonactor（感情表現が下手な俳優）、nonbook
（価値のない本）、noncandidate（不出馬表明者）、nonevent（期待はずれのできご
と）などである[訳者注10]。そして、反対関係を表す接頭辞と同じように、non- は反対
関係にある要素の無標の要素の方にのみ付加されることが多い。例えば、人口統
計学の分類では、nonwhites（白色人種でない人）とは言うが、普通は nonblacks や
noncoloreds とは言わない。

　これまで述べてきたように、否定の接頭辞は、生産性の程度と矛盾解釈をする傾
向、形態論的音韻論的透明性との間に、一般的な相関関係を示している。non- は（un

と同様にそして iN- とは異なって）文節音のリエゾン現象や強勢移動を引き起こさないだけでなく、non- 自身の強勢のかなりの部分を保持する。実際アレン（Allen 1978）が述べているように、non-X（X は形容詞か名詞）という形式を持つ語は、形態論的・音韻論的に言って、単純な派生形式というよりは複合語のような振る舞いをすることが多い。複合語自体が非合成的であり得ることはよく知られたことであり、語彙化された non- 語形成の意味が予測不可能な場合もあることは、この見解を支持するものである。

さらに、普通 S is non-P が S is not P と同様に矛盾否定を生み出すということは事実だが、前者の構造において、複合語としての別の兆候を観察することができる。ツィマー（Zimmer 1964: 44）は、nonbarking dog は「特定の瞬間に吠えていない犬ではなくて、普段吠えない犬を指すように思われる」と述べている。この特徴的あるいは習慣的な意味は、not-barking dog という時には（そういう習慣的意味がないわけではないにしても）はるかに弱いものに思われるのだが、これは（Zimmer［1971］などが述べているように）複合語の一般的特徴である。

non- を伴う形容詞は、矛盾対当の意味を持つ述語としての（通常の）地位において、一方に文否定、他方に普通の口語的な反対解釈の傾向を持つ接辞否定を置いた場合、その中間の位置を占めるのは明らかである。従って、(22)のような古典的な引用に擬似述語の新用法が見られる^{訳者注11}。

(22) a. The king of France is nonbald (— there is no king of France).

    b. 2 is nonblue.

生産性が制限されている普通の接辞否定はどれも、これらの語幹と共起できない。bald は評価／感情として否定的（e-negative）過ぎるし、blue は反対関係の極を持っていない。従って、non- 形式は特別に規定されなければならない。un- と iN- を伴う形容詞は、その語幹の矛盾、強い反対、あるいは反対の極を表すかもしれないが、対立の仕方が多様な集合には決して適用されない。従って、non- は自発的にその亀裂を埋めなければならない。ツィマーやドランジュ、ファンクにとっては、non- が表す矛盾の意味は、(22)のような文を（外部否定と同様）真にするが、このような例において、un- や iN- を伴う形容詞は、（{The king of France/ The number 2} is unhappy の場合のように）偽か、無意味かあるいは真理値ギャップという結果になる。

しかし、それではなぜ(22)のような文は少しも妥当であるようには思われないのか。まして、真であるように思われないのはなおさらであるが、それはなぜか。問題は、矛盾対当という概念の曖昧な言葉使いにある。第1章と第2章で行った議論

からすると、non-P も（アリストテレスの述語名辞否定を表すために採用した）さらに人工的な not-P も、基体 P の矛盾ではなく、強い反対か直接反対を生み出すとみなされるのが適切である。矛盾と強い反対の違いはこの章の目的のために無視してきたのだが、空の主語名辞と範疇誤りの例においては非常に重要になる。これらは正に (22a, b) で例証されている。これらの例では、そのモデルの存在論と意味論が与えられると、述語はその主語に当てはまらない。non-p は文否定（述語否認）を生み出すわけではないが、un-P が中間値を許す反対解釈を持つような、あるいは獲得するような例においては、un-P とは異なる何かを叙述する。

　non- が、意味的により不透明で非生産的な同族の接頭辞と共有する１つの特徴は、その基体の範疇を変える力である。（unearth（掘り出す）、unnerve（気力を失わせる）、deflea（ノミを取り除く）、deplane（飛行機から降りる）、disbar（弁護士資格を剥奪する）、dismember（手足を切断する）のように）un-, de-, dis- が名詞を動詞に変換するように、nonskid（滑り止めのしてある）は動詞を形容詞に変えている。マーシャン（Marchand 1960: 130）が「コマーシャル用語」としてけなしているもので non- をともなうものには、nonstick skillets（くっつかないフライパン）や nonstop/nonsked (nonscheduled) flight（ノンストップ便、不定期便）などがある。また、それに関連して、no-good rascals（役立たずの悪党）、no-fault insurance（自己の過失にかかわらず支払われる自動車保険）、no-iron fabrics（アイロン不要の織物）、no-strings relationships（義務のない（自由な）関係）、no-wax floors（ワックス不要の床）、no-win（または no-lose）situations（決して勝つ（または負ける）見込みのない状況）などのように、動詞や名詞、形容詞に付加されて形容詞を形成する接頭辞としての no- のコマーシャル的な（利益を目的としない）用法がある。このような例が重要であるのは、範疇を変更する接頭辞が英語においては、比較的まれであるからである。

　接辞の統語論的役割を集合（範疇）から集合の中への関数であると見なすならば、屈折接辞はその作用を明確に示すものである。というのは、屈折接辞は所定の範疇の単語を同じ範疇の屈折形にするからである。一方、派生接尾辞はある範疇の語根や語幹あるいは単語を別の範疇の語幹や単語に変換することができるので、原則として演算子ではない。しかし、（英語においては派生的でしかない）接頭辞は一般的に、その語幹の範疇には影響を及ぼさない演算子である。

　接頭辞と接尾辞のこの非対称性は、エドウィン・ウィリアムズの右側主要部規則（RIGHTHAND HEAD RULE（RHR））によって捉えられる。この原則は、形態論的に複雑な語の主要部は、常にその語の右側のメンバーであり、結果として生じる語の範疇を決定するのはその主要部であるということを規定するものである（Williams 1981: 248）。ウィリアムズは、右側主要部規則（RHR）に対する「体系的な例外」が、本質的に非生産的な接頭辞 eN- であることを認めている。eN- は、

形容詞や名詞から、しばしば使役的な解釈を伴って動詞を形成する（例えば、形容詞から形成されたものとしては embitter（苦くする、感情を害する）、enable（可能にする）、enlarge（拡大する）、enrich（豊かにする）、名詞から形成されたものとしては empower（権限を与える）、enchain（鎖でつなぐ）、encode（コード化する）、encircle（取り囲む）、enslave（奴隷にする）などがある）。彼は、等しく「例外的な」振る舞いをする（becalm（静める）、befoul（汚す）、belittle（小さくする）、becloud（曇らせる）、befog（霧で覆う、煙にまく）、behead（首をはねる）、bewitch（魔法をかける）などのような）形容詞派生動詞や名詞派生動詞のことについては何も述べていない。これらは、リーバー（Lieber 1981: 57）が、類似のドイツ語の接頭辞で、名詞や形容詞、動詞、そして副詞からでさえ動詞を形成する ver- と be- という接頭辞と共に引用したものである。しかし、これらのクラスも近代言語においては非生産的である。

　ウィリアムズの右側主要部規則（RHR）のような強い規則に対して最も深刻な脅威となるのは、名詞派生動詞を形成する否定接頭辞の広がりつつあるクラス（特にde-）と、動詞派生形容詞と名詞派生形容詞を形成する周辺的ではあるが明らかに生産的な non- と no- を含むクラスである。このような明らかな反例を与えられると、右側主要部規則（RHR）を捨ててリーバーやセルカークのようなアプローチを採用することを余儀なくされる。リーバーのアプローチは、その接辞の主要部性にかかわらず、その接辞から常に素性が上に向かって浸透していくというもので、セルカーク（Selkirk 1982: 87–88）のアプローチは、右側主要部規則（RHR）を弱くしたものだが主要部として接頭辞を排除しない、という趣旨のものである。

　しかし、否定を含む接頭辞は、なぜ右側主要部規則（RHR）に対してそれほど多くの反例を示すのだろうか。イェスペルセン（Jespersen 1917, 1933）は、接尾辞否定よりも接頭辞否定のほうが優勢であることを、否定が左方向に引きつけられ、それが作用域とするものに先行するという一般的傾向を反映しているものと見なしている。（例えば、古英語の I know not...、フランス語口語の Elle vient pas、英語とドイツ語の欠性接尾辞 -less/ -los と -free/ -frei などのように）統語論と形態論の両方の領域で、この傾向に対する明らかな反例があるが、接辞否定（Zimmer 1964）と文否定（Dahl 1979）の両方が、（一般類型論的相関関係と個々の構造の意味論に基づいて）我々が予測する場合においても、そうでない場合においても、強い左傾向を示すという事実は変わらない。この「言われていることの意味に関して聴者の心に疑いを残さないために、否定語や否定要素をできるだけ早く置く」（Jespersen 1933: 297）傾向は、実際強いものである。ポルドフ（Poldauf 1964: 369）の言葉を借りれば、いわゆる否定辞繰り上げ（neg-raising）現象（5.2 節参照）や、Don't let's go just yet（まだ行かないでおきましょう）／ I didn't go because I was afraid（恐かったから行ったの

ではない）のような「非論理的な」表現の発展に見られるように「明確な表現を犠牲にして自らを主張する」ことさえある。共時的にではないにしても、歴史的に言えば、（我々が接尾辞を予測するところに）範疇を変える否定接頭辞が存在することは、私が否定先行（NEG FIRST）と呼ぶこの傾向と結び付いている可能性がある。第 7 章で、この原則に戻る[16]。

　否定の評価／感情を表すものへの付加が制限されている点と反対 − 矛盾の区別に関して、接辞否定は他の言語ではどのような振る舞いをするのだろうか。否定の形容詞を作る接辞の研究は、ツィマー（Zimmer 1964: 82）の言葉を用いると、「どのような言語においても、否定文に用いられる不変化詞とは異なる否定接辞は、否定的評価を持つ形容詞語幹よりも肯定的評価を持つ語幹に対して、より大きな親和性を持つ傾向にある」ことを明らかにしている。反対関係の方向に発展するのではなく、矛盾解釈を維持する傾向にあるのは、このクラスの接辞である。

　例えば、フランス語の iN- は、私が英語の un- が持っているとした属性の多くを共有していることをツィマーは示している（例えば、反対関係にある否定的な評価読みを選択し、特にそれが完全に同化される語彙化された形式においてこの傾向が著しいこと。一方、より生産的な組み合わせ、特に -able を持つ基体との組み合わせにおいては、それは矛盾であると解釈され、しばしば肯定的な評価／感情を表す (e-pos) 形容詞または中立的な形容詞を生み出し、そして母音で始まる語幹との組み合わせにおいては完全に同化されるわけではない、といったような属性である）。一方、自由不変化詞（英語の 'no' に相当）と同音異語の接頭辞 non- は、本質的に英語におけるその同形異語と同じである。

　ドイツ語の un- は、英語の同族語と同じように、否定の評価／感情を表す (e-neg) 反対否定の語を形成する傾向があり、それが付加されるのは、中立的か肯定の評価／感情を表す基体に制限される。例えば、ungesund ('unhealthy'（不健康な））、unklug ('unintelligent'（愚鈍な））という語はあるが、unkrank ('unsick')、undumm ('unstupid') という語はない。英語（とフランス語）の場合と同様に、un- が付加される基体自体が生産的な形容詞接尾辞の場合には、その結果（形成される un-X-bar、un-X-ig、un-X-isch、un-X-lich）は、意味的に透明で、矛盾関係を表し、評価的に制限されないものである。（フランス語の non- の場合と同様に）否定の自由不変化詞と同じ形をしている接頭辞の nicht- は、一貫して矛盾関係を表し、専門用語の言語使用域に偏る傾向がある（もっとも、この傾向は、フランス語や英語の non- の場合と同様指摘されることは少ない）。そして我々の予測どおり、英語に見られるものと同じ最小ペアがドイツ語にもある。ツィマー（Zimmer 1964: 82）は、unchristlich（'un-Christian': キリスト教徒にふさわしくない）vs. nicht-christlich（'non-Christian': 非キリスト教徒の）を引用している。

ツィマーの調査から、部分的に非生産的な否定接辞が、否定の評価／感情を表す（e-neg）基体には付加されないという制限特性を明らかに示している言語には、ほかにフィンランド語（epä）、ヨルバ語（ai-）、中国語（fēi）、日本語（hi-, fu-）などがあることが分かる。しかし、自由な文否定とは異なる接辞形式を持たない言語においては、否定不変化詞の接辞的用法はこれらの制約には従わず、これは、ツィマーの一般化によって予測されることである。例えば、ロシア語の ne- は、2つのタイプの接頭辞［un- と non-］を中立化したような振る舞いをするように思われる。英語とドイツ語の un- と同じように（そして英語とフランス語の non- とは異なって）、ロシア語の ne- は特に学術専門用語の言語使用域に属しているようには感じられない。しかし一方で、否定の評価／感情を表す（e-neg）語幹と結合することが可能である。例えば、neploxoj（字義どおりには 'nonbad/unbad'）は、それに対応する否定評価を表す（e-neg の）nexorošij と同じくらい自然である。同様に、nemuzykal'nyj のような形式は、意味的には、英語の対応物である否定的評価／感情を表す（e-neg の）unmusical と中立的で排除的な nonmusical のどちらにも対応する。

　しかし、このロシア語においてさえ、無標の形式の方が好まれることを示すデータがある。知覚的際立ちにおいて異なる形容詞の反意語のペアの場合、ne- は無標のより際立つ方の要素とのみ自然に結合する。例えば、nevysokij（'lowish', 字義どおりでは 'nonhigh'）という語は存在するが、*nenizkij（'highish', 字義どおりでは 'non-low'）という語は存在しない。そして、ツィマーが強調しているように、neploxoj［'nonbad/unbad'］が xorošij（'good'）に近いと感じられるよりも、nexorošij［'nongood/ungood'］が ploxoj（'bad'）に近いと感じられる程度の方が高いということは重要である。これらのコントラストや含意については5.3節で再び考える[17]。

　非論理的な推論の、体系的で部分的に慣習化されたスキーマによって特徴づけられる自然言語の領域で研究をしている場合、比較の視点を得るために人工言語のふるまいを概観することはしばしば有益である。数学言語やコンピューター言語は、多義性と文脈依存的な気紛れな解釈を最少にするように作られたもので、接辞否定（イェスペルセンの「特殊」否定）を完全に避けている。しかし、国際補助言語（と称するもの）は、それよりもずっと自然であることを熱望しているから、それほど熟慮したものでは有り得ない。否定接辞の形式と意味に関してどのような選択がなされる傾向にあるのだろうか、そして、それから我々は何を学ぶことができるのだろうか。

　エスペラント（Esperanto）運動のザメンホフとその支持者は、(neˊebla（'impossible'）, neˊkutina（'unaccustomed'）, neˊsciˊanta（'unaware'））などにみられる）矛盾否定を生み出す単純な否定辞 ne- と、(senˊforma（'formless'）, senˊhonta（'shameless, unashamed'）, senˊpova（'unable'）などにみられるような）「…がない」

('without —' あるいは '—less') として解釈される形容詞を生み出す欠性接頭辞 sen-、そして (mal´alta 'low', mal´bona 'bad', mal´varmo 'cold' などにみられる) 直接反対あるいは反対を生み出す接頭辞 mal- を区別している。イード語は本質的に同じ方法で同じ接頭辞を採用し、それは、(反対関係を表す演算子が mal- ではなくて dis- であるという点を除いて) ローマナル語 (Romanal) と同じである。イェスペルセンが提唱した補助言語ノビアル語 (Novial) は、二方向の区別をしている。すなわち、(nonposible、nonreal にみられる) 単純な否定辞 non- は、(desfaçil ('difficult')、desquieti ('anxious') などにみられる) 反対を表す接頭辞 des- と対照をなし、nonutili ('not useful, useless' 「役に立たない」) vs. desutili ('hurtful' 「害を与える」) のような最小ペアを生み出している (Jespersen 1928: 123)。

　国際補助言語が、形態論的に分析的で意味論的に透明であることを特に意図して作られたことは真実であるが、否定接頭辞のこのような扱い方は、悪くはないが、拡大適用する事はできない。ゲラール (Guérard 1922: 254) が「エスペラント語の mal- を伴う語の多くは、子供っぽく不正確であるような印象を与える」と述べているのは適切である。mal- は、特に動詞の語幹と結び付くと、'bad (ly)' を表すラテン語の接頭辞を喚起させるので正確さに欠ける。例えば、「開ける ('to open')」を意味するエスペラント語の mal´fermi は「誤って閉める ('to close badly, to misclose')」を意味するように思われる。しかし、何故子供っぽく感じられるのか。私もゲラールと同じく子供っぽいという直観を持つが、それは、エスペラント語が要求する方法と程度において形態と語彙的意味を規則化し一般化するのは子供だけである、という言語的な知覚から生じているように思われる。大人の自然言語話者は、これらの人工言語が排除する正にその機能の二元性を許し、また、実際それを利用する準備ができているのである。

　もし、1 つの音に 1 つの意味を結びつけ、矛盾否定と反対否定を一貫して (義務的に) 区別しようとすることにおいて、エスペラント語やイード語などが、「不自然 ("unnatural")」であるなら、人工言語がせめて接辞否定の表現において「自然作用でない ("non-natural")」ように取り決めることができるだろうか。ヴォラピュク語 (Volapük) は矛盾否定と反対否定の両方に ne- を用いる点において、ロシア語 (と他のスラブ語) と同じ特徴を持っている。ランスロット・ホグベンのインターグロッサ語 (Interglossa) においては、音韻論的に条件付けられた異形態 no-/ non- を持つ単一の接頭辞が、no-batho ('shallow' (nondeep)), no-puro ('dirty'), non-holo ('incomplete'), non-iso ('unequal'), no-volo ('unwilling') などのような派生形式を生み出す。次に示したように、ホグベンの意図は簡潔だが雄弁である。「否定が必ずしも反対語であるわけではないことは疑いない。ただ、できるだけ多くを文脈に委ねるのが、インターグロッサ語の特徴なのである」(Hogben 1943: 94)。

最後に、ニュースピークのいやな考え方に関して、明らかにホケベンに影響され、言語的な暗い側面を我々に示している。ニュースピークは、(エスペラント語やインターグロッサ語、ベーシックイングリッシュなどの)当時流行していた国際言語を意図的に喚起させるものである。このような国際言語は、ニュアンスや文脈よりも経済性を好む超分析的で透明な言語である。しかしもちろん、ニュースピークは、それが非常に明快に経済的に表現しているように思われる真実を、正に隠すために用いられるのである[訳者注12]。オーウェルは、言語的な考え方に関して、明らかにホケベンに影響され、言語的な夢想家の愚かな幻想の暗い側面を我々に示している。

ニュースピークの接辞否定は、接頭辞によって構成される。接頭辞 un- は、矛盾否定と反対否定の両方を作り、ニュースピークの他の派生接辞と同じように、(一種の逆行阻止により)語幹目録の浄化を容易にする働きをする。『1984』の補遺(「ニュースピークの原則」)に述べられているように、「いかなる語も接辞 un- を加えることによって否定されうる」。その結果「例えば、good という語が与えられると、bad のような語の必要性はまったくなくなった。(何故なら、必要とされる意味はungood によって、同様にうまく(実はそれ以上にうまく)表現されたからである)」(Orwell 1949: 305)。しかし、語彙縮小主義は逆の方向にも動き得る。「例えば、好みによって dark は unlight によって置き換えられ、あるいは light は undark にによって置き換えられることができる。このような選択肢が与えられると、ニュースピークの接辞否定が、本当に語幹目録を縮小する結果になるのかどうか、それ程明らかではない。明白だと思われるのは、愛が憎しみであり平和が永遠の戦争であるような世界では、肯定的評価/感情 vs. 否定的評価/感情の意味を解明することは無駄であるということである。

あらゆるものが善か悪のどちらかであるような、ヒトラーとイエス、エルドリッジ・クリーヴァの宇宙から出発して、悪は good であり善は ungood であるような、オーウェルの Ministry of Love の世界まで、ぐるりと一回りしたので、そろそろ、1つの空間に戻って、not ungood はほとんど good と等しいが、完全には等しくないような状況を考える時である。

5.1.3 無意味ではない問題:二重否定の論理

文法のすばらしい成功を認めなさい

というのは、文法によると(ステラ、よく考えてね)

というのは、文法によると(誰が文法に反対するだろう)

1つの表現にかかる2つの否定は、肯定になるからです。

(Sir Philip Sidney, "To His Mistress Who Has Said 'No, No" from *Astrophel and Stella*)

何故だか分からないが、
孤独からは遠いこの特別の場所では、
真実でかつ相手に丁寧なことば、
あるいは、真実でなくはなく、相手に丁寧でなくはないことばを
見つけるのは遥かに難しくなる。　　　　　　　（Philip Larkin, "Talking in Bed"）

言語はそれ自身の論理を持っている。この場合、その論理にはそれがいいと推薦する何かがある。2 つの否定辞が本当に同じ考えか語に言及している時は常に、一貫して肯定という結果になる。これはすべての言語に当てはまる。…しかし、2 つの否定辞は、［not uncommon や not infrequent の］結果が単純なcommon、frequent に一致するように、正確に互いを取り消すわけではない。長い表現の方が常に弱い。例えば、「私はこの事を知らないわけじゃない（'this is not unknown to me' や 'I am not ignorant of this'）」は、「私はある程度それに気付いている（'I am to some extent aware of it'）」といったようなことを意味する。この現象の心理学的な理由は、次のようなものである。互いに相殺する 2 つの否定辞を用いて遠回りをすることが、聴者の心的エネルギーを弱め、common や known のようなぶっきらぼうであからさまな表現にはない、ためらいを意味するのである。同様に、「彼が腹を立てていたことを私は否定しない（I don't deny that he was angry）」は「…と私は断定する（I assert ...）」よりも弱いのである。　　　　　　　　　　　　　　　　　　　　　（Jespersen 1924: 332）

タイトルと引用句が示しているように、このサブセクションでは、さまざまな二重否定の中でも、互いを強め合う余剰的な否定ではなく、それぞれの否定マーカーがその意味論的アイデンティティーを保っていて（正確に言うとそうではないとしても、本質的に）互いを無効にするタイプの二重否定を考えることにする（Horn 1978a 参照。多重否定の類型論については第 3 章参照）。さらにここでは、イェスペルセンの言葉を借りると、2 つの否定辞が「同じ考えや語に言及」していないにもかかわらず、結果としてなんらかの肯定を伝達するような二重否定、これは演算子が 2 つの否定に挟まれた双対であることが多いのだが、そのような二重否定も、考察の対象からはずすことにする（これについての議論は、第 4 章と Horn 1978a §3.1 参照）[18]。

　否定が、既に否定されている構成素に直接関連付けられる環境には 2 つある。それは名詞の前の位置と述語の位置である。前者は、2 つの否定要素が共に（順にアリストテレスとイェスペルセン、クリマの用語に従って）名辞 (TERM) 否定、特殊 (SPECIAL) 否定、構成素 (CONSTITUENT) 否定として機能する（{a/the} not un-

adj N のような) 名詞の前の位置にある場合で、後者は、外側の否定演算子の可能な少なくとも 1 つの読みが (**NP** is not un-**Adj** の形式を取る) 述語否認 (PREDICATE DENIAL)、ネクサス (NEXAL) 否定、文 (SENTENCE) 否定であるような否定が述語の位置にある場合である。二重否定のこの 2 つの範疇には、重要な統語論的意味論的違いがあるが (Langendoen and Bever 1973 参照)、どちらの環境においても、二重否定が単純な相互取り消し効果を示しているわけではない。

　同じ焦点を持つ 2 つの否定は相殺しあうべきであるという原則は、論理学の二重否定律 (Law of Double Nagation, LDN (Duplex negatio affirmat)) から生じる。第 1 章でみたように、二重否定律は、西洋の論理学の伝統 (ストア派) においても、東洋の論理学の伝統 (仏教とニヤーヤ学派) においても、尊重するべき系譜を持っている。有力な規範文法主義者であるラウス司教 (Bishop Lowth 1762: 126) が述べているように、「英語において 2 つの否定は相殺しあい、肯定に一致する」という立場を弁護して、規範文法家は、長い間この二重否定律を引き合いに出してきた[19]。しかし、この立場は、言語における二重否定は完全に取り消し合うものではない、というイェスペルセンなどの観察に反対するものとしてというよりは、むしろ主として、標準的でない方言 (と、標準語の中のある構造; Jespersen 1917; Labov 1972; Horn 1978a: §3.2 参照) において常に盛んに用いられる補強的冗語的否定に反対するものとして示されてきた。(ラウス司教でさえ、2 つの否定がどの肯定に一致するかについては立場を明らかにしていない。)

　(23) のように not un-X が X に還元されない時、この構文が等しくなるのはどのような肯定文で、いつ、なぜそれが用いられるのだろうか。

(23) a. 　A not unhappy person entered the room.

　　 b. 　He's a not unhappy person.

イェスペルセンの言う二重否定を通しての「遠回り」は、高尚な言語使用域においてのみ有用であるとしばしば仮定されている。実際、マーシャンは、肯定的な意味になる un- 形成がないのは (5.1.1 項)、この遠回りをするために必要とされる不自然な複雑さのためであるとしている。「それ自身何かが欠けていることを示す bad や evil のような形容詞からは、un- を伴う語は形成されない。自然な言語本能ならば、否定辞を否定して肯定を成立させるような凝った遠回りはしないだろう」 (Marchand 1960: 151–52)[20]。マーシャンにとって not uncommon や not unhappy、そして not bad (これについてはあまり説得力がないが) は、可能な語の配列ではあるが、「自然な言語本能」によって許されるものには入らないのである。

　セライト (Seright 1966: 123) も、論理的二重否定を「教育ある人々の話し言

葉に制限される」としているが、(That is not {unlikely/ unnatural/ inconceivable/ impossible} にみられるように)二重に否定された形容詞は、単純に、それに対応する肯定の形容詞に還元されるわけではない、とイェスペルセンの見解を繰り返している。しかし、これらの形式が余剰的なものではないとする考え方には、2つの異なる問題が含まれている。(アリストテレスが予測し)ツィマー(Zimmer 1964: 22)がその事実を認めているように、否定接頭辞が付加された形容詞がその語幹の反対を意味する場合、矛盾否定はそれを単に「こわす('destroy')」のではない。すなわち、矛盾(反対(形容詞$_i$)) ≠ 形容詞$_i$ (**contradictory (contrary (Adj$_i$)) ≠ Adj$_i$**)ということである。このことは、セライトが挙げている最初の例で取り消しが起こらないことを説明する。もし何かが not unlikely であるならば、それは likely であるかもしれないが、それは likely でも unlikely でもないというサピアの無関心の領域に入る可能性もある。同様に、人が not unhappy であるのは、happy であるからかもしれないし、反対関係にある happy と unhappy の2つの語の中間に位置しているからかもしれない。しかし、何かが not inconceivable(想像できなくはない)であったり not impossible(不可能でない)なら、conceivable(想像できる)以外の、あるいは possible(可能)以外の何物であり得るのか。このような場合、排除されない中間値、すなわち無関心の領域はどこにあるのだろう。このような二重否定された形式は、矛盾の矛盾になっても、結果として完全に余剰的なものにならないのはなぜなのだろうか。

　もし not un-X という語の連鎖に具現される「凝った遠回り」が、ツィマーの言うように、un-X が X の反対を構成する時に「論理的に完全に正当化される」としても、他の場合においては、もし正当化されるとしても比喩的にしか正当化されないに違いない。地方新聞がプエブロ・インディアンの「品位を傷つけあざけった」ことに対して、プエブロ・インディアンが当該地方新聞に対して起こした訴訟を、ニューメキシコ連邦区判事が再開して、その種族の苦情は「正当化されないことはない(not unjustified)」(*New York Times*, 7 October 1984)と述べる時、我々はその判事の回りくどい表現を、同じように「正当化されないことはない」と思うだろうか。オーウェルは、その規範的考え方において、そのような正当化がいったい可能であるのか疑問視し、彼独特の悪口で次のような正当化され得なくはない仮定(not unjustifiable assumption)を選び出している。「陳腐な陳述が not un- という形式を用いることによって、深遠な外観を与えられている。... not un- 形成を一笑に付してなくすことは可能であるはずだ。A not unblack dog was chasing a not unsmall rabbit across a not ungreen field(黒くなくはない犬が、緑色でなくはない原っぱを横切って、小さくなくはないウサギを追いかけていた)のような文を記憶することによって、not un- 形成の病気を治療することができるだろう」(Orwell 1946: 357, 365)。

　彼の一笑に付す治療で異彩を放っているタイプの、名詞に前置きされた否定形容詞に対する制約をうまく利用しているという点で、オーウェルの議論はもちろん多少偏向的であるが、私がいま注意を向けようとしているのはこれらの制約である。注意するべき第一の制限は、本質的に肯定（の評価／感情を表わすもの）であろうと否定（の評価／感情を表わすもの）であろうと、単純な形容詞で［決定詞 not 形容詞 名詞］（[**Det** not **Adj N**]）という枠に現れるものはないということである（Zimmer 1964: 91; Klima 1964: 310; そして特に Langendoen and Bever（以後 L&B）1973 参照）。

(24) a.　He sent me a not {unfriendly/ *friendly} letter.（Zimmer 1964）
　　　b.　A not {unhappy/ *happy/ *sad} person entered the room.（Klima 1964; L&B）

この制約は、名詞の前に置かれる制限用法の形容詞にのみ当てはまる。

(24') a.　She is a not {unattractive/ *attractive} woman.
　　　b.　She is not an {unattractive/ attractive} woman.

　第二に、この枠組みに現れる形態論的に否定の形容詞は、語彙目録において独立的に利用可能でなければならない。オーウェルの unblack や unsmall、ungreen は独立的に存在する項目としてみつけることができないので、その否定も適格ではないだろう。さらに、二重に否定された制限用法の形容詞は、反対で段階的な（尺度的な）解釈を許さなければならない。従って、*Sheila wants to meet a not unmarried man は（ロスが筆者に指摘してくれたように、そして L&B が引用しているように）容認されない。しかし、Sheila は not ineligible な（結婚相手として不適当ではない）未婚男性を、不法ではない企てや巧妙な手段によって獲得するかもしれない。しかし我々は、合法的に生まれた子孫を *not illegitimate children（非嫡出でない子供）とはみなさないだろう。

　二重に否定された制限用法の形容詞（doubly negated attributive adjectives 以下 DNAA）に対するもう１つの制約は、not un-X 構造は、それに対応する単純な形容詞 X と同義ではないが、それに意味論的に寄生しているということである。a not unhappy person という形式の二重に否定された制限用法の形容詞（DNAA）は、L&B の言葉を借りると、「わずかな程度から控え目な程度に幸福な人（'a slightly-to-moderately happy person'）」と普通解釈される。この寄生的関係は、否定接頭辞を持つ形容詞が、二重に否定された制限用法の形容詞（DNAA）形式の外では用いることができない読みを付与される場合に、特に際立つ。クロイシンハ（Kruisinga

1931: §1246）は、「かなり多くの数（'a rather considerable ［i.e., large］ number'）」
という意味で、a not inconsiderable number について話をするかもしれないが、
inconsiderable という語は、普通 small の意味を許さないということを述べてい
る。L&B は、同じ点を The president fled to Venezuela with a not unhealthy ［'rather
sizable'］ share of the profits（社長はその利益のかなりの部分を持ってヴェネズエラ
に逃げた）のような例を用いて説明している。ここで用いられている unhealthy と
いう語は、普通、sizable（相当な大きさの）の反意語としての意味は持っていない。
（もっとも、このような二重に否定された制限用法の形容詞（DNAA）の可能性は、
制限されていないわけではない。例えば、「わずかな程度から控え目な程度に口先
のうまい人（'a somewhat-to-moderately smooth operator'）を a not unsmooth operator
とはいえない。）

　一方、もし un- を伴う形容詞が、その肯定の基体から予測不可能な意味を持つと
しても、この意味は二重に否定された制限用法の形容詞（DNAA）形式においては
なくなるが、それに対応する直接的な文否定（述語否認）においてはもちろん保持さ
れる。（25a, b）を比べてみよう。

(25) a.　Kevin isn't an unworthy creep.（～［Kevin is an unworthy creep］）
　　　　（ケビンは卑劣ないやなやつではない）
　　　b.#Kevin is a not unworthy creep.（#Kevin is a rather worthy creep）
　　　　（ケビンは立派でなくはないいやなやつだ）

　これらの事実は、(24) にみられるコントラストと同様、なんらかの説明、特に
語彙論的な理論における説明が必要である。語彙論的な理論に基づくと、ある語彙
が所定の統語構造に参加することをその語彙の形態が許すかどうかを確認するため
に、語彙項目の「内側を覗く」ことはできない。L&B は、a not unhappy man のよ
うな容認可能な二重に否定された制限用法の形容詞（DNAA）は、a not very happy
man と同じ形式であるかのように、否定接頭辞が「形容詞 happy を修飾する否定の
強意副詞として扱われ」、知覚的に間違って分析されると示唆している（p.405–6）。
これはちょうど、(26) の肯定の強意接頭辞の場合と同じである。

(26) a.　his not overdeveloped muscles （彼の発達しすぎてはいない筋肉）
　　　b.　a not all-powerful deity（全能ではない神）
　　　c.　a not supersaturated solution（過飽和していない溶液）
　　　d.　a not underdeveloped tribe（発展途上ではない種族）

　しかし、もちろん un- は実際には強意副詞ではないので、(24) の二重に否定された制限用法の形容詞 (DNAA) は、(26) の例とは異なっていて非文法的である。それにもかかわらず、(非オーウェル主義者にとって) それらが容認可能であることは、L&B のモジュール理論に基づいて、この間違った分析に訴えることにより説明される。not un- の not は、not very、not too、not overly などと同じように、その後に続く「副詞」＋無標の形容詞に適用される矛盾否定として解釈されるのではなく、本質的にその後に続く「副詞」と共に１つの構成要素を構成する。[not very] happy man が (単に非常に幸福な人の範疇に入らない人ではなく)「僅かな程度から適度な程度に不幸な」人であるのと丁度同じように、a [not un] happy man は「僅かな程度から適度な程度に幸福な」人と解釈されるのである。(L&B は、そのような場合にこの特定の読みだけが現れる理由に対して、グライス的説明を与えている。not very **Adj** 構造の詳細については 5.3 節で再考する)。

　しかし、「容認可能な非文法性」という概念を心に抱く時に持つかもしれない方法論的懸念以上に (この理論的構成物の弁護については Otero 1972、さらに懐疑的な見解については Bolinger 1980 参照)、L&B の説明は経験的な困難にぶつかる。二重に否定された制限用法の形容詞 (DNAA) 構造の un- は、それと平行であると仮定されている強意副詞と全く同じ振る舞いをするわけではない。

(27)　That was a not {very/ exactly/ *un}, shall we say, intelligent thing to say.

　さらに、(L&B の主張に反して) 対応する単純な肯定形容詞が完全に適格であるわけではない (あるいは全く不適格である) 時でさえ、二重に否定された制限用法の形容詞 (DNAA) が可能な場合がある、ということは述べておくべきだろう。ボリンジャー (Bolinger 1980) は、L&B の容認不可能で「非文法的」な二重に否定された制限用法の形容詞 (DNAA) の１つ、a not inordinate amount of money (法外でない量のお金) が完全に容認可能であることを見つけている。平行する (28) の not un- の例と比べてみよう。

(28) a. %a not unsavory character 　　　(cf. ?* a savory character)
　　　　（よろしくないわけではない性格）
　　b. ✓a not unprecedented result 　　(cf. ?? a precedented result)
　　　　（前例のないことはない結果）
　　c. ✓a not unheard-of development 　(cf.?* a heard-of development)
　　　　（前代未聞ではない発展）
　　d. ✓a not unfounded rumor 　　　(cf. a {?* founded/ ✓well-founded} rumor)

（根拠のないわけではないうわさ）

エイチソン・ベイリー（Aitchison and Bailey 1979）やボリンジャー（Bolinger 1980）の批判に直面して、ランゲンドンは、二重に否定された制限用法の形容詞（DNAA）に関して、より保守的な説明を採用している。それによると、L&B の「分析間違い」分析の非文法的だが容認可能な句は、ランゲンドン（Langendoen 1982）の形態論的規則と語彙的素性によって予測される「非文法的ではない」構造として再分析されている[21]。

　二重に否定された制限用法の形容詞（DNAA）の正しい分析がどのようなものであれ、このような構造に適切に現れる接頭辞によって否定された制限的形容詞が、その語幹の反対として解釈される傾向があることは否定できない。例えば、*a not intransitive verb, *a not unprefixable stem, *a not nontoxic solution などは容認されないのである。しかし、既にみたように、この制限は、完全な形では、否定された述語形容詞には適用されない。すなわち、**NP is not un-X** という形式の述語否認（文否定）には適用されない。イェスペルセン自身、たまたまではあるが、カントの範疇の表に「異議がないわけではない（'not unobjectionable'）」と述べているし（1917: 70）、OED の **not**, 10c の項目で引用されている（例えば、not unuseful［from 1657］や、not inconsiderable［damage］のような）not un- と not iN- の形式の大部分は、私には論理的矛盾を表す否定のように思われる。ある人物が「傲慢さが混じりあっていなくもない威厳のある雰囲気（'a certain air of dignity, not unmingled with insolence'）」を持っているという時、威厳は傲慢さと混じりあっていることもなく混じりあっていないこともないということを意味するのではないし、ある示唆を有益でなくはないと思うことが、それを有益であると思うこととどれほど異なっているのかも明らかではない。

　しかし、上で not impossible と not inconceivable に関して述べたように、二重に否定された形式とその単純な肯定に対応するものとの間には、論理的な違いではないにしても、修辞的または語用論的違いがあるように思われる。オーウェル（そして nec non dixit を une des fausses élégances du latin と激しく非難した Tesnière［1959: 233］）に反対することになるが、論理的に不必要な not un- 形成の例のなかの少なくともいくつかについては、妥当な理由付けが十分可能だろう。もっとも、not unblack dogs や not unsmall rabbits などは妥当性の限界を越えているが…。かなり異なるスタイリストであるエラスムスは、その書著 *Colloquia*（［1519］1650: 87）において、「優美である（'graceful'）」として二重否定の使用を推薦している（下記参照）。同様に、最も良く売れているアメリカの規範主義の権威であるリンドリー・マリーは、一度はラウス司教の考えを繰り返し、二重否定は（よくても）肯定に等し

いだけであり、従って回避されるべきであると述べていたが（1803: 136–37、規則26）、彼の（改善された）第二版では、そのことを再考し、この構造に関する文法項目の最後の文にコロンに続く but を加えて、次のような修正をしている。

> 英語において、2つの否定は互いを無効にしあい、'*Nor* did they *not* perceive him'（彼らは彼に気付かないわけでもなかった）は、すなわち 'they did perceive him'（彼らは彼に気付いた）を意味し、'His language, though inelegant, is *not ungrammatical*'（彼の言葉は、エレガントではないが、非文法的ではない）は、すなわち 'it is grammatical'（それは文法的である）、といったように、肯定と等しくなる。前者の文におけるように、2つの異なる否定辞によって肯定を表現するよりも、普通の肯定によって肯定を表現する方がよい。しかし、後者の文におけるように否定辞の内の1つが他の語と結合している時には、その2つの否定辞は、心地好く繊細な類の表現を構成する。　　　（Murray 1814: 1: 187）

　最近では、シャルマ（Sharma 1970: 60）が、二重否定を「非常に有益で決して不必要なものではない」として誉めている。例えば not impolite は、「当該の人が丁寧でもなかったという事実を伝達する」ために用いられる、としている。しかし、この構造を、文脈や評価する側によって、滑稽でもあり優美でもあり、さらに見せかけはエレガントで心地好く、繊細で、非常に有益なものにしているのは何なのだろうか。正確に言うと、un-X が X の反対否定を表さない時、X と not un-X の違いは何なのか。通り抜け道路が通行可能な（不可能ではない）時に、凝った遠回りを動機付けるのは何なのだろうか。
　この問題に対する標準的な立場は、（このサブセクションの引用句に挙げた）イェスペルセンのものである。すなわち、制限的位置や叙述的位置における二重に否定された形容詞は、対応する単純な肯定よりも幾分弱く、ためらいながら表現されたものである。この弱さは、（not unhappy, not unintelligent, not impolite にみられる、ツィマーのいう「正当化され得る」反対否定におけるように）意味論において同定が可能かもしれない。あるいは、それは単に語用論的であるか修辞的であるだけかもしれない。セライト（Seright 1966: 124）によると、二重否定の使用は「自分に逃げ道を残しておきたいという基本的な願望の結果生じる。確かに、もし "it is not likely"（ありそうにない）や "it is likely"（ありそうだ）の代わりに、曖昧な表現を使って "it is not unlikely"（ありそうにないわけではない）と言うならば、なんらかの状況から抜け出ることはずっと容易である」。
　そして、実際この構造について観察される引用の多くは、逃げ道を確保するという、意識的だが口に出さない目標を含んでいるように思われる。話者が何かを not

un-X と記述するのは、その実体を X と記述することが不公平であるか、賢明では
ないか、得策ではないような文脈においてである。直接的な言質を避けるように注
意することが、政治や行政の領域に特徴的であるのは非常に悪名高いので、サピア
の「心理的に排除された中間値（'psycological excluded middle'）」にならって、相補
的な「官僚的な排除されない中間値（'bureaucratic unexcluded middle'）」を提案して
もよいかもしれない。しかしこの傾向は、ここで例証するように、その名前が意味
する以上に広くみられるものである。

(29) a. I do not pretend to be a "pure" bachelor. I was married for five years, and it
was, to use a cowardly double negative, not an unhappy experience.（フィリッ
プ・ロペイト（Philip Lopate）、自伝的随筆を集めた *Bachelorhood* への序と
して）（私は、「純粋な」未婚の男のふりをしているのではない。私は 5 年
の間結婚していた。そして、臆病にも二重否定を用いるならば、それは不
幸な経験ではなかった。）

b. *New Yorker* cartoon（6 February 1971）: couple standing before a mat inscribed
NOT UNWELCOME; wife to husband: 'See what I mean? You're never sure
just where you stand with them.'（*New Yorker* の漫画（1971 年 2 月 6 日号）:
NOT UNWELCOME（歓迎されなくはない）と書かれたマットの前に立っ
ている夫婦; 妻が夫に :「私の言っている意味が分かる?　あなたは決し
て、彼らにどう思われているか確信できないでしょう。」）

c. *New York Times* editorial title（2 August 1985）on the exoneration of New York
City Medical Examiner Elliot Gross of criminal wrongdoing: *Dr. Gross: Not 'Not
Guilty'*.（ニューヨーク市の検死官エリオット・グロスの身の証しを立てる
ことに関するニューヨークタイムズの社説（1985 年 8 月 2 日）のタイトル
『ドクター・グロス「有罪ではない」ことはない』）

シャルマの not impolite（丁寧でなくはない）の場合と同様に、それぞれの例におけ
る含意は明らかである。すなわち、不幸でない結婚は正確には幸福なものではな
く、その客たちは完全に歓迎されているのではないと感じさせられ、ドクター・グ
ロスは（法的にではないにしても道徳的に）完全には潔白ではないと判断される。
　このような場合、二重に否定された形容詞に関係する肯定の評価は譲歩を表し、
それは誠意のない not un- 形式を持つ誉め言葉から、しかたなく絞り出された譲歩
であることが多い。この理解は、しばしば証拠として示される not un-X ... but ... 構
造において特に顕著である。次に引用したのは、カリフォルニアの進歩主義運動に
関するケビン・スターの本を書評したナオミ・ブライベンの文である（*New Yorker*,

12 August 1985)。

(29') I wish Mr. Starr had been kinder to California's Progressives. He is certainly *not unjust* in pointing out their limitations, *but* it seems to me that we do not recognize all that the pre-WWI reform movements in this country accomplished. (italics mine)（私は、スター氏がカリフォルニアの進歩党員に対してもっと親切であったらよかったのにと思う。彼らの限界を指摘することにおいて、彼が<u>不当であるわけではない</u>ことは確かである。<u>しかし</u>、我々はこの国における第一次世界大戦以前の改革運動が達成したすべてのことを、認識しているわけではないように、私には思われるのである。（斜体筆者））

ブライベンの用いた構文は、スター氏が不当であると人は考えていたかもしれないということ（あるいは、ブライベンが彼のことをそのようにみなしていると思っていたと人は考えていたかもしれないということ）を示唆する傾向がある。そして、その示唆は not un- 句によって明示的に一掃される。同様に、別の書評者が、'[Anais] Nin's life was not uninteresting'（［アナイス・］ニンの生涯は面白くないわけではなかった）と書く時、我々はその所見を（「それまでに述べられていたことから予測されるかもしれないことに反する」）譲歩として、あるいは予測するもの（だが、彼女が示唆するほど面白くはないもの）として文脈化する。セライトの分析はイェスペルセンの分析と似ていないわけではない、あるいは、くしゃみは生理学的にオルガスムと似ていないわけではない、と言うことは、比較されている語がもっと類似性のないものだと人は考えていたかもしれないということを示唆する。同じように、（The life of a millionaire is not without its compensations（百万長者の生活にはその代償がないわけではない）にみられる）not without や（He's nothing if not earnest（彼は、まじめでなければ取り柄がない）の）nothing if not のような標準的な修辞表現は、その効果を達成するために、それがなければ反対の考えを持ったかもしれないという現実の示唆あるいは非明示的な示唆（つまり、そのような生活は代償がない、あるいは彼はまじめではないという示唆）に依存している。それぞれの例において、譲歩を表す but 節は暗黙のうちに理解されているように思われる。

　このようなすべての例に示されている修辞表現は、緩叙法（LITOTES）である。すなわち、肯定を反対表現の否定によって表す控え目表現の一形式である[22]。特に not un- 構造と同じように、その上位概念である緩叙法は、長い間にわたってひどく中傷されてきた。最も注目するべきなのは、「マルティヌス スクリブリアラス（"Martinus Scriblerus"）」—実際にはアレクサンダー・ポープやジョナサン・スウィフトら—によって書かれた「彼の」*Art of Sinking* の辛辣な攻撃である[訳者注13]。（アリ

ストテレスの『修辞法』に従うと）誇張法がエリートの若者にふさわしい修辞表現
で、省略法が政治家に好まれる修辞法であるのと丁度同じように、スクリブリアラ
スは、緩叙法には「女性や、人のうわさを言いふらす人、陰口をきく人の独特の才
能」(Scriblerus ［1727］1952: 115) が表れているとみている。もちろん、自分で選択
して、あるいはなんらかの必要性のために、自分の本当の感情を隠し、直接的な言
質を与えないようにし、自分に抜け道を残しておく理由があると思われるのは、（ス
クリブリアラス主義者がそのアイデンティティーを暴くのを控えるいくらかの人た
ちと並んで）正に、このようなクラスの人々である。

　しかし、イェスペルセンのように、聴者の心的エネルギーを徐々に弱める二重否
定の形而上学的(そして幾分ネオ・ビクトリア的)イメージに訴えるのではなく、私
は、その弱めの効果を語用論的労力の分業に同化しようと思う(Horn 1984b と上記
§3.3.1 参照)。すなわち、話者の側にかかる労力の少ない短い表現の代わりに、よ
り長い有標の表現を使用することは、話者が単純な方を採用するのが適切な状況で
はなかったことを示している。間接発話行為と語彙使役 vs. 句使役の場合で見たよ
うに、与えられた形式の文体的自然さと、その相対的短さ・単純さ、そしてその典
型的な使用状況の間には相関関係がある。これは、**R** 原理の作用を反映している。
それに対して、文体的には不自然で、より長く、より複雑な迂言的形式は、**Q** 原理
に基づく会話の含意によって、典型的でない状況に制限される。典型的でない状況
では、無標表現は適切に用いられることができなかったはずである。緩叙法、特に
「論理的」二重否定は、これと同じ平衡性を示している。2 つの否定辞が論理的に
は相殺する時でも、機能的、修辞的には相殺しないのである。

　このような観点から言うと、not un-X が X よりも弱いのではなくて強い結果に
なる文脈や、(DNAA 構造のように)「僅かな程度から適度な程度の範囲で X」では
なくて「極端に X」を伝達するような文脈等も含めて、単純な肯定の記述を避けた
いという願望によって二重否定が使用されるようなさまざまな文脈があることが予
測される[23]。著書 *Colloquia* の「それを否定に変えなさい (Commuta in Negationem
('Change it into a Negative'))」という示唆の下で、エラスムス (Erasmus 1650) は、
「慎み深さを示すために (for 'modesty's sake')」('Your letter was no small joy' や 'Wine
pleases me not a little' のような) 緩叙法的定型句を用いることを促している。not
un- 形成に対応するラテン語は、非難されるというより、例えば、(直接的過ぎる)
eloquentissimus (きわめて雄弁な) の代わりに non ineloquens (雄弁さに欠けること
のない) を用いるといったような、強い肯定を伝達する慎重な手段として同様に推
薦されている。エラスムスは、オーウェルとは全く異なる系統の修辞学者である
ことは明らかである。「というのは、私たちは、'very grateful' (非常に感謝して) の
代わりに not ungrateful (感謝しないではない)，'singularly' (珍しく) の代わりに not

406

vulgarly（通俗的にではなく）と、正しくエレガントに言うからである（Non ingratum, pro valde grato: non vulgariter, pro singulariter, recte & venuste dicimus.）」（Erasmus 1650: 89）。

　最近では、二重否定は記述を和らげるというよりは強めるために使われる特徴があると主張されている。イェスペルセンと同様に、ジクヴァルト（Sigwart 1895: 149）は、二重に否定された形容詞が、単純な肯定よりも「意味的により豊か」ではない時でさえ、「この遠回りの道が採用されるのは、全く目的がないわけではない[！]」と述べている。しかし、話者がそれを採用する目的だと彼が考えているものは、イェスペルセンと正反対である。すなわち「抵抗を受けた攻撃は、心理学的な確信の強さを増大する。否定を戦い抜いた肯定は、よりしっかりと確かなものであるように思われる」とジクヴァルトは述べている。

　二重否定に関するジクヴァルトの考え方は、標準的なイェスペルセン–セライト–シャルマの考え方と対立し、特に（not unhappy、not unintelligent のような）反対が否定されているクラスを考慮に入れる時、奇妙ではるかに妥当性が低いように思われるが、この2つの見解はよくみてみると、それほど両立不可能なものではない。接頭辞の否定辞自身が、肯定を生み出すために否定される時、ジクヴァルトのいう二重否定された優秀な戦士の肯定であれ、イェスペルセンの弱められた心的エネルギーであれ、マーシャンの複雑な遠回りであれ、あるいはまた、セライトの抜け道であれ、いくつかの動機のうちどれが働いてもかまわないし、それらが皆、単一の表題やメタファーの下におさまる必要もない。単純な肯定が捨てられて、二重否定が取って代わる時には、（語用論的労力の分業が与えられたら）常に、十分な理由があるが、その理由は常に同じとは限らない。

　この見解は、緩叙法と二重否定の修辞的妥当性は文体的に一致しないという私の分析に動機付けを与える。ポープやスクリブリアラス派、オーウェル、テニエール、さらに文体的純粋主義者は、この間接的な形式が本質的に長ったらしく曖昧であるために、用いることを拒絶するかもしれない。しかし一方、この同じ形式が、エラスムス（やヘンリー・ジェイムズ）のような、何をどのように伝達するかに関する微妙な優雅さや丁寧さやデリカシーの基準を保持することに関心がある人たちによっては賞賛される。このような2つの方向の衝突は、対立する語用論的原理が、人の伝達目標と制約によって違った重きの置き方をされるような他の例においても同様にみられるものである（Tannen 1975, 1983; E. O. Keenan 1976; Horn 1984b 参照）。

　論理的二重否定の綿密な調査を終える前に、二重否定の論理というのが何であるかを確認しようとすることは有益だろう。二重否定に関する近代の標準的見解が、ギーチによって与えられている。彼は、二重否定 not（not（**P**））は、「意味がいくらか付加されているようにみえる」ため、基本的な要素 **P** の意味とは異なる意味を

含んでいると考えられるのももっともである、と認めている。しかし、フレーゲ(後に触れるが)を引き合いに出して、ギーチ(Geach [1972] 1980: 80)は、「正しい返答は、二重に否定されている述語が異なる意味を持つことを否認することである」と結論付けている。それでは、イェスペルセンらによって指摘された、二重否定にみられる弱めと希薄化に対して説明が与えられないままになってしまう。

　ヒンティカ(Hintikka 1968: 47)は、命題や述語は論理的にはその二重否定に等しいかもしれないが、二重に否定された形式は、次のような3つの「残りの意味('residual meanings')」の内の1つを伝達する傾向があるという。

(30)　　(i) 躊躇や不確かさを示す
　　　　(ii) 自信のなさを合図する
　　　　(iii) アイロニーを表す

ヒンティカは、「この3つの残りの意味の内のどれも、それ以外の2つの意味を理解する役には立たない。ということは、二重否定の意味の系列的な分析は完全にむだなものであることになる」と主張している。さらに、(i), (ii), (iii)の違いを「単なる用法の違い」としてどのように引き出すのかも明らかではない。何故なら、そのような派生に必要とされる語用論的規則は、同一の不変な意味に作用すると考えられるからである。

　一般化に到達する可能性は低いというヒンティカの悲観主義は、間違っているかも知れない。躊躇や不確かさ、自信のなさというのは皆、明らかに簡潔性(あるいは R-)違反の長ったらしい形式を用いるための同じ一般的な動機付けの下位事例、すなわち、(セライトの言い方をすれば)自分に抜け道を残しておくために肯定的な態度を直接表すのを避けたいという願望の例である。二重否定(not un-X)が対応する肯定(X)よりも意味論的に弱い例、すなわち、un-X が X の反対を表すような例を与えられると、二重否定の使用条件の特徴が、どのようにして、部分的にその形式に慣習化されたものになり、un-X が矛盾であるような例に拡大していったかということを理解することが出来る。1つの表現の「残りの意味」あるいは慣習化した用法のこの非真理条件的側面と、その表現の論理的な値の衝突は、not un- 形式が反対の矛盾を表す時、アイロニー的な性質を持つことが多い、という我々の直観に通じる。いずれにしても、標準的な尺度特性によって示されているように、矛盾否定の否定も反対否定の否定も、それに対応する単純な肯定よりも一般に弱いということは明らかである(Horn 1972、本書第4章参照)。

(31) a.　She's happy, or at least not unhappy.（*not unhappy or at least happy）

  （彼女は幸福である、あるいは少なくとも不幸ではない（*不幸ではない、あるいは少なくとも幸福である））

 b. It's possible he can do it, or at least not impossible.（*not impossible or at least possible）

  （彼がそれをすることは可能である、あるいは少なくとも不可能ではない（*不可能ではない、あるいは少なくとも可能である））

 c. Not only is it not <u>untrue</u>, it's true!（*not only true but not <u>untrue</u>）

  （それは、単に虚偽でないばかりではなくて、真実でもある（*単に真実なばかりではなくて、虚偽でもないのである））

　最後に、論理的二重否定の多くの例にみられるアイロニカルな感じは、自信のなさとためらいが全く感じられない時（と、話者がグライスの理論的枠組を用いて、聴者はこのことを認識するだろうと仮定している時）、外見は自信がなくてためらっているようにみえることから引き出される。このように、二重否定の3番目の「残りの意味」は、（実際には1つであると見なされ得る）最初の2つに寄生的なものである[24]。

　私は、2つの矛盾否定が単一の命題に適用されると二重否定律（LDN）によって相殺されるのと丁度同じように、un-P が P の矛盾である時、not un-P は論理的に（修辞的にはそうではないが）P に還元されると仮定してきた。既にみたように、ギーチとヒンティカは、共に、二重に否定された命題は、2つの否定演算子が二重否定律（LDN）によって相殺された結果生じた単純な肯定と、論理的には区別できないと仮定している。しかし、この仮定は疑う余地がないわけではない。

　ルイス（Lewis 1970: 31–32）が指摘しているように、カルナップの内包的同形性の概念は、いかなる表現 α についても、～（～ α）は α と一致しないと予測する。何故なら、より複雑な論理形式を持つ前者は、対応するより複雑な意味を持つに違いないからである。2つの論理形式は、同じ内包を持っているかもしれない。恐らく（二重否定律（LDN）が与えられたら）同じ内包を持っているだろう。しかし、意味は、内包よりももっときめの細かい概念である[訳者注14]。この点は、信念の文脈に関して、古典的に論証されている。我々が内包よりも繊細な道具を必要とするのは、bachelor と unmarried man、3 と the square root of 9（9の平方根）のような、内包的には同じでも同義でない表現が、信念の文脈では異なった振る舞いをするからである。

　命題的同一性は、内包（つまり、可能世界から外延への関数）の観点から定義できるかもしれないが、同義性は、意味に関するより識別力のある概念によって定義されなければならない。従って、ルイスとクレスウェル（Cresswell 1973: 44–47）は、α の二重否定は、α と同じ命題を表すが、それと同義ではないと考える[25]。クレス

ウェルは、この結論を支持するために、不透明文脈におけるこれら 2 つの表現の振る舞いを引用している。たとえ bachelor が必然的に unmarried man であるとしても、(32a) が真であることと (32b) が偽であることが両立可能であるのと同様に、possible と not impossible が内包的に同じであるからといって、(32'a) の例に基づいて、(32'b) を推論することはできない。

(32) a.　John maintains that bachelors are not unmarried men.
　　　　　（ジョンは、bachelor は未婚男性ではないと主張している）
　　 b.　John maintains that bachelors are not bachelors.
　　　　　（ジョンは、bachelor は bachelor ではないと主張している）
(32') a.　Sue claims that it is not {impossible/ inconceivable/ untrue} that Bill is lying.
　　　　　（スーは、ビルが嘘をついていることは {不可能／考えられないこと／虚偽} ではないと主張している）
　　 b.　Sue claims that it is {possible/ conceivable/ true} that Bill is lying.
　　　　　（スーは、ビルが嘘をついている {可能性がある／と考えられる／のは真実だ} と主張している）

　既にみたように、フレーゲ的意味論は、矛盾を形成する命題演算子という、唯一の否定演算子しか許さない。そのことから予測できるように、フレーゲ（Frege 1919: 130）は、「二重否定で思考を包むことは、その真理値を変えない」として、二重否定は論理的に余分であると言明している。ここでは、($\sim\sim$ p) と ($\sim$ p) は、思考あるいは命題 p の包み方が異なるにすぎない。しかし、人は裸ではいられない場合がある。人を衣服で包むことは、中の人を変えないで、生態学的社会的機能を果たす。それと同じことが、裸の思考についても言える。その裸の思考が、二重否定の保護的な層からもっとも利益を得るような、魅力のないものである場合は特にそうである。

　会話の含意が論理形式から離れて理解されるならば、論理的には等価だが、否定されていない命題にはない会話の含意を、二重否定された命題が持つ理由を説明することができる。いずれにしても、これから述べようとしているように、断定を弱めるための、あるいは表された命題が真であるということに対する話者の関与性を修正するための装置として、否定の慣習化された用法は、広く用いられている体系的な現象であり、それ自身の調査を必要とする。そしてそれを、次のセクションで調査しようと思うのである。

5.2 　否定辞繰り上げと反対関係

　5.1.1 項おいて、私は、ボーザンケトの「反対に矛盾の性格を与えること」が、unhappy や dislike のようなタイプの語彙化された接辞否定によって、体系的に示されることを観察した。矛盾の服を着た反対のもう 1 つの例に目を向けよう。それは、「実際には "I think that ―not" に等しい "I don't think that" という、よく用いられる表現」にみられる（Bosanquet [1888] 1911: 319）。

　上位節の否定辞が下位節を否定する読みをする否定辞繰り上げ現象（NEG-RAISING phenomenon, NRP）は、生成文法の外においても内においても、豊かな歴史を持っている[26]。聖アンセルムスが 11 世紀に書いたように、彼よりも 6 世紀も前のローマの法学者パウルスに反論する議論の中で、「厳密に考えれば、するべきでないことをする人が皆、罪をおかしているわけではない（non ... omnis qui facit quod non debet peccat, si proprie consideretur）」（すなわち、表層構造によって示唆されるように、否定の矛盾読みを伴っている）と述べている。問題は、我々が、non debere peccare を、文字どおりの矛盾的意味（it is not a duty to sin）ではなくて、debere non peccare を伝達するために用いる傾向があるということである。自分の義務でないことをする人は、必ずしも罪を犯しているわけではないが、（否定辞繰り上げ現象が邪魔するために）、男は結婚する必要はないという命題（33a）を、それよりも強い、独身を命令するような（33b）を述べているように思われずに規定することは難しい（Henry 1967: 193ff.; C. J. F. Williams 1964; Horn 1978b: 200 参照）。

(33) a.　non debet ducere uxorem　　　lit., 'NEG [he should take a wife]'
　　　　　　　　　　　　　　　　　　　　　（結婚するべきではない）
　　　b.　debet non ducere uxorem　　　lit., 'he should NEG [take a wife]'
　　　　　　　　　　　　　　　　　　　　　（結婚しないでいるべきだ）

　クワイン（Quine 1960: 145–46）は、（34c）よりもむしろ（あるいは（34c）だけでなく）（34b）を伝達するために（34a）が用いられる「英語のよく知られた癖」を、信念の論理にとって「偶然の慣用的複雑さ」として述べている。

(34) a.　**x** does not believe that **p**.（**x** は **p** を信じていない）
　　　b.　**x** believes that not-**p**.（**x** は **p** でないと信じている）
　　　c.　It is not the case that **x** does believe that **p**.（**x** が **p** を信じているというのは事実ではない）

アンセルムスからクワインに至る哲学者と論理学者は、このような現象を説明せず（まして賞賛することなど決してなく）、典型的には念頭から葬り去ろうとしてきた[27]。ヒンティカ（Hintikka 1962: 15）は、「"a does not believe that p" という表現は、まるでそれが "a believes that -p" と等しいものであるかのように用いられることがしばしばあるという点において、<u>特異性（peculiarity）</u>をもっている」と述べている。しかし一方で、ドイチャー（Deutscher 1965: 55）は、「"I do not believe that p" が、<u>残念なことに</u>、disbelief［ヒンティカの表示では、$\mathbf{B_a}$-p］と not belief［-$\mathbf{B_a}$p］との間で曖昧であり得ること」を残念に思っている（下線筆者）。

　バーンズ（Barnes 1969: 304–5）は、この現象について次のように述べているが、それ程非難しているわけではない。「毎日用いられる否定表現 "doesn't believe that" は曖昧である。我々は、無神論者についても不可知論者についても、he doesn't belive that God exists と言うことができるが、無神論者についてそういう時、我々は、神が存在していないと彼は信じているということは事実である、ということを意味しているのに対して、不可知論者についてそのように言う時、我々は、神が存在していると彼は信じているというのは事実ではない、ということを意味している」。無神論者の読みでは、**a** doesn't believe that **p** という命題は **a** doesn't believe that not-**p** という命題と両立不可能であると、バーンズは述べている。不可知論的意味では、この 2 つの命題は両立可能である。バーンズは、この「日常の」読みを非難してはいないが、彼の同僚の哲学者や言語学者と同じように、それが反映している現象は信念の文脈に限られると仮定しているのは明らかである。

　アンセルムスやクワインらによって指摘された傾向は、英語（あるいはラテン語）の 1 つや 2 つの動詞の処理を苦しめる偶然生じた複雑さや癖や特異性を表しているのではなく、系統的類型論的に多様な語族において、異なってはいるが体系的に関係ある述語クラスにわたって明らかにされた、基本的な文法的・意味論的・語用論的過程に関わっていることを、私は他のところで述べた。

　否定辞繰り上げ現象を最初に体系的に扱ったのはトブラーである。彼は、それをIl ne faut pas que tu meures（あなたは死んではならない）というフランス語の否定の「論理的に保証されない位置（logisch ungerechtfertigte Stellung）」と記述している（Tobler 1882b: 205 上記 §4.5 に引用）。トブラーはこれと同じパターンを示すフランス語とドイツ語のさまざまな動詞を引用している。それには、(**35a**)のドイツ語の wollen（want）や、アンセルムスの例を繰り返して、(**35b**)のような sollen（should, ought to）が含まれている。

(**35**)　a. Ich will nicht, daß man mir dergleichen hinterbringe.

　　　　 'I do not want to be told about such things'

（私は、そのようなことを教えてほしくない）

b. Du sollst nicht stehlen.

'Thou shalt not steal' (lit., 'NEG［thou shalt steal］')

（汝、盗むなかれ）

しかし、否定辞繰り上げ（NR）（主文の定形否定を従属文の不定詞に結びつける）解釈を許す動詞群の意味論的な目録を最初に提供したのは、トブラーの助手カレプキ（Kalepky 1891）である。

　古プロバンス語の否定に関する博士論文において、カレプキは「否定の前提」に言及し、外見は主節（の法助動詞）の否定にみえる（36）は、ドイツ語の場合（（35b）参照）と同様に、それに対応する肯定文の矛盾として読まれることも反対として読まれることも可能である、と述べている。

(36)　Ja non degra dir ver esquern.　'He should［not scorn］'（［軽蔑しない］べきだ）

(lit. 'NEG［he should scorn］')（［軽蔑するべき］ではない）

同様に、フランス語の je n'espère pas（I do not hope）と j'espère que non（I hope not）の区別は、ドイツ語の Ich hoffe nicht では中立化される。否定の反対読みと矛盾読みの違いの消失（Zusammenfall）を許すのがこれらの動詞だけであることは、単なる偶然の一致であるはずがない、とカレプキ（Kalepky 1891: 22）は指摘している[28]。

　しかし、この消失はいつ起こるのか。（36）の古プロバンス語の dever と—ラテン語 debēre とフランス語の devoir も参照—（35b）のドイツ語の sollen に、カレプキ（Kalepky 1891: 23–24）は、次のようなドイツ語の動詞によって例証される述語クラスを加えている（私が付けた注は英語でもっとも近い否定辞繰り上げ（NR）表現だと思われる）。

(37) i.　'meinen (denken, glauben)'　　　［be of the opinion, think, believe］

ii.　'wollen'　　　　　　　　　　　　［want］

（ラテン語 nolle < non velle 参照）

iii.　'sich ziemen', 'sich schicken'　　　［be proper, fit］

iv.　'den Schein erwecken'　　　　　　　［seem, appear］

v.　'sagen（未来で）'　　　　　　　　［would say］

これらの例のいくつかにおいて、カレプキは、字義どおりの意味（矛盾）と不正使用（反対）の間の区別は、少なくとも語用論的にあまり違いはない、と述べている。こ

の点の関連性については以下で再考する。

　否定のジャングルを案内してくれる我々のいつもの案内役は、「論理的には従属ネクサスに属するはずの否定辞を、主節の動詞に引き付けようとする強い傾向が多くの言語にあること」(Jespersen 1917: 53)に気付いていないわけではない。イェスペルセンにとっては、(38a)は多義で、(38b)と同義の意味を持っている。

(38) a.　I don't think he has come.
　　　　（私は彼は来たとは思わない）
　　 b.　I think he has not come.
　　　　（私は彼は来なかったと思う）

この「引き付けられた」、予期された、あるいは先手を打たれた否定は、古代ギリシャ語、ラテン語、フランス語、英語の伝統文法においてさまざまに記述され、イェスペルセン（ら）によって反対否定の特殊な場合として扱われているが、これは、究極的には不十分であると私は主張してきた(Horn 1978b: 210)。

　(38a)が2つの読みを許すように思われるのに対して、否定辞繰り上げ現象の他の例、特に不定詞や仮定法の従属節を伴う場合は、実質的に「非論理的な」反対読みが強制される。カレプキ(Kalepky 1891: 22)は、不動産法からメタファーを借りて、反対の意味を、矛盾という正当な権利を持つ（があまり用いられない）財産を乗っ取った侵入者として表している。この傾向は falloir の場合に特に明らかである(Spitzer 1927: 69 と 4.5 節の私の議論参照)。

　いくつかの例においては、その否定辞を「論理的な」埋め込まれた位置に置くことは、統語的に不可能である。このことは、カレプキが熱弁をふるった不法な乗っ取りを促すかもしれない。マルティノン(Martinon 1927: 536)は、(39a)が(39b)の意味を獲得したと述べている。

(39) a.　Je ne veux pas que vous sortiez.　'I don't want you to leave'
　　　　　　　　　　　　　　　　　　（私は、あなたに帰ってほしくない）
　　 b.??Je veux que vous ne sortiez pas.　'I want you not to leave'
　　　　　　　　　　　　　　　　　　（私は、あなたに帰らないでほしい）

これと同じことが、(?Je veux ne pas sortir の代わりに Je ne veux pas sortir を用いるように) vouloir + infinitive と falloir, devoir の場合に起こる。これらの動詞については、「否定辞搬送はなくてはならないものである」(Martinon 1927: 537)。

　これと同じような機能的な説明に訴える独立をした研究が、英語に対してなさ

414

れている。エプスタイン (Epstein 1976: 91) は、「[(40a)] のような文を用いること
は、それに代わる容認可能な文として [(40b)] を用いることができないことによっ
て、動機付けられているかもしれない」と述べている。

(40) a. John doesn't want to kiss Mary. (ジョンはメアリーにキスしたくない)
     b. ?John wants not to kiss Mary. (?ジョンはメアリーにキスしないことを欲する)

しかし、ホーン (Horn 1978b: 180–81) に述べられているように、この考え方は、あ
る程度説明力を持っているが、埋め込まれた非定形の否定が容認され、上位節を否
定した非論理的な解釈も（好まれないとしても）可能であるような（異なる主語を持
つ (39a) の英語の注を含む）同様の例に一般化することができない。(40'a, b) 参照。

(40') a. John doesn't want me to kiss Mary.
      　　（ジョンは、私がメアリーにキスすることを欲しない）
      b. John wants me not to kiss Mary.
      　　（ジョンは、私がメアリーにキスしないことを欲する）

　否定辞繰り上げ現象のもう1つの動機付けは、私が前に否定先行(Neg First)とラ
ベル付けしたイェスペルセンの一般化である。すなわち、否定は、処理する際の容
易さのために、その文の中でできるだけ始めの方で現れる傾向がある、というもの
である。否定の形態論的実現におけるいくつかの通時的変化の原因になったのはこ
の原則で、イェスペルセンのサイクル(7.1節参照)として知られるようになってい
る。否定であることを明確にすることは、否定が従属節に「属する」のに、主節の
中の非論理的な位置に付くように強制される傾向につながる。
　この傾向に、スピッツァー(Spitzer 1927: 70–72)は、否定文の喚情性(AFFECTIVITY)
が鍵になる役割を果たすという、彼独自の原初的な急進語用論的分析を加えてい
る。スピッツァーによると、上位節の否定が従属節を否定しているように読まれる
ことは、(トブラーには失礼だが)間違っていたり意味のないものではなく、非論理
的でさえない。それはむしろ感情的である。スピッツァーの否定的感情に関して決
定的なのは、ファジーな「否定的傾向」を人間性に帰している点で、このために我々
は肯定 (ich will) よりも否認 (ich will nicht) を好むように導かれるのだという。
　しかしそれにもかかわらずスピッツァーは、「それは、全く非論理的なのだろう
か。あるいは、感情の論理なのだろうか。心も理性が知らないそれ自身の理性を
持っているのである」(Spitzer 1927: 73) と激しい調子で結論付けているが、我々は
彼の見解の方には傾かない[29]。もし否定辞繰り上げ現象が、否定を減じる方法とし

てではなく強調する方法として存在するならば、(38) にみられるように、上位節に否定がある場合の方が従属節に否定がある場合よりも強いと感じられることだろう。同様に、je ne {veux/ pense} pas（私は〜であることを望まない／思わない）は、je {veux/ pense} que non（私は〜でないことを望む／思う）という否定を弱めるのではなくて強めることになるだろう。しかし、これまでしばしば述べてきたように、実際にはその反対が真実である。さらに、スピッツァーが事実上主張しているように、もし我々が本当に「否定を強調し、肯定を削除する」傾向があるのならば、肯定文は否定文よりも形態論的にも機能的にももっと有標で処理しにくいものであると予測されるだろう。今まで 2500 年あまりにわたって、否定の領域で骨折って研究をしてきた者の間に、なんらかの意見の一致があるとすれば、それは（我々がどんな立場を選ぼうとも）その逆が真実であるということである。

　否定辞繰り上げ現象を取り上げた伝統文法家は、好みの理論が何であれ、(38)–(40')のようなペアの関係を動的なメタファーを用いて記述する傾向にあった。例えば、イェスペルセン (Jespersen 1917) は、「否定の牽引」(attraction of a negative)と呼び、ニューロプやグルヴィス、そしてポーツマでさえ「否定の移動」(transfert de négation (Nyrop 1930)、déplacement de négation (Grevisse 1969)、'the shifting of *not*' (Poutsma 1928: 105)) と呼んでいる。変形文法の時代の到来とともに、特にフィルモア (Fillmore 1963) が現れるに及んで、このメタファーの内容は充実した[30]。

　Transposition of NOT (Fillmore 1963) や *not*-hopping, Negative Transportation (R. Lakoff 1969 など)、Neg-Raising (NR, Kiparsky and Kiparsky 1971 や本書) などとさまざまに名付けられたこの変形は、一般に、語彙的に支配された循環的な構造保持規則であり、下位の節（の、たぶんその節内で否定辞が置かれる節頭位置）から否定要素を抜き出し、この規則が適用可能だとマークされた述語を越えて 1 つ上の節（の、同様に否定辞が置かれる節頭位置）に繰り上げるものである。この規則は、(41) のフィルモアの例に示されているように、間にある動詞がすべて否定辞繰り上げ動詞である場合には反復的に適用することができる。

(41) a.　I don't believe that he wants me to think that he did it.

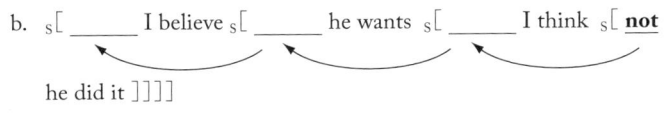

　　　b.　ₛ[＿＿＿＿ I believe ₛ[＿＿＿＿ he wants ₛ[＿＿＿＿ I think ₛ[**not**

　　　　　he did it]]]]

否定辞繰り上げ (NR) は、レルナー・シュテルネフェルト (Lerner and Sternefeld 1984) の言葉を引用すれば、「黄金時代の変形の 1 つ ('eine Transformation aus dem goldenen Zeitalter')」であることは疑いない。しかし、それだからといって必然的

に拒絶されなければならないのだろうか。

　(38a, b) を共に派生する証拠として、否定辞繰り上げ現象と否定極性項目の相互作用に焦点を当てるものが示されている。英語の until midnight や in weeks、for some time のような強い極性項目は、普通同節の否定の引き金（または継続相の述語）を要求するが、(38a) の枠組みにおいては、この要求は表層構造において明らかに違反されているにもかかわらず、容認可能である。(42) と (42') を比べてみよう。

(42) a. I don't {think/ suppose/ imagine} (that) he has come here in weeks.
　　 b. I {think/ suppose/ imagine} (that) he has not come here in weeks.（彼は何週間もここに来ていないと思う）

(42') a. *I don't {regret/ claim} (that) he has come here in weeks.
　　 b. I {regret/ claim} (that) he has not come here in weeks.（彼が何週間もここに来ていない {ことを残念に思う／と主張する})

もし (42a) がもともと (42b) の直接の基底にある深層構造から発していて、in weeks の要求する認可表現に対する要求がそのレベルで満たされ得るのであれば、我々はその容認可能性を予測することができる。regret と claim は否定辞繰り上げを許さないので、これと同じ構造では容認されない。従って、(42'a, b) が共に派生されるような解釈は存在しない。

　この議論は、最初に梶田によって示唆され、R. レイコフ (R. Lakoff 1969) において出版されたものであるが、ホーン (Horn 1978b: 136–50) で詳しく分析しているので、ここではその長所と欠点については繰り返さない。さらに、規則の相互作用や法、補文標識のタイプ、反対極性の付加疑問、目的語の格付与、文代名詞化、照応形の強勢除去、スルーシング (sluicing)、主語助動詞倒置、疑問平叙文、ド・モルガンの法則の統語的反映物などを含む現象に基づいた、否定辞繰り上げ規則に関する賛否の議論も扱わない (Horn 1978b: 151–77)。つまるところ、ここで私の1978年の論文の結論を取り消す理由が見つからない。というのは、否定辞繰り上げ (NR) が統語規則であるとする最も強力な議論は支持できるものではなく、決定的なものでもなく、理論的にも経験的にもせいぜい「疑わしい」と言うのが精一杯の、追加的な（そしてしばしば暗黙の）仮説に依存していることが分かっているからである。

　もちろん、拡大標準理論の中では（あるいはそれのどの拡張理論でも）、その疑問そのものが起こることは滅多にないだろう。それが昔の (43) のように定式化されようと、α移動の突然変異と見なされようと、

(43) 　$[_s \mathbf{X}\ \mathbf{V}\ \mathbf{Y}\ [_{\bar{s}}\mathbf{COMP}\ [_s\,\text{not}\ \mathbf{W}\,]_s\,]_{\bar{s}}\,]_s$

　　　　1　2　3　　　4　　　　5　6

　　　　⇒ 5 + 1, 2, 3, 4, 0 (or **t** ?), 6

否定辞繰り上げ（NR）は、その理論の専門家の美的認識能力の違反であるだけでなく、（Wasow 1972 に述べられているように）少なくとも時制文条件、あるいはそれをパラメータ化したいかなるものにとっても、明らかな違反になるだろう。

　その上、今日の拡大標準理論を完全に認めていない理論家でさえ、大部分が、派生的形態論を台無しにする規則をまったくあきれることはなくても疑わしく思うだろう。否定辞繰り上げ現象の変形理論的説明はどのようなものでも、否定辞繰り上げが結果として(44)のような語彙項目を形成するような編入規則の適用をうながす統語論を黙認しなければならない(Horn 1978b: 170–71 を参照)。

(44) 　nobody　　　　　　　　-er than

　　　neither ... nor　　　　few

　　　{neither/ none} of　　scarcely（any）

　　　only　　　　　　　　doubt

従って、(44’)の文は、イタリック体で示されている編入された否定辞が、意味的には後続の、もしくはそれより右側にあるボールド体で示された否定辞繰り上げ動詞の作用域にあると解釈される。

(44’) 　*Nobody* **supposes** that nuclear war is winnable.

　　　（誰も核戦争が勝利をもたらすものだとは思っていない）

　　　Neither Mutt *nor* Jeff **think**(**s**) that Chris has been here in weeks.

　　　（マットもジェフも、クリスは何週間もここに来ているとは思っていない）

　　　{*Neither/ None*} *of* them is (are) **likely** to marry you.

　　　（彼女たちの誰も君と結婚しそうにない）

　　　Only Kim **intends** to seek reelection.

　　　（キムしか再選を求めるつもりのものはいない）

　　　I spent *more than* I **should** have.

　　　（私は必要以上のお金（時間）を費やしてしまった）

　　　{*Few/ Scarcely any*} of my friends **believe** you'd lift a finger for me.

　　　（私を助けるために君が何かするだろうと思っている人は、私の友人の中にはほとんどいない）

I *doubt* that he {**wants/ plans**} to resign just yet.

（彼はまだ辞職 {したくない／ するつもりではない} のではないかと思う）

例えば、最初の例では、everybody supposes nuclear war is not winnable（だれもが皆、核戦争は勝利をもたらすものではないと思っている）ということを意味していると理解され、第二の文は、both Mutt and Jeff think that Chris hasn't been here in weeks（マットもジェフも、クリスは何週間もここには来ていないと思っている）を意味していると理解される。

　実際、これらが理論的にどういう意味を持つかということは認識しなかったとしても、このパターンが存在するということは、否定辞繰り上げ現象の発見者自身によって認識されていた。聖アンセルムス（Saint Anselm）は、Solus homo debet facere...（Only (a) man ought to do...（男だけが…するべきだ））という形式が、Quisquis non est homo debet non facere...（Any nonman ought not to do ...（男でないものはいかなるものも…するべきではない））を断定するものであるとして読まれる傾向があると述べている。従って、「適用的な［例えば主語名詞に適用される］"only"が持つ非明示的な否定の力は、いわば、それが現れる節の主要動詞を越えて、主要動詞によって統率される不定詞に拡大され得る」（C. J. F. Williams 1964: 137）のである。「男だけが罪に対する供物をするべきだ」という主張は、アンセルムスにとっては、「男ではないものは誰でも罪に対する供物をしない義務を持っている場合にのみ」真なのである（C. J. F. Williams 1968: 611）。

　（屈折形態論の規則に対立するものとしての）語形成規則が、統語論の規則と入り混じって適用されるべきではないという一般に受け入れられている見解に賛同するものにとって、NR の統語規則がアンセルムスの solus や (**44**) の演算子の形成にかかわる語彙形成過程の出力に適用されるという考え方は、結局、否定辞繰り上げ現象の統語論的説明の可能性を減少させることになる。

　ほかにどのような方法が考えられるだろうか。否定辞繰り上げ現象を文法の領域で取り扱うことに関して、その実行可能性や望ましさの両方を疑う根拠は十分にある。まず第一に意味論の問題がある。フィルモア（Fillmore 1963）は、それ以前の伝統的な文法家と同じように、「NOT の移動（'Transposition of NOT'）」に全く統語論的証拠を示さず、補文に否定辞のある (**45b**) と否定辞が移動されたと推定する (**45a**) の間に成立すると言われる書き換え関係にのみ依存している。

(**45**) a. I do not think that he will come.

　　　 b. I think that he will not come.

　　　 c. It is not the case that I think that he will come.

これまでしばしば述べられてきたように、(**41a**)のような上位節に否定辞がある文は、典型的に(**45c**)に示されているような、否定辞が移動されたのではない(字義どおりの('literal'))解釈、すなわちドイチャーによって引用された信念的でない解釈を許す。この解釈は、否定辞が補文を否定する読みほど顕著ではないが、I や not に対比強勢をおくことによって引き起こされるかもしれない。

　しかし(**45a**)は、関連する解釈において、本当に(**45b**)の書き換えだと見なせるのだろうか。ビァヴィッシュ(Bierwisch 1971: 425–56)と同じように、この 2 つの陳述は完全に同義であると仮定することができるのだろうか。「not を繰り上げると、しばしば文を否定する力を柔らかくする効果がある('the shifting of *not* often has the effect of softening down the negativing of a sentence')」というポーツマ(Poutsma 1928: 105)から、(**45a**)の否定の力は否定辞を移動していない(**45b**)よりも明らかに弱いという(R. Lakoff 1969 や G. Lakoff 1970 にパーソナル・コミュニケーションとして引用されている)ボリンジャーの観察にいたるまで、上記の書き換え関係に反対する議論が提出されている。ホーン(Horn 1978b: 131–32)で述べられているように、これと同じ否定の力の違いが、スワヒリ語やトルコ語を含む否定辞繰り上げ現象を示す他の言語にもみられる。統語的には(think や believe のような)心的活動を表す動詞や(want のような)願望を表す動詞の作用域の外にある否定が、動詞の意味作用域の中にあると理解され得る(そしてそれが標準的な解釈である)のだが、その結果においては、否定の力がいくぶん弱められているのである。

　実際、この和らげ効果は、否定の配置や表層の現れ方に影響を及ぼすすべての規則や過程の付随現象であるように思われる。(**46**)のような例において、

(**46**)　I think she's sad.
　　　　I thihk she's unhappy.
　　　　I think she's not happy.
　　　　I think she isn't happy.
　　　　I do not think she's happy.
　　　　I don't think she's happy.

これらの例はそれぞれ、直前のものよりも、否定的評価／感情ないしは否定の力、すなわち埋め込まれた主語の不幸さに話者が言質を与える程度において、少し弱く和らげられているように感じられる。

　このような例は、2 つの一般原則の相互作用を反映している。1 つは、(a)否定の力は、否定要素が論理的に否定する構成素から離れるに従って弱くなる。もう 1 つは、(b)否定の力は、否定要素が編入される(あるいは形態上吸収される)程度に

従って強くなる、というものである。第一の原則が、否定辞繰り上げ現象では働いている。一方第二の原則は、原則として接辞否定（5.1 節参照）と否定辞編入（Klima 1964; Sheintuch and Wise 1976 参照）において例証されている。このように、中立的な (47a) が、否定辞繰り上げされた (47b) において弱められるのに対して、否定辞が編入された (47c) においては強められている（Sheintuch and Wise 1976: 548 参照）[31]。

(47) a. I think I didn't see anyone in the room.

　　 b. I don't think I saw anyone in the room.

　　 c. I think I saw no one in the room.

　ポーツマ–ボリンジャーの不確実性の原則は、否定と形態統語論的空間にかかわるより一般的な相互作用の特殊例とみなせるかもしれない。さらにそれは、2 つの物体の間に働く力はその間の距離の二乗に反比例する、という引力の法則の必然の結果とみなせるだろう。話を元に戻して、私は、否定辞繰り上げ現象に対する統語論的説明は、変形は意味を変えないという仮定を捨てるのであれば（その場合、(45a) と (45b) の間のはっきりした力の差は、否定辞が繰り上げられた後の表層構造から読みとられることになろう）、あるいは（G. Lakoff 1970 と同じように）話者の不確かさに依存する否定辞繰り上げ規則を適用するのであれば、救うことができると結論づける。

　もしその不確実性の原則が、(45b) と否定辞移動された読みの (45a) の間にあると推定される同義性に疑問を投げかけるのであれば、(45a) の多義性だとされていたものも同様に議論の余地がある。パーティー（Partee 1970: 335–36）は、信念文に関する論文の脚注で否定辞繰り上げ現象を短く議論して、(48a, b) のような一組の文が与えられたら、

(48) a. A doesn't believe that **S**.

　　 b. A believes that not-**S**.

(48a) が、表層構造に直接対応する、否定辞が高いないしは広い作用域をとる読みと、(48b) の基底にある構造から派生される、否定辞が補文にある読みとの間で曖昧であるという主張は、「［(48b)］は［(48a)］を伴立するが逆は真ではないという主張と意味論的に同じである」と述べている。

　もし A の信念世界が一貫しているなら、(48a) は、(48b) が真であるようないかなる文脈においても真であるが、逆は真ではない。ここまでは明らかである。

(48a) あるいは他のどんな否定辞繰り上げの例だと思われるものでも、その 2 つの解釈は、トゥルーベッツコイやツウィッキーとサドックの意味における欠性対当（PRIVATIVE OPPOSITES）を構成している。すなわち、「解釈 U_1 と U_2 において、U_1 が U_2 にはないなんらかの意味素性 F の特定化を含んでいるという点を除いて、U_2 と同じように表示され得るのであれば、U_1 と U_2 は意味素性 F に関して欠性対当の関係にある」（Zwicky and Sadock 1975: 6）。

　欠性対当の論理は「多義性を［一般性や漠然性として知られる］特定性の欠如から区別することを困難にする」（特に、「より一般的な解釈の存在は我々がすべての可能な解釈を得ることを保証する」ため、多義性を診断する古典的な同義性テストがこれらの例においては役に立たない）のであるが、ツウィッキーとサドックはそれにもかかわらず（少なくとも議論の余地ある）真の多義性を示すかなりの数の欠性対当が存在するということを指摘している。

　(48a) が持つ 2 つの解釈の間にある欠性関係が、このような文が意味的に多義であると仮定する否定辞繰り上げタイプの分析を不要にする、というパーティーの先験的な仮説は、すべての欠性的多義性を認めないケンプソンの「一方の解釈が他方の解釈に論理的に依存している場合、いかなる文も 2 つの異なる意味表示を付与されない」（Kempson 1980: 16）という要求と同じ程度に妥当であるにすぎない。私は別のところで（Horn 1984a, c）、多様な欠性的多義性は、語彙のレベルにおいても構文のレベルにおいても、自然言語の最も単純な意味論の中で許されなければならないと述べた。（例えば、語彙のレベルでは、dog や man、Yankee、ドイツ語の Frau のような自動下位語的な（AUTOHYPONYMOUS）かなりの数の語彙項目が、一方の読みが外延的には他方の読みを含み、内包的には他方の読みに含まれるような 2 つの読みを許す。）

　欠性対当の豊かな鉱脈は、作用域の多義性の調査において掘り出される可能性がある。At least two languages are spoken by everyone in this room（Chomsky 1965: 224）と Jones believes that someone is a spy（Quine 1960）のような例において、特定的な透明な読みが、それに対応する非特定的な不透明な読みを一方向的に伴立するが、意味的に多義であることはこの説明において先験的に排除されるものではない。もっと本題の否定辞繰り上げ現象に近いのは、4.3 節と 7.3 節で議論されている明白な全称否定の多義性である。すなわち、(49a) のような文は一般に、(49b) に等しい「動詞句否定（'NEG-V'）」読みと、(49c) に等しい「数量詞否定（'NEG-Q'）」読みとの間で多義であると認識されている。

(49) a.　All the men didn't leave.

　　 b.　None of the men left.　　　　　　　　（All of the men stayed）

    c. It is not the case that all the men left.　　（Not all the men left）

（34a）や（38a）（45a）（48a）のような、否定辞繰り上げの例だと思われる場合とちょうど同じように、（49a）の曖昧性は否定に付与される作用域に依存している。どちらの例においても、内側否定の読み（（45b）/（49b））が、外側否定の読み（（45c）/（49c））を一方向的に伴立する[32]。

　欠性的に対立する表現の所定のペアが、真の語彙的あるいは意味論的多義性を構成するかどうかを決定することは困難であるかもしれないが、これは、結局は認識論的問題ではなくて存在論的問題、すなわち、当該の現象の包括的理論がない所で先験的に回答することはできない問題である。いずれにしても、パーティーの元々の仮説に戻ると、（48）の信念文の間に成立する一方向的な伴立（modulo doxastic inconsistency）は、（50）の文にも映し出されている。

（50） a. A {didn't claim/ isn't certain} that **S**.

     b. A {claimed/ is certain} that not-**S**.

A 氏がその陳述と信念において一貫していると再び仮定すると、（50b）が真であれば（50a）も真であることを要求するが、逆は成立しない。しかし、これらの例については、多義性の問題あるいは否定辞繰り上げタイプの相互派生の問題は生じない。（48a）は（48b）を伝達するために用いられることができ、実際一般にはそのような用い方がされるのに対して、（50a）は（50b）を伝達するために用いることはできないのはなぜなのかということはまだ解明されていない[33]。しかし、それは一体どのような種類の説明なのだろうか。

　パーティーは、否定辞繰り上げ現象を正当化する試みにおいて、この現象の範囲は概して第一人称の文脈に制限される、あるいは少なくとも、第一人称の文脈によって好まれるものであると述べている。ジャッケンドフ（Jackendoff 1971）は、否定辞繰り上げ現象に対する変形理論的解決法を自ら拒絶して、（51a）がその内容に「言質を与えない読み」と、「言質を与える読み」（つまり「能動的不信」）の間で多義であることを認め、このような例に対して意味解釈的説明を提案している（これは後に Pollack 1974 において具体化された）。

（51） a. I don't think that Bill went.

     b. John doesn't think that Bill went.

しかし彼は、それと平行的な（51b）のような三人称の例は曖昧ではなく、「漠然と

言質を与えない」ものであることに気づいている。すなわち「John thinks that Bill didn't go と［(51b)］の 1 つの読みとの同義性は、性格上推論的なもので、統語部門とは何の関係もない—意味部門とさえ何の関係もないかもしれない」(Jackendoff 1971: 291)というのである。

　その後の否定繰り上げ現象の分析における発展は、かつては革新的であったジャッケンドフの主張が余りにも保守的であることを証明した。パーティーやジャッケンドフによって引き合いに出された一人称主語と三人称主語の二分法は、特別強制力のあるものではないように思われる。否定辞繰り上げ動詞でも、believe や think などのクラスから離れると特にそうである。(44')の例は、それに対応する一人称の例よりもいくらか多義性の度合いが低いだろうか。(40a)と(40'a)の NEG + want の例は、その一人称の対応物 (I don't want (you) to kiss Mary) よりも「漠然と言質を与えない」ものだろうか。もしそうなら、この微妙な区別に対する説明自体が、本質的に「意味部門と関係がない」ということにはならないのだろうか。それほど驚くことではないが、エプスタイン (Epstein 1976) は、(51a)のような一人称の例でさえ、「統語論的にも意味論的にも多義ではない」と判断し、「多義的に見えるものは、意味論と語用論の一般原則によって最も適切に説明される」という見解を示している。

　否定辞繰り上げ現象の語用論的説明の中で、そのような原則を最初に詳しく提示したのは、バーチ (Bartsch 1973) である。彼女の分析は、のちに独立的にハルパーン (Halpern 1976) によって繰り返されている。パーティーと同様バーチにとって、(52a) は (52b) と (52c) の解釈の間で多義ではない。これは否定辞繰り上げ分析においてもそうだろうが…。

(52) a.　Peter glaubt nicht, daß Hans kommt.　　'Peter doesn't believe that Hans is coming'

　　 b.　Peter glaubt, daß Hans nicht kommt.　　'Peter believes that Hans is not coming' 訳者注 15

　　 c.　Es ist nicht so, daß Peter glaubt, daß Hans kommt.　　'It is not the case that Peter believes that Hans is coming'

むしろ (52a) は、（一貫した信念体系が与えられたら）いわゆる否定辞繰り上げ読みによって一方向的に伴立される (52c) と同じただ 1 つの意味を持つにすぎないと考えている。

　適用可能性についてのある語用論的使用条件 (pragmatische Verwendungsbedingungen) の下では、弱い方の命題 (52c) を強い方の (52b) を伝達するために用いることができ

る。従って、(52a)と(52b)の文は真理値を共有し、等価であるということになる。それらは同じ意味表示を付与される必要はない、というより付与されるべきではないとバーチは論じているが、所定の発話文脈(Sprechsituation)に関して同じ情報を表すものである。しかし、関連する語用論的条件とは何だろうか。

(53b)から(53a)への伴立(意味論的含意(semantische Implikation))を反映して、

(53) a. **a** glaubt nicht, daß **p**.　'**a** doesn't believe that **p**'
　　 b. **a** glaubt, daß nicht **p**.　'**a** believes that not-**p**'

主語は **p** が真であることに対してなんらかの考えを示し、それに関してなんらかの結論に至ったと理解されるという仮定が与えられたら、(53a)は(53b)を語用論的に含意(pragmatische Implikation)する。バーチは、この仮定を $F(a, p) \vee F(a, \sim p)$ という選言として定式化している。無標の談話状況では、(53a)は、話者が **a** は **p** だと全く考えたことがないとか、**p** が真であるか〜**p** が真であるかについて中立的であるというような場合ではなく、(53b)が真であると仮定している時に普通用いられる。

　　この語用論的推論のスキーマは、(54)のように詳しく示すことができる。

(54) 　i. $F(a, p) \vee F(a, \sim p)$ 　　［文脈に依存する「仮定的な選言」］
　　　ii. $\underline{\sim F(a, p)}$ 　　　　　　　［話者による例えば(53a)のような発話］
　　　iii. $\therefore F(a, \sim p)$ 　　　　　［すなわち(53b)、(i)と(ii)から否定肯定式によって］

否定辞繰り上げ現象に対するバーチのアプローチは、文脈から派生される反対否定に関して新ヘーゲル派が取った考え方と非常によく似ている(この章の始めのジクヴァルトとボーザンケトの引用参照)。バーチの推論の基礎でありかつ難点であるのは、最初の前提(54i)が、中間値を排除することを仮定している選言だということである。その仮定がどのような場合に妥当であるのかを正確に規定できるかどうかが謎である。その選言は、命題態度を表す動詞によって **F** が具体的に示される時に常に引き起こされ、従って、否定辞繰り上げ現象もこの時に生じるとバーチは規定している。そして、(believe や think、suppose、want のような)否定辞繰り上げ述語の大部分は、実際このクラスの中に入る。しかし、この主張にはどちらの方向についても潜在的な反例がある。(1) hope や realize、know、regret、be certain のような命題態度述語の否定は、補文節を否定した解釈を許さないし、その補文には強い否定極性項目が現れない。(2)ある数量詞や数量副詞、そしておそらく(私の分析ではないがいくつかの分析では)、true やさまざまな時制・相の指標だけでなく、probable や likely、should、ought to、advise のような否定辞繰り上げ述語は、バー

チの言う意味における命題態度動詞であるかどうか明らかではない。

　否定辞繰り上げ述語を的確にとらえるためには、バーチの定義をどのように狭め、また広ければいいのだろうか。否定辞繰り上げ現象を語用論的に議論した時に、エプスタイン (Epstein 1976: 158) が述べているように、厳密に言うと上位節の述語の意味論は、仮定される選言や二価的状況がいつ成立するかを規定する際に、関与するべきではない。すなわち「もし、$\mathbf{P(S)} \vee \mathbf{P(\sim S)}$ が、談話の参与者共通の信念にあるならば、$\mathbf{P}$ がどのような動詞から形成されていようと、$\sim \mathbf{P(S)}$ を伝達すると、自動的に $\mathbf{P(\sim S)}$ が伝達される」のである。このような仮定された選言を援用するバーチ (Bartsch 1973)、ハルパーン (Halpern 1976)、L. カールソン (L. Carlson 1983) のような語用論の理論に基づくアプローチがしなければならないことは、文脈が中間値を削除する（または吸収する）ことを許し、その結果「$\sim \mathbf{P(S)}$ が自動的に $\mathbf{P(\sim S)}$ を伝達する」場合でも、$\sim \mathbf{P(S)}$ が、伝達された意味または否定辞繰り上げの標準的な統語的対応物に関する $\mathbf{P(\sim S)}$ の特性を、必ずしも自動的に共有することにはならない理由を論証することである。

　エプスタインが指摘しているように (Epstein 1976: 158)、もし談話文脈のすべての人が「ウォーレスのノミネートの見込みについて非常に強い関心を持ち、誰もがウォーレスがノミネートされるのではないかと心配するか、ノミネートされないのではないかと心配するかのどちらかである」ならば、John doesn't fear that Wallace will be nominated という発話は、((54) に概略されたスキーマによって) その伝達される意味として John fears that Wallace won't be nominated を「生み出す」はずであるが、実際にはそうではない。「この種の『派生された否定の移動』は、話し言葉では滅多に起こらない」のである。

　否定辞繰り上げ述語ではない述語が、文脈によってその中間値を排除されても、その述語はまだ実際の否定辞繰り上げ述語のようには否定に関して透明ではなく、このことは強い（否定）極性項目の分布によって示される。

(55) a.　I asked him whether or not Mary's written, and he told me in no uncertain words:
　　　　　$\left\{ \begin{array}{l} \text{he said she hasn't written in weeks.} \\ \text{* he didn't say she's written in weeks.} \end{array} \right\}$
　　　　　（私は彼に、メアリーが手紙を書いてきたかどうか尋ねた。すると彼は
　　　　　不確かではない言葉で言った：彼は、彼女は何週間も手紙を書いてき
　　　　　ていない、と言った）

　　 b.　I have pretty strong feelings about this trip he's planning —
　　　　　$\left\{ \begin{array}{l} \text{I hope he isn't going there until July.} \\ \text{* I don't hope he goes there until July.} \end{array} \right\}$

（彼が計画しているこの旅行について、私は、かなり強い感情を抱いている─彼が7月までそこに行かなければいいと私は思う）

　上位節に否定辞がある時、（非文法的な）極性項目がなくても、そして、仮説によって (**54i**) の選言が仮定され得るとしても、say や hope にかかる否定は、補文節に関連づけることはできない。

　さらに、否定辞繰り上げ現象に対する純粋に意味論的なアプローチに対して、G. レイコフ（G. Lakoff 1970）が最初に提示した反論は、それ以来提案されてきたさまざまな非統語論的分析のどれに対しても問題となる。よく知られているように、否定辞繰り上げ解釈の有効性には、意味論的な動機付けを持たない語彙的例外がからんでいる。英語では、suppose はその挿入的解釈においてすべての話者にとって否定辞繰り上げ動詞であるが、guess は一部の話者にとってのみ否定辞繰り上げ動詞である（I don't {suppose/ %guess} Lee will arrive until midnight）。want は自由に否定辞を繰り上げるが、wish はそれほど自由ではなく、desire は困難である。同じパターンの対立が expect と anticipate に関してもみられる。want と desire、expect と anticipate、挿入的な用法の suppose と guess の間に、アドホックではない意味論的あるいは語用論的区別をたて、それを説明することは困難である。

　もし、レイコフが述べているように否定辞繰り上げが文法の規則なのであれば、（Sandy is {likely/ *probable} to win にみられるように）probably は主語繰り上げができないのに、それと同義の likely はできるという事実を説明するために、文法内の別の所で独立的に動機付けられた例外のメカニズムを援用することができるはずである（Green 1974: 18–20 参照）。しかし、もし解釈の意味原則、あるいはさらに有力な一般的な語用論的過程が、上位節にある否定が補文を否定しているように理解される現象を説明するために援用されるのであれば、この多様性がどのように扱われるべきであるかはっきりしない。特に、語用論的原則に対する語彙的例外という概念はなんらかの説明を必要とする。

　事が外国に移ると、話が込み入ってくる。否定辞繰り上げ述語の意味クラスにおける類似点の方が、相違点よりも数が多いが、意味的に限定されたどの述語が所定の言語で否定辞繰り上げ解釈を許すのかということについて、各言語によって相違が生じる。意見を表す動詞に関して言えば、ヘブライ語の xošev (think) は否定辞繰り上げを起こすが、maamin (believe) は起こさない。マラガシー語ではその反対である。ヒンディー語の否定辞繰り上げは、lagnaa (seem) の補文には適用されるが、soocnaa (think) や X-koo khvaal hoonaa (have the opinion) の補文には適用されない訳者注16。また、上の (**40a**) のような主語が同一の文脈では caahnaa (want) に適用できるが、(**40'a**) のような主語が異なる文脈では適用されない（Horn 1978b: 183–93 参

照）などである。

　特に、hope にかかる否定は、（(55b) にみられるように）一般に補文の解釈を制限せず、補文に強い否定極性項目も現れない（しかし、I never saw a purple cow/ I never hope to see one（私は紫色の牛を見たことがない／私は見たいとは思いませんね）のような例はある[訳者注17]）が、ドイツ語の hoffen とデンマーク語とオランダ語の同種の語を含むゲルマン語の hope にあたる語は否定辞繰り上げを許す。ラテン語の動詞 sperare は否定辞繰り上げ動詞だったが（そして、non spero は普通 I hope not と翻訳されるが）、その子供に当たるフランス語の espérer は、仮定法の補文を持つときにのみ否定に対して透明性を持つ。そして、話者の中には、そのときでさえ否定辞が繰り上げられた読みをしないというものもいる（Je n'espère pas = 'I don't hope so, ≠ 'I hope not'）。souhaiter は否定辞繰り上げ動詞であるが、その意味は、hope よりも wish に一致するように思われる（hope クラスのさまざまな側面については Horn 1978b: 183–87 参照）。

　否定辞繰り上げ述語の言語内的多様性と通言語的多様性が与えられたら、我々はエプスタイン（Epstein 1976: 160）と同様に、たとえ否定辞繰り上げ現象が語用論的に動機付けられているとしても、所定の言語内での過程は「慣習化されている可能性があり、その最終的な結果は機械的なものである」と結論付けざるを得ないようだ。カールソン（Carlson 1983: 120–21）も、同様の結論に到達している。カールソンは、統語的に外部否定と呼べるものが「疑念や躊躇の表現に適用されると、不信や嫌気を示唆する一般的傾向」を持つという、外部否定の「慎重な (guarded)」「丁寧な (polite)」特性を、バーチが仮定した選言仮説と結合し、それを詳しく説明した後で、「否定辞搬送現象の語彙的選択性は、明白な場合においては、それを生み出す過程がいかなるものであっても慣習規則になっているということを示唆している」と結論付けている。

　そこで次に必要不可欠な仕事は、この慣習化の過程の性質と結果として生じる規則が、言語的な記述の中でどの辺に位置するかを定めることである。この仕事は 5.3 節まで完成することはできないが、カレプキ（Kalepky 1891）によって初めて取り組まれた問題に戻ることから始めることにしよう。すなわち、所定の言語において否定辞繰り上げ述語としての地位を与えられ得る述語クラスの意味論的特徴記述という問題である。このクラスは、英語では次のように分類して示すことができる。

(56) a.　**見解（OPINION）**: think, believe, suppose, imagine, expect, reckon, feel, (%guess, %anticipate)

　　a'.　**知覚（PERCEPTION）**: seem, appear, look like, sound like, feel like

　　b.　**蓋然性（PROBABILITY）**: be probable, be likely, figure to

c. 意図／意志（**INTENTION/VOLITION**）: want, intend, choose, plan

d. 判断／（弱い）義務（**JUDGMENT/（WEAK）OBLIGATION**）: be supposed to, ought, should, be desirable, advise, suggest

　否定辞繰り上げ述語を通言語的にこのようなクラスに分類することは、かなり簡単なことであるが、（先に述べたように）あるクラスの語彙項目が所定の言語、あるいは所定の方言、個人言語の中で、否定辞繰り上げの引き金になるかどうかということは予測できない。例えば、ロシア語の否定辞繰り上げ動詞は、（**a**）dumat'（think）や ožidat'（expect）、（**a'**）pokazat'sja（seem）や vidno（appear, look like）、（**b**）verojatno（probable）、（**c**）xotet'（want）や zamyšlat'（plan）、namerevat'sja（intend）、（**d**）dolžen（should）や sovetovat'（advise）などを含んでいる（Luborsky 1972 参照）。同様の分類は、否定辞繰り上げ現象を示す、バスク語やエストニア語、フランス語、ドイツ語、ヘブライ語、ヒンディー語、韓国語、日本語、ラテン語、マダガスカル語、古（および新）スペイン語、スワヒリ語、トルコ語などの言語について可能である（Horn 1978b 参照）[34]。

　否定辞繰り上げ現象を示すが、これらの範疇に入らないように思われるさまざまな述語がこれまで引き合いに出されたが、詳しく調べてみると、これらの範疇に分類可能であると分かることが多かった[35]。例えば、トブラー（Tobler 1882b: 202）らによって引用されたフランス語の否定辞繰り上げ動詞は、faire semblant（de）で、これは一見 pretend に対応するように思われる（Nyrop 1930: 41; Le Bidois 1968: §985; Grevisse 1969: 884 参照）。しかし、トブラーが述べているように、Il ne fit pas semblant de comprendre は、彼は理解している振りをしなかった（すなわち理解していない振りをした）ではなくて、彼は理解しているように振る舞わなかった、すなわち彼は理解していないように振る舞った（tat als verstünde er nicht）、を伝達すると解釈される。この読みにおいては、faire semblant は範疇（**a'**）の知覚動詞に分類されるのが、最も自然である[36]。

　（56）に示されたクラスが本質的に普遍的なものだと仮定すると、これらの述語だけが上位節の否定が補文の否定として解釈されることを許し、他の（know, regret, claim, say, manage, try, be able, be possible, be certain, be odd のような）述語は許さないのはなぜなのだろうか。この点に関して最初に観察を行ったのは、キパルスキーで、叙実述語は普遍的に否定辞繰り上げ述語から除外されるということを認識している。キパルスキー夫妻は、叙実述語はみな否定辞繰り上げ述語ではないという点において正しい。もっともこの主張はのちに学者たちに批判を受ける結果になったが…[37]。しかし、この相関関係に対する彼らの統語論的説明は、（独立の根拠に基づいて無効ではあるが）すべての非叙実述語が否定辞繰り上げ動詞である場合にの

み、妥当であるとみなされる可能性があるだろう。もちろんこれが真実でないのは明らかである。

　G. レイコフ（G. Lakoff 1970: 158）は、叙実述語に否定辞繰り上げ動詞がないことを、先に述べたポーツマ–ボリンジャーの不確実性の原則に結びつけ、「叙実動詞の主語は［叙実動詞を含む文の話者は、と言った方がいいかもしれない］、動詞の補文が真であることを知っているので、それについて不確かであることはあり得ない」と述べている。この示唆は、当然、含意述語（Karttunen 1971）、つまり、補文が前提とされるのではなく伴立され、否定された時にはその補文の否定を伴立するような述語にも当てはまる。なぜなら、伴立は、前提と同じく、話者の不確実性とは両立しないからである。従って、be likely は否定辞繰り上げ述語だが、（叙実述語の）be odd はそうではない。want to と figure to は否定辞繰り上げ述語だが、（含意述語の）manage to や venture to、forget to、bother to はそうではない。

　しかし、まだいくつか基本的な疑問が残っている。able や possible、allow のような述語は、その補文が前提されることも伴立されることもないのに、英語においても他の言語においても否定辞繰り上げ述語の中に見つからないのはなぜか。これらの根元的、義務的意味はどれも、確かさや不確かさとは直接的には何の関係も持っていないのに、不確実性の原則は (56c, d) の小麦を（否定辞繰り上げ述語ではない insist、have to、order のような）もみがらと区別する際に、どのような仕事をしてくれるのだろうか。

　ホーン（Horn 1975, 1978b）に示唆されているように、その答えは、私が第 4 章で調べた量的／語用論的尺度にある。私が先に概略した原則に従って、(57) のメタ尺度を仮定しよう。これは、認識的述語と義務的述語の両方を含んでいる。それは、同一の法表現や動詞が、両方の機能をもち、補文標識のタイプによって区別されることが多いからである。（印刷上の都合と見やすさの観点から、ここでは 4.4 節の図表を 90 度回転させてある。）

(57)

be able	believe, suppose, think	know, realize
be possible	be likely, probable	be certain
	figure to	be clear, evident, sure
	seem, appear, look like	be odd, significant, tragic

0　← WEAKER —　　　　.5　　　　　　　　　　　　　　　　1

— STRONGER →

may, might	be supposed to	must, have to
can, could	should, ought to, better	need, be necessary
allow, permit, let	be desirable, advisable	be obligatory, mandatory
be allowed	be a good idea (to)	make, cause, force, insist
be legal, ethical	want, choose, intend, plan {to/on}	order, demand, require

4.4 節でもみたように、(ここで示すことはしないが) この尺度と平行するような、これらの法的価値の否定の対応物のメタ尺度を作り上げることができるだろう。それは次のような対応関係を生み出す。

(58) i. (possible や allow のような) 弱い尺度値の (矛盾) 否定は、対応する否定の尺度では (impossible や forbid のような) 強い値になる。

ii. (certain や have to のような) 強い尺度値の否定は、対応する否定の尺度では、(not certain, do(es)n't have to のような) 弱い値になる。

iii. (likely や advisable のような) 中間の尺度値の否定は、対応する否定の尺度では、(not likely や not advisable のような) 中間の値になる。

認識的形容詞を抜き出すと、(59) のような段階性や (59') のような注釈の付いた四極構造を示すことができる (これらのモデルについては §4.4 参照)。

(59) (59')

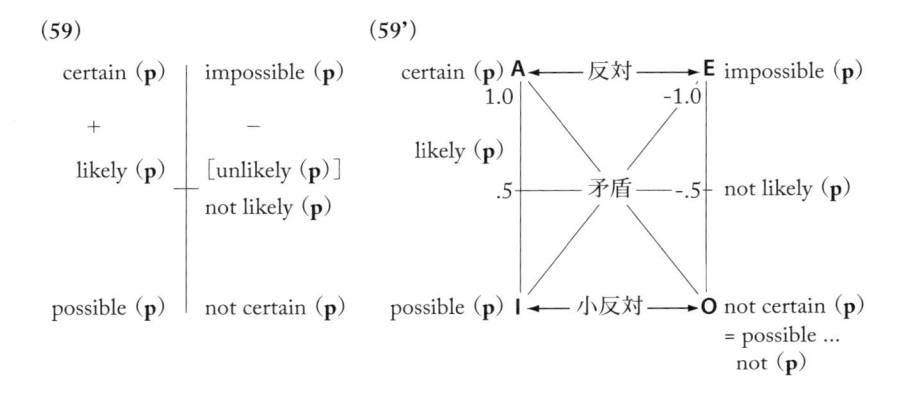

　既にみたように（第 4 章(54)）、likely と certain は、ある命題とその否定について同時に叙述できないから、不寛容（INTOLERANT）述語(à la Löbner 1985)である（例：#It's likely she'll go and likely she won't）。一方、possible は、It's possible she'll go and possible she won't のような等位構造において矛盾しないから寛容（TOLERANT）である。likely（の下限）を肯定の認識的尺度の中間点よりも少し上に置いたのは、(60a)が認識的に矛盾しているからである。それと同じ理由で、(57)のメタ尺度において「中間値」を持つ他の要素も肯定の認識的尺度の中間点よりも少し上に位置する。例えば、(60b)は矛盾する信念を表し、(60c)は矛盾する願望を表しているので、believe と want は、それぞれの尺度の中間点の少し上に位置しなければならない。

(60) a. #It's likely she'll go and likely she won't go.

　　b. #I believe she'll go and I believe she won't go.

　　c. #I want her to go and I want her not to go.

実質的にほとんどすべての否定辞繰り上げ述語は、尺度の中間値を持つ弱い不寛容（weakly intolerant、以下 **WI** と略記）述語のクラスに入る。弱い方の寛容述語と、強い方の述語（例外があるがそれは後述する）は、典型的には否定辞繰り上げ現象を示さない（(57)参照）。

　強い尺度を持つ認識的述語が否定辞繰り上げを示さない理由は、既にみたように、強い尺度の認識的述語は、補文を前提としたり伴立したりするので、不確実性の原則が働かないからである。例えば、It's likely（または I think）Kim won（キムは勝ったらしい（と思う））は、彼女が負けた可能性を否定していないのに対して、It's certain（または I know）Kim won（キムが勝ったのは確かだ（ことを私は知っている））には、この可能性が全くない。従って叙実述語と含意述語だけでなく、カル

トゥーネン（Karttunen 1971）の言う半含意述語（IF）も否定辞繰り上げ述語のグループから排除される。カルトゥーネンの半含意述語は、肯定の場合だけが補文を伴立する、certain や clear, sure, evident のような述語である。

　カルトゥーネンの ONLY-IF 述語に対応する、弱い認識的尺度を持つ寛容述語の場合は、肯定の場合には補文を伴立しないが、able や possible を否定した文は、補文の否定を伴立する。つまり、〈**P(p)**, 〜 **P(p)**〉というペアのそれぞれの項を調べ、どちらかの項から補文を伴立できるかどうかを見極めなければならない。もし、伴立できるならば、述語 **P** は、否定辞繰り上げ可能述語のグループから排除される。

　直観的に分かるように、すべての否定辞繰り上げ述語に共通するのは、補文に否定辞のある形式と、上位節に否定辞があってそれが広い作用域をとる論理形式との間の機能的な差が、相対的に小さいことである。否定された述語が否定辞繰り上げ可能述語になるのは、not likely や not believe、not advisable の外部（矛盾）読みと、それに対応する likely not や believe not、advisable not の意味が近いからである。一方、not possible や not realize, not obligatory の場合は、possible not や realize not, obligatory not との意味の差が相対的に大きいので、これらの述語は否定辞繰り上げ可能述語のグループから排除される。

　この考え方はストックウェル・シャクター・パーティー（Stockwell, Schachter, and Partee 1973: 253–56）による NPR の説明を（一部）想起させる。

　　　　非叙実述語は「命題態度」を表す。肯定文に対する否定的な態度が、否定文に対する肯定的な態度とほぼ等しいかあるいは完全に等しい場合がある。これは、(i) その態度が、「思う（think, believe）」や「〜のように思われる（seem）」のような穏やかなものであるか、(ii) true や false のようにその態度が正反対の場合に当てはまる。しかし、その態度が「主張する（claim）」や「確信する（sure）」のような強いものである時には、その等価性は成立しない。

しかし、私の尺度仮説の反例になる (ii) の述語のグループは、実際には真の否定辞繰り上げ現象を示さない。例えば、**(61a, b)** は、実際「ほぼ等しいかあるいは完全に等しい」かもしれない。なぜなら、（少なくとも二値的意味論においては）true が否定そしてその他何に対しても透明であるため、これらの文はバーチの選言を一応満たしてしまうからである。

(61) a. It isn't true that Chris will get here (*until midnight).

　　　b. It's true that Chris will not get here (until midnight).

しかし、(**61a**) の文脈では強い否定極性項目が容認されないことによって示されるように、否定辞の繰り上げが起こっているとはみなされない。

　また、(i) のグループは、「中位の」否定辞繰り上げ述語をかなりうまく記述しているが、命題態度の視点からこの述語を定義することは支持できない。なぜなら、「中位の」弱い尺度を持つ不寛容 (**WI**) の (most (of the) α や a majority of (the) α のような) 数量決定詞や (usually や most of the time のような) 数量副詞という例外があるからである。

(**62**) a.　I don't think that most of my 　　　 [◇ = I think that most wouldn't]
　　　 friends would approve.
　　 b.　She doesn't usually attend church. 　 [◇ = She usually doesn't]

(some や many、sometimes や often のような) 弱い (寛容の) 数量表現と、(all や always のような) 強い数量表現は、同じ文脈において、上位節の否定が補文を否定しているような読みを排除する (Horn 1978b: 203–4 参照)。

　実際、もし (i) のグループに入る述語の「穏やかな態度」が、上位節に否定を持つ文と補文に否定を持つ文の間の、不完全だが等価に近い関係を引き起こすものとして特徴づけられるのだとしたら、このクラスを最もよく代表しているのは、認識的な弱い不寛容 (**WI**) 述語の likely という述語だろう。この述語はそれ自体では態度を表すものではない。It is not likely that **p** と It is likely that not-**p** の真理値が異なる唯一の場合は、**p** が真となる確率が 50% であるような時、例えば、コインが表向きに落ちるというような命題の場合である (likely と (ほとんどの話者にとって) probable が否定辞繰り上げ述語であるという主張に関しては Horn 1978b: 196–97 参照)。

　無論、義務的述語の場合、(それが、強い尺度の述語であっても、中間値や弱い尺度をとるものであっても、又は、肯定であろうが否定であろうが)、補文を伴立する事はできない。義務的尺度において確実性に対応するのは、[訳者注：極に位置する絶対的な] 義務だと思われるが、もし、何かが義務的 (あるいは禁止されたもの) であるなら、それは起こる (あるいは起こらない) ということを意味するのではない。むしろ、それは、起こるべきだ (あるいは、起こるべきではない) ということを意味する。弱い不寛容 (**WI**) の義務的述語の場合、肯定的に用いても否定的に用いても、「絶対的な」義務を表すことはできない。つまり、not {advisable/ desirable} も {advisable/ desirable} ... not も穏やかな示唆か弱い義務を表す。従って、機能的な原則を次のように拡張できる。すなわち、否定辞繰上げ解釈が体系的に致命的な多義性を生じさせる結果になるような場合、つまり、主節にある否定辞

の上位節否定読みと補文否定読みが重い機能的負担を担い、コミュニケーションが成立しない可能性が生じる場合には、否定辞繰り上げの解釈は生じない。

　しかし、絶対的義務が絶対的確実性(又は、論理的必然性)よりもとらえにくいという事実があるからこそ、4.5節で言及したように、いくつかの言語においては、(フランス語の falloir やロシア語の velet'、バスク語の behar などのように)強い尺度の義務的述語が、外見上否定辞繰り上げを許すような傾向を示すのである。可能性から確実性までの認識的距離は、対応する弱い不寛容な devoir (〜するべきである)から強い不寛容な falloir (〜しなければならない)までの義務的距離よりも、心理的に長いのである。

　強い不寛容述語は否定辞繰り上げ解釈を許す場合と許さない場合があるのに対して、(弱い尺度の)寛容述語は決して否定辞繰り上げ解釈を許さない。何故 able、possible、allow、be permitted 等の否定は、常に補文節を否定する解釈を許さないのか。また、P という述語に否定辞繰り上げ読みが適用されるのが、その述語が不寛容述語である場合、つまり P がその内側否定である P 〜と等位接続されると必ず矛盾を生じる場合に限られているのは何故なのだろうか。(但し、P が不寛容述語であるからといって、必ず否定辞繰り上げ現象が生じるわけではないが。)

　上記の事実は、(59')に示した注釈付きの論理四極構造に記述したように、これらの尺度値が持つ論理学的特性の結果生じるものであると思われる。4.4節に述べたように、また、(63)に示したように、(弱くても強くても)不寛容述語の内側否定読みは常に反対否定を生み出すのに対して、寛容述語の内側否定読みは、それに対応する肯定の小反対という結果になる。

(63) a. It's not likely that the Yankees will win.

　　　外側否定読み(outer-neg reading) = 〜(LIKELY ...)　　　［contradictory］
　　　　　(ヤンキースが勝つことはありそうにない)

　　　内側否定読み(inner-neg reading) = LIKELY ... (〜 ...)　　　［contrary］
　　　　　(たぶんヤンキースは勝たないだろう)

　　b. It's not possible that the Yankees will win.

　　　外側否定読み(outer-neg reading) = 〜(POSSIBLE ...)　　　［contradictory］
　　　　　(ヤンキースが勝つ可能性はない)

　　　*内側否定読み(inner-neg reading) = POSSIBLE ... (〜 ...)　　　［subcontrary］
　　　　　(ヤンキースが勝たない可能性がある)

後者の場合、否定辞繰り上げ解釈は不可能である。外側否定が、(内側否定の、補文節を否定する)否定辞繰り上げ解釈を許す時は必ず、矛盾が弱められて小反対の

解釈になるのではなく、矛盾が強められて反対の解釈にならなければならない。それを一般化すると(64)のようになる。

(64)　否定辞繰り上げの解釈は、矛盾が適用される状況の真部分集合に適用されるという点において、必ず矛盾(外側)否定よりも強いものである。換言すれば、否定辞繰り上げ解釈は、矛盾が真になる世界の真部分集合において真になる。他の間接発話行為と同じように、外側否定の字義どおりの解釈は真ではあるけれども、あまりにも弱いので、聞き手はより強い命題の位置を「埋める('fill in')」ために、(短絡的)会話の含意を適用するのである(否定辞繰り上げや極性、短絡含意については、Horn and Bayer 1984 及び 5.3 節参照)。

　この原則に、次の観察すなわち主節の否定辞が補文を否定するような解釈が可能になるのは、外側否定の文から得られる 2 つの解釈が完全にではないけれどもほとんど真理条件的に等しい場合に限られる傾向がある、という観察結果を加えると、(65)のような否定辞繰り上げの引き金になるかどうかにかかわる二対のパラメータの表が得られる。

(65)

	P... 〜と〜 P の間の機能的な違いは小さいか？	P... 〜は P と反対関係にあるか？
強い尺度述語	−	+
中間の尺度述語(**WI**)	+	+
弱い尺度述語	−	−

この表によると、最も否定辞繰り上げ現象を起こしやすいのが中間の尺度(**WI**)述語で、その次に起こしやすいのは強い尺度述語で、弱い尺度述語はこの現象から完全に排除される、という正しい予測が得られる。接辞否定の場合(5.1.1 項)と同じように、doubt(疑う)、disbelieve(信じない)、deny(否定する)、dislike(嫌う)、forbid(禁止する)、prevent(妨げる)のような本来的な否定述語は、普遍的に否定辞繰り上げ解釈を排除する。

　4.5 節でみたように、対当の方形の南東の頂点 **O** にあたる否定的小反対(some not/ not all, possible not, not obligatory)は、自然言語において語彙化されない傾向にある。同様に disbelieve は believe の反対である believe not を語彙化し、disallow(許さない)は(allow の小反対である allow not ではなく)、allow の矛盾である not allow を語彙化している。

　以前にも述べたが(5.1.1 項)、否定接辞は、肯定の基体の反対を意味する傾向が

あるが、この一般的な傾向にはいくつかの反例がある。

(66) a.　unabsorbable（吸収できない）、unadaptable（順応できない）、
　　　　　 unconquerable（征服できない）、...
　　　b.　impossible（不可能な）、incapable（〜する能力を欠いている）、inedible（食
　　　　　 べられない）, unfeasible（実行困難な）、...
　　　c.　unable（〜できない）、unapt（適していない）、impractical（実際的でない）、...

(66a) のような動詞に基づく un-X-able という形式が矛盾読みになるのは、よく指摘される矛盾対当と生産的な接辞付加の相関関係のためかもしれない。しかし、(66b) のような完全に語彙化された語根に基づく項目も、それと同じ意味クラスにはいる (66c) のような接尾辞なしの単語も、それぞれに対応する肯定の形容詞と矛盾関係にあるものとみなされなければならない。

　今までの議論で明らかなように、これらの否定形容詞が肯定の矛盾を表すのは、それが与え得るすべての解釈の可能性の中で最も強い解釈だからである。unhappy は反対を表すものとして解釈され得るので、実際そのように読まれるのに対して、X が弱い尺度形容詞である場合の un-X 形式の形容詞は、(66a) のように生産的に派生されたものでも、(66b) のように非生産的に派生されたものでも、(66c) のように派生したものではないものでも、矛盾か小反対としてしか解釈できない。この場合には、本章と第 4 章で立証した強化過程（矛盾→反対）と並ぶ弱化過程（矛盾→小反対）がないので、(66) の形容詞は矛盾解釈しか与えられないのである。

　これらそれぞれの場合において使用ないし選択されるのは、否定の尺度の **E** 頂点に最も近く、**O** 頂点から最も離れている解釈である。この解釈は、その肯定の基体や対応物の反対否定になっても矛盾否定になってもかまわない。語彙化や意味偏流、接辞付加や否定辞繰り上げ現象からのデータは次のような一般化に収束する。

(67)　自然言語の中では、反対否定が最大化される傾向がある。
　　　 自然言語の中では、小反対否定が最小化される傾向がある。

　補文の否定が繰り上げられる条件に触れないで、主節の否定が補文と関連付けられる条件に触れたので、私は暗黙のうちに否定辞繰り上げ現象を意味論的あるいは語用論的アプローチで扱う事を支持したということになる。しかしいまだに、否定辞繰り上げ現象の引き金になる述語の選択における言語内的多様性と通言語的多様性が引き起こす問題点に関しては、何も解決されていないのである。この問題は 5.3.1 項で、表面的には矛盾否定であるが語用論的に反対否定に強められるような

文脈を背景に、否定辞繰り上げ現象を考察する際にいくらかは解決できるだろう。

5.3　反対と控え目表現：修辞から規則へ

> not や no といった否定語は、2 つの意味を持っていて、注意深く区別されなければならない。すなわちこのような否定語は、ただ否認するだけでそれ以上の意味はない時もあれば、反対を強く主張するのに用いられることもある。2 つの選択肢しかなく、そのうちの一方が必然であるような場合には、一方の否認と他方の主張は明らかに等しい命題になるので、この否定語の 2 つの意味は等しくなる。特に会話において、別の選択肢だけでなくその選択肢の程度をも提供する場合においては、否定がその反対を含意することが多い。'Is he tall?'（彼は背が高いのか）という質問に、ただ 'No' と答えた場合、彼は tall の反対で平均よりかなり下であるということを意味することが非常に多い。しかし、論理的な推論においては、否定は単なる否定でそれ以上の何物でもなく、反対を強く主張することは決してないのである。　　　　　　（De Morgan 1847: 3）

> 私はこれまであまりに長く暗闇の中で生きてきた。
> 何かが正しくない時には、それは間違っているのである。
> 　　　　　（Bob Dylan, "You're Gonna Make Me Lonesome When You Go"）

　矛盾の服をまとってはいるが実質は反対を表す第三の例は、ボーザンケトが最初に挙げている例で、相対的に情報量がない文否定が反対の断定として解釈されるような場合である。(**68a**) と (**68b**) の間には「ほとんど違いはない」というイェスペルセン（Jespersen 1917: 43）のコメントから始めよう。

(68) a.　She isn't happy. （彼女は幸せではない）
　　 b.　She is unhappy. （彼女は不幸だ）

このイェスペルセンの言葉は、彼の崇拝者であるポルドフを当惑させたように思われる。彼は、この 2 つの否定の形は等しいものではなく、中間値を考える可能性を与えられると明らかに異なるものであることが分かる、と述べているが、その観察は正しい。「彼女は幸せではないが不幸であるということもできない―彼女は退屈で無関心なのである（'She isn't happy but she can't be said to be unhappy either ― she is bored and indifferent'）」（Poldauf 1964: 369）。
　ポルドフの主張点は妥当だが、happy/ unhappy の反対的性格を十分に認識してい

るイェスペルセンほどの人が、そのような接辞否定の基本的側面を見逃すというような間違いを犯すだろうか。イェスペルセンが言おうとしたのは、(68b) の接辞否定ないしは特別否定が (68a) のネクサス否定と同じように、矛盾だということではなく、ネクサス否定が接辞否定と同じように反対であると理解されることがあるということだと私は思う。

ボルドフがイェスペルセンに帰しているのと同じ意味的間違いが、エングルブレッツェンを苦しめ、「アリストテレスは (近代の彼の解釈者であるフレッド・ソマーズと同様)、主語が単数名辞である時、述語の否認はその論理的反対の断定に等しいと理解している」と述べている (Englebretsen 1981b: 46)。というのは、「ソクラテスは、幸福でないならばそしてその時に限り、不幸である ('Socrates is unhappy if and only if he isn't happy')」と、アリストテレスが述べているからである。

このような主張の出所が与えられると、この議論は、少なくとも 2 つの点で驚くべきものである。すなわち、(a) unhappy は happy の論理的な直接反対を構成するのではなく、中間値を許す間接反対である。何故なら、ソクラテスは幸福でも不幸でもなく、その中間であることが多かったであろうと思われるからである。(b) アリストテレスの考え方に従えば、私が not-happy と記述してきた happy の真の意味での論理的反対でさえ、述語否認に還元できない。何故なら、Socrates is not-happy は (Socrates is unhappy と同じように)、矛盾を表す述語否認 Socrates is not happy が真である時、すなわち、ソクラテスが存在しないものに名付けられたものであったり、山やアメーバや、(アリストテレスによれば) 乳幼児のように happy であるとか not-happy であるということが叙述できないようなものである時に、偽になり得るからである。特に興味深いのは、第 1 章で観察したように、(a) も (b) もどちらも、エングルブレッツェン (Englebretsen 1981a) に十分に記録されていることである。エングルブレッツェンは、彼の同僚のデインと同じく、主語に関して not happy と述べると主語は unhappy であると理解される語用論的傾向に誘惑されて、歴史的過失を犯してしまったのかもしれない。しかしなぜこの傾向が存在するのだろうか。それはどこで明らかにされているのか。それに対してどのような記述的説明を与えればいいのだろうか。

(上記の (21) と (21') の) 接頭辞否定を議論した時に述べたように、(I {disbelieve/ dislike/ distrust} you にみられる) dis- 動詞が持つ反対の読みを、(I don't {believe/ like/ trust} you のような) 編入されない否定を持つ文が持つこともある[訳者注18]。この問題は、クリマ (Klima 1964) とジャッケンドフ (Jackendoff 1969) の文否定と構成素否定という二分法を引き合いに出すことによって形式化され、(69) のような文に関して二元的な分析を生み出した。

(69)　John〔(doesn't like) mushrooms〕.　　(= (104) of Chomsky 1970)

　　　（ジョンはマッシュルームが｛嫌いだ／好きではない｝）

　この現象について、チョムスキー（Chomsky 1970: 71）は次のように述べている。「〔(69)〕において、我々は否定要素が動詞と関係しているように解釈する事も、動詞句に関係しているように解釈することもできる。前者の場合、結果として、それは John dislikes mushrooms（ジョンはマッシュルームが嫌いだ）を意味し、後者の場合 It is not so that John likes mushrooms（ジョンがマッシュルームが好きだというのは正しくない）を意味する。言い換えれば、丸括弧（　）の解釈も角括弧〔　〕の解釈もどちらも可能なのである。」そして前者の（構成素否定の）場合にのみ、「彼はキノコに関するなんらかの経験を持っているという前提」がある。「このように、もしジョンがこれまでにキノコを食べたことがないのに、彼はキノコが好きだと断定されたら、私は〔(69)〕を述べることによってその断定を否認することができる。この時〔(69)〕の否定は述語句に関係するものと解釈される。しかし John dislikes mushrooms と述べたり、否定が動詞に関係するように解釈される〔(69)〕を言っても、その断定を否認することはできない。」

　ある状況下では、「ジョンはキノコが好きだ」を否認することが、「彼は積極的にキノコが嫌いだ」の断定とみなされる。これは、（ジクヴァルトとボーザンケトにとっては）誰かが良い人だということを否認するとその人は悪い人だということを断定するものとみなされるのとちょうど同じであり、また（ボーザンケトとバーチにとっては）人が p と考えている（あるいは、q になってほしいと思っている）ことを否認すると、人が not-p と考えている（あるいは、not-q になってほしいと思っている）ことを断定するものと解釈されるのと同じである。同様に、Socrates is happy（あるいは good）を否認することは、he is unhappy（あるいは bad）の断定になることがある。

　一見矛盾のように見えて実は反対であるもう 1 つの例に、我々はつまづいたように思う。それはとりわけ、人は単純な二分類を心理的に好むという傾向が引き金になる。サピアは「単純な者にとっては、すべての人は善か悪のどちらかである」と述べている（Sapir 1944: 101）。そして、我々は皆、少なくとも時には単純なのである。その結果生じるのは、前提とされた選言と否定肯定式—つまり我々が既に出会った推論スキーマである。ド・モルガンとサピアに引用されたこの傾向について、ライオンズは次のように述べている。「段階的な反意語は、日常言語において、反対関係にあるものとしてではなく矛盾関係にあるものとして用いられることがしばしばある。もし我々が、Is X a good chess-player と尋ねられて No と応えたならば、暗に X is a bad chess player という命題に言質を与えたと解釈されるだろう。」

(Lyons 1977: 278) X is not good ⊩ X is bad という形式を持つ伴立の一般形式はないが、文脈が特定のトークンに対してそのような推論を許すことがある（バーチの(53) の Pragmatische Implikation（語用論的含意）を参照）。そうしないように規定されていなければ、この中間値を排除する推論は容認されるのである。すなわち、「もし話者（S）がその含意を伝えていると思われたくないなら、例えば X is not good, but he's not bad either: he's fair/ pretty good/ just about average.（X は良くはないが悪くもない：彼は普通／まずまず良い／平均よりわずかに上だ）などといって、最初の表現が十分に正確ではなかったことをはっきりさせることを期待されただろう」(Lyons 1977: 278)からである。

　従って、「2 種類の命題否定があることになる。そのうちの 1 つは、命題を矛盾に変えるもので、他方は反対に変えるものである。」ライオンズはサピアと同じように、尺度的な文脈においては、第二の、反対を生み出す演算子の方が、強制はされないにしても好まれると考え、「命題否定を（like のような）段階的な表現に適用すると、その言語体系が（例えば dislike のように）反対を語彙化するしないにかかわらず、矛盾ではなくて反対を生み出す傾向が常にあるようだ」と述べている(Lyons 1977: 773)。ライオンズはこの傾向を、「否定が主語述語関係、すなわちネクサスではなくて述語の方とより密接に結びつくことによるものらしい」と考えているが、この傾向は、I don't like modern music（私は現代音楽が好きではない）のような単純な一階の否定や、否定辞が接辞として編入された I dislike modern music（私は現代音楽が嫌いだ）のような場合を超えて、5.2 節で探求した否定辞繰り上げ現象にまで広がっている。それは、(I don't trust him（私は彼を信頼しない）のような）直説法と共に、(Don't trust him（彼を信頼してはいけない）のような）命令法にも影響を与えている(Lyons 1977: 774)。

　ド・モルガンやボーザンケ、ジクヴァルト、サピア、チョムスキー、バーチ、ライオンズらの研究では言及されていないが、矛盾否定の反対読みを引き起こすもう 1 つの重要な要因がある。反対の強い主張ではなく、より弱く思われる矛盾否定を選択することは、直接表現を避け (Jespersen 1933: 285 や L. Carlson 1983: 120 の言葉を用いると)「丁寧で (polite)」「慎重な (guarded)」方法で会話の貢献をしようとすることによって促される。リーチは、I don't like Kenneth（私はケネスが好きではない）、We don't agree（私たちの意見は一致してはいない）、He doesn't believe in marriage（彼は結婚の価値を信じていない）のような否定文を「控え目表現の形式として」用いることを記述する際にこの点を持ち出し、「ここで用いられている否定は明らかに防衛策である。その動機付けは、丁寧さであるかもしれないし、意見や態度を表す時の単なる婉曲的な控え目さであるかもしれない」と述べている(Leech 1983: 101–2)。

　矛盾否定の「丁寧さや婉曲的控え目さ」についてはこのセクションの後半で再び取り上げるが、もし意味的に弱い形を選ぶことが、非常に強烈な判断を避けることによって部分的に動機付けられているなら、この命題内容を強める推論はリーチ（やライオンズ）の言う文脈、すなわち（I dislike Kenneth（私はケネスが嫌いだ）、We disagree（私たちは喧嘩をしている）、He is a bad chess player（彼はチェスが下手だ）といったような）話者の真の意見を隠すなんらかの妥当な理由がある文脈において好まれる傾向がある、ということはここで述べておく価値があるだろう。このような文脈は、サピアやライオンズが述べているように、単に段階的な叙述を含むだけではなく、もっと特定的に言うと、望ましい特性にかかわる段階的な叙述、すなわちそれを否認すると主語や話者あるいは聞き手にとって望ましくないと思われるような叙述を含むのである。

　矛盾否定の反対の読みの利用可能性には、実際明らかな非対称性があるように思われる。(70) に示されたリーチの控え目表現の否定よりも、(70') の否定の方が、対応する肯定の単なる矛盾として理解される可能性がはるかに高いと思われる。

(70) a. I don't like Kenneth.（私はケネスが好きではない）
　　 b. We don't agree.（私たちの意見は一致してはいない）
　　 c. He doesn't believe in marriage.（彼は結婚の価値を信じていない）

(70') a. I don't {dislike/ object to} Kenneth.
　　　 （私はケネス {が嫌い／に反対しているの}）ではない。
　　 b. We don't disagree.
　　　 （私たちは喧嘩をしているのではない）
　　 c. He doesn't {disbelieve in/ reject} marriage.
　　　 （彼は結婚 {の価値を疑っている／を拒否している} のではない）

もし私があなたの行動を認めないと言えば、あなたは私が実際には非難しているのだがその非難を（おそらくあなたの感情を傷つけないように）隠していると推論するだろう。その場合私は、あなたの行動を非難もしないと付け加えることによって完全に矛盾なく、そのような推論を阻止することもしようと思えばできたはずである。しかしたとえ私があなたの行動を非難しているのではないと言っても、あなたは（どんなに強く望んだとしても）私が積極的にそれに賛成しているとは思わないだろう。

　この非対称性は、道徳的側面における評価判断にも拡大される。もし何かが not right（正しくない）ならばそれは wrong（間違い）であるとみなされるが、何かが not wrong だ（間違いではない）としてもそれは right（正しい）とはみなされず、ただもっと弱く all right（差し支えない）くらいの意味にしかならない。not nice（やさしくない）は nasty（いやな）や nanughty（意地悪な）であるとみなされるかもしれないが、not nasty（不快でない）や not naughty（意地悪でない）は、決して nice（やさしい）と等しくはならない。フランス語にみられる同じような非対称性を、デュクロ（Ducrot 1973: 123）は次のように図示した。

(71)

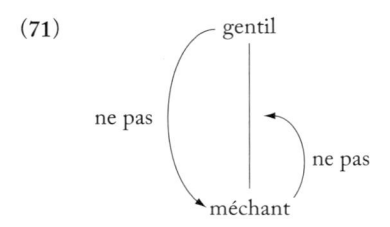

すなわち、(72a) と (72b) の関係は、(72'a) と (72'b) の関係よりも近いのである。

(72) a. Pierre n'est pas gentil.
        'Pierre isn't nice.'
        （ピエールはやさしくない）
    b. Pierre est méchant.
        'Pierre is {naughty/ nasty}'
        （ピエールは {意地悪だ／いやな奴だ}）

(72') a. Pierre n'est pas méchant.
        'Pierre isn't {naughty/ nasty}'
        （ピエールは {意地悪／いやな奴} ではない）
    b. Pierre est gentil.
        'Pierre is nice.
        （ピエールはやさしい）

先の場合と同様、Non, Pierre n'est pas gentil, mais il n'est pas non plus méchant（いいえ、ピエールはやさしくありません、でも彼は意地悪でもありません）といったような、それぞれの反対の極の間に中間値が存在することを強調する文脈においては、(72a) から (72b) への推論は阻止される。しかしそのようなものが後に続かなければ、(72) においては語用論的な手段が取られるが、(72') においては取られないのである。デュクロは、普通の否定が、有標／無標ペアの、好ましい意味を持

つ無標の語に適用された場合にのみ、その否定は反対の断定に「ほぼ等しくなる (quasi-equivalent)」と結論付けている。

　コルニュリエ(Cornulier 1974)は、同様の非対称性を「お金持ちではない」と「貧しくない」について観察し、有標性に言及している。

> 人は、恐らくお金持ち(riche)でもなく貧しく(pauvre)もない。しかし、否定が「お金持ちの」という語と共に用いられると、多義性を生み出すことがある。つまり「お金持ちでない人」という表現は、「貧しい人」を意味することもできるし、「お金持ち」の単なる矛盾を意味することもできる。一方「貧しくない人」という表現は、決して文法的に「お金持ちの人」を意味しない。この意味は文体のレベルで(緩叙法として)しか生じない。　　(Cornulier 1974: 55)

　コルニュリエの riche/pauvre の例が示しているように、この非対称性は道徳的側面に限られるわけではない。重要なのは有標の語と無標の語の対立であり、これは、無標の語は肯定の評価(あるいは少なくとも中立の評価)を持つものであるといったなんらかの意味(とらえどころのない意味だが)によってむしろ支えられている。(73a) はどちらかというと悲観論的な査定で、(73b) は特に楽観的ではない。もし話者がまだどちらとも意見が決まっていない場合には、後者だけが可能性のある発話である。

(73) a.　I'm not optimistic about his chances.
　　　　（私は彼の見込みについて楽観的ではない）
　　 b.　I'm not pessimistic about his chances.
　　　　（私は彼の見込みについて悲観的ではない）

　同様に、上院議員デイヴ・デュレンバーガー(共和党、ミネソタ州)が述べた、次のような税制法案に対する姿勢を考えてみよう。

(74)　I'm not endorsing it or not endorsing it.

この上院議員の率直な意見が解釈可能であるとするならば、(74') のようなものである。

(74')　I'm neither endorsing it nor not-endorsing it.
　　　　（私はそれを支持も不支持もしていない）

444

すなわち(74)は、支持と反対の間にぼんやり現れていると彼が考えている強められた中間値に、この上院議員がしがみついていると解釈されるのであるから、(74)の2番目の否定は反対読みを生じさせていなければならない。いずれにしても、(74)が奇妙に思える以上に、それに対応する有標の(74")はさらに想像しにくい。

(74")　#I'm not opposing it or not opposing it.
　　　　（私はそれに反対しているのでも、反対していないのでもない）

　(74')のハイフンや(69)のチョムスキーの括弧を、どれほど真剣に解釈するべきなのだろうか。(don't like に関して)チョムスキーも (ne pas gentil に関して)デュクロも、見かけは矛盾否定の反対読みを構成素否定の現象に同化しようとしている。しかし、例えば(69)や(72a)、(74)や、それに似た文(例えば(68a)、(70a-c)、(73a))が、それに対応するが反対の読みを持たない(72'a)や(70')、(73b)、(74")と統語的に異なっていると分析される(ないしは分析しなければならない)証拠はほとんど存在しない。特に、前者に適用される強めの推論は、クリマ(Klima 1964)、クラーク(Kraak 1966)、アタル(Attal 1971)などにおいて提案された文否定の診断法と完全に両立する(前の 3.3 節参照)。

(75) a.　John doesn't like [→ dislikes] mushrooms, not even golden shiitakes.
　　　　　（ジョンはマッシュルームが好きではない［→嫌いだ］し、ゴールデンシイタケさえも好きではない）
　　　b.　I don't like [→ dislike] Kenneth, and neither does Chris.
　　　　　（私はケネスが好きではない［→嫌いだ］し、クリスも好きではない）
　　　c.　He doesn't believe in [→ rejects] marriage, does he?
　　　　　（彼は結婚の素晴らしさを信じていない［→拒絶している］んだね）
　　　d.　She isn't happy [→ is unhappy], and he isn't happy either.
　　　　　（彼女は幸せではなく［→不幸で］、彼も幸せではない）

　(75)の否定の断定が括弧の中に示されたより強い否定を伝達するように解釈される時でさえ、文法性を考えるとこの文否定の枠組みにおいて、括弧の中の表現がもとの否定表現に取って代わることはできない。さらに(チョムスキーやコルニュリエ、ライオンズには失礼だが)、このような文が意味的にあるいは語彙的に曖昧であるということを示す強力な証拠はない。従って私は、(75)のような一見して明らかに文否定で矛盾否定である例は、実際には文法レベルでも、文否定で矛盾否定であると結論づけることにする。そうすると、これらが意味を強めて反対の意味を

持つように解釈される強い語用論的傾向を説明しなければならないことになる[38]。

　反対否定の語彙化における非対称性の極端な形は、無標の肯定的な形容詞の反意語を形成する唯一の方法が、その形容詞を否定することであるというような言語にみられる。この傾向は、決して逆の方向には作用しない。グリーンバーグは次のように述べている。「アフリカやアメリカ原住民、オセアニアのかなりの数の言語には bad にあたる語がなく、それは not good によって表現される。一方私の知る限りでは、good にあたる語がなく、それを not bad で表すような言語は存在しない。」(Greenberg 1966: 52) グリーンバーグは、この非対称性を、(本質的に評価／感情を表す極性 (e- 極性) というよりはむしろ) 相対的な顕著さが異なる long/short、wide/narrow、deep/shallow などのような無標／有標の対立にまで拡大している。ハウサ語では、narrow を lacking width で表し、shallow を lacking depth で表す。スペイン語では、shallow を poco profondo (little deep) で表す。しかし、広さや深さが、狭さや浅さを欠いていることによって、否定的に定義されることは決してない。

　ツィマー (Zimmer 1964: 78) は同様のことを南アメリカインディアンのツカノ語 (Tukano) で示している。この言語では、否定的な評価を持つ形容詞は、それに対応する肯定の無標の形式を否定することによってしか表すことができない。従って、dirty、narrow、short を表す語は、それぞれ clean、wide、long を表す語を否定することによって形成される。もっとも、good と bad にあたる語にはどちらも単純な語彙項目が与えられている。一方、マヤ語では、good にあたる語が ma'alob (not bad) でしか表すことができない。グリーンバーグの普遍的な仮説に対する反例になるこの例は、このセクションの後半で触れる反対の傾向を反映するものである。

5.3.1　アイロニー・慣習化・短絡的推論

　既にみたように、反対読みは、ある肯定の尺度値を持つものを否定する際に生じる。しかし、これはその全貌ではない。我々が既に観察した (矛盾否定に対して反対読みを与える) 強めの推論をする他の 2 つの環境、すなわち、部分的に非生産的な接辞否定と否定辞繰り上げ現象の場合とちょうど同じように、他のどの尺度値を持つものもこの推論の引き金にはならない。(76a, b) に示したような、編入されていない否定辞の振る舞いと、それらが語彙化されたものを比べてみよう。

(76)　a.　She is not happy vs. She is not {ecstatic/ sad/ unhappy/ miserable}.
　　　　　 (彼女は幸せではない vs. 彼女は {有頂天で／悲しく／不幸で／みじめで} はない)
　　　　　 (cf. unhappy vs. {*unecstatic/ *unsad/ *unmiserable})
　　　b.　She doesn't like him vs. She doesn't {love/ adore/ dislike/ hate/ loathe} him.

（彼女は彼が好きではない vs. 彼女は彼を {愛して／崇拝して／嫌って／憎んで／忌み嫌って} いない）

（cf. dislike vs. {*dislove/ *disadore/ *dishate/ *disloathe}）

平行性は明らかである。つまり、... not **P** ... という形式を持つ否定が **P** の反対を生み出すものとして理解され得るのは、反対語を作り出す接辞否定が、形容詞や動詞の語幹 **P** に編入され得る場合と本質的には同じ環境、すなわち **P** がその尺度において、無標の肯定値を示すような場合である[39]。ホーン（Horn 1978b）と上記の 5.2 節で議論したように、否定辞繰り上げ現象も同様に条件付けられ、私の発見は(77)のようにまとめられる。

(77) a. 文否定の反対読みが可能であるのは、否定された述語が肯定の意味を持ち、その尺度において相対的に弱い場合に限られる。

　　 b. 埋めこみ文を持つ否定された上位述語に（否定辞が繰り上げられた）反対読みが可能なのは、その否定されている述語が肯定的な意味を持ち、相対的に弱い（すなわち、尺度の中間点のすぐ上に位置する）場合に限られる。

　　 c. 否定接頭辞 α が（基体 β に関して）相対的に非生産的である場合、[α [β]]の形式を持つ派生された語に対して、反対読みが可能で、典型的には反対読みの方が好まれ、しばしば要求されることも多い。そのような場合、[α [β]] は、β が肯定的な意味を持ち、その尺度において相対的に弱い場合にのみ、語彙化される。

それぞれのパターンの典型的な例として、(a)については I don't believe you、(b)には I don't believe you came、(c)には I disbelieve your claim が挙げられる。

　しかし、ここである一般化が見逃されていないだろうか。(77) の 3 つのパターンにみられる平行性は、一見非常にはっきりしているし、それを補強する方法を見つけることは容易である。私は、リーチ（Leech 1983）と同じく、(77a) のパターンには「緩衝的（hedging または mitigating）」効果があること、結果的に強められた矛盾否定には、反対否定の他の（典型的には接辞）表現と比べて、「丁寧な」「婉曲的」ニュアンスを持つことを述べた。しかし、[(77a)のような場合だけでなく] 接辞否定も、それに対応する単純で分析不可能な否定的評価を持つ形容詞の婉曲的表現として、標準的には理解されてきた。

　スターン（Stern 1937: 332）が述べているように、我々は、dirty（汚い）の代わりに unclean（不潔な）、lying（うその）の代わりに untruthful（不正直な）、drunken（大酒のみの）の代わりに intemperate（節度のない）、foolish（ばかげた）の代わりに unwise

（思慮に欠ける）、dangerous（危険な）の代わりに unsafe（安全でない）、rude（失礼な）の代わりに impolite（不作法な）を用いることが可能である。このような代用表現は、a lady of a certain age（ある年齢の婦人）、a woman no longer young（もう若くない女性）、leaves much to be desired（望まれるところが多く残されている）に平行するものとして引き合いに出されている。我々は、このようなスターンのリストに、you have been misinformed（あなたは誤った情報を与えられていたのだ）や、the President misspoke himself（大統領は自分の考えを不適切に述べた）のような、現代好んで用いられる表現を加えることができるだろう。それぞれの場合、不快な事態をもっと正確に表す表現は、より漠然とした、より一般的な表現に置き換えることによって、あたりの良いものにされる。どの場合においても、聴者は、**R**- 原理に基づく強めの推論を適用して婉曲語法を解釈し、より特定的で―そして実際にはより否定的な―理解を生み出す。そして、より直接的な否定表現はまさに、より直接的であるがために避けられるのである。不面目を避けることについては Brown and Levinson（1978, §5.4）などを参照。

　否定辞繰り上げ現象、つまり上位部に現れている否定がある意味で従属節に位置づけられる現象の主要な動機付けとして繰り返し引用されてきたのは、まさにこの要因、すなわち、不面目を避けて異なる解釈の可能性を残したいという願望である。否定辞繰り上げ現象が持つ丁寧さや緩衝的性質は、イェスペルセンやボリンジャーらの研究では、はっきりと述べられていないことが多い。繰り上げられた否定は、否定的な意見をできるだけあやふやに表現したいという願望によって動機付けられた「メタ陳述の垣根ことば」(metastatement hedges) であると明確に分析したのは、プリンス(Prince 1976)である。そして英語やフランス語においてプリンスが観察した、否定辞繰り上げ現象とあやふやさの相関関係を拡大発展させたのはシュヌカル(Shnukal 1980)である。それとは独立的に、L. カールソン(L. Carlson 1983: 120–121) は、〈I don't suppose he's right/ I suppose he's not right〉のようなペアのうち、否定辞が上位節にある方は、「疑いを表すより穏やかな形式」に伴われる「慎重で」「丁寧な」性質を持っていると述べている。繰り上げられた否定辞を丁寧さやためらい、不確かさと関連付けることは、ヒンディー語、日本語、スワヒリ語、トルコ語といったさまざまな言語にみられるので(Horn 1978b)、それは否定辞繰り上げ現象の本質的性格であるように思われる。

　以上のような相互関係が与えられると、(**77a, b**) のパターンを同化することは特に魅力的であり、実際これも既にみたように、この試みは豊かな歴史を持っている。イェスペルセン(Jespersen 1917: 52–53)は、伝統に従って、否定辞繰り上げ現象を、緩叙法あるいは修辞的な控え目表現の特殊な場合に還元しようとしている。この考え方に基づくと、ギリシア語の phémi が、論理的には不定詞にかかると解

釈される否定を引き寄せるという事実は、古代教会スラブ語（の nenaviděti）やギリシア語（の ou stérgō）にみられるように、love や like を表す動詞が否定辞を引き寄せて単一節の反対や反義語を形成する場合と全く同じように、緩叙法の単なる一例であることになる。実際、ボーザンケト（Bosanquet 1888）やカレプキ（Kalepky 1891）、イェスペルセンが、否定辞繰り上げ現象を緩叙法という一般的な比喩に同化していることが明らかである一方、その2つの過程を当然のこととして1つにまとめてしまう者もある。例えば、バーンズ（Barnes 1969: 303）は、「a doesn't believe that p は、少なくとも時々は、a disbelieves that p と同じ意味を表すように思われる——従って、重々しい I disbelieve you と同じく、I don't belive you と言うことによって話しを拒絶することができる」と一文で言い切っている。

　最近では、コルニュリエ（Cornulier 1973, 1974）が、（78）の2つの文において、矛盾読みと反対読みの間の多義性が明らかに平行しているので、文法において平行的な取り扱いをするべきであるように思われる、と述べている。

(78) a. Je n'aime pas l'ail.　　　'I don't like garlic.'
　　 b. Je n'aime pas étudier.　　'I don't like to study.'

しかし、前者においては否定辞繰り上げ分析が不可能なのは明らかである。コルニュリエは、後者の例において移動の分析（(78b) における *J'aime ne pas étudier* の読みを、補文から否定辞を抽出することにより導き出す分析）を採用しないで、aimer には「強い」aimer と「弱い」aimer があり、vouloir には「強い」vouloir と「弱い」vouloir がある、といったように、どちらの例も語彙的に多義な例として統一的に扱うことによって、(78) の平行性をとらえようとした。

　コルニュリエは (78a, b) の平行性を無視して、否定辞繰り上げ現象に対する統語的アプローチを弁護する者は、ただ「無駄なことをし（'tranche au couteau dans un nuage'）ている」に過ぎないと雄弁に語っている。つかみどころのない雲を切るために適当なナイフを見つけるのは難しいかもしれないが、しかし、コルニュリエの説明にみられるような、否定辞繰り上げの引き金になる要素に2つの意味を与える方法は、もはや魅力的には思われない。hope は英語においては弱い方の意味がなく、hoffen は弱い意味も強い意味も両方持っているとか、guess は（I guess he'll go にみられるように）肯定で用いられる時には弱い方の意味を持っているとすべての話者がみなしているが、I don't guess he'll go の否定辞繰り上げ読みを認めない人にとっては、その guess の弱い意味は不思議なことに否定のもとで消えてしまうといったようなことは、もはや認めることはできない。いずれにしても否定辞繰り上げ現象は、普通の緩叙法には還元できないのである。

　(77b)の否定辞繰り上げ現象を、(77a)の単純な緩叙法にまとめてしまうことは、ボーザンケトやカレプキ、イェスペルセン、コルニュリエらの判断だけでなく、バーチやハルパーンのいわゆる否定辞繰り上げの語用論的考え方を再確認することでもある(5.2 節参照)。バーチのスキーマを便宜上ここに繰り返す。

(54)　 i.　$F(a, p) \vee F(a, \sim p)$
　　　 ii.　$\sim F(a, p)$
　　　────────────
　　　 iii.　∴ $F(a, \sim p)$

バーチのスキーマにおいて、(I believe that **p** か I believe that not-**p** のどちらかであるという)(i)の選言が文脈によって許されるならば、肯定選言肢の主節を否定した(ii)(I don't believe that **p**)から、従属節の否定を持つ(iii)(I believe that not-**P**)への推論が認可される。

　このアプローチは本質的に、一般には反対否定、特に否定辞繰り上げ現象に関する新ヘーゲル派の考え方をまとめたものだが、ローリ・カールソン(Lauri Carlson 1983: 120)は、「疑いや躊躇の表現が、不信や嫌気を示唆するという一般的傾向」を議論する際に、その考え方を次のようにくり返し述べている。すなわち「信仰に関する質問にみられるキリストの有名な排中律すなわち、私の味方でないものは私の敵である、があたかも妥当であるかのように思われることはしばしばある。排中律が与えられたら、命題態度と否定の作用域は交換可能になる。その結果、[I don't suppose he is right]は[I suppose he is not right]と同じことを意味するようになる」というのである。(自然言語における緩叙法的推論の規則を生み出すのは、キリストがその法則を排他的に定式化したものだけであり―『ルカ伝』第 11 章 23 節と上記(4a)参照―『ルカ伝』第 9 章 50 節と(4b)にみられる包括的定式化は同様の規則を生み出さないことをここで述べておこう。)

　しかし、否定辞繰り上げ現象は実際、すべての明白な矛盾否定(あるいはその意味論的に一貫した部分集合)に影響を与え、(文法的にではないにしても、語用論的に)それらを強めて反対否定にする単なる緩叙法や控え目表現の特殊なケースなのだろうか。最初に述べなければならない点は、否定辞繰り上げ現象は、多重埋めこみ節を持つ文においては、緩叙法的強めに直接還元することはできないということである。なぜなら、**a F**s that **p** の反対否定がすべて **a F**s that not-**p** を断定することに等しいわけではないからである。例えば not good が補文を埋め込む時、((77a)によって)それは反対を伝達するが、((77b)によって)good that ...not... に還元することはできない。(79a)は、対応する肯定の単なる矛盾ではないが、(79b)と同じ読みを持つわけでもない。

(79) a. It isn't good that he was reelected. [→ it's rather bad that he was reelected]
　　　（彼が再選されたことはよくないことだ）（彼が再選されたことはむしろ
　　　　　　　　　　　　　　　　　　　　　　　　　　　　悪いことだ）

　b. It's good that he wasn't reelected.
　　　（彼が再選されなかったのはいいことだ）

同様に、I don't like it that he was reelected は（緩叙法によって）、彼の再選に対する強い否定的な反応（=I dislike it...）を伝達し得るが、彼の敗北に対する満足を伝達することはできない。

　直接法の補文を伴うこれらの述語の叙実的な性質と、5.2 節の不確実性の原則を考えると、このことは驚くようなことではないし、同じ述語が仮説的で非叙実的な文脈に現れると、中間の尺度値を持つ（弱い不寛容の（**WI**））義務的述語として振る舞い、否定辞繰り上げ現象の引き金になるのも驚くことではない。

(79')a. It wouldn't be {good/ a good idea}　　　（≅It would be {good/ a good idea}
　　　for us to elect him.　　　　　　　　　　　for us not to elect him)
　　　（我々が彼を選ぶことはよくないだろう）（≅我々は彼を選ばない方がいいだろう）

　b. I wouldn't like his being reelected.　　（≅ I would like his not being reelected）
　　　（彼が再選されればいいとは思わない）（≅ 再選されなければいいと思う）

しかしこの違いは、否定辞繰り上げ現象は矛盾（反対）否定の緩叙法的語用論に根差しているが、それ自身独自の生命を持っているということを明らかにする。

　同じ点を、トブラー（Tobler 1882b）が強調している。トブラーは、Il ne faut pas que tu meures（→ Il faut que tu ne meures pas）（お前は死ぬべきではない（→お前は死なないべきだ））における「否定の論理的に保証されない位置」を緩叙法の例として分析する可能性を示し、(80) を後者の過程の明白な例として引用している。（古フランス語とドイツ語からの訳は、筆者のものである。）

(80)　the holy saints by whom God was not hated.　　（=was loved）
　　　he will do you little good　　　　　　　　　　（=all the harm he can）
　　　we weren't in the best possible situation　　　（=in the worst situation）
　　　he didn't show that he had forgotten their kindness　（in context,= he showed
　　　　　　　　　　　　　　　　　　　　　　　　　　　　　that he hadn't forgotten）

しかし、トブラーが正しく指摘しているように、フランス語の falloir（〜しなければならない）や devoir（〜するべきである）、vouloir（〜したい）、ドイツ語の sollen（〜するべきである）、wollen（〜したいと思う）、meinen（考える、思う）のような動詞に作用している近代の否定辞繰り上げ現象の例は、(80) の意図された意味を再構成する際に緩叙法に関わって現れる意識的なアイロニーの意味を含んでいない。面白いことに、トブラーの弟子カレプキはこの点を完全に見逃し、否定辞繰り上げ現象を緩叙法とみなす彼自身の立場をトブラーに帰している（Kalepky 1891: 26）。しかし正しいのはトブラーの見解であり、それは以下に示したように、否定辞繰り上げ現象を、語用論に基づくプロセスだが部分的に慣習化されているものであるとする私自身の分析を予示するものである。

　繰り上げられた上位節にある否定が補文節を否定する解釈は、常に対応する肯定の反対を表すが、その命題の（単一の）反対を構成するとは限らないことを述べることから、トブラーの観察の補強を始めよう。It's not likely that a fair coin will land heads（本物の硬貨の表が上になって落ちることはありそうにない）と言うことは It's likely that a fair coin won't land heads（本物の硬貨は表が上になって落ちないらしい）という命題の（間接的な）断定になるかもしれない。これは、(77a) のような緩叙法的に強めて反対読みをする例にも、(77b) のような否定辞繰り上げ現象の例にもなる。しかし、likely not が likely の唯一の反対否定ではない。例えば、certain not (=impossible) も同様に likely の反対否定を構成する。(81a) の明白な矛盾否定は、実際語用論的に強められて (81b, c) に対応する反対のどちらかに解釈されるかもしれないが、慣習化されていない緩叙法に特徴的なアイロニカルなニュアンスを伴うのは (81c) の場合だけである。

(81) a. It's not likely she'll accept your invitation.
　　　（彼女があなたの招待を受けることはありそうにない）
　　 b. It's likely she won't accept your invitation.
　　　（彼女はあなたの招待を受けないように思われる）
　　 c. It's certain she won't accept your invitation.
　　　（彼女があなたの招待を受けないのは確かだ）

（トブラーの (80) の例にあげられている）hate や be in the best possible situation, show を始めとする肯定の弱い不寛容述語 (WI) の外にある述語は、否定辞繰り上げの引き金になれない時でも、緩叙法的解釈は可能かもしれないことに注意しよう。同様に、(81c) の強い否定の認識は、(81a) / (82a) のような弱い不寛容 (WI) の否定辞繰り上げ述語を否定することによってだけでなく、(82b) のような強い肯定を否定す

ることによっても生じるが、極性テストから明らかになるように、これは否定辞繰り上げ現象の例とはみなされない。

(82) a. It's not likely she'll accept your invitation (until you apologize).
   ((あなたが謝るまで)彼女はあなたの招待を受けそうにない)

   b. It's not certain she'll accept your invitation (*until you apologize).
   ((*あなたが謝るまで)彼女があなたの招待を受けるのは確かではない)

　トブラーは、1世紀後のエプスタイン(Epstein 1976: 160)やL. カールソン(L. Carlson 1983: 120)と同じように、否定辞繰り上げ現象は一般的な緩叙法—すなわち、矛盾否定を反対否定に強めて解釈する方法—に関係はあるが還元はできない、と考えている。その違いは、否定辞繰り上げ現象が部分的に慣習化された地位を持つところにある。そして、この慣習化された側面を持つために、アイロニーのニュアンスがなくなったり(トブラー)、その結果として生じる解釈が「無意識な(automatic)」性質を持ったり(エプスタイン)、否定辞繰り上げの過程に「語彙的選択性(lexical selectivity)」が関わったり(カールソン)するのである。しかし、ここにどのような慣習化が関わっているのだろうか?

　5.2節でみたように、否定辞繰り上げ現象に対する文法的アプローチも語用論的アプローチも、重要な経験的メタ理論的困難を伴わないわけではない。すべてを考慮すると、統語的でない説明が望ましいのは明らかであるが、それが可能であるかどうかははっきりしていない。必要とされるものは、上位節の否定が従属節を否定する解釈とその解釈の統語的対応物を語用論的関係として扱う方法で、これは、ボーザンケットとバーチの選言をはじめとするなんらかの意味論的構成物と肯定の中間値を持つ弱い不寛容述語の基準(5.2節、Horn 1978b 参照)を合体させて可能になった。しかし、この関係は、適切な意味的資格を持つあらゆる言語のあらゆる述語に自由に適用できるわけではない。すなわち、語彙的例外を容認する少なくともいくつかの語用論的規則を許す装置が必要である。

　幸い、そのような装置は、記述的レベルで入手可能である。それは、表面的には全く異なった現象である間接発話行為を扱うために作られたものである。一見したところ同義の表現がその間接発語内行為の可能性において異なり得ることは、以前から認識されていた。例えば、(83a)の要請は、(83b)の疑問文を発することによって間接的に伝えられるが、(83c, d)の疑問文によっては(少なくともいくつかの間接性の段階を加えることなしには)伝えられない。

(83) a. Close the window.

b.　Can you close the window?

c.　Are you able to close the window?

d.　Do you have the ability to close the window?

　サールらが想定したように、もしグライスの関係の格律によって、(83b)が(83a)を会話的に含意するのであれば、この含意は分離不可能であるはずだが、(83b)から基本的には同じ意味を持つ(83c, d)に移るとその含意が消えてしまうのは不思議である。そのため、サドック(Sadock 1972)は、(83b)は意味的に多義であり、ここでの要請の読みは発話行為的熟語を構成するという理論を支持して、間接発話行為を会話の含意に基づいて分析する考え方を拒絶した。サール(Searle 1975: 76ff.)は、「意味の慣習とは異なる使用法の慣習があり得る」、そしてこれらの慣習によって、「ある形式は、間接発話行為の標準的な熟語形式として慣習的に確立されるようになる傾向がある」と主張して、これに反論している。例えば、(83b)は間接的要請の標準的な熟語形式として慣習的に確立されるようになったが、(83c, d)はそうではないということである。

　モーガン(Morgan 1978)は、サールの考え方を一歩進めて、(83b)から(83a)への推論を短絡含意(SHORT-CIRCUITED IMPLICATURE, SCI)の例であると分析している。そのような会話の含意は、(定義上すべての会話の含意と同じように)原則として計算可能であるが、ここでの使用上の慣習に関わっている話者によっては実際には計算されない。サールと同じようにモーガンは、サドックの間接発話行為的熟語の提案は余計なものであるとし、字義どおりでは疑問の意味を持つ(83b)を、(83a)を伝達するために用いることは慣習的なものであると主張している。彼は、短絡含意を持つものとして、舞台の前に役者の幸運を祈って(84a)は慣習的に用いられるが、意味的によく似た(84b)は用いられないといった例や、断定を強調するために(85a)は用いることができるが、(85b)は用いることができないといったような、さまざまな候補を提案している。

(84)　a.　Break a leg!（がんばれ！（lit. 足の骨を折れ！））

　　　b.　Fracture a tibia!（頚骨を折れ！）

　　　　　Break your leg!（君の足の骨を折れ！）

(85)　a.　You can say that again!

　　　　　（いかにもその通りだ！（lit. それをもう一度言うことができる））

　　　b.　You can repeat that!

　　　　　（それを繰り返すことができる！）

You're {able/ permitted} to say that again!

（それをもう一度言うことができる／許されている！）

It's possible for you to say that again!

（それをもう一度言うことが可能だ！）

このような使用の慣習は、（'John really broke a leg last night' ≠ 'John really performed well' であるので）熟語を構成してはいないが、メタファーから熟語が形成されたり、使用の慣習から意味の慣習が形成されるといったような発達は、全く妥当なものであり、実際それが実証されることも多い。グライス自身、「始めは会話の含意として生まれたものが慣習化されるようになる」(1978: 58) ことは十分可能であることを認め、短絡含意はこの途中の段階にあると述べている。この移行が完成された例として、モーガンは、（もともとは May God be with you であったが、今では無神論者によってさえ発話可能な）Goodbye という別れの挨拶や、婉曲語法の go to the bathroom をあげている。go to the bathroom の字義的意味の変化は、誰かの犬が居間の絨毯の上で用を足すことを表すのに用いることができることによって論証される[40]。

　サール–モーガンのアプローチは、より明らかにされている統語論や意味論の慣習と並んで、話者の語用論的慣習 (PRAGMATIC CONVENTIONS) があることをはっきりと認めている。含意の短絡化は慣習の問題なので、人や言語によって、使用法のどの慣習が作用するかに違いが生じることが予測される。そして実際、サール (Searle 1975) とグリーン (Green 1975) によって示されているように、どの要請を伝達するためにどの疑問文が用いられ得るかに関して、言語によってかなり多様性がみられる。しかし、グリーンも指摘しているように、間接発話行為のあるものは、他のものよりもより間接的であり、より間接的な要請として機能する。例えば、(86a, b) は、誰かに窓を閉めさせるためのほのめかしとして機能するが、このような発話行為には、短絡含意にみられる多様性は存在しない。

(86) a. The rain that's coming in the window is ruining the rug.

　　　　（その窓から入ってくる雨が、絨毯を台無しにしているわ）

　　b. It's freezing in here.

　　　　（ここは、凍えそうに寒いね）

これは、もしほのめかしが非短絡的で分離不可能な会話の含意だとすれば、正に予測されることである。何がほのめかされているのかを決定するのにかかわるのは、字義どおりの意味と言語外的状況だけであって、その意味を伝達するために用いら

れる表現の選択や形式ではない。

　形態統語論の領域において、短絡含意の要請を伝達するのは、多く注目されてきた動詞の前に置かれる please である。ゴードンとレイコフやサドックらが述べているように、please は文字どおりの要請である (83a) と同じように、(83b) には容易に現れるが、(83c, d) には現れない。

(87)　a.　Please close the window.

　　　b.　Can you please close the window?

　　　c.　Are you able to (*please) close the window?

　　　d.　It's (*please) freezing in here.

動詞の前に置かれる please が、(86) のほのめかしにおいても容認されないという事実は、この語の分布がサールとモーガンが提案した使用の慣習に敏感であると仮定すれば、正しく予測される。

　しかし、いわゆる否定辞繰り上げ構文が伝達する意味は、(他の)間接発話行為に対して考え出された取り扱い方のもとに包摂され得る[41]。要請に対する聴者の準備条件を質問することは、その要請を間接的に伝達する自然な方法であるが (Searle 1969, 1975)、その質問のうちのある形式だけが、要請を伝達するために慣習化される。同様に、所定の意味的語用論的性質を持った述語、すなわち、(think、believe、want、hope、guess は含まれるが、know や try、claim などは含まれない)肯定の弱い不寛容 (WI) の命題態度を表す述語が、上位節の否定が従属節を否定するような、いわゆる強めの含意を伝達する述語の候補者であるが、このクラスの述語が実際に否定辞繰り上げ解釈の引き金になるかどうかは、その含意が使用の慣習になっているかどうかに依存している。

　サールとグリーンは、間接発話行為の可能性には言語、方言、個人方言における多様性があることを示したが、それと全く同じ多様性が、否定辞繰り上げ可能性にも見られるのはなぜかということが、この事から理解できる。このように、短絡含意という概念は、否定辞繰り上げ現象について、何が語用論的(自然)であり、何が任意的(慣習的)であるかを丁度うまくとらえることができるのである。

　間接発話行為と否定辞繰り上げ現象の間にもっと強い平行性を引き出すこともできる。矛盾否定の強められた形式として否定辞繰り上げ読みを生み出すバーチ的(新ヘーゲル的)な語用論的推論スキーマは、R 原理に基づく含意に関連している (Horn 1984b, 第 3 章参照)。しかしこれは、(必要な変更を加えると)サールが間接発話行為を動機付ける方法である。どちらの場合も、追加的に伝達される意味は、アトラス・レヴィンソン (Atlas and Levinson 1981) のいう「最善の解釈を得る推論」によっ

て、文脈に合致するように、字義どおりの意味を強めたり狭めたりする働きをする。実際、もし尺度含意がＱ原理に基づく含意の典型例を構成するなら、Ｒ原理に基づく推論の典型例は間接発話行為である[42]。関与性に基づく否定辞繰り上げ含意の分離可能性は、間接的な発語内的力に関して一般的にみられる分離可能性の単なる一側面にすぎない。そしてどちらも、それぞれの枠組みに現れる言語表現の真部分集合に適用される語用論的慣習を認めることによって扱われるべきである。

　先に引用した動詞の前に置かれる please の分布は、所定のタイプの直接的な発話行為と短絡的な間接発話行為のどちらとも共起できる診断法的項目の一例にすぎない（他の例は Horn and Bayer 1984: 406–8 参照）。１つだけ例を挙げると、(88a)のような WH- 疑問平叙文（Sadock 1974 参照）は（Sadock には失礼だが）、対応する全称量化された否定（存在量化の否定と等価）の断定(88b)を伝達するために、慣習的に用いられる字義どおりの疑問文である。

(88) a. Who (but a total idiot) would have said a thing like that (?)
　　　　((馬鹿者以外の)誰が、そんなことを言っただろう(?))

　　 b. Nobody (but a total idiot) would have said a thing like that.
　　　　((馬鹿者以外の)誰も、そんなことを言わなかっただろう)

これらの例に見られる括弧の中の but 句は、(89)に示されるような全称量化された断定の診断法となる。

(89)　　Everyone but Mary（メアリー以外の全ての人）
　　　　Nobody but John（ジョン以外の誰も〜ない）
　　　　Anyone but Carter（カーター以外のどんな人も）
　　　 *Somebody but Kim（キム以外の誰か）
　　　　Anywhere but here（ここ以外のどこでも）
　　　 *Somewhere but here（ここ以外のどこか）
　　　　{All/ *Most/ *Mary/ *Three/ *Some/ None} of my friends but Chris
　　　　（クリス以外の私の友人の {全て／ *大部分／ *メアリー／ *3 人／ *誰か／
　　　　　誰も（〜ない)}）
　　　　Everything but the kitchen sink（台所の流し以外のあらゆるもの）
　　　　None but the brave deserves the fair.　(Dryden)
　　　　（勇敢な者以外は誰もその美しい人に値しない）
　　　　No man but a blockhead ever wrote except for money.　(Dr. Jhonson)
　　　　（お金以外の理由のために書く者はみな馬鹿者である）

ある文脈では平叙文を含意するかもしれないが、慣習によってそうはならないような、疑問平叙文でない疑問文は、この診断法を受け入れないということに特に注意しよう。

(90)　?* Who but Leslie is coming to the party?
　　　　（レスリー以外の誰がそのパーティーに来るのですか？）

　このような見方をすると、until や in weeks、for a year などのような強い否定極性項目の分布を、同節に否定辞を含む環境から、否定辞とその否定極性項目との間に否定辞繰り上げ動詞があるような環境へ拡大することは、そのような述語に結び付く短絡含意の存在に直接関係していることになる。それは、動詞の前に置かれる please が直接の要請から短絡的な間接的要請へ拡大されるのと同じである。もしすべての英語話者が、think や suppose のような動詞については慣習的に従属節にある否定辞を繰り上げ、guess については一部の話者のみが同様の慣習に従い、hope については誰もそのような用い方をしないと仮定するならば、否定極性項目 until の次のような分布はうまく説明される。

(91) a.　I don't think they'll hire you until you shave off your beard.
　　　　　（あなたがあごひげを剃るまでは、彼らはあなたを雇うと私は思わない）
　　　 b. % I don't guess they'll hire you until you shave off your beard.
　　　 c. * I don't hope they'll hire you until you shave off your beard.

結局、述語が否定について透明であるかどうかは、短絡含意の存在に依存している。そして(91)のような文脈で否定極性項目が容認されるかどうかは、この透明性に依存しているのである。
　この分析に基づくと、(91a)が容認されるのは、(91')と共通の派生過程を持つからでも、同じ意味表示を持っているからでもなく、慣習的に(91')を含意するように用いられるからである。

(91')　I think they won't hire you until you shave off your beard.

hope に関してはそのような慣習が存在しないから、(91c)の否定極性項目は、否定命題が間接的に伝達される文脈においても、容認されない(5.2 節(55b)参照)。
　このアプローチは、一見したところ現実的でありかつ表現不可能であるようにも思われる、くり返し現れる感覚を解明するかもしれない。トブラー(Tobler 1882b:

204）は、否定辞繰り上げ現象を、単に反対を伝達するものではなく、反対解釈と矛盾解釈の融合とみなしている。同様に、ボリンジャー（Bolinger 1968: 23–24）は、「I don't think he's coming において、否定要素は実は従属節に属し、統語的なピンポン球のように、その論理的関係を変えないで別の場所に移動できる」という考えは、「完全に正しいとは思わない。それは単に1つの場所から別の場所に飛ぶのではなく、意味的にはどちらにも属するのである」と述べている。そして、カッテル（Cattell 1973: 636）は、「『否定辞が搬送された』文において、それぞれの節が否定の影響の下になければならないという要求がある」としている。この独立してはいるがよく似た3つの観察はすべて、いわゆる否定辞繰り上げに対する短絡含意アプローチの下に組み込まれる。この分析では、主節の否定辞は統語的にも意味的にも1つの節、つまりそれ自身が現れている主節に属するが、慣習的に従属節に関係付けられる、と考えるのである。

会話の含意が基本的にパロールの問題であるのに対して、含意が短絡化して慣習的用法になることは、パロールとラングの境界で起こる。短絡含意が、（91a）や方言の（91b）にみられる強い否定極性項目を含むさまざまな言語表現の引き金になるのは、この特徴によるのである。実際、強い否定極性項目は、その分布範囲のかなりの部分において、その否定極性項目が現れる節や命題に慣習的に伴われる否定の存在によって認可されるように思われる。その慣習は、意味に関するものである場合も使用に関するものである場合もある。（91）と並んで、（92）と（93）の対比を考えよう。

(92) a. I'll be damned if I'll hire you until you shave off your beard.
   （あなたがあごひげを剃るまで、私は断じてあなたを雇わない）
   b. *I'll be surprised if he hires you until you shave off your beard.

(93) a. Why get married until you absolutely have to?
   （どうしてもしなければならなくなるまで、結婚なんてするべきじゃない）
   b. *Why are you getting married until you absolutely have to?

それぞれの（a）の構文だけが慣習的に用いられて、until を認可する次のような否定命題を表現する。

(92') I won't hire you until you shave off your beard.
(93') You shouldn't get married until you absolutely have to.

(b) の例に関係して生じる短絡的でない否定の含意は、このような強い否定極性項目の引き金になるには不十分である。しかし、より弱い（より寛大な）否定極性項目は同じ文脈において容認可能であると思われる（Linebarger 1981, 1987 参照）。

(94)　I'll be surprised if he {hires anybody for that position/ lifts a finger to help you}.
　　　（もし彼が {そのポストに誰かを雇ったら／あなたを助けるために少しでも
　　　　何かしてくれたら} 私は驚くでしょう）

　同じようなパターンは他の言語にもみられる。マクグローイン（McGloin 1976, 1982: 第 4 章）が指摘した、日本語の強い否定極性項目の分布を考えよう。「決して（never）」や「誰も（nobody）」、「めったに（rarely）」のような副詞を含む強い否定極性項目は、普通「同じ単文の中に顕在的な否定形態素があることを要求する」（McGloin 1982: 88）が、この要求は、2 つの環境において体系的に緩和される。(95) に示したように、否定極性項目と否定的な要素の間に、否定辞繰り上げ述語が介在することができる。

(95) a.　こんないい話はめったにあるとは思わない。
　　　　　 'I think such an offer will rarely come along' (lit., 'I rarely think...')
　　　 b.　こんなことはめったにあってほしくない[訳者注 19]。
　　　　　 'I want that such a thing would rarely happen' (lit., 'I rarely want...')

　「めったに」は埋め込まれた動詞を修飾するように解釈されるが、「めったに」の引き金になる「ない」は主節に属している。
　しかし、否定命題が (92a) や (93a) のように統語的に慣習的にマークされるのであれば、強い否定極性項目 (NPI) は、顕在的な否定が全くなくても起り得る。

(96) a.　決して行くものか。　　　　　　　'I will never go.' ('No way I will ever
　　　　　　　　　　　　　　　　　　　　 go')
　　　 b.　誰も行くものか。　　　　　　　　'Nobody will go.'
　　　 c.　こんないい話はめったにあるものか。'A good deal like this will rarely come
　　　　　　　　　　　　　　　　　　　　 along.'

英語の be damned if や why と同じように、「ものか（no way）」は、形の上では否定ではないがその力においては否定である。これらの文では、否定の意図がまるでフローベールの格言の中の理想的小説家のように、どこにでも存在しているがどこに

も見えないのである。強い NPI を埋め込むことを許すのは、非明示的ではあるが慣習的なこの否定の力である。もう１つの慣習化の例は「(–て) たまるか」で、マクグローインは ‘I'll be damned if —’ と注釈を付けている。

(97)　あんな奴には決して負けてたまるか。
　　　“I'll be damned if I'll lose to that kind of person”

「ものか」や「–てたまるか」と自由に共起する否定極性項目は、「果たして…だろうか (I wonder if ...)」とは共起しない。「果たして…だろうか」は、否定命題を示唆するかもしれないが、その否定命題を伝達するために慣習的に用いられる構文ではない。

(98)　* 果たしてだれも来るだろうか[訳者注20]。
　　　‘I wonder if anybody is coming’ (cf. (96b))

英語の場合 ((94)) と同じように、含意された否定は、上記の強い方の極性項目の引き金にならないが、「あまり」や「そんなに」といった、比較的弱い否定極性項目の引き金にはなる。

これらの事実は、普通強い否定極性項目は同節内に否定項目を要求するが、「話者が否定を想定していることを慣習的に含意する」表現に関しては、その要求が体系的に緩和されるということを示唆している、とマクグローインは考える。マクグローインが、この特徴記述を (95) の否定辞繰り上げ文脈に拡大することを意図したのかどうかははっきりしないが、それは確かにそのように拡大され得るし、拡大するべきだと私は考える。しかし、マクグローインが慣習的含意のみに言及している所では、どちらの場合にも当てはまる一般化をしようとすると、英語の場合と同じ説明を採用しなければならなくなる。すなわち、強い否定極性項目は、否定が統語的に顕在的であろうと、慣習的に含意されていようと、短絡含意によって会話的に含意されていようと、否定命題であることを合図するために慣習的に用いられる節に現れる。この強い極性に対するアプローチは、否定極性に関して最近提案されたラデュソー (Ladusaw 1979, 1980) やラインバーガー (Linebarger 1981, 1987) の理論のどちらを継承したものでもないが、矛盾するものではない。

これまで観察してきた例において、特定の項目の容認可能性を決定するのに問題になる環境は、字義どおりの意味としては表現されない何かを伝達するために、ある表現が、単に用いられることができるだけでなく、(関連する方言において) 慣習的に用いられる環境である。否定辞繰り上げ現象や、特定の統語構造タイプや意味

クラスにわたるそれほど生産的ではない他の語用論的、機能的基盤の現象をうまく説明するどのような理論においても、サールの非意味的慣習やモーガンの短絡的会話の含意、あるいはそれらの概念をもっと正確で説明力のあるように修正した未だ現れていない鋭敏な概念が、本質的な役割を果たすだろう。

　しかし、重要な方法論的問題について述べておかなければならない。現在の我々の知識の下では、なんらかの現象を短絡含意の存在に帰することは、その現象を説明したというよりは、それにラベル付けをしたにすぎないということを認めなければならない。間接発話行為の可能性における多様性の問題を語用論に押し戻すことによって、（サールやモーガンと同じく）我々は、サドックの発話行為熟語分析に取って代わる新しい理論を提案したのではなく、それに違った服を着せて、ある意味で再構成したのである。同様に、否定辞繰り上げ現象の原因になる強めの推論を短絡含意とする私の取り扱い方は、トブラーが還元主義的議論を拒絶したのと同じように、いわゆる否定辞繰り上げという現象が何であるかというよりも、それが何でないかについて、より多くのことを我々に告げている。

　我々のゴールは、使用の慣習における多様性がなぜ存在しなければならないのかということと、その多様性がなぜそこに存在しなければならないのかということを発見することである。アリス・デイヴィソンが私に示唆したように、短絡含意によって代表される非常に強力な装置の適用を制限する 1 つの方法は、短絡化されやすい含意の性質から引き出せるかもしれない。間接発話行為と否定辞繰り上げ現象という、私がここで調べた短絡化の 2 つの主要な例は、既に述べたように、どちらも R 原理に基づく含意に関連しており、これは単なる偶然の一致ではないかもしれない。

　もっと特定的に言うと、(99a) のような間接発話と、(99'a) のようないわゆる否定辞繰り上げの例の間には、機能的類似性を認めることができる。

(99) a.　I believe your answer is not wholly satisfactory.
　　　　　（あなたの答えは、完全に申し分がないわけではないと思う）

　　　b.　Your answer is not wholly satisfactory.
　　　　　（あなたの答えは、完全に申し分がないわけではない）

(99') a.　I don't think your jumpsuit is entirely appropriate.
　　　　　（あなたのジャンプスーツは完全に適切であるとは思わない）

　　　b.　I think your jumpsuit is not entirely appropriate.
　　　　　（あなたのジャンプスーツは完全に適切であるわけではないと思う）

どちらの場合においても、短絡含意の効果は、特定の命題 (99b) と (99'b) を修飾し

たり、弱めたりして、穏やかに表現することである。それぞれの例における短絡化は（(**87b**) や (**93a**) の平叙文ではない間接発話行為の場合と同じく）、丁寧さや面目を保つ目的をはたしているように思われる。この特徴は、これらの構造との関係でこれまでしばしば指摘されている（緩衝的断定や要請などの間接発話行為については、Searle 1975: 64; Fraser 1975; R. レイコフのさまざまな論文参照。丁寧さや否定辞繰り上げの和らげ効果については、プリンス、シュヌカルと L. カールソン参照)[43]。

それぞれの場合において、弱い方の (a) が、結果として欠性関係にある 2 つの解釈の間で語用論的に曖昧であるという事実（Zwicky and Sadock 1975; Horn 1984a 参照）から、丁寧さの効果を引き出すことは妥当であるように思われる。聴者は強い方の (b) を伝達するものとして (a) を解釈することができるが、その解釈を強制されることはない[44]。ここで提示された、この強い方の解釈が短絡含意として派生されるという分析は、(**99a**) と (**99'a**) のような例が持つ丁寧さがしばしば慣習的なものであるように思われたり、慣習的ないしは単なる形式上のもので、本当に心の中で感じているものではないように思われるという、現代の大部分の話者が持つ直観と相互に関係がある。

この点は、ニューヨーク・タイムズの編集長 A. M. ローゼンタールの次の発言にうまく現れている。これは、タイムズのレポーターであるジョン・バーンスが、中国当局によって拘留されたことについて述べたものである。「［今回の拘留は、］ジョン・バーンスにとって悪いことであるだけでなく、中国と合衆国の関係にとってもよくないことである。…合衆国や海外では、中国が開かれつつあると考えられてきている。そして、丁寧に言っても、このことは、それに対して全くいい影響をもたらすとは思わない。」(*New York Times* 22 July 1986)。第 1 の文では bad の代わりに not good を用いたり、第 2 の文では（間接発話行為や、否定辞繰り上げ、矛盾の形式で反対を伝達することなど）3 つの垣根表現など、合計 4 つの弱めの装置で発言を和らげているが、ローゼンタール氏は、締めくくりの部分で、彼が本当に言いたいことを、効果的に明らかにしている。もう少し丁寧でない言い方をすると、I don't think this will do it any good at all（このことは、それに対してなんらいい影響をもたらさないと思う）は This will do it a good deal of harm（このことは、それに対して大きな打撃を与えるだろう）と読める。

私は、否定の丁寧さが形式上のものであることを述べたが、これは新しい考えではない。マルティノン（Martinon 1927: 536）は、フランス語の否定辞繰り上げ現象を説明する際、Je ne veux pas que vous sortiez（あなたが出かけることを私は望まない）の「非論理的な」（否定辞繰り上げ）読みによって「論理的な」埋めこみ否定 Je veux que vous ne sortiez pas（あなたが出かけないことを私は望む）が次第に失墜して

いることについて、次のように述べている。「この非論理的な形式が、最初は禁止の厳しさを和らげるために採用されたということは十分にありそうなことである。しかしその禁止は、この新しい形式でも、同様に厳しい意味を伝達するようになり、元々の意味をなくしてしまった」のである。伝統文法家が気付いていたように、これと同じ過程が、（他の）婉曲的な形式の発展の特徴となっている。くり返し用いられる代用表現が、今度はその間接的に記述されているものの性質を帯びるようになり、最終的には、直接的に記述するようになるのである。この過程をもっとも生き生きと、しかし単独の例ではないが、例証しているのは、排泄への言及方法の史的変化である。葬儀屋（undertaker/ mortician/ funeral director）や発展途上国（poor country/ underdeveloped country/ emerging nation）の発展過程も参照のこと。

　私は、間接発話行為―特に（99a）のように、ある行為がその行為に対する誠実性条件の主張によって間接的に遂行されるというもの―と否定辞繰り上げ現象は、本質的に婉曲的なものであると主張している。どちらの場合も、与えられた表現の外延は、そのうちの特定の（そして否定的な）下位領域に R 原理に基づいて狭められる。より直接的（だがより面目をおびやかすような）発話を避ける十分な社会的動機付けを話者が持っていることを認識できるという、聴者の能力に訴えることによって、話者は、この語用論的狭めを引き起こすのである。この社会語用論的手続きは、ブラウン・レヴィンソン（Brown and Levinson 1978）によって注意深く描写されている。控え目表現に対する彼らの説明（pp. 268–70）は、not moral と not immoral や not good と not evil の語用論的非対称性を予測する（デュクロの最小ペア（71）に関する我々の議論参照）。

　アームソン（Urmson 1952: 484）が述べているように、もし believe のような動詞の「挿入句的用法（parenthetical use）」が、「単純な主張が伝達する真実性を和らげたり弱めたりする」働きをするときの「警告」となるのであれば、「not の移動」によって引き起こされる否定の力の「和らげ」は（ポウツマ Poutsma［1928: 105］が述べたように）、この傾向の当然の結果である。話者がなんらかの間接性を表す形式を用いることによって（特定の主張を）弱めることは、聴者が強めの推論をすることからみれば、同じ発語内的コインの反対側であるにすぎない。例えば、もしあなたが適切な文脈において（99a）や（99'a）を私に対して発話すれば、私はあなたが省略した部分を補って、それぞれ（99b）と（99'b）に到達する。

　いわゆる否定辞繰り上げ現象は、形の上では矛盾否定であるものが R 原理に基づいて強められ、機能的に反対否定として解釈されるような他の例と、無標の（肯定の弱い不寛容の）尺度値を持つという特徴は共有しているが、その慣習性の度合いにおいて、（77a）のような単純な否定のひかえめ表現とは異なっていると、私は主張している。このように、否定辞繰り上げ現象を普通の緩叙法だとみなすことに

反対するトブラーの議論が正しいことが立証される。同時に、否定辞繰り上げ効果の原因になる強める推論は、この分析では(短絡化されたものではあるが)会話の含意であり、字義的な意味というよりは(慣習化された使用法であるが)言語使用の一側面である。しかし否定接辞を用いて語彙化すると、否定辞繰り上げ現象が語用論的に認可する強められた反対解釈を文字化することになる。4.5節の例を繰り返すと、(100)に示したように、(内側否定で従属節に関係する)反対解釈だけが語彙化される。

	外側否定 読み	内側否定 読み
(100) a. It's not {likely/ probable} that a fair coin will land heads.	T	F
(本物のコインは表が上になって落ちやすいということはない)		
b. It's {unlikely/ improbable} that a fair coin will land heads.	—	F
(本物のコインは表が上になって落ちることはありそうにない)		

disbelieve と not believe の違いも同じである。

　このように、我々は、否定の強めの推論の慣習化に3つの段階を設定した。それらは(77)でみた3つの環境に対応する。しかし、(77a)に記述されたような過程の、単純なひかえめの表現の場合においてさえ、慣習化された領域がある。例えば、(101)の配列にみられるような、否定された強意語を考えてみよう。

(101) Pat is not {especially/ overly/ particularly/ so/ terribly/ that/ too/ very} bright.
　　　(パットは {特別／過度に／とりわけ／それほど／ひどく／そんなに／あまりに／非常に}) 聡明であるわけではない)

ここでは話者は、肯定の尺度上の高い点に項が位置することを否定して、実際には対応する否定の(つまり好ましくない方の)尺度に位置することを伝達している。

　否定的控え目表現のこの使用は、多くの注目を集めてきた。特にボリンジャー(Bolinger 1972: 115–25)は、(101)に現れている修飾語の異質性を指摘している。*OED* の用語を採用すると、not very **Adj** はしばらくの間、rather un- の和らげられた表現として機能したが、(婉曲語法や否定辞繰り上げ現象に影響を与えたプロセスと同様に)あまりに慣習化してしまったので、新しい形式が採用された。ボリンジャーは(102)のような例を引用している。

(102) He's not overly bright. (rather underly bright, rather stupid)
　　　(彼はあまり聡明ではない。(むしろ基準以下だ、どちらかというと馬鹿だ))

She isn't too much of a housewife.

（彼女はあまりたいした主婦ではない）

You weren't too careful that time, were you?

（あなたはあのときあまり注意深くなかったでしょう）

ここで（文字どおりでは）否定されている肯定の評価は、それ自身評価としては否定的なものである（He's overly bright, She's too much of a housewife, You were too careful）。ボリンジャーは「恐らく、何かが not very good（非常によいのではない）というよりも not excessively good（良過ぎるのではない）と指摘する方がより安全だからだろう」と述べている。

　このような場合に対応する、評価的に否定の肯定文は、ここで実際に否定されている命題ではない（not too **Adj** ≠ not［too **Adj**］）。この事実は、規範主義者を怒らせるだろうと予想される。ワーナー（Warner 1946: 302–3）は、この非論理的な「絶対的な否定の比較（'absolute negative comparative'）」の使用における「価値の下落やストア主義の微妙な雰囲気」の本質を見抜いて次のように述べている。

　　'How are you?' には 'Not too good'（あまりよくない）のような返答が返ってくる。Plays are 'not too clean'（戯曲があまり品がよくない）、race horses run 'not too fast'（競馬の馬はあまり速く走らない）、the world outlook is 'not too happy'（世界の展望はあまり幸福なものではない）、statesmen are 'not too optimistic'（政治家はあまり楽観的ではない）…。これらの用法は、比較を行おうとしているのではない。実際には too clean plays（品がよすぎる戯曲）や too fast horses（早すぎる競走馬）、over-optimistic statemen（楽観的すぎる政治家）について述べているのではない。

しかし、この不等価性は、not too の構文に限定されるわけではなく、not quite satisfied も単に quite satisfied でないということを意味するのではない。ボリンジャー（Bolinger 1972: 101）が述べているように、この 2 つの表現は言語使用域においても異なっていて、not quite **Adj** は、quite **Adj** よりも口語的であるという。同様に、not very tall や not exactly happy も、very tall でないことや exactly happy でないこととは全く異なる（後者の場合、そのコロケーションがたとえ生じることがあるとしてもである。?#He's exactly happy 参照）。

　それ程驚くべきことではないが、最も強い非難の対象になるのは、否定された強意語がその肯定に対応しないものではなく、肯定の対応物がまったくないものである。否定極性を論じたバイセンス（Buyssens 1959）やベイカー（Baker 1970）を明らか

466

に知らない『ボストン ヘラルド - エグザミナー』(*Boston Herald-Examiner*, 1 August 1972)の論説委員は、not all that **Adj** 構文に反対して次のように猛烈に非難している[45]。

> 副詞句［原文のまま］を導入する 'all that' は、適切に用いられるには何かを指示しなければならない。今日の一般的な用法では何も指示していない。それは、何も指示することなく、強調するために用いられるが、それは誤用である。例えば、どんなことを議論している際にも、突然 it really is not all that hard という表現が出てくる。一体全体どれほど難しいのか (all what hard)。あるいは、歩兵隊が劇場で楽しい時を過ごしたが、the show really wasn't all that good（そのショウは実はそれ程よくなかった）と言うだろう。それ程よいって (all that) どれほどよいのか。そして、いったいどのような文法的ゆがみによって、'all that' がもっと意味が通る 'very' や 'extremely' といったような副詞の代わりに用いられるのか。

しかし、皮肉なことに、たとえ The show is not very good と「もっと意味が通る」ように言ってもそれは通常、The show is very good の矛盾否定の意味ではない。

　ヘラルド紙がもう１つ提供している例は（The show was not extremely good（そのショーは極度によくはなかった）にみられる）extremely（極度に）だが、これは、(**101**) のような強められた読み［つまり反対読み］は許さない（少なくとも私にはそう思われる）。同様に、thoroughly（徹底的に）やおそらく absolutely（絶対的に）を含む他の否定された強意語に、間接的な力を付与するのは困難であるように思われる。もっとも、この違いを説明するような、原則に基づく共時的な理由はないように思われるが…。（文字どおりの矛盾読みのみを持つ）I'm not thoroughly pleased と (I'm rather displeased. を意味できる) I'm not {altogether/ totally} pleased を比較してみよう。肯定的にしか生じない強意語がまだほかにもある (Bolinger 1977: 26 はこの範疇に awfully を挙げている)。この点に関して、ボリンジャーによって示された (not too の新しい意味にみられる) 通時的変化や、肯定的には生じない強意語への広がりにみられるように、否定辞 - 強意語 - 形容詞 構文にかかわる強めの推論は、どうやら分離不可能性、つまり使用の慣習化をある程度含んでいるように思われる。

　この強めの規則は、(**103**) のように特徴づけられる。

(**103**) (**not** + 強意語) + **Adj**$_i$ → rather un-**Adj**$_i$
　　　　（あるいは→ rather **Adj**$_j$, (**Adj**$_j$ が **Adj**$_i$ の反意語の場合)

(104) に示したように、この規則は概して (77) でみた無標の (評価的に肯定の) 形
容詞に限られるという特性を持っている (関連する例については Langendoen and
Bever 1973 参照)[46]。

(104)　not particularly {friendly/ [†]unfriendly}
　　　　（とりわけ {友好的である／[†]友好的でない} わけではない）
　　　　not too {happy/ [†]sad}}
　　　　（あまり {幸せで／[†]悲しく} はない）
　　　　not overly {bright/ [†]stupid}
　　　　（あまり {聡明／[†]愚か} ではない）
　　　　not all that {sympathetic/ [†]unsympathetic}
　　　　（それほど {同情的／[†]同情を示さない} ではない）
　　　　not especially {optimistic/ [†]pessimistic}
　　　　（特別 {楽観的／[†]悲観的} ではない）
　　　　（ここで[†]は、緩叙法的読みが適用できない、ないしは境界ぎりぎりである
　　　　ことを表す）

このことは予測可能である。誰かが、あるいは何かが unfriendly である、もしくは
sad、stupid であるなどという否定的な評価を直接下して枠にはめることを、人は
避けようとするべきだという相互知識が、その評価を示す間接的な (緩叙法的) 手段
を動機付ける。そして、それを今度は (103) の過程で聴者が解釈するのである。一
方、何か (誰か) が friendly だとか happy、bright であるという肯定の評価を避ける
理由は普通ないので、これを意味するより複雑な間接的形式の用法は普通生じない
のである。
　(103) の規則は、相対的に弱い肯定の尺度値を持つ形容詞に限定されないという
点で (77) とは異なっている。その緩叙法あるいは修辞的控え目表現は、(105) や
(105') に見られる。

(105)　not too happy（あまり幸せではない）
　　　　not especially bright（特別利口ではない）
　　　　not exactly pleased（あまりうれしくない）

(105')　not too ecstatic（それほど有頂天ではない）
　　　　not especially brilliant（特に並外れて優秀ではない）
　　　　not exactly thrilled（あまりわくわくしない）

評価的に否定の述語でさえ文脈によっては否定の緩叙法を許す（トブラーの例 (80) を思い出そう）。例えば、We weren't exactly on the worst possible terms（私たちはそれほど最悪の関係ではなかった）や He's not exactly stupid（彼はそれほど馬鹿ではない）、She doesn't exactly hate you（彼女はそれほどあなたを嫌っていない）などである。もし、これらの例に関わる強めが、トブラーが示唆しているように、アイロニー解釈の意識的適用を通して作用しているのであれば、この自由さはまさに私たちが予測するものである（そのような解釈がどのようにして働くかについては Grice 1975; Wilson and Sperber 1981 参照）。実際、これらのアイロニカルな読みは、強意語がない場合、特に He isn't **brilliant**（彼は**並外れて優秀**ではない）、He's not **stupid**（彼は**馬鹿**じゃない）、I'm not **thrilled** with that proposal（私はその提案に**わくわくして**はいない）のように、否定の焦点にある尺度述語が強い強勢を付与されている時に可能である。しかし、グリーンが暗示しているように、その効果はより慣習化したパターンと比べ、より間接的で多様な言語的文脈あるいは言語外的文脈の影響を受けやすい[47]。

　無標で肯定の尺度の中間値か弱い値を取る不寛容述語だけが、外見は矛盾否定であるものを反対否定に（自動的に）強めることを許す、という主張に対して反例になりそうな強力な候補が 1 つある。この候補は、評価的に肯定／否定の意味を持つ反意語のもっとも基本的な組み合わせに見られる。何かが正しくないということは、しばしばそれは間違っているということに等しいが、逆は必ずしも真ではないので、right は wrong と異なっているのに対して、bad は good と同じくらい容易にそして十分に否定の強めを許すように思われる。not bad や not half bad が pretty good や very good に等しい肯定の記述として用いられることをストッフェル（Stoffel 1901: 126）が述べている。ストッフェルはこの用法を、誇張と反対の反応、「学習された謙遜表現（a studied modesty of expression）」、「誇張法の外観を完全回避する方法（a shirking of the least semblance of hyperbole）」と見ている[48]。

　実際、その範疇の核になる例を表すのは、次の特定の推論である。

> **緩叙法 (litotes)**:（He's not a bad ball-player の場合のように）肯定が、その反対を否定することによって表現される控え目表現。(*Webster's Third New International Dictionary*)

この用語が一般的に修辞的控え目表現と同定されるようになったのは、拡大用法によるものである。

　not bad を緩叙法的に理解するのは文脈とイントネーションによって決定されるということは、以前から認識されている。スターン（Stern 1937: 312）は「not bad が字義どおりに解釈されると、それが許す解釈の許容範囲は大きく、無関心（indifferent）から優秀（excellent）まで表すことができる。そして、用いられるイントネーションと環境によってどちらの意味にでもなるかもしれない［原文のまま］」と述べている。ボリンジャー（Bolinger 1972: 115）は、not bad は「語尾が下降–上昇調」で発話されると、わずかにほめて非難し、これが話者が与え得る最善で最も肯定的な評価であることを示唆するのに対して、not bad! を「驚きのイントネーションで」発話すると「非常に良い」を伝達し、いわば、わずかに非難してほめるものであると述べている。

　カトラー（Cutler 1977）も同じような区別をしている。（**106B₁**）において、下降–上昇調で読まれると発話の字義どおりの読みを否定し、（特に、鼻にしわを寄せると）その色彩配合がよくないという話者の意見を伝達するが、（**106B₂**）では、それが「非常に良い」ことを話者は伝達している。

(106)　A: How do you like my new color scheme?

　　　　B₁: Not bad.　　　B₂: Not bad.

カトラーは、（**106B₁**）の下降–上昇調によって生み出される効果を、例えば Sue's real smart（スーは本当に頭がいい）のような表現に「アイロニカルなイントネーション」を適用することと比較しているが、その類推が動機付けを持つものであるかどうかは明らかではない。ラッド（Ladd 1980: 218）が述べているように、カトラーのnot ˇbad や（Oˇ K, all ˇright, I ˇlike her のような）それに関係する尺度の中間値の評価を表すものにみられる下降–上昇調は、彼が一般にこの音調に付与する「与えられた集合の中の焦点（focus within a given set）」という意味と十分に両立可能である。ここでの下降 - 上昇調は、「可能な解釈の階層性を設定し、与えられた評価を可能な極の間のどこかに明示的に位置付ける」。従って、同じ表現でも単なる下降調を持つ not ˇbad（**106B₂**）や Oˇ K, all ˇright にはない、「凡庸なニュアンス」（サピアの「無関心の領域」参照）を伝達するのである[49]。

　not bad に伴う 2 つの対立する推論スキーマがあることは驚くことではない。先に述べたように、グライスらによって示された「格律の衝突」の例は一般に、聴者の視点に基づき下限を与える **Q** 原理（上限を与える含意（4 章参照）を生じさせる）と、話者の視点に基づき上限を与える **R** 原理（下限を与える含意（本章で論じた）を生じさせる）との間に生じる緊張関係に帰することができる。この緊張関係は、尺度値が否定される場合、特にどちらの推論も（編入や否定辞繰り上げ現象によって）制度化されていない場合に、明らかに働いている。

このように、(107a) を聞いた聴者は、(R に関係する)「情報量の法則 (Loi d'informativité)」、すなわち話者が伝達している情報を聴者はすでに知っているわけではないという仮定によって、話者は (107b) を伝達するつもりであったと推論する、とデュクロ (Ducrot 1972: 132) は述べている。

(107) a. La situation n'est pas excellente.　　'The situation isn't excellent'
　　　b. Elle est franchement mauvaise.　　　'It's pretty bad'

しかし、話者は (107b) とは言っていないので、いつでも話者の言ったこと、すなわち (107a) の字義的意味（スターンの言葉を用いれば、「許容範囲の大きな」外延的意味）に戻すことができる。一方、(Q 原理に基づく)「総記の法則 (loi d'exhaustivité)」（話者は、聴者の興味をひくと思われる手持ちの情報の中で、可能な限り最も強い情報を提供することを要求する原理。Ducrot 1972: 134 及び本書 4.2 節参照）が与えられたら、(107a) と言う人は、適切な文脈において、その状況は pretty good であると含意するかもしれない。

　スターンやボリンジャー、カトラーなどが述べているように、not bad の場合にもこれと同じ 2 つの解釈が存在しているが、この例の方が R 含意の解釈が慣習化されている程度が高いように思われる。トブラーの言葉を借りれば、英語の句においてもそれに相当するフランス語の副詞的表現においても、この推論にはもはや意識的なアイロニーの意味はない。2 つの読みに与えられる特徴的な音調は、それがどのように特徴付けられるにせよ、ここではオンラインでの推論が必ずしも行われているわけではないことを示す 1 つの手掛かりを示している。

　もう 1 つの手掛かりは、(少なくともフランス語の表現にとっては) 統語的なものである。とりわけル・ビドワとル・ビドワ (Le Bidois and Le Bidois [1935] 1968: §1697) によって示されたように、少なくともモリエール以降、(「アイロニカルに解釈される」) pas mal（かなり）と assez（「十分に、かなり」）の間に機能的対応が見られるだけでなく、(ル・ビドワによると) pas mal de（かなりの）は、assez と beaucoup de（多くの）の間に位置する肯定の量化尺度の要素として働く。また、慣習化の中にも慣習化があり、Elle n'est pas mal（彼女はなかなか良い：字義どおりでは 'She isn't bad'）は、'She is quite good-looking'（彼女は全く美しい）という二次的熟語読みを持つ。

　無標で肯定の尺度を表す形容詞（例えば good）を否定すると、R 原理に基づく強めの推論によって、それに対応する反対の（評価的に否定の）尺度値を伝達するものとして、解釈される傾向がある。not bad や pas mal の慣習化された緩叙法的意味は、[（例えば good のような）無標で肯定の尺度を表す形容詞の意味なのであれば、

この慣習化した意味は］なぜ発達したのだろうか。その答えは、上で触れた **R** 原理に基づく意味変化の機能に見出されるかもしれない。

　Q 原理に基づく語彙的狭めも **R** 原理に基づく語彙的狭めも、通時的に数多く例証されている（Horn 1984a-c 参照）。前者の **Q** 原理に基づく語彙的狭めの多様性は、すでに存在している（基本的で十分に言語体系に統合された）語彙項目が、より生産的な語彙項目や表現の使用―そして時々最終的にはその意味―を制限する動きをするという意味において、言語的に動機付けられている（5.1.1 項に引用された阻止現象の文献参照）。thumb（親指）という語があるので、（親指も指なのだが）finger（指）が指す領域は、親指ではない指に制限される傾向がある。同様に、rectangle（長方形）は、それよりも特定的で情報量の多い square（正方形）という語が存在するので、正方形ではない長方形を指す傾向がある。

　しかし、**R** 原理に基づく狭めは、もともと範疇や集合を指す語彙項目であったものが、その集合の中の目立つ部分集合または典型的な要素を指すものへ変化する現象だが、これは、言語的に動機付けられるのではなく、文化的社会的に動機付けられている。その最も明らかな例は、すでにみたように、より特定的な情報を避ける（従って、**Q** 原理に優先する）ことを促す婉曲法である。drink や smell が（He drinks too much（彼は酒を飲みすぎだ）や Something smells around here（このあたりは何か変な臭いがする）におけるように）特定の飲み物や特定の臭いを指す狭められた読みを取り、その結果その語彙項目の自己包摂性（autohyponymy）を示す時（Horn 1984a 参照）、それは聴者が話者と同じ文化を共有し、話者が十分な理由があって直接的表現を避けた対象が何なのかを聴者が理解できると、我々があてにすることができるからである。同じ推論が、（go to the bathroom（トイレに行く）、sleep with（…と寝る）、pass away（亡くなる）、disease（がん等の特定の病気）、accident（事故）のような）その意味変化がさらに進んだ、標準的な婉曲語法の例に適用できる。

　この章でみてきた婉曲法の場合、話者が直接的な表現を避けようとし、マイナスの面目を避け、思いやり（と否定可能性）を保持しながら、（反対の否定という）緩叙法を採用するように動機づけるのは、普通否定的な評価を持つ属性である。しかし、not bad の場合は直接的な肯定の評価を持つ属性が避けられ、この肯定的な値を間接的に示すために、否定的な評価形式の否定が緩叙法的に採用される。

　pretty good の代わりに not bad が用いられる現象には、婉曲法のもう 1 つの形式、すなわちタブーの回避がみられる。タブーの回避は、丁寧さによるものではなく、ギリシア人が復讐の女神（Furies）を祝福された者（Blessed Ones）と呼び、ロシア人が熊を「蜂蜜を食べるもの（honeyeater）」と呼ぶようになった原因と同じ要因によるものである。さまざまな文化において、神や悪魔、先祖や他の恐れられるもの、強力なものなどの本当の名前が避けられ、それを指すためのより間接的な手段が慣

習的に決められている。ある西欧文化では、自分の価値に関する感情や査定がかかわる時には特に、肯定の評価を直接示すことを避けるという同じ様なタブーがあるようだ。よい感情は、その感情の源になるものがだめにならないように、直接的には表現されない（木をたたく、という言葉を用いない慣習と比べよう）^{訳者注21}。また、我々の冷淡ではないにせよ洗練された文化の中でも、我々はあまり肯定的であったり熱狂的であるように見られたくないと思っている（誇張法を避けることについては Stoffel 1901 参照）。感情的、主観的評価が関わらない時には、(**77a**) の有標性が勝ち、not good と not bad の非対称性が再び現れる[50]。

(**108**) A : How are you feeling?　（具合はどうですか？）
　　　　B₁ : Not good. [→ fairly bad]　（良くありません　　[→かなり悪い]）
　　　　B₂ : Not bad. [→ fairly good]　（悪くありません　　[→かなり良い]）

(**108'**) A : How's the battery?　（バッテリーの調子はどうですか？）
　　　　B₁ : Not good. [→ fairly bad]　（良くありません　　[→かなり悪い]）
　　　　B₂ : Not bad. [↛ fairly good]　（悪くありません　　[↛かなり良い]）

((**108**) では生じているが (**108'**) では生じていないような) not bad の緩叙法的解釈が生じる時は、その評価が、('Not bad', he admitted に見られるように) 仕方無しに誉めてしぶしぶ認めるものであることを意味している。

　ある状況やあるサブカルチャーにおいては、肯定的な直接的評価も否定的な直接的評価も規則的に避けられる。この例としては、テレビ番組 Prairie Home Companion で宣伝されたミネソタ言語体系独習カセットに述べられているように、英語のミネソタ州方言があげられる (Mohr 1987 参照)。以下は「否定辞の力 (The Power of the Negative)」からの引用である (Mohr 1987 から第二課を引用)。

　　ミネソタ州の人は、肯定の感情を否定を用いることによって表現する事を好む。なぜなら、否定を用いると、物事の高い点や低い点を取り除くからである…。例えば、結婚したばかりだったり、走行距離が少なくほとんどキズのない新品同様の旧型のトラックを破格値で買ったり、鴨のシーズンが始まる日の夜明けなどのような、とても幸せな時に、ミネソタ州の人は
　　— 'I wouldn't want you to think I'm not happy.'
　　　（私が幸せじゃないと、あなたに思って欲しくないね）
　　と言うだろう。ここでは、これは強い陳述なのである。

not too good や not so good（あまり良くない）は、not too bad や not so bad（悪

くない）よりも悪い。例えば、誰かがあなたに、客用ベッドでの寝心地はどう
だったかと尋ねた場合、背中を横切る棒があったり足に突き刺すような痛み
があって寝心地がひどいものであったとしても、あなたは相手の感情を害さな
いために、Not too bad（悪くない）と言うだろう。しかし実際の寝心地は、not
too good（あまりよくない）のである。　　　　　　　　　　　（Mohr 1987: 6-9）

従って文脈によっては、二次的な婉曲法が適切なのである[51]。

　この言語的な振る舞いは、ミネソタ州の話者に限られるわけではない。雑誌
New Yorker の 'Talk of the Town' という記事（1985 年 2 月 4 日号 32 ページ）で、故ロ
バート・フィッツジェラルドの学生が、ハーバードで作詞の授業に参加したことを
書いている。そこでは、ミネソタ州の人ではない有名な古典学者であり詩人である
先生が、次のような尺度（下降順）に基づいて成績を付けている。

(109)　NB（Not Bad）
　　　　NTB（Not Too Bad）
　　　　NTG（Not too Good）
　　　　NG（Not Good）

その学生は、「めったにないが NAAB―Not At All Bad―というのがあり、それほ
どすばらしい論文を書いた人は、宴をはって祝われうらやましがられる」と、当時
のことを思い出している。恐らくフィッツジェラルドの評価体系では、弱める習慣
が現代における頂点に達していたのだろう。

　矛盾否定が反対否定へ強められる際には、R 原理に基づく古典的な推論パターン
が見られることが分かった。この推論は機能的には婉曲語法に関係し、これが用い
られる動機は、なんらかの否定的な命題を直接断定することが聴者の気分を害した
り、話者を動きの取れない立場に追い込んだり、あるいは他の点で不適切とみなさ
れるような文脈において、それを直接断定することを避けることである。緩叙法と
は、マルティヌス・スクリブリアラス（Martinus Scriblerus［1727］1952: 115）が述
べている「女性や密告者、陰口をきく人の特異な才能」などではなく、文明化した
社会的やり取りの心地よさを守りぬきながら、強い否定命題を伝達する基本的な手
段なのである。

　（少なくとも）1 つの疑問が残っている。ある語を否定した時に、その否定が語用
論的に強められるのは、その語が肯定の値を持つものであれば何でもいい訳ではな
く、（ほとんど）常に、無標の（肯定で弱い不寛容の）尺度値を持つものであるのは何
故なのだろうか。どのような答えも推測の域を出ないものにならざるをえないだろ

うが、私は次のようなことを述べることからこの点を考えたいと思う。有標の語を否定した I'm not ecstatic（私は有頂天ではない）や I'm not sad（私は悲しくない）、I'm not miserable（私は惨めではない）のような表現を、否定されている語自体が前もって導入された談話の枠組みなしで文脈化することは、無標の語を否定した I'm not happy（私は幸せではない）のような表現に比べて難しい。

　このような有標の語が導入された談話の枠組みにおいては、統語論に従った素直な矛盾解釈を超えて推論を働かせる機能的動機付けがない。実際このタイプの文脈に無標の語が現れる時、その語の否定も対応する肯定の矛盾として解釈される。

(**110**) A : Are you happy?　（あなたは幸せですか？）
　　　　 B : No, I'm not happy.　（いいえ、私は幸せではありません）
(**110'**) A : So you believe the fog will lift?　（それであなたは霧が晴れると思いますか）
　　　　 B : No, I <u>don't</u> believe it will lift.　（いいえ、霧が晴れるとは思いません）

しかし、有標の場合とは違って、（I'm not happy や I don't believe the fog will lift のような）無標の値の否定は、会話のやり取りの始めに来ても適切である。そのような場合、聴者は、―否定の情報量のなさと語用論的労力の分業が与えられたら（3.3 節参照）―否定の陳述を強めて、その反対を断定する情報量が十分ある命題にする傾向がある。

　この章で議論されたいくつかのプロセスの相互関係は、くり返し用いられた 1 つの前提に関係している。その前提とは、**p ∨ q という語用論的仮定を認可する文脈において、not-p を主張することは q を含意することである**、というものである。形式的には矛盾否定と見なされる **not p** は、無言の内に反対の断定を伝達するだろう。しかし、それは、**p** が相対的に弱い肯定の尺度述語で、その対照を成す集合のうち無標の語を表す場合に限られる。（グライス派の）会話の原則と（プラーグ学派の）談話の原則は共に、矛盾否定の **not P** が無言のうちに反対の断定を伝達するのは、**P** が相対的に弱い肯定の尺度述語で、その対照を成す集合のうち無標の語を表すものである時に限られる、ということを予測する。（グライス派の）会話の原則と（プラーグ学派の）談話の原則は共に、矛盾否定が強められ（ボーザンケトによれば「補充され」）、反対解釈を生み出す可能性があるのは、そのような場合だけであることを予測する。3 つの構造［すなわち、緩叙法、否定辞繰り上げ現象、接辞否定］が異なっているところは、**R** 原理に基づく語用論的強めのプロセスを支配する慣習化の性質と程度である。すなわち、5.3 節で議論された（相対的に）単純な緩叙法の場合において、一般的で実質的に例外がない推論は、5.2 節の否定辞繰り上げの例では、短絡含意や使用の慣習として部分的に化石化され（そのため、否定辞繰り上

げ現象にかかわる推論は、なんらかの原則に実際仲介された性質のものではなく、語彙的な例外があるのだが）、5.1 節の語彙化された接辞否定では、部分的あるいは完全に慣習化されるのである[訳者注 22]。

注

1　単純な反対表現（カエタヌスの限定反対（Cajetan's reductive contraries））は、反対表現とみなされつづけるだろうが、この範疇は以下の議論では重要な役割を果たさない。

2　（道徳的倫理的対立において）どちらを白とみなし、どちらを黒とみなすかを、我々が暗黙のうちに理解していることは、我々の文化的遺産について多くのことを明らかにする。それと同様に、アリストテレスが好んだ極性反対の例をばかにするこのような比喩が流布していることは、我々が極性化の性質を意識していることについて多くを語っている。

3　1960 年代後期のハンガリーにおいて、自由主義者のヤーノシュ・カダル（Janos Kadar）が、ニケア信条の Those who are not with us are against us を、中間値を賛成者と考える Those who are not against us are with us に変更した（もっとも、ドンカ・ファーカス（Donka Farkas）が私に教えてくれたところによると、これはイエスではなくレーニンの言葉だとされている）。この未だに生産的なパターンは、デズモンド・ツツ主教（Bishop Desmond Tutu）が 1986 年 1 月にスタンフォード大学で行ったスピーチでも 'You are either for us or against us' として用いられている。

4　一般意味論の学派は特に極性化傾向に批判的で、二値的方向付けを認める思慮のない考え方をアリストテレスにまで遡ってくり返し激しく非難している（Korzybski 1933; Hayakawa 1949; Leech 1974: 39–40 も参照）。コルツィブスキやハヤカワらは「非アリストテレス的（'non-Aristotlian'）」思考様式、すなわち、どちらでもないというサピアの無関心領域の位置を保持する多値的アプローチを熱狂的に支持している。しかし、我々はアリストテレスを十分に観察する機会を持ったので、一般意味論者の言う意味においては、アリストテレス自身が非アリストテレス的であったと言える。何故なら、彼は常に（good と bad の関係や、black と white、tall と short の関係のような）述語の対立を、明らかに中間値を許すようなやり方で定義していたからである。極性化という敵は現実のものであるかもしれないが、相手を間違えているのである。すなわち、アリストテレスよりも、イエスやヒトラー、ブレヒト、クリーヴァの方が、敵役としては適切である。

5　より語彙化され生産的でない iN- という形式は、常に「**un-** の領域を制限する」可能性を持っており、従って、*unpossible や *unactive という語がないのである（Zimmer 1964: 30）。OED（**un-**^{1}, 7）、イェスペルセン（Jespersen 1942: §26.1）、マーシャン

476

(Marchand 1969) 参照。同意性による阻止や先取り（BLOCKING OR PREEMPTION BY SYNONYMY）の一般的現象については、ブレアル（Bréal 1900: 27）、アロノフ（Aronoff 1976: 43ff.）、クラーク・クラーク（Clark and Clark 1979: §4.4）、ホーン（Horn 1984b: 25ff.）を参照。ブロウズロー（Broselaw 1977: 60）が述べているように、アロノフの阻止原則は、「いかなる特定の語幹の意味スロットにおいても、リストに挙げられるのは 1 つの項目だけである」と規定している。このように、iN- と un- は、異なる意味を維持するか発展させるならば容認されるだろう。このような姉妹語の例については以下でみる。

6　undisquieted（平静を乱さない）、undishonored（名誉を汚されていない）等についてはマーシャン（Marchand 1960: 150–153）も参照。ツィマー（Zimmer）が認識しているように、生産的なパターンを含まない否定的な評価／感情を表す語幹に接辞を付加して、肯定の評価／感情を表す語を派生することに関して、問題のある場合がいくつか残っている。彼は、（unmalicious（悪意のない）、unobnoxious（ことさらいやではない）、unvicious（邪悪でない）のような）いくつかの -ous 派生語の使用を実証し、（uncorrupt（賄賂がきかない）、undegenerate（堕落していない）、unguilty（罪のない）、unselfish（滅私の）、unsordid（むさくるしくない）、unvulgar（野卑でない）のような）他の例と同種のものとした。しかし、ツィマー（Zimmer）は、観察された形式は必ずしも自然なものではないことを指摘している。結局、標準的な辞書には、uncruel（残酷でない）、unignorant（無知でない）、unsick（病気でない）、unstupid（愚かでない）のような、（7）に対する明らかな反例が含まれているが、これらは多少割り引いて受けとらなければならない事実上臨時の形式である。これは、真の反例、すなわち、相対的にまれだが、iN- と非生産的な un- を伴い、矛盾を構成し、肯定か中立の評価／感情を持つ語形成の存在を退けることではない。例えば unworthy（価値のない：イェスペルセンから）、unselfish（滅私の：ツィマーから）、impartial（偏見のない）、inanimate（生命のない）、incredible（信じられない）、inexpensive（安い：cheap よりも否定的な評価／感情を表すわけではない）、infrequent（めったに起こらない）、unafraid（恐れない）、unapologetic（謝罪しようとしない）、unsusceptible（〜に左右されない）（以上 Funk 1971 から）などである。

7　しかし、in-**x**-able や un-**x**-able の形式を取る派生語に付与される矛盾読みは、また別の源も持っているに違いない。（impossible（不可能な）、incapable（能力がない）、unfeasible（実行できない）のような）この形式を持つ十分に語彙化された語は矛盾の接頭辞否定を持ち、それは、（impractical（非実践的な）、unable（できない）、unapt（不適当な）のような）同じ（おおざっぱに定義された）意味クラスの他の形容詞と同様である。このクラスの適切な特徴化については 5.2 節で扱う。

8　この制約の違反者であることが立証されているものは、dis- ではなくて in- を含む語

基に un- を付加する uninfallible（絶対誤りがないということはない）である。これは主としてカトリック神学の技法の 1 つの用語である。

9　もちろん、非生産的な接辞を含む単語が必ずしも母語話者によって分析不可能であることにはならない。inflammable（可燃性の）を、語源的に『正しい』「燃えることが可能な（'capable of becoming inflamed'）」ではなくて（あるいはそれと並んで）、否定辞の in- を持つ「燃えない（'not flammable)」として再解釈されることは、（時々起こる創造的な用法と同じく）話者がその接頭辞の否定的性格に十分気付いていることを示している。同様に、coolth（涼しさ）のような滑稽な新語は、名詞化する接辞の -th が、死んだものではあるが、派生形態素と分析される（あるいは分析可能である）ということを示唆している。ツィマー（Zimmer 1964: 86）が untrue（真実でない）、unhappy（不幸な）、unkind（不親切な）という語彙化された接頭辞否定について述べているように、「我々には、そのような形態素の結合を生成するのではなく分析する文法が必要なのである。」

10　これは、un-X と non-X 形式が実際単純な自由異形を構成するように思われる例、特に専門的な領域におけるそのような例の存在を否定することではない。例えば、unprefixable/ nonprefixable（接尾辞を付加できない）や、unproductive/ nonproductive（非生産的な）、unvoiced/ nonvoiced（無声音の）といったようなものである。

11　実際 uneven は、以前同意語であった unequal と同様、数詞に対して用いられていた。uneven が数詞に用いられることがどんどん奇妙になっていったのは、その関連する意味において odd がどれくらい頻繁に用いられるようになったかということと相関関係にあるように思われる。そしてそれは、私がここで仮定している同義性による先取権の理論によって正に予測されることである。（そのパラダイムにおいて同じ関係にある *unodd が全く確証されていないということは奇妙なことではない。3.2 節の lo-zuɡ̀i 対 lo-pirɖi についての議論を思い出そう。）unequal がもはやこの意味を持っていないのにその語自体が存在し続けていることは、un- が決して非段階語に付加されないという（例えば Selkirk 1982: 108 による）非常に強い主張にとっては屈辱である。

12　もちろん音韻論的に透明な iN- 形容詞も、非合成性に向かっていくかもしれない。例えば、indifferent（無関心な）、invaluable（貴重な）（Jespersen 1917: 145）などである。

13　アレン（Allen 1978）は実際、non- を複合語の文法の中に位置づけているが、彼女の立場は主として、複合語の外に付加されるという観察、つまり、（Selkirk 1982 が述べているように）un- と共通の特性によって支持されている。マーシャン（Marchand 1960）は、un-cross-examined（厳しく追及されていない）、un-self-conscious（自己を意識しない）のような形式を引き合いに出しており、セルカーク（Selkirk）は、un-self-sufficient（（自給）自足しない，うぬぼれの強くない）、un-germ-resistant（非抗菌性の）、un-laid-back（ゆったりしていない、くつろいでいない）を目録に加えている。これらの形式を非文法的であるが容認可能であるとするアレンの扱い方は、そのような主張が一般的にそうであるのと同じくらい説得力がない（以下の 5.1.3 項参照）。

14 これらの形式はまた、結果として、復元不可能な重音脱落と名付けられるようなものになる。例えば多くのアメリカ英語の話者にとって、unpacked は 'not unpacked' として読まれるかもしれない。特に(i)のような枠においてはそうである。

　（ｉ）I'm still unpacked.（まだ荷物を解いていない）

それにもかかわらず、これは単純な肯定文と完全に等しいわけではない（(i) ≠ I'm still packed）。

15 ウィリアム・サファイア（William Safire）は、*New York Times Magazine* の "On Language" というコラム（1986 年 3 月 16 日付）で、排除的な non- の（過剰）使用に通じる「言語的回避」と「範疇化する側の完全な怠慢」を厳しく非難している。しかし、我々が「陰と陽を陰と非陰にしないように」しなければならないという彼の恐ろしい警告には、はきちがえているところがある。しかしながら、起こると思われるのは、陽／非陽である（3 章を参照）。

16 語幹の範疇に影響を及ぼさない接頭辞でさえ、下位範疇的枠組みに実際影響を及ぼすことも述べておくべきだろう。接頭辞は自動詞的語幹に他動性を許容したり課したりすることがある。例えば、人は *outthink* an adversary（敵を出し抜き）たり、*rethink* a problem（問題を再考し）たりすることはできるが、（思考以外の）何らかのものを *think* する（考える）ことはできない。同時に、「動詞に接頭辞を加えることによって、名詞以外の補部を取ることができなくなる」（Carlson and Roeper 1980: 123 また、Ross 1974 参照）ということは一般的に真実である。つまり、雨が降るだろうと think する（考える）ことはできるが、outthink し（出し抜き）たり rethink（再考）したりすることはできない。ある条件のもとでは、範疇を尊重する否定接頭辞 un- を付加することが、下位範疇化にも影響を及ぼすことがある。多くの話者にとって、It is uncertain that it will rain や It is uncertain to rain はせいぜいぎりぎり許容される程度である。それと同じ意味を表す接辞化されていない not certain であれば問題はない。ウェルテ（Welte 1978: §4.2.1.5）が非常に詳しく示しているように、同様の下位範疇化の違いが、disagree と don't agree、disbelieve と don't believe、discontinue と don't continue などのような動詞のペアの間にも見られる。それぞれの場合において、否定接頭辞が付加された動詞は、補文を取るのを嫌う点において（否定不変化詞のあるなしにかかわらず）接頭辞が付加されていないものとは異なっている。

17 ツィマーは、ロシア語の ne- が多数の対立を持つものとは結び付かないことについても述べている。例えば、*nekrasnyj（'nonred'）という形容詞はない。この点において、ne- は non- よりも un- に近い。

18 これらの場合は、イェスペルセンの二重否定の弱化効果規則に一致する必要はないことに注意しなければならない。もし X が弱い尺度演算子ならば、not ... X ... not は X よりも強い断定を伝達するだろう。このパターンの典型的な例は、4.2 項で観察したように、ある言語における必然性（=must）を表す一方法（あるいは唯一の方法）が、not ...

can ... not という形式である場合である。

19　一方、2 つの肯定は決して単一の否定に還元されることはない。これに対しては、シドニー・モーガンベッサー (Sidney Morgenbesser [訳者注 23]) の不滅の各即答の「そうだ、そうだ (肯定の肯定は否定にはならない)」で応答したくなる。しかし、まじめな話、この否定と肯定の取り消し特性の違いは、述語と命題の意味上の否定性の診断法として、しばしば採用されてきた。例えば、行儀の悪いことが苦手なものは、結果として行儀良くなるが、行儀よくすることが得意なものは、行儀悪くはならない (one who is bad at being bad ends up being good, but one who is good at being good is not bad)。更なる例と議論についてはギボン (Givón 1970) とクルーズ (Cruse 1980, 1986) 参照。

20　ここで考えている問題とは少し離れるが、否定接頭辞をとらない bad, evil, silly, dangerous を始め、否定接頭辞をとらない他の否定的な評価／感情を表す形容詞が、必ずしも「何かが欠けているということ (the absence of something)」を示すという見地から分析できるわけではない。詳しくはツィマー (Zimmer 1964) 参照。

21　ランゲンドンは、DNAA は含まれないが、NP 内で接頭辞の付かない形容詞が否定されている例を含む L&B の例に関して、非文法的だが容認可能という考え方を保持している。ボリンジャー (Bolinger 1980) は、*a not sad person と a not, shall we say, sad turn of events の間の容認性の違いにみられるように、not と形容詞の間に何かを挿入すると、その容認性は劇的に良くなることを指摘している。この種の韻律的感傷主義の効果は、我々が (彼が再分析した DNAA の場合とは異なって) 真の非文法性を扱っているのだということをランゲンドンに示唆しているのである。

22　緩叙法の観点から論理的二重否定を洞察的に扱ったものとしては、ボリンジャー (Bolinger 1972: 115–25「緩叙法と否定 ("Litotes and negation")」) 参照。Bolinger は、論理的に言って、「否定の否認は、肯定の領域全体を、適切であればどのような程度にも開いた状態にしておく」、そして文脈が、その意図された領域を話者によって実際に意図されたように狭める、と指摘している (p.116)。このように、彼の 2 つの例を引用すると、I was not unaware of the problem (私はその問題に気付いていないわけではなかった) は I was damn well aware of it (私はそれに十分気付いていた) を伝達するかもしれないし、It was a not unkindly meant remark (それは不親切に意図されたのではない所見だった) (DNAA と類似した副詞表現に注意) は、当該の所見は特に kind (親切) や unkind (不親切) として意図されたものではなかったということを示唆する。

23　私は、ここで、単一の構成要素に焦点を当てる二重否定、あるいは、イェスペルセンの用語を用いると、「同じ概念や語に言及する」二重否定を集中的に考えてきたが、これと同じ見解のいくつかは、4.2 節で引用されている (□の代わりに〜◇〜を用いるような) 両側に位置する二重否定の用法にも拡大される。ヤウ (Yau 1980: 83) は、2 つの非連続的な否定を持つ広東語の文の感情的な価値を議論して、この構造は、「戦略的で慎重な方法で、肯定を表現することを許す ('permet d'exprimer l'affirmative d'une manière tactique et prudente')」ことを発見している。実際、二重否定が、(広東語の

hɔji, hɔ nang 'be able to' のような)**B**範疇(**I**頂点)の動詞や法表現の両側面をはさんで、(*m hɔji m* **V** 'can't not, ought to, must' のような)**A**範疇の肯定を生み出す時、その結果は、必然性や義務という鉄の拳を、二重否定というベルベットの手袋にいれて和らげるように思われる。これと反対に、(例えば、'not obligatory not', 'needn't not' = 'permitted' のように)強い**A**範疇の法表現を二重否定によって囲み、**B**範疇の値を生み出そうとすることは、はるかにまれで全く慣習的ではないということは、注意をひくことである。この2つの場合において、論理的には等価であるが(第4章の(26)参照)、その遠回し的な言い方は、前者においてのみ機能的に動機付けられる。何故なら、許可や能力を表す直接的な表現を避ける理由はないからである。(上記の非連続的、あるいは、側面をはさむ、二重否定については4.2節参照、否定の弱め効果の議論については5.3節参照)。

24 ヒンティカ(Hintikka)は、(その談話文脈の中の話者などによって)単一の否定辞が先に用いられ、それによって促された二重否定の用法を無視している。

> That looks impossible. —No, it's not impossible.
> (それは不可能のように思われる―いいえ、不可能ではありません)
> Contrary to popular opinion (previous claims, etc.), this task is not impossible.
> (一般の考え(先の主張など)に反して、この仕事は不可能ではありません)

これらの例は、二重否定が、それに論理的に等しい単純な肯定ではなく、典型的ではない特定の文脈においてより適切になるもう1つの例を示している。第3章でみたように、5 is not even のように明らかに無意味な否定の陳述でさえ、文脈が 5 is even という偽の命題か x is even のような開いた命題を含んでいる時には、より簡潔で論理的には等しい 5 is odd の代わりに適切に用いられるかもしれない。

25 異なる論理形式をもつ論理的に等しい2つの表現は同義ではないとみなされるという主張は、分裂構文に関するアトラス・レヴィンソン(Atlas and Levinson 1981)においても利用されている。

26 さらなる議論については、ホーン(Horn 1978b)及びホーン・ベイヤー(Horn and Bayer 1984)参照。私はここで、これらの論文で示した議論を自由に引用するつもりである。後者の論文で述べているように、否定辞繰り上げ現象(NEG-RAISING PHENOMENON (NRP))という表現は、言語理論の中における究極的な取り扱いについてはどの立場を取ることも仮定せず、当該の相互関係を示すために、読者にとって解説的で偏見を抱かせないことを意図して採用している。

27 トブラー(Tobler)以降の伝統文法学者は、議論せずに、否定辞繰り上げ現象(NRP)は「非論理的」であると仮定する傾向にある一方で、同時にその存在に対する一般的な説明を見つけようと努めた。例えばグルヴィス(Grevisse 1969: 884)は「falloir, vouloir, devoir, aller などのような動詞は、不思議な移動によって、論理的には補文の命題ないしは不定詞を対象とする否定を取るようなことがある」と述べている(下線は筆者)。

28　カレプキ（Kalepky）は、hoffen については引き合いに出しているが、espérer について
　　は引き合いに出していない。しかし、スピッツァー（Spitzer 1927: 69）は、同様の還元
　　された形式の消失を、フランス語の真の否定繰り上げ動詞については成立していると
　　述べている。Je ne pense pas と je pense que non はどちらも、強い方の反対解釈を持つ
　　ことができる（英語の I don't think so と I think not の場合と同じである）。

29　スピッツァー（Spitzer）の感情論理は、ル・ビドワとル・ビドワ（Le Bidois and Le
　　Bidois［1935］1968: §985）によって独立的に援用された。彼らは vouloir や falloir に作
　　用する否定の移動を弁護し、「合理的で抽象的な論理が欠如しているので、ここで問
　　題になっているのは、感情と生命のずっと内的で強力な論理である」と述べている（Le
　　Bidois and Le Bidois［1935］1968: §985）。しかし、ル・ビドワとル・ビドワは否定の
　　性質に関してスピッツァーのような愚かな見解は持っていないが、否定辞繰り上げ現
　　象（NRP）が、禁止的な文脈、すなわち意志や必要性を示す動詞や仮定法を支配する動
　　詞に制限されるとしているのは間違っている。

30　ボリンジャー（Bolinger）は、I think I don't want it の代わりに I don't think I want it を用
　　いることに関する初期の論文で同じメタファーを援用し、「論理的には従属節の動詞
　　に属する否定が、それより先に現れる主節の動詞に移る（'a negative logically belonging
　　to the subordinate verb passes to the preceding governing verb'）」（1957: 94）と述べている。
　　しかし、この過程を「吸収された否定（'ABSORBED negation'）」とラベル付けすること
　　において、ボリンジャーはクリマ（Klima 1964）の「否定辞吸収」と自分自身の後の見
　　解（Bolinger 1968: 23–24）、すなわち、当該の否定辞は意味的に従属節の動詞と主節の
　　動詞の両方に属するという見解を先取りしている。この見解については 5.3 節で扱う。

31　第 3 例と第 4 例の対比に見られるように、また最後の 2 つの対比にも見られるように、
　　これらの原則のうち第一原則は第二原則より優先される。従って、否定の屈折を伴う
　　助動詞 X-n't は、それに対応する助動詞の後に置かれた否定 X not よりも弱い。この
　　ことは、標準的な尺度診断法によって立証される。

（ i ）She isn't happy; in fact (I'd go so far as to say) she's not happy.

（ ii ）#She's not happy; in fact (I'd go so far as to say) she isn't happy.

32　先の章でみたように、また以下でより詳細にみるように、同様の観察結果が、The
　　book is not white や The king of France is not bald. における否定の強い方の（述語項ある
　　いは内部）読みと弱い方の（述語否認あるいは外部）読みの間の関係についてもみられ
　　る。これらの例が真の欠性的多義性を含んでいるかどうかは、未解決の問題である。
　　この件については第 6 章と第 7 章で扱う。

33　この事実に関して分布的に相互関係のある次のような例にも注意しよう（上記 (42) と
　　Horn 1978b の詳細な議論を参照）: Kim {doesn't believe/ #didn't claim/ #isn't certain} that
　　Pat will arrive until midnight.

34　リーマン（Lehmann 1980）は、動詞が文末に来る言語には否定辞繰り上げ現象が存在

しないと述べているが、ホーン（Horn 1978b）やそこで引用されている論文にみられるヒンディー語（とそれに関連するインド・アーリア語）や、朝鮮語、日本語、トルコ語のデータを見ると、この主張は支持できない。（南アジア言語については Wali 1972; Bhatia 1977; 日本語については McGloin 1976, 1982 参照。）

35 ホーン（Horn 1978b: 205–7）は、（ボーザンケット（Bosanquet [1888] 1911: 319）が否定辞繰り上げ現象を示すものとして本文で示した中で引用している）ギリシア語の phēmi、英語の would say、バスク語やヘブライ語のそれに類する述語などを含む、一見伝達動詞のように見える動詞が、範疇 (a) の見解を表す述語を構成し、それゆえ否定辞繰り上げの引き金になることができる、と述べている。

36 このクラスは、一般に認識されている以上に開いたクラスである。フィラデルフィア 76ers のチームドクターであるマイケル・クランシーが、ケガをした選手のコールドウェル・ジョーンズについて、「骨折だというような診断は受けなかった（'He did not examine as though it was a fracture'）」ので大丈夫だろう、とそのチームとファンに言ったとされる時、彼は明らかに、ジョーンズは骨折ではない（Jones examined as though it wasn't a fracture）と診断されたことを示唆している。みたところ、（This book doesn't read as though the author knew anything about formal semantics にみられるように）examine や read のような被動作主が主語になる述語を含むいかなる動詞 X も、not X {as though/ like} Y という枠組みで現れ、補文が否定される X {as though/ like} not Y という解釈を伝達することが可能なようである。

37 エスキュール（Escure 1974）は、フランス語では叙実動詞も否定辞繰り上げを許すと述べているが説得力はない。問題は、彼女の言う「叙実動詞」（désirer（望む）、souhaiter（願う））が叙実動詞ではないという点である。シュヌカル（Shnukal 1980）は、ホーン（Horn 1975, 1978b）とは異なる見解を示し、「伝統的に否定辞繰り上げ述語から排除される叙実動詞（Horn 1975: 287）も、そのうちのいくつかは時に否定辞繰り上げを許す」ので、否定辞繰り上げ可能性に対する意味的な基準はあり得ないと主張している。しかし、この主張に対して彼女があげている証拠は、(i) のような例である。

(i) I don't {see/ know} that there would be any problem at all, would there?
   （まったく問題ないように思うのだが…）

ここで否定辞繰り上げ以外の何が起こっていようとも、否定辞繰り上げ現象は直接的に含まれていない。というのは、カッテル（Cattell 1973: 623–24）とホーン（Horn 1978b: 154–55）が述べているように、(i) は (ii) ではなく (iii) のようなものに書き換えられるからである。

(ii) I {see/ know} that there wouldn't any problem at all.
   （まったく問題がないだろうということを、私は {理解して／知って} いる）
(iii) There won't be any problem at all {that I can see/ as far as I know}.

（私の知る限りでは／理解する範囲では、まったく問題ないだろう）

そして、いずれにしても、Escure の例にみられるのと同様に、ここで用いられている動詞が (i) の枠組みに起こる時、(i) は「問題がある (there would (or will) be a problem)」を前提としていないので、この動詞は叙実動詞ではない。

38　実際我々が推論できることは、否定は **VP** レベル以下ではないということである。第 7 章で、自然言語の統語論の中では、文否定が文否定として存在することを疑う理由があることを見る。私がここで主張していることを、アリストテレスのことばで言うと、今考えている文の否定は、述語否認 (predicate denial) であって述語名辞否定 (predicate term negation) ではない、ということである。

39　5.1.1 項の議論で引き合いに出した ungood や untall、unrich などの形成を排除する阻止現象がギャップを埋めるものとして存在する。レラー・レラー (Lehrer and Lehrer 1982: 20) が気付いているように、sad が unhappy の形成を阻止しないのは、sad が単に unhappy を強めたものではないからかもしれない。例えば、非常に不幸な (unhappy な) 人は悲しい (sad) として記述され得るが、「人は失望したり、不満であったり、がっかりしたり、腹を立てているために、不幸であることもある」からである。

40　慣習化された会話の含意としての短絡含意を、グライスの（あるいはカルトゥーネンとピーターズの）慣習含意と混同してはいけない (2.5 項参照)。慣習含意は、名称からも分かるように、その表現が現れる文の真理条件に影響を及ぼさないが、会話の含意（それが短絡的なものであっても、そうでなくても）とは異なって表現の慣習的意味の一部である。慣習含意が分離可能である点は短絡含意と同じであるが、計算不可能で取り消し不可能である点は、短絡含意と（実際どのような会話の含意とも）異なっている。これは、いつ所定の含意が短絡含意でなくなり、慣習含意の地位を獲得するかが常に明らかである、ということを意味するものではない。これらは正に、語用理論が決定しなければならない問題である (Cole 1975; Sadock 1978 参照)。

41　否定辞繰り上げ現象を短絡含意の例として扱うやり方は、1980 年にサミュエル・ベイヤー (Samuel Bayer) がエール大学の私の授業に提出したペーパーで示唆されたものである。ここで示した現在の分析は、本質的にホーン・ベイヤー (Horn and Bayer 1984) の改訂版である。短絡含意という概念は、部分的に慣習化された緩叙法を始め、このセクションで扱われた題材を説明するためにカプラン (Caplan 1978) も用いている。

42　会話の含意や間接性、丁寧さ（特に否定の丁寧さ：以下文献の §5.4）との相互関係の、徹底した洞察に富んだ通言語的、理論的研究については、ブラウン・レヴィンソン (Brown and Levinson 1978: §5) 参照。

43　その 2 つの効果は関係があるばかりでなく相互に作用する。(99'a) は、次に示した（間接的に）断定されている命題(i)を二重に和らげたものを表している[訳者注 24]。

(i) Your jumpsuit is {not entirely appropriate/ rather inappropriate}.

このように、不快な命題が間接性の両方の形式を編入するように表されているので、聴者は少なくとも慣習的には二重に恩恵を受けている。そのような場合の断定の実際の内容は、R. レイコフが、彼女の悪名高い例文 (ii) との関係で指摘しているように、付加疑問によってマークされる。(ii) の例において、付加疑問が付けられる命題は (iii) でなければならない。

(ii) I don't suppose the Yankees will win, will they?
(iii) The Yankees will not win.
　　　(付加疑問と否定辞繰り上げ現象については Cattell 1973 も参照。)

44　もしこれが、関連する言語的診断法の存在によって強制されなければであるが…。私は既に、強い否定極性項目が、上位節にある否定に対して、否定辞繰り上げ解釈を強制するものとしての役割を持っていることや（Horn 1978b 参照）、動詞の前に現れる please が間接的な要請の印の役割をすること、but (=but not) が全称量化された断定のために用いられることなどについて触れた。同様に、(Urmson［1952］と Wittgenstein（［1953: 190］)において洞察力豊かに議論された) I believe や I suppose、I guess などの、間接的な断定や挿入句的機能は、(i) のようにこの副詞的な修飾語を後置することによって、あるいは (ii) のように挿入することによって（Ross 1973a 参照)、示唆したり強制したりすることができる。

(i) Your answer is not wholly satisfactory, I believe.
(ii) Your jumpsuit, I think, is not entirely appropriate.

45　雑誌 *New Yorker* の漫画で、女性の陪審長が述べた、次の（反排中律的）評決と比較しよう。

　　　'We find the defendant not guilty but not all that innocent, either'.
　　　(我々は、その被告が有罪ではないがそれ程潔白でもないと思う)

46　明白な最小ペアは、肯定の評価を持ち (103) の過程を支持する anxious to と、否定の評価を持ち (103) の過程を阻止する anxious about によって与えられる。

(i) I'm not that anxious to see the movie.　　　[→ contrary (I'd rather not see it)]
(ii) I'm not that anxious about the exam.　　　[simple contradictory]

anxious to は（likely to のように)否定辞繰り上げ述語ではないが、その否定は (i) のように強調されても、(iii) のように強調されなくても、典型的には反対に強められる。(iii) はエドガー・ライス・バローズ（Edgar Rice Burroughs, *Tarzan's First Love*）の提供による。

(iii) Tarzan knew that once the great bulls were aroused none of the jungle, not even Numa, the lion, was anxious to match fangs with them.

（いったん、大きな雄牛が興奮したら、ジャングルの何物も、ライオンのヌーマでさえ、その雄牛と戦いたいとは思わない、ということをターザンは知っていた）

47　否定されたどちらの値も無標でないときでさえ、否定されるのが肯定の評価／感情を持つものである時には、そのアイロニーはいくらかより死んだものと感じられる。(i) の返答はどちらも可能であるが、後者の場合においてアイロニカルな（緩叙法的な）解釈を引き出すのに、より多くの計算が必要とされる。

(i) A: How are you feeling?
　　B$_1$: Not great.　　　　　[→ pretty bad]
　　B$_2$: Not lousy.　　　　　[? → pretty good]

48　ボリンジャー（Bolinger 1972: 121ff.）は、not half bad (='more than half good') のこの「ほめ言葉としての用法」を非量化的とみなしている。not half の標準的な例が（尺度否定に特徴的な「より少ない (less than)」という解釈と共に）暗黙に持っている even の意味は、ここでは義務的になくなっている、と彼は述べている。

(i) The show isn't (even) half over yet.
　　（そのショーはまだ半分（も）終わっていない）
(ii) As a pianist, he's not (*even) half bad.
　　（ピアニストとして、彼はなかなか(* さえ)いい）

同様に、ワインをなかなか良い (not half bad) と記述することは、そのボトルが半分以下ではない (not [=less than] half full（あるいは not half empty)) と言うことと全く異なっている、と言っていいだろう。

49　ラッド（Ladd）が述べているように、彼の音調的意味の理論は、私が極の尺度値と名付けた（absolutely と両立可能な）ものを伴う下降 - 上昇音調を正しく排除する。

(ii) A: How do you like my new color scheme?
　　B$_1$: #{ ˇHorrible/ Fanˇtastic}　　B$_2$: ˇ{`Horrible/ Fan`tastic}

イントネーションと会話の含意の相互作用は、第 6 章で再考する。

50　評価を表す not bad が緩叙法的読みを持つものとして解釈できるかどうかは、その否定の後に挿入される強意語の選択に依存しているが、not good についてはそのような多様性が成立しない、ということも指摘しておくべきだろう。

486

（ⅰ）A: How are you feeling?
　　B: Not too good.　　　〔→ fairly bad〕
　　B: Not too bad.　　　〔→ fairly good〕
（ⅱ）A: How are you feeling?
　　B: Not very good.　　〔→ fairly bad〕
　　（?）Not very bad.　　〔–/–> fairly good〕

使用の慣習化がここにもみられる。

51　How's it goin'（いかがですか）のような一般的な質問に対する答えとして生じる可能性
　　がある、他の肯定の弱め表現は、（Not so bad よりもわずかに陽気な）Can't complain
　　や、（竜巻がすべての建物を倒し、納屋の板を隣の州に吹き飛ばされた後で、インタ
　　ビューされた農場主の適切な返答として引用された）It could be worse（これくらいです
　　んでよかった）などである（Mohr 1987: 7–8）。

訳者注

1　形態論における stem、base、root の用語（特に base）は、研究者によって用い方が若干
　　異なる。ホーンは、接辞付加の作用を受ける単位を stem（語幹）、接辞付加規則が適用
　　されるとき隣接サイクルに唯一的に含まれるもの（構造的に最も外側の形態素）を base
　　（基体）、全ての派生接辞が取り除かれたものを root（語根）として区別している。例え
　　ば、friend、friendly、unfriendly、unfriendliness という一連の派生語において、friend
　　は friendly の基体であり、今度はその friendly の -ly が unfriendly の基体となり、さら
　　にその un- が unfriendliness の基体となる。そして、friend が friendly の語幹であり、
　　friendly は unfriendly の、unfriendly は unfriendliness の語幹である。すべての派生接辞
　　が取り除かれた friend が語根である。〔02/05/2006 ホーン氏からの E メールに基づく。〕
2　# は語境界を、+ は形式素境界を表す。
3　Horn（2001^2 : xxxiv）の Appendix A: Errata in the original edition of *A Natural History of
　　Negation*（p. 278, line 5: delete 'thus'）の訂正に基づく。
4　Horn（2001^2 : xxxiv）の Appendix A:（p. 278,（12（ⅰ））: On its first occurrence, R^{-1} should be
　　explicated: $R^{-1} \rightarrow$ its converse R^{-1}）の訂正に基づく。
5　transitive（symmetric, reflexive）及びその派生語の日本語訳については、オールウド・ア
　　ンデソン・ダール著（1977）、公平朱躬・野家啓一訳（1979）『日常言語の論理学』（産業
　　図書）に従った。
6　レベル順序付け形態論について、荒木一雄・安井稔編（1992）『現代英文法辞典』（三省堂）
　　の関連部分の要旨を以下に引用する。
　　シーゲル（Siegel 1974）やアレン（Allen 1978）らのレベル順序付け形態論の根本的洞察
　　は、語彙部門にレベルという概念を導入し、それは、幾つかの順序付けられたレベル
　　として表示され、様々な形態過程は、ある特定のレベルでなされるということと、さ

らに、各々のレベルと強勢付与規則などの音韻規則との相互関係をも考慮していると いうことである。このレベル順序付け形態論は、可能な語形成と不可能な語形成を明 示的に区別することを可能にした。一方、ペセツキー（Pesetsky 1979）は、ある音韻規則 の循環的適用は、条件として要求されるのでなく、語彙部門の構造の帰結であるとし ている。つまり、語彙部門に含まれる循環的音韻規則は、語形成規則が適用されるご とに適用されるのである。換言すれば、ある語形成規則の出力は音韻規則への入力と なり、さらに、この音韻規則の出力は再び語形成規則の入力となるので、循環的効果 が得られるのである。シーゲル、アレンとペセツキーの2つの提案を結びつけると表1 のような語彙部門の構造が与えられる。さらに語彙部門に認めるレベルは研究者によっ て多少異なる。例えばキパースキー（Kiparsky 1982）は語彙部門に3つのレベルを認め、 表2のように順序付けている。一方、シーゲル及びアレンでは、屈折接辞付加（表2の レベルIIIに相当）は語彙部門から除かれており、その結果2つのレベルを仮定している のに対して、モーハナン（Mohanan 1982）は表2レベルIIの第II類接辞付加と複合語形 成を別のレベルとして合計4つのレベルを仮定している。

表1

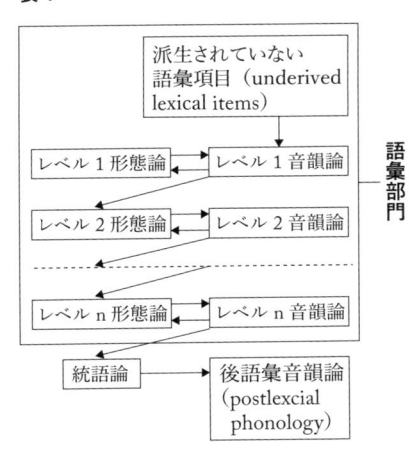

表2

レベルI	(i) 第I類接辞付加 (ii) 不規則的屈折形の派生 (iii) 母音交代、母音変異などによる派生
レベルII	(i) 第II類接辞付加 (ii) 複合語形成
レベルIII	規則的屈折形の派生

表2のレベルI、IIにみられる第1類接辞と第II類接辞は、次の基準によって区別さ れる。第1類接辞は(a)または(b)を生じさせる接辞であり、第II類接辞は生じさせな い接辞である。

(a)　その接辞（特に接尾辞）が基体に付加されたとき、第1強勢の位置の移動を生じさ せるかどうか。

(b)　その接辞が基体に付加されたとき、分節的な（segmental）変化が生じるかどうか。 （例えば、ある接辞が基体についたとき、音の同化や、音の変化・脱落等が起こ

るかどうか。)

否定を表す接頭辞 -iN は、illegal や impossible, irregular にみられるように、基体の最初の子音と同化するか、または子音の脱落を起こすので、第 I 類に属すると判断される。

Pesetsky (1979) "Russian Morphology and Lexical Theory," Ms., MIT.

Mohanan (1982) Lexical Phonology, Ph.D, Dissertation, MIT, reproduced by IULC.

7　語がどの品詞に属するかということが、文強勢の配置と関係してくる場合があると、従来繰り返し言われてきた。品詞は、それが一般にどういう意味を表すかということに基づいて、2 つの類に大別される。名詞や動詞や形容詞などのようにはっきりと定まった概念を表す語は「内容語(content word)」とか「実語(full word)」と呼ばれる類を形成する。前置詞や接続詞や助動詞などのように漠然とした概念を表す語は、「形式語(form word)」とか「機能語(function word)」と呼ばれるもう 1 つ別の類を形成する。（荒木一雄・安井稔編(1992)『現代英文法辞典』(三省堂)より）

8　Horn (2001^2: xxxiv)の Appendix A: (p.290, line 10: delete 'nonentity,')の訂正に基づく。

9　non-sporting dog や sporting dog は、犬ブリーダーやケンネルクラブによって用いられている犬の品種の 6 分類のうちの 2 つに相当する。犬の品種は、sporting dog, hound, terrier, working dog, toy dog, nonsporting dog の 6 つのクラスに分類される。sporting dog のグループは獲物の場所を鼻を向けて示したり、(獲物が鳥の場合)飛び立たせたり、仕留めた獲物を探して持ってきたりするようにしつけられた犬をさし、ポインターやスパニエルなどが含まれる。sporting dog が空気中のにおいで獲物を追うのに対して、hound のグループは地面のにおいで狩りをし、ビーグルやグレイハウンドなどが含まれる。terrier のグループは、穴を掘る獲物を追う。working dog のグループには、コリーやセントバーナードが含まれ、番犬や案内犬、牛飼いとして用いられる。toy dog のクラスは、ペキニーズやポメラニアンなどを含む小型犬のクラスで、nonsporting dog のグループは、主にペットやコンパニオンとして育てられた犬で、チャウチャウ、ダルメシアン、プードルなどが含まれる。以上のように、sporting dog と non-sporting dog は、ドッグショーなどで用いられる犬品種の 6 カテゴリーの名称のうちの 2 つを表しており、一見すべての犬がこの 2 つのカテゴリーのどちらかに属する矛盾対当のように思われるがそうではなく、反対対当の関係にある。[24/04/2006 ホーン氏からの E メールにより確認。]

10　nonactor は、(例えば映画製作者が町で見つけた人のような)俳優の地位にはあるがプロではないような人や、感情の表現があまり上手な俳優とはいえない人を言う。nonbook は、本屋で売られているが、本と呼ぶほどの質がないもの、あるいは、それほど一貫性を持つものではないものを言う。例えば、ひどい文章であったり、手紙を集めたものだったり、カバーの中にあるものがオブジェだったり、といったようなものである。(従って、nonbook というのは必ずしも軽蔑的に用いられるわけではない。) noncandidate は、ある office の可能な候補者であると議論されているが公式にはそう認められておらず、公にそのような役割に興味がないことを表しているかもしれない

し、そうでないかもしれないような人をいう。nonevent とは予定されていたがあまりうまくいかなかったできごとを意味する。［Michael T. Wescoat 先生からの情報による］

11　Horn (2001² : xxxiv) の Appendix A: (p. 291, line 5: classc → classic) の訂正に基づく。

12　Newspeak は、ジョージ・オーウェル (George Orwell) が小説『1984』で用いた造語で、ニュースピークあるいは「欺瞞的用語」とも訳される。（政府の役人などが世論操作のために用いる）故意にあいまいにして人を欺く表現法のこと。（『ジーニアス大英和辞典』、『リーダーズ英和辞典』）

13　マルティヌス・スクリブリアラス (Martinus Scriblerus) は、大部分をジョン・アーバスナット (John Arbuthnot) が書き、スウィフト (Swift) やポープ (Pope) の加筆もあるとされる、時の低俗趣味を風刺罵倒した *Memoirs of Martinus Scriblerus* の筆者である架空のドイツ人尚古家。1713 年に、ポープ、アーバスナット、スウィフト、ゲイ (Gay)、コングリーブ (Congreve) などの提唱で、スクリブリアラスクラブ (Scriblerus Club) がロンドンに設立され、時の低俗趣味を風刺・罵倒した。（『ジーニアス大英和辞典』）

14　Horn (2001² : xxxv) の Appendix A: (p. 307, line 11: that → than) の訂正に基づく。

15　Horn (2001² : xxxv) の Appendix A: (p. 319, (52b), in translation: Hans is coming → Hans is not coming) の訂正に基づく。

16　訳者からの質問に対する Horn 氏からの返答メール（原著 p.322, line 12: 'khvaal' → 'khayaal') (03/06/2014) の訂正に基づく。

17　I never saw a purple cow/ I never hope to see one の後半は、I hope I never see one (a purple cow) と同義である。

18　訳者からの質問に対する Horn 氏からの返答メール（原著 p.332, line 6: (cf. (22), (22') above) → (cf. (21), (21') above)) (03/06/2014) の訂正に基づく。

19　Horn (2001² : xxxv) の Appendix A: (p. 348, (95b): koro → koto) の訂正に基づく。

20　Horn (2001² : xxxv) の Appendix A: (p. 349, (98): kunu → kuru) の訂正に基づく。

21　knock on wood は、間投詞的に「たたりがないように」「うまくいくように」を意味し、自慢などをした後で復讐の女神 Nemesis のたたりを避けるため、通例木（の製品）をこぶしの内側でコツコツたたきながら言うまじないの言葉である。あるいは、子供の遊びで鬼につかまらないように木製品にふれることを意味する。（『ジーニアス大英和辞典』）

22　Horn (2001² : xxxv) の Appendix A: (p. 361, end of last paragraph, from the fifth line from the bottom, should read as follows:

... negation may be strengthened (or 'filled in', à la Bosanguet) to yield a contrary interpretation. Where the three constructions differ is in the nature and degree of conventionalization governing this R-based pragmatic strengthening process: The inference which is general and virtually exceptionless in the (relatively) simple cases of litotes discussed in §5.3 is partially fossilized as a short-circuited implicature or convention of usage in the NR cases of §5.2 (whence the unmediated nature of the inference and the lexical exceptions associated with the NRP), and is partially or fully conventionalized in the lexical affixal negations of §5.1.) の訂正に基づく。

23 訳者からの質問に対する Horn 氏からの返答メール（原著 p.554, note 19, line 2: Sidney Morganbesser → Sidney Morgenbesser）（03/06/2014）の訂正に基づく。

24 訳者からの質問に対する Horn 氏からの返答メール（原著 p.559, note 43, line 1:（99'b） →（99'a）（03/06/2014）の訂正に基づく。

第6章　メタ言語否定

「量」を持つ表現と共に使われると、*not* はたいてい less than...（〜以下）という意味になる。しかし、例外的に *not once*、*not much*、*not three*、*not half full* などの組み合わせでは別の意味を伝えることがある。これは我々が *not* に続く語にストレスを置き、さらに矛盾を示す特別の音調を付与した場合に起こる。また、特に否定がより正確な訂正の表現を伴う場合、この意味は一層明瞭となる。例えば、not lukewarm, but really hot（なまぬるいのではなく本当に熱い）や not once but two or three times（一度ではなく二度三度）などの場合である。

（Jespersen 1933: 300–301）

それは車なんかじゃない、フォルクスワーゲンだ！

（フォルクスワーゲン社の広告文）

　この章では、先に約束しておいたように、メタ言語否定の問題に取り組むことにしよう。イェスペルセンも上の題辞で述べているように、「例外的」または有標の読みが、尺度性を伴う否定表現において可能になることがある。尺度性を持つ表現の否定は、普通「〜以下」という読みになるのであるから、この有標の読みとは相いれない。また、第4章で述べたグライスの尺度述語の理論ともこの有標の否定は相いれない。この章は Horn (1985) の改訂拡大版である。ここでは、イェスペルセンのいう尺度性を伴う否定表現の例外的読みと、いわゆる意味論的「外部否定」（第2章参照）のいくつかを、「否定演算子のメタ言語的使用」と考えることができるかどうかを検討することにする。

　第2章でみたように、いわゆる外部否定（EXTERNAL negation）の読みとは、標準的には下の (1) であれば (1') のように読むことに代表され、その読み方は (1') の後続の部分によって強化されている。

（1）　The king of France is not bald.

(**1'**)　The king of France is not ˇbald—(because) there is no king of France.
　　　（フランス王ははげなんかじゃない。だってフランスに国王なんていないん
　　　だから）

上記の文は、フランスが共和制であれば［訳者注：従って王政でなければ］真と
なる。もし内部否定的に読む (INTERNAL reading) と、(1) は偽か、あるいは真偽が
決まらないということになるだろう。否定文の意味的多義性はアリストテレスや
ラッセル (Russell 1905) が取り上げており、最近ではカルトゥーネン・ピータース
(Karttunen and Peters 1979) や三値論理の支持者によって議論されている。しかし、
哲学者や言語学者の間での最近の主流は、Atlas (1974, 1977, 1979, 1981)、Kempson
(1975, 1986)、Gazdar (1979a)、Carston (1985a, 1985b) で代表されるもので、真理
値ギャップや意味論的前提の存在とともに否定の多義性の存在を認めず、すべての
自然言語の否定を真理関数的なものや、意味論的に一般的な演算子に一本化しよう
とする方向である。

　このどちらの見解もそれぞれ多くの洞察となにがしかの真実を含んでいる。しか
し、両方とも完全というわけではない。文否定の異なる 2 つの使用は認めるべき
であるが、有標で非記述的な否定の方は命題に関する真理関数的、意味論的演算子
ではなく、メタ言語否定 (METALINGUISTIC NEGATION) の現象と考えざるを得な
い。この有標の否定は、「先行する発話を、慣習的含意、会話の含意、形態、文体、
発話域、音声的表現の仕方など、どのような側面においてであれ、拒絶する装置」
なのである。

　本章は次のように構成される。6.1 節では第 2 章で述べた否定の意味論的多義性
を再考し、否定単一主義者 (monoguist) の側の反論、すなわち、「すべての否定は
一本化できる」という主張を検討する。6.2 節では、否定は語用論的に多義であっ
て、有標の否定は通常の記述否定の演算子を拡張的にメタ言語否定として利用して
いる、という見解の証明を試みる。少なくとも外部否定のいくつかは、より一般的
な現象にまとめることができる。これは話者の否定の使用を、話者がある命題を主
張することに対する抵抗の標識とみたり、あるいは、他者によるある命題に対する
主張の受け入れに抵抗する標識とみる見方である。メタ言語否定も［この線にそっ
て考えれば］命題の真偽ではなく、発話の主張性に焦点を合わせたものと言える
のである。また、and、or、if-then、WH- 束縛などの論理演算子もそれ自身がメタ言
語的な使用となることがあることを示す。6.3 節ではメタ言語否定と尺度的、非
尺度的含意のかかわりを説明する。特に、上限規定的な **Q** に基づく含意 (**Q**-based
implicatum) を取り消す作用を持つ否定の使用、さらに **R** に基づく含意 (**R**-based
implicata) のメタ言語否定に対する抵抗力などの問題も考えることにする。6.4 節に

進むと、記述的否定とメタ言語否定を区別する 3 つの形態判別条件を検討する。この 3 つとは、接頭辞の編入が可能か、否定極性項目の生起要因になれるか、but 節の特殊な類と共起できるかというものである。[訳者注 : メタ言語否定はどれをも満たさない。これに関連して]英語や他の言語における 2 種類の but と 2 種類の否定の興味あるかかわりも観察する。6.5 節では、自然言語の否定の単一性、二重性をめぐる最近の議論を、私自身の理論との関連において検討する。最後に、6.6 節ではメタ言語否定のさまざまな言語における表層的な現れについて簡単な補足的説明を追加し、結論を述べることにする。

6.1　否定の「多義性」について

　既に 2.2 節でみたように、意味論的外部否定はラッセル (1905) による (1) のような文に認められる明らかな多義性の発見(あるいは再発見)にその源をたどることができる。否定の作用域は、(1a) では主語の記述の内に、(1b) ではその外に解釈され、もしフランス王がいないなら (もしくは一名以上いるなら)(1a) は偽、(1b) は真になる。

（ 1 ）　The king of France is not bald.
　　　a.　内部否定読み　　$\exists x\,(Kx \wedge \forall y\,(Ky \rightarrow y = x) \wedge \sim Bx)$
　　　　　　　　　　　　[The king of France is not-bald]
　　　b.　外部否定読み　　$\sim \exists x\,(Kx \wedge \forall y\,(Ky \rightarrow y = x) \wedge Bx)$
　　　　　　　　　　　　[not (the king of France is bald)]

　論理的前提の生みの親とも言えるフレーゲ (Frege 1892) とストローソン (Strawson 1950) は、(1') や (1b) に対応する有標の読みを無視している。有標の読みでは、通常は定記述や名前に関連づけられる存在前提(フレーゲの例　Kepler {died/ did not die} in misery 参照)が取り消されるか、あるいは棚上げされる。一方、ルカシェヴィッツ、ボシュヴァ、スマイリー、ヘルツベルガーなどは、否定と前提誘導的要素を含む (1) やそれと類似した文は意味論的に多義であるというラッセルの見方を支持するために、三値論理を推し進めた (2.4 節を参照)。[訳者注 : 彼ら三値論理主義者によると、]内部 (選択) 否定的な普通の読み方では、前提は保存される。そして、もし前提が満たされないならば、真理値ギャップが生じる。有標の外部的(除外)否定読みでは前提はもしかすると取り除かれるか、単純な伴立に変換されてしまい、文は二値的になる(詳しくは 2.4 節を参照)。

　前提の論理に関する諸理論は、この 2 つの否定についてさまざまな説明を与えて

いる。問題の否定の多義性は、語彙的なもの（前提や真理値ギャップを保存するような否定┐ p と、前提取り消し的、二値保存的否定 -p とに語彙的にリストされている）とする見解か、または作用域の違いによるものとする見解である。後者の「作用域の違い説」では、抽象的な真理結合子が導入されることが特徴で、この考え方では、外部否定とは「通常の否定がこの結合子によって形成された命題に外部からかかること」と定義される。従って、この説明によると (1) の外部否定読みは (2) の英文と同じとみなされる。

（2）　It is not true that the king of France is bald.

この見方は、前提に縛られない外部否定読みを表すのは、普通、(1) の形式ではなく (2) の形式であり、(2) はこの解釈のみを許すものであるという直観と覚しきものをよりどころにしている。

　しかし、分析がどのような結果になるにせよ、単称表現文、叙実的叙述文、範疇誤認文では、肯定文が真とも偽とも決められない時、その有標の否定文は明らかに真となる。このような有標の否定の存在を考慮すると、論理的前提を唱える学者のほとんどが「自然言語の否定は、（表層の 1 つの演算子に 2 つの解釈を認める、あるいは、論理形式で否定に 2 つの作用域解釈を与えるというどちらの方策をとるにせよ）多義として扱われねばならない」という結論に達することになる（しかし、Burton-Roberts (1987) はこれとは異なる見解に至っている）。

　この否定多義主義の立場は最近マーチンにより支持された。彼は「方法論的にはもちろん必要以上に意義 (sense) の増加を認めることは望ましくない。…しかし、いくつかのそのような多義性、特に否定のそれは完全に合理的なもののようにみえる」(Martin 1979: 43) と述べている。多分一部の人には完全に合理的であろうが、「マーチンの語彙的多義性の不用意な拡大」(Lycan 1984:97) に関してライカンと同じ立場にある者にとっては、「完全に合理的」ということはない。

　ライカンの陣営から見ると、多義主義者の見解の主要な問題点は、(1) のような否定文（他の例について詳しくは第 2 章参照）が意味論的に多義であるとは決して明らかでないということにある。さらに、アトラス (Atlas 1974) が強調しているように、(2) の迂言的構文やその対応物 (2') が、すぐに限定できる一群の哲学者や言語学者の疑わしい方言を除いては、前提から自由な外部読み (1b) のみを表すとは言えないのである。

（2'）　It is not the case that the king of France is bald.

この点について黒田 (Kuroda 1977: 105) も独自に同様の見解を述べている。「it is not the case that という表現は、既成の多目的型否定形式であり、すべてとは言えないまでもたいていの場合に、状況の要求する論理的都合に自らを適合させることのできる表現であるように思われる」と言う。黒田やアトラスにとっては、(2) や (2') は外部的で前提から自由な否定解釈 (understanding)（黒田のいう PROPER negation）であるばかりでなく、内部的、前提保存的な否定解釈（黒田の DENIAL negation）でもあるということになる。

　最近の 10 年間に、多くの研究者が否定の多義性について反対する見解を出している。例えば Allwood (1972)、Atlas (1974)、Kempson (1975)、Boër and Lycan (1976)、Gazdar (1979a)、Lycan (1984) などの研究である。ラッセルがフランスの王様が作った「ゴルディオスの結び目」ともいえるこの難題を、どうにかして解こうと工夫を重ねている一方で、これら単一否定主義者たちは「オッカムのかみそり (Occam's razor)」をサムライの刀のように振り回し、まさに「一刀両断」にしようとしているのである。彼らにとっては、否定は意味においても作用域においても、多義ではないのである。

　否定の多義性の立証責任は明らかに多義主義者側にある。先に言及したマーチンの一節の言い訳がましい調子がそれを物語っている。「他の抽象的な存在物と同様に、意義は必要性を越え増加されてはならないのであるが」という箇所である。これはグライスの「修正オッカムのかみそり原則 (Modified Occam's Razor principle)」(Grice 1978: 118–19) でもある。ジフも同様の原理を提唱し、「オッカムの消しゴム (Occam's eraser)」と呼んでいる (Ziff 1960: 44)。

　さらに、(1) のような文の前提を伴う内部読みと前提を持たない外部読みとが意味論的に区別されることを証明するのはことのほか難しい。内部読みが外部読みを一方的に伴立するからである。もしフランスの国王が存在して、非－はげ (nonbald) であるとすると、「現フランス王がはげであるというのではない」という否定が外部的にとらえられた解釈が成立するのである。多義主義者が内部読み、外部読みの間に示さねばならないことは、次の例 (3) に示されるような「欠如的多義性 (privative ambiguity)」である。

（3）　I just bought a dog.
　　　a.　canis familiaris, male　（イヌ科、雄）
　　　b.　canis familiaris　（イヌ科）

5.2 節でも述べたように、このような多義性の存在は、通常の言語テストでは立証することが極めて難しい[1]。

　言語学者にとって、多義主義に対する特に有効な反論は、「どの自然言語にも内部否定、外部否定に直接対応するような2つの異なる否定演算子が存在しないという事実である」(Gazdar 1979a: 65–66 で言及)。このことは、2つあるいはそれ以上の否定標識を持つ多数の言語を調べると一層はっきりしてくる。特に、**(4)** に例示しているように、多くの言語では、通常の平叙文に現れる否定標識と、非定形で非直接法の埋め込み文に制限され、しばしば仮定法と共起する有標の（いわゆる「強意的」）否定標識との間に対立が認められる（このパターンの1つの誘因については Horn 1978a: §5 を参照のこと）[2]。

（4）

	無標平叙否定	有標（強意）否定
広東語	m	m hai
古英語	ne	no, na
エストニア語	ei	mitte
古ギリシア語	ou	mē
現代ギリシア語	ðen (<ouðen)	mi
ハンガリー語	nem	ne
ラテン語	nōn	nē
現代アイルランド語	nach	gan
サンスクリット語	na	mā
タガログ語	hindi	huwag
ヨルバ語	kò	má

　フランス語を含むその他の言語では、否定は統語環境や意味論的文脈により形態的に区別されたり、重なったりしながらさまざまに表示される (Gaatone 1971; Heldner 1981 参照)。

（5）　(ne)... {pas/ point/ aucun/ personne/ rien/ jamais}
　　　　{aucun/ nul/ personne/ rien ... } ne ...
　　　　non (pas) + **副詞**
　　　　in-, non- ＋**語幹**

同様に、スワヒリ語も補充的で、余剰的な数種類の否定の表示を持っている。

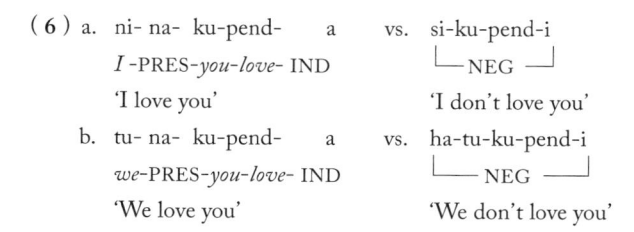

（6）a.　ni- na- ku-pend-　a　vs.　si-ku-pend-i
　　　　I -PRES-*you-love*- IND　　　└─ NEG ─┘
　　　　'I love you'　　　　　　　　　'I don't love you'
　　　b.　tu- na- ku-pend-　a　vs.　ha-tu-ku-pend-i
　　　　we-PRES-*you-love*- IND　　└─ NEG ─┘
　　　　'We love you'　　　　　　　　'We don't love you'

　言語によっては、文否定の標識はその文の時制／相によって決められたり、述部の
文法範疇で決められたりもする。（例については Payne 1985、さらに詳しくは 7.1
節を参照。）　明らかに、多くの言語では統語的、意味的、あるいは共時的に恣意的
な理由により、形態論的に区別された否定標識を利用している。しかしながら、重
要なことだが、ラッセルや三値論理を提案する多義主義者の議論に従うならば当然
あっていいはずの 1 つの区別を示す言語はないのである。

　しかし、外部否定は形態的に何も特別の語形をしている必要はないように思われ
るかもしれない。前にも出てきたが、作用域内で「真（true）」あるいは「事実（the
case）」という語と結びついているからである。Karttunen and Peters（1979: 47）では
「文 Φ の外部否定」は、英語では「It is not true that Φ」としてよいと提案している。
しかし、このアプローチは、既に上で述べたように、It is not {true/ the case}that
という式は、否定文の非前提的理解にとって必要条件でも十分条件でもないという
問題に突き当たる。また、（Linebarger（1981）の TRUE のような）抽象的な真理値
述語を、否定が外部的に作用していると思われる文にだけ一種の急場しのぎの装置
として対象言語のレベルやメタ言語のレベルで作用させるような意味論も、そのよ
うな構造の存在を示唆する明確な独立的根拠もないのに音韻論的、意味論的に「見
えない要素」を援用する統語論と同様、説得力に欠ける。

　外部否定について真理値述語を利用することのもう 1 つの根本的問題点は（6.5 節
で詳しく検討するが）、真理値と否定を関連付ける分析がどのようなものであれ、
真理条件意味論でのメタ言語的演算子としての TRUE 関数を日常言語の true（ある
いは通言語的にみてそれに相当するものの振る舞い）と同一のものとみることがで
きないということである。

　既に述べたが、単一否定主義の定立（thesis）は普通、意味論的前提を支持する見
解に反論しようとするものだが、確かにアトラス、ケンプソン、ボウア・ライカン、
ギャズダーらは意味論的前提の残部を取り除くことに躊躇するどころか、むしろ積
極的にそれに取り組んできた。しかしここで少なくとも 1 つの有力なアプローチに
も言及しておかなくてはならない。それは、否定に多義性を認める立場と、非意味
論的、あるいは少なくとも非真理条件意味論的な前提現象の分析とを結び付けよう

としたものである。もちろん、これは Karttunen and Peters (1979) 及び彼らの初期の論文で述べられた慣習的含意の形式的理論である。（Grice (1975) も参照のこと）

　2.5 節の議論を簡単に復習しておくと、K & P は、(7a) と (7b) は両方とも慣習的に (7') を含意すると考えている（もちろん (7b) は普通の否定として読まれた場合である）。

(7) a.　Chris managed to solve the problem.
　　　　（クリスはどうにかその問題を解いた）
　　b.　Chris didn't manage to solve the problem.
　　　　（クリスはどうしてもその問題を解けなかった）
(7') 　It was difficult for Chris to solve the problem.
　　　　（クリスがその問題を解くことは難しかった）

しかし別の文脈では、特に適切な音調が与えられ（反駁音調については Liberman and Sag (1974)、下降—上昇音調については Ladd (1980) 参照）、さらに適切な後続要素がくる場合、(7b) は (8) と解釈される。これは彼らのいう「反駁否定（CONTRADICTION negation）」のケースであり、この反駁否定は潜在的含意 (7') に対して広い作用域を持っている。

(8) 　Chris didn't ˅manage to solve the problem—it was quite easy for him.
　　　（クリスはどうにかやっと問題を解いたのではない—全く簡単だったのだ）

　カルトゥーネンとピーターズは、反駁否定は通常の慣習含意保存的否定とは異なり、否定極性項目（NPI）の出現を認可しないことを指摘している（Karttunen and Peters 1979: 46–47）。(9a) の通常の否定 (9b) では、その否定の作用域内で存在に関する any が現れている。一方、反駁否定では (9c) に見るように some と any の交替はない[3]。

(9) a.　Chris managed to solve some problems.
　　b.　Chris didn't manage to solve any problems.
　　c.　Chris didn't manage to solve {some/ *any} problems—he solved them easily.

同様に (10) では、否定極性項目の yet ではなく、already が現れている（= K & P の (77b)）が、これは反駁否定が、叙実述語 forget に付随する慣習的含意を取り除いているからである。

(10)　Bill hasn't already forgotten that today is Friday, because today is Thursday.

　　　（ビルは今日が金曜日であることをもう忘れたのではない。なぜなら今日は
　　　木曜日なのだから）

　Ｋ＆Ｐの反駁否定は慣習的含意の働きに「栓」をする。一方、通常の否定は慣習的含意に対しては「抜け穴」である。（しかし、2.5 節でみたように、ある種の含意、特に even に関連するものは彼らの反駁否定でも「栓」をする（取り消す）ことができないようである。）ここでもう一度、彼らの通常否定と反駁否定の形式表示を(11a, b)としてあげておく（記号の表記法などについては前の説明を参照されたい）。

(11) a.　Φ の通常否定 (ORDINARY NEGATION)：$\langle \neg \; \Phi^c; \Phi^i \rangle$

　　　b.　Φ の反駁否定 (CONTRADICTION NEGATION)：$\langle \neg \; [\Phi^c \wedge \Phi^i]; [\Phi^i \vee \neg \; \Phi^i] \rangle$

(8) の最初の部分は (11b) の否定連言に対応する。連言肢の 1 つ Φ^c が伴立 (entailment) であり、Φ^i の方が対応する肯定の含意 (implicature) である。

(11') a.　通常否定としての(7b)

　　　　含意：クリスがその問題を解くのは難しかった

　　　　伴立：$\neg$（クリスがその問題を解いた）

　　　b.　反駁否定としての(7b)（= (8)）

　　　　含意：（なし）

　　　　伴立：$\neg$（クリスがその問題を解くのは難しかった　かつクリスがその問題を解いた）

　これまでの議論をまとめると(12)のようになる。（ストローソンは(1')や(8)のような文に直接取り組むことはしなかったので、つまり、不履行により、彼の否定は明らかに内部的なものであることに注意されたい[4]。）

(12)

	真理値ギャップ は存在するか	意味論的前提 は存在するか	否定は意味論 的に多義か	
ストローソン：	yes	yes	no	
アリストテレス、 ラッセル：	no	no	yes	⎫
ルカシェヴィッツ、 スマイリー、ヘルツベ ルガー、カッツ：	yes	yes	yes	⎬ 否定多義主義者
カルトゥーネン ＆ ピーターズ：	no	yes (慣習含意として)	yes	⎭
アトラス[5]、ケンプソ ン、ボウア＆ライカ ン、ギャツダー：	no	no	no	否定単一主義者

これまでの議論で見るように、一方に、多義主義者独自の否定に関する定立（thesis）がある。これは（アリストテレス、ラッセル流の）古典的立場と（三値論理的な）修正主義の立場、さらに、Ｋ＆Ｐの妥協的立場（これは古典的立場と三値論理の「良いところをとらず悪いところどり」であると批判する者もいる）に分けることができる。他方、これに対する反定立（antithesis）は否定単一主義者的見解である。彼らは「オッカムのかみそり」の原則にのっとり、自然言語の否定に多義性を認めない。しかし、彼らは（1）や（7b）のような否定文が、（Ｋ＆Ｐが指摘したように）その各々で明瞭な言語的対応物をもつ2つの根本的に異なる意味用法で使われるという多義主義者たちが共有する直観を直ちに説明できない。ラッセルの場合と同様、我々にもヘーゲル流の定立と反定立との統合（synthesis）が必要なようである。ただし、それが「フランス王はかつらをつけていた」というような「オチ」よりはましなものであることを望みたい。

6.2 メタ言語否定と語用論的多義性

> They weren't people, Sir, they were the enemy.
> 彼らは民衆ではありません。敵なのです。
> > （ウィリアム・カリー中尉、ミライ村虐殺の犠牲者について。
> > Lang（1984: 279）からの引用）

統合にあたって私がここで提案したいのは、アトラス、ケンプソン、ギャツダー

に反するが、やはり実際に「否定は多義である」ということである。しかし、同時にラッセルやカルトゥーネンとピーターズ、それに三値論理主義者にも反し、「意味論的には多義ではない」ということである。否定の多義性とは、使用の二重性に組み込まれた「語用論的多義性である」と主張する。もし私が正しければ、Prior (1967: 459) に引用され、ほとんどすべての先人たちに認められた古典的（フレーゲ的）な見解「すべての否定形態は適切な位置に置かれた It is not the case that という表現に還元され得る」を拒絶しなければならないことになる。

　通常の真理関数的演算子に還元できない否定の特別で有標の使用について考慮しなければならないのは、ラッセルの (1)—(1') の例文や、K & P の (7b)—(8) ではなく、むしろ次の (13) のような環境にあるものである。ここで否定されているのは、会話の含意（つまり some の使用から not all を推論する Q に基づく推論。詳しくは第 4 章）である。

(13) a.　<u>Some</u> men aren't chauvinists—<u>all</u> men are chauvinists.
　　　　（何人の男が女性蔑視論者であるというのではない。すべての男がそうな
　　　　のだ）
　　 b.　Chris didn't manage to solve <u>some</u> of the problems—he managed to solve
　　　　<u>all</u> of them.
　　　　（クリスは問題のいくつかをどうにかして解いたのではない。すべてをど
　　　　うにかして解いたのだ）

このような例を (8) のように K & P の分析で取り扱うためには（(11b) の慣習的含意と同じように）会話の含意をこれらの文の論理形式に取り込まなければならない[6]。しかし、会話の含意はその定義からして論理形式の一部ではあり得ない（Grice 1975, 1978; Karttunen and Peters 1979 参照）。しかしながら、これらの例も K & P や本章の冒頭に引用したイェスペルセンが指摘するように、(1') や (8) の場合と同じような言語的特性を持つのである。すなわち、「特有の矛盾を示す音調パターン」の指定と、否定の焦点にあるものを「より正確な指示」に置き換えるという特性である。

　次にあげる例は、有標の否定に対するどのような一般的な意味論的説明でも一層手に負えないものである。意味論的説明からすると、おそらく音声表示や屈折形態素も否定の作用域内にあるように論理形式に取り入れなければならないからである。

(14) a.　(So, you [mi\ˊʲ'əniʲjd] to solve the problem.)

No, I didn't [mĭʸəniǰ] to solve the problem—I [mǽniǰd] to solve the problem.

（だから君はどうにゃかしてその問題を解いたんだね）

（「どうにゃかして」解いたんじゃない。「どうにかして」解いたんだよ）

b. He didn't call the [pólis], he called the [polís].

（彼は「おまーわりさん」を呼んだのじゃない。「おまわりさん」を呼んだ
のだ）(Andy Rogers による)

c. I didn't manage to trap two mong<u>ee</u>se—I managed to trap two mong<u>oo</u>ses.

（私は2匹のマンギースをなんとか罠にかけたのではない。2匹のマングー
スをなんとか罠にかけたのだ）

関連した否定使用としてフランス語の例をあげることにしよう。次の例では文法的
性別指定と哀れな英語なまりがなぜか否定の作用域に持ちこまれている。

(15)　(Esker too ah coo-pay luh vee-and?)

Non, je n'ai pas 'coo-pay luh vee-and' — j'ai coupé la viande.[7]

（君はにくうをきいったのかい？）

（「にくうをきいった」のではないよ。「肉を切った」のだよ）

　同様に(16)では、話し手は発話の文脈の中で別の話し手が選んだ文体や、使用域
に結びついた語用的側面を拒むために否定を用いている。これは文の慎みが不足す
るか、あるいは過剰であると判断したためである。

(16) a. Now, Cindy, dear, Grandma would like you to remember that you're a young
lady: Phydeaux didn't shit the rug, he {soiled/ had an accident on} the carpet.

（おやまあ、シンディちゃん。おばあちゃんはね、あなたが若いレディー
だということを思いだしてもらいたいの。フィドーがじゅうたんの上に
うんこしたのではなくて、じゅうたん {を汚したのよ / に粗相をしたの
よ}）

b. Grandpa isn't feeling lousy, Johnny, he's just a tad indisposed.

（ジョニー、おじいさまはむかつくのではなく、ちょっと気分がすぐれな
いのよ）

c. We didn't {have intercourse/ make love}—we fucked.

（僕らは {親密な関係を持った / 愛し合った} のでなくて、セックスしたんだ）

d. It's not stewed bunny, honey, it's civet de lapin.

（ねえ、それは煮込み兎ではなくて、シヴェ・ドゥ・ラパンだよ）

　(17)では 1 つの記述が捨てられ別の記述に置き換えられている。しかし、この新しい記述も真理条件的意味に関する限り放棄されたものと当該の文脈では同じであるといえよう。ただ焦点あるいは副次的含蓄が異なるのである。

(17) a. Ben Ward is not a black Police Commissioner but a Police Commissioner who is black.
(ベン・ウォードは黒人の警察本部長ではなく、本部長で黒人なのだ。)
(*New York Times* 1983 年 1 月 8 日の社説より)

　　b. I'm not his daughter—he's my father. (Wilson 1975: 152 にならう)
(私は彼の娘なんかじゃないわ。彼が私の父親なのよ)

　　c. I'm not his brother—he's my brother.
(僕が彼の兄弟じゃなくて、彼が僕の兄弟なんだ)

　　d. She is not Lizzy, if you please—she's Her Imperial Majesty.
(信じられないけど、彼女はリッツィじゃないよ。女王陛下なんだよ)

　　e. For a pessimist like you, the glass isn't half full—it's half empty.
(君のような悲観主義者なら、グラスにはまだ半分はいっているのではなくて、半分もう空ということだね)

　　f. I'm not a Trotskyite, I'm a Trotskyist.
(私はトロツキートではなくて、トロツキストだよ)

　　g. They're not the best at what they do—they're the only ones who do what they do.
(彼らの演奏が最高にいいというのではない。彼らはその演奏のできる唯一の人達なのだ)(ロックグループの Grateful Dead の批評から)

　　h. Winning isn't everything—it's the only thing[8].
(勝つことがすべてなのではない。唯一のものなのだ(フットボールコーチのヴィンス・ロンバルディの言葉とされている))

　(17)の例に密接に関連して、先行する発話者の人種差別的、性差別的発言に反対したり、焦点をあてたりする用法も存在する。

(18)　{Niggers/ Broads} will benefit from improvements in medicine.
({黒んぼども／あまども} が医学の進歩で得をする)

　(18)のような文の真理条件が最近注目を集めている (Grim 1981; Stenner 1981; Taylor 1981 参照)が、それは、何人かの哲学者たちが nigger や broad などという偏

見に満ちた言葉の使用を認めようとする世間の見方に反対するならば、これらの不快な記述が伝えようとする命題を「自動的に偽、あるいは真理値を欠くもの」とすることができるのではないかと議論しているからである。グリムの主張は、もし (**18**) が二値的 (真か偽かどちらか) であるなら、我々は (**18'**) の排中的選言を認めてしまうことになる、そしてそれは人種差別、性差別を容認してしまうことになる、というものである。

(**18'**)　It is either true that {niggers/ broads} will benefit from improvements in medicine or false that {niggers/ broads} will benefit from improvements in medicine.
　　　　（{黒んぼども／あまども} が医学の進歩で得をするということが真であるか {黒んぼども／あまども} が医学の進歩で得をするということが偽であるかのどちらかである）

　グリムのいう「板挟み状態」(後述の議論を参照)をどのように扱うにせよ、話し手が否定をメタ言語的に使用して、談話の文脈内の先行発話に現れた偏狭な、女性差別的見方を拒否することができるのは妥当なことである。次の例を見られたい。

(**19**)　I beg your pardon: Lee isn't an uppity {nigger/ broad/ kike/ wop}—(s) he's a strong, vibrant {black/ woman/ Jew/ Italian}!
　　　　（言っておきますが、リーは高慢な {黒んぼ／あま／ユダ公／イタ公} ではなくて、強くて元気のいい {黒人／女性／ユダヤ人／イタリア人} ですわ）

(**19**) を発話する人にとっては (**16**) や (**17**) の場合と同じく、彼が攻撃しようとする文 (発話されたもの) の外延的意味は、修正を受けた文のそれと全く変わらないということになるだろう。内包的意味 (含意されたもの) が修正を迫られるのである。婉曲用法も、中傷やわいせつさが関与するのと同じ外延的文脈で使用されるという観察 (特に R.Lakoff [1975: 19–27] による) がある。そうすると、婉曲用法とそのメタ言語的拒絶もグリムの指摘する文脈でとらえることができる。

(**20**)　I'm not a 'colored lady'—I'm a black woman!
　　　　（私は「有色女性」なんかではなくて、黒人女よ）
　　　　I'm not a 'gentleman of the Israelite persuasion'—I'm a Jew!
　　　　（私は「ユダヤ教の紳士」なんかではなく、ユダヤ人だ）

(13)–(17) や (19)–(20) で使用されている否定は有標ではある。しかし、決して コミュニケーションにおいて、極くささいなものでも、また取るに足らないもので もない。実際 (17e) などは、多分 (21) についで「陳腐な決まり文句」といってもい い。(21) はボードビルの舞台で繰り返し使われて、否定の普通の使用と有標の使用 との「落ち」を利用したものとしては不滅の地位を得ている。

(21)　(Who was that lady I saw you with last night?)
　　　That was no lady, that was my wife!
　　　((昨夜お見かけしたご同伴のご婦人はどなたでしたかね。)
　　　ご婦人なんかではありませんよ。女房なんだから)

いつものお決まりの場で「落ちのせりふ」を言った者も、自分の妻が婦人 (lady) で はないなどと言うつもりはないことに注意していただきたい。むしろこの否定は話 の筋と結びついた含意部分に関連するのである。この語用論的仕組みは大筋、グラ イスの次の例に示されている。

(22)　X is meeting a woman this evening.

(22) を発する者の「通常の含意はその会う予定の人間は X の妻、母、姉妹、また は恐らくプラトニックな関係の女性以外の者である」(Grice 1975: 56) というもので あろう。すべての人がこのグライスの含意をそのまま受け入れるとは限らないだろ う。しかし、この含意が (22) で存在すると感じられると同じ程度に、その否定文 (22') ではその含意がキャンセルされていると感じられるだろう。

(22')　No, he's not (meeting a woman this evening)—he's meeting his wife!

　(21) や (22') において、否認または予防の対象となっている含意は「量の格律」 (会話への貢献度を要求される程度に情報的であるようにせよ)から生じたものであ る。しかし、「様態の格律」から生じる含意も否定の対象になる[9]。

(23)　Miss X didn't produce a series of sounds that corresponded closely with the score
　　　of "Home Sweet Home", dammit, she sang "Home Sweet Home", and a lovely
　　　rendition it was too!
　　　(X 嬢は「埴生の宿」の楽譜にぴったりと一致した音を発生したのではない。
　　　確かに彼女は「埴生の宿」を歌い、しかもなかなかの出来だったのだ)

ここでは「簡潔性の下位格律」から派生する「X嬢の演技はひどい欠点があった」
という批評者の含意が取り消されている（Grice 1975: 55–56）。

　同様の分析が(24)のような連言の場合にも可能である。

(24) a.　They didn't have a baby and get married, they got married and had a baby.

　　　　　　　　　　　　　　　　　　（Wilson 1975; McCawley 1981 参照）

　　　（彼らは赤ん坊ができて結婚したのではなく、結婚して赤ん坊ができたの
　　　　だ）

　　b.　Mozart's sonatas weren't for violin and piano, they were for piano and violin.

　　　（モーツァルトのソナタはヴァイオリンとピアノのためではなく、ピアノ
　　　　とヴァイオリンのためにあるのだ）

ここでも「様態の格律」からくる含意がメタ言語否定の対象になっている。つまり
（最初の等位節で表されているような）and で結ばれた2つの要素の順序は、そのま
ま物事の生起の順序や（(24a)）、重要性の順序（(24b)）に相当するとする見込みが
否定されているのである[10]。

　しかし、これまでの議論によって、我々は振る舞いのよい通常の内部否定演算
子、三値論理やK＆Pの分析で取り上げられている外部否定演算子とは、かな
り離れた所に来てしまったようである。(13)から(23)の否定の例は、デュクロ
（Ducrot 1972）が巧みに名付けた「メタ言語否定」の拡大版だとみてよい。これは
先行して発話に対して反対を表明する否定形式発話である。この反対表明は先行発
話の発音のされ方（(14)–(15)）を含め、どのような根拠に基づいてもなされ得る[11]。

　問題として残るのは、これらの例が、(8)のK＆Pの慣習含意の取り消しないし
は拒否の側にみられるのとすべて基本的に同一の否定の用法であることを示さなけ
ればならないことである。この目的のためには、まず次のことに注意を喚起してい
ただきたい。つまり、(13)–(23)の否定文に関する否定文の適切性の条件が、(1')
や(8)の場合と共通しており、これら否定文が否定節の最後において上昇する対照
の音調（Liberman & Sag［1974］の「反駁音調」、Ladd［1980］の「下降―上昇音調」）
を持ち、その後に語彙的、形態的、音韻的に「訂正」（Anscombre & Ducrot（1977）
の RECTIFICATION）を従えているということである。これらの特性は、（K＆Pが
指摘しているような）(1')や(8)の前提の場合や、（イェスペルセンが指摘している）
(13)の尺度性が関与する場合だけでなく、一見非常に多様に見える(14)–(24)の残
りの否定の場合にもあてはまる。

　いわゆる外部ないしは反駁否定との近縁性を示すのは、なにも特有の音調や訂正
を従えるということだけではない。上でみてきた否定の諸例は、K＆Pの例と同じ

く、否定極性項目（NPI）を認可しない。前述の(13b)と下の(25)を比較されたい。(13b)は確かに成立するが、NPIを含む(25)は容認されない。

(25) *Chris didn't manage to solve <u>any</u> of the problems—he managed to solve <u>all</u> of them.

また、次の例でも、(9c)と同じように、someでは成立するがanyでは容認されない。

(25') I didn't [mĭ'ənɪj] to solve {some/ *any} of the problems—I [mǽnɪjd] to solve some of the problems.

この極性表現とメタ言語否定の相互作用については後で論ずる。

　もちろんここで取りあげてきた「有標の否定」と先に検討した古典的な前提取り消し否定との本質的類似点は、これら両者が、同じ発話の文脈で、別の話者による先行発話に対する返答としてのみ、あるいは同じ話者による先行発話の談話途中での修正としてのみ、自然に生じることである。この本質的類似性から、これらすべての否定の例をメタ言語否定という一般的規定のもとにまとめてしまいたいのである。これらすべては、否定の同一の拡張用法とみてよいと思われる。つまりこの否定は、話し手が、あるなんらかのことについて、ある言い方では主張したくないと思っていることを知らせたり、そのような仕方で、他人が主張することを受け入れがたく思っていることを知らせる方法なのである。このような振る舞いの類似性（この問題については後でさらに詳しく議論する）と、広く知られた「オッカムのかみそり」の原理をも考慮に加えれば、(i)前提の取り消し((1'),(8))、(ii)会話の含意取り消し((13),(21),(22'),(23),(24))、(iii)発音の取り消し((14a,b),(15))、(iv)形態論的、統語的取り消し((14c),(15))、(v)発話域、発話レベル、社会的態度の取り消し((16),(19),(20))、(vi)総体的な見方または視点の取り消し((17))、のすべてを「メタ言語否定」という範疇に含めない理由はない。

6.2.1 語用論的多義性

　ここで私が取り上げる概念には、短くはあっても豊かな論争の歴史がある。ドネランは、(26)のような文がもつ2つの読みの可能性を指して「語用論的多義性（PRAGMATIC AMBIGUITY）」と名づけた(Donnellan 1966)。

(26) Smith's murderer is insane.
　　a. ATTRIBUTIVE: Whoever it may have been who murdered Smith is insane.

　　　　（属性的：スミスを殺害した人物は、それがだれであっても気が狂ってい
　　　　る）
　　b.　REFERENTIAL: That individual [to whom I refer via the phrase Smith's
　　　　murderer] is insane.
　　　　（指示的：[話し手が「スミスの殺害者」という語句で特定の人物を念頭に
　　　　おいて] あの人は気が狂っている）

　(26a) では、Smith's murderer「スミスの殺害者」という語句は、記述として使われている。**(26b)** では、その語句は特定の指示対象を選び出し、彼であれ彼女であれ、その特定の指示対象に関して何かを述べる装置として使われているのである。この場合、その指示対象が本当にスミスを殺害したかどうかは問題ではない。

　　同様に、ヴェアサイマー（Wertheimer 1972）は、法助動詞を含む **(27)** のような文は意味的に多義なのではなく、文の理解に関して暗黙のうちに使われる規則システムに応じて、**(27a, b)** でパラフレーズされているように、2つの使用のどちらかに解釈されるのだと説得力のある議論をしている。

　(27)　Lee {should/ ought to} be in Chicago today.
　　a.　EPISTEMIC: According to my calculations, Lee is (probably) in Chicago today.
　　　　（認識様態的：私の計算によれば、リーは今日（恐らく）シカゴにいるはずだ）
　　b.　ROOT OR DEONTIC: It would be {desirable/ a good idea} for Lee to be in
　　　　Chicago today.
　　　　（根源的または義務的：リーが今日シカゴにいることは {望ましい／良い
　　　　考えだ}）

　クラッツァー（Kratzer 1977）も彼女独自の分析に到達し、法助動詞を語用論的に多義であると考えている。また、マッカラム－ベイリス（McCallum-Bayliss 1985）も同様な考え方をしている。パーマー（Palmer 1979）、リーチ・コーツ（Leech and Coates 1980）は、この法助動詞の「多義」について、多義性と意味論的未決定性を組み合わせた複雑な分析法を採用している。

　　スタルネイカー（Stalnaker 1972: 389–95）は「語用論的多義性」という見出しでさまざまな現象を議論している。それには指示関係や法性だけでなく、条件文や挿入節なども含まれている。彼の語用論的多義性の議論では、使用の二重性というものはそれぞれの場合に命題内容の決定における文脈と可能世界の間の区別からくるものであると考えている。

　　また、本書でも語用論的多義性の別の問題が第4章の中心的な議論であった。ミ

ルやグライスによって示され、またホーン（Horn 1972,1973）とギャツダー（Gazdar 1979a,1979b）により詳述されたように、次の（28）や（29）のような尺度的な叙述では語用論的に 2 つの可能な解釈が存在する。含意をそのまま保持した解釈、つまり、（28a）と（29a）のように上下に制限の設けられたアリストテレスの「両面（two-sided）読み」と、含意から自由な、（28b）と（29b）のように下方に制限があるだけの「片面（one-sided）読み」の 2 つである。

(28)　Some men are chauvinists.
　　　a.　TWO-SIDED : Some but (for all I know) not all men are chauvinists.
　　　　　（両面読み：幾人かが女性差別主義者であるが、（私の知る限り）全員ではない）
　　　b.　ONE-SIDED : {At least some/ Some if not all} men are chauvinists.
　　　　　（片面読み：{少なくとも幾人か / 全員と言わないまでも幾人か} が女性差別主義者である）

(29)　It is possible that the Yanks will win.
　　　a.　It is possible but (for all I know) not {necessary/ certain} that the Yanks will win.
　　　　　（ヤンキースが勝つことは可能性はあるが（私の知る限り）{必ず / 確か} ではない）
　　　b.　It is at least possible that the Yanks will win.
　　　　　（ヤンキースが勝つことは少なくとも可能である）

　これらの提案のどれに対しても、実は反対意見が述べられている。（26）のような例に「語用論的多義性」と名づけたドネラン自身も、後の論文では意味論的に多義性を処理することを提案している（Donnellan 1978）。（しかしこれに対して、Kaplan（1978）や Kripke（1977）では、先の Donnellan（1966）の議論を支持する見解が述べられている。）また、標準的な法助動詞の取り扱いでは、意味論的に（あるいはことによると統語論的にも）認識様態的読みと義務的・根源的読みとの間は多義的であるとしている（Hofmann 1966; Newmeyer 1969; Horn 1972; Jackendoff 1972 参照）。また、（28）、（29）のような弱い尺度述語の多義性を意味論的（または少なくとも真理条件的）に扱おうとする動きがある（Cormack 1980; Lehrer and Lehrer 1982; Burton-Roberts 1984; Carston 1985a, 1985b; Kempson 1986 参照）。これについては後で詳しく検討しよう。サール（Searle 1979: 146–50）は、（26）の分析で紹介した「指示的」、「属性的」という区別と、間接発話内的力が語用論的多義性を作り出

すという見解を認めないだけでなく、この理論構成自体を拒否してしまう。また、語用論的多義性という概念それ自体に対し、あるいは自然言語の否定の説明に私がこの概念を使うことに対してバートン−ロバーツ（Burton-Roberts（1987））やモーザー（Moser（1987））によって反論がなされた[12]。

　以上の反対意見にもかかわらず、私はこれらの多義性を語用論的にとらえる立場は、おおむね正しいと思う。また、その構想は否定についても適用できるとも思う[13]。文否定は記述的真理関数的演算子、つまり命題 p をとり命題 not-p にするもの（述語 P を述語 not-P にすると言ってもよいかもしれない）、または、メタ言語否定演算子を表す。メタ言語否定は「私は U に反対する」という表明であり、U は抽象的命題ではなく、発話か発話タイプである[14]。

　否定は意味論的にではなく、語用論的に多義であると主張することは、「自然言語の否定は、命題計算における二値的演算子と意味論的に区別されるとする考え方には何の根拠もない」（Gazdar 1979a: 92）というギャズダーの意見に集約される、否定単一主義者の古典的見解に部分的にせよ同意することになるのかもしれない。しかし、私のアプローチは自然言語の否定の使用の広い部分を非真理関数的、そして実際非意味論的ととらえるのであるから、否定を単一のものとするこの立場とは、文言とはいわないまでも精神は、一線を画するものである。

6.2.2　真理性 対 主張性

　しばらくの間メタ言語否定の極端なケース（例えば、音声的表示に影響するもの）を棚上げしておくことにしよう。そうすると文否定について上で述べた区別は、どこか別の場所でなされその重要性がおろそかにされてきた区別、すなわち命題の真理性と言明または文の主張性の間の区別を想起させる。グライス（Grice 1967）が指摘したように、否定は真理性と主張性に影響するものである。つまり、関連する文脈上の手掛かりを計算に入れて、発話者が否定の使用で意図したのは反対の主張なのか否認なのかを会話のある時点で判断するのは、聞き手の役割である。

　グライスは、日常言語の or は論理学でいう包含的選言（inclusive disjunction）の標準真理表と関連した真理条件的意味を持つという意見を支持した。この包含的選言の標準真理表表示が (30) の第 3 列に示されている（他の欄は後の議論で関係してくる）。

(30)

p q	p ∨ q	~(p ∨ q)	p ⩒ q	~(p ⩒ q)	p → q	~(p → q)
T T	T	F	F	T	T	F
T F	T	F	T	F	F	T
F T	T	F	T	F	T	F
F F	F	T	F	T	T	F

また、彼はこの意見に対して出されるであろう反対に先回りしてこう答えている。(Grice1967: 講義 5、p.9)「もしあなたが『X か Y のどちらかが選ばれるだろう』と言う時に、私は『それは違う。X か、Y か、または Z が選ばれるだろう』と答えたとしよう。この場合、私は『X か、Y かが選ばれるだろう』を偽であるとして反対しているのではなく、そう主張できないから反対しているのである」と。

　グライスは、この区別を条件文についての自分の真理関数的見解を擁護するために用いている。

(31)　It is not the case that if X is given penicillin, he will get better.
　　　（もし X がペニシリンを与えられればよくなる、というのではないのだ）

彼はこの (31) の文が実質含意の否定（(30) 表の最後の列）から予想されるような真理条件を持たないことを認める。つまり、真理表通りの解釈、「X はペニシリンを与えられるが、よくならない」（X will be given penicillin and X won't get better）という連言の主張を表すのではない。同様に (32a) にあげたニーチェの悪名高い条件文を否定したとしても、［同じ真理値をもつ］(32b) の連言を表すと解釈する必要はない。

(32) a.　If God is dead, everything is permitted.
　　 b.　God is dead and something is forbidden.

　しかし、グライスが指摘しているのは、(31)、より正確には (31') の発話者は、否定の内部に含まれる条件命題を否定しているというより、その命題を主張する気持がないことを主張しているということである（講義 5. p.5）。

(31')　It is not the case that if X is given penicillin he will get better; it might very well have no effect on him at all.
　　　（もし X がペニシリンを与えられればよくなる、というのではないのだ。ペ

ニシリンが全く彼に効果がないこともあり得るのだから）

他の場合でもそうだが、(31')では、条件文の作用域の外の否定は、条件文の（記述的）否定として解釈されるよりも、むしろ「もし **p** ならば **q**」と主張することを拒否していると解釈される。条件文の（記述的）否定は、論理的には質量含意の否定と考えられ、その真理値は次の恒等式(33)に従って決定される。

$$(33) \quad \sim(p \to q) \equiv (p \land \sim q)$$

　同様の指摘がダメットによってもなされている (Dummett 1973: 328–30)。彼はフレーゲ流の主張演算子├の作用域の外側にくる否定 **not**（├ **A**）と、否定命題の主張という普通の形、├（**not A**）とを区別した。ダメットによれば、前者は（もっともこれはフレーゲの考え方に反する。1.2 節参照）「**A** を主張したくない気持の表明の手段」と解される。このタイプの否定の候補として最も有望なのは、別に驚くまでもないが、**A** が条件文の時である。ダメットは次の(34)のような会話例をあげている。

(34) X : If it rains, the match will be canceled.
　　　（もし雨なら試合はキャンセルされるだろう）
　　 Y : That's not so. (or, I don't think that's the case.)
　　　（そうはならないだろう）

Y の意図は、X の内容（ダメット自身は明確にしていないが、多分、実質含意と言えるもの）の否定ではなく、次の(34'a)か(34'b)のようなものである。

(34') a.　If it rains, the match won't necessarily be canceled.
　　　　（もし雨でも、試合は必ずしもキャンセルされるのではない）
　　 b.　It may [epistemic] happen that it rains and yet the match is not canceled.
　　　　（雨でも試合がキャンセルされない場合があるかもしれない [認識様態的]）

実際、ダメットはグライスの先まで越えるようなことを述べ、次のように結論づけている（同、p.330）。「我々は自然言語の条件文の否定を持ちあわせていない。つまり、その意味 (sense) の否定を持っていない。我々が持っているのは、その主張に同意することを拒否する表現形式のみである」。（ダメットはこの不思議な事態について説明はしていないが、グライスは、条件文が通常の記述的否定の解釈を受けられないことについて語用論的説明を与えている。）

　グライス、ダメット、そして私が採用する「主張可能（ASSERTABLE）」という概念は、「適切に主張可能」または「ふさわしく主張可能」というような表現の短縮と考えていただきたい。この「適切に」や「ふさわしく」というヘッジは、ここで考察した多くの例を含むに足るだけ広いものである。私は「主張可能性」とは結局、'Can you say X?' とか 'You can't say X' というように、構文の（非）容認度の判断に関する言語学上の略式表現と同等だと思っている。

　さらにつけ加えると、私はここでグライスやダメットの条件文についての議論をそのまま擁護しようと思っているのではない。実質含意を自然言語の条件文の意味の適切な表示として支持するグライスの考え方には特に疑問の余地がある。実はif-then 文についての真理条件は、紀元前三世紀のカリマコスが「屋根の上のカラスさえ、どの条件文が真なりと、カァカァ、カァカァ鳴きわめく」と述べて以来熱心に議論されてきたが、いまだ決着がついていない（Mates 1949: 234）。しかしながら、ある命題を偽として退けることと、（多分、真かもしれないが）主張不能として拒否することを区別するグライスやダメットの考え方は、否定の2つの使用を性格付ける適切なアプローチであることはまちがいない[15]。

6.2.3　その他のメタ言語演算子について

　以上の議論で、否定についてメタ言語的使用と記述的使用を区別することを提案した。もし、この提案が的を射たものであるなら、否定以外の論理演算子についてもこの区別は成立するかもしれないという予測が生まれる。そして実はその通りなのである。

　例えば、論理的な包含的選言の拡張的使用例をみていただきたい。

(35) a. Kim is bright, or {even/ should I say} brilliant.
　　　　（キムは賢い、いやむしろ秀才と言ってもよい）

　　 b. New Haven, or the Elm City, is the pearl of the Quinnipiac Valley.
　　　　（ニューヘブン、いやエルムシティは、クイニピアック峡谷の真珠である）

　　 c. Is the conductor Bernst[iʸ]n or Bernst[áʸ]n?
　　　　（指揮者はバーンシュティン、それとも バーンシュタインというのかな）
　　　　cf. The formulator of relativity theory wasn't Einst[iʸ]n but Einst[áʸ]n.
　　　　（相対性理論を定式化したのはアインシュティンではなく、アインシュタインだ）

　　 d. The current President has appointed more colored folks—or should I say blacks?—to prominent positions than any of his predecessors.
　　　　（現大統領はどの前任者よりも有色人種を、いや黒人と言った方がいいか

な、高い地位に任命したのだ)

e. She deprived her students of a lecture—or (better) spared them a lecture—on the performative hypothesis. (Wilson 1975: 149 による)

（彼女は学生に遂行文仮説に関する授業をしなかった、いや、むしろ省いてやったと言うべきか）

f. Did Elizabeth have a baby and get married, or did she get married and have a baby? (Wilson 1975 と McCawley 1981 による)

（エリザベスは子供ができて結婚したのか、それとも結婚して子供ができたのか：(24)と比較されたい）

デュ・ボワが述べているように (Du Bois 1974)、非論理的選言の主要な出所は、文の中間位置での意図的な訂正機能である (35a, d, e)。次の (36) の例もデュ・ボワからの引用 (Du Bois 1974: 8) であるが、この訂正の機能が「おそらく注意深い編集作業をくぐり抜けて生き延びて」いることに注意していただきたい。

(36) a. I can only very briefly set forth my own views, or rather my general attitudes. (Sapir, *Language*)

（私は自分の見解、いや、むしろ一般的態度を、極めて簡単に述べるにとどめる）

b. Let us look at the racial, or rather racist, themes in the argument for population control. (Pohlman, *Population: A Clash of Prophets*)

（人口調整の議論において人種的、いや、むしろ人種差別的なテーマを見てみよう）

ボール (Ball 1986) はメタ言語的選言のさらに広範な分析を展開している。メタ言語的条件文として (37) の事例をみていただきたい。

(37) a. If you're thirsty, there's some beer in the fridge.

（もし喉が乾いたのなら、冷蔵庫にビールがあるよ）

b. If you haven't already heard, Punxsutawny Phil saw his shadow this morning.

（もしまだ聞いていないのなら、パンクサトーニーのフィルは今朝自分の影を見たよ）訳者注1

c. If I may say so, you're looking particularly lovely tonight.

（言っていいのなら、君は今夜すごく可愛いよ）

これらの例はオースティン（Austin 1956）から来ているので「オースティン条件文」とも呼ばれる。前件は、後件を主張する真理値ではなく、適切さ、合法性についての十分条件を示している。メタ言語否定の場合と同じく、これらの選言文や条件文のメタ言語的使用についても形態的統語的な判別法が考えられる。さらに注意すべきは、(35)と(36)の選言文は either ... or でパラフレーズできず、また、(37)の後件は then から始めることができない。

　(37)のオースティン条件文について、デュクロ（Ducrot 1972: 175–78）はもう1つ別のタイプのメタ言語的条件文を追加している。これを翻訳すると(38)のようである。

(38) a. If the Cité is the heart of Paris, the Latin Quarter is its soul.
　　　　（シテ島がパリの心臓なら、ラテン区はパリの魂だ）
　　 b. If the Bois de Boulogne is the lungs of Paris, the neighborhood square is its pores.
　　　　（もしブローニュの森がパリの肺なら、近隣地区はパリの毛穴だ）

デュクロが言うように、これらの文の発話者は、前件の隠喩を受け入れることで主節（後件）の隠喩を正当化しようとしていると解される。これは「もしあなたが **p** を容認するなら、同様に **q** も容認しなければならない」という意味である[16]。

　しかし、否定の語用論的二重性に最も近いものといえば、それは疑問文ということになろう。普通「問い返し疑問（ECHO question）」と言われているもの（これは「不信疑問（INCREDULITY question）とも言われる（Perlmutter and Soames 1979: 589–90））は、ここでの議論に合わせて考えれば、「メタ言語疑問（METALINGUISTIE question）」と新たに名づけるのが適当であろう。メタ言語否定の場合と同じく、問い返し疑問は、先行文脈の中で「問い返しのもとになる発話」の存在を必要とする。この先行発話は平叙文でも、命令文でも、あるいはそれ自身、疑問文であってもよい。(39)の問い返し疑問文を引き起こす状況を考えてみよう。

(39) a. You did <u>what</u> with Sally and Bill?　（君はサリーとビルに何をしたって？）
　　 b. Take out the <u>what</u>?　　　　　　　　（何を持ち出せだって？）
　　 c. Do I <u>what</u> on the first date?　　　　（最初のデートで何をするかだって？）

問い返し疑問の現れ方は、問い返そうとする文のタイプに応じて決まってくる。平叙文の問い返しは平叙文の環境で、疑問文の問い返しは疑問文の環境でという要領である。

516

(40) a. John thinks $\left\{ \begin{array}{l} \text{Mary is dating \{Fred/ \underline{who}?\}} \\ \text{*who Mary is dating.} \end{array} \right\}$

（ジョンはメアリーが フレッドとデートすると思っている／

誰とデートすると思っているかだって？）

b. John wonders $\left\{ \begin{array}{l} \text{who Mary is dating.} \\ \text{*Mary is dating \{Fred/ \underline{who}?\}} \\ \text{where \{Fred went/ \underline{who} went?\}} \end{array} \right\}$

（ジョンはメアリーが誰とデートするのかなと思っている）

（ジョンはフレッドがどこへ行ったのかなと思っている／誰がどこへ行っ
たのかと思っているだって？）

メタ言語否定は、記述的否定のように否定極性項目を引き起こすことができず、ま
た、接頭辞として編入されることもない（後述）。同様に、問い返し疑問も通常の疑
問文の統語構造をとらない。wh 句前置や、主語・助動詞倒置現象は起こらないの
である。（問い返し疑問についての補足的扱いについては Cooper 1983: 148–50 参
照。）

　連言もこのリストに加えることができる。and は、普通、命題（あるいは下位命
題構成素）の連結詞と考えられるが、ダメット（Dummett 1973: 337）は、Has she
gone away and has she stolen all the teaspoons?（彼女はいなくなって、そして彼女は
すべてのスプーンを盗んだって？）という二重疑問文は命題ではなく、発話行為が
連結されているのだと言う。ウォーカー（Walker 1975: 147）はこのダメットの連言
を、私の二叉の否定の分析に準じた考え方でとらえている。この and について確か
に「真理関数的使用の自然な延長線上」にあるとはいえ、「特別の意義」を持つ。
それは「命題間に成立する論理関係と、発話行為の間に成立する関係との間の著し
い類似性」に支えられているとウォーカーは述べている[17]。

　以上みてきたように、否定以外の他の論理演算子についても、メタ言語的・記述
的という平行的区別が存在するという事実は、1 種類の否定しか認めない強い立場
（Kempson［1975: 184］）を支持するのではなく、私がここで提案する否定につい
ての考え方をより一層強化するものであることは自明である。自然言語の最も単純な
統語論的、意味論的理論を構築しようとする時、(35) と (36) の or 節を普通の包含
的選言に、(37) と (38) の if 節を（それがどのようなものであれ）普通の条件文に、
(39) と (40) の問い返し疑問文を普通の wh 疑問文に、それぞれ「ひとまとめ」にす
ることに抵抗を感じるなら、当然、我々は、すべての否定は 1 つであるという主張
にも抵抗を感じなければならないのである。

6.3　メタ言語否定と会話の含意

6.3.1　尺度含意の例

　既に指摘したように、言語は内部否定と外部否定を形態論的には区別しない傾向を持つ。この点から見ると、自然言語がほとんど常に記述否定の演算子を発話に対するコメントとしてメタ言語的使用にも利用するという事実はきわめて重要である。メタ言語否定の使用とは、発話の慣用的内容のみならず、その前提、含意（と潜在的に思われるもの）に異を唱えようとするものである。メタ言語否定は、相対的に弱い尺度述語が含意する上限を取り外す手段としてよく用いられる。前述の(13)がその例である。これについて自然な類似例が多数存在する。

(41)　a.　Around here, we don't like coffee, we love it.
　　　　　　((ローレン・バコールが最高度脱カフェインコーヒーのテレビコマーシャルで)とにかくコーヒーが好きなんてものではなくて、大好きなんですよ)

　　　b.　That wasn't a bad year, it was horrible.
　　　　　　((レジー・ジャクソンがエンジェルズとの 1983 年のシーズンを振り返って)悪い年なんてもんじゃないよ。最悪さ)

　　　c.　I'm not happy he's gone—I'm elated. Never has an assistant coach gotten so much credit.
　　　　　　((フットボールチーム、シカゴベアーズのコーチであるマイク・ディトカの弁。フィラデルフィアのヘッドコーチに転進した前アシスタントコーチのバディ・ライアンの退任についてのコメント) 幸せってなもんじゃないよ。最高さ。アシスタントコーチでそんなに評価されたやつはいないからな)

　　　d.　I have two homes and I don't dig my roots into one or the other. I dig them into both. (twelve-year-old Becky Margulies, of her joint custody)
　　　　　　((12 歳のベッキー・マーグリズが自分の養育を巡って) 私には 2 つお家があるの。どれか 1 つに落ち着くのではないの。2 つともに落ち着くの)
　　　　　　　　　　　　　　　　　　　　　　　　(*New York Times*, 25 March 1984)

　既に述べたことだが (Horn 1972、本書第 4 章)、弱い尺度述語について起こる明らかな多義性は、語用論的なものである。その多義性は結局、所与の言語的、言語外的文脈においてその尺度述語を含む文が、**Q** 原理による上限規定的含意を持つか、持たないかということに起因するのである。例えば、possible という語が意味論的レベル、あるいは語彙論的レベルで片面読み（少なくとも可能）と両面読み

518

（ちょうど可能）との間で多義だとすると、次のような尺度述語についても、同様の多義性をうまく説明できる。

(42)		片面読み	両面読み
a.	Max has three children.	少なくとも３人	ちょうど３人
b.	You ate some of the cookies.	すべてではないかもしれないが、いくつか	いくつかであり、全部ではない
c.	It's possible she'll win	少なくとも可能	可能なだけで確かではない
d.	John is patriotic or quixotic.	おそらくは両方	しかし両方ではない
e.	I'm happy.	有頂天ではないとしても	しかし有頂天ではない
f.	It's warm out.	少なくとも温かい	しかし暑くはない

しかしこの方式、つまり possible の持つ多義を、語彙論、意味論のレベルでの語義上の多義性によるものとすると、例えば、(42a) に該当する無数の基数を含めて、全ての尺度述語が多義であることになる。一方、私の語用論的な説明では、独立した理論づけを持つ原理、すなわち「量の格律」（これはグライスも述べたように純粋に言語的というのではなく、ましてや論理的定項の領域に制限されるものではない）、あるいは「Q原理」という形式に一般化される原理を適用する。これにより、諸演算子（量化子、二項連結子、法演算子、否定）の標準的な論理的性格づけと、それらの自然言語の対応物との明らかなくい違いを直感に合う形で説明できるのである。この組み合わせ的アプローチは、意味論的事実と語用論的事実を混ぜ合わせたり、語用論的側面を全く無視したり、あるいは語彙的に無限の多義性を抱え込んでしまうような、いわゆる全体論的アプローチよりも、もっと単純で伝統的な演算子の意味論的説明を与えることができる。

　ここで否定が登場する。そしていつものように、人をまごつかせる振る舞いをする。(42) に示したような尺度述語の否定は、通常、これらの文の純粋な論理形式である片面の値を否定するように理解される。例えば、He didn't eat three cookies であれば「三枚もクッキーを食べなかった（＝三枚以下である）」、It isn't possible she'll win では「彼女が勝つ可能性はない（＝不可能である）」というようにである。(43) の「パラドックス否定（PARADOXICAL negation）」（Cormack 1980 の用語に従う）では対応する両面理解を否定していると理解されねばならない。

(43) a.　He doesn't have <u>three</u> children, he has <u>four</u>.

（彼は 3 人子供がいるのではない、4 人だ）

b. You didn't eat <u>some</u> of the cookies, you ate <u>all</u> of them.
（君はクッキーをいくつか食べたのではない、みんな食べたのだ）

c. It isn't <u>possible</u> she'll win, it's downright <u>certain</u> she will.
（彼女が勝つのは可能というのではない、全く確かなことだ）

d. John isn't patriotic <u>or</u> quixotic, he's both patriotic <u>and</u> quixotic.
（ジョンは愛国的であるか夢想家的であるかではない、両方ともなのだ）

e. I'm not <u>happy</u> —I'm <u>ecstatic</u>.
（私は幸せなどではない、有頂天だ）

f. It's not <u>warm</u> out; it's downright <u>hot</u>.
（外は温かいのではない、全く暑いのだ）

　尺度述語に関するこの否定の二重の性格は、少なくともイェスペルセンの時代には気づかれていた（Jespersen 1917: 81; 1924: 325–26; また第 4 章の冒頭の引用を参照のこと）。しかし、この問題の解決は意味論と語用論との役割分担の決定に大きい意味を持っている。自然言語には 1 つしか否定がない、つまりフレーゲ流の真理関数的一項命題連結子しか存在しないとしよう。そうすると、(43) のような例が成立するということは、これらの尺度述語に関連する上限も論理形式、あるいは少なくとも命題内容に組み込まれていなければならないことになる。これは私の支持するグライス流の解決策とは反対のものである。ところがケンプソンとその同調者たちが到達した結論はまさにそれだったのである。別の所で私は、彼らのことを「ロンドン倹約学派（London School of Parsimony）」と呼んでいる（Horn 1984a）。彼らの案については 6.5 節でみることにしよう。

　ここで私が提案する方式では、(43)（そして (41)）に現れる否定は、通常の否定とは異なるメタ言語否定演算子の例と考えるのである。この見解が正しければ、ミル–グライス流の伝統的な尺度述語のとらえ方が立証されることになる。

　(44a, b) という 2 文の「対照」、もっと正確に言えば、「両立性」に注目していただきたい。

(44) a. Max has three children—indeed, he has four.
（マックスは 3 人は子供がいる、実際は、4 人だ）

b. Max doesn't have three children—(*but) he has four.
（マックスは 3 人子供がいるのではない—4 人だ）

c. Max doesn't have three children, (but) he has two.
（マックスは 3 人子供がいるのではない、2 人だ）

一体どのようにある同じ1つの事態［訳者注：マックスに子供が4人いること］が「3人子供がいる」と「3人子供がいるのではない」という2つの表現でかわるがわる記述できるのだろうか。私の説明では、(44b) の否定は、「マックスに子供が3人いる」という命題を否定するのではなく、その命題の主張に付随する含意（つまり「ちょうど3人」）を拒絶するメタ言語レベルの否定であるというものである。(44b) の発話は、この状況の下で文自体は ((44a) でみるように) 真であるにしても、誤った含意（「たった3人」）を呼び起こすような文を主張したくないという気持ちを伝えている。(44c) については、当然その否定は「マックスに子供が3人いる」という命題にかかる記述的な否定と解される。（これと類似した方式による but の使い分けの問題を 6.4 節で議論する。）

　否定が Q に基づく含意に焦点をあわせてメタ言語的に使用される場合、隠された just や only が、伝達される内容に直接影響を与えないで、焦点を明示するために使われることがある。次の (45) で、否定辞の後に来る丸括弧内の副詞のあるなしを比較検討してみていただきたい。

(45) a. Max doesn't have（just）<u>three</u> children—he has <u>four</u>.
　　 b. You didn't eat（only）<u>some</u> of the cookies—you ate <u>all</u> of them.
　　 c. Around here, we don't（just）<u>like</u> coffee—we <u>love</u> it.
　　 d. I don't（just）<u>believe</u> it—I <u>know</u> it.

しかし後にみるように、just や only が意味を変えないで挿入可能であるということを「メタ言語否定辞の not は not just や not only の省略形として分析されうることの証拠」であるととらえてはならない（これは Lehrer and Lehrer 1982 の見解に反するが。6.5 節参照）。このことは some や not all が、ある文脈では置き換え可能であるからと言って、それらが生ずる文が同じ意味であると言えないのと同じである。

　(45) と類似する例が Horn (1981a) にあげられている。それらは「それが〜のすべてである」とする「排他的前提 (exhaustiveness premise)」が、分裂文の意味の一部ではないという主張を裏付けるために使われている。私の意見では、(46a) は (46b) を (Atlas and Levinson 1981 の意見に反するが) 伴立しないし、(Halvorsen 1978 の見解に反するが) 慣習的に含意するわけでもない。

(46) a. It was a pizza that Mary ate.
　　　（メアリーが食べたのはピザだ）
　　 b. Mary ate nothing other than a pizza.

（メアリーはピザ以外食べていない）

c. It wasn't John that Mary kissed—it was John and Bill.

（メアリーがキスしたのはジョンではない、それはジョンとビルだったのだ）

d. It wasn't a pizza that Mary ate—it was a pizza, a calzone, and a side of ziti.

（メアリーが食べたのはピザではない、それはピザとカルツォーネとズィーティの付け合わせ料理だ）

Atlas・Levinson (1981) の引用である (**46c**) や、類似の (**46d**) が成立することは、「排他性」が成立しなければ分裂文の真を否定する十分な根拠になるということを示しているように思われるかもしれない。しかし実際は、これらの否定文はメタ言語否定をのみ受容可能であり、これが上限規定の「排他性の含意」を取り消しているのである。ここでも (**45**) の場合と同様、just や only が意味を変えずに挿入可能であることに注意されたい。さらに、同じ解釈が分裂構文を使わずに、焦点をあてる文構造でも得られる。

(**46'**) a. Mary didn't eat a <u>pizza</u>—she ate a pizza, a calzone, and a side of ziti.

（メアリーはピザを食べたのではない。彼女が食べたのはピザとカルツォーネとズィーティの付け合わせ料理だ）

b. I didn't spend the night with <u>Mary</u>—I spend the night with Mary <u>and her husband</u>.

（僕はメアリーとその夜を過ごしたのではない。僕が、その夜を一緒に過ごしたのはメアリーとその夫となのだ）

c. 'You don't renounce a bigot's word, you renounce the bigot and his word.'

（（コネチカット州スタムフォード市のゲーリー・ハート派の代議員サンドラ・ゴールドシュタインが 1984 年民主党大会でのジェシー・ジャクソンの演説に対して述べたと伝えられる発言。Stamford *Advocate* 紙）あなたは偏屈者の言葉を否認したのではない、その偏屈者とその言葉を否認したのだ）

(**46'a**) で、もしメアリーが他のものと一緒にピザを食べたとしても、彼女がピザを食べたのは疑いもなく事実である。だから (**46'**) の否定は、(**46c, d**) と同じように真理性を否定しようとするのではなく、主張性を否定しようとするのである。

　最近、語用論の分野でこの構造が注目されていることでもあるので、メタ言語否定と尺度的含意とのかかわりの例をもう 1 つ引用しておくことにする。クライン (Klein 1980: 28ff.) は、「6 フィートの背がある (six feet tall)」という**形容詞句**表現を

自分の比較構文の意味論の中で論じている。彼はグライスの数量表現の理論について、潜在的な問題となるものとして 2 つの会話場面の例を引用している。

(**47**) A : The minimum height for applicants is 6'.

    B : Well, Mona is six foot tall; in fact she's six foot three.

（A : 応募者は 6 フィート最低なくちゃね。

    B : うーん、モナは 6 フィートあるよ。実際、6 フィート 3 インチだよ）

    A : How tall is Mana?

    B : Six foot tall.

    C : No, she's not, she's six foot three.

（A : モナの身長は？

    B : 6 フィートだよ。

    C : 違うよ、6 フィートと 3 インチだよ）

クラインは「恐らく数量表現は『少なくとも』と『ちょうど』という 2 つの読みの間で多義的である」と述べている。

  さらに彼は同等比較構文の (**48a**) は (**48b**) と同じ真理条件を持つと考えている。

(**48**) a. Jude is as tall as Mona.

      （ジュードはモナと同じ背の高さだ）

    b. Jude is at least as tall as Mona.

      （ジュードはモナと少なくとも同じだけの背の高さはある）

彼は（Horn 1972 と同じく）同等比較を文字どおりの意味としては下限が規定された（片面）読みであるが、「量の含意」により潜在的に上限も規定された（両面）読みになり得ると考えている。「［(**48a**)］の発話が、しばしばジュードはモナと正確に同じ身長であると解釈されることはグライスの標準的含意理論で説明できる。すなわち、対立する要素の無い場合、この文を発話する者は、ジュードはモナより背が高いというより強い主張をする立場にないことを会話的に含意するからである」(Klein 1980: 38)。このもっともらしい見解は Horn 1972: §1.22 で述べられているように、同等比較と比較が他の面においても弱い尺度述語や、強い尺度述語と同じように振る舞うことからもさらに支持される。

(48')a.　Jude is as tall as, if not taller than, Mona.

　　　（ジュードは、モナより高いことはないかもしれないが、同じ身長だ）

　　b.　Jude is not only as tall as Mona, he's taller than Mona.

　　　（ジュードは、モナと同じ高さであるばかりでなく、モナより高い）

　　c.　Jude is not even as tall as Mona, let alone taller.

　　　（ジュードは、モナと身長が同じでさえない、ましてモナより高いことは
　　　ない）

しかし、クラインに絶対数量表現について多義主義的見解を取らせるに至ったと同じ証拠が同等比較構文にも認められるのである。

(49) A : Jude is as tall as Mona.

　　B : Yes, in fact he's (even) taller.

　　（A：ジュードはモナと同じ背たけだ。

　　B：そう、実際は、彼の方が背が高い（高くさえある）よ）

(50) A : Jude is as tall as Mona.

　　B : No, he's not <u>as tall</u> as Mona, he's taller.

　　（A：ジュードはモナと同じ背たけだ。

　　B：違うよ。彼はモナと同じ背たけではなくて、彼の方が高いんだよ）

以上で明らかなように、(47B) と (49B) は (44a) に正確に対応し、同じ尺度上でより強い判断が本当に主張可能な時により弱い尺度判断を肯定している。一方、(47C) と (50B) の方は (44b) に正確に対応している。これはより強い尺度表現が成立することが明らかな場合には、より弱い主張を主張不可能なものとしてメタ言語的に拒絶しているのである。

　　もちろん、同等比較の否定の無標の読みは「〜以下」という記述的解釈である。

(47') Mona isn't six feet tall.　(she's under six feet)

(50') Jude isn't as tall as Mona. (he's shorter)

絶対数量表現、同等比較共に、上限の含意が (例えば「少なくとも」などの表現を付け加えることで :4 章参照) 棚上げされると、メタ言語否定と記述否定の区別が中和される。この場合、否定の対象になるのは下限だけになるからである。従って、(47")、(50") の B には「より以下」の読みだけが与えられる[18]。

(47") A : Mona is at least six feet tall.

     B : No she's not, she's {5'10"/ # 6'2"}.

(50") A : Jude is at least as tall as Mona.

     B : No he's not, he's {shorter/ #taller}.

　同等比較構文や比較構文に関するさまざまな研究が最近盛んに行われてきている。しかし、先にも述べたように（第 4 章注 27、Anscombre and Ducrot 1976, 1978, 1983; Sadock 1981; Atlas 1984; Cornulier 1984 など参照）、数量表現や同等比較の文は、Q に基づく含意を引き起こす他の尺度述語の場合と同様、語用論的に多義なのであって、意味論的に多義なのではないという見解を放棄しなければならないような議論には出会っていない。

6.3.2　Q に基づく含意　対　R に基づく含意

　メタ言語否定は、尺度述語に関する Q に基づく含意を取り消す働きを持つことをみてきた。それでは R に基づく含意についてはどうであろうか。R に基づく含意の多くは、第 5 章で詳しくみたように、明らかな矛盾を臨時的に反対に変える否定強化の規則に関連している。しかし、否応なく生じる否定の蓄積（さらにこれらが処理された時の混乱した効果）を考えればメタ言語否定について、これらの含意をテストすることは幾分実際的ではないように思える。幸いなことに否定を直接含まない R に基づく含意の例が少なからずある。[19]

　「誰かが問題を解くことができた」と言うことは、実際に彼がその問題を解いたことを R 含意しうる（R-implicate）（Karttunen 1971 参照）。同様に、「誰かがあることをできるほど賢かった」と言えば、実際に彼女がそれをしたことを一般的には含意するであろう。前にも述べたが、「私は指を骨折した」と言えば（他の事情が同じならば）、そのかわいそうな指は（他の誰かの指である、というように Q 含意するのではなく）自分の指を R 含意する。これも前にみたことだが、ウィットゲンシュタインやサールたちは I believe that p という形式の主張は、p ということを間接的に主張していると考えている。これもまた R に基づく推論の一例であることは第 5 章でみたとおりである。

　しかし (51) で分かるように、これらの含意は否定によって打ち消されることはないのである。

(51) a.　He wasn't able to solve the problem. (≠ He was able to solve it, but he didn't).

　　　　（彼はその問題を解けなかった。≠彼は問題は解けるのだが、そうしなかった）

   b.　She wasn't clever enough to figure out the solution. (≠ She was clever enough to do it, but she didn't do it)

　（彼女はその解決を考えつくほど賢くなかった。≠彼女はそれができるほ
　ど賢かったのだが、そうしなかった）

c. I didn't break a finger yesterday. (≠ I broke a finger, but it wasn't one of mine)

　（私は昨日指を骨折したのではない。≠私は昨日指を骨折したが、それは
　私の指ではなかった）

d. I don't believe the Yanks will win the pennant. (≠ I believe [autobiographically] that they will, but I'm not indirectly asserting that they will)

　（私はヤンキースが優勝すると信じていない。≠ 私は［自分を振り返って］
　彼らが勝つと信じている。しかしそうだと間接的に主張しているのでは
　ない）

含意の打ち消し可能性にこのように違いがあるのはなぜだろうか。答えは **Q** に基づく推論と **R** に基づく推論の論理にあるようである。**S** をある尺度上の（強い値 P_s に基づく）強い命題、**W** を尺度上の（弱い値 P_w に基づく）弱い命題とする。**S** は **W** を一方向的に伴立（論理含意）する。また、**W** から関連する含意が引き出される。さてこの状況で、**Q** に基づく含意の場合、**W** を主張することは通常〜 **S** を **Q** 含意する。尺度述語として P_w は真理条件的に下限によって定義される［訳者注：warm であれば at least warm］。**W** の通常の否定（not P_w）は下限を否定し less than P_w を示す。当然、これは P_s とは両立しない。従って、Kevin did not eat three cookies を主張することは、彼は 3 個以下しか食べていない（当然、4 個でも 5 個でも、それ以上でもない）ことを主張することになる。しかし、(**43a–f**) のように、P_s が肯定される状況で not P_w と発話すると、無標の記述的解釈である less than P_w 読みが自壊して、再解釈され有標のメタ言語否定の解釈が現れるのである。

　他方 **R** に基づく含意の場合、**W** を主張することは、**S** の否定ではなく、**S** そのものを含意する。つまり、命題 he solved the problem（彼が問題を解いた）は、命題 he was able to solve it（彼が問題を解けた）を一方向的に伴立する（**S** entails **W**、これは前と同様である）。しかし、**R** に基づく含意の場合、he was able to solve it を主張することは、he in fact solved it を含意することができる（**W** **R**- implicates **S**）。ここで not P_w は less than P_w を表すことは同じである。そしてもとの **S** ⊩ **W** という伴立関係から、モーダストレンス後件否定により〜 **S** の推論が導かれる。ここから注意が必要である。**R** に基づく含意によって出てくる **S** が打ち消され、同時に、not P_w が普通の記述否定として一貫して解釈できないというような状況は存在しないのである。従って、(**51a–d**) の否定は自壊することもなく、再解釈の必要もない。つまり、含意を打ち消すためのメタ言語否定であるという解釈を受けることも

ないのである。以上のことは図式的には次のようにまとめられる。

(52)　**Q** に基づく含意：　　　　　　**R** に基づく含意：
　　　1. **S** は **W** を伴立する　　　　　1. **S** は **W** を伴立する
　　　2. ～ **W** は ～ **S** を伴立する　　　2. ～ **W** は～ **S** を伴立する
　　　3. **W** は～ **S** を **Q** 含意する　　　3. **W** は **S** を **R** 含意する
　　　4. 通常は not **Pw** = 'less than **Pw**' で　　4. 通常は not **Pw** = 'less than **Pw**' で
　　　　　あり、**Ps** とは共存できない　　　　あり、**Ps** とは共存できない
　　　5. not **Pw** は **S** が成立する文脈では　　5. not **Pw** は再解釈を受けない。な
　　　　　メタ言語否定と再解釈される　　　　ぜなら **W** の含意の否定は～ **S** で
　　　　　　　　　　　　　　　　　　　　　あり、常に矛盾を生じないから

　R に基づく含意は否定を伴わずに取り消し可能である。これには含意を導く要素にストレスを置き、下降–上昇調の音調を付与すればよい（Ladd 1980 参照）。

(53) a. He was ˇ<u>able</u> to solve the problem (but he didn't solve it).
　　 b. She was ˇ<u>clever</u> enough to figure out the solution (but she didn't do it).
　　 c. I broke ˇ<u>a</u> finger yesterday (but it wasn't one of mine).
　　 d. I ˇ<u>believe</u> the Mets will win the pennant (but I'm not saying they will).

さて、上のような文脈で音調が付与されると **R** に基づく含意が取り消され、代わりに反対の **Q** に基づく含意が生まれることに注意されたい。そしてそれは (53) の（　）に例示されるようなタイプの継続部分を強く予測させるのである。
　確かに否定によって **R** に基づく含意が取り消されるようにみえる場合がある。その場合、そこで取り消される含意は、その表現の文字どおりの意味の一部として慣習化されているものである（Grice 1975: 58; Morgan 1978; 本書 5.3 節の議論参照）。例えば、(54a) のようにさまざまな個人的関係を表す述語表現は、狭い「対称関係」の意味に取られる。これは **R** に基づく含意の部分的慣習化のためである。しかし、(54b) のように、常にそれらの表現が対称関係的意味を持つというわけではない。

(54) a. Pat and Leslie are {married/ friends/ lovers/ in love}.
　　　　（パットとレスリーは {結婚している／友達である／恋人である／恋愛中である}）
　　 b. Pat and Leslie are spouses.

（パットとレスリーは配偶者だ）

これらの述語が対称関係的意味を持つ場合、否定は、もっと一般的な意味を、否定の影響を受けずにそのまま残しておくことができる。

(54') They aren't {married/ friends/ lovers/ in love}. (as in the country song title "When You're Married, but Not to Each Other")
（彼らは { 結婚している／友達である／恋人である／恋愛中であるが } お互いにそうというのではない：俗謡の「君らは結婚しているがお互いにではないね」のようなものである）

　慣習化した **R** に基づく含意のみが否定によって取り消しができるという意見を強化するため、アトラス・レヴィンソン（Atlas and Levinson 1981）から 1 対の例を借りてくることにしよう。彼らも言うように、意味論的にある区別について特定されていない述語が、語用論的に制限され、意味的指示対象の内のある真部分集合だけしか指示しないように解釈される強い傾向が存在する。この「最善解釈の推論」は次のように定式化される（Atlas and Levinson 1981: 42）。

　　もし述語 **Q** が、ある述語 **P$_i$**（**1≤i≤n**）について意味論的に特定化されておらず、ある **P$_j$**（**1≤j≤n**）が **Q$_s$** の典型例であるならば、**Q$_t$** と発話することで発話者は **P$_j$t** を伝達する。

ここで鍵となる考え方は、より一般的な述語の解釈を狭め、典型例に制限するというもので、これはアトラス・レヴィンソンの「情報性の原理」の一例とされている。「情報性の原理」とは「ある発話に、世界についての知識に合致する範囲で、できるだけ多くのものを読み込め」（Levinson 1983: 146–47）というもので、私の **R** に基づく推論的絞り込み（5.3 節参照）と同じ主旨のものである。彼らの例は、次の (55) のようなものである。

(55) a. John had a drink　　→　John had an alcoholic drink.
　　 b. The secretary smiled　→　The female secretary smiled.

　しかし、我々の議論に関連して次の区別は重要である。（話し手の直感と辞書編集者たちの慣習が示唆するように、）drink に関する含意は慣習的意味として固定化しているが、secretary の方はそこまで至っていない、という区別である。Horn

1984a の用語で言えば、drink は「自立的下位語 (autohyponym)」(2 つの欠性的に関連した意義を持つ 1 つの語) であるが、secretary はただ 1 つの (関連した) 語義を保持しているということになる。この点について、否定は予想どおりの振る舞いをみせてくれる。

(55')a. John didn't have a drink—that was a Shirley Temple.
    (ジョンはアルコール飲料を飲んだのではない。あれはシャーリーテンプルだ)
  b.#My secretary didn't smile—I have a male secretary.
    (# 私の秘書は笑わなかった。男性秘書なんだ)

男性秘書でも秘書は秘書である (もちろん典型例ではないかもしれないが)。しかし、ノンアルコール飲料は drink のある 1 つの意義では drink であり、別の意義では drink ではないのである。これはちょうど、不倫関係にある二人の既婚の恋人たちが、自分たちは (結婚しているが、お互いどうし) 結婚していないと正直に認める場合と似ている。

　慣習化されていない (つまり意味の一部として取り込まれていない) R 含意は否定により取り消しできないということを議論する際、私は暗黙の内に次のことを仮定していた。すなわち、否定は記述的に解釈できる状況ではそのように解釈されなければならない。つまり、メタ言語否定は構造的のみならず心理言語学的にも有標であるというものである。この主張を支持しようにもメタ言語否定 (例えば (44b) のような) は、通常の記述否定 ((44c) のような) より、処理ないしは確証に時間がかかるというような根拠をあげることはできない。しかし、この違いは直感的にそのとおりだと思えるし、これはなにも尺度述語の場合に限ったことではない。

　一般的に言って、メタ言語否定の効果とは、先行する発話の (なんらかの根拠に基づく) 拒否か、あるいは自分自身の発話のある性質の修辞的な破壊である。後者の場合、しばしばその性質を立ち上げるのにかなりの努力が払われた後、破壊の対象となることもある。次の新聞の特集記事の出だしの一節を読んでいただきたい。これは 1984 年の選挙時に載ったものである。「ロナルド・レーガンが 49 の州を制し 525 の票を得たことについて、先ずそれは重要な歴史的勝利 (an historic victory) ではない。ウォルター・F. モンデール氏のみじめな結果も重要な歴史的敗北 (an historic defeat) ではない。モンデール氏がジェラルディン・A. フェラーロ氏を副大統領候補にしたことも重要な歴史的決定 (an historic decision) などではない。これらはどれも重要な歴史的出来事ではない。1 つ 1 つが歴史上の出来事 (a historic event) なのだ」(New York Times のジョン・チャンセラーの署名入り記事)。チャンセラー氏が明らかに読者に期待していることは、まず彼らが「冠詞についての論

評」の最初の 4 つの否定を、出来事の歴史的意義を否定する普通の記述的否定と解釈することである。そして最後の 5 番目の文に読者が進んだ時、初めて最初の解釈が成り立たなくなり、逆行してメタ言語的に再処理することが必要となるのである。このメタ言語否定は、否定が生ずる文の内容ではなく、[an と a という] その異形態の使用の側面を拒絶しているのである。

　この引用文や、談話領域が複数の話し手にまたがらない場合のメタ言語否定の多く（(35) の例文をみられたし）は「袋小路文的効果 (garden-path effect)」を持つ。これは例外というより規則である。さらにメタ言語否定の処理には、固有の処理順序というものがあるのではないかとも予測される（ここではこの予測の根拠を示すことはしない）。聞き手が、ある否定が（ある主語についてある述語を否認、あるいは内的述語名辞の否定のように）矛盾を起こさず記述的に解釈することができないと認識すると、まず否定発話に関連する慣習含意（あるいは前提）の拒絶と解釈し、（それがうまく行かない場合、）さらに潜在的な会話の含意の拒絶と解釈し、（それもうまく行かないならば）その発話の（文法や音韻という）形式的性質の拒絶に進む、という順序である。

　この予測が、心理言語学的なあるいは他の根拠により証拠づけられるかどうかは別として、記述的な否定の使用とメタ言語否定の使用との非対称性は充分納得のいくものと思われる。メタ言語否定解釈を認識するためには（音調や統語的に）普通の方式を外れなければならないからである。否定が記述的には解釈できないが、非慣習的な R 含意を取り消す解釈ならできるという文脈が一貫して存在しないことから、例(51)で、なぜメタ言語的解釈が得られないかが分かるのである。

6.4　メタ言語否定の 3 つの診断法

6.4.1　編入された否定とメタ言語否定

　否定を記述的否定とメタ言語否定とに二分することに関連する重要な事項の 1 つに、メタ言語否定は接頭辞として語に編入されることがないということが挙げられる。2.3 節で既にみたことだが、前提要素の作用域の外にあると解釈できる否定辞でも、接頭辞として編入されると、そのような潜在的な解釈がなくなってしまう[20]。下の例でその点を確認しよう。

(56)　a.　The King of France is {not happy/ # unhappy}—there isn't any king of France.
　　　　（フランス王は {幸せではない／# 不幸である}、フランスに王様なんていないのだから）

　　　b.　The queen of England is {not happy/ #unhappy} —she's ecstatic.

（英国女王は ｛幸せではない／＃不幸である｝、彼女は有頂天なのだ）

(57) a. ⎡It isn't possible⎤
⎰It's not possible⎱ for you to leave now—it's necessary.
⎣#It's impossible⎦

（君が今出かけることは ｛可能というのではない／＃不可能だ｝、必要なのだ）

b. ｛not probable/ #improbable｝ but certain

（｛たぶんではなく／＃なさそうだが｝ 確かなのだ）

(vs. ｛not probable/ improbable｝ but possible)

（対、｛たぶんではなく／なさそうだが｝ 可能だ）

c. ｛not likely/ #unlikely｝ but certain

（｛ありそうではなく／＃なさそうだが｝ 確かなのだ）

(vs. ｛not likely/ unlikely｝ if not impossible)

（対、不可能ではないにせよ ｛ありそうもない／なさそうだ｝）

d. ｛not interesting/ #uninteresting｝ but fascinating

（｛面白いのではない／＃つまらない｝ が魅力的なのだ）

(vs. ｛not interesting/ uninteresting｝ but important)

（対、面白いのではない／つまらない)が重要なのだ）

(58)　I ｛don't believe/ #disbelieve｝ they'll win—I know they will.

（彼らが勝つこと ｛を信じているのではない／＃に不信を持つ｝、勝つと分
かっているのだ）

否定がメタ言語的に使用され、真ではあるが (誤った慣習含意あるいは会話の含意
を導くというような)誤解につながる述語の使用を不適切として否認することがあ
る。この場合、メタ言語適性否定要素は、表層で同じ位置にある節の他の要素とは
違うレベルで作用する。そのためその節内では否定極性項目が認可されないのであ
る(この点は既にみたが、さらに詳しくは後で検討する)。同じ理由で、メタ言語的
演算子は un- や iN- という接頭辞の形になって形態論的に語に編入されることがな
いのである。(57)で受容可能な編入否定となっているのはすべて通常の真理関数的
否定である。

　このようにしてメタ言語的解釈が編入否定では得られないことと編入否定の狭
い作用域の読みが得られないことを関係づけることができる。(57)では not X but
Y という構造を取り上げたが、そのほかにも X if not Y という構文の多義性 (Horn
1972: §1.22、Welte 1978: 205 で研究)が、否定が編入されると消えてしまう。The

book is excellent if not perfect は（**59a**）のように「譲歩（concessive）」にも、（**59b**）のように「含意中断（implicatum suspender）」にも解釈できる。

(**59**)　a.　The book is excellent if not (exactly) ˇperfect. (cf. ドイツ語 wenn (auch) nicht)
　　　　　　（その本はたとえ（厳密に）完全ではないにせよ素晴らしいものだ）
　　　b.　The book is excellent if not (downright) ˋperfect. (cf. ドイツ語 wenn nicht (sogar))
　　　　　　（その本は（まったく）完全かどうかは別として素晴らしいものだ）

否定が編入された方の The book is excellent if imperfect では最初の解釈のみ可能である。この編入可能性の違いは括弧付き構造の違いで表現できる。すなわち（**59a**）は **X** if [not **Y**]、一方、（**59b**）は **X** [if not] **Y** となる。
　上記の文献からさらに類似の例を引用してみよう。

(**60**)　a.　Our victory is possible if not probable.
　　　　　　（我々の勝利は多分そうだとは言えないにせよ可能ではある：譲歩）
　　　　　　（我々の勝利は多分そうであるかどうかは別として可能ではある：含意中断）
　　　　　　Our victory is possible if improbable.
　　　　　　（我々の勝利は多分そうだとは言えないにせよ可能ではある：譲歩のみ）
　　　b.　All the men {were not/ weren't} happy.
　　　　　　（すべての人が幸せというわけではない：NEG-Q 読み）
　　　　　　（すべての人が幸せではない：NEG-V 読み、4.3 節参照）
　　　　　　All the men were unhappy.
　　　　　　（すべての人が幸せではない：NEG-V 読みのみ）
　　　c.　She was not fortunate enough to lose her husband.
　　　　　　（不幸なことに彼女の夫は生き残った）
　　　　　　She was unfortunate enough to lose her husband.
　　　　　　（不幸なことに彼女は夫に死なれた）
　　　d.　Sue didn't trust Bill or John.
　　　　　　（スーはビルもジョンも信頼していない）
　　　　　　（スーはビルかジョンかどちらかを信頼していない）
　　　　　　Sue distrusted Bill or John.
　　　　　　（スーはビルかジョンかどちらかを信頼していない。
　　　　　　「両方とも信頼していない」という意味にはならないことに注意）

これらの例は、細かい点では異なるにしても、（**56**）–（**58**）の例を含めて 1 つの共通

する性質を持つ。それは、否定要素がその後にくる要素に接頭辞として編入される
ことは、これら2つの要素が1つの分析レベル内の直接構成素である場合に限られ
る、ということである[21]。

　メタ言語否定を見分けるために否定の編入可能性を利用することは、自然言語
の選言に関する否定単一主義的分析を代表するギャズダーの見解（Gazdar 1977,
1979a）と大きくかかわりを持つ。or は意味論的または語彙論的に多義であるとい
う見解（先に掲げた表(30)と 4.2 節の議論参照）によれば、(61)のような文は2つの
異なる論理形式を与えられることになる。それらは(61a, b)のようにパラフレーズ
される包含的選言(p∨q)と、排他的選言(p⩔q)に各々対応する。

(61)　John is either patriotic or quixotic. 〔(42d)参照〕
　　　a.　包含的(INCLUSIVE)読み：John is patriotic, quixotic, or both.
　　　（ジョンは愛国的であるか夢想家的であるか、あるいは両方だ）
　　　b.　排他的読み(EXCLUSIVE)：John is either patriotic or quixotic, but not both.
　　　（ジョンは愛国的であるか夢想家的であるかで、両方ではない）

この多義論者の見方はギャズダーによって否定されている。否定の作用域に選言が
生じる場合に「奇妙に誤った予測」を引き起こすから、というのが彼の主張である
（Gazdar 1979a: 81–82）。従って(61)の否定は、彼によれば代って(61'a, b)のように
なる。

(61')a.　John isn't either patriotic or quixotic.
　　　（ジョンは愛国的でもなく夢想家的でもない）
　　　b.　John is neither patriotic nor quixotic.
　　　（ジョンは愛国的でも夢想家的でもない）

ギャズダーは、これらは相互にパラフレーズできると言う。さらに彼は、もし(61)
が2通りに多義ならば、包含的選言、排他的選言の各々の外側に否定がくる読みと
いう2通りが可能なはずである、と主張する。ここで前掲の表(30)の第4列の真
理値表は(62)の同値関係を保証する。

(62)　∼(p⩔q)↔(∼p∧∼q)∨(p∧q)

この関係を利用すると、(61'a, b)の排他的読みは、もしジョンが愛国的で夢想家的
ならば真ということになってしまう。しかし、(61'a, b)はこの状況では「明らかに

偽」になる。ギャズダーはこのことから、多義主義的な選言のとらえ方がもともと間違いだった［訳者注：そして選言は包含的読みしかない］のだと結論を下している。

　確かに(61'a)が記述的な選言否定命題として用いられた場合、その命題は、もし選言肢の両方とも真［訳者注：上の例ではジョンが愛国的で夢想家的の場合］である状況では明らかに偽となるだろう。しかし、同じ文が全く同じ状況で、真であることを間接的に主張する文としても使うことができるのである。それはメタ言語否定の文として使われた場合である。次の(63a, b)をご覧いただきたい。

(63) a.　Maggie isn't either patriotic or quixotic—she's both!　［(43d)参照］

　　　　（マギーは愛国的か夢想家的のどちらかというのではない、両方ともなのだ）

　　　 b.#Maggie is neither patriotic nor quixotic—she's both!

(63a)は談話中で充分可能な発話である。そればかりか(少なくとも保守党支持者であれば)多くの英国人が、「マギー」に最も著名な人物を指示対象としてあてはめると、喜んで賛成してくれそうな文でもある。しかし、この読みは、否定が(61'b)や(63b)のように編入されると消えてしまう。編入否定は記述的にしか解釈することができないのである。ギャズダーが言うとおり、(61'b)は一義的であり、(63b)は論理的に矛盾するのである。

　(63a)の否定が(命題演算子や述語否認というようなものではなく、談話において実際に発話された、あるいは可能な発話を拒絶するという)強い意味においてメタ言語的であるということの例証として、文字どおりの矛盾のようにみえる(64a)をみてみよう。これは、確かに形の上で完全に矛盾を構成するが、にもかかわらず(64b)で示されるような適切な音声的環境では解釈可能な正しい文なのである。

(64) a.　Maggie isn't either patriotic or quixotic—she's either patriotic or quixotic.

　　　 b.　—Say, {Clive/ Fiona}, you have to admit your Maggie is [íˀðr pèˠtriáDɪk ɔr kwɪksáDɪk]

　　　　　—No I haven't. Maggie isn't [íˀðr pèˠtriáDɪk ɔr kwɪksáDɪk]—she's [áˠðə pætrióːtɪk ɔˀ kwɪksóːtɪk].

　ここで興味のあることは、ギャズダーの選言に関する議論と同主旨の議論が、同時期のグライスの選言の多義主義的取り扱いに対する反論(Grice 1978)にも認められることである。そこで問題となっているのは、排他的読みの真理関数的側面ではなく、選言文の適切な使用に関する非真理関数的な認識的条件というものである。

グライスは、この点に関する議論をストローソンに帰しているが、実際はもう少しさかのぼるように思われる。さて、この経験的条件というのは、**p or q** という形式を発話する話者は（少なくとも or の「強選言読み」では）、実際には **p** が成立する、あるいはもちろん **q** が成立するということを知らないという推論を許す、というものである。従って、次の(65)は、もし私が妻がオックスフォードにいることを知っているならば、適切に発話することはできない（もちろん私が(65)を発話するときこの情報が聞き手であるあなたに関連性を有すると私が想定している場合である）。

(65)　My wife is either in Oxford or in London.

　(65)が、妻がオックスフォードにいる時には偽である、あるいは真でも偽でもないという見解についての反論は、予測可能なほどはっきりしている。尺度述語の場合と同様、重要な点は、選言文はその選言肢の1つが真であると知られている時、適切な主張とならないのは事実であるが、それでも真の命題を表現しているのは明らかである、ということである。1.2節で触れた「否定についてのシンポジウム」の席上、マボットは This railway signal (round the next corner) is either red or green（（次の角の）鉄道の信号は赤か青のどちらかである）というような文は常に偽になるという極端な立場を支持している。なぜなら、「この瞬間において信号は赤か青のどちらかではあり得ず、（例えば）青なのであるから」と言う(Mabbott 1929: 74)。
　この意見について、ライルは、彼もまた鉄道の例を持ち出して、次のように反論している。

> 私が今レディングにいるとしよう。その時「その列車はスウィンドンかオックスフォードのどちらかに向かっている」という発言は、機関手、乗客、あるいは私自身が実際その列車の行く先がどこか知らないか疑わしく思っているということを必然的に含意するわけではないのである。もちろん、普通、なんらかの疑いを持っているのでなければ、そのような発言をわざわざしないだろう。もし列車の行く先が明確なら、それに直結しないような言い方は冗長的だからである。しかし、言い方が冗長的であろうが、事実は事実なのである。
>
> （Ryle 1929: 92–93）

オックスフォードから遠い近いは別として、我々は再び「真理と主張性」の交差点に引き戻されたのは明らかである。この区別について、ライルとグライスは気づいているが、マボットとストローソンは明らかに認識していないようである。
　グライス（Grice 1978: 116–18）は、(65)のような選言文の「強い」読みは否定文

になると (66a) のように消失するようにみえることを観察している。彼が見落とした点は、そのような選言文の真理関数的でない意味の側面が、((66b-d) のように否定がメタ言語学的に用いられた場合には、)確かに影響を受けるということである。

(66) a. Your wife isn't (either) in Oxford or in London.
　　　　（君の奥さんはオックスフォードにもロンドンにもいない）

　　 b. Your wife isn't (either) in Oxford or in London, dammit, she's in London, as you bloody well know!
　　　　（君の奥さんはオックスフォードかロンドンにいるのではない。いまいましい、君も先刻ご承知のようにロンドンにいるんだよ）

　　 c. I didn't do it once or twice—I did it once and once only!
　　　　（私は一度か二度それをしたのではない、一度きりなんだ）

　　 d. The signal is not 'either red or green', it's quite clearly green!
　　　　（信号は「赤か青か」ではない、明らかに青なんだ）

これらの例で、選言は偽であるから認められないというのではない。((63a) と同様に) その発話が適切な主張というのには弱すぎるので認められないのである。ここでも否定が選言に編入されるとメタ言語的読みは消えてしまう。

(66') a. Your wife is neither in Oxford nor in London (#, dammit, she's in London!)
　　　　（君の奥さんはオックスフォードにもロンドンにもいない）

　　 b. The signal is neither red nor green (#—it's quite clearly green!)
　　　　（信号は赤でも青でもない）

　既にみたように、発話の全体を作用域に取り、その発話の特定の側面（例えば潜在的な会話の含意）に反対を表明するようなメタ言語否定に関して言えば、否定を編入するとその否定演算子のあらゆるメタ言語的解釈の可能性が取り除かれてしまう。ところが、文否定のみならず構成素否定も、先行する話者の語彙選択を拒絶するものとして、メタ言語的に解釈される場合がある。この際、焦点の要素が否定の接辞を許す種類のものであれば（時には普通は許さないものも）、その接辞否定がメタ言語的演算子として作用する。
　ツィマーは (e-neg の) 形容詞の sullen（不機嫌な）について次のことを指摘している。まず、この語は、普通、否定接頭辞を伴わない。実際、彼の実験の被験者は全員、unsullen という形態を容認していない。しかし、彼は次のように続けている。「unsullen が使用されるような状況を考えるのは特に難しくない。例えば、

反響効果（echo effect）を伴う場合である。"He's a sullen fellow, isn't he?" — "On the contrary, I think he's a remarkably unsullen fellow"（「あいつは不機嫌な奴だろ」—「いや全く上機嫌な奴だよ」）」（Zimmer 1964: 87 強調は著者）。これが英語の統語法の要請の下で否定的に答える唯一の言い方なのである。普通の否定文は非文法的になってしまう（* He's a remarkably not sullen fellow）からである。

従って、編入を受け入れないのはメタ言語的ないしは反響否定そのもののせいというのではない。この節の最初でとりあげた例のように、メタ言語否定と広い作用域の読みとの結合が編入を拒むのである。上にあげたツィマーの会話例で、応答者は確かに否定をメタ言語的に使用している。しかし、彼の発話は記述否定としても（指示対象が実際「上機嫌な人物」だとすれば）真となることに注意されたい。一方、前に検討した例、**(56)**–**(58)** や注 20 の (i)–(iv)、さらに **(63)**、**(64)**、**(66)** では、先行発話の拒絶のために使われている言明は記述否定としては真ではない。それは前提の不成立を意味論的にどう扱うかにより、偽、ある場合には非二値的または無意味と判断されるかもしれない。なぜならここで拒絶されているのは対応する肯定文の内容ではなく、その内容の含意、前提、音韻的形態であるからである。これらの環境においては、否定は編入できないのである。

6.4.2　判断要因としての極性

提案してきたようにメタ言語否定はそれが生ずる文と同じ修辞的、文法的レベルで作用するものではなく、その意味で、文の中にあってもその要素ではない。従って、文に完全に組み込まれた否定辞が特徴的に持つ特性を示さない。そのような特性の１つが既にみた、接辞として編入されないことであった。２つ目の特性は極性現象とのかかわり方の２側面からなる性質である。まず第一に、既にみたようにメタ言語否定は否定極性項目（negative polarity item : NPI）の引金にはならない。

しかし、同時にメタ言語否定は、普通、統率する否定の直接作用域内では生起できない表現、すなわち肯定極性項目（positive polarity item : PPI）を認可する。ベイカー（Baker 1970: 169）が述べたように、肯定極性項目（already, would rather, could just as well, pretty（ADV）, far—er）は、「先行する話者の主張に対しての逐語的強調的否認の場合」には容認され得る。下の例では、**(67b)** はそのままでは許されないが、先行する **(67a)** の強調的否認ならば容認される。

(67) a.　The Sox have already clinched the pennant.
　　b.　The Sox haven't already clinched the pennant.
　　　（ソックスは既に優勝に王手をかけた、のではない）

このようにメタ言語否定は、NPI の能動的な引き金でもなければ、PPI の受動的な止め金あるいは阻止要因でもない。

　極性表現については、多くの学者が any に対応する不定の some（とその複合表現）に焦点をあてて論じている（Jespersen 1917; Klima 1964; しかし R. Lakoff 1970; Bolinger 1977: §2; Sahlin 1979 も参照のこと）。some は否定の後では、普通、使用できない。しかし、例外もある。「もし否定が既になされた言明に反駁する、あるいは 2 つのことを対照する場合、some を使うことができる。例えば、You cannot get something for nothing（何もしなければ、何かを得られない）、A play isn't something you read, it's something actors do on a stage（芝居というものは、読むものではなく、役者が舞台で演じるものだ）のような場合である」（Kruisinga 1931: §1336）。クロイシンハが述べている not...some という形式に特に好まれる反駁、対照表現は、not **X** but **Y** という構造文である（'They produced not something new and distinctive but something closely resembling a ms'. （前掲））。

　not ... some という構造に認められる直接否認あるいは反駁の直観的意味は、しばしば音調によって強められる。また書面では、次の例のように引用符によって理解が助けられる（これは雑誌 *Ms.*（1986 年 5 月号）に掲載された、前号の感染症の記事に関する読者の編集者への意見の抜粋である）。

(68)　Chlamydia is not "sometimes" misdiagnosed, it is frequently misdiagnosed.
　　　（クラミディアは「時々」誤診されるのではなく、「頻繁に」誤診される）

この文に NPI を加えると非文になる（# Chlamydia is{not ever/never} misdiagnosed, it is frequently misdiagnosed）。(68) では、6.3 節での類例のように、尺度述語の上限の含意を取り消す作用を持つメタ言語否定の例が扱われている（Chris didn't manage to solve {some/*any} of the problems—he managed to solve all of them という例を思い出していただきたい）。この文脈では PPI だけが容認される。

　フランス語でも同様の現象が報告されていて、それは次の(69)のように「純然たる繰り返し」の場合に観察されるという（Tasmowski-De Ryck 1972: 199）。

(69)　— Si je t'avais caché quelque chose...
　　　（もし何かをあなたから隠しておいたなら ...）
　　　— Tu ne peux pas me cacher quelque chose.
　　　（君は私から何かを隠すことなどできない）

ここでは PPI の quelque chose（something）が使われ、否定、疑問文で使われる補

充形の rien（nothing、anything）が使われていない。このような場合、「既に述べられた命題がそのまま繰り返され、否定語はその命題に統合されることなく分析できない全体に対して適用されるのである」(Tasmowski-De Ryck 1972)。

　同様に、ボリンジャー（Bolinger 1977: 44）も「否定の対象が引用であることを示すのに、特別の音調あるいは句読法を用い」、加えて「any ではなく some が使用される」と指摘している。この特別な音調や句読法や some の使用は、彼の言う「外部否定（EXTERNAL negation）」を示す標識であり、そこでは「話者は肯定的に主張されていると考えられているものを否認しようとしているのだ」と述べられている。この現象について彼が示した例は、形式的な（二値、あるいは三値の）どのような意味論的外部否定の扱いより、メタ言語否定に近い。次の(70)をご覧いただきたい。

(70)　You ate some mushrooms. — I did not 'eat some mushrooms'.
　　　（君はいくつかマッシュルームを食べたな—僕はマッシュルームをいくつか
　　　食べるなんてしていない）

また、ラデュソー（Ladusaw 1980: 144）は(71)のような英語の文で、否定が some/any の交代を引き起こさないことを議論している。

(71)　He doesn't have some assets hidden away.
　　　（彼は隠し財産をいくらか持っているというわけではない）

彼は **not₂** という普通の not とは意味論的に違う演算子を設定し、この否定は「何かが偽であることを主張するのではなく、真であることを否認することに使用される」と規定している。しかし、この規定は、有標の **not₂** 否定が、(71)やその他の not...some 文で現れるための必要条件であるかもしれないが、メタ言語否定一般の必要条件とは言えない。（それは(13)–(20)の例で NPI を引き起こさず、PPI を阻止できないその否定演算子が、真や偽に関係せず先行発話を拒絶するのに使用されていることをみれば分かる。）さらにこの規定は十分条件でもない。もしあなたが、He has some assets hidden away（彼が隠し財産をいくらか持っている）と私に言ったとしよう。この時、私は(71)の文でも、あるいは NPI を伴う文（No, you're wrong, he doesn't have any assets hidden away）で答えてもよい。いずれにせよ、私は「何かが真であること」、つまりあなたの言明を否認しているのである。恐らく「偽の主張」と「真であることの否認」とを区別するもっとよい基準が必要である。（Leech 1981 も同じ区別を提唱しているが、規準を与えてくれるわけではない。）

　すべての NPI と PPI が、some / any や sometimes / ever のような補充形の対に対応しているわけではない。他の言語と同様、英語でも弱い尺度叙述を表現するために多くの種類の名詞類を用いる。これらの表現の多くは記述否定のもとでは、標準的な「〜以下」という解釈を持つ。(72) と (72') の対を見られたい。これは Bolinger (1972) で論じられているもので洞察に満ちている。

(72)　a.　I'm a bit tired.
　　　　　（私はちょっと疲れた）

　　　b.　I ate a bit.
　　　　　（私はちょっと食べた）

　　　c.　There was a trace of them.
　　　　　（彼らのかすかな気配があった）

(72')　a.　I'm not a bit tired.
　　　　　（私はちっとも疲れていない）

　　　b.　I didn't eat a bit.
　　　　　（私はちっとも食べなかった）

　　　c.　There {wasn't a/ was no} trace of them.
　　　　　（かすかな気配もなかった）

　もとはこのパターンに現れていた表現が、肯定の方の使用がなくなり、any に相当する NPI として慣習固定化（ボリンジャーの用語では STEREOTYPED（典型化））することがしばしばある。これらの強い否定の尺度値を持つ表現は、(72') の a bit と同じように、言外に暗黙の even（さえ）の意味を含んでいる（Schmerling 1971; Fauconnier 1975a; 1975b; Heim 1984　参照）が、（a bit とは異なり、）(72) のような肯定の枠組みでは（たとえ現れるとしても）関連するような解釈を持つことはない。

(73) a.　I didn't eat a thing. (?? I ate a thing)
　　　　　（私は少しも食べなかった）

　　　b.　I didn't {drink a drop/ sleep a wink}.　　　　　（肯定対応文は滑稽か冗談）
　　　　　（私は一滴も飲まなかった／一睡も眠らなかった）

　　　c.　I don't {give a damn/ give a hoot/ care a fig}.　　（肯定対応文は冗談のみ）
　　　　　（少しもかまわない、気にしない）

　　　d.　It's not worth a {nickel/ thin dime/ red cent}.
　　　　　　　　　　　　　　　　　　　　　　（肯定対応文は冗談か文字どおり）
　　　　　（まったく価値が無い）

　　　e.　There isn't {the slightest chance/ a ghost of a chance/ the chance of a snowball in hell} that we'll succeed.　　　　　　　　（肯定対応文は冗談のみ）
　　　　　（我々がうまくいく見込みは全く無い）

　　　f.　There wasn't a sign of them.　　　　（肯定対応文は文字どおりの解釈）
　　　　　（彼らの気配もない）

これらの表現が肯定の文脈で現れると（もし現れ得たとしての話だが）、それらは「最小量」を指示する。否定文脈に現れた場合、否定はその「最小量の欠如」、従って全く量が存在しないことを表す。これらの表現がボリンジャーのいう「減度詞（MINIMIZER）」であり、彼はこれを「縮限詞（DIMINISHER）」と対比している。後者は少量を示し、否定を全く容認しないか、あるいはその否定は「以下」という解釈ではなく「以上」を表す緩叙法（litotes）として解釈される。a trace という表現は肯定でも否定でも用いられる（(72c)、(72'c) 参照）が、a sign は（同じ意味で）否定文でだけ用いられる（(73f) 参照）。ボリンジャーは、an indication という表現は肯定でしか使えないと述べている（例 There {was/ *wasn't} an indication of them）。筆者の方言の範囲で他の肯定の極性縮限詞としてあげられるものは、a tad と a wee bit である（He isn't a (#wee) bit tired）。ボリンジャーのあげた減度詞と縮減詞の最も注目すべき対照は a bit と a little である。

(74) a. I ate a bit.   =   (74') a. I ate a little.

（私はちょっと食べた）   （私はちょっと食べた）

I'm a bit tired.   =   I'm a little tired.

（私はちょっと疲れた）   （私はちょっと疲れた）

b. I didn't eat a bit.   ≠   b. I didn't eat a little.

（私はちっとも食べなかった）   （私はちょっと食べたのではない）

I was not a bit tired.   ≠   I was not a little tired.

（私はちっとも疲れていなかった）   （私はちょっと疲れたのでなかった）

ボリンジャーの用語が特に記憶しやすいというわけではないが、彼の区別はなかなか鋭いものがある。例えば、neg + minimizer = zero となるが（(74) 参照）、neg + diminisher の方は、もしその結合が起こるとして、同じ尺度上で「より大きい分量」を示している（(74') 参照）[22]。しかし、ボリンジャーが指摘しているように、(74'b) の 2 つの例の間には違いがある。縮約していない（not a little）形式は、型にはまった（短絡化された）緩叙法で、形式ばった使い方であり、先行する発話によって導き出されるというものではない。一方の縮約形（I didn't eat a little）は、通常、先行する談話文脈が必要である（また、多くの場合、後に修正を意図する文がくる）。助動詞否定 + a little についてボリンジャーは次のように述べている。

　　　それは普通、談話の最初の発話では生じない。むしろ問題となっている項目を含む実際の発話、あるいは想定可能な発話に答える形で発せられ、先行要素

と対照をなすのである。例えば次の会話のようにである。

'Were you a little worried?'
（少し心配した？）
'I wasn't a little worried, my friend; I was worried sick.'
（少し心配なんかじゃない、参ってしまうほど心配したんだ）

（Bolinger 1972: 122）

従って、a little は a bit とは違い、普通は PPI なのである。しかし、それはメタ言語否定にも使われ、その結果ボリンジャーがほかの所で述べたように（Bolinger 1952: 1123）、「第二使用の文（SECOND-INSTANCE SENTENCE）」になるのである。これはほかのことを間違って主張した人、あるいは（付け加えると）同じことについて間違った仕方で主張した人を訂正する場合に用いられる。

　しかし、この慣用化していない「否定 + a little」の「第二使用」は、何もボリンジャーのいう「より大きい分量」だけを示すのではない。例えば、あなたが 'you seem a little tired'（少しお疲れのようですね）と言ったとする。私は、'I am <u>not</u> a little tired (I'm just thinking)'（私は少しも疲れていません（考え事をしていたのです））と答えてもよいし、あるいは 'I'm not a little tired, {I'm exhausted/ in fact I'm not at all tired}'（私は少し疲れたというのではない、{疲労しきっているのだ／実の所、全く疲れていないのだ}）と答えてもよいのである。そしてこの性質は a little に特に限定されないし、縮限詞一般に限定されているわけでもない。さて（73）で列挙した最小量を示す構文に現れる諸表現、減度詞は、英語やその他の多くの言語で最も大きく生産的な NPI のクラスである（Horn 1978a:§2、その他の例については本書第7章参照）。一方、最も生産的な PPI のクラスはストッフェル（Stoffel 1901）が「緩和詞（DOWN-TONER）」と名付け、ボリンジャーが「折衷詞（COMPROMISER）」と呼んだものである。これには fairly、pretty、rather、somewhat、sort of、tolerably などが含まれる。これらは程度の副詞であり、その下限規定は減度詞より上にあるが、5.3 節で述べた（too、very、overly などの）「強意詞（intensifier）」よりも下にくる。この範疇のメンバーは、（75）で分かるように、普通は否定とは相性が良くない[23]。

(75) a. He is {pretty/ somewhat/ rather/ sort of/ kind of} tired (ill, tall).
　　　　（彼は {かなり、幾分、むしろ、多少、ある程度} 疲れている（病気である、背が高い））
　　b. ??He isn't {pretty/ somewhat/ rather/ sort of/ kind of} tired (ill, tall).

　(75b) の否定文は、メタ言語解釈を許容するような文脈が与えられると、ずっと容認されやすくなる。例えば、いわゆるボリンジャーの「反響的矛盾文（echo contradictories）」(Bolinger 1972: 124) などがそのような環境である。これは (75') に見るように、対応する肯定発話の直接的否認となっている。

(75') a. He isn't {pretty/ somewhat/ rather} tall—he's humongous.
　　　　（彼はかなり（幾分、むしろ）背が高いというものじゃない、巨人だよ）

　　 b. 'Still', Edwin concludes, 'I did rather like him, didn't you?'
　　　　'No,' Vinnie says ... 'I didn't "rather like Chuck", if you want to know. I loved him'.
　　　　（「だから彼のことがかなり好きだったんだろう？」とエドウィンが言った。ヴィニーは答えた。「違うわ。『かなりチャックのことが好きだった』のじゃないわ。愛していたのよ」）

　　　　　　　　　　　　　（アリソン・ルリーの小説 *Foreign Affairs*, p.420 から）

　また、これらの例文やその他の PPI の例で認められたのと同じようなメタ言語的解釈が次の (76) の諸例でも可能である。これらの例において、話者は対応する肯定をほのめかしながら、否定をアイロニー的に使っている。

(76) a. You aren't {slightly/ just the least bit} tipsy, are you?
　　　　(= You are ... , aren't you)
　　　　（君はほんのちょっと酔っぱらっているのではないのかい？）

　　 b. The salmon isn't just a wee bit off, is it?
　　　　(= It is, isn't it)
　　　　（この鮭はちょっと味がおかしいのではないのかい？）

　　 c. You wouldn't be {sort of/ kind of} letting me down easy?
　　　　(= You are, aren't you)
　　　　（君はあまり僕の顔をつぶさないようにしてくれるのじゃなかったのかい？）

　記述否定だけでなく、メタ言語否定も、形態的には肯定である慣用表現によって表すことができる場合があることにも注意が必要である[24]。見かけ上は記述的否定ではない表現が NPI（強い NPI でさえ）の引金になる例（5.3 節の I'll be damned if という表現や、対応する日本語表現の議論を思い出していただきたい）と同様、メタ言語否定も明示的に示されても示されなくても、PPI とだけしか共起しないのである。

(77) a.　Like hell, I {still love you/ *love you anymore}.

　　　　（まだ僕が君のことを愛している、だって(とんでもない)）

　　 b.　Like fudge, he's {already washed up/ *washed up yet}.

　　　　（彼はもう駄目だ、だって(とんでもない)）

6.4.3　否定と 2 つの but

　自然言語の否定をメタ言語否定、記述的否定とに区別してきたが、接続詞の but の譲歩的用法（concessive *but*）と対照的用法（contrastive *but*）にもこの区別が現れる。我々はメタ言語否定が対照的環境で使われる傾向があることを既に知っている。この対照的環境は談話で複数の話者の発話間であっても、一人の話者の連続した発話の間であっても構わない。そして英語では、この対照性を与える機能は but に典型的に見ることができるのである。メタ言語否定の原型とも言える枠組みは、not **X** but **Y** 構文であり、これは文中で 1 つの構成要素として働く[25]。この構文は（どのような理由でもよいが）**X** を拒絶し、**Y** をその適切な修正として与える枠組みである。さらにほかのメタ言語否定の形式と同様に、拒絶される発話の部分 [... **X** ...] が、実際には真の命題であるかどうかは無関係である。

　既に観察したことだが、この枠組みは新訳聖書の共観福音書における対立的言明の中に典型的な姿をみせている。

(78)　Do not store up your riches on earth, where moths and rust destroy them ...

　　　　but store up your riches in heaven ...

　　　I tell you not to resist injury, but if anyone strikes you on your right

　　　　cheek, turn the other to him too.

　　　Do not think that I have come to bring peace to the earth. I have not come

　　　　to bring peace but a sword.

　　地上に富を積んではならない。そこでは、虫が食ったり、さびついたりする…富は、天に積みなさい。…

　　私は言っておくが、悪人に手向かってはならない。もし、誰かがあなたの右の頬を殴るなら、左の頬をも向けてやりなさい。

　　私が来たのは地上に平和をもたらすためだ、と思ってはならない。平和ではなく、争いをもたらすために来たのだ。

　ボールド（Bald 1971: 10）がクワークのコーパス（Quirk's corpus）から、(78')の例を含め、この構文の例をいくつか引用している。

(78')a. The apostles are not great men, but men filled with the Holy Spirit.

（十二使徒は偉大な人々というのではなく、聖霊に満ちた人々なのだ）

　　b. Their main business is not to survive, but to do well.

（彼らの主な仕事は生き残ることではなく、うまくやっていくことだ）

　　c. This is not mere convention, ... but a consideration of a problem of reality.

（これは単に慣習というのではない、...そうではなくて現実問題について配慮すべきことなのだ）

　　d. He is not 'drab' but 'golden'.

（彼は「面白味のない人間」などではなく、「金のように価値ある」人間なのだ）

　ボールドが述べているように、修正部分は明示されなくてもよい。その場合、not をメタ言語的に理解しようとしても多少不全感が残るが、これは下降―上昇調のイントネーションを付けると払拭される。このイントネーションパターンを示すために、ボールドはラッドと同じ表記法を使っている（This is not mere conˇvention）。ボールドは (78') の例において、対比される2つの要素が、ある文脈では相互に置き換え可能なものとしてある1つのクラスに属するものであることを指摘して、これが (78"a) と (78"b) の文法性の違いを説明してくれるとしている。この点は正しいが、彼が見落とした点は、この意味的つながりが、このような対照を構成するために絶対必要というものでもないことである。次の知覚上の誤りを修正する (78"c) をみられたい。

(78")a. The plate is not red but green.

　　b. *The plate is not hot but green.　　　　　　　　　　　　(Bald 1971: 26)

　　c. The plate is not 'hot' but 'hard'.

　また、シンタックスの要求で修正が明示されねばならない場合がある。つまり、ある統語構造のもとでは（例えば、名詞句内や動詞の後に置かれるような場合など）not X but Y は可能であるが、not X だけでは不可能になるのである[26]。

(79) a. We have {?not three children/ not three but four children/ not three children but four}.

（我々には {?3人の子供がいない／3人ではなく4人の子供がいる／3人の子供でなく4人いる}）

　　b. Negation is ambiguous{*not semantically/ not semantically but pragmatically}.

　　　　（否定は {* 意味論的にでなく／意味論的にでなく語用論的に} 多義である）

　　c.　{*Not John/ Not John but Mary} supports the family. (Klima 1964: 302)

　　　　（{* ジョンではなく／ジョンではなくメアリーが} 家族を扶養している）

　　d.　I saw {*not Chris/ not Chris but Pat}.

　　　　（私は {* クリスではなく／クリスではなくパットを} 見た）

but の修正部分をどうしても伴う必要のあるメタ言語否定の特に顕著な例として、次の (80) をあげておきたい。これは劇評論家のエリザベス・ストーンが、マーシャ・ノーマンの劇 'night, Mother' で、主役のジェシーがなぜ自殺を肯定的行為ととらえ、絶望ではなく自由意志を表現するものと考えているかを説明した文である。

(80)　Not she chooses to die, but she chooses to die.

　　　　（彼女は（単に）死ぬことを選んだというのではなく、死ぬことを（自分の意志で）選択したのである）

前にあげた英国系米語の (64b) の例と同様、この (80) も、もし否定が真理関数的記述否定ととられるならば、単に矛盾することを述べていることになってしまう。

　　not X but Y 構造は 1 つの構成要素となっており、その中で not X but も部分構成要素となっていると考えられる（Klima 1964; Gates and Seright 1967 参照）が、繋辞の be 動詞や助動詞要素と縮約形をなしたメタ言語否定で、置き換えがしばしば可能であるという事実もある。

(79')a.　We don't have three children, but four. (cf. (79a))

　　b.　Negation isn't ambiguous semantically, but pragmatically. (cf. (79b))

　　さてメタ言語否定では、修正部分の二者択一的な定形として使用できる 2 つの形と、それに利用できない 1 つの定形がある。次のパラダイムを見ていただきたい。

(81) a.　It isn't hot, but scalding. (=It is not hot but scalding)

　　　　（それは熱いというのではなくやけどしそうな熱さだ）

　　b.　It isn't hot—it's scalding.

　　c.#It isn't hot, but it's scalding.

6.3 節の尺度述語の例と同じく、ここでは hot はそれがもたらす（ないしは、先行文

脈でもたらされた）叙述が真ではあるが弱すぎるという理由で拒否されている。この解釈は、（81a）の but Y の形式と、（81b）の修正部分が文丸ごと提示される形式では可能である。しかし、その両方からなる形式である（81c）では不可能となる。要するに、この but に関連する「むしろ…」という解釈には空所化（gapping）が義務的なのである。（81c）の統語構造では but を（78）–（81b）のような修正要素導入詞ではなく、普通の文接続詞として、また否定は普通の記述的否定として解釈するしかない。

　しかし、否定を記述的に解釈しても（81c）が語用論的に逸脱しているように感じられるのは、もちろん次の事実による。すなわち、やけどを起こしそうなもの（scalding）は（少なくとも）熱い（hot）はずであり、やけどしそうなほど熱いものを、熱くない（not hot）と主張するのは矛盾だからである。一方、（81a, b）ではこのような問題は起きない。同様に（82a, b）のメタ言語的解釈は、（82c）のように but 節が空所化されずそのままででてくる場合には無くなってしまう（前節の（44）の例を思い出していただきたい）。

(82) a.　We don't have three children $\Big\{$but four.

　　b.　　　　　　　　　　　　　　　　　— we have four.

　　c.　　　　　　　　　　　　　　　　　#but we (do) have four.$\Big\}$

また、文接続詞の but が記述的（less than 読みの）否定として容認される場合には、「譲歩」に特有のイントネーション構成を持つ傾向がある[27]。

(83) a.　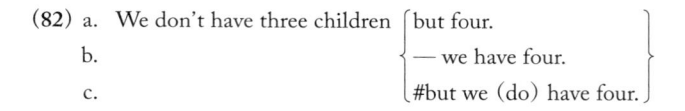We don't have <u>three</u> children, but we do have <u>two</u>. (#but we do have four)

　　b.　It isn't <u>hot</u>, but it is <u>warm</u>. (# but it is scalding)

　　c.　Negation isn't ambiguous <u>semantically</u>, but it is <u>pragmatically</u>.

(83a, b) で示した容認可能性の差は、何を「譲歩」と認めるのかにかかっている。（83a）の補助的（で強意的にみえる）do の出現や、（83a-c）の（強調の中心が二カ所の下線部にあることと共に）助動詞に置かれた強勢は、譲歩的 but 節に関連する要素である[28]。

　Ladd（1980）や、その他のイントネーションに関する文献に述べられている（4.3 節参照）下降—上昇調（ˇ）と単純下降調（ˋ）の区別の観点からすると、次の（84B）と

(**84B'**)とは最小対立を構成する。

(84) A : Do you love me?
　　　 B : I ˇlike you.
　　　 B': I aˋdore you.

記述否定を表す(**83**)の譲歩構造と、(**81**)や(**82**)の「メタ言語否定＋修正」のパターンとでははっきりした音調上の区別がある。違いは最初の節にあるのではない。（最初の節では両方とも下降—上昇調になっているからである。）違いは第 2 節にある。

(85) a.　It isn't ˇhot, but it ˇis ˇwarm.
　　　　 I don't (quite) ˇlove you, but I (ˇdo) ˇlike you.
　　　　 I didn't ˇeat any apples, but I ˇdid ˇsniff one. [NPI の any に注意]
　　 b.　It isn't ˇhot, (#but) it's ˋscalding.
　　　　 I don't (just) ˇlove you, (#but) I aˋdore you.
　　　　 I didn't ˇeat some apples — (#but) I deˋvoured them. [PPI の some に注意]

　butの譲歩的、対照的働きの見分けにくい体系は、英語についての新しい知見というものではない。また、すぐに検討するように、他の言語についても新しい発見というものではない。but の分布がゲイツとセライトの「否定対照構造（NEGATIVE-CONTRASTIVE construction）」の研究の中で取り上げられている（Gates and Seright 1967）[29]。既にみてきたように、「メタ言語否定＋修正」という構造 not **X** but **Y** は、**Y** (#but) not **X** に言い換え可能であるが、**Y** but not **X** という構造は記述的否定としてしか解釈されない[30]。この論点も、上記のゲイツとセライトには暗黙の了解があり、(**86**)のような最小対立の例を提示している。

(86) a.　They had heard, but not seen, the intruder.
　　　　 （彼らは侵入者の音は聞いたが、見なかった）
　　 a'.　They had run, (#but) not walked, to the station. [=not walked, but run]
　　　　 （彼らは駅まで歩いたのではなく走った）
　　 b.　He approached cautiously, but not furtively.
　　　　 （彼は用心深く近付いたがこそこそとはしなかった）
　　 b'.　He approached slowly, (#but) not quickly. [= not quickly, but slowly]
　　　　 （彼は素早くではなくゆっくり近付いた）

(86a, b) は（私の用語でいえば）記述的否定、(86a', b') はメタ言語否定として使われている。この構図を拡大するために形容詞の対比を示すことにする。私の以前の議論に照らして考えると、not X but Y タイプの否定は接頭辞として編入できないことに注意されたい。

(87) a. He is resigned, but not happy.

（彼は諦めたけれども、幸せではない）

b. He is sad, (#but) not happy. [={not happy/ #unhappy} but sad]

（彼は ｛幸せでなく／# 不幸で｝ 悲しい）

　私は否定は自然言語において 2 つの異なる機能を持つということを主張した。さらに but にも 2 つの異なる機能があることを証拠をあげて述べてきた。しかし、反意接続詞についてさまざまな言語からの根拠は、単に語用論的な多義性が関与しているというより、語彙的多義性が関与しているとする仮説を支持している。つまり Tobler (1896)、より詳しくは Melander (1916) で論じられているように、言語によっては（英語のように）1 つの反意接続詞が 2 つの機能を持つこともあり、別の言語では（ドイツ語のように）これら 2 つの機能が別々の語によって表現される場合もあるからである[31]。

　ミランダーの意見を要約すると、反意接続詞の第一の機能とは先行する節で述べられた考えに修正を施したり、制限を加えたりする働きである。この場合、否定が現れても現れなくてもよい。ドイツ語の aber やスウェーデン語 men はこの機能を持つ反意接続詞である。第二の機能とは、先行する節で述べられた考えを除外したり、抑圧するもので、この場合は否定を含まなくてはならない。ドイツ語の sondern、スウェーデン語 utan がこれにあたる。スペイン語の pero と sino の区別も、アンスコンブルとデュクロが観察したように、本質的にはこの 2 つの機能の違いを反映している (Anscombre and Ducrot 1977)。また、フィンランド語の mutta と vaan の区別も同じである (Whitney 1956 参照)[32]。ドイツ語、スウェーデン語、スペイン語、フィンランド語が 2 つの but を語彙的に区別する一方、英語、フランス語は区別しない。これがトブラーとミランダーが注目した点である (Anscombre and Ducrot 1977; Ducrot and Vogt 1979 も参照)。

　古典ラテン語では autem を修正、sed を除外と修正に使っていたが、比較詞 magis が結局これら 2 つの機能を吸収した[33]。古フランス語へ引き継がれたその語は首尾一貫して修正を示し、しばしば除外の意味にも使われた。修正の用法 (=aber) は「修正の mais」（トブラーの用語では 'einschränkender *mais*'）として単独に用いられた。一方、除外の機能を持つ方 (=sondern) は「除外の mais」（トブラーの用語で

は 'ersetzender *mais*')であり、この語は ains（ainz, ançois）と競合し、最終的にはそれに打ち勝つことになる。その盛衰は Melander（1916）、Sturel（1908）、Antoine（1952: 1114–57）に詳しく述べられている。

我々はアンスコンブルとデュクロ（Anscombre and Ducrot 1977）に従い、反意接続詞 mais 節の 2 つの機能を PA 型（**p**ero/ **a**ber から）と SN 型（**so**nder**n**/ **sin**o から）とに区別することにしよう。歴史的記録をさかのぼると、トブラーとミランダーが言うように、$mais_{PA}$ は肯定あるいは否定命題の後、完全な節の中に現れるが、$mais_{SN}$ の方は、初期の頃からずっと（空所化された）短縮節でのみ使われ、否定の直後に現れる[34]。

ains は、かろうじて 17 世紀まで生き延びたが、その時既に「古い語であり、何の価値もないもの」として規範的文法家たちによって取り除かれようとしていた。しかし、シュトゥレルが指摘しているように mais と ains の 2 語が存在していたため、意味的区別が 2 語に別れて存在し、ains が「ドイツ語の sondern に対応する意味」を持ち、mais の方は「語源的な magis の意味」を残すことができた（Sturel 1908: 385）。フランス語の古い形では、反意的接続詞の意味論は異なる連語特性を導く。つまり、ains au contraire、ains seulement という連語のグループと、mais pourtant、mais cependant、mais néanmoins などのグループである。しかし、ains が無くなり、その区別の消失とともに、今日 mais は SN 型の「その一方で、むしろ」と、PA 型の「それでも、しかし、それにもかかわらず」というような意味あいの副詞の両方と共起できるようになっている（Antoine 1952: 1143）。

しかし、トブラーとミランダーが、またそれとは別にラング、アンスコンブルとデュクロ（Lang 1977, Anscombre and Ducrot 1977）も指摘したように、$mais_{PA}$、$mais_{SN}$ はその形態論的な区別は失われても、意味において、また分布の特性において、区別を保ち続けている。統語構造上の判断要因は既に述べたように、$mais_{PA}$ は（aber や pero と同じように、）肯定あるいは否定命題の後の完全な節の中に現れ、cependant、néanmoins、pourtant、en revanche、または par contre というような語句と連語を形成する。$mais_{SN}$ の方は、（sondern や sino と同じく、）編入否定ではない普通の否定の後で短縮節の中にのみ現れ、au contraire や、くだけた文体で même que と連語を作る。

neg-$P_{SN}Q$ 型の構造に現れる否定は明示的でなければならない。また、この構造全体が 1 つの発話行為を表現するものでなければならない（Lang 1977: 237; Anscombre and Ducrot 1977: 25ff 参照）。アンスコンブルとデュクロは (88) のような例を示している。そこでは、**Q** は **P** を拒絶する動機として現れる。そして否定は「論争的（polemic）」（つまりメタ言語的）に解釈される[35]。

(88) **S** : Eso{no es consciente/ # es inconsciente}, sino totalmente automatico.

   G : Das ist {nicht bewusst/ # unbewusst}, sondern ganz automatisch.

   F : {Ce n'est pas conscient/ # c'est inconscient}, mais totalement automatique.

   'It's {not conscious/ #unconscious} but (rather) totally automatic.'

   (それは {意識的なものではなくて／# 無意識で}、(むしろ)完全に自動的
   なものである)

しかし、(**neg**-)$P_{PA}Q$ 構造の方は、必ず否定の記述的用法に関与する(否定が現れ
るときは記述的用法である。SN とは違い、PA は常に否定の後に従うというわけ
ではない点に注意)。アンスコンブルとデュクロの説明(また Ducrot and Vogt 1979
も参照)に従うと、**P** と **Q** はある尺度内において同じ「議論上の指向性」を持たね
ばならない。さらに、**P** は **Q** よりもその議論的尺度上で優位にあるものでなけれ
ばならない(議論的、量的、語用論的尺度については 4.4 節を参照)。従って、(**90**)
ではなく(**89**)になる。

(89) **S** : No es cierto, pero es probable.

   G : Das ist nicht sicher, aber das ist wahrscheinlich.

   F : Ce n'est pas certain, mais$_{PA}$ c'est (pourtant) probable.

   'It's not certain, but it is probable.' [cf. (**83**), (**85a**)]

   (それは確かではないが、恐らくそうだ)

(90) **S** :#No es probable, pero es cierto.

   G:#Das ist nicht wahrscheinlich, aber das ist sicher.

   F :#Ce n'est pas probable, mais$_{PA}$ c'est (pourtant) certain .

   '#It's not probable, but it is certain.' [cf. (**83**), (**85b**)]

   (# それは恐らくではないが、確かにそうだ)

重要なことだが、アンスコンブルとデュクロ (Anscombre and Ducrot 1977) やラ
ングが指摘しているように、mais$_{SN}$ 節は訂正を受ける要素を含む節の否定が編入
されることをブロックする。同時にこの mais$_{SN}$ 節は、並列的な SN 節が短縮され
なくてよい(そして実際短縮されてはならない)のに対し、訂正内容が示される節
の短縮化を促す[36]。このパターンが次の (**91**) と (**92**) に示されている (Anscombre and
Ducrot 1977: 35–36)。

(91)

Il n'est pas grand $\left\{ \begin{array}{l} \text{mais}_{SN} \text{ très grand.} \\ \text{—il est très grand.} \\ \text{# mais il est très grand.} \end{array} \right\}$

'He's not tall, $\left\{ \begin{array}{l} \text{but very tall.} \\ \text{—he's very tall.} \\ \text{# but he's very tall.} \end{array} \right\}$

（彼は背が高いというのではない、$\left\{ \begin{array}{l} \text{そうではなくとても高いのだ} \\ \text{彼はとても高いのだ} \\ \text{# そうではなく彼はとても高いのだ} \end{array} \right\}$

(92)　Il {n'est pas intelligent/ # est inintelligent}, mais seulement bûcheur.

　　　'He's {not intelligent/ #unintelligent} but just a grind.'

　　　（彼は {利口というのではない／ # 愚鈍だ } そうではなく単にガリ勉なのだ）

　既に充分確認したように、反意接続詞の 2 つのタイプの区別は、ドイツ語、スウェーデン語、スペイン語では明示的で、フランス語では隠れた形であり、また、英語でもその存在は確認されている[37]。今まであげてきた例で整理すると、but_{PA} の例としては (83)、(85a)、(86a,b)、(87a)、それに (89) の英語訳、一方、but_{SN} の例としては (78)–(82)、(85b)、(86a',b')、(87b)、それに (88)、(91) と (92) の英語訳がそうである。アンスコンブルとデュクロは、PA 接続詞は意味的に等位接続詞を表し、SN 接続詞は（語彙的に 2 つの形態になっていようといまいと）意味的に従属接続詞を表すと結論している (Anscombre and Ducrot 1977: 40) が、この結論は、英語の but の 2 つの使用についての Gates and Seright (1967) の記述を思い出させるものである[38]。

　実際、英語には aber と sondern の 2 つのタイプの but があるという仮説は、Bald (1971: 10) や Welte (1978: 193) においては明示的に示されているが、*OED* の but の項目の記述ではあまりはっきりと書かれていない。そこでの記述を次に示そう（部分的に省略している）[39]。

(93)　**but**[23] : 'on the contrary = Ger. sondern' [all examples follow negation] 'appending a statement contrary to, or incompatible with, one that is negatived … In a compound sentence the second member is often greatly contracted — *Thou hast not lied unto men, but (thou hast lied) unto God*'

　　　but[24]: 'nevertheless, yet, however = *Ger. aber*'

　　　but[25]: 'however, on the other hand, moreover, yet'

> **but**[23]：ドイツ語の sondern と同義、「それどころか」[すべての例が否定に従う]。「否定される言明に反する、あるいは矛盾する言明を提示する。…複文では第二節はしばしば大きく短縮される。『人に嘘をついたのではない、そうではなく（神に嘘をついたの）だ』」
> **but**[24]：ドイツ語の aber と同義、「にもかかわらず、それでも、しかしながら」
> **but**[25]：「しかし、一方、さらに、それでも」

OED の **but**[23] は明らかに but$_{SN}$ であり、**but**[24] と **but**[25] は（私にはこの区別が完全に明瞭とはいえないが）両方とも but$_{PA}$ に対応する。

　英語の but の例で # を付けたものは（対応するフランス語の例も同じことだが）、統語構造と発話の文脈の両方あるいは一方によって、同時に SN と PA の両方に解釈され、その結果 PA と SN どちらの解釈も適切に付与されず排除される。しかし、譲歩を示す but$_{PA}$ の方はもう少し綿密に検討しておく価値がある。(83) は通常のパターンを例示している。それらは 2 つの尺度項目が (**neg-**) **P**$_{PA}$**Q** という構造において並列し、ある尺度に関して **P** は **Q** より強い要素であると設定されている。単純な場合には、そのような尺度は一方向的な伴立（論理含意）で定義される。例えば 4 が 3 より強いのは尺度要素 4 を含む単純命題 3 を含む対応命題を伴立するからである。しかし、その逆は成立しない。また、scalding（やけどしそうに熱い）、hot（熱い）、warm（温かい）も尺度を構成し、これが (81)、(83b) の例に暗黙のうちに関与している。さらに (85) も同様に尺度に関連している（詳しくは 4.4 節を参照のこと）。

　しかし以前に量の尺度の議論の中で述べたことがあるが、尺度という必須概念は論理的、意味論的伴立関係だけで規定できるものではなく、むしろはるかに広いものなのである。伴立が成立するような例というのは、言語そのものによるだけでなく、もっと広く、会話参加者に共有されている（と想定される）世界についての知識、信念によって規定される語用論的関係の特殊な場合である（Ducrot 1973; Fauconnier 1975a, 1975b, 1979a; 本書 4.4 節参照）。

　このような観点から、次の譲歩の but$_{PA}$ を含む文の適切さを検討してみていただきたい。

(94) a.　I don't have my master's degree, but I <u>do</u> have my {bachelor's/ #doctorate}.
　　　（私は修士の学位は持っていないが、{学士なら持っている／# 博士なら持っている}）

b. I wasn't born in L. A., but $\left\{\begin{array}{l}\text{I \underline{did} spend a few years there.}\\ \text{\#I was born in New York.}\\ \text{(rather) in New York.}\\ [\text{OK on SN reading}]\end{array}\right\}$

（私はロサンゼルスで生まれたのではないが、$\left\{\begin{array}{l}\text{そこで数年過ごしたことがある}\\ \text{\# ニューヨーク生まれである}\\ \text{(そうではなく)ニューヨーク生まれだ}\\ [\text{これは SN 読みであれば適切}]\end{array}\right\}$

c. 'Of course it isn't cotton, but it <u>is</u> cottony soft'. (commercial for Cottonelle toilet paper)

（もちろん綿ではないが、綿のように柔らかい：トイレットペーパー（Cottonelle）の宣伝）

(95) He isn't handsome, but he <u>is</u> {rich/ presentable/ a Catholic/ a linguist}.
　　　　　　　　　　　　　　　{#ugly/ ?#mean}.

（彼は顔立ちはよくないが、{金持ちだ／身なりはいい／カトリックだ／言語学者だ}.{# みにくい／ ?# けちだ}）

(94)の適切な譲歩例文では、否定される項目が肯定される項目より「強い」尺度をまだ比較的簡単に構成することができる。しかし、この(95)になると、譲歩のパターンは拡張され、2つの対立する項目が明示的な尺度関係に立たないケースを認めるようになっている。しかし、それら2つの項目は、暗示的に呼び起こされる属性の集合の要素には確かになっているのである。例えば、(95)は次のようにパラフレーズできる。He isn't handsome <u>and</u> rich, but (at least) he is rich.（彼は顔立ちがよくかつ金持ちというのではないが、少なくとも金持ちではある）

　譲歩節は下降—上昇の音調で表示される（(83)参照）ということに注意し、ラッドの下降—上昇調に結び付けられる洞察に富んだ意味の特徴づけ（Ladd 1980: 153; 4.3節参照）を思い出せば、(94)と(95)の例の表す意味はおのずと明らかである。ラッドはさらに次の(96)の例で、Bが「犬（あるいは他の動物）には餌をやらなかったということをはっきりと含意している」のはなぜか、という問いを発している。

(96) A : Did you feed the animals?
　　 B : I fed the ˇcat.

鍵となるのは、この下降—上昇音調に（慣習含意として？）慣習的に結び付いている

554

「ある集合の焦点」の意味である。(96B) が談話の文脈で表していることは、「私は文脈中で［下降—上昇音調によって］示される物の集合から、ある物［焦点前提］に餌を与えた。それはその猫である［主張］」ということである。また、ラッドは、(96) によって想起される階層性(すなわち下の(97))は、同等下位語(cohyponym)の先行言及によっても呼び起こされると述べている。

(97)　　　**animals**—from A's utterance

dog, etc. **cat**—from B's utterance

(98) A : What would you think of getting a dog?
　　　　（犬を飼うのはどうかな？）
　　 B : A ˇcat maybe.
　　　　（まあ猫ね）

　ラッドの例は先行発話で暗示されていたものを明示することにより、譲歩の文におおむね翻訳することができることに注意されたい。つまり次のようになるのである。

(96') I didn't feed the ˇanimals (ˇall the animals), but I ˇdid feed the cat.
　　（私は動物たち（すべての動物たち）に餌をやったわけではないが、その猫にはやった）

(98') I don't think {I/ we} should get a ˇdog, but {I/ we} ˇmight consider a cat.
　　（{私は／私たちは} 犬を飼うということは考えていないが、{私は／私達は}猫ならいいかもしれないと思う）

同じようにして、ラッドの枠組みで私が以前あげた譲歩の文も説明することができる。猫は当然、動物である（が、その逆はいえない）。また、話し手が猫を飼っている、あるいは飼っていると知られているとする。この時、(96) と (96') の下降—上昇音調は(96")に示された（一方向的な）伴立関係を取り消してしまう。また、(94c)の譲歩文は(99)の伴立関係に依存している。

(96") X fed the animals　⊩　X fed the cat

(99)　Y is cotton　　　　⊩　　Y feels cottony soft

同様に先の (95) の例では、「顔立ちがよいこと (being handsome)」と「金持ちであること (being rich)」というのは、(98) と (98') で「猫を飼うこと」、「犬を飼うこと」が「ペットを飼うこと」の下位事例であるのと同様、「望ましい属性」の下位事例をなしていると理解されるのである。

　neg-P$_{PA}$Q 形式の譲歩の構造は、Q の肯定主張が P の否定と相いれないと判断される場合、容認されないように思われる。Q の肯定主張と P の否定が相いれない場合とは次のようなものである。Q が同じ尺度上で P より強い項目である場合 ((81c)、(82c)、(94a))、P と Q が両立不可能な非尺度的表現である場合 (例えば、(94b) の「ロサンゼルス生まれ」と「ニューヨーク生まれ」のような場合であるが、後の議論も参照されたい)、あるいは当該の 2 つの項目が下位概念となるような上位概念の構築が著しく困難な場合 (例えば、(95) のような場合に「顔立ちがよい」と「けち」を含むような属性の集合とはどのようなものか不明) である。この中で、下の (100) のように、ありそうもないはずのものが容認可能な場合もある。

(100)　Tipping is not so common in Nepal. Tipping is not compulsory but it is obligatory. (*Nepal Travel Companion*, by S.D. Bista and Y.R. Satyal)
　　　(チップはネパールではあまり一般的ではありません。チップは強制ではないが義務的なのです：*New Yorker* 1982 年 7 月 19 日号に引用)

この著者たちは compulsory と obligatory とで尺度を作り、しかも前者が後者よりもその尺度上で強いと考えているようである。つまり compulsory (強制的) であるものは結果的に obligatory (義務的) であるが、その逆は成立しないと想定しているらしいのである。

　しかしながら実際、# の印をつけた例文でも、関連する語用論的尺度を工夫すれば容認可能になる場合がある。あなたが子供が 3 人いる人を (大家族の調査とか、援助を提供する目的で) 捜していると皆に伝えてあるとしよう。そこで私に子供が 4 人いることが、あなたの調査対象に該当する (しかもより適切な！) 事例であると私が判断したとする。そうすると私は (82c) のように言って名乗りでることができるだろう。つまり「私には子供は 3 人いないが 4 人いるんだ (I don't have three children, but I do four)」と。

　(94b) の中で不適切とされていた例に戻ってみよう。アボット (Abbott 1972) はチャールズ・フィルモアの未公刊の考察を引用しながら、関連する (101) の例を検討している。

(101)　a.　John was born, not in Boston, but in Philadelphia.
　　　　　　（ジョンはボストンで生まれたんじゃないんだ、フィラデルフィアなんだ）
　　　　b.# John was born in Philadelphia, but not in Boston.
　　　　c.(#)John wasn't born in Boston, but he was born in Philadelphia.

(101a)は構成素否定の構造が強制する SN 読みとして適格である（(79)参照）。しかし、(101b, c)のシンタックスは PA 解釈を要求する。(101b)では最初の節に否定がなく、(101c)では第 2 節が短縮されておらず、明白な but を含むからである。フィルモアとアボットが述べているように、(101b)はジョンがフィラデルフィアとボストンの両方で生まれたという（あり得ない）期待をほのめかすので不適切であるが、(101c)の方は、「生まれた場所に関連したなんらかの尺度が構成され、その尺度の上でボストンの方がフィラデルフィアより優位であるというような前提」があるという（Abbott 1972: 19）。私にとって、そのような尺度を構築し(101c)を容認可能なものにしてくれる文脈とは、次のようなものである。アイオワかミシシッピーの小さな町の小学校で、学芸会の監督が JFK 役の 5 年生の子供を捜しているとしよう。彼は(101c)を聞いて、クラスの唯一の東部出身者であるジョンにその役を与えることに決定するかもしれない。

　もちろん(101c)で焦点が当たっていない he was born か but のどちらかが省略されれば SN 読みになり、この場合(101a)と同じく何の特別な文脈もいらない。

(101c')　John wasn't born in Boston, {but/ he was born} in Philadelphia.

否定の助動詞では、(101c)のように PA 読みも、(101c')のように SN 読みも可能である。これは第 2 節の統語構造(それにイントネーションパターン)によって読みが決まるのである。一方、助動詞の後の構成素否定は、メタ言語的解釈のみ可能で、譲歩的 PA 読みにはならない。(6.6 節でもみることだが、同じパターンがフランス語、ロシア語、ヒンディー語を含め他の言語でも成立する。) 従って、(101c)は(101c')の PA 読みであるが、(101c')を助動詞の後に否定が来る形式で置き換えた次の(101c")は PA 読みにはならない。

(101c")　#John was born not in Boston, but he was born in Philadelphia.

　(82c)を容認可能にするような特殊な文脈を検討した際に見たように、必要な語用論的尺度が、同じ要素を持つ通常の意味論的基盤の(伴立関係から生ずる)尺度を逆転させてしまうことがある。(94a)の # の付いている文の場合でも、もし話者が、

相手が捜しているのは特に修士号を持っている人というわけではなく、レベルは何でもよいから学位を持っている人なのだと考えるならば、容認可能になる。同様に、(102) も単独では適切な文とはいえない。なぜなら二等兵の方が伍長より階級が上という誤った順序を暗示してしまうからである。

(102)　#He isn't a private, but he is a corporal.

しかし、この順序も文脈が適切に整えられれば容認可能である。例えば、大佐が少尉に敗走の責任を負わせられる二等兵を捜すように命じたとする。するとこの少尉は大佐に次のように報告する。

(102')　I've found a soldier we can volunteer for that last mission, sir.
He isn't a private, but he is a corporal. Will he do, sir?
（その最後に残った任務に差し出せる兵士を見つけました。彼は二等兵ではなく伍長です。彼でよろしいでしょうか？）

この同じ文脈では、尺度関連語の almost、barely、not even などは通常の分布と逆になることに注意されたい。例えば、He's almost a private; he's a corporal, if not a PFC（彼はほとんど二等兵です、上等兵ではないにしても伍長なのですから）のようになる。これらの語は、通常の階級の順序がその場限りの逆転を起こしていることをはっきりさせるのに役立っている。詳しく調べてみれば、アンスコンブルやデュクロから借用したものも含め、私が前にあげた容認不可能な PA ／譲歩読みの例文を救い出せるような（異様ではないにしても）多少変わった文脈を思いつくことができるかもしれない。

　この節で検討した英語の例は、譲歩の PA 構文に（随意的に）現れる否定は必ず記述否定であり、SN 環境で求められる否定は典型的にメタ言語的と理解されるとするアンスコンブルとデュクロによるテーゼに合致する。but 構文の SN と PA のタイプの対立は、スペイン語、ドイツ語、スウェーデン語、フィンランド語のような言語のみならず、（より微妙ではあるかもしれないが）英語やフランス語のような言語にも存在する。この対立は、否定のメタ言語的、記述的用法を見分けるもう 1 つの診断方法となるのである。

6.5　メタ言語否定への他のアプローチ

6.5.1　真理値、真そして否定

　既に述べたように、クロッホ・ラインバーガー路線の否定文の扱いにおいて
は、外部否定を普通の真理関数的否定演算子とし、その作用域内にある意味論的
TRUE 演算子に働きかけるものとしている。(**103**)のような文脈では、上昇調の「否
認」音調では否定極性項目が容認されない。

(**103**)　a. *She <u>did not</u> lift a finger to help.
　　　　b. *We <u>did not</u> get up until 12: 00.

このことを説明するために、ラインバーガー(Linebarger 1981: 35)はクロッホの「外
部否定」の定義を引用している。クロッホの「外部否定」とは、否定文 NOT S が、
状況に直接コメントをするのではなく、先行して発話されるか、含意として示され
た陳述文 S の真を否認するような「メタ言語的」な用法とする、というものであ
る。文の外側にくる否定とは「文 S は真ではない」ということを表すことになる。
ラインバーガーは、(**103**)の「否認」読みに次の(**103'**)のような論理形式を与える
ことで、このメタ言語的外部否定を定式化しようとしている。

(**103'**) a.　NOT TRUE (she lifted a finger to help)…
　　　　b.　NOT TRUE (we got up until 12:00)…

この形式化では NPI の lift a finger や until がもはや否定の直接作用域 に入ってお
らず、そのためラインバーガーの NPI 認可のための必要条件(十分条件ではない)
が満たされないと説明される。同様に、ラインバーガーは、次の(**104**)が容認され
ないのも(**104'**)のような「外部」否定を使った論理表示によって正しく予測される
と言う(Linebarger 1981: p.36ff.)。

(**104**)　　*The king of France didn't contribute one red cent, because there is no king of
　　　　France.

(**104'**)　NOT TRUE (the king of France contributed one red cent)…

　しかし、この有標否定の特徴づけには問題となることがある。前の章でもかなり
詳しくみてきたように、ライプニッツ、ヘーゲル、新ヘーゲル学派、ベルグソン、

ウィットゲンシュタイン、ウェイソン、デュクロ、ギボンなどのさまざまな学者た
ちが、否定のあらゆる例を、NPI を引き起こすような内部否定をも含めて、クロッ
ホの言葉でいうと、「先行して発話されるか、含意された陳述文 S が真であること」
を否認する方法を表すものと考えているということである。

　そのような(記述)否定の特徴づけが主張可能なのかどうか、もし可能だとして、
どれが可能か(3.3 節参照)は別として、これらの学者たちの共通見解が、ラインバー
ガー流の内部否定、外部否定の区別を支持する方法としてどう役立つかは明らかで
はない。とにかく、明らかな問題がクロッホとラインバーガーの(メタ言語否定文
の)扱いには残るのである。私は、(103)と(104)のような特殊なメタ言語否定の例
を「真の否認」として扱ういかなる理論も、克服しがたい困難を引き起こすという
ことを多数の例を通じ示してきた。例えば、(13a)の Some men aren't chauvinists–
all men are chauvinists を(105)のようなラインバーガー式の論理表示で分析するの
は、理にかなうように思われない。

(105)　NOT TRUE (some men are chauvinists)...

この例のみならず、先行発話に結びついた発話の使用域、文法、音韻や世界観
(Weltanschauung)など私が示したメタ言語的否認の例についてもこの方式はうまく
いかない。

　Karttunen and Peters (1979)で扱われた、より意味論的色彩の強い慣習的含意に
ついてもラインバーガーの方式では同じような問題が起こる。前に取り上げた(8)
の例、Chris didn't manage to solve the problem—it was quite easy for him は、ライン
バーガー・モデルの路線に沿った外部または矛盾否定の分析では、(106)のような
論理表示になる。

(106)　NOT TRUE (Chris managed to solve the problem)...

しかし、カルトゥーネンとピーターズが言うように、(8)のような文の最も単純な
真理条件的説明は、(106)の(　)内の部分に対応する命題がクリスが問題を解いた
場合にはどのような状況であっても真である、ということである。

　メタ言語否定とは、先行発話のさまざまな側面、つまり関連する慣習的含意、会
話の含意や統語的、形態論的、音声的形式などへの否認ないしは反対を表明するも
のである。メタ言語否定が原則的に真理条件に関係しなくてよいのであれば、否定
が焦点をあてることができるように、有標の否定文の下位類の論理形式に TRUE と
いう演算子を組み込むことはどうみても正当化できない。

　恐らく非真理関数的否定の場合には、TRUE ではなく、APPROPRIATE か CORRECT という意味的演算子を想定し、その作用域の外側に否定の演算子を置くということも考えられる。

　しかし、メタ言語否定が通常の記述否定と異なり、また、古典論理派や多値論理派、そしてクロッホやラインバーガーによりさまざまな形をとるいわゆる外部否定とも異なるならば、すなわち単純に命題についての（真理関数的あるいは他の）演算子でないとするならば、この解決策も問題を一歩後退させるだけかもしれない。そうすると (**107a**) の記述は (**107b**) と同じく、この現象のすべてを包括的に扱うものとしては不適切ということにならざるを得ない。

(**107**)　a.　NOT {APPROPRIATE/ CORRECT} (**p**)

　　　　　b.　NOT TRUE (**p**)

メタ言語否定は発話のさまざまな側面に焦点をあてるが、それは発話の表現する命題とは関係がない場合があるからである。慣習的含意や前提は（たとえ非真理条件的属性であったとしても）、命題の属性として分析できるかもしれないが、会話の含意や形態論的、音韻論的形式、使用域などはなおさらのこと、このような分析では一貫して扱うことができない。

　この記述的否定とメタ言語否定の間の重要な違いは、否定のすべての用法が真理関数的分析に一本化できるとする否定単一主義者の「極端なオッカムのかみそり」的主張に、きわめて深刻な問題を投げかける。有標の否定は記述否定と音韻的、形態的、統語的に異なるのみならず、意味的機能においても異なるということに注目しなければならない。特に「論理外的演算子 (extralogical operator)」としてのメタ言語否定は、二重否定やモーダス・トレンド・ボネンス（否定肯定式：MTP）のような基本的推論法則に対して直接的役割をはたさない。

　その結果、これらの法則は、もしすべての否定の用法が同一のものとして扱われるならば、定式不可能なものになるだろう。記述否定とメタ言語否定を区別しないとするなら、(**108**) のような基本的推論も扱うことができなくなってしまうだろう。

(**108**)　a.　I didn't manage to solve the problem.

　　　　　∴ I didn't solve the problem.　(cf. (**8**), (**14**))

　　　　　b.　Maggie isn't either patriotic or quixotic.

　　　　　∴ Maggie isn't patriotic. (cf. (**63a**), (**64a**))

　同じ言い方をすれば、ウィルソン (Wilson 1975: 149) が、グライスによって述べ

られたタイプの選言の否認（6.2.2 節参照）を引用して、**(109)** の 2 つの節は選言三段論法での前提となっているようだと述べ、それが **(109')** に示されている。

(109)　The next Prime Minister won't be Heath: it will be Heath or Wilson.
（次の首相はヒースというわけではない、ヒースかウィルソンかということだ）

(109') ~p

$$\frac{p \lor q}{\therefore q} \quad （\text{MTP により}）$$

しかし、我々が **(109)** の主張から実際に推論するのは q、つまり「次の首相はウィルソンであろう」ではない。しかし、記述否定なら確かに MTP が作用するはずである。だから、もし私がヒースかウィルソンが選ばれると承知しており、ヒースが敗北を認めているのを BBC で聞いたとすると、私はウィルソン（もちろん H. Wilson であって D. Wilson ではないが）が勝ったのだなと結論することだろう。つまり、否定のすべての現れをしゃくし定規に 1 つの型にはめ込もうとすると、その型をいかに巧妙に作ろうとも、奇妙な理論的結末を招いてしまうのである。

　しかし、ここでメタ言語否定が「真であること」の否認ではなく、「主張性」の否認であるとすると、このメタ言語否定を表現するために「何が真であるか（そして真でないか）」ということに直接言及するような統語形態をとることがあるのはなぜだろうか。思いだしていただきたいことは、**(44b)** の例、Max doesn't have three children—he has <u>four</u> を議論した際、この否定は Max has three children に関連付けられる会話の含意をメタ言語的に打ち消しているのであって、命題に記述的に作用しているのではないと述べた。しかし、（**(44b)** の形式だけではなく）**(110a)** を受け入れる話者もいる。また、**(110b–d)** も耳にするし、実際分かりにくいわけでもない。

(110)　a.　It isn't true that Max has <u>three</u> children—he has <u>four</u>.
　　　　　b.　It's not {true/ the case} that <u>some</u> men are chauvinists—<u>all</u> men are chauvinists!
　　　　　c.　It's not so that the next Prime Minister will be Heath: it will be Heath or Wilson.
　　　　　d.　It's not the case that if X is given penicillin he will get better; it might very well have no effect on him at all. (= (31')above, from Grice 1967: lecture 5, p.5)

　こういう例を見ると我々は間違った路線を進んでいるのではないか、と思わず考えてしまう。これらの例は結局、外部的な真理値否定の場合なのではないだろうか、そうであれば我々は、条件文、選言文、弱い尺度性述語などはすべて意味論的に多義ということを認めなければならないのだろうか。私は「否」と答えたい。これらの文が示していることは次のことである。すなわち、英語の表現 It is true that や It is the case that、それに It is so that など（対応する他言語の表現も含めて）の分布は、せいぜいの所、最も簡潔でエレガントな自然言語の意味論、語用論の中でどのような場合に論理述語 TRUE を使ってよいのか、についての不充分な指標にしかならないということなのである。（同様の指摘については Walker 1975: 138–40 を参照のこと。）

　我々は「あることが真ではない」という言い方を「適切に主張できない」の意味で使うことがしばしばある。しかし、これは常に可能というわけではない。次の例のような文法、発話のレベル、音声的問題にからむメタ言語否定に「真」という語を使うのは奇妙に思える。

(111) a.?#It's not true that I [mˈiʲəniǰd] to solve the problem—I [mˈæniǰd] to solve the problem.

　　　b.?#It's not true that I managed to trap two mongeese—I managed to trap two mongooses.

　　　c.?#It's not the case that the dog shat on the carpet—he defecated on it.

　　　d.?#Ce n'est pas vrai que j'ai 'coo-pay luh vee-and' — (ce qui est vrai, c'est que) j'ai coupé la viande.

確かに、(110) の含意取り消しの例については問題が残るのは事実である。しかし、日常言語では、少し理屈で考えれば全く別なことであると分かるような場合でも、ある命題に対して真であることを（文字通り）否認したり、認めたりしているように思われるのもまた事実である。

　そのような一例として、前にあげたウィルソンの例(24)を次のように変更してみよう。

(112)　It's not true that they had a baby and got married—they got married and had a baby.

　　　（彼らは赤ん坊ができて結婚したというのは本当ではない—彼らは結婚して赤ん坊ができた）

ここで not true という自称の「真の否定」は、連言の使い方の一側面、つまり、既に (注10) でみたように、and はある文脈では and then と解釈されるという非真理条件的で、実際意味固有の領域から外にあるとされている点に焦点をあてている。

　もっとはっきりした(そしてもっと個人的な)例をあげよう。否定とは無関係な文脈で「真」を拡張的に使用している例である。数年前、私の GE 製の目覚しラジオの軽快な起床らっぱに起こされ、おかげで教えていた語用論の授業に遅れずにすんだことがある。

(113)

このよく知っている曲の後、アナウンサーが、‘Yes, it's true, it is time to wake up’ (ハイそうですよ、起きる時間ですよ)と続けた。さて一体何が ここで true として主張されたのか。**(113)** の (省略された)命題だろうか。命題であろうはずがない。らっぱ用の楽譜しかないのだから[40]。「起床らっぱ」を演奏するということは、我々の文化のある種の非言語的慣習により、ぼんやりまどろんでいる聞き手に起きる時間であるという命題を間接的に伝達する意図を持って行われ(しかも慣習的に行われ)ている。「真である」と言われるのは、この間接的に伝えられた命題である。また、この命題の先行的間接的主張は、ラジオのアナウンサーの発話の前方照応的な強勢除去によっても確かめられる[41]。

　今とりあげた連言と起床らっぱの例に似ているものとして、サドックが「疑問平叙文 (QUECLARATIVES)」と呼んだものがある (Sadock 1971)。これは疑問文の形ではあるが主張力を持った文である (5.3 節参照)。**(114)** で、B の返答の true や so は、A によって間接的(しかし慣習的)に伝達される命題にのみ向けられうるものであることに注意されたい。

(114) A : Who the hell buys that cockamamy line about pragmatic ambiguity?
　　　　　　(一体誰が語用論的多義性についてのあのばかげた考え方を信じるんだい)
　　　　B : (1) Yes, that's true.　(= Nobody does)
　　　　　　(うん、そのとおりだ ＝ 誰も信じない)

(2) No, that's not necessarily so; there might be something to it.
　　　（いやそうとも限らないよ、何かあるのかもしれない）

(112) の連言の場合とは異なり、この疑問平叙文は（起床らっぱと同様）、[it is not true の節に] 埋め込むことはできない。

(115) a.　I guess I'll have to settle for polyester, because where the hell can you find a 100 percent cotton jumpsuit anymore?
　　　　　（ポリエステルで我慢するしかないわ。100 パーセント綿のジャンプスーツなんてどこで見つけられるの）
　　　b. *It's not true that where the hell can you find a 100 percent cotton jumpsuit anymore.

しかし、これは統語的要因によるのかもしれない。起床らっぱも、wh 移動疑問文も普通埋め込み節には来ることはない[42]。実際、ここで述べた種類の読みは Emonds 1976 や Green 1976 の意味での「根または主節現象（root or main clause phenomenon）」である。従って **(115)** では、because（等位接続詞としての地位は、ほかの主節現象とのかかわりで裏付けられる）の後には疑問修辞文が来ることができるが、従属節の補文標識である that の後には来ることができないという点で、両者間には対立が存在する。しかし **(114B)** で、何が否定、肯定、同意、不同意の対象になっているのかは、**(114A)** の質問ではない。それは **(113)** の曲と同じで、はっきりした真理値を持っていない（Karttunen and Peters 1976 参照）。対象とされているのは、A が語用論的に伝達していると思われる命題なのである。

　述語 true は、その評価査定の用法において、先行発話の命題全体ではなく、その主張の一部を取り出し評価することがしばしばある。もしあなたが I hereby state (declare, announce) that the performative hypothesis is dead（遂行文仮説は終わったということをここに宣言する）と厳かに述べたとすると、私は、That's (not) true と返答することができ、その意図とするところは、（もし私が新イエズス会士でなければ、Fauconnier 1979b 参照）私の同意（不同意）が向けられるのは埋め込み節に対してであり、たぶん自動的に真であり確かに自己証明的である主節ではない、ということである。また、次のような（アメリカンフットボールに関する）例を考えてみていただきたい。マイアミドルフィンのクォーターバック、デビッド・ウッドリーは 1983 年スーパーボウルでチームに敗北をもたらすきっかけを作ってしまった。その試合の後のインタビューについて ジャーナリスト、マルコム・モランの記事である。

It was suggested to Woodley that when many people remember Super Bowl XVII, they will say the Dolphines lost because David Woodley failed to complete his last nine passes.

'That's probably true', Woodley said.

Woodley was not saying it was true that the critics will blame him. He was saying that the critics will be correct in saying the quarterback lost the game.

(New York Times, 2 January 1983)

（人々はスーパーボウル XVII を思い出すたびに、ドルフィンズが負けたのは デビッド・ウッドリーが最後の9個のパスを通せなかったからだ、と言うだろうとウッドリーにそれとなく述べた。そうすると、彼は「それは恐らく正しいだろう」と言った。しかし、彼は批評家が彼を非難するだろうことが真であると言っていたのではない。彼が言っていたことは、クォーターバックのせいで試合に負けたと批評家が言うことは正しいということである）

　ここで検討した例は、(110)や関連する例で私が提起した議論にそうものである。すなわち、否定されているのは、実際に主張された命題ではなく、発話の文脈で伝達された命題の主張性である。Kripke (1977) でなされた重要な区別を採用するなら、話者の意味と文の意味の違いを認めなければならない。

　It is true that の用法が、普通の談話の中で真理述語の意味的価値とは違うことを示すもう1つ別な面があることに注意しなければならない。It is true that という肯定の形式が談話の最初にくる場合、唯一適切な用法は「譲歩」の用法である。例えば、肯定の It is true that snow is white という書き出しの文は but で始まる後節に続いていく傾向がある。本書中でも (111d) のすぐ後にくる部分が it is true … but … になっている。我々はこの問題にこれ以上かかわることはできないが、一言だけ付け加えたい。それは、この「譲歩」の true の用法は、自然な会話の説明によるべきものであるということ、そしてそれは意味論的真理述語の定義を日常言語の true の振る舞いから切り離して考えるべきであるというもう1つの根拠を与える、ということである。（この関連で Strawson 1949; Grice 1978: 125–27; G.Lakoff 1975: 259 参照）

6.5.2　否定単一主義者と否定多義論者再考

　有標の否定は、（記述否定のような）命題の論理形式内の意味論的演算子ではなく、否定演算子のメタ言語的使用を表すという議論をここまで展開してきた。この分析は、ここ数年にわたって提示され、あるいは擁護されてきたほかの否定の説明理論と、さまざまな程度で類似性を持っている。私はそのうちのいくつかをとりあ

566

げ、それらと自分の分析との関連を探ってみることにする。

　我々は既に、プラトン、アリストテレスから、イェスペルセン、ストローソンを経て、グリーンバーグ、クラーク、ギボンに至る哲学者、言語学者、心理学者たちが、否定文をそれに対応する肯定文に較べ、一般的に有標で複雑なものと考えていることをかなり詳しくみてきた。また 1.2 節において、カント、ウィットゲンシュタイン、サール、アポステル、ギボンたちによって例示された長年にわたる（しかし結局は首尾一貫しない）哲学的実践が、否定文をそれと対応する肯定文とは異なるレベルで作用する否認の発話行為を表していると考えていることもみた。この考え方では、「否定は、誰かによって実際なされた言明か、なされたと思われる言明を否認、拒絶または反駁する人間の心理的行為を表す」（Gale 1970: 201）と主張され、これは(116)のような等価関係と称されるものとして表すことができる。

(116)　⎰It is not true that **p**⎱
　　　　⎱It is not the case that **p**⎰　↔　I deny that **p**
　　　　⎱**not-p**⎰

また、ライプニッツや観念論者たちの著作に示される、否定を「偽性」と同一視する伝統についても触れた。

　「否定は常に第二階の操作である」という立場の狂信的な提唱者であるベルグソンにとっては、すべての否定文は、現実的あるいは潜在的肯定言明についての主観的判断であって、現実それ自体の記述ではない。この見解（Bergson 1911、1.2.1 節に引用）に従えば、not **X** は not **X** but **Y** の省略形であり、事実上、すべての否定はメタ言語的ということになってしまう。

　一方、既にみてきたように、フレーゲは一貫して否定文を否定命題の単純主張として扱い、語彙形式（否定）と発話行為機能（話者の否認）とを混同することにはっきりと警告を発している。オースティン、クワイン、ゲイル、そして特にギーチは非対称主義的見解に対し独自の一斉攻撃を浴びせ、否定と肯定の論理的対等性を主張している。しかし、もし彼らの警告が正しいとしても、なぜカント、ベルグソン、ラッセルなどの先覚者が、否定文と肯定文の間に根本的な論理的区別を設ける気になったのかについて、彼らは何の説明も与えていないように思われる。また、否定を命題演算子として取り扱うことと、自然言語の否定の形式と機能に特徴的である形態・統語的有標性の諸特性との間のかかわりについても何も述べていない。

　この行き詰まり状態についての１つの解決法は、私の提案だが、真理条件的意味論において対象言語の記述的否定に対応する命題レベル、また／あるいは項レベルの否定演算子が確かに存在するにしても（Gale 1970; Geach [1972] 1980 によって議

論されているように)、自然言語のすべての否定の現れをこの方式で表示できるわけではないということを認めることである。これまでみてきたように、先行発話の(話者による)否認、拒絶の否定使用も含めて考える必要は確かにある。しかし、強い否定単一主義的テーゼからいったん離れたのなら、(116)の推定上の等価関係が成立することを期待する理由はない。

　いずれにしても、(116)にあるような I deny that **p** というのは、否定のメタ言語レベルの用法を扱うには制限の強すぎる考え方である。これまでみてきたように、メタ言語否定のさまざまな用法は、厳密に命題 **p** を否認したり、**p** を偽と呼ぶのではなく、もっと広く、ある命題を表現する発話を拒絶したり、その発話に関連する含意や発話の様態を拒絶する場合を含むのである。前の方でみたことだが、ダメットはこのような否定の使用を「**A** を主張するのをよしと思っていないことを表現する方法」であるが、これは必ずしも、**A** を否認しようと思っているわけではない (Dummett 1973: 328–30) と正しい性格付けを与えている。しかし、ダメットの、否定が解釈される 2 つの仕方を作用域の違いで区別しようとする新フレーゲ流の表示法では、十分に一般的である、あるいは一般化できるとは言えないかもしれない。├ (**not A**) の方は記述的 (命題的) 否定の表示として問題ないかもしれないが、**not** (├ **A**) がこの章であげたメタ言語的使用のすべての例に対して一貫性のある解釈が可能かどうかははっきりしないのである。

　最近の極端な否定単一主義理論のいくつかは、オースティン、ゲイル、ギーチなどによって指摘されている問題点をそのまま抱えこんでいる。彼らの指摘する問題点とは、「否定を偽性から区別していないことであり、ある言明を偽と呼ぶことは、その言明について (メタ言語レベルで) 何か言うことであるが、一方、(記述) 否定を命題に適用するとは、それ自体で真か偽かになるかもしれない別の命題を作るということであるということが認識できていない」というものである。ここでオールウッドの否定を単一のものであるとする分析の概略をみておこう (Allwood 1972: 43–45)。

　　我々は、すべての場合において否定を同じ基本的な意味作用であり、ある事態が事実ではないということを示すものであると理解している。我々は、否定は正確に論理的否定の特徴を持っていると理解している。つまり、それが作用する叙述関係に反対の真理値を与えるということである。(中略)ある言明を否定すること、あるいはその言明についてそれが偽であると言うことは、論理的に同じことをすることになる。すなわち、その言明で記述されている事態が成立しないと主張することである。

オールウッドの否定と偽性を同一視する見解は、まさしくオースティン、ゲイル、ギーチなどが警告を発しているものである。オールウッドの立場は否定の記述的使用とメタ言語的使用を混同しているように思われる。

　ケンプソンのもっと慎重で徹底した否定単一主義的取り扱いも、自然言語の記述否定を「論理学の偽性演算子」と同じとみている (Kempson 1975: 95)。しかし、偽性と同一視するとはいえ、彼女はその意味が偽性に対応する命題演算子、つまり否定的コメントではなく、言語の否定表現となるものに簡潔に言及しているようである。ケンプソンは、外部否定あるいは「否認否定」が意味論的演算子であるとする前提主義者のさまざまな否定の多義性についての見解を要約し、その見解に反論している。私は、ケンプソンの意見、すなわち「否認否定」が意味論的演算子であるはずがなく、彼女の言葉を用いれば「否定文が用いられる1つの用法」(p.99)であるとする見方に全く賛成である。しかし、彼女は、この正しい認識を、論理的否定の本来の範囲に収まりきらない振る舞いをする「否認」否定のケースを無視するか、オールウッドと同じように、命題否定という一般的範疇にそれらを含めてしまうかの免罪符として利用しているように思われる。何度も言ったことだが、真理関数としてのたった1つの論理的否定概念だけでは自然言語の否定のすべての現れをまとめることはできないのである。

　ケンプソンは、「否定文の（対照強勢が置かれた）有標の解釈」は否認として機能する傾向があると断言している。もっとも彼女は「この対応関係は複文では成り立たない」とも述べている。しかし、キーファーが彼の書評 (Kiefer 1977: 252–53) で指摘しているように、ケンプソンの有標の「前提取り消し的」否定の例 (Kempson 1975: 68, 78, 86–87) は、「単に先行する発話への答えとして考えられうるにすぎない」のである。キーファーのあげた例は次の**(117)**である。

(117)　Edward didn't regret that Margaret had failed because he knew it wasn't true.
　　　　（エドワードはマーガレットが失敗したことを悔いていない、なぜならそれは事実ではないということを彼は知っていたからだ）

キーファーの考え方は、私がここで提唱している有標否定のメタ言語的扱いにそうものである。

　否定を単一のものとみる現代の研究者の中で、最も過激でしかも最も洗練された研究者はジェイ・アトラス (Jay Atlas) である。彼の見解は、彼が次第に広範なデータを考察するようになるにつれ、（Atlas 1974 から 1977、1979 を経て［Atlas and Levinson 1981 も参照］1980、1981 へと）数年の間に目に見えて進展してきた。しかし、彼は一貫して、否定は作用域においても、意味においても多義なものではな

いと主張している。しかも彼の立場では、どのような集合論的意味論でも、否定を、さらには自然言語一般を適切に扱えないという酔いをさませる（あるいは酔わせる？）ような結論が待ちかまえていても、である。私が6.2節–6.4節で考察したようなデータ見本に基づいて、アトラスは彼の発見を次のように要約している。「解釈の範囲は内部否定、外部否定、メタ言語的叙述である言明を含む。Not 文は、論理学的理論の伝統がこれまで認めてきたよりも意味論的に明瞭ではなく、理論的にもっと複雑である」（Atlas 1981: 127）。

論理学の理論がメタ言語否定を無視するか、あるいは意味論的外部否定演算子の特殊な下位ケースぐらいにしか考えていないというアトラスの疑念は全くそのとおりだと思う。しかし、だからといって、すべての否定のたまご［訳者注：あり方］を「根本的に特定不足な」バスケット［訳者注：状態］に置くことが正しい解決方法だとは思わない。別の言い方をすれば、ここまで私が検討してきた証拠からすれば、モデル理論の赤子を多義主義の浴槽の湯とともに捨ててしまうような［訳者注：モデル理論的な否定の取り扱いをやめてしまう］過激な動きを支持することはできないということである。アトラスの最近の見解と私の考え方の間の本当の論争点は、記述否定の適正な取り扱いに関するものである。これについては第7章で検討する。

否定の多義主義的取り扱いは現代論理学の守備範囲から全く逸脱してしまったというものでもない。既にみたように、バーグマンの外部否定の「二次元的」理論（Bergmann 1977, 1981）では、真／偽の軸が、変則／無変則（anomaly/ nonanomaly）の軸と交差し、4つの異なる値を作る（2.4節参照）。しかし、アトラスが述べているように、バーグマンの体系は、彼女自身が作り出した問題点に加えて、彼女に先立つ多義主義者の持つ経験的、理論的問題点をそのまま受け継いでいる。バーグマンの内部否定では二重否定はもはや成立しない。また、彼女の投射規則を認めれば、If there's a king of France, then he's bald というような条件文は「真であるが変則的」となってしまう。しかし、「直観的にみてこの文は変則的では決してないように思われる」（Atlas 1981: 126–27）。

しかし、バーグマンの否定の説明の根本的な欠陥は、このアトラスに指摘されたものではなく、次の点である。つまり、形式的な「変則性」の取り扱いを、「範疇誤り」（Bergmann 1977）あるいは 「指示対象の非存在（例、the king of France）」に関わる否定陳述の場合から、会話の含意、文法、文体または使用域、音韻などに関わる対象に拡張する明らかな方法が存在していないという点である。一次元的あるいは二次元的論理意味論の領域外で、メタ言語的扱いを最も明確に要するのはこれらの場合である。

バーグマンと同質の説明では、同様の問題が起こる。カルトゥーネン・ピーター

ズは、彼らのいわゆる「反駁否定」を、「聞き手が述べたり、含意したり、了解
したこと」に反駁するという「文脈上の特別の機能」を持つ（Karttunen and Peters
1979: 47）と正しく記述している。これは、否定がメタ言語的に機能するための必
要条件ではあっても、十分条件ではない。なぜならすでにみてきたように、大抵
の（記述的）否定でもこれと同じ「特別の機能」を持つとされうるからである（Atlas
1980 も参照）。さらに彼らは「反駁否定はより広い目標を持つという点でのみ通常
の否定と意味論的に異なる。」従って、反駁否定は「目標の文の意味全体に関係し、
真理条件と慣習的含意の区別を無視する」と規定している。しかし、カルトゥーネ
ンとピーターズは、有標なメタ言語否定がどのくらい広い目標を持てるのかという
点を見落としているのは致命的である。

　もう１つ現代の否定理論で言及する価値があるものがある。それは Lehrer and
Lehrer（1982）に展開されている理論で「新否定多義主義」というより「新否定
単一主義」ともいうべきものである。レラーたちは good、excellent というよ
うな尺度述語間の関係について競合する２つの分析を比較検討している。good
が excellent を含む上位範疇とする「上下関係（HYPONYMY）解釈」と、good と
excellent が相互に排他的であるとする「両立不可能（INCOMPATIBLE）解釈」であ
る。彼らは、(**118a**)は前者の、(**118b**)は後者の分析を支持すると指摘している。(以
下の５例は Lehrer and Lehrer (1982)の(**14**)–(**18**)に対応する。)

(**118**) a. This wine is good—it's even excellent.
　　　　（このワインはよい—とてもすぐれてさえいる）

　　　b. This wine is not good, it's excellent.
　　　　（このワインはよいのではない、とてもすぐれている）

(**119'b**) に見るように 'not only ... ; ...' という構造は「本当に両立不可能な文を」非
文法的として排除する。しかし、good と excellent は (**119**) で示されるように容認
される。このことからレラーたちは「上下関係解釈」を選択する。

(**119**)　That wine is not only good; it's excellent.
　　　　（あのワインはよいというだけではない；とてもすぐれている）

(**119'**) a. *That's not only a cat, it's a dog.
　　　　（* あれはねこというだけではない、犬だ）

　　　b. That's not only a car, it's a Cadillac.
　　　　（あれは自動車というだけではない、キャデラックだ）

　第 4 章の議論でも明らかなように、excellent を good との関係で、両立不可能関係ではなく、上下関係とみるレラーたちの結論には賛成する。しかし、(118b) の最初の節の否定叙述 not good を、(119) の not only good［あるいは not just good］の省略したものとする含みは受け入れることができない。good と excellent の間に成立する尺度述語の性質、すなわち **a** is excellent は **a** is good を一方向的に伴立することからすれば、確かに (118b) と (119) は同じ情報を伝える。同じことが前の (45) の例に関係して指摘された。しかしながら、このようなメタ言語否定の解釈は上限設定的な **Q** 含意を含む場合に限られるのである。

　従って、レラーたちの (118b) の「省略分析法」を、(1') と (8) の慣習的含意の事例、(14a, b) の音声的事例、(14c) と (15) の形態論的事例、(17) – (20) の文体や意味の内包的事例、さらに他のさまざまな会話の含意に焦点をあてる否定などに拡大して適用することはできないのである。(119) と次の (120) を比較していただきたい。

(120)　a.　The king of France isn't (#just) bald—he doesn't exist.［cf. (1')］
　　　　　（フランス王ははげ (#だけ) ではない、存在しないのだから）

　　　　b.　I didn't (#just) manage to trap two mongeese—I managed to trap two mongooses.［cf. (14c)］
　　　　　（2 匹のマンギースをどうにか罠にかけた (#だけな) のではない、2 匹のマングースを罠にかけたのだ）

　　　　c.　For a pessimist like him, the glass isn't (#only) half full—it's half empty.［cf. (17e)］
　　　　　（彼のような悲観主義者にはグラスは半分はいっている (#だけな) のではなく、半分空なのだ）

　　　　d.　He's not only meeting a woman this evening —he's meeting his wife.［OK, but ≠ (22')］
　　　　　（彼は今晩ある女性に会いに行くだけではない、妻にも会うのだ：only があっても容認されるが前出の (22') とは意味が異なる）

量に基づく尺度含意の取り消しを含むような場合でさえも、統語論が、レラーたち流のパラフレーズ分析を奇妙にあるいは不可能にすることがある。下の例を参照されたい。

(120')　?#Maggie isn't just patriotic or quixotic—she's both!［cf. (63a)］

　レラーたちは、(118b) の否定の「良いよりさらに良い」とする解釈では、「音調

は下降せずに、後に修正部分が来ることを知らせるために高い位置に留まらねばならない」と正しい指摘をしている。但し、この特徴はメタ言語否定の関連するすべての場合にあてはまるのであって、それには (119) のように「省略分析」にパラフレーズが可能な場合も、またパラフレーズ不可能な場合も含まれるのである。結局、メタ言語否定の not を not only や not just を表すものととらえる分析は、それを not true と分析する方法と同じように不適切と言わざるを得ない。

6.5.3　メタ言語否定と 'négation métalinguistique'

　既に述べたように、私はメタ言語否定の（おおよその）概念と名称の双方をデュクロ（Ducrot 1972, 1973）から借りている。彼の規定（Ducrot 1972: 37ff.）によれば、記述否定とは事実についてのコメントであり、前提を保持する[43]。メタ言語的（また論争的 (polemic) とも呼ばれる）否定は発話についてのコメントであり、前提に異議を唱えたり拒絶したりする。

　デュクロ（1973: 240）は、メタ言語否定を 'un rejet d'une affirmation préalable (implicite ou explicite)'、つまり先行する（暗黙の、あるいは明示的な）主張の拒絶と定義し、記述否定は（デュクロ自身は少しもそうしていないが、しばしば規定されるように）メタ言語否定と同じようには性格づけできないと述べている。記述否定は尺度を逆にするという一般的特性を持っているが（4.4 節参照）、メタ言語否定の場合、逆にすることも保持することもでき、これは後続の修正部分によって決定される。例えば、The ticket doesn't cost 10 francs, it costs {5/ 15}（チケットは 10 フランではない．{5 フランだ／15 フランだ}）のように。

　デュクロのシステムでは、前提（présupposés）は一方で主張（posés）と区別され、他方では修辞的含意（sous-entendus）とも区別される。彼は日常言語の文を表示するために中間的形式言語（私はこれは L_D と呼ぶ）を設定する（Ducrot 1972: §5）。また、L_D を述語計算に翻訳した時に、前提や主張が区別されるように設定されている。X|Y という表記は「述語対」を表し、X と Y には原子述語あるいは複合述語が入る。L_D の X|Y($a_1, \dots ,a_n$) という表現はどれも 2 つの述語計算表現に対応する。1 つは X($a_1, \dots ,a_n$) の翻訳で、これは前提を示し、もうひとつの Y($a_1, \dots ,a_n$) の翻訳の方は主張を示す。

　自然言語の演算子（only, some）と否定は、L_D ではボールド体の「繋辞操作」によって表現される。これは 1 つの述語対を別のものに変換する作用をする（Ducrot 1972: 147）。そのような繋辞操作のうちの 2 つが NEG（前提保存的記述否定）と REF（反駁的、即ちメタ言語否定）である。その効果は次のように示される（ここで NEG は述語計算の '～' に翻訳され、ET の方は '∧' に翻訳される）。

(121) a.　**NEG** (**X|Y**) = **X**|NEG **Y**

　　 b.　**REF** (**X|Y**) = ―|NEG (ET (**X,Y**))

　(**121a, b**) の間の区別は、第 2 章と (**11**) で取り上げたように、Karttunen and Peters (1979) の通常否定と「反駁」否定の区別の (少々の違いは別として) 直接的先駆けになっている。もっと具体的にいうと、(**121b**) の有標の否定は、(**11b**) と同様、否定の論理的作用域内に前提 (あるいは慣習的含意) 要素を持ち込む。一方、(**121a**) の方は通常の記述否定であり、(**11a**) と同じく前提とされた (慣習的含意) 要素にある種の論理的透明性を与えることでそれを保持している。(ここで注意していただきたいのは、(**121b**) の出力で前提部分が空になっているのは、(**11b**) で慣習含意の部分が空になっていたのと全く同じであるという点である。)

　しかし、既にみたように、この作用域による区別はこの章で取り上げたメタ言語否定の適用可能な全領域に一般化することはできない。特に、音声形式、異形態、統語、会話の含意、使用域、意味の内包的側面というような否定の焦点となるものは論理形式の一部にはなり得ない。(このことはデュクロの L_D システムも、K & P 版のモンタギュー文法でも同じことである。) 従って、(**121b**) の形式に多くのメタ言語否定を詰め込むことはできない。デュクロは発話に伴う含意を否認する有標否定の「修辞的」機能に確かに気づいていた。しかし、彼の表示と 'la négation métalinguistique' の説明は、英語とフランス語の千変万化するメタ言語否定の特徴を正当にとらえることができないのである。

　それにもかかわらず、デュクロとその学派のさまざまな著作 (Ducrot 1972: 37ff.; 1973: 124–25; Anscombre and Ducrot 1977) に述べられているメタ言語的／論争的否定の説明は、完全な分析がカバーしなければならないものを示唆してくれる点で有益である。例えば、デュクロは (グライスとダメットの見解を反映しながら、6.2 節参照) 条件文に関連する否定は、話し手がその条件文を主張することに抵抗感を持っていることを示すメタ言語的装置としてのみ解釈される傾向があることを正しく観察している。また別の所で、彼はメタ言語的あるいは論争的否定は、特別の否定の発話行為、すなわち先行して発話された主張に反駁する行為に対応すると指摘している。

　フランス語における否定の作用域の研究で、ヘルドナーはデュクロのメタ言語否定の役割とその尺度述語との相互作用について詳述している (Ducrot 1973 所収の Ducrot and Barbault 論文参照)。次の (**122**) がメタ言語否定を含む一例である。

(**122**)　Jules ne chante pas bien, il chante comme un dieu.

　　　　(ジュールはうまく歌ったのではない、神のように歌ったのだ)

この例では、「話し手は bien という語がより適切な語句」―記述否定の場合のように尺度上必ずしも bien 以下のものではなく、ひょっとしてより高いものか、あるいは全く別の尺度上のもの―「に置き換えられねばならないことを明らかにしている」(Heldner 1981: 92)。

　ヘルドナーの指摘によれば(p.65)、デュクロと彼の仲間は、もともと記述的／メタ言語的の二分法はフランス語では形態論的に中和されていると考えていた。しかし、もっと最近の著作ではメタ言語否定には明確なシグナルになりそうなものがあると述べている。Gross (1977) は、否定される要素の直前の non/ non pas は「対比的」な解釈のみ可能であると主張する。この彼の「対比否定(CONTRASTIVE negation)」はデュクロのメタ言語否定にそのまま対応する。(Anscombre and Ducrot [1977] も、それとは独立的に、明白な論争的否定として non のことを取り上げている。)これによれば、(123a) の否定は「対比的」に解釈してもよいが、(123b)の方はそう解釈しなければならないことになる。

(123)　a.　Max n'a pas abattu un if, mais (il a abattu) ce pin.
　　　　　　'Max didn't fell a yew, but (he felled) this pine.
　　　　　　(マックスはいちいの木を切ったのではない、この松だ：対比読み)
　　　　　　(マックスはいちいの木を切らなかった、しかしこの松なら切った：譲歩
　　　　　　　読み)

　　　　b.　Max a abattu non pas un if, mais (*il a abattu) ce pin.
　　　　　　'Max felled not a yew, but (*he felled) this pine'
　　　　　　(マックスはいちいの木を切ったのではない、この松だ)

　(123b)の mais 節の短縮化は(英語の対応文でも同じであるが)義務的であるが、一方、(123a)では選択的であることに注意されたい。このパターンは、6.4 節でみたように、SN but と PA but を判別するものである。もし non (pas)がメタ言語否定としてだけ解釈できるのであれば、それは(PA 読みを強制するというよりはむしろ)SN 読みの mais を許す環境にだけ起こると正確に予測する。アンスコンブルとデュクロは次のような最小対を与えている(Anscombre and Ducrot 1977: 37)[44]。

(124)　a.　Il n'est pas français mais il est belge.
　　　　　　'He isn't French, but$_{PA}$ he is Belgian'
　　　　　　(彼はフランス人ではないがベルギー人ではある)

　　　　b.　Il est non pas français mais (*il est) belge.
　　　　　　'He is not French but$_{SN}$ Belgian'

（彼はフランス人ではなくベルギー人だ）

(**125**) a. C'est non seulement vraisemblable, mais certain.

'It's not just likely but_SN certain'

（そうらしいではなく確かなのだ）

b. *C'est non pas certain, mais reste possible.

'It's not certain but_SN remains possible'

（それは確かではないが可能性は残る）

　グロス（Gross 1977: 51）は、部分冠詞（de + 冠詞）と単一の de の分布に基づいて、対比否定を普通の否定から見分けるもう1つの方法を打ちたてている。(**126a**) は (... il boit autre chose のような) 後続部分があると解されるため必然的に対比的であり、(**126b**) の方は非対比的であると彼は解釈する。

(**126**) a. Max ne boit pas du vin.

'Max doesn't drink wine, ...'

（マックスはワインは飲まない）

b. Max ne boit pas de vin.

'Max doesn't drink wine'

（マックスはワインを飲まない）

グロスは、また予測どおり non (pas) は de + 冠詞 とだけ共起することを見いだしている。

(**127**) a. Max a bu du vin, non (pas) {de l'eau/ *d'eau}.

'Max drank wine, not water'

（マックスは水ではなくワインを飲んだ）

b. Max a bu non (pas) {du/ *de} vin, mais de l'eau.

'Max drank not wine but water'

（マックスはワインではなく水を飲んだ）

分裂文も否定の対比的読みを強制し、従って、冠詞を要求する。

(**128**) Ce n'est pas {du/ *de} vin qu'il boit, mais de l'eau.

'It isn't wine that he drinks, but water'

（彼が飲むのはワインではなく水だ）

　ここで冠詞なしの de の使用はフランス語の否定極性項目（NPI）を形成すると
すれば、これは理屈にかなった想定であると思われる（Gaatone 1971; Horn 1978a,
1978b 参照）。そうすると、グロスの de + 冠詞と対比否定（＝メタ言語否定）との相
関関係は、英語考察と同じように（Karttunen and Peters 1979; Linebarger 1981; 本書
6.4 節参照）、外部否定あるいは反駁否定、さらに拡張して言うと、一般化された
メタ言語的演算子は NPI を引き起こさないという、フランス語に関する 1 つの判
断をくだすことになるであろう。

　しかし、実際にはグロスが述べるほどはっきりしたものではなく、ヘルドナーは
(**129a**) と (**129b**) の両方が単独で容認可能であると述べている（Heldner 1981: 77）。

(**129**)　a.　Je ne bois pas du vin, (*mais) je bois de la grenadine.
　　　　　　　（私はワインは飲まないが、ざくろシロップを飲む）

　　　　b.　Je ne bois pas de vin, mais je bois de la grenadine.
　　　　　　　（私はワインを飲まないが、ざくろシロップを飲む）

前者は時間、空間的に特定的な解釈（I am not drinking wine, I'm drinking grenadine）
が与えられ、後者は習慣読み（I don't drink wine, but I drink grenadine）になる。しか
しいずれにせよ、(**127b**) のように明らかにメタ言語否定の場合には否定極性の de
が容認されないことは、グロスのみならずヘルドナーも認めている[45]。

6.5.4　ロンドンでの否定の扱い

　英語の否定について、ここで考えているアプローチに最も関係が深いのは、おそ
らくディアドリ・ウイルソンによって示された説明であろう。彼女の第一次データ
は、グライスから派生するものも多くあるが、ありふれた記述否定に還元してしま
うことのできないさまざまな否定の使用を含んでいる。これらの例のうち、いくつ
かは次のようなものである（Wilson 1975: 149ff.）。

(**130**)　a.　I'm not happy: I'm ecstatic.
　　　　b.　The next Prime Minister won't be Heath: it will be Heath or Wilson.
　　　　　　［=(109)］
　　　　c.　I don't love Johnny: I love Johnny or Billy.

このような例に触発されて、この例に続く一節は、（クワイン、オースティン、ギー

チなどに指摘されている）通常の記述的否定を偽性と同一視するという誤りを含んでいるが、しかし、なぜ自然言語の否定が常によく知られた一項論理連結子に集約されてしまわないのかについて明確な答えも準備されている。

> not-p を主張すること（あるいは p を否認すること）は、p が偽であると主張することと同じではありえない。必ずしも偽ではなくても、事実に照らして p が不適切であると主張することがあるかもしれないからである。例えば、p は弱すぎたり、強すぎたり、誤解を招きやすい表現であるかもしれない。…… いったん否定と偽性が区別されると、伴立と矛盾の意味論的陳述は偽性という観点からなされる。一方、否定の取り扱いは偽性のみの関係を含むが、単にそれだけではなくそれを越えるのである。　　　　　　　　　（Wilson 1975: 150）

　(130) のような例が存在するとすれば、否定の解釈には（少なくともいくつかの使い方においては）非真理関数的な側面があるに違いないことになる。not-p の値が、単純に p の値の関数にはなりえない例があるからである。これらの例からわかることは、p が偽であることは、not-p を主張する十分条件ではあっても、必要条件ではないことである。もし p を発話することが q を示唆するとして、話し手が q を示唆したくないのであれば、not-p と言うこともあり得る（Wilson 1975: 151）からである。

　ウィルソンが明確にしていないことは、not-p が、ある場合には p の主張の拒否となるという事実と、別の場合には not-p が論理形式では〜と翻訳される対象言語連結子としての否定を含むという事実とを、どのように関連づけるかという点である。ウィルソンの説明で欠けているのは、真理関数連結子としての否定（これは偽性と同等ではない）と、先行する実際の、あるいは暗黙の発話のある側面を拒絶するというメタ言語否定との区別が、完全には性格づけられていないことである。

　特に、メタ言語否定の使用のすべてが意味論的外部否定、つまり意味論的演算子 TRUE の作用域の外側に来る否定と分析されるわけではないのと同様に、ここで探求の対象となった例のすべてを、ある命題（あるいは文；ウィルソンは上で引用された一節で p でどのような存在を表そうとしているのかを完全にははっきりさせていない）を主張することの拒否ととらえることもできないのである。彼女の説明する事例には、否定が会話の含意に付随する場合や、恐らく慣習含意や前提に付随する場合などが含まれる（ウィルソンは前提の概念の有用性に疑念を持っているが、それはまた別の話である）。しかし、彼女の事例は (14) – (15) のような例まで直接概括するものではない。これらの例では、反対表明が、ある命題を主張することに向けられているのではなく（ましてやその命題の真であることの反対表明でも

なく）、むしろ命題が文において表現される仕方、その文が発話される仕方に向けられているのである。まとめてみよう。話者が、ある命題が主張できないと思っているということを示す否定の使用という概念（Wilson 以外に Grice 1967; Dummett 1973; Ducrot 1973; Grim 1981 などを参照）は、多義主義者たち（三値論者やファン・フラーセン、バーグマン、カルトゥーネンとピーターズ、ラインバーガーなど）の主張する外部否定演算子よりも包括的である。しかし、それでもそれはメタ言語的演算子として一般化された否定使用という概念の一部分にすぎないのである。

　有標の否定文に関して、――十分体系化できていなかったとはいえ――ウィルソンや他の論理学者、哲学者、言語学者のどの議論よりも、もっと綿密にメタ言語否定の概念を予測した 2 つの二者択一的な見解がある。そしてそれらを引用し、かつ批判したのは皮肉なことにウィルソン自身である。2 つの見解とは Fillmore (1971) と Kiparsky and Kiparsky (1971) である。次に 2 つの論文の抜粋をあげる。これらの論文は、哲学者たちが何世紀にもわたってさまよい続けてきた大きな前提の眺望と沼地を、生成文法家たちが初めて発見したそのすぐ後の性急な時代に書かれたものである。その当時の特色でもあるが、彼らの議論には鋭い洞察が認められる一方、厳密さと正確さが幾分欠けている。

　　chase という動詞の用法は、直接目的語にあたる対象物が素早く動いていることを前提としている。escape という動詞では、主語名詞句の対象物が、焦点の時間より前に、強制的にある場所に閉じ込められていたことを前提とする。これらの前提は、予想されるとおり、文否定によって影響を受けない。

(58)　The dog {chased/ didn't chase} the cat.
　　　（その犬はその猫を {追跡した／追跡しなかった}）

(59)　He {escaped/ didn't escape} from the tower.
　　　（彼はその塔から {逃げた／逃げなかった}）

次の (60) と (61) のような文は、記述されている状況に関して chase と escape という語の使用の適切さに対する部分的コメントになっていると私には思える。これらは chase や escape という語が発話されたばかりの文脈で使用されるのが最も自然だろう。

(60)　I didn't 'chase' the thief; as it happened, he couldn't get his car started.
　　　（私はその泥棒を追いかけたのではない、あいにく彼は車をスタートできなかったのだから）

(61)　I didn't 'escape' from the prison; they released me.
　　　（私は牢獄から逃げだしたのではない、彼らが私を釈放したのだから）

　　　　　　　　　　　　　　　　　　　　　　　　　　　（Fillmore 1971: 381–82）

　もし前提を否認しようとするなら、それを明示的に行わなくてはならない。

　　　Mary didn't <u>clean</u> the room; it wasn't dirty.

　　　（メアリーはその部屋を掃除したのではない、そこは汚れてはいなかった
　　　のだから）

　　　Abe didn't <u>regret</u> that he had forgotten; he had remembered.

　　　（エイブは忘れてしまったことを悔いてはいなかった、覚えていたのだか
　　　ら）

　第 2 節は第 1 節の否定を異なるレベルに置く。出来事や状況の直接的否認では
なく、当該の［下線を施してある］語の適切性の否認である。そのような否定
は不適切な語にストレスを置いて発話されると一番理解が容易である。

　　　　　　　　　　　　　　　　　　　　　（Kiparsky and Kiparsky 1971: 351）

　これらの部分は Wilson（1975: 84）に引用されている。彼女はこの論文で、フィ
ルモアやキパルスキーたちの見解を含めて現存する前提理論すべてに集中攻撃を加
えようとしていた。ここで示した見解への彼女の反論の中心は、私が思うには、前
提の意味論的（かつ語用論的）概念の発展性への疑いに関わるものであって、いわゆ
る外部否定に沿ったメタ言語否定を攻撃の主目標にしたものではない。また、「語
彙的」前提の提案例を攻撃する場合に、ウィルソンは（適切にも）前提としての地位
を持つと哲学者や言語学者によって提案されてきた候補群の中で最も弱いものを相
手にしている。

　有標否定は前提を否認することにのみ使用できると想定する時、ウィルソンは
フィルモアとキパルスキーたちの意図に忠実だったのかもしれないし、あるいは
そうでなかったのかもしれない。とにかく、私は否定のメタ言語的使用に別の説
明を主張してきた。それは、Karttunen（1974）、Stalnaker（1974）の語用論的前提、
Gazdar（1979a, 1979b）の文脈取り消し可能前提、さらに Wilson and Sperber（1979）
の順序付き伴立関係などを含む前提現象の最近の理論にも全く適合するものであ
る。

　上の 2 つの抜粋について、次のことに注意していただきたい。これら 2 つの説
明は共に、メタ言語否定は先行して発話された命題を偽と判断するために用いられ
るのではなく、不適切として異論を唱えるために用いられるという事実に触れてい
るばかりでなく、さらに、メタ言語否定は（定義上、そのメタ言語演算子もそうで
あるように）異なるレベルで作用する、すなわち対象言語内の形式装置ではなく、
対象言語についての叙述として作用するという事実もそれとなく述べているのであ
る。さらにウィルソン（Wilson 1975: 84–85）は、キパルスキーたちの信じているよ
うには、外部的、前提取り消し否定のすべてを「適切性の否認」として片付けてし

まうことができないことを正しく認識している。しかしながら、キパルスキーたちの有標の否定に対する概念の方が、それを「ある命題を主張することの拒絶」とみなすウィルソン自身の見解よりも、私が例示してきた広範なメタ言語否定の一般現象をより適切にとらえているのである。

最近ルース・ケンプソンとその仲間の否定単一主義者たちは、グライス–ウィルソン否定の存在から、彼ら独自の結論を引き出している（(**130**) 参照）。Cormack (1980) で指摘されているように、(**130a**) の I'm not happy: I'm ecstatic や、次の (**131**) の否定の例はパラドックスのようにみえる。

(**131**) Justin didn't paint three squares, he painted four.

「もしジャスティンが 400 平方フィートを塗ったのなら、当然彼は 300 平方フィート塗ったことになる。また、誰かが有頂天なら、その人は当然に幸せなのである。」さらに Burton-Roberts (1984: 202–3) に言及されていることだが、標準的な法体系では明らかにパラドックスになる次の (**132**) も容認可能である。

(**132**) It's not possible that mammals suckle their young, you ignoramus, it's downright necessary.[46]
（哺乳動物は子供に哺乳することもあり得る、というのではないんだよ。無知だな君は。まったく必然なんだよ）

これら「パラドックス否定」に関する Lehrer and Lehrer (1982) の「省略分析」については既に検討し、それを受け入れ難いものと結論した。ところでバートン–ロバーツは異なるアプローチを採用していて、それによれば、弱い尺度述語の要素（possible, three, happy など）は、私のいう一面読み（「少なくとも…」）と二面読み（「ちょうど…」）の間で語彙的に多義であるという。「コーマックも述べているように、この「語彙的に多義」という考えをとらないならば、この現象を扱うためには（否認的、引用的）特殊否定を採用しなければならなくなるからである（これはコーマックが含意も意味論の範囲で扱おうとして却下した見解である）。」コーマックは、否定の多義性と称されるものの片枝を削り落とそうとして以前もオッカムのかみそりをふるったが、この特殊否定を選択する代案も実際使えるとは考えていない。

ロンドン倹約学派の学者たちは、否定に関しては多義性の非存在から無限に多数の多義性の存在まで議論する。彼らは多義性を意味論レベルにおいて想定するグループ（コーマック、バートン–ロバーツ）と、命題レベルに想定するグループ（カー

ストン（Carston 1985a）、ケンプソン（Kempson 1986））に分けることができる。彼らの見解に従えば、Justin painted 3 squares というような文が（意味論的、あるいは命題的に）多義であるなら、Justin painted 4 squares や Justin painted 137 squares なども同様に多義でなければならなくなる。さらに、これらや他の尺度述語が、英語において意味論的に、あるいは命題的に多義であるのなら、それらのフランス語、バスク語、スワヒリ語や全ての他の言語への翻訳も多義となる。これらの言語においては、弱い尺度述語が上限設定的な **Q** 含意を（私の用語でいえば）引き起こすかもしれないし、引き起こさないかもしれないのである。［訳者注：こう見てくると、「オッカムのかみそり」で何を削り落とし、何を節約したことになるのか分からなくなってくる。］かみそりよ、汝の刃はいずこに？　倹約学派よ、汝の勝利はいずこに？

　私はロンドン学派の多義主義的分析の先駆けともいえる人々の見解（つまり、アリストテレスの possible、ハミルトンの some、スミスの基数についての分析）に反対する意見を述べたが、ミル–グライスによる尺度述語の叙述関係に関する議論（Horn 1972, 1973 及び本書第 4 章を参照）については、それを放棄することにある種のためらいを感じていることを認めなければならない。このためらいの気持ちは、一方では、欠性の多義性（privative ambiguity）は（Kempson 1980 の流儀では）簡単には言い抜けできないという議論（Horn 1984a, 1984c）や、他方ではこの章で述べられたさまざまな議論によって一層強くなった。私は語用論的多義性が、ロンドン学派の議論の焦点であった尺度述語の場合の否定のみならず、コーマック、バートン–ロバーツ、ケンプソンなどの考察があてはまらないような広範囲の否定の例にも適用できることを示そうとしてきた。先に引用した一節でコーマックによって拒絶された見解が、実は変わらず否定のパラドックス用法の最も一般的でエレガントな説明方法なのであり、これにより単純なグライス流の尺度の「多義性」の見解をそのまま保ち続けることができるのである。

　しかし、この見解は保存する価値があるのだろうか。ケンプソンは、尺度述語は語彙的にも意味表示レベルでも多義ではないが、拡張された論理形式のレベルでは命題的に多義であると主張する（Kempson 1986）。ケンプソンの理解では、発話解釈は言語的意味によっては根本的には特定されず、おなじみのグライスの含意を含む語用論的原理が（グライスには反するが）命題内容に働き、真理条件を決定するのを手助けするのである。もし彼女の理論（同様の見解について Atlas 1979, Carston 1985a, 1985b, Sperber and Wilson 1986 参照）が正しいのであれば、（グライス、ギャズダー、カルトゥーネンとピーターズ、それに勿論ホーンによって支持または想定されている）含意されたものと、実際に言われたものの間のすっきりした区別が認められなくなってしまう。

　この章で扱ったさまざまな事例に関して、ケンプソンはメタ言語否定の存在を認めている。しかし、彼女は一見パラドックスを構成する尺度述語のケースに（当然と思える）メタ言語否定を適用しようとはしない。もっと具体的に言うと、彼女は、私の否定極性項目と編入を使ったメタ言語否定と記述的否定の判別法の適用可能性に疑いを抱いているのである。これらの道具は、（ここでは試みないが）磨きさえかければ彼女の言う落とし穴も回避できるように私には思えるのだが。しかし、もし、(130)–(132)のような文が、彼女の言うように「記述否定の明らかな事例であると解釈できるし、もちろんそう解釈される」(Kempson 1986: 88) のなら、そうすると (happy、or、three、possible というような語に基づいて) 否定を受ける尺度述語それ自身が、真理条件の選択の際に利用されるということに恐らくなってしまう。結局、ケンプソンの結論は、「我々は、自然言語の言語的性質の一部として先人が想定したよりもっと多くの多義性が自然言語には存在するという結論にたどり着かずにはおれないようである。もっとも解釈の多様な可能性は語用論的基盤を持つという事実にもかかわらず、である」となる (Kempson 1986: 82)。この結論はどうしても「オッカムのかみそり」原則に抵触するように思える。また、増やされるのは語義それ自体ではなく命題であることも注意すべきである。また私が第4章で素描した全く同じ語用論的原則がケンプソンの尺度叙述の説明でも使用されることに注意されたい。これらの原則は(私の場合より)早く場面に登場するのである。

　カーストン (Carston 1985a, 1985b) は、パラドックスにみえる尺度述語否定に関して異なる見解を述べている。一見すると、彼女の意見は、（この章で再録した）私の主張(Horn 1985)とケンプソンの見解(Kempson 1986)の中間にくるように思える。カーストンは、肯定の尺度述語については、ケンプソンに従い、命題上での多義性を想定している。しかし、彼女は、尺度否定と、先行する発話の音声的、形態的、文体的な側面に反駁する否定演算子の使用との間に類似性を認める点では私と同じである (Carston 1985a: 14)。従って、ケンプソンとは違い、カーストンはこれらのパラドックス否定の使用について、「明快な記述否定を扱っているとはいえない」と認め、さらに「否定であるのか発話の他の側面であるのかは別として、ここにはメタ言語的な何かが関係している」と認めている。彼女はまた、私のあげた例に含まれる言語の「エコー的使用(echoic use)」は、否定発話に限定されるものではないと正しく観察している(6.2.3項参照)。

　そこまでは良い。しかし、カーストンの到達点 (1985a: 17) は「否定自身のメタ言語的使用は存在しない」というものである。我々が考えているメタ言語否定の例も、彼女によれば「言語のエコー的使用の上に作用する通常の真理関数的否定にすぎない」となる。〔訳者注：これでは振り出しに戻ったようなものである。〕我々は、「否定は、それが『言語のエコー的使用』を項にとる場合においても、変わら

ず真理関数である」という最終的に一貫性を欠く主張に連れ戻されるのである。ここでなんらの「範疇誤認」がないとしても、せめて説明を十分にして欲しいものである。なぜなら、カーストンは、彼女の「新否定単一主義」に導かれ、文法的使用から音韻的なもの、使用域から音楽技術がかかわるものに至るまで、メタ言語否定の全対象を命題として扱おうとしているからである。「オッカムのかみそり」は何とおりにも解釈できるらしいが、我々は、真理関数というものは何についての関数であるのか、ということを心にとどめて置けば、「否定は不変的に真理関数である」という見解の信じ難さに気がつくはずである。

6.6　メタ言語否定と表層構造

　メタ言語否定は、発話全体を拒絶する作用を持つ一方、発話の特定の側面に焦点をあわせることもある。その場合、表層の性質は、構成素否定、または特殊否定として現れる（これは文否定、ネクサス否定に対置される）。しかし、このことはすべての構成素否定がメタ言語的ということを意味するのではない。実際、**VP** を作用域に持つ否定の大多数は機能としては記述的である。さらに、この章の最初の方でみたことだが、いくつかの編入否定（これは当然、構成素否定、または特殊否定になる）は記述的でしかありえず、メタ言語的ではない。しかし、「狭い焦点否定」（Bolinger 1961; Jackendoff 1972; Ladd 1980 参照）のある種のものは、文の構成のうち、目立たない部分にまで作用の手をのばし、直接引用部分にも働きかけるメタ言語的演算子機能を持つことがある（Bolinger 1961; L.Carlson 1983 参照）。

　これらの場合、否定の焦点となる要素とその訂正部とで構成される対の部分だけが文の新情報、あるいは題述になり、残りの部分（拒絶対象となる発話の先行談話のトークンに対応）は旧情報、既知情報、あるいは背景となる。またこの否定の焦点となる要素は拘束形態素に対応する単音節であってもよいし、形態素にさえなってなくてもよい。このタイプの一例が (**35c**) で（否定版と選言版の両方で）示されている。その他の例を次の (**133**) に示そう。

(**133**) a. This whiskey was not <u>ex</u>ported from Ireland, it was <u>de</u>ported. (Bolinger 1961: 83 から)

　　　　（このウィスキーはアイルランドからの「輸出品」ではない。「国外追放品」だ）

　　 b. It's not your 'pro<u>noun</u>ciation' you need to work on—it's your pro<u>nun</u>ciation. (L.Carlson 1983: 196 から改作)

　　　　（君が取り組む必要があるのは「はち音」ではない、「はつ音」だ）

   c. I'm advocating <u>pro</u>secution, not <u>per</u>secution.

    （私が主張しているのは「起訴」であって、「迫害」ではない）

   d. I called for a police<u>man</u>, not a police<u>woman</u>.

    （私が呼んだのは「警官」だ、「婦人警官」ではない）

Bolinger（1961）が指摘したように、否定の焦点は強い対照強勢に移行すること（当然この移行により母音は弱化されない）があり、これは、文の残りが既知の情報として扱われるという意味を強める。

　（133b）のような分裂文もメタ言語否定を明確に示すもう１つの特徴的な装置である。このことは、否定と分裂文の両方の「焦点をあてる」という性質を考えてみれば驚くにあたらない。この分裂文の性質はフランス語にも認められる。そこでは**名詞句、前置詞句**だけでなく**形容詞句**も分裂文になることができる。デュクロはメタ言語的尺度否定の標準的な形式として（134）の例をあげている（_{SN} mais にも注意されたい）。

（134） Ce n'est pas satisfait qu'il est, mais enthousiaste.

     'He isn't <u>satisfied</u>, {but/ he's} enthusiastic'

     [lit., 'It's not satisfied that he is ...']

     （彼は満足しているというのではない、熱中しているのだ）

　分裂文の否定はしばしば命題や文の作用域をとる。拒絶される発話全体が分裂文の焦点の位置に置かれ、後に続く修正部分が聞き手に発話のどの側面が拒絶されているのかを明らかにする。この文のタイプで好まれる形態は It's not that **p**, it's（just）that **q** というものである。私が既にあげたメタ言語否定の例と同様、対象となる命題が真であるかどうかはその拒絶とは無関係である。

（135）a. It's not that she's rich and beautiful—{although, as heiresses go, she is quite lovely/ in fact she's just a plain country girl}—it's that her heart is pure.

    （彼女が金持ちで美人だというのではない—{もっとも、女相続人にしてはとても可愛いのだが／実際彼女は不器量な田舎娘だが}—彼女の心が純粋なのだ）

   b. It's not that I don't want to go—{although I don't/ in fact I'd love to/ I hadn't really made up my mind one way or the other}—it's just that I've made plans to clean my bathtub.

    （行きたくないというのではない—{もっとも、行きたくはないのだが／

　　　実際行きたいのだが／まだどちらにするかはっきり決めていなかったの
　　　だが｝―風呂を掃除することにしていたのだ）

although と in fact がこれらの例に現れていることは、記述否定とメタ言語否定が
同一の尺度上に配置できることを示している。そして記述否定がくる場合にはその
尺度上でより強い表現を伴う（つまり not only is it not that **p**, in fact not-**p**「**p** ではな
いだけでなく、実際、非 **p** である」というように）。

　シェイクスピアは、上にあげた構文に関連した not that ... but that ... という種々
の可能性をもつ訂正構文を特に好んでいたようである。(**136a**)はよく引用される部
分である。しかし、(**136b**) の方がここでの論点をより良く表している。ビアンカ
は、ここで not that 形式のメタ言語的機能を意識的に利用して、キャシオの愛情の
保証を言葉だけの逃げ口上であると曲解している。

(**136**)　a.　Not that I loved Caesar less but that I loved Rome more.
　　　　　　　（シーザーを愛するわが心の薄かったがためではない。ただローマを愛す
　　　　　　　る心の、より篤かったがためである（『ジュリアス・シーザー』第三幕第
　　　　　　　二場））
　　　　b.　*Cassio*: Leave me for this time.
　　　　　　Bianca: Leave you? Wherefore?
　　　　　　Cassio:　I do attend here on the general
　　　　　　　　　　　And think it no addition, nor my wish
　　　　　　　　　　　To have him see me womaned.
　　　　　　Bianca: Why, I pray you?
　　　　　　Cassio: Not that I love you not.
　　　　　　Bianca: But that you do not love me!
　　　　　　（キャシオ：今日はこれで別れよう
　　　　　　ビアンカ：別れるって？　どうして？
　　　　　　キャシオ：ここで将軍を待っているんだ
　　　　　　　　　　　　それに女と一緒にいるのを見られるのは得策じゃない、
　　　　　　　　　　　　困るんだ。
　　　　　　ビアンカ：どうしてなの？
　　　　　　キャシオ：君が嫌いだからではないんだ。
　　　　　　ビアンカ：でも、私のこと好きではない、ってことね。）
　　　　　　　　　　　　　　　　　　　　　　　　（『オセロ』第三幕第四場）

ビアンカがキャシオの口にのぼらせようとしたのは「私は君が嫌いだからというのではない。でも君のことを好きではない」という文である。

　現代の作家では、デヴィッド・マメット（David Mamet）が、彼の妻リンゼィ・クローズを自分の映画『ハウス・オブ・ゲームズ』の主演に決めたことを説明する際、同じようなメタ言語的分裂文を使用している。彼の妻の役は「ギャンブル強迫神経症」の専門家というものである。「彼女はね、ポーカーを好きではないというのではないんだ、憎んでいるんだ」。

　表層の形が幾分異なるメタ言語否定で、しかも英語から消えつつあるもののがアーヴィッド・スミスによって研究されている。彼が言うように、動詞に焦点を当てるような対照文脈は、定形動詞と not あるいは rather than から構成できる。同じ環境に現れても、非定形動詞の場合には次の最小対立の例にみられるように幾分異なって解釈される（Smith 1933: 79; 注釈はもとのまま）。

(137) a.　He ran rather than walked.

　　　　　‘He progressed rather by running than by walking’

　　　　　（彼は歩いてではなく走っていった）

　　　b.　He ran rather than walk.

　　　　　‘He ran because he did not want to walk’

　　　　　（彼は歩きたくないので走った）

(137a) のタイプの構文の定形動詞が現在形の場合には、この枠組みで rather than だけではなく not も使える（あるいは「20 世紀初頭まで使えた」というべきか）。一般に、動詞の前の、助動詞を伴わない否定は何世紀もの間英語では不可能であったが、例外とされそうなものは、この対比的な（メタ言語的）作用を持つ否定である。これは現在のメタ言語否定が接頭辞として編入しないこと、NPI の引金にならないことを想起させる。スミスは次のような例を証拠として提示している。

(138)　　The wise mother suggests the duty, not commands it.

　　　　（賢い母親はやるべきことを命じるのではなく、ほのめかす）

　　　　That is the fire that is lasting … that glows, not sparkles only; that comforts, not excites alone; that is certain, sure, and steady, … not thinly leaps and flutters and varies before a touch of gale.

　　　　（火花を出すだけというのではなく、長持ちし、… 輝き、わくわくさせるだけではなく、慰めにもなる、風が吹く前は少しも跳ねたり、羽ばたいたり、変化することもなく、確かで、しっかりして、確実なもの、… そ

れはその火）

Margery fills the world for you ... —No, not fills it, said he.

（マージェリは君のために世界を満たしてくれる ... いや満たすのではな
い、と彼は言った）

動詞の前の助動詞を伴わない否定が (**138**) の文脈で、メタ言語的に拒絶を表現する
ために使用されることは可能であるにしても、諸言語を通じてはるかに一般的なの
は、動詞の後の構成素否定である。これは既に英語、フランス語共に but$_{SN}$ を従え
る構造で出くわしている。ここで再録する。

(**79**) a. We have {?not three children/ not three but four children/ not three children
but four}.

b. Negation is ambiguous {*not semantically/ not semantically but
pragmatically}.

d. I saw {*not Chris/ not Chris but Pat}.

(**101**) a. John was born not in Boston, but in Philadelphia.

(**123**) b. Max a abattu non pas un if, mais (*il a abattu) ce pin.

'Max felled not a yew, but (*he felled) this pine'

(**124**) b. Il est non pas français mais (*il est) belge.

'He is not French but$_{SN}$ Belgian'

　同様にバーティア (Bhatia 1977: 25) はヒンドゥー語、パンジャビ語の基本的否定
標識である nahī̃ と nai が動詞の後の位置にくる場合、特別の対照機能を帯びること
があることを報告している。(**139**) をみられたい。

(**139**) a. **Hindi**: Vo　āyā　　nahī̃,　āyegā.

Punjabi: O　 āiā　　naī,　 āegā.

he　came　not　will come

'He did not come, [but] will come'

（彼は来なかった、でもくるだろう）

b. **Hindi**: Usne patr　 nahī̃,　kitāb parhī.

Punjabi: One xat　　naī,　 katāb parī.

he　letter　not　book read

'He read not a letter, but a book'

（彼が読んだのは手紙ではない、本だ）

　ロシア語では、メタ言語否定の文は、典型的な場合、動詞の後の否定標識（普通の否定 ne）が、SN 接続詞である a に導入される修正節を義務的に伴うという形式になる。クロケット（Crockett 1977: 241–42）は次のような最小対の例を示している。最後の例の、明らかなメタ言語的注釈に特に注意していただきたい。

(140)　a.　Boris umeet govorit' {*ne po-kitajski/ ne po-kitajski a po-japonski}.
　　　　　'Boris knows how to speak {*not Chinese/ not Chinese but Japanese}'
　　　　　（ボリスは {* 中国語でなく／中国語ではなく日本語の} 話し方を知っている）

　　　b.　Alik {ne byl doma/ *byl ne doma}.
　　　　　'Alik was not home'
　　　　　Alik {*ne byl doma/ ne byl doma}, a budet.
　　　　　'I'm not saying Alik was home; he will be'
　　　　　（アリクは家にいたのではなく、家にいるだろうということだ）

実際上は、クロケットが言うように、星印のついた例でも、「聞き手が自分で修正部分を補えると考えられる場合には」、Alik byl ne doma 'Where Alik was was not at home?'（「アリクがいたのは家ではなかった」）のように、修正部分がなくても容認可能になる。

　しかし、「対照的」構成素否定に関連してもう 1 つ述べておかねばならない性質がある。これはバビィ（Babby 1980: 106ff.）が指摘していることである。メタ言語否定は、英語では NPI を、フランス語では極性表現 de ＋**普通名詞**を認可しないように、ロシア語の場合は、記述的否定文では目的語と存在主語の両方に否定の属格が付与されるのだが、対照否定の作用域内の**名詞句**は、この否定の属格を持つことが決してないのである。バビィはこのパターンについて次のような例をあげている。

(141)　a.　U nego v rukax ne bylo slovarja.
　　　　　　his　in hands not was dict.-GEN
　　　　　'He didn't have a dictionary in his hands'
　　　　　（彼は両手で辞書を抱えていなかった）

　　　b.　U nego v rukax byl
　　　　　ne slovar'　(a　tom　enciklopedii).
　　　　　　dict.-NOM but volume encyc.-GEN
　　　　　'He didn't have in his hands a dictionary (but a volume of the encyclopedia)'
　　　　　（彼は両手で辞書を抱えていなかった（辞書ではなく百科事典を抱えていた））

(141') a. On　　　　　èTogo　　　　　ne delal.
　　　　　he-NOM　　*that*-GEN　　*not did*
　　　　　'He didn't do that'
　　　　　（彼はそれをしなかった）

　　　b. Ne on　èto　delal.
　　　　　　　　that-ACC
　　　　　'It wasn't <u>he</u> that did that'
　　　　　（それをしたのは彼ではなかった）

(142)　Ščuku　　　　　nuzno　ne uničtožat',　a　razvodit'
　　　　pike-ACC　　*nec.*　　*not destroy*　　　*but breed*
　　　　'One must not <u>destroy</u> but <u>breed</u> pike'〔D.O. 'pike' cannot be marked GEN〕
　　　　（カワカマスは絶滅させるのではなく繁殖させるべきだ〔直接目的語の
　　　　　Ščuku は属格を与えられない〕）

　　この問題には、実は他の要因も関与している。属格を付与された目的語は記述否
定の作用域内でのみ生じる。しかし、対格付与は、(143b, c)でみるように、動詞や
目的語を焦点にとるメタ言語否定によって引き起こされるだけではないのである
（この (143b, c) の例は Crockett 1977 から。ただし括弧はバビィによる）。バビィの
指摘によると、対格付与名詞句は、目的語が特定的であり、かつ／あるいは定的で
あることをも示しうるのである。

(143) a. Brat　　　〔ne　　est　　mjasa〕.
　　　　　brother　　*not*　　*eats*　　*meat*-GEN
　　　　　'My brother doesn't eat meat'
　　　　　（兄は肉を食べない）

　　　b. Brat est〔ne　mjaso〕.
　　　　　　　　　　meat-ACC
　　　　　'It isn't meat my brother is eating'
　　　　　（兄が食べているのは肉ではない）

　　　c. Brat〔ne <u>est</u>〕mjaso　（a zrët）
　　　　　　　　　　　　　　　　but gobbles
　　　　　'My brother isn't <u>eating</u> the meat but gobbling it'
　　　　　'My brother is not eating but gobbling the meat'
　　　　　（兄は肉を食べているのではなくてがっついているのだ）

(143)の状況で、「特定の場面で特定の肉」を巻き込んで実際に食事するのならば、記述否定の作用域内でも対格目的語を使用するのである（Brat［ne est mjaso］：兄はその肉を食べていない）。また、他の事情が同じならば、より形式ばった属格形は、形式ばらない対格形に着実にとって替わられようとしていることもしばしば報告されている。（ロシア語の否定文の格付与と作用域についての追加説明は Magner 1955、Davidson 1967、Timberlake 1975、Crockett 1977、Babby 1980 を参照のこと。）

　記述的文否定とメタ言語的構成素否定（あるいは焦点否定）の間で、予想通り語順に違いがあることがドイツ語で観察される（データは Payne 1985: 232）。ドイツ語では、主文の否定の通常の位置は文末である。しかし、メタ言語否定の場合、ロシア語と同じく、否定はその対象とするものの直前に来る。そして通常は SN 接続詞の語源でもある sondern を伴い、その後に修正部分が来る。

(144)　a.　Er besuchte uns gestern nicht.

　　　　　 'He didn't seek us yesterday'

　　　　　（彼は我々を昨日たずねてはいなかった）

　　　 b.　Er besuchte uns nicht gestern (sondern ...)

　　　　　 'He sought us not yesterday (but ...)

　　　　　（彼は我々を昨日たずねていたのではなくて…）

さらにペインは ペルシャ語を引用し (1985: 232)、無標の記述的文否定要素である接頭辞の na-/ ne- は「対照的」文脈では使用されず、na ... balke という構造つまり自律した否定辞と sondern 型の修正部が使用されると述べている。

　ハンガリー語のメタ言語否定も語順の違いで特徴付けられる。もっともそのパターンはまたしても異なる。ヴァーガ（Varga 1980: 89–93）に述べられているように、否定の焦点になる要素は否定要素 nem のすぐ右に現れ、典型的には、英語のメタ言語否定と相関関係のあるものとして既にみた下降―上昇調のイントネーションを付与される。ヴァーガの例のうち、いくつかを下に示そう。

(145)　a.　`Nem ˇPéter　játszik　hanem ˇJános.

　　　　　 not　　　 *plays*　*but*

　　　　　 'Not Péter but János is playing'

　　　　　（ピーターではなくジャノスが遊んでいる）

b. `Nem a ˘konyvet        olvassa, hanem   az `újságot.
　　　　the book-ACC   reads   but   the paper-ACC
　　'He is reading not the book, but the paper'
　　（彼はその本ではなく新聞を読んでいる）

ハンガリー語でも予想どおり、尺度的な値が関係する場合、記述的な否定の読みでは「…以下」読みのみになる。一方、メタ言語否定の使用は、下降—上昇音調と適切な修正部により誘発され、その読みに限定されることはない[47]。(146)のような最小対立組について論評して、

(146) a. `Nem `olyan gyorsan gépel mint te.
　　　　　　as   fast   types as   you
　　　　'He doesn't type as fast as you' (=he types more slowly)
　　　　（彼は君と同じような速さでタイプしない）
　　　b. `Nem ˘oylan gyorsan gépel mint te, hanem `gyorsabban.
　　　　'He doesn't type as fast as you, but faster'.
　　　　（彼は君と同じような速さでタイプしない、もっと速いのだから）

ヴァーガ (p.90) は最後の文は、「人を驚かすような、あるいはユーモラスな効果があるが（これは文の初めの部分で準備された語用論的期待に反するからである）、しかし、この文は完全に容認可能である。… 語用論のレベルでは、尺度のより高い値解釈が明示的に述べられるのでなければ尺度の低い方の値［less than …］を取る解釈が支配的である」と述べている。同じように、(146') でも結果的には「語用論的反駁」が起こり、「それが活用されて驚きと／またはユーモアの効果を生み出している」(Varga 1980: 93)。

(146') `Nem ˘oylan magas Ø,  mint te, hanem `sokkal `magasabb Ø.
　　　　not   as   tall   is   as   you but   much   taller   is
　　　　'He isn't as tall as you, he's much taller'
　　　　（彼は君と同じくらいの背の高さではない、はるかに高いのだから）

これは既に豊富に例をあげて示した英語のメタ言語否定の効果とまさに同じである。
　有標の否定は、英語でも他の言語でも、否定演算子の拡張的なメタ言語的使用の反映であると論じてきた。否定形態素は、通常（原則的に）、記述的、メタ言語的と

いう 2 つの機能を許容する。しかし、接辞添加、極性、語順、格付与、SN や PA 接続詞の存在というようなパラメータを含む統語的環境が、ある所与の否定要素について、2 種類の使用のうちのどちらの性格が解釈上適切、あるいは顕著なのかを選択する一助となる。

　しかしながら、いくつかの場合には、否定の特定の形態的現れ方がある特定の解釈を強制するか、あるいは排除することがある。（前述の文脈での多義性除去と同じく、これも語用論的多義性の領域ではよくあることである。これについては Zwicky and Sadock 1975, Horn and Bayer 1984, 本書 5.3 節参照。）前節で述べたように、フランス語では否定の焦点にある項目の直前に置かれた non（pas）はメタ言語的に解釈されねばならない。一方、ne ... pas は記述的、メタ言語的機能の両方を許容する[48]。韓国語では事情が反対で、否定のある 1 つの形態は必ず記述的に解釈され、もう 1 つの形態ではどちらの解釈も可能である。

　韓国語において問題となる否定の構造は、伝統的な記述文法の用語で言えば次の 2 つである。すなわち動詞の前に置かれる短形否定辞（SHORT FORM negator）の an (i) と、接尾辞として名詞化要素 ci-/ ji- が添加された動詞語幹の後に置かれる長形否定（LONG TERM negator）の an (i) hada（これは文字どおりには not do の意味）である。

(147) a. Mica ka canta.　　　　　'Mica sleeps'

　　　 b. Mica ka an (i) canta.　　'Mica does not sleep'

　　　 c. Mica ca-ci ani hanta.　　'Mica does not sleep'

(147a) のような基本的な肯定文に対応して、短形否定の (147b) と、長形否定の (147c) がある。ここで問題となるのは、(147b, c)、および類似の組み合わせのメンバーが、意味や使用法において違いがあるのかどうか、もし違いがあるのならどのような違いか、という点である。久野（Kuno 1980: 162–63）は、2 つの構造は相互に交換使用可能であるか、または強調においてわずかに違いがあるに過ぎないと主張している。彼は、他の研究者たちは実際の違い以上のものを探り出そうとしているとも述べ、例えば、前者は「動詞否定」で、後者は「文否定」であるという主張などがその 1 つであるという。久野の説明によると、この区別は本書の第 2 章で議論した内部否定と外部否定の二分法（と同一ではないが）を思い出させるところがあるという。

　また、これとは異なる（内部的に矛盾するほどではないが）対立する見解を持つ研究者もいる。例えばチョイ（Choi 1983）はさまざまな可能性を考察し、韓国語の 2 つの否定の構造に最も近いのは、西洋の文献の中ではアリストテレスの反対否定

と矛盾否定であり、彼の見解では、反対否定が短形否定に、矛盾否定が長形否定に
それぞれ対応していると結論している。とにかく、チョイのデータでは、動詞の前
の短形否定は常に記述的に使用されるが、長形否定はメタ言語的使用に限定される
わけではなく、統語構造が要求すれば、しばしば分布的に不完全な短形否定の代わ
りを務めることがあるという。もし長形否定の使用の選択が、短形でも認可するよ
うな文脈でしばしばメタ言語的に解釈されるならば、この解釈上の傾向というもの
は私の言う「語用論的労力の分業」に根拠づけられると思われる（Horn 1984b; cf.
McCawley 1978）。

　今述べた韓国語の場合に関連してもう一つ追加する要素は、文末に動詞の来る言
語における無標の否定形としばしば関係する制限的な作用域の問題である（一般的議
論としては Davison 1978、Kuno 1980 を参照のこと）。久野は、日本語の否定表現
「−な−い」の作用域が一般にそのすぐ前に位置する動詞に限定されると述べてい
る（もっとも量化子はこの制限を「逃れ」、隣接しない否定の作用域に入ることがで
きる）。トルコ語の通常の否定辞 −mA− も同様な作用域の制限を持ち、補助的で迂
言的な değil は対照的か、その他の文脈で使われる。

　日本語の否定文の解釈に関連してた他の考察が、特にメタ言語否定と主題標識の
「は」の相互作用に関係して、McGloin（1982: 57–58）に述べられている。彼女は
Horn 1978a: 137 から次のような英語の 3 通りの区別を引用している。

(148) a. She isn't pretty.　　　　　　　　　(= less than pretty)
　　　 b. She isn't pretty, but she is intelligent.　(= other than pretty)
　　　 c. She isn't (just) pretty, she is beautiful.　(= more than pretty)

マクグローインは、(148a) の無標の記述的解釈は、日本語では尺度述語要素が
「は」を接尾辞として伴っていようとなかろうと可能であると述べている。従って、
(149a, b) は共に less than 読み、すなわちこの場合、「熱い以下（cooler than hot）」と
解釈できると言う。

(149) a. 熱く　　ない
　　　　 hot　　NEG-PRES
　　　 b. 熱く　　は　　　ない　　　　　'It isn't hot'
　　　　 hot　　TOP　　NEG-PRES

しかし、(148b) の「そうではなくて」という尺度から離れた解釈（例えば「熱くは
ないが汚い」）ができるのは後者だけである。マクグローインはさらに、(149a)、

594

(149b)は共に(148c)のような(あるいはこの章のはじめの方の例(13)、(41)、(43)とそれらの同族)のような)英語式の「パラドックス的」メタ言語否定としては解釈できないとも述べている。このパラドックス読みでは尺度的陳述に関連する上限の含意を否定するというものであった。もし日本語でこの解釈を得ようとすると、迂言的表現を使わなくてはならない。

(150) a. 熱い　どころか　煮えたぎって　いるよ

   hot　*far from*　*boiling*　 *be*-PRES

   'It's far from being hot: it's boiling'

  b. 熱い　なんて　いう　もんじゃ　ない、　煮えたぎって　いるよ

   'It's not something you can call hot. It's boiling'

　しかし、日本語には確かにメタ言語否定を表すために特化されたような構文が存在する(Kato 1985: 180–84)。それは「わけではない」という言い方である。特に加藤が指摘するように、否定文に(その否定の意味論的作用域の内側でも外側でも)まったく現れることのできない副詞でも、「わけではない」の作用域の内側には現れることができる。

(151) a. 車が　突然　　　{止まった／*止まらなかった}

   suddenly　stop-PAST/ stop*NEG-PAST

   'Our car suddenly {stopped/ *didn't stop}'

  b. 車が　突然　止まった　わけではない　［静かに止まったのだ、他］

   'It's not that our car stopped suddenly' [It stopped gently, etc]

　動詞末位の特定の言語(あるいは他の類型にはおさまりきれない諸言語)の否定の振る舞いの詳細がいかなるものであるにせよ、包括的なパターンが確認されるように思える。すなわち、正確に記述的否定と有標の否定に対応する2つの否定演算子を持つような言語は存在しないということである。このことは、有標否定が、実は外部的意味論的演算子であるのか、それとも(ここで強く主張しているように、)基本的否定のメタ言語的使用であるのかにかかわりなくそうなのである。同時に、すべての言語には、(否定命題を形成する)記述的否定か(先行発話を拒絶する)メタ言語否定のどちらかに使える少なくとも1つの否定形態素が存在し、そしてこれら2つの解釈の選択は、特定の言語における特定の文タイプの特定の否定トークンの持つ文法的性質に応じて、しばしば聞き手側により決定されるのである。
　後に残された問題は、記述否定とメタ言語否定の関係における方向性である。つ

まり、どちらの使用法が基本で、どちらが派生的なものかという問題である。あるいは両方とももっと基本的で未分化の概念から別々に枝別れしたのであろうか。私はこの発生に関する因果関係論についてはあまり述べることができない。なぜなら両者の関連はどちらの方向からでも説明できるが、完全な答えは推測の域を出ることはないからである。3.1 節で取り上げた言語習得に関する文献からは、メタ言語否定は個体発生的に記述否定に先行するように思える。それは、幼児期初期に禁止または拒絶／拒否を示す否定がまず現れ、それが真理関数的否定に進化していくと思われる（Pea 1980b 参照）からである。他方、真偽のほどは分からないが、、チンパンジーのラナ (Lana) の観察報告 (Rumbaugh and Gill 1977: 169–70) によれば、「ヤーキッシュ (Yerkish)」というコンピューターに基づく記号体系の一部として、命題真理関数的で記述的な否定の使用を教えられたチンパンジーのラナは、全く自発的にその同じ否定記号をメタ言語的に使用したとしか考えられないものを創発したそうである。もちろん、たとえ異議や拒絶の標識としての一般化されたメタ言語的な否定の使用が、論理的、真理関数的使用に先だって習得されると結論するとしても、この発達順序が直ちに成人話者の言語能力の理想化されたモデルにおける否定（あるいは類推的に、他の演算子）の説明での論理的非対称性と関係するという議論に結びつくわけではない。

　この章では「真偽に関する条件」と「主張性に関する条件」が区別されるべきであると主張した。また、否定についてのより多くの説明が、「真偽に関する条件」から「主張性に関する条件」にシフトしてなされるべきであることも述べた。また、英語や他の言語では、記述的な文レベルの否定演算子はただ 1 つしかないが、この演算子の通常の真理関数的解釈が、拒否や異議といった一般的メタ言語標識としての拡張的使用に動機づけを与えることも述べた。この拒否や異議は、特定の対象言語の表現の選択、あるいはその表現が顕在的に実現される様態の選択に対して向けられるものである。

　Atlas (1981) の表題「not は論理的か (Is *not* logical?)」でなされた質問に答えて、幾人かの学者は「そうである」と答え、また他の者たち（これにはアトラス自身も含まれる）は「そうではない」と答えた。私は「時にはそうである」と答えるのが唯一の完全な答えであるにちがいないと考えている。すなわち、メタ言語的ではなく記述的に使われている時には「論理的」であるからである。強硬な否定単一主義者や多義主義者のアプローチでは、ここにあげたデータに関して、メタ言語否定現象の統一性と多様性を適切に処理することができない。

　自然言語の否定は常に論理的であるわけではないことは明らかである。しかし、（ベルグソンや、異なる意味でアトラスの見解に反することになるが）常にそれが非

論理的であるわけでもないことも認識されるべきである。とりわけ、否定の記述的使用がまず第一にあり、非論理的メタ言語的解釈は、典型的には、記述的解釈が自滅した時の「第二の道」でのみ利用可能であるとする手続き上の意義が存在することも想起されねばならない。レジー・ジャクソン（Reggie Jackson）が、彼の1983年のシーズンが「悪いどころではない、ひどすぎだ」と認めたとしても（(41b)参照）、ミスター・オクトーバー［訳者注：ジャクソンの愛称］は、彼のスパイクシューズを栄誉の殿堂に送る際、彼の野球人生を振り返って1983年を「悪いどころではない、ひどすぎた」からといって、この年を「悪い年」からははずすことはないだろう。それにメタ言語否定（例えば「フランス王ははげではない」）を事実かどうか検証する方が、記述的否定（例えば「英国女王ははげではない」）を検証するより明らかに難しいのである。否定を1つにまとめようとする意味論学者と語用論／同化論者の理論（それぞれ、Kempson 1986、Atlas 1981 流の理論）は、すべての否定の解釈が平等に作られたのではないという事実をとにかく受け入れねばならないだろう。

　私が今までの議論で直接言及せず、そしてこれからもしないであろう一つの重要な論点がある。それは、メタ言語否定は自然言語の談話の形式理論ではどのように表示されるべきか、というものである。しかし、この問題は、言語理論における言語とメタ言語との関係というより大きな問題とともに、ここでの研究の範囲を大きく越えてしまう。従って、目下の所はこの章で得られた否定的な事実で満足しておかねばならないだろう。すなわち、自然言語の否定のいくつかの事例は解釈用の命題言語ではうまく形式的に表わすことができない、ということである。

　私はこの章を、自然言語の論理における前提現象と二値性の扱いはいかなるものか、という問いかけで始めた。それでは、この問いかけに対して、この章の記述的否定とメタ言語否定の分析から最終的に引き出すことのできる結論は一体どのようなものであろうか。また、もしすべての否定が記述的であるかメタ言語的であるとすると、この選言はどの程度まで排他的といえるのだろうか。記述的かつメタ言語的といえる否定が存在するのだろうか。さらに、記述的否定自体についてはどうか、つまり、自然言語の統語的、意味的記述において、文作用域否定と構成素作用域否定にどの程度の多様性を認めるべきなのであろうか。これらが次の最終章で検討する論点である。

注

1　［訳者注：多義性（ambiguity）と不明瞭性（vagueness）を見分けるために、「意味の同一性に基づく省略変形」テストというものが工夫されている。これは欠如性が関与しない

多義性の場合には組み合わせ解釈を阻止するというものである。ところが、］(3) 及び (1) の「多義性」と呼ばれている性質は、省略（意義の同一性）変形を適用しても、証明され得ない。次の例は欠如的でないもの (non-privative) であり「多義」であると判断されるものである。

(i)　Tracy left a deposit at the bank, and so did Lee.
　　（トレーシーは銀行に預金を残した、リーもそうだった）
　　（トレーシーは土手に預金を忘れた、リーもそうだった）
(ii)　I saw her duck, {and you did too/ but you didn't}.
　　（僕は彼女のあひるを見たが、{君もそうだね／君は見なかったね}）
　　（僕は彼女がひょいと姿を隠すのを見たが、{君もそうだね／君は見なかったね}）

［訳者注：and で結び付けられる各々の文が 2 通りの解釈が可能であるから、合計 4 通りの解釈可能性があるはずである。ところがこれらの例では、それぞれ（前の文と後の文で同一の解釈となる）2 通りの解釈しかできない。］しかし、Zwicky and Sadock (1975) で示されたように、欠如対立が関係する場合には組み合わせ解釈を同定するのは問題がある。より包括的な意味解釈が常に可能であるからである。例えば次の (iii) と (iv) を見られたい。

(iii)　Fido is a dog, and so is Queenie.
　　（ファイドーは犬で、クイニーもそうだ）
(iv)　The king of France is not bald, and neither is the queen of England.
　　（フランス王ははげではない、また、英国女王もはげではない）

だから、(iv) の容認可能性は、—この (iv) の連言肢の両方がより包括的な外部解釈を許すので—ケンプソン (Kempson 1975: 99–100) には反対することになるが、否定の多義性と称するものとは無関係ということだ。哲学者たちによって採用されてきた古典的な多義性を見分ける基準は、「言明は、もしそれが同じ可能世界、文脈、状況に関して、同時に真でも偽でもあり得るならば多義である」というものである (light という語の多義性については Quine 1960: 27 参照、また Martin 1982、Kempson 1986 も参照のこと)。この基準に従えば (3) は多義的ということになる。なぜなら、もし私が雌犬 (bitch) を買ったとすれば、真でも偽でもあり得るからである。また (1) も同じテストでは多義的と判断されると思われる。1905 年、あるいは今日の世界では、このラッセルの古典的例は真であると同時に、各自の意味的とらえ方により、偽あるいは真でも偽でもない（つまり、いずれにせよ、真ではない）と解釈できるからである。否定演算子の多義性についての先験的反対とは、結局、自然言語における多義性の性質に基づくというよりも、主としてメタ理論的な倹約の要請に基づくものである。（欠如的多義性を全般的に擁護する見解については Horn 1984a, c を参照。自然言語の否定の多義性を一切認

めない立場については Atlas 1974、1977、1979、1980、1981 を参照。）

2　データの出典について記す。古英語については Andrew (1940)、ヨルバ語については Banjǫ (1974)、エストニア語についてはマリリン・ヴィーマン (Marilyn Vihman) による個人的情報、広東語については Yau (1980)。

3　Linebarger (1981) も、外部否定が NPI を引き起こすことができないことを調査している。彼女は、Kroch (1974) に従い、この問題を、抽象的述語である TRUE が否定の作用域内に介在し、NPI と潜在的な誘発者との間に割って入るためであると説明している。外部否定に対するこのアプローチは 6.5 節で検討される。

4　このコメントは主に Strawson (1950、1952) の前提に関する将来性ある研究にあてはまる。ダール (Dahl 1981: 197) が指摘しているように、ストローソンは後に (Strawson 1964: 95)、指示関係の成立しない文の否定は真とみることができることを認めている（これは Wilson 1975: 19 に述べられた彼の立場の誤った伝え方に反するものである）。ダールの PPCD (purported presupposition-canceling discourses) における否定の新ストローソン流の説明は、実際のところ、ここで取り上げたメタ言語否定の扱いとも整合するものである。また、そのような PPCD を説明するために、私のメタ言語否定の概念を援用することになる前提の新ストローソン理論については Burton-Roberts (1987) を参照。

5　Atlas (1977, 1978, 1979, 1980, 1981) は、否定は不変的に外部的、真理関数的演算子であるとする見解を拒否する点で否定単一主義の学者たちとは異なる。しかし、彼自身 Atlas (1974) では同様の見解を採っていた。彼の最近の立場については 6.5 節で言及する。

6　前者の例では否定について広い作用域で処理することは難しいようである。助動詞否定を先行する不定表現 (**B** 範疇量化子) の作用域の内側にくると解釈する強い傾向がある。この傾向については 7 章でさらに追求する予定である。いずれにせよ (13a) は、幾人かの男性は女性差別論者であるという主張のすぐ後に来るならば、広い作用域の否定で解釈される。

7　(15) の反応も可能ではあるが、もっと自然な「訂正」のあり方は (i) のようなものである。これはブノワ・ドゥ・コルニュリエ (Benoit de Cornulier) の指摘による。

(i)　Ce n'est pas que j'ai 'coo-pay luh vee-and', c'est que j'ai coupé la viande.

分裂文構文とメタ言語否定の関係については後で述べる。

8　別の側面からの見解として、コロンビア大学のフットボールコーチだったジム・ギャレットの悲痛なコメントを比較していただきたい。彼のチームはその時まで 8 連敗中であった。

(i)　I really believe we don't lose. We just don't win.
　　（負けてはいないと本当に信じている。ただ勝っていないだけだ）

ギャレットコーチは引き分けをほのめかしているわけではないことに注意されたい。

9　量に基づく含意はトートロジー（例：War is war、boys will be boys のようなもの）によっても生み出される。トートロジーは話し手が「協調の原則」と特に「量の格律」を守っているという仮定のもとでのみ情報的であると解釈できる（Grice 1975; Levinson 1983: 110–11 参照）。もちろん、当該のトートロジーでどのような情報的内容のある命題が伝達されたかということは文脈要因に依存するであろう。ただいくつかのものは明らかに慣習化している。When it's over, it's over（終わったことは終わったことだ）と It ain't over till it's over（終わるまでは終わっていない）から受けるそれぞれの含意を比較してみられたい。これらの含意がメタ言語的拒否の対象になり易いことは、次のシナリオからも明らかであろう。これはクェイカーステイトモーターオイル社の広告である。

(i)　A: What brand of motor oil do you use?
　　B［starting car engine］: Motor oil is motor oil.
　　［Smoke belches out of B's exhaust.］
　　Voice-over: Motor oil is definitely not motor oil.
　　（A: モーターオイルはどんなブランドをお使いですか？
　　B［車のエンジンをかけながら］：モーターオイルなんてモーターオイルだよ。
　　［B の車の排気管から煙が］
　　ナレーターの声：「モーターオイルなんてモーターオイルだ」では絶対ありません。）

10　(24a) They had a baby and got married の推定される引き金は、時間に無関係な読み（対称的または論理的な、and also「そしてまた」の意味）と時間的読み（and then「そしてそれから」）の間の意味論的多義性であると解釈されるかもしれない。この立場に反対する証拠には次のような見解が含まれる。

i.　2 つの and 理論によれば、実際すべての言語の連言は英語と同じように多義であることになる。
ii.　自然言語で「and also（そしてまた）」読みと「and earlier（そしてそれ以前）」読みとの間で多義な単一の連言を持つものはない。つまり自然言語で、英語と同じようでありながら shmand という連言を持つものはない。ここで shmand とは They had a baby shmand got married が、時間的前後関係なしの解釈か、あるいは「彼らに子供ができた。そしてそれ以前に彼らは結婚していた」の解釈を可能にするものである。
iii.　and によって示されると同じ多義性が、関連する事象を記述する 2 つの節を明示的な接続詞なしで並べた並列構文によっても起こる（They had a baby. They got married.）。

グライスの意見は（私も正しいと考えているが）、連言は意味論レベルでは単一の意味

を持つが、記述される順番で事象が起こるということを（様態の下位格律「順序よく
せよ」を通じて）会話的に含意している、というものである。shmand というような
語が使われない理由は話し手に「順序を守るな」と命じるような格律が存在しないこ
とによる。尺度の含意の場合と同じく、非対称的な含意は取り消されたり、棚上げ
されたりすることに注意されたい。例えば、They had a baby and got married, but not
necessarily in that order（彼らは子供ができてそして結婚した、しかし、必ずしもその
順序ではない）。（このグライスの非対称的連言の説明は、Wilson (1975)、Schmerling
(1975)、Gazdar (1979a)、Levinson (1983) に支持されている。しかし、意味論的解
釈を採る Bar-Lev and Palacas (1980)、McCawley (1981)、Carston (1985b)、Kempson
(1986) などには拒否されている。）

11 デュクロとその同調者たちは、Ducrot (1973) から始まる後の著作で「メタ言語否定」
という名称を「論争的否定」と変えている。彼らは論争の構造という側面により注目
したからである。私は初めの名前の方が適切であると判断する。これはデュクロに
よって取り上げられていない (14)–(16) のような例をみればはっきりする。これらの
例では、否定は先行発話者の使用した言語を拒絶するための手段となっている。従っ
て確かにメタ言語的である。しかし、「論争的」という概念でこの否定を扱うには、
論争または議論という概念は無理な意味拡張をしなければならない。

12 モーザー（Moser）は、我々の目的にあう語用論的多義性のより正確なモデルは Prince
(1983) によって提案された左方移動の二重機能分析であるという。これは単一の構造
あるいは語彙形態が 2 つの異なる（しかし体系的に関連した）談話機能を果たすという
ものである。

13 否定のこの二重機能は、上にあげた語用論的多義性の例と全く同じであるというので
はないことに注意。上例の語用論的多義性が関与する場合には各々の 2 つの解釈の区
別は論理形式の段階では中立化している。

14 バーバラ・アボット（Barbara Abbott）が私に指摘したことだが、ここでいう U には特
に言語的発話さえ含まなくてもよい場合がある。次の音楽的シナリオでのメタ言語否
定の機能を見ていただきたい。

(i) Piano student plays passage in manner μ
Teacher: It's not [plays passage in manner μ]—it's [plays same passage in manner μ']
（ピアノ練習生が楽節を μ で演奏する。
　教師：それは [（実際に）楽節を μ で演奏する] ではなく、[楽節を μ' で演奏する]
　ですよ）

この音楽教師の not の使い方は明らかに真理関数的命題否定に似たところがない。（命
題と同じく発話も信念（belief）の対象となれるような、そしてまた、a believes that U ≠
a believes that p となるような信念の文脈（belief context）の説明に関しては Partee 1973
を参考のこと）。

15　全く同じ区別が 2.1 節で私が言及した「未来偶然性」の問題にもうまく適用できる。そこで問題となったアリストテレスのジレンマとは決定論に陥ることなく今日の時点で(i)と(ii)の真理値をどのように付与できるか、というものであった。

(i)　There will be a sea battle tomorrow.
(ii)　There will not be a sea battle tomorrow.

これらもルカシェヴィッツに代表されるボエティウス的見解—第三の不確定値をこれら 2 つの文に付与すること—にたよることなしに解決可能である。我々が認識すべきことは (i) と (ii) は未来がどうであるかに応じて単に真か偽なのであるが、現時点では予見力や透視力がない以上、両方とも主張不可能である、ということである。この同じ考え方が当然 2.1 節でとりあげたさまざまなタイプの現時点での不可知性に関する問題にも適用できる。例えば「アリストテレスは亡くなった日に朝食をとらなかった」、「星の数は偶数である」など。

16　(38) の文の内容に関してパリジャンのような見方に縁のない読者は、私の街についての同じような記述(i)を読んでいただきたい。

(i)　If the docks are the burly forearms of New York, the subways are the pits.
　　（波止場がニューヨークのたくましい前腕なら、地下鉄はあばただ）

この構文の地理に無関係な例は、特に (38a) のような heart-and-soul の対比で、しばしばジャーナリズムの文章中に現れる。(ii)がその例である。

(ii)　If Patrick Ewing was the defensive heart of Georgetown's 1984 championship team, Gene Smith was unquestionably its soul.
　　（パトリック・ユーイングがジョージタウン大学の 1984 年の優勝チームのディフェンスの心臓なら、ジーン・スミスは間違いなく魂である）

17　すべての論理演算子が、通常の論理的機能のほかにまたそれに動機づけられて拡張的なメタ言語的機能を併せ持つように思われるかもしれないが、私はこの二重の性質を持つのは連結子と変項束縛子だけであると主張しようとしているわけではない。例えば、定代名詞は(i)や(ii)のような文脈ではメタ言語的に使用される。

(i)　What do you mean the king of France is bald—he doesn't exist.
　　（フランス王がはげとはどういう意味だい—彼はいないのに）
(ii)　She told me a story about Santa Claus, but I know he doesn't really exist.
　　（彼女は私にサンタクロースの話をしてくれた、もっとも私は彼が存在しないことを知っているが）

18 同じ判断が一文内の否定にも適用できる。

(i) Mona is not at least six feet tall, she's {5'10"/ # 6'2"}.
（モナは少なくとも 6 フィートの背の高さがあるというのではない、5 フィート 10 インチだ／#6 フィート 2 インチだ）

(ii) Jude is not at least as tall as Mona, he's {shorter/ # taller}.
（ジュードは少なくともモナの背の高さがあるというのではない、彼女より低い／ # より高いのだ）

同様のパターンはもちろん他の尺度述語の否定にも適用される。

(iii) Max doesn't have at least three children, he has {two/ # four}.
（マックスは少なくとも 3 人子供がいるというのではない、2 人だ／#4 人だ）

(iv) It isn't at least possible she'll win (#—it's downright certain she will).
（彼女が勝つことは少なくとも可能であるというのではない（#勝つのは全くはっきりしているのだ））

(v) It's not at least warm out, it's downright {chilly/ # hot}.
（外は少なくとも温かいというのではない、全く寒いのだ／ # 暑いのだ）

19 以下の議論は本質的に Horn 1984b: 20–22 から一語一句そのままもってきたものである。詳細はその論文を参照されたい。

20 第 2 章で議論した時、この現象の例として、類別不適合（訳者注：範疇誤り）の組：(i) (Zimmer 1964)、(ii) (Drange 1966)、(iii) (Bergmann 1977) をあげておいた。

(i) Triangles are {not intelligent/ #unintelligent}.

(ii) The number 4 is {not tolerant/ #intolerant} of carelessness.

(iii) The theory of relativity is {not interested/ #uninterested} in classical music.

本文中の (56a) は (iv) (Zimmer 1964: 23) を反映している。

(iv) The king of France is {not intelligent/ #unintelligent}—there isn't any.

この例で、存在前提の作用域の外側にくる否定は、否定要素が接頭辞として組み込まれた場合には同様に成立しないことが分かる。ここでの論点は、この不成立は前提や慣習含意に関係する否定に限らないこと、そして有標否定を非意味論的性質を持つものとしてひとまとめにする根拠となるということである。

21 この編入による診断法の説明は、(56)–(58) の語彙的な接頭辞否定と、(57a) やこの章全体に散在する他列の否定縮約形 -n't との間に明瞭な区別を与える。明らかにメタ言

語否定が先行する繋辞に前接語として縮約することを妨げる条件は何もない。もし（伝統的に考えられているように）-n't 形は語彙部門で作られるのではなく、前接語化という語彙部門以降の統語規則そして／または音韻規則により作られると想定するなら、上記の区別は当然のように思われる。しかし、ジェリー・サドックが私に指摘してくれたのであるが、Zwicky and Pullum (1983) の分析、すなわち、Xn't 形を形態論的に生成された助動詞要素 X に対する屈折接尾辞とする見解を採用するならば、異なる説明が必要となる。例えば、派生形態論と屈折形態論の区別を利用するというような説明が恐らく必要となるだろう。いずれにせよ、メタ言語否定と共起しない語彙的接頭辞 un-、iN- などから、共起する -n't 形を識別する何らかの方法を文法はもっているということを簡単に想定しておく。

22　ボリンジャーもまた気付いている点であるが、縮限詞（diminisher）が even を挿入することで減度詞（minimizer）に変わり得るのである。(74'b) と次の (i)、(ii) を比較されたい。

(i)　I didn't eat even a little.　(= nothing at all)

(ii)　I was not even a little tired.　(= not a bit tired)

23　つまり、(75a) の「緩和された肯定文」に対応する記述否定文は (75b) ではない。(i) か、あるいはもっと簡単に、(ii) の形をとらねばならない。

(i)　He isn't at all tired (ill, tall).

(ii)　He isn't tired (ill, tall).

(75a) の例での肯定極性的性質は明らかに偶然ではない。どのような語用論的作用がこの制限に関与しているにせよ、それを切り離すことが極めて難しいことを考えれば、当然そのように考えねばならない。最小量を否定することは—別に意外ではないが—強い否定になるのに、中間的な量を否定することは、((75b) のように、）意味的に異常になるのはなぜなのだろうか。このクラスの副詞のこの肯定極性的性質はどのような要因によるのだろうか。ここではその疑問に対する適切な答えを追求できないが、1 つ言えることは、これらの例の直接的な否定の欠如は機能的動機によるのではないかという点である。強い肯定を緩和したり弱めることは十分な理由のあることだろう（被修飾形容詞が、(75a) のように、e-neg であるときは、特にそうである。「緩和詞」については Stoffel 1901 参照）。また、第 5 章でみたように、強い否定を ((72')、(73) のように、あるいは 5.3 節で議論した not {too/ very/ overly}構文を使い）間接的に表現することにより弱化することも、その間接性が単に形式上の場合でさえも、十分理由のあることである。しかし、否定された緩和表現には同様の動機が見い出せない。(75a) の真の否定が実際 (i) や (ii) であるとすると、経済性原理（R 原理）が (75b) のようなもっとやっかいな形式が同じ意味を担うことを阻止することになる。そして（それ自身の動機を持つメタ言語否定の使用を考えないとすれば）これらの否定がうまく

表現するのに役立つような命題は存在しないのである。

24 Bolinger（1977: 45）で指摘されていることだが、少なくとも何人かの話者にとってはこれらの「決まり文句的外部否定」（ボリンジャーは poppycock、fiddlesticks、like hell、like fun や機能的に関連している明示的否定の nothing などをこれに含めている）は節の境界、さらには島の境界を「乗り越え」、その否定表現が（メタ言語的に）拒絶しようとする１つの項目に的を絞ることができるという。

(i) — He found proofs that clinched the argument.
   — He found proofs that clinched {nothing/ fiddlesticks}.
   （— 彼はその議論に決着をつける証拠を見つけたぞ
   — 彼は何の決着にもならない証拠を見つけたんだ）

(ii) — You'll tell me when you get the reply.
   — I'll tell you when I get nothing.
   （— 返事が来たら教えてくれ
   — 何もこなけりゃ教えてやるよ）

(iii) — He has a dog that bit a policeman.
   — He has a dog that bit your old man.
   （— 彼は警官にかみついた犬を飼っている
   — 君の親父にかみついた犬を飼っているって）

これらのボリンジャーの例についての判断は分かれると思われる。しかし、恐らく読者諸賢は私の直観、すなわち、もし nothing の代わりに nothing of the sort にする、あるいは各例において、万能の「決まり文句的外部否定」表現である par excellence つまり、yo'mama を使えばもっと容認度が高まる、という判断に同意されるのではないだろうか。

25 Sgall, Hajičová, and Benešová（1973: 21ff.）では、not X but Y 構文を、先行する明示的、暗示的主張をメタ言語的に拒絶する「二次的出現文」として扱っている。

26 これらの例とボールドの例との違いは、（(78')、(78"a)のように。この点については(78)も参照）be 動詞の直後に来る否定が、記述的演算子かメタ言語演算子かということにある。否定の位置に関する統語構造が違いを不明瞭にしているのである。しかし、現代英語では、主動詞の後にくる否定は狭い焦点を持つメタ言語否定に解釈され、通常、修正部分を伴って完全な形にならねばならない。（動詞の後に来る否定については後で述べる。）

27 Bolinger（1972: 118）も譲歩の but を論じている。彼は次の例(i)、(ii)の譲歩節中の「反意接続詞の but」を、(iii)の含意中断節の「検証の in fact」と区別している。

(i) I'm not very happy, but I am happy.
(ii) He doesn't have many friends, but he does have a few.

(iii) He doesn't have many friends, in fact he hardly has any at all.

（譲歩と含意中断的 if not 節とについての議論は、本節の最初に引用した Horn (1972) と Welte (1978) を参照のこと。）

28　(i) に見られるように、否定を含まない譲歩構文でも同じ音調が認められる。

(i)　'For a cat he's pretty good guy, but he is a cat'. (one mouse to another on TV cartoon show)
（テレビアニメで 1 匹のねずみが別のねずみに：「猫にしてはあいつはいい奴だが、猫だからな」）

29　Klima (1964: 302–3) と（それとは見たところ独立して）Gates and Seright (1967) が否定対照構文の追加的な言語関連事項について例示している。この 2 つの論文は共に、非等位接続的構造としてのこの構文の位置づけを強固にしている。まず第一は、否定要素が非制限的であり、従って随意的ということである。

(i)　a. (Not pleasure but) business is the purpose of my visit.
　　b. Business (not pleasure) is the purpose of my visit.

第二に、数の一致をコントロールするのは常に肯定要素である。

(ii)　a. Not this book but those {are/ *is} acceptable.
　　b. This book but not those {is/ *are} acceptable.

第三に、付加疑問形成の際には肯定要素のみがベースになる。

(iii) a. Not the father but the mother supports the family, doesn't {she/ *he}?
　　　（父親ではなく母親が家族を養っているのだろう？）
　　b. The father {and/ but} not the mother supports the family, doesn't {he/ *she}?

従って、クリマが述べているように、not X but Y 構造の主語は Y であることになる。

30　この制限が常に存在したわけではないことは、Curme (1931) がナッシュ (Nashe) から引用した、定形動詞に焦点をあてるメタ言語否定が 16 世紀には存在したことを示す例から明らかである。

(i)　They deafe men's eares, but not edifie.
　　（彼らは人々の耳を聞こえなくしたのであり、教導したのではない）

カームは現代英語からみれば(i)には「何か不自然なところ」があると述べているが、ナッシュの見解は(ii)のように問題となる but を除いても同様に表現できるだろう。

(ii) They deafen, not edify, men's ears.

関連する議論については Smith (1933: 80) を参照のこと。

31　ケーニッヒ (König (近刊)) の包括的な反意構造の通言語的研究を参照のこと。これは Horn (1984b)、(1985) に部分的に基づいた枠組みである。

32　Whitney (1956: 187) はフィンランド語で but の対応語を 2 つあげ、さらに次のような観察を報告している。

　　否定文の後に mutta は穏やかな差異を示す文、あるいは譲歩文を導く。一方 vaan はより強いあるいは完全な矛盾を構成する文を導く。

　　Hän ei ole sairas, mutta heikko hän on.
　　'He is not ill, but he *is* weak'
　　（彼は病気ではないが弱っている）

　　Hän ei ole sairas, vaan aivan terre.
　　'He is not ill, but quite well'
　　（彼は病気ではない、全く元気だ）

（後者の構造では「空所化」がみられるが、これは英語だけでなくフィンランド語においてもメタ言語的／対照的 but パターンの特徴となっている。すぐに見るように、このことはフランス語においても成立する。）

33　Ducrot and Vogt (1979: 318–19) で指摘されているように、古典時代には既に magis は修正を示す sondern 型の反意接続詞として機能していたらしいことを示す明らかな証拠がある。彼らは次に示す例を各々ウェルギリウスとカトゥルスから引いている。両者とも否定はメタ言語的に解釈されねばならない。

(i)　Non equidem invideo, magis miror.
　　'I am not envious, but (rather) astonished'
　　（私は嫉妬しているのではない、（むしろ）驚いているのだ）
(ii)　Id, Manli, non est turpe, magis miserum.
　　'It's not shameful, Manlius, but unhappy'
　　（マンリウスよ、それは恥ではないが不幸なことだ）

後例のメタ言語的性質は、デュクロとフォークトの次のような意訳によって一層明ら

かである。「それは恥と言ってはならない、それは不幸なことであると言うべきだ」。nisi という複合不変化詞（これはスペイン語の sino と同一起源であるが逆構成になっている）もまた反意接続詞として使われていた。語の使用例と議論については Tobler [1896] 1908: 70–71、Melander 1916: 122–23、Wagenaar 1930: 133–34 を参照されたい。

34　Melander（1916: 90–94）は、mais と ains が直前に明示的否定がこない場合でも生じることを指摘している。これは了解された否定命題が修正の文脈から復元可能である場合に限られる。

(i)　— Tu menz.　　　　　　　　'You lie'
　　— Mes tu, dex te confond.　　<u>You</u> [do], God confound you'
　　（— 君は嘘つきだ
　　— 君こそ嘘つきだ。いまいましい）

(ii)　— Vous avés tort.　　　　　'You're wrong'
　　— Ains ai bien droit.　　　　'[On the contrary] I'm quite right'
　　（— 君は間違っている
　　— ［それどころか］私は全く正しいのだ）

ここで注意していただきたいことは、mais$_{SN}$ とは違い、SN 不変化詞の ains は短縮されない節で使用されているということである。この ains に現代語で一番近いのは au contraire (on the contrary) だろう。さらに mais、ains も indeed と同じように（4.4 節参照）、尺度述語が関与する文脈において、上限設定の含意を取り除くことに規則的に使用されていたことも注目に値する。ミランダーは、とりわけ、ロンサールと彼の同時代の作家を引用し、次のような例を示している。

(iii)　"Estes vous... blechies?"—"Blechies? Ains sui tues"
(iv)　Quelle plaisir est-ce, ains quelle merveille.
(v)　Lustre de ta patrie, ains de tout l'univers.
(vi)　Jusqu'aux Rois (ô ma Muse), ains jusqu'aux Dieux tu pousses.
(vii)　Que tout ton sens envers le mien/ Vault moult petit, mais ne vault rien.
(viii)　Promis? Mes doné quitement.

各々で尺度上の値（怪我をした、楽しみ、祖国、王、ほとんどない、約束した）が退けられ、同じ尺度上のより強い値（殺された、不思議、全世界、神、無、与えられた）が採用されている。この ains と mais$_{SN}$ の「拡大的」使用は、明らかにメタ言語否定に近いもので、現代フランス語では voire というこの機能に特化した副詞で表現される。この副詞は英語の nay にあたり（Wounded? Nay, killed）、すぐ分かる文語の「soupçon（疑い）」という意味あいを残している。

35　典型的な **neg-P$_{SN}$Q** 型構造は、先行する P の主張の直後にくる。しかし、これは SNbut の適切性の必要条件というわけではない。次の (i) はスペイン語、ドイツ語の対応する文でも適切と判断される。

(i) A: Pierre is nice.

B: He's not just nice, but$_{SN}$ quite generous.

（A: ピエールは良い人ね。

B: 彼は単によい人ではなくて、とっても気前がいいんだ。）

ここでは、B の否認の対象 (he's just nice) は実際そのまま主張されているわけではなく、'loi d'exhaustivité'（つまり「量の格律」、4.2 節参照）により、A の主張から推論可能である。

36 しかし、Tobler（[1896] 1908: 94）が認めているように、(i) の aber 型の mais と (ii) の sondern 型の mais の区別は、(iii) においては中立化する。(iii) では、否定は動詞 （もっと正確にはその時制）に焦点を合わせているからである。

(i) Il n'est pas riche, mais il est sain.

'He isn't rich, but$_{PA}$ he is healthy'

（彼は金持ちではないが健康である）

(ii) Il n'est pas riche mais pauvre.

'He is not rich but$_{SN}$ poor'

（彼は金持ちではなくて貧乏だ）

(iii) Il n'est pas riche, mais il l'a été.

'He is not rich, but$_{PA/SN}$ he was'

（彼は金持ちであるのではなく金持ちだったのだ）

37 ドイツ語とスウェーデン語の言語事実の広範な議論については、Lang（1977）が紹介している。（また、ドイツ語と英語については Welte（1978: 193ff.）参照。）一方、Anscombre and Ducrot（1977）と Ducrot and Vogt（1979）は「論証理論」という観点からフランス語と他のロマンス語のデータを詳しく分析している。

38 英語には aber 型と sondern 型の 2 つの but があるという提案はクリマの分析（Klima 1964: 302-3）と相容れないように思われる。彼の分析では、(i) は (ii) の直接基底となる構造から派生されると考えているからである。

(i) Not John but Mary supports the family. [= (79c)]

(ii) Mary, {and/but} not John, supports the family.

注意すべきことは、(i) は but$_{SN}$ の例を含むが、(ii) は but$_{PA}$ の例を含むという点である。

39 ウェルテは、PA 節の統語特性が空所化を容認する場合でも、否定の編入についての基

準により、ドイツ語のみならず英語でも 2 つの but を区別することができることを明らかにしている。Welte（1978: 193–94）から引用した次のパラダイムをみていただきたい（さらに Lang 1977、1984 参照のこと）。

(i G) Bill machte Sue nicht glücklich, {aber/ sondern} reich.
(i E) Bill made Sue not happy, but (he made her) rich.
　　（aber 読み：ビルはスーを不幸にしたがしかし金持ちにはした
　　　sondern 読み：ビルはスーを幸せではなく、金持ちにしたのだ）
(ii G) Bill machte Sue unglücklich, {aber/ *sondern} reich.
(ii E) Bill made Sue unhappy but rich.
　　（aber 読みのみ：ビルはスーを不幸にしたがしかし金持ちにはした）

ウェルテによれば、上記の 4 つのすべての例の aber 型の構文では 2 つの事実に関与し、それぞれ、「ビルがスーを金持ちにし、かつ幸せではない状態（あるいは不幸）にした」という含意を誘発するという。ところが (i) のような統語的に否定された sondern 型「訂正文」の場合、1 つの事実しか関与せず、ここで認められる唯一の推論は「ビルがスーを金持ちにした」ということだけである。もしここで「金持ち」の代わりに、その反意語である「貧乏な」を使えば、PA 型 aber 接続詞は意味的に不都合になるが、SN 型 sondern 接続詞では、もしそれが利用可能であれば、問題が生じない。

(iii G) Bill machte Sue nicht glücklich, {# aber/ sondern} arm.
(iii E) Bill made Sue not happy, but (#he made her) poor.
(iv G) Bill machte Sue unglücklich, {#aber/ *sondern} arm.
(iv E) # Bill made Sue unhappy but poor.

　(iv G/E) の PA の解釈は、必要とする前提が成立しないことから意味的に不適格と判断される（これに関する詳しい議論は本文中ですぐ後に示される）。また、語彙的否定は「訂正文」としての解釈も許さない。

40　ジョージア・グリーンが思い出させてくれたことだが、この「起床らっぱ」には実は「歌詞」があるのである。実際幾とおりかの語の組み合わせが可能なほどである。しかし、アナウンサーのコメントから彼がこの歌詞のうち、どの特定の組み合わせを伝えようとしていたのかは推論できない。また、実際彼がどの歌詞を知っていたのかも分かりようがないのである。

41　会話参加者の共有基盤の一部として語用論的に前提される命題が、初めての発話材料の前方照応型強勢除去のもとになるという現象は、さまざまな文献に豊富な例が示されている。次の (i)、(ii)、(iii) そして (iv) にあげた対比例は、各々 Morgan (1969)、Akmajian and Jackendoff (1970)、Horn (1981b)、それに Ladd (1980) で論じられている。

610

(i) a. How does it feel to be a beautiful GIRL? (no pragmatic presupposition necessary)

（語用論的前提必要とせず：美人だというのはどんな感じかな）

b. How does it FEEL to be a beautiful girl? (speaker presupposes addressee is a beautiful girl)

（話し手は聞き手が美人であることを前提として：美人だというのはどんな感じ？）

(ii) John washed the car —

a. I was afraid someone ELSE would do it. (hope fulfilled: Iwanted John to wash it)

（希望の達成：ジョンに洗ってもらいたいと思っていたという前提で：他の誰かがそれをするのかなと思っていたのですが）

b. I was AFRAID someone else would do it. (disappointment: Iwanted to do it myself)

（失望：自分でしたいと思っていた状況で：

他の誰かがそれをするのかと残念に思っていたのです）

(iii) a. I thought you were COMING. (but you didn't)

（君が来ると思っていたのだが（しかし君は来なかった））

b. I THOUGHT you were coming. (and sure enough, you did)

（君が来ると思っていた（そして確かに君は来た））

(iv) — How did your operation go?

— Don't talk to me about it.

（— 手術どうだった？

— そのことは言わないでくれ）

a. ?# I'd like to strangle the BUTCHER. (only literal reference to the butcher: OK after *How's the filet mignon?*)

（あの肉屋を締め殺してやりたいよ（文字通りの解釈になり不可。*How's the filet mignon?*（フィレ・ミニョンはどう？）の後であれば可））

b. I'd like to STRANGLE the butcher. (epithet reading, with pragmatic presupposition)

（語用論的前提を伴うののしり読みとして可）

私の音楽の例 (113) の場合と同じく、(b) 例の強勢を持つ要素の後にくる部分は、談話文脈で実際先行して発話されたかのように扱われ、従って強勢が除去される。語用論的に強勢除去がなされるものでよく聞かれるのは、野球の試合などの実況放送をするスポーツキャスターの得点の実況である。例 (v) のような場合、どのチームが今得点をあげたかということが、どの数字が主強勢を持つかを決定する。

(v) {And that makes it/ And the score is now} Red Sox 6, Yankees 3.

（さあこれで得点はレッドソックス 6 点、ヤンキース 3 点になりました）

Ladd (1980) は前方照応的強勢除去をデフォルトの強勢として納得のいく説明をして

いる。他の提案はイントネーションの文献に沢山ある。

42　しかし、次の『ニューズウィーク』に載ったアトランタ郊外の不景気なドライブイン映画館の経営者の発言を検討されたい（*Newsweek* 1982 年 8 月 9 日号）。

(i)　Things are so much more open sexually today that who needs a drive-in?
（今や性的なことはこんなにおおっぴらで、誰がドライブインなんか必要とするんだい）

43　ある与えられた表現を（記述的に）否定にするにはどうすればよいのか決めがたいことがよくある。例えば、次の(i)を検討していただきたい。

(i)　John, too, is coming to the party.
（ジョンもパーティに来ます）
Even John passed the exam.［not ... even についての私の議論は 2.5 節参照］
（ジョンでさえ試験に通った）

デュクロは、ある表現が前提としているのは何かを直観的に決めることができ、そこから記述的、前提保存的否定を発見できると述べている。例えば、(ii)–(iii)の記述的否定は、各々(ii')–(iii')となるという（Ducrot 1972: 105）。

(ii)　We have finally arrived.
（我々はついに到着した）
(ii')　We haven't arrived yet.
（我々はまだ到着していない）
(iii)　For a Frenchman, he knows a lot of logic.
（フランス人にしては彼は論理をよく知っている）
(iii')　Even for a Frenchman, he doesn't know much logic.
（フランス人であるにせよ彼はあまり論理を知らない）

44　Anscombre and Ducrot (1977: 40) は、non (pas) は明示的な修正部分が必要であると指摘する。

(i)　# Pierre viendra non pas demain.
'Pierre will come not tomorrow'
(ii)　Pierre viendra non pas demain mais la semaine prochaine.
'Pierre will come not tomorrow but next week'

上記の英語の対応文や(79)でも分かるように、英語の動詞の後にくるメタ言語否定も

同じ特性を持つ。

45 Danell (1974) にも注意深く記録されているように、これは実際の見かけよりももっと複雑かもしれない。pas du **X**（あるいは pas un **X**）対 pas de **X** の分布を決定する要因の相互作用はきわめて複雑であり、否定の作用域、文の法性、補部の性質、否定の焦点対象の「存在程度」などの多くの変数が関与している。

46 予想されたように、否定編入が不可能であることに注意されたい（6.4 節の最小対の例参照）。

   (i) # It's impossible that mammals suckle their young, you ignoramus, it's downright necessary.

47 基数については、否定の直後に焦点となる値がくる場合、下降–上昇調の音調や修正部がなくてもメタ言語的解釈は可能である。Nem tizet akar（文字どおりには Not ten [he] wants）は「彼は 10 より少ない数を求めている」、とも「10 より多い数を求めている」とも解釈できる。一方、Nem akar tizet は「彼は 10 より少ない数を求めている」という記述否定の解釈しかない。

48 ドイツ語の 'Kontroll- und Korrektursignale'（つまりメタ言語否定）としての nein（no の自律形）の機能については、Stickel (1972) も参照のこと。

訳者注

1 アメリカのペンシルベニア州パンクサトーニーで、毎年 2 月 2 日に催される春の到来を予想する占いの行事（合衆国およびカナダ各地で開催されるグラウンドホッグデー）から。ジリスの一種のグラウンドホッグ（中でもパンクサトーニーのフィル (Phil) は特に有名）が冬眠から覚めて巣穴から姿を現したとき、もし晴れた日で地上に自分の影を見た場合には驚いて巣穴に戻るため、冬はあと 6 週間は続くだろうと占われ、曇りや悪天候で影を見なかった場合には春の到来が近いとされる。

第7章　否定の形式と機能

　本章に先立つ6つの章で私が追求してきた（逆に私につきまとった）問題は、どのような否定の種類を認めるべきかというものであった。正確に何種類の否定を文法的、意味的に認めるべきか、そして（もし1つ以上のものを認めるのなら、）どのような基準によってそのさまざまな否定を性格づけすればよいのだろうか。

　第1章では、アリストテレスの否定の二元的モデルの探求から始めた。そのモデルは2つの否定の形態を持っていた。叙述の一形態として否定をとらえ、単称言明において矛盾否定を構成する述語否認と、もう1つは、文より小さい構成素に焦点をあて、ときにはそれに編入されてしまう名辞否定である。後者では、対象となる構成素は、常にそうというわけではないが、典型的には述語項であり、従って述語項否定となって、反対関係の意味を構成するのであった。

　第2章では、否定の多義主義者の諸理論の考察に移った。これらの諸理論は、多義性が否定の語彙意味論の中に位置づけられるか、否定表現の論理統語論の作用域の中に位置づけられるかに関して異なり、また、否定と前提現象との相互作用、特に指示誤りや範疇誤りの文脈における相互作用に関して、差異が観察された。

　第3章では、いわゆる文否定は肯定文に対する意味論的対応物とみなせることを論じた。もっとも、この見解に対しては非対称主義者側の反論があることもみた（1.2節）。それは独立した動機付けを持つ語用論的推論の説明に基づいていた。また、否定文が肯定文よりも、他の事情が同じであるならばより前提的、文脈依存的な環境に現れる傾向があることを説明するために、機能論的モデルを示した。

　第4章、5章では、尺度述語における否定の意味論的、語用論的特性の考察にとりかかった。その中で、通常の文否定は形式的な矛盾否定を作り出すのであるが、それにもかかわらず特定の尺度文脈では機能的に反対関係を持つように調整されるか語用論的に強化される場合があることを議論した。

　第6章では否定の種類に関する議論に戻り、記述的文否定と、文脈的に今話された何らかの発話に異議を申し立てるサインとして否定演算子をメタ言語的に用いることとに二分する必要性について、証拠をあげて論じた。記述的否定とメタ言語的否定との間の語用論的多義性を認めれば、否定の意味論的多義性と称されるもの

や、特に第2章で概略を示した種々のモデル内で異なる方向から追求されている内部否定、外部否定の区別が無効になることを示した。また、この議論によって、一般に否定の意味論的多義性の許容を求めると想定される意味論的前提、あるいは論理的前提という概念の有用性について疑いを持つことになった。

しかし、この段階ではまだ記述否定それ自体の論理的性質についての探求を試みていない。特に、(全員ではないにせよ)大部分の言語学者や多くはないが幾人かの哲学者たちによって共有されている見解である「文より小さい構成素に作用する否定は容認されねばならない」ことを(アリストテレス、イェスペルセン、クリマ、とりわけジャッケンドフなどと同じく)想定するとなると、文否定をどのように扱えばいいのか、ということが問題となってくる。この文否定という概念を(ストア派の apophatikon のように)一項の外部命題結合子とみなしてよいのか、それとも典型的には主語と述語の間か、あるいは、述語内に現れる主語と述語とを結び付ける装置(アリストテレスの述語否認のように)とみなしてよいのだろうか。さまざまな言語にみられる否定の姿と振る舞いは、この問題にどのような解決を与えることになるのであろうか。

本書の最終章であるこの章において、上述の問題について検討する。まず、否定の形態の概観から始めることにする。第7章1節では、ある1つの言語において否定の表面形式を支配しているいくつかの要因をみていく。ここでは、2つの否定の区別が(典型的には直接法と命令法とにみられるような)法の区別や、動詞の時制とアスペクト、否定の焦点になっている構成要素の範疇(典型的には動詞的 vs. 非動詞的)に関連する可能性があることをみていく。特に、動詞に基づく形式的に弱い否定ととりわけ存在的否定とが、非動詞的、同定的および／ないしは対照的(メタ言語的)文脈で特徴的に使われる有標でしばしば古風な強い形式から区別される傾向について概説する。また、イェスペルセンのサイクル(否定標識の継続的な弱化と再強化が繰り返されるパターン)や、否定先行原理(否定がその焦点よりも先行する傾向)を含め、否定文の形式に影響を与えるいくつかの類型論上の傾向について例証し、議論し、説明していこうと思う。さらに Dahl (1979) の分析を要約し、統語的な外部否定が類型論的に極めてまれであることを論証する。

7.2 節では、ダールの発見を、アリストテレスの主張は正しいという私の結論を支持してくれる他の議論で、強化する。ここでアリストテレスの主張とは、広い作用域を持つ文否定は、主語–述語関係に基づく論理的統語論での叙述形態の一様式であって、命題計算での一項の反復的結合子ではないというものである。ここでは、私なりの拡大名辞論理学を展開するが、それはアリストテレスとモンタギューの否定(述語否認)の理論のつながりを強調したものになろう。また、単称叙述と総称叙述の間の名辞論理学で想定される並行性について詳しく説明し、一般化量化子

理論を橋渡し的に利用することにする。同時に、私は伝統的な名辞論理学からも離れることになる。なぜなら、私は一項命題結合子を私のモデルから除外し、（連言と選言演算子を含む）二項の真理関数的結合子を（自然言語において認められているように）私のモデルに認め、この 2 つの結合子を区別することを主張するからである。

　最後に 7.3 節では、私の述語否認の構図にいくらか細かい描写を描き加え、この研究の仕上げにしたい。前提現象への否定の影響、述語否認の一方では構成素（述語項）否定に対する関係と他方ではメタ言語否定に対する関係、それに量化子と否定の作用域の相互作用に関する適切な記述などが議論される。これまでの章でもみたことだが、否定文の複雑な性質の最も自然で説得力のある説明には、統語的・意味的形式の正式理論と、言語の使用と機能についての語用論的理論との間に労力の分業の確立が必要であることを確認する。

7.1　否定経験の多様性：記述否定のタイポロジー

否定的共存

　6 章で、記述否定が 2 つのタイプに区別されるような類型的分布パターンがあることに言及した。1 つのタイプは直接法や（または）主節に現れ、もう 1 つは命令法的文脈またはある種の埋め込み節（典型的には仮定法または非定形節）に限定的に現れる傾向を持つ。サドックとツウィッキーの研究（Sadock and Zwicky 1985: 175ff.）によると、発話行為により異なる統語実現形について調査対象とした言語の中で、およそ半分の言語が、他の否定や（または）他の命令文のタイプとは異なる特別の否定命令文のタイプ、「禁止型」（PROHIBITIVE）を持つという。また、そこで調査対象となった言語の 4 分の 3 には直接的否定命令文はなく、この機能上の空白は特別の否定のマーカーや、命令文でない動詞型、あるいはその両方によって埋め合わされていることが分かった。

　このパターンはインド・ヨーロッパ古語にも見いだされる。古代サンスクリット（ヴェーダ語）では、例えば（Renou 1946 参照）、文否定の否定辞 ná は節頭か動詞の前の位置に現れるが、これは命令法とは共起しない。代わりに、そのような文脈では禁止法の mā が使われる。否定は仮定法、直接法を問わず埋め込み節ではまれである。

　古代ギリシア語の 2 つの否定要素 ou (k) と mē は、それぞれ、客観的と主観的、主張的と非主張的、独立的と従属的というようにさまざまに区別されてきた（Pott 1859, Mirambel 1946, Weinreich 1963 参照）。もう少し具体的に言うと、ミランベル（Mirambel 1946: 58–60）が示したように、ou (k) の方は直接法主節と、「言う」

や「信じる」を意味する動詞に支配された埋め込み不定詞節に現れ、mē の方は命令法の文脈で現れる。また、その他の場合にはさまざまな統語的、意味的要因の相互作用に依存して、どちらかが現れたのである。しかし、現代ギリシア語の ðen (< ouden) と mē (n) の使いわけは、Dixon (1979) の格標示システムの用語を使えば「流動的 (FLUID) パターン」ではなく、「分離的 (SPLIT) パターン」に従うのである。個々の発話の特定の意味や用法によってどちらが使われるかが決められるというのではなく、ある程度慣習化した、あるいは恣意的な文法的考慮によって決められるのである。直接法と条件法では常に ðen になり、仮定法や分詞構文では mē (n) になる。また、命令法 (古代ギリシア語では mē の総支配者) は決して否定されない (スワヒリ語や多くの他の言語のように、仮定法は否定の環境では補充的に使われる)。この現代における相補的分布の結果は、ミランベルが指摘するように、直接法と仮定法が肯定的な文脈で同じになってしまうような場合でも、否定形は区別を保持するということである。これは統語的区別は否定のもとでは中立化するという (とりわけ Givón により例証されている；3 章参照) 一般的傾向に対する反例となる。

　デイヴィス (Davies 1975) が明らかにしているように、サンスクリット語、ギリシア語、ラテン語と同じように、古代アナトリア諸語でも 2 つの否定の標識を区別した。下の表をみられたい。

（1）

	叙実型 (Factual)	禁止型 (Prohibitive)
象形文字様式ルウィ語	na	ni
楔形文字様式ルウィ語	nawa	nis
リュキア語	ne, nepe	ni, nipe
ヒッタイト語	natta	lē

ここではっきりしないことは、これらの言語や他の古代インド・ヨーロッパ語における 2 つの否定形が、インド・ヨーロッパ祖語の同一の源から発したのか、それとも異なる源から発したのか、またもし同一の源から発したのだとすれば、いつ、どのように、なぜ分離が生じたのかという点である。

　否定が叙実 対 行為指示 (あるいは主張 対 禁止) の軸に沿って分離を示すというこのしばしば引き合いに出されることのほかに、文否定の表現は、多くの言語において、その文の時制、アスペクト、あるいは否定の焦点にくる述語の範疇などによって変化するという事実がある。また、非存在言明や他の動詞的環境で用いられた否定要素が、否定の同一性言明や (特に名詞的) 構成素否定に使われる否定要素と形式上しばしば異なることがある。古典中国語は、例えば 16 かそれ以上の否定の

標識を持つのが特色であり、これらはすべて（少なくとも時々は）「否」とか「ない」とかいう意味だった。これらの標識は 2 つの基本範疇に分けられる。語頭が p- か m- かで始まるもので復元され、それぞれ、同一性や存在の否定を表すものとみられてきた（Kennedy 1952, Graham 1959: 111 参照）。しかし、この体系は安定的ではないことが分かった。娘語のひとつである広東語では 7 つの否定の標識があるが、すべて m- で始まり、そのうちの 1 つ（m hai）はもっぱらメタ言語的演算子としてのみ機能しているようである（6 章参照）。この標識は文中のどの要素をも否定することができ—それゆえ対照的強勢が置かれ—修正が後にくる（Yau 1980: 39–40）。

　時制に基づく区別も概して不安定である。古典アラビア語は 2 つの基本的な動詞否定の形態を持っていた。過去形の maa と非過去形の laa である。この形式上の二分法の対応語は、現代口語では他の統語的、意味的要因に支配されるようになってきている。湾岸アラビア語では ma が動詞を否定し、muu (b) が名詞、形容詞、句を否定し、la は否定命令を伝える未完了相と共起する（さらに独立的に使用されて‘no!’ を表すこともできる）。イラク・アラビア語では接頭辞 la- と ma- はそれぞれ命令形の動詞、非命令形の動詞の否定に用いられる。一方、muu はそれ以外、すなわち**名詞句、形容詞句、前置詞句**などを否定するのに用いられる[1]。

　他の現代のアラビア語系の地方語では、法ではなく範疇が関係する。エジプトの口語アラビア語では、分離型動詞否定要素 ma ... -š と、名詞句、形容詞句、副詞句、分詞句及び（動詞のない）繋辞文に使われる構成素否定要素 muš/ miš とを区別する。同様に、チュニジア・アラビア語でも分離型動詞否定（mɛ ... - (ə)š）と非動詞単純否定（miš）の区別がある。例をあげれば、mɛ ktibəš (he did not write) 対 miš bɛ:hi (not good)、miš wildi (not my son)、miš inti (not you) という具合である。同様のパターンが北アフリカ・アラビア語系の地方語にも認められる（Comrie 1985 参照）。

　現代アラビア語のいくつかの地方語と同様、テムネ語も 3 つの否定の位置を持つ（Nemer 1985）。標準的な直接法的否定は -hɛ で、これは助動詞があればそれに付加され、もしなければ主動詞に付加される。否定不変化詞の té は、命令、不定詞、埋め込まれた定形節（関係節も含む）において動詞の前の位置に現れる。第三の標識である Tá は無動詞文、分裂文に現れる。この形は他の否定形態素と共起することも可能であり、ある文脈ではメタ言語否定を示すこともある。これらの否定形態素は異なる統語的特性を持っているので、否定は直接法の後ろに現れ、命令法には先行する。

（2）a.　ɔ́bɔ́rkɔ̀　　ɔ́　　　dí.　　　　　　　　「その女は食べている」
　　　　ɔ́bɔ́rkɔ̀　　ɔ́　　　díhɛ.　　　　　　　「その女は食べていない」
　　　　定＋女　　3 人称　　現在「食べる」±NEG

b.　　　dīf　　　　kɔ́.　　　「彼を殺せ！」

té　　　dīf　　　　kɔ́.　　　「彼を殺すな！」

± NEG「殺す」命令形　　　3 人称

　この順序の違いは、イェスペルセンの否定先行原理（Neg First principle）によれば驚くべきことではない。その原則とは「明瞭性を保つため…自然な傾向は、否定要素を第一に、あるいはとにかくできるだけ早く配置することである。その場合、否定しようとする特定の語（一般に動詞）の直前に置かれることが非常に多い」（Jespersen 1917: 5）というものである。この原則については、第 5 章で、接辞否定が範疇内部の操作として機能しない場合でも接頭辞として生じやすいという傾向（5.1.2 項）と、意味論的に埋め込まれた否定が、多義性を生じさせることになる場合でも、「否定辞繰上げ」現象の文脈でより上位の節に現れ易い傾向（5.2 節）を動機づけるために既に用いたことがある。

　同じ原則が、文否定と構成素否定の分布に関してよく引合いに出される制限にも関連をもつと言えるだろう。例えば、英語の冗語的否定挿入句は、文否定に後続するが先行することはない。一例をあげると、She didn't, I don't believe, order pizza に対して、*She, I don't believe, didn't order pizza となる（Ross 1973a 参照）。イタリア語では、否定の意味を持つ名詞句が動詞の後の位置にくる場合、文否定が現れねばならないが、否定の意味を持つ**名詞句**が動詞より先行する場合には文否定は現れない。これは Non ha visto nessuno (He saw nobody) に対し、Nessuno (*non) l'ha visto (Nobody saw him) となるということである（この最小対立の例はラファエラ・ザヌッティーニによる）。いずれの場合にも、動詞ではない構成素が二義的な否定の標示を受ける前に、文は否定の標示を受けていなければならない。

　否定先行原理は平叙文と命令文の両方の文脈で働くのであるが、さらに「行為指示」の発話行為を表す場合（命令文や機能的に命令を表す文）、動詞の後の位置に否定辞を置くことを避ける特に強い動機づけがある。(2a) のような動詞の後に否定を置く例で否定先行原則が守られなかったとしても、それはそれほどの混乱にはならないが、(2b) の文脈で同様の違反があると文字どおり死活問題となるだろう（Kill him—oops—not!）。イェスペルセン（1917: 5-6）は同じような例をデンマーク語（ikke spis det!）、ドイツ語（nicht hinauslehnen）、ラテン語（noli putare）で調べ、その中で否定の標識は非定形の行為指示文では動詞の前に現れるとし、「ここで重要なことは、伝えられるべきことは許可ではないことを聞き手にできるだけ早くわからせることである」と述べている。

　特に示唆的な分布パターンが南インドのドラビダ語の 1 つ、カンナダ語（Kannada）に認められる（Kittel 1903, Spencer 1914, Gowda 1970, Bhatia 1977 参照）。

ここで関係してくる 2 つの否定辞は illa と alla である。illa は非存在か直接的な述語否認を表し、alla の方は本質、質や同一性 (identification) の否定要素としてさまざまに分析される。alla はしばしば構成素の否定 (He who did the deed is not I) として働き、「**X** ではなく **Y**」、「…だけでなく〜も」というような構文を含む sondern (「…でなくて」) 型の環境に特徴的に現れる (6.4 節参照)。次にあげる対照的な例 (**3a, b**) は、Spencer (1914: 153) によるものである。

(3)　a.　Ī grāmadalli maravu illa. 　(In this village there is not a tree)
　　　b.　Idu maravu alla giḍavāgide. 　(This is not a tree, it is a shrub)

alla という否定の形式は、歴史的にみると、今は使用されない 'to be fitting or proper' (ふさわしい、適切な) という意味の動詞 al- の三人称単数形である。この語源的説明は、この語がメタ言語的演算子としてしばしば使用されることからして特にふさわしくて適切である。実際、キッテル (Kittel) も述べているように、alla はしばしば「そのようなものではない」という注釈をうける。(命令文では第三の否定辞 bēda が使われる。これは「欲する」という意味の bēku の歴史的な否定の形である。)

　同じようなパターンは他のドラビダ語系の言語でも認められる。マラヤラム語 (Malayalam; Ravindran 1970) では接尾辞 -illa と -alla を区別するが、これらはカンナダ語の illa、alla と対応する自由形と同じ線に沿っている。また、否定命令形では特に興味ある迂言的構造を示す。vēṇṭa は単独では「必要とされない」という意味だが、これは vēṇ-「必要とされる」と、-ta という否定的残部要素の合わさった形態である。ところが、この同じ形態が否定命令形で動詞の接尾辞として使われると、それは「〜でないのが必然」という意味にしか解釈されない。例えば、varavēṇṭa:「来るな (＝来ないのが必然)」、pōkavēṇṭa:「行くな」、otavēṇṭa:「走るな」というようになる。ここに我々は 4.5 節で検討した **O** --> **E** 転移の明らかな一例をみることができるのである。

　テルグ語 (Telugu) では存在、所格、その他の叙述を否定する lē と、同等関係や他の (無動詞の) 連結文に現れる kā とを区別する (Narasimharao 1970)。一方、トゥル語 (Tuḷu) では、上述のカンナダ語、マラヤラム語の illa と alla の形態が、そのままそれぞれ ijji と attI に写像される (Madtha 1970)。**E** 否定語彙表現を最大化し、**O** 否定語彙表現を最小化しようとする傾向ともう一度歩調を合わせるかのように、トゥル語には、「できない」(属格、道具格を従える場合)、あるいは「すべきではない」(不定詞と結合する場合) と解釈されうる balli という「かばん語」形は存在するが、それに対応する **O** 否定的意味の「〜でないことが可能」「〜でないことが必

要」は迂言的に辛うじて表現できるだけである。

　今まで触れてきたように、多くの言語では特別の否定的存在形式があり、これは一般的な叙述否定や（もしあるとすればの話であるが）強意的あるいは構成的要素否定とは区別されるのである。シャクター（Schachter 1985: 57–60）が述べていることであるが、ハウサ語（Hausa）は肯定の存在標識 akwai と、否定存在標識の babu とを分けていて、一方通常の述語否認は bà X bá という形で示す。ここでX は「非常にきちんと」否定の作用域を表す。タガログ語（Tagalog）には 3 つの相互に関連のない否定形態素がある。命令文や祈願文の文脈での huwag、存在文の分脈での wala、それ以外の環境での hindi である。しかし、形式的に中立な場合には、概して存在否定が通常の叙述枠での否定の標識と同じになる。ドラビダ語での場合そうだったように、標準的否定は存在動詞の屈折したものにその源をたどることができる。

　多くの言語には、否定要素にその働きに応じた形態的、統語的な区別が存在する。1 つは直接的な否定叙述（述語否認）や、非存在の主張に使われる否定で、もう 1 つは同一性言明あるいは非動詞的構成要素を否定するものである。この区別は、ヘーゲルの「有意味否定」と「無意味否定」の二分法や、マボットの否定的同一性言明を「疑似判断」とみる考え方（いずれも 1.2.2 項参照）を思い起こさせる。さらにゲバウア（Gebauer 1885）やその他のインド・ヨーロッパ語研究者によって明らかにされた二分法、すなわち、（定形動詞が否定された形になり、否定辞が文全体を作用域に持つ）「質的否定（QUALITATIVE negation）」と、（文中の一部の要素に否定焦点をあてたり、その要素に編入したりし、文否定であったりなかったりする）「量的否定（QUANTITATIVE negation）」の 2 つの区別の反映もまたみてとることができる。我々が質的、叙述的範疇の方を取り上げて、通常の記述的な文否定の典型と考えるならば、量的で狭い作用域を持つ否定の方は、記述的な構成要素否定および特殊な否定演算子のメタ言語的・対照的使用という文脈的に拘束された性質を持つ否定であると理解される。

否定、語順、イェスペルセンのサイクル

　「否定先行原理」とは、否定標識が定形動詞や他の否定の焦点になることのできるものよりも先行するように左側に引き寄せられる強い傾向のことを表している。Dahl（1979）、Payne（1985）に集められた証拠によれば、自由不変化詞の形をとる否定は **SVO**、**VSO**、**VOS** 言語において動詞に先行する強い傾向があり、さらに **SOV** 言語においてもその可能性がある（Payne 1985: 224）。しかし、この傾向は絶対的ということではない。この傾向はもう 1 つの基本的原理と密接にかかわりがあり、イェスペルセンとも関係がある。この原理とは、否定標識は次第に弱まり、

動詞の後接語 (proclitic) のようになってしまう、それから否定極性的減度詞 (NPI minimizer) あるいは不定的表現が付加されて意味の強化がおこなわれる、そして究極的には否定の意味は付加した要素の方が受け持つことになる、という循環的パターンである。このプロセスはイェスペルセンのサイクル (JESPERSEN'S CYCLE) として知られている。「さまざまな言語における否定表現の歴史は次のような興味ある推移を我々にみせてくれている。まず最初にもとの否定副詞が弱化し不十分なものとなる。その結果強化されることになるが、それは一般に語の追加を通じて行われる。ところがこの追加された語こそが否定辞そのものと受け取られるようになる。しかし、その語も、時間の経過とともに、もとの語がたどったと同じ流れにさらされてしまうのである」(Jespersen 1917: 4)。

　減度詞 (minimizer) は「部分的に決まりきった any 相当語句」である (Bolinger 1972: 121, 及び本書 6.4 節参照)。これは否定を強めるために否定の作用域に生じる。言語学者たちは、ポット (Pott 1859: 410) にさかのぼる昔から、「小量またはごく小量」を表す肯定表現が否定を強化する機能を持つことに気づいていた。これらの表現は、しばしば「嘲り、侮蔑」の意味あいを含むことがあった。ポットは、これらのことが nicht einmal das (…でさえない) というきまり文句を暗黙のうちに引き起こすと考えていた (Schmerling 1971, Horn 1971, Fauconnier 1975a, 1975b, Heim 1984 参照)。この機能に特化された否定極性的減度詞のリストが Pott (1859: 410–11) と Wagenaar (1930: 74–75) に記載されている。これは、包括的とは言えないまでも、十分興味ある品揃えになっている。彼らの例は、サンスクリット語、ギリシア語、ラテン語、フランス語、古スペイン語、イタリア語、英語、オランダ語、ドイツ語、スラブ語などから選ばれている。これらの例をいくつかみてみよう。

(i)　　食料に関する「ごく小量」を表す表現：not a cherrystone (サクランボの種)、a chestnut (栗)、a crumb (パンくず)、an egg (卵)、a fava (ソラマメ)、a fig (イチジク)、a garlic (ニンニク)、a grain (穀粒)、a leek (セイヨウニラネギ)、an oyster (牡蠣)、a parsnip (アメリカボウフウ)、a pea (エンドウ)、

(ii)　　価値の小さい硬貨の類：not a dinero (スペイン銭)、sou (5 サンチーム銅貨)、[not a red cent (1 セント銅貨)、plugged nickel (卑金属を詰め直した 5 セント白銅貨)、thin dime (10 セント白銅貨)参照]

(iii)　　動物や体の一部：not a cat's tail (猫の尻尾)、a hair (髪の毛)、a mosquito (蚊)、a lobster (ウミザリガニ [原文のまま])、a sparrow (雀)、

(iv)　　その他の価値の低いもの、目立たないもの：not an accent (アクセント)、an atom (原子)、a nail (釘)、a pinecone (松かさ)、a point (点)、a shred (細片)、a splinter (破片)、a straw (わら)[2]

どのような存在物もその広がりが極微と考えられるほど十分小さいものであれば、否定強化の手段としてこのフレームの中で生産的に使用できるようである。

　この傾向は決してインド・ヨーロッパ語に限定されるものではない。否定極性的減度詞は、否定強化の手段として、バスク語（Lafitte 1962 参照）や日本語（McGloin 1976: 397–419 参照）、その他の多くの言語に認められるものである。

　しかし否定極性的減度詞は最も多様性に富んでいるとしても、「強力な否定」（Wagenaar 1930: 75）を生み出すためのひとつの装置にすぎない。否定の作用域内にある肯定、否定の形態をとる不定表現も否定の強化のために組織的に使われる。フランス語の否定の展開を通して、否定形態の循環的推移を後づけることができる。前古典的ラテン語 ne dico（I do not say）は最初、否定の意味を強化するために不定的意味を持つ œnum（one（thing））を付加し、動詞に前置される小辞 non（< noenum < ne-œnum）を形成した。そして古典ラテン語 non dico となった。（ここで単純形 ne は動詞に編入される否定として残った（例　nescio（= I do not know））。しかし non は元来のインド・ヨーロッパ語祖語の形態である ne に戻ろうとする継続的な動きにより音韻的に弱められ、古フランス語の jeo ne di となった。（第 6 章でみたように、ラテン語 non のもう 1 つの対応形は、現代フランス語にもメタ言語の否定演算子で自由否定の non [nō] として生き延びている。）単純後接語 n(e) はいくつかの孤立した構文に残っている。例えば je ne peux、je ne saurais dire、n'importe などである。しかし、ここで標準的な否定の表現は再度強化への道をたどった。今度は減度詞増加に転じたのである。それらには point（ラテン語の punctum: a point「点」）、rien（rem に由来：a thing「もの」）、personne（persona に由来：a person「人」cf. not a soul）などがあるが、特に重要なのは pas（passum に由来：a step「歩」、この表現はもともと動作動詞と共に使われていた）である。

　ブレアルが述べているように、pas、point、rien、personne、jamais、aucun や類似の形態的に肯定の表現はもともと「ne という唯一正真正銘の否定辞を強化するために使われ」、やがてそれらは「ne との関連付けによって、それら自身が否定辞となり」、今や「仲間なしてすませ」て、全くそれらだけで否定を表すことができるようになったのである（Bréal 1900:200–202）。このことは動詞を伴わない文脈では特に顕著である。ブレアルは会話の例、Qui va là?—Personne（誰がそこへ行ったのか？—誰も）と名詞句の例、pas d'argent（no money）を引用している。一方、ガトーネは、une chose jamais vue（今まで見たことのないもの）に対し、je n'ai jamais vue cette chose（今までそのようなものを見たことがない）のような最小対立例を提供している（Gaatone 1971:99）。標準語において、ne は動詞を伴う環境では分離型の囲い込み型否定（EMBRACING negation）として現れる（je ne dis pas）が、それ自身ではもはや否定標識とはいえなくなっていて、むしろ「否定の効力を持つ他の表現があ

る場合に、…否定をしめす冗長的標識」(Gaatone 前掲) となっている。この冗長的 ne は口語ではしばしば省略される。その消失は社会言語学的に条件付けられた変数規則に従うようである。現代フランス語における動詞の前に付く小辞 ne の喪失と、その条件となる言語学的、文体論的、社会的要因についての重要な経験的研究が Ashby 1981 にみられる。

　リトレ (Littré) は、aucun と rien をそれらの語源的肯定の意味である quelqu'un と quelque chose にそれぞれ制限すべきであると主張したが、17 世紀に、ラシーヌは既に Je veux rien ou tout (I want nothing or all) という表現を用いて中間を排除している。アカデミーフランセーズ (French Academy) もついに降参し、1878 年版の辞書では aucun に対し nul と pas un、rien に néant と nulle chose という語義を認めている。ブレアルはこの意味的変化を、不定表現が「否定表現の中に長期滞在した」がために生じた新しい意味変化であり、伝染 (CONTAGION) によるものとした (Bréal 1900: 201–2)。

　他のロマンス系言語やゲルマン語系言語でも独自に、否定辞の表示において同様のシフトを経験してきた (15 世紀以前のスペイン語における否定の歴史の特に行き届いたしかも洞察に富む記述が Wagenaar 1930 にある)。しかし、通常これらの言語の場合にはフランス語とは 1 つ重要な違いがある。標準的なパターンの例は、英語の not やラテン語の nullus (< ne + ullus 'something, anything'「何か」; フランス語の nul 参照) と nemo (<ne + homo, 文字通りには 'not a man'「一人もない」)、さらにスペイン語の ningun (algun 'something' 参照) である。これらは動詞の後にくる不定表現が、否定呼応ないしは一致のプロセスを経て、否定の接頭辞を編入し (Labov 1972 参照)、それによって文中での否定の主要標識として第一の地位を確保するというパターンを取る。フランス語以外にも、もともと肯定の意味強化要素が否定にさらされることによって伝染するに至ったという例が存在する。スペイン語の nada ('nothing' の意味、ラテン語 (res)nata「無意味な [文字通りは、生まれた]もの」から) と nadi(e) ('nobody' の意味、ラテン語 (homo)natus から) がそれである。これらの語では n- で始まるため、元来の肯定的意味を紛らすのに好都合になっている。

　英語の not の発展はゲルマン語系の従兄弟言語であるドイツ語の nicht (ne + wicht)、オランダ語の niet と同様の経過をたどる。弱い意味しか持たない後接語 ne を強化する動詞の後にくる不定表現が否定接頭辞を取り込み、否定力の主たる担い手として動詞の前に来る要素に取って代わるようになるのである。英語におけるこの否定のサイクルの実現は Jespersen (1917)、Marchand (1938)、Joly (1972) などに詳述されている。ラテン語の場合と同じく、インド・ヨーロッパ語の後接否定語 ne は、古英語の時代にそのままでは否定の意味を担えないほどに弱化する。か

624

つての Ic ne secge は強化され、中英語では Ic ne seye not と囲い込み型否定になる。そうすると、次に、本来の強調語または強化語はもはや強調要素であるとは考えられなくなり、純粋な否定の表識であると再解釈される。そして名残の後接語 ne は消失の運命をたどる (Stern 1937: 263)。エリザベス朝時代までには I say not という単純な形になっているのである。このサイクルは部分的にはフランス語のサイクルに対応する。

（4）　**古フランス語**　　　　　Jeo ne dis　　**古英語**　　　Ic ne secge
　　　現代フランス語（標準語） Je　ne dis pas　**中英語**　　　Ic ne seye not
　　　現代フランス語（口語体） Je　　dis pas　**初期現代英語** I　say　not

　ジョリーが指摘しているように、この進化の兆しは古英語においても既にみてとれる。すなわち、下の例では、単純型の(5a)と並んで、囲い込み型ないしは強調型否定の(5b)が既に古英語に現れていることを示す。

（5）a.　ac hi <u>ne</u> cneowan hine.　　　'but they did not know him'
　　　b.　& <u>ne</u> Þenceaþ <u>no</u> hwæt hie　'and they did not think of what they ought to do'
　　　　　don sceolde.

2番目の例(5b)の「合成的否定」はかなり多くの形態をとる[3]。後接語 ne によって導入される否定は、次のようなものになる。nō や nā ('never' あるいは 'not at all' の意味で、ne +ō, ā 'always, ever' から。この結合はおそらく強い **E** 的意味をもたらしており、**O** 的な価の 'not always' になっていないことに注意)、ǣfre (ever) または nǣfre (never)、ǣnig (any) または nǣnig (none)、n (e) alles ('not at all' の意味、ne + ealles 'entirely' から)、そして増加しているのが nowiht/ nawiht ('nothing'、上記の nō や nā+ wiht 'person, creature, thing' から) (wight と not a whit 参照) などである。この最後の形、nowiht/nawiht は二重の編入になっているが、これが二重に縮約され noht/ naht となり、そして最後に not となったのである。これは、おそらく、両方の解釈を許すような文脈に助けられて、否定の存在代名詞は単なる副詞として再分析されるようになり (I sowed nought > I sowed not)、それが広まって有意味の不定表現を含まない形態になったのであろう (Bossuyt 1983: 311–12 参照)。
　この時代からの否定編入形のいくつかは否定代名詞として存続している。no、nought、none (< OE nān 'not one', ne + ān 'one' から) などがそうである。一方、否定要素が接頭辞として付加した副詞の never は他の肯定、否定副詞と同様に動詞の前の位置を占め、do 支持 (do-support) を引き起こさない。さらに否定編入型の接続

詞である neither、nor というものもある。ところが古英語の否定編入型の繋辞や助動詞、nis 'not-is'、næs 'not-was'、næbbe 'not-have'、nolde 'not-would'、nylle 'not-want' などは、　強化表現が否定の機能的役割を担うようになるにつれて、後接語 ne と共に次第に消えていったのである（わずかに willy-nilly のような残存形のみである）。これと同じような展開がラテン語の否定動詞の場合にも見られる。neglego 'disregard, not-heed'、nego 'say no, deny'、nescio 'not-know'、nolo 'not-want' などはロマンス語から消え失せるか、あるいは明瞭な否定とのつながりを消失してしまったかのどちらかである。ロマンス語系とゲルマン語系のどちらにおいても、非動詞の範疇では n で始まる否定要素を保持しているが、動詞の範疇ではそれらは無くなってしまっている。

　ゲルマン語系の多くの言語は英語と同様の推移を経験した。動詞の前にくる小辞（ゴート語 ni、古高地ドイツ語 ni、古サクソン語 ni/ ne）は再強化を経て、否定編入した不定表現に次第に取って代わられる（Delbrück 1910、Coombs 1976）[4]。しかし、英語の場合にはドイツ語、オランダ語、口語フランス語とは違って、変化はそこに留まらなかった。I say not → I do not say という推移である。現代英語の迂言的な do- 支持を伴う否定の形は既に 15 世紀に見え始め、17 世紀までには標準形となった[5]。（フランス語の、単一の動詞の前に否定がくる場合と同様に）動詞の後に否定辞が置かれる形は残存表現にのみ生き残り（I kid you not, She loves me not）、法助動詞や他の助動詞構文では標準形態であるが、一方、通常の主動詞節での結果は、形式的に以前の状態と類似している。「かくして否定小辞は再び動詞に帰属することになる。否定辞はかつてそれが出発した位置に回帰したのである」（Marchand 1938: 198）。

　しかし、一体なぜ否定は強化または再強化される必要があるのだろうか。特にインド・ヨーロッパ語の動詞の前にくる ne がなぜ繰り返し不支持を求めなければならなかっただろうか？　動詞の後の位置からの再上昇を繰り返し引き起こすものは何であろうか？　最近の 1 つの説は、否定要素の動詞の前の位置から後の位置へのシフトは、より一般的な動詞末尾から動詞中間位置順序へのシフトと関連しているのでは、というものである。否定を副詞とし、言語類型論的には **XV** 型言語では副詞は動詞に先行し、**VX** 型言語では動詞に後続するものとすると（Greenberg 1963 参照）、否定位置のシフトは **SOV** 祖語とその仲間である動詞後置的古典言語の、今日も存続している動詞中間位置言語への推移の中でとらえられることになる[6]。また、否定要素が動詞を前後から囲みこむような形態（embracing negation）は、このとどまることの無い進化の過程の中間段階を示していることになる。以上の議論は Vennemann (1974) によるものである。

　しかし、以上の議論には克服できない難点がある。アシュビー（Ashby 1981）が指

摘したように、ヴェンネマンのアプローチはフランス語にはうまく合致するように仕立てられているが、フランス語と同様に動詞後置型ではない（イタリア語、スペイン語などの）他のロマンス語ではうまくいかない。それらの言語では否定は頑固に動詞の前の位置を占めており、それらに取って代わる気配さえ無いからである。さらにボシュイ（Bossuyt 1983: 310）が指摘した点であるが、囲い込み型の否定はゲルマン語では消えたあと何世紀もたっているのに、なぜ一貫して **SVX** 型言語である標準フランス語では残っているのかについての説明をヴェンネマンは与えていないのである。

リーマン（Lehmann 1974: 11–17; 1978: 181–83）は以上とは異なる言語分類上の議論を展開している。彼は否定要素を、「文を作用域とする定限詞（qualifier）」ととらえ、これは SVO 言語では動詞に先行すると予測する。この分析は、スペイン語やイタリア語（及び多少我慢するなら英語）の否定をうまく説明できるが、アシュビーが指摘するように、ドイツ語、オランダ語、それらに関連する言語は言うに及ばずフランス語に対してさえも明らかな問題を生じる。なぜこのような言語では否定先行原則や類型論にわざわざ逆らって、否定が動詞の後の位置にきているかが明らかではないのである。

語順がイェスペルセンの循環を動機付ける決定的な要因（あるいは少なくとも唯一の決定的要因）でないならば、一体何が原因なのだろうか？ イェスペルセン自身のこの問に対する答えは彼のサイクルの記述から明らかである。鼻音＋中立母音で構成されるストレスのない単音節のシラブルは、それがこれまで任されてきた重要な機能、つまり肯定陳述からその否定を区別するという機能を担うには弱体すぎるというのである。

> 否定概念は、論理的には重要なものであるが ... これはアクセントの面では他の概念に従属させられる。このことは絶えず起こるので、否定辞は次第に他の語に接頭する単なる後接的なシラブル（ないしはシラブル以下）になってしまう。否定辞の概念的重要さと、形式上の無意味さの間の不釣り合いがあるために、話し手は聞き手に否定の意味をはっきり伝えるためには何かを付け加えなければならないと考えてしまうのである。
>
> （Jespersen 1917: 5）

しかし、音声的に弱い否定辞がいったん動詞の後の不定表現（それ自身否定要素を編入している場合もしない場合もある）または他の減度詞で強化されると（Let me make this perfectly clear: I ne knew it <u>not</u>!）、もともとの否定辞は冗長的と感じられるようになる。そこでこのほとんど聞き取れないほど弱くなり、いまや機能を果たさなくなった言語形は、控え目にその居をたたみ、消えてしまうのである。

　この推移の中に、弱化に向かう（**R** 原理に基づく）「最小労力化」の傾向と、強化に向かう（**Q** 原理に基づく）「情報保存化」の傾向（Horn 1984b 参照）との緊張関係の一例をみることができる。そのような弁証法的プロセスにはつきものであるが、新しい統合［訳者注：否定要素が動詞の後にくること］は運動の静止点ではなく、新たな循環の第一歩にすぎない。次の発展の段階は、この強化された新しい否定要素が否定先行原則を充足するために、動詞の前の位置に（ラテン語の non、英語の do + n't のように）移動することである。そしてこの移動は、またしても音声的に引き起こされた弱化と意味的に引き起こされた再強化というおなじみのサイクルが発動することを可能にするのである。

　5.1.3 項で論理的二重否定を議論した際にみたことだが、2 つの相殺する機能的原理間の争いが存在することにより、大勢の立腹した規範文法家たちは **Q** 原理に動機付けられた形態（not uncommon、not inelegant など）が、（**R** 原理に基づく観点からは）むだで、余分であると批判するのである。同じように、**Q** 原理に則っているが、**R** 原理には違反する反転の接頭辞付き表現（reversatives: unravel「ほどく」、uncork「コルクせんを抜く」、unthaw「凍結する」、unskin「覆う」、debone「骨をとる」、depit「穴を埋める」）も「余分な」ものと非難されてきた。また、囲い込み型の否定についても同様の批判が寄せられている。ボシュイが述べたように、初期中期オランダ語においては動詞の前に置かれる否定辞を持つ否定形と、持たないものが共存した（Bossuyt 1983）。そしてもはや機能しない後接語は音韻的に条件づけられるようになった。しかし、すべての人がこれを既成事実と認めたわけではなかった。「社会学的には、小辞のない否定（particle-less negation）は（13 世紀からは）不注意な用法とみられていたのに対し、囲い込み型の否定［ne ... niet］は肯定的評価を受けていたのである。ところが 17 世紀になると、否定小辞に関するこの評価は完全に変わってしまう。［規範的文法家である］ルペニウス（Leupenius）は囲い込み型を非論理的であると強く批判するようになったのである」（Bossuyt 1983: 317）。このような判断は、フランス語や英語の同様のシフトについてもしばしば述べられてきたが、同様に（**R** 原理に違反するが、**Q** 原理に動機づけられた）比較構文中の、そして禁止、恐れ、疑い、拒絶、損失、その他同種の動詞の後の「冗語的」あるいは、「虚辞的」否定の出現に対して文法家達が頻繁に向けてきた批判を思い起こさせる（詳しい議論と参考文献については Horn 1978a: §3.2 参照）。

　最小労力に向かう傾向があるとはいえ、否定のように意味的に重要な要素が実質的に消えてしまうということは不思議に思えるかもしれない。しかし、そのプロセスは見かけほど風変わりというわけではないのである。マーシャン（Marchand）が指摘したように、動詞の前の迂言的な否定は、口語英語では、しばしば非鼻音的後接語として実現される。例えば、I də wanna go とか I dunno のように。一方、助動

詞の後にくる否定は分節要素の存在よりも、母音の特性、ストレス、リズムによって示されるのである (Marchand 1938: 200–201, Jespersen 1917: 11 参照)。従って、he can come と he can't come は主にリズムの構造で区別されるのである：[hì kən kʌ́m] 対 [hì kǽnʔ kʌ́m]。(法助動詞が対照的強勢を受ける場合には区別は中立化されるが、かなり極端な回復手段をとることになる：he can-yes or he can't?)

do- 支持を起こさない状況において、標準的には英語の定形の否定は、一般的な分析によれば、ストレスの置かれた助動詞 (have, be, will, would) への弱い縮約された前接語 (haven't) として現れる。また、対応する肯定文では助動詞が主語に前接的に縮約する (I've) が、縮約否定があるとこの助動詞自身の縮約は阻止される。従って、次のような最小対立ペアになる：I've 対 I haven't、she's 対 she isn't、they'd 対 they wouldn't[7]。

以上の結果、マーシャンが言うように、現代口語では文否定について 2 つの異なる形態素が含まれることになる。1 つは時制を持つ助動詞に付く弱い縮約形 n't であるが、これはしばしば韻律によって間接的に示される。もう 1 つは非定形節に現れる強否定副詞の not で、これは構成素否定あるいは語否定に使われ、さらに (6.4 節で議論した not X but Y 構文を含むが、それだけに限らない) 強調的文脈でも使われる[8]。既にみてきたように、この事態はさまざまな言語を考慮すれば決して先例がないのではない。私が素描した分類上の背景を考えると、イェスペルセンのサイクルとは、非対照的直接法的文脈において主にかつ典型的に生じる単純記述否定と、非定形、無動詞、対照的(メタ言語的)環境に生じる強調的否定との縄張り争いともみられるのである。第 6 章で概要を示した自然言語の否定の 2 つの働きは、共時的のみならず通時的にも相互作用をしているのである。

動詞の前にある弱い否定要素を強化する、動詞の後にくる要素は、まず文の否定力を強化すると解釈されるということを思い出していただきたい。例えば、現代インド・ヨーロッパ諸語でのそのような強調的 NPI 副詞の分布をいくつかみてみよう。英語：(not) ... at all, in the world、フランス語：(pas) ... du tout, le moins du monde, absolument pas、ドイツ語：durchaus (überhaupt) nicht、スペイン語：en mi vida, en absoluto[9]。これらはまさしく動詞の後にくる独立した否定語となっていく種類の強意語なのである。実際、スペイン語では明示的に引き金となる否定がなくても既に否定の意味を伝えるものとして使用されている。ジョリーが言うように、En mi {vida/ dias} lo he visto (文字どおりでは In my {life/ days} I have seen that) は「私はそれを一度も見たことがない」という意味になり、また、en absoluto は断言的な 'no' を伝えるために返事の中で用いられる。

さらに否定力を強化する不定表現は、少なくともドイツ語系言語では、常に対照的解釈を許してきた。古英語の ne ... na/ no/ naht という語連鎖は、特に非時制的使

用において、全く自由に禁止や肯定・否定対立の対照文脈（反意を表す sondern 型の小辞 ac を伴い、ne ... no ... ac (: not ... but ...) となるような環境）に現れたようである。ジョリーが次の(6)にあげるような例を示している（囲い込み型否定に下線を追加してある）。

(6) a. Ne slapige no Þin eage.　Let not thine eyes sleep　（汝の眼を眠らせたもうな）

b. Ne sohte ic na hine ac　I sought him not but he　（私が乞うたのではなく彼自
he sylf com to me.　　　himself came to me　　身が私のもとに来たのだ）

c. He lange wiÞstode ac　He long resisted but it　（ながく抵抗したが役立たな
hit ne forheol naht.　　availed not　　　　　かった）

　ボシュイが明らかにしているように、同じことがオランダ語についても言える（Bossuyt 1983: 332）。後接語 ne を伴わず単独で否定の標識となる、動詞に後置される niet/nit の一番初期の記録は、（sondern タイプの）mar 反意構文で構成素否定として現れている。

(7) a. So ghinc hi na tire feeste, nit　　oppenbarlec mar　　al heimelec.
　　so went he to that party NEG *openly*　　*but*_{SN}　*secretly*

b. Wart ic ben comen uan den hemele nit　om minen wille te doene
　　for　I am come　from the heavens NEG *to　my　　will to do*
　　mar　den wille mijns　uader.
　　*but*_{SN} *the　will　my*-GEN *father*

これらの文は現代英語とオランダ語の not **X** but **Y** の環境でのメタ言語的否定の形態と非常に似ている。一方、記述的「文」否定の統語的表示は、特に英語において、より根本的な変化をこうむった。この意味で、否定演算子のメタ言語的使用の方が記述的否定よりも形式的に保守的であると言えるだろう。

　しかし、記述的「文」否定というのは厳密には何を意味するのだろうか。世界の言語のさまざまな否定を見て気づくことは、定形で、対照的でも構成素否定でもない否定が典型的にそれが作用域におさめる文の主定形動詞、あるいは **VP** に結び付いているということである。実際に、論理的な意味で、日常の言語は本当の文否定あるいは命題的矛盾否定演算子を持っているのだろうか。文否定は自然言語の中では文中のどの位置に生じ、どの位置には生じないのだろうか。

　40 の異なる語族から 240 の言語を取り出し研究したダールは、いわゆる文否定は特徴として表層では、①定形動詞に近接して不変化副詞や副詞的小辞として現

れたり、②動詞に付随する形態範疇であったり、あるいは、③語彙動詞に対する屈折助動詞として現れることを見い出した（Dahl 1979）。これらの可能性のうち、最初の 2 つは類型的に見て広範囲に分布している。第 3 のタイプはウラル語では標準的なパターンであり、他の言語にも認められる（Payne 1985）。例えば、フィンランド語の否定は人称、数で屈折変化する否定動詞によって表現され、否定動詞の後に中立形の意味上の主動詞がくる。これは下の (8) に例が示されている（Bowerman 1973: 234）。

(8)　Minä en mene.　　I don't go　　　　　　　［文字どおりでは I not go］
　　　Sinä en mene.　　you（単数）don't go　　　［文字通りでは you not go］
　　　Hän ei mene.　　he/ she/ it doesn't go　　［文字通りでは he/ she/ it nots go］

フィンランド語の口語では否定動詞はさらに左に移動し、V_{neg}-S-X という語順を作り出す。Et sinä mene (you don't go) というようにである。否定命令形は異なる否定動詞を使うが、これも主動詞とその項の前に位置する。Älä mene (don't go) のようにである。

　注意すべきは、これらの形態では、対応する英語の助動詞否定の例文と同様、否定先行原理が守られていることである。ここで don't と doesn't を英語の否定動詞として分析したい気もするが、これは do が疑問文や強調的文脈で同様の支持的な役割をしていなければの話である。ツウィッキーとプラムが指摘したように、英語の縮約否定（don't, can't, haven't）を語彙的な否定助動詞であるとすると（Zwicky and Pullum 1983: 510）、英語はインド・ヨーロッパ語系の類縁言語よりもむしろ日本語、スワヒリ語、トルコ語にずっと似てくる傾向を持つことになるが、実際のところ、この比較にはフィンランド語のほうがよりふさわしい比較モデルを提供してくれるであろう。

　ダールの分類はもちろん相互にばらばらというわけではない。例えば、日本語の否定は「−ない」という時制と相について屈折変化する動詞の接尾辞で示される（Ōta and Katō 1986: 26 参照）。また、ロシア語のように否定は焦点または新情報の直前にくることがある。その場合、焦点の範疇を問わない。否定が焦点に先行するという傾向は、もちろんイェスペルセンの否定先行原理からくると見てよいし、ダールの示した根拠は、否定先行原理が OV- 言語、VO- 言語の両タイプに適用されることを強力に支持している。（この事実は、ボシュイが指摘するように［Bossuyt 1983: 310］、イェスペルセンのサイクルについてのヴェンネマンの類型論的説明に新たな問題を提起することになる。）

　ところで、ダールのさまざまな言語の研究において「否定が見つけられなかった

位置」は、（Klima 1964 のモデルのような）変形文法や命題論理の標準理論がそれを探すように導いてくれる位置なのである。その位置とは、文や節の周辺的位置である[10]。ダールは次のように指摘する。たとえ我々が変形文法や命題論理の要請するような否定配置規則の動機づけができるとしても、なぜ基底では文頭（あるいは文末）にあった否定標識が、表層構造では定形動詞と常に結びつくのかについて何ら説明ができないままであろう、と。

　もちろん述語が（VSO 言語、代名詞主語省略言語、前置構文などにおいて）たまたま節の最初に現れるならば、動詞の前にくる否定要素は自動的に述語の前にくる。しかし、これは真の文の外部否定とは言えない。節末端の否定の例としてより適切なものはダールの調べた言語群の外にある。それはポリネシア語、ユーマ語系の「高階否定動詞（negative higher verb）」である（Payne 1985 参照）。しかしながら、これらの「命題否定そっくりさんコンテスト」の候補者もじっくり資格審査にかけねばならない。

　トンガ語の否定（Churchward 1953: 56、Payne 1985: 208 に引用）はほとんど文頭にあるといえる動詞によって表示される。この否定動詞は文を補部にとる。

（ 9 ）a.　Na'e　'alu　'a　　Siale　　　　　　　'Charlie went'　（チャーリーが行っ
　　　　　PAST　go　　ABS　Charlie　　　　　　　　　　　　　た）
　　　b.　Na'e　'ikai　[$_S$ ke　　　'alu　'a　　Siale]　'Charlie didn't go'　（チャーリーが行か
　　　　　PAST　NEG　　　ASP　　go　ABS　Charlie　　　　　　　　なかった）

しかし、この状態は安定的ではないことが示されている。例えばフィジー語では、祖語の文頭にくる高階の否定動詞は助動詞化してしまい、上に述べたフィンランド語の場合と同じように動詞複合の中で現れるようになった（Payne 1985: 209–11 参照）。この再分析はペインによって次のように表されている。

（10）　[$_S$ **V**$_{neg}$[$_S$ **COMP V**$_{lex}$ **Obj Subj**]]　　（トンガ語の場合と本質的に同様）＝ ⇒
　　　　[$_S$[$_{VG}$ **V**$_{neg}$ **COMP V**$_{lex}$] **Obj Subj**]]　（フィジー語と同様、VG＝動詞グループ）

　同じような発展過程が SOV のユーマ語族（Yuman）にも観察される（Munro 1976: 106–9）。ただし、ユーマ語祖語について想定される文末端の高階否定は、厳密には一項連結子ではない。マンローは、生成意味論の観点からは、「単純否定辞が、1 つの文を項として取る動詞の例としては望ましく見えるであろうが、実際は、次の（11）に掲げる想定上の推移において、（11a）のような（前ユーマ祖語とも言えるような）初期段階の存在を示す直接的証拠がないことを認めている。

(11)

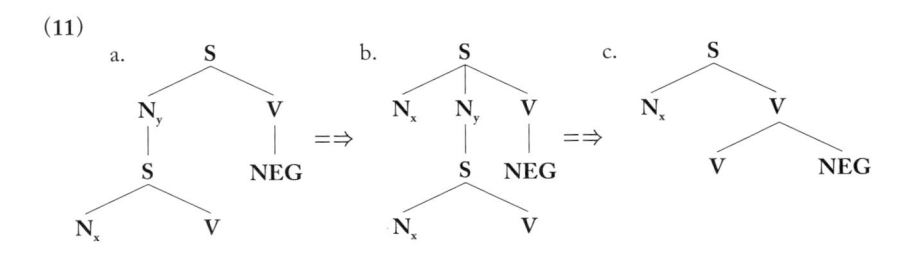

(11b) の段階にあるユーマ祖語は、主語複製規則が適用されており、ディエゲーニョ（Diegueno）語にその形態がそのまま残っている。しかし、この状態は不安定である。マンローの分析では、ユーマ祖語の否定動詞は、より典型的には、述語繰り上げ（Predicate Raising）の適用を経て、接尾辞として再分析され、**(11c)** のようになる。この形態はモハべ（Mojave）語に現れている。下の**(11')** をみられたい。

(11') **ディエゲーニョ**： ʔnʸa:-č   ʔ-a:m-   x   ʔ-   ma:w ⎫
　　　　　　　　　　　/-SUBJ   1- *go*-   IRR   1-   NEG ⎬ 'I didn't go'
　　　　モハべ：　 ʔinʸeč   ʔ-iyem- mo-   t-   m ⎪
　　　　　　　　　　　/   1- *go*-   NEG-EMPH-TNS ⎭

　この種のパターンは、次の点で重要な意味を持つ。つまり、記述的否定結合子が文を表層の項にとっていると思えるごく限られた例についても、そのような結論への動機づけは希薄であり、またこの分析に合致する構造は相対的に不安定であるということを、この種のパターンが示す傾向にある点である。

　実際のところ、広い作用域を持つ明らかな外部文否定の一つの自然な所在地は子供の言語のようである。ベルージ（Bellugi 1967）と他の発達心理学の研究家たちは、子供が英語や他の言語の習得過程の中で、否定を規則的にあるいは専ら文頭の否定標識で表す共通の、しかし過渡的な段階を経験することを証言している。例えば、Not mommy go や No I want spinach のように[11]。もし私の先の予想が正しければ、この段階の否定は実際にはまだメタ言語的であり、その結果、このような否定の表現が現れ、やがて消えて行くということが、ダールやペインのような類型学的研究に基づく一般的観察、すなわち記述的否定は文演算子ではないという結論を補強してくれるのである。

　文の先端あるいは文末にくる記述的否定が（現実には）存在しないということは、キメラのようなものの存在を仮定している命題論理学や生成統語論の標準的理論にとって、どのような意味を持つのだろうか。さまざまな言語において記述的否定が

取り得るさまざまな形式をどのように表示すべきだろうか。これらの問題に対処するために作られたプログラムを、次の 7.2 節で考えてみよう。

7.2　モンタギュー文法家としてのアリストテレス：拡大名辞論理学における否定

> 対象言語の否定はすべて内的である。名辞が否定されたり（論理的反対関係）、述語が否定されたりするのである（述語否認）。否定は文全体には作用しない。対象言語の否定は決して外部的ではないのである。　　（Englebretsen 1981a: 59）

　一方のアリストテレスとペリパトス派の名辞論理学　対　他方のストア派、ポスト・フレーゲ派の命題論理学の間の 2300 年戦争は、後者が前者を完全に制圧する形で決着がついたかのように思える。1.1 節で、この戦争の歴史に言及した際に既に見たことであるが、今から 50 年ほど前にルカシエビッツは、この戦いへの事後論議として次のように述べている。「今日我々は、ストア派によって創られ、スコラ学派によって発展し、さらにフレーゲによって公理化された命題論理学が、論理的にみて名辞論理学より優れていることを知っている」（Lukasiewicz 1934: 79ff.）と。しかし、私は「拡大名辞論理学（Extended Term Logic）」と名付けたものをプログラム的に説明する中で、アリストテレスの論理学体系の終焉は大げさに言われ過ぎだと述べるつもりである[12]。

　まず、名辞論理学の主要な原則のいくつかを復習することから始めよう。これは下の (12) に要約される（詳細はアリストテレスの著作と Englebretsen 1981a、1981b 参照）。

(12) a.　論理学は命題を研究するものである。命題とは真あるいは偽であり得る文のこと。すべての命題は真か偽かどちらかである（恐らく未来偶然性命題を除く：2.1 節の議論を参照）。

　　 b.　すべての（単純）命題は定言的（CATEGORICAL）である。これは何か（主語、the SUBJECT）について何か（述語、the PREDICATE）が言われるということ。

　　 c.　命題演算子というようなものはない。

　　 d.　主語と述語とは 2 つの異なる叙述の形態（MODES OF PREDICATION）、すなわち肯定、否認によって結び付けられる。（述語）肯定（(PREDICATE) AFFIRMATION）とは、述語がその主語について肯定される（AFFIRMED）も

のであり、（述語）否認（（PREDICATE）DENIAL）とは、述語がその主語について否認されるものである。肯定と否認とは質（QUALITY）の違いである。

e. 述語は、その主語が存在しない場合、あるいは述語が自然に主語に適用されがたい場合、さらに述語が、主語が偶然的に保持していない属性を表す場合においても、その主語について、述語は否認され得るのである。従って、「ソクラテスは賢くない」（ソクラテスが存在しないと仮定した場合）、「数字の 2 は青ではない」、「レーガンは民主党員ではない」、はすべて述語否認の真の例示となる。

f. どのような名辞も否定できる。Not-man は、（Not-man is furry のような文中では）主語名辞否定であるし、not-happy は、（Socrates is not-happy のような文中で）述語名辞否定である。述語名辞否定は主語について否定名辞（not-happy）を肯定する。述語否認（Socrates is not happy）では主語について肯定名辞（happy）を否認する。もしソクラテスが存在しないならば、述語名辞否定は自動的に偽になるが、述語否認は真になる。

g. 述語名辞否定は反対（CONTRARY）対立を生み出す。α is β と α is not-β は同時に真ではあり得ないが、同時に偽ではあり得る関係にある。述語否認は矛盾（CONTRADICTORY）対立を生み出す。γ is δ と γ is not δ では、一方が真なら他方が偽という点で必然的に真理値が異なる。

h. 肯定、否認を問わず叙述の形式として、全称（UNIVERSAL）（All men are (not) happy, No men are (not) happy）、特称（PARTICULAR）（Some men are (not) happy）、単称（SINGULAR）（Socrates is (not) happy）、不定（INDEFINITE）（(A) man is (not) happy）という形をとることができる。これは量（QUANTITY）における違いである。

i. 質、量がどのようなものであれ、叙述は断定（ASSERTORIC: is/ isn't）、必然（APODEICTIC: must be/ needn't be）、未定（PROBLEMATIC: may be/can't be）の形態をとることができる。これは法（MODALITY）の区別である。

　アリストテレスの名辞論理学と、現代の命題計算、述語計算の本質的違いのいくつかを(13)に示す。

(13)

名辞論理学（アリストテレス、ライプニッツ、ソマーズ、エングルブレッツェン）	命題／述語論理学（ストア派、キケロ、アベラール、フレーゲ、ラッセル、数理論理学派）
a. すべての言明は主語–述語という形式をとる定言命題である。	主語／述語という区別を設けず、関数／項代入という考え方が基本。
b. どの名辞も文中の位置に応じて「言及」あるいは「特性付け」できる。	論理関数のみが「特性付け」でき、論理項のみが「言及」できる。
c. 定言的三段論法[13]。	仮言的三段論法と推論規則。
d. 単称文、全称文ともに主語–述語という形。	単称文と全称文では形式が異なる（下記参照）。
e. 文否定、条件文、連言文、選言文なし。	一項、二項文連結子はブール以来の定義のように自由に生起する。
f. 否定の 2 つの異なる定義（12d–g 参照）のいずれも外部文否定連結子にはならない。	否定は外部真理関数的命題または文連結子である（Not: it is day）。
g. 二重否定律はない。述語否認は繰り返しなし。理由は述語否認は文全体にかからないから。	（アプロディシアスの）アレクサンドロス以来、二重否定律を容認（Not: not: it is day は It is day と話し方が違うだけ）。否定は自由に繰り返し可。

　ここで特に関連性の高い項目を取り上げて確認しておくことにする。（13a）は、名辞論理学の主語–述語で構成される定言命題的性質はフレーゲとその継承者によって拒絶されたことを述べている。（13d）は、単称文、全称文（Socrates is wise, Every man is wise）が名辞論理学では同じように扱われるのに対し、標準的な数理論理学ではそれらを異なるものとして扱うことを述べている。（13e）でまとめているのは、名辞論理学では、否定、連言、選言、条件などの命題にかかる演算子がないのに対し、命題論理学では命題演算子が一項、二項命題連結子として重要な役割を担うということである。（13f, g）は、否定に関して 2 つのアプローチがどのように違うかという点である。（12d–g）で詳しく書いたように、名辞論理学は 2 つの異なる否定のタイプを認めている。それらのどちらもストア派やフレーゲ派のように外部一項連結子に還元されることはない。主語と述語は 2 つの異なった叙述様式により結びつけられる。述語は（それ自身で否定表現を含むかもしれないし、含まないかもしれないが）、その主語について、肯定されるかあるいは否認されるかのどち

らかであるからである。

　アリストテレスとライプニッツ以来、名辞論理学者の関心事は、一貫して、単称、全称言明は共に本質的に主語–述語という形式をもつという主張の論証にかかわってきた。この主張はモンタギュー文法での企てと似通っている。モンタギュー文法（PTQ: Montague 1974:§8）では、複合的な量化子表現も、形式的に単純な**NP**も共に「一般化量化子（GENERALIZED QUANTIFIER）」であり、これらは、三階（third-order）の存在物（entity）を指示対象とするのである。例えば、every man と no man という表現は、それぞれ、every man と no man の属性であるような属性の集合を指示対象とする。同様に、John という表現は John についての属性であるような属性の集合を指示対象とするのである。

　第4章でも触れることがあったが、一般化量化子理論というのは最近バーワイズとクーパーによって精密化されたものである（Barwise and Cooper 1981）。この分析によれば、すべての**名詞句**は、単称、総称を含めて、つまり John、a woman、the baby、every eel、most of the donkeys など、どのようなものでもそのドメインを個体の集合とする量化子とされる。$_Q$[**Det A**] という形式の量化子は（**Det A**）**B** が成立するような **B** の集合を指示する。［訳者注：つまり ［[**Det A**]$_{NP}$[**B**]$_{VP}$]$_S$ という構造において、量化子 [**Det A**] は **B** の指示対象を、それと結び付いて文が成立するような集合をふるいにかける働きをする。］ 量化子は集合の族、すなわちドメインの部分集合の集合（族）を指示対象とする。また、限定詞（determiner）は普通名詞の指示対象から量化子の指示対象への関数を指示対象とする。**E** をモデルによって与えられる存在物（entity）の集合とする。そうすると限定詞である all、most、some、no の指示するものは、例えば、各々の **A** ⊆ **E** に対して、それぞれ次の（14a, b, c, d）で示される集合の族を付与するような関数である。

(14) a.　all **A** は　　{**X** ⊆ **E**: [[**A**]] ⊆ **X**} を指示対象とする。

　　b.　most **A** は　{**X** ⊆ **E**: | [[**A**]] ∩ **X** | > | [[**A**]] - **X** | } を指示対象とする。

　　c.　some **A** は　{**X** ⊆ **E**: [[**A**]] ∩ **X** ≠ φ } を指示対象とする。

　　d.　no **A** は　　{**X** ⊆ **E**: [[**A**]] ∩ **X** = φ } を指示対象とする。

　　　　（ここで [[α]] は α の指示対象（意味値）、| α | は α の数を示す基数である）

バーワイズとクーパーの研究は自然言語の統語論と意味論を表現しようとするモンタギュー文法の包括的計画に関連しているとはいえ、それは名辞論理学に基づくアプローチにすぎない。彼らの研究は基本文の定言的性質を要請し、それがこの洞察力あふれる分析の動機付けとなり、実際に力づけともなっている。

　すでにみてきたように、標準的な数理論理学は、フレーゲに従い、伝統的アリス

トテレス論理学の 2 つの内部否定（述語否認と名辞否定）を放棄し、代わりに単純な一項命題否定を支持したが、しかし、全称的な言明に主語–述語という形式を与えることができないのである。通常行われる現代の分析方式では、全称文は全称量化子を持ち、条件文で表現される。また特称文は存在量化子を持ち、連言文で表現される。実際、All ravens are black（すべてのカラスは黒い）のような命題は、$\forall \mathbf{x}(\mathbf{raven}(\mathbf{x}) \to \mathbf{black}(\mathbf{x}))$ と分析され、決して「raven（カラス）についての文」という形になっていない。その論理式は実際すべてのものについて述べているのである。すべての個体 x について、もし x がカラスならば、x は黒だというのであるから、結局この式はすべてのものが黒であるか、あるいはカラスではない、ということになる。もっと一般的には、ソマーズが指摘したように、「『All S is P』という文を量化子付き論理式で表したものは、実際すべての S とか、いかなる S とかについては述べておらず、すべてのものについて、それらが『非 S であるか、あるいは P である』ということを肯定している」のである（Sommers 1970: 38）。従って、全称文は単称文（例えば This raven is black = このカラスは黒い）と論理形式において全く異なるものとなってしまう。

　バーワイズとクーパーは、上の指摘とは独立的に同じ問題点に言及している。彼らは次の (15) の英文の下線部は明らかに **名詞句**（ここではすべて主語の例。他の所では動詞の目的語にも前置詞の目的語にもなれる）であるが、これらの **名詞句** は述語論理計算の表示への翻訳 (15') ではどこにも（主語としては）みあたらない、という。

(15) a. <u>Harry</u> sneezes.　　(15') a. **sneeze**(**Harry**)

　　 b. <u>Some person</u> sneezes.　　 b. $\exists \mathbf{x}(\mathbf{person}(\mathbf{x}) \wedge \mathbf{sneeze}(\mathbf{x}))$

　　 c. <u>Every man</u> sneezes.　　 c. $\forall \mathbf{x}(\mathbf{man}(\mathbf{x}) \to \mathbf{sneeze}(\mathbf{x}))$

　　 d. <u>Most babies</u> sneeze.　　 d. 述語論理計算上の表示なし

英語の **名詞句** が不思議なことにすっかり消えると同時に、(15'b, c) では $\wedge$ や $\to$ が不思議なことに忽然と現れている。そしてこれら 2 つの連結要素は量化子によって違うものが選ばれているのである。バーワイズとクーパー、その他の学者が指摘するもう 1 つ別の問題は、標準的でない（例えば most α などの）量化表現が量化された条件文や連言の形では適切に表示できないということである。このモンタギューとバーワイズ・クーパー流の分析では、既に述べたように、(15) の **名詞句** はすべて一般化量化子なのである。そして 4 つの文は、名辞論理学の場合と同様に、主語–述語という形式になる。(15) の各文はそれぞれ、sneezer（くしゃみする人）の集合が、主語の Harry、some person、every man、most babies を含むならば、そしてその

時に限り真となるのである[14]。

　普通の叙述文の中味を量化された連言や条件文で表すというこの奇妙なやり方は、量化と命題否定の相互作用について部分的に前提とされている。しかし、この前提の土台にあるのはストア派の命題否定（apophatikon）の原理、つまり繰り返される外部真理関数的否定連結子であるが、これは自然言語の解釈としては誤りである。前節で、実際の自然言語にはこの論理的連結子に対応するようなものは決して（あるいはほとんど）発見できないことをみた。この言語類型学上の研究結果が理論的に意味するものを無視してはならない。我々は既に、ストア–フレーゲ派の命題否定は、形式論理学の目的上いかに都合のよいものであっても、通常の言語慣習には違反するというギーチの判断に出くわした。まずカッツの同主旨の意見を引用したあと、ギーチの意見を反復しよう。

　　自然言語においては、否定は複合命題をつくるための装置ではない。否定は命題を結び付けるものではないが、論理学者は否定を命題連結子と考えている。もちろん人工言語を造る際、好きなようにそれを構築するのは自由である。特に伝統的な論理学の概念の枠組みで造られる人工言語であれば選択の余地はない。…［自然言語では］否定要素というのは、and や or のような連結子のようには振る舞わず、副詞のように振る舞うのである。（Katz 1977 : 238）

　　命題否定は普通のギリシア語、英語のどちらにとっても異質であり、［アリストテレスは］これの明確な概念に達することはなかった。ストア派は命題否定という考え方に到達したが、そうすることでギリシア語の容認されている用法から逸脱してしまうことになった。彼らが標準的否定として使う文頭の οὐχί は、英語では例えば Not: the sun is shining が奇妙であるのと同じように、奇妙なことになってしまうのである。…通常の言語では、文全体を支配するような否定の標識を文頭につけることで文を否定するというのはむしろまれである。否定は、ほとんどどの様な場合にも、まず第一に文のある一部に適用される。しかし、しばしばこれが陳述を全体として否定する効果を持つことがある。
（Geach［1972］1980: 75）

　ギーチの最後の部分は、フレーゲの構成要素否定は文全体をその作用域に収めてしまうことがあるという観察を反映している。同じことはクーパーも述べている。「述語計算のような表記での文否定のような効果を得るために、英語では文否定ではなく構成素否定を用いる」(Cooper 1984: 25)。決着がつかずに残されているのは、まさにいつ普通の構成素に関連する自然言語の否定がこの効果を得るのだろう

か、である。フレーゲは、次の(**16b**)と同様に(**16c**)でも、(**16a**)で述べられた「思想の誤りを示している」だけであるという(Frege 1919: 31)。

(**16**) a.　The man is celebrated.　(**16'**) a.　The man is happy.

　　　 b.　The man is not celebrated.　　　 b.　The man is not happy.

　　　 c.　The man is uncelebrated.　　　 c.　The man is unhappy.

しかし、この考え方は既にみたように一般的ではない。(**16'c**)を言うことは、(**16'b**)のように「その男が幸せではない（あるいは彼が幸せであると言うのは偽である）」ということを単に示しているのではない[15]。ここでフレーゲに反して、(**16'c**)のような強い反対関係演算子として、構成素否定、すなわちアリストテレスの名辞否定を認めなければならないとすると、1つの根本的な問題が残る。それは(**16b**)や(**16'b**)の矛盾否定演算子がストア派やフレーゲ派の繰り返しを許す命題連結子なのか、あるいはアリストテレスやペリパトス派のいう繰り返しを認めない叙述の一様式としての否定、すなわち述語否認なのか、という問題である。

　モンタギューは、それがアリストテレス流の否定であるとは認めていないが、後者を黙って選択した。PTQ(Montague 1974: §8, 252-53)では、時制と同じように否定も共義的に(syncategorematically)（訳注：それ自体では意味を有さず、他の語と結合して初めて意味をなすように）導入される。基本的な肯定の主語−述語規則である **S4** 以外に、モンタギューは否定文を作る5つの明確な操作を1つにまとめて **S17** として提示している。これは「文を造るために述語と主語とを結合させる代替の選択肢」(Dowty, Wall and Peters 1981: 244)である。S17 の「時制と記号の規則」によって(**17**)のような分析樹が生成される。

(**17**)

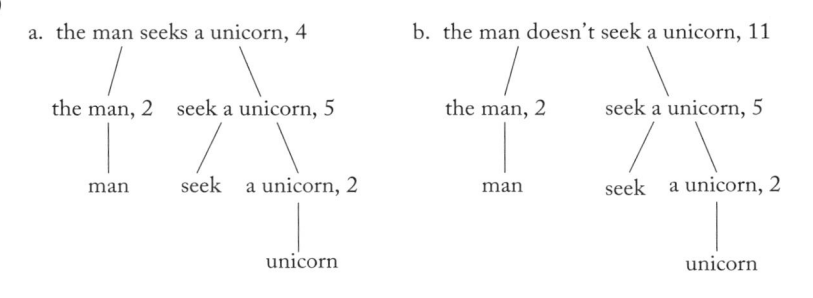

a. the man seeks a unicorn, 4

the man, 2　seek a unicorn, 5

man　seek　a unicorn, 2

unicorn

b. the man doesn't seek a unicorn, 11

the man, 2　seek a unicorn, 5

man　seek　a unicorn, 2

unicorn

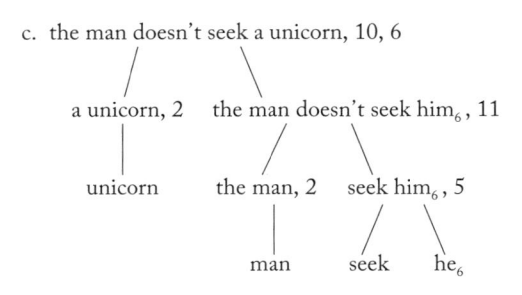

　助動詞否定が時制と同様に共義的に導入される単一の操作があるのではなく、「否定の三人称単数現在」とか「否定の三人称単数現在完了」とかを導入する下位規則があるのである。しかし、これは数の一致規則と他の形態的規則を下から上へ文を作っていく過程に組み込もうとするモンタギューの1つの工夫に過ぎないのである。我々の目的にとって重要なのは、普通の（助動詞）否定が、完成した命題あるいは文に上から働きかけるのではなく、叙述の一様態としてとらえられ、主語（term phrase: **T**）と述部（**IV** phrase）を結びつけ、命題あるいは文（カテゴリーの表現 **t**）を作り出す製法（recipe）とされている点である。しかし、共義的な否定に対する内包論理学（Intensional Logic）の翻訳は外部命題連結子であり、矛盾演算子としての意味を帯びる（アリストテレスと同じで、主語句に作用域が及ぶ）。このようにすれば、文前の外部演算子に統語構造としてコミットせずにフレーゲのいう否定の意味的効果を得ることができる。

　ここで技術的にはモンタギューは矛盾否定を範疇 **t/t** の真理関数的連結子として、言表的様相演算子（de dicto modals）と同じように扱えばもっと簡単だったはずである。しかし、彼はそうしていない。実際、彼の初期の "English as a Formal Language"（Montague 1974: §6, 190）では、モンタギューは not を **B₅** という基本的常套句の範疇に確かに入れている[16]。他方、"Universal Grammar"（Montague 1974: §7）では、PTQ 中の n't と同じように not を共義的に導入するようにしている。PTQ の時までにモンタギューは、英語を形式言語として適切に取り扱うためには否定を統語的には叙述の一様態として分析するべきであって、論理的には便利であっても外部命題連結子とすべきではない、と（少なくともそれとなく）気づいたのではないかというのが私の見解である。

　モンタギューの矛盾否定は、アリストテレスの場合と同様、主語と述部から文を構成するのであって、完全に出来上がっている文を否定にかえるというのではない。従って、彼の矛盾否定は繰り返しを起こさない。従って（18）のような一連の形式にはならないのである。

(18)　not（not（not（not … （the cat is on the mat））））

　これは自然言語の振る舞いを考えれば充分納得のいくもののように思える。しかしモンタギューの非繰り返し的否定という性格は彼の理論枠から体系的に導けるのではない。一方我々の拡大名辞論理学（ETL）からは導くことができる。それは、すべての一項真理関数的命題連結子を許しておらず、また、範疇 t/t であるいかなる表現も認めていないからである。

　クーパー（Cooper［1984］）が示したように、状況意味論において、その理論枠組みに文否定を取り入れることは不可能ではないにせよ、同様に難しい。しかし、これはこの理論体系の原理的結論というより付帯現象として出てきたことのようにみえる。バーワイズ・ペリー（Barwise and Perry 1983: 138）は「英語で一番単純な否定の形態は動詞句否定であって文否定ではない」と認め、動詞句否定の方は簡単に状況意味論の中に取り込めると指摘する。しかし、文否定の方は（多分当然のことだが）複雑である。「もし『犬はほえていない』と言えば、この発話はある犬が言及されている場所でほえていないという事実的状況を描写している。ところが私が『犬がほえているというのは真（本当）ではない』と言ったとすると、この発話はそのような状況を描写していない。実のところ、どのような状況を描写しているのか聞くこと自体が的はずれである。むしろこの発話は、なんらかの情報を持つとすれば、主にある種の状況、つまりほえている犬がいるような状況を除外するのに役立つと考えられる。」バーワイズとペリーも文否定は **VP** 否定と異なるレベルで作用すると考えている。**文**否定を「メタ状況的演算子」とみなす彼らの考え方は、いくつかの点では私のメタ言語的否定と似通ったところがある。どちらの立場でも統語的外部否定は普通ではなく、メタレベルで働く言語的に有標の装置と考えているからである。しかし、この一節からはバーワイズとペリーが意味的に広い作用域をとる（矛盾）否定のすべての場合について反対意見を述べているのか、あるいは量化子と否定の作用域の相互関係が関与する場合にのみ述べているのかよく分からない。後でみるように、一見して文否定の例とみられるものが、実は否定演算子のメタ言語的使用であると再分析されることがある。しかし、すべての広い作用域を持つ否定がそのように再分析されるわけではない。

　アリストテレスの狭い作用域の否定要素、つまり述語名辞否定はモンタギューには認められていないが、ベネットとダウティの拡張理論には部分的にせよ再認識されている。ダウティは un- 形容詞を述語内否定（**IV** 否定）の例としてとらえているが、それらに矛盾否定の意味を与えている（Dowty 1979: 349）。その結果、（**16'b**）と（**16'c**）は真理条件的に同一という誤った結果になってしまう（これは古典的なフレーゲのモデルと同じことである）。ベネットの「内部 **IV** 否定」（Bennett 1976: 彼

の規則 S29–32, T29–32 参照）でも意味的に矛盾否定として扱われている。（さらに Dowty, Wall and Peters 1981: 94–96, 104–5 を参照されたい。そこでは述語否定 **non** は **L**TYPE の中で形式的に定義されている。）形態論的に編入された狭い作用域の否定の少なくともいくつかの例は、明らかに、反対対立の意味を付与されるべきである。だから (16') で、もし男が幸せでも不幸せでもない場合、(16'b) が真であっても (16'c) は偽となりうるのである[17]。

生成文法の流れでは述語内否定、**IV** つまり動詞句 (**VP**) 否定は、ジャッケンドフ (Jackendoff 1969) が明示的に取り上げている（もっともクリマの文法では抜け落ちているが）。彼は、（多かれ少なかれ）アリストテレス流に、**VP 否定を文否定とは意味的に別のもの**として考えた。**文否定**で The arrow didn't hit the target という文を解釈すると、「矢が的に当たったことを否定する」というようになる。一方、**VP 否定**読みでは「矢について、それが的を外したことを主張する」ことになる。ジャッケンドフはクリマと同様に、決して表層に出てこない文頭の位置に文否定を導入する。しかし、私は 7.3 節で述べる理由により、ジャッケンドフの意味論的基準による **文否定–動詞句否定** の区別を受け入れることはできない。

ポスト・モンタギュー意味論の流れにブール意味論 (Boolean semantics) というのがあるが、その提唱者キーナンとファルツ (Keenan and Faltz 1978) は、否定はどのような範疇の表現とも自由に結びついてよいという立場をとる。これには固有名詞も含まれるから、Not {John/ the man} left などのように「明らかに不自然な組み合わせ」も生まれてくる。この意味論では、not α という形式は α で指示される属性の集合の補集合である属性の集合を指示対象とする。（彼らの意味論では、同様な意味的取り扱いが、連言、選言についてすべての範疇で適用される。それらはそれぞれ集合の積、集合の和として定義されている。）

修正版の名辞論理学である拡大名辞論理学 (ETL) は、アリストテレスの 2 つの否定を持つ二値定言論理と、モンタギューとその支持者たちによる一般化量化子理論の形式的厳密性をあわせ持つものである。この ETL は、自然言語では記述否定がどこに現れ、どこに現れないかについて最良の説明を与えるように思われる。ダール (Dahl 1979) とペイン (Payne 1985) を引用しながら既に述べたように、繰り返しを許す一項命題連結子である統語的外部否定（節の末端にくる）は、決して（あるいはほとんど）出現することがない。統語的外部否定は出現しないということについてダールのあげた推定上の反例というのも、実は文頭にくる文否定などではなく、Not anybody can do it のように、量化子の内部の名辞否定なのである。（量化子否定の文否定的でない性質については 7.3 節で議論する。）

ここで理論の点検をひと休みして、ETL における否定の扱いについて、次の (19) に要約しておくことにする。

(19) a. 主文の（主語—述部の）定言的性質により、外部否定連結子を含むすべての一項真理関数的(**t/t**)演算子は認められない。

　　　b. 通常の（記述）否定は、①（述部(**VP**)内部、量化子(**NP**)内部にあらわれる）狭い作用域の名辞演算子としてか、②それにより主語と述部が命題構成のため結合する叙述の一様態としての否定のどちらかとして現れる。後者のみが広い作用域を持つ矛盾否定に意味的に対応する。

　　　c. 外部否定とみられる残りの例は実際はメタ言語的否定が具現化したものであって、文法的、音声的な形態を含むさまざまな理由で、発話に異議を唱える手段である（詳しくは第 6 章参照）。

　私が文演算子としての外部否定を認めないのは、時制の従来からの取り扱いに異議を唱えるようバック（Bach 1980）とエンク（Enç 1981, 第 3 章）を導いたと同じ要因の多くに動機づけられている。従来からの時制の取り扱いとは（モンタギュー文法の場合も含め）、その作用域が他の演算子と相互作用を持つ文演算子として時制をとらえることである。エンクは次のように指摘する。すなわち、自然言語の時制は、動詞にかかる拘束形態素として現れるか、動詞の直前にくる自由形態素として現れるか、（母音交代等を通じ）形態音韻的に動詞に編入される要素として現れるか、あるいは助動詞に対する標識として現れるという傾向を示す、と。時制のこの分布と、作用域分析は強すぎるし、同時に弱すぎるということを示す他の観察に基づき、エンクは自然言語の統語論および意味論は時制を一項文演算子ではなく、（Bach 1980 と同じように）**動詞句**か、あるいは述語それ自身に作用する演算子として取り扱うべきであると結論する。時制がそうであるなら、文否定もそうである（と私は言いたいのである）。

　疑問演算子、あるいは wh 句束縛演算子（wh-binding operator）も否定といくらか類似性を持ち、多くの場合同様に扱われる。疑問文と否定文は、伝統文法では文のタイプの記述では同じクラスにまとめられてきた。Chomsky（1957）においては、否定文と疑問文はどちらも無標の肯定平叙基本文の随意変形と分析されていた。Katz and Postal（1964）までには、否定文形成も疑問文形成も基底生成的な NEG と Q 標識によってそれぞれ同様に引き起こされるものと考えられるようになった。否定と疑問の構造的平行性として、両者とも英語では do-support があり、疑問と否定挿入句の類似（とりわけ J. R. Ross 1973a によって論じられた）などがあげられている。また、クラークとシューレンは、シューレンのいう「否定文と疑問文の類似性」についてさらに証拠をあげている（Kraak 1966: 90–91, 99, Seuren 1967: 335）。しかし、この類似はどのくらい根拠のあるものなのだろうか。

　まず第一に、否定は体系的に文頭の位置に指定されることがない。しかし、疑問

標識はしばしば文頭にくる。同様に yes-no 疑問文は全体的なイントネーション音調によって示され、おそらくは抽象的な文レベルの演算子と関連していると思われる。疑問文の体系の類型論的研究でウルタンは yes-no 疑問文を作る 2 つの最も広く分布している装置は、音調と疑問小辞であるという（Ultan 1978）。これらは一般に節全体と構成素を作る。彼は、また、（中国語、クリー語、フィンランド語、ラテン語、ロシア語、スワヒリ語、タガログ語という多様な言語に現れる）疑問小辞が、文の中で一般的に定位置を占めることを見いだした。具体的には、疑問小辞は文頭、文や節の末尾に定位置を占めるか、節の最初の構成素に前接するのである。反対に否定は定形動詞に関連して定位置を与えられるが、前にも述べたように、否定は基本的に文のイントネーション音調によっては示されることはない[18]。

　この疑問と否定という 2 つの範疇の著しい形式上の違いは意味的な違いにも反映されている。重要なことは、yes-no 疑問文の演算子は完全な形の命題に（ないしは構成素に、また wh 疑問は開放命題に）、おそらく発話行為理論の発話内効力を示すような方法で、働きかける（Searle 1969 参照）。しかし、記述否定の方は（サール、ギボンその他には反対することになるが；1.2 節参照）発話行為を構成しない。また、それは命題演算子でもない。メタ言語的な（エコー）疑問文はメタ言語的否定に対応するのかもしれないが、既に述べたように（6.2.3 項参照）、記述的 yes-no 疑問や構成素疑問は記述否定に対応するとは考えられないのである。

　通常の否定が「主張、疑問、命令」に似通った発話行為を成すという考え方にはじめて警告を発したのはフレーゲ（Frege 1919）であった。フレーゲ流の見方では、「主張」などの発話の力は全体の命題や思想そのものにかかり、しかも命題や思想はそれ自体否定であってもなくてもよいのである。他方、否定は単純な一項連結子で命題を他の命題に写像するものである。私の見解では、フレーゲは「否定が何ではないか」という点については正しかったが、「否定は何であるのか」という点では間違っていたのである。

7.2.1　ソマーズと名辞論理学の限界

　名辞論理学を忘れ去られた状態から蘇生させるために、フレッド・ソマーズ（Fred Sommers 1970, 1982）とジョージ・エングルブレッツェン（George Englebretsen 1976, 1981a, 1981b）の業績を追いかけてみよう。とりわけソマーズは「自然統語構造と標準（論理）形式が調和するような名辞論理学」（Sommers 1970: 3）のあくなき追求にこの 20 年を捧げてきた。彼は、主語の論理的形態から見れば、(**20a, b**) は (**20c**) と本質的に平行的であると考える点でアリストテレスに従っている。また、認識しているわけではないが、モンタギューにも従っている（Sommers 1982: 339 参照）。

(20) a.　Every man is wise.

　　　b.　{A man/ Some man} is wise.

　　　c.　Socrates is wise.

　ソマーズは、自然言語は量化子と変数という表示を守らない点で一貫性がないというフレーゲの批判には同調しない。むしろ、新ストア派の数理論理的アプローチの方が (**20a, b**) というような文の主語の名詞句としての特性 (**NP**-hood) を無視する点で不自然であると考える。しかし、ソマーズの標準的な形式的方法全般に対する説得力ある批判は、モンタギュー文法にはあてはまらない。そこでは every man、a man、Socrates は、すべて名辞句 (term phrase: T) として考えられているからである。

　私がソマーズ、あるいは彼の前のライプニッツと違うところは、古典的名辞論理学のこちこちの教義からの逸脱に寛容である点である。ソマーズは名辞論理絶対主義者として完全であろうとして、命題的否定を排除した。もちろん私もこれには賛成する。しかし、彼はそれだけでなく、and、or、if-then ((**12b, c**), (**13e**) 参照) というような二項の連結子も取り除いた。ソマーズは、(**21**) のような明らかに定言的でない言明は、名詞化して、対応する定言的で主語—述部という形式を持つ (**21'**) に書き換えられねばならないと考えた (Sommers 1970: 22)。

(21) a.　not-**p**　　　　(21') a.　The [**p**] does not obtain

　　　b.　If **p** then **q**　　　　b.　All [**p**] is [**q**]

　　　c.　**p** or **q**　　　　　c.　All [non-**p**] isn't [non-**q**]

　　　d.　**p** and **q**　　　　d.　Some [**p**] is [**q**]

　　　　　　　　　　　　　　　ここで [α] という表記は「α の場合」、「α である事態」と読む。

私も (**21a**) の文否定を、二階の (すなわち、メタ状況、メタ言語的) 言明である (**21'a**) に書き換えることには賛成である。しかし、if-then 文について提案された翻訳は、ソマーズの例 (**22**) のような普通の条件文の場合には確かに容認できる。その場合は (**22a**) は (**22b**) と翻訳され、結局 (**22c**) と解釈され得る。しかし、(**23**) や (**24**) のような単純な if-then 文ははるかに理にかなわないように思える。

(22) a.　If it rains, it pours.

　　　b.　All [it rains] is [it pours]

　　　c.　Every case of 'it is raining' is a case of 'it is pouring'.

　　　　　(「雨が降っている」のすべての場合は「土砂降り」の場合である)

(23) a. If Mary leaves before midnight, John will be sad.

　　b. All [Mary leaves before midnight] is [John will be sad]
　　　（「メアリーが真夜中前に出ていく」すべての場合は「ジョンが悲しむだろう」場合である）

(24) a. If the Yankees lose tonight, they fall into third place.

　　b. All [the Yankees lose tonight] is [the Yankees fail into third place]
　　　（「ヤンキースが今夜負ける」すべての場合は「ヤンキースが三位に転落する」場合である）

　（数の一致についての不確かさを除いても）ソマーズの説明の問題点は私には次のように思える。すなわち、All F is G という形の全称言明を ∀x (Fx → Gx) という全称量化条件文という論理的な形への標準的述語計算翻訳への批判は妥当としても、翻訳を逆方向にし、条件文を見せかけの全称定言文として分析することが問題なのである。これではたいした改善になっていないのではないか[19]。
　選言と連言についても、ソマーズのやり方を検証してみれば改善になっていないことが分かる。(21c) を (21'c) にすることは明らかに単純な選言文を否定全称定言文に書き直すということである。この定言文は名辞が否定された名詞化要素となっている。(25a) は (25b) のようになる。

(25) a. The Yankees will win or the Red Sox will win.

　　b. All [non- (the Yankees will win)] isn't [non- (the Red Sox will win)]
　　　（「(ヤンキースが勝つ)のではない」すべての場合は「(レッドソックスが勝つ)のではない」場合ではない）

実体の定かでない幻の全称限定詞、幻の主語–述部構成、3つも現れる幻の否定、これらすべてのものが、生成意味論の時代（あるいは、さらに詳しく言えば、ラッセルの記述理論）の趣を持つこの深層構造を、とるに足らない表面的なものに感じさせるのだ。
　(21d) から (21'd) への動きにおける連言文の定言化にはそのような複雑さはみられない。しかしながら、これも幾分奇妙ではある。

(26) a. The Yankees will win and the Mets will win.

　　b. Some [the Yankees will win] is [the Mets will win]
　　　（「ヤンキースが勝つであろう」場合のいくつかは「メッツが勝つであろ

う」場合である）

もし (26a) の連言を特称定言文 (26b) にするなら、and と some の間の存在しない平行性を予測してしまうだけでなく、充分承認されている or と some の間、and と all の間の統語論的、意味論的、語用論的および音調上の平行性を説明できなくなってしまう（これらの平行性のいくつかについては Horn 1972 と本書第 4 章を参照されたい）。

　いずれにせよ仮定文（条件文）、選言文、連言文を、定言的な主語–述部の文に変える、問題のより少ない、そして説得力のより強い方式を考えることが可能であるとしても、そうすることは必要なことでも望ましいことでもない[20]。文否定が普通の言語には見られないから別扱いされるのは当然としても、その他の二項文連結子も同じようにせねばならないというわけではない。

　確かに連言や選言は、文より小さい構成要素、典型的には**名詞句**や**動詞句**に作用することがきわめて多い。この点についてはアリストテレスやソマーズ版の名辞論理学には問題とならない。しかし、連言、選言の演算子は、もちろん、文や命題を結び付け、典型的には（いつも決まってというわけではないが）2 つの接合要素または離接要素の間に現れる。if-then 関係の現れ方はさらに多様であるが、普通は 2 つの節の結び付きによる条件文の表現となる。この時、先行節あるいは前提節である 1 つの節が（英語の場合と同様）統語的にもう 1 つの節に従属する。

　二項真理関数的文連結子は、自然言語でもそのまま二項（あるいは n ≧ 2）連結子としてあるのだが、一項連結子の方は自然言語に全く関連を持たない。拡大名辞論理学の枠組みでは、すべての文ばかりか、すべての根文（root sentence）が定言的である。

　部分文からなる連言文、選言文、仮定文（条件文）を認めるとすると、それらの文タイプと否定の関係はどうなるのだろうか。見込みからいうと、否定は複合文とは関係しないということになろう。もちろん連言、選言の部分文それ自身が否定であるということはあり得る。条件文についても前提節、帰結節のどちらか、あるいは両方ともが否定文でもかまわない。しかし、述語否認が叙述の一様態、つまり主語と述語を命題として結び付ける手段であるならば、それを **p and q**、**p or q**、if **p** then **q** という非定言的形式に適用する方法などないのである。

　そうすると、どのような否定であれ、もし連言文、選言文、条件文を作用域におくならば、それはメタ言語的否定であらねばならない。これが第 6 章で否定（すなわち、拒絶）条件文について論じた際の結論であった（そこで引用した Grice、Dummet、Ducrot の分析を参照）。連言文、選言文に主動詞、**動詞句**、あるいは助動詞要素を認められない以上、他の連結子を伴っても広い作用域の記述否定が現

れることはできない。さまざまな言語を見渡せば、確かに It is not {true/ the case} that Chris won and Sandy lost のような広い作用域を持つ否定の形式を見つけることができる。しかし、それらの例は、正確には、その同じ言語において否定演算子のメタ言語的使用と考えられる場合なのである。また、これらのメタ言語的否定文でも、拒絶された連言あるいは選言を疑似論理述語 (be true、be the case) を伴った述語表現としてまとめあげ、見かけの述定の形にしているのは注目すべき点である。とにかくこの場合にも、not: Chris won and Sandy lost というようなストア派、フレーゲ派、生成文法家が等しく考えているような直接的な形態はみあたらない。

　連言文に、広い作用域を持つ文否定の居場所がない以上、並列等位構造の文の場合には否定は一層「取り付く島もない」ことになる。並列等位構造では、各文は連続して現れ、1 つの談話の枠組みを作るが、それらは 2 つの独立文であるに過ぎない。

(27) a.　Chris won. Sandy lost.

　　b.　They had a baby. They got married.

(第 6 章で述べたように、並列構造と普通の連言は同じ様な文脈では類似する時間的・因果的含意を誘導する。) このような並列構造を否定する唯一の直接的方法は、次のようなメタ言語的否定の表現である。No, that's not true (いやそうではない)、あるいは No, you're wrong (いや間違っている)、または That's not the way it happened (そうなったのではない) などである。この場合、否定の焦点は文脈からでてくる。否定の発話をしようとする者は全く方策を変えて、2 つの文の間に連言接続詞を挿入し、1 つの複合命題にした上でこの非言述的命題に否定を作用させることもできる。しかし、もちろん、この場合でもメタ言語的演算子としての否定を使うのである (例　It's not the case that Chris won and Sandy lost、It's not the case that they had a baby and got married)。いずれの方策でも、通常の記述的否定を使うのではないことに注意されたい。なぜなら、等位的に配置された文は (接続されていようといまいと) 述定要素ではあり得ない。否定が作用すべき述語がないのであるから、述語否認など無理な話なのである。

　アヴィセンナ (Avicenna) の見解では、定言的(主語–述語)判断の否定は、単称文、全称文を問わず、主語と述語との結びつきを否認する。また、選言判断の否定は 2 つの名辞の両方を否認し、条件判断の否定は前提部分と帰結部分の論理的つながりを否認する (Madkour 1934: 168 参照)。しかし、今や我々は彼のあげた事例の最初の 1 つのみが真の述語否認を構成することを知っている。自然言語において、選言の否定は、事実上、常に次のどれかになる。すなわち、否定が編入された形の主語、

あるいは述語名辞を持つ（つまり述語否認ではなく名辞否定、構成素否定となる：
[訳者注]**(28a)**,**(28b)**)、または選言の形を取り込んだ述語の否認（[訳者注]**(28c)**）
という形態である。

(28) a. *Neither* Aristotle *nor* Montague allowed iterating negation.
　　　（アリストテレスもモンタギューも繰り返し的否定を認めなかった）
　　b. Aristotle $\left\{ \begin{array}{l} \text{allowed } \textit{neither} \text{ sentential disjunctions } \textit{nor} \text{ propositional negation.} \\ \text{did}\textit{n't} \text{ allow } \textit{either} \text{ sentential disjunction } \textit{or} \text{ propositional negation.} \end{array} \right\}$
　　　（アリストテレスは選言文の否定も命題否定も認めなかった）
　　c. Aristotle $\left\{ \begin{array}{l} \textit{neither} \text{ endorsed } \textit{nor} \text{ rejected Situation Semantics.} \\ \text{did}\textit{n't} \textit{ either} \text{ endorse } \textit{or} \text{ reject Situation Semantics.} \end{array} \right\}$
　　　（アリストテレスは状況意味論に賛成することも反対することもしなかっ
　　　た）

しかし、本当の選言文はメタ言語的に拒絶されうるだけであり、記述的否定を受け
付けない(It's not {true/ the case} that Chris won or (that) Sandy lost)。
　二項文連結子を認める点において、ETL は伝統的名辞論理学とは決定的に異な
る。伝統的名辞論理では、エングルブレッツェン（Englebretsen 1981a: 59）が認めて
いるように、すべての文は定言的で、外部演算子は全くありえない。つまり、す
べての演算子は（法演算子、二項連結子を含め）文内部的なのである。しかし、私
の否定についての立場は本質的には次のエングルブレッツェンの見解（Englebretsen
1981a: 49 ff. 及び 7.2 節の冒頭の一文を参照されたい）の通りである。「[いわゆる]
文否定は述語否認であるか、『正しくない』という意味のメタ言語的叙述である。
純粋で、客観的で、外的な文否定は存在しない」。存在するのは述語否認、名辞（構
成素）否定、それとメタ言語的否定である。
　このように、エングルブレッツェンは彼の 2 つの「内部」否定（述語否認と論理
的反対関係）の範疇のほかに、メタ言語的否定の存在を認めたのである。しかし、
彼のメタ言語否定の概念は私のそれよりも狭いことに注意されたい。彼の見解で
は、メタ言語的演算子（「『正しくない』という叙述」）は先行する主張の誤り、ある
いは真ではないことを主張するために用いられるのである。しかし、第 6 章でみた
ように、この説明では根本的に不十分といわねばならない。メタ言語的否定の潜在
的ターゲットには、使用域（register）、形態的、音韻的形式といった明らかに非命
題的な発話の要素と、「真偽」には関係しないと想定される慣習含意と会話の含意
が含まれる。
　ここで示された否定についての見方は、アリストテレスやモンタギューの論理学

のように、自然言語の表層構造を重視する論理からきている。だからアリストテレスにしばしば向けられる批判、つまり彼が形式論理と自然言語を混同しているというもの、は実際はその批判者の上に降りかかってくるかもしれないことは強調しておかねばならない。モンタギューが形式言語としての英語を分析することに確実性を付与したように、アリストテレスは古代ギリシア語を形式言語として扱うことを提案していたとみるべきなのである。確かにこの方針は時には行き過ぎることもある。モンタギューの悪名高い英語の関係詞節の分析を思いだしてもらいたい。彼は関係詞節をより取り扱いの容易な、しかし、より不自然な such that という構造に作り替えてしまったのだ。同様に、アリストテレスによる（第 1 章で触れた）Every not-recovers is not a not-man（のギリシア語の対応文）というような全くありそうもない文の生成と解釈を認める決定も記憶にある。しかし、いずれの場合にも、関連する一般化が認められるならば、根本的な洞察はとらえることができる。

　後者の場合、アリストテレスをモンタギュー流英語に翻訳すると、その結果は**IV** 句（動詞句）も普通名詞も量化が可能になり（すなわち限定詞の every や some と結び付いて、**T** または名辞句、あるいはバーワイズとクーパー流では一般化量化子に変えられる）、両者とも名辞句を叙述して文を作る。そして両者とも否定と結合し、アリストテレスの意味での否定名辞を作る。モンタギューの範疇では動詞句（あるいは、自動詞）と普通名詞はそれぞれ t/e、t∥e で表される。これらは（意味的には）同じタイプの対象である個体概念の集合を示す。以上が (29) にまとめられている。

(29)	範疇名称	生成文法の範疇	範疇規定	タイプ	指示対象
IV：自動詞句	**VP** または **V**	t/e	$\bigg\}\langle\langle s, e\rangle, t\rangle$	個体概念の集合
CN：普通名詞	**NOM**, **N̄**	t∥e		

　この結果は、ポスト・アリストテレス派の統語論者には折り合いのいいものとなろう。範疇文法の最初の提案（Ajdukiewicz 1935）でも、普通名詞は S/N で表記される述語句範疇とは別の範疇が与えられていなかった。また、生成意味論においても、レイコフ（G. Lakoff 1965）とバック（Bach 1968）は、集合を指示対象にとる叙述要素のさまざまな表層上の範疇を 1 つのメタ範疇（バックのいう CONTENTIVES（実質詞））にまとめていた。しかし、アリストテレスも認めていたように、動詞は名詞とは時制に関して語形変化する点で異なる。これは意味的な違いであるかもしれない。叙述（述定）要素としての動詞と名詞の類似点、相違点については未だに議論の多いところであるので、ここでは追求しないことにする（G.Carlson 1977 と Parsons 1985 に述べられている 2 つの考えられうる解決策、すなわち stage と kind の理論及びデヴィッドソンの event の理論をそれぞれ用いた議論を参照されたい）。

アリストテレス化されたモンタギュー文法は、前提と作用域現象、及びそれらと否定の相互作用などの問題について、伝統的モンタギュー文法で採用されているラッセルの記述理論のどれよりも、もっと自然で一貫した説明を与えることができる。この件についての議論は 7.3.2 項までとって置くことにする。

この節では拡大名辞論理学（ETL）についてのスケッチを試みた。私のこの提案は名辞論理学を復権しようとするものである。この方式では、単称、全称表現は 1 つになる。そして一項真理関数的演算子は体系から除外され、繰り返しを許す統語的外部否定も排除されてしまう。一方で、二項の真理関数的演算子は体系に組み込まれ、2 つの演算子ははっきりと区別される。私は、この方式によりアリストテレスとモンタギューの「表層構造を、論理形式の鏡であり、道しるべであるとみなす」という考え方をうまくとらえることができると思う。

しかしながらいくつかの答えの出ていない重要な問題が残されており、その解決が十分発展した拡大名辞論理学の展開に影響を与えることになろう。第一の問題は次のような問いかけである。明らかな言表的法表現（de dicto modalities）が、一方で事象的演算子（de re operator）に、また、他方でメタ否定的演算子にさまざまな形で付与できるのだろうか。あるいはアリストテレスに従い、否定のように言表的法表現は主語－述語結合に影響を与える叙述（述定）の一様態を構成するが、作用域は両方にかかると解釈してよいのか。第二の問題はもっと重要である。それはアリストテレスの述語否認の地位はどのようなものであるのか、というものである。すべての述語否認の例を、述語名辞（構成素）否定か、あるいはメタ言語的否定と同じものと見ることができるのか、それともやはり述語否認は統語的、意味的に他の 2 つの否定のタイプとは区別しておくべきなのだろうか。最初の疑問についてはここで答えることはできない。しかし、後の問題については答えなければならないだろう[21]。

7.3　作用域、前提、否定の文法

　　—合計すると 55 セントになる 2 枚のコインがあるけど、1 枚は 5 セント硬貨じゃないよ。どうなっているか分かる？
　　—もう 1 枚が 5 セント硬貨なんだろ。　　　　　　（昔からの子供のなぞなぞ遊び）

　　フランス国王にならんと欲するなら文法を知らねばならぬ。　　　（ルイ 18 世）

私の研究の最終部分（とはいえ最終的結論というのではないが）にあたる本節では、英語の文法の枠内ではあるが、名辞論理学に基づく 2 つの記述否定、すなわち述語否認と述語名辞否定を表示するための提案を検討する。また、7.2 節で答を留

保していた問題に答えなければならない。その問題とは、自然言語では、広い作用域を持つメタ言語的否定と狭い作用域の述語名辞否定の2つを含めて考えておかねばならないとすると、さらに述語否認の表示を考慮しなければならない根拠は何か、というものであった。この根拠を求めて、私は論理的前提の地位を再検討し、量化された文における否定の統語的、意味的、さらに語用論的作用域を詳しく調べてみることにする。

7.3.1　拡大名辞論理学の否定の表示法：ギャズダー、プラム、サッグ、アリストテレスの場合

　既に述べたように、文に及ぶ広い作用域を持つ英語の記述否定は、時制を持つ助動詞の後に not を置くか、より口語的には助動詞に縮約した形で実現する。後者の場合、ラポワンとツウィッキー・プラムの説得力のある議論のように（Lapointe 1980, Zwicky and Pullum 1983）、-n't は（普通考えられているように）自由に接合する「単なる」接語ではなく、助動詞要素上に語彙素性を実現した屈折接尾辞と考えられる。自由小辞と屈折形との2つの現れ方をするという点で、否定という範疇は時制（句表現の未来 will kick と屈折形の過去 kicked 参照）と、またツウィッキーやプラムの指摘するように、形容詞比較級（句表現の more sleepy と屈折形の happier）とある種の対応関係を持つ。

　この分析は分布的、形態論的基準、さらに縮約助動詞の意味論に照らしても支持されるものである。Horn（1972）の第4章（及び本書4.5節）での否定編入の制約についての取り扱いでは、ツウィッキーとプラムの指摘するように（Zwicky and Pullum 1983: 509）、否定助動詞を語彙項目ととらえている。例えば、can't と couldn't は広い作用域を持つ（法的）否定としてのみ解釈されるが、mustn't と（通常）shouldn't は狭い作用域の否定であって、前にくる法表現ではなく、後にくる動詞句構成素に作用すると解釈される。Xn't という形をとるこれらの表現を、統語派生の後の結合規則によって作られる単純な語幹と接語からなる組み合わせではなく、語彙項目と分析すれば、上の事情はたちどころに説明される。

　私の説明に基づくと、couldn't **VP**（= **not'**（**could'**（**VP'**））：VP でき・ない）と mustn't **VP**（= **must'**（**not'**（**VP'**））：VP でないよう・すべし）の非対称性も、語彙化規則は **O** 頂点的論理形式よりも **E** 頂点的論理形式を体現したものを好む傾向があることから説明できる。縮約助動詞の分布にみられる他の悪名高い不規則性（Boyd and Thorne 1969; Horn 1972; Givón 1978 参照）、すなわち mayn't、mightn't と oughtn't が多くの地方語で不適切ないしは出現しないこと、また、mustn't が根源的（義務的）用法に限定され、認識様態的解釈には使われないこと（You mustn't work hard vs. You must not work hard）なども、これらの形態がすべて屈折形態で語彙として登録されている（あるいは場合によって登録されていない）とすれば説明のつくことである。

　拡大名辞論理学では、n't 形を述語否認の規範的実現形態と理解するのは当然である。n't は表層では述語表現の中に現れ、(無標の場合、)叙述全体を作用域とする否定標識である。Xn't という形式の各々の意味は、当該の語彙項目によってそれぞれ決められるのであるから、Xn't 助動詞が、その語彙特有の意味として、狭い作用域を持つ not-X の解釈になるとしても妨げるものは何もない。

　もちろん広い作用域の述語否認は否定辞 not を持つ形でも成立する。この場合、not は助動詞(法助動詞、have、be、do)とそれが下位範疇化する動詞要素 $\overline{\mathbf{V}}$ との間に位置する。しかし、not は非定形の否定も表す。この場合、not はどの非定形 $\overline{\mathbf{V}}$ でも左端の位置に現れる。これがアリストテレスの述語名辞否定(PTN)、ジャッケンドフの **VP** 構成素否定に対応する狭い作用域($\overline{\mathbf{V}}$ ないしは **IV** 句)の否定になる。この構造に関連する意味は、関係する助動詞の意味的特性によっては対応する述語否認(もしあるとすれば)の意味と同じになる場合もあるし、そうでない場合もある。ギャズダー・プラム・サッグ(Gazdar, Pullum and Sag 1982: 604–5)は、1982 年版の一般句構造文法(GPSG)での not の導入に関して 2 つの規則を次のように特徴づけている。(**30a, b**)は not を時制付き $\overline{\mathbf{V}}$ と無時制 $\overline{\mathbf{V}}$ にそれぞれ導入する **PS** 規則の図式、(**30a', b'**)はこれらの規則によりできる 2 つの構造の例示、そして(**30a", b"**)はこれらの構造のモンタギュー流の意味的翻訳である[22]。

(30) a. $\langle a, [_{\overline{\mathbf{V}}} \mathbf{V} \text{ not } \overline{\mathbf{V}}], \lambda \mathscr{P}[\sim \mathbf{V}'(^\wedge \overline{\mathbf{V}}'(\mathscr{P}))] \rangle$　b. $\langle \beta, [_{\overline{\mathbf{V}}} \text{ not } \overline{\mathbf{V}}], \lambda \mathscr{P}[\sim \overline{\mathbf{V}}'(\mathscr{P})] \rangle$

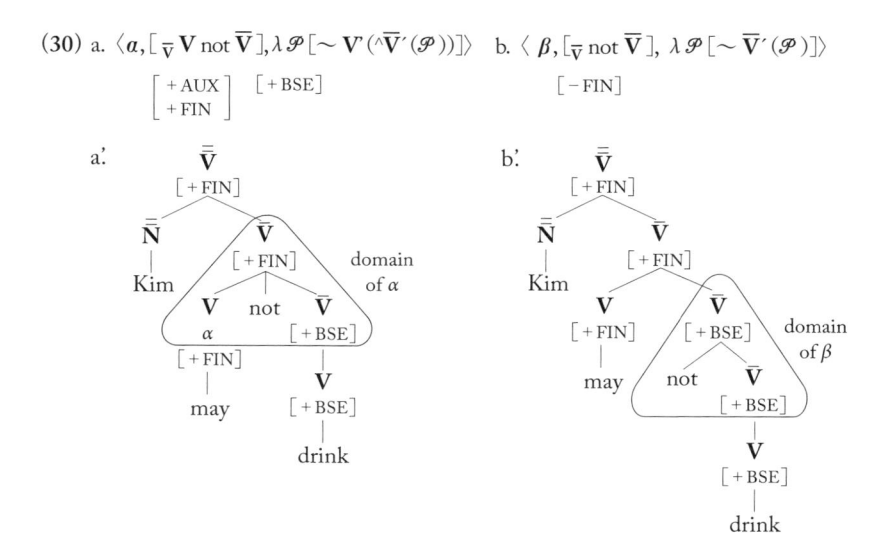

a". $[\lambda \mathscr{P}[\sim \text{may}'(^\wedge \text{drink}'(\mathscr{P}))]](^\wedge \text{Kim}')$　b". $[\lambda \mathscr{P} \text{may}'(^\wedge(\sim \text{drink}'(\mathscr{P})))](^\wedge \text{Kim}')$

(30a) の規則は語彙的に述語否認へ事実上下位範疇化されている助動詞に制限されている。法助動詞の can、could、根源的用法の may、need、それに繋辞の be、及び完了相の have は、この規則によって否定の構文に導入される。つまりこれらの助動詞は適切な下位範疇化素性を付与されている（(30a') の図で、α は Gazdar, Pullum and Sag 1982 版 GPSG での項目導入をする規則番号になっている）。その他の法助動詞、must や認識様態の may（It may not rain 参照）などは、この規則 α によっては導入されない。従って、広い作用域の否定、すなわち述語否認とは共起しない。

　他方、右の方に書かれてある規則と構造は、原則的にすべての非定形 $\overline{\text{V}}$ に適用可能である。もちろん、すべての助動詞がその作用域内に $\overline{\text{V}}$ 否定を持てるという暗黙の主張が成立するかどうかははっきりしているわけではない。特に、ストレスを受けない do-support の do が、狭い作用域の否定を後に従えるということは、少なくとも単称述定では決してない。次のクリマの neither/ so 付加診断の分布に注意されたい。

(31)　He is not voting and neither is she.
　　　（彼は投票していないし彼女もしていない）
　　　He has not succeeded and neither has she.
　　　（彼はうまくいかなかったし彼女もうまくいかなかった）
　　　He cannot attend and neither can she.
　　　（彼は出席できないし彼女も出席できない）
　　　He did not come and neither did she.
　　　（彼は来なかったし彼女も来なかった）

(31')　He is (intentionally) not voting and so is she.
　　　（彼は（わざと）投票しないようにしているし彼女もそうだ）
　　　He has (often) not succeeded and so has she.
　　　（彼は（しばしば）うまくいかなかったし彼女もそうだ）
　　　He can (always) not attend and so can she.
　　　（彼は（いつも）出席しないことができるし彼女もそうだ）
　　　*He did (perhaps) not come and so did she.

狭い作用域の $\overline{\text{V}}$ 否定は neither ではなくて so のくる節の強化を引き起こすのであるが、否定辞の not が縮約的に使われていない場合、たいがいの助動詞について成り立つ（(30b) の規則による）。否定の屈折形（isn't, hasn't, can't）の場合は、広い作用域

の述語否認の解釈だけ可能である。しかし、do の後にくる否定の場合は、(**30a**) の規則適用による述語否認操作のみ可能である点に注意されたい。もちろん、do が倒置された場合（GPSG の理論では［+INV］素性によって生成された場合）狭い作用域の $\overline{\text{V}}$ 否定は完全に容認される。例えば、Did he（{possibly/ ever}）not succeed? が可能である。

　英語の $\overline{\text{V}}$ 構造についての GPSG 統語論と、否定を 2 つに分ける名辞論理学による分析（つまり、述語否認を記述の一様態とみなす立場と、名辞的、狭作用域否定の立場）の「結婚」は非常に相性のいいものだと私には思える。しかし、ここではこの縁談をこれ以上すすめないことにする。また、モンタギューの PTQ の「断片」を、縮約形の否定だけでなく小辞による否定に、そして広い作用域否定の構成素否定に拡張するというあまり急進的ではない方針（Bennett 1976 参照）についても考慮しないことにする。いずれにせよ、GPSG 文法の否定の取り扱いはモンタギュー文法の精神ともうまく適合するものである。とにかくモンタギューの否定助動詞の共義的挿入を考えると、彼がラボワン、ツウィッキー、プラムなどの GPSG の n't の屈折的取り扱いを間接的に予想させるものであったのは事実である。

7.3.2　作用域と前提 : ラッセル、モンタギュー、そして私

　否定についてどのような文法理論を採用するにしても、分析者は、否定の意味論の中で最も広く議論されていながらも、最も理解が深まらない現象に最終的には取り組まねばならなくなる。その現象とは、否定演算子と量化主語及び確定記述との作用域の相互関係をめぐる現象である。PTQ では確定記述と量化主語句は直接導入されるか、あるいは文の中への量化によって導入される。後者の場合、単純肯定の主語 – 述語導入規則である **S4** を適用するか、あるいは否定と標識に関する **S17** の規則のうちの 1 つを適用することになる。これらの規則の適用により生じた文では個体変項（he_n）が主語位置にくる。この変項は関連する量化規則を適用することにより束縛されることになる（Montague 1974: 252ff.）。

　この手順により量化表現と量化表現、量化表現と否定、そして量化表現と他の作用域を定める演算子のそれぞれの作用域の相互関係が説明されるのである。{all/ every} ... not というような構造には 2 つの読みの可能性があることは既に 4.3 節でもみた。次の (**32**) も同種の例である。2 つの読みは曖昧性を除去した統語上異なる 2 つの分析樹 (**32a, b**) から出てくる。(**32a', b'**) は**内包論理**でのそれぞれの簡略的翻訳である。

(**32**)　Every fish doesn't sleep.

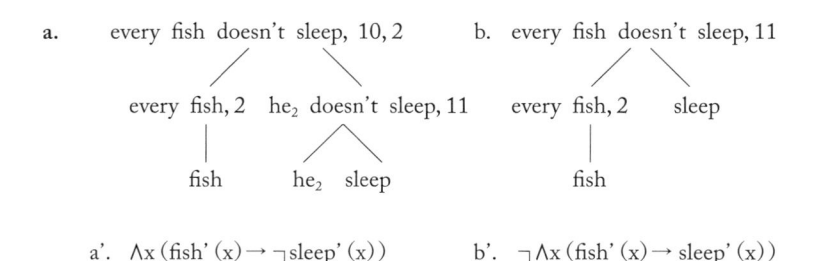

a. $\wedge x\,(\mathrm{fish'}\,(x) \to \neg\,\mathrm{sleep'}\,(x))$ b'. $\neg\,\wedge x\,(\mathrm{fish'}\,(x) \to \mathrm{sleep'}\,(x))$

(32a) では、主語句の every fish が、否定の三人称単数現在時制主語 – 述語導入規則によって形成された否定文の中に量化生成されている。この場合、every fish は否定に対して広い作用域を持ち、NEG-V 読み（すべての魚は眠らないものなのだ）になる。(32b) では量化表現 every fish はまず最初に形成され、それから **IV** 句である sleep に、同じ時制人称導入規則によって結合されている。そして最後に否定が挿入される。この場合には否定は広い作用域を持ち、従って、NEG-Q 読み（すべての魚が眠るというわけではない）に解釈される。

　この同じテクニックで、ラッセル（Russell 1905）のいう否定文中の確定記述の多義主義者的解釈を説明することができる。2.2 節でみたように、ラッセルの確定記述の理論では (33) のような文の論理形式中に、否定演算子の 2 つの異なる位置を設定するのであった。

(33)　The king of France is not bald.
　　　a. 内部否定：$\exists x\,(\mathbf{K}x \wedge \forall y\,(\mathbf{K}y \to y = x) \wedge \sim \mathbf{B}x)$
　　　　　（フランス国王である者は唯一的に存在し、かつ彼ははげではない）
　　　b. 外部否定：$\sim \exists x\,(\mathbf{K}x \wedge \forall y\,(\mathbf{K}y \to y = x) \wedge \mathbf{B}x)$
　　　　　（唯一的にフランス国王であり、かつはげである者は存在しない）

2 つの否定の位置とは、定記述が展開される存在量化子から始まる部分の内側か、あるいは外側かである。前者では［訳者注：「定記述が否定に関してはじめにくる」という意味で］、定記述の一次的出現（PRIMARY occurence）と呼び、後の場合では［訳者注：「定記述が否定に次いでくる」という意味で］、定記述の二次的出現（SECONDARY occurence）と呼んだ。

　モンタギュー文法も作用域の多義性を統語的に解明しようとする。このため、モンタギュー文法もラッセル（Delacruz［1976］）やアリストテレスら多義主義者のいう 2 つの読みの多義性を自動的にとらえることができる。例えば (34a, b) のような 2 つの分析樹をたてることができる。ここでは PTQ をやや拡大し、述語形容詞と

形容詞句を基本範疇に含め、主語と結合して文を作るものとする。また、繋辞は肯定、否定の印として共義的に導入されるものとする（これは伝統的な分析と同様である。Mill［1843］1919 参照）。

(**34**)　The king of France isn't bald.

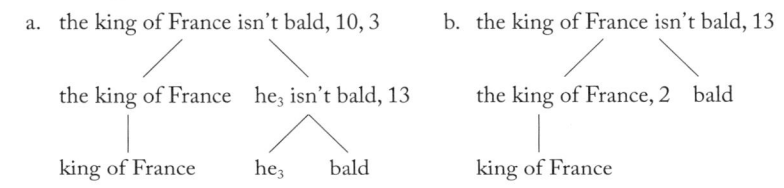

　　a.　the king of France isn't bald, 10, 3　　　　b.　the king of France isn't bald, 13

　　　　the king of France　he₃ isn't bald, 13　　　the king of France, 2　　bald

　　　　king of France　　he₃　　bald　　　　　　king of France

　　a'　$\lor x\,(\text{king-of-France'}\,(x) \land \land y\,(\text{king-of-France'}\,(y) \to y = x) \land \neg\,\text{bald'}\,(x))$
　　b'　$\neg\lor x\,(\text{king-of-France'}\,(x) \land \land y\,(\text{king-of-France}\,(y) \to y = x) \land\,\text{bald'}\,(x))$

(**33a**) に対応し、(**34a, a'**) では、定記述が（広い作用域を持つ）「否定に関して一次的出現」となっている。これははげではないフランス国王のことを肯定的に主張している。一方、(**34b, b'**) では、定記述が（狭い作用域を持つ）「否定に関して二次的出現」である (**33b**) に対応し、これははげであるフランス国王を否認する。ラッセル（あるいはアリストテレス）と同じく、モンタギューはもしフランス国王が存在しないならば前者は偽、後者は真になると考えている。

　前提主義者の分析を以上に重ね合わせ、前者について存在前提が不成立の場合には第三の値を与えるか、あるいは全く値を与えず、真でも偽でもないというように考える立場もあり得る (Delacruz 1976)。また、アリストテレスやラッセルにならって、フランス国王が存在しないというような状況では、(**34a, a'**) は偽とし、同時にそれを偽の慣習含意と関連付けるという、ストローソン流の「王の非存在文脈での評価」という見解もあり得る (Karttunen and Peters 1979 参照)。とにかく、一方で (**33a**) と (**34a**)、及び他方で (**33b**) と (**34b**) という対照は、論理形式の統語論での作用域の違いとして分析されるのであり、この手法は(**32**)のような量化表現と否定の多義性の分析とまったく類似している。

　しかし、2.2 節でみたように、ラッセルの分析は固有名にまで一般化されるとるかにに説得力に乏しくなる。固有名でも平行的な前提現象（Kepler did not die in misery に関しては Frege 1892 参照）がみられるが、定記述の場合ほど複雑だとは考えられない。固有名を定記述分解しようとするラッセルとクワインの計画は、確かに適切な一般化につながるかもしれないが、大きな犠牲を同時に払わなければならない。既に前に述べたことだが、このような動きに不利に作用する形而上学的、認

識論的根拠が存在するのである。ここで我々は Henry（1972: 74）に提起された警告を思い起こす。彼は、否定文は名辞論理よりも命題論理の枠内で意味的に多義であると考えられる場合、「そこで望ましいとされる区別は、回りくどく、しかもその場かぎりのやり方で、人を惑わすような定記述の「一次的出現、二次的出現」などという名称の下に導入される。そしてこの一時しのぎの便法に過ぎない区別法を利用することができるために、すべての固有名は定記述であると装うことを要求されるのである」と彼は述べている。

　同様のジレンマはモンタギュー式の作用域分析でも生じる。もっとも、モンタギュー文法では論理形式での定記述の分解というような操作は必要ではない。しかし、もし（34a）の分析樹が、アリストテレスの Socrates is not well や、フレーゲの Kepler didn't die in misery というような、（33）と類似の多義性を示す例にも適用されるのなら、固有名も定記述と並んで量化の対象になる。実際、モンタギューはソクラテス、ケプラー、それらと同類の表現を変項束縛的名辞表現とし、the king of France、every fish あるいは an eel などの表現と同じく量化することを認めている。しかし、この方針を支持する有力な根拠、あるいはそこからくる有利性もないのである。

　定記述を作用域の多義性を導入する変項束縛演算子として取り扱うために、どのような議論を持ち出してきたとしても、固有名についてその方針を支持するような独立した論拠はないのである。いずれにせよ、モンタギューはクリプケ（Kripke 1972）の、固有名を固定指示詞として扱う方針に賛成しているが、アリストテレス、フレーゲの例文の PTQ 文法による 2 つの分析樹を翻訳してみても結果は一致してしまい、我々が必要とする 2 つの異なる読みが出てこない。

　作用域の違いによる量化子の多義性と固有名が無関係なのであれば、すべての定記述も同様に関係がないことになる[23]。これがモンタギュー文法の前提現象へのアプローチに対する次の問題となる。第 2 章でみたように、指示の不成立と範疇誤りとのあいだにはアリストテレスが指摘するように強い平行性が存在する。（33）と同様、（35）も 2 つの解釈を許す。

(33)　The king of France is not bald.

(35)　The number 2 is not blue.

（35）の第一解釈は「範疇制限保存的否定」と解するもので、先験的に偽となる（あるいは真でも偽でもないという人もいる）。しかし、範疇制限あるいは選択制限に関し広い作用域を持つ否定も考えられる。この場合、（35）は自動的に真である。ラッセルの考えではもちろん範疇制限の違反は無意味となるから、（33）と（35）の

平行性は得られない。しかし、もし我々がアリストテレス、クワイン、ランバートや、彼らの仲間のタイプ理論を信奉しない人々（2.3 節参照）に従い、(35) は先験的に偽である命題 The number 2 is blue と真の矛盾関係にある命題と解するとすれば、我々は (33) と (35) の間に平行的説明を求めることになるであろう。しかし、ラッセルの説明を要する分析もモンタギューの量化導入も、あのフランス国王の議論から厳定指示的な数の 2 にまで拡張されることはなかった。

　モンタギューの分析の中でラッセルの議論にはない困った点が 1 つある。(33) のような否定文の多義性を予測する原理は、自動的に対応する肯定文 (The king of France is bald) の多義性をも予測する。しかし、実際にはそのような多義性の証拠はない。多義性のない表層文と関連付けられる論理的に等価な多重構造の増殖は文法理論では先例がないし、自負すべきものでもない。この問題にはあとで戻ることにしよう。

　ラッセルによる「フランス王の分解」はもちろん多数の理論のうちの 1 つでしかない。ストローソンの前提主義的分析 (Strawson 1950, 1952) では、唯一の、本質的に内部的な読みのみが (33) に与えられ、それは対応する肯定文の The king of France is bald の持つ前提をそのまま保持すると考えられている。多値的前提論理学では、ラッセルの（そしてアリストテレスの）2 つの読みの多義性は、前提保持的な非二値的選択（内部）否定と、前提を持たない二値的除外（外部）否定との間の 2 分法として再浮上する（2.4 節参照）。現代の語用論の単一否定主義の理論では、否定文は本質的に多義ではなく一般的で、(33b) の広い作用域の読みは意味論規則によって与えられ、(33a) の狭い作用域の力は語用論的強化作用からでてくると考える (Wilson 1975; Kempson 1975; Boër and Lycan 1976; Wilson and Sperber 1979; Gazdar 1979a; Grice 1981 参照)。

　これらの見解の重要な違いを超えて、最近のコンセンサスとして想定できるものは、フレーゲやストローソンには反対することになるが、非伴立的（かつ／あるいは、非前提的）外部否定読みは、(33) のような否定文に付与される論理形式の、唯一ではないにしても 1 つの可能な読みである、というものである。しかし、このコンセンサスはどの程度説得力を持つのだろうか。第 6 章でみたように、外部否定的な、前提を否定する読みを効果的に強制するような文には、談話において特有の「奇妙さ」がつきまとう。

(33') The king of France isn't bald—there is no king of France.
　　　（フランス国王ははげなんかじゃない。だってフランスには王様はいないんだから）

(35') The number 2 isn't blue—integers aren't colored.

（数字の 2 は青ではない。整数には色がないんだから）

この奇妙さは、まさしく否定がメタ言語的演算子として作用する場合の文例を悩ますのと同じ奇妙さである。メタ言語的演算子は、発話の意味あるいは使用の、意味論領域外の性質に明らかに（あるいはほぼ間違いなく）関連するものであった。前に見たとおり、音調、編入、矯正などの証拠がこれらのケースの類縁性を強く示しており、メタ言語的という観点から 1 つにまとめて取り扱うべきことを示しているように思われる。否定単一主義も、多義主義も等しく、意味論的外部否定の標準的理論はこれらの文例の処理のための二重労力の効果を説明できないし、また、メタ言語的否定のクラスをまとめる言語的相関性も説明できない。

　［訳者注：ここで整理のために次の問いかけを考えてみることにする。］広い作用域を持つ否定をメタ言語的に分析することは、フレーゲやストローソン的な前提的意味論を採用することであり、そこでは指示の不成立や範疇誤りによって引き起こされる真理値ギャップを保持するために、記述的否定が唯一的に適用されるとするバートンとロバーツの見解（Burton-Roberts 1987）に賛成してそう結論すべきではないのだろうか（問いかけ 1）[24]。もしこの見解を取るとするならば、広い作用域の否定をすべてメタ言語的範疇に含めさせないものが何かあるのだろうか（問いかけ 2）。いわゆる主語にも作用域がかかるような文否定は、アリストテレス流の述語否認とすべきであって、ストア・フレーゲ流の外部的文否定（apophatikon）ではないと述べた後で、その述語否認を意味論の領域から放逐するようなことをしていいのだろうか（問いかけ 3）。

　これら 3 つの問いかけに対する答えは、それぞれ「いいえ」、「はい」、「絶対不可」となるだろう[25]。意味論的前提の放棄（Karttunen 1974; Stalnaker 1974; Kempson 1975; Wilson 1975; Boër and Lycan 1976; Gazdar 1979a; Lycan 1984 参照）は、気まぐれやひねくれた物の見方、あるいは否定の多義性の妖怪に惑わされたというわけでは決してない。提示された証拠のバランスを考えると、私も一般に行き渡った見解（Lycan 1984: 第 4 章が特に強力に述べている）に賛成せざるをえない。この見解とは、論理的前提という概念につきまとう概念的不正確さや使い勝手の悪さからみて、それは自然言語の意味論の記述には余計なものである、とするものである。

　自称「前提コレクター」が直面する問題の 1 つが、その「獲物」の気まぐれな性質という点にある。前提現象の振る舞いに影響する 1 つの非論理的要因は、ストローソン自身によって取り出されたものである。彼は（Strawson 1964: 95）、（36a）は（33）と同じくフランス王の存在を前提に議論されるが、（36b）はこの前提を持たないし、指示対象の不存在による真理値ギャップも生み出さないと述べている。

(36) a.　The king of France {visited/ didn't visit} the exhibition.

　　 b.　The exhibition {was visited/ wasn't visited} by the king of France.

Strawson 1964 に述べられた修正主義者の説明では、存在前提を生み出すのは定記述そのものではなく、文がそのものについて述べられている単称表現に限られるとしている。しかし、これは文法的というより語用論的基準である。このことについては本節の後の方でもう少し詳しく取り上げる。

　ストローソンの述べていない前提に影響する別の要因は、述語の性質に存在する。もしあなたが私に (37a) ではなく (37b) を述べたとしよう。

(37) a.　The king of France {is/ isn't} bald.

　　 b.　The king of France {is/ isn't} sitting in the chair to your right.

そこで私がその指された椅子が明らかに空であることに気づいた場合、私はあなたがフランス王の存在を前提にしていたとは考えにくい。また実際フランスが共和制なら、発話は真でも偽でもないということもさらに認めにくい。ここで問題になっているのは「何についてか」ということではなく、検証手続きの違いである。ストローソンの例でも、あるいは私の例でも、「前提」の不安定性は、論理的意味論の問題ではないのである。

　また、Burton-Roberts (1987) では有標の否定をメタ言語的と分析することはストローソン流の否定単一主義的前提意味論をとることに他ならないことのようであるが、私にはこのことが自明のことであるとは思えない。(33) の否定を広い作用域を持つように解釈すること、つまりラッセルの (33a) のようにフランス王が存在するということに話し手を拘束しない解釈では、その否定ははげとフランス王との結び付きが心に思い浮かんでいるという文脈においてメタ言語否定と解釈することが最も自然である。しかし、まさにこのような文脈において、フランス王の頭がはげていることを否認する述語否認は、もちろん真になる。つまり、メタ言語的反対を表明するまさにその行為こそが、話し手を、対応する広い作用域の記述否定の真であること、すなわち述語否認に結び付けるのである。このことはメタ言語否定の焦点（主語が存在しない場合の存在前提または唯一性前提、範疇誤りの場合の種類合致前提）が、対応する肯定文の真であることの必要条件となっている場合には常に生じる。しかし、肯定文の真理条件に反対表明が向けられていないような文脈では、メタ言語否定は述語否認の真であることを保証しない（He didn't <u>manage</u> to pass the test—he was given the answers「彼はどうにかして試験に通ったというのではない—答を教えてもらったのだから」）[26]。

　しかし、述語否認が真であるということは、この述語否認が記述的な否定として適切に表現されているということを保証するわけではない。第6章でみたように、真は主張性の保証ではない。議論の対象となっている例―The king of France is not bald（王が存在しないとする時）、Socrates is not well（彼が既に亡くなっている時）、The number 2 is not blue―は（述語否認の読みで）真である。しかし、少なくとも前提の不成立を認める人にとっては、これらの文はどれも事実上何も主張していない。これは否認の妥当性基準からくるものである（第3章参照）。はげ頭であるとかないとかは存在している者にのみ起こることであり、健康は生きている者についてであり、青色という性質も色をつけることのできる物について語られるのである。もし私が、読者であるあなたがフランスは共和制であると知っていると想定するなら、私が(33)の真であることをあなたに知らせようとすることは全く不毛である。次に、もし私が、あなたがフランスが共和制であることを知らない、と想定した場合、(33)はその事実を伝えるには効率的な言い方ではない[27]。しかし、もしあなたが「フランス王ははげだ」と主張したような文脈では、(33)、あるいはおそらく(33')を、メタ言語的に使用してあなたの誤解を解くことはできる。もちろん、もしあなたがテッド・ケネディがエリゼー宮の支配者であると誤解していた場合、あなたは(33)を述語否認として全く適切に発話できる。あなたの発話は、あなたにとっては充分妥当なものであり、また実際にあなた自身の責任を抜きにして、完全に真である。

　このように、いわゆる外部的あるいは前提取消し否定の典型的な例は、少なくとも空の単称表現や範疇誤りの場合にはメタ言語的といえる。そこからそのような例の奇妙さや有標性、診断に関しての振る舞い、さらにフレーゲとストローソンが自分たちの分析に対する明らかな反例としてそれらを真剣にとりあげなかったことなどが派生したのである。しかし、これらのメタ言語的否定の例自体が、対応する述語否認に真を付与することを必要とするのである。ちょうどアリストテレスがSocrates is not wise という文の広い作用域読みの分析に真の値を付与したように。

　私はアリストテレスに従い、指示対象がない場合や範疇誤りについて、述語否認は真であり、同時に、述語名辞否定は同じ文脈で偽であるとする。拡大名辞論理学では、アリストテレス、ラッセル、モンタギューの方式と同様、否定の存在伴立的狭作用域読み（existence-entailing narrow-scope reading of negation: PTN）を設定する。これは非定形の否定辞（(30b) 参照）や述語への接頭辞（dislike, unwell, impossible）として実現される。しかし述語名辞否定（The king of France dislikes pizza, Socrates is unwell, The number 2 is {not-blue/ nonblue}）は、必然的に、対応する肯定的主張文の存在とタイプ合致の制約を共有するが、また述語否認の方も、少なくとも実際のところ、これらの制約を必ずしも欠くわけではない。(34)や(33)の

述語否認としての通常の使用では、やはりフランスには一人の、かつ唯一人の国王がいること、また、**x** isn't blue では、**x** は色がつけられたものであるということを強く示唆する。実際、単称の述定文では、否定の内部的あるいは前提的価値は述語名辞否定ではなく、述語否認によって典型的に示される。従って、述語否認と述語名辞否定（**IV** 句）の間の区別をしても、我々が（『オルガノン』に基づき）望み、期待したようには、完全に作用域的あるいは前提的多義性を解除することができない。述語否認の前提的特性がどのように生じるのかは、次に考えようとする問題である。そこでは統語論も意味論もその答えをとらえる適切な言葉を持たないことが分かる。

7.3.3 Every と Some：違うものには違う作用域を

　拡大名辞論理学では、(**38a**) のような主語にもかかる広い作用域を持ち NEG-Q 読みが与えられる述語否認と、(**38b**) のような非定形あるいは接頭辞否定が述語内部に作用域を持ち NEG-V 読みになる述語名辞否定とを区別する[28]。

(38) a.　All the cookies {weren't/ were not} eaten.
　　　　（すべてのクッキーが食べられたわけではない）
　　　　All things {aren't possible/ are not possible}.
　　　　（すべてのものが可能というわけではない）

　　 b.　All the cookies were {not eaten/ uneaten}.
　　　　（すべてのクッキーが食べられなかった）
　　　　All things are {not possible/ impossible}.
　　　　（すべての物が可能ではない＝不可能だ）

これらの例での作用域の区別は、クリマの文否定、構成素否定の診断法と関係している。述語否認である広い作用域の（文）否定は肯定の付加疑問が付き、狭い作用域の否定は否定の付加疑問が付くというものである[29]。

(38') a.　All the cookies weren't eaten, {were they/ *weren't they}?
　　　　［述語否認・NEG-Q 読みのみ］
　　　　All the cookies [were not] eaten, were they?
　　　　［述語否認・NEG-Q 読みで］

　　 b.　All the cookies were [not eaten], weren't they?
　　　　［述語名辞否定・NEG-V 読みで］

All the cookies were uneaten, weren't they?
［述語名辞否定・NEG-V 読みのみ］

　ここまでは問題ない。(38a) の読みを得るためには広い作用域の記述的否定が必要である。そこで述語否認が矛盾の意味を表す記述的な否定としてデフォルト的に実現しているのである。これは (33) や (35) のような例でみたような予想される制限を受けない読みが存在するという不可解さがあるにもかかわらずそうなのである。しかし不幸なことに、all ＋縮約 (屈折) 否定に対して、我々が期待する広い作用域を持つ NEG-Q 解釈と同時に、あるいはその代わりに、狭い作用域の NEG-V 読みをする話し手が多数存在するのである。話し手の中には、All the students didn't fail the test, didn't they? というように、この NEG-V 読みは否定の付加疑問が付いた時だけ可能であると判断する者がいる。そしてこの場合、(38a) のタイプ文の NEG-Q 読みは放棄されるのである (Heringer 1970: 293)。(否定の付加疑問と NEG-V 読みの両方を拒絶する話し手もいる。) 従って、私は助動詞否定を述語否認と同一視する見方を放棄し、述語否認は常に do 助動詞とともに矛盾否定を作り出すという主張を弱め、ある種の量化主語では反対関係に強化される場合もあり得るとする矛盾述語否認のメカニズムを考えなければならない。

　しかし、他の理論的競合者の前途と同様、量化子と否定の作用域の相互関係についてさらに重大な問題が私のアプローチの前途にも待ち受けている。モンタギュー文法や新アリストテレス派の理論では、否定文における全称量化主語の作用域の多義性を正しく予測するのだが、問題の決定詞が存在、あるいは特称の some と a (n) の場合に、同様の多義性を予測する。従って、(32a, b) の分析樹で every のところを a で置き換えるだけで、A fish doesn't sleep は 2 つの読みを持つことになる。前者は狭い作用域の否定を持つ場合 (= 'There is a fish which doesn't sleep'「寝ない魚が一匹いる」) で、後者は広い作用域の否定を持つ NEG-Q 解釈である (= 'Not a fish sleeps'「寝る魚は一匹もいない」) であるが、後者は不可能である。言語学の文献で知られているように (例えば Givón 1978 参照)、(39a) の全称否定文で認められる NEG-Q 読みは、対応する (39b) の特称否定文では消えてしまう傾向にある。

(39) a.　Every man didn't win.
　　　　 Everybody isn't happy.
　　　　 All the boys don't like you.
　　　　 All that glitters isn't gold.
　　　　 (NEG-V ［∀〜 ...］あるいは
　　　　　 NEG-Q ［〜∀...］)

b.　{A/ Some} man didn't win.
　　 Somebody isn't happy.
　　 Some (of the) boys don't like you.
　　 Something that glitters isn't gold.
　　 (NEG-V ［∃〜 ...］だけで
　　　 NEG-Q ［〜∃...］なし)

　モンタギュー文法で生成される分析樹では、原則的に主語位置の全称表現も存在表現もともに量化されて次の 2 つの形態のどちらかをとることができると予測する。すなわち、否定命題が量化される（主語句が広い作用域を持つ NEG-V 読みを生成する）場合と、もう 1 つは普通名詞（CN）とまず結合して名辞表現を作り、次いで述語と否定的に結合し文を構成する（否定が広い作用域を持つ NEG-Q 読みを生成する）場合の 2 つである。私はこういう分析法をやめ、代わりに屈折した定形か否定辞がくるタイプ（述定全体に作用域が及ぶもの、述語否認（PD））と、非定形か接頭辞否定のタイプ（述語表現にしか作用域が及ばないもの、述語名辞否定（PTN））を区別することを提案してきた。しかし、いずれのアプローチをとるにせよ、否定に広い作用域を与えることは、主語が some や a(n) で量化される場合には阻止されなければならない。このことは、モンタギュー文法、拡大名辞論理学、その他の方式ではどのように達成されるのだろうか。

　この問題に対して、私は最初の一歩として次のように考えてみることにする。(**39a**) では（反対関係的な）狭い作用域の NEG-V 読みも可能であり、また、(**39b**) では（小反対的な）狭い作用域の NEG-V 読みが強制されるという事実があるが、この (**39**) のどちらの例も述語否認を含んでいるとするのである。その上、これらの文例では、否定は助動詞との屈折形として現れている。これは私が述語否認の特徴と考えているものである。さらに、クリマの診断法における分布と照らし合わせると、some … not 構造は構成素（述語名辞）否定とはならないはずである。

(40) a.　Some of the arrows didn't hit the target and {?neither/ *so} did some of the javelins.　　　　　　　　　　　　　　［Jackendoff 1972: 363 から引用］
　　　　（矢の何本かは的に当たらなかったし、槍の何本かもそうだ）

　　b.　Some of the arrows didn't hit the target and some of the javelins didn't {either/ ??too}.
　　　　（矢の何本かは的に当たらなかったし、槍の何本かも当たらなかった）

　　c.　Some of the arrows didn't hit the target, {?did they/ *didn't they}?
　　　　（矢の何本かは的に当たらなかったのではないのですか？）

このパターンは、**O** 頂点読み（M-NEG）での語彙化されていない {can/ could} … not のような、明らかに述語名辞否定のケースとは明確に区別される。

(40') a.　She can [not attend], and {*neither/ so} can he.
　　　　（彼女は参加しないこともあり得るし、彼もそうだ）

　　b.　She can [not attend], and he can [not attend]{*either/ too}.

（彼女は参加しないこともあり得るし、彼も参加しないこともあり得る）

c. She can [not attend], {*can she/ can't she}?

（彼女は参加しないこともあり得るのではないのですか？）

（上の(**40'**)の文否定の診断で、*マークの（非文法的な）ものも、can not が広い作用域の述語否認、つまり cannot と解釈される場合にはすべて文法的である。）

　（たいていの話し手にとって、）(**40**)のどちらの診断も完全に容認できるものではないという事実があるが、これは、これらの文の述語否認と考えられる「統語構造」と、通常述語否認（クリマの文否定）に関連付けられる矛盾対当にはなっていない「意味構造」との衝突のせいである。ジャッケンドフは（it is not so that S のパラフレーズテストによって）文否定を矛盾否定と定義しているから、(**39a, b**)の NEG-V 読みは構成要素（**VP**）否定を含むものと考えねばならない。しかしそうすると、(**40**)、(**40'**)で観察される違いが説明できなくなる。私は、また、ジャッケンドフの「文否定と **VP** 否定は派生主語に量化子が来る場合にのみ意味に違いを生じる」という見解（Jackendoff 1972: 332）も受け入れることはできない。これは（主語に量化子が来なくても）(**40'**)や他の法表現の関与する文脈では狭い作用域の **VP** 否定の解釈が出てくることが統語的、意味的に示せるからである（その他の例については Boyd and Thorne 1969, Horn 1972, Palmer 1979 を参照のこと）。

　しかし、もし(**39a,b**)が述語否認を持ち、(**32a, a'**)でみたように every と some が派生の段階で遅れて量化されることから生じる狭い作用域の NEG-V 読みとなるのであれば、なぜ(**39b**)の some ... not 構造が、(**32b, b'**)の派生過程を経て、広い作用域を持つことができないのだろうか。リー（Lee 1974）は英語の作用域の相互関係の説明にモンタギュー式の否定を適用している。この試みは創造的ではあるが失敗に終わっている。バーワイズとクーパー（Barwise and Cooper 1981）の先駆的意味合いを持つこの研究で、リーは「名詞前位否定」（nobody のような語彙化されたものや、自由形の not everybody）は基本否定名辞句を含むものと解釈した。(**39b**)のような文例の範囲については、彼はモンタギュー文法で予測される多義性を拒否し、PTQ の規則 **S17** で導入される「叙述の一様態としての否定」という方式の代わりに、厳密に狭い作用域の **IV/IV** 演算子を設定した。これにより量化子否定や動詞句否定はあり得ても、広い作用域の文否定、すなわち述語否認については痕跡さえなくなってしまう。そうすると、(**39a**)のような全称量化主語の否定文にみられる NEG-Q 読みをどう説明すればよいかが問題となる。リーはこの読みを説明できない欠点を認めたが、同時に、「多くの話し手はこのような文を全く用いないし、もし用いた場合は NEG-V 読みに限られる」という理由で弁解している（Lee 1974:

381)。しかし、実際は NEG-V 読みのみ認める方言は極めて少数に限定されることがカーデンの研究で報告されている (Carden 1970)。しかも奇妙なことに、リーが初期の論争で多義性のない NEG-V と言及した Everyone didn't come という同じ文が、その主張からわずか 5 ページ後に、結局多義であることになっている。その NEG-Q 読みは、リーがここに至って自分の設定した規則に代えるのではないけれども補足的に使える、とした PTQ のもうおなじみの時制・記号導入規則 **S17** で予測されるのである (Lee 1974: 386)。しかしそうすると、(39b) の特称否定は多義でなければならなくなり、議論は振出しに戻ってしまうのである。

　クレスウェル (Cresswell 1973) は、(**39**) の文脈における全称量化と特称量化の問題となる非対称性に注目し、非常に思いきった解決策を示した。合成的な意味理論ではこれらの文の作用域付与を適切に予測できない以上、すべての作用域の区別を破棄することを提案した。論理形式は作用域というものから本質的に自由であるとするのである。こうすれば確かに、作用域をとる 2 つの演算子 ((**32**)、(**33**)、(**35**)、(**38**)、(**39**) のように 1 つが否定であっても、あるいはそうでなくてもよい) を持つ文の可能な解釈として、実際認められる読みも、認められない読みも生み出すことができる (古典的な Everyone loves someone と Someone is loved by everyone の例を思い出していただきたい)。そうしておいて、実際認められない読みは語用論でフィルターにかけるのである (似ているが独自に開発された Sadock 1976 の提案も参照のこと)。

　この提案は「最後の手段」かもしれないが、論理形式や意味解釈に作用域違いを認める理論においても過剰生成には一理あると思われる。特に、特称、存在量化主語はそれに続く否定に関しては狭い作用域を決してとらない (〜∃にならない) という標準的仮定は一度見直してみる価値がある。この仮定は (**39b**) の例だけみると確かに正しいと思われるが、次のような証例ではどうだろうか (下線は強調を示す)。

(**41**) a.　A sociopath wouldn't get through the first ten minutes of my films.
　　　　They are too slow. Someone isn't killed in the credits.
　　　　(社会病質人格の人なら私の映画の最初の 10 分は耐えられないだろう。い
　　　　かにも遅いからだ。最初のクレジットタイトルで誰かが殺されるとい
　　　　うようなことはないのだ)
　　　　　　　　　　　　　　　　(ブライアン・デ・パルマとのインタビュー記事から)

　　 b.　She swung round, she took two strides to him, waiting for someone to stop her,
　　　　but someone didn't.
　　　　(彼女はくるりと向きを変えた。それから 2 歩ほど彼に近づいた。本当は
　　　　誰かに止めて欲しいと思っていたが止めてくれる者はいなかった)

(John Le Carré's The little Drummer Girl から)

    c. Neither Inspector Walker nor the book's readers can be entirely certain that <u>an</u> innocent man has <u>not</u> gone to the gallows.

      （ウォーカー警部も読者も無実の者で絞首刑になった者はいないということに確信が持てない）   （New York Times の書評から）

明らかに、some/ a ... not 構造は対応する肯定予想が明示的に確立されている文脈では NEG-Q 読みを許す。これにより特称と全称との非対称性を取り除くことになる[30]。

  （**41a**）では、ブライアン・デ・パルマは自分の映画を他の監督の作品と、それとなく比較している（もちろんこれらの監督の作品は、彼自身の作品がそうだといわれているのと同程度に社会病質的なのである）。出演者や監督を紹介するクレジットタイトルの段階という全く最初の段階で決まって殺人が起こるのは、パルマの映画ではなく他の監督の言語に絶する恐怖映画なのである。（**41b**）は、あまり勇気のあるとはいえないチャーリーが、誰かが自分を止めてくれるのを期待している場面である。（**41c**）では、無実の者の死刑執行が、人を狼狽させるとはいわないまでも、予期せぬ可能性として取りざたされている。確かにこれらのケースでは、話し手や聞き手（さらには読者、作者）が当然持っているであろう予測がはずれたということが重要である。

  これらの例はベイカー（Baker 1970: 182ff.）の観察に通じる所がある。ベイカーは some ... not の構造が「特別の述語」のひとつの下に埋め込まれた（構成された）文例を多数示している。彼の例ではすべて埋め込み文の否定が主語に関して広い作用域を持つように解釈される。

（**42**） a. I'm surprised that someone hasn't already said something to you.

      （君に既に何か言った人がいないなんて驚きだ）

     b. John is relieved that someone didn't sign up ahead of him.

      （ジョンは自分より先に申し込んだ人がいないのでほっとしている）

彼はこれらの補部の容認可能性を上位の述語の性質のためであるとしている。「直観的に言えば、これらの述語はある事実と、なんらかの精神的、感情的状態との間の対立関係を示している。例えば、ある事実が予想と一致しなかった時には驚き、また、恐れていたことのようにはならなかったので安心する。さらに、希望どおりに行かないと失望する。従って、（**42a, b**）はそれぞれ（**42'a, b**）の命題により認可される。

(42')a. I expected that someone would have already said something to you.
  （誰かがもう何か君に言っているものと思っていた）

b. John was afraid that someone would sign up ahead of him.
  （ジョンは誰かが自分より先に申し込んでいるのではと恐れていた）

ベイカーの説明は (43) の縮約比較節にも自然に拡張でき、これは (43') によって裏付けされている。

(43)　It's {amazing/ lucky} more people haven't already been killed at this intersection.
  （この交差点で既に亡くなった人が（予想より）多くないのは {驚き／幸い} だ）

(43')　It was expected that more people would have already been killed at this intersection.
  （もっと多くの人がこの交差点で亡くなるのではないかと予想されていた）

(42a) と (43) の埋め込み節はそれ自身では多様な肯定極性項目と共起できない。また、非「情緒的」環境でも生じることはできない。

(44) a.#I'm convinced that someone hasn't already said something to you.
  （既に何か君に言った人がいないことを確信している）

b.　Someone hasn't (#already) said {anything/ #something} to you.
  （（＃既に）君に {＃何か／何も} 言っていない人がいる）

c.#I knew that more people haven't already been killed at this intersection.
  （この交差点で既に亡くなった人が（予想より）多くないことを知っていた）

d. ?More people haven't (#already) been killed at this intersection.
  （この交差点で（＃既に）亡くなった人が多くない）

　ベイカーの極性の通派生的理論によれば、否定または肯定極性項目 i が文 S に適切に生じることができるのは、S によって伴立され、i がその中に適切に生じることができるような文 S' が存在する場合である、というものである。これによれば、(42a) が認可されるのはそれが伴立する (42'a) が存在するからであり、(43) は (43') が存在するからである。確かに、何らかの「ほのめかし的概念」が極性の記述に役割を果たすだろうが、ベイカーの理論には重大な欠陥がある。伴立関係は極性項目の容認について必要条件でも十分条件でもないことがベイカー本人によっても認

められ（Baker 1970; 182–84）、その他の学者からもさらに詳しい指摘を受けているのである（批判とそれに代わる提案については Horn 1970; Fauconnier 1975a, 1975b, 1976; Ladusaw 1979; Linebarger 1981, 1987 を参照のこと）。

　目下の議論には、ベイカーの枠組みは極性変化を認可する伴立関係について、正しい一般化ができなかったということを述べるだけで充分である。重要なのは上で引用した議論の中でベイカーが述べた感情的要因である。伴立が成立してもその感情的要因が欠如すると、否定の作用域が主語より広い読みは生まれない。従って、(**45a, b**) は (**42a**) よりも適切さの程度が落ちる。

(45) a.#She denied that someone hasn't already said something to you.
　　　（既に君に何か言った人がいないことを彼女は否定した）

　　b.#I doubt that someone hasn't already said something to you.
　　　（既に君に何か言った人がいないことを疑わしく思う）

しかし、各々の文はその中で肯定極性項目が適切である肯定文を伴立する。

(45') a.　She said that someone has already said something to you.
　　　　（既に誰かが何かを君に言ったと彼女は言った）

　　b.　I believe that someone has already said something to you.
　　　　（既に誰かが何かを君に言ったことを私は信じている）

（もちろん、deny や doubt がくれば単純な否定極性項目は容認される。これはベイカーや他の学者が言うとおりである。She {denied/ doubts} that anyone has ever said anything about it「彼女は、誰かがそれについて何かこれまでに言ったということを否定した／疑っている」。）

　今ここで議論している構文について、さらに次の3つの点を強調しておきたい。第1点は、(**42a, b**) や (**43**) のような文での否定は普通の方法で極性項目と相互作用することができないということである。ここで取り上げた極性項目は、本来なら談話文脈においてある意味では無標の（予期された）対話命題中に生じたはずのものである。極性項目に関連を持たないこれと同様の否定の例を 6.4 節でもみた。そこでの取り扱いと同じく、目下のケースもメタ言語的、二次的な否定を表すものと考えることができる。

　2点目はこれに関連している。下降–上昇調の音調が NEG-Q 読みの {all/ every} ... not や関連した both ... not 構文、and ... not 構文に現れる（4.3 節参照）。この音調は、第6章で指摘したように、メタ言語的否定一般にみられる特質なのである。このこ

とから量化された主語を持つ文で、否定が広い作用域を持つ（NEG-Q）読みになる時には、否定は極めて自然にメタ言語的に使用されていると考えてよい。一方、例えば、All is not lost というような文で、否定が広い作用域を持つように解釈するのに特別の音調を必要としないという事実は、通常訂正表現が現れないことと共に、〜∀ 解釈を持つこの構文が普通の述語否認を実現していると分析できなければならないことを示している[31]。

　第 3 点は、例の (41) で見たように、「特別の述語」が統語構造に明示的に現れなくても、問題の極性項目（あるいは存在表現の後に否定がくる文の広い作用域の解釈）が生じることである。従って、(42a, b) の他に (46) のような文例があり得るのである。

(46) a. This is incredible. You mean to tell me that someone hasn't already spoken to you about the party?!
　　　（信じられない。パーティーについて既に君に話した人がいないって！）

　　b. What a relief—this must be my lucky day. Evidently someone hasn't signed up ahead of me after all!
　　　（一安心だ。今日はついている。結局僕より前に申し込んだ人がいないようだ！）

驚くべきことではないが、メタ言語的 some ... not は「一語一語の強調的否認」(Baker 1970: 169)、あるいは前に言った主張の「単なる繰り返し」(Tasmowski-De Ryck 1972: 199) の文脈でも用いられる。このような環境での否定の後の some の出現については既に 6.4 節でもみた。否定の前の some も同様に使われることがある。下の (47a) は『セサミ・ストリート』のあるエピソードの会話である。(47b) は『ダーティ・ダンシング』(1987) という映画の、（中絶の手術を受けるために）大事なマンボのショーに参加できないダンサーを他の者と代える相談の場面である。

(47) a. Forgetful Jones:　'Somebody broke my balloon, somebody broke my balloon.'
　　　　　　　　　　　（誰か僕の風船割った、割った）
　　　Maria:　'No, somebody didn't broke your balloon.'
　　　　　　　（ちがうでしょ。あなたの風船割った人なんていないでしょ）
　　　［Forgetful が自分で割ったことが後で分かる］
　　b. "Baby" Houseman: 'Can't someone else fill in?'
　　　　　　　　　　　（誰か代わりはできないのか？）

Johnny Castle:	'No, someone else <u>can't</u> fill in.'
	（いや、代わりができるやつなんていないんだ）

　しかし、some ... not 構文で、否定が存在量子化子より広い作用域を持つ読みが直接の「口答え的」返答で可能である場合でも、その読みはしばしば認識し難いし、特にその読みが文脈によって強制されない場合、または、(47)のばかにしたような反論口調がない場合は、一層難しい解釈である。次の(47')を比較していただきたい。

(47') A : Somebody spilled something.
　　　　　　（誰かが何かをこぼした）
　　　 B₁ : {Nobody spilled anything/ No, they [sic] didn't}—it's just the rain.
　　　　　　（{誰も何もこぼしていないよ／いいや、そうじゃない}—ただの雨だよ）
　　　 B₂:#Somebody didn't spill something, it's just the rain.
　　　　　　（誰かが何かをこぼしていない、ただの雨だよ）

　同じことは、他の弱いまたは「寛容な」決定詞（第4章参照）にも当てはまる。これに関してカッツ（Katz 1972）が思い出した逸話が見事に説明してくれる。憤慨した議会がチャーチルの(47''a)の発言を撤回するようにせまった時、チャーチルは(47''b)のような「撤回」発言をして対応した。

(47'') a.　Half of the ministers are asses.
　　　　　　（大臣の半分は馬鹿者である）
　　　　 b.　Half of the ministers are not asses.
　　　　　　（大臣の半分は馬鹿者ではない）

ここで外部的メタ言語的読み（˘Half of the ministers aren't asses, {but many/ in fact all} of them are）が確かに可能である。しかし、それは明らかに明瞭ではない。
　しかし、メタ言語的反対がからんでこない時、全称と特称の間の非対称性はどうなるのだろうか。なぜ、英語でも通言語学的にも、(48'a) の文脈の時よりも(48a) の文脈の方が否定に広い作用域を与える解釈が容易なのだろうか。

(48) a.　Everybody didn't come.　　　　(48') a.　Somebody didn't come.
　　　 b.　Not everybody came.　　　　　　　　 b.　Nobody came.
　　　　　　（皆来たわけではない）　　　　　　　　　（誰も来なかった）

　イェスペルセンは、普通の助動詞位置の（ネクサス）否定が NEG-Q 読みできるのは「2 つの傾向の結果」であると述べている（Jespersen 1924: 327）。2 つの傾向とは、主語を最初に置く傾向と、否定を動詞に引き寄せる傾向である。これにより、「論理的には」全称表現の前に来るべき否定も、定形助動詞の後という無標のネクサス位置に引き寄せられる。しかし、この「可能な限りはネクサス否定を使う」という後者の傾向（Jespersen 1917: 44）は、イェスペルセンが別の所で述べたもう 1 つの相補的傾向によって相殺される。この原則（我々のなじみの用語では「否定先行原則」）により、否定に広い作用域を与える場合、助動詞の後よりも否定辞が量化主語に編入した形態（none, not every）が好まれる。助動詞の後の位置では解釈の際に、主語と「交差」しなければならないからである。（もちろん NEG-V 読みではこのような作用域の解釈上の交差は起こらない。）さらに（48a）において全称表現の主語を「強調のために」前置して得られる効果（Jespersen 1917: 87）も、not が文頭にくることで多義的でない（48b）でも、適当な音調さえ与えれば可能である。いずれにせよ、多義的なネクサス否定（48a）と（普通は）多義的でないネクサス否定（48'a）とを区別する仕事がまだ残っている。

　この 2 つの述語否認の間の決定的な違いは、（48'a）の方では NEG-Q 読みにしようと思えば、（48'b）のように、完全に語彙化された E 頂点タイプの量化子（あるいは決定詞）を含む否定文として交代的に（かつ多義性もなく）表現できる、ということである[32]。ところが（48a）のような例では、NEG-Q 読みを作り出す〜∀ の多義性のない唯一の形式は、相対的に語彙化されていない O 頂点タイプの否定量化子または決定詞によって（48b）のように表現される。これは not all (the) α、not everybody（=（48b））、not everything などの構成を取る。（48'a）の some ... not の構造形はもちろん論理的には否定全称表現（not all）と同等のものである。4.5 節での私の議論によれば、いかなる O 頂点量化子も完全には語彙化されない。従って、この特称否定（some ... not）も完全には語彙化されていない。

　量化主語を持つ述語否認の NEG-Q 読みの相対的可能性は、従って、いくつかの機能的傾向の競合関係の結果で決まってくるということになる。イェスペルセンの説明のなかで「ミッシングリンク」になっている部分は、彼の原則の 1 つを次のように再定式化することで得られる。すなわち、「明示的な否定は表層では無標の位置（ネクサス否定、述語否認の位置）に否定辞や、定形動詞または助動詞への屈折縮約形としてあらわれようとする選好を持つ」とするのである。この選好のことを「ネクサス NOT（NEXAL NOT）」と呼ぶことにしよう。このネクサス NOT の選好は（48a）と（48'a）では充足しているが、（48'b）では固有の否定量化子として表現されているので無関係である。（48b）ではこの選好に違反している。

　整理してみよう。「否定先行原理」が、NEG-Q 解釈の表示としては（a）よりも（b）

の方を選好することを予測し、同時に主語を文頭に置こうとする傾向が反対の選好を予測する。そしてそのような環境の下でネクサス NOT が (48) と (48') の非対称性を作り出すのである。固有の否定量化子 (nobody, none of the α, no α) に対する、否定された量化子 (not everybody, not all the α) の有標性はこれら 2 つのグループの間のよく知られた分布上の非対称性の存在によって示すことができる。すなわち、前者は自由に動詞や前置詞の目的語となれるのに、後者はなれないのである。

　しかし、なぜネクサス NOT という傾向が存在するのだろうか。もっと一般的な機能的説明ができないだろうか。3.3 節で述べた「語用論的労力の分業」を思い出していただきたい。この原則が次の傾向を予測してくれる。すなわち、表層上の語順に対応する作用域の選好に照らして、潜在的な NEG-Q の意味を伝えることに特化した (b) 表現が存在する場合、(a) 表現が NEG-V 読みの意味伝達に制限される傾向があること、である。付録 2 (及び Horn 1984b も参照) でも議論するが、この制限する効果の力は代替表現の有標性と反比例する。［訳者注：有標性が大きくなると制限する力は小さくなるのである。］そうすると、not everybody は形態論的、統語論的に見て nobody より有標であるから、潜在的 NEG-Q 読みを伝達するために (48a) を使用することを阻む力は相対的に弱くなると言えよう。

　もしこの非対称性に関する私の提案が正しいのであれば、NEG-Q 読みは語彙的にパラフレーズ可能な表現がない述語否認の場合に認められることになるだろう。この予想が正しいことは、次の (48) – (48') と平行した関係にある (49) – (49') の例で確認できる。

(49) a.　Kim and Lee didn't come.　　(49') a.　Kim or Lee didn't come.
　　 b.　Not both Kim and Lee came.　　　　 b.　Neither Kim nor Lee came.

Horn (1972) で (バーバラ・パーティーに感謝して) 述べたように、(49a) では、否定は and で結ばれた主語の作用域の外にある解釈 (「キムとリーの両方が来なかった」) が可能であるが、(49'a) では、or で結ばれた主語の内側にある解釈 (「キムかリーのどちらかが来なかった」) しかない。これは、(49'b) の方には潜在的 NEG-CONJ の意味を伝える多義性のない無標の表現があるから、その読みを (49'a) が持つことが阻止されるのである。(量化表現を持った類似文 (48'a) と同様に、(49'a) も、適切な音調、談話文脈、訂正表現が与えられれば、広い作用域のメタ言語的否定を持つように解釈されうる。)

　もうひとつの適例は Ladusaw (1979: 81) から借用したものである。彼は (50) の文の多義性と (50') の文の一義性を対照して述べているが、理由は説明されていない。

(50) a. Both seminar rooms aren't in use at the same time.
      （2 つの演習室は同時に使用されていない／2 つの演習室が同時に使用さ
      れているわけではない）

   b. One TA can't always grade all of the homework assigned.
      （一人の助手は、常に宿題のすべてを採点できない／常に宿題のすべてを
      採点できるとは限らない助手が一人いる／常に宿題のすべてを採点でき
      る助手はいない、その他の読みで多義）

   c. Three bricks won't be sufficient to prop up the bookcase.
      （煉瓦 3 個では本箱を支えるのに充分ではないだろう／本箱を支えるのに
      充分な煉瓦は 3 個もないだろう）

(50')a. Many students don't take classes after 4 P.M.
      （多くの学生は午後 4 時以降授業をとらない）

   b. A lot of wine wasn't consumed.
      （多くのワインが消費されなかった）

(50'a, b) の NEG-Q 読みは同じ意味をもつ語彙化した否定量化子の存在（few
students, little wine）によって阻止される傾向にある[33]。しかし、（(48a)、(49a) と同
様に、）(50a) は複雑な否定量化子 not both seminar rooms にパラフレーズされるだ
けである。さらに (50b, c) の否定に広い作用域を与える解釈に至っては、多少とも
語彙化された対応する表現すら許さない。not n や less than n という解釈は、両方
とも通常の尺度否定を表現する場合にのみ可能である。そしてまさにそのような場
合に、(50b, c) の集団を表す主語に関連する NEG-Q 読みは直ちになくなってしま
う[34]。

(51) a. {One/ A} TA couldn't make it to the meeting.
      (≠ none/ not one could make it)
      （一人の助手が会議に来られなかった。「誰も来られなかった」という解釈
      は不可）

   b. Three bricks weren't the right color for the wall.
      (≠ fewer than three were)
      （3 個の煉瓦が壁に適切な色ではなかった。「適切な煉瓦は 3 個もなかった」
      という解釈は不可）

every/ some の作用域の非対称性に関する私の機能論的説明は英語だけに当ては
まるのではない。SOV 言語であるトルコ語の場合も機能論的アプローチで説明で

きる。トルコ語では述語否認は動詞の接尾語の形を取る。また、（none にあたる hiç、not one にあたる hiçbir のように）完全に語彙化された **E** 頂点型の量化子が存在する。しかし、not every や not all にあたる複合的否定量化子は存在しない。次の例（**52**）は Payne（1985: 234）からのものである。

(**52**) a. Herkez   cevab-1   bil-iyor.
      everybody   answer-OBJ   know-PRES
      'Everybody knows the answer'

    b. Herkez   cevab-1   bil-m-iyor
      everybody   answer-OBJ   know-NEG-PRES
      読み 1 'Not everybody knows the answer'
              （皆がその答えを知っているわけではない）
      読み 2 'Nobody knows the answer'
              （誰もその答えを知らない）
    （読み 1 は一般に選好度の高い解釈、読み 2 は選好度の低い解釈）

ペインの指摘によれば、（**52b**）で NEG-Q 読みが通常の解釈であるということは、［NEG-V 的］everybody not 解釈には none または not any 型の、例えば hiç、hiçbir という、量化子を選好する一般的傾向が存在するという事実に「明らかに」影響されている。

　このことに関連した重要な言語的観察がある。否定の量化子への編入のない、動詞が文末に位置するタイプの言語の多くでは、存在量化子あるいは特称量化子の右側に位置する否定は、その量化子に対して広い作用域を（少なくとも選択的に）持つことができるということである。これは例外というより、むしろ規則的と言える（Davison 1978 参照）。従って、（**39b**）をインド・アーリア祖語、ドラヴィダ語、トルコ語へ字句通り翻訳すると、それは NEG-Q（= ～∃ ... ）読みに解釈されうるし、また、一般的にそうである。

　O → E という意味的偏流（4.5 節参照）に従い、否定－量化子の構成で、原則的に特称否定（**O** 頂点型：∃～）か否定特称型（**E** 頂点型：～∃）のどちらかの解釈が可能な場合、それを阻止するための語彙化された **E** 頂点型の量化子がない限り、**E** 頂点型の解釈になることが多い。少なくとも動詞が文末に位置するのではない言語で、特称否定が NEG-Q（**E** 頂点）読みだけ可能なそんな言語が 1 つある。それはパラウ語である。英語では（**53**）は多義である。（もちろん否定が広い作用域を持つ解釈は読みとり難い。）この多義性はパラウ語では消えてしまい、（**53b**）のような NEG-Q

読みしか付与されない（Foley 1975: 145）。

(53)　One of his friends didn't sing.

 a.　NEG-V: Of his friends, only [sic] one didn't sing.

    （友達のうち、歌わなかった者が 1 人だけいた）

 b.　NEG-Q: None of his friends sang.

    （友達の誰も歌わなかった）

　日本語では事情はより複雑である。全称表現、存在表現はともに普通は否定については広い作用域を持つ。ただし、トピック標識の「は」が量化子に付いた場合には、NEG-Q 読み（= ～∀、～∃）がまさる。(54) と (55) の対照は加藤（Kato 1985: 105ff.）からの引用である。同様の例がマックグローイン（McGloin 1976, 1982）にもあげられている（しかし太田と加藤の論文（Ōta and Katō 1986: 34ff.）では異なる説明があげられている。そこではトピック標識の「は」の振る舞いが、「焦点」または「対照」の「は」の振る舞いから区別されている）。

(54) a.　全員　が　レポート　を　　出さ　　なかっ　た

   all SM report OM hand in -NEG- PAST

  （NEG-V、∀～読み）

 b.　全員　は　　レポート　を　　出さ　　なかっ　た

   all TM report OM hand in -NEG- PAST

  （NEG-Q、～∀読み）

(55) a.　学生　が　10 人　来　　なかっ　　た

   student ten come -NEG- PAST

  （NEG-V、∃～読み）

 b.　学生　が　10 人　は　来　なかっ　た

  （NEG-Q、～∃ 読み）[35]

　日本語では、他の要因も同様に否定と量化子の作用域の可能性の決定に関与している。これはマクグローイン、加藤、太田らの指摘のとおりである。否定の外部的、あるいは広い作用域の読みは「わけではない」というメタ言語的否定辞で強制される（6.6 節参照）。しかし、存在表現、全称表現のうちのある種のものは、その語彙特性上、たとえ「は」がある場合でも、否定の作用域の下に入ることはできない（英

語の each や several の振る舞いと比較されたい。これらは否定の後にくる場合でもそれより広い作用域を持つ)。さらに、広い作用域の読みも、狭い作用域の読みも談話の文脈の性質次第ではもっと顕著なものになりうる。

さて今までみたように、英語では、明確な量化主語が、定形動詞に位置する述語否認の否定の作用域内にくると解釈される場合と、量化主語の方が否定より広い作用域を求める場合がある。矛盾否定の意味を作り出す NEG-Q 解釈は、表層での作用域の交差を阻止する機能的原則(おそらく部分的に慣習化されている)により排除されることもあるし、排除されないこともある。ある述語否認の広い作用域を持つ解釈が、無標の別の表現で可能である場合には、その述語否認をそれに付与される NEG-V 読みに限定してしまう傾向がある。しかし、どのようにその読みを付与するのか。確かに述語名辞否定では NEG-V 読みをそれに結びつけるのは簡単であった。この場合、否定要素の統語構造上の位置が(編入されているにせよいないにせよ)主語を含みこむ広い作用域を持つことを妨げていた。しかし、述語否認の場合には一体どこから NEG-V 読みがくるといえるのだろうか。

これまで検討してきた中では、量化子の作用域に基づく多義性へのモンタギューの方式を一時的に採用しなかった。1つには、そのような方式は多義性の全くない文も含めて論理形式を過剰に生成してしまう傾向があるからである。しかし、この困った点はなにもモンタギュー文法に限ったことではない。生成意味論的方式から(修正)拡大標準理論に至るまで同様に問題になる。後者では作用域の多義性を解消する階層として一義化された論理形式のレベルを想定する。クーパーとラデュソーが論じたように、私がここで予測しようとしている多義性は、本質的に意味的なものであり、統語構造的なものではない(Cooper 1975, 1983; Ladusaw 1979)。統語形式が文の構成要素から投射される意味を決定できないと考えてみよう。そうすると、なんらかの階層的な構造表示において、異なる意味には異なる派生が対応すると想定しなくても、必要とするさまざまな読みを選び出せるということになる。この考え方は、多義性が除去された言語を想定するモンタギューの方式(Montague 1974)、述語計算的概念構造を想定するレイコフやマコーレーの方式(Lakoff 1969; McCawley 1972)、あるいは LF(論理形式)というレベルを創出するメイの方式(May 1977)と袂(たもと)を分かつことになる。

クーパーとラデュソーに従って、いわゆる作用域の多義性は、ボトムアップ式に文を解釈してゆく過程で名詞句の意味を随意的に保管することによって生じる、と考えることにしよう。モンタギュー文法と同じく、名詞句の意味が回復され、量化されるポイントが文の読みを決定する。しかし、モンタギュー文法(及びラデュソーの言い方を借りれば、作用域の幾何的(GEOMETRIC)理論)とは違い、この区別には統語構造は関連しないとする。クーパーの保管は、モンタギュー文法流の

形式意味論(その他の新フレーゲ派の理論)に組み込まれていた「合成性の要求」を、制限された範囲ではあるが、整合的に緩和する。しかし、そこから得られるものは大きい。我々は論理的統語構造上で、存在根拠を他に求められない諸々の操作に、もはや頼らなくてよくなるのである。諸々の操作とは、数量詞繰り下げあるいは Q マジック (Carden 1970, 1973; G. Lakoff 1969)、数量詞繰り上げ (May 1977)、あるいは助動詞基盤否定の狭い作用域を認可するための名詞句繰り下げ (Barwise and Cooper 1981) などである。主語名詞句が述語否認において狭い作用域 (NEG-Q) の読みを得られるのは、名詞句の意味が保管されていない場合である。また、目的語の名詞句 (I didn't eat some of the cake) が広い作用域の読みを (否定のそれと交差して) 取るのは、その意味が保管されている時ということになる。

　以上の方法は、根拠のはっきりしない統語構造に基づく規則を、これまた根拠のはっきりしない意味論上の「保管」という考え方で置き換えただけではないかという感想をお持ちになるかもしれない。しかし、両者の間には重要な違いが存在するのである。各々の名詞句は一般化量化子と考えられていて、少なくとも 2 つの異なる形式的解釈を生み出す。しかし、ラデュソーが述べているように、異なる解釈は必ずしも異なる読み (READING) になるというわけではないのである。「読み (a reading)」というものを「解釈の同値類」(an equivalence class of interpretations) とみなすなら、同じ真理条件と同じ慣習的含意を持つ 2 つの解釈は、実は同じ 1 つの読みにすぎないということになる。(56a,b) では、2 つの論理的に異なる「解釈の同値類」は、各文の単一の構成構造(そして論理構造)についての異なる 2 つの「読み」に対応する。

(56) a.　Everybody ate something.
　　　　　(全員が(それぞれ)何かを食べた／あるものを全員が食べた)

　　 b.　Somebody ate everything.
　　　　　(だれかが全てのものを食べた／全てのものについてそれを食べる人がいた)

　　 c.　Somebody ate something.
　　　　　(だれかが何かを食べた)

一方、(56c) のさまざまな解釈は、名詞句の意味の保管や回復のさまざまな可能性によって決定されるが、結局すべて、同じ真理条件と慣習的含意を持った同一の読みに還元されてしまう (Ladusaw 1979: 67)。従って、(56c) は、(56a, b) とは異なり、意味的に多義性がないと予測される。また、事実そのとおりである。

　ルイスが論理的二重否定を説明する際 (Lewis 1970、§5.1.3 参照) 意味の違いを 1

つの内包に中立化して見せたように、クーパーとラデュソーらも作用域の多義性の扱いで同様の方策をとったのである。彼らの理論は、1つの統語構造の持つ複数の解釈が中立化し、結局1つの読みになる場合を認めたことになる。この時、もちろん統語的にも、意味的にも多義性は無いことになる。

　作用域の多義性の問題に対する「意味保管」論擁護の詳細にはこれ以上立ち入らない。しかし、ギャズダー、クライン、プラム及びサッグとともに「量化子の多義性はクーパーの保管理論の線で扱うべきである」(Gazdar, Klein, Pullum and Sag 1985: 15) という見解を、私も採用することにする[36]。この見解によると、(**39**) の文は意味論では多様な解釈を受けるが、統語的には等しく述語否認である、ということになる。投射された2つの解釈が、ある文の2つの異なるかつ入手可能な読みになるかどうかは、関連する量化子のタイプとその文の発話の文脈次第、ということになろう。

7.3.4　作用域と表示、意味論と語用論：最終的展望

　否定の作用域は、言語の構造的側面、構造外的側面に複雑なかかわりを持つ。これには、焦点、音調、文法関係、新旧情報、作用域的特性を持つ他の演算子の意味的、語彙的要素、特に量化子と法的要素などが含まれる。これらの問題についてはこの研究で多くを述べたとは言えない。これらの諸問題の一般的研究、あるいは英語を基礎に据えた全般的に生成理論の枠組みでのさまざまな視点からの取り組みについては次の文献を参考願いたい：G. Lakoff 1969; Jackendoff 1969, 1971, 1972; Smith 1970; Partee 1970; Chomsky 1970, 1971; Bald 1971; Horn 1972, 1978a; Carden 1973; Stockwell, Schachter and Partee 1973; Sgall, Hajičová and Benešová 1973; Lasnik 1975; Welte 1978; C. Ross 1978; Linebarger 1981; Culicover 1981; Payne 1985。また、オランダ語（そして英語）の分析については Kraak 1966; Seuren 1967。南アジア諸語については Bhatia 1977; Davison 1978。ロシア語では Crockett 1977; Babby 1980。ハンガリー語については Varga 1980。フランス語については Heldner 1981。最後に、日本語については Kuno 1980; McGloin 1982; Kato 1985 など。

　ここで回答を約束しておいた問題にとりかからねばならない。アリストテレスに従えば、通常の否定、すなわち述語否認は主語–述語結合を作用域に含むことになる。この章の最初の方で、x isn't well という否定を検討した。この文で、主語 x が存在しないものの名称であったり (Socrates isn't well)、存在はしていても well という述語の叙述を受けるにふさわしいものでない場合 (The number 4 isn't well)、文が「偽」となるためには、その文の否定は主語を作用域内に持っていなければならない。実際、そのような文で多義性が統語的、意味的に取り除かれるのは、固有名詞や数字を固定指示子として扱うことを止め、同時にこれらの文の肯定文（{Socrates/

The number 4} is well）にも同じ多義性を投射する準備ができた時のみである。それでは主語名辞（及びそれらが引き起こす前提現象）は、無標の統語的内部否定よりも、広い作用域を取るようにみえるのはなぜだろうか。

「主語の作用域の内側にその作用域が来る否定は文否定ではない、すなわち、それらは述語否認というよりは名辞（**IV**、**VP**）否定である」とする見解を私は検討の結果、拒絶した。古典語では第 1 章でも述べたように、はっきりとした語順が繋辞文での述語否認（Socrates well not is）と述語名辞（**IV** 句）否定（Socrates not well is）とを区別していた。これは述語名辞否定が形態的に編入を起こしていない場合でもいえることである。しかし述語否認でも、資料が明らかにしているように、単称の叙述表現の通常の解釈は主語名辞の指示対象の存在を仮定している。他の言語、特に動詞が文末にくる言語では、名辞否定すなわち構成素否定は存在しないかもしれない。述語否認は Aux-（あるいは **INFL**）の否定形態素で表現される。そしてそれらは形式的、意味論的、談話文脈的要因によりさまざまな作用域を付与される（これについては前掲の Davison、Kuno、Payne の諸論文を参照されたい）。

第 3 章で観察したが、英語ではクリマの統語的判断基準（特に either、neither、否定同格語、単純肯定付加疑問に基づく 4 つの診断的文法標識）で選ばれる文否定の集合は、意味論的文否定（つまりジャッケンドフなどによって好まれた it is not so that **S** というパラフレーズ基準によって同定される矛盾否定）の集合と確かに重なる。しかし、完全に矛盾否定の集合に還元されてしまうわけではない。つまり、クリマのいう文否定の集合の要素であることは、矛盾否定の集合の要素であることの必要条件でも十分条件でもないのである。同じように、すべてではないが、たいていの述語否認は矛盾否定になる。また、名辞否定でも impossible や unable のような **E** 頂点的述語を作るものがあるが、これらは矛盾否定になりうる。

証拠を見てみよう。次にあげる文タイプはすべて述語否認を含むものと解される。

(57) a. I don't think the Yankees will win.　　（⇨ I think they won't win）
　　　（ヤンキースが勝つとは思わない）　　（ヤンキースは勝たないと思う）
　　 b. Chris isn't happy.　　　　　　　　　（⇨ Chris is fairly unhappy）
　　　（クリスは幸せではない）　　　　　（クリスはかなり不幸せだ）
　　 c. You mustn't buy that car.　　　　　（You must ［not buy that car]）
　　　（その車を買ってはいけない）　　　（その車を買わないようにすべきだ）

上の述語否認を含む文タイプは、対応する肯定文(57')の矛盾対当というより、もっと強い否定的意味合いを伝える傾向がある。

(57') a. I think the Yankees will win.

　　 b. Chris is happy.

　　 c. You must buy that car.

つまり (57) のそれぞれについて、少なくとも語用論的には下の (57") のような、除外された中間的な領域があると思われる。[訳者注：(57) はそれを飛び越えたような意味合いを伝えるのである。]

(57") a. I have no opinion one way or the other about whether the Yankees will win.

　　　　（ヤンキースが勝つかどうかについてはっきり分からない）

　　 b. Chris is neither happy nor not happy (she's just feeling sort of blaah).

　　　　（クリスは幸せでも不幸せでもない、（まあまあの状態だ））

　　 c. You can buy that car or not buy it, as you choose.

　　　　（その車、君は買ってもいいし買わなくてもいい。君まかせだ）

　　第 5 章で主張したように、(57a) は、(57'a) の意味論的矛盾になっているが、短絡的会話含意 (short-circuited conversational implicature) によってもたらされた ((57"a) の読みを排除する) より強い読み (NR) を持つ。(57b) は (57'b) の反対否定の意味を伝える。これは無標の肯定尺度述語クラス (happy を含む) に適用される関連した (非短絡的な) 意味強化規則の働きによる。(57c) では、強い内部読み (訳者注：[not buy that car] のこと) はおそらく語用論的というより意味論的事実である。同じ解釈が否定辞の独立した You must [not buy that car] でも得られるが、その場合には **VP** 否定を扱っていることになる。しかしながら、極めて重要なことは、(57c) も (57a, b) と同じく、次の診断が示すように、クリマの判定法では文否定ということになる点である。

(57''') a. I don't think the Yankees will win, not even if the Sox take bribes.

　　　　（ヤンキースが勝たないと思う。ソックスが賄賂を受け取ったとしてもそうだ）

　　 b. Chris isn't happy, and Kim {isn't either/ *is too}.

　　　　（クリスは幸せではないし、キムもそうだ）

　　 c. You mustn't buy that car, and {neither/ *so} must your sister. [cf. (40'a)]

　　　　（君はその車を買わないように。君の妹もだ）

結論として言えるのは次のようなことだろう。（私が主張するように、）屈折的に否

定要素を伴った助動詞が常に述語否認になるとする。そうするとその述語否認はクリマ流の文否定と同様に（3.3 節参照）、クラーク、シューレン、ジャッケンドフ流の文否定を常に表すとは限らないことになる。彼らの文否定とは、**S** を (57') のような肯定文とすると、it is not so that **S** でパラフレーズされるような文のことである。矛盾読みは意味論によって付与されるが、しかし、それは述語の語彙的属性で覆されない場合のことである。(57c) の場合には否定屈折形の法助動詞 mustn't は（needn't、can't、doesn't 他とは異なり）語彙的属性として「反対的内部否定的読み」と結びつく[37]。

　矛盾対当は、否定が述語否認であるための必要条件ではないが、実は十分条件でもないのである。(58) の各文は対応する肯定文 (58') の矛盾否定になる。これは it is not so that というパラフレーズを許すからである。しかし、(58) のどの文も述語否認ではない。

(58) a. It's impossible for a bachelor to be married.
　　　 （独身者が結婚していることは不可能である）
　　b. He ate nothing.
　　　 （彼は何も食べなかった）
　　c. No bachelors are honest.
　　　 （独身者は正直ではない）
　　d. Not everyone reads Aristotle.
　　　 （皆がアリストテレスを読むわけではない）
　　e. Not many children like war.
　　　 （戦争を好む子供は多くない）

(58') a. It's possible for a bachelor to be married.
　　b. He ate something.
　　c. Some bachelors are honest.
　　d. Everyone reads Aristotle.
　　e. Many children like war.

　診断法に関わる形式と振る舞いによって示されるように、(58a) はアリストテレスの名辞否定、イェスペルセンの特殊否定、クリマの構成素否定にあたるものである（Klima 1964: 291–92 参照）。(58b) はクリマの判定法では混合的パターンを示すのに対し、**VP** 内に否定があるというその位置からは述語名辞否定分析を再度示唆する。しかし、この位置の否定は広い作用域の解釈が義務的ではないが可能である

ことは明らかである。これについてはクリマの I will force you to marry no one（誰
とも結婚させないぞ、無理やり結婚させたりしない）の多義性の議論を思い出して
いただきたい（Klima 1964: 285）。**VP** 内部否定が広い作用域の矛盾読みになる可能
性を持つことは、さらに Bolinger（1977）、Jackendoff（1969）でも議論されている。

　（58c–e）の文は、統語的判定法にほぼ一致し、クリマ流の文否定（S-negation）に
なる（Klima 1964: 271ff.）。これらの文はまた、対応する肯定的一般文（58'c–e）の論
理的矛盾文を構成する。しかし、これらは述語否認ではない。（58c）は一見して狭
い作用域の否定と分かる。これは述語名辞否定ではなく、（主語名辞）量化子否定で
ある。not everyone と not many children という表現自身がこれらの文での構成要素
になっているとすれば、（58d, e）の否定量化子も構成素否定を含んでいる。

　これらの例についての私の議論の先駆けとして、アタルの研究がある（Attal
1971: 108）。彼は、（58e）の否定は文を否定しているのではなく量化子を否定して
いると考えるべきであり、これは not many が内在的否定量化子の few で置き換え
可能である（Few children like war）ことから分かると主張する。アタルや私の考えで
は、クリマとジャッケンドフはイェスペルセンの発言（Jespersen 1917: 42）に耳を傾
けるべきだと思う。彼によれば、（58e）は彼の言う特殊否定になっている。彼は特
殊否定では、否定概念はネクサス否定に帰属するというよりは、「1 つの確定的概
念に論理的に帰属する。」ネクサス否定の場合には、否定は「2 つの概念の結合、
典型的には主語 – 述語結合に帰属するのである」と述べている[38]。

　イェスペルセン、アタル、バーワイズとクーパーの拡大名辞論理学の結論は、否
定量化子は（広い作用域の）文否定ではない、とするものである。同じ考え方は、本
章の最初でも述べたように、Lee（1974）、Keenan and Faltz（1978: 132）にも異なっ
た方向から述べられている。また、 Payne（1985: 201–5）にも、否定量化子（Not
everyone、Not many α）や、主語位置にくる内在的否定量化子（No α、Few α）は矛盾
対立を構成し、クリマの判定法では文否定（S-negation）となっても、「標準否定」
（STANDARD negation）にはならないという主張が述べられている。より最近では、
ホークセマ（Hoeksema 1987）は、ジェイコブス（Jacobs 1982）の Nicht jede Schwester
bewundert einen Arzt（すべての看護婦が医者を尊敬しているとは限らない）という
ようなドイツ語文の分析を再考している。ジェイコブスは、文頭の否定は文否定
として作用していると述べているが、ホークセマはそれに反論する。彼はその根
拠として、ジェイコブス自身がバーワイズ–クーパー型の分析において nicht jede
Schwester は構成素をなしており、**mon** ↓の一般化量化子であると述べていること
を引用している。

　拡大名辞論理学では、（48a）と（48'a）は（39a, b）と同じく述語否認を表し、これは
否定の意味論的作用域がどのようなものであっても無関係と考える。一方、（48b）

と (48'b) は (58c–e) と同じく狭い作用域の量化子の否定と考える。ところで述語否認と否定量化子をめぐる問題についてアリストテレスはどのような立場だったのだろうか。彼は古典ギリシア語の統語構造と意味論の外面にこだわっていたので、（量化された）全称的言明の否定に述語否認の読みを与えることはできなかった。この点はギーチが強調していることである (Geach 1970)。ギーチは独自の「統語プログラム」で、新アジュキェヴィチ的な自然言語の範疇文法を提案している。彼の「統語プログラム」は(内包論理への翻訳はないが)モンタギュー文法の精神に近い。しかしその詳細はまったく異なっている。

　ギーチが指摘するように、アリストテレスは『命題論』で petetai (飛ぶ) のような述語表現 (rhēma) は固有名 (onoma)、あるいは pās anthrōpos (すべての人) のような全称表現と結びつくことを認めている。これらの結合は (59a,b) の文をそれぞれ作り出す。

(59) a.　Petetai Sōkratēs.　（Socrates flies）

　　 b.　Pās anthrōpos petetai.　（Every man flies）

しかし、否定(ギーチは矛盾否定を意図している)はこれら 2 つの文形式に異なる仕方で作用する。(59a) の矛盾は (59'a) であり、(59b) のそれは (59'b) である。

(59') a.　Ou petetai Sōkratēs.　（Socrates does not fly）

　　 b.　Ou pās anthrōpos petetai.　（Not every man flies）

ギーチはこの言語事実をとらえて次のように言う。これはギリシア語の論理的統語法についての単なる事実構成を越えており、「深い洞察の表れであるが、固有名詞と every man のような表現を名詞句とひとからげにしてしまうような者には分からないことである。実は、我々は 2 つの異なる統語範疇を扱っているのである」(Geach 1970: 484)。

　ギーチが求めていたことは、ou(=not)を ss 範疇(これはアジュキェヴィチ(**Ajdukiewicz** [1935])の **s/ s**、モンタギューの **t/ t** のような範疇)に指定する方法である。ss 範疇とは文を入力とし、文を出力する演算子の範疇である。ou という否定をこの範疇にし、同時に ou petetai (= not fly) を (59'a) の構成素とし、ou pās anthrōpos (= not every man) を (59'b) の構成素として認めようとする方法をギーチは模索した。この要求を彼は次のように解決しようとした。すなわち、否定を意味論的には文レベルで作用する演算子として扱い、一方、構造上(固有名詞のつく)単称文は述語否認として実現し、全称文は量化子否定として実現する手段を工夫する、という方策で

686

ある。しかし、これに関する彼の議論は基本的なことがぼやけている。まず統語的に言えば、固有名詞も量化子付きの表現も確かに**名詞句**である。これはギーチが「何でもひとからげにする無知な輩」と批判した人たちの言うとおりである。また、ギーチの議論では次のことも明らかではない。アリストテレスははたして（意味論的に）矛盾否定であるものが、常に全称的述定の否認になるという見解を支持するだろうかという点である。(**59'b**) の正しい分析がどのようなものであれ、古典ギリシア語では全称否定に NEG-Q 読みは許されなかったのであるから、ギーチの議論は対応する特称文にもすんなり適用されるものではない。（アリストテレスが全称文をどのように否認すると考えていたかは、結論のでない推測ではあっても興味ある主題である。これについては次の文献に扱われている：Sommers 1970; Englebretsen 1981a, 1981b）。

バーワイズとクーパー（Barwise and Cooper 1981）はギーチに代わる方策を提示しており、私もそれを採用している。そこでは否定量化子は否定量化子である。そしてすべての主語名辞は、「単称」であれ「全称」であれ、集合を指示対象とする**名詞句**、すなわち一般化量化子である。否定量化子＋述語表現、という構成が論理的に述語否定と同等になることはあってよい。not every man という主語をあるもの（例えば flying）が叙述し、結果として、every man について flying を否認するというようにである。同様に、no man flies という命題は、it is not the case that some man flies という命題と全く同一というわけではないが、論理的には同値とみてよい。このような考え方の方が（ギーチの方策よりも）古代ギリシア語にせよ現代英語にせよ、日常言語の否定の分析により自然な結果をもたらすと思われる。

しかし単称名辞を主語に持つ否定文ではどうなのだろうか。古典的アリストテレス論理学や私の新古典的拡大論では、述語否定の作用域は論理的に単称主語の作用域を含む。しかし、この事実は、本節の前の方で触れたように、主語名辞が実在物を指示すると語用論的に前提され得る場合、はっきりみえてこないことがある。再度お馴染みの Kepler did not die in misery と The present king of France is not bald という文を例に取ろう。これらの文は、Kepler という名前や、the present king of France という記述が、その存在が否定の作用域には影響されない対象を指示することを前提とする（あるいは含意する、暗示する、ほのめかす）ように解されるなら、それは英語（明らかに古代ギリシア語、ドイツ語）の表層主語の性質とみることができる。明らかな前提性と主語性（もっと適切には、話題性）の関連についてはStrawson（1964）から Reinhart（1981）に及ぶ著作で詳しく論じられているので、ここではこの問題にこれ以上立ち入らない（Horn 1986 にその関係についての証拠が要約されているので参照されたい）。とにかく、この［訳者注：前提性は話題性から派生するという］見方が正しいのであれば、文否定（述語否認）の意味論的作用域

の外に主語が位置するという見方は語用論的に誘発された幻想にすぎないことになる。

　同じような機能的アプローチは、2.3 節で探求した範疇誤りの場合にもあてはまるように思える。(**60a**)を否認する普通の状況というのは、対応する(**60c**)の述語名辞否定を伝達しようとして、否認(**60b**)を述べるような場合であろう。

(60) a.　**x** is red.

　　 b.　**x** is not red.

　　 c.　**x** is not-red. (i.e., **x** exists $\wedge$ $\big[$ (**x** is blue) $\vee$ (**x** is green) $\vee$ (**x** is yellow) $\vee$ ... $\big]$)

もし(ストローソンやラインハルトのように)言明が主語についてのものであるとすれば、普通、主語は存在し、かつ(それについて語られているものである)論理的述語の領域にあるように理解されるだろう。しかし、たとえ主語が存在しない、あるいは述語の領域の外にあるとしても、それでも (**60b**) の発話でなされた言明は有意味のままであり、『範疇論』でアリストテレスが主張したように、自動的に「真」になるだろう(1.1.1 項)。 The number 2 is not red, you dolt, numbers have no {color/extension}(数字の 2 は赤色なんかじゃない、馬鹿者め。数字に {色／外延} なんか無いのだから)というような発話があれば、これは普通、メタ言語的否定であって、適切な下降 – 上昇音調と修正をともなうことは第 6 章でも見たとおりである。

　ここで強調しておく必要があるのは前提性と話題性の相関関係の非意味論的性質である。話題の関連性の概念は、話題適合性基準(aboutness criterion)によって規定されているように、多くの場合、文法上の主語と一致する。しかし、常にそうであるわけではない。ストローソン自身が認めているように、すべての主語が話題というわけではない。実際、表層主語は対照強勢を与えられて、話題ではなく文焦点として機能する場合がある。この状況では、文は主語について記述するというのではないので、概して主語は存在前提を持たないし、助動詞位置の否定の作用域内にあるものと理解される。下の例 (**61a–d**) はこの現象を示している。それぞれ Strawson (1964: 96)、Grice (1975: 122)、Gabbay and Moravcsik (1978: 255)、それに *New York Times* (28 March 1987) の意見欄に載った Tom Wicker という人の文からの借用である。

(61) a.　—What bald notables are there?

　　　　—The king of France {is/ isn't} bald.

　　　　(どんなはげの名士がいるかな? フランス王は {はげだ／はげではない})

　　 b.　Jónes didn't pay the bill; Smíth paid it.

（ジョーンズが勘定を払ったのではない、スミスが払ったのだ）

    c. The cat is not on the mat; the dog is.

        （猫がマットの上にいるのじゃない、犬だ）

    d. God did not allow nor Satan force Jim Bakker to indulge in sex outside his marriage. Mr. Bakker decided that for himself.

        （ジム・ベッカーが不倫をはたらくのは何も神が許したからでも、悪魔がそそのかしたからでもない。自分で決めたことなんだ）

前提現象をどのように説明した（あるいはごまかした）としても、述語否認あるいは無標の位置の文否定は、与えられた文脈で推論されるものに応じて、時には主語を作用域に取り込み、時には（実際これが普通だが）作用域に取り込まないようにも思える。私のみるところ、この区別は論理的というのではなく、語用論的作用域の違いを反映し、統語的、形態論的相関物により強化されることがある。

刺激的、示唆的であるのに不幸にも見逃されている論文、Kuroda (1972) において、著者の黒田は日本語の形態統語的区別をブレンターノとマーティによってほぼ1世紀も前になされていた定言判断（CATEGORICAL judgment）と措定判断（THETIC judgment）という二分法と結び付けて考えている。ブレンターノとマーティの考えでは、アリストテレスの定言文は2つの異なる行為を内包する二重（DOUBLE）判断（Doppelurteil）を含んでいる。2つの行為とは、主語の承認とその主語に関して述語を肯定するか否認するかということである。一方、措定判断は単純（SIMPLE）判断（einfaches Urteil）であり、「単に判断の資料の単純な承認か拒絶か」(Kuroda 1972: 154) を表す。措定判断を実現している文の中では、存在文や非人称文 (Gott ist, es gibt gelbe Blumen, es regnet) が目立つ。それらの構文では論理的主語はなく、あるいは少なくともその存在が一般的に当然視されるような主語はない。しかし、少なくともマーティの考えでは、措定判断を表す文でさえも重要なことに主語–述語形式をとっているとされる。定言と措定という2つの判断のタイプは「内的発話形式」において異なるが、この違いは統語レベル（「通常発話形式」）では中和化されている。

黒田はこの区別を日本語の主語につく「―は」と「―が」という格助詞の分布の説明に利用している。「―は」は定言的（二重）判断の標識であり、「―が」は措定的（単純）判断の標識であるという。これに従えば、(62) には「あることがそれについて叙述される論理主語」があるのに対し、(63) は論理主語がなく非分割型の叙述形式を表す。

(62) a.　犬 は 走って いる　　　　　　　　(The dog is running)

　　 b.　犬 は 猫 を　　追いかけて いる　　　　(The dog is chasing a cat)
(63) a.　犬 が 走って いる　　　　　　　　　({A dog/ The dog} is running)
　　 b.　犬 が 猫を　　　追いかけて いる　　　({A dog/ The dog} is chasing a cat)

　これらの文は両方の選択(「は」と「が」)を許すが、全称的言明は定言判断にのみ認められ、特定的不定名詞句(specific indefinites)は措定判断にみ認められる[39]。**(62)** の定言判断は「その犬は何をしているのか」という明示的あるいは暗示的問いに対する答えであり、**(63)** の措定判断は「何が起こっているのか」という問いに対する答えとなる。

　ここで述べている主語の概念と定言判断の概念がアリストテレスのものと異なることに注意されたい。アリストテレスの名辞論理学では、ここで議論しているすべての言明は統語的にも意味論的にも主語−述語の形式を取り、「定言的」である。**(62)** にはあり、**(63)** にはないものを特徴づける手段としての適切な主語概念は、確かに論理主語という概念とは違う。論理主語が、たとえモンタギュー文法流に関数−項構造(Dowty 1982 で述べられているように、主語は **T** であり **IV** 句と結合して文を生成するとする)、意味または主題役割(θ role の動作主性など)、始発層文法関係(Perlmutter and Rosen 1984 参照)やその他の観点から説明されたとしても、違っている。

　ブレンターノとマーティの主語の特徴づけは、判断の構造での存在物の役割の点からとらえられている点で「心理学的」である。また、(黒田が認めたように、)それはプラーグ学派や関連する機能主義の諸学派の「主題」という概念ないしは「(文の)話題」という概念と同一視できる程度に近い。プラーグ学派の著作で定義された主題や話題の適合性基準(Firbas 1964, 1966)は、上述したストローソンの主語についての考え方にも投影されている(Strawson 1964)。この主題を巡る思考の系譜は Reinhart(1981)と van Oosten (1986)の最近の研究で調査されている。実際、「−は」と「−が」を持つ日本語主語の区別については、黒田と時を同じくして出版された Kuno (1972)にも詳述されている。久野は、プラーグ学派の「主題」の概念を経て、**(63)** の「−が」文は「中立叙述(NEUTRAL DESCRIPTIONS)」であるとし、主語の「犬」は非主題的であるとしている(Firbas 1966 参照)。

　以上の分析に従うと、定言判断と措定判断という二分法は、文の統語分析や合成的な意味論自体では表示されず、文の形式と内容が文脈に対して持つ語用論的関係で示されることになる。もしある名辞句が、話者によって、叙述の(論理)主語としてだけでなく主題あるいは心理的主語を表すために選び出され、その存在が(実際にあるいは発話文脈で)語用論的に前提されるものや、前提から推論されるものを指示しているならば(Prince 1981)、そうすれば、その名辞句は事実上断定の作用域

の外、そしてもちろん否定（述語否認）の作用域の外に置かれることになる[40]。

　主語が否定の作用域から免れる現象に関して、私の機能論的、語用論的方向の帰結とも言えるものがロシア語にみいだされる。ロシア語では、私が概略を示した二分法が否定文の格付与の問題と関係しており、これらの形態統語論的パターンは、統語論外の─それどころか意味論外の─一要因と深く相互作用するものとしてみなければならない。実例をみてみよう。

　Babby（1980）に詳細に述べられているように、ロシア語では（ある種の）自動詞の主語と（ある種の）他動詞の目的語は、否定の作用域にある場合、属格の標識を受ける。普通の平叙否定文では、自動詞は主格を持つ主語と性・数一致する。この場合、その主語名詞の指示対象は存在が仮定または前提される。ところが、否定存在文や、非特定不定名詞主語または非人称構文を持つその他の否定自動詞文では、そのような存在は前提されず、主語は（もしあるとすれば）属格の標識を受ける。そして動詞は中立あるいは無標（三人称中性単数）になる。次の対照例を参照されたい（Babby 1980: 5ff.）。

(**64**) a. Sobaka　　　　 bol'še　 ne　　　 pokazalas'.
　　　 dog-NOM F.SG　 again　 NEG　　 appeared-F.SG.
　　　 （その犬は再び現れなかった）

　　 b. No　ni　 odnoj　 sobaki　　 ne　　 pokazalos'.
　　　 but　not　single　 dog-GEN　 NEG　 appeared-N.SG.
　　　 （しかし、たった一匹の犬も現れなかった）

(**65**) a. Dokumenty　　　　　　 ne　　　　 obnaružilis'.
　　　 documents-NOM.PL.　 NEG　 were　 found-PL.
　　　 （その書類は発見されなかった）

　　 b. Dokumentov　　　　　 ne　　　　 obnaružilos'.
　　　 documents-GEN.PL.　 NEG　 was　 found-N.SG.
　　　 [=There weren't documents found]
　　　 （発見された書類はなかった）

同じ区別が他動詞文の対格と属格の格付与にも見られる。

(**66**) a. My　ne　　 obnaružvili　 dokumenty.
　　　 We　 NEG　 found　　　　 documents-ACC.PL.
　　　 （我々はその書類を発見しなかった）

b. My　ne　　obnaružili　documentov.
　　We　NEG　　found　　documents-GEN.PL.
（我々はいかなる書類も発見しなかった）

　しかし、同種の対照が肯定自動詞文でも観察されるが、格標識というよりもむしろ語順に違いが反映されるだけである。もう少し具体的に述べると、もし主語の名辞がその存在が前提されているものを指示する場合、**SV** という通常の語順になる。一方、その存在が前提されているというよりも主張されている存在文では、**VS** という語順になる[41]。否定存在文の（性数一致しない）非人称的性質と同様に、肯定存在文の義務的な **VS** という語順は有標的文脈であることを伝える統語的「調整」を表すと理解してよい。これらの肯定、否定存在文は共に非主題的であり、久野（Kuno 1972）のいう「中立叙述」、また、黒田（Kuroda 1972）のいう「措定判断」にあてはまるだろう（Babby 1980: 69ff.）。

　「否定文で属格が現れること」、及び「動詞と主語の語順転倒」の両現象は過去時制の文に限られる。また、その文は「（次に）何が起こったのか」の続きを暗黙のうちに伝えるものと理解される。そのような談話文脈では、名詞句は主題としては選ばれず、否定や主張の機能的作用域の圏外に置かれる。むしろ述定の全体が「題述（rheme）」をなしていると考えられる。この問題に関して、Babby（1980: 72）は 4 つの可能性を図式的に表示している[42]。

(67)　　　　　　　　　肯定　　　　　　否定
　　存在文　　　$[_\text{S of A}\ \textbf{VP NP}]$　　$[_\text{ne}\ \textbf{VP NP}_\textbf{gen}]$　　措定判断

　　平叙文　　**NP** $[_\text{S of A}\ \textbf{VP}]$　　$\textbf{NP}_\textbf{nom}[_\text{ne}\ \textbf{VP}]$　　定言判断
　　（ここで $[_\text{S of A}\ \alpha]$ と $[_\text{ne}\ \alpha]$ はそれぞれ主張の作用域、否定の作用域を示す）

　上の図式によれば、肯定の自動詞文で主張の作用域に **NP** が含まれるかどうかは語順を見れば明確に判断できる。しかし、バビィによれば、否定文では、$[\textbf{NP}_\textbf{gen}$ **ne VP**$]$ という語順が生じるのであるから、上の図式は幾分信頼性に劣る。(**65b**) の例のように、$[\textbf{NP}_\textbf{gen}$ **ne VP**$]$ という文構成では、主語（その属格の付与は否定の作用域内で起こる）は談話文脈内で既に承知されてはいるが、記述の枠では存在しないと主張されているものを示している。このタイプの文は、「主題適合性」（aboutness）という意味において、「旧情報」という概念と「主題」の概念を分離する必要性があることを示している（「旧情報」と「主題」の区別についてさらに詳しいことは以下の文献を参照されたい：Allerton 1978; Reinhart 1981; Prince 1981;

Gundel 1985; van Oosten 1986; Horn 1986)。

　しかしながら、他の言語では(否定で属格が現れるというような現象がないので)、語順が否定の有効作用範囲をさぐる唯一の手がかりとなる。動詞が文頭や中間位置にくる言語では、主題要素は典型的には否定の左側に来る。そして否定の右側が潜在的にその作用域になり、強勢や音調が否定の焦点がどの特定の要素にあてられているかを示す(Jackendoff 1972 参照)。例えば、ハンガリー語では、否定辞 nem が文頭にきて、どの要素も所与のものとして照応的に強勢除去されない場合、その結果は中立的な(措定)文になる(Varga 1980)。しかし、なんらかの構成要素が否定辞 nem より前に出ると、その構成要素は「非対照的話題」となり、否定の作用域の外側にあることになる。(対照強勢は問題を複雑にする。例えば下降–上昇調の音調を伴うとメタ言語的読みの可能性が出てくる。Varga 1980: 89–93 と本書 6.6 節参照。)

　英語のように **SVO** という語順が比較的固定化している言語でも、ある述語がある主語に対して成り立たないことを示す通常の文否定が主語と述語の間にくる傾向があるのは偶然でも何でもない。この位置にくることで、主語を否定の語用論的作用域から外に置くことができるのである。これは普通の場合には左から右へと解釈処理が進むからである[43]。特定の否定をとりまく文脈の特性次第で普通の推測が推論の地位にまで強められることを私は主張してきた。

　同じく偶然ではないのは、プラーグ学派や他の学者によって観察された、次のような事実である。すなわち、文法的主語は、―無標の場合にも、(もしあれば)話題または主題、(もしあれば)行為者、そして(もしあれば)旧または予測可能な情報の内容を表現するが―ほとんどいつも、否定のみならず目的語名詞句に先行し、また大多数の言語(すなわち、**SVO** または **SOV** 言語)では、他の主要構成要素にも先行する。動詞が文末にくる言語では、否定標識は概して動詞の語幹に付着する形態論的接尾辞として文中の定位置に指定される傾向がある。通常の場合(default case)には、主語が主題として解釈され、従って自動的に否定の作用域の領域外にあると解釈されるが、否定措定判断の場合には、主語は単純形、量化形を問わず、否定の作用域内にあるものと解釈される。そして普通の場合と否定措定判断とを区別するには他にもさまざまな装置だてが可能である(日本語の主題と否定の相互作用については McGloin 1982, Kato 1985, Ōta and Katō 1986 を参照)。

　私はここで述語否認の意味論的作用域と、話者の否認による語用論的作用域の区別の必要性を論じているのである。主語性、話題性、そして情報構造の要請(旧から新、主題から題述への原則など、ファーバスや久野他が「機能的な文の見方(FUNCTIONAL SENTENCE PERSPECTIVE)」と名付けた原則)の相互関係を考えてみれば、文否定の意味論的作用域内に潜在的に含まれる主語は、典型的には主題と

して解釈され、従って語用論的作用域の領域外にあるものと解釈されるということになる。

　結果として、主語と述語を結び付けるための規則、つまり「叙述の一様態としての否定」を示す述語否認は、(すべての場合とは限らないが)通常矛盾否定になり、実際の機能の上では **IV**(動詞句)否定という(相対的に)狭い作用域の演算子と解釈される。この狭い作用域の否定はアリストテレスやジャッケンドフ、それに拡大モンタギュー学派が認めている。見かけは文否定であるものが、メタ言語的演算子、すなわち先行する発話に対する異議の表出であり、典型的にはその先行発話の一部の修正を目指す否定、との解釈を受けない場合には、その文否定は(実際には同化されないが)構成素否定であるかのような振る舞いをすることがしばしばある。述語否認が頻繁にくる位置、すなわち主語と述語のそばや、述語の内部ではこの振る舞いは容易になる[44]。

　否定の文法的(意味論的)作用域と、話者の否認による語用論的作用域との区別はまた、構成素否定に関しても重要となる。言語文献には統語的位置やクリマの診断法では明らかに文否定である(つまり述語否認を示す)ようにみえるが、文の一部にその働きが明らかに限定され、構成素否定のようにみえる例が多数収録されている[45]。研究者の中には、そのような事例を構成素否定の一般的現象と考えようとした者もいる。例えば、ジャッケンドフ(Jackendoff 1972: 254)は(**68**)を「何通りにも多義」であるとし、とりわけ(**68'**)のような解釈例をあげている。

(**68**)　Maxwell didn't kill the judge with a silver hammer.
(**68'**) a.　<u>Maxwell</u> didn't ...　(すなわち、他の誰かがした)
　　　b.　He didn't <u>kill</u> the judge ...　(すなわち、彼は別の事を判事にした)
　　　c.　He didn't kill the <u>judge</u> ...　(すなわち、彼は他の誰かを殺した)
　　　d.　He didn't kill him with a <u>silver hammer</u>　(しかし他の物で)

また、次の(**69a–d**)の各例の「自然な読み」は、それぞれ形容詞否定、<u>前置詞句否</u>定、<u>副詞否定</u>、<u>動詞句否定</u>になるという研究者もいる(Gabby and Moravcsik 1978: 253)。

(**69**)　a.　This is not a large house.
　　　b.　He did not make this hole with a drill.
　　　c.　He did not run quickly.
　　　d.　He is not hunting lions.

694

しかし、より単純でしかももっと一貫した説明法は次のようなものであろう。ま
ず、これらの否定文を広い作用域の述語否認であるとみなす。従って、否定要素は
叙述全体に及ぶ広い意味論的作用域をとる。しかし、典型的には、先行する談話枠
で決定され、かつ強勢パターンにより示される特別の要素に否定焦点がくる、とい
うものである。否定は音調の頂点がくる題述部分の構成要素と関連づけられると理
解されるのである（Chomsky 1970 参照）。この分析法はクリマの診断法判定とも矛
盾を来たさない。彼の診断法でも、(68)と(69a–c)においては、主たるあるいは唯
一の読みは文否定になり、構成素否定にはならない[46]。

さらに、(68')の適正な発話によって誘発されるイントネーションパターンや補
正発話を見れば、ジャッケンドフの例は、存在しない王様がはげ頭であることを否
認したり、数字が青色であることを否認したりする記述に関して我々が以前にみた
のと同じ現象であることが分かる。つまり、発話は、対応する述語否認の真を保証
するのに役立つメタ言語的異議申し立てになることがあるということなのである。

私がここで、構成素否定という概念を一刀両断に切り捨てるのを認めることがで
きないのは明らかである。もっとも、そのような見解は生成意味論の時代から存在
したことは事実である。例えば、バックは「文のある要素を否定するという考えは
疑わしいものである。…名詞や副詞などを否定するとは一体何を意味するのか、正
確には理解しがたい」（Bach 1968: 97）と述べている。また、精密な議論もなく別の
ところで軽率に口を滑らせた「この(構成素否定という)概念が、どのようにして意
味論的に一貫したものであり得るか理解しがたい」（Horn 1978a: 135）という(かつ
ての私自身の)意見もある。しかし、**VP**、**AP**、**QP** 内部否定の場合には、構成素
否定は完全に問題のないものである。これはアリストテレスから、バーワイズと
クーパーへ、さらに、ギャズダー、プラム、サッグなどに至る意味論学者が述べて
いるとおりである。さらにこれに代わる生成意味論からモンタギュー文法に至る否
定単一主義理論の側から提唱されている方式では、「1つの節に1つの否定」とい
う理論上の要請を満足させるだけのために、無制限にまた動機付けのない節を増殖
させることを許す文法理論に行き着いてしまう。

同時に、私は (68)と(69a-c)の特徴づけが構成素否定を必要とすると考える立場
もとらない。その見解を採用する統語論上の証拠は何もないからである。**n** 個の構
成素と助動詞に縮約付加した否定辞を持つ文は **n+1** とおりに多義である、という
見方ではなく、それを多義性のない述語否認の一般的例示と見ることができる。そ
して(対応する肯定文の真理条件が充足されないのはなぜかについての)1つ1つの
特定の解釈は、その否定文と両立できるさまざまに可能な語用論的前提から来るも
のと考える。可能な語用論的前提とは、談話の中で確立されたものと認識される
か、あるいは共通基盤の一部として認識される命題と命題関数の集合であり、従っ

てこれは直接的な否認の対象とはならないものである。

　私はここで形態と機能とのかなり複雑な相互作用を議論してきた。その理由は、より単純な説明ではここで取り上げた統語的、意味論的、語用論的事実を充分適切に取り扱うことができないからである。特に英語の連結文（copular sentence）については、記述否定の文法に関して構造上 3 つの区別を設けた。同時にその区別に関連はするけれども、一対一に対応しているとはいえない意味論上の 3 つの区別を設けた。この結論は (70) に図示したようなものである。

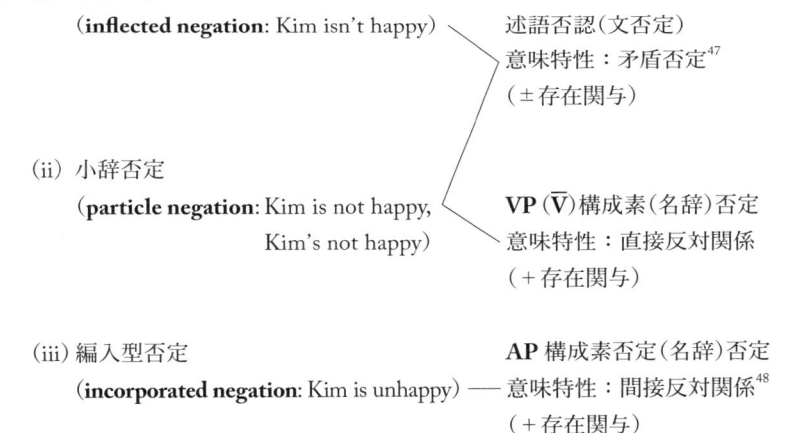

(70)　(i) 屈折型否定
　　　　　（**inflected negation**: Kim isn't happy）　　述語否認（文否定）
　　　　　　　　　　　　　　　　　　　　　　　　　　意味特性：矛盾否定[47]
　　　　　　　　　　　　　　　　　　　　　　　　　　（±存在関与）

　　　(ii) 小辞否定
　　　　　（**particle negation**: Kim is not happy,　　**VP** ($\overline{\text{V}}$) 構成素（名辞）否定
　　　　　　　　　　　　　　　Kim's not happy）　　意味特性：直接反対関係
　　　　　　　　　　　　　　　　　　　　　　　　　（＋存在関与）

　　　(iii) 編入型否定　　　　　　　　　　　　　　**AP** 構成素否定（名辞）否定
　　　　　（**incorporated negation**: Kim is unhappy）—— 意味特性：間接反対関係[48]
　　　　　　　　　　　　　　　　　　　　　　　　　（＋存在関与）

屈折型否定と小辞否定で、（happy のような無標の尺度述語で）間接反対関係解釈が可能であるのは、意味論的解釈のためというより、語用論的推論によるものと私は考えてきた。

　本書の最初の方の章で、心理学者や機能主義志向の言語学者の間に、論理的否定の概念の有用性について懐疑的議論があること、また、この議論にさらなる懐疑が生じる十分な動機が存在することをみた。確かに、自然言語には肯定と否定との間の非対称性が存在する。しかしこの非対称性は、意味論というより語用論の用語で説明されるべきだとするのが私の主張である。また、私は否定の有標性含意を非論理的推論の二元的モデルで説明することも提案した。このモデルはまた後に尺度否定の通常の解釈、二重否定に関する解釈、否定言明の語用論的強化、さらに every ... not と some ... not のどちらの否定に広い作用域解釈が与えられるのかなどの非対称性の問題の説明にも援用された。

　さらに私は、（第 6 章からこの最終章への議論の流れの中で、）有標的な、メタ言

語否定の逸脱した振る舞いを切り離すことにより、古典的な二値論理に基づく自然言語の意味論の枠内に、きちんとした広い作用域を持つ記述否定に居所を用意することができることを示そうと試みた。この章で議論した通り、この演算子の論理テーブルでの適切な位置づけは、ストア派やフレーゲ派の言うような標準的な一項命題連結子のそれではない。

　さまざまな言語の否定の表層での現れ方を検証してみると、矛盾否定は完全な命題に外側からかかる演算子ではなく、むしろ、名辞論理学での叙述の一様態とするアリストテレス流のとらえ方が正しいと思える。また、統語構造的には内部的であるが、意味論的には矛盾否定として表示される方式の1つが、GPSG の分析で与えられることも本節の最初で検討した。第5章と本章の最後の節で再度みたように、述語否認に一般的に関連付けられる矛盾否定の意味は、発話の文脈の中で語用論的にいったん棚上げされ、その結果、対話者がより強い(前提的)解釈をとることを認可する。こうしてみると、なるほど日常言語の構成というものは、ボーザンケトの「矛盾の形式に反対の力が宿る」という断言のとおりであるといまさらながら思えるのである。

注

1　同じパターンが関連のないタドウ語(Thadou)(インドのマニブル地方で話されているチベット - ビルマ語族のクキ・チン語の1つ)にも認められる。その言語では、hih が命令的文脈で使用され、po が非命令形の動詞と共に、lou が構成素(句、語、接辞)否定を表すために apha-lou(not good)の形で使用される(詳細は Thirumalai 1970 参照)。同様に、バンツー語の1つキンヤルワンダ語では、文否定、動詞否定は nti-/ -ta- で表示され、名詞否定は nta、構成素または焦点の否定は(しばしば not **X** but **Y** 構文のようにメタ言語的に機能し)si で示される(Kimenyi 1973)。

2　'not an accent' は区別的発音符さえ意味せず、おそらく最少価値の言語標識であろう。言語的な領域からの同様の減度詞には tittle と jot(対で使われることが多い：not depart one tittle or jot from)や、ラテン語 titulus、ギリシア語 stigmē、ドイツ語の (kein) Iota などがある。確かに、i の上の点よりも小さく価値の低いものはほかにないかもしれない。

3　(5b)のような段階、つまり定形動詞の否定が、1つかそれ以上の否定的な意味を編入した不定表現と共起し、全体として否定命題を表す段階は、非標準的な英語ではいまでももちろんみられる(Labov 1972)。また、世界の多くの言語においても実現されている。イェスペルセン(Jespersen 1917: 64–80)が「累積的」「繰り返し的」「並列的」と述べている複合的否定のデータには、ラテン語、古英語、近代英語、高地ドイツ語、

デンマーク語、スペイン語、セルビア語、ギリシア語、ハンガリー語、それにバンツー語が含まれている。（さらに、より古いドイツ語方言からの広範な例についてはCoombs 1976、ロマンス語については Wagenaar 1930 を参照されたい。）

4　古アイスランド語の否定の歴史は幾分異なる。古アイスランド語の動詞の前にくる小辞 né はかなり早くに節頭の位置で脱落したようである。定形の否定は、代わりに散文では歴史的に肯定の強化要素だった eigi（not at all）によって表現され、詩文では接辞 -gi と -a(t)（古英語の ā、ゴート語の aiw（ever）と同語源）によって表現されていた。詳しくは Delbrück 1910: 22–24、Coombs 1976: §7 参照。

5　16 世紀の変り目までには、シェイクスピアは 6.6 節でみたように、2 つの交替形を自由に使うことができた。

6　より正確には、1 つの言語のそれぞれのタイプの構造で。ドイツ語では他の副詞と同じように、nicht は動詞第二位置の主節では動詞の後に、動詞が最後にくる埋め込み節では動詞の前に現れる。

7　この章の後の方でより詳しく論じるように、n't は実際は前接語ではなく、時制を持つ助動詞要素に添加される屈折接尾辞である。Lapointe 1980; Gazdar, Pullum, and Sag 1982; Zwicky and Pullum 1983 参照。Zwicky and Pullum（1983: 507）で指摘されているように、もし接語（助動詞の 've、's、'd を含む）が統語派生の後で付加され、屈折接辞が語彙部門で語幹に関連付けられているのなら、屈折接尾辞（例えば、-n't）を前接語の外側に置くことはできないはずである。従って、接語自体の累積を阻止するような一般的制約はないが（I'd've, she'd'a 参照）、I haven't/ I've not、she isn't/ she's not の変化形から *I'ven't、*she'sn't を自動的に排除する。

8　幸い、マーシャンの現代英語の否定の形態と機能に関する洞察力のある分析は、縮約否定の優位についての彼の語感的説明、つまり「一般に、感情を自然に避ける言語である英語は、否定を強調することを好まない（Marchand 1938: 204）」という説明に決定的に寄りかかっているわけではない。イェスペルセンによる、英語を「男性的」言語とみなす悪名高い記述（Jespersen 1922）を考えると、英語の母語話者ではない文法家たちが、悲しいほど彼らのインフォーマントの冷静な口ぶりに影響を受けていると結論づけるしかない。

9　ここにあげた例は Joly（1972: 39）からのものである。もちろんこのリストに他のものを付け加えるのは容易である。くり返しになるが、このタイプの否定強化要素はインド・ヨーロッパ語族ではない言語にも広く認められる。例えば、日本語の「ちっとも」、バスク語(ez)deus（まったく（ない））、スワヒリ語(si)kamwe（まったく（ない）、一度も（ない））。

10　生成意味論派の否定文の構造（例えば、G.Lakoff 1970, McCawley 1972 参照）は、否定標識にそれが否定する節の姉妹位置ではなく、「おば」的位置を与える点で標準理論とは異なる。下の(i)に図示されているのはクリマ・ジャッケンドフ型の姉妹位置であるが、(ii)または(iii)では、否定はチョムスキー付加されている。また、それらと近い関係にある Kraak（1966）のものは、(iv)に示されている。

698

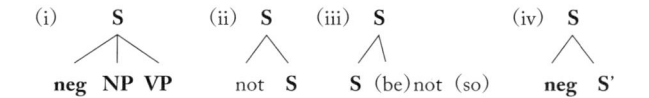

(i) S   (ii) S   (iii) S   (iv) S

neg NP VP   not S   S (be)not (so)   neg S'

英語の深層構造を、命題計算の論理式に近づけようとするこれらの分析にどのような利点があったとしても、また、これらの構造を支持する熟慮された統語上の証拠があろうとも、(ii)–(iv) は、英語あるいはダールの例からも分かるように自然言語一般において、表層での否定の出現に近づける点において、(i) 同様よくはない。

11 少なくとも 1 人の 2 歳児 (私の姪) が、母音で始まる環境で、この語頭にある否定を範疇によらずに後接語化して、(i) のように用いた記録がある。

(i) Nabby wan' dat one. 'Abbey [the speaker] does not want that one'

このような話者はまだ Q 原理に基づく明瞭性制約を充分に受け入れていなかったと思われる。

12 この節は私の尊敬する同僚 Donka Farkas との共同の論文 (Horn and Farkas 1985) の発展版である。これは LSA で口頭発表されたが、これまで出版されていなかった。最初の前提、おまけにひどい間違いや誇張などについては、私の責任である。

13 定言三段論法は (i) の規範的形式、仮言三段論法は (ii) の規範的形式になる。

(i) All **A** is **B**   (ii) If Φ then Ψ

    All **B** is **C**   If Ψ then χ

    $\therefore$ All **A** is **C** $\therefore$ If Φ then χ

14 (15a) の主語を三階の存在物と扱うことが直観に反するようにみえるかもしれないが、バーワイズとクーパーは名前を形成する一般化量化子、例えば [$_{NP}$ **Harry**] と、単純に個体を指示する名前 *Harry* 自体とを区別している。[$_{NP}$ **Harry**] は、Harry がその要素である集合の族を指示しているのである。

15 もちろん 5.3 節でみたように、編入されていない方 (16b) でも語用論的強化を受け、反対対当的否定を表し得る。そうすると、(16'b) と (16'c) は、共にある命題 (その男は幸福だ) が偽であることの陳述以上のことを伝達していることになる。このことは、しかし ((16c) とは違って) 後者が命題否定と同一視できないという目下の議論に影響を与えるものではない。

16 Dowty, Wall, and Peters (1981: 87–88) では、範疇 <t/t> の繰り返し的一項文否定をプロト・モンタギュー派のタイプ理論的言語 **L**$_{TYPE}$ に導入する利便性を述べている。

17 第 1 章で要約したように、古典的枠組では、(16'a) と (16'c) は、除外されない中間領域を許すので、間接 (MEDIATE) 反対対当になり、(16a) と (16c) は直接 (あるいは論理的) (IMMEDIATE) (or LOGICAL) 反対対当になる。「直接」であるのは、どのような人

間も有名か無名かどちらかであり、「反対対当」であるのは、もし言及される人がいないのなら、(16a) も (16c) も真ではないからである。

18　一方、ペインが示しているように、否定の力は語彙の音調で伝えられる (Payne 1985: 229)。

19　条件文には暗黙の全称量化子が含まれるとする分析は Lewis (1975) にもみられる。また、Kamp (1981) や Heim (1982) らの談話表示理論 (DRT) にも採用されている。しかし、ルイスのアプローチは独立した動機付けにより考案されたものだが、ソマーズの場合と同じ問題点をいくつか持っている。(23a) や (24a) で、状況に全称量化がなされているとすることに直観的に同意できないだけでなく、全称量化の分析では、次の (i) や (ii) に認められる明らかな (一回限り) 読みが予測できない。

(i)　If you find a dime, give it to me. [この例は Cleo Condoravdi による]
　　　(もし 10 セント見つけたら私にちょうだい)

(ii)　If my daughter has a baby I will be pleased.
　　　(もし娘に赤ちゃんができたら、僕はうれしいよ)

20　実際、ソマーズは結局、選言文を変換する提案から撤退している。彼は後に (Sommers 1982: 153)、(21'C) の公式を撤回し、**p** or **q** が every [-**p**] is a [**q**] と表現され、選言が対応する条件文に効果的に翻訳されると共に、それが (21'b) のように変換されることを示唆している。その一方で、信じがたいのだが、every は二重否定的 (実際は「反対の矛盾」) に翻訳されるので (1982: 170)、結果として、every S is P (例：Every child of mine was fed) は、no S is not-P (つまり、No child of mine was unfed) となってしまう。

21　とにかく、否定とは違い、言表的法表現は単純に真理関数ではない。すべての法表現に言えることだが、それは原則として内包的だからである。従って、言表的認識様態の法表現を命題にかかる外部演算子であるかのように表示することを認めても (it is possible/ likely/ necessary that)、そこからただちに事実上、範疇 **t/ t** の真理関数の必要性を認めたことにはならない。

22　ここで $\mathscr{P}$ は非定形 $\overline{\text{V}}$ タイプ意味の変数。素性 [± FIN] は $\overline{\text{V}}$ の主要部の時制付き、時制なし屈折を決定し、[+BSE] は主要部の基体を決定する。[+AUX] は助動詞としての素性を表示する。これらはすべて主要部素性 (head feature) である。また、GPSG の素性規約 (Head Feature Convention) により、上位要素の持っている素性はその上位要素の主要部が持っている素性と同一である。規則 β は非定形 (無時制) 動詞表現の左側に否定を随意に配置できるようにするもので、法助動詞の [+BSE] 補部に限定されず、完了 have の [+PSP] 補部 (すなわち過去分詞)、進行 be の [+PRP] 補部 (すなわち現在分詞) にも適用される (詳しくは Gazdar, Pullum, and Sag 1982 参照)。

23　広い作用域の否定は、また、Quine 1960 の議論にそって、内包的 (不透明) 文脈での言表的表現、事象的表現の多義性を解決するのに伝統的に用いられてきた。固有名がそのような多義に関与するのは確かである。例えば、下の (i) と (ii) で、Superman =

Clark Kent だとして、(i) は広い作用域（事象的、透明な）解釈では (ii) を伴立するが、狭い作用域（言表的、不透明な）解釈ではそうならない。

(i) Lois believes she loves Superman.
(ii) Lois believes she loves Clark Kent.

しかし、そのような多義性が、概念的、分析的にみて、広い作用域解釈が適切に関与する量化の多義性とは区別されるのではないかと考えられる理由がある。議論については Barwise and Perry 1983 を参照。

24 バートン–ロバーツには、ストローソンが（おそらくフレーゲと同じく）外部否定に関連付けられている取り消し効果を無視したのは適切であったことになる。記述否定にはそのような取り消し効果はないからである。恐らくこれらの外部、前提取り消し的否定は時折ストローソンに黙認されていたが（2.2 節の He neither cares nor doesn't care; he's dead の議論を参照）、否定演算子のメタ言語的使用を含むと再分析することができる。

25 アタル（Attal 1971: 107–8）は、すべての文否定を（デュクロの）拒否的、論争的否定に還元する可能性を抱いている。もっとも、彼は最終的にはこの仮説を受け入れなかった（私もこの判断は正しいと思う）。

26 (33) のケースでメタ言語的否定が述語否認の真を保証するのは、それが対応する肯定文の真理条件に焦点をあてている場合のみであることに注意。例えば、(i) や (ii) のような文脈では、存在前提は通常通り保持される。

(i) The king of France isn't [bæld]—the king of France is [bɔːld].
(ii) The king of France is not bald but galled.

27 Lycan（1984: 103）でも、グライスの強さ（＝量）の原則、つまり私のいう **Q** 原理から前提の効果を—少なくとも存在的かつ類別的事例において—引き出そうとする試みが述べられている。ライカンの枠組みは、私の場合と同様、二値的で非前提的であるが、標準的な外部命題結合子と、ラッセル流の (33) の例に対する作用域多義性除去の方式を採用しているために、指示対象のない主語や、範疇誤りは、分解可能とされるか無意味として扱われる。これは私が受け入れなかったアプローチである。

28 これらの例で、編入されていない場合の否定に予測される多義性は、分配的量化と、同様の意味を表す全体の表現ともかかわっている。

(i) Every cookie was not eaten.
(ii) All the cake was not eaten.
(iii) The whole cake was not eaten.

29　実際は、付加疑問の分布に関しては特に、もう少し複雑である。データや議論については、Carden (1970)、Heringer (1970)、Stokes (1974) を参照のこと。

30　単純な不定冠詞が普通の不定性や特称性ではなく総称的な意味になる場合、（他の総称文や全称文と同様に）助動詞位置の否定が広い作用域読みを持つことができる。

(i)　A tiger doesn't eat zucchini.
　　　(cf. The tiger isn't a vegetarian, Tigers don't eat apples)

また、NEG-V（の特定）読みが語用論的に逸脱している時、不定冠詞を持つ主語は否定の作用域内の不特定対象を示すと解されうる。

(ii)　A .44 calibre pistol wasn't available in the shop. (Ōta and Katō 1986: 33 から)
(iii)　A child hasn't been born in this town for two years. (Cooper 1984: 25 から)

これらの例で、a を some に代えることはできない。

31　NEG-Q に解釈される All ... not 構文にもメタ言語的意味合いが残っていることに注意したい。例えば、All that glitters is not gold では否定を広い作用域を持つように自然に解釈してしまうが、これはまさに当然の期待（輝くものはすべて金であるはずだ）が満たされなかったということからくる。次の (i) – (iii) のように、そのような期待が考えにくい場合でも、NEG-Q 読みが（かろうじて）できるのは、反対への特殊な期待が文脈中に組み込み可能な場合だけである。

(i)　All philosophers don't ignore the complications of natural language.
(ii)　All my friends aren't cokeheads.
(iii)　The party was a disaster. First, all the people who said they were coming didn't come. Then, all the soufflés didn't rise. Then, everybody didn't remember the words to 'Happy Birthday'.
(i)　すべての哲学者は自然言語の複雑さを無視しない。
　　　哲学者がすべて自然言語の複雑さを無視するというわけではない。
(ii)　すべての私の友人は間抜けではない。
　　　私の友人のすべてが間抜けというわけではない。
(iii)　パーティーはめちゃくちゃだった。まず、来ると言った人はすべて来なかった。またスフレはすべてふわふわにならなかった。それにすべての人が「ハッピーバースディ」のことばを思い出さなかった。
　　　パーティーはめちゃくちゃだった。まず、来ると言ったすべての人が来たわけではない。またスフレがすべてふわふわになったわけでもない。それにすべての人が「ハッピーバースディ」のことばを思い出したわけでもなかった。

このことはちょうど all … not の前に、'Contrary to what you {said/ assumed}' が置かれているかのようである。しかし、これらの文を否定全称形（Not all …）にすると、そのような期待は喚起されない。

32　この some not/ every not の非対称性の説明は、Horn 1978a: 142 で提案したことの発展である。

33　NEG-Q 解釈はここではメタ言語的否定で解釈可能であるが、この場合、無標の尺度解釈（less than 解釈）は強制されない。

(i)　˘Many students don't take classes after 4: 00 P.M.—{all/ just some} do.

実際、メタ言語的否定は否定量化子の尺度的値さえ覆すことができる。

(ii)　Not ˘many but most students don't take classes after 4:00 P.M.

(50'a, b) で、普通は不可能な広い作用域解釈がベイカーの「二重否定文脈」で再び現われることがある。ラデュソーが下の (iii) の埋め込み節の NEG-Q 読みを、「主張の否定から、否定の主張を区別する必要性を示す 1 つの現象」として引用している。これは私の用語では「メタ言語的否定から記述否定を区別する」ものといえるだろう。

(iii)　I'm surprised that a lot of wine wasn't consumed.

34　NEG-Q 読みについての私の派生間的／機能文法的説明を支持するもう 1 つの証拠として、次の記事（the *New York Times*, 1986 年 12 月 25 日）をお読みいただきたい。そこでは not one や none が適切に現われることができないので、否定は (51a) では無理であった広い作用域を持つ解釈になっている。

(i)　The Giants…have signed a handful of free agents for next year. One of them is not Steve Ciskowski. [and, as the context makes clear, neither are any of the others]
（ジャイアンツは来期、一握りのフリーエージェント選手と契約した。その中の 1 人がスチーブ・シスコフスキーというのではない。[文脈で分かるように、他の誰もそうではないのである]）

35　私も加藤と同じく、基数の限定詞は存在の特殊なケースと考えるべきだと思っている。Barwise and Cooper (1981) も参考のこと。第 4 章で説明したように、尺度演算子としての基数 10 の否定に結びついた less than の解釈に注意されたい。

36　ある 1 つの解釈についてのある表現の作用域の形式的定義と、英語の極性現象に基づくこの枠組みを支持する（そして対立する幾何学的分析について反対する）追加的証拠については Ladusaw (1979) を参照のこと。

37　shouldn't や oughtn't というような肯定的中間尺度にくるものの場合とは違い、mustn't

は私の語用論的 NR 強化規則の一例とは分析できない。(i) は (i') (i'') と同じに解釈可能であるが、(ii) は、もしこれが容認可能としても、(ii') や (ii'') と同じ意味には解釈できない。

(i)　I don't think you two {should/ ought to} split up.

(i')　I think you two {shouldn't/ oughtn't to} split up.
　　（私は君たち 2 人は別れるべきではないと思うよ）

(i'')　I think you two {should/ ought to} [not split up].
　　（私は君たち 2 人は別れないようにすべきだと思うよ）

(ii)　?I don't think you two must split up.

(ii')　I think you two mustn't split up.
　　（私は君たち 2 人は別れてはいけないと思う）

(ii'')　I think you two must [not split up].
　　（私は君たち 2 人は別れないようにするべきだと思う）

38　この点、イェスペルセンはアリストテレス自身よりも、いわば名辞論理の神殿での先祖崇拝の対象として、より適切なイコンを提示してくれている。アリストテレスは (58c-e) に対応するギリシア語は、否定主語名辞を持つ述語肯定であると明確には認識していない（Geach 1970 と以下の議論を見よ）。一方、イェスペルセンは、そのような文は意味的には矛盾対当に関連付けられるが、特殊否定の例であると述べている。

39　事実はここで示されているよりもやや複雑である。久野（Kuno 1972: 271）が観察したことだが、(i) に示すように、「主題標識」の「は」は不定的主語を持つ非総称文では生じない。一方、「は」が通常の主題ではなく、「対照」を表示する (ii) のような文脈では容認される。

(i)　雨 {が／＊は} ふって　います。
　　'Rain is falling'.

(ii)　雨　は ふって　います、　雪　は　ふって　いません。
　　'<u>Rain</u> is falling, but <u>snow</u> is <u>not</u> falling'.

後の例は、記述的否定というよりもメタ言語的否定に関わると理解した方がよいようである。ここで「は」の「主題」と「対照」の関係についてはこれ以上立ち入らないことにする。

40　このブレンターノ、マーティ、黒田による区別を、語用論的用語で書き換えた議論が Lambrecht（1987）で独立した根拠に基づき展開されている。

41　類似した事実が、イタリア語、ルーマニア語のようなロマンス語を含むプロドロップパラメータ（代名詞主語省略媒介変数）を容認する他の言語で観察される。また、チェコ語での語順に関する機能的な文の視点の効果については Firbas（1966）も参照のこと。

42 目下の問題に直結しないいくつかの点を省略している。既に述べたように、クロケット（Crockett 1977）やバビィによれば（6.6 節でメタ言語的否定演算子を示す際にとりあげたことだが）、ある種の構成素的・対照的否定の場合には、否定の明らかな作用域内でも **NP** に属格付与を決して許さない。（ロシア語の否定文で属格／主格、属格／対格の決定にかかわる他の要因については Magner 1955, R. M. Davidson 1967, Timberlake 1975 を参考のこと。）

43 この「左から右へ」の原則が破られる場合には概して有標的な音調で示されることが多い。G. Lakoff（1969）や Jackendoff（1972）で述べられたように、作用域と表層の語順との関係は単純に否定にだけかかわるのではなく、自然言語の論理演算子の選好される解釈に影響を及ぼす一般的傾向なのである。

44 ある言語において意味的には区別される言語表現が統語的・語用論的には併合されるというこの結論は、明らかに無駄な労力の重複を言語体系に容認してしまい、不都合なことのように思える。しかし、言語を、平行的だが自律的な構成要素の相互作用により規定されるものと考えると、これがまさに我々が発見を予想する（別のところできっと発見する）ことなのである。この考え方は Sadock（1983, 1985）にも詳細に述べられ説得力がある。

45 私はここで意図的に、埋め込まれた定形否定（She said that he wasn't leaving）の問題を避けている。そのような場合、否定は主節に関しては狭い作用域をとるが、そのほかの点では通常の命題否定や述語否認なのである（しかし、前の章で言ったように、話し手による否認ではない）。一方、埋め込まれた非定形の否定は真の構成素否定（PTN）を表す。

46 例えば、クリマの効果に関して（69a-c）と多義性のない述語名辞否定（PTN）を較べてみるとよい。

(i) This is not a large house, and {neither/ ??so} is that one.
(ii) This is a not large house, and {so/ *neither} is that one.

（69d）文はもう少し容易に述語名辞否定の例として解釈できる（He is busy not hunting lions）ので、次の（iii）（iv）の判断の違いが生じる。

(iii) He ［is not］ hunting lions, and neither is she. ［述語否認読み］
(iv) He is ［not hunting lions］, so is she. ［述語名辞否定読み］

（68）や（69a-c）のような文のいわゆる意味的多義性を想定したり擁護している学者には、ジャッケンドフ、ギャビィ、モラフシックのほかにクラーク（Kraak 1966）がいる。また、そのような文は、意味的に特定化されておらず一般的なものとする立場は、Seuren（1967）、Atlas（1974）、Cornulier（1974）、Kempson（1975）、Horn（1978a）に述べられている。

47　既に述べたように、ツウィッキーとプラム、それに GPSG の縮約否定の屈折分析によれば、Xn't 形式の意味は(特に X が法助動詞の時)、矛盾対当ではあり得ない。

48　接頭辞否定が直接反対か間接反対対当になるかは、当該の語彙項目しだいである。この議論については、5.1 節を参照のこと。

第3版（日本語版）への終章

　『否定の博物誌』（*A Natural History of Negation, NHN* = Horn 1989）の第2版は、CSLI 社から哲学と認知科学の再版を扱うデイビッド・ヒューム・シリーズの一冊として出版された（Horn 2001a, 以下 *NHN2* とする）。その際、新たに10頁の序文、正誤表、それに *NHN* から *NHN2* の間に出版された否定（と *NHN* 初版）に関わる詳しい文献目録を加えた。今回の翻訳（*NHN3* とする）に際して、*NHN2* 以降私が研究してきたいくつかの問題に焦点を当て終章（Postface）を書き加え、新たに21世紀に入ってからの否定と極性の研究を含む文献目録を再び作成した[1]。

1　余剰否定（hypernegation）と無形否定（hyponegation）に関する考察

　古典的な算術の法則である二重否定律（Duplex negatio affirmat）は、ラウス司教（Bishop Lowth）により英語文法に取り入れられたが、異議を唱える者が常に存在した[2]。（1a, b）のような否定一致の現象は非標準的な英語の文法で広く研究されてきた。しかし明示的な否定標識と節境界を越えて解釈される論理否定には、あまりよく知られていない多くのくい違いがあることが、多様な口語英語の研究により明らかにされている。ここでは、表面上余分な、解釈されない否定標識を含むもの、または予期される否定標識を含まない一連の構文を概観したい。これらをそれぞれ余剰否定（hypernegation）と無形否定（hyponegation）と呼ぶことにする[3]。

　余剰否定の最もよく知られたものは否定一致（negative concord）である。ここでは多くのロマンス語やスラブ語、そして日常英語のほとんどの類にもみられるように、文否定表現が同一節の中の不定語に波及（spread）する。英語における古典的な例は（1a,b）のようなものである。

（1）a.　It **ain't no** cat **can't** get into **no** coop.　　　　　　（Labov 1972: 773）

　　　　（= standard 'No cat can get into any coop'）

　　　　（標準英語では「ネコは鶏小屋に入ることはできない」）

b.   **I can't** get **no** satisfaction.   （M. Jagger and K. Richards, "Satisfaction", 1965）
（満足が全く得られない）

ウィキペディアの項目（http://en.wikipedia.org/wiki/(I_Can't_Get_No)_Satisfaction）
の説明にあるように、「このタイトルは 2 つの否定辞が単一の否定に解釈されてい
る例であるが、口語英語では普通の用法である」。
　否定一致構文の通言語的分布とその動機づけは近年多くの研究で注目を集めて
きた。その多くは否定一致と否定極性やいわゆる N- 語の解釈上の位置づけ、そし
てイェスペルセンのサイクル（*NHN*, 7.1 節参照）に包摂される通時的再分析との関
係を扱っている。これらの研究には、ロマンス諸語については Martins（2000）、
Herburger（2001）、Corblin and Tovena（2001）、de Swart and Sag（2002）、Alonso-
Ovalle and Guerzoni（2002）、Schwenter（2006）、Falaus（2007）、Espinal（2007）、そ
して Floricic and Mignon（2007）；ギリシア語については Giannakidou（2006b）；英語
については Postal（2004）；オランダ語は Zeijlstra（2007）；ドイツ語は Bayer（2006）；
さらに数カ国語を扱っている渡辺（Watanabe 2004）がある。ここでの考察の目的
は、否定一致の範囲外にある取り消しなしの否定の下位類（ないしは下位類の集ま
り）、つまり私が「余剰否定（HYPERNEGATION）」と呼ぶ類、に関心を絞ることで
ある。
　余剰否定の一般的な範疇の中で、イェスペルセンはまず並列否定（PARATACTIC
NEGATION）を取り上げている。この類では、

> 否定辞は、'deny'（否定する）、'forbid'（禁止する）、'hinder'（妨げる）、'doubt'
> （疑う）などの否定的な意味をもつ動詞の従属節に置かれる。その節は独立文と
> して扱われ、否定辞はこの種の主文がないかのように表される。
>
> 　　　　　　　　　　　　　　　　　　　　　　　　　　　　（Jespersen 1917:75）

このようなケースは、従来、冗長的（redundant）、冗言的（pleonastic）、虚辞的
（expletive）、または（Smyth 1920 の用語では）共感的な（SYMPATHETIC）否定といろ
いろに呼ばれてきたが、典型的には 2 つの命題の心理的融合ないしは混合に帰され
る。つまり、上位節の否定の作用域の中にある肯定節とその否定の意味が直接に示
される節の 2 つである。この構文では、古英語では tweo- 'doubt', forebead- forber-,
geswic- 'stop', wiðcweð- 'refuse' などの動詞がすべて並列的（paratactic）な埋め込み否
定を支配しており、中世英語や初期近代英語においても存続している。

Nature defendeth and forbedeth that no man make himself riche.　　　　［Chaucer］

（自然は人が富みを求めることを禁ず）

First he denied you had in him no [=any] right.　　　　[Shakespeare, *Com. Errors*]

（まず彼はあなたが彼に対してなんらかの権利をもつことを拒んだ）

You may deny that you were not [=you were] the mean of my Lord Hastings late imprisonment.　　　　　　　[Shakespeare, *Richard III*, I, iii, L. 90–91]

（この前、我がヘイスティングス卿が投獄されたのは、あなたのせいであった
　ことを否定してもよい）

　同様に、広範な言語において主節の感嘆文や疑問文に虚辞の否定辞がみられる。
例えば、ポートナー・ザヌッティーニ(Portner and Zanuttini 2000)があげている(2)
のパドゥア語(Paduan)の例や、英語の(3a)は今ではやや古風であるが、(3b)の否
定辞が埋め込み文の場合は今でも形式的な文体として可能である。

（2）a. **No**　ga-lo　magnà tuto!　　　　'He ate everything!'
　　　　NEG has-S.CL eaten everything　（彼は全部食べてしまった）
　　 b. Cosse **no** ghe dise-lo!　　　　　'What things he's telling him!'
　　　　What NEG him say-S.CL　　　　（彼はなんてことをあいつに言ったんだ）
（3）a. How often have I **not** watched him!　　　　　　　　　（Jespersen）
　　　　（何度私は彼を見つめたことだろう）
　　 b. The Church of England ... was so fragmented that there was **no knowing** what some sects might **not** have come to believe, but he doubted whether the christening of animals was encouraged.
　　　　　　　　（P. D. James, *The Children of Men*, on the christening of kittens）
　　　　（英国教会は非常に細かく分裂していたので、宗派のいくつかが何を信じ
　　　　るようになったかを知るすべがなかった。しかし彼は動物に洗礼を授け
　　　　ることが奨励されているかということには疑問をもっていた）

　日常言語においては共感否定は、ファウラー(Fowler 1926: 383–84)のような規範
文法家が驚くことに、生きていて健在である。彼は「主節における実際の、ある
いは事実上の否定辞の単なる無意味なエコーとして従属節にひっぱり出される否定
辞」を「誤りでしばしば意味を破壊するもの」として批判している。しかしながら
ファウラーも認めているように、実際には「"if it turned"（〜になる）という意味で
あるのに、"I shouldn't wonder if it didn't turn to snow" と習慣的に言ってしまう人
たちがいることを皆知っている。」同様に、

710

（4）a. **Don't** be surprised if it **doesn't** rain.［天気予報の標準的な言い方］
（雨が降っても驚かないでください）

　b. I **won't** be **shocked** if every single game is **not** a sellout.
（すべての試合が売り切れだとしても、私は驚かないだろう）
（WFAN スポーツ解説の共同司会者のクレイグ・カートン（Craig Carton）
の発言。2008 年のヤンキー・スタジアム営業の最後の年にファンがスタ
ジアムを埋め尽くすことを予測して）

　c. I would **not** be **surprised** if his doctoral dissertation committee is **not**
composed of members from several departments within a university.
（もし彼の博士論文の審査委員会が他学部の教員で構成されても、私は驚
かないでしょう）（大学院の応募者への推薦状）

　d. **Don't** be **surprised** if the Suns **don't** come back and push the series to five
games.
（もし［アメリカ、プロバスケットボール（NBL）のアリゾナ・フェニック
ス］サンズが奮起して、［プレイオフ］シリーズを 5 戦目まで引き延ばし
ても、驚くなよ。）（Robert Thomas Jr. による NBA のプレイオフ・シリー
ズについての *New York Times* の記事。1991 年 5 月 2 日、B22 面）

　同様に、ファウラー（Fowler）のような世界中の規範文法学者に嫌われるものに、
keep（NP）from（しないでおく）や miss（し損なう）のあとの共感否定がある。

（5）a. Well, really, how can I **keep from not** worrying? I mean have you seen the price
of gasoline.
（まったく、悩むよね。ガソリンの値段を見ただろ？）

　b. I can't **keep from not** thinking about the impending doom of it all.
（私は差し迫ったその運命すべてを考えざるを得ない）

　c. Doing yoga every day for about an hour and a half **kept me from not** thinking
about dying.
（ヨガを毎日一時間半することによって、死を考えなくて済むようになった）

　d. I **miss not** seeing you around.
（あなたに会えなくて残念≠会えないことをし損なった（＝あなたに会っ
た））

ここではイェスペルセン式の融合ないしは混合タイプの分析が有効である。つま
り、**(5d)** =「私はあなたに会えない」+「あなたに会えなかったことを後悔してい

る」。ここで、否定は虚辞的ではあっても、文法的効果がないのではないことに注意しよう。余剰否定の文構成がないので、miss の否定の力はそれだけでは否定極性項目を認可するには弱すぎる。

（5'）　I miss *(not) seeing you around anymore. ［anymore の標準的方言で *］
　　　　（もうあなたに会えないのは残念です）

　共感否定のもう 1 つの類は、イェスペルセンによって「繰り返し否定」（resumptive negation）と呼ばれているもので、（6）の例にあるように今でも存続し健全である（Jespersen 1917, 1924; Lawler 1974）。

（6）a.　**Not** with my wife, you **don't**.
　　　　　（私の妻とではなく）
　　　b.　**Not** a creature was stirring, **not** even a mouse.
　　　　　（生き物 1 つ、ネズミさえも活動していなかった）
　　　c.　She **cannot** sleep, **not** even after taking an opiate.　　　　　（Jespersen）
　　　　　（彼女は鎮静剤を飲んでも、眠れない）

イェスペルセン（Jespersen 1924: 333–34）は、非論理的であるという非難とコンマ音調によって救おうとすることの両方に反対して、繰り返し否定の弁護を展開している。

　　論理的な観点からは "I shall never consent, not under any circumstances, neither at home nor abroad"（「私は国内であろうと国外であろうとも、どのような状況においても、決して同意しない」）という表現に誰も反対しない。ここでは音調のポーズが、表記ではコンマで示されるが、その否定辞を分離し、コンマの数だけの異なった文に属しているように思わせ、一方 "he never said nothing"（「彼は何も言わなかった」）では、否定辞はただ 1 つの同じ文に属している。しかし、何が 1 つの文を構成し、何が 2 つの文を構成するのかを区別することはまったく不可能である。例えば、"I cannot goe no further."（Shakespeare）（「私はこれ以上行けない」）は、コンマを加えて、"I cannot goe, no further." とするだけで、より論理的になるだろうか？

興味深いことに、イェスペルセンの繰り返し否定の標準的典拠は、余剰否定がしばしば例証されているところでもある。同じアーデンの森（Forest of Arden）で繰り広げ

られる後の場面で、シーリアの忠告が非繰り返し否定的に言い換えられている。

（7）a.　CELIA. I pray you, bear with me. **I cannot go no further**.
　　　　　（どうか聴いておくれ、これ以上遠くまで行けません）
　　　　　　　　　　　　　［『お気に召すまま』アーデンの森の第二幕四場の出だしから］

　　 b.　ADAM. Dear master, **I can go no further.**
　　　　　（ご主人様、これ以上先までは行けません）
　　　　　　　　　　　　　［『お気に召すまま』「森の他の場所」の第二幕六場の出だしから］

　　 c.　When you ain't got nothin' you got nothin' to lose.
　　　　　（何もなければ、失うものは何もない）
　　　　　　　　　　　　　　　　　［ボブ・ディラン "Like a Rolling Stone," 1965］

　　 d.　Nobody beats the Wiz
　　　　　（Ain't nobody gonna beat the Wiz）
　　　　　（誰も Wiz ［チェーン店］を負かせない）

対応する例が、否定一致の now-you-see-it/ now-you-don't（ほら、見えるでしょ、ほら見えなくなったでしょ）を伴うボブ・ディランの有名な金言 (7c) に見られる。また (7d) では、これは今は存在しないニューヨーク地区の家電チェーンの 1990 年代半ばのあまり人々が覚えていない広告に用いられた標語であるが、コード・スイッチによってこの店の標準的な客層と標準的でない客層の双方に訴えようとしている。
　余剰否定が、規範文法家を怒らせることなく多く使われる環境の 1 つは、否定挿入句の場合である。適格な否定挿入句は、主文の否定表現の後に来なければならない（Horn 1978: 190ff. 参照）。

（8）a.　The Republicans **aren't**, I (**don't**) think, going to win the White House.
　　　　　（共和党は、ホワイト・ハウスを勝ち取ることはできないと思う）

　　 b.　The Republicans, I (*don't) think, aren't going to win the White House.

　　 c.　The Democrats are, I (*don't) think, going to win the White House.
　　　　　（民主党がホワイト・ハウスを勝ち取ると思う）

否定挿入句の繰り返し的用法は、動詞 think から否定辞繰り上げを許す多様な述語（believe, suppose, imagine）を含む範囲に広がり、かつ一人称現在時制に制限されない。しかしこの用法は、紛れもなく非付加的な定型の付加語句の I don't think とははっきりと区別されなければならない。この用法は、いろいろな表現や言語使用域

で使われ、*OED* (*think*, 9b を見よ) が述べているように、「皮肉な言明に続いて、その反対が意図されていることを示すために」用いられる。例えば、ジョイスの『ユリシーズ』(5 節の睡蓮を食べる人 (Lotus-eaters)) の挿話) に (8') のような例がある。

(8')　Women will pay a lot of heed, **I don't think**.
　　　（女性たちが大いに関心を示すだろう、いやはや全く）

OED の例には次のようなものがある。

1837　DICKENS Pickw. xxxviii, 'You're a amiably-disposed young man, sir, I don't think', resumed Mr. Weller, in a tone of moral reproof.
　　　　　（「あなたはやさしい気持ちをもった青年ですね、いやはや全く」とウェラー氏はお説教のような調子で再び話し始めた）
1857　HUGHES Tom Brown II.ii, Hark how he swears, Tom. Nicely brought-up young man, ain't he, I don't think.
　　　　　（よく聞け、トム、彼がどんなののしり方をするかを。育ちの良い若者だ、いやはや全く）
1911　KEBLE HOWARD Cheerful Knave xvi, Yer a credit to yer calling, I don't think.
　　　　　（これが君にとっての天職だ、とは思わないが）

ここで例示されているように、皮肉の I don't think は典型的に不誠実な賞賛ないしは敬意の後にくる。この構文の機能は、「… でない！(... NOT!)」に相当する。これは 1992 年のアメリカ方言協会「年間のことば賞」(American Dialect Society Word of the Year for 1992) を受けたものである。例えば、Horn (1992) に引用されている、1 世紀前の西部方言からの例を 2 つ比べてみよう。

(9) a.　You and dad are great hunters, I don't think. （1918 Zane Grey memoir, *Tonto Basin*）
　　　　（お前と親父はたいしたハンターだよ、いやはや全く）
　 b.　He's a fine neighbor — not. （1910 Frank Webster novel, *Comrades of the Saddle*）
　　　　（彼は良い隣人だ、とんでもない）

このびっくり箱 (jack-in-the-box) のような遡及的調整の効果は、*OED* の項目 (*not*,

C）からの次例にみられるように、遡及的 not（retro-not）の一貫した特性である（その歴史と初期のさらなる引用例については、Sheidlower and Lighter 1993 参照）。

> **1893**　*Princeton Tiger* 30 Mar. 103　An Historical Parallel — Not.
> （歴史的な対応物—とんでもない）
>
> **1900**　G. ADE *More Fables* 80　Probably they preferred to go back to the Front Room and hear some more about Woman's Destiny not.
> （多分彼女たちは居間に戻り、女性の運命についてもっと聞きたかったのだろうって、とんでもない）
>
> **1975**　E. WILSON *Twenties* 323　Held up by cyclone at South Amboy — 'wicked little boy who kept jeering at us, "You'll get there tonight — not!"'
> （南アンボイでサイクロンに足止めされている時に、いたずら好きの少年が我々を嘲って「今夜中に着けるよ、なんちゃって」）

付加語的な I don't know と遡及的な not に皮肉ないしは当てこすりの意味があることは議論の余地がない（そしてそれらの意味はメタ言語否定の、常にみられるというのではないが、その特徴として議論されてきた）（*NHN* 6 章、Carston 1996 参照）。しかし皮肉の意味を必ずしも含まない地域的な余剰否定構文がある。それは「マサチューセッツ州の否定的肯定」（下記の 1999 の引用参照）であり、典型的には so don't I として、しかしより正確には so AUXn't NP と表示されるものである。

(10)　THE COLTS WANT THIS ONE? SO DON'T THE PATS!［*Boston Globe* の見出し、1971 秋］
（コルツがこのゲームを勝ちたいんだって。パトリオッツだって同じさ）［訳者注：Baltimore Colts は 1953 から 1983 までボルティモア市（メリーランド州）の AFL アメリカ・フットボール・リーグのチーム。現在はインディアナポリス・コルツ。PATS とは AFL の New England Patriots の愛称］

この so 構文を集めた最も網羅的な目録は『アメリカ地域英語辞典』（*Dictionary of American Regional English, DARE*）の第 4 巻（近刊）の例文集の原稿である[4]。

> **So adv chiefly N[ew] Eng[land]**
> 肯定的な構文につづく否定構文の中で、肯定構文に同意することを表すのに用いられ−しばしば 'so do I' の意味を持つ 'so don't I' の表現をとる。
> **1962**　ニューヨークタイムズ書評欄、1 月 28 日、16/1、この表現［=don't be

surprised if he doesn't visit you one of these days］（もし彼が近々きみを訪れても、驚かないで）は次の会話にみられる昔からの冗談めいた否定表現に近い："I wish I had an orange." "So don't I."（「オレンジがほしい」「私も」）。ここでは、話者は強く "So do I" を意味している。

1980 D*aily Hampshire Gaz.* 9 月 9 日、16/2、And just as the mood of the once-solemn convocation has changed over the past few years, so hasn't the opening address by President Jill Ker Conway.（そしてかつては厳粛な式典の雰囲気が過去数年の間に変わったように、学長のジル・カー・コンウェイの開会の挨拶もそうであった。）

1998 *NADS Letters* nw*PA* (1980 年頃）、同意を示す標準的な答えは "so don't I"（「私もそう」）であった。（例えば、A: "I like ice cream."（「私はアイスクリームが好き」）B: "Mmmm. So don't I!"（「うーん、私も」。同様に "so didn't I"、"so doesn't she" など。）

1999 *DARE* のファイル―インターネット［Boston Online *The Wicked Good Guide to Boston English*].「ボストン・オンライン―ボストン英語のちょっと意地悪な言い方ご案内」欄から。So don't I は、マサチューセッツの否定的肯定表現 (negative positive) の一例。次のように使う："I just love the food at Kely's." "Oh, so don't I!"（「ケリーズの料理はすごく好き」「私も！」）

この構文はしばしば、皮肉（ないしは「冗談」(jocular)）とみなされてきたが、この方言の母語話者はしばしばこの見解に異議を唱えている。この点はジョン・ローラー（John Lawler）によっても指摘されたし（ちなみに、彼の個人的談話によると、この地域的な特殊な言葉遣い (shibboleth) は、ニューイングランドから遠く離れた、ごく限られた地域、例えばイリノイ州の一部でも定着している）、また (10) のような気取らない例や上に引用した 1980 年の新聞記事に見て取れる。

　この構文に関するもう 1 つの疑問は、それがどこから来たのかということである。フリーマン（Freeman 2004）とパパス（Pappas 2004）の最近の研究では、so do not I とそれに類する表現はシェイクスピア（『十二夜』三幕四場、『リチャード三世』一幕四場、二幕二場）やボーモントとフレッチャー（Beaumont and Fletcher）に帰され、ときどき冗語法的な（効力のない）意味が意図されていると主張されている。しかし実際のところ、これらの議論は説得力がない。この構文の最も好都合の環境でさえも、『十二夜』からの引用にみられるように、

VIOLA: Methinks his words do from such passion fly,

That he believes himself: so do not I.

（ヴィオラ：あんなにむきになってしゃべるところを見ると、本気で信じているにちがいない。でもまさか... あたしには信じられない。[小津次郎訳]）

否定は通常の効力をもっている。このくだり全体が示すように、ヴィオラの意図は 'I, unlike Antonio, do not'（「私は、アントニオに反して、そう思わない」）である。（現代英語では、この表現の否定辞の前置も倒置も可能ではなく、統語的に可能なのは、"I do not do so." だけである）。

　アメリカ中部方言における、so AUXn't NP に対応する表現は、次のモンゴメリー（Montgomery 2004）からの項目にみるように、否定表現を取りながらの肯定的応答（negative positive）で、(don't) care to の解釈である。

care 動詞　「喜んで、または、快く（...）する」(to be willing or agreeable to) の意。（通常は、何らかの示唆や招待への反応としての慣用句、I don't care to で用いられる。）この動詞は、「人が何かしても構わない」("not to mind if one does") や「人が何かしたらうれしい」("to be pleased if one does.") などの意味をもちうる。

1929　Chapman *Mt. Man* 510　"**I don't care for work**" は "I like to work—I don't mind working"（働きたい—働くのは構わない）を意味する。そして "I'd not care to drive a car" は "I am not afraid to — I'd like to drive a car"（車の運転はこわくない、運転したい）を意味する。しかしこの山間によそから移り住んで何年も暮らしている者は、これらの言い方を現代風の意味にしか受け取らず、山男は怠け者で現代の発明品には用心深いと言いふらしている。

1939　Hall *Recording Speech* 7　not to mind の代わりに not to care to を使う例。例えば、Emerts Cove に住む人の "She doesn't mind talking"（彼女は喜んで話す）を意味して "She don't care to talk" という例は、16 世紀にも 17 世紀にも見られる。

1998　Brewer *Words of Past*　テネシー州東部地方のもう 1 つの言い方は、誰かに何かを頼むとき "if you don't care to" を加えることである。その字義は分かりやすい英語とは逆である。例えば、"Would you carry me to work, if you don't care to?（仕事場まで乗せてくれる、もし構わなければ？）。

ふり返ってみると、この変化は驚くに当たらない。本質的に don't mind と don't

care は構成的に等価（compositionally equivalent）であり、標準方言の話者の間で異なった方向に進んだのである。それはちょうど horrific と terrific が反意語になったのと同じである。アメリカ中部方言とその周りの方言が以前の言い方を保持しているにすぎない。*OED* の記載につぎのような史的記録がある。

care, 4b：（何か提案されたものを）気にしない（not to mind（something proposed））；なんのいや気も反対もない、したい気持ちになる。今では if、though と共にのみ使用される。

1526 *Pilgr. Perf*（W. deW. 1531）18 Some for a fewe tythes, with Cayn, careth not to lese the eternall rychesse of heuen.［現代の綴りでは、Some for a few tithes, with Cain, care not to lose the eternal riches of heaven.］（わずかな施しを、カインのように惜しんで、天国の永遠の恵みを失いたくはない者もいる）

1597 SHAKES. 2 *Hen. IV*, I.ii. 142　I care not if I do become your physician.（私があなたの医者になるなら気にしません）

1611 FLORIO, *Scrõcca il fuso*.. a light-heeled trull that cares not to horne hir husband.（自分の夫に不貞を働くのを躊躇しない軽はずみでふしだらな女）

1748 RICHARDSON *Clarissa*（1811）VI. XX. 179　Will you eat, or drink, friend? .. I don't care if I do.（食べますか？　それとも飲みますか？　私はどちらでもいい）

特に、1611 Florio の引用に注目しよう。ここでは軽はずみな当のふしだらな女は不貞を働き自分の夫に嫉妬の角を生やさせるのを躊躇していない（doesn't mind）。

もっぱらアメリカ中部方言に限定されているもう1つの地域的な変種は、否定的な形の肯定（negative positive）ではなく（Frazier 1997 の言い方をすると）「肯定的な形の否定」（positive negative）である。フレイジャー（Frazier）の書き物の中で "Sure Don't" America と呼ぶものを引用しよう。

通常、否定辞は "no" によって表される。しかし、人と場合によっては、"no" はボキャブラリーに入っていない。その代わりに話者たちは同じ否定の意味を伝えるのに気分を和らげるための代用表現を使う。つまり「肯定の形をした否定」（"Positive Negative"）である。例えば、コンビニエンス・ストアに行って店員にキャット・フードがあるかと訊いたとする。その店員はできるだけ愛想良く "We sure don't!"（ありません）と答えるであろう。最後の語は上昇調の抑揚

で、その表現が "do" という語で終わっているかのように、発音される。時には "sure" という語にアクセントがおかれ、残念なようなしかしユーモアのあるうなずきを伴う。答えが "no" であるようないかなる状況においても、この「肯定の形をした否定」は使える。"Will you be back later?" "I sure won't!"（「あなたは後で戻ってきますか？」「戻りません」）。"Can you give me a jump start?" "I sure can't"「（バッテリーをケーブルでつないで）ジャンプスタートをしてくれる？」「できないよ」）。

この議論の本筋に戻ると、文の余剰否定（hypernegation）の事例（否定一致、共感的埋め込み否定、並列否定（paratactic negation）、so Auxn't NP、など）に、この現象の語彙的な事例を加えることができる。この実例にはまず、形容詞の場合に否定接頭辞と否定接尾辞が互いに打ち消しあわないように、二重の接辞否定が単一の否定の意味をもたらすケースがあげられる。これは例えば、unmatchless（マッチしていない）['unmatched', 'matchless']、unguiltless（罪のない）、unhelpless（救いのない）、unmerciless（無慈悲な）など（*OED* **un**[1]、5a; Horn 1988: 224 も参照）のような冗長的形態として、以前（16世紀、17世紀）には、より生産的に見られた。しかし現代においても、irregardless（無頓着な）やドイツ語の unzweifellos 'doubtless'（疑いのない、文字通りでは 'undoubtless'）にその名残を見ることができる。

余剰否定の形容詞は現代では周辺的であるが、それらに対応する動詞、例えば un-/de-/dis- の接辞をもちその語幹の意味を逆転させるのではなく強化する動詞は健在である。標準的な例としては、（非）逆転動詞（(ir)reversatives）の unthaw（溶かす）（= thaw, unfreeze）、unloose(n)（ほどく）（= loose(n), untighten）、unravel（ほどく）、dissever（分ける）、disannul（取り消す）。さらに名詞に由来する動詞の unpeel（皮をむく）、unshell（殻をはぐ）、unpit（くぼみを作る）、deworm（害虫を駆除する）、debone（骨を抜く）などがある。ホーン（Horn 1988, 2002b）で論じたように、この現象の存在を基本的に動機づけているのは、un- 動詞は、その対象ないしは主題がその本来の姿に戻されるという由来志向の読みをはっきりと示すからである。鶏に "boning" することは、骨を刺すことなのか、抜くことなのかはっきりしないし、織物の糸を "raveling" することが糸をからませることなのか糸のからまりを解きほぐすことなのかもはっきりしない。しかし、deboning と unraveling については、その意味は明らかである。

皮肉なことに、余剰的な接辞添加がもつこの曖昧性解消の機能は、[現代社会の]技術的な進歩によって危うくされている。例えば、消去や削除をもとに戻す手段の出現によって、unerase, unsort などの、以前はエントロピーに関わる意味の動詞は、余剰的な読みもまだみとめられるが、いまや合成的に解釈されうる [訳者注：

unerase（消されたものを回復する）, unsort（無作為にする）]。

　語彙の領域でさらに無形否定（HYPONEGATION）に話を移そう。ここでは意味解釈に必要な否定表現が実際に現れるよりも（少なくではなく）多く存在する例がある。まず(11)のような unpacked の重音省略（haplology）の例をみてみよう。

(11) a.　My suitcase is **still unpacked** and my plane leaves in two hours!
（私のスーツケースはまだ詰められていない。飛行機はあと 2 時間で出るのに）

　　 b.　My cartons are **still unpacked** and I've been living here for two months!
（私の引っ越し時の荷物はまだ解かれていない。ここに 2 ヶ月も住んでいるのに）

(11a) ではスーツケースはまだ詰められていない、しかし (11b) ではそれはまだ開けられていない、つまりいまだに詰められたままである。同様に (11') においては、（プロフットボールの New York）ジャイアンツが新たに獲得したスター・レシーバーによって引き起こされる潜在的な脅威は、彼の怪我のためにベールがかかったまま（＝まだ明らかでないまま）である（remained veiled (= not yet unveiled)）。

(11')　[Because of Plaxico Burress's injuries] The big-play threat the Giants hoped he
　　　 would provide Eli Manning **remains unveiled**. (*NYT* 5 Aug. 2005, D1)
（[Plaxico Burress の怪我のために] 彼だったら Eli Manning に与えてくれるだろうとジャイアンツが期待したようなビッグプレイの脅威は、未だベールにつつまれたままである）

　余剰否定（否定とみなす「べき」なのにそうしないもの）と無形否定（否定とみなす「べきでない」のにみなすもの）を採掘するための豊かな通言語的鉱脈のひとつとして、almost や barely などの近似表現（approximatives）がある（Horn 2002a, Ziegeler 2006）。まず中国語とスペイン語からみてみよう。ここでは同一の表現が「大部分」(almost) か「ほとんどない」(barely = almost not) のいずれかの解釈を生み出しうる。

[北京官話 ; Li 1976, Biq 1989 参照]
(12)　Wo chadianr mei chi.　　a.　'I almost didn't eat', 'I barely ate'
　　　 I miss-a-little not eat　　　（食べられないところだったよ＝実際には食べられた）

b. 'I almost ate' [= Wo chadianr chi le]

(食べられるところだった＝実際には何も食べなかった)

[スペイン語；Schwenter 2002, Pons Bordería and Schwenter 2005 参照]

(13) a. Por poco me ahogo.　　　　'I almost drowned'

(私はもう少しで溺れそうだった)

b. Por poco no me ahogo.　　　'I almost/ ?barely drowned'

(私はぎりぎりのところで溺れなかった)

[バレンシアのスペイン語；Schwenter 2002 参照]

(14) a. ¡Casi salgo!　　　'I almost didn't get out', 'I barely/ finally got out'

(もう少しで出られないところだった、やっと出られた)

[lit. 'I almost get out']

(字義通り：私はぎりぎり出られそう)

b. ¡Casi llegas!　　　'You just barely made it!'

(なんとか間に合った)

[lit., 'You almost arrive!']

(字義通り：もう少しで着くよ！)

(13b) の効果は余剰否定であるが、(14b) のそれは無形否定である。スイスのドイツ語 (Swiss German) でも fasch は標準ドイツ語の fast 'almost' に通常対応するが、逆の barely (やっと … する) の意味にもなる。

　英語においても、near miss を同じように 2 面性をもった意味で、つまりかろうじて避けた災難にも、やっと達成した目標にも使う。言語について博識のウィリアム・サファイア (William Safire) は非常に仰天して、(*New York Times* 紙の) 「言語について」というコラム (2005 年 1 月 2 日) で「near の過剰使用」を厳しく非難している。

　　near thing (危ういところ [で成功]、危機一髪、辛勝) を無意味化した表現、near miss (もう一歩のところ [で失敗]、もう少しで命中、異常接近) については、これまで問題となってきた。我々の中には、"near hit (もう少しで衝突)" というべきだと辛抱強く主張する者もいたが、何の効果もなかった。near miss はその後熟語として確立した。(熟語は熟語であり、私はまったく気にしていない。)

航空業界では、near miss は、悪名高くもミスなし（non-miss）に近いミスである。同じことはゴルフについてもいえる。

(15) "Greg Norman, best known for his massive collapse in '96 and his other **near misses** ..." （ESPN「スポーツセンター」での Bill Pidto の言葉、2001 年 8 月 24 日）
　　　（プロゴルファーのグレッグ・ノーマンは 1996 年の肝心なところでの大崩れやその他のすんでのところでの失敗でよく知られているのだが…）

しかしオリンピックでのカーリング選手ローナ・マーティン（Rhona Martin）の near miss は合成的（compositional）な non-miss であった。

　　［見出し］Martin's **near miss**
　　（マーティンのニアミス）
　　Great Britain curling skip Rhona Martin almost missed the［Salt Lake City］Winter Olympics because of a stomach problem…
　　　　　　（http://news.bbc.co.uk/winterolympics2002/hi/english/curling）
　　（イギリスのカーリングの主将ローナ・マーティンは、腹痛のために、危うく［ソルトレイクシティ］冬季五輪の出場を逃すところだった）

　英語におけるもっとも悪評の高い無形否定の例は、疑いなく I could care less 'I couldn't care less'（まったくどうでもいい）である。ここではこの語句の変化の推移を考察しないが、いやみ（sarcasm）か、固定した皮肉（frozen irony）か、了解されている（ないしは了解されていた）As if/ Like I could care less（あたかも気にしないように）の再分析かもしれない。（いやみという見解はピンカー（Pinker 1994、8 章）で出され、マーク・リーバーマン（Mark Liberman）の言語ログ欄（Language Log post http://itre.cis.upenn.edu/~myl/languagelog/archives/001201.html（2004 年 7 月 13 日）で拒絶されている。後者のログ欄とそれに先立つ 9 ないし 10 ほどの以前のやりとりでは、Pinker によって提起された音調の問題と無形否定の形式的および社会言語学的分布が検討されている。Could care less についてはさらにローラー（Lawler 1974）と FAQ（http://alt-usage-english.org/excerpts/fxcouldc.html）を参照。

　I could care less と I couldn't care less といった等値の変異形の交替は、一群の SQUATITIVES のクラス（これは squat（うずくまる）とその同族の doodly-squat、diddly-shit、jack shit、zilch、beans、などを含む）を思い出させる。これらはホーン（Horn 2001b）（(16) (17) の例とその出典を示した）とポスタル（Postal 2004）によっ

て調査された特殊な特性をもつ減度詞（minimizer）のクラスである。（これに関連したオランダ語における drecative（排泄由来の）NPI のクラスについては Postma 2001 を参照）。(16) に見るように、認可された squat 類（squatitives）は本質的に anything のような否定極性項目である。

(16) He then looked into a career as a newspaper reporter but discovered writing didn't pay **squat**.

（彼は新聞記者としての職業を考えてみたが、記事を書いても割が合わないことが分かった）

The designated hitter or DH: A player who is designated to bat for the pitcher, who, with rare exceptions, can't hit for **squat**.

（指名打者：ピッチャーの代わりに打つことを指名された選手で、まれに例外はあるが、ろくに打てない選手）

We're all professionals, we understand the season's over. We happened to be 15–3, that doesn't mean **squat** now.

（われわれは皆プロの選手だ。もうシーズンは終わったと分かっている。たまたま 15 勝 3 敗だが、今となっては何の意味もない）

You're being a pain in the ass … I've given you what I can, which may not be **squat**, but you're lucky you're not thrown out on your ear.

（きみにはうんざりしているよ。できるだけのことはしてきたが、役に立っていないかもしれない。でも、追い出されていないだけ、ラッキーだよ）

認可されていない squat は nothing のような "n- 語"（n-word）である。

(17) All the talk of a resurrected Yeomen football program the past two seasons will mean **squat** if the team fumbles its opportunity to make the playoffs.

（ヨーメン・フットボール・クラブを復活させようという過去 2 シーズンにわたる話は、もしチームがプレーオフに進出する機会を逃したら、すべて無に帰すだろう）

And it's not the kids who let us down—it's the veterans … There have been a couple of veterans who have done **squat** since they've been here, to be honest.

（われわれを落胆させたのは新米たちではなく、ベテランの方だ。正直に言って、ここに来てから何もしていない古参のやからが何人もいた）

When the more sophisticated students complain that they are learning **squat**, I would direct the professor to remind them that tutoring builds the self-esteem of both tutor and tutee.

（比較的できのよい学生が自分たちは何も習っていないと不満を訴えたときには、私なら個人指導は教える側と教わる側双方の自尊心を築き上げるものだということを学生たちに思い出させるよう教員に促すだろう）

The state is doing virtually nothing to prevent gambling addiction or help those caught in its trap. "Arizona has done **diddly squat**", says Henry Lesieur, a sociologist and national expert on compulsive gambling.

（州政府はギャンブル中毒を防ぎ、その罠にはまった人たちを助けるために実質的に何もしていない。「アリゾナは全く何もしていない」と社会学者でギャンブル依存症の公的専門家である Henry Lesieur は言っている）

My dad got 'em [football tickets] for free. He works at the university. They pay him **squat** so they give him perks.

（父がフットボールの試合の切符をただでもらってきた。彼は大学で働いている。給料はろくなものでないから、その代わりの役得だね）

Squat 類の統一的な分析は **(16)** の文を余剰否定とするか、**(17)** の文を無形否定とするかであり、同時に双方に同じ解釈を与えるものではない。

　英語の方言によっては、どちらかの類が優勢であることがある。ピーター・ラブゼイ（Peter Lovesey）のミステリーシリーズの検査官のダイアモンド（Diamond）は終始一貫してすべての bugger all（まったくない）、sod-all（全く何もない）、sweet FA（全く ... ない）を不認可の squat 類として使っている。

(18)　"What did they do about it? **Bugger all**?"
　　　"No. They showed some responsibility."
　　　（「彼らは何をした？まったく何も？」「いや、多少の責任感は示した」）

　　　"And for those of you thinking I know **sod-all** about traumatic disorders, I did consult a couple of textbooks."
　　　（「俺がトラウマ症状について何も知らないと思っている者に言っておくが、何冊かの本には目を通したぜ」）

　　　"What is comes down to is the result that whatever the result it's **bugger-all** use without a hair from the suspect to match."
　　　（「とどのつまりは、照合するために容疑者の髪の毛 1 本すらなければ、その結果はまったく意味がないという結論だ」）

"Two innocent people died for **bugger all**?"

"I'm afraid that's true."

(「2 人の罪のない人が無駄死にしたんだって？」「残念ながらそのとおりだ」)

Squat の語類は、英語圏全体において、その生産性と多様性が著しいことは言及すべきである。もう 1 つの例は、

> Chris, my best friend at the time, sat at the head of the table and seemed more disinterested in the conversation than Sandy and I, so I figured that he **gave two shits** about what was going on under the table. [= 'didn't care', Usenet post]
>
> (その当時私の一番の親友だったクリスは、テーブルの上座に座っていたが、サンディーや私よりも会話に興味がないようだった。だから、彼はテーブルの下で何が行われているのかに関心がないと私は思った）[= 「関心がない」、Usenet post]

Could care less の分析で有望な可能性を秘めているアプローチは、この表現を本質的に squat 類として扱い、否定の作用域の中では否定極性項目であり、認可されないときにはそれ自身の否定の力をもつとすることである。これは(19)の類推関係を追究することになる。

(19) I **couldn't care less** : I **could care less** :: It **doesn't mean squat** : It **means squat**

(I couldn't care less 対 I could care less の関係は、It doesn't mean squat 対 It means squat との関係に等しい）（ともに、「まったくどうでもいい」）

明らかに皮肉から生じた無形否定のもう 1 つの古典的な例は、that'll teach you to VP である。これはもちろん that will teach you not to VP（VP しないようにしなさい）を意味する。ローラー（Lawler 1974）の分析では、この叱責の否定版と無形否定版とは統語的に交替可能ではない。というのは (20) の隠れた否定は any や ever などの最も弱い NPI でさえ認可しないからである。文法性判断はローラーのものである。

(20) That'll teach you *(not) to say anything.

しかし実際にはローラーに反して、グーグル検索では以下の用例があり、that'll teach you は ever や anything（あるいはその双方）のような NPI を認可する。

(21) a. *"That'll teach you to ever ..."* [1270 google hits]

（決して ... しないように）［グーグルで 1270 例］

"That'll teach you to **ever** fuck with me again," I said with a smirk.

（「私を二度とバカにしないで」、と私は気取って笑いながら言った）

Aw, sorry to hear Expatria, but that'll teach you to **ever** leave Boston. EVER.

（ああ、国籍を捨てると聞いて残念だ、しかし決してボストンを離れないように、決して）

b. That'll teach you to do **anything** without a spreadsheet or whiteboard diagram.

（マトリックス会計表やホワイトボード用図表なしでは何もしないように）

c. That'll teach you to **ever** come up with **anything** that doesn't fit within the status quo of [sic] as defined by the internet community!

（インターネット社会が決めた［原文のまま］現状に適合しないものは何も提案しないように！）

That'll teach him to **ever** say **anything** degrading about girls in your presence.

（彼はあなたの目の前で女の子たちをさげすむようなことを言ってはいけないということだ）

ホーン（Horn 2001b）で述べたように、NPI はいつも皮肉ないしは当てこすりの文脈に生起するものなので、このことは驚くにあたらない。グーグルの例には次のようなものもある。

(22) Fat chance I'd **ever** open **any** attachment that didn't come from one of my clients.

（私の顧客から来たのではない添付ファイルを開けるなんて、ありっこないよ）

A fat lot of good THAT **ever** did **anyone**.

（それこそ今までで最悪のことだ）

Like you'**d ever lift a finger** to help **anyone** around the house.

（家のまわりの誰かを助けるなんてしたこともないのに）

As if I **give a** {**damn/ shit/ flying fuck**} about any of that.

（あのことは少しも気にしていないくせに）

皮肉でない文脈においても、NPI は目に見えない否定によって認可されうる（他の例とそれらの出典、および詳しい議論については Horn 2001b, 2 節参照）。

(23) San Francisco is beating **anyone** these days as often as the Atlantic City Seagulls beat the Harlem Globetrotters. [i.e. 'never']

（サン・フランシスコは最近どこも負かしていない。アトランティク・シティー・シーガルズがハーレム・グローブトロッターズを負かしていないのと同じぐらいだ［つまり、「全く勝てない」］）

Exactly four people in the whole world have **ever** read that dissertation.

（世界中でちょうど 4 人しかその博士論文を読んだことがない）

Small thanks you get for THAT, **either**.

（そのことについて何の感謝もされないだろう）

I'm anything but happy with THAT analysis, **either**.

（その分析についても私はぜんぜん満足していない）

The tone ［of Germaine Greer's attack on manufacturers of vaginal deodorants］ wasn't light-hearted, which might have justified touching the subject **at all**.

（［膣の防臭薬の製造業者に対するジャーメイン・グリアの非難の］論調は、決して気軽なものではなく、そもそものことを問題として言及しなければならないこと自体を正当化したものかもしれない）

In one of the two conversations that I **ever** had with Raven McDavid, Jr. (this one in an elevator) he talked about feist dogs ...

（私が今までレイブン・マクダビッド・ジュニアと交わした二度の会話の 1 つで（これはエレベーターの中だったが）、彼は野良犬のことを話した ...）

(22) や **(23)** のような文脈における非顕在的な引き金の効果を、ホーン（Horn 2001b）ではフロベール認可（FLAUBERT LICENSING）とよんだ。それはこの作家のつぎのような布告を指してのことである。「芸術家は自分の作品において創造の神のように目に見えずかつ全能であるべきである。自分の存在をあまねく感ぜしめよ、しかし人に見られてはならない。」理神論者の神（deist God）やフロベール主義（Flalubertian）の小説家のように、無形否定の文脈における否定性の遍在もまたしかりである。即ち、あまねく遍在し、しかもどこにも見えない。いずれにしても否定に関しては、見えなくともそれが分かり、またその逆も真である[5]。

関連するブログと言語ログ

http://itre.cis.upenn.edu/%7Emyl/languagelog/archives/000368.html

Negated, or not (Chris Potts, January 21, 2004)

（*neg parentheticals, could care less, teach you to, wonder whether ...not*）

http://itre.cis.upenn.edu/%7Emyl/languagelog/archives/000500.html

Why are negations so easy to fail to miss? (Mark Liberman, February 26, 2004)

（*don't fail to miss*）

http://itre.cis.upenn.edu/%7Emyl/languagelog/archives/001645.html
Rumsfeld overnegates Powell, Powell uses "fulsome" correctly（Mark Liberman, Nov. 16, 2004）（*miss not*）

http://itre.cis.upenn.edu/~myl/languagelog/archives/002719.html
Negation, over- and under-（Ben Zimmer, December 21, 2005）
（*miss not*,"*will no longer be unable to V*" = '*will no longer be able to V*'）

また多重否定（multiple negation、例えば **cannot be underestimated**）（過小評価され得ない）については、マーク・リーバーマン（Mark Liberman、2007 年 7 月）からの三連項目に詳しい。
http://itre.cis.upenn.edu/~myl/languagelog/archives/004716.html
http://itre.cis.upenn.edu/~myl/languagelog/archives/004719.html
http://itre.cis.upenn.edu/~myl/languagelog/archives/004726.html

また、*could care less* や不認可の *give a damn* については、ジョン・ローラー（John Lawler）のブログがある。
http://www-personal.umich.edu/%7Ejlawler/aue/giveadamn.html

2　メタ言語否定、非字義性、自閉症スペクトラム

　ここで否定のもう 1 つの難しい側面に移ろう。*NHN* の第 6 章では、メタ言語否定という現象に関する私の見解を論じた。これは先行するないしは予想される発話に対して、何らかの理由に基づき、特に呼び起こされる命題の［真理関数的な］偽性とは異なる理由に基づき、異議を唱える否定の用法である。その後、本書第 2 版の序章（*NHN2*, pp.xiii-xiv）に述べたように、この分析は数多くの根拠に基づき、またいろいろな方向から、拡張され、批判され、修正を受けてきた。ここにはドゥロスト（Drozd 2001）による言語獲得におけるメタ言語否定の役割に関する示唆に富んだ研究も含まれる。断定的不活性（assertoric inertia）という概念の発展の観点からメタ言語否定の対象を類別しようとしたもう 1 つの試みとしてホーン（Horn 2002a: 77–79）も参照。この見解では、「古典的なメタ言語否定」の対象は、主張されていないもの、つまり発話の明示的な内容の一部ではないもの、ないしは、そこで伝達されていないもの、である。

　しかし、先行研究で触れられていなかったこの現象の1つの側面は、メタ言語否定が、自閉症スペクトラム（autism spectrum）に位置づけられた人々の語用論的能力（pragmatic competence）の理解のために応用されることである。最近好評を博したダニエル・タメット（Daniel Tammet 2006）の回想録から始めるのがよいかもしれない。タメットは「自閉症学者」で、言語習得（と新しい言い回し（language-inventing））に驚くべき能力を示すが、認知的、感情的な面で大きな障害を患っている。同書第9章 "The Gift of Tongues"（言葉の贈り物）で、彼は、自分の多言語話者としての才能と、二重否定と否定疑問を処理する際に感じる特定の困難さとを並べて比較している。

　　ある種の文構造は私には特に分析するのが難しい。それは "He is not inexperienced in such things,"（彼はそのようなことに経験がないわけではない）のように、2つの否定辞（not と in-）がお互いに打ち消しあう場合である。次のように言ってくれた方がはるかに分かりやすい。"He is experienced in such things."（彼はそのようなことに経験がある）。もう1つの場合は、文が "Don't you ... ?" で始まる場合、例えば、"Don't you think we should go now?"（もう出かけなければならないと思いませんか）とか "Don't you want ice cream ... ?"（アイスクリームがほしくない？）のような場合である。そのようなとき、私は非常に混乱し頭が痛くなる。なぜなら相手が、"Do you want an ice cream?"（アイスクリームがほしい？）と尋ねたいのか、あるいは "Is it correct that you don't want an ice cream?"（アイスクリームがほしくないのは本当？）と尋ねたいのか、はっきりしないし、それに両方の質問が2つの全く異なる意味を持ちうると答えることも可能だからである。　　　　　　　　　　　　（Tammet 2006: 162）

しかしさらに困難なのはメタ言語否定の解釈である。

　　ロンドン大学の言語学教授、ニール・スミス（Neil Smith）氏は、2005年の夏に、私があるタイプの文構造をどのように処理するかをみる実験を行った。問題文はすべて言語科学者が「メタ言語否定」と呼ぶものを含んでおり、そこでは否定は文中の語にそって働くのではなく、それらがどのように表現されているかに関わるものであった。例えば、"John isn't tall, he's a giant"（ジョンは背が高いなんてもんじゃない、巨人だ）という文を提示されたら、大部分の人は完全に理解する。つまりジョンは単に背が高いという程度ではなく、背が見上げるほどに高いのだ。しかしながら、私は詳しく説明されてはじめてそれを理解することができた。実験により、私はそのような文は矛盾しており、処理困

難とみなしていたことが分かった。これは自閉症のあらゆる程度の患者に共通の問題であり、それは、われわれ患者にとっては思考と理解の過程が字義通りに行われるからである。　　　　　　　　　　　　　　　（Tammet 2006: 221–22）

　実はこれは、メタ言語否定と自閉症についてのニール・スミス（Neil Smith）の最初の考察ではない。スミスとツィンプリ（Smith and Tsimpli 1995）は、クリストファー（Christopher）の症例を記述している。彼は 15 ないし 20 の言語を読み、書き、翻訳し、意思伝達することができるが、自分の身の回りの世話や単純な仕事ができずに、施設で暮らしている。スミス・ツィンプリ（Smith and Tsimpli 1995: 62–63）によると、クリストファーは、メタ言語否定の例を、(24)のような例も含めて一貫して拒否している（(24)の分類については、異論があるかもしれないが）。

(24)　Goliath wasn't tall, he was a giant.
　　　（ゴリアテは背が高いなんてもんじゃなかった、巨人だ）
　　　I don't just like Alexia, I love her.
　　　（私はアレクシアがただ好きなんじゃない、愛している）
　　　Fred didn't contract a disease, he fell ill.
　　　（フレッドは病気に感染したのではない、病気になったのだ）
　　　John didn't try to translate the book into Armenian, he succeeded in translating it.
　　　（ジョンはその本をアルメニア語に訳そうとしたのではない、それを訳すことができたのだ）
　　　I couldn't not see him.
　　　（彼に会わずになんかいられなかった）

　　　GREEK
　　　Dhen prospathisa na dhiavaso afto to vivlio, to dhiavasa xoris kamia dhiskolia.
　　　　'I didn't try to read this book, I read it without any difficulty'
　　　　（私はこの本を読むことを試みたのではない、何の問題もなく読み終えた）
　　　O Yanis dhen ine xontros, ine varelas.
　　　　'Yanis is not fat, he is a barrel'
　　　　（ヤニスは太っているなんてもんじゃない、巨漢だ）

ダニエル・タメットと同様にクリストファーも、次のような修辞的疑問文を含めて、字義通りでない意図された発話を解釈するのに困難を感じている。

(25) Susan: "I read today in the newspaper that someone killed a three-year-old child.
I couldn't believe it. Who would kill a child?"
（今日新聞で読んだんだけど3才児を殺した人がいるって。信じられ
ない、誰が子どもを殺せるっていうの？）
Christopher: "A murderer."
（殺人者だよ）

スミス・ツィンプリ（Smith and Tsimpli 1995: 64–65）は、この理解の困難さは語用
論的なレベルで生じていると結論づけている。つまり「クリストファーの（言語的）
意味論は損なわれていないが、他のところ同様ここでも、彼の異常な反応は、彼の
解釈過程が完全な命題を形成するための富化（enrichment）の手前の段階で止まって
いるという事実のためだと考えられる。」

3　否定と極性：新たな千年紀への文献解題

　本書第2版（NHN2）と同じように、以下の文献目録は本章の議論に関わる文献
と旧版の刊行以降に出版された否定と極性に関わる研究の（願わくは）包括的なカタ
ログとしたい。ホーン・加藤（編）（Horn and Kato 2000）の序章に「千年紀における
否定と極性」（Negation and Polarity at the Millennium）というサブタイトルをつけた
が、今回の文献目録は、新しい千年紀における否定と極性の目録をめざす。同時に
この終章で言及した過去の研究も含むものとする。
　以下に収めるのは主要な単行本と論集である。否定表現の類型論が焦点となっ
ているのは Matti Miestamo（2000, 2005, 2006, 2007）と Hedde Zeijlstra（2004, 2007）
である。現代英語における否定表現に的を絞ったものが3篇ある：Huddleston and
Pullum による権威ある CGEL（2002）の否定の章、イギリスの非標準方言における
否定構文の体系的な調査の Anderwald（2002）、そして英語の否定の形式と機能の
通時的研究の Mazzon（2004）である。中世英語と中世ドイツ語の否定の歴史的変化
がそれぞれ家入（Iyeiri 2001）と Jäger（2008）で扱われている。多様な言語と理論的枠
組を扱った論集には、Hoeksema et al.（2001）、Andronis et al., eds.（2002）（否定と
極性に関する最近の CLS パラセッション）、そして加藤（編）（Kato, ed. 2002）（上智
大学否定ワークショップ論集）がある。スラブ諸語とロマンス諸語における否定の
諸側面を扱ったものに、それぞれ Brown and Przepiorkowski（2005）と Floricic（2007）
によって編集された論集があり、家入（編）（Iyeiri, ed. 2005）は英語の否定の時間的、
空間的多様性を通観している。
　否定の形態論、統語論、意味論が焦点となっているのは、アメリカ手話（ASL）

についての Pfau (2002) と Schaffer (2002)、ベンガル語 (Bengali) の Ramchand (2003)、オランダ語を扱った Haegeman (2001)、Klein (2001)、Barbiers (2002)、Zeijlstra (2004)、英語の Hudson (2000) と小田 (Oda 2002)、フランス語とロマンス語一般についての Floricic, ed. (2007) 所収論文、ドイツ語については Schwarz and Bhatt (2006)、イタリア語の Acquaviva (1999)、日本語については加藤 (Kato 2002, 2003)、Whitman (2005)、岸本 (Kishimoto 2007, 2008)、コリア語について Sells (2001a,b, 2004, 2006)、Jang and Kwon (2002)、Han and Lee (2002)、Lee (2002)、Chung (2007)、An (2007)、ペルシャ語の Taleghani (2008)、ロシア語とスラブ語については Partee and Borschev (2004, 2007) と Veselinova (2008)、スウェーデン語の Sells (2000)、ウェールズ語の Borsley and Morris Jones (2005) がある。否定と命令文、モーダル、アスペクトとの相互作用についての通言語的考察が、それぞれ Han (2001)、van der Auwera (2001, 2006)、Partee (2008) により提示されている。Zanuttini (2001) は否定の統語論とその文法理論へのかかわり合いについての最近の論考を要約しており貴重である。主要部移動 (head movement) と否定規準 (neg-criterion) 及びそれらのモジュール性への関係についての主流の見解が、渡辺 (Watanabe 2001)、Kim and Sag (2002)、Newmeyer (2004) によって再検討されている。一方、de Swart (2006) は最適性理論による代案を提示し、Sailer (2006) は、否定辞繰り上げに関する独自の研究の中でレキシカル・リソース意味論 (lexical resource semantics) を援用している。（否定辞繰り上げは Klooster (2003)、Gajewski (2007) でも再検討されている。）

　最近、中心的な位置を占めている 1 つのトピックは、上にあげた諸論文でとりあげられている否定一致 (negative concord) である。特に、イェスペルセンのサイクルへの新たなアプローチが、de Swart and Sag (2002)、Zeijlstra (2002)、van der Auwera and Neuckermans (2004)、Condravdi and Kiparsky (2005)、Schwenter (2006) で提案されている。否定極性については、過去 10 年以上にわたってかなりの注目を集めてきたのは、非真実性 (non-veridicality) の概念に基づくアプローチである。例えば、Giannakidou (2002a, 2006a)、Blaszczak (2002)、Bulatovic (2002) を参照。any の本質についてしばしば焦点が当てられてきた極性、自由選択 (free choice)、不定についての他の分析には、Giannakidou (2001)、Sæbø (2001)、Falkenberg (2001)、Blaszczak (2001)、Postma (2001)、Horn (2000, 2001, 2005a)、den Dikken and Giannakidou (2002)、Werle (2002)、Joe and Lee (2002)、van Rooy (2003)、Rullmann (2003a, b)、Szabolcsi (2004)、Dayal (2004)、Jayez and Tovena (2005)、den Dikken (2006)、Farkas (2006)、Lee (2006)、Choi (2007)、D. Levinson (2007)、Hoeksema and Napoli (2008) がある。Vlachou (2007) は多言語における自由選択現象の扱いをめぐる諸問題への重要で包括的な展望である。

極性認可と意味論的・語用論的尺度との関係に焦点を当てているのは Hoeksema and Rullmann (2001) と Israel (2001, 2004, 2006, 2011) である。even の役割とその極性認可との関係が Lahiri (2001)、Guerzoni (2002)、Herburger (2003)、Schwarz (2005)、中西 (Nakanishi 2006a, b)、Giannakidou (2006c, 2007) によって考察されている。これらの論文の論争点の 1 つは、even の統一的な説明は (例えば、Horn 2000 で主張したように) 可能であるのか、または通常の文脈 (even XP) と下方伴立の文脈 (not even XP) の even に対して異なった演算子を仮定しなければならないのか、というものである。後者の場合、否定極性専用の even を英語においては非顕在的に是認し、他の言語においては顕在的に是認する。この見方を支持するものとして特に Giannakidou (2007) を参照。

同じぐらい悪評の高い尺度不変化詞はもちろん only である。8 世紀にわたって激しく続いた only の意味に関する論争は、今や only の NPI 認可特性と only NP という環境における明らかに下方伴立でない特性との緊張関係にかかっている。13 世紀以来、スペインのピーター (Peter of Spain) からアトラス (Atlas 2005) とギアナキドウ (Giannakidou 2006a) にいたる対称主義者たち (symmetricalists) にとっては、(26) は基本的に (26') と (26") の連言に分解される。それと対立する非対称主義者たち (asymmetricalists, 最近では van Rooij and Schulz (2007) と Ippolito (2006, 2008)) にとっては、(26) は (26") を伴立するが、(26') はたかだか前提とするか含意するだけである。

(26)　Only love counts.　（愛だけが価値がある）
(26')　Love counts.　（愛は価値がある）
(26")　Nothing distinct from love counts.　（愛以外のものは何も価値がない）

対称主義の見解は、もし何も重要でないならば (あるいはもし否定だけが重要ならば) (26) は偽であるという広く認められている直観を扱うのに説得力がある。しかし、なぜ only NP は否定極性項目を認可し (例えば、Only love could ever have made me feel this awful (私をこんなにひどい気持にさせたのは愛だけだったかもしれない))、一方で否定性の目安となる語順倒置や他の文法的、談話的な振る舞いを引き起こすのか、またなぜ同じ事実が barely VP にも成り立つのか、を説明することができない。それに対立する非対称主義の見解では、only NP は下方伴立の演算子とされ、極性認可子と語順倒置認可子として否定要素としての振る舞いは正しく予測するが、(26) が (26") と同様に (26') も伴立するという明白な事実を捉えることができない。この行き詰まりは、only やそれに関連する barely や almost などの VP 修飾の尺度的不変化詞の意味論と語用論に関する最近の多くの分析に動機付けを与え

てきた (Rapp and von Stechow 2000, Schwenter 2002, Ziegeler 2006, Amaral 2007, 参照)。barely は肯定極性を構成要素としてもっているのに NPI を認可し、almost は否定極性をもっているのに NPI を認可しないことに注意されたい。

私が進めてきたアプローチは断定的不活性 (ASSERTORIC INERTIA) に基づくものである (Horn 1996, 2002a)。この見方では、意味論的に伴立されているが、断定されたもののスコープの外にある要素、従って潜在的に議論をよぶ発話意味の部分は、断定的に不活性である。そのような要素は実際に極性認可の妨げにならない。というのは、NPI を認可するのは、下方伴立 (downward entailment) ではなく下方断定 (downward assertion) であるからである。従って、only, barely, almost のような不変化詞は、伴立されたものと断定されたものという決定的な区別が与えられると、意味論的には対称的であるが、機能的にはそうではないように機能することになる。(この議論は Atlas を納得させるに至っていないし、彼の反論も私を納得させていない。この論争については Atlas (2007) と Horn (2009) を参照。)

NHN の主要な焦点である否定の語用論は、山田 (Yamada 2003) の大部な研究のトピックでもあるが、Carston (2002、4 章)、Schwenter (2005)、Krifka (2007)、Israel (2011)、Horn (2012) においても論じられている。否定の言語処理の実験的な研究には、Giora (2007) と Kaup et al. (2007) がある。

否定接辞添加の制約に関わる一連の論点、特に充分に研究されていなかった現象である un- 名詞と un- 動詞については、ホーン (Horn 2002b, 2005b) で論じた。そこでは、un- 名詞形成の洞察にみちた分析は、アリストテレスの欠性 (privation) の概念とロッシュ (Rosch) のプロトタイプ理論を援用しなければならないこと、一方un- 動詞形成は語彙的意味論と語彙的語用論を区別することの重要性を示すものであることを論じた。それをし損なうと、ケメラー・ライト (Kemmerer and Wright 2002) のように、unboil (さます) や undecorate (飾りをとる) のような語彙項目が実際にはあるのに、生じないと誤って予測することになる。

より広く語用論理論一般において、発話されたもの (what is said) と真理条件的意味への「語用論的侵入」(pragmatic intrusion) について、新グライス派と関連性理論的アプローチとの間で論争が続いてきた (包括的な、しかし必ずしも決定的でない分析については S. Levinson 2000 を、また関連性の立場については Carston 2002 を参照)。語用論のハンドブックであるホーン・ワード (編) (Horn and Ward, eds. 2004)、バーナー・ワード (編) (Birner and Ward, eds. 2006) の記念論集、バートン－ロバーツ (編) (Burton-Roberts, ed. 2007) の論集に収められた諸論文は、これらの論争点に対する有益な概観を与えてくれる。そのいくつかには、否定と極性の取り扱いに直接関わる論考もある。キェルキア (Chierchia 2004) によって提起された 1 つの問題は、会話の含意に関するグライス的モデル (NHN、第 4 章参照) は、会話の

含意の局所的ないしは「文法的」計算の論拠を与えるかに見える一連の問題を適切に扱うことができるかというものである。キェルキア（Chierchia）の結論は、局所性を支持するレヴィンソン（Levinson）の関連した議論同様、Sauerland（2004）、Horn（2004, 2006a）、Russel（2006）、Geurts（2009）、Horn（2010）によって反駁されている。

［語用論的］侵入を支持する人々は、一種の真理条件的語用論を提案しているが（Recanati 2004）、同じ問題の反面をなすのは、一般に想定されている非真理条件的意味論の存在である。ホーン（Horn 2007b）では、会話の含意のグライス的概念を擁護する議論を示した（*NHN*, 2.5 節）。それはこのような現状にあてがわれうるような事例を取り扱うために考案されたものであり、グライス（より広範には Frege）によって引用されている語彙的、文法的構文 — but、文副詞、非規範的統語論 — から、ロマンス語における二人称単数代名詞（T 対 V）の選択や定型記述を含め、多くの新しい分析に及んでいる。ホーン（Horn 2008）は、この方向でさらに、She needs her a new truck（彼女は自分のための新しいトラックを必要としている）あるいは I love me some Frege（私は研究対象としてのフレーゲが好きだ）のような下位範疇化されていない方言的な「人称与格」（personal datives）にプログラムを拡大している。

Q 原理に基づく含意と R 原理に基づく含意との対立と相互作用によって規定される二元的プログラム（dualistic program）は、*NHN* の 3.3.1 項で説明され、後の章でも援用されたが、ホーンの最近の 2 論文（Horn 2006c, 2007a）において重複して論じられた分析の中核をなすものである。それは、*Intercultural Pragmatics* 誌における活発な意見交換の争点のひとつでもあり、Horn（2005c）、Carston（2005）、Horn（2006b）として刊行されている。ホーン（Horn, 2010）は、（想定される）統一的な説明に反して、「二元論的」（Manichaean）モデルを擁護している。

否定の論理に戻ると、重要なのはマーチン（Martin 2004）、特にその第 3 章と 8 章である。*The Stanford Encyclopedia of Philosophy* には、*NHN* の第 1 章における対当の方形と（非）矛盾律（the Law of (Non-) Contradiction）の議論に関連する 2 つの項目（Parsons 2006 と Horn 2006c）が含まれている。一方、プリースト（Priest 2002）は、アリストテレスの「証明不可能な原理」（indemonstrable principle）の足がかりに対して真矛盾主義者的な集中攻撃をしかけている。述語や論理演算子への否定の語彙的編入にみられる非対称性への新グライス派的説明は *NHN* 第 4.5 節でまとめられているが（例えば、通言語的に、*nall, *nand, *nalways のような語彙が生じることはないことを予測している）、この問題は他の研究、例えば Béziau（2003）、Seuren（2006）、そして特に Jaspers（2005）で議論されてきた。これらに対する反応については、ホーン（Horn 2006a, 第 5 章 ; 2012）を参照。イタリア人の論理学者アントニノ・デゥラゴ（Antonino Drago）には論理的二重否定についての論考がいくつかあ

る。

　最後に直面する重大な（そして時にやや曖昧な）問題は、人間の思想、精神史に
おける否定の役割、そして特に文学と精神分析の研究のなかにおける否定の位置
である。フレーゲ（Frege）、ヘーゲル（Hegel）、フロイト（Freud）の否定観の相互の
関係（*NHN* 1.3 節参照）は、Brann（2001）と ver Eecke（2006）の本 1 冊分にのぼる論
文、およびそこに引用されている文献にみられるように、この領域を貫く筋道の
1 つである。フェル・エッケは、Litowitz（1998）と Green（1999）による以前の研究
を参考にしており、一方リトウィッツの論文は否定の精神的意味と、*NHN* 3.1 節
でとりあげた言語獲得の過程からの経験的証拠とを関連付けようとしている。ブ
ランの著作はそのタイトル［訳者注："The Ways of Naysaying: no, not, nothing, and
nonbeing"］からも分かるように、本書の読者には特に関心があるはずである。同
書は、私とはやや異なった観点から、哲学、心理学、言語学における否定を考察し
ている[5]。

注

1　この終章と新たな文献目録の原稿完成後に、筆者の編集になる否定論集 *The Expression
of Negation*（Horn, ed., de Gruyter Mouton, 2010）が刊行された。同書に否定と極性に関
する 21 世紀の（本書 *NHN*3 とも一部重複するが）包括的な文献目録を付した（同書、
pp.287–329）。また否定の統語論・意味論・語用論に関する 20 篇の論文からなる『否
定と言語理論』（加藤泰彦・吉村あき子・今仁生美（編）、開拓社、2010）もほぼ同時に刊
行された。スペランサ・ホーン（Speranza, J. L. and L. Horn（2010）"A Brief History of
Negation" *Journal of Applied Logic* 8: 277–301）は、否定の研究史を、隣接領域との関連を
踏まえて多角的に論じている。

2　もちろん、二重否定が肯定になるときでさえ、それが「何を」肯定するのかというこ
とについては、非常に多くの多様性がある。多様な「論理的二重否定」とその意味論
的、語用論的動機付けについては、*NHN* 5.1.3 項でも論じたし、Horn（1991, 2002c）で
の主要なトピックになっている。Drago（2001, 2003, 2005）は、二重否定と論理学、数
学との関連性についていくつかの重要な研究を提供した。

3　マーチン（Martin 2004）は「余剰否定（hypernegation）」を、新プラトン学派の伝統に遡
る異なった意味で使っている。

4　*DARE* の編集者であるジョーン・ヒューストン・ホール（Joan Houston Hall）によりこ
こで用いたデータを参照することを許可された。ここに謝意を表する。また 1998 から
2001 までの archived ads-1 threads［http://listserv.linguistlist.org/cgi-bin/wa?S1=ads-1］、
特に so don't I とその類例の起源、発達、分布に関する見解については、Frank Abate、
Jason Eisner、Beverly Flanigan、Bryan Gick、Dan Johnson、Mark Liberman による掲示

板への投稿を参照。

5 Joan Houston Hall、Jack Hoeksema、Beverly Flanigan、John Lawler、Mark Liberman、Michael Montgomery、Geoff Nunberg、Ton van der Wouden、Ben Zimmer、Arnold Zwicky、そして Horn (2008) の口頭発表をきいてくださった方々からの本稿への例文、助言、創造的刺激に対して感謝する。残された誤りは私の責任である。

補遺 1　排中律および多値論理のいわゆる不整合について

　2 章 4 節で引用したギーチ (Geach) による多値論理学 (Multivalued Logic, MVL) の不整合に関する「証明」は次のようなものである。

- (i)　not-F でありかつ not not-F である、ということはあってはならない。
  （矛盾律(LC)による）
- (ii)　**F** でもなくまた not-**F** でもない、ということはあってはならない。
  （(i)とド・モルガンの法則による）
- (iii)　故に、**F** か not-**F** かのどちらかでなくてはならない。
  （(ii)と排中律(LEM)による）

矛盾律 (LC) の 1 つの例といわれる (i) により、我々は (我々の中の多値的な者でさえも) どうしようもなく (iii) に導かれるとされる。これは排中律であり、これを必ず拒絶することが通常多値論理学の特徴である。しかし、ギーチ自身が同じ節の他のところ ([1972] 1980: 78) で「読者は注意」として、次のように警告している：「読者の見ていないところで巧妙なごまかしが行われている。」

　定式化なしに、ギーチの議論における前提が何をいおうとしているのかを決定するのは困難である。特に、(多値論理学のすべての明示的な体系の中で許されている 2 つの) 否定演算子のうちどちらが、この推論過程で用いられているのかが明らかでない。しかし、(i) は、$\Box-(p\wedge-p)$ の形式をもつときだけ、矛盾律 (LC) の具現化であるとみなすことができる。そして (i) は、(i)–(iii) においてギーチが使っている not-F という表現が「内部」否定として解釈されるときにのみ、多値論理学に関連をもつ。否定が「外部」否定として解釈されても「証明」は成立する。しかし、$\Box(F\alpha\vee-F\alpha)$ という結論は、他の古典的な二値論理学者にとってと同様に、多値論理学の主張者にもなんの問題も引き起こさない。従って、(i) は次のように解釈されると仮定しよう。

　　　(i')　$\Box-(\neg F\alpha\wedge--\neg F\alpha)$

次に (ii) をどのように解釈するかを決めなければならない。この証明の残りの部分はこの決定にかかっている。2 つの解釈が可能であるように思われる。

解釈 I		解釈 II	
(i')	$\square-(\neg\, \mathbf{F}\alpha \wedge -\neg\, \mathbf{F}\alpha)$	(i')	$\square-(\neg\, \mathbf{F}\alpha \wedge -\neg\, \mathbf{F}\alpha)$
(ii')	$\underline{\square--(\mathbf{F}\alpha \wedge \neg\, \mathbf{F}\alpha)}$	(ii'')	$\underline{\square(-\neg\, \mathbf{F}\alpha \vee --\neg\, \mathbf{F}\alpha)}$
(iii')	$\square(\mathbf{F}\alpha \vee \neg\, \mathbf{F}\alpha)$	(iii'')	$\square(-\neg\, \mathbf{F}\alpha \wedge \neg\, \mathbf{F}\alpha)$

解釈 I では、矛盾律（LC）の妥当な例示である前提 (i') から、排中律（LEM）の妥当な例示である結論 (iii') が導かれる。しかし、(i') から (ii') を導くためのド・モルガンの法則の適用は正当ではない。なぜならば、(i') のカッコ内の部分が、選言の否定である $\mathbf{N}(\mathbf{p} \vee \mathbf{q})$ の形式に転換されるなら、もたねばならぬはずの否定の連言形式、つまり $(\mathbf{Np} \wedge \mathbf{Nq})$ の形式、になっていないからである。一方、解釈 II の証明は一応有効であるが、そこから導かれる結論は求められるべき (iii')—すなわち、α は $\mathbf{F}$ か not-F でなければならない—ではなく、むしろ (iii'')—すなわち、α は not not-F か not-F かでなければならない—となっている。さて、悪評高いことだが、多値論理学では not not-F は $\mathbf{F}$ には還元されない。アリストテレスやラッセルの二値の二元否定（dual-negation）モデルにおいてさえ、ギーチも確かに気付いているように、「ソクラテスは not not-wise（賢くなくはない）」、「2 は not not-red（赤くなくはない）」、「フランス王は not not-bald（はげてなくはない）」から、「ソクラテス」、「2」、「フランス王」がそれぞれ「賢い」、「赤い」、「はげている」ことを推論することはできない。

　最後に、ギーチの「証明」に対して考慮されてよいかもしれない最後の可能な定式化がひとつある。

解釈 III	
(i'')	$\square-(-\, \mathbf{F}\alpha \wedge -\neg\, \mathbf{F}\alpha)$
(ii')	$\underline{\square--(\mathbf{F}\alpha \wedge \neg\, \mathbf{F}\alpha)}$
(iii')	$\square(\mathbf{F}\alpha \vee \neg\, \mathbf{F}\alpha)$

ここでは、解釈 I のように求めるべき結論を得ることができるし、解釈 II のようにその推論は正しい。しかし、この解釈 III は、すべての可能世界の最良の結果に至るものではなく、むしろ関係のない世界に発散してしまう。というのは、(i'') は矛盾律の例示ではないからである。(ii'') が排除するのは、α が $\mathbf{F}$ でも not-F でもないという可能性である。しかし、すでに述べたように、多値論理のどのような体系とも同じように、アリストテレスやラッセルの二値論理においては、ソクラテスは賢くも not- 賢いでもないことがあり得るし、2 は赤くも not- 赤いでもないことがあり得、またフランス王ははげても not- はげてもないことがあり得る。（また解釈

III においては、ギーチがスポーツマン精神に反して、「α は **F** でない」を、あるところでは ¬ **F**α の略、他のところでは―**F**α の略、として扱っているとみなさざるを得なくなることに注意。）従って、どのようにギーチの議論を解釈しても、（(iii') に記号化されているような内部否定に対して）排中律（LEM）が矛盾律（LC）の妥当な例示から論理的に帰結するということを、有効に示すことにはならないのである。

補遺 2　内在的否定再考

　第 3 章でふれた内在的否定の心理言語学［的特性］をもう一度とりあげよう。ここでは、クラーク（Clark）と彼のグループ（Clark 1971, 1974 参照）、およびフォーダー・フォーダー・ギャレット（Fodor, Fodor, and Garrett 1975）による研究から生じてくる問題に焦点をあてる。即ち、なぜ内在的(非明示的)否定の方が、明示的否定よりも、文処理や評価の点でより困難さが少ないのかという問題である。その説明への 1 つの可能なルートは、3.3 節で論じた有標性含意（markedness implicature）とその部分的な慣習化（partial conventionalization）を経由するものである。

　dissuade（〈人に〉説得［忠告］して(... を)思いとどまらせる）の場合を考えてみよう。G. レイコフ（G. Lakoff 1969）は、(i)と(ii)の共同派生（coderivation）を支持しようと試みている。

(i)　I persuaded Bill not to date many girls.
　　（わたしはビルを説得して多くの女の子とデートしないようにさせた）
(ii)　I dissuaded Bill from dating many girls.
　　（わたしはビルを説得して多くの女の子とデートすることを思いとどまらせた）

その論拠は、(i)では明示的な、(ii)では(接辞 dis- の中の)非明示的な、否定要素の作用域と、量化子の作用域との相互作用である。（レイコフの元の例では、Bill が将来のデートを誘う人（dater）ではなく、誘われる人（datee）となっていて、そのため量化名詞が主文の目的語の位置を占めている。その理由はここでの議論には関係しない。）

　［訳者注：語彙分解して］最終的に persuade ... not となる語彙的複合に代えて dissuade を入れ替える変形規則は、さまざまな経験的、理論的理由にもとづいてチョムスキー（Chomsky 1971）、シャクター（Schachter 1972）、ハスト（Hust 1975）らによって、批判されてきた。ここでは、(i)と(ii)は同義であるというレイコフ（Lakoff 1969: 134）の議論と、(ii)は(i)と異なり「何々しないように説得されている人が何らかの意図をもっていることを前提としている」というチョムスキー（Chomsky 1971: 143）の反論だけをとりあげる。ビニック（Binnick 1976）が詳しく述べているように、

　　［(ii)］はビルが多くの女の子とデートをしようという意図をもっていて、もし
　　そうしないように言われなかったらそうしたであろうと信じている話者によっ
　　てのみ、発話され得る。なんの意図もなく、ビルから将来のデートの計画につ
　　いてのアドバイスを求められた人によっては発話され得ない。しかし［(i)］
　　は確実にどちらの状況でも使うことができる。　　　　　　　(Binnick 1976: 221)

　チョムスキーとハストが認めているように、この明らかな非同義性が dissuade の
語彙分解分析にとって問題となるか否かは、随意的変形が意味を変えることができ
るかどうか、またそれらの変形が前提や他の意味論的、語用論的情報によって条件
づけられるかどうか、あるいはその両方か、という点にかかっている。しかし、(ii)
が適切でない文脈において (i) が適切に用いられるということが事実であっても、
これら 2 つの文は実際に同義でないということになるのだろうか。これら 2 つの
文は、真理条件的には等価であり、(i) によっては同じぐらい強くは含意ないしは
前提とされない何かを、(ii) は慣習的に含意 (2.5 節参照) ないしは前提とする点で
互いに異なると考えられるかもしれない。ここでの含意は明らかに、3.3 節で論じ
た否定に対する有標含意である。そうだとすると、ここにみられるのは、persuade
not の否定要素を dissuade に内的否定として編入することによって、その否定要
素と結びついている含意が強化され、慣習化されるということである。
　この dissuade/ persuade not の交替は、筆者の提唱する語用論的労力の分業を発
動するいくつかのケースを想起させる。そこでは、R 原理によって特化された単純
で、無標な、つまりより語彙化された (kill、pink、enjoyable、went to jail などの)
項目を話者が避けた場合に、聞き手は Q 原理に基づく次のような推論を行うこと
が正当化される。つまり、話者が (cause to die、pale red、capable of being enjoyed、
went to the jail などの) 冗長な表現を選択したのは、前者のようなより単純な表現
を適切に用いることができなかったためだ、という推論である。しかしながら、こ
こでは (i) の分布が、意味論的により限定された (ii) の存在によって制限されること
はない。ホーン (Horn 1978c) では次のようなことを示唆した。(ii) は、(i) より短い
が、その編入を受けていない対応表現に比べて (kill が cause to die よりも、短いだ
けでなく、有標性が低いという意味においては) 有標性が低くはない。— dissuade
は、史的にはより新しく、習得はより遅く、(単純な不定詞ではなく from ... ing と
いう有標の補文標識を支配し、定形の補文をとらないという点で) 統語的にはより
特殊化されているのである。
　ダウティー (Dowty 1979: 291–92) は、(i) と (ii) の間の「前提」(「 」はダウティー)
における非対称を、persuade と dissuade 両者のもっとも適切な語彙分解に現れる動
詞である intend が、否定辞繰り上げの引き金 (Horn 1978b と 5.2 節参照) であると

いう事実に帰着させている。ダウティーが観察しているように、状態変化の動詞はどれも、それと反対の状態が先だって(つまり、叙述の言及時の前に)得られていることを(慣習的にせよ、会話的にせよ)含意するとすると、dissuade に結びつく含意は、(iii)ではなく(iv)ということになろう。

(iii)　NOT (*intend* (NOT (**x**, **P** (**x**))))
(iv)　NOT (NOT (*intend* (**x**, **P** (**x**))))

ここで、2つの隣接する否定は自動的に打ち消し合い、(ii)のような dissuade の文に適切な含意をもたらす。つまり、**x** は **P**-ing することを dissuade される前に、**P** しようと意図していたという含意である。

　しかし、(v)–(viii)のような明示的／内在的な対(Horn 1978c: 204 より)を考えると、dissuade と persuade not との間の非対称は、実際には非常に一般的なものであり、状態変化の叙述(下の(vii), (viii)を参照)や否定辞繰り上げの述語((vi), (vii)を参照)を含まない他のペアにも自由に拡張される。

(v)	**a** discouraged **b** from Xing.	(v')	**a** encouraged **b** not to X.
(vi)	**a** {prevented/ kept} **b** from Xing	(vi')	**a** caused **b** not to X; **a** caused it not to be possible for **b** to X.
(vii)	**a** denied that **p**.	(vii')	**a** asserted that **not-p**.
(viii)	**a** doubts that **p**.	(viii')	**a** believes that **not-p**.

いずれの場合も、プライムの付いていない方の叙述の使用は—そこに編入された形態的ないしは内在的否定が存在することは、これらの述語が否定極性項目の引き金となり得ることによって実証されているが—そこに含まれている肯定的な命題が既に了解されているコンテクストに限定されている。従って、**a** denied (doubts) that **p** は、**p** という命題が、先行する談話の中で喚起されている(つまり、そこに現れているか、そこから直接に推論される)命題であるときにのみ、適切である。同様に、もしある人がどのみち自殺をするという特別な意図をもっているという前提がなければ、その人を自殺することから思いとどまらせるという言い方はしないであろう。編入されていない否定をもつプライムがついた方の対応形式((v')–(viii'))の使用は、この有標の含意が存在しないことを意味してはいない。それは単に、その含意がより弱いか慣習化の程度がより低いことを含意するにすぎない。

　含意を帯びている要素の編入が、その含意の部分的ないしは完全な慣習化をも

たらす傾向にあるという見解は、他の語彙的パターンによって支持される。ホーン（Horn, 1972: 1.2 節）は、基数を編入すると、編入される前の基数に結びついている上限規定の尺度含意が規則的に慣習化されると論じている。3 つの辺を持つ図形（つまり三角形）は意味論的には（少なくともではなく）正確に 3 つの辺を持つ図形である。四角形は、（少なくとも）3 つの辺を持つ図形の中に入るかもしれない。しかしそれによって（少なくとも）三角形であるということにはならない。また、三塁打（正確に 3 塁進塁のヒット）は、打者の二塁打（ダブル）の総計に数えられることはないし、8 つの楽器のために作曲された曲が作曲家の四重奏曲とみなされることもない。同様に、able を動詞語幹に編入して、**V**-able という形容詞を派生する編入は、自由形式の able に結びついている **R** 原理に基づく強化の推論をさらに強める（Horn 1978c: 200-201）。つまり、enjoyabe な映画または lovable なわんぱく小僧は、単に able to be（capable of being）enjoyed or loved（楽しまれ、または愛されうる（その資質がある））というだけではなくて、実際に楽しまれ、または愛されているもの、または実際にそうされた（あるいは必ずそうされるであろう）ものである。

　この非対称性は—ここでは有標含意の慣習化の程度の問題に帰着させてきたが—、どのようにして明示的 対 内在的否定の言語処理における非対称性に関係づけることができるだろうか。もし、(ii) や (v)–(viii) の内在的否定形が適切に用いられるのは、それらの想定、つまり当の行為が制約されているないしは当の命題が退けられているという想定が、談話のコンテクストの中で明示的に確立されていて（従って、そこから復元可能である）場合においてのみであるとすれば、聞き手はその想定を再構築するのに（処理の）時間をとる必要はなくなる。編入されていない否定の、より一般的で、より制約されていないケース（上の (i) や (v')–(viii')）においては、当の想定は、聞き手によってコンテクストの中に埋め込まれていなければならない。この再構築のために必要な時間が、心理言語学の文献の中で観察されている明示的 対 内在的な否定に関する処理時間の差をなすものであろう。従って、実質的に、明示的否定が心理学的にみてより難しい、またはより遅いのは、それが、対応するより特化された内在的否定よりも、意味論的または語用論的、ないしはその双方において、より複雑ではないからである。

第 2 版（*NHN* 2）文献目録

Abbott, B. 1972. "The Conjunction *but*." Unpublished. University of California, Berkeley.

Abel, C. 1882. *Linguistic Essays*. London: Trübner.

Abelard, Peter. 1956. *Dialectica*. L. M. DeRijk, ed. Assen, Netherlands: Van Gorcum.

Ackrill, J., ed. and trans. 1963. *Aristotle's Categories and De Interpretatione*. Oxford: Clarendon.

Adorno, T. 1973. *Negative Dialectics*. E. B. Ashton, trans. New York: Seabury.

Aitchison, J., and G. Bailey. 1979. "Unhappiness about Not Unhappy People." *Journal of Linguistics* 15: 245–66.

Ajdukiewicz, K. 1935. "Syntactic Connexion." Translated in McCall, ed. (1967b), 1–27.

Akmajian, A., and R. Jackendoff. 1970. "Coreferentiality and Stress." *Linguistic Inquiry* 1: 124–26.

Algeo, T. 1971. "The Voguish Uses of *non*." *American Speech* 46: 87–105.

Allen, M. R. 1978. Morphological Investigations. Ph.D. diss., University of Connecticut.

Allerton, D. 1978. "The Notion of 'Givenness' and Its Relations to Presupposition and to Theme." *Lingua* 44: 133–68.

Allwood, J. 1972. "Negation and the Strength of Presuppositions." Reprinted in *Logic, Pragmatics, and Grammar*, Ö. Dahl, ed., 11–57. University of Göteborg Department of Linguistics.

Allwood, J., L. G. Andersson, and Ö. Dahl. 1977. *Logic in Linguistics*. Cambridge: Cambridge University Press.

Altmann, S. A. 1967. "Structure of Social Communication." In *Social Communication among Primates*, S. A. Altmann, ed., 325–62. Chicago: University of Chicago Press.

Anderson, S., and P. Kiparsky, eds. 1973. *A Festschrift for Morris Halle*. New York: Holt.

Andrew, S. O. 1940. *Syntax and Style in Old English*. Cambridge: Cambridge University Press.

Andrews, E. 1986. "A Synchronic Semantic Analysis of *de*-and *un*-in American English." *American Speech* 61: 221–32.

Anscombe, G. E. M. 1956. "Aristotle and the Sea Battle." *Mind* 65: 1–15.

Anscombre, J.-C., and O. Ducrot. 1976. "L'argumentation dans la langue." *Langages* 42: 5–27.

——. 1977. "Deux *mais* en français?" *Lingua* 43: 23–40.

——. 1978. "Échelles argumentatives, échelles implicatives, et lois de discours." *Semantikos* 2: 43–66.

——. 1983. *L'argumentation dans la langue*. Brussels: Pierre Mardaga.

Antoine, G. 1952. *La coordination en français, Tome 2*. Paris: Editions d'Artrey.

Apostel, L. 1972a. "Negation: The Tension between Ontological Positivity and Anthropological Negativity." *Logique et Analyse* 15: 209–317.

——. 1972b. "The Relation between Negation in Linguistics, Logic, and Psychology." *Logique et Analyse* 15: 333–401.

746

Apostle, H., ed. and trans. 1966. *Aristotle's Metaphysics*. Bloomington: Indiana University Press.

Saint Thomas Aquinas. 1496. *Expositio super libros Posteriorum et De Interpretatione Aristotelis*. Completed by Thomas Caietanus. Venice: Otinus de Cuna, for Alexander Calcedonius.

———. 1945. *Basic Writings of Saint Thomas Aquinas*. A. C. Pegis, ed. and trans. New York: Random House.

Aristotle. *Works*. 1961–66. Including *Categories, De Interpretatione, Prior and Posterior Analytics*. Translated under the editorship of W. D. Ross. London: Oxford University Press.

Arlen, H., and J. Mercer. 1944. "Ac-Cent-Tchu-Ate the Positive." Song from *Here Come the Waves*, film musical of 1944.

Aronoff, M. 1976. *Word Formation in Generative Grammar*. Cambridge: MIT Press.

Ashby, W. 1981. "The Loss of the Negative Particle *ne* in French." *Language* 57: 674–87.

Atlas, J. 1974. "Presupposition, Ambiguity, and Generality: A Coda to the Russell-Strawson Debate on Referring." Unpublished. Pomona College.

———. 1975. "Frege's Polymorphous Concept of Presupposition and its Role in a Theory of Meaning." *Semantikos* 1: 29–44.

———. 1977. "Negation, Ambiguity, and Presupposition." *Linguistics and Philosophy* 1: 321–36.

———. 1978. "On Presupposing." *Mind* 87: 396–411.

———. 1979. "How Linguistics Matters to Philosophy: Presupposition, Truth, and Meaning." In Oh and Dinneen, eds., 265–81.

———. 1980. "A Note on a Confusion of Pragmatic and Semantic Aspects of Negation. *Linguistics and Philosophy* 3: 411–14.

———. 1981. "Is *not* Logical?" *Proceedings of the Eleventh International Symposium on Multiple-Valued Logic*, 124–28. New York: IEEE.

———. 1984. "Comparative Adjectives and Adverbials of Degree." *Linguistics and Philosophy* 7: 347–77.

Atlas, J., and S. Levinson. 1981. "*It*-clefts, Informativeness, and Logical Form." In Cole, ed. (1981), 1–61.

Attal, P. 1971. "Négation de phrase et négation de constituent." *Langue française* 12: 98–111.

Austin, J. L. [1950] 1970. "Truth." In Austin (1970), 117–33.

———. 1956. "Ifs and Cans." In Austin (1970), 205–32.

———. 1970. *Philosophical Papers*, J. O. Urmson and G. J. Warnock, eds. 2d ed. London: Oxford University Press.

Avicenna. 1971. *Treatise on Logic*, F. Zabeeh, ed. and trans. The Hague: Martinus Nijhoff.

Axinn, S. 1964. "Ayer on Negation." *Journal of Philosophy* 61: 74–75.

Ayer, A. J. 1936. *Language, Truth, and Logic*. London: Victor Gallancz.

———. [1952] 1963. "Negation." *Journal of Philosophy* 49: 797–815. Reprinted in A. J. Ayer, *Philosophical Essays*, 36–65. London: Macmillan.

Babby, L. 1980. *Existential Sentences and Negation in Russian*. Ann Arbor: Karoma.

Bach, E. 1968. "Nouns and Noun Phrases." In Bach and Harms, eds., 90–122.

———. 1980. "Tenses and Aspects as Functions on Verb-Phrases." In *Time, Tense, and Quantifiers,* C. Rohrer, ed., 19–37. Tübingen: Niemeyer.

Bach, E., and R. Harms, eds. 1968. *Universals in Linguistic Theory.* New York: Holt.

Bach, K., and R. Harnish. 1979. *Linguistic Communication and Speech Acts.* Cambridge: MIT Press.

Bacon, F. [1620] 1853. *Novum Organum.* J. Devey, trans. London: Henry G. Bohn.

Bacri, N. 1976. *Fonctionnement de la négation.* Paris: Mouton.

Baker, C. L. 1970. "Double Negatives." *Linguistic Inquiry* 1: 169–86.

Bald, W.-F. 1971. "The Scope of Negation and Copula Sentences in English." *Journal of English Linguistics* 5: 1–28.

Baldwin, J. M., ed. 1928. Entries for "Negation" and "Negative," *Dictionary of Philosophy and Psychology,* vol. 2, 146–49. New York: Macmillan. (Entries written by C. S. Peirce et al.)

Ball, C. 1986. "Metalinguistic Disjunction." *Penn Review of Linguistics.* Tenth Penn Linguistics Colloquium.

Baltin, M. 1977. "Quantifier Negative Interaction." In *Studies in Linguistic Variation,* R. Shuy and R. Fasold, eds., 30–36. Washington: Georgetown University Press.

Banjọ, A. 1974. "Sentence Negation in Yoruba." *Studies in African Linguistics* 5: 35–47.

Bar-Lev, Z., and A. Palacas. 1980. "Semantic Command over Pragmatic Priority." *Lingua* 51: 137–46.

Barnes, J. 1969. "The Law of Contradiction." *Philosophical Quarterly* 19: 302–09.

Barrett, R., and A. J. Stenner. 1971. "On the Myth of Exclusive 'Or'." *Mind* 79: 116–21.

Bartsch, R. 1973. "'Negative Transportation' Gibt es Nicht." *Linguistische Berichte* 27: 1–7.

Barwise, J., and R. Cooper 1981. "Generalized Quantifiers and Natural Language." *Linguistics and Philosophy* 4: 159–219.

Barwise, J., and J. Perry. 1983. *Situations and Attitudes.* Cambridge: MIT Press.

Baudry, L. 1950. *La querelle des futurs contingents.* Paris: J. Vrin.

Bauer, L. 1983. *English Word-formation.* Cambridge: Cambridge University Press.

Baugh, A. 1935. *A History of the English Language.* London: Routledge & Kegan Paul.

Bellugi, U. 1967. The Acquisition of the System of Negation in Children's Speech. Ph.D. diss., Harvard University.

Bennett, M. 1976. "A Variation and Extension of a Montague Fragment of English." In Partee, ed., 119–63.

Bergmann, M. 1977. "Logic and Sortal Incorrectness." *Review of Metaphysics* 31: 61–79.

———. 1981. "Presupposition and Two-Dimensional Logic." *Journal of Philosophical Logic* 10: 27–53.

Bergson, H. 1911. *Creative Evolution.* A. Mitchell, trans. New York: Modern Library.

Bhatia, T. 1977. A *Syntactic and Semantic Description of Negation in South Asian Languages.* Ph. D. diss., University of Illinois.

Bierwisch, M. 1971. "On Classifying Semantic Features." In Steinberg and Jakobovitz, eds., 410–35.

748

Biligiri, H. S., ed. 1970. *Papers and Talks.* Presented and delivered at the Summer School of Linguistics. Mysore: Wesley Press.

Binnick, R. 1976. "The Iffyness of Transitive Verbs." In *Syntax and Semantics 6: The Grammar of Causative Constructions,* M. Shibatani, ed., 217–27. New York: Academic Press.

Black, M., ed. 1965. *Philosophy in America.* Ithaca: Cornell University Press.

Blanché, R. 1969. *Structures intellectuelles.* 2d ed. Paris: Librairie philosophique J. Vrin.

Bloom, L. 1970. *Language Development: Form and Function in Emerging Grammars.* Cambridge: MIT Press.

Bloomfield, L. 1933. *Language.* New York: Henry Holt.

Bochvar, D. A. 1938. [On a three-valued logical calculus and its application to the analysis of contradictions.] *Matematičeskij Sbornik* 4: 287–308.

Bodine, A. 1975. "Androcentrism in Prescriptive Grammar." *Language in Society* 4: 129–46.

Boër. S., and W. Lycan. 1976. "The Myth of Semantic Presupposition." Distributed by IULC.

Bolinger, D. 1952. "Linear Modification." *PMLA* 67: 1117–44.

——. 1957. *Interrogative Structures of American English.* Publication of the American Dialect Society, no. 28. University: University of Alabama Press.

——. 1961. "Contrastive Accent and Contrastive Stress." *Language* 37: 83–96.

——. 1968. "Postposed Main Phrases: An English Rule for the Romance Subjunctive." *Canadian Journal of Linguistics* 14: 3–30.

——. 1972. *Degree Words.* The Hague: Mouton.

——. 1977. *Meaning and Form.* London: Longman.

——. 1980. "A Not Impartial Review of a Not Unimpeachable Theory." In *Language Use and the Uses of Language,* R. W. Shuy and A. Shnukal, eds. Washington: Georgetown University Press.

Borkin, A. 1971. "Polarity Items in Questions." *CLS* 7, 53–62.

Bosanquet, B. [1888] 1911. *Logic, vol. 1.* 2d edition. Oxford: Clarendon.

——. 1895. *The Essentials of Logic.* London: Macmillan.

Bosley, R. 1975. *Aspects of Aristotle's Logic.* Assen, Netherlands: Van Gorcum.

Bossuyt, A. 1983. "Historical Functional Grammar: An Outline of an Integrated Theory of Language Change." In *Advances in Functional Grammar,* S. Dik, ed., 301–25. Dordrecht: Foris.

Bottomore, T., ed. 1983. *A Dictionary of Marxist Thought.* Oxford: Basil Blackwell.

Boucher, J., and C. Osgood. 1969. "The Pollyanna Hypothesis." *Journal of Verbal Learning and Verbal Behavior* 8: 1–8.

Bowerman, M. 1973. *Early Syntactic Development.* Cambridge: Cambridge University Press.

Boyd. J., and J. Thorne. 1969. "The Semantics of Modal Verbs." *Journal of Linguistics* 5: 57–74.

Bradley, F. H. 1883. *Principles of Logic.* London: K. Paul, Trench.

Bréal, M. 1900. *Semantics.* Trans. Mrs. H. Cust. New York: Henry Holt.

Broselaw, E. 1977. "Language Change and Theories of the Lexicon." *CLS 13,* 58–63.

Brouwer, L. E. J. 1908. "The Unreliability of the Logical Principles." Translated in *Collected Works I,* A.

Heyting, ed., 107–11. Amsterdam: North-Holland, 1975.

——. 1923. "On the Significance of the Principle of the Excluded Middle in Mathematics." Translated in van Heijenoort, ed., 334–45.

Brown, M. 1984. "Generalized Quantifiers and the Square of Opposition." *Notre Dame Journal of Formal Logic* 25: 303–22.

Brown, P., and S. Levinson. 1978. "Universals in Language Usage: Politeness Phenomena." In *Questions and Politeness*, E. Goody, ed., 56–311. Cambridge: Cambridge University Press.

Buelens, J. 1972. "Negation in Freud." *Logique et Analyse* 15: 319–31.

Buridan, John. 1966. *John Buridan: Sophisms on Meaning and Truth*. T. R. Scott, trans. New York: Appleton-Century-Crofts.

Burton-Roberts, N. 1984. "Modality and Implicature." *Linguistics and Philosophy* 7: 181–206.

——. 1987. "On Horn's Dilemma: Presupposition and Negation." University of Newcastle upon Tyne.

Burtt, E. A. 1955. "What Can Western Philosophy Learn from India?" *Philosophy East and West* 5: 195–210.

Buyssens, E. 1959. "Negative Contexts." *English Studies* 40: 163–69.

Campbell, R. N. 1981. "Language Acquisition, Psychological Dualism, and the Definition of Pragmatics." In Parret et al., eds., 93–103.

Caplan, I. 1978. "Understatement." Unpublished. LSA Linguistic Institute, University of Illinois.

Carden, G. 1970. "A Note on Conflicting Idiolects." *Linguistic Inquiry* 1: 281–90.

——. 1973. *English Quantifiers*. Tokyo: Taishukan.

Carlson, G. 1977. *Reference to Kinds in English*. Ph.D. diss., University of Massachusetts. Distributed by IULC.

Carlson, G., and T. Roeper. 1980. "Morphology and Subcategorization." In Hoekstra et al., eds., 123–64.

Carlson, L. 1983. *Dialogue Games*. Dordrecht: D. Reidel.

Carroll. J., and M. Tanenhaus. 1975. "Prolegomena to a Functional Theory of Word Formation." In Grossman, San, and Vance, eds., 47–62.

Carston, R. 1985a. "A Reanalysis of Some 'Quantity Implicatures.'" University College London.

——. 1985b. "Saying and Implicating." University College London.

Castañeda, H.-N. 1976. "Leibniz' Syllogistico-Propositional Calculus." *Notre Dame Journal of Formal Logic* 17: 481–500.

Cattell, R. 1973. "Negative Transportation and Tag Questions." *Language* 49: 612–39.

Channell, J. 1980. "More on Approximations: A Reply to Wachtel." *Journal of Pragmatics* 4: 461–76.

Chao, Y. R. 1955. "Notes on Chinese Grammar and Logic." *Philosophy East and West* 5: 31–41.

Charniak, E. 1972. *Towards a Model of Children's Story Comprehension*. MIT Artificial Intelligence Laboratory Monographs, No. 226.

Chattopadhyaya, D., and M. Gangopadhyaya. 1968. *Nyāya Philosophy: Literal Translation of Gautama's*

750

Nyāya-Sūtra and Vātsyāyana's Bhāṣya. Part 2: Second Adhyāya. Calcutta: Indian Studies: Past and Present.

Choi, S. 1983. "Some Aspects of Negation in Korean." Unpublished. Yale University.

Chomsky, N. 1957. *Syntactic Structures.* The Hague: Mouton.

——. 1965. *Aspects of the Theory of Syntax.* Cambridge: MIT Press.

——. 1970. "Deep Structure, Surface Structure, and Semantic Interpretation." Reprinted in Steinberg and Jakobovitz, eds., 183–216. Also in Chomsky (1972), 62–119.

——. 1971. "Some Empirical Issues in the Theory of Transformational Grammar." Reprinted in Chomsky (1972), 120–202.

——. 1972. *Studies on Semantics in Generative Grammar.* The Hague: Mouton.

——. 1981. *Lectures on Government and Binding.* Dordrecht: Foris.

Churchward, C. M. 1953. *Tongan Grammar.* Oxford University Press.

Clark, E. V. 1987 "The Principle of Contrast." In *Proceedings of the Twentieth Annual Carnegie Symposium on Cognition: Mechanisms of Language Acquisition,* B. MacWhinney, ed.

Clark, E. V., and H. H. Clark. 1979. "When Nouns Surface as Verbs." *Language* 55: 767–811.

Clark, H. H. 1971. "The Chronometric Study of Meaning Components." In *Colloques Internationaux du C.N.R.S.,* no. 206, Problèmes actuels en Psycholinguistique, 489–505.

——. 1974. "Semantics and Comprehension." In *Current Trends in Linguistics,* vol. 12, T. Sebeok, ed., 1291–428. The Hague: Mouton. Also published separately; The Hague: Mouton, 1976.

Clark, H. H., P. A. Carpenter, and M. A. Just. 1973. "On the Meeting of Semantics and Perception." In *Visual Information Processing.* W. G. Chase, ed., 311–81. New York: Academic Press.

Clark, H. H., and E. V. Clark. 1977. *Psychology of Language: An Introduction to Psycholinguistics.* New York: Harcourt, Brace.

Clark, H., and S. Haviland. 1977. "Comprehension and the Given-New Contract." In *Discourse Production and Comprehension,* R. Freedle, ed., 1–40. Hillside, N.J.: Lawrence Erlbaum.

Clark, R. 1974. "Ontology and the Philosophy of Mind in Sellars' Critique of Russell." In *Bertrand Russell's Philosophy,* G. Nakhnikian, ed., 101–16. London: Duckworth.

Cohen, L. J. 1971. "The Logical Particles of Natural Language." In *Pragmatics of Natural Language,* Y. Bar-Hillel, ed., 50–68. Dordrecht: D. Reidel.

Cole, P. 1975. "The Synchronic and Diachronic Status of Conversational Implicature." In Cole and Morgan, eds., 257–88.

Cole, P. ed. 1978. *Syntax and Semantics 9: Pragmatics.* New York: Academic Press.

——. 1981. *Radical Pragmatics.* New York: Academic Press.

Cole, P., and J. Morgan, eds. 1975. *Syntax and Semantics 3: Speech Acts.* New York: Academic Press.

Collinson, W. 1937. *Indication.* Language Monograph Number 17.

Comrie, B. 1985. "The Possessive Predicate in North African Vernacular Arabic." Paper presented at the Sixteenth Annual Conference on African Linguistics, New Haven.

Coombs, V. 1976. *A Semantic Syntax of Grammatical Negation in the Older Germanic Dialects.*

Göppingen Arbeiten zur Germanistik, no. 177. Göppingen: Verlag Alfred Kümmerle.

Cooper, R. 1983. *Quantification and Syntactic Theory.* Dordrecht: D. Reidel.

——. 1984. "Sentence Negation in Situation Semantics." *CLS 20*, 25–33.

——. 1975. *Montague's Semantic Theory and Transformational Grammar.* Ph.D. diss., University of Massachusetts.

Cooper, W., and J. R. Ross. 1975. "World Order." In Grossman, Vance, and San, eds., 63–111.

Cormack, A. 1980. "Negation, Ambiguity, and Logical Form." Unpublished. University of London.

Cornish, E. R. 1971. "Pragmatic Aspects of Negation in Sentence Evaluation and Completion Tasks." *British Journal of Psychology* 62: 505–11.

Cornish, E. R., and P. C. Wason. 1970. "The Recall of Affirmative and Negative Sentences in an Incidental Learning Task." *Quarterly Journal of Experimental Psychology* 22: 109–14.

Cornulier, B. de. 1973. "Sur une règle de déplacement de négation." *Le français moderne* 41: 43–57.

——. 1974. "Remarques à propos de la negation anticipée." *Le français moderne* 42: 206–16.

——. 1984. "Pour l'analyse minimaliste de certaines expressions de quantité; Réponse à des objections d'Anscombre et Ducrot." *Journal of Pragmatics* 8: 661–91.

Covington, M. 1981. "Evidence for Lexicalism: A Critical Review." Distributed by IULC.

Cresswell, M. 1973. *Logics and Languages.* London: Methuen.

Crockett, D. 1977. "The Scope of Denial in Russian Negative Sentences." *Lingua* 43: 229–45.

Cruse, D. 1980. "Antonyms and Gradable Complementaries." In *Perspektiven der lexikalischen Semantik,* D. Kastovsky, ed., 14–25. Bonn: Bouvier Verlag Herbert Grundmann.

——. 1986. *Lexical Semantics.* Cambridge: Cambridge University Press.

Culicover, P. 1981. "Negative Curiosities." Distributed by IULC.

Curme, G. 1931. *A Grammar of the English Language.* New York: D. C. Heath.

Cutler, A. 1977. "The Context-Dependence of 'Intonational Meanings'" *CLS 13*, 104–15.

Dahl, Ö. 1979. "Typology of Sentence Negation." *Linguistics* 17: 79–106.

——. 1981. "In Defense of a Strawsonian Approach to Presupposition." In *Crossing the Boundaries in Linguistics,* W. Klein and W. Levelt, eds., 191–200. Dordrecht: D. Reidel.

Dancy, R. M. 1975. *Sense and Contradiction: A Study in Aristotle.* Dordrecht: D. Reidel.

Danell, K. J. 1974. "La concurrence *pas de vin—pas du vin.*" *Studia Neophilologica* 46: 409–25.

Davidson, D., and G. Harman, eds. 1972. *Semantics of Natural Language.* Cambridge: Cambridge University Press.

Davidson, R. M. 1967. "The Use of the Genitive in Negative Constructions." *Studies in the Modern Russian Language,* 2. Cambridge: Cambridge University Press.

Davies, A. M. 1975. "Negation and Disjunction in Anatolian—and Elsewhere." *Anatolian Studies* 25: 157–68.

Davison, A. 1978. "Negative Scope and Rules of Conversation: Evidence from an OV Language." In Cole, ed. (1978), 23–45.

Delacruz, E. 1976. "Factives and Proposition Level Constructions in Montague Grammar." In

752

Partee, ed., 177–99.

Delbrück, B. 1910. *Germanische Syntax I. Zu den negativen Sätzen.* Leipzig: B. G. Teubner.

De Mey, M. 1972. "The Psychology of Negation and Attention." *Logique et Analyse* 15: 137–53.

De Morgan, A. 1847. *Formal Logic.* London: Taylor & Walton.

———. 1858. "On the Syllogism: III, and on Logic in General." Reprinted in *On the Syllogism and Other Logical Writings,* P. Heath, ed., 74–146. London: Routledge & Kegan Paul.

Demos, R. 1917. "A Discussion of a Certain Type of Negative Proposition." *Mind* 26: 188–96.

Deutscher, M. 1965. "A Note on Saying and Disbelieving." *Analysis* 105: 53–57.

de Villiers, J. G., and H. B. T. Flusberg. 1975. "Some Facts One Simply Cannot Deny." *Journal of Child Language* 2: 279–86.

Dieterich, T. G., and D. J. Napoli. 1982. "Comparative *rather.*" *Journal of Linguistics* 18: 137–65.

Dixon, R. M. W. 1979. "Ergativity." *Language* 55: 59–138.

Donnellan, K. 1966. "Reference and Definite Descriptions." *Philosophical Review* 75: 281–304.

———. 1970. "Categories, Negation, and the Liar Paradox." In Martin, ed., 113–20.

———. 1978. "Speaker Reference, Descriptions and Anaphora." In Cole, ed. (1978), 47–68.

Dowty, D. 1979. *Word Meaning and Montague Grammar.* Dordrecht: D. Reidel.

———. 1982. "Grammatical Relations and Montague Grammar." In *The Nature of Syntactic Representation,* P. Jacobson and G. Pullum, eds., 79–130. Dordrecht: D. Reidel.

Dowty, D., R. Wall, and S. Peters. 1981. *Introduction to Montague Semantics.* Dordrecht: D. Reidel.

Drange, T. 1966. *Type Crossings.* The Hague: Mouton.

DuBois, J. 1974. "Syntax in Mid-Sentence." *Berkeley Studies in Syntax and Semantics,* vol. 1, 3: 1–25. Berkeley: Department of Linguistics and Institute of Human Learning, University of California.

Ducrot, O. 1972. *Dire et ne pas dire.* Paris: Hermann.

———. 1973. *La preuve et le dire.* Paris: Maison Mame.

Ducrot, O., and C. Vogt. 1979. "De *magis* à *mais:* Une hypothèse sémantique." *Revue de linguistique romane* 43: 317–41.

Dummett, M. 1973. *Frege: Philosophy of Language.* London: Duckworth.

Edgerton, F., trans. 1929. *The Mīmānsā Nyāya Prakāsa.* New Haven: Yale University Press.

Eifermann, R. 1961. "Negation: A Linguistic Variable." *Acta Psych.* 18: 258–73.

Emonds, J. 1976. *A Transformational Approach to Syntax.* New York: Academic Press.

Enç, M. 1981. Tense without Scope: An Analysis of Nouns as Indexicals. Ph.D. diss., University of Wisconsin-Madison.

Englebretsen, G. 1974. "A Note on Contrariety." *Notre Dame Journal of Formal Logic* 15: 613–14.

———. 1976. "The Square of Opposition." *Notre Dame Journal of Formal Logic* 17: 531–41.

———. 1981a. *Logical Negation.* Assen, Netherlands: Van Gorcum.

———. 1981b. *Three Logicians: Aristotle, Leibniz, and Sommers and the Syllogistic.* Assen, Netherlands: Van Gorcum.

——. 1984. "Opposition." *Notre Dame Journal of Formal Logic* 25: 79–85.

Epstein, S. 1976. Investigations in Pragmatic Theory. Ph.D. diss., University of California, San Diego.

Erasmus, D. [1519]1650. *Colloquia.* Amsterdam: L. Elzeverius.

Escure, G. 1974. "Negation and Dialect Variation in French." *Papers in Linguistics* 7: 403–34.

Ewing, A. C. 1937. "Meaningless." *Mind* 46: 347–64.

Fauconnier, G. 1975a. "Polarity and the Scale Principle." *CLS 11*, 188–99.

——. 1975b. "Pragmatic Scales and Logical Structures." *Linguistic Inquiry* 6: 353–75.

——. 1976. "Remarque sur la théorie des phénomèmes scalaires." *Semantikos* 1: 13–36.

——. 1979a. "Implication Reversal in a Natural Language." In *Formal Semantics and Pragmatics for Natural Languages,* F. Guenther and S. J. Schmidt, eds., 289–301. Dordrecht: D. Reidel.

——. 1979b. "Comment contrôler la vérité; Remarques illustrés par des assertions dangereuses et pernicieuses en tout genre." *Actes de la recherche en sciences sociales,* 25: 3–22.

Fillmore, C. 1963. "The Position of Embedding Transformations in a Grammar." *Word* 19: 208–31.

——. 1968. "The Case for Case." In Bach and Harms, eds., 1–88.

——. 1971. "Types of Lexical Information." In Steinberg and Jakobovitz, eds., 370–92.

Fillmore, C., and D. T. Langendoen, eds. 1971. *Studies in Linguistic Semantics.* New York: Holt.

Firbas, J. 1964. "On Defining the Theme in Functional Sentence Analysis." *Travaux Linguistiques de Prague 1*, 267–80.

——. 1966. "Non-Thematic Subjects in Contemporary English." *Travaux Linguistiques de Prague 2*, 239–56.

Fodor, J. A., and M. Garrett. 1966. "Competence and Perfonnance." In Lyons and Wales, eds., 135–73.

Fodor, J. A., and J. Katz, eds. 1964. *The Structure of Language.* Englewood Cliffs, N.J.: Prentice-Hall.

Fodor, J. D. 1979. "In Defense of the Truth-Value Gap." In Oh and Dinneen, eds., 199–244.

Fodor, J. D., J. A. Fodor, and M. F. Garrett. 1975. "The Psychological Unreality of Semantic Representations." *Linguistic Inquiry* 6: 515–31.

Foley, W. 1975. "How to Say 'No' in Palauan." *Proceedings of the Berkeley Linguistic Society* 1, 132–46.

Fraiberg, S. 1959. *The Magic Years.* New York: Scribner.

Fraser, B. 1971. "An Analysis of 'Even' in English." In Fillmore and Langendoen, eds., 150–78.

——. 1975. "Hedged Performatives." In Cole & Morgan, eds., 187–210.

Frege, G. 1892. "Über Sinn und Bedeutung." *Zeitschrift für Philosophie und philosophische Kritik,* NF 100: 25–50. Reprinted as "On Sense and Reference" in Geach and Black, eds., 56–78.

——. 1919. "Negation." *Beiträge zur Philosophie des Deutschen Idealismus* 1: 143–57. Reprinted in Geach and Black, eds., 117–35.

Freud, S. 1910. "The Antithetical Meaning of Primal Words." In Strachey, ed., vol. 11, 155–61.

——. [1924]1960. *A General Introduction to Psychoanalysis.* J. Riviere, trans. New York: Washington Square Press.

———. 1925. "Negation." In Strachey, ed., vol. 19, 235–39.

Friedrich, C., ed. 1953. *The Philosophy of Hegel.* New York: Modern Library.

Funk, W.-P. 1971. "Adjectives with Negative Prefixes in Modern English and the Problem of Synonymy." *Zeitschrift für Anglistik und Amerikanistik* 19: 364–86.

Gaatone, E. 1971. *Etude descriptive du système de la négation en français contemporain.* Geneva: Droz.

Gabbay, D., and J. Moravcsik. 1978. "Negation and Denial." In *Studies in Formal Semantics*, F. Guenther and C. Rohrer, eds., 251–65. Amsterdam: North-Holland.

Gale, R. M. 1970. "Negative Statements." *American Philosophical Quarterly* 7: 206–17.

———. 1972. "On What There Isn't." *Review of Metaphysics* 25: 459–88.

———. 1976. *Negation and Non-Being.* American Philosophical Quarterly Monograph no. 10. Oxford: Basil Blackwell.

García, E. 1975. "*Other than* Ambiguity." Unpublished. Lehmann College, CUNY.

Garner, R. T. 1970. "Some Doubts about Illocutionary Negation." *Analysis* 31: 106–12.

Gates, D. L., Jr., and O. D. Seright. 1967. "Negative-Contrastive Constructions in Standard Modern English." *American Speech* 42: 136–42.

Gazdar, G. 1977. "Univocal *or.*" In *CLS Book of Squibs*, S. Fox et al., eds., 44–45. Chicago: Chicago Linguistic Society.

———. 1979a. *Pragmatics: Implicature, Presupposition, and Logical Form.* New York: Academic Press.

———. 1979b. "A Solution to the Projection Problem." In Oh and Dinneen, eds., 57–89.

Gazdar, G., E. Klein, G. Pullum, and I. Sag. 1985. *Generalized Phrase Structure Grammar.* Cambridge, MA: Cambridge University Press.

Gazdar, G., and G. Pullum. 1976. "Truth-Functional Connectives in Natural Language." *CLS 12*, 220–34.

Gazdar, G., G. Pullum, and I. Sag. 1982. "Auxiliaries and Related Phenomena in a Restrictive Theory of Grammar." *Language* 58: 591–638.

Geach, P. T. 1962. *Reference and Generality.* Ithaca: Cornell University Press.

———. 1970. "A Program for Syntax." *Synthèse* 22: 3–17. Also in Davidson and Harman, eds., 483–97.

———. [1972]1980. *Logic Matters.* Reprint. Berkeley and Los Angeles: University of California Press.

Geach, P. T., and M. Black, eds. 1952. *Translations from the Philosophical Writings of Gottlob Frege.* Oxford: Blackwell.

Gebauer, J. 1885. "Über die Negation insbesondere im Altböhmischen." *Archiv für slavische Philologie* 8: 177–93.

Geis, M., and A. M. Zwicky. 1971. "On Invited Inferences." *Linguistic Inquiry* 2: 561–65.

Givón, T. 1970. "Notes on the Semantic Structure of English Adjectives." *Language* 46: 816–37.

———. 1978. "Negation in Language: Pragmatics, Function, Ontology." In Cole, ed. (1978), 69–112.

———. 1979. *On Understanding Grammar.* New York: Academic Press.

Goddard, L. 1960. "The Exclusive 'or'." *Analysis* 20: 97–105.

Gordon, D., and G. Lakoff. 1971. "Conversational Postulates." In *CLS 7*, 63–84.

Gowda, K. S. G. 1970. "Negation in Kannada." In Biligiri, ed., 1–4.

Graham, A. C. 1959. "'Being' in Western Philosophy compared with *shih/fei* and *yu/wu.*" *Asia Major* 7: 79–112.

Green, G. 1974. *Semantics and Syntactic Regularity.* Bloomington: Indiana University Press.

———. 1975. "How to Get People to Do Things with Words: The Whimperative Question." In Cole and Morgan, eds., 107–42.

———. 1976. "Main Clause Phenomena in Subordinate Clauses." *Language* 52: 382–97.

Greenbaum, S. 1974. "Problems in the Negation of Modals." *Moderna Språk* 68: 244–55.

Greenbaum, S., G. Leech, and J. Svartvik, eds. 1980. *Studies in English Linguistics.* London: Longman.

Greenberg, J. 1963. "Some Universals of Grammar with Particular Reference to the Order of Meaningful Elements." In Greenberg, ed., 73–113.

———. 1966. *Language Universals, with Special Reference to Feature Hierarchies.* The Hague: Mouton.

Greenberg, J., ed. 1963. *Universals of Language.* Cambridge: MIT Press.

Greenberg, J., C. Ferguson, and E. Moravcsik, eds. 1978. *Universals of Human Language,* vol. 4, *Syntax.* Stanford: Stanford University Press.

Greene, J. 1970a. "The Semantic Function of Negatives and Passives." *British Journal of Psychology* 61: 17–22.

———. 1970b. "Syntactic Form and Semantic Function." *Quarterly Journal of Experimental Psychology* 22: 14–27.

Greene, J., and P. C. Wason. 1970. "Negation: A Rejoinder to Wales and Grieve." *Perception and Psychophysics* 8: 238–39.

Grevisse, M. 1969. *Le bon usage.* 9th ed. Gembloux, Belgium: J. Duculot.

Grice, H. P. 1961. "The Causal Theory of Perception." *Proceedings of the Aristotelian Society* Supplementary volume 35: 121–52.

———. 1967. Logic and Conversation. Unpublished. William James lectures at Harvard University.

———. 1975. "Logic and Conversation." In Cole and Morgan, eds., 41–58. Lecture 2 of William James lectures.

———. 1978. "Further Notes on Logic and Conversation." In Cole, ed. (1978), 113–28. Lecture 3 of Grice (1967).

———. 1981. "Presupposition and Conversational Implicature." In Cole, ed. (1981), 183–98.

Grim, P. 1981. "A Note on the Ethics of Theories of Truth." In Vetterling-Braggin, ed., 290–98.

Gross, M. 1977. "Une analyse non présuppositionelle de l'effet contrastif." *Lingvisticae Investigationes* 1: 39–62.

Grossman. R., L. San, and T. Vance, eds. 1975. *Papers from the Parasession on Functionalism.* Chicago: Chicago Linguistic Society.

Guérard, A. L. 1922. *A Short History of the International Language Movement.* London: T. Fisher Unwin.

Gundel, J. 1985. "'Shared Knowledge' and Topicality." *Journal of Pragmatics* 9: 83–107.

Halpern, R. 1976. "The Bivalence of Neg Raising Predicates." *Studies in the Linguistic Sciences* 6: 69–81.

Halvorsen, P.-K. 1978. *The Syntax and Semantics of Cleft Constructions.* Ph.D. diss., University of Texas. *Texas Linguistics Forum* 11.

Hamilton, Sir William, of Edinburgh. 1860. *Lectures on Logic.* Edinburgh: Blackwood and Sons.

Hare, R. M. 1970. "Meaning and Speech Acts." *Philosophical Review* 79: 3–24.

Harnish, R. 1976. "Logical Form and Implicature." In *An Integrated Theory of Linguistic Ability,* T. G. Bever, J. J. Katz, and D. T. Langendoen, eds., 464–79. New York: Crowell.

Harries, H. 1973. "A Note on Double Negation and Modals as Main Verbs." *Working Papers on Language Universals* 11: 211–17.

Hart, H. L. A. 1951. "A Logician's Fairy Tale." *Philosophical Review* 60: 98–212.

Hawkins, J. 1978. *Definiteness and Indefiniteness.* London: Croom Helm.

Hayakawa, S. I. 1949. *Language in Thought and Action.* New York: Harcourt, Brace.

Hegel, G. W. F. [1812–16]1929. *Science of Logic,* vol. 1. W. H. Johnston and L. G. Struthers, ed. and trans. London: George Allen & Unwin.

——. 1892. *The Logic of Hegel: Translated from the Encyclopædia of the Philosophical Sciences,* W. Wallace, trans. 2d ed. London: Oxford University Press.

Heim, I. 1982. The Semantics of Definite and Indefinite Noun Phrases. Ph.D. diss., University of Massachusetts.

——. 1984. "A Note on Negative Polarity and Downward Entailingness." In *Proceedings of NELS 14,* 98–107.

Heinemann, F. H. 1944. "The Meaning of Negation." *Proceedings of the Aristotelian Society* 44: 127–52.

Heldner, C. 1981. *La portée de la négation.* Stockholm: Norstedts Tryckeri.

Henry, D. 1967. *The Logic of Saint Anselm.* Oxford: Oxford University Press.

——. 1972. *Medieval Logic and Metaphysics.* London: Hutchinson University Library.

Heringer, J. 1970. "Research on Quantifier-Negative Idiolects." *CLS* 6, 287–96.

Herzberger, H. 1970. "Truth and Modality in Semantically Closed Languages." In Martin, ed., 25–46.

——. 1971. "Setting Russell Free." Unpublished. University of Toronto.

Heyting, A. 1971. *Intuitionism, an Introduction.* 3d ed. Amsterdam: North-Holland.

Hilbert, D. 1927. "The Foundations of Mathematics." Translated in van Heijenoort, ed., 464–74.

Hintikka, J. 1960. "Aristotle's Different Possibilities." *Inquiry* 3: 18–28. Reprinted as chapter 2 of Hintikka (1973).

——. 1962. *Knowledge and Belief.* Ithaca: Cornell University Press.

——. 1968. "Epistemic Logic and the Methods of Philosophical Analysis." *Australasian Journal of Philosophy* 46: 37–51.

——. 1973. *Time and Necessity: Studies in Aristotle's Theory of Modality.* Dordrecht: D. Reidel.

Hirschberg, J. 1985. A Theory of Scalar Implicature. Ph.D. diss., University of Pennsylvania. Distributed by Department of Computer and Information Science, Moore School of Electrical Engineering, University of Pennsylvania.

Hoeksema, J. 1987. Review of Jacobs (1982). *Language* 63: 432.

Hoekstra, T., H. van der Hulst, and M. Moortgat, eds. 1980. *Lexical Grammar.* Dordrecht: Foris.

Hofmann, T. R. 1966. "Past Tense Replacement and the Modal System." *Harvard University Computation Lab Report 17.* Cambridge, MA.

Hogben, L. 1943. *Interglossa.* New York: Penguin.

Hoosain, R., and C. Osgood. 1975. "Response Time for Yang (Positive) and Yin(Negative) Words." Unpublished. University of Illinois-Urbana.

Horn, L. 1969. "A Presuppositional Analysis of *only* and *even." CLS 5,* 97–108.

——. 1970. "Ain't it hard (anymore)." *CLS 6,* 318–27.

——. 1971. "Negative Transportation: Unsafe at Any Speed?" *CLS 7,* 120–33.

——. 1972. *On the Semantic Properties of Logical Operators in English.* Distributed by IULC, 1976.

——. 1973. "Greek Grice: A Brief Survey of Proto-Conversational Rules in the History of Logic." *CLS 9,* 205–14.

——. 1975. "Neg-Raising Predicates: Towards an Explanation." *CLS 11,* 279–94.

——. 1978a. "Some Aspects of Negation." In Greenberg et al., eds., 127–210.

——. 1978b. "Remarks on Neg-Raising." *Syntax and Semantics 9: Pragmatics,* P. Cole, ed., 129–220. New York: Academic Press.

——. 1978c. "Lexical Incorporation, Implicature, and the Least Effort Hypothesis." *Papers from the Parasession on the Lexicon,* D. Farkas et al., eds., 196–209. Chicago: Chicago Linguistic Society.

——. 1979. *"Only, even,* and Conventional Implicature." Paper presented at the LSA annual meeting, Los Angeles.

——. 1980. "Affixation and the Unaccusative Hypothesis." *CLS 16,* 134–46.

——. 1981a. "Exhaustiveness and the Semantics of Clefts." *Proceedings of NELS 11,* 125–42.

——. 1981b. "A Pragmatic Approach to Certain Ambiguities." *Linguistics and Philosophy* 4: 321–58.

——. 1984a. "Ambiguity, Negation, and the London School of Parsimony." *Proceedings of NELS 14,* 108–31.

——. 1984b. "Toward a New Taxonomy for Pragmatic Inference: Q-Based and R-Based Implicature." In Schiffrin, ed., 11–42.

——. 1984c. "In Defense of Privative Ambiguity." *Proceedings of the Berkeley Linguistics Society 10,* 141–56.

——. 1985. "Metalinguistic Negation and Pragmatic Ambiguity." *Language* 61: 121–74.

——. 1986. "Presupposition, Theme and Variations." *Papers from the Parasession on Pragmatics and Grammatical Theory,* A. M. Farley et al., eds., 168–92. Chicago: Chicago Linguistic Society.

Horn, L., and S. Bayer. 1984. "Short-Circuited Implicature: A Negative Contribution." *Linguistics and Philosophy* 7: 397–414.

Horn, L., and M. Covington. 1987. "Informativeness, Entropy, and the Redundant *un*-verb." Paper presented at the LSA annual meeting, San Francisco.

Horn, L., and D. Farkas. 1985. "Aristotle as a Montague Grammarian." Paper presented at the LSA annual meeting, Seattle.

Hust, J. 1975. "Dissuaded." *Linguistic Analysis* 1: 173–89.

———. 1977. "The Syntax of the Unpassive Construction in English." *Linguistic Analysis* 3: 31–63.

Ingalls, D. H. H. 1951. *Materials for the Study of Navya-Nyāya Logic*. Cambridge: Harvard University Press.

Jackendoff, R. 1969. "An Interpretive Theory of Negation." *Foundations of Language* 5: 218–41.

———. 1971. "On Some Questionable Arguments about Quantifiers and Negation." *Language* 47: 282–97.

———. 1972. *Semantic Interpretation in Generative Grammar*. Cambridge: MIT Press.

Jacobs, J. 1982. *Syntax und Semantik der Deutschen*. Munich: Fink.

Jacobsson, B. 1970. "Notes on Negation in English." *Moderna Språk* 64: 18–29.

Jakobson, R. 1939. "Signe zéro." In *Mélanges de linguistique, offerts à Charles Bally*, 143–52. Geneva: Georg.

Jespersen, O. 1917. *Negation in English and Other Languages*. Copenhagen: A. F. Høst.

———. 1922. *Language: Its Nature, Development and Origin*. New York: Henry Holt.

———. 1924. *The Philosophy of Grammar*. London: Allen & Unwin.

———. 1928. *An International Auxiliary Language*. London: Allen & Unwin.

———. [1933]1964. *Essentials of English Grammar*. Reprint. University: University of Alabama Press.

———. 1942. *A Modern English Grammar on Historical Principles. Part 6: Morphology*. Copenhagen: Einar Munksgaard.

———. 1949. *A Modern English Grammar on Historical Principles. Part 2: Syntax, First Volume*. Copenhagen: Einar Munksgaard. Written in 1918.

Jhering, R. von. [1883]1923. *Der Zweck im Recht*, vol. 2, 8th ed. Leipzig: Breitkopf und Härtel.

Johnson-Laird, P. N., and J. M. Tridgell. 1972. "When Negation is Easier than Affirmation." *Quarterly Journal of Experimental Psychology* 24: 87–91.

Joly, A. 1972. "La négation dite 'explétive' en vieil anglais et dans d'autres langues indo-européennes." *Études anglaises* 25: 30–44.

Joseph, H. W. B. 1916. *An Introduction to Logic*. 2d ed. Oxford: Clarendon Press.

Just, M. A., and P. A. Carpenter. 1971. "Comprehension of Negation with Quantification." *Journal of Verbal Learning and Verbal Behavior* 12: 21–31.

Kadmon, N. 1984. "Indefinite Noun Phrases with Cardinality Indication." Unpublished. University of Massachusetts.

Kalepky, Th. 1891. *Von der Negation im Provenzalischen*. Berlin: R. Gaertners Verlagsbuchhandlung.

Kamp, H. 1981. "A Theory of Truth and Semantic Representation." In *Formal Methods in the*

Study of Language, J. Groenendijk, T. Janssen, and M. Stokhof, eds., 277–322. Amsterdam: Mathematical Centre Tracts.

Kant, I. [1787]1964. *Critique of Pure Reason.* 2d ed. N. K. Smith, trans. London: Macmillan.

Kaplan, D. 1978. "DTHAT." In Cole, ed. (1978), 221–43.

Karttunen, L. 1971. "Implicative Verbs." *Language* 47: 340–58.

——. 1974. "Presupposition and Linguistic Context." *Theoretical Linguistics* 1: 181–93.

Karttunen, L., and S. Peters. 1976. "What Indirect Questions Conventionally Implicate." *CLS 12,* 351–68.

——. 1979. "Conventional Implicature." In Oh and Dinneen, eds., 1–56.

Kato, Y. 1985. *Negative Sentences in Japanese.* Sophia Linguistica number 19. Tokyo: Linguistic Institute for International Communication, Sophia University.

Katz, J. 1964. "Antonymy and Contradiction in Natural Language." In Fodor and Katz, eds., 519–43.

——. 1972. *Semantic Theory.* New York: Harper & Row.

——. 1977. *Propositional Structure and Illocutionary Force.* Cambridge: MIT Press.

Katz, J., and P. Postal. 1964. *An Integrated Theory of Linguistic Descriptions.* Cambridge: MIT Press.

Kaufmann, W. 1965. *Hegel.* Garden City, NY: Doubleday.

Kay, P. 1987. "Scalar Semantics and the Word EVEN." Paper presented at the Symposium on Lexical Semantics, Linguistic Institute, Stanford, CA.

Keenan, E. L. 1969. A Logical Base for English. Ph.D. diss., University of Pennsylvania.

——. 1971. "Two Kinds of Presupposition in Natural Language." In Fillmore and Langendoen, eds., 45–54.

Keenan, E. L., and B. Comrie, 1977. "Noun Phrase Accessibility and Universal Grammar." *Linguistic Inquiry* 8: 63–98.

Keenan, E. L., and L. M. Faltz. 1978. *Logical Types for Natural Language.* UCLA Occasional Papers in Linguistics number 3. Los Angeles: UCLA Department of Linguistics.

Keenan, E. O. 1976. "The Universality of Conversational Postulates." *Language in Society* 5: 67–80.

Keller-Cohen, D., K. C. Chalmer, and J. Remler. 1979. "The Development of Discourse Negation in the Nonnative Child." In Ochs and Schieffelin, eds., 305–22.

Kempson, R. 1975. *Presupposition and the Delimitation of Semantics.* Cambridge: Cambridge University Press.

——. 1977. *Semantic Theory.* Cambridge: Cambridge University Press.

——. 1979. "Presupposition, Opacity, and Ambiguity." In Oh and Dinneen, eds., 283–97.

——. 1980. "Ambiguity and Word Meaning." In Greenbaum, et al., eds., 7–16.

——. 1986. "Ambiguity, and the Semantics-Pragmatics Distinction." In *Meaning and Interpretation,* C. Travis, ed., 77–103. Oxford: Blackwell.

Kempson, R., and A. Cormack, 1979. "Ambiguity and Quantification." *Linguistics and Philosophy* 4: 259–309.

Kennedy, G. A. 1952. "Negatives in Classical Chinese." *Wennti* 1: 1–46.

Keynes, J. N. 1906. *Studies and Exercises in Formal Logic.* London: Macmillan.

Kiefer, F. 1977. "Two Studies on Presupposition." *Lingua* 43: 247–71. Review article on Wilson (1975) and Kempson (1975).

Kimball, J., ed. 1975. *Syntax and Semantics 4.* New York: Academic Press.

Kimenyi, A. 1973. "Ambiguity in Neg-Constructions." Unpublished. UCLA.

Kiparsky, C., and P. Kiparsky. 1971. "Fact." In Steinberg and Jakobovitz eds, 345–69.

Kiparsky, P. 1982. "Lexical Morphology and Phonology." In *Linguistics in the Morning Calm,* P. Kiparsky, ed., 3–91. Seoul: Hanshin.

——. 1983. "Word Formation and the Lexicon." In *Proceedings of the 1982 Mid-America Linguistics Conference.* Lawrence, KS: University of Kansas Department of Linguistics, 47–78.

Kissin, P. 1969. *Negation in Natural Language.* Ph.D. diss., University of Wisconsin-Madison. Ann Arbor: University Microfilms, 1970.

Kittel, F. 1903. *A Grammar of the Kannada Language.* Mangalore: Basel Mission Book and Tract Depository.

Kleene, S. C. 1938. "On a Notation for Ordinal Numbers." *Journal of Symbolic Logic* 3: 150–55.

——. 1952. *Introduction to Metamathematics.* New York: Van Nostrand.

Klein, E. 1980. "A Semantics for Positive and Comparative Adjectives." *Linguistics and Philosophy* 4: 1–45.

Klein, S. 1985. "On Ergativity and the Maturing Grammar." Paper presented at the annual LSA meeting, Seattle.

Klima, E. 1964. "Negation in English." In Fodor and Katz, eds., 246–323.

Klima, E., and U. Bellugi. 1966. "Syntactic Regularities in the Speech of Children." In Lyons and Wales, eds., 183–208.

Kneale, W., and M. Kneale. 1962. *The Development of Logic.* Oxford: Clarendon.

König, E. 1988. "Concessive connectives and concessive sentences: Cross-linguistic regularities and pragmatic principles" In *Explaning Language Universals,* J. Hawkins, ed., 145–66.

Korzybski, A. 1933. *Science and Sanity.* Lancaster, PA: The International Non-Aristotelian Library Publishing Co.

Kraak, A. 1966. *Negatieve Zinnen.* Hilversum: W. de Haan.

Kratzer, A. 1977. "What 'must' and 'can' Must and Can Mean." *Linguistics and Philosophy* 1: 337–55.

Kretzmann, N. 1968. *William of Sherwood's Treatise on Syncategorematic Words.* Minneapolis: University of Minnesota Press.

Kripke, S. 1972. "Naming and Necessity." In Davidson and Harman, eds., 253–355.

——. 1977. "Speaker's Reference and Semantic Reference." In *Midwest Studies in Philosophy* 2, 255–76.

Kroch, A. 1974. *The Semantics of Scope in English.* New York: Garland.

Kruisinga, E. 1931. *A Handbook of Present-Day English.* 5th ed. *English Accidence and Syntax I.* Groningen: P. Noordhoff.

Kuno, S. 1972. "Functional Sentence Perspective." *Linguistic Inquiry* 3: 269–320.

———. 1980. "The Scope of the Question and Negation in Some Verb-Final Languages." *CLS 16*, 155–69.

Kuroda, S.-Y. 1972. "The Categorical and the Thetic Judgment (Evidence from Japanese)." *Foundations of Language* 2: 153–85.

———. 1977. "Description of Presuppositional Phenomena from a Nonpresuppositionist Point of View." *Lingvisticae Investigationes* 1: 63–162.

Kurrik, M. J. 1979. *Literature and Negation.* New York: Columbia University Press.

Labov, W. 1972. "Negative Attraction and Negative Concord in English Grammar." *Language* 48: 773–818.

Ladd, D. 1980. *The Structure of Intonational Meaning.* Bloomington: Indiana University Press.

Ladusaw, W. 1979. *Polarity Sensitivity as Inherent Scope Relations.* Ph.D. diss., University of Texas. Distributed by IULC. Also published, New York: Garland Press, 1980.

———. 1980. "Affective *or,* Factive Verbs, and Negative Polarity Items." *CLS 20*, 170–84.

Lafitte, P. 1962. *Grammaire basque.* Rev. and corr. ed. Bayonne: Editions des Amis du Musée basque.

Lakoff, G. 1965. On the Nature of Syntactic Irregularity. Ph.D. diss., Indiana University. Published as *Irregularity in Syntax,* New York: Holt, 1970.

———. 1969. "On Derivational Constraints." *CLS* 5, 117–39.

———. 1970. "Pronominalization, Negation, and the Analysis of Adverbs." In *Readings in English Transformational Grammar*, R. Jacobs and P. Rosenbaum, eds., 145–65. Waltham, MA: Ginn.

———. 1971. "Presuppositions and Relative Grammaticality." In Steinberg and Jakobovits, eds., 329–40.

———. 1975. "Pragmatics in Natural Logic." In *Formal Semantics of Natural Language,* E. L. Keenan, ed., 253–86. Cambridge: Cambridge University Press.

Lakoff, R. 1969. "A Syntactic Argument for Negative Transportation." *CLS* 5, 140–47.

———. 1970. "Some Reasons Why There Can't Be Any *some-any* Rule." *Language* 45: 608–15.

———. 1975. *Language and Woman's Place.* New York: Harper & Row.

Lambert, K. 1968. "On the No Type Theory of Significance." *Australasian Journal of Philosophy* 46: 79–86.

Lambrecht, K. 1987. "Sentence Focus, Information Structure, and the Thetic-Categorical Distinction." *Papers from the Parasession on Grammar and Cognition.* Berkeley: BLS.

Lang, E. 1977. *Semantik der koordinativen Verknüpfung.* Berlin: Akademie-Verlag.

———. 1984. *The Semantics of Coordination.* Trans. by J. Pheby of Lang (1977). Amsterdam: John Benjamins.

Langendoen, D. T. 1981. Review of Oh and Dinneen, eds. (1979). *Language* 57: 214–20.

———. 1982. "On a Class of Not Ungrammatical Constructions." *Journal of Linguistics* 18: 107–12.

Langendoen, D. T., and T. G. Bever. 1973. "Can a Not Unhappy Person Be Called a Not Sad One?" In Anderson and Kiparsky, eds., 392–409.

Lapointe, S. 1980. "A Lexical Analysis of the English Auxiliary Verb System." In Hoekstra et al., eds., 215–54.

Lasnik, H. 1975. "On the Semantics of Negation." In *Contemporary Research in Philosophical Logic and Linguistic Semantics*, D. Hockney, W. Harper, and B. Freed, eds., 279–311. Dordrecht: D. Reidel.

Lear, J. 1980. *Aristotle and Logical Theory.* Cambridge: Cambridge University Press.

Le Bidois, G., and R. Le Bidois. [1935]1968. *Syntaxe du français moderne.* 2d ed. Paris: Auguste Picard.

Lee, K. 1974. "Negation in Montague Grammar." *CLS 10*, 378–89.

Leech, G. 1969. *Towards a Semantic Description of English.* London: Longman.

——. 1974. *Semantics.* Harmondsworth: Penguin.

——. 1981. "Pragmatics and Conversational Rhetoric." In Parret et al., eds., 413–42.

——. 1983. *Principles of Pragmatics.* London: Longman.

Leech, G., and J. Coates. 1980. "Semantic Indeterminacy and the Modals." In Greenbaum, et al., eds., 79–90.

Lehmann, W. P. 1974. *Proto-Indo-European Syntax.* Austin: University of Texas Press.

——, ed. 1978. *Syntactic Typology.* Austin: University of Texas Press.

——. 1980. Review of Greenberg, Ferguson, and Moravcsik, eds. (1978), *Language* 56: 838–47.

Lehrer, A. 1974. *Semantic Fields and Lexical Structure.* Amsterdam: North-Holland.

——. 1985. "Markedness and Antonymy." *Journal of Linguistics* 21: 397–429.

Lehrer, A., and K. Lehrer. 1982. "Antonymy." *Linguistics and Philosophy* 5: 483–501.

Leibniz, G. W. 1916. *New Essays Concerning Human Understanding by Gottfried Wilhelm Leibniz.* A. G. Langley, ed. and trans. 2d ed. Chicago: Open Court.

——. 1966. *Leibniz: Logical Papers.* G. H. R. Parkinson, ed. Oxford: Clarendon.

Lerner, J.-Y., and W. Sternefeld. 1984. "Zum Skopus der Negation im komplexen Satz des Deutschen." *Zeitschrift für Sprachwissenschaft* 3: 159–202.

Levergood, B. 1984. "'Only' as an Operator over Conversational Implicatures." Unpublished. University of Texas.

Levi, J. 1978. *The Syntax and Semantics of English Complex Nominals.* New York: Academic Press.

Levinson, S. 1983. *Pragmatics.* Cambridge: Cambridge University Press.

——. 1987a. "Minimization and Conversational Inference." In *The Pragmatic Perspective,* M. Papi and J. Verschueren, eds., 61–129. Amsterdam: Benjamins.

——. 1987b. "Pragmatics and the Grammar of Anaphora." *Journal of Linguistics* 23: 379–434.

Lewis, C. I. 1946. *An Analysis of Knowledge and Valuation.* La Salle: Open Court.

Lewis, D. 1969. *Convention.* Cambridge: Harvard University Press.

——. 1970. "General Semantics." *Synthèse* 22: 18–67. Also appears in Davidson and Harman, eds., (1972), 169–218.

——. 1975. "Adverbs of Quantification." In *Formal Semantics of Natural Language,* E. Keenan, ed.,

3–15. Cambridge: Cambridge University Press.

———. 1979. "Scorekeeping in a Language Game." *Journal of Philosophical Logic* 8: 339–59.

Li, C., ed. 1976. *Subject and Topic.* New York: Academic Press.

Liberman, M., and I. Sag. 1974. "Prosodic Form and Discourse Function." *CLS 10*, 402–15.

Lieber, R. 1981. *On the Organization of the Lexicon.* Ph.D. diss., MIT. Distributed by IULC.

Linebarger, M. 1981. *The Grammar of Negative Polarity.* Ph.D. diss., MIT. Distributed by IULC.

———. 1987. "Negative Polarity and Grammatical Representation." *Linguistics and Philosophy* 10: 325–87.

Ljung, M. 1974. "Some Remarks on Antonymy." *Language* 50: 74–88.

Löbner, S. 1985. "Quantification as a Major Module of Natural Language Semantics." Unpublished. University of Düsseldorf. To appear in *Information, Interpretation, and Inference,* J. Groenendijk, D. de Jong, and M. Stokhof, eds. Dordrecht: D. Reidel.

Lörcher, E. 1900. "Die unechte Negation bei Otfrid und im *Heliand.*" *Beiträge zur Geschichte der deutschen Sprache und Literatur* 25: 543–66.

Lowth, Bishop R. 1762. *A Short Introduction to English Grammar.* London: J. Hughs.

Luborsky, P. 1972. Neg-Hopping in English and Russian: A Comparative Description. Honors thesis, Harvard University.

Lukasiewicz, J. [1910]. 1971. "On the Principle of Contradiction in Aristotle." Trans. by V. Wedin in *Review of Metaphysics* 24: 485–509.

———. 1922. "On Determinism." Trans. in McCall, ed., 19–39.

———. 1930. "Philosophical Remarks on Many-Valued Systems of Propositional Logic." Trans. in McCall, ed., 40–65.

———. 1934. "On the History of the Logic of Propositions." Trans. in McCall, ed., 66–87.

———. 1970. *Jan Lukasiewicz: Selected Works.* L. Borkowski, ed. Amsterdam: North-Holland.

Lycan, W. 1984. *Logical Form in Natural Language.* Cambridge: MIT Press.

Lyons, J. 1977. *Semantics.* Cambridge: Cambridge University Press.

Lyons, J., and R. J. Wales, eds. 1966. *Psycholinguistics Papers.* Edinburgh: Edinburgh University Press.

Mabbott, J. D. 1929. "Negation." *Proceedings of the Aristotelian Society*, Supplementary vol. 9, 67–79.

McCall, S. 1967a. "Contrariety." *Notre Dame Journal of Formal Logic* 8: 121–32.

McCall, S., ed. 1967b. *Polish Logic 1920–1939.* Oxford: Clarendon.

McCallum-Bayliss, H. 1985. The Modal Verbs: Univocal Lexical Items. Ph.D. diss., Georgetown University.

McCawley, J. D. 1968. "The Role of Semantics in a Grammar." In Bach and Harms, eds., 125–69.

———. 1972. "A Program for Logic." In Davidson and Harman, eds., 496–544.

———. 1978. "Conversational Implicature and the Lexicon." In Cole, ed. (1978), 245–59.

———. 1979. "Presupposition and Discourse Structure." In Oh and Dinneen, eds., 225–34.

———. 1980. "An Un-Syntax." In *Syntax and Semantics 13: Current Approaches to Syntax,* E. Moravcsik and J. Wirth, eds. New York: Academic Press.

———. 1981. *Everything That Linguists Always Wanted to Know about Logic (but Were Ashamed to Ask)*. Chicago: University of Chicago Press.

McGloin, N. H. 1976. "Negation." In *Syntax and Semantics 5: Japanese Generative Grammar*, M. Shibatani, ed., 371–419. New York: Academic Press.

———. 1982. Negation in a Verb-Final Language. Unpublished. University of Wisconsin-Madison.

McNeill, D., and N. B. McNeill. 1968. "What Does a Child Mean When He Says No?" In *Proceedings of the Conference on Language and Language Behavior*, E. M. Zale, ed., 51–62. New York: Appleton-Century-Crofts.

McTaggart, J. McT. E. 1922. *Studies in the Hegelian Dialectic*. 2d ed. Cambridge: Cambridge University Press.

Madkour, I. 1934. *L'Organon d'Aristote dans le monde arabe*. Paris: Les Presses modernes.

Madtha, W. 1970. "Negation in Tulu." In Biligiri, ed., 25–28.

Magner, T. 1955. "Negation and Case Selection in Russian." *Slavic Word* 11: 531–41.

Malkiel, Y. 1959. "Studies in Irreversible Binomials." *Lingua* 8: 113–60.

Marchand, H. 1938. "Remarks about English Negative Sentences." *American Studies* 20: 198–204.

———. 1960. *The Categories and Types of Present-Day English Word Formation*. Wiesbaden: O. Harrassowitz.

———. 1969. Marchand (1960), 2d ed. Munich: Beck.

———. 1972. "Reversative, Ablative, and Privative Verbs in English, French, and German." In *Issues in Linguistics: Papers in Honor of Henry and Renee Kahane*, B. Kachru, R. Lees, Y. Malkiel, A. Pietrangeli, and S. Saporta, eds., 636–43. Urbana: University of Illinois Press.

Marcuse, H. 1954. *Reason and Revolution: Hegel and the Rise of Social Theory*. New York: Humanities Press.

———. 1968. *Negations: Essays in Critical Theory*. Boston: Beacon.

Martin, J. 1979. Some Misconceptions in the Critique of Semantic Presupposition. Distributed by IULC.

———. 1982. "Negation, Ambiguity, and the Identity Test." *Journal of Semantics* 1: 251–74.

Martin, R. M., ed. 1970. *The Paradox of the Liar*. Reseda, CA: Ridgeview.

Martinet, A. 1962. *A Functional View of Language*. Oxford: Clarendon.

Martinon, P. 1927. *Comment on parle en français*. Paris: Larousse.

Martyna, W. 1983. "Beyond the He/Man Approach: The Case for Non-Sexist Language." In *Language, Gender, and Society*, B. Thorne, C. Kramarae, and N. Henley, eds., 25–37. Rowley, MA: Newbury House.

Mates, B. 1949. "Diodorean Implication." *Philosophical Review* 58: 234–52.

———. 1953. *Stoic Logic*. Berkeley and Los Angeles: University of California Press.

Matilal, B. K. 1968. *The Navya-Nyāya Doctrine of Negation*. Cambridge: Harvard University Press.

May, R. 1977. The Grammar of Quantification. Ph.D. diss., MIT.

Maynor, N. 1979. "The Morpheme *un*." *American Speech* 54: 310–11.

Melander, J. 1916. *Etudes sur magis et les expressions adversatives dans les langues romanes.* Uppsala: Almqvist & Wiksell.

Menner, R. 1936. "The Conflict of Homonyms in English." *Language* 12: 229–44.

Michalski, K. 1937. *Le problème de la volonté à Oxford et à Paris au XIVe siècle.* Leopoli: Studia Philosophica.

Mill, J. S. [1843]1919. *A System of Logic.* 8th ed. London: Longman.

——. 1867. *An Examination of Sir William Hamilton's Philosophy.* 3d ed. London: Longman.

Miller, C., and K. Swift. 1976. *Words and Women.* New York: Anchor.

Mirambel, A. 1946. "Négation et mode en grec moderne." *Bulletin de la société linguistique de Paris* 43: 57–66.

Mohr, H. 1987. *How to Talk Minnesotan.* New York: Penguin.

Montague, R. 1974. *Formal Philosophy: Selected Papers.* R. Thomason, ed. New Haven: Yale University Press.

Moody, E. 1953. *Truth and Consequence in Mediæval Logic.* Amsterdam: North-Holland.

Morgan, J. 1969. "On Arguing about Semantics." *Papers in Linguistics* 1: 49–70.

——. 1978. "Two Types of Convention in Indirect Speech Acts." In Cole, ed. (1978), 261–80.

Morris, C. W. 1938. *Foundations of the Theory of Signs.* Chicago: University of Chicago Press.

Morpurgo-Tagliabue, G. 1981. "Grammar, Logic, and Rhetoric in a Pragmatic Perspective." In Parret et al., eds., 493–508.

Moser, M. 1987. "Pragmatic Ambiguity of Negation." Linguistic Institute, Stanford, CA.

Mullally, J. P. 1945. *The Summulae Logicales of Peter of Spain.* Notre Dame, IN: University of Notre Dame Press.

Munro, P. 1976. "Subject Copying. Auxiliarization and Predicate Raising: The Mojave Evidence," *IJAL* 42: 99–112.

Murray, L. 1803. *An English Grammar.* Philadelphia: B. Johnson.

——. 1814. *An English Grammar, 2d edition, improved.* New York: Collins.

Na, Y.-H. 1981. "A Constraint on the Lexicalization of Negation." *CLS 17,* 239–48.

Narasimharao, K. V. V. L. 1970. "Negation in Telugu." In Biligiri, ed., 21–24.

Nelson, J. O. 1954. "In Defense of the Traditional Interpretation of the Square." *Philosophical Review* 63: 401–13.

Nemer, J. 1985. "Negation and Clefting in Temne." Paper presented at the Sixteenth Annual Conference on African Linguistics, New Haven.

Newmeyer, F. 1969. *English Aspectual Verbs.* Studies in Linguistics and Language Learning, 6. Seattle: Department of Linguistics, University of Washington.

——. 1980. *Linguistic Theory in America.* New York: Academic Press.

Noreen, A. 1904. *Vårt Språk: Nysvensk Grammatik,* vol. 5. Lund: C. W. K. Gleerup.

Nyrop, K. 1930. *Grammaire historique de la langue française, Tome sixième.* Copenhagen: Gyldendalske Boghandel.

Ochs, E., and B. Schieffelin, eds. 1979. *Developmental Pragmatics*. New York: Academic Press.

O'Donnell, J. R. 1941. "The Syncategoremata of William of Sherwood." *Mediæval Studies* 3: 46–93.

Oesterle, J., ed. and trans. 1962. *Aristotle: On Interpretation. Commentary by Saint Thomas and Cajetan*. Milwaukee: Marquette University Press.

Oh, C.-K., and D. Dinneen, eds. 1979. *Syntax and Semantics 11: Presupposition*. New York: Academic Press.

Olshewsky, T., ed. 1969. *Problems in the Philosophy of Language*. New York: Holt.

Orwell, G. 1946. "Politics and the English Language." Reprinted in *Collected Essays,* 353–67. London: Secker & Warburg, 1961.

———. 1949. *Nineteen Eighty-Four*. New York: Harcourt, Brace.

Osgood, C., and M. M. Richards. 1973. "From Yang and Yin to *and* or *but.*" *Language* 49: 380–412.

Ōta, A., and Y. Katō. 1986. "The Relative Scope of NEG and Quantifiers in English and Japanese." *Sophia Linguistica* 20/21: 25–40.

Otero, C. 1972. "Acceptable Ungrammatical Sentences in Spanish." *Linguistic Inquiry* 2: 233–42.

Palmer, F. R. 1979. *Modality and the English Modals*. London: Longman.

Pap, A. 1960. "Types and Meaninglessness." *Mind* 69: 41–54.

Parmenides. 1965. *Parmenides. A Text with Translation, Commentary, and Critical Essays*. L. Taran, ed. Princeton: Princeton University Press.

Parret, H., M. Sbisà, and J. Verschueren, eds. 1981. *Possibilities and Limitations of Pragmatics*. Amsterdam: Benjamins.

Parsons, T. 1985. "Underlying Events in English." In *Actions and Events,* E. LePore and B. McLaughlin, eds., 235–67. Oxford: Blackwell.

Partee, B. H. 1970. "Negation, Conjunction, and Quantifiers: Syntax vs. Semantics." *Foundations of Language* 6: 153–65.

———. 1973. "The Semantics of Belief Sentences." In *Approaches to Natural Languages,* J. Hintikka, J. Moravcsik, and P. Suppes, eds., 309–36. Dordrecht: D. Reidel.

———. 1979. "Montague Grammar and the Well-Formedness Constraint." In *Syntax and Semantics 10: Selections from the Third Groningen Round Table*, F. Heny and H. Schnelle, eds., 275–313. New York: Academic Press.

Partee, B. H., ed. 1976. *Montague Grammar*. New York: Academic Press.

Patton, T. E. 1968. "Katz on the Semantics of Negation." *Journal of Philosophy* 65: 213–31.

Paul, H. 1898. *Principien der Sprachgeschichte*. 3d ed. Halle: M. Niemeyer.

Payne, J. 1985. "Negation." In Shopen, ed., 197–242.

Pea, R. 1980a. "Logic in Early Child Language." *Annals of the New York Academy of Sciences* 27–43.

———. 1980b. "The Development of Negation in Early Child Language." In *The Social Foundations of Language and Thought: Essays in Honor of Jerome S. Bruner,* D. R. Olson, ed., 156–86. New York: W. W. Norton.

Peirce, C. S. 1933. *The Simplest Mathematics*. Reprinted as vol. 4, *Collected Papers,* C. Hartshorne and P.

Weiss, eds., Cambridge: Harvard University Press, 1960.

Pelletier, J. 1977. "Or." *Theoretical Linguistics* 4: 61–74.

Perlmutter, D., and C. Rosen, eds. 1984. *Studies in Relational Grammar 2.* Chicago: University of Chicago Press.

Perlmutter, D., and S. Soames. 1979. *Syntactic Argumentation and the Structure of English.* Berkeley and Los Angeles: University of California Press.

Pesetsky, D. 1985. "Morphology and Logical Form." *Linguistic Inquiry* 16: 193–246.

Plato. 1937. *The Sophist.* B. Jowett, trans. New York: Random House.

Poldauf, J. 1964. "Some Points on Negation in Colloquial English." In *A Prague School Reader in Linguistics,* J. Vachek, ed., 366–74. Bloomington: Indiana University Press.

Pollack, J. 1974. A Re-Analysis of Neg-Raising in English. Master's thesis, Ohio State University. Appears in *OSU Working Papers in Linguistics 21,* 1976.

Pope, E. 1972. Questions and Answers in English. Ph.D. diss., MIT.

Postal, P. 1971. *Cross-over Phenomena.* New York: Holt.

Pott, A. F. 1859. *Etymologische Forschungen auf dem Gebiete der Indo-Germanischen Sprachen.* vol. 1. Lemgo and Detmold: Meyer.

Poutsma, H. 1928. *A Grammar of Late Modern English.* Groningen: P. Noordhoff.

Price, H. H. 1929. "Negation." *Proceedings of the Aristotelian Society*, Supplementary vol. 9, 97–111.

Prince, E. 1976. "The Syntax and Semantics of NEG-Raising, with Evidence from French." *Language* 52: 404–26.

——. 1981. "Toward a Taxonomy of Given-New Information." In Cole, ed. (1981), 223–56.

——. 1983. "Topicalization and Left Dislocation: A Functional Analysis." In *Discourses in Reading and Linguistics,* S. White and V. Teller, eds. Annals of the New York Academy of Sciences, vol. 433.

Prior, A. N. 1954. "Entities." *Australasian Journal of Philosophy* 32: 159–60.

——. 1967. "Negation." Entry in *Encyclopedia of Philosophy*, vol. 5, 458–63. New York: Macmillan.

Putnam, H. 1973. "Meaning and Reference." *Journal of Philosophy* 70: 699–711.

Quine, W. V. O. 1948. "On What There Is." Reprint in *From a Logical Point of View,* 2d ed. Cambridge: Harvard University Press.

——. 1951. *Mathematical Logic.* New York: Harper & Row.

——. 1952. *Methods of Logic.* London: Routledge & Kegan Paul.

——. 1953a. "On a So-Called Paradox." *Mind* 62: 65–67.

——. 1953b. "Mr. Strawson on Logical Theory." *Mind* 62:433–51.

——. 1960. *Word and Object.* Cambridge: MIT Press.

——. 1981. "What Price Bivalence?" *Journal of Philosophy* 78: 90–95.

Raju, R. T. 1941. "The Reality of Negation." *Philosophical Review* 50: 585–601.

——. 1954. "The Principle of Four-Cornered Negation in Indian Philosophy." *Review of Metaphysics* 7: 694–713.

Randle, H. N. 1930. *Indian Logic in the Early Schools.* London: Oxford University Press.

Ravindran, N. 1970. "Negation in Malayalam." In Biligiri, ed., 5–8.

Reichenbach, H. 1947. *Elements of Symbolic Logic.* New York: Macmillan.

Reinhart, T. 1981. "Pragmatics and Linguistics: An Analysis of Sentence Topics." *Philosophica* 27: 53–94.

Renou, L. 1946. "Sur la phrase négative dans le Rgveda." *Bulletin de la société linguistique de Paris* 43: 43–49.

———. 1957. *Terminologie grammaticale du Sanskrit.* Paris: Librairie Ancienne.

Rescher, N. 1963. *Studies in the History of Arabic Logic.* Pittsburgh: University of Pittsburgh Press.

———. 1969. *Many-Valued Logic.* New York: McGraw-Hill.

Richter, F. K. 1944. "Adolf Hitler and Words." *Etc.* 1: 256–58.

Robinson, R. H. 1956. "Some Logical Aspects of Nāgārjuna's System." *Philosophy East and West* 6: 291–308.

Rodman, R. 1976. "Scope Phenomena, 'Movement Transformations,' and Relative Clauses." In Partee, ed., 165–76.

Rosch. E. 1977. "Human Categorization." In *Advances in Cross-Cultural Psychology,* N. Warren, ed., 1–72. New York: Academic Press.

Rosenbaum, P. 1967. *The Grammar of English Predicate Complement Constructions.* Cambridge: MIT Press.

Ross, A. C. 1976. "Meaningless '*De-*' in English." *Notes and Queries* 23: 310–11.

Ross, C. 1978. "The Rightmost Principle of Sentence Negation." *CLS14*, 416–29.

Ross, J. R. 1967. Constraints on Variables in Syntax. Ph.D. diss., MIT.

———. 1973a. "Slifting." In *The Formal Analysis of Natural Languages,* M. Gross, M. Halle, and M.-P. Schützenberger, eds., 133–69. The Hague: Mouton.

———. 1973b. "Negginess." Paper presented at the annual LSA meeting, San Diego.

———. 1974. "Wording Up." Handout for unpublished talk, MIT.

Ross, W. D. 1923. *Aristotle.* London: Methuen.

Routley, R. 1966. "On a Significance Theory." *Australasian Journal of Philosophy* 44: 172–209.

———. 1969. "The Need for Nonsense." *Australasian Journal of Philosophy* 47: 367–84.

Royce, J. 1917. "Negation." Entry in *Encyclopedia of Religion and Ethics,* J. Hastings, ed., vol. 9, 264–71. New York: Charles Scribner's Sons.

Rumbaugh, D., and T. Gill. 1977. "Lana's Acquisition of Language Skills." In *Language Learning by a Chimpanzee: The Lana Project,* D. Rumbaugh, ed., 165–92. New York: Academic Press.

Russell, B. [1900] 1937. *A Critical Exposition of the Philosophy of Leibniz.* 2d ed. London: George Allen & Unwin.

———. 1905. "On Denoting." *Mind* 14: 479–93.

———. [1908] 1967. "Mathematical Logic as Based on the Theory of Types." Reprinted in van Heijenoort, ed., 150–82.

———. 1918. *The Philosophy of Logical Atomism,* excerpted in Russell (1964), 177–281.

———. 1940. *An Inquiry into Meaning and Truth.* London: George Allen & Unwin.

———. 1948. *Human Knowledge, its Scope and Limits.* New York: Simon and Schuster.

———. 1954. "The Metaphysician's Nightmare." In *Nightmares of Eminent Persons,* 31–35. London: Bodley Head.

———. 1957. "Mr. Strawson on Referring." *Mind* 66: 385–89.

———. 1964. *Logic and Knowledge: Essays 1901–1950.* R. C. Marsh, ed. London: Macmillan.

Ryle, G. 1929. "Negation." *Proceedings of the Aristotelian Society*, Supplementary vol. 9, 80–86.

Sadock, J. 1971. "Queclaratives." *CLS* 7, 223–31.

———. 1972. "Speech Act Idioms." *CLS* 8, 329–39.

———. 1974. *Toward a Linguistic Theory of Speech Acts.* New York: Academic Press.

———. 1976. "Larry Scores a Point." *Pragmatics Microfiche,* Fiche 1.4.

———. 1977. "Truth and Approximations." *BLS 3*, 430–39.

———. 1978. "On Testing for Conversational Implicature." In Cole, ed. (1978), 281–97.

———. 1981. "Almost." In Cole, ed. (1981), 257–71.

———. 1983. "The Necessary Overlapping of Grammatical Components." In *Papers from the Parasession on the Interplay of Phonology, Morphololgy, and Syntax,* 198–221. Chicago: CLS.

———. 1984. "Whither Radical Pragmatics?" In Schiffrin, ed., 139–49.

———. 1985. "Autolexical Syntax." *Natural Language and Linguistic Theory* 3: 379–439.

Sadock, J., and A. Zwicky. 1985. "Speech Act Distinctions in Syntax." In Shopen, ed., 155–96.

Sag, I., and M. Liberman. 1973. "The Intonational Disambiguation of Indirect Speech Acts." *CLS 11,* 487–97.

Sahlin, E. 1979. Some *and* any *in Spoken and Written English.* Uppsala: Almqvist & Wiksell.

Sanford, D. H. 1968. "Contraries and Subcontraries." *Noûs* 2: 95–96.

Sapir, E. 1930. *Totality.* Language Monograph Number 6.

———. 1944. "Grading: A Study in Semantics." Reprinted in *Selected Writings,* D. Mandelbaum, ed., 122–49. Berkeley: University of California Press, 1951.

Schachter, P. 1972. "On Post-Transformational Lexical Insertion." In *UCLA Papers in Syntax I,* P. Schachter and G. Bedell, eds. Los Angeles: UCLA Dept. of Linguistics.

———. 1985. "Parts-of-Speech Systems." In Shopen, ed., 3–61.

Schiffrin. D., ed. 1984. *Meaning, Form, and Use in Context: Linguistic Applications (GURT '84).* Washington: Georgetown University Press.

Schmerling. S. 1971. "A Note on Negative Polarity." *Papers in Linguistics* 4: 200–06.

———. 1975. "Asymmetric Conjunction and Rules of Conversation." In Cole and Morgan, eds., 211–31.

Scriblerus, M. [1727] 1952. *The Art of Sinking.* Pseudonymous publication attributed to A. Pope, J. Swift, and J. Arbuthnot, appearing in first edition of the Swift-Pope Miscellany. Reproduced under editorship of E. L. Steeves. New York: King's Crown Press.

Searle, J. 1965. "What is a Speech Act?" In Black, ed., 221–39.

——. 1969. *Speech Acts.* Cambridge: Cambridge University Press.

——. 1975. "Indirect Speech Acts." In Cole and Morgan, eds., 59–82.

——. 1979. "Referential and Attributive." In *Expression and Meaning: Studies in the Theory of Speech Acts,* 137–61. Cambridge: Cambridge University Press.

Sebeok, T. A. 1962. "Evolution of Signalling Behavior." *Behavioral Science* 7: 430–42.

Selkirk, E. O. 1982. *The Syntax of Words.* Cambridge: MIT Press.

Seright, O. D. 1966. "Double Negatives in Standard Modern English." *American Speech* 41: 123–26.

Seuren, P. 1967. "Negation in Dutch" (revised article on Kraak [1966]). *Neophilologus* 51: 327–63.

——. 1969. *Operators and Nucleus.* Cambridge: Cambridge University Press.

Sgall, P., E. Hajičová, and E. Benešová. 1973. *Topic, Focus, and Generative Semantics.* Kronberg: Scripton Verlag GmbH.

Shanon, B. 1981. "What's in the Frame? Linguistic Indicators." *Journal of Pragmatics* 5: 35–44.

Sharma, Dh. 1970. *The Negative Dialectics of India.* (no publication data avaliable.)

Sheffer, H. M. 1913. "A Set of Five Independent Postulates for Boolean Algebra." *Transactions of the American Mathematical Society* 14: 481–88.

Sheintuch, G., and K. Wise 1976. "On the Pragmatic Unity of the Rules of Neg-Raising and Neg-Attraction." *CLS 12,* 548–57.

Shnukal, A. 1980. "Syntactic Indications of Tentativeness in Discourse." In *Contemporary Studies in Romance Languages,* F. Nuessel, Jr., ed., 280–99. Distributed by IULC.

Shopen, T., ed. 1985. *Language Typology and Syntactic Description I: Clause Structure.* Cambridge: Cambridge University Press.

Siegel, D. 1971. "Some Lexical Transderivational Constraints in English." Unpublished. MIT.

——. 1973. "Some Non-Sources for Unpassives." In *Syntax and Semantics 2,* J. Kimball, ed., 301–17.

——. [1974]1979. *Topics in English Morphology.* New York: Garland.

——. 1977. "The Adjacency Condition and the Theory of Morphology." *NELS 7,* 189–97.

Sigwart, C. 1895. *Logic,* vol. 1, 2d ed., H. Dendy, trans. New York: Macmillan. German edition published 1889.

Sloman, A. 1969. "Transformations of Illocutionary Acts." *Analysis* 30: 56–59.

Smiley, T. 1960. "Sense without Denotation." *Analysis* 20: 125–35.

Smith, A. 1933. "Två Bidrg Till Engelsk Ordföljd." *Moderna Språk* 27: 79–82.

Smith, S. 1970. *Meaning and Negation.* Ph.D. diss., UCLA. Revised and published. The Hague: Mouton, 1975.

Soames, S. 1979. "A Projection Problem for Speaker Presuppositions." *Linguistic Inquiry* 10: 623–66.

——. 1982. "How Presuppositions are Inherited: A Solution to the Projection Problem." *Linguistic Inquiry* 13: 483–545.

Sommers, F. 1963. "Types and Ontology." *Philosophical Review* 72: 327–63.

——. 1965. "Predicability." In Black, ed., 262–81.

———. 1970. "The Calculus of Terms." *Mind* 79: 1–39.

———. 1982. *The Logic of Natural Language*. Oxford: Clarendon.

Spencer, H. 1914. *Kanarese Grammar*. Mysore: Wesleyan Mission Press.

Sperber, D., and D. Wilson. 1986. *Relevance*. Cambridge: Harvard University Press.

Spinoza, B. [1934]1965. *The Philosophy of Spinoza*, vol. 1. H. Wolfson, ed. and trans. Reprint. New York: Meridian Books.

Spitzer, L. 1927. "Frz. *il ne faut pas que tu meures* 'du darfst nicht sterben'." *Germanisch-romanische Monatsschrift* 15: 69–73.

Staal, F. 1962. "Negation and the Law of Contradiction in Indian Thought: A Comparative Study." *Bulletin of the School of Oriental and African Studies* 25: 52–71.

Stalnaker, R. 1972. "Pragmatics." In Davidson and Harman, eds., 380–97.

———. 1974. "Pragmatic Presuppositions." In *Semantics and Philosophy*, M. Munitz and P. Unger, eds., 197–214. New York: New York University Press.

Steinberg, D. 1970. "Negation, Analyticity, Amphigory, and the Semantic Interpretation of Sentences." *Journal of Experimental Psychology* 84: 417–23.

Steinberg, D., and L. Jakobovitz, eds. 1971. *Semantics: An Interdisciplinary Reader*. Cambridge: Cambridge University Press.

Stenner, A. J. 1981. "A Note on Logical Truth and Non-Sexist Semantics." In Vetterling-Braggin, ed., 299–306.

Stern, G. 1937. *Meaning and Change of Meaning*. Bloomington: Indiana University Press.

Stickel, G. 1972. "'Ja' und 'Nein' als Kontoll- und Korrektursignale." *Linguistische Berichte* 17: 12–17.

Stockwell, R., P. Schachter, and B. H. Partee, 1973. *The Major Syntactic Structures of English*. Chapter 5, "Negation." New York: Holt.

Stoffel, C. 1901. *Intensives and Down-toners. Anglistische Forschungen*, part 1. Heidelberg: Carl Winter's Universitätsbuchhandlung.

Stokes, W. 1974. "All of the Work on Quantifier-Negation isn't Convincing." *CLS 10*, 692–700.

Strachey, J., ed. 1957. *The Standard Edition of the Complete Psychological Works of Sigmund Freud*. London: Hogarth Press.

Strang, C. 1960. "Aristotle and the Sea-Battle." *Mind* 69: 447–65.

Strawson, P. F. 1949. "Truth." *Analysis* 9: 83–97.

———. 1950. "On Referring." *Mind* 59: 320–44.

———. 1952. *Introduction to Logical Theory*. London: Methuen.

———. [1964]1971. "Identifying Reference and Truth-Values." Reprinted in Steinberg and Jakobovitz, eds., 86–99.

Sturel, R. 1908. *Jacques Amyot, traducteur des vies parallèles de Plutarque*. Paris: Honoré Champion.

Sullivan, M. W. 1967. *Apuleian Logic*. Amsterdam: North-Holland.

Sweet, H. 1900. *A New English Grammar*. Oxford: Clarendon.

Tannen, D. 1975. "Communication Mix and Mixup." *San Jose State Occasional Papers in Linguistics*.

———. 1983. *Communicative Style.* Norwood, NJ: Ablex.

Tasmowski-De Ryck, L. 1972. "La négation en français et la formalisation de la grammaire." *Logique et Analyse* 15: 171–207.

Taylor, K. 1981. "Reference and Truth: The Case of Sexist and Racist Utterances." In Vetterling-Braggin, eds., 307–18.

Tesnière, L. 1959. *Eléments de syntaxe structurale.* Paris: C. Klincksieck.

Thirumalai, M. S. 1970. "Some Aspects of Negation in Thadou." In Biligiri, ed., 55–60.

Thomason, R. 1973. "Semantics, Pragmatics, Conversation, Presupposition." Unpublished. University of Pittsburgh.

Thomason, R., and R. Stalnaker. 1973. "A Semantic Theory of Adverbs." *Linguistic Inquiry* 4: 195–220.

Thompson, M. 1953. "On Aristotle's Square of Opposition." *Philosophical Review* 62: 251–65.

———. 1954. "A Reply to Mr. Nelson." *Philosophical Review* 63: 414–19.

Timberlake, A. 1975. "Hierarchies in the Genitive of Negation." *Slavic and East European Journal* 19: 123–38.

Tobler, A. [1882a]1921. "Tout ce qui reluit n'est pas or." Reprinted in *Vermischte Beiträge zur französischen Grammatik 1*, 3d ed., 195–201. Leipzig: S. Hirzel.

———. [1882b]1921. "Il ne faut pas que tu meures 'du darfst nicht sterben'." Reprinted in *Vermischte Beiträge zur französischen Grammatik 1*, 3d ed., 201–5. Leipzig: S. Hirzel.

———. [1896]1908. *"ne . . . se . . . non, mais, fors, que."* Reprinted in *Vermischte Beiträge zur französischen Grammatik 3*, 2d ed., 78–111. Leipzig: S. Hirzel.

Toms, E. 1972. "The Problem of Negation." *Logique et Analyse* 15: 1–38.

Tottie, G. 1980. "Affixal and Non-Affixal Negation in English—Two Systems in (Almost) Complementary Distribution." *Studia Linguistica* 34: 101–23.

———. 1982. "Where Do Negative Sentences Come From?" *Studia Linguistica.* 36: 88–105.

Trabasso, T., H. Rollins & E. Shaughnessy. 1971. "Storage and Verification Stages in Processing Concepts." *Cognitive Psychology* 2: 239–89.

Ultan, R. 1978. "Some General Characteristics of Interrogative Systems." In Greenberg et al., eds., 211–48.

Urmson, J. O. 1952. "Parenthetical Verbs." *Mind* 61: 480–96.

Vandamme, F. 1972. "On Negation, An Interdisciplinary Study." *Logique et Analyse* 15: 39–101.

Van Dongen, W. A. 1918. "At All." *Neophilologus* 3: 62–64.

van Fraassen, B. 1966. "Singular Terms, Truth-Value Gaps, and Free Logic." *Journal of Philosophy* 63: 481–95.

———. 1968. "Presupposition, Implication, and Self-Reference." *Journal of Philosophy* 65: 136–57.

———. 1969. "Presuppositions, Super-Valuations, and Free Logic." In *The Logical Way of Doing Things*, K. Lambert, ed., 67–91. New Haven: Yale University Press.

van Ginneken, J. 1907. *Principes de linguistique psychologique.* Paris: M. Rivière.

van Heijenoort, J., ed. 1967. *From Frege to Gödel*. Cambridge: Harvard University Press.

Van Oosten, J. 1986. *The Nature of Subjects, Topics, and Agents*. Bloomington: IULC.

Varga, L. 1980. "Observations on Negation in Hungarian and English." *Acta Linguistica* 30: 67–96.

Vendler, Z. 1967. *Philosophy in Linguistics*. Ithaca: Cornell University Press.

Vennemann, T. 1974. "Topics, Subjects, and Word Order: From SXV to SVX via TVX." In *Historical Linguistics*, J. M. Anderson and C. Jones, eds., 1: 339–76. Amsterdam: North-Holland.

Vetterling-Braggin, M., ed. 1981. *Sexist Language: A Modern Philosophical Analysis*. Totowa, NJ: Littlefield, Adams.

Volterra, V., and F. Antinucci. 1979. "Negation in Child Language: A Pragmatic Study." In Ochs and Schieffelin, eds., 281–303.

Von Wright, G. H. 1951. *An Essay in Modal Logic*. Amsterdam: North-Holland.

——. 1959. "On the Logic of Negation." *Societas Scientiarum Fennica, Commentationes Physico-Mathematicae* 22: 1–30.

Wachtel, T. 1980. "Pragmatic Approximations." *Journal of Pragmatics* 4: 201–12.

Wagenaar, K. 1930. *Etude sur la négation en ancien espagnol jusqu'au XVe siècle*. Groningen: J. B. Wolters.

Wales, R. J., and R. Grieve. 1969. "What Is So Difficult about Negation?" *Perception and Psychophysics* 6: 327–32.

Wali, K. 1972. "Negation Dependent Idioms, and the Structure of Marathi Modals." *Papers in Linguistics* 5: 382–401.

Walker, R. 1975. "Conversational Implicatures." In *Meaning, Reference, and Necessity*, S. Blackburn, ed., 133–81. Cambridge: Cambridge University Press.

Ward, G., and J. Hirschberg. 1985. "Implicating Uncertainty." *Language* 61: 747–76.

Warner, W. L. 1946. "The Absolute Negative Comparative." *American Speech* 21: 302–03.

Warren, H. C. 1896. *Buddhism in Translations*. Cambridge: Harvard University Press.

Wason, P. C. 1959. "The Processing of Positive and Negative Information." *Quarterly Journal of Experimental Psychology* 11: 92–107.

——. 1961. "Response to Affirmative and Negative Binary Statements." *British Journal of Psychology* 52: 133–42.

——. 1965. "The Contexts of Plausible Denial." *Journal of Verbal Learning and Verbal Behavior* 4: 7–11.

——. 1972. "In Real Life Negatives Are False." *Logique et Analyse* 15: 17–38.

Wason, P. C., and S. Jones. 1963. "Negation: Denotation and Connotation." *British Journal of Psychology* 54: 299–307.

Wasow, T. 1972. "A Note on Not-Hopping." *Foundations of Language* 8: 274–75.

——. 1977. "Transformations and the Lexicon." In *Formal Syntax*, P. Culicover, T. Wasow, and A. Akmajian, eds., 327–60. New York: Academic Press.

Waterlow, S. 1982. *Passage and Possibility: A Study of Aristotle's Modal Concepts*. Oxford: Clarendon.

Weinreich, U. 1963. "On the Semantic Structure of Language." In Greenberg, ed., 114–71.

Welte, W. 1978. *Negationslinguistik*. Munich: Wilhelm Fink.

Wertheimer, R. 1972. *The Significance of Sense: Meaning, Modality, and Morality*. Ithaca: Cornell University Press.

Wheeler, S. 1983. "Megarian Paradoxes as Eleatic Arguments." *American Philosophical Quarterly* 20: 287–95.

Whitehead, A. N., and B. Russell. 1910. *Principia Mathematica*. Cambridge: Cambridge University Press.

Whitney, A. H. 1956. *Teach Yourself Finnish*. London: Teach Yourself Books, Hodden and Stoughton.

Williams, C. J. F. 1964. "Saint Anselm and His Biographers." *Downside Review* 82: 124–40.

———. 1968. Review of Henry, *Logic of Saint Anselm*. *Mind* 77: 609–11.

Williams, E. 1981. "On the Notions 'Lexically Related' and 'Head of a Word'." *Linguistic Inquiry* 12: 245–74.

Williams, E. R. 1944. *The Conflict of Homonyms in English*. New Haven: Yale University Press.

Wilson, D. 1975. *Presupposition and Non-Truth-Conditional Semantics*. New York: Academic Press.

Wilson, D., and D. Sperber. 1979. "Ordered Entailments: An Alternative to Presuppositional Theories." In Oh and Dinneen, eds., 299–323.

———. 1981. "Irony and the Use-Mention Distinction." In Cole, ed. (1981), 295–318.

Wittgenstein, L. [1922]1961. *Tractatus Logico-Philosophicus*. D. F. Pears and B. F. McGuinness, trans. London: Routledge & Kegan Paul.

———. 1953. *Philosophical Investigations*. Anscombe, trans. New York: Macmillan.

Wood, L. 1933. "The Paradox of Negative Judgment." *Philosophical Review* 42: 412–23.

Wundt, W. 1886. "Das Sittliche in der Sprache." *Deutsche Rundschau* 47: 70–92.

Yau, S. C. 1980. *Le système de la négation en Cantonais*. Kowloon, Hong Kong: Éditions Langages Croisés.

Ziff, P. 1960. *Semantic Analysis*. Ithaca: Cornell University Press.

Zimmer, K. 1964. *Affixal Negation in English and Other Languages*. Supplement to *Word*, Monograph No.5.

———. 1971. "Some General Observations about Nominal Compounds." *Stanford University Working Papers on Language Universals* 5: C1-C21.

Zipf, G. K. 1935. *The Psycho-Biology of Language*. Cambridge: MIT Press.

———. 1949. *Human Behavior and the Principle of Least Effort*. Cambridge, MA: Addison-Wesley.

Zwicky, A. 1973. "Linguistics as Chemistry: The Substance Theory of Semantic Primes." In Anderson and Kiparsky, eds., 467–85.

Zwicky, A., and G. Pullum. 1983. "Cliticization vs. Inflection: English *n't*." *Language* 59: 502–13.

Zwicky, A., and J. Sadock. 1975. "Ambiguity Tests and How to Fail Them." In Kimball, ed., 1–36.

第 2 版（*NHN*2）補充文献目録

Acquaviva, Paolo. 1997. *The Logical Form of Negation*. New York: Garland.

Aoyagi, Hiroshi and Toru Ishii. 1994. On NPI licensing in Japanese. *Japanese/Korean Linguistics* 4: 295–311.

Atlas, Jay David. 1989. *Philosophy Without Ambiguity*, Chapter 3. Oxford: Clarendon Press.

——. 1991. Topic/comment, presupposition, logical form and focus stress implicatures: The case of focal particles *only* and *also*. *Journal of Semantics* 8: 127–47.

——. 1993. The importance of being 'only': Testing the neo-Gricean versus neo-entailment paradigms. *Journal of Semantics* 10: 301–18.

——. 1996. 'Only' Noun Phrases, Pseudo-Negative Generalized Quantifiers, Negative Polarity Items, and Monotonicity. *Journal of Semantics* 13: 265–332.

——. 1997. Negative Adverbials, Prototypical Negation, and the De Morgan Taxonomy. *Journal of Semantics* 14: 349–68.

Attal, Pierre, ed. 1994. *La Négation. LINX 1994,* Numéro spécial. Actes de colloque de Paris X-Nanterre, Novembre 1992.

van der Auwera, Johan. 1996. Modality: the three-layered scalar square. *Journal of Semantics* 13: 181–95.

Bach, Kent. 1994. Conversational impliciture. *Mind* & *Language* 9: 125–62.

——. 1999. The myth of conventional implicature. *Linguistics and Philosophy* 22: 327–66.

——. 2001. You don't say? *Synthese* 127: 11–31.

Baker, C. L. 1991. The syntax of English *not:* The limits of core grammar. *Linguistic Inquiry* 22: 387–429.

Benmamoun, Elabbas. 1997. Licensing of negative polarity items in Moroccan Arabic. *NLLT* 15: 263–87.

von Bergen, Anke and Karl von Bergen. 1993. *Negative Polarität im Englischen*. Tübingen: Gunter Naar Verlag.

Bernini, Giuliano and Paolo Ramat. 1996. *Negative Sentences in the Languages of Europe*. Berlin: Mouton de Gruyter.

Bhatia, Tej. 1995. *Negation in South Asian Languages*. Patiala: Indian Institute of Language Studies.

Biq, Yung-O. 1989. Metalinguistic negation in Mandarin. *Journal of Chinese Linguistics* 17: 75–94.

Bosque, Ignacio. 1980. *Sobre la negación*. Madrid: Ediciones Cátedra.

Brown, Sue. 1999. *The Syntax of Negation in Russian: A Minimalist Approach*. Stanford: CSLI.

Brütsch, Edgar, Markus Nussbaumer and Horst Sitta. 1990. *Negation. (Studienbibliographien Sprachwissenshaft I.)*. Heidelberg: Julius Groos Verlag.

Bublitz, Wolfram. 1992. Transferred negation and modality. *Journal of Pragmatics* 18: 551–77.

Budick, Sanford and Wolfgang Iser. 1989. *Languages of the Unsayable: The Play of Negativity in Literature and Literary Theory.* New York: Columbia University Press.

Büring, Daniel. 1997. The Great Scope Inversion Conspiracy. *Linguistics and Philosophy* 20: 175–94.

Burton-Roberts, Noel. 1989a. *The Limits to Debate: A Revised Theory of Semantic Presupposition.* Cambridge: Cambridge University Press.

———. 1989b. On Horn's dilemma: presupposition and negation. *Journal of Linguistics* 25: 95–125.

———. 1997. On preservation under negation. *Lingua* 101: 65–88.

———. 1999. Presupposition-cancellation and metalinguistic negation: A reply to Carston. *Journal of Linguistics* 35: 347–64.

Callebaut, Bruno, ed. 1992. *Les Négations. Langue française* 94. [Includes a critical commentary by Pierre Attal on Horn 1989.]

Carston, Robyn. 1988. Implicature, explicature, and truth-theoretical semantics. In R. Kempson, ed., *Mental Representations,* 155–81. Cambridge: Cambridge University Press.

———. 1995. Quantity maxims and generalized implicature. *Lingua* 96: 213–44.

———. 1996. Metalinguistic negation and echoic use. *Journal of Pragmatics* 25: 309–30.

———. 1998. Negation, 'presupposition' and the semantics/pragmatics distinction. *Journal of Linguistics* 34: 309–50.

———. 1999. Negation, 'presupposition' and metarepresentation: A response to Noel Burton-Roberts. *Journal of Linguistics* 35: 365–89.

Carter-Scott, Chérie. 1989. *Negaholics: How to Overcome Negativity and Turn Your Life Around.* New York: Fawcett Crest.

Chaker, Salem and Dominique Caubet. 1996. *La négation en Berbère et en Arabe Maghrébin.* Paris: L'Harmattan.

Chakrabarti, Arindam. 1997. *Denying Existence: The Logic, Epistemology, and Pragmatics of Negative Existentials and Fictional Discourse.* Dordrecht: Kluwer.

Chapman, Siobhan. 1996. Metalinguistic negation: some theoretical implications. *Journal of Linguistics* 32: 387–402.

Choi, Seungja. 2000. Topicality, Genericity, and Logophoricity. Yale University dissertation.

Copley, Bridget. 1996. The Sign-ificance of Negative Suprasegmentals: Evidence for Term Logic Negation in American Sign Language. Unpublished senior essay, Yale University.

Croft, William. 1991. The evolution of negation. *Journal of Linguistics* 27: 1–27.

Dayal, Veneeta. 1998. Any as inherently modal. *Linguistics and Philosophy* 21: 433–76.

Déprez, Vivianne. 2000. Parallel (a)symmetries and the internal structure of negative expressions. *NLLT* 18: 253–342.

Dobrin, Lise et al., eds. 1991. *The Parasession on Negation. CLS* 27, *Part Two.*

Dowty, David. 1994. The role of negative polarity and concord marking in natural language reasoning. *SALT IV,* 114–44.

Drozd, Kenneth. 1993. A Unification Categorial Grammar of Child English Negation. University of Arizona dissertation.

———. 1995. Child English pre-sentential negation as metalinguistic exclamatory sentence negation. *Journal of Child Language* 22: 583–610.

Dryer, Matthew. 1989. Universals of negative position. In E. Moravcsik, J. Wirth and M. Hammond, eds., *Studies in Syntactic Typology,* 93–124. Amsterdam: John Benjamins.

Duffield, Nigel. 1993. On Case-checking and NPI licensing in Hiberno-English. *Rivista di Linguistica* 5: 215–44.

Egan, Timothy. 1990. "Guru's Bomb Shelter Hits Legal Snag". *New York Times,* 24 April 1990, A16.

Ernst, Thomas. 1992. The phrase structure of English negation. *The Linguistic Review* 9: 109–44.

———. 1995. Negation in Mandarin Chinese. *NLLT* 13: 665–707.

Espinal, M. Teresa. 1993. The interpretation of *no-pas* in Catalan. *Journal of Pragmatics* 19: 353–69

Everett, Anthony and Thomas Hofweber, eds. 2000. *Empty Names, Fiction, and the Puzzles of Non-Existence.* Stanford: CSLI Publications.

von Fintel, Kai. 1999. NPI licensing, Strawson-entailment, and context dependency. *Journal of Semantics* 16: 97–148.

Fischlin, Daniel. 1994. *Negation, Critical Theory, and Postmodern Textuality.* Dordrecht: Kluwer.

Foolen, Ad. 1991. Metalinguistic negation and pragmatic ambiguity: Some comments on a proposal by Laurence Horn. *Pragmatics* I: 137–57.

Forest, Robert. 1993. *Négations: Essai de syntaxe et de typologie linguistique.* Paris: Librarie C. Klincksieck.

Forget, D., P. Hirschbühler et al., eds. 1997. *Negation and Polarity: Syntax and Semantics.* [Proceedings of 1995 Ottawa conference.] Amsterdam: Benjamins.

Frisch, Stefan. 1997. The change in negation in Middle English: A NEGP licensing account. *Lingua* 101: 21–64.

Gabbay, Dov and Heinrich Wansing, eds. 1999. *What is Negation?* Dordrecht: Kluwer.

Geurts, Bart. 1997. On *no. Journal of Semantics* 13: 67–86.

———. 1998. The mechanisms of denial. *Language* 74: 274–307.

Giannakidou, Anastasia. 1997. The Landscape of Polarity Items. University of Groningen dissertation.

———. 1998. *Polarity Sensitivity as (Non)veridical Dependency.* Amsterdam: John Benjamins.

———. 1999. Affective dependencies. *Linguistics and Philosophy* 22: 367–421.

———. 2000. Negative…concord? *NLLT* 18: 457–523.

———. (to appear). The meaning of free choice. To appear in *Linguistics and Philosophy.*

de Haan, Ferdinand. 1997. *The Interaction of Modality and Negation.* New York: Garland.

Haegeman, Liliane, ed. 1993/1994. *Rivista di Linguistica* 5.2 and 6.1. Special issues on sentential negation.

Haegeman, Liliane. 1995. *The Syntax of Negation.* Cambridge: Cambridge University Press.

Haegeman, Liliane and Raffaella Zanuttini. 1991. Negative heads and the Neg Criterion. *The Linguistic Review* 8: 233–51.

Hajičová, Eva. 1996. Topic-focus articulation—a matter of langue or parole? The case of negation. In R. Sackmann, ed., *Papers in Honour of Hans-Heinrich Lieb on Occasion of his 60th Birthday*, 167–75. Amsterdam: John Benjamins.

Haspelmath, Martin. 1997. *Indefinite Pronouns*. New York: Oxford University Press.

Herburger, Elena. 2000. *What Counts: Focus and Quantification*. Cambridge: MIT Press.

Hoeksema, Jack. 1994. On the grammaticalization of negative polarity items. *BLS 20*. 273–82.

——, ed. 1995. *Linguistic Analysis*, Volume 25, Number 3–4. Special Issue on Negative Polarity.

——. 1998. On the (non)loss of polarity sensitivity: Dutch *ooit*. In R. Hogg and L. van Bergen, eds., *Historical Linguistics 1995, Germanic Linguistics*, 101–14. Amsterdam: John Benjamins.

——, et al., eds. 2001. *Perspectives on Negation and Polarity Items*. Amsterdam: John Benjamins.

Hoepelman, Jakob and Rudolf Schnitzer, eds. 1991. Focus in phonetics, syntax, semantics, and pragmatics. Special issue of *Journal of Semantics*, Vol. 8, Nos. 1–2.

Hoffmann, Maria. 1987. *Negatio Contrarii: A Study of Latin Litotes*. Assen: van Gorcum.

Honda, Isao. 1996. Negation: A Cross-Linguistic Study. SUNY Buffalo dissertation.

Horn, Laurence. 1988. Morphology, pragmatics, and the un-verb. *Proceedings of the Fifth Eastern States Conference on Linguistics*, 210–33.

——. 1990a. Hamburgers and truth: Why Gricean inference is Gricean. *BLS 16*, 454–71.

——. 1990b. Showdown at Truth-Value Gap: Burton-Roberts on presupposition. Review article. *Journal of Linguistics* 26: 483–503.

——. 1991. *Duplex negatio affirmat...*: The economy of double negation. In Dobrin et al., eds., 78–106.

——. 1992. The said and the unsaid. *SALT II: Proceedings of the Second Conference on Semantics and Linguistic Theory*, 163–92. Columbus: Ohio State University Department of Linguistics.

——. 1993. Economy and redundancy in a dualistic model of natural language. In S. Shore and M. Vilkuna, eds., *SKY 1993: 1993 Yearbook of the Linguistic Association of Finland*, 33–72.

——. 1995. Vehicles of meaning: Unconventional semantics and unbearable interpretations. *Washington University Law Quarterly* 73: 1145–52.

——. 1996. Exclusive company: Only and the dynamics of vertical inference. *Journal of Semantics* 13: 1–40.

——. 1997. All John's children are as bald as the King of France: Existential import and the geometry of opposition. *CLS 33*, 155–79.

——. 1998a. Neg-raising revisited: Tinkering with the short circuit. Published as an afterword to the reprint of Horn and Bayer (1984). "Short-circuited implicature: A negative contribution" in A. Kasher, ed., *Pragmatics: Critical Concepts*, Volume IV, 676–82. London: Routledge.

——. 1998b. Review of Bernini and Ramat, Negative Sentences in the Languages of Europe (Berlin: Mouton de Gruyter, 1996). *Journal of Linguistics* 34: 552–54.

———. 2000a. Pick a theory (not just *any* theory): Indiscriminatives and the free-choice indefinite. In Horn and Kato, eds., 147–92.

———. 2000b. From IF to IFF: Conditional perfection as pragmatic strengthening. *Journal of Pragmatics* 32: 289–326.

———. 2001. Flaubert triggers, squatitive negation, and other quirks of grammar. In Hoeksema, et al., eds., 173–200.

Horn, Laurence and Yasuhiko Kato, eds. 2000. *Negation and Polarity: Syntactic and Semantic Perspectives.* Oxford: Oxford University Press.

Horn, Laurence and Young-Suk Lee. 1995. Progovac on polarity. Review article on Progovac (1994). *Journal of Linguistics* 31: 401–24.

Hovdhauven, Even and Ulrike Mosel, eds. 1999. *Negation in Oceanic Languages: Typological Studies.* Muenchen: LINCOM Europa. (LINCOM Studies in Austronesian Linguistics 02.)

Ingham, Richard. 2000. Negation and OV order in Late Middle English. *Journal of Linguistics* 36: 13–38.

Israel, Michael 1996. Polarity sensitivity as lexical semantics. *Linguistics and Philosophy* 19: 619–66.

———. (to appear). *Polarity and Scalar Reasoning: The Pragmatic Basis of Grammar.* Cambridge: Cambridge University Press.

Jackson, Eric. 1994. Negative polarity and general statements. *Language* & *Cognition* 4, 97–110. University of Groningen.

Jacobs, Joachim. 1982. *Syntax und Semantik der Negation im Deutschen.* München: W. Fink.

———. 1991. Negation. In A. von Stechow and D. Wunderlich, eds., *Semantics: An International Handbook of Contemporary Research,* 560–96. Berlin: Walter de Gruyter.

Jennings, R. E. 1994. *The Genealogy of Disjunction.* New York: Oxford University Press.

Jordan, Michael. 1998. The power of negation in English: Text, context and relevance. *Journal of Pragmatics* 29: 705–52.

Kadmon, Nirit and Fred Landman. 1993. Any. *Linguistics and Philosophy* 16: 353–422.

Kahrel, Peter. 1996. Aspects of Term Negation. University of Amsterdam dissertation.

Kahrel, Peter and René van den Berg, eds. 1994. *Typological Studies in Negation.* Amsterdam: Benjamins.

Kas, Mark. 1993. Essays on Boolean Functions and Negative Polarity. University of Groningen dissertation.

Kato, Yasuhiko. 1994. Negative polarity and movement. *Formal Approaches to Japanese Linguistics* I (= *MITWPL 24*), 101–20.

———. 2000. Interpretive asymmetries of negation. In Horn and Kato, eds., 62–87.

Kawashima, Ruriko and Hisatsugu Kitahara. 1992. Licensing of negative polarity items and checking theory: A comparative study of English and Japanese. *FLSM* 3, 139–54.

Kim, Jong-Bok. 2000. *The Grammar of Negation: A Constraint-Based Approach.* Stanford: CSLI Publications. [Stanford University dissertation]

780

Klein, Jared. 1997. Indefinite pronouns, polarity, and related phenomena in Classical Armenian. *Transactions of the Philological Society* 95: 189–245.

von Klopp, Ana. 1998. An alternative view of polarity items. *Linguistics and Philosophy* 21: 393–432.

Koster, Charlotte and Sjoukje van der Wal. 1995. Acquiring a negative polarity verb. *Papers from the Dutch-German Colloquium on Language Acquisition.* Amsterdam Series in Child Language Development.

Krahmer, Emiel and Reinhard Muskens. 1995. Negation and disjunction in Discourse Representation Theory. *Journal of Semantics* 12: 357–76.

König, Ekkehard. 1991. *The Meaning of Focus Particles.* London: Routledge.

Krifka, Manfred. 1991. Some remarks on polarity items. *Semantic Universals and Universal Semantics,* D. Zaeferrer, ed., 150–89. Berlin: Foris.

——. 1995. The semantics of weak and strong polarity items in assertion. *SALT IV,* 195–219.

Kuno, Susumu. 1995. Negative polarity items in Japanese and English. *Harvard Working Papers in Linguistics* 5, 165–97.

Kuno, Susumu and Ken-ichi Takami. 1992. Negation and extraction. *CLS 28,* 297–317.

Ladusaw, William. 1992. Expressing negation. *SALT II,* 237–59.

——. 1996a. Negation and polarity items. *Handbook of Contemporary Semantic Theory,* S. Lappin, ed., 321–42. Oxford: Blackwell.

——. 1996b. Negative concord and 'mode of judgment.' In Wansing, ed., 127–44.

Lahiri, Utpal. 1998. Focus and negative polarity in Hindi. *Natural Language Semantics* 6: 57–123.

Laka, Itziar. 1990. *Negation in Syntax: On the Nature of Functional Categories and Projections.* MIT dissertation.

——. 1993. Negative fronting in Romance: Movement to Σ. *Linguistic Perspectives on the Romance Languages,* W. J. Ashby et al., eds., 315–33. Amsterdam: Benjamins.

Larrivée, Pierre. 2000. *L'interprétation des phrases négatives: portée et foyer des négations en français.* Paris: Duculot.

Larrivée, Pierre and Patrick Duffley. 1998. *Need, dare,* and negative polarity. *Linguistic Analysis* 28: 89–107.

Lee, Chungmin. 1996. Negative polarity items in English and Korean. *Language Sciences* 18: 505–23.

Lee, Young-Suk and Laurence Horn. 1994. *Any* as indefinite + *even.* Ms., Yale University.

Levinson, Stephen C. 2000. *Presumptive Meanings: The Theory of Generalized Conversational Implicature.* Cambridge: MIT Press.

Lin, Jo-Wang. 1996. Polarity Licensing and Wh-Phrase Quantification in Chinese. University of Massachusetts dissertation.

Linebarger, Marcia. 1991. Negative polarity as linguistic evidence. *CLS 27,* Part Two: Papers from the Parasession on Negation, 165–89.

Lloyd, G. E. R. 1992. *Polarity and Analogy: Two Types of Argumentation in Early Greek Thought.* Indianapolis: Hackett Press.

Lundquist, Lita and Robert J. Jarvella. 1994. Ups and downs in scalar inferences. *Journal of Semantics* 11: 33–54.

Martin, John. 1995. Existence, negation, and abstraction in the neoplatonic hierarchy. *History and Philosophy of Logic* 16: 169–96.

McCawley, James D. 1991. Contrastive negation and metalinguistic negation. In Dobrin et al., eds., 189–206.

Moser, Margaret. 1992. The Negation Relation: Semantic and Pragmatic Aspects of a Relational Analysis of Sentential Negation. University of Pennsylvania dissertation.

Moxey, Linda and Anthony Sanford. 1993. *Communicating Quantities.* Hove: Lawrence Erlbaum.

Mufwene, Salikoko. 1993. Scope of negation and focus in Gullah. In F. Byrne and D. Winford, eds., *Focus and Grammatical Relations in Creole Languages,* 95–116. Amsterdam: John Benjamins.

Muller, Claude. 1991. *La négation en français.* Genève: Droz.

Nuyts, Jan. 1990. Neg-raising reconsidered: Arguments for a cognitive-pragmatic approach. *Journal of Pragmatics* 14: 559–88.

Ota, Akira. 1980 *Hitei no imi: imiron josetsu* [= *The Meaning of Negation: Prolegomena to Semantics*]. Tokyo: Taishukan.

Ouhalla, Jamal. 1991. *Functional Categories and Parametric Variation.* London: Routledge.

Pacitti, Domenico. 1991. *The Nature of the Negative: Toward an Understanding of Negation and Negativity.* Pisa: Giardini.

Payne, John and Erika Chisarik. 2000. Negation and focus in Hungarian: An Optimality Theory account. *Transactions of the Philological Society* 98: 185–230.

Pelletier, F. J. 1990. *Parmenides. Plato, and the Semantics of Not-Being.* Chicago: University of Chicago Press.

Pereltsvaig, Asya. 2000. Monotonicity-based vs. veridicality-based approaches to negative polarity: evidence from Russian. In T. H. King and I. A. Sekerina, eds., *Annual Workshop on Formal Approaches to Slavic Linguistics,* 328–46. Ann Arbor: Michigan Slavic Publishers.

Pollock, Jean-Yves. 1989. Verb movement, UG, and the structure of IP. *Linguistic Inquiry* 20: 365–424.

Potsdam, Eric. 1997. NegP and subjunctive complements in English. *Linguistic Inquiry* 28: 533–41.

Progovac, Ljiljana. 1993. Negative polarity: Entailment and binding. *Linguistics and Philosophy* 16: 149–80.

——. 1994. *Negative and Positive Polarity: A Binding Approach.* Cambridge: Cambridge University Press.

Przepiórkowski, Adam. 1999. On negative eventualities, negative concord, and negative *yes/no* questions. *SALT 9.*

Przepiórkowski, Adam and Anna Kupsc. 1999. Eventuality negation and negative concord in Polish and Italian. In R. Borsley and A. Przepiórkowski, eds., *Slavic in HPSG.* Stanford: CSLI.

Puskás, Genoveva. 1998. On the Neg-criterion in Hungarian. *Acta Linguistica Hungarica* 45:

782

167–213.

Pustejovsky, James. 2000. Events and the semantics of opposition. In C. Tenny and J. Pustejovsky, eds., *Events as Grammatical Objects*, 445–82. Stanford: CSLI.

Quer, Josep. 1998. *Mood at the Interface.* The Hague: Holland Academic Graphics.

Récanati, François. 1989. The pragmatics of what is said. *Mind* and *Language* 4: 295–329.

——. 1993. *Direct Reference: From Language to Thought.* Oxford: Blackwell.

Rohrbaugh, Eugene. 1997. The role of focus in the licensing and interpretation of negative polarity items. In Forget et al., eds., 311–22.

Rowlett, Paul. 1998. *Sentential Negation in French.* Oxford: Oxford University Press.

Rullmann, Hotze. 1995. Two types of negative polarity items. *NELS* 26.

Ruthrof, Horst. 1997. *Semantics and the Body: Meaning from Frege to the Postmodern.* Toronto: University of Toronto Press.

Sæbø, Kjell Johan. (to appear). The semantics of Scandinavian free choice items. To appear in *Linguistics and Philosophy.*

Sánchez Valencia, Victor. 1991. *Studies on Natural Logic and Categorial Grammar.* University of Amsterdam dissertation.

van der Sandt, Rob. 1991. Denial. In Dobrin et al., eds., 331–44.

Savage-Rumbaugh, Sue et al. 1998. *Apes, Language, and the Human Mind.* New York: Oxford University Press.

Schwenter, Scott. 1999. *Pragmatics of Conditional Marking: Implicature, Scalarity, and Exclusivity.* New York: Garland.

Seifert, Stephan and Werner Welte. 1987. *A Basic Bibliography on Negation in Natural Language.* Tübingen: G. Narr.

Seuren, Pieter A. M. 1990. Burton-Roberts on presupposition and negation. *Journal of Linguistics* 26: 425–53.

——. 2000. Presupposition, negation and trivalence. *Journal of Linguistics* 36: 261–98.

Sheidlower, Jesse and Jonathan Lighter. 1993. A recent coinage (Not!). *American Speech* 68: 213–18.

Spruyt, Joke, ed. 1989. *Peter of Spain on Composition and Negation,* text edited and translated by Spruyt. Nijmegen: Ingenium.

Stroik, Thomas. 1997. Negation and predication. *Linguistic Analysis* 27: 245–68.

Tieken-Boom van Ostade, Ingrid. 2000. *The Two Versions of Malory's Morte d'Arthur: Multiple Negation and the Editing of the Text.* Cambridge: D.S. Brewer.

Tieken-Boom van Ostade, Ingrid, Gunnel Tottie and Wim van der Wurff, eds. 1999. *Negation in the History of English.* Berlin: Mouton de Gruyter.

Tóth, Ildikó. 1999. Negative Polarity Licensing in Hungarian. *Acta Linguistica Hungarica* 46: 119–42.

Tottie, Gunnel. 1991. *Negation in English Speech and Writing: A Study in Variation.* New York: Academic Press.

Tovena, Lucia. 1998. *The Fine Structure of Polarity Items.* New York: Garland.

———. 2001. Neg-raising: Negation as failure? In Hoeksema, et al., eds.

Uribe-Etchevarria, Maria. 1994. *Interface Licensing Conditions on Negative Polarity Items: A Theory of Polarity and Tense Interactions.* University of Connecticut dissertation.

Vasishth, Shravan. 1998. Monotonicity constraints on negative polarity in Hindi. *Ohio State University Working Papers in Linguistics* 51: 147–66.

Vallduví, Enric. 1994. Polarity Items, n-words, and minimizers in Catalan and Spanish. *Probus* 6: 263–94.

Ver Eecke, Wilfried. 1984. *Saying "No": Its Meaning in Child Development. Psychoanalysis, Linguistics, and Hegel.* Pittsburgh: Duquesne University Press.

van der Wal, Sjoukje. 1995. The development of negation and negative polarity in child speech. *CLS* 31.

———. 1996. *Negative Polarity Items & Negation: Tandem Acquisition.* University of Groningen dissertation.

Wansing, Heinrich, ed. 1996. *Negation: A Notion in Focus.* Berlin: Walter de Gruyter.

Wible, David and Eva Chen. 2000. Linguistic limits on metalinguistic negation: Evidence from Mandarin and English. *Language and Linguistics* I: 233–55.

van der Wouden, Ton. 1996a. Litotes and downward monotonicty. In Wansing, ed., 145–68.

———. 1996b. *Negative Contexts: Collocation, Polarity, and Multiple Negation.* London: Routledge.

van der Wouden, Ton and Frans Zwarts. 1993. A semantic analysis of negative concord. *SALT III*, 202–19.

Yamada, Masamichi. 2000. Negation in Japanese Narratives: A Functional Analysis. Georgetown University dissertation.

Yeh, Ling-Hsia. 1995. Focus, metalinguistic negation, and contrastive negation. *Journal of Chinese Linguistics* 23: 42–75.

Yoshimoto, Yasushi. 1995. The Terrain and Locality of Negative Polarity Items. University of North Carolina dissertation.

Yoshimura, Akiko. 1992. The cognitive structure of negation as an NPI-licensing condition. *English Linguistics* 9: 244–64.

———. 1994. A cognitive constraint on negative polarity phenomena. *BLS 20*, 599–610.

———. 1998. Procedural semantics and metalinguistic negation. In R. Carston and S. Uchida, eds., *Relevance Theory: Applications and Implications*, 105–22. Amsterdam: John Benjamins.

———. 1999. *Hitei Kyokusei Gensho [Negative Polarity Phenomena].* Tokyo: Eihosya.

Zanuttini, Raffaella. 1991. Syntactic Properties of Sentential Negation. University of Pennsylvania dissertation.

———. 1997. *Negation and Clausal Structure: A Comparative Study of Romance Languages.* New York: Oxford University Press.

Zwarts, Frans. 1991. Negation and generalized quantifiers. In J. van der Does and J. van Eijck, eds., *Generalized Quantifier Theory and Applications.*

——. 1995. Nonveridical contexts. *Linguistic Analysis* 25: 286–312.

——. 1996. A hierarchy of negative expressions. In Wansing, ed., 169–94.

——. 1998. Three types of polarity. In F. Hamm and E. Hinrichs, eds., *Plural Quantification,* 177–238. Dordrecht: Kluwer.

日本語版（*NHN* 3）補充文献目録

Acquaviva, Paolo. 1999. Negation and operator dependencies: Evidence from Italian. *Lingua* 108: 137–74.

Alonso-Ovalle, Luis and Elena Guerzoni. 2002. Double negatives, negative concord and metalinguistic negation. *CLS 38–1: The Main Session*, 15–31.

Amaral, Patricia. 2007. The Meaning of Approximative Adverbs: Evidence from European Portuguese. Ohio State University dissertation.

An, Duk-Ho. 2007. On the distributions of NPIs in Korean. *Natural Language Semantics* 15: 317–50.

Anderwald, Liselotte. 2002. *Negation in Non-Standard British English: Gaps, Regularizations and Asymmetries*. London: Routledge.

Andronis, Mary et al. eds. 2002. *CLS 38–2: The Panels*. (Negation and Polarity Items, pp. 3–158.) Chicago: Chicago Linguistic Society.

Atlas, Jay D. 2005. *Logic, Meaning, and Conversation*. Oxford: Oxford University Press.

——. 2007. On a pragmatic explanation of negative polarity licensing. In N. Burton-Roberts ed., 10–23.

van der Auwera, Johan. 2001. On the typology of negative modals. In Hoeksema et al. eds., 23–48.

——. 2006. Why languages prefer prohibitives. *Wai Guo Yu (Journal of Foreign Languages)*, 1–25.

van der Auwera, Johan and Annemie Neuckermans. 2004. Jespersen's Cycle and the interaction of predicate and quantifier negation in Flemish. In B. Kortmann ed., *Typology Meets Dialectology: Dialect Grammar from a Cross-Linguistic Perspective*, 454–78. Berlin: Mouton de Gruyter.

van der Auwera, Johan, Ludo Lejeune, et al. 2005. The prohibitive. In M. Haspelmath et al. eds., *The World Atlas of Language Structures*, 290–93. Oxford: Oxford University Press.

van der Auwera, Johan, Ludovic De Cuypere and Annemie Neuckermans. 2006. Negative indefinites: A typological and diachronic perspective on a Brabantic construction. In T. Nevalainen et al. eds., *Types of Variation: Diachronic, Dialectal and Typological Interfaces*, 305–19. Amsterdam: John Benjamins.

Barbiers, Sjef. 2002. Microvariation in negation in varieties of Dutch. In S. Barbiers et al. eds., *Syntactic Microvariation*, 13–40. Amsterdam: Meertens Institute Electronic Publications in Linguistics.

Bayer, Josef. 2006. *Nothing/nichts* as negative polarity survivors? In H.-M. Gärtner et al. eds., *Between 40 and 60 Puzzles for Krifka: a web festschrift for Manfred Krifka*. Berlin: ZAS. Downloadable from author's web site,
http://ling.uni-konstanz.de/pages/home/bayer/publikationen_e.html

Béziau, Jean-Yves. 2003. New light on the square of opposition and its nameless corner. *Logical*

786

Investigations 10: 218–32.

Biq, Yung-O. 1989. Metalinguistic negation in Mandarin. *Journal of Chinese Linguistics* 17: 75–94.

Birner, Betty and Gregory Ward eds. 2006. *Drawing the Boundaries of Meaning: Neo-Gricean Studies in Pragmatics and Semantics in Honor of Laurence R. Horn.* Amsterdam: John Benjamins.

Blaszczak, Joanna. 2001. *Investigation into the Interaction Between Indefinites and Negation.* Berlin: Akademie Verlag.

——. 2002. What do bagels and Polish *kolwiek*-pronouns have in common? In Andronis et al. eds., 3–18.

Borsley, Robert and Bob Morris Jones. 2005. *Welsh Negation and Grammatical Theory.* Cardiff: University of Wales Press.

Brann, Eva. 2001. *The Ways of Naysaying: no, not, nothing, and nonbeing.* Lanham, MD: Rowman & Littlefield.

Brown, Sue and Adam Przepiorkowski eds. 2005. *Negation in Slavic.* Bloomington, In: Slavica Publishers.

Bulatovic, Andjelka Gina. 2002. Looking for *any:* Serbo-Croatian *bilo,* Bulgarian *kakvoto ida e* and the nonveridicality hypothesis. In Andronis et al. eds., 19–28.

Burton-Roberts, Noel ed. 2007. *Pragmatics.* Houndmills: Palgrave Macmillan.

Carston, Robyn. 1996. Metalinguistic negation and echoic use. *Journal of Pragmatics* 25: 309–30.

——. 2002. *Thoughts and Utterances.* Oxford: Blackwell.

——. 2005. Relevance theory, Grice, and the neo-Griceans: A response to Laurence Horn's "Current issues in neo-Gricean pragmatics." *Intercultural Pragmatics* 2: 303–20.

Chierchia, Gennaro. 2004. Scalar implicatures, polarity phenomena, and the syntax/ pragmatics interface. In A. Belletti ed., *Structures and Beyond,* 39–103. Oxford: Oxford University Press.

Choi, Jinyoung. 2007. Free Choice and Negative Polarity: A Compositional Analysis of Korean Polarity Sensitive Items. University of Pennsylvania dissertation.

Chung, Inkie. 2007. Suppletive negation in Korean and Distributed Morphology. *Lingua* 117: 95–148.

Condoravdi, Cleo and Paul Kiparsky. 2005. Tracking Jespersen's Cycle. In M. Janse et al. eds., *Proceedings of the 2nd International Conference of Modern Greek Dialects and Linguistic Theory,* 172–97. Mytilene, Greece: Doukas.

Corblin, Francis and Lucia Tovena. 2001. On the multiple expression of negation in Romance. In Y. D'Hulst et al. eds., *Romance Languages and Linguistic Theory 1999,* 87–115. Amsterdam: John Benjamins.

Dayal, Veneeta. 2004. The universal force of free choice *any.* *Linguistic Variation Yearbook* 4, 5–40.

den Dikken, Marcel. 2006. Parasitism, secondary triggering, and depth of embedding. In Zanuttini et al. eds., 175–98.

den Dikken, Marcel and Anastasia Giannakidou. 2002. From hell to polarity: "Aggressively non-D-linked" wh-phrases as polarity items. *Linguistic Inquiry* 33: 31–61.

Drago, Antonino. 2001. Vasiliev's paraconsistent logic interpreted by means of the dual role played by the double negation law. *Journal of Applied Non-Classical Logic* 11: 281–94.

——. 2003. Traduzione, doppia negazione ed ermeneutica. *Studium* 99; 769–80.

——. 2005. A.N. Kolmogoroff and the relevance of the double negation law in science. In G. Sica ed., *Essays on the Foundations of Mathematics and Logic*, 57–81. Milan: Polimetrica.

Drozd, Kenneth. 2001. Metalinguistic sentence negation in child English. In Hoeksema et al. eds., 49–78.

ver Eecke, Wilfried. 2006. *Denial, Negation, and the Forces of the Negative: Freud, Hegel, Lacan, Spitz, and Sophocles*. Albany: State University of New York Press.

Espinal, M. Teresa. 2007. Licensing expletive negation and negative concord in Catalan and Spanish. In Floricic ed., 49–74.

Falaus, Anamaria. 2007. Double negation and negative concord: the Romanian puzzle. In J. Camacho and V. Déprez eds., *Selected Papers from the 36th Linguistics Symposium on Romance Languages*, 135–48. Amsterdam: John Benjamins.

Falkenberg, Gabriel. 2001. Lexical sensitivity in negative polarity verbs. In Hoeksema et al. eds., 79–98.

Farkas, Donka. 2006. Free choice in Romanian. In Birner and Ward eds., 71–94.

Floricic, Franck ed. 2007. *La négation dans les langues romanes.* Amsterdam: John Benjamins.

Floricic, Franck and Françoise Mignon. 2007. Négation et réduplication intensive en français et en italien. In Floricic ed., 117–36.

Forster, E.M.1941. Tolerance. Speech reprinted in *Two Cheers for Democracy*. New York: Harcourt Brace, 1951.

Fowler, H. W. 1926. *Modern English Usage.* Oxford: Clarendon Press.

Frazier, Ian. 1997. The positive negative: Saying no with a smile. *Atlantic Monthly,* June 1997, 24–26.

Freeman, Jason. 2004. Syntactical analysis of the "So don't I" construction. In *Cranberry Linguistics* 2 (University of Connecticut Working Papers in Linguistics 12).

Gajewski, Jon. 2007. Neg-raising and polarity. *Linguistics and Philosophy* 30: 289–328.

Geurts, Bart. 2009. Scalar implicature and local pragmatics. *Mind and Language* 24, 51–79.

Giannakidou, Anastasia. 2001. The meaning of free choice. *Linguistics and Philosophy* 24: 659–735.

——. 2002a. Licensing and sensitivity in polarity items: From downward entailment to (non)veridicality. In Andronis et al. eds., 29–53.

——. 2002b. UNTIL, aspect and negation: A novel argument for two *until*s. *SALT XII*, 84–103.

——. 2004. Review of Horn (2001). *Journal of Linguistics* 40: 426–33.

——. 2006a. *Only*, emotive factive verbs, and the dual nature of polarity dependency. *Language* 82: 575–603.

——. 2006b. N-words and negative concord. In M. Everaert et al. eds., *The Syntax Companion, vol. 3*, 327–91. London: Blackwell.

——. 2006c. Polarity, questions, and the scalar properties of *even*. In Birner and Ward eds., 95–116.

——. 2007. The landscape of *even*. *Natural Language and Linguistic Theory* 25: 39–81.

Giora, Rachel. 2007. "A good Arab is *not* a dead Arab – a racist incitement": on the accessibility of negated concepts. In I. Kecskes and L. Horn eds., *Explorations in Pragmatics*, Berlin: Mouton de Gruyter.

Green, André. 1999. *The Work of the Negative*. A. Weller, trans. London: Free Association Books.

Guerzoni, Elena. 2002. *Even*-NPIs in questions. *NELS 32*, 153–70.

Haegeman, Liliane. 2001. Approaches to OV: West Flemish negation as evidence for double movement. In M. van Oostendorp and E. Anagnostopoulou eds., *Progress in Grammar: Articles at the 20th Anniversary of the Comparison of the Grammatical Models Group in Tilburg*. Online at http://www.meertens.nl/books/progressingrammar.

Han, Chung-hye. 2001. Force, negation and imperatives. *The Linguistic Review* 18: 289–325.

Han, Chung-hye and Chungmin Lee. 2002. On negative imperatives in Korean. *Proceedings of the 16th Pacific Asia Conference on Language, Information and Computation*. Korean Society for Language and Information.

Herburger, Elena. 2001. The negative concord puzzle revisited. *Natural Language Semantics* 9: 289–333.

——. 2003. A note on Spanish *ni siquiera, even,* and the analysis of NPIs. *Probus* 15: 237–56.

Hoeksema, Jack. 1999. Blocking effects and polarity sensitivity. In *JFAK: Essays dedicated to Johan van Benthem on the occasion of his 50th birthday*. Amsterdam: Vossiuspers. (http://odur.let.rug.nl/~hoeksema/docs/j50.htm)

Hoeksema, Jack and Hotze Rullmann. 2001. Scalarity and polarity: A study of scalar adverbs as polarity items. In Hoeksema et al. eds., 129–72.

Hoeksema, Jack and Donna Jo Napoli. 2008. Just for the hell of it: A comparison of two taboo-term constructions. *Journal of Linguistics* 44: 347–78.

Horn, Laurence. 1978. Some aspects of negation. Joseph Greenberg et al. eds., *Universals of Human Language, Vol. 4: Syntax,* 127–210. Stanford: Stanford University Press.

——. 1988. Morphology, pragmatics, and the *un*-verb. *ESCOL '88*, 210–33.

——. 1989. *A Natural History of Negation*. Chicago: University of Chicago Press.

——. 1991. *Duplex negatio affirmat...:* The economy of double negation. *The Parasession on Negation: CLS 27, Part Two,* 78–106.

——. 1992. The said and the unsaid. *SALT II,* 163–92.

——. 1996. Exclusive company: *Only* and the dynamics of vertical inference. *Journal of Semantics* 13: 1–40.

——. 2000. *any* and *(-)ever:* Free choice and free relatives. *IATL 15 (Proceedings of the 15th Annual Conference of the Israeli Association for Theoretical Linguistics),* 71–111.

——. 2001a. [Horn 1989], reissued with new introductory material. Stanford: Center for the Study of Language and Information.

——. 2001b. Flaubert triggers, squatitive negation and other quirks of grammar. In J. Hoeksema, et al. (eds.), 173-202.

——. 2002a. Assertoric inertia and NPI licensing. In Andronis et al. eds., 55–82.

——. 2002b. Uncovering the un-word: A study in lexical pragmatics. *Sophia Linguistica* 49: 1–64.

——. 2002c. The logic of logical double negation. In Y. Kato ed., 79–112.

——. 2004. Implicature. In Horn & Ward eds., 3–28.

——. 2005a. Airport '86 revisited: Toward a unified indefinite *any*. In G. Carlson and F. J. Pelletier eds., *Reference and Generality: The Partee Effect*, 179–205. Cambridge: MIT Press.

——. 2005b. An un-paper for the unsyntactician. In S. Mufwene et al. eds., *Polymorphous Linguistics: Jim McCawley's Legacy*, 329–65. Cambridge: MIT Press.

——. 2005c. Current issues in Gricean pragmatics. *Intercultural Pragmatics* 2: 191–204.

——. 2006a. The border wars: A neo-Gricean perspective. In K. Turner and K. von Heusinger eds., *Where Semantics Meets Pragmatics*, 21–48. London: Elsevier.

——. 2006b. More issues in neo- and post-Gricean pragmatics: A response to Robyn Carston's response. *Intercultural Pragmatics* 3: 81–93.

——. 2006c. Speaker and hearer in neo-Gricean pragmatics. *Journal of Foreign Languages* 164: 2–25.

——. 2006d. Contradiction. *Stanford Encyclopedia of Philosophy*. Posted at http://plato.stanford.edu/archives/fall2006/entries/contradiction.

——. 2007a. Neo-Gricean pragmatics: a Manichaean manifesto. In N. Burton-Roberts ed., 158–83.

——. 2007b. Toward a Fregean pragmatics: *Voraussetzung, Nebengedanke, Andeutung*. In I. Kecskes and L. Horn eds., *Explorations in Pragmatics: Linguistic, Cognitive, and Intercultural Aspects*, 39–69. Berlin: Mouton de Gruyter.

——. 2008a. Reneging: Hypernegation and hyponegation in vernacular and regional English. Talk presented to annual meeting of the American Dialect Society, Chicago.

——. 2008b. *"I love me some him:* The landscape of non-argument datives." In O. Bonami and P. Cabredo Hofherr eds., *Empirical Issues in Syntax and Semantics* 7, 169–92. Downloadable at http://www.cssp.cnrs.fr/eiss7.

——. 2009a. *Only* XL: The assertoric asymmetry of exponibles. In *Proceedings of SALT XIX*. 198–212.

——. 2009b. Negation. Entry in L. Cummings ed., *The Pragmatics Encyclopedia*. New York: Routledge.

——. 2010. WJ-40: Issues in the investigation of implicature. In K. Petrus ed., *Meaning and Analysis: New Essays on H. Paul Grice*. Klaus Petrus, ed. 310–29. Houndmills: Palgrave Macmillan.

——. 2012. Histoire d' "O: Lexical pragmatics and the geometry of opposition." In J.-Y. Béziau and G.Pavette eds., *New Perspectives on the Square of Opposition*. 393–426. Bern: Peter Lang.

Horn, Laurence and Yasuhiko Kato eds. 2000. *Negation and Polarity: Syntactic and Semantic Perspectives*. Oxford: Oxford University Press.

Horn, Laurence and Gregory Ward eds. 2004. *The Handbook of Pragmatics*. Oxford: Blackwell.

Huddleston, Rodney and Geoffrey Pullum. 2002. Negation. Chapter 9 in R. Huddleston and G. Pullum eds., *Cambridge Grammar of the English Language*, 785–849. Cambridge: Cambridge

University Press.

Hudson, Richard. 2000. *I amn't. Language* 76: 297–323.

Ippolito, Michela. 2006. Remarks on *only. Proceedings of SALT XVI.*

———. 2008. On the meaning of *only. Journal of Semantics* 25: 45–91.

Israel, Michael. 2001. Minimizers, maximizers, and the rhetoric of scalar reasoning. *Journal of Semantics* 18: 297–331.

———. 2004. Saying less and meaning less. In Birner and Ward eds., 137–56.

———. 2006. The pragmatics of polarity. In Horn and Ward eds., 701–23.

———. 2011. *The Grammar of Polarity: Pragmatics, Sensitivity, and the Logic of Scales.* Cambridge: Cambridge University Press.

Iyeiri, Yoko. 2001. *Negative Constructions in Middle English.* Fukuoka: Kyushu University Press.

———. ed. 2005. *Aspects of English Negation.* Amsterdam: John Benjamins.

Jäger, Agnes. 2008. *History of German Negation.* Amsterdam: John Benjamins.

Jang, Youngjun and Yung-Hye Kwon. 2002. Indefinite nouns plus two types of conjoiners. In Andronis et al. eds., 83–95.

Jaspers, Dany. 2005. *Operators in the Lexicon: On the Negative Logic of Natural Language.* Universiteit Leiden dissertation. Utrecht: LOT.

Jayez, Jacques and Lucia Tovena. 2005. Free-choiceness and non individuation. *Linguistics and Philosophy* 28: 1–71.

Joe, Jieun and Chungmin Lee. 2002. A 'removal' type of negative predicates. In N. Akatsuka and S. Strauss eds., *Japanese/Korean Linguistics, Volume 10,* 559–72. Stanford: CSLI.

Kato, Yasuhiko. 2002. Negation in English and Japanese: Some (a)symmetries and their theoretical implications. In Y. Kato ed., 1–21.

———. ed. 2002. *Proceedings of the Sophia Symposium on Negation.* Tokyo: Sophia University.

———. 2003. Negation in Classical Japanese: Projection and movement. *Sophia Linguistica* 50: 91–102.

Kaup, Barbara, Richard Yaxley, Carol Madden, Rolf Zwaan and Jana Lüdtke. 2007. Experiential simulations of negated text information. *Quarterly Journal of Experimental Psychology* 60: 976–90.

Kemmerer, David and Saundra Wright. 2002. Selective impairment of knowledge underlying *un*-prefixation: Further evidence for the autonomy of grammatical semantics. *Journal of Neurolinguistics* 15: 403–32,

Kim, Jong-Bok and Ivan Sag. 2002. Negation without head-movement. *Natural Language and Linguistic Theory* 20: 339–412.

Kishimoto, Hideki. 2007. Negative scope and head raising in Japanese. *Lingua* 117: 247–88.

———. 2008. On the variability of negative scope in Japanese. *Journal of Linguistics* 44: 379–435.

Klein, Henny. 2001. Polarity sensitivity and collocational restrictions on adverbs of degree. In Hoeksema et al. eds., 223–36.

Klooster, Wim. 2003. Negative raising revisited. In J. Koster and H. van Riemsdijk eds., *Germania et Alia, A Linguistic Webschrift for Hans den Besten.* http://odur.let.rug.nl/~koster/DenBesten/contents.htm.

Krifka, Manfred. 2007. Negated antonyms: Creating and filling the gap. In U. Sauerland and P. Stateva eds., *Presupposition and Implicature in Compositional Semantics,* 163–77. Houndsmills: Palgrave Macmillan.

Labov, William. 1975. *What is a Linguistic Fact?* New York: Humanities Press.

Ladusaw, William. 1994. Thetic and categorial, stage and individual, weak and strong. In *SALT* 4, 220–29. Reprinted in L. Horn and Y. Kato eds., *Negation and Polarity: Syntactic and Semantic Perspectives,* 232–42. Oxford: Oxford University Press.

Lahiri, Utpal. 2001. *Even*-incorporated NPIs in Hindi definites and correlatives. In Hoeksema et al., 237–64.

Lawler, John. 1974. Ample negatives. *CLS 10,* 357–77.

Lee, Chungmin. 2002. Negative polarity in Korean and Japanese. In N. Akatsuka and S. Strauss eds., *Japanese/Korean Linguistics, Volume 10,* 481–94. Stanford: CSLI.

———. 2006. Contrastive topic/focus and polarity in discourse. In K. von Heusinger and K. Turner eds., *Where Semantics Meets Pragmatics,* 381–420. London: Elsevier.

Levinson, Dmitry. 2007. Negative polarity and semantic negativity. Stanford University dissertation proposal. Downloadable at http://www.stanford.edu/~dmitryle/.

Levinson, Stephen. 2000. *Presumptive Meanings: The Theory of Generalized Conversational Implicature.* Cambridge: MIT Press.

Li, Charles. 1976. A functional explanation for an unexpected case of ambiguity (S or ~S). In A. M. Devine and L. Stephens eds., *Linguistic Studies Offered to Joseph Greenberg,* Vol. 3, 527–35. Saratoga: Anma Libri.

Litowitz, Bonnie. 1998. An expanded developmental line for negation: Rejection, refusal, denial. *Journal of the American Psychoanalytic Association* 46: 121–48.

Lowth, (Bishop) Robert. 1762. *A Short Introduction to English Grammar.* London: J. Hughs.

Martin, John. 2004. *Themes in Neoplatonic and Aristotelian Logic: Order, Negation and Abstraction.* Aldershot, Hampshire: Ashgate.

Martins, Ana Maria. 2000. Polarity items in Romance: Underspecification and lexical change. In S. Pintzuk ed., *Diachronic Syntax: Models and Mechanisms,* 191–219. Oxford: Oxford University Press.

Mazzon, Gabriella. 2004. *A History of English Negation.* Harlow: Longman.

Miestamo, Matti. 2000. Towards a typology of standard negation. *Nordic Journal of Linguistics* 23: 65–88.

———. 2005. *Standard Negation: The Negation of Declarative Verbal Main Clauses in a Typological Perspective.* Berlin: Mouton de Gruyter.

———. 2006. Negation. In J.-O. Östman and J. Verschueren eds., *Handbook of Pragmatics: The 2006 Installment,* 1–25. Amsterdam: John Benjamins.

——. 2007. Negation – an overview of typological research. *Language and Linguistics Compass 1:* 552–70.

Montgomery, Michael. 2004. *Dictionary of Smoky Mountain English.* Knoxville: University of Tennessee Press.

Nakanishi, Kimiko. 2006a. *Even, only,* and negative polarity in Japanese. *Proceedings of SALT XVI.*

——. 2006b. The semantics of *even* and negative polarity items in Japanese. *WCCFL 25,* 288–96.

Newmeyer, Frederick J. 2004. Negation and modularity. In Birner and Ward eds., 241–61.

Oda, Toshiko. 2002. Exclamatives and negative islands. In Andronis et al. eds., 97–109.

Ouhalla, Jamal. 1990. Sentential negation, relativised minimality and the aspectual status of auxiliaries. *The Linguistic Review* 7: 183–231.

Pappas, Dino Angelo. 2004. A sociolinguistic and historical investigation of the "So don't I" construction. In *Cranberry Linguistics* 2 (University of Connecticut Working Papers in Linguistics 12).

Parsons, Terence. 2006. The traditional Square of Opposition. *Stanford Encyclopedia of Philosophy.* Revised posting at http://plato.stanford.edu/archives/win2006/entries/square.

Partee, Barbara H. and Vladimir Borschev. 2004. The semantics of Russian Genitive of Negation: The nature and role of Perspectival Structure. *SALT XIV,* 212–34.

——. 2007. Existential sentences, BE, and the Genitive of Negation in Russian. In I. Comorovski and K. von Heusinger eds., *Existence: Semantics and Syntax,* 147–90. Dordrecht: Springer.

Partee, Barbara H. 2008. Negation, intensionality, and aspect: Interaction with NP semantics. In S. Rothstein ed., *Theoretical and Crosslinguistic Approaches to the Semantics of Aspect,* 291–317. Amsterdam: John Benjamins.

Pfau, Roland. 2002. Applying morphosyntactic and phonological readjustment rules in natural language negation. In R. P. Meier et al. eds., *Modality and Structure in Signed and Spoken Languages,* 263–95. Cambridge: Cambridge University Press.

Pinker, Steven. 1994. *The Language Instinct: How the Mind Creates Language.* New York: William Morrow.

Pons Bordería, Salvador and Scott Schwenter. 2005. Polar meaning and 'expletive' negation in approximative adverbs: Spanish *por poco (no). Journal of Historical Pragmatics* 6: 262–82.

Portner, Paul and Raffaela Zanuttini. 2000. The force of negation in Wh exclamatives and interrogatives. In L. Horn and Y. Kato eds., *Negation and Polarity,* 193–231. Oxford: Oxford University Press.

Postal, Paul. 2004. The structure of one type of American English vulgar minimizer. In *Skeptical Linguistic Essays,* 159–72. New York: Oxford University Press. Downloadable at http://www.nyu.edu/gsas/dept/lingu/people/faculty/postal/papers/skeptical/.

Postma, Gertjan. 2001. Negative polarity and the syntax of taboo. In Hoeksema et al. eds., 283–330.

Priest, Graham. 2002. *Beyond the Limits of Thought.* Oxford: Oxford University Press.

Ramchand, Gillian. 2003. Two types of negation in Bengali. In A. Mahajan and V. Srivastav eds.,

Clause Structure in South Asian Languages, 39–66. Dordrecht: Kluwer.

Rapp, Irene and Arnim von Stechow. 2000. *Fast* 'almost' and the visibility parameter for functional adverbs. *Journal of Semantics* 16: 149–204.

Recanati, François. 2004. *Literal Meaning*. Cambridge: Cambridge University Press.

van Rooij, Robert and Katrin Schulz. 2007. *Only:* meaning and implicature. In M. Aloni et al. ed., *Questions in Dynamic Semantics*, 193–223. London: Elsevier.

van Rooy, Robert. 2003. Negative polarity items in questions: Strength as relevance. *Journal of Semantics* 20: 239–73.

Rullmann, Hotze. 1996. Two types of polarity items. *NELS 26*, 335-50

——. 2003a. A note on the history of *either*. In Andronis et al. eds., 111–25.

——. 2003b. Additive particles and polarity. *Journal of Semantics* 20: 329–401.

Russell, Benjamin. 2006. Against grammatical computation of scalar implicatures. *Journal of Semantics* 23: 361–82.

Sæbø, Kjell Johan. 2001. The semantics of Scandinavian free choice items. *Linguistics and Philosophy* 24: 737–87.

Sailer, Manfred. 2006. *Don't believe* in lexical resource semantics. In O. Bonami and P. Cabredo Hofherr eds., *Empirical Issues in Syntax and Semantics* 6, 375–403.

Sánchez Valencia, Victor. 1994. Monotonicity in medieval logic. *Language and Cognition* 4, 161–74. (Yearbook 1994 of the research group for theoretical and experimental linguistics of the University of Groningen.)

Sauerland, Uli. 2004. Scalar implicatures in complex sentences. *Linguistics and Philosophy* 27: 367–91.

Schaffer, Barbara. 2002. CAN'T: The negation of modal notions in ASL. *Sign Language Studies* 3: 34–53.

Schwarz, Bernhard. 2005. Scalar additive particles in negative contexts. *Natural Language Semantics* 13: 125–68.

Schwarz, Bernard and Rajesh Bhatt. 2006. Light negation and polarity. In Zanuttini et al. eds., 175–97.

Schwenter, Scott. 2002. Discourse context and polysemy: Spanish *casi*. In C. Wiltshire and J. Camps eds., *Romance Philology and Variation: Selected Papers from the 30th Linguistic Symposium on Romance Languages*, 161–75. Amsterdam: John Benjamins.

——. 2005. The pragmatics of negation in Brazilian Portuguese. *Lingua* 115: 1427–56.

——. 2006. Fine-tuning Jespersen's Cycle. In Birner and Ward eds., 327–44.

Sells, Peter. 2000. Negation in Swedish: Where it's not at. In M. Butt and T. H. King eds., *Online Proceedings of the LFG-00 Conference*. Stanford: CSLI.

——. 2001a. Negative polarity licensing and interpretation. In S. Kuno et al. eds., *Harvard Studies in Korean Linguistics No. 9*, 3–22. Cambridge: Harvard University.

——. 2001b. Three aspects of negation in Korean. *Journal of Linguistic Studies* [Cheju Linguistics Circle] 6: 1–15.

———. 2004. Negative Imperatives in Korean. *Proceedings of the 10th Harvard International Symposium on Korean Linguistics.* Cambridge: Harvard University.

———. 2006. Interaction of negative polarity items in Korean. *Proceedings of the 11th Harvard International Symposium on Korean Linguistics,* 724–37. Cambridge: Harvard University.

Seuren, Pieter. 2006. The natural logic of language and cognition. *Pragmatics* 16: 103–38.

Sheidlower, Jesse and J. E. Lighter. 1993. A recent coinage (not!). *American Speech* 68: 213–18.

Smith, Neil and Ianthi-Marie Tsimpli. 1995. *The Mind of a Savant: Language Learning and Modularity.* Oxford: Blackwell.

Smyth, H. W. 1920. *A Greek Grammar.* Cambridge: Harvard University Press.

de Swart, Henriëtte. 2000. Scope ambiguities with negative quantifiers. In K. von Heusinger and U. Egli eds., *Reference and Anaphoric Relations,* 109–32. Dordrecht: Kluwer.

———. 2006. Marking and interpretation of negation: a bi-directional OT approach. In Zanuttini et al. eds., 199–218.

de Swart, Henriëtte, and Ivan Sag. 2002. Negation and negative concord in Romance. *Linguistics and Philosophy* 25: 373–417.

Szabolcsi, Anna. 2004. Positive polarity—negative polarity. *Natural Language and Linguistic Theory* 22: 409–52.

Taleghani, Azita. 2008. *Aspect and Negation in Persian.* Amsterdam: John Benjamins.

Tammet, Daniel. 2006. *Born on a Blue Day: A Memoir.* New York: Free Press.

Tseng, Meylysa, Jung-Hee Kim and Benjamin Bergen. 2006. Can we simulate negation? The simulation effects of negation in English intransitive sentences. *BLS 32.*

Vasishth, Shravan. 1998. Monotonicity constraints can negative polarity in Hindi. *Ohio State University Working Papers in Linguistics* 151: 201–20.

Veselinova, Lyuba. 2008. Negation in Slavic languages. Summary posting on Linguist List, 19.1733. http://www.ling.su.se/staff/ljuba/LL_summary.pdf.

Vlachou, Evangelia. 2007. *Free Choice in and out of Context: Semantics and Distribution of French, Greek and English Free Choice Items.* Utrecht: LOT.

Watanabe, Akira. 2001. Decomposing the neg-criterion. In Y. D'Hulst et al. eds., *Romance Languages and Linguistic Theory 1999,* 383–406. Amsterdam: John Benjamins.

———. 2004. The genesis of negative concord: Syntax and morphology of negative doubling. *Linguistic Inquiry* 35: 559–612.

Werle, Adam. 2002. A typology of negative indefinites. In Andronis et al. eds., 127–41.

Whitman, John. 2005. Preverbal elements in Korean and Japanese. In G. Cinque and R. Kayne eds., *Oxford Handbook of Comparative Syntax,* 880–902. Oxford: Oxford University Press.

Yamada, Masamichi. 2003. *The Pragmatics of Negation.* Tokyo: Hituzi Syobo.

Zanuttini, Raffaella. 2001. Sentential negation. In M. Baltin and C. Collins eds., *The Handbook of Contemporary Syntactic Theory,* 511–35. Oxford: Blackwell.

Zanuttini, Raffaella, et al eds. 2006. *Comparative and Cross-Linguistic Research in Syntax, Semantics and Computational Linguistics (GURT 2004)*. Washington: Georgetown University Press.

Zeijlstra, Hedde. 2002. What the Dutch Jespersen Cycle may reveal about negative concord. In Andronis et al. eds., 143–56.

——. 2004. *Sentential Negation and Negative Concord*. Utrecht: LOT.

——. 2006. The ban on true negative imperatives. *Empirical Issues in Syntax and Semantics* 6: 405–24.

——. 2007. Negation in natural language: On the form and meaning of negative elements. *Language and Linguistics Compass* 1: 498–518.

Ziegeler, Debra. 2006. Proximative aspect. *Interfaces with English Aspect*, Chapter 4. Amsterdam: John Benjamins.

終章への補遺

　終章の原稿を送付してから、*NHN* に直接かかわりのある題材を含む出版物がいくつか刊行された。これらの中で最も重要なのが、de Gruyter 社の『認知カテゴリーの表現』シリーズの中の 1 冊である。この Horn (2010a) に収められた論文は、日本語古文を含め（加藤 2010）、さまざまな言語における否定文の形式と機能を概観している。しかも、これは否定と極性に関する 21 世紀初めからの広範な文献目録をも含んでいる (Horn 2010c)。この本の中の論文、Horn (2010b) は、多重否定構文の範囲について検討し、虚辞的ないしは冗語的否定とその極性認可との関係に焦点を当てている。関連する論文 Horn (2009) は、余剰否定と無形否定の両者を考察しており、表層否定の数は意味論的否定表現の数と較べ、多くもなければ少なくもない。Horn (2010d) は、2009 年日本語用論学会京都大会の講演のテーマを書きなおしたものである。下のリストにある他の論文は、almost, barely, not quite の取り扱いとその否定との関係を含むもの (Horn 2011a)、否定の意味論と論理の歴史的取り扱いに関するもの (Speranza and Horn 2010)、最近明らかにされた un– 名詞 (un–noun)、un–動詞 (un–verb) の記述的な目録 (Zimmer et al. 2011) である。最後に、Horn (2011b) は、会員登録制のリソース、*Oxford Bibliographics Online* への否定に関するエントリーである。これは文献情報を完備し、否定に関する最も重要な著作に電子媒体でリンクできる研究案内で、カテゴリーごとに分類され、広範な注釈がつけられている。

Addendum: List of relevant new publications post-*NHN* 3

Horn, Laurence. 2009. Hypernegation, hyponegation, and *parole* violations. In *BLS* 35 (*Papers from the 35th Annual Meeting of the Berkeley Linguistics Society*), 402–23, 2009.

Horn, Laurence. 2010. Contradiction. Thoroughly revised entry for *Stanford Encyclopedia of Philosophy*, posted in September 2010 at http://plato.stanford.edu/entries/contradiction/.

Horn, Laurence. ed. 2010a. *The Expression of Negation*. Berlin: de Gruyter.

Horn, Laurence. ed. 2010b. Multiple negation in English and other languages. In Horn ed. 2010a, 111–48.

Horn, Laurence. ed. 2010c. Negation and polarity in the new millennium: a bibliography.

In Horn ed. 2010a, 287–330.

Horn, Laurence. 2010d. Implicature revisited: Problems and prospects in neo-Gricean pragmatics. *Studies in Pragmatics* 12: 69–94.

Horn, Laurence. 2011a. *Almost* forever. In E. Yuasa et al. eds., *Pragmatics and Autolexical Grammar in Honor of Jerry Sadock,* 3–21. Amsterdam: John Benjamins.

Horn, Laurence. 2011b. Negation. *Oxford Bibliographies Online*, Linguistics. Published online at http://www.oxfordbibliographiesonline.com/view/document/obo-9780199772810/obo-9780199772810-0032.xml

Kato, Yasuhiko. 2010. Negation in classical Japanese. In Horn ed. 2010a, 257–68.

Speranza, J. L. and Laurence Horn. 2010. A brief history of negation. *Journal of Applied Logic* 8, 277–301.

Zimmer, Ben, Charles Carson, and Laurence Horn. 2011. Among the new words. *American Speech* 86, 355–76. [on un-nouns and un-verbs]

人名索引

事項索引

著者紹介

ローレンス R. ホーン （Laurence R. Horn）

1945 年生まれ。イェール大学言語学部の Professor Emeritus（名誉教授）。言語学の Ph.D（UCLA 1972）。専門は語用論と意味論。特に自然言語の否定の研究や語用論における尺度含意の理論で知られる。

主要著書：*A Natural History of Negation*（University of Chicago Press, 1989, CSLI より 2001 年再版）、編著：*The Expression of Negation*（Mouton de Gruyter, 2010）、共編：*Negation and Polarity: Syntactic and Semantic Perspectives*（Yasuhiko Kato と共編。Oxford University Press, 2000）、*The Handbook of Pragmatics*（Gregory Ward と共編。Blackwell, 2004）、*Explorations in Pragmatics: Linguistic, Cognitive, and Intercultural Aspects*（Istvan Kecskes と共編。Mouton de Gruyter, 2007）他。論文多数。

監訳者・訳者紹介

監訳者

河上誓作 （かわかみ　せいさく）

大阪大学大学院文学研究科博士前期課程修了。文学博士（大阪大学 1979）。アイオワ大学、ハーバード大学エンチン研究所、UC Berkeley などで研究。現在、大阪大学・神戸女子大学名誉教授。

モノグラフ：「文の意味に関する基礎的研究」（大阪大学文学部紀要、第 24 巻、1984）、編著：『認知言語学の基礎』（研究社出版、1996）、翻訳：ジェフリー・N. リーチ著『語用論』（池上嘉彦と共訳。紀伊國屋書店、1987）など。

訳者

濱本秀樹 （はまもと　ひでき）

大阪大学大学院文学研究科博士後期課程退学。神戸松蔭女子学院大学英語英米文学科教授を経て、現在、近畿大学国際学部教授。シドニー大学客員研究員（1998–1999）。

著書：『多文化世界の意味論』（松柏社、2001）、論文："Investigating a Japanese Authenticity-Blurring Mechanism in Discourse"（*Asian Culture and History* vol.9, no.1, 2017）など。

吉村あき子 （よしむら　あきこ）

大阪大学大学院文学研究科博士後期課程（英語学）修了。ロンドン大学 SOAS 留学。博士（文学）（大阪大学 1997）。現在、奈良女子大学研究院人文科学系教授。

著書：『否定極性現象』（英宝社、1999、第33回市河賞受賞）、論文："Descriptive/ Metalinguistic Dichotomy?: Toward A New Taxonomy of Negation"（*Journal of Pragmatics* 57, 2013）、"A Cognitive Constraint on Negative Polarity Phenomena"（*BLS* 20, 1994）など。

加藤泰彦 （かとう　やすひこ）

上智大学大学院外国語学研究科言語学専攻博士後期課程修了。文学博士（上智大学 1985）。マサチューセッツ工科大学（1993–1994）、ハーバード大学（2004–2005）、ユトレヒト大学（2005）、客員研究員。現在、上智大学名誉教授。

著書：*Negative Sentences in Japanese*（Sophia Linguistica 19, Monograph 1985）、編著：*Negation and Polarity: Syntactic and Semantic Perspectives*（Laurence Horn と共編、Oxford University Press, 2000）など。

言 語 学 翻 訳 叢 書 第 13 巻

否定の博物誌

発行	2018 年 7 月 12 日　初版 1 刷
定価	8800 円＋税
著者	ローレンス R . ホーン
監訳者	河上誓作
訳者	濱本秀樹・吉村あき子・加藤泰彦
発行者	松本功
装丁者	大崎善治
組版所	株式会社 ディ・トランスポート
印刷・製本所	三美印刷株式会社
発行所	株式会社 ひつじ書房

〒 112-0011 東京都文京区千石 2-1-2 大和ビル 2 階

Tel.03-5319-4916　Fax.03-5319-4917

郵便振替 00120-8-142852

toiawase@hituzi.co.jp

http://www.hituzi.co.jp/

造本には充分注意しておりますが、落丁・乱丁などがございましたら、
小社かお買上げ書店にておとりかえいたします。ご意見、ご感想など、
小社までお寄せ下されば幸いです。

ISBN978-4-89476-577-1

言語学翻訳叢書　好評既刊

17　学校教育の言語　　機能言語学の視点

メアリー・シュレッペグレル著
石川彰、佐々木真、奥泉香、小林一貴、中村亜希、水澤祐美子訳
定価 3,200 円＋税

本書は学校教育の中で用いられる言語について、選択体系機能言語学を理論的な枠組みとして解説する。学校教育の言語的特徴、言語とコンテクストの関係、学問的なテクストの言語的特徴、文法と作文、科目ごとのテクストの特徴、学校での言語発達が述べられている。学校教育の中で必要な言語能力とその特徴、そしてその教育に言及されており、多くの示唆に富んでいる。語学教育だけでなく、教育全般についても参考となる良書である。

19　認知語用論の意味論　　真理条件的意味論を越えて

コリン・イテン著　武内道子、黒川尚彦、山田大介訳　　　定価 3,800 円＋税

Corinne Iten 著 *Linguistic Meaning, Truth Conditions and Relevance: The Case of Concessives* (2005) の全訳。従来の真理条件に基づいた意味論を却下し、認知語用理論としての関連性理論の、概念的意味対手続き的意味の区別に基づいた言語的意味論の書。手続き的意味の本質とその広がりを理解するための礎となる。